日本外交文書

日中戦争　第二冊

外務省

序

外務省では、明治維新以降のわが国外交の経緯を明らかにし、あわせて外交交渉上の先例ともなりうる基本的史料を提供する目的で、昭和十一年『日本外交文書』第一巻を公刊した。以来、既に明治・大正期の刊行を終え、昭和期についても、満州事変、海軍軍縮問題、および日米交渉（昭和十六年）等の特集とともに、昭和期Ⅰ（昭和二―六年）および昭和期Ⅱ（昭和六―十二年）の外務省記録の編纂・刊行を終えた。そして現在は、戦前期の最後となる昭和期Ⅲ（昭和十二―二十年）を鋭意刊行中である。

本巻は、日中戦争の発生から太平洋戦争開戦に至るまでの時期における日中戦争関係外務省記録を特集方式により編纂し、四冊に分けて刊行するものである。本巻の刊行により『日本外交文書』の通算刊行冊数は二〇九冊となる。

激動の時代といわれる昭和期を顧みるにあたって、本巻が正確な史実を提供し、外交問題の歴史的研究に資するとともに、現在の国際関係を考察する上でも貢献できれば幸いである。

平成二十三年三月

外務省外交史料館長

例　言

一　太平洋戦争終結に至るまでの昭和期（昭和二―二十年）の外交文書は、次の三期に分けて編纂・刊行している。

昭和期Ⅰ　昭和二―六年　（一九二七―一九三一）
昭和期Ⅱ　昭和六―十二年　（一九三一―一九三七）
昭和期Ⅲ　昭和十二―二十年（一九三七―一九四五）

二　昭和期Ⅲについては、「日中戦争」、「太平洋戦争」および「第二次欧州大戦と日本」（仮題）の三つの特集を中心に構成する。

三　本巻は『日本外交文書　日中戦争』として、日中戦争発生から太平洋戦争開戦に至るまでの日中戦争関係文書を特集方式により収録した。

1　本巻に収録した文書は、基本的に外務省所蔵記録によった。

なお、収録文書の冒頭に※印のあるものは、外務省所蔵「松本記録」（松本忠雄元衆議院議員が、外務参与官および外務政務次官時代に、外務省記録のうち、特に政治、外交等の主要記録を筆写したもの）に依拠した。

2　本巻では、これら外務省所蔵記録に加え、防衛省防衛研究所図書館所蔵史料、東京大学社会科学研究所所蔵「島田（俊彦）文書」、大東文化大学東洋研究所所蔵「海軍省資料」、首都大学東京図書情報センター所蔵「松本文庫　文書の部」、陽明文庫所蔵「近衛文麿関係文書」、財務省財務総合政策研究所情報システム部財政史室所蔵「野田文書」、国立公文書館所蔵「公文類聚」ならびに「公文別録」、国立国会図書館憲政資料室所蔵「来栖三郎関係文書」、国立歴史民俗博物館所蔵「木戸家史料」、東京大学近代日本法政史料センター原資料部所蔵「阿部信行関係文書」および「極東国際軍事裁判関係文書（米国議会図書館作成マイクロフィルム）」より文書を補塡した。

なお、防衛省防衛研究所図書館所蔵史料より補塡した文書については冒頭に◉印を、東京大学社会科学研究所所蔵史料より補塡した文書については冒頭に◎印を、大東文化大学東洋研究所所蔵史料より補塡した文書については冒頭に☆印を、首都大学東京図書情報センター所蔵史料より補塡した文書については冒頭に※※印を、陽明文庫所蔵史料より補塡した文書については冒頭に†印をそれぞれ付し、その他については末尾にその旨を記した。

3　収録文書は、原則として原文のままとした。

4　収録文書には、一連文書番号および件名を付し、各事項ごとに日付順に配列した。

5　収録文書中発電月日不明の電報は、着電の日付を記し、1月⒂日のように丸括弧を付して区別した。また、原文には発電月日が記されていないが、他の外務省所蔵記録から特定される場合は、その発電月日を採用し、2月[18]日のように角括弧を付して区別した。

6　収録文書中右肩に付した⑴⑵⑶等の記号は、同一番号の電報が分割されて発電されたことを示す。なお、本巻への収録にあたっては、文章の区切りではなくとも分割された箇所をもって改行した。

7　収録文書中来信については、公信番号の下に接受日を明記し、接受日不明のものについては当該箇所にその旨を記した。

8　収録した陸軍電報の中、発着日は記されていないが外務省への移牒日が記入されているものについては、当該日付移牒とした。

9　発受信者名については、初出の場合のみ姓名を表示し、以後は姓のみにとどめた。また発受信者名に付す国名・地名は、原則として辞令に基づく在勤地とした。

10　本巻に採録するにあたって加えた注記は、〔編注〕として当該箇所に明記し、その文面は各文書の末尾に記載した。

11　原文書に欄外記入や付箋がある場合は、〔欄外記入〕として当該箇所に明記し、その文面は各文書の末尾に記載した。

12　収録文書中（省略）（ママ）等の括弧を付したルビは、収録にあたって記したものである。

13　原文書で印字不鮮明等の理由により判読不明な文字は□とし、（一字不明）のようにルビを付した。

14　押印については、公印と私印をそれぞれ〔印〕と（印）に区別して記した。

15　巻末に全収録文書の日付順索引を付した。

目次

二 汪兆銘工作と日華基本条約の締結……681
1 汪兆銘の重慶離脱……683
2 汪兆銘のハノイ脱出から訪日まで……730
3 新中央政府樹立に向けた動静……789
4 内約交渉と南京国民政府の成立……881
5 日華基本条約の締結……1072
6 汪兆銘再訪日と枢軸諸国の汪政権承認……1162
三 占領地域における諸問題……1209
1 一般問題……1211
2 中国海関接収問題……1295
3 興亜院の設置……1371
4 経済問題……1399

（以上 第二冊）

一　日本の対処方針
1　盧溝橋事件の発生から全面戦争への拡大
2　邦人引揚げ問題
(1)　華　北
(2)　華　中
(3)　華　南
3　トラウトマン工作と「対手トセズ」声明の発出
4　宇垣外相就任から第一次近衛内閣退陣まで
5　平沼・阿部・米内三内閣期
6　第二次近衛内閣の成立から太平洋戦争開戦まで

四　国際連盟の動向と九国条約関係国会議
1　中国の連盟提訴と日中紛争報告書の総会採択
2　九国条約関係国会議
3　連盟規約第十六条適用問題と日本の連盟協力終止

（以上　第一冊）

五　事変をめぐる第三国との関係
1　一般問題
2　英国との関係
3　ソ連邦の動向
4　わが国空爆による列国の被害
5　揚子江開放問題
6　列国の対中財政援助策
六　事変をめぐる米国との関係
1　外交原則尊重に関する米国の諸声明
2　日米通商航海条約廃棄通告
3　野村・グルー会談
4　有田・グルー会談
5　米国による対日制裁措置の強化

（以上　第三冊）

七　天津英仏租界封鎖問題
1　封鎖実施に至る経緯
2　封鎖措置に対する英国の抗議
3　日英東京会談㈠　会談開催から一般的原則に関する協定の合意まで
4　日英東京会談㈡　具体的問題に関する協議と会談の決裂
5　英国の交渉再開要請
6　日英公文交換と封鎖の解除
八　上海租界をめぐる諸問題
九　援蔣ルート遮断問題
1　仏印ルート
(1)　仏印ルート禁絶に至る経緯
(2)　北部仏印進駐に関する東京交渉
(3)　北部仏印進駐に関する現地交渉と進駐の実施
(4)　北部仏印問題をめぐる英米の対日抗議
2　ビルマ・香港ルート
(1)　ビルマルート三か月間閉鎖に至る経緯

(2)　閉鎖の実効性をめぐる日英交渉
(3)　ビルマルートの再開
日本外交文書　日中戦争　日付索引

（以上　第四冊）

二　汪兆銘工作と日華基本条約の締結

1　汪兆銘の重慶離脱

402　昭和13年12月22日　在香港田尻総領事より有田外務大臣宛（電報）

汪兆銘が重慶から離脱したとの報道について

香　港　12月22日後発
本　省　12月22日夜着

第一六六四號

二十二日工商日報ハ二十一日上海發「トランス、オーシアン」トシテ汪兆銘ハ蔣介石ノ意ヲ受ケ子息同伴赴歐スヘシト報道セルカ夕刊紙「チヤイナ、メイル」ハ「汪ノ奇怪ナル旅行」ナル大見出ヲ附シ同人ハ十八日飛行機ニテ重慶發昆明經由ニテ二十日河内ニ到着更ニ當地ニ來リタリトノ噂專ラナルカ確實ナラス汪ノ使命ニ關シテハ蔣ノ命ニ依リ歐洲ニ赴クトモ又國策ニ關シ蔣ト意見ヲ異ニシタル爲重慶ヲ去リタリトモ傳ヘラレ政界ニテハ興味ヲ以テ注視シ居ル旨報道シ居レリ

上海へ轉電セリ

403　昭和13年12月23日　在上海後藤総領事代理より有田外務大臣宛（電報）

汪兆銘の重慶離脱に関する土肥原中将内話

上　海　12月23日後発
本　省　12月23日夜着

第三七八七號（極祕）

土肥原中將ノ森島參事官ニ對スル內話ニ依レハ汪精衞ハ各地ニ於テ講演ヲ爲ス名目ヲ以テ重慶ヲ脫出シタルカ右ハ特別委員會側ノ工作ニ呼應セルモノナルコト確實ナル由ナリ

北京、南京、香港へ轉電セリ

404　昭和13年12月23日　在香港田尻総領事より有田外務大臣宛（電報）

汪兆銘のハノイ到着は確実につき新事態に対応するため雲南鉄道爆撃の時期を再検討すべき旨具申

香　港　12月23日夜発
本　省　12月23日夜着

第一六七四號（極祕、館長符號）

次官、大臣ヘノミ配布アリ度シ

汪精衛ガ河内迄出馬セルコトハ確實ト認メラルル處廿一日高宗武ト內密會見セル際（今井中佐同席ス委細ハ軍側ヨリ御聽取濟ノコトト存ズ）高ハ汪ノ今後ノ行動ハ近ク來香ノ上決定スベキモ今迄ノ處昆明ニ引返シ旗揚ゲスル考ニテ龍雲トハ完全ナル了解アル旨申居ル一方佛印經由雲南ヘノ武器輸入ハ近來相當減少セルヤノ情報モアリ（今後ハ廣西ヲ通ズルモノ及緬甸公路ガ中心トナルベキ見込）就テハ鐵道ノ爆破問題ハ果シテ之ニ依リ惹起サルベキ摩擦以上ノ利益アリヤ前記ノ如ク局面ガ展開スルモノトセバ本鐵道ヲ開キ置クコトガ有利ナラズヤトノ新ナル見地ヨリ少クトモ其ノ（付箋一）（付箋二）時期ニ付研究ヲ要スルモノト存ズ卑見御參考迄今井承知濟

（付箋一）

岡軍務局第一課長ノ談（一二、二四）　土田

㈠雲南鐵道爆擊ニ付テハ本月十二日出先ニ對シ一週間實行差控方電訓シ次デ十八日再度電訓シ當分ノ間差控フルコトトナリ居リ從テ中央ヨリ訓令セザル限リ實行ニ移ルコトナシ（此點軍令ニ付絶對極祕）

㈡香港ニ對シテハ「外務省ニテ必要トセラルル限リ爆擊ハ實行セズシテ待ツベシ」トノ趣旨申送リ差支ナシ

（付箋二）

東亜局長ヘ

海軍側ヘ聯絡ノ件御願ス

405　昭和13年12月24日　有田外務大臣より在香港田尻総領事宛（電報）

重慶離脱後の汪兆銘と蔣介石との関係等につき意見回示方訓令

本　省　12月24日後9時20分発

（館長符號、極祕）

貴電第一六七四號ニ關シ

後段ノ件海軍側ニ連絡シ置ケリ尚昆明旗擧ハ例ノ筋書ニモ顧ミ不審ニ感ゼラルル所ナルガ諸情報ヲ綜合スルニ蔣トノ間ニ一脈相通ズルモノアルヤニモ思考セラルルニ付結局蔣

ノ爲ニ雲南鐵道ヲ確保シヤル結果トモナル虞ナシトセザルベク此邊ニ對スル御見込及汪今後ノ行動等諸般ノ情勢貴見ト共ニ電報アリタシ

406　昭和13年12月25日　在上海後藤総領事代理より有田外務大臣宛（電報）

汪兆銘の重慶離脱に関する漢字紙報道振りについて

上　海　12月25日後発
本　省　12月25日後着

第三八〇〇號

往電第三七九二號ニ關シ

二十五日各漢字紙ハ何レモ汪出國ノ事實ヲ認メ多ク二十四日重慶發槐樹社及「トランス、オーシヤン」電ヲ掲ケ居レルモ殊更之ヲ輕ク取扱ヒ居レル處前者ニ依レハ重慶官邊側ハ汪ノ出國説ヲ肯定シ汪ハ宿痾再發ノ爲中央ノ許可ヲ得テ四箇月ノ休暇ヲ得タルヲ以テ昆明ヨリ河内ニ赴キ醫師ノ診療ヲ受ケタル後不日香港ヨリ外遊スルコトトナリタリト語リタルモ其ノ行先國ニ付テハ何等説明セサリシ趣ナルカ後者ニ依レハ消息通間ニ於テハ汪平素ノ態度ハ和議主張者タル傾向ヲ帯フルモ此ノ際汪カ日本ト和平交渉ノ意圖ヲ絶對有スル筈ナク汪今次ノ出國カ偶々近衞ノ聲明ト時ヲ同クシタルニ過キスト爲シ汪ノ對日和議可能性ヲ極力否定シ居ル趣ナリ

北京、天津、南京へ轉電セリ

香港へ轉電アリタシ

407　昭和13年12月26日　在香港田尻総領事より有田外務大臣宛（電報）

汪兆銘の重慶離脱は汪・蔣離反の第一歩なるも今後の行動は不確定との観測について

香　港　12月26日夜発
本　省　12月27日前着

第一六七七號（極祕、館長符號）

重慶飛行場ノ警戒異常ニ嚴重ナル際汪ガ脱出スル爲ニハ蔣トノ間ニ何等了解アルニ非ルヤノ點ハ多大ノ關心ヲ以テ調査シ居ル所ナルガ（當日蔣ハ西安ニ在リシ由情報アリ）本件ニ關スル重慶中央社ノ發表及支那新聞ノ取扱振ハ既報ノ通

ニテ蔣側ニ於テハ本件ガ世間ノ問題化スルヲ避クルト共ニ下手ナ取扱ヲ爲シ藪蛇トナラザル様注意シ居ルガ如ク見受ケラルル一方往電第一六六四號新聞記事出ヅルヤ高ハ寧ロ先手ヲ打ツニ如カズトナシ「最近國共合作モ進捗シ政府改組近キニ鑑ミ又暴動計画アルニ付汪ノ外周佛海、陳立夫及トウキセイ(?)等ガ竊ニ重慶ヨリ行衛ヲ晦マセル」趣旨ヲ重慶電報ノ形式トシテ當地ニ於テ然ルベク發表方ヲ提議シ本官等ノ協力ヲ求メ來レル事實アリ(不幸ニシテ當地ニ於テ之ヲ爲ス爲ノ途開カレ居ラザルモ廿三日大公報夕刊ノ記事ハ不完全ナガラ右工作ノ結果出デタルモノナリ尚全文發表方ニ付テハ目下上海ニ於テ措置中)先方從來ノ言分ハ大体信ズベキモノアリ尚周及陳公博ノ脱出ハ新聞ニモ報ゼラレ居リ事實ナルモノノ如ク(往電第一六八一號等御參照アリ度シ)又汪ガ年内ニ來香スルコトモ略々確實ト認メラレ彼此綜合スルニ汪ガ蔣ノ意ヲ享ケ行動シツツアリトハ結論シ得ザルモ蔣ガ今後汪ヲ利用スル工作ニ出ヅル可能性ハ無キニシモアラズ又我方トシテモ汪ニ對シ直ニ積極的反蔣活動ヲ望ムモ無理ニシテ現在ノ段階ニ於テハ國府陣營ニ罅ガ入ル程度以上ハ期待シ得ズ將來ノ利用ハ我方ノ決意及指導振ニ俟ツモノ多カルベク一方汪ノ離楡(渝カ)ニ依リ重慶ハ共産抗日分子ノミノ勢力トナルヲ以テ之ニ對抗スル爲ニハ他方面ノ反蔣分子ニモ手ヲ着クル必要モアリト考ヘラル尚汪ノ脱出ニ依リ汪蔣離反ノ第一歩踏出サレタル譯ナルガ前電ノ通汪今後ノ行動ハ何等確定スルニ至ラズ既電ノ通昆明ガ中心トナルヤ否ヤハ未定ナルモカカル考モアルニ付我方計画ヲ一時延期スルモ差シテ不都合モナカルベシト思ヒ卑見申進セシ次第ナリ

當地邦人新聞通信ニ對シテハ汪ガ利用シウルヤ否ヤハ今後ノ問題ナルヲ以テ外支側ヨリモ先走リテ我方ト關係アルガ如キ惴(揣カ)摩憶測ノ記事通信ヲ愼ムベキ旨注意肝要ト存ズ

408 昭和13年12月26日 在香港田尻総領事より有田外務大臣宛(電報)

汪兆銘の重慶離脱経緯に関する情報

香港 12月26日後発
本省 12月26日夜着

第一六八一號(極祕)

往[1]電第一六七九號(見当ラズ)ニ關シ

其ノ後引續キ支那側各方面ト連絡中ノＸＹＺカ內報スル所左ノ通リ
二十二日重慶發當地申報館ニ達シタル航空便ニ依レハ武漢陷落後衡陽ニ在ル蔣介石等主戰派ト重慶ノ汪精衛等主和派トノ間ニ無形ノ內ニ對立狀態ヲ呈シ汪ノ重慶ニ於テ發表セル前後二回ノ和平聲明ノ如キモ主和派ノ主張ヲ代表セルモノニシテ事前ノ同意ヲ得タルモノニアラス又蔣カ衡陽ニ招集セル軍事會議ニ於テ決定セル中共トノ合作ノ强化竝ニ連蘇抗日國策ノ如キモ亦當時衡陽主戰派ノ意嚮ヲ代表セルモノニ外ナラス其ノ後蔣重慶ニ歸還後汪ヨリ蔣ニ對シ汪カ表面ニ立チ和議交涉ヲ進メ度キニ付一時蔣ノ下野方建議シタルコトアルモ（同樣ノ說別途情報ニモアリ）蔣ハ連蘇國策ノ變更ハ出來ストテ之ヲ拒絕セリ當時之ヲ聞知セル孫科一派ハ汪派ニ取ツテ代ラン下心モアリ猛烈ニ汪ノ軟弱態度ヲ攻擊セルカ更ニ本月十九日蔣ノ擴大記念週間席上ニ於テ暗ニ汪ヲ攻擊スルノ措辭アリ次テ彭學沛モ免職セラルル等ノ事件モ發生汪ハ極度ニ不安ヲ感シ居レリ云々トアリ
汪[(2)]離渝前ノ蔣汪關係想見シ得ル處一方廿四日在香ノ孔祥熙息孔令侃ニ確メタルニ汪ノ河內行ハ曾仲鳴ニ於テ前週既ニ河內ニ赴キ出迎ノ準備ヲ進メ居リタル事實又在渝ノ汪派幹部モ一律ニ退去セル事實モアル趣ニテ餘程計畫的ニ爲サレタルモノト思ハル更ニ在香ノ汪派李聖伍ノ消息ニ依レハ陳璧君目下在香中ノコトニモアリ汪ノ來香說傳ヘラレ居ル趣ニテ是等各般消息ヨリ見レハ汪自身今後ノ行動ニ付最後的肚極マリ居ルト言フ譯ニハアラサルヘキモ元來汪ハ特ニ主張ナキ人物ナレハ新政權ノ指導者ニ利用シ得ル可能性大ナリト思ハル但シ其ノ場合ニ於テモ日本側トシテハ（往電第一六七九號ノ次第モアリ）蔣汪馴合ノ場合ヲモ考慮ニ入レ置キ愼重對處スル要アリ何レニセヨ汪利用ノ第一步ハ汪カ重慶側ニ引留メラルルヲ阻止スルニアリ（既ニ張公權等ハ他用旁汪ニ面會ノ爲河內ニ赴ケル由）云々御參考迄
上海ヘ轉電セリ

409　昭和13年12月27日　在上海後藤総領事代理より有田外務大臣宛（電報）

汪兆銘の出国は転地療養目的の個人的行動であるとの蔣介石訓話について

上　海　12月27日後発
本　省　12月27日夜着

第三八一三號

二十六日重慶發路透ニ依レハ同地漢字紙ハ四川省黨部主任陳公博モ河内ニ赴キ汪精衞ト會見ノ上王鑽《(纘カ)》緒(四川省政府主席)ニ對シ直ニ成都歸還不能ニ付省黨務ノ代行方要請セル旨報シ居レル趣ナル處同日重慶電ニ依レハ蔣介石ハ同日記念週訓話中汪ノ離渝ハ軍事委員會ヲ代表シ對日和平交渉ノ爲ナリトスル獨逸側消息ハ全然日本ノ逆宣傳ノ影響ニ基クモノニシテ國民ノ視聽ヲ惑ハスノミナラス支那ノ抗戰決意ニ對スル國際間ノ認識ヲ動搖セシムル用意ニ出テタルモノナルカ故ニ特ニ聲明ノ要アリト前提シ汪ノ河内行ハ轉地療養ニシテ純然タル個人行動タリ毫モ政治的意味ナク軍事委員會トモ中央及國民政府トモ全然關係ナシト斷シ汪ノ立身處世ノ眞摯性ト當國ニ對スル功績ヲ稱揚シ既ニ敵人ノ支那併呑陰謀ノ内容ト手段ハ暴露セラレテ剩ス所ナキ以上一人トシテ對日妥協和平ノ意圖ヲ有スルモノナシト豪語スルト共ニ若シ汪ニシテ國策ニ對シ主張シ且意見アラハ久シク艱苦ヲ共ニセル中央同人及余(蔣)ニ對シ又ハ中央公開席上或ハ個人相互間ニ於テ言明シ又ハ討議セサル筈ナク斯ル國家存亡ノ重大事ニ關シ何人カ之ヲ耳ニセサル理ナシ、固ヨリ汪ノ愛黨愛國ノ精神ハ終始一貫シ共ニ抗戰目的貫徹ニ努力シ居ルヲ以テ國人ハ必ス外間一切ノ揣摩謠言ニ信ヲ置カサルヘク敵人ノ常套的挑發離間策ハ一笑ニ値セスト語リタル趣ナリ

北京、天津、南京、漢口ヘ轉電セリ

香港ヘ轉電アリタシ

410　昭和13年12月28日　在上海後藤総領事代理より有田外務大臣宛(電報)

汪兆銘の重慶離脱に関する褚民誼見解について

上　海　12月28日後発
本　省　12月28日夜着

第三八二八號(極祕)

汪ノ重慶脫出ニ關シ二十七日褚民誼カ清水ニ語ル所御參考迄左ノ通リ

汪ノ重慶脫出ハ蔣ト何ノ程度ノ了解ノ下ニ行ハレタルモノナリヤ將又全然汪一個人ノ考ニテ決行シタルモノナルヤ未

タ確タル情報ニ接セサルモ共產黨ノ勢力日ニ増大シツツアル重慶方面ノ狀況ヨリ察スルニ汪ハ結局共產黨ニ屈服スルヲ潔シトセス身ヲ以テ反共ノ意思ヲ表明セルモノト思ハル元來政府首腦部ニハ反共ノ志ヲ懷ク者相當多數アリ唯何人モ敢テ其ノ先頭ヲ切ル勇氣ナカリシ次第ナルカ今回既ニ汪ニ依リ一石ヲ投セラレタル以上今後ハ續々其ノ後ヲ追ヒ脫出シ來ル者ヲ生スルニ至ルヘシ從テ時局解決ノ方法モ此ノ新情勢ニ應シ改メテ考究ヲ要スル次第ナルカ何レニスルモ第一ハ汪ノ政治的生命ヲ保存スルコト肝要ナルニ付㈠日本側ト汪トノ聯絡ハ當分極メテ內密ニ之ヲ行ヒ反對派ヨリ漢奸賣國奴ノ汚名ヲ冠セラレサル樣注意スル必要アリ㈡從テ當分ノ間日本側ノ新聞ニ於テモ汪等ノ行動ニ關スル事實ノ報道ヲ爲スハ差支ナキモ日本ト關係アリ又ハ日本ト關係ヲ生セントスルカ如キ觀測的乃至希望的記事ハ絕對ニ之ヲ揭ケサルコト望マシク㈢殊ニ若シ汪カ重慶政府ヲ見限リテ出テ來リタルコト判明セハ今後引續キ然ルヘク多數ノ同志カ汪ノ下ニ參加シ得ル樣工作ヲ進ムルト共ニ出來得レハ適當ノ地方(例ヘハ廣東ノ如キ)ニ自發的ニ一機構ヲ作ラシメ(例ヘハ某委員會又ハ某政府等)タル後之ト事變解決ノ話合ヲ爲ス方法ヲ執ルコト最モ賢明ナル方策ナリト思考ス

北京、天津、南京、漢口ヘ轉電セリ

香港、廣東ヘ轉電アリタシ

411　昭和13年12月29日　在上海後藤総領事代理より有田外務大臣宛(電報)

汪兆銘の重慶離脱経緯に関する傅式説内報について

上　海　12月29日後発
本　省　12月29日夜着

第三八三七號(極祕、館長符號扱)

汪兆銘脫出ニ關シ傅式說カ二十九日淸水ニ內報スル所左ノ通リ

汪ノ引出工作ハ既ニ十一月頃ヨリ梅思平、周佛海、高宗武等ヲ通シ進メ居リタルモノニシテ今回ノ脫出ノ經過ハ先ツ成都ニ在リシ陳公博カ四川大學校長ノ程天放ト圖リ講演ノ爲ト稱シテ汪ヲ成都ニ招キ一方周佛海ハ昆明ニ於テ龍雲ト謀リ成都ヨリ直接汪ヲ昆明ニ招キ其ノ儘河內ニ逃シタルモノニテ全ク同人等ノ計畫カ成功シタルモノト察セラル我々ノ聯絡セル分子ハ今後續々重慶ヲ引揚ケ大體一月末迄ニハ大部分香港又ハ上海ニ集リ來ル見込ナリ尙梅思平及王正廷ヨリノ電報ニ依リ不取敢聯絡ノ爲昨朝崔士傑ヲ香港ニ出發セシメタリ

傅ハ當方指導ノ政治工作ヲ擔當シ居ル關係モアリ本電絕對極祕トシテ取扱ハレタシ

北京、上海、漢口、廣東、香港ヘ轉電セリ

412 昭和13年12月29日

在ハノイ鈴木総領事より有田外務大臣宛(電報)

汪兆銘のハノイ来訪に関する諜報について

ハノイ　12月29日後発
本　省　12月29日夜着

第三一一號

汪精衞ノ來印說ニ關シ諜報者ノ黃强(汪ニ會見セル由)ヨリ聞出セル所ニ依レハ汪ハ飛行機ニテ重慶ヨリ昆明經由二十二日河內ニ逃亡シ來レルコト確實ナリ而シテ右ハ汪カ蔣介石ニ對日講和ヲ建白セルニ對シ蔣カ飽迄英米援助ノ下ニ絕對抗日ニ終始スヘキヲ主張シ汪カ英米ノ恃ムニ足ラサルヘキヲ忠告セルモ蔣ハ頑トシテ之ニ應セサル爲汪ノ立場不利トナレルニ依リ亡命シ來レルモノニ他ナラス從テ現在河內ニ於ケル汪ノ居所ハ極祕ニセラレ居リ汪ハ香港乃至西貢經由佛國ニ逃亡セントスル趣ノ如シ

佛、英、米、北京、滿、新嘉坡、臺灣外務部長ヘ轉電アリタシ

北京ヨリ在支各總領事ヘ轉電アリタシ

西貢ヘ轉電セリ

413 昭和13年12月29日

日中国交調整の根本方針に関する近衛総理声明に呼応する汪兆銘声明

汪精衞第一次聲明　一三、一二、二九

去る四月開催せられた臨時全國代表大會宣言は現在の抗戰の原因を次の如くに說明して居る。「一九三四《(三カ)》年塘沽停戰協定締結の後、あらゆる屈辱を忍んで日本との交涉に應してきたのはこれによつて軍事行動を避け、次の事柄を平和

的方法によつて遂行せんと願つたからに外ならぬ、即ち先す第一に北支諸省の保全を謀り次に東北四省問題を合理的に、即ち政治的には主權の保持と行政の完整を最低限度の條件とし經濟的には互惠と平等とを原則として解決するにあつた。然るに一九三七年七月蘆溝橋事件の勃發するや支那は上記の如き平和的解決への希望の到底實現し得さるを知り、ここに抗戰をなすに至つたのてある、然るに日本政府は去る十二月二十二日の聲明に於て日支國交再調整に關する日本政府の根本方針を闡明した、右方針に於て强調された第一の點は善隣竝に友好の主義てある、即ち右聲明は日本は支那に對し領土をも賠償をも要求するものに非す、日本は啻に支那の主權を尊重するはかりてなく支那の完全なる獨立を確保する爲に日本か明治時代に於て實行せる政策の例に倣ひ、日本人か支那に於て自由に生活し、且つ商業を營み得る代償として日本は支那に租界を返還し且つ支那に於ける治外法權の撤廢に同意せんとしてゐる、日本政府かかかる宣言を嚴かに發表せる以上、吾人は平和的手段によつて北支各省の安全を保障し得るのみならす又抗戰以來敵手に落ちたる各地をも收復し得、更に主權と行政の獨立完整も亦保持し得るてあらう、されは我々は大會の宣言に從ひ北支四省問題の合理的解決を得るために我々の態度を決定し何等かの措置に出つへきてある、第二の點は共同防共てある。この問題は過去數ケ年に亘り日本政府によつて極めて屢々提起され來つた、然し我々は日本との斯る共同防共は支那の軍事的竝に政治的問題の干渉に迄導く可能性ありとして之に對して疑惑の念を抱いて來たか、日本か日支防共協定は現存する日獨伊三國防共協定文と同樣な精神に於て締結さるへき旨の極めて卒直なる言明をなした以上斯る疑惑は今や撤回せらるへきてある、防共協定の目的かコミンテルンの陰謀を防止せんとするものてある以上、此の協定は支那のソ聯との關係に影響を及ほすことはない。加之中國共產黨は旣に三民主義の實現のために奮鬪することを願ふと聲明したのてある以上、その黨組織竝に宣傳工作を止め、その邊境政府とその特殊なる軍事組織を廢止し且つ中華民國政府の法律制度に絕對的に服從すへきてある、三民主義は支那國民の最高原則てある、從つて一切のこの最高原則に違背する組織と宣傳とに對しては我々は自動的に且積極的に制裁を加へ、吾人の中華民國を維持するといふ責務を果さねはならない。第三の點は經濟提携てある、この問題も亦同様過去數ケ年に亘り日本政府から屢々提議し來つたものてある、然して現在迄我々は政治的紛糾か未解決のまま殘されてゐる限り經濟的提携の如きは全く問題にならぬとの見解を持して來た、然し日本政府は今や嚴粛に日本は支那の主權を尊重し、行政の獨立、完整を尊重すると言明し且つ經濟的に日本は支那に對する獨占的支配を目的とするものてなく又支那に對して第三國權益の制限を要求せんとするものてもなく、唯日支兩國か平等の原則に依り、經濟提携の實現を謀らんと望んて居るものなることを闡明して居る、事態か斯の如くてあるならは我々は原則として之に同意しその基礎の上に各種の具體的提案を提出せねはならない、余は愼重なる考慮の後次の如く確信する、ため日本政府と意見の交換をなすへきてある、此の際去る十一月三日日本政府かその聲明に於て一月十六日の聲明に述へた態度を變更したことを想起せねはならない、從つて若し國民政府か上記三點を和平討議の基礎とするならは倘商議への途は開かれるのてある、支那の武力抵抗の目的は

國民政府は上記三點の基礎の上に速かに和平恢復を期する

その國家的存在と獨立とを確保する爲てある、既に一年以上に及ふ抗戰に於て我國は甚大な打擊を蒙つた、若し我々か正義に則つて平和を再建し得るならは國家の存續と獨立とは維持されここに武力抵抗の目的は達成されるのてある、而して以上の三點は平和の精神と一致するものてある、更に和平の條件については、我々はその條件の妥當性を確實ならしめる爲に之に愼重な考慮を加へなけれはならぬ就中特別重要なる點は日本軍の支那からの撤兵にその全部か急速且つあらゆる方面に於て一齊に行はれなけれはならぬことてある、更に提案された日支防共協定の存續期間中日本軍の駐屯すへき所謂特定地區は唯內蒙附近のみに制限されなけれはならぬ、この駐兵は正に支那の主權竝に政治的獨立及ひ領土權に影響を及ほすものてあるか支那は以上の制限か行はれることによつて始めて戰後の復興と再建事業とを遂行し得るのてある。日支兩國の近隣關係に鑑み中國竝ひに日本の善隣と友交關係とは極めて自然なことてあり且必要なことてある、正常な狀態から逸脫してゐる現狀は徹底的に再検討を加へる必要かあり日支兩國双方共に右に對する相互の責任を究明すへきてある、日支兩國間の恆久的

平和の礎石を築くためには支那はその教育政策を善隣主義と相矛盾せしめさるのみならす、他方日本の側に於ても亦支那に對する傳統的蔑視の態度竝に征服思想を放棄しその代りに親交的教育政策を樹立すへきてある、之こそ東亞の福祉の爲に我等か努むへき所てある同時に太平洋に於てのみならす廣く全世界に於ける平和と安全とを確保する爲に我々は國際親善竝に相互の利益增進の共通の大義の爲にあらゆる關係各國とも協力すへきてある、余はこの機會を利用して以上述へ來つた提案をなし且つ之等の提案か容れられることを衷心希望するものてある。

414　昭和13年12月31日　在香港田尻総領事より有田外務大臣宛（電報）

汪声明に関する漢字紙報道振りについて

香　港　12月31日後発
本　省　12月31日夜着

第一七一三號

汪精衛ノ通電ニ關シ（全文同盟ヨリ報告濟）三十一日ノ漢字紙ハ「青天ノ霹靂遂ニ近衛聲明ニ響應シテ日本ノ提示條件ヲ接受シ妥協ヲ主張ス」、「前線ノ將士血ヲ浴ヒ苦戰ノ際遂ニ和ヲ唱ヘ全國民ノ好意ニ背キ中途ニ屈服ス」、「公然對日和議ヲ唱ヘ日人ノ謀計ニ陥ル所謂三點ハ日本カ之ニ依リ我ヲ亡ホサントスルモノナリ」等ノ大見出ヲ以テ之ヲ報道シ唯大公報ノミ事ノ重大性ニ鑑ミ中央ノ許可ヲ待ツトテ發表ヲ差控ヘ居レリ

星島日報及申報等ハ社説ヲ掲ケ汪ハ開戰以來屢和平ノ主張ヲ爲シ日本側ト相呼應シ來リタルカ果然今回ノ聲明ハ近衛聲明ト同巧《(エカ)》異曲ニシテ三尺ノ童兒スラ知ル日本ノ謀略ニ陥リ居レリ日本ノ條件ヲ以テ讓歩ト看做シ之ト妥協セントスルニ至リテハ反駁ノ價値スラナシ（星島日報）六十年間侵略ヲ續ケ來リタル日本ト妥協獨立平等ノ地位ヲ求メントスルカ如キハ痴人ノ夢ニ等シ汪ノ速カナル反省ヲ求ム（申報）等論シ居レリ

上海ヘ轉電アリタシ

415　昭和13年12月31日　在香港田尻総領事より有田外務大臣宛（電報）

当面における汪兆銘と重慶政権との応酬振り

静観方具申

香　港　12月31日夜発
本　省　12月31日夜着

第一七一四號（極祕、館長符號）

往電一六八八號ニ關シ

一、三十日夜高ガ今井ヘノ內話ニ依レバ（本官發熱ノ爲同席シ得ズ）

(イ)今回ノ聲明ハ汪自身ノ起草ニ係リ大膽率直ナルニハ高モ驚ケリ

(ロ)陳公博、周佛海、トウキセイ、二十九日來香、顧孟餘、梅思平、黄強?當地ニ於テ劃策スルコトトナレリ

(ハ)汪ハ足首ヲ挫キ療養中ニテ二週間內ニハ來香ノ見込

(ニ)四川軍、雲南軍ハ彼等ト共ニアリ又中央軍モ三割ヲ懷柔シ得ル見込ナルガ擧兵ノ期日ハ明ナラズ要ハ今後言論宣傳戰ヲ併セ行ヒ蔣ヲ居タタマラナクスルニ在リ

(ホ)雲南ヲ通過スル武器及往電第一六四五號銀行券ハ凡テ手ニ入レ得ル見込ナルガ我方ヨリ月三百萬弗位ノ補助ヲ得タク其他作戰上ノ援助ヲ希望ス

二、以上ノ狀勢ニ於ケル本官ノ觀測ハ冒頭往電ノ範圍ヲ出デズ尙重慶ノ赤化卽チ蔣ト共產黨トノ合作ヲ各方面ヨリ宣傳スルト共ニ占領地政權側ヲシテ汪ノ聲明ニ故ラ迎合シ彼ヲ引摺リ倒スガ如キ結果トナル放送ヲ愼シマシムルヲ可トスベシ

三、汪ノ聲明ヲ細カク突付ケバ不滿足ノ點アルベキモ先方ニ對シ之ヲ問題トシテ取リ上グル時期ハ未ダ到來セザルモノト認メラレ當分ハ彼等ト重慶間ノ應酬振ヲ靜觀スル旁ラ其ノ立場ヲ窮窟ナラシメザルコト可然ト存ズ

416

昭和14年1月2日　在上海後藤総領事代理より有田外務大臣宛（電報）

汪兆銘の党籍永久剝奪および一切の職務罷免を重慶政権決定について

上　海　1月2日後発
本　省　1月2日夜着

第一號

新聞報道ニ依レバ一日重慶中央執行委員會ハ臨時會議ヲ招集汪精衛ノ規律違反、黨國毀害案ヲ上程附議ノ結果永久ニ汪ノ黨籍褫奪、一切ノ職務罷免方ヲ可決シタルカ同時ニ中

央監察委員會モ臨時常務委員會ヲ招集シ同シク本件ヲ上程ノ上之ヲ議決通過セシメタル趣ナリ尚一日重慶發「ルーター」電ニ依レハ政府筋ハ未タ汪ノ和平通電ヲ接受セス旁々本電ハ汪自身ノ發出セルモノナリヤ否ヤヲ確メタル上正式ノ意見ヲ發表スヘシト爲シ居レルカ消息通間ニ於テハ汪ノ和平解決論ハ從來ノ持論ヨリシテ意トスルニ足ラサルモ現下支那軍カ長期抗戰ノ目標ノ下ニ完全ナル體制改變ヲ整ヘ英米ノ對支借款成立ニ基キ支那金融界ノ地位ヲ安定セシメ且第三國ノ北支權益尊重ニ關スル日本ノ保障ニ對シ英米側ノ疑惑ヨリ支那ノ國際地位ヲ有利ニ導キ更ニ支那カ一層團結シ奥地戰ニ於ケル支那軍ノ優勢的地位ヲ確保シ來ル等局面大イニ好轉セル今日汪今次ノ行爲ハ全ク不可解トスル所ニシテ該通電モ果シテ汪自身ノ發出シタルモノナリヤ極メテ疑問ナリト認メ居ル趣ナリ

北京、天津、南京、漢口へ轉電セリ

香港へ轉電アリタシ

417　昭和14年1月3日　在上海三浦総領事より有田外務大臣宛(電報)

汪兆銘離脱に対する重慶中央および周恩来の反応について

上海　1月3日後発
本省　1月3日夜着

第五號

往[1]電第一號ニ關シ

新聞報道ニ依レハ一日重慶中央宣傳部政治部ハ左記ノ通リ對外聲明ト對內指示ヲ發表シタル趣ニテ其ノ大要左ノ通リ

一、對外聲明

汪今次ノ離國療養ニ關シ國內同志ハ何等正式ノ通報電報ニ接セサル事實ニ鑑ミルモ汪今次ノ行動ハ全ク私人的ノモノタルハ明カニシテ黨、政、軍各方面共全然關係ナク從テ其ノ在外行動ハ如何ナル方面ヲモ代表スルモノニアラス汪ノ宣言ハ單ニ其ノ個人ノ意思或ハ極ク少數ノ意思薄弱ナル者ヲ代表シタルモノニテ抗戰前途ニ何等影響ナキノミナラス日支問題ハ一朝一夕事ニアラサル故ニ一ツニ吾人ノ意氣ニ依リ我既定方針ヲ輕々ニ變更スヘキニアラス全ク汪ノ言フ所ハ一時敵人ノ狡猾サニ欺瞞セラレタルモノニシテ近衛ノ聲明ハ一トシテ支那滅亡ノ陰謀タラサルナキハ三歳ノ童兒モ之ヲ指摘シ得ル所ナルカ一歩讓ツテ近衞ノ聲明ニシテ果シテ最低限度ノ誠意ヲ有スルモノトセハ日本カ全ク力盡キ矢折レテ既ニ異常ノ窮地ニ陷リタルヲ證明シ得ヘク將ニ吾人ニ取リ積極的反抗ヲ計リ失地收復最後ノ勝利ヲ完成スルニ絶好ノ機會ナルニ何ソ中途ニ於テ妥協スルコトヲ得ン

尤モ革命成功ノ歴史ヲ考フルニ往々中途ニ於テ妥協分子ノ生スルコトハ免レサル所ニシテ其ノ例少カラス斯ル事件ノ發生ハ革命陣營ノ分化ニアラスシテ實際上却テ革命力量ノ團結ト强化ヲ加ヘ其ノ發展ト成功ハ一層把握セラルヘク現下大敵ヲ目前ニ控ヘ居ル吾人ハ最高領袖ノ統制下ニ徹底的抗戰ヲ堅持シ敵人ノ離間挑發ニ惑フコトナシ

二[(2)]、對內指示

一ト略同樣ノ內容ニテ汪ノ宣言內容ハ明カニ日本帝國主義ニ對スル屈伏ヲ表示シ支那滅亡ノ條件ヲ承認シタルモノニシテ客觀的ニハ敵陣ニ投降シ祖國ヲ賣リタルト同斷ニテ我革命史上ノ最大汚點ナリト稱シ斯ル行爲ハ黨國ニ何等影響ナシト斷シ吾人ハ第二抗戰期ニ於テハ此ノ種內訌ヲ肅淸シ徹底抗戰最後ノ勝利ヲ期待スヘシト指示シ居レリ

尙二日重慶發路透電ニ依レハ周恩來ハ同社記者ニ對シ汪ノ和平運動ハ意トスルニ足ラス二十年來ノ交ニ依リ汪ハ全ク懦夫タルヲ深ク知リ居レリトテ汪ノ經歷ヲ語リ十一月湖南省南嶽ニ於ケル軍事會議ニ於テ一同汪ノ和平說ヲ痛罵シタルカ第二次參政會席上ニ於テモ汪ノ腹心ハ英、米、佛、蘇ハ賴ムニ足ラサルヲ以テ支那ハ獨、伊ノ助力ヲ得テ和平解決ヲ計ルヘシトノ謬論ヲ得々トシテ述ヘタルコトアリ更ニ汪ハ香港ニ在ル腹心ヲシテ日本側ト折衝セシメ腹心ハ嘗テ東京ニ赴キタル程ナルカ汪今次ノ行動ハ既ニ支那內部ノ團結ヲ破壞シ能ハサルト共ニ全然支那ノ抗戰力ヲ毀損スルコト能ハス曾仲鳴、褚民誼等取ルニ足ラサル少數ノ者以外政府及軍隊部內ニ汪ヲ擁護スル者ナク顧孟餘或ハ陳公博モ汪ト同類ト爲ス說ハ猶疑問ナリ又汪ノ香港行ニ關シ事前蔣介石ト了解アリト爲ス謠言ハ不確實ニシテ蔣カ汪今次ノ行動ト全然關係ナキコトヲ深ク信スルモノナリト語リタル趣ナリ

北京、天津、南京、漢口ヘ轉電セリ
香港ヘ轉電アリタシ

418　昭和14年1月4日　在香港田尻総領事より有田外務大臣宛(電報)

重慶政権に対する内部切崩しおよび自壊促進のための現地宣伝工作方針について

香　港　1月4日前発
本　省　1月4日後着

第一一號(極祕、館長符號扱)

(欄外記入)
汪[1]精衛事件善後措置トシテ重慶側ハ汪ノ黨籍ヲ取消シ汪派分子ハ勿論反共又ハ從來態度曖昧ナル連中ヲ逮捕又ハ監視シ極力部内ノ動搖ノ波及防止ニ腐心シ居ル一方外部ニ對シテハ異分子ノ粛清ニ依リ國共合作ハ益々强固トナリ抗日戰線ニ些カノ動搖ナキカ如ク宣傳シ努メテ平靜ヲ裝ヒ居ル處斯クセネハナラヌ丈ケニ實際ノ打撃ハ大ナリト觀テ差支ナク抗日統一戰線ノ一角先ツ崩レタリト認メ得ヘシ今後共蔣側ノ努力ニ拘ラス漸次異分子ノ脱落豫想セラルル次第ナルカ一方從來支那側各派ハ一應抗日ノ爲統制セラレ居タルニ拘ラス内部ニ種々意見ノ對立矛盾ノ存在アリ(汪ノ脱出モ他ノ原因ハ別トシ右ノ現レト觀ラルヘシ)從テ各派間ニ相互警戒ノ念存在シ居リ右警戒ハ將來相互ニ愈々深メラレ行クヘキハ疑ナキヲ以テ(殊ニ國共間ニ於テ然リ)我[2]方ニ於テ此ノ機ヲ逸セス蔣政權ノ内部切崩自壞促進ノ積極工作ニ出ツルニ於テハ蘇聯カ疑心暗鬼ノ結果行ヒ居ル血ノ粛清工作同樣ノ事態ニ迄持行クコト必スシモ不可能ニアラスト考ヘラル之カ爲ニハ差當リノ思付トシテ

一、支那紙ハ汪聲明ニ對スル周恩來ノ感想ヲ發表シ居ル處右ニ依レハ周モ一應ハ汪ノ行動カ蔣介石トハ全然關係ナシト否認シ居ルモ未タ釋然タラサル樣子言外ニ現レ居ル事實ニモ鑑ミ此ノ際我方ニ於テ邦字、外字紙ヲ通シ各種情報等モ斟酌シ汪ノ裏面ニ蔣ノ了解及指金アルコトヲ極力强調シ共産黨ノ疑心ヲ深メシメ行クコト(此ノ種工作ハ蔣從來ノ二重政策ヨリ觀テ相當效果ヲ期待シ得ヘシ)

二、孔祥熙一派ハ尙蔣トノ和平交渉ニ一縷ノ望ヲ棄テス樊光等ヲ通シ必要ナル策動ヲ續ケ居ルモノノ如ク其ノ背後ニハ蔣ノ了解アリトノ可ナリ確カナル情報モアル次第ナルカ我方ニ於テ將來蔣トノ直接交渉ヲ考ヘ居ラス又孔ノ分離ノ見込ナシトセハ適當ノ機會ニ於テ右ノ策動ヲ暴露シテ汪一人カ主和派ニアラス孔モ蔣モ同穴ノ狢ナルコトヲ宣傳スルコト

三、[3]従來上海ニ於テ我方一部ト重慶朱家驊、陳立夫、陳布雷トノ間ニ行ハレ居ル交渉ノ如キモ彼等ヨリノ返電原文ハ當方ノ手ニ在ルコトニモアリ彼等ノ引入愈々見込ナキニ至ラハ之亦暴露戰術ニ出ツルコト等ニ依リ內部分裂殊ニ國共離間ヲ深メ行ク方法ヲ考ヘ得ル譯ナルカ我方トシテハ分離者ヲ引入レ度シトノ希望モ强キ次第ニテ二及三ノ實際ノ宣傳振及時期ハ相當愼重ナルヲ要スルモ時宜ニ應シ大體右「ライン」ニテ宣傳工作ヲ進メルコトト致度シ

上海ヘ轉電アリタシ

(欄外記入)

王(汪カ)工作ノ主眼トスル所ハ內部切崩自壞促進ニアリテ、王(汪カ)ヲシテ支那側ヲ拾收セシメ、之ニ基礎ヲオキテ和平ヲナサントスルカ如キ考ナキハ勿論ニ付(軍ノ一部ガ如何ナル希望ヲ有ストシテモ、右ハ尠クトモ實現不可能ナルノミナラス、默視シカタキ所ナリ)本電ノ趣旨ニヨリ折角努力サレ度旨返電スルコト(田尻ヲ激勵ノ意味)土肥原機關ノ任務及ビ□(一字不明)ノ腹案(王(汪カ)工作(切崩)ノ成績ヲ見極メタル上大体二、三月ノ□□□(三字不明)ヲ擁立、中央政府建設)ノ大体ヲ附記スルコト

---

419 昭和14年1月4日 在香港田尻総領事より有田外務大臣宛(電報)

汪兆銘の立場を擁護する記事発出の必要性につき意見具申

香港 1月4日後発
本省 1月5日前着

第一三號(極祕、館長符號扱)

汪[1]ノ聲明ハ之ヲ中心ニ重慶トノ間ニ何分ノ應酬ヲ重ネ結局蔣ヨリ分離スルノ已ムナキニ至レリトノ形ヲ執リ以テ自己ノ立場ヲ作ラントスル肚ニテ爲セリ從テ蔣介石ニ對スル攻撃ハ一言モ爲ササリシモノトノ高宗武ノ解釋モアリ既電ノ通リ我方ニ於テ當分靜觀スルコト然ルヘシト考ヘタル次第ナルカ重慶ノ態度ハ右ニ反シ直ニ黨籍剝奪ノ擧ニ出テ汪ハ四面楚歌ノ裡ニ置カレタルノミナラス一日ノ東京發路透ハ汪カ近衞聲明ヲ誤解シ居ル旨ヲ傳ヘ三日ノ大公報ハ社說ニ之ヲ引用攻撃シタル爲高ハ聯絡者ヲ介シ日本政府ニ於テ何等同情アル態度ヲ示シ汪ノ立場ヲ救ハレ度キ旨ヲ申入レ來レリ固ヨリ汪ノ聲明ニハ我方トシテ不滿足ナル點モアリ又本人モ未タ來香セス關係者モ周圍ノ監視ヲ惧レ其ノ後面談

ノ機會ナキヲ以テ汪ノ眞意ハ捕捉スルニ由ナキ事情モアリテ高ノ希望ヲ容レ政府トシテ汪ノ聲明ニ俄ニ贊意ヲ表シ得サル次第ナルカ（逆ニ其ノ內容ヲ批評スル時機ニモアラス）彼[2]ヲ將來利用スル爲其ノ立場ヲ固メサス意味ニ於テ貴地一、二ノ新聞ヲシテ「汪今次ノ措置ハ戰爭ノ慘禍ヨリ民生ヲ救ヒ赤魔ノ漫延ヲ防ク目的ヲ以テ爲サレタル大政治家ノ動キナリトシテ我方ニハ關係ナク之ヲ稱讃スルト共ニ支那ノ謬レル抗日戰線ノ一角ハ之ニ依リ崩壞シ重慶ノ空宣傳ニ拘ラス大局ハ變化シツツアリ第三國モ此ノ新情勢ヲ悟ルヘキナリトシテ蔣ノ前途ニ希望ヲ懸ケ居ル最近ノ外國側放送ニ一矢ヲ酬ヒル」趣旨ノ社說ヲ出サシメ同盟ヲシテ「キヤリー」セシメテハ如何カト存ス何分ノ御處置ヲ仰度シ

420　昭和14年1月5日　在香港田尻総領事より有田外務大臣宛（電報）

汪兆銘の重慶離脱事情に関する沈崧内話

香　港　1月5日後発
本　省　1月5日夜着

第一九號（極祕）

汪[1]精衛ノ近親沈崧ノ戶根木ニ對スル內話要領左ノ通リ

一、汪ハ客年高宗武カ個人トシテ渡日シ日本側ニ於テ蔣介石ノ下野ヲ絕對條件トシ居ル由報告ヲ受ケタルモ萬一日本側ノ壓力ニ依リ蔣ヲ下野セシメンカ中央軍ヲシテ共產黨側ニ走ラシメ眞ノ平和ノ實現ヲ期待シ難シト認メ一時和平運動ヲ中止セシカ其ノ後前途ノ見透ハ共產黨ノ跋扈アルノミニテ中國赤化ノ憂深シトシ十一月ニ入リ各同志ニ平和工作ノ必要ヲ說ク一方日本側ニ對シ根本方針ノ明示ヲ衷心ヨリ欲シ居ル旨申越セルカ同中旬來香セル曾仲鳴ヲ通シ戰禍ニ苦シム民衆ヲ赤化ヨリ救フ爲例ヘ漢奸ノ汚名ヲ蒙ルトモ憂國ノ識者ニ先ンシ自己ノ主義主張ヲ忠實ニ表現スルヲ必要ト認メ近ク重慶ヲ立退クコトニ決意シタル旨竝ニ右ハ日本側トハ何等ノ關係ナク其ノ同情ヲ得ルト否トハ別問題ナル旨內報越セリ

二、[2]汪今回ノ擧ハ專ラ中國人ノ立場ニ於テ和平救民ノ純情ヨリ出テタルモノニシテ蔣介石等ニ對シ何等ノ非議ヲ加ヘス一ニ同憂ノ士ヲ反省鼓舞シテ周圍ヨリ蔣ノ自覺ヲ促シ已ムヲ得サレハ內部ノ分化ヲ來シメントスルニ在リ從テ之ニ對シ日本側カ無暗ニ讚辭ヲ呈シ或ハ聯繫アルカ如キ

宣傳ヲ爲サハ一般ヨリ傀儡又ハ漢奸ノ言トシテ冷笑看過セラレ殊ニ前線ノ將領ニ惡印象ヲ與フルコトトナリ汪ノ企圖ハ失敗シ支那ハ愈々赤化スル外ナカルヘシ

三、汪蔣間ニ何等ノ默契又ハ了解ナカリシコトハ當初重慶ヨリ大公報及黨部代表陳素等ニ對シ汪ノ態度判明迄一切ノ批評ヲ差控フルヘキ旨電命シタルニ顧ミ明カナリ目下ノ蔣ノ汪ニ對スル態度ハ頗ル惡辣ナルモ孫科及共產黨ハ更ニ甚シキモノアリテ汪ハ言動ヲ愼重ニシ警戒中ナルカ二週間內ニハ一應來香シ聲明ノ反響ヲ見極メ對策ヲ構(講カ)スル筈ナリ其ノ上自分ハ重大使命ヲ帶ヒ廣西、長沙方面前線將領トノ聯絡ニ出向クヘシ

四、[3]汪カ最モ懸念シ居ル點ハ將來和平回復ト同時ニ日本側カ全般的撤兵ヲ實施シ得ルヤ否ヤニ在リ尚支那人トシテハ北支、中支或ハ西南ト言フカ如ク人爲的領域ヲ國內ニ設クルコトニ對シ多大ノ不審ヲ感シ居レリ

五、龍雲ノ態度ハ兎角ノ評アルモ汪カ昆明着ノ翌日無事ニ河內ニ赴キタル一事ヲ以テ總テヲ察知シ得ヘシ龍ハ省內手兵手薄ノ爲蔣ヨリ制壓ヲ加ヘラルルヲ極度ニ恐レ居ルモ汪ヲ信頼シ居ル四川將領トハ一脈ノ聯絡アル筈ナリ又西南ニハ汪多年ノ友タル張發奎、薛岳アリ白崇禧モ廣西ヲ侵サレサル限リ問題ナカルヘシ一方蔣介石ハ張薛ノ兵力增大ヲ喜ハス又白ハ薛ト不仲ナルノミナラス最近ハ余漢謀ヲ誘ヒ蔣ヲシテ其ノ信任セル李漢魂ノ兵權ヲ鄧龍光ニ引渡サシメ李ヲ省政府主席ニ祭込ミ軍界ヨリ遠カラシメタル事實アリ兎ニ角何レモ利害ニ依テ行動シ必スシモ蔣ノ思フ如クニハ行カサル內情ナリ

上海、北京ヘ轉電アリタシ

421 昭和14年1月7日 有田外務大臣より 在ハノイ鈴木総領事宛(電報)

汪側より申し出ある場合には保護すべき旨訓令

本省 1月7日後8時55分発

第二號(極祕、至急、館長符號扱)

汪精衛側ヨリ申出アリタル場合ハ可然同人保護ノ措置ヲ採リヤラルル樣致シ度

422 昭和14年1月8日 在香港田尻総領事より 有田外務大臣宛(電報)

汪兆銘の離脱を契機とする重慶政権の全面崩壊に向けた準備工作の必要性につき意見具申

香　港　1月8日後発
本　省　1月8日夜着

第三四號（極祕）

[1]汪ノ聲明ハ陳公博、顧孟餘ノ反對ニ拘ラス梅子平《（思カ）》、高宗武等ニテ發表シタル爲汪ノ黨籍剥奪トナリ計畫ニ蹉跌ヲ來セルノミナラス（往電第一一號冒頭參照）河內ニ於ケル佛官憲ノ監視强マリ汪ノ行動ヲ不自由ナラシメツツアリトノ聞込モアル處一兩日來ノ新聞ハ多少筆法ヲ軟ラケ來レルト共ニ（重慶ヨリ反響ヲ過大ナラシメサル爲緩和ノ指令來レルニ依ル由ノ諜報アリ）高ノ書面聯絡ニ依ルニ聲明ニ對シ內密共鳴スル者モ相當アル模樣ニテ別ノ諜報ニ依ルモ華僑方面ニハ特ニ好感ヲ以テ迎ヘラレ居ルカ如ク當地新聞ハ南華日報ヲ除キテハ未タ積極的ニ汪ヲ支持スル記事ヲ掲クルモノナク今暫ク波紋ノ靜マルヲ俟ツニアラサレハ此ノ方面ノ工作ハ施スニ由ナキモノト認メラルル一方雲南、四川ノ擧兵ニ付テハ內面的ニ相當ノ聯絡及多少ノ動キアルハ事實ナルモ詳細ハ明カナラス又今ヤ重慶側ノ監視嚴重ニシテ遽ニ其ノ實現ヲ期待シ得ヘクモアラス假ニ昆明ノ爆擊等ニ依リ彼等ノ旗上ケヲ說?得不取敢之ヲ實行セシメ得タトシテモ果シテ永續キスヘキヤ多大ノ疑問トセラレ目下ノ段階ニ於テハ汪ノ重慶脫出及之ニ伴フ內部陣營ノ動搖ノ程度ニテ一應滿足シツツ而モ密ニ次ニ來ルヘキ全面的崩壞ノ爲ノ準備工作ヲ續クルヲ要シ此ノ際焦ルコトハ禁物ナリト認メラル

[2]右工作トシテハ㈠累次電報ノ通リ重慶ノ內部分裂ヲ目標トスル諸宣傳ノ外孔祥熙等和平論者ニ對シ呼掛ケルカ如キ方法モアルヘク（最近喬輔三カ焦リ氣味ナルニ對シ孔一派カ愚圖ツイテ居レハ一番後ニ取殘サルルコトトナルヘキ趣旨ニテ應接シツツアリ）㈡汪ノ來香ヲ俟チ計畫ヲ詳細聞出シ其ノ實現ノ可能性ヲ檢討ノ上政治及軍事上之ニ對應スル手ヲ打ツコトモ必要ナルヘク又㈢龍雲或ハ李濟深等ノ實力派ヨリ接近シ來ル者モ多少アルヲ以テ彼等ヲ適當ニ善導シ汪ノ外廓ヲ補强擴大スルニ努ムル要モアルヘク或ハ假令小部分ナリトモ廣東軍ノ分裂方モ試ミル價値モアルヘク是等ハ何レモ折角手ヲ染メ居ルモ龍派ノ考ノ如キハ別トシテ雲ヲ掴ム程度ヲ出テス又國民黨嫌ノ李カ果シテ汪トノ協力ヲ肯スルヤモ甚タ疑ハシク何レモオイソレトハ進捗スヘシトモ

考ヘラレサル現狀ナリ但シ未タ前途ヲ悲觀スルニ及ハサル次第ニテ委細ハ近ク歸朝ノ筈ナル今井中佐ヨリ何レ御聽取相成ルコトト存スルモ一應ノ見透及差當リノ當方工作要領御參考迄電報ス

御氣付ノ點ハ大少トナク御指示ヲ俟ツ

上海ヘ轉電アリタシ

423

昭和14年1月10日　在上海三浦総領事より有田外務大臣宛（電報）

汪兆銘離脱問題に関する梁鴻志ら維新政府要人の見解について

上海　1月10日後発
本省　1月10日夜着

第四七號（極祕）

汪[1]兆銘ノ脱出ニ關シ維新政府側ニ於テハ脱出前後ノ眞相判明セサル點アルト共ニ日本側ノ本件取扱方針ヲ承知セサル爲政府トシテハ此ノ際何等ノ表示モ爲シ難ク暫ク事態ノ推移ヲ靜觀スル外ナシト稱シ沈默ヲ守リツツアリ從テ情報ノ蒐集等ニモ餘リ熱心ナラサル模樣ナルカ本件ニ關シ梁鴻志及陳群カ九日清水ニ內話スル所左ノ通リ

一、梁鴻志

汪脱出ノ當初ハ蔣介石ト或程度ノ諒解アリタルモノト察セラルルカ脱出後ノ汪ノ行動ハ果シテ如何ナル程度ニ蔣ト聯絡アルヤ判斷ニ苦シム所ナリ汪カ若シ今後西南方面ニ於テ一新政權ヲ組織シ親日防共ヲ標榜スルニ於テハ當然我カ聯合委員會ノ一單位トシテ加入シ來ルヘキ筈ニテ右ハ素ヨリ吾人ノ歡迎スル所ナリ將又日本側ニ於テ此ノ際汪ヲ利用シ聯?支新政權ノ首領ト爲シ時局ノ收拾ニ當ラシメントノ意嚮ナラハ臨時維新兩政府トノ關係其ノ他ニ付愼重ナル考慮ヲ加ヘサルヘカラス何レニスルモ事態ノ明瞭トナル迄我々ハ輕々シク動キ得サル次第ナリ

二、[2]陳群

汪ハ國民黨ヲ離レテ個人ノ力ニテ政治運動ヲ爲スモ到底成功セサルヘク恐ラク臨時維新兩政府程度ノモノヲ作リ得ルヤ否ヤモ覺束ナシ之ニ反シ若シ汪カ國民黨元老ノ地位ヲ利用シ孫文主義ノ中ヨリ大亞細亞主義其ノ他ノ親日的思想ヲ揭ケテ旗擧スレハ同人ノ閲歴聲望ヨリ見テ少クモ國民黨ノ半數ヲ集メ得ヘク其ノ他ノ中立穩健派モ擧ツ

テ之ヲ支持スルニ至リ重慶切崩工作ニ成功スル望アルヘシ唯其ノ際ハ當然青天白日旗ヲ掲ケサルヘカラサル立場トナルヲ以テ爾後新政權合流ノ際國民黨及五色旗ト既設五色旗政權トノ調和ヲ如何ニスヘキヤノ重大問題ニ逢着スヘク此ノ點ハ日本側ニ於テモ充分研究スル必要アリ自分ハ國民黨方面ニハ多數ノ知己モアリ必要アラハ如何ナル方面ニ對シテモ聯絡ヲ取リ得ル立場ニ在ルモ如何セン日本側ノ方針判明セサル爲此ノ所暫ク袖手傍観スル外途ナシ

北京、南京、香港ヘ轉電セリ

424　昭和14年1月13日　在上海三浦総領事より有田外務大臣宛（電報）

汪兆銘は近く渡欧予定との情報について

上　海　1月13日後発
本　省　1月13日夜着

第六三號

ＡＯカ申報ニ入リタル香港電（新聞ニ發表セラレス）トシテ内報スル所ニ依レハ汪派要人連ハ連日香港ニ於テ汪ノ出廬問題ニ付協議ヲ遂ケ居レルカ顧孟餘等ハ汪カ此ノ際出國渡歐スルコトカ先決問題ニシテ徐ニ獨逸等ニテ待機シ將來獨逸ノ斡旋ノ下ニ事態ノ有利ナル展開ヲ俟チ政界再出馬ノ機會ヲ待ツ方現下ノ情勢ニ鑑ミ比較的賢明ナル策ナリト主張シ居レルカ汪自身モ同意シ近ク渡歐ノ途ニ就クコトトナリタル趣ナリ

北京、天津、南京、漢口ヘ轉電セリ
香港ヘ轉電アリタシ

425　昭和14年1月14日　在香港田尻総領事より有田外務大臣宛（電報）

高宗武の訪日予定など汪派の今後の動きに関する観察報告

香　港　1月14日後発
本　省　1月14日夜着

第六二號（極祕、館長符號扱）

往電第三四號[1]ニ關シ

共產派及汪ニ出シ抜カレタル方面ニ於テハ今後同人ノ身ノ振方ニ付當分外遊スル外ナカルヘシトノ宣傳ヲ爲シツツア

リ又汪ノ同情者中ニモ急激ナル時局ノ變化望マレス又當地ニ汪カ來ルモ河内以上ニ活動上拘束ヲ受クヘキヲ以テ(政廳ノ彼等一派ニ對スル監視嚴重トナレルカ二、三日前汪派カ救國和平以外ニハ他意ナキコトニ付懇談シ大體民政長官ノ諒解ヲ得タル趣ナリ)此ノ際ハ歐洲ニ赴キ支那ノ實情ヲ認識セシムルニ努ムルコト然ルヘシト眞面目ニ考ヘ居ル者モアル處高ノ書信ニ依レハ汪ハ河内ニテ手厚キ保護ヲ受ケ居リ何等危険ナク又今後ノ工作ニ付テハ目下當地同志間ニテ策ヲ練リ二十日頃河内ニ赴キ右ニ對スル汪ノ承認ヲ經タル上月末高自身之ヲ齎シ渡日スヘシトノコトナルカ

茲ニ注意ヲ要スルハ彼等カ第二段階ニ入ル(卽チ實力派カ動キ出ス)前提トシテ我方カ今少シ何トカ積極的ニ軍事行動ヲ起スコトヲ强ク期待シ居ルコトニシテ尙之ト別口ニテ當方ニ接觸シ來ル實力派方面ノ者ニ於テモ斯ル口吻ヲ洩ス者アリ右後者ノ連中ハ汪ノ聲明カ早過キタル爲蔣ヲシテ態度ヲ愼重ナラシメ五中全會ニ於ケル共產黨重要提出案ハ恐ラク次期會議迄持越サレ重慶カ赤化セリト宣傳スルモ民衆ニ「ピン」ト響カヌコトトナルヘキヲ以テ愈日本ノ發動カ必要トナル譯ナリトノ觀察ヲ爲シツツアル處五中全會カ如何ナル經過ヲ辿ルヤ又汪派ノ具体的計畫ノ如何モ不明ナル今日(四五日中ニ高ト會見ノ結果ハ追電スヘシ)時局ノ動向ヲ豫測スルハ時期尙早ナルモ今後ノ我方局面指導上ノ資料トシテ冒頭往電補足旁右御參考迄

上海ヘ轉電アリタシ

426　汪兆銘離脱問題に関する王克敏ら臨時政府要人の見解について

昭和14年1月14日　在北京秋山大使館一等書記官より有田外務大臣宛(電報)

北　京　1月14日後発
本　省　1月14日夜着

第四五號(極祕扱)

汪精衛ノ脱出ニ關シ當方面支那側要人間ニハ一般ニ右ハ蔣介石トノ諒解ノ下ニ行ハレタリトノ觀測最モ有力ナル處王克敏及湯爾和ノ十三日原田ニ爲セル內話要領左ノ通リ御參考迄

一、王克敏

汪ノ脱出カ直接蔣ノ指金ニ依ルモノナリヤ否ヤハ疑問ノ

餘地アルモ少クトモ有力ナル仲介者ヲ介シテ或程度ノ諒解ノ下ニ爲サレタルモノト察セラルル處其ノ結果ハ早急ニ期待シ得ス今後相當ノ時日ヲ要スル次第ニシテ之カ爲ニハ蔣介石對共產黨ノ複雜ナル關係ノ淸算ト西南各省ノ態度鮮明トナルコト先決問題ナルヘク目下ノ所反蔣態度ノ比較的明カナルハ蔣ノ爲最モ痛手（四、五十萬ノ大軍ヲ僅々十數萬ニ減セラレタリ）ヲ被リタル廣西ノミニシテ四川雲南等ハ未タ旗幟鮮明ナラス依テ日本側トシテハ此ノ際餘リ騷キ立ツルコトナク表面飽迄傍觀的態度ヲ持シ專ラ內面工作ヲ以テ汪ノ緣者ノ態度ヲ探ルコト得策ナリト思考ス

二、湯爾和

汪ノ脫出ハ蔣トノ間ニ完全ナル聯絡アリテ行ハレタルモノニシテ右ハ一種ノ煙幕彈トモ見ルヲ得ヘク之ニ依リテ日支兩國及諸列國ノ反響ヲ見ントスル一手段ニシテ一方蔣介石カ專ラ共產黨ノ勢力增大ヲ宣傳シ居ルモ蔣ハ猶五、六十萬ノ手兵ヲ擁シ共產黨ノ勢力トハ比較ニナラス他方蘇聯ノ武器援助モ左シタルコトナキモ蔣トシテハ從來ノ行懸上今直ニ對日妥協ヲ申出ツル譯ニモ行カス前記反響ヲ見送リツツ右宣傳ニ依リ全國的反共空氣ノ醞釀ヲ計リ適當ノ時期ニ一大「クーデター」ヲ敢行シ共產黨ヲ絕滅シテ之ヲ手土產トシテ日本ニ妥協ヲ求メントノ底意ナルヤニ察セラルル處支那ハ將ニ危篤ニ瀕セル病人ニシテ日本カ診斷ヲ誤リテ濫リニ投藥センカ遂ニハ死ニ至ラシムル惧アリ今暫ク絕對安靜ヲ保チ病狀ヲ見極メタル上ニテ有效適切ナル措置ヲ施サルルコト切望ニ堪エス尙右蔣側ノ計畫ニ對シ日本側トシテハ餘リ宣傳等ヲ爲サス蔣ヲシテ之カ實行ヲ容易ナラシムルコト望マシ云々

以上蔣側今後ノ出方ニ相當ノ機微ナル影響アルヘキニ付當分外部ニ發表セサル樣致度シ

在支各總領事へ轉電セリ

427　昭和14年1月18日　在上海三浦総領事より有田外務大臣宛（電報）

汪離脱に日本側が関与したとの情報に関する周文彬内話

上海　1月18日後発
本省　1月19日前着

第一〇五號（極祕）

十八日周文彬ノ岩井ヘノ內話要領左ノ通リ

最近香港ヨリ來滬セル錢永銘使者ノ談ニ依レハ今回ノ汪脫出ノ裏ニハ日本側工作アリ今井中佐等香港ニテ活動シ居タルコトハ相當知レ渡リ居ル樣子ナリ一般ニ汪脫出迄ハ成功ト認メラレ居ルモ其ノ後ノ措置餘リ上出來トハ言ハレス日本側ニテ今少シク何トカ積極的援助出來サリシモノナリヤ折角事ヲ此處迄運ヒテ失敗ニ終ラシムルカ如キコトアランカ二度ト何人モ引出ニ應スル者ナカルヘシトノ感想ヲ一部ニテハ懷キ居ル者アル模樣ナリ云々（岩井ヨリ右ハ錢モ同樣ナル感想ヲ有シ居ルモノナリヤト問ヘルニ周ハ使者ノ口吻ニテハ勿論然ルヘシト答ヘタル由）

香港ヘ轉電セリ

428 昭和14年1月20日　在香港田尻総領事より有田外務大臣宛（電報）

沈崧提供の汪関係情報にはＰＬの略号を用いる旨報告

香　港　1月20日後発

本　省　1月20日夜着

第九四號（極祕）

沈崧ノ情報ハ今後ＰＬノ略號ヲ以テ電報ス汪派ノ行動ニ關スル最モ信賴スヘキモノナリ

上海ヘ轉電セリ

429 昭和14年1月24日　有田外務大臣より在上海三浦総領事、在香港田尻総領事、在ハノイ鈴木総領事宛（電報）

汪兆銘が英独仏三国に査証発行を請求中との独国参事官情報について

本　省　1月24日後9時0分発

合第一六〇號（極祕）

二十四日在京獨逸大使館參事官歐亞局長ヲ來訪在上海獨逸代理大使ノ來電ニ依レハ目下汪兆銘ハ英獨佛三國ノ查證ヲ求メツツアリ右汪ノ歐洲行ハ蔣介石トモ了解アル由ニテ同行者ハ夫人及祕書ナル趣ヲ通報シ尙汪ノ渡歐時期ニ付テハ何等判明シ居ラサル旨內話セリ何等御參考迄

本電宛先、上海、香港、河内

430　昭和14年1月27日　在香港田尻総領事より有田外務大臣宛（電報）

日本側との内通者に対する高宗武の警戒に鑑みPL情報の厳重取扱いにつき注意喚起

香　港　1月27日後発
本　省　1月28日前着

第一一三號（極祕）

ＰＬハ二十六日高宗武ヨリ同志ノ內何人カ他ニ日本側ト接觸スル者アリ其ノ供スル內部情報ハ頗ル詳細ヲ極メ高自身ノ日本側トノ折衝ニ何彼ト不利アル處右ハＰＬニアラスヤトノ質問ヲ受ケタル趣ニテＰＬハ之ヲ否定シ置キタルモ今後共ＰＬノ姓名ヲ嚴祕ニ附シ情報ノ取扱方ニモ充分注意アリタキ旨申出テタリ

上海へ轉電アリタシ

431　昭和14年1月27日

東亜新秩序建設の観点より汪側の希望には同情的考慮を払うべしとの田尻香港総領事の見解

付記一　昭和十四年一月二十八日、東亜局第一課奥村事務官作成

汪兆銘工作に関する参謀本部今井中佐との会談要領

二　昭和十四年二月十六日、岩井副領事作成

汪兆銘工作に関する今井中佐との会談要領

（昭十四、一、二七）

亞、一、　奥村事務官

汪精衞一件

田尻總領事トノ打合要領

一月二十三日命ニ依リ上海ニ出張シ二十四及二十五ノ兩日香港ヨリ來滬セル田尻總領事ト對汪精衞工作ニ關シ打合ヲ遂ケタルカ其ノ要領左ノ通

一、田尻カ香港ニ於テ高宗武ニ最後ニ會見シタルハ一月十九日ナルカ其ノ際高ハ汪一派今後ノ行動ニ關スル計畫ハ同志ト協議ノ結果黨、政、軍ノ各事項ニ付一成案ヲ得ルニ至リ近ク來香ノ筈ナル汪ノ決裁ヲ經ルコトトナレリト述

ヘタリ、田尻ヨリ其ノ內容如何ヲ種々問ヒタルモ高ハ汪ノ決裁アル迄ハ申上ケ難シトテ多クヲ語ラス、只黨ニ付テハ汪一派カ依然國民黨トシテ行動スヘキヤ或ハ又「興中會」ノ如キモノヲ起スヤヲ考慮シ居リ、軍ニ付テハ張發奎、薛岳、李濟琛《(深カ)》等ト連絡アルコトヲ仄シ、政ニ付テハ西南政府ヲ樹立スルヤ將又直チニ南京ニ赴クヤノ考アリ等語リ、孰レニスルモ右計劃案ハ汪ノ決裁アラハ（當時汪ハ一月末又ハ二月初來香ノ豫定ナリキ）之ヲ携行シテ臺灣經由上京シ軍部（主任者參謀本部支那班今井中佐）ト打合ノ手筈ト爲リ居レリト述ヘタリ

二、依テ高宗武上京ノ際ハ外務本省ニ於テ右計劃案ニ對シ充分檢討ヲ加ヘラレ所要ノ措置ヲ講セラルル樣致度シトノ田尻ノ意見ナリ蓋シ中央ニ於テハ汪ノ重慶脫出後現在ニ至ル迄ニ現ハレタル客觀的情勢ヨリ判斷シテ今後之ニ多キヲ期待シ難シトノ見方アルヤモ知レサル處、對汪工作カ所期ノ效果ヲ發揮シ得ヘキヤ否ヤハ全ク今後ノ施策如何ニ懸ルモノト判斷セラル、汪ノ脫出ニハ蔣介石トノ默契アリトノ說ニ對シテハ愼重ニ探索シタルモ其ノ事實ヲ認メ得ス却テ汪ハ相當ノ決心ヲ以テ脫離ヲ決行シタルモノナルカ、之ヲ袖手傍觀スレハ龍頭蛇尾ニ終ルヘキ虞アルニ反シ汪今後ノ行動ト之ニ呼應スル我方ノ工作ト相俟テハ蔣政權ニ與ヘ得ヘキ打擊ノ可能性ハ相當大ナリト見ルヘク、一方汪ノ閱歷手腕及其ノ一派ノ人物ヨリ見テ日支時局ノ收拾、東亞新秩序ノ建設上最モ有力ナル要素タルヲ失ハス、卽チ對汪工作ハ單ニ軍ノ謀略トシテ之ヲ見送ルカ如キコト無ク外務當局トシテモ對支國策ノ一端トシテ積極的ニ之ヲ推進セラレンコトヲ希望ス

從テ高宗武カ近ク携行スヘキ前記計劃案ハ軍側ノ所期スルカ如キ事態ノ進展ヲ見ルモノトスレハ今後ノ我對支施措上ノ一基礎的要綱トモナルヘキニ鑑ミ該案ニ對シテハ外務側ニ於テ愼重ニ檢討ヲ加ヘ軍側トモ緊密ニ連絡シテ今後ノ工作ニ付遺憾ナキヲ期セラルル樣致度

三、汪一派ニ於テハ日本側ハ廣東及武漢陷落以來殆ト軍事行動ヲ停止シ或方面ニ於テハ兵ノ撤收迄行ヒ居ル如キ狀態ナルカ、今後汪ノ工作ヲ援助スル爲、殊ニ實力派ノ動キヲ促進スル爲、何等カノ積極的軍事行動ニ出テラレンコトヲ强ク期待シ居レリ

（此ノ點ニ付參謀本部今井中佐ハ或種ノ用意アルコトヲ

內話セルノミナラス一月二十五日中支派遣軍司令部參謀高橋大佐（政務主任）モ近ク何等軍事行動開始方考慮中ナル旨內話セリ）

（欄外記入）

四、更ニ汪一派トシテハ愈々積極的活動ニ乘出ス場合ニモ所謂漢奸ノ汚名ヲ着セラルルカ如キコト無カランコトヲ强ク希望シ居レリ、卽チ單ニ汪ノ脫出自身カ日本側ノ謀略ニ乘セラレタルモノトノ說ヲ流布セラルルカ如キコト無キヲ望ムノミナラス、今後ノ工作（例ヘハ政權樹立）ニ當リテモ日本側カ其ノ屢次ノ高邁ナル聲明ニ卽セサルカ如キ態度（例ヘハ多數日系官吏ノ配置）ニ出テラレサルコトヲ望ムトノ意ナリ

田尻ノ意見トシテハ右汪側ノ希望ハ東亞新秩序建設ノ觀點ヨリモ之ニ同情的考慮ヲ拂フコト可然、從テ此ノ際客年十一月三十日御前會議決定「日支新關係調整方針」ニ付テモ今一應根本的檢討ヲ爲スコト有益ナルヘシ、卽チ右方針ニ附屬スル「日支新關係調整要項」ハ該方針實施上ノ準則ヲ示スモノニシテ全然更改ノ餘地無キモノニハ非ス而シテ該要項中ニハ必スシモ新ナル事態ニ卽セサルモノナキヤ再檢ヲ加ヘラレ度、右ハ前顯汪一派ノ計劃案ニ對スル檢討ト密ニ聯關セシメラレ（例ヘハ國民黨、三民主義等ノ存在ヲ許スヤ否ヤノ問題）此ノ際根本問題ニ關スル省議ヲ御決定相成、之ニ基キ軍側ニ對スル積極的協力及指導ニ當ラレンコトヲ希望ス

附　記

㈠重慶側ノ汪ニ對スル懷柔策及汪派切崩工作ハ相當活潑ニ行ハレ居ルモノノ如ク、又一方英國側カ重慶側ノ意ヲ承ケ又ハ獨特ノ二股政策ニ基キ汪派ニ働キ掛クルコトモ容易ニ想像セラル、我方ノ對汪工作上警戒ヲ要スル點ナルヘシ

㈡香港ニ於ケル汪派ハ陳璧君ヲ中心トシ顧孟餘、陳公博、高宗武、梅思平等アリ、高宗武專ラ我方トノ連絡ニ當リ居リ、我方ハ今井中佐ノ連絡係一田中佐（高橋ト假名ス）アリ滿鐵社員西義顯（事變前迄滿鐵南京出張所長タリ、當時吳震脩ト盛ニ往復シタル他、知日派要人ト往來シ居タリ）其ノ中ヲ大イニ奔走シ居レリ、近ク高宗武東上ニ當リテハ西モ同行ノ筈ナリ

㈢一月二十四日上海ニ於テ田尻、奧村ト會食セル津田靜枝中將ハ汪利用ノ將來性如何トノ漠然タル質問ニ對シ汪ナ

ラハ王克敏モ梁鴻志モ異存無カルヘシトテ相當期待ヲ掛ケ然ル可キヤノ口吻ナリキ

（欄外記入）
條件ヲ更ニ緩和セラレタシト云フ意ナリトセハ不同意

（付記一）

汪精衛工作一件

（昭和一四、一、二八、亞一、奥村記）

本日參謀本部支那班今井中佐ト會談セル要領左ノ通

一、先ツ奥村ヨリ上海ニ於ケル田尻トノ打合要領ヲ内話シタルニ對シ今井ヨリ「田尻君ハ此ノ工作ノ將來ヲ如何ニ見透シ居ルヤ、ヤッテモ駄目タト云フ感シヲ抱キ居ルニ非スヤ」ト問ヒタルニ付田尻ノ積極論ヲ披露シタル處今井ハ大ニ安心ノ態ナリキ

二、汪工作ノ為日本側カ今後打ツヘキ手ニ付テハ外務省ニ於テモ十分御研究ノ上大臣ニモ宜ク御話願ヒ置キ度シト云ヘリ

三、汪側ノ要望セル日本ノ積極的軍事行動ニ付軍側ハ如何ナル考ナリヤトノ問ニ對シ今井ハ夫ハヤル積リニテ其ノ為自分ハ東京ニ居ルモノナリ内容ハ軍令ノ機密ナルヲ以テ申上ケ兼ヌルモ、弗々現ハレ來ルヘシト述ヘタリ

四、汪工作ニ付テハ陸軍部内ニ於テ反對アリトノ説モ行ハレ居ル處眞相如何ト問ヒタルニ對シ今井ハ中央ノ關スル限リ絶對ナシ、板垣大臣ハ本件工作ノ最モ熱心ナル支持者ニシテ陸軍省ニ於テハ軍務、軍事兩課長、參謀本部ニ於テハ作戰、謀略兩課長全然同意ニシテ自分トシテハ要所要所ヲ完全ニ抑ヘアル積リナリ、仰々本件工作ハ和知工作（相當ノ金ヲ用ヒテ蕭振瀛ヲ通シ西南派ニ働キ掛ケントスル工作）案ニ對シ軍首腦部ニ於テ全然乘氣ナカリシ

（欄外記入）

ガ其ノ一週間位後ニ偶然自分（今井）カ此ノ案ヲ持出シタルニ對シ軍事課長率先贊意ヲ表シ軍首腦部ニ於テ夫々責任ヲ分擔シ乘出サント決意セル經緯アリシモノナリト述ヘタリ（尚土肥原中將邊リニ汪精衛工作ニ對スル難色アルヤモ知レサルカ呉佩孚等擔出シテモ大シタコトハ出來サルヘシ、要スルニ古キ支那通ノ觀念ヲ以テシテハ新シキ秩序ヲ建設スルコト不可能ナリト附言セリ）

五、最近香港ニ於ケル連絡者一田中佐ニ對シ汪派ナリト稱シ

連絡シ來ル支那人アリ內情ヲ探ラレテハ困ルニ付高宗武ト打合セノ上高ノ口利キニ依ラサル支那人ニハ一切會ハヌコトニセリ、又土肥原機關ノ者ナリト稱シテ汪一派ニ連絡ヲ取リ來ル日本人モアル由ニテ部內、部外共ニ却々警戒ヲ要スル狀態ナリ、外務省側ニ於テモ此ノ點ハ御留意願ヒ度シト今井ハ語レリ

六、尙今井カ極祕トシテ內話セル所ニ依レハ客年上海ニ於テ高宗武、梅思平ト影佐トノ間ニ調印セル文書（十一月二十八日五相會議決定ノ基礎トナレルモノ）ニハ祕密ノ附屬文書アリ、其ノ趣旨ハ日滿支共同シテ東亞ノ覇權ヲ握ルコト、ソレカ爲ニハ先ツ第一ニ協同シテ蘇聯ニ對シ思想的及兵力的ニ共同防衛スルコトヲ規定シ、次ニ英國ヲ排擊スルコトヲ含ムモノナルカ、對蘇工作進展中ハ對英外交關係ヲ圓滑ナラシメ置ク要アリ隨テ英國排擊ノ工作ハ將來行フヘキモノトシ該文書ノ中ニハ英國トハ明記シ非サル次第ナリ云々。

（欄外記入）

和知工作愈々表面化ノ形勢ニアリ當方トシテハ兩工作ノ具体的發展ヲ睨ミ大所高所ヨリ善處シタキ意向ナリ

（付記二）

汪問題ニ對スル今井中佐トノ會談要領　（岩井副領事）

二月十六日午后今井中佐ト參謀本部ニ會談ス

要旨左ノ通リ

問（本官）、其ノ後汪精衛ノ動靜如何

答（今井）、佛官憲ノ保護ヲ受ケ安全ニ居住シ居レリ、昨十五日歸京セル一田中佐（香港ニ於ケル先方トノ連絡者）ノ報告ニ依レバ高宗武近ク（廿日過ギ）密ニ來朝ノ筈、外遊說アルモ絕對其ノコトナシト信ズ、參謀本部上層部ニ於テモ依然蔣汪關係アルヤニ疑ヒ居ルモノアリ、外遊說ヲ大分氣ニシ居リ困ツタモノナリ、尤モ蔣介石ヨリ旅費トシテ五萬磅ヲ貰ヒタルハ事實ナリ右ハ先方ノ言分ニ依レバ貰ハザレバ暗殺セラルル虞アリタルガ爲ニシテ之ニ依リ毫モ汪ノ心境ニハ變化ナシ

問、（蔣汪無關係ニ對スル本官ノ所信ヲ述べ今井中佐ノ信念ニ同感ヲ表シタル後）

（欄外記入一）
汪今後ノ利用ニ付逼迫セル國内情勢等考慮スレバ既成新政權ハ勿論出馬ノ呉佩孚等ヲ成ル可ク早目ニ打ツテ一丸トスル中央政權樹立ノ必要アリト思フガ其ノ後具体計画アリヤ

答、自分モ同感ナリ、然シ當初ノ計画通リノ廣東ニ落付ク案ハ考ヘ居ラズ又呉佩孚工作ハ旨ク運ビ居ラズ、王克敏ハ呉デハ困ルガ汪出馬セバ自分ハ野ニ下ツテ財政方面ヲ擔任シ又人不足ナレバ自分ノ人ヲ集メテ積極援助スベシト誠意ヲ披瀝シ速ニ汪ガ南京ニ來リ時局收拾ニ當ランコトヲ希望シ居ルモ維新政府ノ梁鴻志ハ異ナリ、纒メルニ（欄外記入二）ハ前途相當困難アル一方汪亦表面ニ立ツノハ十月（編注）トユックリ構ヘ居ル由ナリ、何レニセヨ高ノ來朝ヲ待ツテ先方ノ腹案聞キタル上當方ノ對策決定ノ予定ナリ、先方ノ實力派ニ對スル工作ハ當初ヨリノ予測通リ仲々旨ク運ビ居ラザル模様ナリ、右ハ軍隊ノ向背ガ一政治家ノ進退ト比較ニナラヌ程困難ナル實情アル爲ナリ、尤モ先方ニテハ實力派ノ切崩ニ成功スルモノト確信シ居ル模様ニテ自分（今井中佐）香港滯在中モ其ノ點ノ疑問ニ付質シタルニ先方ニテハ信用サレネバ仕方ナシト憤慨シ居タリ

問、實力派殊ニ龍雲ヲ動カスニハ矢張リ或ル種ノ實力的援助ヲ爲ス必要アリト思フガ其ノ用意アリヤ

答、龍雲ヲ直接援助スル譯ニハ到底行カザル一方龍雲ノ兵ハ大部分前線ニ出拂ヒ手兵目下僅カニ一萬二三千ニ過ギズ大分淋シガリ居ル模様ナリ

問、雲南ニ進兵スルハ不可能トスルモ廣西ニ進兵スレバ龍雲モ決心シ易クナルト思フガ如何

答、自分モ右様考ヘ居レルモ對李白ノ工作ヲヤツテ居ル側ニテ右ハ却テ廣西ニ中央軍ヲ引入レル結果トナリ面白カラズトテ反對アリ仲々實行出來ズ、然シ實力的援助ヲスル必要ハ考ヘ居リ實ハ今囘ノ海南島出兵モ其ノ效果ノ有無ハ別トシテ多少ソウシタ意味モ含マレ居ル次第ナリ（現地ニテハ北海ニ揚陸ヲ主張シ居タルガ意味ナケレバ海南島ニセリ）

問（今井中佐）、重慶政權内部ニ和平氣分横溢シ居レリトノ情報アルガ如何、孔祥熙側ノ動キモ其ノ一ツノ現ハレト思フガ如何

答（岩井）、小生ノ得タル情報ニテハ其ノ反對ナリ（トテ昨十五日東亞局ニテ御話セシ五中全會當時ノ蔣ノ態度、徹

底抗日ノ緊張シタル空氣ヲ傳ヘルト共ニ（國共合作前途ニ付テモ質問アリタルヲ以テ）國共合作ハ抗戰ヲ標榜スル以上益々强化セラルベシトノ見解ヲ述ベ更ニ蔣個人ヨリ言ヘバ依然和戰兩面ノ構ヘヲ取リ居ルコトハ疑ナク孔ノ和平策動モ要ハ汪ヨリモ好條件ニテ日本側ト妥協セン意圖アルモノト見ラルル旨述ベ置キタリ）

尙張公權ノ態度ニ付キ今井氏ヨリ質問アリ、汪ガ昆明脱出ノ際張ニ於テ援助シタリトノ相當確實ナル情報アリ又張ハ例ノ汪ニ響應、重慶中央日報ニ共產黨排擊ノ論文ヲ掲載セル國社黨總裁張君勱ト兄弟ノ間柄ノコトニモアリ汪トモ一脈相通ズルモノアルモ現狀ニ於テハ難カシカルベシト答ヘタルニ、今井氏ニ於テ實ハ張ノ子供目下本邦ニ留學中ニテ自分（張ノ子供）ガ奥地ニ出掛ケテ親父（張公權）ヲ呼ンデ來ルト稱シ居ルモ自分（今井氏）モ到底物ニナラズト考ヘ居ル旨述ベタリ

（高來朝后再會ヲ約シテ別レタリ）

（欄外記入一）

軍ハ未タ具体的ニハ考ヘ居ラサルカ如シ

（欄外記入二）

汪ハ南京乘込ミヲ考ヘ居ル次第ナリヤ

編注　「十月ナラユックリニアラス」との書き込みあり。

432　昭和14年2月7日　在ハノイ鈴木総領事より有田外務大臣宛（電報）

汪兆銘との極秘会見実施の是非につき請訓

ハノイ　2月7日後発
本　省　2月7日夜着

第三〇號（極祕、館長符號扱）

汪兆銘西貢經由外遊スル旨當地新聞ニ報スル向アリタルニ依リ本官四日政務局長「グランジヤン」ヲ往訪右ヲ確メタル處汪ハ既ニ當市ニ家屋二軒ヲ借入レ居リ當分ハ動カサル旨語レリ

又諜報ニ依レハ二週間前蔣ノ密使香港ヨリ當地ニ來リテ汪ト會見セル事實アル模樣ナルカ右ハ宋子文ナリシコト凡ソ確實ナルカ如シ

尙汪ハ外人側トノ會見ヲ好マス殊ニ我方トハ極メテ「デリ

ケート」ナル關係モアリ小官トノ會見ヲ希望セサルヤモ知レサルモ目下當方ニ於テハ機會アラハ極祕裡會見方愼重考究中ナルニ付テハ本省ニ於テ何等御氣付ノ點乃至中央ニ於テ汪ニ對スル意圖アラハ本官心得迄ニ御内示相成度シ
北京、上海へ轉電アリタシ

433 昭和14年2月10日 有田外務大臣より 在ハノイ鈴木総領事宛(電報)

汪兆銘との関係機微につき接触差し控え方回訓

本省 2月10日後9時45分発

第一三號(極祕、館長符號扱)
貴電第三〇號ニ關シ
目下汪ノ地位カ各方面トノ關係ニ於テ極メテ機微ナルモノアルコト御推察ノ通ニシテ殊ニ貴地ニ於テ我方カ汪ト直接ノ接觸ヲ試ミルコトハ不測ノ餘波ヲ生スル虞モアルヤニ認メラルルニ付テハ貴電ノ次第ハアルモ御來示ノ如キ措置ハ此ノ際一應差控ヘラルルコトト致度

---

434 昭和14年2月17日

汪兆銘と高宗武との協議結果等に関する田尻香港総領事と参謀本部今井中佐との会談要旨

付記 昭和十四年二月、参謀本部今井中佐作成
「渡邊工作(第二期計畫)」

汪精衛問題 (田尻記)

二月十七日午後今井ト會談ス
一、香港市(一カ)田ハ河内ヨリ八日歸香セル高宗武ト會見ノ上十四日着京シタルカ高ハ香港ノ幕僚ノ樹テタル案ト汪ノ意見トニ相當ノ相違アリ五日間討議ノ結果大体意見接近セルモ未タ書物ニシテ無ク詳細ハ上京ノ際直接話シタシトテ多クヲ語ラス唯大要トシテ政治問題ハ南京ニナルヘク速ニ中央政府ヲ樹立シ度キコト、軍事ハ龍雲、四川軍、李漢魂等ト連絡付キ出シ閻錫山ニモ代表ヲ送リアルモ龍ノ軍隊モ雲南ニハ一萬七千位シカ居ラス其ノ他ノ者モ未タ眞實當ニハナラス結局實力派カ動キ出スニハ時日ヲ要スル見込ナルコト、黨務ハ別箇ノ國民黨ヲ組織シ度キコト等ヲ語リ從テ近ク具体的ニ相當大キナ動キヲ見ル可能性

少ク動キヲ見セル見透シ樹ツ時ハ汪カ再度聲明ヲ發スルコトトナルヘシ尚夫迄ニ日本ヨリ財政(二億圓)軍略上ノ援助ヲ得度キコトヲ繰返シ語レル由

一、右ニ關シ今井ハ政治問題ハ假令廣東ノ一廓ナリトモ先ヅ彼等ノ地盤ヲ作ラセル要アリ之ナクシテ南京ニ早急ニ乘出シ來ルコトハサセ度クナシ又側面ヨリ廣東省方面ノ實力派ノ寢返リ謀略ヲ工作スル要アリ尚又重慶ヨリ更ニ引拔キヲヤル必要アリト考ヘ居ル旨ヲ述ヘタリ

一、對李濟深工作ハ和知カ主宰シ居リ特別委員會工作費一部ノ使用權ヲ與ヘラレタルカ目下同人ハ北京ニ在リ、同工作ニハ左シテ期待シ居ラストノ話ナリ(シカ右ハ小生ノ見ル所モ同樣ニシテ領事館側ノ工作モ進展シ居ラス)

(欄外記入)
一、高宗武ハ二十一日長崎着二十三日湯ヶ原ニ連レ來リ犬養健、西義顯、伊藤義男ヲツケ置キ且連絡ノ任ニ當ラシムル筈ニテ參謀本部員等ハ同地ヘハ行カサル考ナリ尚約十日間位ニテ日本ヲ去ラス方世間ノ視聽ヲ引カスシテ濟ムヘシト考ヘ居ル由ナリ

以上

(欄外記入)

以下特ニ極祕ニ願タシ

(付　記)

昭和十四年二月

渡邊工作(第二期計畫)

汪ト高トノ交渉情況

高ハ二月一日河内着

一日ヨリ五日迄毎日七、八時間討議ス

初メノ三日間ハ汪ヨリ高ニ對シ

1、一般ノ情況判斷

2、右ニ基キ

「汪自身立ツ事ガ國家、民族ヲ救フ所以ナリヤ否ヤ」ニ關スル檢討

3、四日目ニ汪自身ノ考ヲ述べ兩人ニテ檢討

(高ヲ中心トシテ考ヘ居タル事ト隨分大ナル開キアリタルガ如シ)

協議案ノ概要

第一案　日本ト蔣介石トノ妥協

此案ガ時局收拾上最適ト日本側ガ認ムルナラバ是ニテモ

ヨシ、自分ハ蔣介石トハ政治的ニ事ヲ共ニスル能ハサルモ個人トシテ最善ノ努力ト援助トヲナスベシ

第二案　王克敏、梁鴻志、吳佩孚其ノ他ノ實力者ヲ以テ支那ノ統一ニ當ラシムル事ヲ最善ト認ムルナラバ自分ハ野ニアリテ極力之ヲ援助スベシ

第三案　汪兆銘ヲ以テ時局收拾ノ最適任者ト日本側ニ於テ認ムルナラバ左ノ條件ヲ方針トシテ善處スベシ

一、反共救國同盟會ノ組織

a、國民黨之ヲ提唱スルモ、苟モ反共救國ヲ標榜スル凡ユル團體、個人ヲ抱擁ス

b、民族國家再建ノ政治運動、軍事ノ再建設ハ全部同盟會ガ之ヲ行フ軍事建設ノ目標ハ十二ケ師團トシ師團編制ノ爲ニハ從來ノ部隊ヨリ再編成スルモノトス

c、日本軍ノ占領地域、未占領地域ヲ通ジテ要衝ニ支部ヲ組織ス

被占領地域ニ於ケル支部ハ差當リ漢口、廣東トス

二、再聲明

a、日本軍ガ西安、宜昌、南寧ニ迫リタル時再聲明ヲ行フ

聲明ノ主旨ハ

從來ノ聲明ガ蔣介石ニ對シ和平ヲ提案セル形式ナリシニ對シ本聲明ハ汪自身敢然トシテ時局收拾和平實現ノ當事者ナルコトヲ宣明ス

（時期ハ日本軍ノ作戰ニ關係スル處大ナルモ四月中旬頃若クハ五月頃）

b、續イテ雲南ニ於テ龍雲、態度表明ス

c、次テ西南諸將ヲシテ呼應シテ通電ヲ發セシム

三、日本ノ責任者ト會見シテ共同宣言ヲ發ス

a、宣言ノ內容ハ十二月二十二日及二十九日附兩聲明ノ再確認其ノ他

b、同盟會ノ運動ヲ表面化ス

四、中央政府ノ樹立

a、双十節ヲ期シ南京ニ新國民政府ヲ組織シ同盟會ヲ解体ス

b、臨時、維新、兩政府ヲ即時解消シ其ノ人員ハ新中央政府機構ニ吸收再生セシム

c、新國民政府ハ飽ク迄孫文ノ遺髮ヲ繼グ意味ニ於テ修正三民主義ヲ遵奉ス

d、平等、對等ヲ前提トシテ日滿トノ完全ナル提携卽チ日滿支協同体ヲ具体化ス
e、合理的ナル國際關係ノ恢復
五、資金　二億　日本ヨリ借款ス
主トシテ中央及北支ニテ使用シ得ル如ク其地域ニ應ジ法幣若クハ圓
汪ト日本側責任者會見ノ際協議スソレ迄ハ月三百萬圓位
六、軍事計畫案
七、財界人ノ引入レ
目下着々實施中ニシテ逐次連絡取レツツアリ
八、其ノ他
汪ニ對スル外國側ノ工作
1、英國
イ、香港政廳ハ積極的ナラザルモ汪ノ聲明ヲ充分了解好意ヲ以テ保護スル旨言明セリ
ロ、未ダ直接連絡者ノ申込ミナシアラズ
2、佛國
イ、佛印ニテハ充分ニ保護シアリ
ロ、連絡者申込ナシ
3、獨國
連絡者派遣ヲ申込ミアリ
杜月笙トノ關係
イ、高等ノ工作ニ對シ全幅ノ支援ヲナシ護衛等ヲ附シアリ
ロ、汪ガ再聲明ヲナス頃態度ヲ明瞭ニス
汪今後ノ行動
現在ノ所ニ止マリ南京ニ新政府ヲ樹立セントスル時ニ軍艦ニテ堂々ト南京ニ乘リ込ム

〰〰〰〰〰

435　高宗武の訪日および汪派の動静等に関するPL情報につき報告

昭和14年2月18日　在香港黄田総領事代理より有田外務大臣宛(電報)

香　港　2月18日後発
本　省　2月18日夜着

第二二〇號(極祕)

十七日PLノ內話要領左ノ通リ[1]

一、高宗武ハ本十七日祕書一名從者一名同伴日本ニ向ヒタリ（絶對極祕ニ付セラレタシ）今日迄ノ活動ノ結果ヨリ見ルニ各方面トモ實際行動ニ移ルニハ現狀ノ儘ニテハ尻込ノ體ニテ且充分ナル輿論ノ關係付キ居ラス今一應日本側ノ進擊ニ依リ更ニ蔣ニ打擊ヲ與フル要アリ同時ニ我等ノ內面工作ヲ全般ニ亘リ一層强化シ行動ヲ具體化スル迄ニ進捗セシメ置キ日本側ノ進出ト相俟ツテ汪ヨリ更ニ意見ヲ表示スルコトモ考ヘ居ル次第ナルカ要スルニ我等ノ活動ハ日本側ノ意嚮及國內情勢ニ應スル工作ノ進展如何ニ依リ具體的方法ノ決定ヲ見ル次第ニテ高ノ日本行ハ右決定ニ重大ナル關係アリ今後ノ實際行動ニ付テ今ノ所時期ノ明示ハ困難ナリ何分汪ノ重慶脫出前後ヨリ急遽活動ヲ開始シタル譯ニテ今日トナリテハ準備ノ遲カリシヲ感シ居レリ

二、汪夫人ノ河內出發後蔣介石ハ個人祕書錢某ヲ汪ノ下ニ派シ私書ヲ送リ來レルカ右ニハ目下軍事ニ於テハ日本軍ノ正面ニ、非占領地及後方ニ各々六十萬計百八十萬ノ大軍ヲ配備シ抵抗ヲスレハ三箇月以內ニハ日本軍ト對等ノ形勢ト爲シ得ヘク其[2]レ以後ニ至ラハ國際情勢ノ影響モ加ハリ益々有利ニ展開シ最後ノ勝利ヲ得ル見込ナル一方財政ニ於テハ英佛ニ於テ借款ヲ承諾シタルヲ以テ今後ノ財政問題モ一應ノ解決ヲ遂ケタル次第ナルニ付此ノ際抗戰ニ影響セサル樣汪ニ一應河內ヲ離レ歐洲ニ出向ハレタク出發期日確定セハ張群、何應欽、孔祥熙ノ中何レカ一名ヲ派遣スヘシトアリ右ニ對シ汪ハ國家ニ前途ノ不安アル限リ假令本日ニ河內ヲ立ツトモ明日ハ再ヒ戾リ來ルヘシトアツサリ拒否セリ

三、軍隊方面ニ關シテハ目下當地ニ療養中ナル第六十六軍副軍長兼第一五九師長譚邃トモ連結附キ譚ハ病氣回復シ前線ニ戾ラハ自己ノ部隊ヲ率ヒ汪ヲ擁護スヘシト約セリ又張達（第六十二軍長）ニ對シテハ姻戚ニ夫人ヲ派シ舊正ヲ利用シ個人的ニ折衝ヲ試ミル筈ニテ余漢謀系ノ部隊ニモ手ヲ染メタル譯ナリ又此ノ廣東方面ニハ往電第二一六號ノ三以外ニ元武漢警備司令葉蓬ヲ派遣シ居リ周佛海江蘇浙江方面ノ活動モ擔當ス

四、金融界ニ於テハ其ノ中心人物タル宋子文カ西安事變以來共產黨トハ離ルヘカラサル關係ニ在リ現ニ周恩來ト共ニ

國共ノ間ヲ斡旋シ居レル邵力子トモ充分連絡シ居ル事實ヲ知リテ宋ニ不安ヲ感シ居ルモノ相當多ク銭永銘ノ如キハ宋ヲ嫌ヒ過般汪ノ外遊説傳ハレル際ノ如キ頗ル悲觀シタル由ナリ唯彼等カ汪派ニ對スル懸念ハ蔣政權崩壞ノ場合國民政府ヨリ引受ケタル公債カ如何ニ取扱ハルルヤニ在リ故ニ彼等ニ對シテハ公債繼續返還ヲ條件ニ蔣ヨリ脫離セシムヘク策動シ居レリ

五、(3) 重慶方面ノ消息ニ依レハ過般五中全會ニ際シ孫科ハ肅奸ヲ上提セントセルカ蔣介石カ之ヲ實施スルニ於テハ思想ト行動トノ區別附キ兼ヌル所ヨリ大勢ニ押サレ抗日ニ參加シ居ル中間性ノ分子迄馳ツテ抗戰反對ノ地位ニ立タシムル惧アリ殊ニ前線將(領)ニ及ホス影響重大ナリトシテ反對シタル由又馮玉祥ハ先般成都ノ軍官學校生徒ニ訓話セル際激烈ニ汪ヲ罵リタル處學生ハ一齊ニ床板ヲ踏ミ鳴ラシ馮ヲ揶揄シ演説ヲ不能ナラシメタル趣ナルカ前者ハ抗戰參加者カ必スシモ抗戰ヲ希望スルニアラサルコト後者ハ四川ノ人民カ平和ヲ希望シ居ル事實ヲ如實ニ示セルモノナリ

六、目下香港政廳ハ共產黨藍衣社ノ取締ニ大童ニシテ茲三日間ニ是等ノ機關七箇ヲ檢擧シタリ元來政廳側ハ右黨派ノ活動ヲ嫌ヒ居ルヲ以テ汪來香スルトモ別段危險ナシト思ハルルモ事前ニ政廳側ニ報告シ保護ヲ求メ置クヘキヤ着後ニ報告スルコト祕密保持上然ルヘキヤ措置ニ惑ヒ居レリ

上海ヘ轉電アリタシ

436　昭和14年2月21日　在上海三浦総領事より有田外務大臣宛(電報)

汪兆銘問題に関する維新政府の動向につき原田中支那派遣軍特務部長内話について

上　海　2月21日後発
本　省　2月21日夜着

第四二七號(極祕、館長符號扱)

森島參事官ヨリ

維新政府側ノ汪兆銘問題ニ對スル動向ニ關シ十九日來滬セル原田少將ノ內話ニ依レハ同政府ノ汪ニ對スル空氣ハ吳佩孚問題ノ場合ト稍異リ汪ノ今後ノ工作ニ協力ヲ惜マサル態度ニ出テントスル氣配アリ過日モ政府首腦部ハ原田ニ對シ

汪派ト聯絡ヲ執リテモ差支ナキヤト伺出テ原田ハ聯絡方差支ナキ旨返答シタル趣ナルカ今後適當ノ聯絡ヲ計リツツ具體的工作ニ取掛ルニ於テハ両者ノ間ニ別段摩擦ヲ生スルカ如キコトナカルヘシト察セラルル趣ナリ

北京、南京へ轉電セリ

香港へ轉電アリタシ

437

昭和14年2月28日

訪日した高宗武との協議結果に関する田尻香港総領事と影佐陸軍省軍務課長との会談要旨

付　記　昭和十四年二月二十八日付、作成者不明

「影佐渡邊會談報告」

汪精衛一件

田尻總領事記

二月二十八日影佐大佐トノ會談要領左ノ通リ（書類ハ全部目ヲ通シ置キタリ）

一、高ノ齎セル第一案（日本カ蔣ヲ相手ニスルナラ汪ハ側面ヨリ援助シテ可ナリ）及第二案（南京ニ乗リ込ミ速カニ中央政府樹立ニ參加シテモ可ナリ但シ野ニアリテ之ヲヤリ度）ハ汪ニ對スル日本ノ信任ヲ試ス爲ニシテ彼等ノ眞意ハ飽ク迄汪ヲ立テテ貰ヒ度譯ナリ（第三案）右ハ二十六、七日高ト會見セル影佐モ同意見ニシテ高ニ對シテハ下ラヌ手ヲ打ツ要ナキ旨ヲ言ヒ聞カセ置キタル由

二、高カ齎セル收獲ハ汪カ上海協定ヲ全面的ニ同意セル點ニアリ卽チ上海協定ニ於テハ軍事同盟等今後日支提携ノ具体案ハ一ツノ試案トシテ書キ物ニサレ居ル處汪ハ當時之ニ對スル意見ヲ留保シタルカ今回ハ全部之ヲ受入レタル由ニシテ之ニテ御前會議附屬書ノ各項ハ大体汪ノ肯定スル所ナルコト判明シタル譯ナリ

三、今後ノ工作案トシテハ

(1)改組國民黨ヲ中心トセル反戰救國會ヲ組織シ之ヲ使ツテ各種ノ政治經濟工作ノ下地ヲツクルコト（之ハ四月ニハ成立セシメ香港ヲ中心トシテ上海、「マニラ」、南洋ニ支部ヲツクラシムル案ナリ）

(2)汪カ再度聲明ヲ發シ自ラ救國ノ責任ヲ負フヘキ決意ヲ明カニスルコト（之モ出來レハ四月頃トス但シ右ニ先立チ日本側ノ積極的軍事行動例ヘハ南寧南昌長沙西安

へノ進撃等ヲ先方ハ期待シツツアリ此ノ點先方ノ最モ重視スル所ナリ）

(3)以上ノ準備進行ニ伴ヒ六、七月頃日支共同聲明ヲ發シ目標ヲ明カニスルコト

(4)南京ニ中央政府ヲ樹立スルコト（大体双十節ヲ豫定シ居リ且之ト共ニ臨時維新政府ハ解消スルコトヲ期待シ居ルモ之ハ影佐ハ同意シ兼ネル旨ヲ高ニ申聞ケタル由）

(5)二億圓位ノ補助ヲ得十六師ノ自己軍隊ヲツクルコト等ヲ考ヘ居リ一應ノ形式ハ整ヒ居ルモ自ラ軍事行動ヲ進メル丈ノ自信モ準備モナキ旨ヲ高ハ白狀シ居リタル由ニテ影佐ヨリハ余リ日本ノミニ頼ラサルコト肝要ナル旨ヲ懇々ト話シ置キタル由ナリ

四、以上先方案ニ對スル我方針案ハ近ク軍部ノ意見ヲ取纒メ當方ニ協議シ來ル筈

五、高ノ齎セル案ニハ我撤兵ノコトニハ全ク觸レ居ラス尙英米ニ對シテハ此ノ際余リイヂメツケ度無シトノ希望ヲ表明シ居リ（コノ點ハ香港ニ於テモ度々聞カサレタル所ナリ）

六、中央政府ハ全支ニ君臨スル譯ナルカ軍トシテハ已ムヲ得サレハ蒙疆ハ高度ノ自治トシ北支ノ特異性ヲ認メシメ結局中支以南ヲ一應汪等ノ中央政府ノ管轄トセシメル場合アルコトヲ想定シツツアリ汪ハ不取敢兩廣方面ニテ地盤ヲ開拓セシムル軍ノ方針ニハ變更ナシ

（付記）

影佐渡邊會談報告	日本側提案	支那側提案
方針	第三案ヲ以テ時局收拾ノ基準工作トス 帝國ハ汪及其同志ノ計画ニ滿腔ノ賛意ヲ表シ爲シ得ル限リノ努力ヲ惜シマス 但一般ノ情勢ハ時日ノ遷延ヲ不利トスルヲ以テ諸般ノ準備ヲ促進シ成ル可ク速ニ所期ノ目的ヲ達成スルニ努ム	良シ
反共救國同盟會ノ結成	本同盟會ノ使命重大ナルニ鑑ミ其成立ヲ促進スルト共ニ左記工作ヲ鞏化促進シ新中央政府樹立ヲ準備ス 1.和平反共氣運ノ醸成 2.重慶政府内部ヨリ同志ノ獲得 3.軍事再建設ニ關スル準備 （日本側トシテモ支那側ノ意向ヲ尙的確ニ承知検討ノ要アリ） 4.經濟再建設 イ、浙江財閥及華僑獲得	良シ
	備考 日本側ノ考案左ノ如シ(參考ノ爲) 日本側ノ考案 一、提唱者　改組(再生)國民黨 參加者 反共救國ヲ標榜スル凡ユル團体、個人、臨時、維新兩政府等ノ要人ヲモ參加セシム 二、結成ノ時機　秘密裡　三月？　表面化　四月下旬 三、配置　本部　香港(或ハ上海) 支部　上海、漢口、廣東、「マニラ」「ハノイ」等	1.改組國民黨ハ單ニ國民黨ナル名稱ニス 但中國側ニ於テ自發的ニテ國民黨カ國共合作以前ノ精神且中日兩民族團結ヲ志シタル時代ノ精神ニ返ルコトヲ宣言ス 2.結成ノ時期ハ成可ク早クスルコトニ努ムルモ三月トハ明確ニハ申シ難シ 3.配置　本部　香港(或ハ上海) 支部　「シンガポール」「サイゴン」ヲ加フ
	日本軍ノ作戰ハ統率ノ大權ニ屬シ政略ノ爲之ヲ左右スルヲ得ス 又工作進捗ノ爲ノ交換條件タルヲ得ス然レ共	一、贊成 中國側ハ作戰ヲ政略ノ爲ニ左右シ又ハ工作進捗ノ爲ノ交換條件タラシムルガ如キコト

作戰ニ依ル 日本軍ノ協 力	重慶政府ノ逆宣傳ヲ封スル爲成可ク支那側ノ 希望ニ添フコトニ努メ支那側ハ自ラノ力ヲ以 テ謀略ヲ促進シ兩々相俟ツテ其效果ヲ至大ナ ラシムルニ努ム 備考 日本側ハ支那側ノ希望ヲ更ニ的確ニ承知ノ 上檢討ス 之カ爲兩軍事當局ニ依ル會議ノ開催ヲモ考 慮ス	ヲ志シ居ラス 二、會議ハ渡邊歸國早々之ヲ同志ニ取次キ三月 中ニハ開ク予定ニシ度シ 且右會議ハ軍事ニ關スル意見交換ト云フ程 度ニ了解シ度シ 但實質上ノ委員ハ勿論出スコトトシ中國側 ハ葉蓬又ハ陳素農ノ内一名其他隨行者
再聲明及ヒ 共同宣言 地方政權ノ 樹立	一、再聲明 イ、時機　支那側内部工作ノ進展殊ニ龍雲蹶 起ノ自信ヲ得タル時機ヲ以テ基準 トスルヤ日本軍作戰效果ノ具現ヲ 基準トスルヤ更ニ研究ス 概ネ三月末ヨリ四月中旬ノ間ト予 定ス ロ、内容　汪ハ時局收拾及和平實現ノ事ニ當 ル汪カ蔣ニ向ヒ政治的絶縁ヲ聲明 スルコト 二、支那側ノ通電 龍雲ノ蹶起ヲ動機トシ西南諸將其他爲シ得 レハ四川及北支ノ諸實力者ヲ參加セシメ擁 汪ノ通電ヲ發出セシム 日支兩方面相協力シテ李白ヲ本陣營ニ獲得 スルコトハ特ニ肝要ナリ 四月末頃ト予期ス 三、日支共同宣言 イ、時機　七月頃ト予定シ汪ヲ以テ中央政府 ノ首班タラシムルノ機運ヲ十分ニ 釀成シ自然ノ推移カ共同宣言ヲ生 シタルカ如ク之ヲ導キ汪一派ノ大 義名分ヲ立テシムル如ク努ム ロ、内容　十二月二十二日及二十九日聲明ノ 再確認 ハ、共同宣言ノ發出ハ日支双方ノ責任者會見	時機ノ基準ニ關シテハ中國側ハ兩方ナリ 良シ 内容ハ中國側ヨリ提出シタル原文ノ如クニ願 ヒ度シ

	ノ上之ヲ行フ 細部ハ別ニ研究ス 四、日支祕密協約ノ假締結 共同宣言發出ト前後シテ軍事同盟第三國關係等ヲ内容トスル日支祕密軍事同盟ヲ假締結 但英、米、佛等ニ對シテハ過度ニ急速ニ排撃スルコトナシ	秘密協定ハ政府成立後ニ行ヒ度シ 夫レ以前ニ急速ニ行フ場合ハ祕密ノ漏レル虞アリ從テ中國側同志間ニ疑惑ヲ釀成セシムル虞アリ 且右祕密協定中ノ軍事同盟ハ對ソ軍事同盟ノミヲ希望ス （汪氏個人ハ對ソ軍事同盟ニ關シテハ明確ナル態度ヲ有ス） 其他ノ諸外國ニ對スル軍事同盟ヲ日本側ニ於テ餘リ急速ニ希望セラルルニ於テハ汪氏初メ同志カ右ハ日本カ中國ト列國トヲ斷シ日本ノミニ於テ中國ヲ把握セントスルニアラスヤトノ疑惑ヲ生スル虞アリ 但來ルヘキ日支間ノ和平カ單ニ厚利的ナル和平ニアラスシテ相互ニ東洋民族トシテノ自覺ニ立脚シ日支兩民族永遠ノ提携ヲ理想トスル道義的精神ヨリ出發セル和平タルコトヲ證セシカ爲ニ必要トアラハ渡邊個人トシテハ對英ノ措置ヲ次ノ如クニ取極メテハ如何カト思慮ス 卽チ支那カ獨立國トシテ實力ヲ充分得タル上ハ日本ト提携シテ英國ノ帝國主義的侵略ヲ排除スルハ異存ナシ 但之ヲ何年以内ニ實現スヘシトノ取極ハ困難トス而シテ右ハ前述ノ如ク祕密ノ早ク漏ルルハ事ヲ誤解セシムル恐アルヲ以テ對英措置ニ關スル限リ兩國代表(例ヘハ近衞、汪)二人間ノ申合トシ度シ
	五、雲南、廣西、廣東、福建ニ地方政府樹立 中央政府タルノ前提トシテ先ツ地方政府ヲ樹立スルコトハ工作進展ノ地盤ヲ構成スルニ必要ナリト思料ス	良シ
	一、新中央政府籌備委員會ノ樹立	良シ

中央政府ノ樹立	イ、時機　八月頃ト予定ス ロ、場所　情況ニ依ル　濟南案モ考慮ノ要アリ ハ、主義　東亞協同体ノ理念ニ基ク修正三民主義ヲ適當ナリト考フルモ主義政綱等ハ支那側ニ於テ考案研究ヲ望ム ニ、既成政權ノ措置　元ヨリ支那ノ內政問題ナルモ既成政權ハ日本側トシテモ之ヲ無視シ難キヲ以テ暫ク現在ノ儘之ヲ殘置シ籌備委員會ノ傘下ニ抱擁ス	
	二、籌備委員會ハ當事者トシテ日支國交調整ヲ行フ	中央政府成立後之ヲ行フ
	三、新中央政府ノ組織　十二月二十二日及二十九日聲明ヲ基礎トス 籌備委員會ヲ中央政府ニ鞏化スルノ時機ハ一ニ状況ニ依ル 既成政權ノ措置ニ關シテハ別ニ研究ス 第三國トノ關係ハ獨伊ヲ優先トシ英米佛トノ國交ヲモ調整ス	良シ
軍事計画	一、軍事再建設（反共救國同盟會結成期ヨリ逐次之ヲ工作ス） イ、中央軍ノ獲得 ロ、雜軍及傍系軍ノ懐柔 ハ、新軍ノ編成 ニ、以上諸軍ノ改編、裝備、訓練　尚日本側ニ於テ的確ニ支那側ノ意向ヲ承知シ検討ノ要アリ	良シ
	二、前項各軍ハ日本軍占據地域外ノ治安維持ニ任シ漸次日本軍ニ交リテ警備ニ任ス	

438　昭和14年3月15日　在香港黄田総領事代理より有田外務大臣宛（電報）

救国反共同盟の結成など汪派の工作状況に関するＰＬ情報報告

香　港　3月15日後発
本　省　3月15日夜着

第三一八號（極祕）

[1]十四日Ｐ・Ｌハ大要左ノ如ク內話セルカ其ノ際汪一派ハ今日ニ至ルモ未タ局面ノ展開ヲ見ス工作ノ進捗モ捗々シカラサルニ多少焦慮シ居ルカ如キ印象ヲ受ケタリ

一、高宗武ハ十六日當地着ノ筈ナルカ汪精衞ヨリ高ニ對シ出來得レハ十八日迄ニ河內ニ赴キ渡日後ノ狀況報告方電報越シ居レリ

二、今般閻錫山ヨリ河內ノ汪ノ許ニ使者ノ派遣アリ閻ハ此ノ一年來具ニ第八路軍ニ苦シメラレ其ノ怨骨髓ニ撤（徹カ）シ居レハ汪ニ於テ如何ナル擧ニ出ツルモ全然贊成支持スヘキ旨表明セリ

三、[2]今回同志ヲ以テ中國々民黨救國反共同盟ヲ結成セルカ右ニハ理事長（汪ニテ兼任）ノ下ニ八理事ヲ置キ現在ノ處陳公博、周佛海ニ職務ヲ代行セシメ居ルモ行ク々々ハ局面ノ展開ニ伴ヒ雲南（龍雲）四川一名閻錫山等ノ實力者ヲ之ニ充ツル筈ニテ何應欽モ考慮ニ加ヘラレ居ルモ何ノ重慶脫出ハ困難ト思料セラル

右同盟會ハ當分祕密組織トシテ公開セス各省各地ニ同志ヲ派遣シタク廣ク黨員ヲ吸收スル計畫ナリ

四、既報薛岳ハ堅キ決意ヲ有シ居ルカ如キモ何分環境ニ制セラルル爲機會ヲ窺ヒ居ル處薛ニシテ事ヲ擧クルニ於テハ張發奎トシテモ反共ノ立場上少クモ中立態度ヲ持スルモノト觀測サレ旁目下薛ニ早目ニ實行方督促中ナリ

一[3]方汪ハ過般河內ヨリ歸來セル陶希聖ニ對シ薛ノ旗擧遲ルルニ於テハ之ヲ當テニセス汪ハ一先ツ上海ニ赴キ北京、南京、其ノ他ノ各新政權ト南京ニ統一政府ヲ結成スル折衝ヲ行ヒ人物組織等ニ關スル打合等纒ラハ直ニ之ヲ實現シ同地ニ日本大使館ノ開館ヲ請ヒ其ノ他ノ國ニモ同樣ノ要請ヲ爲シ（獨伊ハ問題ナカルヘキモ英米佛ニ於テ拒否スルニ於テハ別ニ手段ヲ講ス）同時ニ之迄ニ發シタル汪ノ通電ノ趣旨ヲ骨子トシテ東亞ノ和平維持ニ關スル日支ノ共同宣言ヲ發シ廣ク全國民ニ呼掛ケタキ意嚮ナルモ右

ニ付同志ニ於テモ充分考慮アリタシト傳言シ來レリ素ヨリ汪ニ於テ一區域ナリトモ獲得シ得ルニ於テハ各種ノ工作ヲ頗ル有利ニ展開シ得ヘキモ此ノ爲徒ラニ機會ヲ待ツモ涯ナク龍雲四川ノ將領等ニ於テモ只管蹶起ノ機會ヲ待チ詫ヒ居リ旁一日モ早ク何トカシテ汪ノ起テルコトヲ實證スルノ必要アリ

五[4]、汪ハ上海行ニ際シテモ必ス一先ツ香港ニ落着ク筈ナリ既ニ其ノ準備モ出來居レルハ既報ノ通リナルカ最近當地ニ於テハ共產黨ノ活動活潑ニシテ種々ノ陰謀行ハレ香港政廳ニ於テモ既ニ七箇所ノ機關ニ手入ヲ爲シ九日ニハ第八路軍辦事處迄捜查シタル程ナルモ政廳側カ汪ニ對シ果シテ充分ナル保護警衛ヲ行ヒ得ルヤ未タ充分ニ見極メ附カス且ハ目下奥地通信カ四川雲南ノ將領ノ手ヲ經極ク密ニ行ハレ居ル事實モアリ今ノ處河內居住ヲ便利トシ居レリ

上海へ轉電アリタシ

439　汪兆銘襲撃事件の発生により曾仲鳴重傷について

昭和14年3月21日　在ハノイ鈴木総領事より有田外務大臣宛(電報)

第六三號(至急)

ハノイ　3月21日後発
本　省　3月21日夜着

本二十一日午前三時頃四名ノ支那暴漢汪精衞宅ニ闖入シ來リ十五發位發砲狙擊シタルカ右犯人三名ハ直ニ佛官憲側ニ捕繩セラレ一名目下捜查中ニシテ汪ハ被害ナキモ曾仲鳴夫妻重傷、其ノ他ニモ負傷者アル由不取敢

西貢へ暗送セリ

佛、英、米、北京、滿、香港、新嘉坡、臺灣外務部長へ轉電アリタシ

北京ヨリ在支各總領事へ轉電アリタシ

440　曾仲鳴の死亡および犯人取調べに関する情報について

昭和14年3月22日　在ハノイ鈴木総領事より有田外務大臣宛(電報)

第六四號(至急)

ハノイ　3月22日後発
本　省　3月23日前着

往電第六三號ニ關シ
曾ハ廿一日午後二時頃死亡夫人ハ股ニ負傷シ居レリ同犯人四名共捕縛セラレ取調ノ結果二名ハ香港ヨリ他ノ二名ハ昆明ヨリ何レモ當地通過旅券ニ依リ潛入セルモノナルコト判明セリ尙汪ハ東京州內何レノ地ニカ隱レ居レル由警察側ヨリ聞込ノ儘
前電ノ通リ轉電アリタシ
西貢へ暗送セリ

441 昭和14年3月23日　在香港黃田總領事代理より有田外務大臣宛（電報）

宋美齢のハノイ訪問等に関する李思浩内話について

香港　3月23日後発
本省　3月23日夜着

第三六〇號（極祕）
二十三日李思浩ハ八谷ニ對シ宋美齢ハ汪兆銘ノ日本側トノ聯絡漸ク進捗ノ氣配見エタル爲之カ手當ノ爲當地ヨリ宋子文同伴極祕裡ニ河內ニ飛ヒタルカ汪ハ到底動カサレサルヘク一方高宗武ハ東京ニ於テ汪ト四川雲南及第四戰區將領等トノ脈絡ヲモノニスル爲日本軍ノ各線ニ亘ル進擊竝ニ政治的進出方ニ付諒解ヲ得タル趣ナル處汪ノ支那軍抱込ハ右ニ依リ七分方成功ノ見込アリト觀測ス（廣西ハ到底望ナシ）曾仲鳴ハ藍衣社ノ手ニ懸リタルカ汪及其ノ一派ニ對シ斯ル手段ヲ用フルコトハ蔣ノ意圖トモ思ヘス贊成シ得ス（李ハ憤慨ス）又歐洲ノ動キニ依リ最近重慶ニ和平ノ氣配動ケリトノ說ハ當ラス尙孔一派ハ早クヨリ和平策動ノ爲重慶香港又ハ上海間ニ人ヲ往復セシメツツアルモ孔令侃ノ重慶行ハ單ナル銀行事務ノ打合ニ過キス上海ノ犯行ハ大シタモノニアラスト內話セリ
北京、上海へ轉電アリタシ

442 昭和14年3月29日　在香港田尻總領事より有田外務大臣宛（電報）

曾仲鳴事件発生により上海への脱出を汪兆銘希望について

香港　3月29日後発
本省　3月30日前着

第三七八號（極祕、館長符號扱）

河内宛貴電第二八號（本官宛第二七九號）ニ關シ
高宗武ハ十八日陳璧君、曾仲鳴夫人ト共ニ河内ニ赴ク豫定ナリシニ拘ラス同行ヲ止メ當地ニ止リタリ事件起ルヤ汪ノ意見トシテ河内（香港モ同様ナリト言フ）ハ危險ニ付上海ニ赴キタキ旨高橋（編注）ニ對シ申出アリ右ニ關シ軍中央部ハ一時臺灣へ避難然ルヘシトノ意嚮ナルカ前記申出ハ果シテ汪ノ眞意ナリヤ疑ハシキ節アリ更ニ内密取調中
尚ＰＬニ依レハ貴電情報ハ事實ニアラス明三十日當地ヨリ河内ニ聯絡ニ赴ク者アル由

編注　「高橋」は「一田次郎」を意味する符牒。

443　昭和14年3月31日　在香港田尻総領事より有田外務大臣宛（電報）

汪兆銘は四月下旬に香港来訪予定との情報について

香　港　3月31日後発
本　省　3月31日夜着

第三八九號（大至急、極祕、館長符號扱）

往電第三七八號ニ關シ

（欄外記入）

ＰＬノ内話ニ依レハ汪兆銘ハ曾仲鳴事件後祕カニ居所ヲ移轉シタルモ河内以外ニ避難スルカ如キコトナシ尤モ四月二十日前後遲クモ月末迄ニハ來香ノ豫定ニテ之カ爲更ニ一戸ヲ借入レ居所ニ充テ居レリ（曩ニ既ニ二戸借入濟）尚三、四日前汪ヨリ香港行ハ飽迄祕密ニ附シ度ク佛國側ハ手當ヲ爲シ得ルモ香港ニ於テハ飛行機ヲ利用セハ英、支人ヨリ感付カレ政廳ノ保護監視嚴重トナリ却テ行動ヲ阻害サルル惧アルニ付水路ニ依ルノ外ナキヲ以テ高宗武及ＰＬニ二人ニテ如何ナル便船ニ依ルコト然ルヘキヤ至急安全ノ方法ヲ考究セヨト申越シタル趣ナリ
本件ニ付同盟大矢（屋カ）ノ暗號電報參照アリタク又本電一日未明羽田發ノ影佐ニ内示アリタシ
上海へ轉電アリタシ

（欄外記入）
四月一日午后矢野領事影佐ト連絡スルコトトナレリ

2　汪兆銘のハノイ脱出から訪日まで

444　昭和14年4月1日　有田外務大臣より在香港田尻総領事宛（電報）

汪兆銘救出のため影佐一行ハイフォンに向け出発の予定について

本　省　4月1日後10時10分発

（館長符號、極祕）

貴電第三八九號ニ關シ

影佐（糖業聯合會廣東出張員河村定雄トス）ハ犬養健（同シク伊澤檢一トス）ヲ同行シ山下汽船ノ北光丸ヲ本件工作ノ爲特別ニ仕立テ八日三池ヲ出帆シ一路海防ニ向ヒ十六日同地着ノ予定（同船ハ佛印ニテ臺灣拓殖ノ鐵鑛ヲ積取リ復航スルコトトシ他ヨリ特殊任務ヲ推知サレサル樣工夫シアリ）ナルニ付テハ右高宗武ニ傳言アリ度

尚興亞院矢野書記官ヲシテ本件工作ニ關シ貴官及影佐ヲ補佐セシムルコトトナリ（兼任領事トシテ貴館在勤トス）五日空路上海ニ赴キ最近船便ニ依リ貴地ニ向フ筈ナルニ付テハ十六日前ニ河内ニ到着シ得ヘキ汽船又ハ飛行機ヲ留保シ置カレ度

本件ニ關スル河内ヘノ通報振ハ追テ措置スル筈ナリ

445　昭和14年4月4日　在香港田尻総領事より有田外務大臣宛（電報）

宋子文・宋美齢の汪暗殺計画等に関する伊国総領事内話

香　港　4月4日後発

本　省　4月4日夜着

第四二〇號（極祕、館長符號扱）

伊太利總領事ノ極祕内話ニ依レハ一日夜宋子文、美齢等密議ノ結果佛印當局トノ内部聯絡及汪ニ對シ最後的ニ外遊勸告ノ爲特使二名ヲ河内ニ派遣スル一方汪ノ暗殺計畫ヲ進ムルコトトナレル由、出所ハ確實ト認メラル今井ニ傳ヘラレタシ

上海ヘ轉電アリタシ

〰〰〰〰〰〰〰〰〰〰〰〰〰〰〰〰

446 昭和14年4月6日 在上海三浦総領事より有田外務大臣宛(電報)

平沼首相と汪兆銘との間に秘密協定成立との大公報紙報道について

別電 昭和十四年四月六日発在上海三浦総領事より有田外務大臣宛第九一六号

大公報の右報道内容

上海 4月6日後発
本省 4月6日夜着

第九一五號

重慶[1]發路透電ニ依レハ同地大公報ハ同日別電第九一六號ノ如キ平沼汪精衛間ニ妥協ヲ見タリト稱スル祕密協定及汪ノ基本的要求事項等ヲ發表シ本協定文ハ政府當局カ日本側通譯者某ヨリ入手シタルモノニテ右ハ汪ノ第三次聲明ニ徵スルモ立證シ得ヘシト斷シ其ノ社說ニ於テ本件ヲ論評シ汪及其ノ一派ニ對スル國府ノ處置振ハ餘リニ寛大ニ過キタリト爲シ此ノ種漢奸ハ宜シク嚴罰ニ處スヘシト論シ居レル處右發表ハ從來國府當局カ汪ニ對シ終始其ノ和平政策ノ拋棄ト國民黨復歸方ヲ希望シ汪ニ關スル記事及汪排擊論評ヲ嚴禁シ居タル關係モアリ同地支那側各界ハ驚異ノ眼ヲ以テ之カ成行ヲ重視シ居レルカ此ノ種記事ノ解禁ハ國府カ汪ノ態度改變ニ對スル一切ノ希望ヲ拋棄シ且汪トノ合作提携ノ不可能ナルコトヲ明示スルモノニシテ斯ル事態ヘノ發展ハ汪ト其ノ一派ノ日本側ト交涉談判ハ時ニ公開的ニ進行セラレ遂[2]ニ蔣當局ヲシテ汪ニ對スル希望ヲ斷念セシメタルコト竝ニ汪ノ第三次聲明ハ祕密文書ヲ公表シ且今後モ此ノ種發表ヲ繼續シテ威嚇スル惧アリ斯ル擧動ニ對シ政府當局ハ憤激シ汪カ自ラ國賊タルヲ願ハサル以上國家ノ機密ヲ漏洩スル權利モ名分モ立ツ筈ナシトノ見解ヲ懷クニ至レル爲ナルヤニテ同地一般人士ハ遠カラス汪及同派ノ懲戒處分案ヲ審議シ逮《(捕カ)》逮令ノ發出ヲ見ルヘシト信シ居ル趣ナルカ同地發UP電ハ消息通ノ談話トシテ重慶代表カ河內ニ赴キ汪ニ對シ旅券交付ノ際渡歐費二十萬元ヲ送リタルモ汪ハ之ヲ受ケス毅然トシテ余ハ金錢ヲ以テ買收セラルルモノニアラスト語リタルニモ拘ラス政府ハ猶汪排擊ノ擧ニ出テサリシカ今次ハ政府ニ於テ汪ヲ始メ高宗武、周佛海、陳公博等ノ通緝令發

表方考慮中ナル旨報シ居レリ
本電別電ト共ニ北京、天津、南京、漢口ヘ轉電セリ
香港ヘ轉電アリタシ

（別　電）

上　海　4月6日後発
本　省　4月6日夜着

第九一六號

一、[1]祕密協定

㈠速ニ汪ト近衞トノ和平ノ實施ヲ容易ナラシムル爲日本ハ中央政府カ其ノ軍隊ノ改變ヲ完成セサル以前ニ於テ左ノ軍事行動ヲ起スヘシ

(イ)北支ニ於テハ西安ヲ占據シ四川包圍態形ヲ採リ蘇支兩國間ノ交通ヲ遮斷スヘシ

(ロ)南支ニ於テハ南寧ヲ占據シ廣西省ノ反日感情ヲ抑壓スルト共ニ廣西及佛領印度支那間ノ交通ヲ遮斷スヘシ

(ハ)中支ニ於テハ長沙ヲ占據シテ湘贛鐵道ヲ横斷スルト共ニ襄陽及樊城ヲ占據シテ湖南、四川兩省ヲ制スヘシ

㈡日本カ前記計劃ヲ完了セハ汪ハ反共反蔣戰爭ヲ唱道シ汪ニ於テ少クトモ二十個師團ノ兵力ヲ統御スル可能性アルコトヲ保障ス

㈢汪ハ責任ヲ以テ自ラ總裁ニ任シ且一切ノ反日及共産分子ノ撲滅ニ充分ナル實力ヲ具有スル反共救國同盟ヲ組織ス

㈣日支間ノ和平友好關係ヲ囘復スヘキ協定ヲ討議スヘシ但シ右協定ハ反共ノ原則ト汪及近衞ノ聲明ヲ以テ基礎トスルト共ニ總ユル反共團體ノ見解ヲ取入ルヘシ

㈤前記㈡及㈢實現ノ爲日本ハ汪ニ對シ毎月三百（萬）元ヲ支給スヘシ

尚[2]高宗武ハ此ノ種提案ヲ携ヘ二月二十日上京シ平沼ト會見ノ上更ニ左ノ如キ具體的協定ヲ締結セル由ナリ

日本カ南寧、長沙、宜昌、沙市、襄陽、樊城及西安占領ノ際汪ハ別ニ聲明ヲ發シ既往ニ於テ包懷セル蔣介石ニ對スル和平交渉開始要請政策ヲ改メテ汪自ラ事態收拾ニ乘出スヘシ但シ日本ハ五、六月中ニ日本ノ擔任部分タル「プログラム」ヲ完成スヘシ又汪ハ國民政府打倒ノ爲日本ニ對シ襄陽及樊城ヨリ漢中ニ軍ヲ入ルルト共ニ主力部隊ヲ以テ南昌ヨリ常徳貴陽經由四川ニ進撃スルコトヲ要請ス

二、汪ノ基本的要求事項
日本ハ既ニ汪ニ對シ二回ニ亘リ約二百萬元ヲ給シタルカ汪ハ日本軍カ福州及潮州占據ノ際ニハ西南政府ヲ樹立シ更ニ日本ノ軍事行動擴大ヲ俟チ支那ノ擴(抗カ)戰軍隊ヲ漸次自解セシムル様工作スヘキ旨建言スル所アリタルカ汪ノ基本要求左ノ通リ
㈠維新及臨時兩政府ノ廢譲《ハイジョウ》?
㈡南京ニ於ケル新國民政府ノ組織
㈢反共救國同盟ノ設立
㈣之カ費用トシテ毎月三百萬元ノ支給
㈤反共救國軍トシテ十二箇師團ノ維持
㈥二億元ノ軍事豫算借款設定
㈦汪及日本間ノ協定ハ近衛聲明ヲ基礎トスルコト
㈧支那ハ國際關係ニ於テ英、米、獨、佛、伊ト友好關係ヲ保持スルコト
㈨支那ノ防共協定加入
北京、天津、南京、漢口ヘ轉電セリ

447

昭和14年4月8日　在香港田尻総領事より有田外務大臣宛(電報)

言論機関における汪兆銘と蔣介石との暴露戦は汪側に不利な状況との観測について

香　港　4月8日後発
本　省　4月8日後着

第四四二號
支那人側ニ於テハ汪ノ二十七日附聲明ハ蔣及要人ノ抗戰樂屋ヲ暴露シ各將領ノ蔣分離ヲ狙フト共ニ自分丈ケヲ惡者扱ニスル重慶ノ宣傳ヲ破壞シ國民ノ人氣ヲ繋キ將來ノ出廬ニ備ヘントスル底意ニシテ之ニ依リ少クトモ汪ノ國民ニ對スル立場ハ有利トナリタル一方出廬ノ決意ヲ窺知シ得ル次第ナル處重慶ハ右ニ對シ往電第四三七號ノ密約內容ト稱スルモノヲ發表シ汪ノ賣國行爲ヲ一段ト強ク國民ニ印象セシメ汪ヲ政治的ニ葬リ去ラントスル態度ニ出テ今ヤ汪、蔣間ハ暴露戰展開サレタルカ言論機關ニ於テ汪ハ極メテ不利ノ立場ニ在リト見居レリ御參考迄
上海ヘ轉電アリタシ

448　昭和14年4月8日　在上海三浦総領事より有田外務大臣宛（電報）

平沼・汪秘密協定問題に関する論調報告

上　海　4月8日後発
本　省　4月8日夜着

第九二九號

往電第九一五號ニ關シ

七日ノ申報、譯報、中美、華美及文匯報ハ何レモ社說ヲ掲ケ汪平沼密約ハ實ニ吾人ノ意表ニ出テ狂氣ノ沙汰ナリトシ（申報）支那ハ過去ニ於テ幾多賣國奴ヲ出シタルモ之ヨリ甚シキモノナシ（文匯）トテ各紙共筆ヲ揃ヘテ汪ノ賣國反逆行爲ヲ責メ今日迄本件密約ニ關シ關係筋ヨリ何等否認ノ報ニ接セサルハ本密約ノ事實ナルヲ證スルニ足ルヘシ（申報）汪ハ元來節操ナキ人物ニシテ國ヲ外ニ自己ノ榮譽ヲ圖リ中國總理タラントスル迷夢ノ實現ヲ策シ其ノ機會ノ到ルヲ狙ヒ（文匯、申報、中美）居タルモノニシテ彼ノ昨年末來ノ言行ニ徵スルニ獨伊ニ媚フルノ風ヲ示スト共ニ英米ノ態度ニ何等言及スル所ナキハ他日是等ニ援助ヲ求メ以テ自己保全榮達ヲ企圖スル底意ナルヘク（申報）今次ノ密約ハ彼カ客臘和平宣言發出以來ノ豫期ニ反シ國人ノ之ニ響應スル者ナク四圍ノ形勢不利ナルヲ看取シ遂ニ最後手段ニ出テタルモノナリト斷シ（中美）彼ハ既ニ九・一八以來日本特務機關ニ買收セラレ居タル注意人物ナルカ（華美）他方日本ノ對支政策ハ挑發離間ヲ以テ根本方針トスルコト過去幾多ノ事例アリ汪モ其ノ手ニ乘リタルモノニシテ（中美）日本ハ必スシモ汪ノ獻策ニ滿幅ノ信賴ヲ措カサルヘキモ長期戰下ノ國力ノ消耗財政經濟ノ窮乏ニ加ヘ澎湃タル國内ノ反戰思想抑壓ノ爲窮餘ノ策トシテ所謂支那通ノ誤レル政策ヲ繰返サントスルモノニシテ之ニ依リ支那ノ分裂ヲ圖リ獨伊ニ呼應シテ支那侵略ヲ逞ウシ併セテ英米佛ノ對支援助ニ報復セントスルモノナルヘシ（譯報、文匯報）要スルニ汪昨年末來ノ行動ニ關シテハ吾人ハ難キヲ忍ヒテ其ノ悔悟ヲ待チ居タルモ事茲ニ至リテハ斷乎タル措置ヲ取ルト共ニ其ノ一派ノ盲動工作ヲ防止シ支那ノ徹底的抗戰ヲ世界ニ明示スヘキナリト論シ居レリ

北京、天津、南京、漢口ヘ轉電セリ
香港ヘ轉電アリタシ

449 昭和14年4月11日 在香港田尻総領事より有田外務大臣宛(電報)

汪兆銘の脱出先等につき高宗武と会談について

香港 4月11日後発
本省 4月12日前着

第四五三號(館長符號扱)

十[1]日夜高橋及矢野同席高ト會見ス

一、高ヨリ河内行汽船ヲ當地ニ寄港サセ先ツ自分等同志ト協議セシメラレタシト重ネテ申出テタルヲ以テ(過般來數度之ヲ繰返シ居レリ)右ハ不可能ニ付高自身聯絡ノ爲赴河スヘキ旨勸告シタルニ對シ汪ヨリハ自分及陳公博ニ來河方要求アリタルモ同志ノ反對ニテ駄目ナリトテ承諾セス梅?又ハ周佛海ノ內尠クトモ一人ヲ派遣シタキ內意ナリト言ヘリ右實現迄矢野ハ四五日前赴河セル中山(編注)ト聯絡スル手筈ナリ

(欄外記入)

二、汪ノ行先ニ付高ハ上海ヲ主張セルカ汪カ日本船ヲ利用スル以上日本トノ關係ハ決定的ノモノト判斷セラルヘキヲ以テ危險ナル上海ヨリハ寧ロ臺灣ヲ擇フモ左シテ不利益ナラサルヘク又[2]香港トセハ漢奸ノ非難ヲ幾分免ルヘキモ政廳側ノ監視嚴重ノ爲活動ハ甚タシク掣肘サルル外再ヒ脱出問題起ルヘク澳門ハ一時的避難地トシテモ安全ヲ保證シ得サルヘシ尚一時外遊ノ手ハ有ルヘキカ右ハ重慶ニ對スル屈服ナリト述ヘタルニ對シ一々首肯セルモ何等決定的意見ヲ吐カス

三、往電第四三七號ハ支那側ヨリ漏セルモノト認メラレ注意ヲ喚起シタルニ對シ高ハ同志幹部十六名中汪及夫人ノ外曾仲鳴ト自分ノ外ニ軍人一名カ內容ヲ識リ居リ絶對ニ斯ルコトナシト否定セルカ杜月笙トハ絶エス聯絡シ居リ同人ヨリ高、陳及佛海三名ニ對シ重慶ヨリ暗殺ノ命令アリシヲ聞ケルコト又高ニ飜意歸渝スヘキ旨重ネテ重慶ノ特使ヨリ勸告ヲ受ケツツアルコトヲ語レリ

(欄外記入)
矢野ハ行ク考ナルヤ、然ラバ河内ヘ直接連絡ノ要アルベシ

編注 「中山」は「周隆庠」を意味する符牒。

450　昭和14年4月14日　在香港田尻総領事より有田外務大臣宛(電報)

汪派による対重慶切崩し工作の停滞状況等に鑑みわが方の汪兆銘工作を再検討する必要性につき意見具申

付　記　昭和十四年四月十三日、東亜局第一課作成
汪工作の取扱いに関する陸軍側意向

香　港　4月14日後発
本　省　4月15日前着

第四七五號(館長符號扱)

一、[1]汪一派トノ連絡ハ依然高宗武ノミニテ當方累次ノ要求ニ拘ハラス他ノ幹部トノ接觸ヲ許サス又彼ト汪トノ連絡振ハ數次ノ拙電ニ依リ御推察アル通リニテ果シテ充分ノ了解アリヤ就中東京會談カ其ノ儘詳細河内ニ傳ヘアリヤ疑ハシキ一方在河改組派等トCC系相互ノ連絡ニ付テモ疑問アリ疑ヲ挿ム餘地多ク又汪ト蔣介石トノ無關係ナルコト愈明カトナル反面ニ於テ高乃至部下カ當地又ハ上海ヨリ重慶ト祕密通信ヲ爲シ居ルニアラスヤトノ疑念ヲ起サシムル節モアリ此ノ上高ノミヲ相手トシ話ヲ進メルコトハ假令前記諸點ノ或部分カ臆測ノ範圍ヲ出テストスルモ餘程注意ヲ要スヘク又汪最近ノ聲明カ總テ汪ノ一存ニ出テ居ル事實ヲ併セ考フルニ此ノ際我方ハ汪ノ眞意ヲ直接糺明スル必要ニ迫ラレ居リ其ノ上ナラテハ對汪工作ヲ如何ニ進展スヘキヤハ決定シ難キ實狀ニ在リト認メラル

二、[2]最近汪一派ニ對スル重慶ノ監視嚴重トナレルト共ニ政廳ノ南華日報ニ對スル干渉加ハリ同新聞ハ屢其ノ警告ヲ受ケ八日附汪聲明ノ如キ蔣介石攻撃ノ重要部分ハ檢閲ニ依リ總テ伏字ニ改メサセラレタル有様ニテ汪カ來香スルモ活動上相當ノ掣肘ヲ受クヘク殊ニ今後聲明ノ發出ノ如キハ不能トナル惧レナキニアラス去迚今上海ニ赴クモ維新政府トノ關係機微ナルモノアリ又身邊ノ危險モ遽ニ保障シ難カルヘシ汪トシテハPL情報ノ如ク來香ヲ希望シ居ルヘキモ前記事情ヲ考慮ニ容ルレハ或ハ當分高ノ言フ如ク河内ニ止ルコトヲ希望スルヤモ知レス何レカ宜敷ヤ判斷ニ苦シムモ結局ハ爾後我對策如何ニ依リ左右セラルル問題ナルヘシ

三、[3]汪派ノ軍事策謀ノ進展ハPL情報カ眞相ニ近キモノナルヘク多少ノ進展アリトスルモ未タ自己滿足ノ程度ヲ出テ

ス假ニ實力派ト相當ノ內部連絡附クモ其ノ最後的發動ハ我軍事行動ノ進展ニ俟ツコトトナルヘク今日迄ノ情況ヨリ判斷セハ良ク見テ五分ノ成功率ニ達セス依テ或ハ此ノ邊ニテ對汪工作ニ再檢討ヲ加フヘキ時期ニ到達セルヤニモ判斷セラル卽チ我カ行キ方トシテハ西南ニ先ツ汪ノ地盤ヲ作ラス方向ニ進ムカ或ハ斯ル企圖ノ成就スルヲ待タスシテ汪ヲ中心トシテ新中央政府ノ樹立ヲ急クカ將又將來時機ヲ見テ支那民衆ノ輿論トシテ政府首班ニ擔キ上ケサス爲一應汪ヲ影ノ人トシ（我援助ヲ止メル意味毛頭ナシ）新ナル重慶工作ニ進ムカノ差ナル處第一ノ擧兵計畫ヲ進捗セシムルコトハ素ヨリ望ム所ナルモ其ノ見透シ前述ノ如シトセハ汪今後ノ行動ヲ全部之ニ引掛ケテ考ヘル必要モアルヘク

第二ハ「フランコ」程度ノ政權樹立ヲ前提トセハ占領地ヲ固メ對外關係ヲ處理スル爲ニハ結構ナルモ汪ハ之ニ依リ完全ニ漢奸トナルヘク重慶ノ宣傳ハ裏書セラレ半信半疑ノ者ハ素ヨリ反戰救國ニ傾ケル者スラ折角ノ汪ノ主張ニ隨伴スルヲ得サルニ至リ對重慶工作ハ全ク新ナル「スタート」ヲ切ルコトトナル惧アリ（汪ニ同情アル支那人間ニ於テモ近衛聲明ハ內閣更迭ニ依リ反古トナリ之ニ呼應スル汪ノ和平主張ハ無意味ナリトノ觀測モ相當行ハレ居レリ）依テ第三ノ方法ニ依リ汪聲明ノ捲起セル强力ナル波紋ヲ今後充分ニ活用スルモ本人ハ當分其ノ希望スル土地ニ於テ自適セシメ重ネテ重慶ニ對スル論陣ヲ布カス時局ノ外ニ立チタル形ヲ裝ハシメ乍ラ中央政府樹立ノ下工作ヲ急クコトトシ然モ之ト併行シテＰＬノ主宰スルカ如キ擧兵計畫ニ必スシモ大ナル望ヲ囑セス寧ロ對福建工作及各方面ヨリスル重慶政府ノ新攪亂工作ニ主力ヲ注クコト新情勢ニ適應シ眞ニ汪ノ和平運動ヲ活カス方策ナリトモ考ヘラルル處

以上ハ客觀情勢ヲ主トスル判斷ナルヲ以テ汪ノ眞意及決心ノ如何ニ依リテハ同人ノ來香ヲ阻止シ得ス又其ノ身邊ノ安全ヲ考慮セハ一切ノ不利ヲ忍ンテモ第二ノ方策ヲ執ル外ナキ場合モアルヘキ處何ノ途重慶ニ對スル新ナル諜略ノ必要增大セル事態ナルコトハ間違ナキ所ナリ

四、右ニ關聯シ最後ニ注意ヲ要スルハ汪脫出後重慶ノ抗日陣營强化サレタルコトニシテ一部ニ潛行的和平運動行ハレ居ルハ事實ト認メラルルモ之トテ實力派就中軍官學校系統ノ一團ノ將來ヲ如何ニスルヤノ點ニ付彼等關係首脳部カ安心ヲ得ルニアラサレハ到底表面化スル可能性ナク重慶ハ外部ニ對シ依然トシテ第三國ノ援助ヲ誇大ニ放送シツツ抗戰一點張リノ主張ヲ續ケルコトトナルヘク今後ノ對重慶問題ハ右含ニテ工作ヲ進ムルコト肝要ナルヘシ

上海ヘ轉電アリタシ

(付　記)

汪精衛一件

(昭和一四、四、一三、亞一)

四月十二日東亞局第一課長參謀本部臼井大佐ト會談ノ際東亞一課長ヨリ汪精衛ニ對スル最近ノ重慶政府側暴露戰術ニ鑑ミ陸軍側ニテハ本問題ノ處理方法ニ變更ヲ加フル樣ノ御考ナキヤト尋ネタルニ對シ臼井大佐ハ汪精衛カ漢奸ノ立場ニ明瞭ニ立ツコトトナリタル此ノ際最早我方トノ關係ヲ祕スルコトモ事實上困難トナリタルモノト考ヘラレ從テ相當大ビラニ取扱フモ致方ナカルヘシト考フ此ノ際汪ヲ香港、澳門等ニ引出スモ滯留中身邊ノ危險ヲ感スル惧大ナルニ付東京ニ連レ來リ中央ニテ直接本人ノ眞意ヲ突止ムルコトモ一法カトサヘ考ヘ居レリ目下和知、石野兩大佐上京中ニ付陸軍側トシテ相談ヲ重ヌル積リナルカ畢竟近日中ニ行ハルヘキ現地ノ會談ノ結果ヲ俟ツノ外ナカルヘシト思考ス外務省ニ於テモ之等ノ點ニ付御考慮置キヲ乞フトノ趣旨ヲ述ヘタリ

451 昭和14年4月19日　矢野領事より有田外務大臣宛(電報)

汪兆銘と影佐一行との会談報告

ハノイ　4月19日後0時42分発
本　省　4月19日後9時10分着

本日影佐、犬養、矢野ハ汪精衛ヲ往訪三時間半ニ亘リ會談セルニ同人ハ既ニ高宗武ヲ通シ從來ノ經緯ハ委細了知シ居レルニ付直ニ本論ニ入ルベシトテ牢固タル決意ヲ示シ一日モ早ク安全且運動ノ進展ニ便ナル地點タル上海ニ移轉シ度キ旨ヲ語リタルニ付一行渡航方法ニ關シ細部的折衝ヲ遂ゲ一回ノ會見ニテ當方ヨリ多クヲ言フヲ要セズシテ協議ハ容易ニ成立セリ

尚有田外相、板垣陸相及鈴木ノ書簡及米内海相ノ名刺ハ無

事本日手交濟ニシテ汪精衛ハ直ニ返信ヲ認ムベキ筈ノ處目下上海行ニ忙殺サレ居ルニ付禮狀ハ追テ上海ニ落付キタル上呈上スル存念ナル旨傳達アリタシト語リタリ委細ハ影佐ヨリ陸軍臼井宛電報ニテ御承知アリタシ
鈴木ヘモ御内話アリ度シ

452 昭和14年5月15日

矢野領事作成の「渡邊工作現地報告(汪)(河内救出ノ巻)」

付記一 昭和十四年四月二十五日発大津(和郎)台湾軍参謀長より中島(鉄蔵)参謀次長宛電報台電第二五号
テロの危険急迫のためハノイからの急速脱出の必要性について

二 昭和十四年四月二十五日発土肥原機関より笠原(幸雄)参謀本部総務部長宛電報原電中支第二〇三号
安全確保の観点から汪兆銘の上海来訪はできるだけ遷延すべき旨具申

三 昭和十四年四月二十七日発大津台湾軍参謀長より笠原参謀本部総務部長宛電報河内(門松)電第五八号
汪兆銘乗船の汽船に対する捜索要請

四 昭和十四年五月一日、東亜局第一課作成
汪兆銘が影佐一行乗船の北光丸に移乗したとの情報

渡邊工作現地報告(汪)(河内救出ノ巻)

矢野領事

(昭十四、五、十五、)

命ヲ奉シ小官四月五日福岡ヨリ上海ニ飛ヒ同月七日英船「グレンペッグ」號ニテ十日香港着直チニ田尻總領事、市田中佐ト協議シ且同地ニ於ケル本件工作狀況、心得ヘキ諸點竝ニ影佐大佐ニ對スル傳言ヲ聞キ十一日英國航空機ニテ河内ニ到着セリ
一、香港ニ於テ田尻總領事及市田中佐兩官ヨリ高宗武ニ關シ左ノ疑惑ヲ聞キ又矢野ニ於テ看取セリ
(一)本件ニ關スル日本側ノ意嚮竝ニ汪兆銘ノ意嚮ヲ充分兩

者ニ連絡シ居ラサル懸念アルコト
(二)高ハ影佐、其ノ他ノ河内行ヲ引留方殆ント毎日ノ如ク市田、田尻兩官ニ對シ執拗ニ要望セルコトハ極メテ諒解ニ苦シム點ナルコト察スルニ從來汪ニ充分日本側ノ意嚮ヲ傳ヘ居ラサルニ付汪ト影佐一行ノ直接會見ヲ好マサリシカ後日高カ猶蔣ヲ頭ニ戴キ時局ヲ收拾セントノ意ヲ矢野ニ明言セル點ニ鑑ミ影佐ノ河内行ニテ汪ノ工作ノ進捗ヲ惧レタルニ非スヤトモ思ハル
(三)高ト田尻、市田、矢野ト某處ニ會合セル際田尻、市田ヨリ交々高ノ河内行ヲ慫慂シタルモ兎角辭ヲ左右ニシ煮エキラス果テハ周佛海及梅思平ノ兩人ヲ派遣スヘキ旨ヲ別ルニ先チ漸ク告ケタルカ從來本件工作ノ主任者タル高ノ河内ニ行クコトヲ肯セサルハ極メテ奇怪至極ト見受ケラレタリ
(四)前記會談中高ニ於テ杜月笙ト常時會見シ居ルコトヲ洩ラセル上ハ疑惑ヲ深ムルモノノ一ト見受ケタリ
(五)會見中市田ヨリ高ニ對シ四月五日重慶側ニ於テ本件工作ニ關スル曝露聲明ヲナセルコトニ言及シタルニ高ハ盛ンニ日本側ニ於テ機密ヲ洩ラセルモノナラントテ且上海機關ニ非スヤトサヘ述ヘタルカ前記四月五日ノ曝露記事中金錢授受ニ關シテハ市田ト高ヨリ以外知ルモノナキニ拘ラス之カ言及サレ居ルハ極メテ奇怪ナル旨ヲ告ケタルニ高ハ答フヘキ辭ニ苦シム樣ヲ見受ケタリ
(六)河内ニ先行シ居ル周隆庠ハ從來高トノ關係モアリ自然高ニ對スル疑惑ハ周ニ對シテモ一應適用サルルコトトナルヲ以テ今後小官等ノ河内ニ於ケル工作ニハ一段ト愼重ヲ加フルノ要アルコトヲ痛感シ又田尻、市田兩官モ此ノ點影佐ニ篤ト說明方小官ニ依賴セリ

二、十一日河内ニ到着シ直チニ門松少佐ヨリ報告ヲ受ケタルコトハ周ト旣ニ四月九日連絡開始濟ナルコトナリ又小官ノ感知セルコトハ佛印當局ノ監視ノ眼、日本人ノ動靜ニ嚴重ニ向ケラレ現ニ總領事館附近及官邸直前ニハ常ニ佛印警察當局ノ探偵張込ミアリ小官等ノ行動ニ極メテ不便ヲ感シタリ
(一)小官ハ四月五日ノ重慶側ノ本件工作曝露竝ニ汪兆銘ニ對スル惡口罵詈及汪ノ之ニ對スル反撥等アリシ經緯ヨリ察シ影佐ト汪トノ會見ハ一回ニテ大本ノ決定ヲ見ルモノト察セラレタルト共ニ他方佛印官憲ノ保護ノ爲メ

却テ汪ハ監禁ノ狀態ニアルコト又多數ノ重慶側ノ刺客ノ潛行運動等ニ鑑ミ小官ハ汪ト影佐トノ會見ニ關スル具体案及若シ汪ノ出廬ニ際シテノ運搬ノ具体策ノ二問題ニ關シ現場審査等ノ方法ニ依リ祕カニ研究シ置ケバ足リ影佐來着前餘リ小官等ノ活動ニ依リ佛印及重慶側ノ注目ヲ惹クコトヲ極力避ケ且門松少佐ニモ之ヲ說明シ鳴ヲ靜メ影佐ノ到着ヲ俟チタリ

㈡影佐ハ十六日夕刻海防ニ到着シ同地ニ一泊ノ上十七日午前十時半頃自働車ニテ河內ニ到着シ臺拓支配人宿舍ニ入レリ

之ヨリ先影佐入國ニ際シ佛印ノ上陸禁止其ノ他萬一ノ場合ニ備フル爲メ十六日浦部副領事ヲ他用ニテ海防ニ赴キタルカ如ク裝ハシメ派遣シ置キタルニ十六日午後十一時頃同副領事ハ河內ニ歸來シ影佐一行ノ無事上陸ヲ報告セリ

㈢影佐ニ對シテハ前記高ニ對スル疑惑及周隆庠ニ對シテモ自然疑惑ヲ抱カサルヲ得サル旨縷々說明セルニ影佐モ諒解シ影佐犬養矢野三者協議ノ結果會見場所ニ關シ先方ハ先方ノ指定スル方法ニテ且其ノ指定スル場所ニ於テ會見方ヲ主張スルニ相違ナキニ付其ノ際ハ一應右ハ佛印官憲ノ眼ノ光レルカ故ニ不適當ナラスヤトノ理由ニ基キ一考ヲ煩シ度キ旨ヲ答フルト共ニ委細ハ汪ノ親翰ヲ持參スル正式代表ト協議ノ上決定シ度キ旨申入レ以テ重慶側ノ術策其ノ他不慮ノ障碍ヲ避クヘキ旨議纏マリタリ

㈣十七日夕刻案ノ定汪側ハ周ヲ使者トシテ先方ノ指定スル方法ニテ指定スル場所ニ於テ會見方申越シ來レルニ付早速豫メ協議セル通リ汪ノ親翰ヲ持參スル代表ト協議ノ上決定シ度キ旨回答セル處十八日午前十時頃汪ノ親翰ヲ携ヘ周使者トシテ連絡シ來リタルニ付意ヲ決シ先方ノ要望ノ通リ實行スルニ決シ此ノ旨回答セリ

㈤影佐、犬養、矢野ノ三名ハ十八日午後一時半約束ノ場所タル競馬場ニ至リ旅行者ノ見物ノ體ヲ裝ヒ待チ居リタルニ周ノ乘レル大型自働車疾驅シ來リ小官等ノ面前ニテ急停車ヲナシタルカ其ノ際自働車ノ番號札ニ左圖ニ示スカ如ク「漢」ノ字ヲ附シアルヲ發見シ奇異ノ感ニ打タレタルモ我々ハ運ヲ天ニ任セ之ニ乘込ミ運ハレテ或ル角屋敷ノ邸宅ニ至リ門前ニ佛人ヲ主班トスル安南人警官ノ警戒物々シキ中ヲ疾驅シテ門內ニ入リ背後ニ鐵門ノ閉鎖サルルヲ見タリ小官等ハ誘ハレテ階上應接間ニ入リ汪ノ出現ヲ鶴首シテ待チタルニ廳テ汪ハ扉ヲ排シテ現ハレタルヲ以テ愁眉ヲ開キタリ

三、汪ト影佐、犬養、矢野ノ會談要領左ノ如シ

(一)汪ハ開口先ツ遠來ノ勞ヲ謝シタル上委細ハ高宗武ヲ通シ能ク諒解シ居ル次第ナルト共ニ當地ハ佛官憲ノ保護ノ爲メ安全ナルモ貴下等トノ會見モ頻繁ニナスハ事ノ曝露スル源トナルヲ以テ今日ハ早速本論ニ入リ度シト前提シ自分ハ嘗テ御承知ノ通リ高ヲ通シ貴方ニ對シ三個ノ提案ヲナシタリ卽チ第一ハ日本ニ於テ蔣介石ヲ相手トシテ時局ヲ收拾セラルル場合ハ自分ハ極力斡旋スヘキコト、第二ハ何人カ第三者ヲシテ時局ヲ收拾セシムルナラハ野ニ在ツテ自分ハ大ニ和平運動ニ努力スヘキコト第三ハ余ニ於テ時局ヲ收拾セヨトノ御希望ナラハ全力ヲ盡シ之ヲナスヘキコトノ三案ナリ

自分ハ今日ニ於テモ猶右三案何レニテモ日本側ノ御希望ニ應シ行動スルノ用意アリ

註。於是犬養ヨリ日本朝野ノ汪先生ニ對スル共鳴振リヲ說キ聲涙下ルモノアリ汪氏之ニ感激シ顏ヲ背ケテ涙ヲ拭ヒ次テ影佐ヨリ一月十六日ノ聲明ニ言及シ之ハ不動ノ國策ニシテ且現平沼總理モ其ノ就任ニ際シ之カ踏襲ヲ聲明シ居ル次第ヲ述ヘ汪ヲ激勵シ汪之ニ感謝ノ意ヲ表ス

(二)現在支那ニ於ケル民衆ハ賴ルヘキ中央政府カ重慶ニ遁入シ居ル有樣ナルヲ以テ其ノ歸趨ニ迷ヒ又日本トノ間ニ和平交涉スヘキ代表政權モ無ク且重慶方面其ノ他全支ノ和平派モ賴ルヘキ中央政權ナキ次第ナルヲ以テ民心安定、和平交涉ヲナスヘキ中央政權ヲ樹立シ日本ニ依リ之ヲ承認セラレ以テ和平交涉ノ衝ニ當ラシムルコトカ今後自分等ノ工作ノ根本ト思考スル次第ナルカ之ニハ多大ノ日子ト相當ノ困難ヲ豫期スル次第ナリ其ノ理由左ノ如シ

(1)重慶政權內部ニモ多數ノ和平要望ノ同志アル處之等ノ人々ハ何レモ蔣介石ノ監視嚴重ナル爲重慶脫出仲々困難ニシテ謂ハハ外部トノ往來ヲ遮斷セラレ居ルニ付之等ノ人々カ適當ノ時機ヲ捉ヘ且好キ口實ヲ設ケ脫出スルニハ相當ノ日子ヲ要シ且多大ノ困難ヲ

克服スルヲ要スル次第ナリ
(2)又軍隊中ニモ余等ノ同志アリ例ヘハ薛岳鄧龍光等ノ如キモノアルモ之等ノ軍隊ハ何レモ分散配置セラレ其ノ周圍ニハ蔣ノ直系軍隊カ配置セラレ居リ余等ノ同志軍人ノ相互連絡ヲ遮斷セラレ居リ行動ヲ起スコト容易ニ非サル現狀ナリ
(3)又余等ノ同志軍人ノ軍隊ハ概ネ日本軍トノ交戰ニ於テ多大ノ損失ヲ受ケ舊部下ヲ失ヒ之等ハ概ネ蔣直系軍ニ依リ補充セラレ居ルニ付漸次中央軍ニ依リ牛耳ラレ居ル有様ナルニ付之亦右軍人等カ容易ニ行動ヲ起スヲ得サル現狀ニ在リ
(4)雲南軍ノ例ヲ見ルニ精兵概ネ前線ニ送ラレ殘留部隊ハ未訓練ノ烏合ノ衆ニシテ弱兵ナレハ龍雲ノ起チ難キハ斯カル事情ニモ依ル次第ナリ
(三)何レニシテモ今後我々ノ工作ヲ進ムルニ付テハ貴下ノ既ニ御承知ノ如ク當地ハ佛印官憲ノ嚴重ナル保護ノ下ニ生命ノ安全コソアレ其ノ結果ハ同志トノ連絡ニハ極メテ不便ナレハ何レカ安全ニシテ且同志トノ連絡ニ便利ナル地ニ移轉ヲ要スル次第ナルカ況ヤ前述ノ如ク雲南ニ於テ當分起チ難キ現在ニ於テハ猶更至急移轉ノ必要ヲ感シ居ル次第ナリ
然レ共茲ニ考慮スヘキハ余ハ重慶脫出ニ際シ旅券ヲ持參セス無旅券ニテ佛印當局ハ入國ヲ許可セル次第ナリ從ツテ旅券ヲ所持セサル關係上佛印當局ノ保護ノ下ニ余等カ豫テ「チヤーター」シ十七日西貢ヲ出發シ不日海防ヘ來航スル船舶ヘ無事乘込ムコト一案ト存シ實ハ祕カニ佛印當局ニ申入レタル處先方ハ快諾シ居レルニ付此ノ方法ニ依リ脫出セント思フ處御意見承リ度シ
註。於是影佐ヨリ話ハ最早脫走方法トイフ細事ナレハ貴大人ヲ煩ハス程ノコトニモ非サルニ付大人ハ暫ク休憩セラレ四人ニ於テ案ヲ作成シタル上之ヲ御一覽下サレ度シト述ヘ汪ハ茲ニテ退場影佐、犬養、矢野、周隆庠四名協議ノ上左ノ細目ヲ作成セリ
(1)汪ノ旅券ヲ有セサルコト、機密保持ノ上ヨリ又最安全ニ脫出スルコトヲ得ル點ヲ考慮シ佛印當局ノ保護ノ下ニ脫出スルコト最得策ト思考ス
(2)河內ヨリ海防ヲ經由上海ニ赴キ佛租界隱家迄佛國側ヲシテ輸送指揮官ヲ任命セシメ之ヲシテ責任ヲ以テ

輸送セシムルコト
(3)「チャーター」セル佛船 Von Vollenhaven ノ船員檢査ヲ行ヒ中國人ハ全部下船セシメ之ガ補充ハ安南人ヲ以テス
(4)船中武器檢査ヲ行ヒ汪側及官憲側以外ノ武器彈藥ハ全部沒收ス
(5)佛印側ハ船中ノ治安ヲ維持スルニ足ル武装護衛ヲ乘船セシムルコト
(6)汪側ニ於テモ充分ノ武装護衛ヲ帶同シ常時汪ノ身邊ヲ護衛ス
(7)影佐ノ乘船タル北光丸ハ目立タサル程度ノ間隔ヲ置キ汪ノ乘船ニ尾行護衛ス
(8)日本側ハ豫メ共同租界或ハ日本側占領區域ニ二三個所隱家ヲ用意シ置キ汪ノ佛租界ニ入ルヤ能フ限リ速カニ右隱家ニ移轉シ得ル様手配シ置クコト
(9)汪一行ノ上海ニ於ケル檢疫及通關方ニ關シテハ日本側ニ於テ極祕裡ニ斡旋ス
右案作成ノ上汪ノ出席ヲ求メ之ヲ呈示シタルニ汪ニ於テハ大体宜シカルヘシト述ヘ尙能ク研究シ置カント述ヘ玆ニ公式會談ヲ終リ雜談ニ移リタリ

(四)之ヨリ先汪ノ退場前矢野ヨリ日本ヨリ携行セル有田大臣板垣陸相及鈴木部長ノ書翰竝ニ米内大臣ノ名刺ヲ手交シタルニ汪ハ一讀ノ上早速御禮狀ヲ差上クヘキノ處今ハ脱出ニテ多忙ノ身ナレハ追テ上海ニ落付タル上御禮狀ヲ差上クヘキニ付不悪御諒(解欠カ)有リ度ク此旨貴下等ヨリ宜シク御傳ヘ下サレ度ト述ヘタリ

(五)雜談ノ時間後三十分ニシテ左ノ會談行ハレタリ
(1)汪曰ク
客年末聲明ヲナシタル時ハ實ハ同志中ニ於テモ諸般ノ準備完了ノ上ナスヘシトテ延引説ヲ唱フルモノアリタルモ既ニ近衞總理ニ於テ聲明ヲ發表セラレタル上ハ之ト連絡アルカ如キ疑惑ヲ避クルニ必要ナル程度ノ期間サヘ置ケハ速カニ近衞總理ニ呼應スルコトカ同總理ノ御努力ニ酬ユル禮ト考ヘ自分ハ斷然客年末ニ聲明ヲ發シタル次第ナリ
(2)汪ハ次テ歐洲ノ形勢殊ニ英佛蘇ノ同盟成立ノ可能性又歐洲大戰ノ發生ノ可能性ニ關シ質問セルカ影佐、犬養共ニ答フル様子ナカリシカ故ニ矢野ニ於テ已ム

ナク私見(編注二)ヲ述ヘ置キタリ。實ハ本會談中日本側ノ發
言トシテハ矢野ノ談話カ最モ長カリシ點ニモ鑑ミ如
何ニ本件會見カ圓滿ニ運ハレ且汪ノ決意ハ既ニ會見
前固メラレ居リタルカヲ知ルコトヲ得ヘシ

㈥本會見ハ午後一時四十五分頃ヨリ約三時間半ノ長時間
ニ亘リタルカ汪ノ決意極メテ固キモノアリ成敗ヲ天ニ
任セ和平救國ノ大業ニ乘リ出ス熱誠ノ面ニ溢ルルモノ
アルヲ感知セリ

四、本日ノ會談後直チニ參謀本部ニ宛テ會見顚末概略電報ス
ルト共ニ上海機關ニ對シ汪ノ隱家、防彈窓及鐵網ノ用意
竝ニ護衞ノ準備方訓令セラレ度キ旨依賴セリ又別ニ矢野
ヨリ本省ニ對シ前記汪トノ會見ニ關シ概略電報セリ

五、四月十九日汪ノ使者ヨリ連絡スヘキ事項アル旨ヲ報シ來
リタルヲ以テ矢野ハ門松ヲ帶同河內郊外ノ「グランラッ
ク」附近ノ田圃ノ畔道ニ於テ周及陳某ト會見セルニ先方
ハ昨日ノ脱出計劃案ハ双方ノ同志ニ對シテモ極力祕密ニ
シ度キヲ以テ上海ノ準備ニ必要ナル向以外ニハ知ラシメ
サル樣願度シト申出テ且隱家ノ防禦設備、通關竝ニ檢疫
手續ハ吳々モ宜シク御賴スト申越シ矢野ヨリ右諸點ニ關
シテハ既ニ手配濟ノ旨ヲ述ヘ且極力最少限度ノ人々ニノ
ミ報告スヘキ旨答ヘタリ

六、四月二十日夕刻(午後七時頃)突如先方ヨリ連絡シ來リ汪
ノ居宅ノ隣家三階ヲ歐亞航空公司ノ名義ニテ借家シタル
モノアル處諜報ニ依レハ右三階ヨリ汪ノ居宅ニ爆藥ヲ投
シ一擧ニ居宅全部ヲ爆破シ其ノ騷ニ乘シ汪ヲ暗殺セント
ノ陰謀アルコトヲ知リタルニ付テハ人ヲ派シ目下佛印警
察當局ニ對シ事實ノ取調方竝ニ一層警戒ヲ嚴ニスルコト
ヲ依賴中ナルカ佛印側ノ態度如何ニ依リテハ今夜ニテモ
安全地帶ヘ避難シ度キニ付テハ其ノ際ハ日本側ニ於テ隱
家ヲ斡旋セラレ度キ旨ヲ依賴越セリ仍テ影佐犬養矢野三
名ニ於テ種々協議ノ結果若シ斯カル緊急ノ事態ニ立至ル
トキハ一度日本側居宅ニ移スモ其ノ後ノ脱出ハ益々困難
トナルヲ以テ寧ロ汪ノ居宅ヨリ行方ヲ晦マシ海防ニ下リ
北光丸ニ連込ムコト以外ニ良策ナシトノ儀纒マリ且左記
ノ如キ連出ノ方法ヲ決定セリ

㈠汪一行ハ其ノ自働車ニテ郊外某地點ニ逃レ來ルコト

㈡日本側ハ其ノ地點ニ總領事ノ乘用車其ノ外ニ臺ノ自働
車ヲ以テ待合セ置クコト

(三)先行ノ自働車ニハ矢野カ乘リ中央ノ自働車ニハ總領事ノ乘用車ヲ使ヒ汪之ニ搭乘シ殿ノ自働車ニハ影佐犬養搭乘シ右三車ノ間隔ハ目立タサル程度ニシテ且萬一ノ際ニ集マリ得ル程度ノ距離タル一粁ノ距離ヲ置ク

(四)途中萬一旅券檢査アル場合ヲ慮リ日本人ノ旅券ヲ借用シ汪ノ一行ニ渡シ置クコト

(五)總領事ハ其ノ官邸ノ使用人ニ疑惑ヲ抱カシメサル爲我々一行カ河內ヲ出發シタル後約二時間半ノ後官舍ニ歸ルコトトシ夫レ迄ハ臺拓支配人宅ニ留マルコト

右ノ諸準備ヲ整ヘ先方ノ連絡ヲ待チ居リタルニ午後十時頃汪側ヨリ連絡アリ佛印警察ヨリ歐亞公司ノ名儀ノ借家契約ヲ取消サシメ且隣家ノ警戒ヲモ一層嚴重ニスヘキ旨ヲ保障セルニ依リ今夜ノ脫出ハ取止メ豫テ約束ノ脫出計畫通リ決行スヘキ旨ヲ申越シ一騷キノ後今夜ノ非常脫出ハ取止メノコトトナレリ

七、然レトモ十九日頃ヨリ影佐ノ宿舍タル臺拓支配人宅ニ對スル佛印側ノ監視ノ眼益々嚴重トナリ二十日夕刻ニ至リテハ支那人側ニ於テモ監視ヲ始メ現ニ二十日夜九時半ノ連絡ニ際シテハ右支配人宅門前ヨリ中國人密偵カ當方連絡員ニ附纒ヒ之ヲ撒クニ多大ノ困難ヲ感シタルヲ以テ影佐犬養ハ海防ニ下リ北光丸船中ニ閉居シ矢野ハ河內ニ居殘リ殿リヲ努メ汪一行ノ出發後(汪ハ二十五日未明迅鯨附近ヨリ出發)途々最近交通機關ヲ利用シ上海ニ先發シ上海機關ノ諸般ノ手配ニ萬遺漏ナキ様協力方影佐ヨリ依賴アリタリ

影佐ハ二十一日午前九時河內ヲ自働車ニテ出發シ北光丸ニ乘込ミタリ

八、二十三日參謀本部ヨリ外務省ヲ通シ電報アリ上海ノ用意ノ都合モアリ一時青島ニ赴キ待機シテハ如何尤モ上海ノ準備ハ影佐ヨリノ申越通急カセツツアリト申越シ來リタル處影佐ハ既ニ海防ノ船中ニ在リ而モ連絡ニ赴カシムヘキ者モ無カリシヲ以テ早速矢野ハ荷物ヲ纒メ河內ヲ引揚ケ館員一名ヲ右電報ノ返電ヲ河內ニ携行セシムル爲メ帶同シ二十三日午後二時海防ヘ向ケ自働車ニテ出發セリ

午後四時海防着ト共ニ一書ヲ認メ前記參謀本部ニ對スル回電案ヲ封入シ船中ノ影佐ヘ臺拓坂本支配人ヲシテ携行セシメタルニ影佐ニ於テモ同意ノ旨回答シ來リタルニ付前記回電案河內館員ニ手交シ鈴木總領事ニ手交スヘキ旨

竝ニ途中萬一ノ場合ハ右同電案ヲ口中ニ入レ證據ヲ滅スヘキ旨ヲ下命シ同館員ヲ出發セシメタリ、二十四日早朝鈴木總領事ヨリ館員無事歸來セリトノ電話ニ接シ安堵セリ

九、二十四日影佐ヨリ臺拓支配人ヲ通シ書信ヲ以テ北光丸ハ同日午後五時半出港シ公海ニ於テ二十五日未明迅鯨附近ヨリ出帆スヘキ汪ノ乘船ヲ尾行護衞シ上海ニ五月六日入港ノ豫定ナルニ付萬事手配方依頼越シアリ矢野ヨリ汪ノ乘船 Von Vollenhaven ノ僅々七百三十噸ノ小船ニシテ耐波力乏シク萬一ノ惧アルニ付事態已ムヲ得サレハ公海上ノ適當ナル地點ニテ北光丸ニ積換ヘテハ如何ト申送リタルニ影佐ヨリ右ヲモ考慮シ居ル旨回答アリ北光丸ハ午後五時半無事出帆セリ

十、矢野ハ二十五日正午出帆スヘキ佛船廣東號ニテ香港向ケ出發ノ處廣東號ハ二十六日午後四時出帆ニ延期セラレ爲メニ香港ヨリ上海ニ至ル船ハ皆無ニテ上海着ハ遂ニ五月五日ノ龍田丸ヲ擇フヨリ外ニ方法無キコトトナリタリ香港ニ於テ田尻、市田兩官ニ河内工作ヲ詳細報告ノ上五月三日龍田丸ニテ高宗武及市田ト同船シ五月五日午後二時上海ニ到着セリ

高宗武トノ船中ニ於ケル會談中種々參考トナルヘキモノアルヲ以テ別ニ稿ヲ起シ概況報告セン

參　考

一、四月十八日汪ト會見セル家ハ「リユー、コロン」ノ隱家ニシテ曾仲鳴ノ暗殺サレタル家屋ニシテ余等ノ會談セル室ハ二階應接間ニシテ其ノ直上ノ室カ曾ノ暗殺サレタル室ナリトハ汪ノ直話ナリキ、其ノ際左圖ノ如キ座席ニテ會談セリ

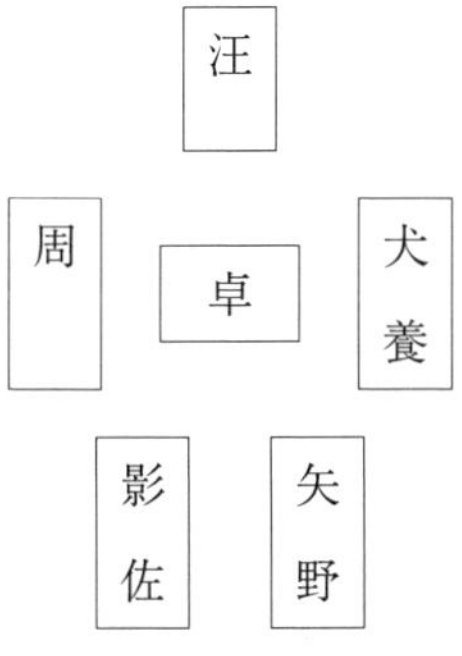

二、汪ノ使用ノ自働車ニシテ余等ノ會見日乘セラレタルモノハ左ノ如キ漢口ノ文字板ヲ有シ其ノ後モ猶先方連絡者使用シ居リタルニ付我方ヨリ注意ヲ喚起シタルニ一兩日中

ニ文字板ヲ變更スル様佛印側ニ交渉中ナリト答フ

漢

「漢」ノ字ノ色ハ淡青色

編注一　本文書の「市田」は、すべて「一田」の誤り。
二　「(矢野、信頼出來ナイ西歐人ノ事デアルカラ貴見ノ如キ事態發生ハ極メテ可能性アルト思ヘルガソノ時ハ世界大戰トナリ人類ノ不幸ナリト思フト答ヘタリ)」との書き込みあり。

(付記一)

台　北　4月25日8時30分発
参謀本部　4月25日10時20分着

臺電第二五號(極祕、親展)
河内電第五六號
臼井ヘ門松ヨリ
當地ノ新事態ハ「汪」一味及日本側ニ對スル藍衣社ノ組織(欄外記入)的壓迫强烈トナリ將ニ第二ノ「テロ」ヲ見ントスルノ危急迫レリ影佐氏等ヲ速ニ乘船セシメタルモ此ノ事情ニ依ルモノナリ爲メニ豫定計畫ノ成功性ハ唯天命ヲ待ツノ外ナク現在一瞬ノ機ヲ逸シテハ到底本工作ノ將來性見込立タザルモノト言フヲ得ベシ外務電上海方面ノ狀況之ヲ許サズトスルモ大局ニ基キ大方針達成ノ爲メ中央ニ於テ善處セラレンコトヲ
右鄙見ヲ具申ス

(欄外記入)
今井大佐ハ五月六日前上海ニ赴キ荷物陸揚ノ差配ニ當ル由

(付記二)

上　海　4月25日11時0分発
参謀本部　4月25日14時25分着

原電中支第二〇三號(至急親展、極祕)
第二部長ヘ晴氣少佐ヨリ
一、參電第二六五號ノ御趣旨ニ基キ其ノ具体的準備ヲ進メアリ住居ノ件ニ關シテハ差當リ虹口《ホンキウ》ニ安全ナル隱家ヲ物色中ニシテ一兩日中ニハ何トカ決定スヘキモ已ムヲ得サレハ土肥原中將ノ公館ヲ一時流用スル積リナリ、陸揚ニ關シ手配ノ都合アリ「汪」ハ庸船シアリヤ又單ニ乘客トシテ乘リ込ミアリヤ更ニ其ノ護衞等ニ日本側ヨリ乘込ノ有無至急御通知相煩シ度

二、「汪」ノ來滬ニ關シテハ大要左記理由ニ基キ成シ得レハ「周」「梅」兩人ノ意見ノ如クナルヘク遷延セシメラレ度意見ニシテ右影佐大佐へ至急御轉電ヲ乞フ尚本件ハ塚本、西トモ協議濟ミ

イ、上海ハ本工作ノ根據地トシテハ最モ適切ナル地點ナリト雖モ目下ノ所安全且運動進展ニ便ナル地點ニアラサルカ如シ蓋シ當地ニ於テ敵方ノ實力ヲ以テスル策動ハ依然トシテ熾烈ニシテ殊ニ「汪」一派ノ運動ニ對シ暴壓工作ハ愈々峻烈ニシテ租界ノ現狀ヲ以テシテハ運動進展ノ如キハ當分ノ間期待シ得サルノ狀態ニアリ殊ニ最近「周」「梅」ノ來滬竝ニ「汪」ノ來滬說ニヨリテ先方ノ全關心ハ其ノ動靜探査ニ集中シアリテ唯單ニ居住ニ關シテモ租界内ニ之レヲ求ムルハ縱ヘ公(工カ)部局日本人巡查等ノ護衞アリトスルモ唐紹儀ノ二ノ舞ヲ演スルノ危險無キヤヲ惧レアリ

ロ、本工作ヲシテ吳佩孚(一語不明)ノ轍ヲ践マシメサル爲ニハ既成政權等ト事前ニ十分ナル了解協調ヲ遂ケシメ以テ一度工作ヲ開始スルヤ何等ノ澁滯ナク一擧ニ施策ヲ展開シ得シメルコトハ必要ナルヘク之カ爲右工作準備期間ニ於テ各方面ニ成ルヘク刺戟ヲ與ヘサルノ配慮ヲ望マシク此ノ境地ヨリスルモ「汪」カ今直チニ當地ニ落付クハ一考ヲ要スヘシ

巷說ノ傳フルトコロニ依レハ「汪」ノ來滬說ハ既ニ維新政府方面ニ相當ノ衝動ヲ與ヘ甚タシキハ辭意ヲ表明說スラ喧傳セラレツツアリ眞僞疑ハシキモ參考迄

（付記三）

台　北　4月27日発
參謀本部　着

河内(門松)電第五八號(極祕、親展)

北光丸(影佐ノ船)ト「汪」ノ汽船ハ二十五日後九時「ナイチンゲール」島西北十海里ニ於テ邂逅二十六日前九時海峽(海南島北側)通過開始ト予定シアリシ所二十六日后二時北

光丸ヨリ荷物積出セリヤトノ電アリタルガ汪ノ汽船ハ予定ヨリ五時間遅レ二十五日正午ホンケイ（海防附近）ヲ發セルニ付其旨返電シ置キタルモ中央ニ於テモ捜索ノ爲至急適當ナル工作ヲ講セラレ度、又ニ船邂逅ノ報アラハ當方へ電乞フ

（主任課註）

一、影佐ニ通知スルト共ニ海軍ニ依頼「汪」船ノ捜索通報方處置セリ

二、上海ニ於ケル荷揚準備、現地トノ連絡等ニ關シ今井大佐ヲ上海ニ出張煩スコトトセリ

（付記四）

汪一行ノ動靜ニ關スル參謀本部岡田少佐ノ土田東亞一課長ニ對スル內話ノ件

（昭和一四、五、一、亞一）

一、汪精衛一行ハ香港沖合（英領水外）ニ於テ佛船ヨリ影佐一行便乘ノ北光丸ニ移乘ヲ了シタリ

二、汪一行ハ夫妻ノ外六名ノ隨件者及十二名ノ支那人護衛、計二十名ナリ

三、北光丸ハ普通船足ニ依レハ四日ニハ上海ニ着シ得ルモ上海ノ住家、警備手筈ノ完了カ四日ナル故六日着滬スル様船足ヲ遲ラシメタリ

四、今井大佐ハ四日飛行機ニテ上海ニ赴ク筈

五、汪夫妻ハ大体吳淞沖ニテ小船ニ乘替ヘシメ目立タヌ様上陸セシムルコトトナルヘシ

---

453 昭和14年5月16日

矢野領事作成の「竹內工作一件　上海ニ於ケル工作」

付記一　昭和十四年五月八日着

「渡邊工作關係電報」

二　昭和十四年五月九日着

「渡邊工作關係電報」

三　昭和十四年五月十日、東亜局第一課作成

汪兆銘訪日へのわが方対処振りに関する陸軍側との協議要旨

竹內工作一件

矢野領事記

（昭十五（四カ）、五、十六、）

上海ニ於ケル工作

一、上海着ト同時ニ晴氣中佐ヨリ汪ノ隱家竝ニ護衞ノ件ニ關シ準備完了ノ次第詳細聞キ且四月三十日香港北方ニ於テ汪ヲ北光丸ニ積換ヘタル旨ヲ聞ク

二、五月六日北光丸ハ吳淞沖合八十哩ノ海上ニ來リタルモ濃霧ノ爲メ七日入港ノ豫定ナル旨晴氣中佐ヨリ連絡アリ

三、五月六日今井大佐ト新亞「ホテル」ニテ會見河內工作ヲ詳細報告シ今後ノ工作ノ件ニ付私見ヲ申述フ

四、影佐ハ七日上陸シ舊土肥原機關ノ住宅重光堂ニ入リタルモ汪一行ハ八日極祕裡ニ重光堂附近ニ用意シアリタル三個ノ隱家ニ入リ日本私服憲兵之ヲ護衞シ居レリ

五、八日、九日ノ二回ニ亘リ矢野ハ影佐ニ面會シ四月二十五日以後ノ影佐、汪一行ノ苦心ニ關シ詳細報告ヲ受ケ又五月一日、五月六日再度ノ影佐、汪間ノ會談ニ關シ詳細ニ亘リ聞キ且影佐ヨリ先行シテ上京シ有田閣下ニ右顚末ヲ詳細矢野ヨリ報告シ汪ノ上京前ニ汪ノ今後ノ工作ニ關スル日本政府ノ廟議決定方ニ關シ有田大臣ニ於テ御斡旋アリ度旨傳言方竝ニ汪ヲ上京セシムル時ノ隱家其ノ他ノ件ニ關シ參謀本部トモ充分協議シ準備ニ付萬遺漏ナキ樣依賴アリタリ

東京ニ於ケル報告

一、矢野ハ飛行機ヲ利用セントセルモ座席ナク已ムナク十日午後四時發ノ太洋丸ニ乘船十三日神戶着同日正午發ノ「ツバメ」ニ乘車シ午後九時東京着直チニ土田東亞第一課長ニ面會先ツ河內以來ノ工作ニ關シ報告シ翌日大臣ニ報告スル件ニ關シ土田課長ノ斡旋ヲ依賴シ置キタリ

二、五月十四日午前十一時半有田大臣ニ本件工作ニ關シ詳細報告スル機會ヲ得タリ

三、影佐ノ矢野ニ語ル處ニ據レハ汪ハ每朝朝風呂ニ入リ朝食後ハ必ス部下ヲ集メ政治訓話ヲナシ晝食後ハ二時間午睡ヲトルヲ以テ仲々汪トノ會談ノ機會少ク而モ船ハ濃霧ニ襲ハレタル爲メ鐘ヲ鳴ラシ又ハ汽笛ヲ吹ク爲メ會談ヲナスニ適セサル日モ有リタルニ依リ一週間ノ同船中僅々二回ノ會談シカナシ得サリシ次第ナル趣ナリ

五月一日影佐汪間ノ會談ニ於テ汪ノ語ル處要領左ノ如シ

㈠「カ」大使ハ客年十月末頃（ママ）漢口ニ來リ蔣介石ト會見セ

ル際日支和平ノ餘地アリヤト質問セル處蔣ハ其ノ餘地無キ旨ヲ答ヘタリ次テ蔣介石ヨリ「カ」大使ニ對シ英國ハ蔣政權ニ對シ徹底的財政援助ヲナス意アリヤト尋ネタルニ「カ」大使ハ明言ヲ避ケ曖昧ニ答ヘタリ

(二)次テ「カー」大使ハ長沙ニ至リ汪ト會見シ同樣日支和平ノ餘地アリヤト質問シタルニ付汪ハ其ノ餘地アル旨ヲ答ヘタリ之ヨリ蔣、汪ノ意見ノ相異明確ニナリ從ツテ蔣、汪間ノ溝生スルニ至レリ

(三)十一月初旬ニ至リ俄カニ蔣ノ抗日ノ鼻息頗ル荒クナリ公會ノ席上常ニ激越ニシテ寧ロ狂氣シミタル言ヲ用ヒ抗日ヲ强化スルニ至リタリ從ツテ蔣、汪間ノ溝ハ益々深マルニ至レリ右蔣ノ狂氣的抗日ノ言辭ヲ使用シ初メタル理由ハ左ノ事實ニ基ク

十一月三四日乃至七日頃ノ「クレーギー」大使發「カー」大使宛電報ナルモノアリ其ノ內容ハ「ク」大使カ日本外務當局ト會談セル際日本ハ支那ノ門戶開放機會均等主義ヲ守ルヤ又英國カ居中調停ニ依リ日支和平ヲ招來スルコトハ如何ト提案セルニ日本ハ之ヲ拒絕セルヲ以テ「クレーギ」ハ之ヲ以テ日本トノ妥協ニ見切リヲツケ援蔣ノ他ニ方法ナシトテ「カー」大使ニ援蔣ヲ勸告セルモノナリ。蔣ハ之ニヨリテ意ヲ强クシ抗日强化ニ自信ヲ以テ拍車ヲカクルニ至レリ

(四)蔣ノ强カリニ依リ和平派ハ已ムナク聲ヲ潛メタルカ汪ハ重慶政權內部ノ和平派ヲ獲得スル爲メ蔣ニ和平ヲ勸告セントシ最後迄努力シ現ニ重慶脫出直前ニ於テハ長時間ニ亘リ蔣ト未曾有ノ激論ヲ闘ハシ物別レトナリタリ又一方高宗武ヨリ既ニ近衞首相ハ聲明ノ用意ヲナシ貴下ノ脫出ヲ待居リ其ノ爲メ假病迄使ヒ閉チ籠リ居ル有樣ナレハ一日モ早ク重慶ヲ離レラレ度シト督促シ來レルニ付近衞首相ノ御苦衷ヲ察知スレハ最早此上ノ猶餘ナリ難ク急ニ脫出ヲ決行スルコトトセリ

(五)時恰モ十二月十八日龍雲ヨリ使者來リ復航ノ飛行切符ヲ有シタルヲ以テ之ヲ利用シ脫出セル次第ナリ雲南ニテ直チニ行動ヲ起ス所存ナリシモ龍雲ハ時期尙早ナリトノ意見ヲ述ベタルヲ以テ河內ニ赴キアノ聲明ヲナセル次第ニシテ玆ニテ龍雲ノ行動ヲ起スヲ待チタル次第ナリ

註、四月十八日河內ニテ矢野等汪ト會セル際ニモ近

衞聲明發表後直チニ之ニ呼應スルハ如何ニモ日本側ト通謀セルカ如ク見ユルヲ以テ一定ノ期間ヲ置キ呼應スル意ナリシ次第ナルカ同志中ニハ準備完了ヲ俟チ聲明ヲ出スヘシトノ意見モアリタルモ餘リ日ヲ置クハ近衞首相ノ努力ニ酬ユル策ニモ非ストテ年末ニ發表セル次第ナリト語レリ

(六)(1)抑モ塘沽協定締結直後自分ハ牯嶺ニ至リ蔣ト會見シ同協定ハ單ニ地方的且部分的ノ協定ナルヲ以テ一歩進ミ日支間ニ根本調整方針ヲ立テ日支間ニ協定ヲ作成スヘシト進言セルニ蔣ハ同感ナリト述フ

(2)仍テ自分ハ滿洲問題ニハ暫ク手ヲ觸レスシテ日支間ニ共通利害タル防共ヲ根本方針トスル協定ヲ作成セント決意シ之カ障碍タル羅文幹ヲ罷メシメ自分カ代リテ外交部長トナリ唐有壬ヲ次長トセリ

註、本件ハ鈴木閣下カ市(一カ)田中佐ヲ帶同シテ當時汪ト會談セル際右様語レリト市(一カ)田中佐モ裏書セリ

（當時ノ電報參本側參照）

(3)自分ハ着々右案實行ノ準備ヲナシツツアリタルニ蔣ハ實(突カ)如變意シ日本トノ間ハ當分曖昧ニシ置クヘシ（「マーマーフーフー」）ノ狀態ニナシ置クヘシト命ヲ變更セリ

(4)茲ニ於テ何故自分カ辭職セサリシヤトノ疑問アルヘキ處自分ハ當時梅津何應欽交渉問題アリシヲ以テ之ヲ解決セハ一歩ヲ進メ日支間ノ根本調整成立スヘシト思ヒ右協定ノ成立ニハ全責任ヲ以テ當リ之ニ同意セル次第ナリ其ノ爲遂ニ自分等ハ襲撃セラレ唐ハ暗殺サルルニ至レリ

(5)當時「ヒットラー」ヨリ使者來リ日英獨支ノ防共協定締結方ニ關シ提案シ來リタルカ自分ハ之ハ妙案ナリト思ヒ乘出シ蔣モ當初同意シタルヲ以テ自分ハ赴歐セルニ（先方トノ會見日モ定メラレアリタリ）「マルセーユ」ニ到着前蔣ヨリ變意シ防共協定締結一件ハ取止メトスル旨訓令アリ極メテ「オークワード」ノ地位ニ立チタルコトアリタリ蔣ノ變意ハ實ハ後ニ至リ判明セルコトナルカ陳立夫カ壽府ニ赴キ「リトヴィノフ」ト會見シ親蘇政策ニ變更サレタルカ爲メナリ

(6)結局蔣ハ日本カラ壓迫アレバ一寸肩ヲスカシ又他國

ヨリ好餌アレハ直ク之ニ喰付ク性質ニシテ信念乏シキ人物ナリ

註、此ノ點ハ高宗武モ上海事變直前ニ於テ蔣ヨリ下命アリ上海ニ來リ喜多少將ト會見中ニモ蔣ヨリ突如命令ヲ變更シ歸還命令ニ接シタルコトアル處用ヲスマセ歸京セルニ蔣ハ何故早ク歸リタリヤト詰問セラレタルコトアリ蔣ハ常ニ命令ニ固定性ナキ旨ヲ述ヘ居リタル事實ト符合ス

四、五月六日汪ト影佐ノ第二次船中會見ニ於ケル汪ノ談話要領左ノ如シ

(一)本日横田實君ノ中央公論ニ掲載セル論說ヲ見タル處文中重慶政府中ニハ陳誠及周恩來等ヲ中心トスル徹底的抗日分子ト陳立夫陳果夫ノ如キ和平派トノ對立アリト見テヰル様ナルカ之ハ正シキ見方ナリ

陳立夫ハ一時親蘇ヲ唱ヘタルモ今ニテハ全ク蘇聯ニ愛憎(想カ)ヲツカシ之ト協力スル意ハ毛頭ナキ様ナリ一日モ早ク和平ヲナシ蘇聯ノ術策ニ陥ルヘカラスト強調シ居レリ

黄埔系モ大部分ハ和平派ナルカ只ＣＣ團、黄埔系共ニ蔣ヲ頭ニ戴キ之ヲ立テントスルカ故ニ同シク和平ヲ唱フルモ汪派ノ如ク反蔣派ニ非サルヲ以テ兩者ノ間ニハ相異アリ

註、是於影佐ヨリ上海ニ於ケル丁默村ノ運動ヲ話シタルニ汪ハ反蔣ニ非サルヲ以テ一沫ノ疑問モアル處實ハ丁默村ニ關シテハ周佛海ニ於テ之ヲ推奬シ居ル次第ナルカ自分ハ一面識モ無キ人物ナリト語ル

(二)蔣政權ノ内部ヲ切リ崩スニハＣＣ團ト黄埔系トヲ我方工作ニ抱込ム必要アリト思フ處之ニハ反蔣ヲ眞向ヨリ振リカサシテハ到底覺束ナク從ツテ反蔣ト觀念上ノ矛盾アリ余ハ反蔣ヲナスニハ充分ナル論理的說明ヲナシ得ル自信アル處前述ノ矛盾アリ仍テ反蔣ニテ行クカ反共ノミニテ行クカノ二途アル處日本側ハ何レヲ採ル意ナリヤ若シ日本側ニテ討蔣ニテ行クコトヲ要求セラルルナラハソレニテ進ムモ之ニテハＣＣ團、黄埔系ヲ抱込ムコトヲ得スト信ス

又日本ハ必スシモ反蔣ヲ要求セラルルニ非スト思ハルル節アルヤニ察セラル若シ蔣介石カ反共ノ態度ヲ表明

シタナラハ日本ハ必スシモ相手ニセストイフ次第ニハ非サルヘキカ如何ト聞キタルヲ以テ影佐ヨリ蔣ヲ相手トスルハ既ニ河内ニテモ申上ケシ如ク一月十六日ノ聲明ニ反スト答ヘタルニ「然ラン」ト汪ハ述ヘタル上土肥原氏ノ話カ出テ近衞聲明ノ後土肥原氏ハ之ニ關シ談話ヲナシタルコトアルヲ見タルカ之ニ依レハ蔣政權ヲ相手トセストイフモ若シ蔣ニ於テ飜意シ誠意ヲ披瀝セハ必スシモ之レラモ相手トセストイフニ非スト言ヒ居ラルル樣ニ記憶スルカ如何ト尋ネタルニ付影佐ヨリ右ハ半分眞ニシテ半分誤ナリ此ノ際一應貴下ノ誤解ヲ解キ置ク必要アリト思フ故ニ御説明申上クル處蔣政權ヲ相手ニセストイフハ日本ノ確乎不動ノ方針ニシテ毫モ變更スルノ餘地ナキ處重慶政權カ反共ヲ實行セハ日本ト利害ヲ一ニスルヲ以テ停戰ハナシ得ヘク此ノ停戰ノ相手トシテハ蔣ト話合ヲナスコトアルヘキモ和平交渉ト停戰トハ別個ノ問題ナリ而モ重慶政權カ其ノ人的構成分子ヲ改善シ且新政權ノ傘下ニ合流シ來ルトキハ之ヲ抱藏スルコトアルヘキ處之ハ相手トスルニ非スシテ新政權ノ傘下ニ降リ來ルコトナリト説明シ置キタリ

㈢要スルニ反蔣一點張リニスルトキハ蔣政權ハ奥地ニ固マリ強化サレＣＣ團、黄埔系ハ蔣ニツキ蔣政權ハ却テ強化サレ固マル結果ヲ來スカ故ニ寧ロ反共ヲ「スローガン」トナセハＣＣ團モ黄埔系モ同意シ我方工作ト合流シ得ルコトトナリ其ノ結果却テ蔣政權ノ力ノ潰滅ヲ早ムルコトトナルモノト思考ス

日本側ニ於テハ蔣ハ段々ト奥地ニ避ケ遂ニハ共産軍ノ苦力ニ墮セント見ル向アルヤニ察セラルル處蔣ハ決シテ共産軍ノ許ニ走ルコトナク寧ロ四川ヲ固メ西南ニ「ルート」ヲ作リ之ヲ固ムルコトトスルナラン

反共ヲ「スローガン」トナシＣＣ團、黄埔系ヲ我方工作ニ抱キ込ミ蔣ヲ孤立セシメルコト寧ロ蔣ノ潰滅ヲ計ル所以ニシテ良法ナリト信ス

㈣重慶政權內ニモ我ニ同意スルモノ相當多キ處河內ニテ申上ケシ如ク仲々蔣ノ監視嚴シク意ノ如クナラサルヲ如何ニセン

㈤曩ニ貴方ト話合ヲ遂ケタル防共救國同盟會ノ方法ニテ工作ヲ進ムル案ハ大公報ニヨリ曝露サレタルヲ以テ方法ヲ變更スルノ要アリト思考ス

仍テ中央政權ヲ樹立シ之ヲ日本ニヨリ承認サレ之ニテ同盟會ノ方法ニ代エルコトヲ以テナサント思フ中央政權ノ名稱ハヤハリ國民政府トナシ之ニ國民黨ノミナラス各派ヲ抱藏シ旗ハヤハリ從來ノ國民政府ノ用ヒタル青天白日旗トナシ民心ヲツナクヨリ方法ナカラント語リ影佐ヨリ日本カ目下戰爭相手トナシ居ル軍隊ノ使用スル青天白日旗ヲ其ノ儘使用スルハ如何トテ之ニ反駁セルニ之ハ後日協議スルコトトシテ深入リセス

註、別ニ周佛海ハ愈國旗ノ問題カ六ケ敷クナル樣ナラ五色旗ノ地ニ片隅ニ青天白日ヲツケタラ如何ナルモノナリヤト云ヒ居リタリ

又國民黨ノ名稱使用ハ我慢セラレ度ク國民黨トイフカ惡キト日本側ニハ申ス方モ多カランカ右ハ聯露容共時代ノ國民黨ノミヲ知ル人ノ言ナレハ此ノ爲ニ國民黨ヲ更生シ樣トイヒ居ル次第ナレハ此點諒解セラレ度ク此ノ點ハ政府成立ノ際宣言ヲ發シ天下ニ表明スル準備ヲ有スル次第ナリ

(六)現ニ存在スル北支、中支等ノ諸政權ハ必スシモ解消スルコトヲ要求スル次第ニハ非ス既存ノモノハ能フ限リ其ノ儘トスル考ナリ、只國民政府ヨリ地方政府ハ任命スルコトトシ度シ又カクスルコトハ漢奸ノ汚名ヲ着サルコトトナリ同志獲得ニ便ナリ現ニ北支ノ王克敏ヨリハ懇篤丁重ナル書翰ニ接シ居リ維新側ノ陳群及任援道ヨリハ汪ノ出馬ノ際ハ之ニ合流スル旨ノ書翰ニ接シ居レリ

註、周佛海ハ側ヨリ口ヲ入レ北支ハ其ノ儘トナシ名稱位ヲ政務委員會等適當ニ變更シテハ如何ト存居ルモ維新政府ハ首都ノ膝元ナレハ新政府ノ中ニ抱合シテハ如何ト存スト述ヘタル趣ナリ

五、其ノ後汪ノ上海上陸後會談ヲ續クル中汪ハ河内ニテハ嘗テ高宗武ヲ通シテ申上置キタル所謂三個ノ提案中ノ第一案卽チ蔣ヲシテ時局ヲ收拾セシムル云々ハ最早情勢ノ變化上ナス意思ナキヲ以テ之ヲ撤回スル旨ヲ表明セリ

又今後ハ同志ハ上海ニ於テ工作スルモ陳璧君、陳公博、沈崧ニ於テ香港ヲ中心トシテ西南軍事工作ヲ主宰スル旨語リタル趣ナリ

（付記一）

渡邊工作關係電報

昭和十四年五月八日
大本營陸軍部第八課

影佐及今井ヨリ（八日午前〇時二〇分着）

一、御蔭ヲ以テ七日午后安着セリ、本日ハ船中ニ宿泊セシム

二、汪ハ先着同志ヨリ上海ノ實情ヲ聽取セル結果丁默邨《モクソン》其他ノ知己工作進展後ニアラザレバ汪自ラ行フ工作頗ル困難ナルヲ認識セルガ爲此ノ際上海案ヲ一時放棄シ丁等ノ工作奏功ヲ待ツ期間ヲ利用シ成ルベク速カニ東京ニ赴キ日本側政府當路者ト直接意見ヲ交換シ今後ノ方針決定ニ資シ度キ希望ヲ表明セリ

以上當方トシテモ寧ロ希望スル所ト思考セラルルモ各方面ニ影響スル所ヨリ考フベキヲ以テ貴方ノ意見ニヨリ決定致シ度

至急何分ノ御回示ヲ乞フ

（付記二）

渡邊工作關係電報

影佐及今井ヨリ（九日二二時二五分着）

貴電第三七六號返

一、汪ノ日本行ノ眞意ハ反共親日ノ爲蹶起セル決意ヲ披瀝シテ其ノ誠意ヲ表示スルト共ニ今後ノ時局收捨〔拾カ〕ニ關シ日本側當事者ト隔意ナキ意見ヲ交換セントスルニ在リ

之ガ爲彼等ノ行動ヲ成ルヘク祕匿センコトヲ希望スルモ工作目的達成ノ爲ニハ止ムヲ得ス一部ハ曝露スルコトアルモ敢テ回避スルモノニ非ス

二、汪等ハ八日上海ニ上陸シ豫ネテ當方ニテ準備セル陸戰隊裏通リノ住宅ニ滯在中ニシテ東京附近ノ宿舎準備完了迄當地ニ在リテ南支方面ニ對シ一時工作ヲ續行スル予定ナリ

但シ貴方ノ準備出來次第成ル可ク速カニ飛行機ニテ約十名ノ者ヲ滯同シテ東京ニ赴キ度キ希望ナリ

詳細ハ今井明十日歸京ノ上報告ス

（付記三）

渡邊工作一件
臼井大佐トノ連絡要領

（昭和一四、五、一〇）

一、汪精衛來朝ニ關スル今井大佐稟請電ニ關シテハ參謀本部關係官會議ヲ開催シタルカ之ヲ差支ナシトスル意見ト時期尚早ナリトスルモノト種々アリ結局一應汪來朝ノ眞意ヲ確カムルコト然ルヘシトノコトトナリ上海ニ電報シタル結果九日附今井大佐ノ返電ヲ得タル次第ナリ

二、汪精衛來朝シ中央政權樹立等ニ付我カ政府首腦者ト意見ヲ交換スルコトトモナラハ右ハ既ニ謀略ノ範圍ヲ出テ我對支政策上極メテ重要ナル問題タルヘキニ付豫メ案ヲ具シテ五省（相カ）會議ノ議ヲ經ル要アリト思考シ居リ旁今井大佐歸京（都合ニ依リ明十一日トナル筈）シ委細ノ事情報告アリタル上ハ右五省（相カ）會議ニ提出スヘキ案等ニ付外務省トモ相談致シタキ考ヘナリ

三、田尻香港總領事目下滯滬中ノ趣ナル處同總領事ハ從來本件工作ニ深キ關係アリ今後モ其ノ十分ナル協力ヲ得サルヘカラサルニ付テハ此ノ際御差支ナクハ一寸東京迄足ヲ延ハシテ貰ヒ種々打合セヲ爲スコトヲ得レハ好都合ナリト存シ居レリ然ルヘク上局ニ御取次ヲ請フ

454　昭和14年5月16日

汪工作の進め方に関する田尻香港総領事と今井大佐との会談要旨

付記一　昭和十四年五月十三日、東亜局作成
「「竹内」ニ對スル方針大綱（其ノ一）」
二　昭和十四年五月十三日、東亜局第一課作成
汪兆銘中心の事変収拾策に関する興亜院政務部長の見解

竹內工作ニ關スル今井大佐トノ會談記

田尻總領事

（昭十四、五、十六）

本件ニ關シ五月十五日臼井大佐（參謀本部第八課長）ト會見ノ際臼井ハ竹內氏對策ニ付中々部內ノ意見纏マラス又五相會議モ他ノ重要政策ニテ手一杯ナルカ如キヲ以テ果シテ五月二十五日迄ニ案カ出來上ルヤ心細キモノナリト洩ラシ居リタルカ更ニ二十六日今井大佐モ同樣ノコトヲ述ヘタリ今井トノ會談要領左ノ通リ

一、竹內ノ來訪差支ナキ旨ハ今井カ上海ヨリ歸京シタル十三

日ノ夜部内ノ意見ヲ取纒メ早速電報シ置キタルカ右ハ同氏ト意見ノ交換ヲ爲スニ何ノ不都合アリヤトオッカブセタル結果ニシテ部内殊ニ少壮階級ハ決シテ納得シタ譯ニアラス少壮階級ハ竹内ト意見交換ノ上ハ彼ニ中央政府ヲ組織セシメ直チニ之ヲ承認スルコトニ引ヅラルル危險性アリ然ルニ彼カ果シテ中央政府ノ首班トシテノ實力アリヤハ疑問ニシテ呉佩孚ノ方カ余程善キヤモ知レス兎ニ角(欄外記入一)竹内カヤルト言フナラ彼自身ノ力ニテ工作ヲ進メシメ情勢ヲ見極メルニ若カスト稱フカ如キ見解ヲ有シ而モ依然トシテ强硬ニ之ヲ主張シツツアリ（現ニ小生ト今井トカ中食ニ出カケル際自働車ニ乘リ合シタル作戰課堀場中佐ノ如キモ車中ニテ今井カ大臣ニ自分ノ意見ノミヲ上申シ堀場ノ意見ヲ取次カサルハ不都合ナリト詰リ居リタリ）

二、右ニ對シ今井ハ竹内ヲ引出スハ聯合委員會設立ノ繼續ニシテ而モ竹内ハ幹事長格ニ過キス誰カ中央政府ノ主（首カ）班トナルヤハ工作進行ノ上決定セラルヘキコトニテ竹内以外ノ人カ出テモ何等差支ナシ又中央政府ヲ承認スルヤ否ヤハ政府ノ實力ヲ見極メタル後初メテ問題トナルコトニシテ君等ノ懸念スルカ如キ危險ナシ又今井トシテモ作戰ニ障碍ヲ來スカ如キコトハ決シテセヌ故心配スルナト本日モ各方面ヲ説得ニ努メ居ル情況ニテ未タ對策ノ内容ニ觸レル所迄ハ行キ居ラス

三、今井ノ考ニ依レハ竹内工作ハ次第ニ政治工作ニ轉換スヘキモノニテ昨日モ自分ノ部下ニ於テ本工作主任班トシテ影佐ノ下ニ外、海及興亞院ヨリ係官之ニ參加スル組織案ヲ出シ來レルカ（今井ハ興亞院ハ必要ナシト言ヘルモ感情問題起リテモ馬鹿ラシキニ付是非トモ右樣致シ度トノコトナリシニ付贊成シ置キタル由）出先ハ右ニテ宜シトスルモ中央ニテハ何分ニモ自分カ本工作ノ關係者ナル爲余リ强キ主張ヲシテヒイキノ引倒シトナルハ面白カラス寧ロ外務省ヨリ對案ヲ出シ外、陸、海ニテ協議スル形ヲトラハ却テ纒リ早カルヘク右樣取計ヲ得ラレサルヤ東亞局ト相談ヲ煩シ度（小生ヨリ贊成シ置キタリ）

四、竹内トノ會談ノ基礎トナル各事項ニ付今井ノ意見トシテハ

(一)新中央政府工作ノ「スローガン」ハ反蔣ヨリハ反共ノ方宜シ

(二)既存政權ノ調整ニ付テハ竹内ハ必スシモ之カ解消ヲ要

求セスト言ヒタルヲ周（佛海）カ引取リテ北方ノ政府ハ右ニテ可ナルモ維新政府ハ左様ニハ行カサルヘシト註釋ヲ加ヘタルカ自分モ此ノ點ノミニテ會談カ決裂スル場合ハ右ニ妥協シテモ仕方ナシ但シ何トカ中支ニ實力ヲ殘シ度キモノト考ヘ居レリ（ト言ヘルニ付小生ヨリ右ハ分治合作方針ヲ變改スル意向ト解釋シテ可ナリヤ又廣東漢口ニハ新政權ヲ作ル考ナキ意味ナリヤト訊シタルニ對シ今井ハ然ラス出來得レハ分治合作ニテ進行シ度ク竹內カ右ニ同意スルコトヲ期待シ居リ且其ノ上ハ彼ノ內意モ伺ヒ彼ト協力シ得ル人物ヲ求メ廣東漢口ニモ速カニ地方政權ヲ樹立セシメ度モ如何ニシテモ同意セヌトキハ仕方ナキニアラスヤ尤モ好案アラハ承リ度トノコトニ付小生ヨリ萬已ムヲ得サレハ中支ニハ現存ノ經濟合作ヲ擁護スルニ足ル機關ヲ作リ我慢スル外ナカルヘシ兎ニ角當初ヨリ分治合作ヲ放棄スル考ナキコトハ結構ナリト繰返セルニ對シ其ノ通ナリト答ヘタリ）

㈢國民黨專制問題ハ之ヲ主張セサル先方ノ意見ニ付問題ナシ（今井ハ楠本ノ別黨樹立工作ヲ承知シ居ラス）

㈣國民政府ノ名稱ハ何トカ形容詞テモ冠スルニ非サレハ國內的ニ纒マラサルヘシ

㈤旗ハ竹內ニ對シ青天白日旗ヲ認メルコトハ作戰ヲ阻害スル心理的惡影響アリ反對ナル旨表明シ置キタルカ何トカ先方ヨリ妥協シ來ルヘシ

（欄外記入二）

五、仍テ小生ヨリアル東亞局員ノ試案ニテ又未タ完成シ居ラサルモノナリト斷リ別案（編注）ヲ示シタルニ對シ今井ハ政府承認ノ點ヲ書キ上ケラレテハ部內ノ意見到底纒ラス右ハ政府成立ノ上ノ現實ノ問題トシテ取扱適宜實行ニ移シ度（右ニ對シ小生ヨリ新政府成立ハ對重慶工作ナルト共ニ對第三國工作ナル所ニ重大ナル意義アリト言ヘル處今井ハヨク承知シ居ルモ部內取纒メノ爲右樣取扱ヒタシト繰返セリ）又政府及旗ノ點モ再考ヲ煩シ度其ノ上ニテカカル案ヲ外、陸、海會議ニ提案願ヒ度ト言ヘリ

六、今井ノ考ニ依レハ對案ハ余リ「リヂッド」ナモノトセス余裕ヲ殘シ置キ竹內トノ會談ニ當リ一ツノ雰圍氣ヲ作ル基礎トシ度カカル氣持ニテ立案願ヘレハ結構ナリトノコトナリ

七、今井ハ本工作ハ本工作トシテグン々々進行スヘキコト勿

論ナルカ一面重慶ノ情態ヲ専門ニ睨ミ居ルコト必要ナルカ陸軍ニハ目下カカル人物ナク甚タ遺憾ナリ但シ重慶ノ所謂和平空氣ノ擡頭ニ付テハ上海滯在中研究シタルカ右ハ蔣カ下野セストモ宜シトノ誤解ニ負フ所多ク當分モノニナラストノ結論ヲ得タル處如何ト問ヘルニ付小生ヨリ同様ノ觀察ナル旨ヲ答ヘタルニ對シ香港ニテ此ノ上トモ不絶重慶側トノ聯絡ニ努メラレ度趣旨ヲ述ヘタリ（本件ニ付テハ相當突込ミタル意見ノ交換ヲシタルモ略ス）

（欄外記入一）

「呉」工作トノ關係モ早目ニ決定シオク必要アルベシ

現ニ本工作近ク再ヒ軌道ニノラントスルカ如キ情報アリ

（欄外記入二）

「承認」ハ絶對ニ讓歩出來ズ――コノ點ヲ曖昧ニシテハ結局無意味ニ終リ無用ノ混雜ヲ招ク結果トナルベシ

編　注　本文書付記一と思われる。

（付記一）

（昭和一四、五、一三　亞）

「竹內」ニ對スル方針大綱（其ノ一）[編注]

（欄外記入）

一、「竹內」ニ於テ支那事變對處及日支新關係調整ニ關シ帝國ノ堅持スル根本方針ト原則的ニ合致スル意見抱負ヲ有シ且自ラ時局收拾ニ當ルノ決意ヲ有スルニ於テハ（之ヲ確ムル爲「竹內」ヲ東京ニ招致ス）帝國ハ「竹內」ヲ首班トスル新中央政府ノ樹立ヲ支持助長シ之ト兩國國交ノ調整ヲ協定シ更生新支那ノ建設ニ協力スルモノトス。

二、新中央政府ノ樹立工作ハ當初ノ「渡邊」工作案ニ於ケルト異リ「救國反共同盟會」及「救國反共同盟軍」ノ結成竝ニ西南地方政權ノ組織ヲ俟タスシテ着手スルモノトス。

三、新中央政府成立ノ時期ハ本年秋双十節頃ヲ目途トスルモノトス。

四、新中央政府ノ首都ハ南京トスルヲ妨ケサルモノトス。

五、新中央政府ハ道義的基礎ニ基ク日滿支連環体制ヲ中核トスル東亞新秩序ノ建設ヲ其ノ指導政策ノ眼目トスルト共ニ其ノ當面ノ施策ノ重點ヲ反共和平ニ置クモノトス。

六、新中央政府成立ノ上ハ帝國ハ遲滯ナク之ヲ承認シ日支新關係調整ニ關スル所要ノ條約ヲ締結スルモノトス。

七、臨時政府ハ華北政務委員會ニ改組シ該委員會ハ北支ニ於ケル行政ニ關シ廣汎ナル權限ヲ賦與セラルルモノトス。

八、蒙疆ハ高度ノ防共自治區域トシ現存政權ノ存續成長ヲ認ムルモノトス。

九、維新政府ハ華中經濟復興委員會ニ改編シ(南京以外ノ地例ヘハ蘇州ニ移ス)華中ニ於ケル經濟復興ニ關シ相當廣汎ナル權限ヲ賦與セラルルモノトス。

十、新中央政府ノ名稱及國旗ニ付テハ成ルヘク支那側ノ希望ヲ容ルル如ク考慮スルモノトス。

(欄外記入)

(本案ハ未タ局間ノ協議モ濟マサル一局員ノ一試案ナリ)

編　注　「(其ノ一)」の下部に「續キ作成中」との書き込みあり。

(付記二)

渡邊工作ニ關スル興亞院鈴木政務部長內話ノ件

(昭和一四、五、一三、亞、一)

五月十三日土田東亞一課長ヨリ鈴木政務部長ニ對シ本工作最近ノ情勢ヲ說明シタルカ其際土田ヨリ聞ク所ニ依レハ陸軍現地機關中ノ或者ハ事變收拾ノ鍵ヲ汪精衞ニ求ムルコトニ付反對ノ意見アル趣ナルカ如何ト質シタル處同部長ハ然ルコトハ斷シテナシト強ク否定シタル上實ハ過般自分カ北支及中支ニ出張シタル際ノ重要用向ノ一ハ本件ニ關スル出先軍側ノ意向ヲ統一スルニアリタル次第ニテ自分ノ接シタル範圍ニ於テハ主要陸軍官憲ニ於テ誰一人之ニ反對スル者ナカリキ喜多中將原田少將モ勿論熱心ニ同意セリ仍テ昨十二日陸、海、外、藏四大臣ニ對シ旅行報告ヲナシタル際前記現地ノ統一セル意見ヲ報告シ且自分ノ意見トシテ事變收拾ノ途ハ之ヨリ外ニナシト信スル旨强調シ置キタル次第ナリ之ニ對シ四大臣ハ悉ク同意ヲ表サレ居タリ板垣陸相ニ對シテハ萬一陸軍部內ニ之ニ反對スル者アル時ハ斯カル人物ハ時局收拾ト關係ナキ方面ニ於テ執務セシメ本件ニ付テハ時局收拾ニ熱心ナル人物ヲ以テ固メ飽迄所期ノ目的ヲ達スル樣致度旨進言シタル處陸相ハ其ノ通リ措置スヘシト答ヘ居リタリ實ハ自分ヨリ興亞院ノ部下ニ對シ中央政府樹立ノ形式ニ關スル一案ヲ立案方命令シ置ケルカ其ノ大綱ヲ申上

クレハ
一、中央政治委員會ヲ速ニ設置シ委員長トシテ汪精衛ヲ据ヘルコト同委員會ハ大体南京ニ置クコト
二、北京、蘇州、漢口、廣東、桂林其ノ他ノ重要地點ニ政治分會ヲ設置シ分會長ヲ中央政治委員ニ任命スルコト
三、大体前記二項ノ機構ヲ以テ三年間位經過セシムルモ其ノ間ニ於テ支那側政治、軍事兩方面ノ實力者ヲ新中央政權ノ傘下ニ集メル樣努力スルコト
四、右實力派ノ各地域ニ於ケル實際的把握狀態ヲ見極メタル上漸次治安確保ノ責任ヲ支那側ニ讓リ日本軍ハ漸次撤退スルコト
五、各分會管轄地域内ノ情勢ヲ常ニ凝視シ漸次中央集權ニ趨ク樣措置ス（卽チ分會ノ解消）
ノ諸點カ自分ノ考ノ重點ナリト說明セリ
仍テ東亞一課長ヨリ外務大臣ニ於テモ本件收拾策ノ成功ヲ熱心ニ考慮シ居リ吾々事務當局ニ於テ政務部長考案ノ如キ收拾策ヲ鋭意立案中ナルニ付孰レ參謀本部方面ノ考モアルヘク諸方面ヨリ出テ來ルヘキ案ヲ突キ合セ日本側ノ最高方針ヲ決定シ先方ニ對シ帝國不動ノ態度ヲ明瞭ニ傳ヘ其ノ線ニ從ヒ先方カ重大決意ヲ以テ新支那建設ニ邁進スルヤウ仕向クルコト現下最大ノ緊要事ナリト思考シ居レリト述ヘ置キタリ

（欄外記入）
コノ點ハ言ヒ過キナラズヤ

455　昭和14年5月17日　在上海佐藤（信太郎）総領事代理より有田外務大臣宛（電報）

上海租界内のテロおよび抗日空気に対する丁默邨らの粛清運動と汪工作との結合機運につき報告

上　海　5月17日後発
本　省　5月17日夜着

第一三四二號（館長符號扱）
往電第三七六號ニ關シ
森島參事官ヨリ
丁默村ハ其ノ後李士群以下在滬同志ト協議ヲ重ネタル結果冒頭往電ノ趣旨ニ基キ上海ヲ中心ニ運動ヲ展開スルコトニ

肚ヲ定メ先ツ第一歩トシテ租界內ノ「テロ」勢力及擁。共抗日空氣ヲ蕭（肅カ）清シ之ニ依リ一般民間ニ於ケル和平空氣ヲ蘊釀セシムルコトニ重點ヲ置クコトトシ四月一日本件運動ノ中樞機關タル籌備委員會（丁?ヲ首班トス）及特務工作機關等ヲ成立セシメ運動ヲ開始セル處之ヨリ先當方ニ於テハ本件運動ヲ汪精衛側運動ニ結ヒ付クヘク適宜指導シタル結果丁等モ欣然之ニ同意シ過般周佛海着滬後丁ハ直ニ周ト會談ヲ遂ケ又曩ニ同志ヲ香港ニ派シ汪派ト聯絡シ爾來引續キ種々打合シタル上運動ヲ進メ更ニ汪精衛トノ會見（周及李同席）ニ於テモ汪ハ丁等ノ工作ニ對シ全幅的信頼ヲ言明セル趣ナリ右運動ノ實際工作ハ三月上旬頃ヨリ開始シタルカ其ノ後陳立夫等重慶脱出當分困難ナル和平派要人及同志トノ聯絡モ大體順調ニ進捗シ內地ヨリノ中堅活動分子引拔モ漸次成功ヲ收メツツアリテ既ニ二十數名ノ來滬ヲ見タル趣ニシテ又市黨部言論、文化、教育、商工、青年及婦女等ノ各界ニ對シテハイザト言フ時ニ一齊ニ活動セシムル如ク施策シツツアリ又租界內ニ於ケル「テロ」勢力ノ撲滅工作ニ付テハ極祕裡ニ工作ヲ進メツツアリ尚過般我方カ租界內當局ニ提出セル租界內政治運動取締方要求ハ目下ノ處本件工作ニ極メテ好影響ヲ及ホシ居ル模様ナリ本件ハ極メテ機微ナル關係アリ部外絕對極祕ニ願度シ

456　昭和14年5月30日　在香港田尻総領事より有田外務大臣宛（電報）

新中央政府の母体となる汪兆銘中心の統一政権を速やかに樹立すべき旨意見具申

香　港　5月30日後発
本　省　5月31日前着

第六八一號（極祕、館長符號扱）

一[1]、第三國際及蘇聯ハ國民黨カ浙江財閥ノ背景ヨリ脱ケ出シ支那民衆ヲ根幹トスルモノニ變質シツツアルヲ以テ之ニ引續キ支持ヲ與ヘントノ口實ニテ對支援助ヲ理由付ケ居ルカ如ク一方蔣介石トシテハ共產黨少クトモ其ノ幹部カ表面上主義ノ宣傳ヲ止メ抗日意識ヲ主張シ居ル關係上下ツ端ノ者カ行過キタル國民黨ノ牽制及自黨ノ勢力擴張ニ力ヲ注キ居ル事實アルモ夫レニ對シ眼ヲ瞑リ抗日戰線ノ統一ニ共產黨ヲ利用スル立場ニ置カレ從テ之ト絕緣スルカ如キ意嚮ナク又假ニ緣ヲ切リタクモ西安事變以來ノ因

縁ニ絡マレ如何トモ手ヲ下シ得サル處然リトテ國際情勢ノ現段階ニ於テ進ンテ蘇聯トノ關係ヲ更ニ深メルカ如キコトモ爲ス意嚮ナク孫科ノ活動モ之カ爲掣肘ヲ受ケ左シタル結果トナリテ現レス尙或ル方面ニ於テ蔣ハ和平實現ニ備フル爲共産黨及軍ニ對シ「クーデター」ヲ爲シ得ル樣既ニ必要ナル中央軍ノ布置ヲ了セリトノ諜報アルモ右ハ事實ニアラス高々紅軍ノ跋扈ヲ恐レタル消極的妨(防カ)衞ヲ講シ居ルニ過キスト認メラル

二、(2) 中央軍五十萬ヲ基礎トスル主戰派ハ前記共産黨ノ外四川、雲南、兩廣等ニ對シ?抑エノ配置ヲ緩メス汪精衞ニ通セントスル者アリトモ手足モ出サセヌ狀況ナルカ之亦陳誠、胡宗南等カ和平ノ場合ヲ豫想シ李白等ノ反對ニ備フル遣方ナリトハ考ヘラレス元來和平問題ニ付テハ蔣ノ進退、政府要人ノ歸趨、中央軍ノ措置及支那ノ將來ノ四點ニ關スル見透シ如何ニ依リ重慶ノ態度決定セラルヘキ處他ノ三點ニ付テハ相當ノ見透シ立ツニ拘ラス軍隊ノ實力ヲ如何ニスルヤハ未タ論議サレタルコトナク彼等ノ將來ニ付何等保障サレタリト認メラレサル今日而モ殆ト疵ヲ負ハヌ中央軍ノコトトテ之ヲ內部的ニ和平ノ方向ニ轉換セシムルハ容易ノコトニアラス況ンヤ彼等ヨリ蔣ニ抗戰不繼續ヲ表明スル動キアリトノ諜報ノ如キハ夢想トモ言フヘク斯ル意嚮ノ表示ハ寧ロ華僑ニ之ヲ求メ我工作ヲ茲ニ集中スヘキ筋ト考ヘラル

三、(3) 重慶ヲ始メ奧地ニ抗戰氣分强キハ事實ニシテ右ハ英大使ノ故意ノ宣傳ニ過キスト片附ケ得サルモノノ如ク奧地刊行物ヲ見ルニ民衆ニ動搖不平ノ徵ナキニ非サルモ重慶ノ抗戰宣傳地方産業開發交通路ノ開通各地融資等ノ努力ノ他第三國就中英國ノ援助ニ基ク民衆ノ抗日氣勢ハ案外田舍ニ迄浸透シ居ルモノト認メラレ又日本ノ獨伊同盟不參加ハ英蘇佛ノ勢力ニ押サレタル結果ナリトノ宣傳モ行ハレ假令我方カ近ク平漢粤漢及此ノ東方地區ヲ確保スルモ重慶及民衆ノ抗日氣勢ニハ左シテ打擊ヲ與ヘルコトナカルヘシ

尙今次ノ抗戰ニ依リ獨立國トシテノ支那ノ存在ヲ第三國ニ認織(識カ)セシメタルカ東亞ノ和平ハ右事實ヲ無視シテハ確保シ得ヘカラストノ重慶側ノ自信ハ牢固タルモノアリ右ハ汪派ニ於テモ同樣ト存セラレ對支政策ノ根幹ニ觸ルル問題トシテ政策確立上絕エス考慮ニ入レ置クヲ要スヘシ

四、[4]孔祥熙ヲ始メ重慶要人中ニ和平氣分強キハ事實ナルモ右ハ事新シキ次第ニ非ス又蔣ト縁故深キ張季鸞ノ如キハ支那復興ノ爲之以上ノ慘禍ヲ避ケタキ希望ヲ抱クニ至リ（重慶ヨリ然ルヘキ代表ノ來香方斡旋シテ見テモ可ナル旨ヲ洩ラセルモ目下病臥中）更ニ又汪精衛ノ主張ニ賛同シ重慶脱出ノ機ヲ窺ヒ居ル者鮮カラサルコトモ疑無キ處此等ハ謂ハハ地下運動ニシテ和平ヲ公然主張スルニ至ラス又三、四月頃重慶ニ和平氣分擡頭セルハ事實ナルモ右ハ日本カ蔣ヲ相手トスヘシトノ誤解ニ基ケルモノニシテ（詳細ハ過般報告セル通リ）日本ノ態度ニ斯ル變化無キコト判明スルニ及ヒ宋美齡ハ再ヒ重慶ニ引返シ又或筋ニ對シ蔣カ代表ヲ派遣スヘシトノ消息モ立消エトナリ孔祥熙モ熱意ヲ失ヒ彼等ハ今ヤ再ヒ日本ノ和平條件ヲ探リ出サントスル態度ニ返リツツアリ

五、[5]對李、白、工作ハ差當リ望ミ無ク（和知ハ目下漢口ニ於テ機會ヲ待チ居レリ）薛岳等ノ擧兵モ累次電報ノ通リ遽ニ期待出來ス又福建工作モ未タ目鼻付カス何レモ我軍ノ大擧進擊ヲ見ルカ統一政府ノ樹立ヲ見ルコトニ依リ初メテ可能性ヲ生スル譯ニテ汪ニ先ツ地盤ヲ與フヘシトノ主張ハ遺憾乍ラ空論ト言フヘシ尚許崇智ハ汪トモ聯絡アリ廣東政府ノ首班トシテ適當ナルヘキモ出馬ヲ肯スルニハ時日ヲ要スル見込ナリ

六、斯ル情勢ニ於テ蔣介石ノ屈服ヲ望ムモ容易ノ業ニ非ス彼ヲ相手トストノ我方ノ聲明アラハ蔣ノ陳謝モ得ラルヘク共產軍ノ討伐ニ轉向セシムルコトモ不可能ナラサルヘキモ右ハ我方ノ爲スヘキコトニ非ス

又[6]謀略的ニ本件ハ取扱フ方法モナシトセサルヘキモ荏苒ト機ヲ過スヘキニ非ストセハ我對支方策ハ新中央政府ノ母體タル占領地統一政權ヲ汪ヲ中心トシテ速ニ樹立シ其ノ延長トシテノ各地方政權ヲ強化整備シ（廣東ニ於テ此ノ必要最モ大ナリ）防共國家群ニ於テ之ニ承認ヲ與ヘ斯テ戰爭ヲ內亂化スルコトニ依リ重慶陣營ノ分裂ヨリ（統一政府誕生ハ右可能性增大スヘシ）延テ之ヲ合流ニ導キ外ハ對外關係ノ處理ニ付彼ヲ矢表ニ立テ調整ヲ圖ルコト現下唯一ノ方途ナルヘク又日本トシテ新支那ニ求ムル國防及經濟提携ノ基礎條件ニ付汪トノ間ニ根本的了解成立シ得ルモノナラハ細部ニハ敢テ拘泥セスシテ一路新事態ノ發展ヲ急ク必要アルヘク然ラサレハ累次電報ノ通リ重

慶及英國側等ノ逆宣傳ニ乘セラレ徒ニ困難ヲ増シ折角ノ機會ヲ失フ惧無シトセサルヘシ

七、以上ハ大體過般歸朝ノ節申述ヘタル所ナルカ會議ノ進行上何等御參考トモナラハ幸甚ナリ

457

昭和14年6月10日　平沼(騏一郎)内閣総理大臣／汪兆銘　会談

平沼首相・汪兆銘会談要旨

平沼首相汪會談要領

昭和十四年六月十日　自午前八時　至同九時半

汪、今日拜顔ノ上御指教ヲ仰ク機會ヲ得タルコトハ光榮ニ堪エス

平、貴下カ日支問題ノ爲メ努力セラレ居ルハ敬服スル所ナリ御承知ノ通リ日本ハ上ニ萬世一系ノ皇室ヲ戴キ皇室ノ御趣旨ハ仁愛ノ道ヲ以テ人類ノ平和ヲ維持スルコト古來一貫セル所ナリ而シテ日本ハ武ヲ尊フ所謂尚武ノ國ナルカ武ハ此ノ御趣旨ヲ達成スル爲メノモノニシテ此ノ點ハ歐米諸國ノ武力トハ全ク異ナルモノナリ外國人ハ往々此ノ義ヲ解セス日本ノ武ヲ以テ侵略ノ具ナリト看做スモノアルハ全ク此ノ仁愛ノ大精神ヲ知ラサルモノト謂フヘシ吾々ハ皇室ヲ輔翼スル責任ノ地位ニアルヲ以テ右御趣旨ノ實現ニ努力セサルヘカラス而シテ世界人類ノ平和ノ維持ヲ圖ルニハ先ツ東洋殊ニ日支兩國ノ間ニ永遠ノ平和ヲ招來セサルヘカラス之カ爲メニハ兩國ノ有力者互ニ協力シテ之カ實現ニ邁進セサルヘカラス貴下カ今囘ノ事變ニ際シ日支兩國ノ爲メ奮起セラレタルニ對シ敬意ヲ表シ其ノ努力ヲ希フ次第ナリ

汪、日本ノ皇室ノ御精神ノ程ハ能ク諒解セリ就テハ御參考迄ニ支那現在ノ國民ノ心理ニ付キオ話致スヘシ現在日支平和ノ問題ニ關シ共産黨及共産黨ト連絡アル一部ノ者ハ其ノ眼中支那ナク又東洋ナク全ク「コミンテルン」ノ走狗トシテ活動シ居ルモノニシテ彼等ニ對シテハ奈何トモスヘキナシ卽チ最後迄徹底的ニ打倒スルノ途ヲ取ルノ外ナシ其ノ他大部分ノ國民ニ至ツテハ何レモ心中和平ヲ欲シ日本カ數十年來ノ努力ニ依リ築キ上ケタル東洋先進國トシテノ地位ヲ認識シ日支兩國提携スルニ非サレハ東洋ノ平和ヲ確保スルニ途ナキコトモ

亦信シ居ルカ唯此ノ和平ヲ口ニ出シ得サル事情ニアリ夫レハ今尚大部分ノモノカ唯今オ話ノ如キ日本ノ眞意ヲ諒解シ居ラサルカ爲メナリ自分ハ曾テ蔣介石ニ對シ數十回ニ亘リ和平ヲ勸メタルモ彼ハ日本ト和スレハ支那全土ノ獨立ト自由ハ失ハルヘシ抗戰ヲ繼續スレハ假令一小部分ト雖モ占領セラレサル地域タケハ完全ナル支那國土トシテ存在スヘシトノ簡單ナル答ヲナスヲ常トセリ是レハ獨リ蔣ノ考ノミナラス大部分ノ者ノ考フル所ヲ代表シ居ルモノト見サルヘカラス卽チ今日支那ノ民衆ハ依然トシテ日本カ是レ丈ケノ武力ト財力トヲ犧牲ニシタル以上恐ラク支那支配ノ慾望ヲ捨ツルコトナカルヘシト觀察シ居ルナリ日本政府カ數回ニ亘リ發セル聲明ニ依リ尠ナカラサル希望ヲ支那國民ニ與ヘタルコトハ否ムヘカラサル事實ナルモ右希望カ果シテ具体的ニ實現セラルルヤ否ヤヲ危惧シ居リ斯カル氣持ハ重慶其他ノ方面ノ者ヨリノ通信ニ依ルモ窺フニ難カラス此ノ日本ノ眞意カ內地ニ屆キ居ラサルコトハ宣傳方面ニ於テ缺クル所アルニ依ルヘク兩國識者今後ノ努力ニ俟タサルヲ得サル譯ナルカ共產黨ハ此ノ支那國民ノ日本ニ對スル危惧ノ念ヲ利用シ和平ヲ言フモノハ賣國奴ナリト宣傳シテ壓迫ノ手ヲ加ヘ是レカ爲メ今日支那內地ニ於テ和平ヲ言フ事極メテ困難ナルノミナラス海外ニ於ケル支那人スラ容易ニ和平ヲ言ヒ得サル狀況ナリ

平、歐洲ノ國際關係ハ總テ利害ニ基キ利害ニ依リ相爭フヲ常トス彼ノ歐洲大戰ノ「ベルサイユ」平和條約ノ如キモ要スルニ各國ノ利害ノ打算ヲ基礎トセル不合理ナルモノナリ其ノ結果生レタル國際聯盟ノ如キモ要スルニ自己ノ利益ヲ主張シ合フ會議タルニ過キス既ニ早ク第二次世界戰爭ヲ勃發セシムル危險ヲ含ムモノナリ我カ東洋ニ於テハ決シテ此ノ歐洲ノ轍ヲ覆ムヘカラス宜シク道義ニ基ク關係ヲ樹立シテ永遠ノ平和ヲ確保シ再ヒ斯カル事變ノ起ラサルコトニ努ムルヲ要ス

日本ノ行動ハ此ノ東洋永遠ノ平和ヲ確保スル大目的ヲ達成スル迄ハ斷シテ停止スルモノニ非ス支那國民カ徹底的ニ日本ノ眞意ヲ諒解スル迄ハ何處迄モ之ヲ繼續スルコト予ノ斷言スル所ナリ殊ニ彼ノ共產黨ニ至ツテハ世界ノ平和ヲ攪亂スル人類ノ敵ニシテ其ノ存在ヲ許ス

ヘカラス吾人ハ最少限度先ツ東洋ノ天地ヨリ之ヲ驅逐セサルヘカラス彼レ思想ヲ以テ來レハ吾レ思想ヲ以テ之ニ對スヘシ而モ現在ノ狀勢ニテハ武力ヲ以テ之ヲ排擊セサレハ不可ナル程度ニアリ日本ハ共產主義ノ排擊ノ爲メニハ武力ニ訴ヘテモ飽ク迄之ヲヤリ遂ケル方針ナリ蔣介石ノ如キハ恐ラク心中日本ノ眞意ハ諒解シ居ルナランモ現在容共政策ヲ採リ居ル以上日本國民ハ彼ヲ信スルコト能ハス共產黨ト手ヲ切ラサル限リ之ヲ許シ難キ次第ナリ

尙日支兩國ハ其ノ相互ノ經濟發展ノ爲メ緊密ナル提携ヲ必要トスル譯ニシテ兩國カ右反共ト經濟提携ノ共同目標ニ向ツテ邁進スルニハ玆ニ力强キ中央政府ノ樹立セラルルヲ要ス是レカ爲メニ貴下ハ全責任ヲ以テ之レニ當ラルルモノト予ハ確信シ其ノ成功ヲ期待スルト共ニ吾方ニ於テモ充分ナル援助ヲ與フヘキコト言フ迄モナシ要スルニ支那カ容共抗日ノ政策ヲ一擲シ新東亞建設ノ爲メ日本ト協力スルニ至ル樣奮鬪セラレタシ中央政府樹立ニ伴フ具体的工作ニ關シテハ陸軍大臣、海軍大臣、其他關係各大臣ト委シク打合セラレ度シ

汪、微力ナカラ中央政府樹立ニ付努力スヘシ尙之カ具体的工作ノ進行ノ爲メ關係各大臣ト面談ノ機會ヲ與ヘラルルコト誠ニ感謝ニ堪ヘス唯玆ニ御參考迄一二申述ヘタキ點アリ自分ハ曩ニ高宗武ヲ貴國ニ遣ハシ自分ノ意見ヲ述フルト共ニ總理始メ貴國政府當局ノ御意見ヲ聽取セシメタルヲ以テ貴國ノ御方針ハ大体諒解シ居ル所ナルカ第一、當時蔣介石カ飜然悔悟スレハ蔣ヲ相手トシテ和平ヲ實現スルモ不可ニアラサルヘシトノ豫想ナリシカ事今日ニ至リテハ右ハ殆ント見込ナカルヘシ第二ニ國民政府以外ノモノヲ聯合セシメ此ノ時局ヲ擔當セシムヘシトノ意見モアリカカル事態トナラハ吾人モ之ニ參加シテ微力ヲ盡スヲ辭セサルヘシト申述ヘ置キタルカ今日支那ノ情勢ヲ見ルニ國民黨ヲ除外シテ其ノ他ノ勢力ヲ以テ時局ヲ收捨《(拾カ)》スルコトハ極メテ困難ナリト思惟ス第三ニ自分ハ蔣カ時局解決ノ爲メ下野スレハ共ニ下野シ外遊スレハ共ニ外遊スルモ可ナリト云フ氣持ナリシカ蔣ハ之ヲ拒絕シ却ツテ立腹シ居ル狀態ニテ最早ヤ自分一人責任ヲ以テ起タサルヘカラサル羽目ニ陷リタリ

依ツテ自分ハ國民黨ヲ中心トシ之ニ各黨各派ヲ聯合セシメ容共抗日政策ヲ抛擲セル國民政府ヲ作ルコト最モ適當ナリト思惟ス蓋シ國民政府ノ形態ヲ存スルコトハ支那國民ヲシテ日本ノ壓迫ノ爲メニ亡ヒタリトノ念ヲ抱カシムルコトヲ避ケ重慶方面ヨリ多數ノ同志ヲ獲得スル爲メ便利ナレハナリ元來國民黨ノ標榜スル三民主義ニ對シテハ曩ニ高宗武ヲ派遣シタル際日本側ニテハ其ノ共產主義トノ關連性ヲ清算シ所謂新ラシキ三民主義ニ復活セサルヘカラストノ御意見ナリシカ右ハ誠ニ尤モナル御意見ニテ元來孫文先生ノ三民主義ハ共產主義トハ截然別個ノモノニシテ自分等ハ此後此ノ三民主義ノ眞意ヲ發輝スル爲メ最大ノ努力ヲ拂フ心算ナリ

平、共產主義ト完全ニ離レタル三民主義ノ下ニ國民黨ノ更生ヲ圖リ之レト他ノ各黨各派ヲ聯合セシメ中央政府ヲ組織シ容共抗日ノ政策ヲ改ムル途ヲ講スルコトハ贊成ナリ彼ノ重慶政府ハ今日既ニ中央政府ト言ヒ得サルモノニシテ若シ從來ノ態度ヲ改メ來ルニ於テハ日本ノ仁愛ノ精神ヲ以テ之ヲ容ルルニ吝ナラサレトモ重慶政府カ今次事變ヲ發生セシメタル責任タケハ到底之ヲ免ル事能ハス卽チ蔣介石ハ下野スルカ當然ナリ而シテ蔣カ下野シタル場合ト雖モ貴下ハ全責任ヲ以テ事ニ當リ重慶方面ノ者ヲ全部轉向セシムルニ一層ノ努力ヲ拂ハレンコトヲ望ム要スルニ此後全責任ヲ以テ此ノ事業達成ニ努メラレンコトヲ要望ス

汪、自分ハ事ヲ擧ケタル曉重慶其他ノ方面ヨリ果シテ幾何ノ者ヲ集メ得ルヤ今斷言ヲ憚ルトコロナルカ少クモ國民黨ニ關スル限リ黨ト共ニアルコト數十年ノ歷史ヲ有スル者ナルヲ以テ誓ツテ國民黨既往ノ誤レル政策ヲ改メ東洋和平實現ノ一勢力タラシムル事ハ自分ノ責任ニ於テ之ヲ斷行スルノ決意ナル事ハ茲ニ明言シ得ル處ナリ

平、充分御奮闘ヲ望ム

汪、自分ハ曾テ三十四年前東京ニ留學シ居リ當時總理カ司法官時代公ニセラレタル法律ニ關スル講義ヲ讀ミタル事アリ爾來敬慕ノ念ニ堪エサリシカ圖ラス面談ノ機會ヲ得テ欣快ニ堪エス

458　昭和14年6月11日　板垣陸軍大臣／汪兆銘　会談

板垣陸相・汪兆銘会談要旨

板垣陸相、汪會談要領

昭和十四年六月十一日　自午前八時／至同十時半

初對面ノ挨拶ノ後

汪、過日河内滯在中貴大臣ヨリ自分ニ宛テラレタル書信中ニ反共ノ語アリシハ今日迄最モ印象深カリシ點ナリ第二ハカカル事變ノ勃發ニ關シ蔣介石ノ責任ヲ問フト云フ點ナリ責任ノ問題トナレハ自分ニモ關係アリ喜ンテ責任ヲ負擔スヘシ反共ニ至ツテハ自分ハ最モ重視スル所ニシテ獨リ支那ノミナラス東洋ノ問題ナリ蔣モ曾ツテハ反共ノ態度ヲ持シ數年ニ亘ル共匪討伐ヲ實行シタルカ民國二十四年ニ至リ一方自分ヲシテ獨逸トノ間ノ關係ヲ密接ナラシムルト共ニ陳立夫ヲ蘇聯ニ遣ハシ「リトヴィノフ」ト會見セシメ蘇支聯絡ヲ圖ラシメタリ此ノ頃ヨリ蔣ハ蘇聯トノ合作ヲ目論見タルモノト看做スヘク次テ西安事變ニ至リ蘇支合作ハ決定的トナリシモノナリ現在英佛米各國ハ何レモ日本ノ東洋ニ於ケル擡頭ヲ忌ミ支那ノ抗戰ヲ援助シ居ルモ支那ヲ援助シテ抗日戰ヲ實行セシメツツアルハ依然トシテ蘇聯カ中心ナル事明白ナル事實ナリ斯クノ如ク蔣カ共産黨ト握手シ蘇聯ト合作シテ抗戰ヲ繼續シツツアルニ拘ラス一般國民カ蔣ヲ擁護シツツアル所以ハ偏ニ支那カ日本ニ壓迫セラレ印度ノ如キ地位ニ陷ルヘシト危惧シ居ルニ在リ從ツテ反共ノ聲ヲ擧ケ得サルノミナラス却テ和平ヲ言フモノ排斥セラルル實狀ナリ中央軍ニシテモ共産黨ニ接近シ居ルハ三分ノ一ニ過キス他ノ三分ノ二ハ反共ノ立場ヲ取リ心中和平ヲ希望シ居ルモノナルカ前述ノ如キ理由ニテ反蔣反共ヲ叫フコト能ハサル狀態ニアリ從而彼等ノ對日危惧ノ心理カ解消スレハ忽チ反共ニ一致スヘシ自分ハ武漢ニ於テモ重慶ニ於テモ或ハ參政會中ノ國民黨以外ノ者トモ話シ合ヒタルカ何レモ反共ニハ異論ナク龍雲ノ如キモ十中八九迄自分ト共ニ旗擧ケスルコトヲ決意シタルモ遂ニ動クヲ得サルニ至レルハ斯クノ如キ國内ノ空氣ニ支配セラレタルニ依ル自分ハ民國十三年ヨリ十五年ニ至ル容共時代ニ政府部内ニ居リタルヲ以テ其ノ當時ノ責任ハ之ヲ負フモ其ノ後ハ終始共産黨ニ反對シ今次ノ共産黨トノ合作ニ至ツテハ特ニ反對セル所ナリ而カモ重慶政府ノ態度前述ノ如キ狀況ナルヲ以テ遂ニ意ヲ決シテ重慶ヲ離レ反共工作ノ實行ニ移リタル次第ナリ

板、貴下ノ脱出前後ノ狀況其後ノ事情ニ付テハ影佐大佐ヨリ詳細ニ報告ニ接シ承知シ居レリ今日支那ノ國民カ排日的心理ニ支配サレ居ルハ事實ナリ右ハ日本ノ眞意カ諒解セラレ居ラサルニ依ルモノト云フヘシ日本ノ國民モ當局モ數十年來常ニ日支親善ヲ目標トシテ努力シ來レルモノナリ之レカ實現セサリシハ誤解ニ基ク所多カルヘシ然リトセハ誤解スル方モセラルル方モ責任アルヘシ唯茲ニ明言スルヲ得ルハ日本ハ斷シテ支那ヲ印度ノ如クスル氣持ナク東洋民族解放ノ爲外來ノ勢力ノ侵入ヲ防キ以テ東洋永遠ノ平和ヲ確保セントスルニアリ其ノ第一歩トシテ日支提携ヲ圖ラントスルモノニテ今次ノ事變ノ如キモ之ヲ聖戰ト信シ日支親善ヲ阻害スル共産黨及之ト結合セル蔣介石ノ抗日軍隊ヲ撃滅シ一般國民ヲ敵トスル觀念ハ毫モナシ現ニ現地ノ日本軍隊カ戰線ニ於テハ勇敢ニ敵ト戰ヒツツ善良ナル民衆ニ對シテハ愛撫ノ念ヲ以テ接シツツアルヲ見テモ明カナルヘシ殊ニ反共ニ至ツテハ獨リ支那國內ノ共産黨ノ問題ノミナラス滿洲國及支那ノ北境ニ迫ル蘇聯ノ脅威ニ對スル問題アリ日本ハ今ヤ全國ヲ擧ケテ國內ハ勿論此ノ滿洲ノ北邊ニ對スル脅威ニ對シ徹底的ニ排除スルノ準備ヲナシ居レリ日本ハ反共ノ爲メニハ斯カル重大ナル決心ト準備ヲナシ居ル次第ナリ

汪、日本カ支那ニ對シ共同防共ヲ要求スルニ對シ支那國民一般ハ往々ニシテ之ヲ曲解シ日本ハ共同防共ノ名ヲ以テ支那ヲ自由ニ支配セントスルモノナルヘシト爲スモノ多シ之ニ對シ自分ハ日本ノ防共ハ決シテ胡魔化シニアラス從ツテ支那ノ統一ト强化ヲコソ希望スレ決シテ支那ヲ分化シ弱化セントスルモノニ非ス支那カ强クナリテコソ眞ニ共同防共ノ目的ヲ達シ得ヘケレハナリト説明シツツアリ自分ハ前ニ述ヘタル通リ民國十五年以來絶對ニ共産黨ヲ容レサル立場ヲ取ルモノニテ今後反共工作ニ邁進セントスルモノナルカ其ノ第一歩トシテハ國民黨ノ主義精神ヲ生カシテ現在共産黨ノ下ニアル國民黨ヲ先ツ共産黨ノ上ニ立タシメサルヘカラスト決意シ居レリ孫文ノ素志モ日本ヲ兄トシ支那ヲ弟トシテ合作スルニアリタリ孫文ノ

主義ハ決シテ共産主義ニ非ス自分ハ第一段ニ此ノ孫文ノ國民黨ノ主義製作（政策カ）ヲ明カニシ第二段ニ國民黨カ公開的ニ日本ノ希望スル反共救國ノ要望ヲ受納セントスソレニハ支那ト（ノカ）統一ト力量トカ必要ナリ吾人ハ固ヨリ國民黨以外ノ各黨派ト聯合シテ進ム譯ナルモ中心勢力トシテハ依然國民黨カ之ニ當ルヘキモノナリト信ス尚防共ノ為メ國防ヲ如何ニスヘキヤノ問題ニ付テハ日本側ヨリ篤ト御指教ヲ仰キ度シ國内ニ於ケル辦法トシテハ先ツ有力ナル統一政府ヲ作リ共産黨勢力ヲ驅逐スルニ努ムヘキモノト信ス

板、有力ナル中央政府ヲ樹立スルコトハ吾人ノ固ヨリ希望スル所ナリ唯茲ニ注意スヘキハ今次事變ニ際シ軍事ノ進展ニ伴ヒ北支、蒙疆、中支等ニ新政權成立シ是等ノ地方ニハ多數ノ日本人モ居住シ種々ノ關係ヲ生シ居ル事實ナリ此ノ事實ニ對シテハ相當尊重セサルヘカラス斯クシテ各地方毎ニ日支ノ結合ヲ强化スルコトハ決シテ中央政府ヲ弱化スル所以ニ非スシテ却ツテ日支ノ結合ニ依ル中央政府ノ立場ヲ强クスルモノナリ此ノ點ハ充分考慮セラレタシ

尚次ニオ尋ネシタキハ三民主義ノ問題ナリ日本ニテハ三民主義ヲ危險視スルモノアリ殊ニ民生主義ハ共産主義ナリト云フカ如キ文句アルヲ以テ種々ノ誤解アリ今後カカル誤解ヲ解ク為メ適當ナル手段方法ヲ講スル必要アリ此ノ點モ充分研究セラレタシ

汪、孫文ノ民生主義ノ講義ハ當時ノ状勢上各潮流各思想ヲ全部自分ノ方ニ引キツケ之レヲ國民黨ニ同化セント計リシ為メカカル文句モアル譯ニテ全體ヲヨク味讀スレハ民生主義ハ全然共産主義ト異ナル所以ヲ説キ結局「マルクス」主義ヲ捨テテ國民黨ノ主義ニ入レト勸メ居ル事明カナリ固ヨリ今後三民主義ノ闡明ニ付テハ大ニ努力スル考ナリ

尚中央政府樹立工作ニ關シ詳細ナルコトハ日ヲ改メテオ話シ致シ度シ

459

昭和14年6月14日　有田外務大臣／汪兆銘　会談

有田外相・汪兆銘会談要旨

有田外相、汪會談要領

昭和十四年六月十四日 自午前八時半 至同 十時半

汪、曩ニ高宗武ヲ貴國ニ派シタル際貴大臣ニ當方ノ意ヲ傳ヘ又御意見ヲ承リタルカ今回ハ直接總理始メ關係各大臣ニ面談ノ機ヲ得テ幸ナリ今回ノ事變ノ解決ニ當リテハ支那側ニ種々ノ困難ナル事情アリ此ノ困難ノ點ニ付テモ貴國當局ノ諒解ヲ得タキモノト考ヘ居レリ元來日支兩國ノ關係ハ數年來緩和スヘクシテ緩和セス却ツテ益々相離反スル傾向ヲ辿リタルカ其ノ原因ハ兩國互ニ相手方ノ態度ヲ責メ其ノ態度ノ轉換ヲ待ツニ日ヲ送リタルニアリ卽チ滿洲事變後支那ハ日本カ滿洲問題ヲ解決セサレハ日本ト合作セスト主張シ日本ハ支那ニ誠意ナケレハ應シ難シト主張シ又日本ハ支那ノ歐米依存ヲ改メヨト要望スレハ支那ハ日本ノ侵略政策ヲ放棄セサレハ歐米依存モ已ムナシト答ヘ今次ノ事變ニ當リテモ日本ハ支那ニ先ツ誠意ヲ示セト要求シ支那ハ平和ハ欲スル所ナルモ一度平和トナラハ日本ハ支那ノ自由獨立ヲ奪フニ非スヤト疑フ如キ始末ニテ何時モ循環論ニ終リ遂ニ眞ノ提携ヲ實現スル機會ヲ失ヒシハ遺憾千萬ナリ昨年末近衞聲明ニ於テ日支ノ共同目標ヲ提示セラレ支那國民ニ對シテモ一縷ノ光明ヲ與ヘラレタルカ右ノ希望カ果シテ實現セラルルヤ否ヤ今後具体化セサレハ尙安心シ得ストノ氣持ナリ近衞聲明ニ揭ケラレタル共同目標ノ如キハ實ハ數年來叫ハレ來リシモノニテ今次ノ事變ノ如キ大ナル犧牲ヲ拂ヒタル後漸ク之ヲ取上クルニ至リタルハ寧ロ遺憾ニ堪ヘサル所ナリ今度コソハ是非此ノ共同目標ノ實現ニ依リ兩國關係ヲ立直ス樣具体的方法ニ付テ貴國側ノ意見モ聞キタル上篤ト研究シ歸國ノ上ハ同志ニ之ヲ傳ヘ之カ實現ニ邁進シタキ考ナリ

有、日支兩國ノ關係ハオ話ノ通リ兩國當局始メ國民カ提携ヲ希望シナカラ遂ニ實現セスシテ今回ノ如キ重大ナル局面ニ遭遇シタルハ誠ニ不幸ナルカ之ヲ機會トシテ一大轉換ヲ遂クルコトニ努力セサルヘカラス此ノ轉換ヲ遂クル爲ニハ支那ニ確固タル和平ノ基礎ナカルヘカラス今回貴下カ奮起セラレテ中央政府ノ樹立ニ當ラルルニ對シテハ總理始メ吾々同僚一致シテ支援スル所ナリ

汪、此ノ機會ヲ利用シテ兩國關係ヲ轉換セシムルコトハ自

分モ全然同感ナリ唯之カ實現ニ當リテハ今尚强力ナル反對ト障害アリ其ノ一ハ共產黨ノ反對ナリ之ハ到底轉向ノ望ナシ其ノ二ハ共產黨以外ノ一般ノ國民ノ對日疑惑ノ心理ナリ彼等ハ平和ヲ希望スルコト痛切ナルモ今以テ日本ト和スレハ支那全土ヲ擧ケテ自由ト獨立ヲ失フヘク抗戰ヲ繼續スレハ失ハレサル土地丈ケハ自由ト獨立ヲ保持シ得ヘシト思惟シ居レリ共產黨モ此ノ心理ヲ利用シ政府ヲ引摺リテ抗戰ヲ繼續シ居ルモノニシテ此ノ國民ノ對日疑惑ノ念カ和平ニ對スル一大障害トナリ居レリ之ヲ是正スルニハ先ツ㈠宣傳ニ努力セサルヘカラス今日重慶ハ勿論香港上海ニ於テモ和平問題ヲ論シ得サル狀況ナリ依ツテ自分ハ同志ヲ糾合シテ先ツ日本ノ眞意ヲ宣傳スルニ努メタシ㈡次テ事實ヲ以テ國民ニ示スコト宣傳ニ優ル宣傳ニシテ最モ重要ナリ斯クセサレハ國民一般カ共產黨ヲ恐レス寧ロ日本ヨリ亡ホサルヲ恐ルル心理ヲ解消スルコト困難ナリ日支ノ共同防共問題ニシテモ支那ニ於ケル海軍ハ問題トナラサルモ陸軍空軍ハ存在スルヲ以テ之ヲ以テ防共ノ力トナシ得ヘシ支那ノ軍隊發達スレハ再ヒ抗日戰ヲ惹起スヘシトノ惧アルモ苟クモ日支カ眞ニ提携シ一致セル政策ヲ取レハ何等ノ危險ナシ卽チ意見ノ一致セル所ニアル自由ハ決シテ衝突ヲ起ササルナリ

有、自分ハ田中內閣ノ時代亞細亞局長ノ職ニ在リ滿洲問題ノ解決ニ付南京ニ赴キ當時國府主席代理タリシ蔣介石ニ面會シ交涉シタルカ蔣ニ解決ノ決心ナク遂ニ彼ノ滿洲事變ノ勃發ヲ見ルニ至レリ其ノ後大使トシテ南京ニ赴任セル時ハ北支問題ノ喧シカリシ際ナリシカ張外交部長ニ對シ速ニ之ヲ處理セサレハ再ヒ滿洲事變ノ如キヲ發生セシムル危險アルコトヲ指摘セルコトアリ若シ大政治家的識見ヲ以テ大局的見地ニ立チ處理シタリシナラハ斯カル事變ヲ繰返サスシテ濟ミタルモノト察セラル今回ハ貴下ニ於テモ大局的見地ヨリ大政治家的識見ヲ以テ時局收拾ニ努力セラルルモノト信スオ話ノ通リ事實ヲ以テ宣傳スル事ノ有效ナルハ勿論ナルカ過渡期ニ於テハ其ノ事實ニモ種々ノ困難隨伴スルモノナリ尤モ大方針ノ下ニ立ツ以上斯カル具体的問題ニ付テハ相互ニ誠心ヲ披瀝シ忌憚ナキ意見ノ交換ヲ遂クルコトニ依リ自ラ適當ノ途ヲ發見シ得ラルヘシ本日ハ腹藏ナ

ク思フコトヲ述ヘ合フコトト致度シ

汪、近衛聲明ニ掲ケラレタル日支ノ共同目標ハ善隣友好、共同防共、經濟提携ノ三點ニアリト思考スル處右ハ支那ノ外交ニモ關連スル所ナルヲ以テ少シク支那ノ外交問題ニ付卑見ヲ述フヘシ現在蔣介石ノ外交方針ハ蘇聯トノ合作ヲ主トシ英佛米トノ提携ヲ從トシ居ルモノナルカ自分ハ之ニ反對ノ態度ヲ採ルモノナリ卽チ共同防共ニ贊成ナル以上獨リ國内ノ共產黨ノ排除ノミナラス蘇聯トモ對抗的立場ニ立ツヘキハ當然ナリ英國ハ近衛聲明後蔣ノ借款ニ應シ益々緊密ナル關係ヲ維持シツツアルカ斯クノ如キハ孫文先生ノ素志ニ非ス英國ノ經濟的束縛ヨリ支那ヲ解放スルニ非サレハ支那ハ發展セサルヘシ日支經濟提携モ要ハ支那ノ經濟界ヲ支配スル英國ノ勢力ヲ排除スル爲ノ前提條件ナリト諒解ス卽チ日支兩國ハ善隣友好、共同防共、經濟提携ノ三原則ノ下ニ平和ヲ維持シ共同防共ヲ以テ蘇聯ニ當リ經濟提携ヲ以テ英國ニ當ルヘキ方針ヲ採ルヘキモノト思惟ス尤モ最近歐洲ノ風雲ハ遽ニ豫測ヲ許サス一旦戰爭勃發シテ日本之ニ捲込マルルニ至ラハ日本ノ國力更ニ消耗スルニ非スヤト案セラル固ヨリ其ノ際ハ支那モ日本ニ從ツテ參戰スルヲ辭セサルモノナルカ出來得レハ今次ノ大破壞後ノ支那ヲ救フ爲平和狀態ヲ持續シ近代國家建設ニ專念シタキモノナリ前ニ述ヘタル對蘇、對英問題ノ解決モ平和的狀態ノ下ニ於テ實行スルコトヲ得ル次第ナリ曾テ孫文ハ支那ノ革命ハ日本ノ諒解ナクシテハ成功セスト語リタルコトアリ諒解トハ日本ニ對シテモ有利ナルモノタルヲ要ストノ意味ナリ自分ハ一九二五年廣東國民政府ノ首腦タリシ際排英運動ヲ起シ一九三一年滿洲事變ニハ支那ノ直接交渉反對ノ主張ヲ排シテ「一面抵抗一面交涉」論ヲ唱導シ其ノ後上海、塘沽兩停戰協定ヲ締結シ次テ廣田外相カ議會ニ於テ日支提携ノ原則ヲ宣明セラレタル際ハ中央政治會議ニ於テ之カ受諾ヲ決議セシメ更ニ兩國大使ノ交換ヲ決定シ之ヨリ着々兩國ノ根本問題ヲ解決セント圖リシカ志遂ニ成ラス今次ノ事變トナリシ次第ナリ

有、日本ト雖モ好テ蘇聯ヲ攻撃シ進ンテ英國ト戰フト云フニ非ス出來得ル限リ平和ノ間ニ事ヲ爲サントスル方針ナルコトハ唯今ノ貴下ノ意見ト同樣ナリ唯日本ハ既ニ

東亞ノ新秩序建設ノ方針ヲ確定シ居ルヲ以テ舊キ秩序ハ着々之ヲ改メ新秩序ヲ樹立セサルヘカラス其ノ舊秩序卽チ歐米各國カ東洋ニ於テ有スル政治上經濟上ノ特權ノ如キ逐次改廢スルヲ要シ其ノ間ニハ種々ノ磨擦ノ生スルハ免レ難キ所ナルモ國際正義ニ依リテ進ム決心ヲ以テ此ノ困難ヲ克服セサルヘカラス所謂正ヲ踏ンテ畏レサル覺悟ヲ以テ進ム次第ナリ

汪、ヨク判明セリ日支兩國緊密ニ提携スレハ彼等モ引込ムヘシ。

460

昭和14年6月15日　板垣陸軍大臣・汪兆銘　会談

第二次板垣陸相・汪兆銘会談要旨

板垣陸相、汪第二次會談要領

昭和十四年六月十五日　自午前八時　至同十一時半

板、支那ニ新ニ強固ナル中央政府ヲ成立セシムルニハ重慶側ノ要人及軍隊ヲ多數獲得スル必要アリト思ハルルカ之ニ對シテハ貴下ニ於テモ相當ノ成算アルモノト察セラルル處之ニ付御話ヲ承ルヲ得ハ幸ナリ

汪、先ツ要人ノ側ニ付テ言ヘハ蔣介石ハ現在ノ處絶望ナリト見サルヘカラス尤モ同人ハ其ノ時ノ環境ニ從テ動ク性質ヲ有シ之迄親日ト親蘇トノ二途ヲ懸ケテ來リシモノナルヲ以テ一方ノ途ヲ全然塞キ當方ニ引着ケル工作ヲ施セハ或ハ此方ニ靡クヤモ知レス其ノ他孫科、宋子文ノ如キ蘇聯ニ接近シ居ル分子ニシテ到底引着ケ得難キ者アリ固ヨリ之等ハ少數ニシテ要人連ノ大部分ハ心中和平ヲ希望シ居ルコトハ事實ナリ其ノ主ナル者ヲ擧クレハ戴天仇ノ如キハ極メテ徹底セル反共ノ立場ヲ取リ彼ノ西安事變ノ際ノ如キモ武力ヲ以テ共產軍ヲ討伐スヘキコトヲ強ク主張シ蔣歸來後モ依然トシテ共產軍ニ對スル討伐ヲ主張セル程ノ人物ニテ今回ノ事件後西康ニ赴キタルハ蔣ノ容共政策ニ慊ラスシテ極メテ時局ヲ悲觀シタル結果ナリ唯惜シムラクハ態度消極的ナル爲進テ吾々ニ協力スルニ至ラス居正モ和平希望者ニシテ嘗テ唐紹儀在世當時和平ノ爲唐ノ出馬ヲ申送レルコトスラアリ陳立夫兄弟ハ現在ハ猛烈ナル反共論者ナリ尤モ陳立夫ハ一時國內ノ共產黨ハ既ニ其ノ勢力消滅シ

タリト誤認シ直接支那ト蘇聯ト提携スル可能性アルモノト信シ蔣ヨリ派遣セラレテ蘇聯ニ赴キ「リトヴィノフ」ト會見シタルコトアルカ其ノ後「ボゴモロフ」ト共ニ新疆ニ赴キ初メテ蘇聯ニ詐ハラレタルコトヲ覺リ飜然蘇聯トノ提携ノ危險ナルヲ知リ其ノ後ハ益々反共ノ立場ヲ取ルニ至レリ其ノ他重慶政府側ノ歐米派ト稱セラルル要人ハ何レモ反共和平ニ贊成ナルコト申ス迄モナシ唯之等大部分ノ要人ハ交通ノ關係又ハ蔣ノ監視ノ下ニ在ル爲重慶ヲ脱出スルコト極メテ困難ナル狀況ニアリ容易ニ我方ニ參加シ難キモノト思惟セラルルモ一面ヨリ言ヘハ斯カル反共和平ノ分子カ多數重慶ニ殘留スルコトハ今後或ル機會ニ蔣ノ勢力ヲ分散シ一擧ニ重慶政府ヲ崩壞セシムル爲却テ其ノ必要ヲ感スルコトモアルヘク强ヒテ危險ヲ冒シテ出テ來ル必要モナカルヘシト思ハル。次ニ軍隊ノ方面ナルカ現在ノ重慶側ノ軍隊ハ之ヲ共產系、黃埔系、地方軍系ノ三種ニ分ツコトヲ得ヘシ其ノ中共產軍ハ中央ヨリ每月八十萬元宛ノ補給ヲ受ケ其ノ他駐屯地ヨリ租稅ヲ徵收シ頻リニ宣傳組織ニ努メツツアリ之ハ今到底我方ニ獲得スルニ由ナシ而シテ此ノ共產軍カ將來陝西、甘肅方面ニ移リタル場合ニハ恐ラク蔣ト衝突スル可能性アリ元來蔣介石ノ所謂容共政策トハ共產黨ト連絡シテ蘇聯ト合作スルモノニ非スシテ寧ロ共產黨ヲ排擊シ自ラ直接蘇聯ト提携セントスルモノニテ此ノ點ヨリ云ヘハ蔣ハ反共聯蘇ト言ヒ得ヘシ卽チ蔣ト共產黨トハ何レモ蘇聯ヲ背景トシテ相對立スルモノニシテ狀況ニ依リテハ直ニ兩者ノ衝突ヲ見ルニ至ルヘシ。黃埔系軍隊ハ大部分共產黨ニ反對ナルカ抗日ノ爲敢テ反共ノ旗ヲ擧ケ得ス若シ日支兩國ノ合作可能ナルコト彼等ニ諒解セラルレハ聽テ反共ノ旗ヲ飜スコトトナルヘシ現在黃埔系ハ陳誠ニ依リ率ヒラレツツアリ陳ハ蔣ノ信任厚ク其ノ權力極メテ大ナルカ彼ノ閱歷聲望足ラサル爲黃埔系必スシモ全部心服シ居ルニ非ス彼等カ心服シ居ル點ニ於テハ何應欽ノ方寧ロ陳誠ニ優ルモノアリ若シ何カ我方ニ來ルニ於テハ黃埔系ノ之ニ從フ者尠カラスト豫想セラル。地方軍ニ至ツテハ蔣介石ノ分散政策ニ依リ其ノ內容知悉シ難ク又嚴重ニ監視セラレ居リ敢テ行動ヲ取ルコト極メテ困難ナリ。以上ノ支那軍隊ニ付深ク考慮スヘキハ彼等ノ民族意識ノ問題ナリ彼等ノ有スル愛國心ハ之ヲ善用シテ新支那建設ノ基礎トナスヘキモノト考ヘラル。ソレテ自分カ國旗問題、政府ノ名稱問題等ヲ喧シク言フハ此ノ軍隊ノ民族意識ニ合致セシメ速ニ彼等ヲシテ和平ノ途ニ就カシメント欲スルカ爲ナリ近年支那ニ於ケル民族意識ノ昂揚ニ連レ或ハ之ヲ消滅スルニ努メタルモノアリ或ハ之ヲ利用スルモノアリ忌憚ナク言ヘハ日本ノ如キハ民族意識ヲ消滅セシメントスルヤノ疑ヲ懸ケラレ蘇聯ノ如キハ民族意識ヲ利用シテ其ノ勢力ヲ擴張セントスル爲彼等カ其ノ階級鬪爭ヲ捨テテ抗日民族戰線ノ統一ヲ「スローガン」トシテ居ルコトハ明カナリ自分ハ此ノ支那ノ民族意識ニ對シ之ヲ壓迫シ消滅セシメント圖ルコトノ誤レルヲ指摘スルト共ニ蘇聯ノ如ク之ヲ利用スルコトモ亦面白カラサルヲ信スルモノナリ日本ノ爲ニ計レハ宜シク此ノ意識ヲ善用シ卽チ支那ニ民族生存ノ機會ヲ與ヘ其ノ希望ヲ殘シ置クコト最モ賢明ナル策ナリト信ス軍隊ノ話ノ序テニ御參考迄ニ申添フ次第ナリ

板、陳誠ト蔣介石竝ニ共産黨ノ關係ハ如何樣ニシテ成立セルモノナリヤ

汪、陳ハ浙江人ニシテ蔣ト同鄕ノ關係アリ蔣カ黃埔軍官學校ヲ開設セル際招カレテ砲兵獨立營長トシテ黃埔ニ至レルモノナルカ其ノ後北伐ニ從ヒ漸次昇進シテ師長トナリ滿洲事變後ハ江西ニテ共産軍ノ討伐ニ當リテ經驗アリ軍人ノ間ニ於テハ比較的廉潔ニシテ精力家ナル爲蔣ニ信頼セラレ現在ハ殆ト軍權ヲ掌握スル程ノ權力ヲ有シ其ノ權力ノ保持ノ爲共産黨ト連絡シ居ルモノナリ然レトモ其ノ閱歴聲望足ラサル爲李宗仁、白崇禧、閻錫山等ハ心中不滿ノ念ヲ抱キ居レリ

板、世ニ所謂第三黨トハ孫科等ヲ謂フ譯ナリヤ

汪、第三黨ナル名稱ハ一九二七年ニ起リタル名稱ニテ國民黨、共産黨ノ何レニモ屬セストノ意味ニテ第三黨ト稱シタル譯ナルカ陳銘樞等ノ福州獨立事變後ハ四分五裂トナリ今日ニ於テハ所謂第三黨ナル組織ナク强ヒテ言ヘハ共産黨ノ外廓團體ト見レハ差支ナカルヘシ現在國共兩黨以外ノ黨トシテハ國家社會黨ト國家青年黨アリ。國家社會黨ハ國家社會主義ヲ標榜セル學者等ノ集リニシテ國家青年黨ハ國家主義ヲ標榜セル所謂右傾團體ト

モ云フヘキモノナリ

板、貴下ノ起案セラレタル時局收拾ニ關スル具体的便法ヲ拜見シタル處其ノ中一、二當方ノ氣付キタル點ニ付申述フルコトト致シ度シ

第一ハ中央政府ノ名稱首都等ハ中央政治會議ニ於テ決定セラルヘキモノニシテ同會議ニ於テ首都ヲ南京トシ政府ノ名稱ヲ國民政府ト稱スル樣決定ヲ見ルニ於テハ我方トシテモ敢テ異議ナシ又中央政府ノ樹立ヲ政府ノ南京歸還ト云フコトニ決定ヲ見ル場合ハ之ニテモ異議ナキ次第ナリ

第二ハ國旗ノ問題ナルカ中央政治會議ニ於テ青天白日旗ヲ國旗トシテ採用スルニ決シタル場合國旗黨旗等モ其ノ上部ニ反共和平ト記シタル三角ノ大型ノ黄色布片ヲ附スルコトトシ軍隊ハ黄色地ニ反共和平ト大書セル旗ヲ用ヒ混淆紛爭ヲ避クル爲其ノ他ノ國旗等ヲ使用セサルコト然ルヘシトノ意見ヲ有シ居レリ此ノ點ハ如何ニ考ヘラルルヤ

汪、閣下ノ言ハルルハ軍ニ於テ國旗ト黄色旗ト兩方ヲ用フルトノ意ナリヤ或ハ單ニ黄色旗ノミ用フヘシトノ意ナリヤ

板、軍隊ニ於テハ黄色旗ノミ用フル方宜シカルヘシトノ意見ナリ

（此ノ時影佐大佐發言シ前回吾々支那側トノ協議ノ際ハ支那側軍隊ハ主動的ニ國旗ヲ用ヒスシテ黄色旗ヲ用フル話合トナリ居レリト述フ）

汪、黄色旗ノミヲ用フルトセハ卽チ軍隊ニハ國旗ヲ使用セサルコトトナリ如何ニモ國家ノ軍隊トシテ面白カラサル体裁トナルヘシ

板、軍隊ニ於テ黄色旗ヲ用ヒシムルハ現ニ前線ニ於テハ青天白日旗ヲ掲クル抗日軍トノ間ニ戰爭繼續中ナルヲ以テ今急ニ國旗ヲ用フル時ハ混淆シテ種々ノ誤解ヲ惹起ス惧アリ斯カル間違ヒノナキ樣國旗ヲ使用セサル方然ルヘシトノ意味ナリ

汪、前線ニ於テハ或ハ其ノ必要アルヘキモ前線ヲ離レタル處、例ヘハ兵營ノ如キニ於テハ國旗ヲ用フルモ差支ナカルヘシ元來軍隊ニ國旗ナキハ軍隊ノ士氣ニ關係シ面白カラサル影響ヲ與フル惧アリ長期ニ亙リ國旗ヲ使用セシメスト云フコトニナレハ軍隊ノ精神的統一ヲ妨ク

ルコトナキヤヲ憂フル次第ナリ

板、軍ノ立場ヨリ言ヘハ現ニ日本軍ハ青天白日旗ヲ掲クル支那抗日軍トノ間ニ今尚戰爭ヲ繼續シ居レリ其ノ占據地帶ニ於テモ所謂游擊隊ナルモノ跋扈シ軍隊ノ敵愾心ハ此ノ旗ニ依リ生スルコトハ軍隊心理ヨリスルモ當然ニシテ實ハ日本軍占據地帶ニ於テ軍隊以外ノ政府機關或ハ一般民衆ニ國旗ヲ用ヒシムルコトニ付テスラ軍側トシテハ相當ノ困難アリ之カ爲誤解發生セサル樣嚴重取締ヲナス等ノ方法ヲ取ラサルヘカラサル次第ニテ況ヤ俄カニ支那ノ軍隊ニ國旗ヲ掲揚セシムルコトハ極メテ危險ナルコト申迄モナシ其ノ點ハ前線ニ於テモ後方ニ於テモ尠クトモ軍隊ニ關スル限リ國旗ヲ用フルコトハ誤解發生ノ惧アリト思惟シ居ル譯ニテ此ノ點ハ政府ニ於テモ亦軍ニ於テモ十分研究セル結果ナルコトヲ御含ミアリ度シ

汪、御話ハ能ク諒承セリ要スルニ誤解發生ヲ避ケ混淆ヲ避クルコトヲ目的トスルモノナルヲ以テ技術的ニ何等カ妙案モアルヘケレハ中央政治會議迄ニ研究シテ具体的ニ決定スルコトト致度シソレニテ差支ナキヤ

板、今後引續キ研究セラルルコトハ差支ナシ唯前述ノ通リ政府ニ於テモ軍ニ於テモ研究ノ結果只今ノ如キ案ヲ考ヘタルモノナルヲ以テ此ノ點諒承セラレ度シ

次ニ既成政府ノ名義取消シトアルハ臨時維新兩政府ノ政府ト云フ名稱ヲ廢止スルコトヲ意味シ其ノ內容及事實ヲモ取消スト云フ意味ニ非スト諒解スル處右ニテ差支ナキヤ

汪、結局權限ノ問題ナリヤ

板、權限ノ問題モ去ルコトナカラモツト具体的ニ言ヘハ政治形体トテモ言フヘキカ、政治形体ハ支那ノ狀勢ニ照シ主義トシテ分治合作主義ニ則ルヲ適當ト思惟スルモノナルカ右ハ各地方ノ特殊ノ狀況ニ應シ日支ノ關係ヲ益々密接ナラシメントスルモノニシテ之ヲ具体的ニ言ヘハ北支ハ日支兩國ノ國防上及經濟上特殊ノ結合地帶ト云フヘク蒙疆ハ國防上特ニ蘇聯ニ對スル防衞ノ爲防共區域ヲナシ又揚子江下流地域ハ經濟上日支ノ聯携最モ密接ナルヘキ地帶ナリ之等各地方ノ特徵ニ應シ又日支ノ關係ノ緊密ナルニ照シ從來臨時維新兩政府ト日本トノ間ニ發生セル關係ハ之ヲ何等カノ組織ニ依リ保持

スル必要アリ更ニ南支沿岸ニハ南方ニ對スル國防上ノ必要ヨリ主トシテ海軍ノ問題ナルカ兩國ノ國防上特殊ノ關係ヲ考慮セサルヘカラス

以上ノ如ク各地方ノ特殊事情ニ依リ兩國關係ヲ密接ナラシムル爲既成政府ノ内容及事實ヲ尊重スルコトヲ希望スル譯ナリ

汪、趣旨ハ了解セリ結局中央政府ト地方トノ權限問題ニ落着ク譯ニシテ中央政府カ臨時、維新兩政府ノ聯合委員會ヲ以テ組織スル場合ニ於テ又國民黨ノ一部分ト兩政府ト合体シテ中央政府ヲ作ル場合ニ於テモ何レニシテモ此ノ權限ヲ確定セサルヘカラス然ラスシテ地方ニ大ナル權限ヲ與フレハ中央政府ハ成立タサルヘク又日支提携合作ハ寧ロ中央政府カ之ニ當ルコトコソ重要ナルヘシ

要スルニ中央政府ト地方トノ權限ヲ如何ニスヘキヤカ問題ナリト考フ

板、鞏固ナル中央政府ノ必要ナルコトハ云フニ及ハス又日支ノ合作ニ付テ中央政府カ其ノ原則ヲ保持シテ進ムコトハ勿論希望スル所ナリ唯地方ニ對シ其ノ特殊ノ事情ニ應スル權限例ヘハ北支ニ政務委員會ノ如キモノヲ設ケ之ニ自治ノ權限ヲ與ヘ地方的ニモ日支ノ密接ナル關係ノ下ニ發展セシムルカ如ク措置スルコト適當ナルヘシト云フニアリ

汪、國民政府ニ於テハ一九二五、六年頃北京、廣東ノ兩地ニ政治分會ヲ設ケタル例アリ然レトモ右ハ中央ノ權力不十分ナル爲ノ暫定的處置トシテ設ケタル機關ナリ今言ハルル政務委員會ハ此ノ政治分會ノ如キ意味ノモノナリヤ若シ臨時、維新兩政府ノ名稱ノミヲ廢シテ其ノ實体ヲ其ノ儘存置スルト云フナラハ中央政府ハ有名無實ノモノトナリ又事實中央ト地方トハ常ニ權限爭ヒヲ起シ容易ニ時局ヲ收拾シ難カルヘシ若シ兩政府ノ實体ヲ殘ス必要アリトセハ中央政府ノ組織ヲ延期シ國民黨ハ別個ニ一ノ地盤ヲ以テ一政權ヲ形成シテ他日ニ備ヘ時機ノ到ルヲ待チテ中央政府ノ組織ニ進ムヨリ外ナシ

(影佐大佐發言、此ノ前協議シタル時ハ貴下ハ速ニ中央政府ヲ作ルコト時局收拾ノ爲必要ナリト言ハレタルニ今日之ヲ延期スルコト然ルヘシト述ヘラレタルカ中央政府ノ組織ヲ延期シ國民黨カ他ニ一地盤ヲ擁シテ工

作ヲ進ムルト云フカ如キ方法ニテハ到底重慶政府ニ對抗スル能力ナカルヘク今日斯ル新タナル案ヲ提出セラレタル意味何處ニアリヤト質問ス）

汪、中央政府ノ組織ヲ急カサル方可ナリト言ヒタルハ兩政府ノ取消困難ナリトノ話ニ依リ然ラハ政府ノ組織ヲ延期スル以外ニ途ナシト考ヘタルカ爲ナリ

（影佐大佐　時局收拾ノ爲ナラハ矢張リ中央政府ノ組織ヲ急ク方可ナルヘシ結局問題ハ中央ト地方トノ權限ヲ研究スレハ宜シキニ非スヤト述フ）

汪、政務委員會ノ權限大ニ過クル時ハ必ス中央ト衝突シテ政務ニ支障ヲ來スヘシ

板、勿論地方政府ヲシテ中央政府ト拮抗セシムルカ如キ大ナル權限ノモノトナサシムル意味ニ非ス當然中央政府ノ下ニ就キ相當ノ權限ヲ與フレハ足リルヘキモノナリ更ニ前述ノ事實ノ尊重トハ維新政府、臨時政府ハ戰局ノ發展ニ伴ヒ發生シテ日本側トノ間ニ既ニ種々ノ既成事實ヲ作リ地方經濟開發ニ關スル機關等モ實現シ居ル譯ニテ事實ト云フハ斯ル既成事實ヲ指スモノナリ此ノ事實ハ其ノ性質ニ依リ或ハ中央ニ歸屬スルモノモアルヘク或ハ其ノ儘地方ヲシテ當ラシムルモノモアルヘシ何レニスルモ此ノ種日本トノ間ニ發生セル既成事實ヲ尊重スヘシト云フニアリ飽ク迄兩政府ノ組織ヲ其ノ儘殘スト云フ意味ニハ非ス

汪、華北ハ其ノ特殊事情ニ基キ政務委員會ノ如キヲ設ケ之ニ比較的大ナル自治ノ權限ヲ與フルコトハ差支ナシ唯中支ニ於テハ現在ノ維新政府ヲ如何ナル形式トナスヤ一大問題ニシテ例ヘハ假ニ經濟委員會ノ如キモノヲ作ルトセハ吾人ハ既ニ國民政府時代全國經濟委員會ト鐵道、交通、實業、財政各部ト常ニ其ノ權限ヲ爭ヒ非常ナル混雜ヲ來セル經驗アリ要スルニ中央ト地方トノ權限ヲハツキリセサレハ對外的ニハ何處ニ交渉シテ宜シキヤ迷フ場合起ルヘク內部的ニハ常ニ權限爭ヒニテ衝突スヘシ只今ノ御話ニテ大臣ノ言ハレタル趣旨ハ十分了解シタルヲ以テ右趣旨ニ基キ更ニ具体案ヲ研究致シ度シ

板、結構ナリ

次ニ中央政府ノ樹立ニ付テハ其ノ構成及樹立ノ時期等各種ノ事情ヨリ日本側トモ密接ニ連絡ノ上決定セラル

ルヲ適當ト思惟スルモ斯ル含ミニテ差支ナキヤ
汪、然リ當然密接ニ連絡シテ行クヘシ
板、次ニハ外交ノ問題ナルカ中央政府樹立宣言前國民政府カ外國ニ對シテ締結セル條約、協定等ハ日支ノ新關係及新中央政府ノ指導方針ニ照ラシ十分検討シタル上其ノ適當ナラサルモノニ對シテハ適宜之ヲ廢止又ハ修正セラルヘキモノト了解シテ可ナリヤ固ヨリ第三國ノ正當ナル權益ヲ濫リニ排撃セヨトノ趣旨ニハ非ス
汪、從前國民政府ノ締結セル條約、協定ニ對シ中央政府樹立宣言前ノモノヲ一應承認スル立前ヲ取ルコトトシタルハ之等條約、協定ヲ一方的ニ改廢シテ國際上ノ紛糾ヲ生シテハ面白カラスト考ヘタル結果ニシテ日支ノ新關係及新中央政府ノ指導方針ニ反スルカ如キモノニ對シ適當ナル方法ニテ之ヲ廢止又ハ修正スルコトハ勿論考慮シ居ル所ニテ大臣ノ言ハルル點ニ贊成ナリ
板、次ニ中央政府樹立迄ノ工作ニ關シテ今後臨時、維新兩政府ノ行政區域内ニ於テ工作スル必要生スレハ申出ニ依リ其ノ工作ノ可能ナル樣日本側ニ於テ斡旋シテ差支ナシ尚又國民黨全國代表大會ノ開催ノ地點ハ南京ヲ避クルコト然ルヘシト思惟セラルル處如何
汪、異議ナシ
板、本日ハ大体重要ナル問題ニ付了解ヲ遂ケタルハ欣快ナリ最後ニ一言致シ度キハ日本側ニ於テハ貴下ノ決意ニ對シ全幅的ノ信頼ヲ以テ之ニ贊同スルモノニシテ中央政府樹立ノ努力ニ對シテハ出來得ル限リノ援助ヲナス決心ナル旨此ノ機會ニ重ネテ申上ケ度シ從テ蔣介石ニ對シテ別ニ和平工作ヲ進ムルカ如キコトハ絶對ニ考慮シ居ラス其ノ他孫科等反共ニ徹底シ得サル輩ニ對シテモ毫モ連絡ノ意ナキコトハ言フ迄モナク蔣介石ハ今次事變勃發ノ責任ヲ負ヒテ當然下野シテ然ルヘキモノト思惟シ居ル次第ナリ
汪、感激ニ堪ヘス此ノ機會ニ貴意ヲ得度キハ客年十二月二十九日ノ通電中ニ迅速且普遍的ニ日本軍ノ撤退ヲ希望スル旨ノ文句アル爲右ハ近衞聲明ト一致セストテ各方面ニ誤解シ居ル向モアル由ナルカ同通電中ニハ特ニ「協定地點ヲ除ク外」トアリ別ニ其ノ後ノ具体的辦法中ニハ其ノ撤退ノ時期ト方法ニ付詳細ナル意見ヲ掲ケ居リ決シテ近衞聲明ト矛盾シ居ラサル次第ナルヲ以テ

斯ル誤解ナキ様了解ヲ願ヒ度シ

板、承知セリ離國前ニ若シ機會アラハ更ニ懇談致シ度キモ其ノ機會ナクハ具体的問題ニ關シテハ影佐大佐ヲ介シテ御傳ヘスルコトト致スヘシ

461

昭和14年6月16日　五相会議諒解

「中國側ノ提出セル時局收拾ニ關スル具體的辨法及日本側意見」

昭和十四年六月十六日

五相會議諒解

中國側ノ提出セル時局收拾ニ關スル具體的辨法及日本側意見

目　次

第一、各黨派、既成政府等トノ折衝
第二、國民黨全國代表大會
第三、各既成政府及各黨派ノ決議
第四、中央政治會議ノ召集
第五、中央政府ノ樹立
第六、本辨法ニ關（對カ）スル日本側ノ意見

第一、各黨派、既成政府等トノ折衝

一、汪氏日本ヨリ歸國後先ツ臨時、維新兩政府主腦者、呉佩孚氏等各方面ト折衝ヲ開始ス

第二、國民黨全國代表大會

一、汪氏ハ適宜國民黨臨時全國代表大會籌備委員會ヲ組織シ代表大會ノ召集ヲ籌備ス

二、次テ臨時全國代表大會ヲ召集シ次ノ如キ決議ヲ爲ス

1. 汪氏ヲ本黨總裁ニ推擧スルコト
2. 汪氏ニ授權シ同志中ヨリ中央委員ヲ指定スルコト
3. 中央執行委員會ニ授權シテ總章ヲ修改セシムルコト
4. 國民黨ノ政綱及政策ヲ新ニ制定スルコト
5. 重慶組織ハ既ニ共産黨ニ劫奪セラル仍テ爾後其ノ一切ノ措置及文告ハ總テ無效ナルコトヲ宣言スルコト
6. 左記三項ヲ以テ國民黨ノ最高指導方針トスルコトヲ宣言スル

甲、三民主義ヲ實行シ中華民國ヲ復興ス但三民主義ヲ時代ノ進歩ニ應スルト共ニ孫文先生ノ素志ニ復活ス

ル如ク説明ヲ新ニス

乙、共産主義ノ思想行動及一切ノ組織宣傳ヲ徹底的ニ肅清ス

丙、善隣結合以テ東亞ノ和平ヲ樹立ス（註、中央政府滿洲國ヲ承認セハ日滿支三國カ善隣トシテ結合スヘキヲ明示ス）

7. 國民黨以外ノ黨派ニシテ其ノ主張公正ナルモノハ之ト提携スルコト

8. 中央政府ハ國民黨ノ一黨專制ヲ排シ各黨派ヲ網羅シ全民的基礎ノ上ニ之ヲ構成スルコト

9. 汪氏ニ授權シ中央政治會議ヲ組織スル爲メ各既成政權及各黨派等ニ通告シ協力ヲ要請スルコト

三、汪氏ハ國民黨總裁トシテ所要ノ聲明ヲ發ス

第三、各既成政府及各黨派ノ決議

各既成政府及各黨派ハ國民黨全國代表大會ニ準シテ閣議、聯合委員會又ハ各黨派大會等ヲ開催シ國民黨全國代表大會ノ要請ヲ受諾シ左ノ件ヲ決議ス

1. 中央政治會議ハ各既成政府及各黨派ヲ網羅シテ組織スルコト

2. 汪氏ニ要請シ中央政治會議ヲ召集スルコト

3. 中央政治會議ニ適當ノ人員ヲ出席セシムルコト

第四、中央政治會議ノ召集

一、汪氏ハ各政權、各黨派ノ要請ニ依リ中央政治會議ヲ召集ス

二、中央政治會議ハ左記件名等ヲ決議ス

1. 中央政府ノ樹立ニ關スル件

2. 中央政府ノ政綱、政策ニ關スル件

3. 中央政府ノ名稱、首都及構成ニ關スル件

4. 國旗ニ關スル件

5. 各黨派ノ公認、既成政府ノ名義取消ニ關スル件

6. 地方制度、地方自治ノ程度等ニ關スル件

7. 其　他

第五、中央政府ノ樹立

一、中央政府樹立ト同時ニ既成政府ハ所要ノ聲明ヲ發シ自ラ政府ノ名義取消ヲ爲ス

二、中央政府ハ國策ノ改變ヲ宣言ス卽和平建設、親隣反共ヲ以テ指導方針ト爲シ過去公布セル法令ニシテ本方針ニ違反セルモノハ夫々之ヲ廢止或ハ修正ス

三、中央政府樹立ト共ニ日支新關係調整ニ關スル原則ヲ確認シ所要ノ宣言ヲ爲ス
四、中央政府樹立宣言後重慶組織ノ國内ニ對シテ發佈セル法命規章及外國ニ對シテ締結セル條約協定ハ總テ無效トス
五、中央政府ハ次ノ事項ヲ公佈ス
重慶及各地方ノ公務人員ハ本件公布後半年内ニ歸京スヘシ歸京者ニ對シテハ原級原俸ヲ以テ任命ス但確實ナル證明ヲ提示スルヲ要ス
六、中央政府ハ前線各軍ノ停戰ヲ命令ス命令ヲ奉シテ停戰セルモノハ區ヲ分チテ移駐セシム命令ヲ奉セサルモノアラハ之ヲ嚴懲ス
七、中央政府ハ各地遊擊隊ニ對シ各現地ニ於テ待機シテ點驗收編ヲ受クヘク隨意ノ行動及現地ヨリ何物ヲモ求ムルコトアルヘカラサル事ヲ命令ス本命令ニ違反スルモノニ對シテハ之ヲ剿滅ス
八、日本ト善隣結合、平等互惠以テ日支新關係調整ニ關スル原則ニ準據シ正式ニ國交ヲ調整シ永久和平ノ基礎ヲ奠ム
九、日本大使館ハ中央政府樹立後直チニ首都ニ歸駐スルト同時ニ獨伊英米佛等各使館ニ對シテモ成ルヘク速ニ歸駐セシムル如ク努力ス
十、一定ノ期限ヲ定メテ國民會議ヲ召集シ憲政ヲ實行ス

第六、本辨法ニ對スル日本側ノ意見

一、本辨法概ネ異存ナシ
二、中央政府ノ名稱、首都等ハ中央政治會議ニ於テ決定セラルヘキモノニシテ該會議ニ於テ首都ヲ南京トシ又ハ中央政府名義ヲ國民政府ト稱シ或ハ中央政府樹立ヲ中央政府ノ南京歸還ト謂フコトニ決定ヲ見ルニ於テハ日本側トシテモ敢テ異議ナシ
三、國旗ハ中央政治會議ニ於テ決定セラルヘク該會議ニテ青天白日旗ヲ採用スルニ決スル場合ニ於テモ國旗、黨旗及軍旗ハ其ノ上部ニ「反共和平」等ト明瞭ナラシメタル三角大型黃地布片ヲ附シ特ニ軍隊ハ黃地ニ「反共和平」等ト大書セル旗ヲ掲揚シ軍旗等ハ混淆紛爭ヲ避クル爲臨時的措置トシテ自發的ニ中國軍側ニ於テ有效適切ナル處置ヲ講スルコトヲ期待ス
四、「既成政府ノ名義取消」トアルハ「既成政府ノ政府ナル名稱ノ廢止」ト解ス
註、「名稱ノ廢止ト解スル」所以ハ「名義取消」トセハ

既成政府ト日本トノ協定其他ノ取極ヲモ取消ス義トスル意
解スル虞アルヲ以テナリ、機構ヲ存續セントスル意
味ニ非ス

五、臨時、維新兩政府ノ政府名稱廢止ニ就テハ中央政治會議之ヲ決定スヘク然ル上ハ日本側トシテモ異存ナシ

但シ支那將來ノ政治形態ハ支那側ノ內政問題トシ日支ノ關係ニ關シテハ日支新關係調整ニ關スル原則ニ準據シ北支ヲ國防上及經濟上(蒙疆ハ特ニ高度ノ防共自治區域)又揚子江下流地域ヲ經濟上ノ日支間ノ緊密ナル結合地帶トシ南支沿岸特定島嶼ニ特殊地位ヲ設定スルモノトシ且既成政權ニ對スル我特殊關係ヲ充分ニ尊重セシムルモノトス詳細ハ更ニ交渉取極ムルモノトス

六、中央政府ノ樹立ニ付テハ人的要素及基礎的實力ノ具備ニ關シ特ニ考慮ヲ望ム

七、中央政府樹立宣言前ニ於テ國民政府ノ外國ニ對シテ締結セル條約協定等ハ日支ノ新關係及新中央政府ノ指導方針ニ照シ適宜廢止又ハ修正セラルヘキモノト諒解ス

(但シ第三國ノ正當ナル權益ヲ濫ニ排撃スルノ趣旨ニハ非ス)

八、中央政府樹立迄ノ間臨時、維新兩政府ノ行政區域ニ於ケル工作ニ關シ要スレハ日本側ニ於テ必要ノ斡旋ヲ行フコト差支ナシ

但シ國民黨全國代表大會ノ開催地ハ南京ヲ避クルヲ可トス

九、中支ハ揚子江下流地域ヲ經濟上ノ日支間ノ緊密ナル結合地帶トスルニ於テハ中央政治會議ニ於テ中支ニ委員會ヲ設ケサルコトヲ決定スルモ日本側トシテ異存ナシ

3　新中央政府樹立に向けた動静

462　昭和14年6月23日　在北京堀内大使館参事官より有田外務大臣宛（電報）

呉佩孚を中心とする中央政府樹立説台頭の原因について

付記　昭和十四年六月十八日
呉佩孚と大迫少将との会見記録

北　京　6月23日後発
本　省　6月23日夜着

第七四二號（部外極祕）

一、中央政府樹立ニ關シ最近呉佩孚中心說擡頭シ支那側一部ニテハ種々臆測ヲ逞ウシツツアル如ク往電第七四一號王克敏ノ消極態度モ右ヲ反映セルニアラスヤトモ見ラルル處汪工作ノ片鱗カ傳ヘラレ居タル際突如右呉中心說カ起リ來レル原因トシテハ

㈠本月初メ津崎厚生省政務次官カ呉ニ會見シ日本ハ朝野一致シテ呉カ出山シ時局收拾ヲ擔當セラルルヲ熱望シ居レル旨語リ

㈡去ル十八日大迫少將カ呉トノ會見ニ於テ「日本政府ハ一致シテ呉將軍カ出馬シテ時局ヲ收拾セラルルコトヲ御委セスルニ決定シ一方汪精衞氏モ亦起ツテ將軍ト一致合策和平工作ニ乘出サレシコトハ日支兩國ノ爲日支事件解決上慶賀ニ堪ヘス」ト述ヘタルニ對シ呉カ之ニ贊意ヲ表スルト共ニ大總統的口吻ヲ以テ臨時維新兩政府ノ接收等ニ言及セル爲本會談ノ內容自然列席者ヨリ外聞ニ漏レタル結果

ノ二點ナリト認メラル

二、右會談ニ列席セル岡野ハ原田ニ對シ大迫少將ハ呉七汪三ノ氣分ヲ以テ呉ニ應對セル爲呉ノ尊大心ニ拍車ヲ掛ケタルモノノ如ク自分（岡野）ノ承知セル汪七呉三ノ日本ノ方針トハ背馳シ居リ從テ今後呉ノ氣持ヲ三ニ引下クルハ容易ノ業ニアラス困ツタ次第ナリト內話セル趣ナリ

上海ヘ轉電セリ

（付　記）

昭和十四年六月十八日呉佩孚大迫少將會見記録

著席左ノ通

呉佩孚

大迫　神田　岡野　符定一

林出　張燕卿　張英華　陳廷傑

陳仲孚

大迫　閣下ニ御別レシテ二ケ月東京方面ノ工作ニ依リ敝國內閣諸公竝關係筋トモ充分ノ了解ヲ遂ケタル結果皆呉將軍ノ出山シテ時局ヲ收拾セラルルコトニ御委セスルニ決定セリ一方汪精衞先生又起チテ呉將軍ト一致合作和平工作ニ乘リ出サレシコトハ日支兩國々交是正ノタメ且日支戰事ヲ解決スル上ニ於テ慶賀スヘキコトテ此ノ點將軍ノ御諒察ヲ乞フ

呉　閣下ノ申サレル處ニ依レハ貴國朝野ノ好意ハ實ニ感謝スル次第ニテ和平ヲ共謀スルコトモ余ノ最モ希望スル所ニテ殊ニ汪先生ト合作シテ中日ノ紛糾ヲ解決シ時局ヲ收拾スルコトハ余ノ最モ贊同スル所ナリ

大　此ノ際呉將軍ニ請フテ代表數名ヲ指派シテ豫備工作ヲナシ交渉ヲ進行スルニ資シタシ右ハ將軍カ在野ナル丈ケ必要ナルコトナリ

呉　余ハ目下在野ノ身ナレハ命令ヲ行使スルコト不可能ニテ未タ代表者ヲ指派シテ交渉スルニ便ナラス御了解ヲ乞フ若シ臨時維新兩政府ヲシテ先ツ引繼ノ名册ヲ造具シ送付シ來ルナラハ余ハ之ヲ接收シタル後余ニ始メテ主權カ生スル次第ナルヲ以テ彼等ヲシテ專ラ余ノ命令ニ聽カシムルヲ得ヘク卽チ余ノ指示スル所ノ負責ノ人員ト交渉ノ任ヲ負擔シ事ニ任セシムルナリ

（欄外記入一）

「余ハ出山後ハ中國ノ元首ナルヲ以テ當ニ貴國ノ天皇ト平等ノ地位ニ在ルモノナレハ余ノ任命スル國務總理ハ當ニ貴國ノ內閣總理ト平等ノ地位ニ在リ余ノ任命スル各部總長ハ當ニ貴國ノ各省大臣ト平等ニ在ルモノナレハ當ニ正式交渉ヲ進行スヘキナリ（右言ヒ終ルト共ニ呉ハ元首ノ地位ニ非サレハ出山セスト大見得ヲ切ルカ如キ態度ヲ示セリ）」

大　呉將軍ノ示サレタル所ハ御尤ナルカ但シ余ノ希望スルトコロハ卽チ此ノ正式交渉ノ前ニ將軍ヨリ數人ヲ指名シテ周旋商酌ニ便シ臨時維新兩政府ヨリ名册ヲ造送セシメ接收ノ方法ヲ進行セシメントスルナリ

呉　斯ノ如キハ玆ニ列席ノ諸位カ皆之ヲ擔當スヘキテアルカラ必要アレハ大迫少將ニ於テ指名サレテ差支ナシ又余ノ云フ所ハ臨時維新兩政府ヲ接收シテモ其ノ現在ノ人員及日系人員ハ暫ク當ニ一律任用スヘク余ノ部下モ亦人員ヲ增加參加セシムルニアリ「將來余カ出山ノ際ハ現在ノ人員カ或ハ十倍以上ニ超過スルヤモ知レス」

(欄外記入二)

岡野　大迫將軍ノ御意思ノアルトコロ尙呉將軍ニ充分御了解合點ニ達セヌトコロカアル模樣ナレハ余ハ兩三日中此ノ會見記ヲ筆記シテ詳細說明ノ任ニ當ルヘシ

呉　岡野氏ノ言葉ハ極メテ好シ余ノタメ詳細說明セラレタシ

本會談ノ結果岡野ハ呉側ヨリノ會見記錄ヲ取寄セ自己ノ記錄ト突合セタル結果本記錄ヲ作成セリ

尙岡野ヨリ代表指派ノ件ニ付呉大間ニ誤解アリタルヲ以テ呉ニ對シ大迫氏ノ意ヲ體シ代表云々ハ正式政府成立後ノ謂ニアラスシテ不取敢進行上呉ノ配下ヲ指名セラレンコトヲ說明セル趣ニテ亦「一切ヲ御委セスル」ノ意ハ正式政府成立シテ前途ノ見込ミカ大體付イタ上ノコトナルコトニ付然ルヘク說明セル由

右會談ノ印象トシテ岡野ノ原田ニ對スル極祕內話ニ依レハ大迫少將ノ氣持ハ自分ノ聽キ及ヘル東京ノ方針タル時局收拾策トシテノ呉三汪七ノ方法ニ出テスシテ呉七汪三ノ氣持ヲ以テ應對シタル結果前記ノ如キ會談ノ結果トナレルモノニテ呉ノ元首氣分ヲ三ニ迄引下クルニハ今後容易ナラサル工作ヲ要スル次第ナル趣ナリ

(了)

(欄外記入一)

注意

「　」ハ翌日呉側ヨリ會見記ヨリ削除方申出來レリ

(欄外記入二)

「　」削除

463　昭和14年6月26日　在天津田代総領事より有田外務大臣宛（電報）

汪兆銘との会談で新中央政府樹立に対する支持を王克敏表明について

付　記　昭和十四年六月二十五・二十七日
汪兆銘と王克敏との会談内容

天　津　6月26日後発
本　省　6月26日夜着

第四〇五號（極祕、館長符號扱）

本官發上海宛電報

第三九號

森島參事官ヘ清水ヨリ

竹内ハ二十四日天津ニ到着二十五日王克敏ノ來訪ヲ受ケ時餘ニ亘リ會談ヲ遂ケタル處王ハ竹内ノ中央政府樹立ニ對シ絕對ニ支持スル態度ヲ表示シ極メテ良好ナル結果ヲ收メタルカ其ノ際王ハ竹内ニ對シ梁鴻志ハ聯合委員會ヲ中心トシテ中央政府ヲ樹立スヘシトノ意見ヲ有スル趣ナルヲ以テ充分警戒スヘキ旨竝ニ吳佩孚ハ自己ノ地位獲得ニノミ汲々タル有樣ナルヲ以テ到底合作ノ望ナキ旨附ケ加ヘテ說明セル趣ナリ

大臣、北京ヘ轉電セリ

（付　記）

王克敏、竹内會談ニ關スル件

一、第一次會談

二十四日太田書記官ハ雨宮大佐ト共ニ赴津ノ上師團長官舍ニ於テ、影佐大佐、一田中佐等ト會見、王克敏、竹内會談ノ時間、内容等ニ付キ打合ヲ了シタルカ王克敏ハ右打合ノ通リ六月二十五日午前八時廿分西郊飛行場發（中國側、王克敏、張處長、加藤祕書――連絡部側、喜多長官、太田書記官）九時伊太利租界ニ於テ竹内ト二人限リニテ十時半頃迄會談ヲ續ケタリ

右會談後、王克敏ハ喜多長官ノ待合セ居タル師團長官邸ニ來リ租界問題ニ關シ師團長ニ敬意ヲ表シタル後十一時十分師團長官邸發溫市長公館ニ赴キ（柴山特務機關長モ同行）天津租界問題、天津市政府財政問題等ニ關シ市長及柴山機關長ト意見ヲ交換シタル後、一時天津飛行場發、二時過臨時政府ニ無事歸還セリ

歸還後王克敏カ竹内トノ會談ノ內容ニ關シ長官ニ語ル所大要左ノ通リ。

㈠竹內君トハ從來ヨリ親キ間柄ナルヲ以テ、會談ハ極メテ氣持良ク進行シタリ、竹內君ハ先ツ久闊ヲ敍シタル上、東京ニ赴ク前一應御伺ヒスル積リナリシモ用事ノ爲果サヾリシハ遺憾ナリト述ヘタルヲ以テ自分(王)ハ大體⑴今日迄ノ經過、⑵今後ノ計畫、⑶自分(王)ニ對スル竹內君ノ希望ノ三點ニ付キ差支ナキ範圍テ御話ヲ伺ヒ度旨述ヘタリ

㈡右ニ對シ竹內君ハ「實ハ蔣介石ハ蘇聯ヲ重大視シ英、佛ハ單ニ補助的ニ利用シ居ルニ過キス、右蔣介石ノ容共態度ニ對シテハ、自分ハ何回トナク忠告シタルモ見込ナカリシヲ以テ豫テ重慶脫出ヲ計畫シ居タル處遇々龍雲派遣ノ龔君カ重慶ニ來タレルヲ以テ右龔君ノ搭乘券ヲ貰受ケ龍雲ノ下ニ脫出セル譯ナリ」ト述ヘ更ニ

㈢「自分(竹內)ハ日支問題ノ解決ニ關シ
⑴有力且獨立自主ノ中央政府ヲ組織スル爲、蔣介石ヲ相手トシテ時局ヲ收拾スル事
⑵既成政權ヲ中心ニ時局ヲ收拾スル事
⑶國民黨ヲ再組織シ國民黨以外ノ各種ノ黨派モ加ヘ共同シテ中央政府ノ樹立ヲ相談スル事
ノ三個ノ解決方法ヲ考ヘ⑴ト⑵ノ場合ハ自分ハ野ニ在リテ援助スヘク⑶ノ場合ハ自ラ出馬スルモ可ナリトノ趣旨ヲ近衛總理宛手紙ニ認メ二月頃高宗武ニ託シテ東京ニ送ル積リナリシカ曾仲鳴ノ狙擊事件等ノ事アリテ果サス、此三點ニ關シテハ後ニ影佐大佐ニ話シタル處東京ニテ相談スヘシト言ハレタリ
四月初メニ影佐、河內ニ來リ自分ノ身邊危險ナリシヲ以テ先ツ河內ヲ脫出スヘキ事ヲ勸誘サレタルヲ以テ小船ニテ佛領印度支那ヲ脫出シ、途中船ヲ乘換ヘテ五月初メ上海ニ到着セリ、上海ニテハ大迫少將其他ト會見セルカ何レモ余リ關係ノナキ人々ナレハ日本側ノ意向ヲ打診スル爲、東京ニ赴ク事トシ全ク自分ノ發意ニテ上京セル次第ナリ、尙梁鴻志ニハ趙尊猷ニ託シテ手紙ヲ出シ置ケリ」

㈣「東京ニテハ五相ノ外、近衛前總理、松岡洋右、其他少數ノ人ト會見セリ、最初近衛總理ハ媒酌人ノ資格ニテ自分(竹內)ヲ政府ノ人々ニ紹介シ、又平沼總理カラ

ハ「强キ獨立政府ヲ作ル事ハ贊成ナルモ蔣介石ハ困ル」ト言ハレタリ

詳シキ話ハ板桓（垣カ）陸相ヨリアリタルカ其際陸相カラ民族意識ノ事ヲ述ヘラレタルヲ以テ、自分ハ「最近支那ニハ民族意識カ勃興シ來レルヲ以テ、日本側ハ是ヲ破壞セントシ居レリ、而ルニ蘇聯ハ是ヲ利用シ居レリ」ト述ヘ置ケリ。

北京行ノ事ハ直接陸相ヨリ話アリタル譯ニハ非サルモ間接ニ陸軍側ヨリ申越セル話ニテ呉佩孚及ヒ聯合委員會トノ關係モアリ來津セル譯ナリ

大藏大臣ハ自分（竹內）ニ對シ——支那ハ日本ノ經濟力ヲ過少ニ判斷シ居レリ——ト言ハレタリ」（海軍大臣トノ會見內容ニ付テモ竹內ヨリ話アリタルモ思ヒ出セスト王ハ語レリ）

尙竹內君ハ近衞總理ノ話ハ極メテ眞面目ナリト言ハレタルモ內容ニ付テハ語ラス、又東京ノ話ノ結果ハ大體前記(3)ノ方法、卽チ國民黨ヲ再組織シ、重慶ニ居ル人々ヲ引張ツテ來テ各方面ノ人々ト中央政府樹立ノ事ヲ相談スル方法ヲ採用スル事トナレリト竹內君ハ語レ

（欄外記入一）

リ

㈤竹內君ノ話ヲ綜合スルニ

(1)獨立自由ナル中央政府ヲ組織セン事ヲ希望スルモ自分（竹內）ノミノ手テヤル考ハ無シ

(2)中國ノ事ハ皆ト相談ノ上決定スル

(3)重慶ノ要人引拔キ工作ヲ皆テヤル

(4)國民政府ヲ囘復シテ大總統ハ林森ニ御願シ（註、此點ハ支那側カ提出セル「時局收拾ニ關スル具體的辨法」ト相違ス）國旗（編注）ハ從前ノ通リトスル事等ヲ述ヘタル後竹內君ハ「東京ニテ意見交換セル結果ハ我々ノ希望實現カ必シモ不可能ニ非ス」ト言ハレ又平沼總理ニ對シ「今日、日支カ和平ヲ云々スルニ當リテハ誠意ヲ以テ當ラサルヘカラス、御客ノ方ハ品物ヲ見セロト主張シ又商人ノ方ハ値段ヲ決メテカラト言フヤウニテハ和平ハ困難ナリ」ト語リ置ケリト言ハレタリ

尙自分（王克敏）ヨリ「私ニ何カ聽ク事ナキヤ」ト質問シタルニ竹內君ハ吳工作ノ事ニ付テ聞キタシト言ハレタルニ就キ簡單ニ御話シタルニ竹內君ハ「吳ハ

（欄外記入二）

余リ問題ニナラス、呉ハ大總統ヲ希望スルモ自分ノ考ハ林森ナレハ問題ニナラヌ」ト云ハレタリ。

(六)次ニ自分(王克敏)ヨリ重慶、殊ニ軍隊トノ連絡狀況ニ付キ質問シタルニ竹內君ハ「龍雲ノ二個師團ハ目下江西ニアルヲ以テ困ルモ龍雲ハ確ニ準備中ナリ、重慶ニアル國民黨ノ者トハ從前連絡ヲ保持シ居タルモ、現在尙彼等カ果シテ如何ナル氣持ヲ有スルヤ最近ノ事ハ分ラス」ト答ヘラレタリ。

竹內君ヨリ臨時、維新兩政府ノ事ニ付テ質問アリタルヲ以テ自分(王克敏)ハ「臨時政府ニ付テハ問題ナシ、維新政府ノ事ニ關シテハ三月梁鴻志ト會見セルモ最近ハ面會セサルヲ以テ詳細ハ知ラサルモ多少困難ニ非スヤト考フル」旨答フルト共ニ、「貴下ハ呉ノ事ハ問題ニナラヌト言ハルルモ呉ノ問題ヲ無視スルハ不可ナリ、或ハ問題ニナルカモ知ラヌ」ト述ヘ更ニ「板桓(垣カ)陸相ヨリ呉ノ事ニ關シ何カ話アリタルヤ」ト質問シタルニ竹內ハ「何モナシ」ト答ヘラレ最后ニ「明二十六日軍司令官ト會見ノ爲北京ニ赴クヤモ知レス、其際ハ呉佩孚トモ會見スル筈ナリ又貴下(王克敏)トユックリ會談ノ機會アル可シトノコトモ承知シ居ル」旨ヲ述ヘラレタリ。

尙竹內君ハ「日本ハ自分トハ別ニ蔣介石ト交渉ヲ初メル樣ナ虞ハナキヤ」ト質問セルヲ以テ、自分(王)ハ「左樣ナ事ハナシ」ト答ヘタルニ竹內君ハ一應諒解セルモノノ如キモ此ノ點多少心配シ居ラルルカ如ク見受ケラレタルニ就テハ極祕裡ニ長官ヨリ影佐大佐ニ御傳ヘ置キヲ願ヒタシ。次ニ自分(王)ヨリ「蔣介石ハ貴下ノ工作ニ對シ嫌カル事ナルヘシ」ト質問セルニ竹內君ハ「勿論然ラン」ト答ヘ曾仲鳴暗殺當時ノ模樣ヲ詳細ニ語レリ

冒頭(一)ノ(3)卽自分(王)ニ對スル竹內君ノ希望ノ點ニ關シテハ時間ノ關係上遂ニ論議スルニ至ラス、何レ明日(二十六日)會見ノ際會談スル積ナリ、尙竹內君ノ言葉ハ何レモ意味愼重(深長カ)ナルノミナラス、同君ハ物事ヲ良ク考ヘテカラ話ス人ニシテ場合ニ依ツテハ半分タケヲ話シ後ハ他人ニ考ヘサセルト言フ遣方ナルヲ以テ今日自分(王)ノ報告カ果シテ充分竹內君ノ意向ヲ傳ヘ居ルヤ否ヤハ自信ナキ次第ナルカ何レニセヨ、竹內君ハ多少

瘠セタルモ非常ニ元氣ニ見受ケラレタリ。

二、第二次會談

竹內ハ吳佩孚ト會見ノ爲、廿六日朝進德社ニ來ル事トナリ居タルモ吳側ノ關係ニテ遂ニ面會ノ運ニ至ラス、依ツテ豫定ヲ一日延期シ二十七日朝來京、進德社ニ於テ九時半ヨリ約一時間軍司令官ト會見シ（會見內容ハ省略ス）更ニ十時四十五分ヨリ十二時卅分迄同所ニ於テ王克敏ト會談シタル後、午餐ヲ共ニシ二時頃進德社發飛行機ニテ天津ニ歸還セリ。

右會談後王克敏カ會談ノ內容ナリトシ喜多長官ニ報告セル要旨左ノ如シ

王　貴下カ出馬セラルレハ如何ナル方面ヨリ何ノ位ノ力ヲ集メ得ルヤ

竹內　國民黨代表大會開催ノ曉ニハ約三百人ヲ集メ得ル自信アリ、現在重慶ニアル國民黨同志ノ一部モ必ス出席スヘシ、軍隊ハ現在ノ五分ノ二乃至五分ノ三ヲ獲得シ得ヘク廣東軍、張發奎軍、薛岳軍等モ來ルヘシ此如ク同志ヲ獲得スル方法トシテハ中央政府樹立前ニ我々ノ態度ヲ明ニスル方カ可ナリト認メラルル處

王　貴見如何

御話ノ如キ行動ヲ開始スル爲ニハ中心カ必要ナレハ事前ニ充分連絡ヲ取リタル上中央政府ヲ作ラル事カ必要ナラン

竹內　國民黨代表大會ヲ北京ニ召集スルハ如何

王　上海ヲ適當ト認ムルモ若シ危險ナラハ北京、天津何レニテモ差支ナカルヘシ

竹內　中央政府樹立工作ハ先ツ國民黨代表大會ノ開催、支那側軍隊トノ接渉、各黨派トノ打合ノ順序ニテ取運ヒタキ處此種會合ニハ貴下ニ於カレテモ是非出席セラレタシ

王　是非出席ノ上御相談相手トナルヘシ、尤モ自分ハ中央政府部內ニハ加入セサル考ニ就キ豫メ御含ミ置キ願タシ、尙吳佩孚トハ種々ゴタゴタアリテ未タ會見セラレサルモ巧ク纒マレハ是程結構ナル事ハナク一人ニテモ余計敵ヲ作ル事ハ不得策ナリ

竹內　國民黨代表大會開催前宣言ヲ出ス考ナルカ其宣言ニハ大體今日迄旣成政權ノ標榜シ來レル防共ノ精神ハ我々同志ノ考ト全然同樣ナルニ就キ是ニ基キ工作ス

トノ趣旨ヲ記載スル積ナリ
蒙疆ハ此宣言中ニハ名ヲ連ネシムル考ナルカ是カ中央政府ニ參加ノ問題ハ中央政府樹立後參加セシムル事トスル意向ナリ

王　國民政府ノ恢復、青天白日旗等ノ事ニ付テハ今日ヨリ余リ御話ニナラヌ事然ルヘシ

竹內　良ク承知シ居レリ、尙北支トノ連絡ノ爲ニ高宗武ヲ派遣致シタシ

王　從來ノ蔣介石側トノ連絡狀況如何

竹內　上海ノ金融界ノ者ハ自分ヲ支持シ居リ現ニ東京行ノ旅費モ多額ニハ非サルモ此等ノ者ヨリ出資アリタリ、宋子文ハ孔祥熙ニハ非常ニ反對シ居リ、又蔣介石トノ關係モ良好ナラサルカ自分トハ合作セス、何應欽ハ大體合作ノ意向ヲ有スルカ如キモ如何ニシテ重慶ヲ脫出スルカカ問題ナリ、陳立夫トノ連絡ハアルモ、是又脫出カ困難ナリ、尙今後貴下トノ間ニ暗號ヲ作リ意志ノ疏通ヲ計リタシ

王　暗號ノ點ニ付テハ影佐大佐ト良ク相談シテ戴キタシ

尙結論トシテ王克敏ハ長官ニ對シ竹內君ハ軍司令官トノ會談ノ結果二十五日會談ノ際ヨリモ非常ニ元氣ニ認メラレ、自分モ亦各方面ノ竹內ニ對スル支援カ順次比較的ニ效果ヲ現ハシテ來ルヤウ觀測スト述ヘ居タルカ王克敏モ亦二回ノ會見ニ依リ竹內ニ對シ好感ヲ增シ本工作ニ相當乘氣トナリ來タレルヤウ觀察セラレタリ。

(欄外記入一)
(確メタキ點)林森ノ件ニ付テハ陸軍ニテ如何ニ考フルヤ

(欄外記入二)
此ノ點ハ竹內カ影佐ニ語レル處ト相違ス(清水ヨリノ電報アル筈)

編注　「此ノ點ハ二十七日ノ會見ニテ軍司令官ヨリハッキリシタ説明ヲナセリ」との書き込みあり。

464

昭和14年6月26日　在上海三浦総領事より有田外務大臣宛(電報)

新中央政府樹立問題に対する梁鴻志の見解について

上海　6月26日後発
本省　6月26日夜着

第一七四七號（館長符號扱）

森島參事官ヨリ

本官廿四日來滬中ノ梁鴻志ヲ往訪懇談シタルカ其ノ内中央政府ノ過程ニ於テ最モ難關ト目セラルル點ハ如何トテ其ノ所見ヲ求メタル處梁ハ(イ)中央政府ノ人事ニ付テハ自分ニ於テ彼此ト異論ヲ申立ツル考毛頭ナシ唯(ロ)治安問題ト(ハ)中央政府對第三國關係ヲ如何ニ處理スルカカ最モ重大ナル問題ナリト述ヘタルノミニシテ特ニ何等拘ハリタルカ如キ模樣ヲ認メス唯日本内部ノ意見一致セルヤ否ヤニ多大ノ關心ヲ示シ居タルヲ以テ本官ヨリ臨時、維新政府ノ成立ノ當時ト全然事情ヲ異ニシ日本側ニテハ完全ニ意見ノ一致ヲ見居レル次第ヲ述ヘ特ニ右ノ點ヲ強ク「インプレス」スルニ努メ置キタリ御參考迄

北京、天津、漢口、南京、廣東、香港ニ轉電セリ

465　昭和14年6月27日　在天津田代総領事より有田外務大臣宛（電報）

呉佩孚の時局認識がわが方既定の方針に合致しない状況に鑑み積極的な汪・呉合作の斡旋打切りを決定について

付記一　昭和十四年七月十九日、陸軍省部決定
「呉工作新指導要領」

二　昭和十四年八月十八日、須賀（彦次郎）大佐作成
合作問題に関する汪兆銘と呉派要人との会談要旨

天津　6月27日後発
本省　6月27日夜着

第四一一號（極祕、館長符號扱）

（欄外記入）
本官發上海宛電報
第四一號

森島參事官へ清水ヨリ

竹内ハ二十七日北京ニ赴キ杉山司令官ヲ訪問挨拶ヲ交シタル後約一時間ニ亘リ會談ヲ爲シ更ニ王克敏トモ會見種々意見ヲ交換シ即日歸津セリ呉佩孚トノ會見ハ呉カ軍司令部側ノ指定セル會見地點ニ來ルコトヲ肯セス呉ノ私邸ニテ竹内

ヲ引見スヘキコトヲ固執シタル爲更メテ竹内ヲシテ吳ノ私邸ヲ訪問セシムル代リ吳モ答禮ノ爲竹内ヲ往訪スヘキコトヲ要求シタル處之亦吳ノ拒絶スル所トナリ遂ニ會見ヲ中止スルノ已ムナキニ至レリ之ヨリ先二十五日陳中孚カ吳ノ竹内宛書翰ヲ携ヘ竹内ニ面會セル際吳ハ和平救國會總裁、和平救國軍總司令及和平救國軍政府主政トシテ出馬シタキ考ナリト披露セル事實アリ其ノ他吳本人及周圍ノ者ノ揚言シ居ル所ヲ綜合スルニ依然トシテ吳カ主席ノ地位ニ立チテ全國ヲ號令スルモノナリト獨リ極メヲ爲シ居ル模樣ニテ其ノ時局ニ對スル認識甚タシク缺クルモノアルコト明カトナリタル爲軍司令部側竝ニ竹内工作者等協議ノ上斯ル情勢ノ下ニ於テ强イテ兩者ノ合作ヲ促進スルトキハ我方既定ノ方針ニ副ハサルカ如キ事態ヲ惹起スル惧アルヲ以テ日本側トシテハ之ニテ一應斡旋ヲ打切リ今後ハ積極的ニ兩者ノ合作ヲ慫慂スルコトヲ避ケ專ラ支那側ノ成行ニ任スルコト然ルヘシトノ結論ニ達シ會見中止ノ儘引揚クルコトニ決定セル次第ナリ

大臣、北京ヘ轉電セリ

（欄外記入）

前途容易ナラズ

（付記一）

吳工作新指導要領

昭和一四、七、一九

省部決定

一、指導方針

汪吳合作ニ關シテハ依然既定方針ノ如ク努力スルモ吳ニ對シテハ當分日本側ヨリ積極的ニ働キ掛クル事ナク主トシテ汪側ヨリノ連絡ニ依リ汪吳合作ノ氣運ヲ釀成セシムル如ク指導スルモノトス

二、雜軍懷柔工作

從來吳ノ名義ヲ以テセル雜軍懷柔工作ハ差シ當リ北支方面軍ヲシテ實施セシムルモノトス

三、指導機關

川本中佐ヲシテ主トシテ汪吳合作ニ關スル工作實施ニ當ラシメ且北中支軍ニ兼勤セシム

四、右ニ關聯シ北中支軍ニ對シ所要ノ任務ヲ與フ

五、經　費

第二項ノ雜軍懷柔ニ必要ナル經費ハ吳工作所要ノ經費中ヨリ別途北支方面軍ニ配當スルモノトス

（付記二）

汪精衞、陳中孚、何世楨會談要旨（八月十八日）

陳中孚ノ報告ニ基キ須賀大佐作製

（註）〔汪、吳、合作ヲ斡旋シツツアル吳派ノ陳中孚及何世楨カ、吳氏ヲ説得スル爲、北上スルニ先立チ汪氏ト折衝セシ會談ナリ、陳、何共ニ國民黨中央執行委員ナリ〕

（汪）吳氏ハ大總統トカ政府主席トカ明カニ云ハサルモ、之ヲ希望スル意アリト聞ク處、余ノ考ハ次ノ如シ

時局收拾カ蔣介石若クハ他ノ者ニ依リ爲サルル場合ニハ余ハ野ニ在リテ協力スヘシ

若シ余ニ委任セラルルナラハ林森ヲ主席トス

國民政府組織法ニ依レハ主席ハ政務ノ責任ヲ負ハス、林森ノ主席ハ差支ナシ、林森ヲ主席トスル理由ハ國民政府ノ法統ヲ維持スル爲ニシテ、之ニ依リテ國民政府ハ屈服セシニ非ス、光榮アル和平ナルコトヲ國民ニ示ス要アルカ故ナリ

（陳）林森ハ汪ノ國民黨除名ニ滿足セス、汪ノ黨籍永久剝奪ヲ主張セシ由ナレハ（汪ノ脫出前林ハ汪ニ反對シ居ラス）就任ヲ承認セサルノミナラス名義盜用ヲ摘發スルナラン

（汪）林ノ反對通電ハ豫想シ得サルニ非ス、假令反對シ來ルト雖モ、林ハ既ニ自由ヲ失ヒ居ルヲ以テ反對ハ其ノ意志ニ非サルコトヲ宣傳スヘシ

（陳）林森來ラサル時ハ如何ニスヘキヤ

（汪）國民政府委員ノ誰カニ代行セシムヘシ

（陳）此度北上ノ際ハ吳氏ニ對シ主席問題ハ話ササル事トスヘキモ、問ハレシ時ハ政府組織ノ際、各黨派ニ依リ、合議決定ノ事ト答フヘシ

（汪）宜シイ

（陳）天津ニテ會見ノ際、國民黨政府ノ下ニ軍事長官トシテ、吳氏ハ參加シ吳レルヤ否ヤト、貴下ハ問ハレシカ國民黨政府ノ下ニ吳氏ノ參加ハ困難ナラン、併シ貴下ハ一黨專政ヲ廢除スルト聲明サレタカ一黨專政ニ非サレハ國民黨政府ト云フヲ得サルニ非スヤ

(汪)國民黨ヲ實質上主體(母體)トスル國民政府ヲ組織スル意ナリ

(陳及何)今次ノ抗戰ハ非常ニ失敗セシ事ヲ天下ニ謝セスシテ、唯和平ニ名ヲ籍《(藉カ)》リテ又政權ヲ取ルモノナリト一般國民ニ思ハレナハ和平ノ前途遼遠ナリト思考セラル。何ニカ、ソレニ對シ國民及國民黨以外ノ黨派ニ對シテ慰撫スル方法ナキヤ又一黨專政廢止ノ說明ハ如何ニスルヤ、今次國民黨代表大會開會ノ上、發起ト指導ノ地位ヲ以テ各派ヲ參加セシムル事ヲ決定スルト云フカ、參加ト合作ハ稍々相違ス卽チ吳氏ノ和平救國運動ハ時間的ニ優先權ヲ有スル點ニ於テ汪氏ノ國民黨ト同等ノ資格ヲ有ス從ツテ發起ト指導地位等ニ觸ルルコトナク聯合事ニ當ルトセハ合作ト云ヒ得ヘシ

(汪)民國十三年以來ノ約法ニ關係アルヲ以テ、是非國民黨ヲ主流トシ各黨派ハ之ニ參加シテ中央政府ヲ樹立スルコトニシ度ク何カノ方法ニ依リ吳氏ヲ說服セラレタシ

(陳及何)然ラハ今回臨時國民黨代表大會ニ於テ國民黨中央執行委員會ニ、各黨派ト聯合シテ國民黨政府ヲ組織スル權限ヲ授與シ以テ和平ノ實現ト憲政ノ開始ヲ謀リテハ如何

(汪)自ラ執筆シ「臨時代表大會授權中央執行委員會、聯合各黨派組織國民政府以謀和平之實現憲政之開始」ト記シ此ノ一條ヲ今次ノ會議ニ於テ宣明スルコトニ對シ、自分トシテハ贊成ス、尙同志ト研究ノ上取リ極ムヘシ

(陳)重慶ノ國民政府ハ國民黨員ニ非サレハ絕對ニ中央政治會議ニ參加出來サル制度ト爲シ居ルカ之ヲ如何ニスルヤ

(汪)中央政治會議ニハ國民黨以外ノ分子モ之ニ參加スヤ

(陳)一黨專政ヲ廢除スルト云フカ、今國民黨ノ外ニハ政黨ラシキモノナシ、今後他黨ノ出現ニ對シテハ如何ニスルヤ

(汪)共產黨以外如何ナル黨派ヲモ認ム、決シテ排擊スルコトナシ

(陳)上海ニ於テハ早クヨリ和平救國會ノ運動ニ着手シ居リ、上海市黨部ノ下級黨部タル區黨部ノ如キモ十區中八區ハ參加ヲ申込ミ居レリ然レトモ貴方ニ於テ黨部獲得中ナリトノ報ヲ得シ以後ハ、摩擦ヲ生セサル爲、區黨部トシテノ組織ノ參加ハ許可セス個人ノ資格ニ依リ入會セシメ居レリ。個人關係ニヨリ各人ノ意志ハ容易ニ曲ケ得サルモ

ノナリ、目的ハ同一ナルヲ以テ洩レナク獲得シテ和平運動ヲ成功セシメサルヘカラス、然ルニ往々貴方ニ於テ誤解ヲ起シタル事實アリ、此ノ點部下一般ニ能ク指令セシメラレタシ、當方トシテハ從來褚民誼氏トハ屢々連絡シ居タルモ、連絡充分ナラス、褚氏ノ外ニ更ニ連絡係ヲ指定セラレンコトヲ希望ス

(汪)能ク了解セリ、褚氏ノ外ニ梅思平氏ヲ指定スヘシ

(陳)自分及何氏ハ國民黨員ニテアリ乍ラ呉氏ヲ推載(戴カ)スルハ怪シカラヌト攻撃セラレアリ、我々トシテハ和平ヲ唱フル有力者ヲ推載(戴カ)スルモノニシテ、呉氏ハ天津在住ノ元老連ニ比シ「決シテ國ヲ賣ラス人格高シ」ナルヲ以テ我等ハ呉氏ヲ推スモノナリ、國民黨員カ出馬セハ、國民黨員ナラサル者スラ推擧スル我等トシテハ勿論之ヲ推スモノナリ、自分ハ呉ノ代表ニ非ス、汪、呉合作ヲ斡旋スルモナレハ、貴下ノ代辨ヲモ努ムル事可能ナリ

(汪)陳及何ニ對シ、國民黨中央委員タル事ヲ勸ム

右ノ外胡漢民ノ創設セシ新國民黨員(李宗仁、陳濟棠、鄒魯等多數アリ)ノ獲得ニツキテモ陳ニ對シ依頼セシ由

又陳ノ北上ニ對シ(八月十九日上海發北上セリ)呉宛懇篤ナル手紙ヲ托送セリ　(終)

附　記　(清水外務書記官識)

一、前記會談録ハ陳中孚ヨリ須賀海軍大佐ニ報告セル所ニ基キ作製セルモノナルカ内容ニ不審ノ點アル爲メ十九日影佐少將汪ヲ訪問シ左ノ通質疑應答セリ

影、一昨日陳中孚、何世楨ト會見ノ際貴下ハ新中央政府ハ國民黨ニ依リ組織セラルル國民黨政府ナリト述ヘラレタル趣ナルカ果シテ然ルヤ　吾人ノ諒解スル所ニ依レハ新中央政府ハ實質上ノ事ハ別問題トシ建前ハ飽ク迄各黨各派聯合シテ組織セラレ所謂全民的基礎ノ上ニ立ツ政府ナリト信ス　從ツテ陳中孚トノ間ニ問答セラレタル法統ト黨統トノ關係ハ國民黨臨時全國代表大會ヲ開ク迄ハ法統即チ黨統ナルモ右代表大會ヲ開キ國民黨ノ指導精神ヲ改メ且ツ各黨各派ト聯合シテ政府ヲ組織スル旨宣明シタル後ハ茲ニ法統ハ新ラシキ出發點ヲ劃スルモノニシテ所謂新法統ニ依リ新政府カ出現スルモノト思惟セラルルカ貴見如何　新政府カ依然國民黨一黨專制ノモノナリトノ印象ヲ陳ニ與ヘ陳ヨリ之ヲ外部

ニ發表スルトキハ種々ノ誤解ヲ生シ不測ノ事故ヲ惹起スル惧アリ自分ハ恐ラク貴下ノ述ヘラレタル所ヲ陳カ聽キ違ヒタルモノト想像シ此ノ點陳ニ一應問ヒ質シ度ク思ヒ居リシモ同人ハ今朝既ニ上海ヲ發シ北上セルニ付特ニ貴下ニオ尋ネスル次第ナリ

汪、陳カ右ノ如ク語レリトセハ全ク自分ノ述ヘタル所ニ反シ遺憾ニ堪ヘス一昨日陳、何ト會談ノ際ハ先ツ陳ヨリ和平救國會成立當時ヨリノ活動ノ狀況竝ニ王克敏、梁鴻志等ニモ右救國會ニ名ヲ連ネ吳佩孚ヲ綏靖委員會委員長ニ推戴セルカ吳ハ之ヲ受ケサリシ顚末等ヲ說明シ且予カ吳ト聯合シテ新中央政府ヲ組織スルコト時局收拾ノ爲最モ望マシキ旨ヲ述ヘタリ　之ニ對シ先ツ自分ハ今次ノ事變ヲ收拾スル方案トシテ日本政府當局ニ對シ㈠蔣介石ト講和スル方法㈡全然國民黨國民政府ト關係ナキ者ヲ立テテ新政權ヲ樹立スル方法㈢國民黨國民政府內ノ憂國具眼ノ士カ其ノ誤レル政策ヲ是正シ國民黨國民政府ヲ更生セシメ時局ノ解決ニ當ル方法ノ三案ヲ提出シタル處結局第三案ヲ取ルニ決シ現在其ノ「ライン」ニテ工作ヲ進メ居ル譯ニテ自分ノ一個人ノ思付ニテヤリ居ルニ非サル旨ヲ說明シ次テ國民黨臨時全國代表大會開催ノ件及其ノ後各黨各派ト聯合シテ政府ヲ組織スルノ具体案ヲ說明シタルナリ　陳中孚モ永ク國民黨員タリシ人物ナレハ民國十三年來ノ約法ニ政府產出ノ方法明記シアルヲ知ラサル筈ナシ

影、新政府組織ハ左ノ如キ形ニテ生ルルモノト思フカ如何
（トテ圖ヲ示ス）

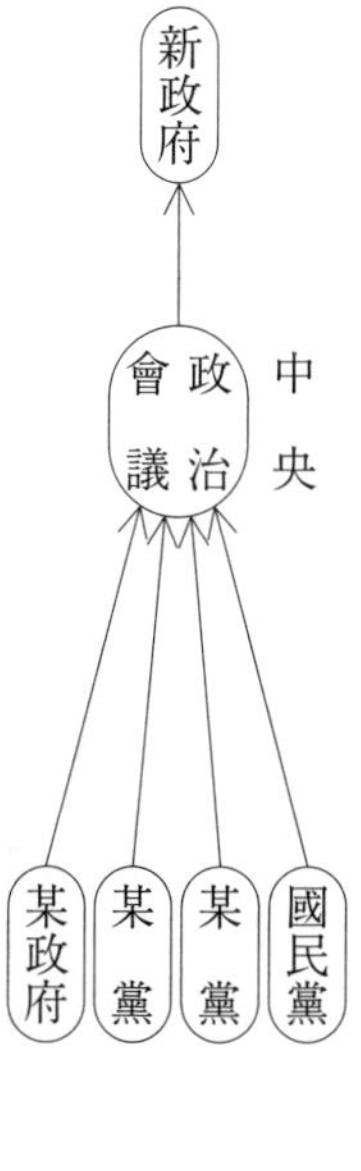

卽チ國民黨ヨリ言ヘハ國民黨ノ黨統ヲ繼キテ中央政府（治カ）會議ヲ開ク譯ナルカ其ノ他ノ各黨各派モ夫々大會ヲ開キ此ノ政治會議ニ參加スルコトニ依リ各黨各派聯合ノ形式ヲ取ルモノナリ

汪、全ク其ノ通ナリ　陳ノ意見ニテハ吳佩孚ハカヽル仕組ノモノニハ參加セサルヘシ　トノコトナリシカ自分ハ吳ト雖モ此ノ十數年來ノ國民政府ヲ否認セル譯ニハ非

サルヘク況ンヤ更生セル國民黨ト共ニ新ラシキ國民政府ニ參加スルコトハ差支ナキニ非スヤト極力其ノ參加慫慂方ヲ陳ニ託セリ　陳ノ意見ニテハ呉佩孚ト國民黨トノ聯合ニ依リ新政權ヲ樹立スヘシトノコトナルカ右ハ前記第三案ノ趣旨ニ反スルヲ以テ不可ナリト述ヘ置ケリ　尚新中央政府カ一黨専制ニアラサルコトハ同人等ト會談ノ際斯クノ如ク筆記シタルモノヲ見セ（トテ次ノ如ク記セル紙片ヲ示ス「臨時代表大會授權中央執行委員會聯合會各黨各派組織國民政府以謀和平之實現憲政之開始」）國民黨臨時代表大會ノ際之ヲ宣明スルコトヲ同人等ニ告ケ置キタル次第ナリ

影、能ク了解セリ

以　上

備　考

汪カ陳ニ述ヘタル所ハ恐ラク多少行キ過キタル點アリ卒然トシテ前記會談錄ヲ讀ムトキハ如何ニモ國民黨一手包辦ノ政府ヲ造ルカ如キ感アルハ否ムヘカラス　然レトモ陳カ汪ニ對シテ述ヘタル所モ亦行キ過キタル所アリシモノノ如ク例ヘハ呉佩孚ヲ政府ノ首腦者ニ戴カントスルカ如キ印象ヲ與ヘタルヤモ計リ難ク其ノ上呉ノ地位ヲ少クモ汪ト同列又ハ其ノ以上ニ置キ新中央政府粗（組カ）織ノ一半ノ要素トスヘキコトヲ述ヘ他ノ臨時政府維新政府其ノ他ヲ全然眼中ニ置カサル様ノ印象ヲ汪ニ與ヘタルモノノ如ク從ツテ之ヲ論破スル必要上汪モ必要以上ニ所謂法統論ナトヲ持出シタルモノト察セラルル節アリ

依ツテ本會談錄ヲ讀ム場合ニハ右ノ如キ背景ヲ熟知シ味讀スルコト肝要ナリト思考ス

466

昭和14年7月1日　在上海三浦総領事より有田外務大臣宛（電報）

中央政府樹立問題に関する汪兆銘・梁鴻志会談について

付　記　昭和十四年七月五日、影佐機関作成「梁鴻志、汪第二次會談要領」

上　海　7月1日後発
本　省　7月1日夜着

第一八一六號（極祕、館長符號扱）

森島參事官ヨリ

竹內ハ二十八日天津ヨリ歸來シ二十九日當地ニ於テ午前梁鴻志（陳群、任援道同席）午後溫宗堯ト會見シタルカ竹內ハ彼等ニ對シ先ツ時局收拾ニ乘出シタル經緯ト決心ヲ述ヘ極メテ懇切ニ協力ヲ求メタルニ對シ梁ハ中央政權樹立ノ場合蒙疆北支等ノ特殊性ヲ認ムル心算ナリヤ否ヤト相當執拗ニ質問ヲ繰返シ（梁ハ若シ北支方面ノ特殊性ヲ認ムルナラハ中支ニ於テモ維新政府ノ機構ヲ認ムルモ差支ナキニアラスヤトノ意向ヲ仄ス心算ナリシナルヘシト察セラル）之ニ對シ竹內ハ具體的方法ハ政治會議ニ於テ決定スルヲ可トスヘシトシテ深入リスルヲ避ケ維新政府ノ存廢問題ニハ觸レスシテ終リ唯最後ニ竹內ヨリ如何ナル場合ニ於テモ維新政府ノ現職員ハ新政府ノ機構內ニ收容シ引續キ盡力ヲ願度キ心算ナリト告ケ此ノ點梁等ヲシテ稍安心セシメタル模樣ナルカ尙兩者ノ意思完全ニ硫（疏カ）通セサルヤノ印象ヲ受ケタル趣ニシテ今後維新政府ノ內面指導ニハ相當努力スル必要アリト認メラル次テ溫ハ竹內ニ對シ內外情勢上中央政府樹立ハ一日モ忽ニスヘカラス而シテ貴下カ日本側ノ信賴ヲ受ケ居ル以上臨時、維新兩政府ノ向背如何ニ拘ラス斷乎所信ニ向ツテ邁進セラルヘシ唯吳佩孚ト丈ケハ連絡シテ然ルヘシト語レル趣ナリ尙近ク南京ニ赴キ再ヒ梁等ト會見シ更ニ意見ノ交換ヲ遂クル豫定ナリ

北京、南京、香港ヘ轉電セリ

（付　記）

昭和十四年七月五日

梁鴻志、汪第二次會談要領

影佐機關

梁鴻志、汪會談要領

昭和十四年七月五日　於南京聚星俱樂部

本記事ハ汪精衞ノ影佐大佐ニ報告スル所ニ依ル

一、梁ハ汪ノ出馬ヲ勸（歡カ）迎シ我々一統ヲ卒ヒテ時局收拾ヲ大成セラレンコトヲ要望シ將來ノ政府組織ニ關シ再三質問セルモ汪ハ一切具體問題ニ觸ルルコトヲ避ケタリ

二、梁ヨリ臨時、維新兩政府ノ名義ヲ取消スヤトノ質問アリ右ハ東京ニ於ケル會談ノ結果ヲ承知シ乍ラ質問セルヤ否ヤ判ラサルモ之ニ對シ汪ハ「名義取消」ト謂ヘハ遡及的效果ノ生スル虞アルヲ以テ「名稱廢止」ト言フ文字ヲ使

用シ度シトテ東京ニ於テ提出セル具體的辦法ノ日本側意見中ニアル所ヲ根據トシテ語リ置ケリ

三、梁ヨリ維新政府ヲ新中央政府ニ「合併」又ハ「解組」云々ト言フコトヲ話題ニ上セ「合併」ハ不同意ナルモ「解組」ハ可ナリト述フル所アリシモ汪ハ考慮スヘシト答フ

四、梁ヨリ中央政府ノ名義ニ關スル質問アリシヲ以テ汪ハ「國民政府」ヲ希望スト答フ

五、梁ハ明瞭ニハ語ラサリシモ「國民政府」ト云フカ如キ永久的ノモノヨリモ「委員會」トシ暫定的ノモノニスル方ヲ希望スルカ如キ口吻ナリシヲ以テ汪ハ委員會トセハ林森カ必スシモ之ニ這入ラストモ合理的ニ行クナラント當ラス觸ラスノ答ヲナス　梁ハ林森ハ同郷人ニシテ日人ニハ好感ヲ有スト語レリ

六、梁ハ臨時、維新兩政府ノ名稱廢止セハ各部ノ名稱ヲモ廢スルヤト問フ

汪ハ決定的ノ事ハオ答ヘシ難シ更メテ御相談スヘシト答フ

七、梁ヨリ維新政府ハ目下財政、外交兩部長ハ缺員ナルカ之ヲ充實スル要アリヤト質問セルモ汪ハ之ニ答ヘス

八、汪精衞ハ梁ノ諸質問ヨリ判斷シ新中央政府ハ維新政府ヲ母體トシ各部長ハ現陣容ヲ維持シ自ラハ行政院長タラントスル希望ヲ有スルモノト察セラルト影佐ニ語レリ

九、更ニ汪ヨリ先般第一次會見ノ節陳群カ維新政府ハ蔣介石ニ反對シ居ラスト語レルカ其意味不明ナリトテ其說明ヲ梁ニ求ム

梁ハ維新政府組織ノ際人ヲ蔣介石ニ派遣シ維新政府ヲ組織スルハ時局收拾ニ寄與セントスルニ在リ將來將(蔣カ)カ南京ニ復歸スル事態生セル場合ニハ喜ンテ之ニ應スルモ可ナリト述ヘシメタル次第ヲ語レリ

汪ハ御苦心ノ存スル所ハ承知シアリト述ヘ將來蔣反對ノ立場ニ立タサルヘカラサル汪ノ所懷ヲ語ル

一〇、汪ノ本會談ニ依リ受ケタル印象ハ第一次會談ニ比シ良好ナルモノノ如シ

附記

會食後

溫宗堯ハ自分ノ事ハ問題ニ非サルヲ以テ毫モ考慮セラルル

ノ要ナシト汪ニ耳語ス
又陳群ハ「自分ハ維新政府成立ノ際青天白日旗ノ採用ヲ原田少將ニ主張セルモ其容ルル所トナラス　今日維新政府カ政策ノ遂行ニ困難ヲ感シアルハ青天白日旗ヲ掲揚シ得サルコトカ重要ナル一原因ヲ爲スト思料ス　今次汪氏カ中央政府ヲ樹立セラレントスルニ際シ青天白日旗ノ採用ヲ强硬ニ主張セラレ度シ」ト語レリ

467　昭和14年7月3日　在上海森島大使館参事官／汪兆銘　会談

対英ソ関係および華僑対策等に関する森島参事官と汪兆銘との会談要旨

影佐機關

汪、森島參事官會談錄

昭和十四年七月三日

汪、森島參事官會談要旨

昭和十四年七月三日　自午後四時 至午後五時半　於汪寓居

（田尻總領事同席）

汪　過日天津ニ赴クニ當リ上海ニ於テ伊太利大使トノ連絡等種々斡旋ヲ蒙リ感謝ニ堪ヘス御蔭ニテ同方面ノ旅行モ順調ニ終レリ

森　當時伊太利大使ハ非常ナル好意ヲ示シ眼ノ前ニテ天津總領事ニ對スル紹介狀ヲ認メ同時ニ天津ニ電報ヲ發セル程ナリ大使ハ其後數日ニシテ避暑ノ爲メ北戴河ニ赴キタルカ貴方トノ連絡ノ爲ト稱シ特ニ支那語ノ通譯官ヲ上海ニ留メ置ク旨申述ヘ居タリ

汪　自分等天津到着後北戴河滯在中ノ伊太利大使ハ其ノ代理トシテ特ニ大使官《（館カ）》付武官ヲ遣シ來リ又天津總領事モ種々便宜ヲ與ヘラレタリ
天津ノ租界問題ハ其後變化ナキヤ

森　今回東京ニ於テ天津租界問題ニ關スル日英會談行ハルルコトトナレリ

汪　今回ノ會談ニ於テウマク解決シ得ラルル見込ナリヤ

森　今日ノ事態ニ立到リテハ最早ヤ局地ノミノ解決ニテハ事態ヲ改善シ得ス日本側トシテモ今回ハ「テロ」犯人引渡シ等治安維持ノ爲メ必要ナル事項ノミナラス英國カ新事態ヲ認識シ日本側竝ニ新政權ト協力スル態度ヲ執ル樣其ノ政策ヲ根本的ニ改メンコトヲ要望シ居ル次

第ナリ最近支那ニ於ケル英國人側ノ動向ヲ見ルニ例ヘハ上海ノ英國商人ノ如キハ日英關係ノ對立ニ依ル英國商權ノ衰退ニ焦慮シ本國政府ニ善處方要望シ居ルトノ情報アリ又英國總領事モ一々「カー」大使ニ請訓スル樣ニテハ現地ノ懸案交渉ハウマク行カストコホシ居タルコトモアリ利害ニ敏キ英國人トシテ何時迄モ援蔣政策ヲ續ケ損失ヲ受クルカ如キ愚ヲ繰リ返スコトナカルヘシト察セラル

汪　抗日蔣政權ヲ援助シ居ルハ現在主トシテ「ソ」聯ト英國ナルカ英國カ飽ク迄蔣ヲ援助スヘシトハ思レス英國ノ援蔣政策ノ內幕ヲ知ル上ニ於テ參考トナルヘキニ付昨年自分カ政府ヲ離ルル前「カー」大使ト會談セル當時ノ狀況ヲ御話スヘシ昨年十一月蔣ハ長沙ニ居リ(長沙燒失前ノコトナリ)自分ハ重慶ニ在リテ各別ニ「カー」大使ト會談シタルカ其際「カー」ハ自分ニ向ヒ日本側ハ蔣ノ下野ヲ要求シ居ル模樣ナル處此際蔣カ下野スルモ貴下カ之ニ代リ政府ノ內容及組織ヲ其儘トシテ存續セシムルナラハ支那トシテモ何等影響スルトコロナカルヘシト述ヘタルコトアリ之ニ對シ自分ハ今次ノ事變ヲ勃發セシメタルハ國民政府數年來ノ誤レル方針ニ基クモノナルヲ以テ蔣ト自分ヲ入レ替ヘテ一時ヲ糊塗スルカ如キハ何等時局ノ解決トナラストテ突ハネタリ當時「カー」大使カ蔣ト會見ノ際示シタル態度ハ極メテ冷淡ナリシ由ニテ蔣モ「カー」ニ對シ若シ英國側ニテ充分支那ヲ援助セサル時ハ支那政府ハ別ニ考慮セサルヘカラスト半威嚇的ニ應酬シタル趣ナリ「カー」大使ハ自分ト會談ノ際右蔣ノ所謂「別ニ考慮ス」トハ如何ナル事ヲ意味スヌ《(ルカ)》ヤ判斷ニ苦シム所ナリト述懷シ居リタリ當時重慶方面ノ要人達モ右「カー」大使ノ冷淡ナル態度ニ驚キ孔祥熙、王寵惠等ノ如キモ自分ニ對シ英國ノ此上ノ援助ハ到底望ミ難キ模樣ナリト語リ極メテ悲觀シ居リタル程ナリ然ルニ其後東京ニ於テ行レタル日英會談カ何等ノ結果ヲモ見スシテ終ルヤ英國ノ態度ハ再ヒ援蔣政策ニ立戻リヤカテ莫大ナル借款契約ヲ承認スルニ到レルコト御承知ノ通ナリ要スルニ當時ノ英國ハ日本側ト支那側トヲ兩天秤ニ掛ケ何レカ都合ノ良キ方ニ乘移ラントシ居リタルモノト察セラル然ルニ「ソ」聯ト蔣トハ既ニ離ルヘカラサル關係ヲ有シ本日香港ヨリ到着セル一同志ノ齎ラセル情報ニ依レハ最近「ソ」聯ト重慶政府トノ間ニ莫大ナル軍需品供給ニ關スル契約成立シ之ニ對シ支那側ハ西南諸省ノ鑛產、農產物等ヲ代償トシテ「ソ」聯ニ輸送スル取極ヲ爲シタル趣ナル斯ル實情ヲ指摘シテ英國ノ援蔣政策ヲ思止マラシムルコトモ一方法ナルヘシト思考セラル

田　「ソ」聯ト蔣トノ關係深キコトヲ強調シテ英國ヲ反省セシメントスルモ目下歐洲方面ニ於テ英國ハ頻リニ「ソ」聯ノ援助ヲ得ント焦リ居ル際ナルヲ以テ極東ニ於テ「ソ」聯ヲ袖ニスルコトハ躊躇スルトコロナルヘシ私見トシテハ我方ハ先ツ第一段ノ方策トシテ日本軍ノ占據地域ニ於テ英國カ日本側及新政權ト協力シ新事態ニ卽應スル政策ヲ執ルヘキコトヲ強ク要求シ然ラサレハ英國ノ權益ハ維持シ難キ旨ヲ了解セシムルコトニ主眼點ヲ置クヘキナリ若シ之ニ成功スレハ蔣ニ對スル援助ハ之ト比例シ段々薄クナリ最後ニハ完全ニ蔣ト手ヲ切ルニ至ル可能性モアルヘシ

汪　今回ノ事變ヲ解決スル爲ニハ對英外交ハ極メテ重要ナルカ要ハ一方力ヲ以テ英國ヲ押スト共ニ他方英國ヲ誘ヒ結局彼ヲシテ新東亞ノ建設ヲ妨碍セシメサルヤウ巧妙ナル手段ヲ構（講カ）スルニアリ尙其際注意スヘキハ米國ノ態度ナリ米國ヲシテ英國ト一致シテ東洋ノ問題ニ干涉セシムルコトナキ樣注意セサルヘカラス

森　最近ノ米國ノ態度ヲ見ルニ我方カ餘リ非道ナ取扱ヲ爲ササル限リ好ンテ英國ノ尻馬ニ乘ルカ如キコトナカルヘシ上海ニ於テモ外交團ノ會議等ニ於テ米國側ハ常ニ日英ノ間ニ立チ斡旋役ニ廻ル傾向アリ最近モ共同租界ノ警視副總監ニ日本人ヲ任命スヘシトノ要求ニ對シ英國側ハ八十年來斯カル例ナシトシテ之ヲ拒絕シタルカ米國側ハ其ノ間ヲ取持チ妥協案ヲ提出シ英國側ヲ納得セシメント努力シ居ル例モアリ又過日米國政府ニ於テハ米國ノ教會等カ屢々日本軍飛行機ノ爆擊ヲ蒙リタルニ對シ其ノ度每ニ我方ニ提出セル抗議ヲ一括シテ發表シタシト申出タルカ日本側ヨリ今頃斯カル發表ヲ爲ス時ハ日本國民ニ刺激ヲ與ヘ兩國國交上面白カラサル影響アルヘシトテ之カ見合セ方希望シタルニ對シ米國側ハ之ヲ諒トシテ承諾セル例モアリ米國ノ意ノアル所ハ略

ホ察知スルニ難カラス我方トシテモ謂レナク米國側ヲ刺激セサルヤウ充分注意シ居ル次第ニテ英米ヲ離ス工作ハ不可能ニ非スト思考セラル

汪　斯ル状勢ナラハ極メテ好都合ナリ

田　貴下カ新ニ中央政府ヲ樹立セラレ重慶政府ヲ崩壊セシムル爲メニハ外交關係ハ固ヨリ重大ナルカ華僑工作モ忽ニスヘカラス自分ハ香港ニ駐在シ居ル關係上之ニ用心ヲ有スル譯ナルカ現在貴下ニ於テハ如何ナル方法ヲ以テ華僑方面ノ運動ヲ爲シ居ラルルヤ我々モ充分協力致度キ積リナリ

汪　華僑工作ノ必要ナルハ御話ノ通ナリ我々モ既ニ連絡者ヲ南洋「アメリカ」等ニ派遣シ居レルカ元來華僑ハ虚榮心强ク派手ナルコトヲ好ミ例ヘハ胡漢民、陳銘樞等カ廣東又ハ福建等ニ於テ反蔣獨立運動ヲ爲シタル際ノ如キ喜ンテ之ヲ應援シタル例アリ今回ノ事變ニハ蔣ノ抗日救國ノ宣傳ニ乘セラレ蔣ノ如何ニモ英雄ラシキ言動ニ魅セラレ之ヲ援助シ居ル實情ナリ從テ華僑ヲ我方ニ導クニハ玆ニ敢然トシテ反蔣新中央政府ヲ組織シ殊ニ彼等ノ出身地タル廣東、福建ニ新シキ政府ヲ造リ現實ニ行動シツツ宣傳ヲ行フ必要アリ即チ彼等ハ單ナル空宣傳ニテハ動カサルヲ以テ今ノトコロ先ツ連絡ヲ付ケ工作ノ眞ノ發展ハ今後ニ待タサルヘカラス尤モ「アメリカ」方面ハ其ノ國民黨部ノ過半數ハ自分ノ命ニ服スル關係ニアルヲ以テ愈々華僑工作ヲ進ムル場合ニハ充分望ミアリ何レ國民黨代表大會開催ノ節ハ南洋「アメリカ」各地ヨリ十數名ノ代表者ヲ招ク豫定ナルヲ以テ其際具體的ノ辨法ヲ研究シ度キ考ナリ

田　現在華僑ヨリ重慶政府ニ對シ送リ居ル寄附金ハ相當ノ額ニ達シ居ルヤ

汪　宣傳ノミ大キクシテ實際ノ金額ハ其レ程ニ非ス

森　本日ハ長時間御邪魔セリ今後用事アラハ遠慮ナク申出ラレ度シ

汪　感謝ニ堪ヘス

468　昭和14年7月4日　在上海三浦総領事より有田外務大臣宛(電報)

新中央政府樹立を支持するわが方立場を森島参事官より在中国仏国大使へ説示について

上　海　7月4日後発
本　省　7月4日夜着

第一八五五號

森島參事官ヨリ

四日佛國大使ト會談ノ際汪精衛問題ニ關シ質問アリタルヲ以テ本官ヨリ汪ハ愈重慶側ヨリ獨立シタル新中央政府ヲ組織スルコトニ決シタル處日本トシテハ右ニ全幅ノ支持ヲ與フルコトニ決定シ居レリ斯テ重慶政府ハ一地方政權ニ墮スヘク支那ハ恰モ西班牙ノ如ク汪蔣兩政權ニ分ルヘキ處佛國トシテ結局「フランコ」政權ヲ承認シタルカ如ク汪ノ新政府ヲ承認スルノ已ムナキニ至ルヘキヲ以テ今日早キニ臨ンテ新事態ヲ認識シ從來ノ態度政策ニ變更ヲ加フルノ要アルヘシト述ヘタルニ同大使ハ今回重慶滯在中得タル印象ニ依レハ同地ハ上下共長期抗戰ノ意氣極メテ旺盛ナルヤニ見受ケラレタルカ新政府成立ノ上ハ獨伊兩國ハ承認スルニ至ルヘシト述ヘタルノミニテ話題ヲ轉シ殊更ニ本件論議ニ深入スルヲ避ケタリ

北京へ轉電セリ

469　昭和14年7月5日　在上海三浦総領事より有田外務大臣宛（電報）

汪兆銘との会談において現地のわが方陸海軍司令官が汪に対する支持を表明について

上　海　7月5日後発
本　省　7月5日夜着

第一八六六號（極祕、館長符號扱）

森島參事官ヨリ

竹內ハ三日本官トノ會談ニ引續キ四日ハ海軍側及川司令長官野村中將等ト會見シタルカ野村中將等ヨリ英米各國ノ動向ニ付海軍側ノ觀察ヲ述ヘ中央政府樹立ノ急務ヲ說キ海軍側トシテハ中央ハ現地トモ一致シテ竹內ノ政治工作ヲ支援スヘキ旨ヲ告ケ竹內ヲ激勵スル所アリ五日ハ南京ニ赴キ山田司令官ト會見竹內ヨリ重慶方面ノ情勢ヲ述ヘ和平救國ニ出馬セル決心ヲ語レルニ對シ司令官ハ新中央政府樹立ノ必要ナルヲ力說シ之カ爲ニハ充分ノ援助ヲ吝マサル旨ヲ述ヘ最後ニ竹內ヨリ中央政府樹立工作ニ取掛ルニハ臨時維新兩

政府等既成政權ノ充分ナル了解ト支援トヲ必要トスル次第ヲ述ヘタルニ對シ司令官ハ北支ニ於テハ杉山司令官ニ於テ又中支ニ於テハ自分ニ於テ何レモ竹內工作ノ成功ヲ見ル様善處スヘク又維新政府側トモ能ク聯絡シ意思ヲ疏通セラルルニ於テハ必ス圓滿ナル結果ヲ齎シ得ルモノト信ストテ種々激勵スル所アリ終リテ直ニ梁鴻志ト會談シタルカ前回ノ會談ニ比シ兩者ノ意思疏通ニ一歩ヲ進メタル趣ナリ

北京、香港、南京ヘ轉電セリ

470 昭和14年7月12日　有田外務大臣より　在英国重光大使、在米国堀内大使他宛

汪兆銘工作の経緯概要について

亞一機密合第八二四號

昭和十四年七月十二日

外務大臣　有田　八郎

在英國

特命全權大使　重光　葵殿（以下宛先省略）

對汪精衛工作及支那新中央政權樹立工作ニ關スル件

客年春以來主トシテ參謀本部ニ於テ汪精衛一派ノ國民政府離脫ニ依ル蔣政權切崩シ工作ヲ極祕裡ニ推進シ來リ右工作ノ一段階トシテ客年十二月十八日汪精衛ノ重慶脫出實現スルヤ同二十二日近衛總理大臣談ヲ發表シ之ニ呼應シ同三十日汪ノ第一次聲明發表セラレタル經緯アリ

其ノ後諸般ノ情勢ノ進展ニ依リ本件工作ハ漸次支那新中央政權樹立工作ノ形ヲ取ルニ至リ從テ我對支根本國策ノ一トシテ關係省部緊密ナル連繫ノ下ニ諸般ノ工作ヲ實施シ來レル處本年五月二十八日汪側ヨリ別紙第一（省略）「時局收拾ニ關スル具体的辨法」ノ內示アリ之ニ對シ本年六月六日五相會議ニ於テ別紙第二（編注一）「新中央政府樹立方針」ヲ決定スルト共ニ其ノ後更ニ汪側ヨリ時局收拾ニ關スル具体的辨法ヲ提出セルニ對シ五相會議ノ意見ヲ決定シ（兩者ヲ合シタルモノ別紙第三（編注二）ノ通）當時密ニ來朝シタル汪精衛ト折衝ノ結果大体意見ノ一致ヲ見ルニ至レリ

汪ハ其ノ際五相及近衛公爵ト意見ヲ交換シ更ニ臨時、維新兩政府首腦者トモ一定ノ了解ヲ遂ケタル上七月十日上海ニ於テ時局收拾ニ關スル第一聲ヲ擧クルニ至レル次第ナリ

本件工作ハ軍機ニ亙ル點アリ其ノ內容ハ絕對極祕ニセラレ度キモ今後漸次具体的事實トシテ發現シ來ルヘキニ鑑ミ對

外應酬上ノ參考トシテ貴大使ノ御含迄ニ通報ス委細別紙ニ依リ御諒悉相成度

本信宛先　英、米、獨、佛、伊、蘇

編注一　省略。本書第287文書として採録。

二　省略。本書第461文書として採録。

471　昭和14年7月15日　在上海三浦総領事より有田外務大臣宛（電報）

新中央政府樹立問題に関する王克敏と梁鴻志との意見交換の模様について

上　海　7月15日後発
本　省　7月15日夜着

第一九七五號（極祕、館長符號扱）

青島發本官宛電報第五八號ニ關シ

森島參事官ヨリ

清水歸來後ノ報告左ノ通リ

一、兩政府委員ハ同一「ホテル」ニ滯在セル爲顏ヲ合ハス機會多ク其ノ際ハ茶話ノ程度ニテ時々中央政權問題ノ話ヲナシタルカ其ノ內容ハ取立テテ言フ程ノコトナシ

二、王克敏ト梁鴻志ト二人丈ケノ席ニテ王ハ梁ニ對シ自分ハ竹內ト昵懇ノ間柄ニテ如何ナルコトニテモ無遠慮ニ言ヒ得ル立場ニアルヲ以テ中央政權樹立ニ關聯スル維新政府ノ問題ニ付必要アラハ斡旋ノ勞ヲ執ルモ差支ナシト申出テタリ（右ハ王ノ善意ニ出テタル話ト察セラルルカ梁ハ必スシモ之ヲ善意ト解セサリシ模樣ニテ其ノ後ニテ部下ノ某ニ對シ維新政府カ王ノ指圖ヲ受クル必要ナシト述懷セル由）之ニ對シ梁ハ自分（梁）一個人ハ中央政府ノ樹立ニ件ヒ下野スレハ夫レテ差支ナキ譯ナルカ一年有餘苦勞ヲ掛ケタル部下ノ後始末ニ付テハ自分ノ全責任ニ於テ解決セサルヘカラスト述ヘタル趣ナリ（梁始メ維新政府幹部ハ既ニ同政府解消ノ已ムヲ得サルヲ察知シ居ルモノノ如ク現在彼等ノ關心ハ專ラ今後ノ身ノ振方ニアル模樣ナリ）

三、梁カ清水ニ內話セル所ニ依レハ前記王ト話合シタル際事茲ニ至リテハ中央政府樹立ノ時機ハ成ルヘク早キ方然ルヘシトノ意見ニ一致セル趣ナリ（時機ノ早キヲ希望スル理由ハ王ハ吳佩孚周圍ノモノ等ノ策動ヲ惧レ居ル爲梁ハ

竹内ノ勢力カ壓倒的トナラサル以前ニ政府ヲ樹立スル方

維新政府ニ有利ナリト考ヘ居ルニアラスヤト察セラル）

四、梁ノ心境ニ付梁周圍ノモノノ內話ヲ綜合スルニ梁ハ如何ナル場合ニモ王克敏ト對等ノ地位ヲ占ムルコトヲ第一ニ考慮シ居ルモノノ如ク例ヘハ將來王カ華北政務委員會ノ委員長トナル場合ニハ梁カ中央政府ノ行政院長位ニナリタキ氣持ヲ有スルモノト察セラル

北京、南京へ轉電セリ

472 昭和14年7月25日 在広東岡崎総領事より有田外務大臣宛（電報）

汪兆銘の広東訪問の目的について

付記一 矢野領事作成、作成日不明

汪兆銘の広東訪問理由等について

二 矢野領事作成、作成日不明

広東来訪後の汪兆銘の行動について

広　東　7月25日後発

本　省　7月25日夜着

第四四三號（極祕、部外祕、館長符號扱）

上海發閣下宛電報第二〇七三號ニ關シ

一行ハ二十四日午後二時到着セリ竹內今回ノ來廣ハ主トシテ廣東省內各軍隊ノ回收切崩工作ヲ進メントスルニ在ル處當地軍司令部側ニテハ竹內ニ對シ單ニ右軍隊ノ引出工作ノミナラス當地地方政權ヲ樹立シ逐次之ヲ廣東全省ニ及ホス等政治方面ニ於テモ積極的活動ヲ開始スル樣要望シ之カ達成ノ爲ニハ出來得ル限リ援助ヲ與フル方針ヲ執リ居ル模樣ナルニ付竹內ノ活動如何ニ依リテハ今後政治、軍事兩方面ニ亘リ相當ナル進展ヲ見ルニアラスヤト察セラル

（付記一）

（昭十四、八、十、接到）

第二　廣東ニ於ケル竹內工作概況

於廣東　矢野領事記

一、竹內ノ廣東ニ於ケル政治工作ヲ決意セル理由

竹內ハ東京會談ヲ終ルヤ直チニ北支中支ニ赴キ臨時維新兩政府首腦部ト會見シ中央政府樹立ニ關シ意見ノ交換ヲ行ヒタルニ北支ハ別トシ中支首腦部ノ口吻ヨリ窺フニ竹內カ徒手空拳ヲ以テ日本軍ノ占據地帶ニ乘リ込ミ兩政府

ヲ足場トシテ起ツコトハ聊カ虫カ良過キルトノ不滿ヲ藏シ居リ又竹內ニ好意ヲ有スル方面ニ於テハ竹內カ少クモ中央軍ノ一部等ヲ切崩シ若クハ地方政權ヲ樹立シ之ヲ背景トシテ起ツニ非スンハ既成兩政府ニ對シテ發言權ヲ有シ難キニ非スヤトノ忠告ヲナセルモノアリ

竹內ハ是等ノ空氣ヲ察知シテ同志ノ一部ニハ多少ノ反對アリタルモ極メテ鞏固ナル決意ヲ以テ廣東ニ乘込ミ政治軍事工作ニ努力セルニ至レル次第ナリ

二、南支派遣軍側ノ意嚮

同軍ニ於テハ豫テヨリ廣東地方ヲ中心トスル南支政權ノ樹立ヲ熱望シ一田中佐ト余ト同道佐藤參謀副長ヲ七月十日往訪セル際ニ於テモ同副長ハ南支政權樹立ノ要ヲ說キ必要ナル凡ユル協力ヲ竹內ニ供與スヘキニ付同氏又ハ其ノ腹臣ノ者ヲシテ廣東ヲ中心トシテ南支政權ヲ樹テ之ヲ基礎トシテ中央政府樹立ニ乘出シ日支相携ヘテ東亞恢興ノ業ニ乘出スヘキ旨ヲ力說シ居リ又特ニ香港(石野大佐)、汕頭(山本大佐)、臺灣軍參謀(鹽津參謀)、參謀本部(臼井大佐)、和知機關(和知大佐、中井中佐)ヲ集合シ會議ヲ開キ竹內工作ニ關スル方針ヲ討議シタルカ其ノ決議中重要點左ノ如シ

(一)(1)竹內ヲシテ廣東ヲ中心トシテ政權ヲ樹立スル様指導ス

(2)、、、ヲシテ竹內ノ傘下ニ又ハ竹內ト協力シ本件工作達成ヲナス様施策ス

(3)右工作ハ竹內側之ニ當リ必要アルトキハ日本側之ニ協力ス

(二)竹內側ニ於テ軍隊養成ニ地域ヲ要スル場合ハ軍ハ其ノ占據地域內ニ必要ナル地盤ヲ供與ス

(三)本件工作達成ニ際シ必要アルトキハ軍ハ作戰ニ協力ス

(四)(1)新政府樹立ヲ見ルトキハ廣東省市ノ治安維持ハ新政府ヲシテ之ニ當ラシム

(2)軍占據地域內ノ行政ニ關シテハ軍ハ必要最少限度以外ハ新政府ヲシテ之ヲ行ハシム

(五)福建省ニ於テモ竹內ノ傘下ニ入ルヘキ新政府ヲ樹立セシムル様施策ス之ニ際シ必要アルトキハ軍ハ廣東ノ大部分ヲ戟(戡カ)定後作戰ヲ進ム

(六)白ハ竹內君ト協力セシムル様指導ス之ニ必要ナルニ於テハ軍ハ廣西ニ作戰ヲ進ム

(七)本件工作ニ必要ナル竹内側工作員ヲ廣東ニ常駐セシム
(八)右ハ中央ノ承認ヲ經テ實施ス
註。工作員ニ關シテハ竹内君ハ金章沈崧ヲ豫定シ居ルカ如シ沈ニ關シテハ軍側ニ於テ好マサルモノアルカ如キモ大シタ根據アリトモ覺エス

三、竹内君ノ政治、軍事計劃

(一)政治方面
廣東省政府樹立ヲ目標トシテ進ム
(1)第一期。八月初旬ヨリ八月末迄ヲ連絡時期トシ所要ノ工作員數名ヲ廣東ニ留メ香港其ノ他奥地ト連絡セシム
(2)第二期。九月初旬國民黨全國代表大會後廣東ニ「政務委員會」ヲ組織シ治安維持會ヲ之ニ隷屬セシメ保安隊ノ組織等ニ當ラシムルト共ニ省政府樹立ノ準備ニ當ラシム。豫定委員ハ九名トシ中三名ハ竹内君ノ同志、二名ハ張發奎、鄧龍光ノ連絡者、他ノ四名ハ華僑及廣東、香港ノ有力者ヨリ選フモノトス
(3)第三期。中央會議開催前ニ省政府ヲ樹立ス省長トシテノ第一候補ハ張發奎、第二候補ハ鄧龍光トス

(二)軍事方面
軍隊トノ連絡ハ主力ヲ張發奎及鄧龍光ニ置キ其ノ他雜軍ニ對シテモ同時ニ連絡ヲ計ル現在既ニ連絡完了セルモノハ寶安、惠州、博羅ニ駐屯スル一團ト一個大隊ノモノニシテ其ノ首腦者ハ廖轟（磊カ）ナリ
本件ニ關シテハ七月二十七日竹内夫人來廣ニ依リ最近張發奎ハ自ラ香港ニ至リ竹内夫人ニ面會シ密接ナル連絡ヲ約シ又鄧龍光モ亦代表ヲ竹内夫人ニ派遣シ密接ナル連絡ヲナシ相當事態ハ有望ニ展開シ竹内ノ言ニ依レハ好都合ニ行ケハ四、五個師ノ軍隊ハ入手可能ナル趣ナリ

(付記二)

第三　竹内君來廣後ノ行動

於廣東　矢野領事記

(一)七月二十四日午後一時四十五分着
(二)七月二十五日　午前九時ヨリ影佐、佐藤等ト會見挨拶交換、軍司令官訪問
(三)七月二十六日　矢野、清水ト會談

七月二十五日夕方中山（周隆庠）ヨリ電話ヲ以テ竹內君カ矢野ニ面談致シ度儀有之明二十六日午後四時ニ來訪方御足勞願度旨通報シ來リタルニ付之ヲ快諾約束ノ時間ニ竹內君ヲ訪往セルカ其ノ際淸水君ヲモ同道セリ

(1)竹內君ヨリ日英會談ノ現狀如何ト質問アリ本官ヨリ東京ヲ遠ク離レタル當地ニ於テハ新聞記事ヲ通シ知識ヲ有スル程度ナルカ英國側ハ所謂三原則ナルモノヲ承認セル旨新聞紙ハ報道シ居レリト答ヘタルニ竹內君ハ支那紙ヲ取リ上ケ英國側ハ三原則ヲ認メタル旨ハ承知シ居ルモ右三原則ハ日本軍占據地域ニ於テノミ認ムルモノニシテ非占據地域卽チ重慶政府治下ノ地域ニ於テハ重慶側ヲ可然操リ兩者間ヲ巧ミニ泳キ決シテ援蔣政策ヲ放棄スルモノニ非サルモノト信スヘシ現ニ宋子文ハ目下倫敦ニ在リテ滇緬鐵道敷設契約ヲ締結シ英側、佛側及宋子文關係銀行ハ各々三百萬磅ヲ出資シ英佛側資本ノ代償トシテ鑛山開發權ヲ得タル事實ニ見ルモ明白ナリ從ツテ日本側ニ於テモ此點特ニ注意アリ度シト語レリ

仍テ本官ハ御注意忝ケナキモ東京ニ於テモ本件會談ニハ愼重ナル態度ヲ持シ居リ英國側ノ術策ニ乘セラルルコト萬々無カルヘク又英國側モ此ノ際不徹底ナル解決案ニテハ到底天津其ノ他ニ於ケル懸案ノ解決ノ覺束ナキコトハ能ク熟知ノコトト信スト答ヘ置ケリ

(2)竹內君ハ次テ當地英國總領事ト會見スルコトニ關シ貴見如何、實ハ上海ニ於テハ英佛大使ヨリ會見方申込アリタルモ之ヲ斷リタル次第ナリト語ル、仍テ本官ヨリ當地英國總領事ハ凡テ上海ニ於ケル大使ヨリノ指示ノ下ニ動クモノナレハ大使ニスラ逢ハサルニ當地總領事ト逢フコトハ極メテ無意味ナルノミナラス第三國ノ官憲ト逢フハ時期尙早ニテ新政府樹立ノ準備完了シ「スタート」ヲ切ツタ時ニ行ハレテモ遲クナシト答ヘ且本官ヨリ何等特別ノ目的アリテ英國總領事ト逢ハレントスルヤト反問セリ之ニ對シ竹內君ハ實ハ左ノ理由ニ基クモノナリト語レリ

廣東復興ハ當地ニ來リテ極メテ急務ナルコトヲ痛感セルカ之ニハ香港ニ避難シ居ル一般人廣東出身要人、ヲ廣東ニ復歸セシムルコト第一ナルカ之ニ對シテハ英國ハ妨害シ居レルニ付當地英國總領事ヲ通シ之カ

緩和方ヲ計ラントスルニアリ又自分ノ工作ヲ進ムル上ニ於テモ同志及連絡者ノ香港ト當地トノ來往ノ自由カ必要ナルニ英國側ハ之ヲモ妨害シ居レリ仍テ之等ノ妨害ノ緩和ハ極メテ必要ナルニ付之ヲ緩和セシメントノ目的ナリ、又香港廣東間ノ交通ノ自由ハ廣東復興及工作進展上必要ナルカ珠江ノ閉鎖ハ日英何レニ於テナサレタルモノナリヤト反問セリ仍テ本官ヨリ右ハ日本側ニ於テ作戰上ノ必要上封鎖セルモノニテ作戰ノ必要カナクナル迄ハ珠江ヲ開放シ香港廣東間ノ自由ナル交通ヲ開クコトハ難シク而モ右ハ作戰關係ナレハ軍當局ニ於テ決定スヘキモノナレハ軍當局ニ話サレテハ如何ト述ヘタルニ竹内君ハ軍司令官ト明日會見スルカ其ノ際之ヲ話シテ可ナリヤト尋ネタルニ付簡單ニ話サルレハ可ナルヘシト答ヘ次テ元來軍側ニ於テモ一日モ早ク廣東ノ復興ノ成ルヲ希望シ居ルモ作戰上ノ必要アリテ珠江ヲ已ムナク閉鎖シ爲メニ復興遲レ居ル「ヂレンマ」ニ陷リ居ル次第ナリト答ヘタリ

又竹内君ハ語ヲ續ケ本年二月頃自分カ河内ニ在ルトキ香港政廳ニ對シ赴香スルニ付身邊保護方依賴セルニ香港政廳ヨリハ身邊ノ保護ハナスヘキモ政治的活動ハ一切停止サレ度キ旨ヲ條件トセルニ付遂ニ香港行ヲ斷念セル次第ナルカ實ハ他方郭駐英大使ヲ通シ英國政府ニモ同樣申入レタルニ（郭ハ困リタルモ竹内君トノ從來ノ關係上取次キタリ）英國政府ヨリハ香港總督ニ對シ本件措置方訓令越シタルヲ以テ總督ハ在香港支那人有力者ノ意見ヲ求メタル處羅文錦ハ和平運動起リ重慶勢力減退ヲ理由トシテ不可ヲ唱ヘタルニ羅旭和ハ竹内ノ國民黨元老ニシテ而モ嘗テ國民黨ノ在野時代香港政廳ニ於テ之ヲ虐待セル爲メ聽テ國民黨カ政權ヲ握ルヤ大正十四、十五年ノ排英「ストライキ」ノ發生ヲ見タル苦キ經驗アリ仍テ竹内君ノ依賴ヲ容ルルコト得策ナル旨力說セルニ付總督ハ兩者ノ中間ヲトリ前記ノ如ク身邊ノ保護ハナスモ政治的活動ヲ封シタル次第ナル旨語レリ

(3)金章問題

金章ト面會方香港石野武官ヨリ希望アリタルカ余ハ同君トハ幼年時代ヨリノ友人ニテ胡漢民モ同窓ニシテ共

ニ日本ニ留學シ革命黨ニ入リ同志トシテ働キタルコトアリ孫文先生ノ廣東ニ政府ヲ組織スルヤ我々ハ其ノ下ニ共ニ働キタルニ陳烱明ノ謀反ノ際金君ハ我々ニ叛キ烱明ニ加擔シタル爲メ後ニ孫先生復活ニ際シ自分ト離レ爾來十數年流浪シタルカ先年呉鐵城カ廣東省主席トナルヤ金君ノ復活ヲ許シ差支ヘナキヤト南京ニ伺ヲ立テタルニ付自分ハ之ヲ許シタルコトアリタルカ同君ハ日支戰爭不可ヲ呉鐵城ニ說キ容レラレサルヤ直チニ辭職セルコトアリ同志ノ一部ニハ同人カ呉鐵城ト通謀シ居ル旨（六萬圓ノ小切手ヲ呉ヨリ受領セル事實アリ）ヲ以テ反對スル者アルモ逢テ見テ共鳴スル所アラハ使用シテ可ナリト思フカ故ニ廣東ヘ來ルナラハ會見シテ差支ナキニ付何處ニ在リヤ日本側ニ於テ御調ヘ願度シト語ル本官仍テ之ヲ影佐ニ傳達スヘキ旨約束ス

又竹內君ハ今後ノ工作ノ爲メ現在ノ家屋ノ外ニ二三家屋ヲ準備シ自分ノ上海ヘ引揚ケタル後モ常時工作員及連絡員ヲ駐在セシメ度キニ付宜敷願フ旨ヲ述ヘタルニ付所要人數其ノ他希望ヲ具体的ニ申出ラレ度キ旨ヲ答ヘ置ケリ

(四)八(七カ)月二十七日午前十時ヨリ軍司令官ト竹內會見

竹內君ハ重慶脫出以來ノ經緯及決意ヲ語リ司令官ハ能フ限リノ援助ヲナスヘキ旨ヲ語リ詳細ハ參謀副長及大平ト相談セラレ度ト語ル

竹內君ノ談話要領左ノ如シ

蔣介石ノ將來

(1)蔣介石ハ從來ノ行懸上又自己ノ一身上ノ利害關係ヨリスルモ到底改心スルノ意ナク飽迄抗日ヲ繼續スヘシ

(2)中央軍ノ動向

中央軍中五分ノ二ハ蔣介石ト飽迄行動ヲ共ニスヘキモ五分ノ三ハ和平派ナリ只和平ハシ度キモ未タ日本ノ眞意ヲ知ラス已ムナク抗戰ヲ續ケ居レリ

(3)廣東軍ノ狀況

蔣ハ廣東軍ノ動向ニハ心痛シ居リ從ツテ之ヲ分散配置シ側ニ中央軍ヲ置キ監視スルト共ニ補充ハ中央軍ヲ以テ充當シ居レリ然レ共薛岳、鄧龍光、張發奎ハ自分ノ河內脫出後直チニ連絡ヲ開始シ鄧龍光ハ自ラ香港ニ至リ同志ト會見シ居リ薛、及張ハ各々代表ヲ香港ニ派遣シ來リ而モ之等ハ竹內君ノ宣傳物ヲ多數任地ニ携行シ宣傳ニ努メ居レリ

⑷竹内君ノ希望

(イ)自分ハ今後宣傳ト實行トヲ併セ行フ心算ナリ

(ロ)現今珠江ノ交通ハ多大ノ制限ヲ受ケ居ル現狀ナル處斯クテハ同志及支那要人及其ノ代表等ノ往來極メテ不便ナレハ何トカ特別ノ便宜ヲ計リ戴キ工作進捗上御協力ヲ願ヒ度シ

(五)七月二十七日午後四時竹内參謀副長トノ會見

本會談ニ於テ竹内君ハ「廣東ニ於ケル竹内工作概況」ノ(三)ニ記述セル政治軍事計劃ニ付語リタリ

(六)七月二十八日

本日ヨリ要談ノ有無ニ拘ラス參謀副長ハ毎日午後四時ヨリ竹内君ヲ往訪シ交誼ヲ深メ今後ノ工作ノ圓滑ナル進展ニ資スルコトトセリ但シ日曜ハ除ク、本日ノ會談ニ於テ竹内君ハ最近ノ廣東軍ノ動向ヲ語リ張發奎ハ最近香港ニ至リ竹内夫人ニ面談シ竹内ノ和平工作ニ贊意ヲ表シ竹内君ノ傘下ニ走セ參スルコトヲ約シタルカ之カ成功セハ四、五個師ノ軍隊ハ寢返ルヘシ又鄧龍光モ連絡者ヲ香港ニ派遣シ來リ竹内夫人ト連絡シ來レリ今後ノ軍事工作ノ重點ハ張發奎、鄧龍光、李漢魂、吳奇偉ニ置クコトトナルヘシト語レリ

(七)七月二十九日

上海晴氣中佐ハ梁鴻志、陳群等ノ新政府ニ於ケル人事問題(陳群ノ内政部長其ノ他)ニ關シ周佛海ニ具体的ノ意思表示ヲナシタル旨晴氣ヨリ打電アリ寺川ハ直チニ竹内君ヲ往訪シタルカ竹内君ハ自分ノ上海歸來迄ハ一切右人事問題ニハ決定ヲ與ヘ度ク無キ旨ヲ述ヘ寺川モ之ニ贊成シタリ晴氣中佐ハ如何ナル目的ニテ斯カル人事問題ヲ早計ニ持出シタルヤ諒解ニ苦シム所ニシテ而モ凡テ斯カル事ハ寺川ヲ通シテ行フヘキニ拘ラス之ヲナセルハ少々統制ヲ紊ス行動トイフヘキナラン

本日矢野ハ竹内君ニ寺川ト同行シ上海ニ先發スルニ付挨拶ニ赴キ會談セルニ竹内君ハ廣東ノ荒廢ノ豫想外ニ非道キコトヲ發見セルカ之カ復興ニ關シ矢野ノ見透如何ト尋ネタルニ付竹内君ノ腹臣ノ者ニ於テ廣東省政權カ樹立サレ治安ノ維持カ囘復セハ復興モ容易ナルヘキニ付暫時ノ辛抱ナラント答ヘ且軍側ニ於テモ能フ限リ復興ニ關シ努力中ナル旨ヲ述ヘ慰メ置キタリ又竹内君ハ別ルルニ臨ミ當地軍事工作ハ豫想外ニ進捗スルヤニ見エツツアル旨ヲ

語リ且元來成功セサルモ元々ナリトノ氣持ニテ來廣セルニ此ノ分ナラハ滿足スヘキ結果ヲ得ルモノノ如シト述ヘタリ

473　昭和14年7月31日　在広東岡崎総領事より有田外務大臣宛(電報)

汪兆銘の軍事・政治工作計画に対する南支派遣軍の支持について

付　記　昭和十四年八月十二日、作成者不明
「集團ト武内側トノ協議事項」

広　東　7月31日後発
本　省　7月31日夜着

第四五九號(極祕、館長符號扱)

本官發上海宛電報

第七五號

森島參事官ヘ清水ヨリ

竹内ハ當地着以來香港方面ヨリモ多數ノ同志ヲ招キ當地軍側トモ打合ノ上當地方ニ於ケル工作計畫ヲ立テツツアルカ今日迄ノ話合ニテハ大體左ノ通リ豫定シ居レリ

一、軍事工作

廣東軍特ニ張發奎及鄧龍光系ノ軍隊ト聯絡シ之カ誘致ヲ計ルコト(兩者ノ聯絡ハ引續キ行ハレツツアルモ聯絡者ノ往復ニ相當日子ヲ要スル爲順調ニ進ミタル場合ニ於テモ是等軍隊ノ旗擧ハ早クトモ九月トナル見込尚竹内ノ觀察ニテハ張發奎軍隊最モ有望ナルヘシトノコトナリ)

二、政治工作

廣東省政府樹立ヲ目標トシ第一期八月末迄ヲ聯絡期間トシ此ノ間數名ノ工作員ヲ廣東ニ常駐セシメ各方面トノ聯絡ニ當ラシム第二期九月初旬ヨリ中央政治會議開催ニ至ル間ヲ準備期間トシ廣東政務委員會ヲ組織シ治安維持會等ヲ指導シ保安隊ノ組織、警察ノ擴充等ヲ行ヒツツ省政府樹立ノ準備ニ當ル(政務委員會組織ノ時期ハ國民黨全國代表大會直後トシ委員ハ竹内ノ同志、張發奎、鄧龍光等ノ代表者、華僑有力者及廣東、香港方面ノ有力者中ヨリ選定スル豫定ナリ)第三期中央政治會議開催前ニ省政府ヲ樹立シ省長ヲ選任ス(竹内ノ腹案ニテハ張發奎又ハ鄧龍光ヲ豫定シ居ルモノノ如シ)

三、南支派遣軍側ニ於テハ竹内ノ政治工作ニ極メテ好意ヲ有

シ豫テヨリ廣東ヲ中心トスル南支政權ヲ樹立シ之ヲ基礎トシ中央政府樹立ニ乘出スコトヲ熱望シ居リタル程ナルヲ以テ前記竹內ノ政治、軍事工作ニ對シテハ全幅的ニ之ヲ支持スル方針ヲ採リ例ヘハ竹內ノ誘致セル軍隊ノ地盤トシテ占據地域ノ一部ヲ讓ルコト、新政府樹立ノ曉ハ廣東省市ノ治安維持其ノ他ノ行政ヲ出來得ル限リ新政府ノ手ニ移スコト等ヲ考慮シ居レリ

大臣、香港、北京へ轉電セリ

（付　記）

集團ト武內側トノ協議事項

昭和十四年八月　於廣東

（八月十二日午後四時作製）

軍ト武內側トハ左記事項ニ關シ協議ノ上相互ニ協力援助ト實行ノ促進ヲ約セリ

一、武內ハ一面中央政府樹立工作ヲ進ムルト共ニ南支政權樹立工作ニ邁進スルコト

之カ爲武內ハ廣東ニ於テ南支工作ニ必要ノ處置ヲ講シタル後同志ヲ廣東ニ止メテ其工作ヲ繼續セシメ自身ハ一旦上海ニ歸ヘリ國民黨全國代表大會ヲ終リ必要ニ應シ更ニ來廣スルコト

二、南支政權ハ單ナル政治機關ノ組織ヲ主トセス實力派ヲシテ反共保境安民ヲ標榜シテ立タシメ之ト日本軍トノ間ニ局部的停戰及必要ナル協力支援ヲ行ヒ之ヲ南支五省ニ擴大シテ蔣ヲ下野セシムル等重慶政府ノ壞滅ヲ圖ルヲ施策ノ主眼トシ之ヲ容易ナラシムル爲南支政權樹立ヲ工作スルコト

三、南支政權成立セハ日本軍ノ占據地域ニ於ケル治安警備行政經濟ヲ日本軍ノ手ヨリ逐次該政權ニ移讓スルコト

四、實力派寢返ヘリ工作ハ差當リ先ツ重點ヲ張發奎及鄧龍光ニ指向シ且李漢魂、吳奇偉、薛岳ニモ密ニ連絡スルコト

余漢謀ニ對シテハ其部下軍隊ノ切壞シヲ主トスルコト

陳濟棠、許崇智ハ當分立上ルノ決意乏シキヲ以テ陳濟棠ノ部下黃質文ヲ武內ト合作セシメ其舊部下軍隊ノ引拔キ工作ニ從事セシムルコト

李、白ニ對シテハ和知機關ノ施策ニ待ツモ武內ヨリモ直接連絡スルコト

五、保安隊ノ建設ヲ圖ルコト

差當リ廖轟（磊カ）ヲシテ博羅、惠州、寶安附近ニ散在セル武内系軍隊ヲ集成セシムルコト

其他廣東市附近ニモ建設ヲ劃策スルコト

六、南支政權樹立ノ準備工作トシテ廣東ニ政務委員會ヲ設置スルコト

政務委員會ト治安維持會其他トノ關係ハ左ノ如ク構想スルコト

- 政務委員會（廣東省政府）
  - 廣東市治安維持會（廣東市政府）
    - 警察隊
    - 保安隊
  - 各地方治安維持會
    - 警察隊
    - 保安隊
  - 保安隊

寢返ヘリ軍隊ハ國防軍トシテ中央政府直轄トス

政務委員會ハ武内ノ同志、張發奎竝ニ鄧龍光ノ各連絡者、黄質文、張永福、金章及廣東治安維持會長等ヲ以テ構成シ武内ノ同志ノ一人ヲ長トスル如ク豫定スルコト

政務委員會ハ國民黨全國代表大會ノ直後ニ設置スルコト

七、第一線軍隊カ全ク外界ヨリノ情報ヨリ封セラレ蔣介石側ノ一方的宣傳ノミヲ受クル實情ニ鑑ミ此等第一線軍隊ニ對スル有效ナル宣傳方策ヲ考案スルコト

八、廣東ニ軍官學校ヲ設ケ寢返ヘリ軍隊ノ將校ノ再教育及新ナル將校ノ養成ヲナスコト

九、東亞ノ新秩序ヲ建設スルハ結局青年ノ自覺ト運動ニ俟ツヘキヲ以テ先ツ日支兩國ノ青年ヲ教育スル機關ヲ廣東ニ設置スル如ク至急具體的研究ヲナスコト

一〇、今後財政經濟ノ極メテ重要ナルト中國人ハ一般ニ日本ニ搾取セラルルヤノ懸念ヲ有スルヲ以テ速ニ日支協同經濟計畫ヲ樹立スルヲ要ス

右ニ關シ至急具体的研究ヲナスコト

一一、華僑工作ニ當リテハ廣東福建省等ノ出身華僑ヲシテ南支政權ヲ援助セシメ以テ南支那ノ復興經濟的開發及投資等ニ協力セシムル如ク指導スルコト

編注　本付記の冒頭に「昭十四、八、十六、岡崎總領事ヨリ」との書き込みあり。

474

昭和14年8月12日　在上海三浦総領事より有田外務大臣宛（電報）

汪派による国民党中心主義的主張が和平運動

全般におよぼす悪影響につき注意喚起

上　海　8月12日後発
本　省　8月12日夜着

第二二五九號(極祕、館長符號扱)

九日ノ中華日報ハ救黨、救國ニ要スル認識ナル社説ヲ掲ケ和平交渉ノ爲ニハ獨立自主ノ政府ヲ必要トスル處法統及黨章ニ依レハ依然トシテ國民黨ヨリ産出シタル國民政府ノミカ此ノ責任ヲ負ヒ得ルモノナリトテ差當リノ工作ニ國民黨員以外ノ一切ノ組織ヲ排撃シ時局ノ收拾ハ凡テ黨員ノ手ニ委ネヨト主張シ居リ(全文郵送)又十二日ノ同紙ハ更ニ和議ノ實現ト國民政府ノ再建ナル社評ニ於テ和議ノ主張ハ三民主義ヲ遵奉スル國民黨領導下ノ國民政府ヲ以テ主體トスヘシト强調シ居ル處此ノ種主張ハ昨今汪派ノ工作カ動モスレハ更生國民黨中心主義ノ傾向ヲ帶ヒ來レルニ對シ其ノ和平運動ニ對シテハ共鳴シツツモ從來ノ國民黨ニハ必スシモ贊成シ居ラサリシ非黨員間ニ不快ノ感ヲ與ヘ居ルノ事實(本官發廣東宛電報第五四號ノ如キ其ノ一例ナリ)ニモ鑑ミ國民黨及其ノ他各黨、各派勢力ノ時局收拾ニ於ケル關係ヲ簡明スル必要竝ニ奥地國民黨吸收ノ策略ニ出テタルモノト觀ラルル處何レニセヨ國民黨カ假令孫文時代ノ夫レニ還元スルトハ謂ヘ實際ニ於テ民衆ノ信用餘リナキ現狀ニ於テ汪派カ國民黨中心主義ヲ餘リ露骨ニ振廻スコトハ重慶側黨員吸收ノ策略トシテハ別ナルカ折角汪ノ和平運動ニ共鳴スル各方面團體及知識分子ノ參加ヲ尻込セシムル惧アリ眞ニ人心ヲ收攬スル所以ニアラス山田純三郎ノ如キモ十二日岩井ニ對シ此ノ調子ニテハ吳佩孚ノ參加ハ問題ニナラサルヘシトノ感想ヲ洩ラシ居タル趣ナリ右汪派昨今ノ行方ハ先般汪上京ノ際ノ我方トノ了解ヲモ多少逸脱シ居ルヤノ感アリ之カ指導方法ニ付テハ十日空路歸朝ノ河村トモ篤ト協議ノ要アルヤニ存セラル

廣東、香港ヘ轉電セリ

475　昭和14年8月14日　在広東岡崎総領事より有田外務大臣宛(電報)

中国駐在の各国大公使との会見を汪兆銘希望について

広　東　8月14日前発
本　省　8月14日後着

第四八五號(極祕、館長符號扱)

田尻ヨリ

一、十一日會見ノ際汪精衛ハ香港ニ於ケル同志ノ保護及廣東トノ往復ノ便宜ヲ得ル爲自分ト香港總督トノ會見ヲ勸メル同志モアル處貴見如何トノ話ナルニ付日英及國際關係ヨリ觀テ未タ時機ニアラス其ノ必要モナク又其處迄心配スルニモ及ハサル旨ヲ懇切ニ說明シ同人モ納得シタルカ汪ハ上海ニ於ケル黨代表大會後ニハ英國始メ各國大公使ト會見シタキ由申シ居リ右ハ外國ノ出方如何ニ依リテハ統一政府側トシテモ遣方アル旨ヲ外國ニ知ラシメ彼等ヲ牽制スル意味ヨリセハ或ハ結構ナルヘキモ果シテ其ノ必要アリヤ疑ハシク結局其ノ可否ハ其ノ時ノ情勢ニ依リ決定スヘキ問題ナルヘク上海ニ於テ絕エス外交上ノ指導ヲ爲シ遣ルコト肝要ト存ス

二、汪ハ當地ニテ大體滿足スヘキ結果ヲ得タル譯ニテ極メテ元氣ナリ尙香港ニハ夫人居殘リ南支ニ於ケル政軍各重要事項ヲ主宰スルコトニ決セリ、汪ハ陳公博カ母親重態ノ爲差當リ積極的活動ヲ爲シ得サル由ヲ辯護シタルモ顧孟餘ハ廣東ニモ出懸ケス彼ノ話ニ觸レルヲ避ケ居レリ

三、右會談中參考トナルヘキ點左ノ如シ

(一)客年末蔣介石カ米國大統領ニ日支間ノ調停ヲ依賴スル親書ヲ送リタルニ對シ米ヨリハ極メテ鄭重ナルモ右ハ未タ時機ニアラサル旨ヲ回答シ來レルコトアリ(汪ハ英國大使ノ米ヲ利用スル橋渡案ハ右事實ヨリ「ヒント」ヲ得タルモノトナセリ)

(二)最近蔣介石ヨリ「スターリン」ニ對シ外蒙軍ノ完全ナル指揮ヲ手渡サレタキ旨申入レタルニ對シ詳細ハ面談シタキ旨回電アリタルカ蔣ハ未タ決心付カサル由

(三)蔣ニ於テ和平ニ贊成ナル旨宣傳シ以テ軍隊ノ汪側ヘノ寢返ヲ引止メントスル案アリ(汪ハ右ハ一利一害ニテ果シテ目的ヲ達シ得ルヤ或ハ蔣ノ威信ヲ失墜スルコトトナルヤ疑ハシト言ヘルカ最近孔祥熙談トシテ右樣意味ノ發表アリタルハ御承知ノ通リ)

上海、香港ヘ轉電セリ

476　昭和14年8月16日　在香港田尻総領事より有田外務大臣宛(電報)

汪派の活動に対する重慶政権側の反応につき報告

香港　8月16日後発
本省　8月16日夜着

第一〇九八號

(1)汪派ノ活躍ハ未タ重慶方面ニ表面的影響ヲ及ホササルモ精神的打擊ハ甚大ナルカ如ク最近蔣介石ノ同胞ニ告クル書ノ發出、各地特派員ニ對スル對汪妨害工作ノ督勵激化等之ヲ裏書スルモノト見ラルル處各方面來電ヲ綜合スルニ

一、蔣ハ過般ノ最高會議ハ一部議題ニ關シ國共ノ意見對立ノ儘閉會シタルカ其ノ翌日直ニ陳誠、周恩來、馮玉祥等ヲ招集密議シ兎モ角モ兩黨間ノ了解ヲ遂ケ又十一日夜葉楚傖ノ招集セル對汪會議ニハ何應欽、陳樹人等ヲモ出席セシムル等極力表面團結ノ固キヲ見セ掛クルニ努力中ナリ

二、中共宣傳部ニ對シ至急機構ノ健全性ヲ計ルト共ニ汪ニ對スル攻擊、陰謀ノ暴露、輿論ノ肅正、和平論ノ撲滅方努力ヲ命令シ居ルニ拘ラス毫モ效果ヲ擧ケストテ黨總裁ノ資格ヲ以テ屢々嚴重詰責シ中常會ヨリモ十一日吳鐵城ヲ督勵ノ電報ヲ發出セシメタリ(GK)

三、(2)上海ノ紳士階級カ一樣ニ汪ノ逆說ニ迷ハサレ之カ各地ニ及ホス影響甚大ナルヲ惧レ十一日蔣ハ悲痛ナル告書ヲ發出セルカ一方朱家驊ヲシテ香港、澳門及廣東ニ近接シ人心一段ト邪說ニ混亂サレ居ルヘキヲ以テ一層ノ警戒ヲ要スル旨吳鐵城宛訓電セシメタリ(KC)

四、目下當地ニ在ル曾養甫ハ蔣ノ內意ヲ受ケ過日廖仲愷夫人ヲシテ汪ノ廣東放送ニ反駁文ヲ發出セシメタルカ曾及三民主義青年團書記長高廷梓等ハ汪放送ノ及ホセル影響ヲ重大視シ居レリ但シ宋子文ハ十三日ノ聯席會議ノ席上汪カ如何ニ努力スルモ白、張ノ兩廣ニ關スル限リ絕對ニ分化ヲ起サシメ得ス張發奎今日ノ態度ハ汪ニ對スル反抗心理ニ支配サレ居レリト述ヘタル由(GK及KC)

五、尙汪派要人監視中ノ特務員ハ戴笠ニ對シ陳公博ノ汪派附和ハ未タ確實性ナキモ其ノ義父何卓然カ汪ノ手當ヲ受ケ陳抱込ニ努力中ナルハ警戒ノ要アリトシ白崇禧ハ行營主任梁寒操ニ對シ以前汪ト親交アリシモ現在ノ態度ヨリ見レハ附和ノ憂ナシト夫々電報シ居レリ

上海、天津、廣東ヘ轉電アリタシ

477　昭和14年8月20日　影佐少将／汪兆銘　会談

新中央政府における維新政府要人の待遇問題等に関する汪兆銘と影佐少将との会談記録

影佐、汪精衛會談

八月廿日　於汪宅　矢野、清水同席

一、影佐ヨリ原田少將ヲ通シ梁鴻志ヨリノ傳言トシテ左ノ四點ヲ述ブ

(一)梁ニ於テハ誠心誠意汪氏ノ和平救國運動ノ驥尾ニ附シテ之ニ協力ス

(二)右ニ關シ屢々汪氏ト會談ノ機ヲ得度キモ自分ヨリ申出ツルヲ遠慮シ居ル次第ナレバ汪氏ヨリ會見方招カレ度シ

(三)汪氏ヨリ維新政府ニ對スル要望ハ凡テ議政會議ニ於テ之ヲ諮リ決定シ度シ

(四)維新政府ヨリ中央政府入リヲ希望セラルル人物ニ關シテハ汪氏ヨリ某々ヲ中央政府ニ入ラシムル樣トノ要求ヲナサレ度ク維新政府側ヨリ希望乃至ハ要求スルコトハ避ケ度シ

二、原田少將ノ維新政府最高顧問トシテノ希望左ノ通リ傳フ

(一)維新政府ニ於テハ最近空位トナリ居ル官職アリ充員ヲ要スル次第ナルガ聽テ汪氏ノ中央政府組織ニ際シ支障アリテハトノ氣遣ヒヨリ右充員ヲ差控ヘ居ル次第ナルニ付其ノ苦心ヲ諒承セラレ度シ

(二)梁鴻志等ノ汪氏訪問ニ際シテハ汪氏ニ於テモ答禮サルルコトヲ希望ス

右答禮ノ件ニ關シテハ汪氏ハ實ハ過日梁氏ノ來訪ニ關シ答禮セントセルモ梁氏ニ於テ青島ニ赴カレ又自分モ廣東ニ赴キタルニ付果シ得ザリシ次第ニシテ自分ニ於テモ其ノ心算ニ在リト同意ス

三、影佐ヨリ內話トシテ梁鴻志ノ中央政權內ノ地位ニ關シ考試院長ノ如キ第二流ノ地位ヲ提供サルルレハ恐ラク梁ハ辭退スヘキニ付其ノ際ハ華興商業銀行總裁ノ地位ヲ提供シ解決シ得ルニ非スヤトノ意見ヲ原田少將ハ抱キ居ルモノノ如シト語レリ

四、汪ハ維新政府要人ノ中央政府入リニ關シ汪氏ノ部下ニハ過激ナル理想論アリテ維新政府ノ人物ノ如キ無能ナルモノヲ中央政府ニ入ルルハ絕對ニ反對ナリトノ論ヲナスモノアレドモ汪ハ常ニ之等理想派ニ對シ一ハ日本政府ノ維新政府要人ニ對スル情義面子ヲ考フル要アリ他ニハ維新

政府要人ノ困難ナル事態ヲ從來處理シ來リタルコトヲ理解スヘキニシテ諸君ニシテモ實際ニ仕事ニ携ハルニ至ラハ同様思フ様ニ仕事ガ進捗スルモノニ非サルコトヲ覺悟シ置クヘシト訓示シ居レリト述ヘタリ

五、影佐ヨリ汪氏トシテモ今人事問題ニ公然言及シ得サル地位ニ在ランコトヲ述ブ卽チ汪氏モ中央政治會議ニ依リ中央政府ヲ組織スル迄ハ個人ノ運動ナレハ此ノ際人事ヲ言及シ得ヘキニ非サルベキコト又國民黨ノミナラス各黨各派ヲ網羅シ中央政府ヲ組織スヘキニ其ノ以前ニ於テ人事ニ言及スルハ專斷ノ譏アルヘク且今ヨリ人事ヲ公然言及シ置クニ於テハ聽テ重慶方面等ヨリ有力ナル分子ガ來リ投スル機會ヲ少カラシムル惧アリト思考サルレバナリ汪氏ニ於テモ之ニ同意ニシテ明日原田少將トノ會見ニ際シテハ人事問題ニ關シ尋ネラレテモ言及ヲ避クルコトトスヘシト語レリ

六、汪氏ハ王克敏、梁鴻志兩氏ト中央政治會議前ニ會見シ置キ度キカ御斡旋願度カ如何ト尋ネタルニ付影佐ヨリ來月中旬兩政府聯合委員會開催アルニ付其ノ開催地ニテ會談セラルルモ一案ナルカ上海ヲ希望サルルヤト反問セルニ何地ニテモ差支ナクト汪氏ハ語リ影佐ニ於テ右斡旋方引受ケタリ

七、影佐ヨリ聞ク處ニ據レハ中華日報記事中維新政府ヲ傀儡政府ナリト述ヘタルモノアル由ナル處斯クテハ既存政府ノ努力ヲ宣揚スル聲明出サルルトキ彼此撞着トナルヘク又輿論指導上モ宜シカラサルニ付御考慮アツテ可然ト存スト語リタルニ對シ汪氏ハ近時カカルコトナシト思考スルモヨク調ヘ貴言ニ副フ様スヘシト述ヘ影佐ヨリ既成政權ノ努力賞揚ノ聲明ハ何時頃ナサルル予定ナリヤト尋ネタルニ中央政治會議前ニナス予定ナリト答フ

八、汪氏ハ最近重慶側ハ王克敏ノ許ニ人ヲ派シ蔣ハ王克敏ニ對シテハ何トモ思ヒ居ラサルカ汪ハ日本ノ傀儡トナリテ和平運動ヲナシ居ルニ付之ハ飽迄擊滅スル所存ナルヲ以テ貴下ハ之ニ加擔セラレサル様セラレ度シト反間ノ策ニ出テタルガ王克敏ハ傀儡トノ譏リハ從來自分ニ向ケラレ居ルニ非スヤ且自分ハ汪ノ運動モ重慶ノ工作モ兩者共ニ妨害スル意ナシト答ヘ置キタル趣ナルカ右ハ王克敏ヨリ喜多中將ニ既ニ話スミナリト述ヘタリ影佐ヨリ右様ノ離間策ハ維新政府ニ對シテモ行ハレ居ルニ非スヤト尋ネタ

ルニ汪氏ニ於テモ或ハ然ラント語レリ
右重慶ヨリ派遣セル人物ヲ王ニ會見セシメタルハ燕京大學教授米國人「ステレトン」ナル趣ナリ（米人ノ名ハ汪ノ言ノ儘）本件北京電ト同一人ナラスヤト思フ

478

昭和14年8月23日　在香港田尻総領事より有田外務大臣宛（電報）

沈崧暗殺事件発生について

香港　8月23日前発
本省　8月23日後着

第一一三一號（至急）
沈崧ハ二十二日午後八時十五分「キングス、セアター」裏ノ文蘭倶樂部ヨリ歸宅ノ爲自動車ニ乘ラントスル際暴漢ニ襲ハレ手斧ニテ頭部ニケ所ヲ毆打セラレ卽死セリ犯人ハ現金百餘弗、時計及手帖ヲ奪ヒ現場ニ新ラシキ手斧ニ挺ヲ打捨テ何レカニ逃走シ人數モ不明ノ由
廣東ヘ轉電セリ
上海ヘ轉電アリタシ

479

昭和14年8月23日　在香港田尻総領事より有田外務大臣宛（電報）

香港において汪派に対するテロ事件頻発につき対抗措置が必要である旨意見具申

香港　8月23日後発
本省　8月23日夜着

第一一三五號
往電(1)第一一三一號ニ關シ
一、過日沈崧ハ廖仲愷夫人ヨリ五名ノ壯漢ヲ居宅ニ差向ケ來レルモ事無ク追拂ヒシ事アリ（ト）内話セルカ當方ヨリモ其ノ際最近高建吾カ戴笠宛沈ニ對シテハ未タ親交ノ方法無シ（ト）報告セル情報アル旨ヲ告ケ一層警戒方勸告シ又二十一日夜同人カンタン來訪ノ際三名ノ支那人尾ケ廻シ居ルヲ發見シタルヲ以テ更ニ愼重行動方促シ置キタル事アリ沈ハ常ニ死ヲ恐レテハ工作遂行不可能ト稱シ夫人ノ勸告モ却ケ連日安蘭倶樂部（文蘭ハ誤）ニ出入各方面トノ接觸ニ當リ居リタリ
二、犯人ハ三名ト報道セラレルノミニテ背後關係不明ナルモ前記事情ヨリ推シ又沈ノ聯絡先ヲ書留メタル手帖ヲ奪取

セル點ヨリ見テ重慶側手先ナルハ疑ヲ容レス
三、二十三日朝夫人ヨリ至急後繼者ノ選出方陳璧君ニ手配濟ナレハ決定次第通知スヘキニ付懸念無キ樣申越セリ
四、(2)政廳ニ對シテハ「テロ」彈壓ニ關シ從來共屢々申入レタル所ナルモ二十三日重ネテ香港ニ於テ行ハルル暴行事件ハ極メテ稀ナルハ認ムルモ林伯(柏カ)生襲擊事件ト言ヒ今回ノ事件ト言ヒ執(孰カ)レモ汪派ノ人物ニ對シテ惹起セラレ居リ且汪派カ我方ト聯絡アルコトハ今ヤ公然ノ事實ニシテ從テ我方トシテハ此ノ種事件ニ關シ重大ナル關心ヲ抱キ居リ況ンヤ勢ノ趨ク所遂ニハ日本人ニモ及フ無キヤヲ惧ルル次第ヲ說明シ吳鐵城高建吾ニ關スル情報ヲモ提供シ又南華日報ニ對スル迫害ニモ關聯セシメテ强ク注意ヲ喚起シ置キタルモ政廳側カ我方ノ滿足スヘキ程度ニ警戒手段ヲ講スヘシトハ思考セラレス依テ曾テ問題トナセシコトナルモ此ノ際汪派トシテモ對抗的ニ暗殺團ヲ持ツコト肝要ナルヘク之ニハ上海ヨリ一派ヲ分遣スルコト然ルヘシト認メラル
五、英支國境閉鎖サレタル今日香港ハ奧地トノ聯絡舊ノ如ク便ナラス沈モ一應ノ聯絡成ル上ハ速ニ廣東ニ引揚クル意嚮ナリシ一方前項ノ手段ヲ執ルトセハ汪派ノ安全ノ爲ニモ當地ハ不適當トナルヘキ處廣東ヲ本據トシ當地ハ其ノ出店トシテ有效ナル軍政工作ヲ爲シ得ヘキヤ廣東及上海ニ於テモ御研究ヲ請フ

廣東ヘ轉電セリ
上海ヘ轉電アリタシ

480 昭和14年8月24日 在上海三浦総領事より有田外務大臣宛(電報)

沈崧暗殺後の香港における汪派工作の見通しについて

上海 8月24日後発
本省 8月24日夜着

第二三八四號(極祕、館長符號扱)

本官發香港宛電報
第一二八號

PL暗殺ニ對シテハ竹內モ大イニ驚愕シ悲歎ニ暮レ居ルカ重慶側ニ對シ愈憤激シ貴地方面ノ工作ハ本件ニ拘ラス既定方針ニ基キ益々積極的ニ實行スヘク今後ハPLノ代リトシ

テ陳。維。書ヲ香港ノ聯絡者トスルコトニ決シ又香港ノ事態一時改善ノ見込ナキニ於テハ重要分子ヲ廣東又ハ澳門ニ移シ香港ニハ成ルヘク小規模ノ聯絡機關ヲ設クルニ止メ廣東又ハ澳門ヲ聯絡工作ノ中心ト致度キ希望ヲ述ヘタルカ河村及清水ヨリ已ムヲ得サル場合ニハ廣東ニ移ル外ナカルヘキモ澳門ハ最近藍衣社入込ミ居リ相當危険ナルヘク何レニスルモ和平工作ノ進展ニ伴ヒ香港、澳門、廣東方面ニ於テ特務工作ヲ實施スル必要アルヲ以テ丁、李一派ヨリ然ルヘキ者ヲ派シ之カ工作ニ當ラシムル等速ニ具體策ヲ樹立スルコト肝要ナル旨述ヘ置ケル趣ナリ尚竹内夫人ノ身邊ハ今後益々危険トナル惧アルヲ以テ香港ヲ離ルヘキ旨竹内ヨリ申送リタルモ同人ハ目下實力派トノ聯絡ニ最モ重大ナル時期ナルヲ以テ香港ヲ動ク能ハスト頑張リ居ル趣ナリ

大臣、廣東ヘ轉電セリ

481　昭和14年8月24日　在上海三浦総領事より有田外務大臣宛（電報）

日本軍の駐兵および関税改正問題等に関する森島参事官と褚民誼との会談報告

上　海　8月24日後発
本　省　8月24日夜着

第二三八五號

往電[1]第二三二五號ニ關シ

森島ヨリ

二十三日約ニ依リ褚民誼ト再會見シタルニ

一、褚ヨリ佛國大使ヨリ至急會見方申越アリ本日往訪ノ筈ナリト内話アリタルヲ以テ上海發累次往電ノ經緯ヨリ判斷スルモ右ハ恐ラク佛租界法院問題ニ關スルモノト思考セラレタル爲本官ヨリ佛國案ノ内容、佛側ヨリ日本側竝ニ市長ニ對スル申入及右ニ對スル應酬振ヲ説明シタルニ褚モ右ハ尤モナリトシ自分ヨリハ佛案ハ日本側竝ニ汪精衛側ハ素ヨリ重慶側ト雖之ニ反對スヘキコト必然ナルヘキ旨回答スルコトトスヘキ旨語レリ

二、褚ハ今後ノ汪派工作ニ關聯シ特ニ日本政府ニ對シ希望シタキ點アリト前提シ撤兵問題ニ關シ七月七日平沼首相談トシテ新聞紙ノ傳フル所ニ依レハ同首相ハ日本ハ半永久的ニ駐兵スヘキ旨述ヘラレ居ルモ日本側ヨリ積極的ニ駐兵ヲ云爲セラルルハ國際關係上ノ摩擦ヲ起スノミナラス

中國人心ニ及ホス影響モ面白カラス新中央政府トシテハ反共竝ニ重慶政府ニ對抗スル關係上日本ノ駐兵ヲ必要トスルコト言ヲ俟タサル所ナルヲ以テ中國ヨリ日本ノ駐兵ヲ依頼スルカ如キ形式ヲ採リ中國ノ懇望ニ應シ駐兵スルモノノ如キ説明振ヲ執ラルルコト得策ナルヘク又關税ノ如キモ急イテ日本ノミニ有利ナル税率改正ヲ行フコトナク此ノ際ハ中央政府成立後列國ニ急激ナル刺戟ヲ與ヘサル改正ヲ行フコト得策ナルヘク要スルニ前記ノ法院、關税等ノ問題ハ中央政府樹立後ニ之ヲ解決シ汪精衛ニ花ヲ持タスコト精衛カ人心ヲ收攬シ又人材ヲ引付クル上ニ有利ナルヘク切ニ日本側ノ考慮ヲ得タシト述ヘタリ（本官ヨリ一九二七年ノ税率採用ニ關スル經緯ヲ一應説明シ置キタリ）

三[(2)]、本官ヨリ前日英國大使ト會見ノ際同大使ヨリ(イ)王克敏カ新中央政府ニ加入スル見込アリヤ又加入スルモノトセハ大臣ノ椅子ヲ占ムルヤ(ロ)汪派ニ對スル維新政府ノ態度如何(ハ)呉佩孚ノ去就如何ニ付質問アリタルヲ以テ本官ヨリ(イ)克敏、兆銘ハ完全ニ意見一致シ居リ從テ克敏ノ新政府參加ハ確實ナルヘシ但シ大臣トシテ新政府ニ入ルヤ否ヤハ將來支那側内部ノ協議ニ俟ツヘキモノナルモ私見ヲ以テセハ北方ノ要職ニ坐ルニアラスヤト思考セラルル旨(ロ)全然問題ナシ(ハ)呉カ兆銘ト會見セサリシハ事實ナルモ元來呉ハ一徹ノ男ニシテ支那式ノ訪問ニ關スル儀禮上ノ關係ヨリ呉、汪會見ノ機會ナカリシニ過キス併シ自分ノ了解スル所ニ依レハ呉ハ和平救國ノ爲ニハ進テ起ツ意嚮ヲ有シ居リ且必スシモ自ラ大總統タルコトヲ期シ居ル次第ニアラサルヲ以テ將來情勢ノ展開如何ニ依リ汪派ノ中央政權運動ニ合作スルノ可能性ナキニアラサルコトヲ説明シ置キタル旨述ヘタルニ褚ハ最近英大使ト會見ノ筈ニ付前記ノ諸點ニ付テハ詳細説明スルコトトスヘシト語レリ

北京、南京、漢口、廣東、香港ヘ轉電セリ
北京ヨリ天津ヘ轉報アリタシ

482　昭和14年8月26日　在上海三浦総領事より有田外務大臣宛（電報）

汪兆銘による国民党全国代表大会の開催計画について

付　記　昭和十四年八月二十四日付、矢野領事作成

「竹内工作最近ノ状況」

上海　8月26日後発
本省　8月26日夜着

第二四一七號（極祕）

汪精衛ハ中央政權樹立工作ノ第一歩トシテ近ク當地ニ於テ國民黨全國代表大會ヲ開キ重慶ニ於ケル組織ヲ否認スルト共ニ反共和平竝ニ一黨專制ノ主義（編注）ノ下ニ新ニ黨章政綱及政策ヲ制定シ且宣言ヲ發スルコトトナレリ目下同志幹部ヲシテ之カ準備ニ當ラシメツツアルカ出席代表者ノ申込既ニ二?百名ヲ越ヘ現ニ南支北支各地ヨリ到着セル者百數十名ニ達シ居レリ右大會ノ開催ニ付キテハ重慶屢次ノ妨害ヲ避ケル爲今日迄祕密裡ニ準備ヲ進メツツアリタル次第ナルカ愈々大會ノ翌日ニハ汪自ラ支、日、外ノ順序ニテ新聞記者ト會見シ同大會ノ開催ノ經緯、意義及内容ヲ公表スル豫定ナリ

（本件大會ニ關シテハ新聞發表迄極祕ニ附セラレタシ）

在支各總領事、香港ヘ轉電セリ

編　注　八月二十八日発訂正電報により、「一黨專制ノ主義」は「一黨專制廢止ノ主義」に訂正された。

（付　記）

竹内工作最近ノ状況

昭和十四年八月二十四日　矢野記

一、竹内工作ノ準備トシテ丁默邨ノ暗中運動進展中ナル處現今ニ於テハ最早重慶側ノ上海ニ於ケル根據地ヲ殆ト潰滅セシメ其ノ再建ハ不可能ニ非スヤト察セラルル程度ニ成功セル趣ナリ

二、仍テ周佛海等ハ既ニ本月中旬ヨリ滬西ノ竹内住居ニ移轉シシ（ママ）竹内氏モ近ク之ニ移轉シ九月一日ニハ全國代表大會（國民黨）ヲ該住居ニ於テ開催スル予定ナリ尤モ右大會ハ或ハ一日以前ニ開催サルルヤモ知レス

三、全國大會ニハ出席應諾ノ回答ハ四〇〇人ヨリアリタルモ之ヲ選擇シ200人位ニ減スルコトトシ居ル趣ニテ大体官吏上リハ簡任級以上民間人ハ地方黨部委員以上ナリトノ趣ナリ財界方面ニ於テハ未タ有力者ヲ得ス殊ニ金融界方面ハ逡巡氣味ナルカ周作民ハ或ハ來リ投スルナラントモ思ハル錢永銘ニ於テハ寧ロ妨害シツツアリヤニ見受ケラルル趣ナリ

華僑方面ニ於テハ胡文虎ハ竹內工作ニ共鳴シ來レルモ陳嘉庚ニ於テハ依然强ガリ居リ盛ンニ華僑ヲ煽動シ竹內工作ノ妨害ヲナシ居レルモ「シヤム」蘭印方面ノ華僑ニハ竹內ノ和平運動ニ對シテハ漸次理解ヲ增シ來レル趣ナリ元來華僑ハ過激ナル言辭ヲ好ミ自然蔣ノ强ガリニ魅力ヲ感ジ居ル趣ナリ

四、軍事方面ニ於テハ干學忠軍トハ其ノ代表上海ニ來リタルニ會談セル處中央政府樹立ヲ見レハ運動ヲ開始スルニ付夫レ迄ハ一箇所ニ集結シ事實停戰シテ待機ストノ話合トナリ居レル趣ナリ

又廣東省博羅寶安方面ノ廖轟(磊カ)ノ率キル保安隊（前回ノ報告御參照）トハ完全ニ連絡濟ミニシテ南支派遣軍トモ連絡着キタル趣ナリ

竹內氏ハ軍事工作ヲナスニ從ヒ何レモ中央政府ヲ樹立シタランニハ驥尾ニ附シテ出馬セントイフモノ有リ中央政府樹立ノ急務ナルヲ痛感シ居ル趣ナリ

五、興亞院楠本氏ニ於テ新聞會見ニ際シ屢々竹內工作ニ關シ悲觀的言辭ヲ弄シ又工作狀況ニ關シ洩スコトアル趣同盟大矢(屋カ)（河內ニ在リタル）ニ於テ目擊シタル旨同人ヨリ小官ニ內話アリ之ヲ影佐ニ傳ヘ可然注意ヲ喚起シ置クコト必要ナルト共ニ興亞院其ノ他ニ於テ中央政府樹立前ニ既成事實ヲ作リ置カントスル形勢アルヤニ察知セラルル處斯クテハ將來汪ニ對シ煮湯ヲ呑マシムルガ如キ惡果ヲ招來スルコトアルヘキニ付此ノ際影佐ニ於テ興亞院側ノ注意ヲ喚起シ置クコト如何ト示唆セルニ同氏モ之ニ贊意ヲ表シ二十三日午後一時挨拶旁々小官モ同道シ津田長官及楠本次長ニ個別的ニ會見セリ

(一)津田長官ニ於テハ新中央政府成立ノ上ハ興亞院關係ノ事務中ニ於テ新政府ニ承認セシムベキモノ等多アルヘキ處先方ニ對シ要求スルモ無理ナラント思ハルルモノモアルニ付此ノ際再檢討シ支那側ガ快ク承認スル樣準備シ置ク必要アリ仍テ當院ニ於テハ其ノ事ニ關シ研究中ナリト述ヘタリ

(二)楠本次長ニ於テモ右同樣語レル後當部ニ於テ今後新中央政府ニ對シテ認メシムベキ限度ニ關シ目下研究中ナリト述ヘ居リタリ

483　昭和14年8月27日　在上海三浦総領事より有田外務大臣宛(電報)

国民党全国代表大会の開催時に提出予定の決議案等について

付　記　右大会の状況に関する梅思平談話

上　海　8月27日後発
本　省　8月27日夜着

第二四二三號(至急、極祕)

往電第二四一七號ニ關シ

國民黨全國代表大會開催ノ際ハ(一)反共和平日支合作及一黨專制廢止ヲ主張セル宣言ヲ發表スルト共ニ(二)左記各項ノ決議案ヲ提出スル豫定ナリ

一、國民黨政綱修正ニ關スル件

二、民國廿八年一月一日以後重慶ニ於ケル國民黨組織ハ職權行使ノ自由ヲ失ヒタルモノト認メ今後其ノ職務ヲ繼續スル爲

(A)總裁制ヲ廢シ新ニ中央執行委員會主席ヲ設クル件

(B)中央委員ヲ增員スル爲選擧ヲ行フ件(從前ノ中央委員ハ故ノ如シ)

(C)從來ノ中央委員ノ來滬ヲ督促スル件

(D)新ニ法定員數ヲ規定スル件

(E)重慶ニ於ケル國民黨組織ノ解散ヲ命スル件

三、反共ヲ以テ國民黨ノ基本的政綱トスル件

四、中央執行委員會主席ニ授權シテ委員ヲ指名シ且當該人士ト連同シテ中央政治委員會ヲ組織セシムル件

五、中央執行委員會主席及中央政治委員會ニ委任シ日支國交ヲ恢復セシムル件

六、中央執行委員會主席及中央政治委員會ニ委任シ國民政府ノ改組及其ノ南京歸還ヲ決議セシムル件(本項ハ外部ニ發表セス)

七、成ルヘク速ニ國民大會ヲ召集シ憲政ヲ實施スルノ件

(新聞發表迄極祕ニ附セラレタシ)

在支各總領事、香港ヘ轉電セリ

(付　記)

中國國民黨第六次全國代表大會ニ關スル大會祕書長梅思平氏談

中國國民黨ハ本月二十八日上海ニ於テ第六次全國代表大會

ヲ開催シ三十日ヲ以テ閉會ヲ告ケタルカ大會ノ狀況ニ關シ同會祕書長梅思平氏ノ記者ニ對シテ發表セル談話左ノ如シ

汪先生昨年十二月二十九日通電ヲ發表スルヤ全國ノ民衆及各地黨部ハ之ニ響應シ各地黨員海外華僑及黨部竝ニ各地民衆團体及特別黨部等紛々トシテ支持ノ電報ヲ寄セタルカ重慶政府及黨部當局ハ既ニ共產黨ノ壓迫ニ依リ自由ニ其ノ職權ヲ行使スルコト能ハサルヲ以テ黨員一致シテ汪副總裁ニ對シ速ニ第六次全國代表大會ヲ召集シ國是ヲ協議センコトヲ請求シ各地黨員ヨリ推薦セル代表二百四十余名ノ參集ヲ見タリ依ツテ八月二十八日開會式及豫備會議ヲ開キ先ツ汪副總裁ヲ臨時主席ニ推シ大會ノ主席團ヲ選出シ大會祕書處ノ人選ヲ追認シ第六次全國代表大會議事規則ヲ議決セル後一同起立シテ二年以來ノ殉國將士同胞同志及和平運動ノ爲ニ遭難セル同志ニ對シテ默禱ヲ捧ケ哀悼ノ意ヲ表シテ豫備會議ヲ終レリ

二十九日午前第一次大會ヲ擧行シ主席團ヨリ周佛海氏ヲ主席ニ推シ黨務整理案ヲ提案シ議決ヲ見タルカ其ノ要點左ノ如シ

(一)民國二十八年一月一日以降本黨中央執行委員會及監察委員會ハ何レモ職權ヲ行使スルノ自由ヲ失ヒタルニ依リ凡ユル一切ノ決議及命令ハ完全ニ無效トスルコト

(二)中央黨務機關ハ改組スル迄一時之ヲ解散スルコト

(三)各級地方黨部及特別黨部ハ改組スル迄一時其ノ活動ヲ停止セシムルコト

(四)國民黨總章ヲ修正シテ總裁制ヲ廢シ中央執行委員會主席一人ヲ設ケ總章第四章所定ノ總理ノ職權ヲ代行セシムルコト

(五)第五期中央執行委員、同候補委員、中央監察委員及同候補委員ハ本期大會ニ於テ重任ヲ認ムル外中央執行委員三十八人、同候補委員二十人、中央監察委員二十六人、同候補委員十六人ヲ新ニ選出スルコト

(六)重慶其ノ他共產黨跋扈ノ各地ニ滯在シアル中央執行監察委員及候補委員ニ對シ速ニ上海ニ參集シ國事ヲ協議スル樣電請スルコト

(七)中央各委員參集以前ニ在リテハ中央ノ各種會議ハ實際上行動ノ自由アリテ確實ニ參會シ得ル者ノ過半數ヲ以テ法定人員數ト爲スコト

(八)中央黨務機關各地方黨部及各特別黨部ハ中央執行委員會

ニ於テ責ヲ負ヒ改組シ速ニ工作ヲ恢復スルコト
次テ代表八十余人ノ提出セル左記ノ臨時動議二件ヲ上提決議ヲ見タリ
㈠汪副總裁ハ和平ヲ提唱シ凡ユル困難ヲ排シテ奮鬪シ國家ノ危急ヲ挽回シ國民ノ苦痛ヲ救濟セルニ付敬意ヲ表スル爲主席團及全体代表起立ノ上汪副總裁ニ向ツテ敬禮スルコト
㈡黨務整理案ノ決議ニ依リ汪兆銘同志ヲ中央執行委員會主席ニ推薦スルコト
右臨時動議ハ滿場一致ヲ以テ通過セルカ當時全代表萬雷ノ如キ拍手ヲ以テ之ヲ迎ヘタリ
同日午後第二次大會ヲ開キ汪主席大會ノ主席トナリ左記ノ如キ重要ナル提案ヲ附議シ其ノ決議ヲ見タリ
㈠本黨政綱修正案
㈡反共ヲ以テ本黨基本政策ト爲スノ案
㈢中日關係ヲ根本的ニ調整シ速ニ國交ヲ恢復スルノ案
㈣中央執行委員會主席ニ授權シ中央執行委員ヲ指名シテ黨外ノ人士ト共同シ中央政治委員會ヲ組織セシムルノ案
㈤速ニ國民大會ヲ召集シ憲政ヲ實施スル案
次テ三十日午前第三次大會ヲ開催シ中央執行委員ヲ選擧シ且本期大會ノ宣言ヲ決議シ午後閉會式ヲ擧ケタルカ何レモ汪主席會議ヲ主宰シ同午後四時無事閉會ヲ告ケタリ
今後國民黨ハ其ノ歷史的使命ニ基キ更始一新全國人民ヲ領導シテ和平建國ノ運動ニ邁進シ本大會決定ノ方針ニ副ヒ着々之カ實現ヲ圖リ以テ前途ノ光明ヲ開拓セムトスルモノナリ。

484　昭和14年9月2日　在上海三浦総領事より阿部外務大臣宛(電報)

国際情勢の激変後も立場は不変との決意を表明した汪兆銘通電の内容について

上　海　9月2日後発
本　省　9月2日夜着

第二四七八號
汪精衞ハ獨蘇不可侵條約締結ト國際情勢ノ激變竝ニ我内閣ノ更迭ニ基キ兎角ノ風說アルニ對シ自己ノ立場ト決意ヲ表明スル爲一日內外各同志宛通電ヲ發シタルカ右ニ依レハ國際情勢如何ニ拘ラス六全大會ニ於ケル宣言及重要決議ヲ

着々實行ニ移シツツアルコトヲ力說シ獨蘇不可侵條約締結ニ依リ人民戰線派及共產系分子ノ主張セル侵略、不侵略兩戰線對立說ハ全然根據ヲ失ヒ其ノ所論ハ支離滅裂ナリト駁シ國內ニ於ケル反共ト國際的防共ハ同一物ニアラス況ヤ吾人ハ三民主義的中華民國ノ建設ヲ企圖スル以上共產思想ハ最モ排擊スル所ナリト論シ更ニ重慶方面ニ於ケル多數同志ノ苦衷ニ同情ヲ表スルト共ニ前戰（線カ）各武裝同志カ和平反共建國ノ主張ヲ揭クレハ其ノ現有兵力ト未タ失ハサル土地トヲ保持シ得ヘク又外ハ吾人ノ和平運動ト呼應シ內ハ獨裁勢力ト共產勢力ノ沒落ヲ促進スルニ於テハ其ノ力極メテ甚大ナリトテ重慶側同志ノ執ルヘキ方法ヲ明示シ且汪自身六月東京ニ赴キ平沼前首相ト會談シタル其ノ內容ヲ引用シ內閣ノ更迭アルモ日本ノ事變處理政策カ確固不動ナルコトヲ强調シ志ヲ同シウスル各黨、各派、無黨、無派ノ一致團結ヲ促シ居レリ

北京、南京、漢口、厦門、廣東、河內、新嘉坡、「バタビヤ」、馬尼剌ヘ轉電シ、香港ヘ暗送セリ

485　昭和14年9月4日　在上海三浦総領事より阿部外務大臣宛（電報）

臨時・維新両政府および各党派の参加による中央政治委員会の組織を汪兆銘計画について

上海　9月4日後発
本省　9月4日夜着

第二四九六號（極祕）

汪精衞ハ國民黨全國代表大會終了セルヲ以テ愈々臨時維新兩政府及各黨派ニ呼ヒ掛ケ中央政府ノ樹立工作ニ進ムヘク先ツ來ル十日頃當地ニ於テ國民黨中央執監委員ヲ開催シ同委員ニ中央政治委員會組織條令ヲ附議シ同條令ニ於テ國民黨以外ノ各黨派及社會的ニ名望アル者ヲ參加セシメ中央政治委員會ヲ組織スヘキ旨規定シ國民黨トシテノ中央政治委員會開催ノ法的根據ヲ作ル豫定ナリ右終リテ臨時維新兩政府等既成政權ニ對シ其ノ協力ヲ求ムル聲明ヲ發スル豫定ナリ（本件發表セサル樣願度シ）

北京、各總領事、香港ヘ轉電セリ

486　昭和14年9月5日　在上海三浦総領事より阿部外務大臣宛（電報）

中央政治委員会条例案の取扱いにつき汪側と協議について

付　記　昭和十四年九月五日
「汪精衛、梁鴻志會談要領」

上　海　9月5日後発
本　省　9月5日後着

第二五一一號（極祕、館長符號扱、大至急）

四日[1]竹内側ヨリ明五日一中全會（中央執監全体會議）ヲ開催シ國民黨ヨリ中央政治委員會ニ出席スヘキ者ヲ決定スル筈ナルカ之カ爲ニハ中央政治委員會條令ヲ先決スル要アリトナシ同條令ヲモ一中全會ニ於テ決定スヘキ趣ヲ以テ條令草案ヲ内示セリ

元來同條令ハ従來ノ法治的（?）考察ヨリスレハ一應尤モナルモ今次中央政治委員會ハ中央政府樹立ヲ準備スル臨時的性質ヲ有シ且既成政權及各黨各派ノ協議ニ依リ之ヲ定ムヘキモノナルヲ以テ従來ノ委員會條令ヲ以テ律シ得ヘキモノニアラストノ我方見解ヲ主張シ双方研究ノ結果左ノ如ク一應妥協點ヲ發見セリ

一、[2]明五日ノ一中全會ニ於テハ全ク骨抜キノ會議トナシ
　(一)中央政治委員會組織條例ノ内容決定ニ關シテハ汪精衛ニ一任ノコト
　(二)本條例ハ汪精衛批准ヲ以テ決定シ同日發動ノコト
　ノ二項ヲ決定スルコトトス

二、王克敏及梁鴻志等ニ對シ今次ノ中央政治會議ハ六月十六日決定ノ「時局收拾ノ具體的辦法」第四ノ第二項ヲ協議スヘキコト且國民黨、既成政權各黨各派ニ依リ構成スヘキコト等ノ了解ヲ求ム（梁トハ九月五日夜會見、克敏トハ多分十七、八日頃）

三、恆久的ナル中央政治委員會條例ハ別ニ克敏、鴻志等ト協議決定ス其ノ一案トシテ汪精衛作成ス

四、支那側ノ準備遲延セル爲開會前ニ御意見ヲ徵シ得サリシハ恐縮ニ堪エス御異見アラハ遡及シテ修正セシムヘキニ付至急御回示アリタシ關係書類郵送ス

北京、南京、漢口、廣東、香港ヘ轉電セリ

（付　記）

汪精衞、梁鴻志會談要領

昭和十四年九月五日　自午后九時至同十時半

於上海梁鴻志宅

（汪精衞ノ影佐少將ニ語リタル所ニ依ル）

今次汪、梁會談ハ兩者共從前ニ比シ比較的詳細ニ亘リ意見ヲ開陳スル所アリタリ　其ノ要旨左ノ如シ

一、中央政治委員會開催ノ目的及方法ニ就テ

中央政治委員會開催ノ方法ニ關シテハ既ニ梁ハ充分ナル豫備智識ヲ有シ汪ノ提示セル中央政治委員會組織條例案ニ對シテモ梁ハ特ニ異存ヲ挿マス唯同案中ニ於ケル「中央委員ヲ指定ス」ナル字句ヲ少シク鄭重ニ「中央委員ヲ延請ス」ノ程度ニ改メテハ如何ト示唆シタルニ止マレリ

中央政治委員會ニ於テ議スヘキ具体的內容ニ關シテハ之ヲ他日ニ讓リ其ノ席上ニテハ話サヾリキ

二、臨時、維新兩政府ノ功績表明ニ關スル件

汪ヨリ過日發表セル第六次國民黨全國代表大會宣言ニ於テ臨時、維新兩政府ノ過去ノ功績ヲ讃ヘ且將來ノ協力ヲ要請スル點ニ觸レアラサリシヲ以テ適時汪派ニ於テ右趣旨ノ意志ヲ表明スヘキ「メツセーヂ」ヲ發出スルノ意圖アルヲ明ニシ其ノ內容ニ付要點ヲ說明セシ處梁ハ異存ナキ旨言明セリ

三、人事問題ニ就テ

汪、中央政權樹立ニ伴フ人事問題ハ未タ決定シ居ラス又現在未タ決定ノ時機ニ非スト思考ス

將來王克敏、梁鴻志兩氏トモ相談ノ上決定致度處貴下ニ於テ何等カノ意見アラハ承知致度

梁、人事ニ關シテハ自分ニ關スル限リ毫モ心配ノ要ナシ自分ハ祕書ニナレト言ハル、ナラハ祕書タルモ敢テ辭セス　貴下ノ胸中ハ自分ニハ充分諒解シ得ルモ貴下ノ周圍ニハ自分ニ對シ快カラス思フ人々モ有之ヤニ聞キ居レリ

四、新中央政府ニ對スル日本側ノ態度ニ關シ

（註）汪曰ク　本件ハ梁モ極祕ヲ以テ語リタルモノト認ムルヲ以テ自分カ他言スルハ適當ナラサルモ貴下（影佐少將）ニ對シテハ同志トシテ特ニ貴下限リニ於テ報告スル次第ナリ

梁、自分カ嘗テ上京セル際日本ノ政府方面ハ種々ノ問題ヲ承諾スヘキ言質ヲ與ヘタルモ出先軍部ニ於テハ必

スシモ其ノ通實行セス日本ハ內ト外トノ意見カ一致セス又軍部內ニ於テモ大佐以上ト同以下ニ於テハ意見ノ隔リカアル樣考ヘラル

從テ新中央政府ニ對スル日本ノ態度モ東京ノ要路カ如何ナル考ヲ持チ居ルトモ之カ出先ニ於テ果シテ實行シ得ルヤ否ヤニ就テハ確信ナシ

汪、自分ハ杉山大將、山田中將、及川長官及安藤中將トモ篤ト懇談ノ機會ヲ得タルモ孰レモ充分政府ノ方針ヲ體得シ居ラル、樣思ヘリ

梁、軍司令官位ハ克ク諒解シ居ラル、ナランモ實際問題トシテ軍司令官ハ屢交代ス

變ラサルハ下僚ナリ

(註)汪曰ク

日本ハ少壯將校カ實權ヲ把握シ上長ハ傀儡タルニ過キストノ考ハ蔣介石、張群等モ同樣ニ之ヲ有シタリ

自分(汪)ハ南京時代及漢口時代ヲ通シ蔣、張ノ斯ノ種認織(識カ)ニ對シ次ノ如ク考ヘ且應酬シ來レリ卽「少壯者カ意見ヲ主張スル氣力ヲ有シ且之ニ對シ意見開陳ノ機會ヲ與フルコトハ畢竟政治ノ進歩ナリ　支那ノ如キハ實質的少壯者カ居ラサル爲ニ自分ハ行政院長ノ職ニ在リナカラ事務官ノ仕事迄モ行ハサルヲ得サル實情ナリ

蔣介石亦自ラ定メ而シテ自ラ之ヲ實施シ敢テ少壯者ノ意見ヲ聽カス又確信ヲ以テ意見ヲ上達スル少壯者モ無シ

斯ノ如キハ蔣ヲシテ獨斷遂ニ今日ノ窮狀ニ陷ラシメタル最大原因ナルヘシ」ト右意見ヲ梁ニ對シテモ同樣說明シタルモ彼ハ余リ同意セサリシカ如シ

汪、然ラハ貴下ハ何故今日迄南京政府ノ首領タルノ地位ヲ保持シ來レルヤ

梁、自分ハ南京ニ在リテ別ニ仕事ハ爲シ居ラス靜觀シアルニ過キス(トテ苦笑ス)

(註)汪曰ク

右ハ決シテ梁カ自分(汪)ノ中央政府建設工作ヲ中傷センカ爲ノ惡意ニ基クモノニ非サルコトハ其ノ悲痛ナル面持ニテ明ニ看取シ得タリ　梁ノ觀測ニテハ中央政府ハ建設スルモ將來大ナル活躍ハ望ミ得サルヘシトノ所見ナリ

汪、然ラハ貴下ノ意見ハ矢張リ蔣介石ヲ引出ス方可ナリトノ意味ナリヤ
梁、貴下ハ日本カ孔祥熙等ヲ通シ蔣ト連絡シアルヲ知ラスヤ
汪、其レハ聞カサルニ非サルモ蔣ハ結局決心シ得ス　又決心シ得サルカ故ニ遂ニ自分カ蹶起セサルヲ得サルニ至レルモノナリ
日本カ自分ヲ弄フカ如キ意圖ヲモ毛頭有セサルヘキハ自分カ東京ニ行キ各方面ト意見ヲ交換セシ所ニ依リ確信シ得ルモノニシテ右確信ノ下ニ本工作ヲ進メツツアル次第ナリ

487　昭和14年9月5日　在上海三浦総領事より阿部外務大臣宛(電報)

中央党部の人事等に関する中央執監全体会議決定について

上海　9月5日後発
本省　9月5日夜着

第二五二二號（館長符號扱）

往電第二五一一號ニ關シ
一、六(一カ)中全會ハ豫定ノ如ク本日午前約二時間半ニ亘リ開催セラレ黨内部ノ組織及宣傳其ノ他ニ關シ協議決定ノ上散會セリ
中央黨部機關竝ニ役員左ノ如シ
祕書長褚民誼、組織部長梅思平、宣傳部長陶季成(希聖カ)、社會部長丁默村、
二、中央政治委員會組織條例ニ關シテハ冒頭電報ノ通リ汪精衞ニ一任ノコトニ決定セリ
北京、南京、漢口、廣東、香港へ轉電セリ

488　昭和14年9月12日　在上海三浦総領事より阿部外務大臣宛(電報)

中央政治委員会の組織に向けて臨時・維新両政府および各党派の結束を呼びかける汪兆銘声明案について

上海　9月12日後発
本省　9月12日夜着

第二六二三號（極祕）

往電第二四九六號末段ニ關シ
汪ハ愈中央政治委員會組織ノ爲臨時維新其ノ他各黨派ニ向ツテ聯絡ヲ開始シタルカ來ル十七、八日頃大要「維新臨時各政府從來ノ苦心ヲ稱揚シ國民黨六全大會ニ於テ國民黨ハ全國有志ノ士ト聯合シ派別ヲ分タス協同シテ時局收拾ノ責任ヲ負擔スヘキ旨宣言シ尙自分ハ同大會ヨリ國內賢達ノ士ノ參加ヲ懇請シテ中央政治委員會ヲ組織スヘキ權限ヲ授ケラレ王、梁兩先生ト時局收拾ニ關シ協議シタル結果完全ナル援助ヲ得タルヲ以テ今後相共々ニ力ヲ盡シテ和平ノ實現ト憲政ノ實施トニ邁進シ得ヘキコトヲ欣快トス」ル趣旨ノ聲明ヲ發シ次回聯合委員會開催ノ機會ニ南京ニ於テ汪(王カ)、梁ト會見シ最後ノ打合ヲ遂クル豫定ナリ
尙右聲明案（矢野領事ヨリ土田一課長宛郵報濟）ハ目下兩政府ニ內示中ニシテ兩政府ニ於テモ聯合委員會閉會後之ニ響應スル聲明ヲ發スル段取トナリ居レリ
在支各總領事、香港ヘ轉電セリ

489　昭和14年9月19日　閣議諒解

「支那中央政權樹立準備對策ニ關スル事務處理要領」

付　記　昭和十四年九月五日着津田（静枝）華中連絡部長官より柳川（平助）興亜院総務長官宛上海発電第四七八号

汪兆銘に対するわが方要求を明確化する必要につき意見具申

支那中央政權樹立準備對策ニ關スル事務處理要領

昭和十四年九月十六日
連絡委員會申合
昭和十四年九月十九日
閣議諒解

一、支那中央政權樹立準備諸對策ノ審議立案ハ連絡委員會ニ於テ之ヲ行フモノトス
二、支那中央政權樹立準備ニ關スル諸對策ニ付テハ先ツ興亞院、外務、大藏、陸軍及海軍四省ノ主任者ニ於テ協議ノ上其要綱案ヲ作成シ充分現地トモ連絡ヲ遂ケタル上之ヲ連絡委員會ニ提出スルモノトス
之カ爲興亞院、外、藏、陸、海四省主任者ハ各其ノ研究

ニナル原案其他參考資料ヲ相互ニ通報シ以テ要綱案ノ作成ヲ促進スルモノトス

三、連絡委員會ニ於テ前項要綱案ニ付キ審議決定シタル上ハ主管事項ニ付キ當該主官廳ニ於テ閣議請議等適當ノ措置ヲ講シ之ヲ實施ニ移スモノトス

（付　記）

上海發電第四七八號

汪ガ中央政府樹立ノ爲諸準備ヲ完了シ愈々日本ト協議シテ期日ヲ決定スル運ビトナル場合日本トシテハ漫然政府樹立ヲ承認シ得ザルベク中支ニ於ケル既成事實繼承ノ問題其ノ他成立後日支關係調整上條約又ハ協定等ナスベキ事項ニ對シ豫メ確約又ハ諒解ヲ求メ置クコト緊要ト思考シ之ガ具体案ニ關シ目下研究中、然シテ本件處理ニ關シテハ相當ノ困難性ヲ豫想スル次第ニシテ現下ノ國際情勢ト之ガ今次時局ニ及ボス影響等ヲモ考慮ニ入レ帝國政府トシテハ此ノ際汪側ニ起用（希望カ）スベキ最後的明確ナル限度竝ニ腹ヲ極メ置クコト必要ト信ズ

（欄外記入）

（欄外記入）

之ガ發展シテ（政務部長ガ原動力）十六日ノ連絡委員會申合トナレリ

490　昭和14年9月21日　在南京堀（公一）総領事より阿部外務大臣宛（電報）

汪兆銘・王克敏・梁鴻志による三巨頭会談の概要について

付記一　昭和十四年九月二十一日付

「三巨頭會議決定事項」

二　昭和十四年九月二十四日、太田（一郎）書記官口述

「三巨頭會談ニ關スル備忘錄」

三　昭和十四年九月二十六日、太田書記官作成

三巨頭会談の空気を踏まえた華北の特殊化問題等に対する意見

南　京　9月21日後発
本　省　9月21日夜着

第二〇七號（極祕、館長符號扱）

竹內[1]ハ十八日夕當地着翌十九日ヨリ今廿一日午前ニ至ル迄連日王克敏、梁鴻志ト會談ヲ遂ケタルカ其ノ要旨左ノ通リ

一、會談ノ中心題目トナリシハ中央政治委員會ノ組織問題ニシテ先ツ竹內ヨリ國民黨ニ於テ起案セシ同委員會組織條例ヲ示シ右條例ニ基キ臨時、維新兩政府ヨリ各三名宛ノ代表ノ派遣ヲ求メ右委員會ヲ組織シタキ旨要請シタルニ對シ王、梁兩名ヨリ恆久的政治指導機關トシテノ中央政府委員會ノ組織ハ之ヲ政府設立後ニ讓リ新中央政府ノ組織ヲ準備スル機關トシテハ右條例ト別個ニ臨時的ノ中央政治會議ヲ開クコトトシ汪派ノ國民黨及臨時、維新兩政府ノ代表者等聯合シテ之ヲ組織スルヲ可トスル旨提案シ種々論議ヲ闘カハシタルカ二十一日朝ニ至リ之カ組織辯法ハ改メテ竹內ニ於テ起案スルコトニ打合セタリ

二、次ニ中央政府（治カ）會議ノ人員割當ハ最モ議論トナリタル問題ニシテ初メ竹內ノ意見ニテハ總人員ノ三分ノ一ヲ國民黨ニ、三分ノ一ヲ既成政權ニ、殘リ三分ノ一ヲ各黨、各派、無黨、無派ニ割當テントスルモノナリシニ對シ王、梁兩名ハ三分ノ一ヲ國民黨ニ、三分ノ一ヲ臨時政府ニ、三分ノ一ヲ維新政府ニ割當ツヘシト主張シ兩者容易ニ相讓ラサリシカ今朝最後ノ會談ニ於テ折衷案トシテ三分ノ一ヲ國民黨ニ、三分ノ一ヲ臨時、維新兩政府ニ、他ノ三分ノ一ヲ其ノ他ノ既成政權及各黨、各派、無黨、無派ニ割當ツルコトニ落着キタルカ其ノ代リ王克敏ハ中央政治會議ノ議事ハ四分ノ三ノ表決ヲ以テ可決トスヘキコトヲ要求シ結局重要議案ニ關シテハ右王ノ希望ヲ容レ竹內ニ於テ議事細則ヲ起案シ改メテ三者協議ノ上之ヲ決定スルコトニ打合セタリ

三、[2]其ノ他三者ノ會談中竹內ヨリ將來中央政府組織ノ場合兩政府ヨリ各四名位宛院長又ハ部長トシテ參加セラレタキ旨人名等ヲ擧ケ試案トシテ申出テタルカ王、梁兩人トモ考慮ヲ約シテ確答ヲ留保セリ其ノ際王克敏ハ北支ニ於テハ臨時政府解消後特殊ノ機關ヲ設クル必要アルニ鑑ミ其ノ方面ニ於ケル人員ノ配置ト照ラシ合セ考慮スル必要アリト述ヘタル趣ナリ

四、以上ノ如ク三者ノ會談ハ未タ最後的決定ヲ見ルニ至ラサリシモ原則的ニハ略々意見ノ一致ヲ見今後ハ之ニ關スル細目ノ打合ヲ爲スコトトナリタルヲ以テ竹內ハ二十一日午後上海ニ歸還セリ依テ竹內ノ兩政府ニ對スル聲明ハ二

十一日午後上海ニ於テ之ヲ發表シ臨時、維新兩政府ハ二十三日夫々之ニ對應スル聲明ヲ發表スルコトニ打合セタリ

五、三者ノ會談ハ終始他人ヲ交ヘスシテ行ハレタルカ二十日晩ニ至ルモ中央政治會議ノ問題容易ニ結着セサリシヲ以テ二十一日午前ハ特ニ影佐、鈴木、喜多、原田四名立會ノ上會談ヲ試ミ影佐ニ於テ議事ノ進行ヲ計リタル結果前記ノ如キ決定ニ漕付ケタル次第ナリ

在支各總領事、香港ヘ轉電セリ

（付記一）

三巨頭會議決定事項

九月二十一日　於聚星倶樂部

一、先ツ中央政治會議ヲ開催シ政府樹立ノ籌備ニ當ル

中央政治會議ノ要項ハ汪精衛提出ノ四ケ條ヲ基礎トシテ修文ス

二、政府樹立後ハ中央政治委員會ヲ設ケ議政ニ當ル

中央政治委員會ハ汪精衛ノ準備セル條例ヲ原案トシ王克敏、梁鴻志ハ中央政治會議ニ於テ其ノ無修正通過ニ努ム

三、中央政治會議員配當ハ其ノ$\frac{1}{3}$ヲ國民黨ニ$\frac{1}{3}$ヲ臨時及維新政府ニ殘餘ノ$\frac{1}{3}$ヲ蒙疆政府其他ノ各黨各派無黨無派ニ分ツ

四、中央政治會議ニ於ケル議決法ハ事ノ重要ナルモノハ全員一致又ハ$\frac{3}{4}$以上ノ可決ヲ以テ、事ノ輕キモノハ$\frac{1}{2}$以上ノ可決ヲ以テ決定ス其ノ細部ハ議事規則ニ於テ之ヲ定ム

五、中央政治會議ニ於テ議セラルヘキ事項ハ政府ノ名稱、首都ノ位置、國旗問題等極メテ重要事項ナルヲ以テ豫メ事前ニ十分ナル協定ヲ爲シ會議ニ於テハ全員一致通過シ得ル如ク努ム

六、以上ノ外猶談スヘキ事項アルモ後日再ヒ三巨頭相會シテ議スヘキ機會及場所ヲ求ムルモノトス

七、本日ノ會議ニ於テ盡ク圓滿ニ一致點ニ達シ得サリシモ相當ノ收獲アリシヲ以テ汪精衛側及兩政府ニ於ケル聲明ハ之ヲ行フ

八、右聲明ノ豫定日時左ノ如シ

汪精衛聲明　九月二十一日午後四時　於上海

聯合委員會決議文　九月二十二日式典前　於南京

臨時、維新兩政府聲明　九月二十四日中　於北京及南京

（付記二）

三巨頭會談ニ關スル備忘錄

（九月二十四日太田書記官口述）

第一、

北支方面軍ニ於テハ汪兆銘工作ニ關スル從來ノ經緯ニ介意スルコトナク殆ト獨立政權トモ云フヘキ北支自治政權案ヲ中央ニ具申シ又小生ニ對シ出來得レハ南京ニ於ケル汪王會談ニ際シ王ヨリ北支特殊化ノ問題ヲ持出サシムル樣指導アリ度旨希望アリタルカ右ニ對シテハ南京へ出發前、九月十五日軍務局長ヨリ參謀副長宛ニ「日支新關係調整方針竝ニ六月十六日附中國ノ提出セル時局收拾ニ關スル具体的辨法及日本側意見ニ基キ目下具体的事項ヲ研究中ニ就キ汪、王會談ニ於テハ既定方針ノ範圍內ニ於テ話合フコトトシ具体的事項ニハ餘リ深入リセサル樣指導アリ度」旨電報アリ、軍ニ於テモ納得セルカ一方臨時政府ノ對應聲明案ニ關シテハ方面軍ヨリ北支ノ特殊化ヲ唱ヘヌ位ナラ臨時政府名義トセス聯合委員會ノ名ニ於テ極クアツサリシタモノヲ出ス方可ナル旨ノ意見ヲ申越セリ。

第二、

十七日午前十時特別飛行機ニテ、西郊飛行場發南京ニ出發ス。同行者、支那側王克敏、王揖唐、朱深、張祕書、財政局長李桓（從來ヨリ國民黨ト密接ナル關係アリ先般ノ第六次國民黨全國代表大會ニモ出席セリ）日本側太田書記官。午后一時南京飛行場ニ到着、支那側ハ直ニ頤和路ノ維新政府招待處ニ入ル、小生ハ同日午后三時先發トシテ上海ヨリ南京ニ到着セル桑原調査官ト聯合委員會ノ議題ニ關シタ刻迄打合ヲナス

第三、

十八日ハ午前中、汪兆銘、王克敏會見、午后ハ汪兆銘、王克敏、梁鴻志、三者會談ノ豫定ナリシモ、天候ノ都合ニテ汪ノ飛行機來タラス、汪ハ漸ク午后八時半ニ至リ、汽車ニテ南京ニ到着セリ、之カ爲汪兆銘トノ會談ハ行ハレス、王克敏ハ行政院ニ梁鴻志ヲ訪問シ挨拶ヲ爲セリ

十八日午前高橋大佐ヲ四課ニ訪問、十九日午前九時卅分王克敏ノ軍司令官訪問、同十時聚星倶樂部ニ於テ汪兆銘ト會談、午后一時東亞倶樂部ニ於ケル梁鴻志ノ招宴ニ出席、會食後午後六時頃迄三巨頭會談、午后七時軍司令官三巨頭ヲ招待等ノ事ニ就キ打合ヲ爲ス。尙其際高橋大佐ノ內話要旨

左ノ通リ
「支那派遣軍總司令部ハ現在ノ中支軍司令部事務所ニ移リ來ル事トナリ居リ、自分ト谷萩大佐ハ上海ノ第十三軍參謀トシテ、近ク赴任ノ豫定ナリ。兩人ノ仕事ハ新任今井大佐ニ於テ擔當スル筈、總司令部ハ西尾總司令官、板桓（垣カ）總參謀長以下何レモ熱心ナル汪工作支持者ナルヲ以テ、今後ハ汪工作ノ進展ハ都合良ク行クモノト思ハル、總司令部ノ下ニハ㈠北支方面軍㈡上海軍㈢漢口軍㈣南支派遣軍ノ四本ノ足ヲ出シ、北支方面軍ノ下ニハ更ニ駐蒙軍、山東軍、山西軍ノ三本ノ足ヲ出ス事トナリ、總司令部ハ北支方面軍ヲ又同方面軍ヲ通シテ間接ニハ駐蒙軍ヲ指揮シ得ルヲ以テ汪中心ノ中央政府樹立工作ハ甘ク行クモノト思ハル」

第四、

十九日ノ行事

㈠十九日午前中聯合委員會事務所ニ於テ、顧問室岡田大佐、興亞院仰附事務官田中中佐、桑原調査官等ト聯合委員會ノ議題、決議、二十二日祝典ノ次第（祝辭讀上ケノ順序等ニ就キ種々機微ナル問題發生スルノ虞アリタル爲、祝辭ハ華中及ヒ華北連絡部長官ノミ讀上ケ、軍司令官、第三艦隊長官、加藤公使等ノ分ハ別ニ讀上ケス、只書物ヲ提出スルノミトセリ）、新聞記者ニ對スル發表振等ニ就キ打合ヲ爲ス、

㈡午后四時卅分郊外ノ軍用飛行場ニ喜多長官、樋口第二部長、影佐少將（晴氣、岡田兩少佐隨行）等ヲ出迎フ。其ノ際喜多長官ノ談話要領
「豫テ意見具申ノ張群呼寄問題ニ就テハ柳川長官、鈴木部長、影佐等ト隔意ナキ意見ヲ交換シタリ、本院トシテモ別ニ蔣介石カ日本ト共ニ反共ノ共同戰線ニ立テハ、之ト手ヲ握ルト言フ趣旨テハナク、專ラ重慶切崩工作ニ重キヲ置クモノナル事判明シ、影佐機關及ヒ汪兆銘ノ心配モ薄ラキタルヲ以テ、此問題ニ關シテハ汪兆銘ト王克敏トノ間ニ充分打合ヲ爲サシメタル後、彼等兩名ノ意見ニ依ツテ、招致ノ可否ヲ決定スル事トセリ。
尙中央政權樹立問題ト最モ密切（接カ）ノ關係アル中央ト地方トノ權限ノ問題、殊ニ北支特殊化ノ問題ニ關シテハ、目下中央ニ於テ研究中ナルカ十月ノ十五日迄ニハ大体ノ方針ヲ決定ノ上、連絡部長官ヲ東京ニ招致シテ之ヲ指示シタル後、十月中ニハ右ニ基キ、三巨頭ノ間ニ意見ノ一致ヲ

見得ル様指導スル手筈トナリ居レリ」
㈢飛行場ヨリ直ニ山田軍司令官々邸ニ赴キ、司令官ニ敬意ヲ表ス十九日朝來實行中ノ三巨頭會談ノ模様及ヒ右ニ對スル對策ニ就キ同處ニテ打合ヲ爲ス。（出席者山田軍司令官、鈴木參謀副長、樋口第二部長、喜多中將、影佐少將、高橋、谷萩、兩大佐、太田書記官）
影佐少將「張群ノ問題ニ關シ、汪兆銘側ニ疑惑アリ、打合ノ爲上京シタルカ喜多閣下ノ御話ニヨリ華北側ノ意見モ判明セルヲ以テ、此問題ハ汪、王兩氏ヲシテ決定セシムル事トセリ、上京中各方面ノ意見ヲ質シ又阿部總理トモ會見セルカ中央トシテハ飽迄汪工作ヲ支持スルノ方針ニシテ、現ニ阿部總理ハ必要ノ場合自ラ上海ニ赴キ日本側ノ意ノ存スル所ヲ傳ヘテ汪ヲ激勵スルモ可ナリト言ハレタリ」
樋口第二部長「自分ハ今影佐ノ報告セル所ヲ裏書スル爲、中央ノ使者トシテ來寧セル譯ニテ「スチユーワート」ノ如キハ噓付ノ常習犯ナリ、今ニ至リテ汪ヲ無視スルカ如キ事アリテハ日本ノ武士道カスタル。此ノ日本ノ氣持ヲ善ク知ツテ居ル筈ノ汪兆銘カ今頃ニナリテ、日本カ蔣介石ト手ヲ握ルヤモ知レストノ疑惑ヲ懷クカ如キハ寧ロ心外ノ至ト自分ハ考ヘ居レリ。今ヨリ三ケ月位前迄ハ參謀本部第一部ニハ蔣介石ト直接手ヲ握ル事カ時局收拾ノ妙案ナリトノ意見ヲ有スル者モアリタルカ今日ハ左様ナ不心得ノ者ナシ、蔣介石ト手ヲ握ルカ如キ事アリテハ輿論カ承知セス」
續イテ鈴木參謀副長ノ命ニ依リ谷萩大佐ハ大要左ノ如キ報告ヲ爲ス
「梁鴻志ノ報告ニ依レハ昨日王梁會見ノ際王克敏ハ今回ノ三巨頭會談ニ際シテハ北支ノ權限等ニ關シ、何モ言フナト言フ事ヲ喜多長官ヨリ命セラレ居レリトテ、態度極メテ消極的ナルノミナラス梁鴻志ノ得タル印象ニ依レハ、王克敏ハ蔣介石ニ相當重キヲ置キ居ルモノノ如ク、現ニ汪兆銘ニ使者ヲ派シ蔣介石ハ歐洲ノ情勢ニ鑑ミ、日本トノ提携ヲ希望シ居レリ、日本側モ亦國際情勢ノ變化ニ依リ從來ノ對支方針ニ多少ノ變更ヲ加ヘントノ考ヲ有スル旨傳ヘタル趣ナリ、王克敏ノ態度右ノ如ク消極的ニシテ本日午前中汪兆銘トノ會談ニ際シテモ何等積極的意見ヲ述ヘサル爲、折角ノ三巨頭會談モ充分意志ノ疎通ヲ見ルヲ得サル狀態ナリトノ事ナリ」

鈴木參謀副長「情勢右ノ通リナル處三巨頭ハ目下東亞俱樂部ニ於テ會談中ニテ、午后六時ニ終了ノ豫定ナルヲ以テ、暫ク三人ヲ俱樂部ニ留置キ、樋口第二部長ヨリ汪支持ニ關スル中央ノ方針ヲ三巨頭ニ傳フルト共ニ喜多中將及ヒ原田最高顧問ヨリ王克敏梁鴻志ニ對シ此際汪兆銘ト隔意ナキ意見ノ交換ヲ爲スヤウ話サレテハ如何」

右ニ對シ喜多長官ハ「自分ハ別ニ王克敏ニ緘口令ヲ布イテ居ル譯ニ非ス、三巨頭ヲ集メ樋口部長ヨリ申渡ヲ爲サルル事ハ梁鴻志等ノ報告ヲ其儘事實ト假定シタル議論ニテ、王克敏カ果シテ今迄ニ如何ナル話ヲ汪兆銘ト爲シタルカハ自分ニ於テ直接王克敏ニ確メミルヘシ。其ノ結果ニ依リ適當ノ處置ヲ取ルモ遲カラス」トノ意見ヲ述ヘタルカ結局、喜多、原田、影佐ニ於テ六時頃ヨリ夫々王、梁、汪ニ會見ノ上情報ヲ持寄リ、七時半軍司令官ノ招宴前三巨頭ヲ別室ニ集メ、影佐ヨリ喜多、樋口、原田立會ノ上、中央ノ意向ヲ三人ニ傳ヘ折角ノ機會ナレハ此ノ際三巨頭ニ於テ充分意見ヲ交換シ、成果ヲ得ル樣取計ハレ度旨勸告スル事ニ打合セタリ、

㈣右ニ基キ喜多長官ニ隨行、六時過、王克敏ヲ訪問ス
王克敏ノ談話要領
「本日午前ノ會談ニ於テ汪兆銘氏ハ先ツ先般上京ノ際平沼總理以下五相及ヒ近衛總理ト會談セル結果竝ニ汪ヲ中心トスル中央政權樹立工作ニ對スル日本側ノ方針、意見等ヲ詳細書キ物ニシタルモノヲ取出シ其ノ內容ニ關シ正式ニ説明セラレタルガ汪兆銘氏ハ如何ニモ萬事日本政府ヨリ委サレテ居ルモノノ如ク非常ニ自信アル風ナリキ、續イテ重慶政權內部ノ模樣ニ就テ話ヲ切出シ來タレルカ自分ノ得タル印象ニ依レハ汪兆銘ト蔣介石ハ絕体(對カ)ニ合作出來ス、張群ノ呼出シ問題モ望ミナシト思ハレタリ、尙汪兆銘氏ヨリ中央政治委員會組織條令草案ナルモノ、內示ヲ受ケ(別紙甲號參照)其ノ第三條ニ規定シアル委員ノ事ニ關シ、臨時政府ヨリモ委員ヲ出サレタキ旨依賴アリ、又汪兆銘側ニ於テ作成ノ華北政務委員會暫行組織條令大綱草案(別紙乙號)ヲモ示サレタルカ自分ハ別ニ意見ヲ述ヘズ。晝食後梁鴻志モ加ハリ三人ニテ會談セルカ、汪兆銘ヨリ中央政治委員會委員トシテ、臨時維新兩政府ヨリ各々三名、卽チ現在聯合委員會ノ委員タルモノ六名ヲ標

準トシテ委員ヲ派遣セシメラレ度旨希望アリ右ニ對シ梁鴻志ハ中央政治委員會組織條令ニ依レハ中央委員會ノ委員ハ二十四名乃至卅名トナリ居ルニ既成政權側ヨリタッタ六名ヲ出ス事ハ四分ノ一ノ議決權ヲ有スルノミナリトノ意見ヲ述ヘタルニ對シ汪兆銘ハ、然ラハ各々一名宛増シ八名ニスルモ可ナリト答ヘタリ、尙梁鴻志ヨリ右條令第三條ノ二ニアル合法ノ政黨幹部人員トハ如何ナル政黨ナリヤト質問セルニ、汪兆銘ハ、夫レハ今ノ所國家社會黨、國家青年黨ノ二ツナリト答ヘ、梁ヨリ然ラハ第三條ノ一ニアル國民黨ヨリハ何人入レル豫定ナリヤト執拗ニ質問セルニ對シ、汪兆銘ハ言ヲ濁シテ答ヘズ。自分（王）ハ別ニ意見ヲ述ヘサリシカ梁鴻志ハ第三條ノ規定ニハ臨時、維新兩政府ハ一ツノ單位トナリ居ラス單ニ社會上重望ノ人士トシテ出席スル事ニ對シ不滿ヲ有スルカ如キ口吻ナリキ、尙梁鴻志ハ自分ニ對シ右條令ノ第七條ニ關シテモ異存アル旨ヲ漏シ居タルカ、汪兆銘ニ對シテハ此ノ點別ニ申出ズ」

㈤午後七時ヨリ開催ノ豫定ナリシ軍司令官ノ招宴ハ前記ノ通リ三巨頭ノ別室ニ於ケル會談ノ爲、結局八時過ニ至リ開宴セラレタリ。三巨頭及ヒ其隨行者、日本側指導關係者等約四十名出席セルカ「デザートコース」ニ於ケル山田軍司令官ノ挨拶ハ汪先生汪先生ト汪ヲ持上ケタルモノニテ、小生ノ如ク北支ヨリ出席セルモノハ王克敏等ノ心中ヲ察シ感慨ナキ能ハス、

㈥食後原田、影佐兩少將ニ對シ汪殊ニ其ノ部下ノ若僧共ノ王、梁兩名ニ對スル遣方ハ余リニ押付カマシク感心出來ス殊ニ中央政治委員會條例、華北委員會組織大綱等ハ北支ニアル極ク少數ノ汪支持者中ノ一人タル小生テサヘ顔負セル位ナリトテ注意ヲ喚起ス。原田少將曰ク「汪ニ萬幅ノ支援ヲ與フル樣今日迄折角維新政府ヲ指導シ梁等モ其ノ氣ニナリツツアルニ、アンナ遣口テハ自分ノ立場モ愈々苦シクナレリ、國民黨作成ノ政治委員會案ハ自分モ不贊成ナリ」影佐曰ク「ソレタカラ三巨頭ノ會議ヲスルノダ、汪指導者タル俺ハ飽迄國民黨本意テ行クヨリ仕方カナイ北支ノ者ハ北支ノコトヲ主張スレハヨイ。喜多中將カ王ニ何モ言ハセヌノハ宜敷クナイ」云々

第五、二十日ノ行事

(一)東亞俱樂部ニ於ケル午餐後、喜多、原田、影佐氏等ト別室ニ於テ會談ス。小生ヨリ影佐少將ニ對シ「昨十九日汪兆銘カ王克敏ニ交附セル中央政治委員會組織條令第三條ノ如キハ從來ノ經緯ヲ無視セルモノニテ之テハ全ク國民黨丈テ中央政府ヲ樹立セントスルモノナリ、又華北政務委員會組織大綱ノ如キモ北支方面軍ノ考ヘトハ全ク相違シテ居ル萬一斯如キ國民黨ノ言分カ北支方面軍ニ漏レルカ如キ事アリテハ汪工作反對ノ空氣ヲ一層增大セシムヘシ」ト言ヘルニ影佐ハ「アレハ國民黨限ノ案テアル。臨時、維新兩政府ニ於テ國民黨ノ案ニ異存カアレハドシドシ言ツテ貰ヒタイ夫レカ爲ニ三巨頭ノ會談ヲ爲シ居ルナリ、聞ク所ニ依ルト北支テハ王克敏ニ何モ言フナト言ツテ居ルソウタカ夫レハ特殊化ノ問題丈テ中央政治會議ノ構成ニ付テハ遠慮ナク言ヘハ良イテハナイカ」ト答ヘタルヲ以テ小生ハ「アンナ滅茶ナ案ヲ汪兆銘ヨリ出サシテ置イテ夫レニ對シテ王克敏ヨリ勝手ナ事ヲ言ハセヤウト言ツテモ日本側ノ肚カ決ツテ居ナイ以上甚タ無理テアル北支ノ特殊性ニ關スル日本側ノ意見カ具体的ニ決ツテ居ラス然モ北支ニ相當强イ自治政權ヲ樹立セントスル空氣ノアルコトヲ吹込マレテ居ル王克敏トシテハ汪兆銘ノ案ニ對シ何モ言ハレナイノハ當然テアル、次ニ中央政治會議ヲ抜ニシ、イキナリ中央政治委員會ノ案ヲ出セルハ甚タ不都合テアル、先ツ國民黨、既成政權、各黨、各派カ平等ノ立場ニ立ツテ中央政府樹立ノコトヲ討議スル政府樹立發起人會トモ言フヘキ中央政治會議ノ事ヲ相談スルノカ順序テアル」ト言ヘルニ影佐少將ハ「實ハ汪兆銘ノ提出セル中央政治委員會組織條令ハ自分モ余リヒドイト思ツタノテ右ニ關スル臨時辦法(別紙丙號參照)ヲ作成セシメ書面ヲ以テ之ヲ王、梁ニ見セル樣指導シテ置イタノカ十九日ノ會談テハ手違カラ書物ヲ見セナカツタ(口頭テハ話シタ筈)次第テアルカラ本日ノ會議ニハハツキリト紙ニ書イタ臨時辦法ヲ出サセル事ニシタ」ト答ヘタリ(影佐ノ小生ニ對スル苦情ハ實ハ喜多長官ニ言ツテ居ルモノナルコト小生ニハヨク分レリ)

(二)午后三時長官ト共ニ招待處ニ王克敏ヲ訪問ス本日ノ汪、王會談ニ對シ王克敏ノ語レル要旨左ノ通リ
先ツ昨日ノ御話モアリ誤解ヲ一掃スル爲、十九日ノ夜遲ク潘郵政局長ヲ招致シ國際情勢ニ伴フ日本政府ノ態度變

更等余計ナ事ヲ言ツタカドウカ確メタル處潘ノ語ル所ニ依レハ汪兆銘ト潘トノ會見ハ僅カ十數分ニシテ其間潘ハ、自分(王)ヨリ汪兆銘ニ傳達方ヲ命シタル二點、即チ(1)蔣介石ハ汪兆銘トハ絶体《(對カ)》ニ合作出來ヌ事(2)日本側トハ妥協ノ用意アルニ付キ王克敏ニ於テ斡旋セラレタキ事、竝ニ日支合作ニ付王克敏ノ意見ヲ求メ來タレル事ノ二點タケヲ話シ夫レ以外ノ事ハ一切言ハス、右ニ對シ汪兆銘ハ重慶脱出ノ苦心曾仲鳴遭難ノ模樣等ヲ話シ、翌朝再ヒ汪兆銘ニ呼ハレタルモ右以外ノ事ハ何等言及セサリシトノ事ナリキ。本日自分(王)ハ汪兆銘ニ會フヤ「潘局長ハ貴下ニドンナ話ヲセリヤ」ト質問シタルニ汪兆銘ハ前記二項ノ點タケヲ話シタリト答ヘタルヲ以テ更ニ自分ヨリ歐洲ノ形勢竝ニ右ニ伴フ日本政府ノ態度變更等ニ關シ潘カ何等カ話シタリヤト聞キタルニ、汪兆銘ハ潘ハ何モ言ハサリキト答ヘタリ。仍ツテ自分ハ潘カ余計ナ事ヲ言ハス又汪兆銘自身ニ於テモ別ニ自分ト蔣介石トノ關係ヲ疑ツテ居ラナイト言フ事ヲ影佐少將ニ序ノ時ニ話シテ置イテ呉レト依頼セルニ汪兆銘ハ之ハ承諾セリ

中央政治委員會ノ組織ニ關シ本日ハ汪兆銘氏ヨリ「部下ト相談ノ結果第一回ハ國民黨許リテナク既成政權、各黨、各派ノモノト一緒ニナツテ相談スル事、竝ニ中央政治委員會ノ目的トシテ和平ヲ恢復シ憲政ノ準備ヲスルト言フ意味ヲ入レタイ」ト言フ事ヲ自發的ニ申出タリ。尚既成政權ヨリ入レルヘキ人選ニ關シテハ既成政權ノ主腦者カ夫レ夫レ之ヲ決定スル事ト致シタイト話サレタルカ自分ハ右ニ對シ何等意見ヲ述ヘナカツタ、右會談ノ最中梁鴻志カ入ツテ來テ原田少將ト相談ノ結果ナリトテ中央政治委員會ノ組織改正ニ關シ書物ニ認メタルモノヲ披露セリ、之ニ對シ汪兆銘ハ自分ノ方ニモ書物ニシタモノアリトテ、梁鴻志ニ夫レヲ見セタルニ梁鴻志ハ之ナラ異存ナカルヘシトテ汪兆銘提出ノ臨時辦法案ヲ持チ歸リ今夜九時半ヨリ更ニ右構成ノ問題ニ付キ三巨頭ノ會談ヲ爲ス事ニ打合セタリ

午餐ノ爲梁鴻志ト同道、行政院ニ赴ク途中梁鴻志ハ「汪兆銘ハ中央政府ヲ組織スル爲國民黨、既成政權、各黨、各派カ集ツテ首都、政府ノ名稱、國旗等ヲ討議スルコトトナツテ居ル中央政治會議ノ問題ト中央政府ノ設立後、中國政治ノ最高機關ニシテ且ツ永久的ナル組織ヲ有スル

中央政治委員會ノ問題トヲ混同シテ居レルニ付キ自分（梁）ヨリ此點ニ關シ意見ヲ申述ヘル積リナリ」ト語レリ

次ニ中央政府ノ人事問題ニ關シ汪兆銘ハ聯合委員會ノ委員タル王揖唐、及ヒ朱深ヲ希望セルヲ以テ自分ハ何レ兩人ノ意向ヲ確カメタル上、回答スヘキ旨答ヘ置ケリ、尙汪兆銘ヨリ後ノ一人ハ湯爾和カ王蔭泰ニ御願ヒシタイトノ話アリタルヲ以テ之亦本人ニ聞イテカラト答ヘ置ケリ、梁鴻志ヨリ閣員ノ顏觸ニ付テハ既存兩政府ニ提供セラルヘキ地位ヲ書上ケ其地位ヲ充當スヘキ人名丈ヲ空白ニシテ名簿トシテ提出セラレレハ臨時維新兩政府間ニ於テ相談ノ上意見ヲ申上クル事トスヘシト言ヘルニ汪兆銘ハ夫レハ困ルオ互ニ相談シテ決メヤウト答ヘタリ。

人事問題ニ付テ汪兆銘ヨリ自分ノ意見ヲ求メタルヲ以テ北支ノ特殊化ノ程度卽チ北支ニ設ケラルヘキ委員會ノ組織カ決定シ現在ノ臨時政府ノ誰カ殘リ誰カ出ルカノ見込カ付カナケレハ申上ケ惡イ又北支特殊化ノ內容カ決定セサル以上中央ニ出ル人モ出惡イ事ト思ハル尙又他ノ閣員トノ振合及ヒ自分ノ部下トナルヘキ人ハ誰々ト言フ事ニ關シテモ大体ノ見透カ付カナクテハ中央ニ乘出スヘキ本人トシテモ誠ニ來惡クカルヘシト言ヘルニ汪兆銘ハ早速五院及十部ヲ系統表ニシテ示サレタリ

行政院長ニ關シテハ言フ迄モナキ事ニ付キ誰モ發言セス汪兆銘ヨリ五院長ノ中、二院長ハ缺員トシテ置キタシト言ヘルニ對シ梁鴻志ハ夫レハ可怪シイト質問セルニ、汪ハ戴天仇及居正ノ兩名ヲ豫想シ居ル旨答ヘタリ、梁鴻志ヨリ右兩名ノ名前ヲ發表スルヤト言ヘルニ、汪兆銘ハ發表スル積リナリト言ヘリ、自分（王）ハ夫レハ却テ迷惑タラウト言ヘルニ汪ハ差支ナシ尙院長ノ下ニ副院長ヲ置キ代理セシムヘキヲ以テ事實上ニ於テモ困ラヌト言ハレタリ

右ニ對シ梁鴻志ハ戴天仇、居正ハ重慶テモ重要ノ地位ニアル人ナレハ若シ兩名ノ氏名ヲ發表シ之ニ對シ兩名カ左樣ノ職ニハ就カヌト反對ノ聲明ヲ出シタ場合ニハ貴下ノ立場ハ困ルヘシト反問セルニ汪兆銘ハ答ヘス

話ハ何時ノ間ニカ司法院長ノ地位ニ移リ汪兆銘ヨリ梁鴻志ニ就任方申出タルヲ以テ梁ハ私ハ構ハヌ溫宗堯氏ヲ賴ムト言ヘルニ對シ汪兆銘ハ然ラハ重慶ヨリ豫想シ居ル二ツノ院長ノ內監察院ヲ溫サンニ依賴致シマセウ、尤モ監

察院長ハ人ヲ彈劾スル職務ニテ、人ノ惡口ヲ言フハオ互ニ都合ノ惡キ物ナレハ副院長ノ人選ハ自分ニ於テナスヘシト言ヒ、暫ク考ヘテカラ王揖唐氏ニオ願セントト言ヘルニ就キ自分ハ王揖唐サンハ議長ニモナリ又總長モ何遍モヤツタ人ニテ、過去ノ政治的經歷カラ見テ、溫宗堯氏ノ下ニ副院長トナル事ハ面白カラスト言ヘルニ汪兆銘ハ然ラハ王揖唐サンハ進士ノ出身テモアリ、考試院長ニシヤウト答ヘタリ。其處テ殘リノ椅子ハ立法院長ノミトナレルカ此問題ニ付テハ汪兆銘氏ハ何等觸レス

次ニ部長ノ地位ニ付テ梁鴻志ヨリ外交部長ハ誰ニスル積リナリヤト質問セル處汪兆銘ハ陳公博ハ日本語モ出來、英語モ出來、伊太利ノ事情ニモ通シテ居ルノミナラス郭泰祺、胡適、顧維鈞等共昵懇ノ間柄ナルニ付最モ適任ト思フト答ヘタルヲ以テ我々兩名ハ默ツテ居タリ

梁氏ヨリ內政部長ハ重要ナル地位ナリト言ヘルニ汪兆銘ハ然リト言フノミニテ人名ヲ言ハス、梁鴻志ヨリ財政部長モ重要ナル役ナリト言ヘルニ汪兆銘ハ周佛海ヲ豫定シ居レリト言ヘルヲ以テ我等兩名ハ結構テスト答ヘタリ

軍政部長ニ關シ汪兆銘ハ當分發表セス、但次長トシテ南カラ楊揆一(何成濬ノ子分)、北方ヨリハ劉郁芬、飽文樾、楊棋山(河北省長ニ擬セラレタルコトアリ)ノ三人中ヨリ一人ヲ拔擢シ政務次長ヲシテ部長ヲ代理セシムル積ナリト言ヘルカ二人ノ次長中何人ヲ政務次長ニスルカニ付テハ言及セス、右ニ對シ自分ハ現在軍隊ヲ引卒シテ居ル人ハ異動セヌ方カ可ナリ、段々代ヘル方カ得策ナリト言ヘルニ汪兆銘ハ成程尤モノ意見ナリト言ヒ居タリ

汪兆銘ハ實業部ハ大事ナ仕事ナレハ今後ハ農鑛部ト商工部ノ二部ニ分ケテ陳群及ヒ王蔭泰ヲシテ何レカニ振當テル事トシ度シ又鐵道、交通ハ從來二部ニ分カレ居タルカ別ニ重要ナル仕事モナケレハ交通部トシテ一部ニ取纒メタシト述ヘタルモ部長ノ名前ニ付テハ言ハス

司法行政部ハ司法院ニ屬シタルモ今後行政院ニ屬スル事トシ朱深氏ニオ願ヒシタイト言ハレタレハ本人ニ聞イテ見ルヘシト答ヘ置キタリ

次ニ湯爾和ノ地位ニ關シ汪兆銘ヨリ湯サンハ現在議政委員會ノ委員長ナレハ院長ニナツテ貰ヒ度キモ、元來議政委員長タルモノカ教育部長ヲ兼任スルハ法理上如何カト存ス、夫レ故若シ湯爾和氏カ教育部長タケテ我慢シテ吳

レルナラハ中央政府ノ教育部長ヲ與フル事トセント言ヘリ(從來ノ國民政府ニハ海軍部アリシモ今回ノ政府ニハ差當リ之ヲ設ケサル由)

軍事參議院長ハ湯薌銘、又別ニ憲政籌備會ヲ設ケ、部長ノ人選ニ漏レタル有力ナル人士ヲ招聘シ度尚又軍事委員會ハ今後ノ狀況ニ應シ決定スル事ニ致シタシト言ヒ、更ニ任援道氏ニ軍區司令官ニナツテ貰フ積リナリ、但シ軍區ノ構成及範圍等ニ付テハ未タ決定シ居ラスト言ハレタリ、其際齊燮元ノ地位ニ付テモ話出テタルカ決定ヲ見ス

尚汪兆銘氏ハ蒙疆自治政府ハ之ヲ撤廢シ、西藏ハ中央ノ把握ヲ强化シ、何レモ內政部ニ於テ之ヲ管轄スル積リナリト言ヘリ

汪兆銘氏ノ聲明案ニ對スル既成政權ノ對應聲明案ヲ示シタルニ二、三字句ノ修正ヲ除キ(中華民國臨時政府ノ中華民國ナル四字ヲ削除方申出タリ)汪兆銘氏ハ異存ナキ旨答ヘタリ

北支ノ問題、特ニ北支特殊化ノ內容、北支ニ設置セラルヘキ委員會ノ權限問題ニ付テハ自分(王)ニ於テモ充分研究スヘキモ貴下(汪)ノ方ヨリモ連絡者ヲ派遣シ良ク關係當局ノ意向ヲ確カメラルル事カ賢明ナラント言ヘルニ汪兆銘ハ自分モソウ思ツテ居ルト言ハレタリ

(三)右王ノ報告終ツテ喜多長官トノ間ニ意見ノ交換ヲ爲ス、大要左ノ通リ

長官　中央政治委員會組織臨時辨法ニ關シテハ汪兆銘案ニテ異存ナキヤ

王　別ニ異存ナシ、梁鴻志ハ中央政治委員會組織條令第七條ニ關シ異議アル旨昨日述ヘ居タルカ直接汪兆銘ニ對シテハ何モ意見ヲ述ヘサリキ、朱深氏モ第七條ニ關シ主席ノ權限カ强過キルトノ意見ナリシカ自分ヨリハ汪兆銘ニ對シ何モ意見ヲ述ヘサリキ、委員長トシテ自分從來ノ經驗ニ依レハ緊急ノ事項モアリ得ル事ナレハ本條項ヲ惡用シサヘシナケレハ良イト思フ主席ノ權限ヲ制限スル様ナ趣旨ヲ成文化スル事ハ仲々困難ナリ

長官　汪兆銘ハ國民黨ノ主席トシテノ立場ノミヨリ色々ノ事ヲ言ツテ居ルノテアルカラ既成政權トシテモ異論ノアル點ハドシドシ言ツテ戴キタシ

王　昨日汪ト會見ノ際ニハ中央政權樹立後辭職シタキ旨ヲ申入レ置キタルカ閣下ノ御注意モアリ今日ハ何モ言ハサ

リキ。罷メル等ト言ヘハ如何ニモ汪兆銘ニ反對スルカ如ク解セラレルノ虞アレハナリ

長官　北支ハ何ト言ツテモ中央ノ麾下ニ屬スル形トナリ、日本トシテハ飽ク迄一黨專制ヲ排シ、各黨各派ヲ打ツテ一丸トナス中央政府ヲ樹立シタキ考ヘナレハ何卒北支ヨリハ貴下始メ有力ナ人々カ個人ヲ犧牲ニシテ中央ニ入ルヤウセラレタシ

王　王揖唐、王蔭泰、朱深ノ三人ノ内一、兩名ハ入ルヘシ、斯如キ有力ナル人物カ中央ニ來テ何モ出來ヌト言フナラ自分カ行ツテモ駄目ナリ

長官　貴下カ中心トナリ有力ナル閣僚ヲ卒ヒテ一致協力シテ中央政府ニ入リ、シツカリヤツテ貰ヒタシ、北支ノ特殊性ニ關シテハ貴委員長ハ二年間モ現地ニ居ラレタルヲ以テ一番良ク知ツテ居ラレル譯ナリ。中央政府ニ入リテ國民黨ヲ押ヘ、各黨、各派ノ政治ヲヤル爲ニハ是非委員長ノ如キ內外ニ信望アル人ノ出馬カ肝要ナリ。中央政府樹立ノ此ノ際カ一番大切ノ時ナレハ、例ヘ半年後罷メルニシテモ此際ハ是非中央ニ入ラレタシ、中央及ヒ地方ノ權限ニ付テハ、日本側ニ於テモ充分研究ノ上十月中旬ニハ決定スル事ト存スルモ日本側ト關係ナク中國側丈テ北支ノ權限ヲ話サレテハ如何

王　極ク卒直ニ申上ケレハ自分ハ支那人ナレハ支那人トシテ中央政府ノ權限カ强クナリ、北支ニモ及フ事ハ支那人トシテ當然希望スル所テアル、汪兆銘ノ報告ニ依レハ此問題ニ關シテハ東京テ充分話サレ、日本トノ間ニ諒解カアリ、已ニ汪氏ニ於テ一案カアルト言フ事ナレハ、自分カラハ何モ意見ヲ言フヲ得ス

長官　北支ハ國防上、經濟上强度ノ結合地帶タルヲ必要トス。殊ニ作戰行動繼續中ハ何ト言ツテモ譲レヌ點カアル、黃郛及冀察政權ノ當時北支ニ關シ日本側カ如何ナル要求ヲ持ツテ居ツタカハ貴委員長カ一番良ク知ツテ居ラルル筈ナリ、汪兆銘氏ニハ北支ノ機微ナル點カ良ク分ラヌト思ハレル

王　華北政務委員會暫行組織條令草案ハ汪兆銘氏ノ案ニテ右ニ對シテハ日本側カラモ案ヲ出シテ戴キタイ、サスレハ自分ハ其間ニ入ツテ斡旋盡力致スヘシ、自分ニ案ヲ出セト言ハレテモ夫レハ無理ナリ、自分ハ北支ノ事ハ良ク知ツテ居ルカラ日本側ニ案カアルナラ二度ト不幸ナ事件

ノ起ラサル様又中央ト北支ノ巧ク行クヤウ盡力シテ見ルヘシ。之カ爲ニハ先ツ日本側内部ニ於テ中央ト地方トノ權限ニ關シ肚ヲハツキリサレル事カ肝要ナリ

(四)二十日午后七時卅分東亞倶樂部ニ於ケル津田長官ノ招宴席上、喜多長官ハ影佐少將ニ對シ「本日三巨頭會談ノ模様ハ王克敏ヨリ詳細聽取セルカ自分ハ豫ネテ王克敏ニ對シ中央政府ノ財政部長ニハ貴下ヲ措キテ他ニ適任者ナキニ付キ是非共中央ニ入ラレタキ旨懇請シ來レルカ今日汪兆銘ノ申出ニ依レハ財政部長ハ國民黨ヨリ採ル事トナレル趣ニテ、今日迄王克敏ニ説得シ來タレル所ト齟齬ヲ來タセリ」ト言ヘルニ、

影佐少將ハ「汪兆銘ハ王克敏ヲ華北政務委員會ノ委員長ニスル積テアリ又本日ノ會談ニ於テ汪兆銘ヨリ華北政務委員會委員長ノ地位ハ五院ノ院長ト同格ナリトノ趣旨ヲ説明シタル筈ナリ」ト言ヘルヲ以テ後刻長官ヨリ此點ニ關シ更ニ王克敏ニ確カメタルニ、王克敏ハ「左様ナ話モアリタリ」ト言ヘリ。仍ツテ長官ハ王克敏ニ對シ「華北政務委員長ノ地位カ五院ノ院長ト同格トスルナラハ貴下ハ是非トモ委員長トシテ北支ニ殘リ其下ニ貴下ノ働キ良イヤウナ機構及ヒ人物ヲ配置シ、從來兎角ノ噂カアル異分子ハ此際部長トシテ南京ニ出シ北支ヲシツカリ固メテハ如何」ト言ヘルニ王克敏ハ「現在ノ臨時政府ニハ別ニ異分子ナシ」トテ委員長留任ニ對シハッキリシタル態度ヲ示サズ

(五)二十日午后十時過ヨリ中央政治委員會ノ問題ヲ切離シ中央政治會議ノ構成ニ關シ三巨頭間ニ意見ヲ鬪カハセタルカ既成政權ヨリ選出スヘキ振當ニ關シ、結局意見ノ一致ヲ見ズ、汪兆銘ハ出發ヲ延ハシ明二十一日更ニ會談ヲ續ケル事トナレリ

第六、

二十一日ノ行事

(一)三巨頭ノミニテハ埒アカサルヲ以テ午前九時三十分聚星倶樂部ニ於テ三巨頭ノ他ニ更ニ喜多、原田、楠本ノ三名ヲ加ハヘ政治會議及政治委員會ノ問題ニ關シ討議ヲ重ネタリ、右會議ノ模様ニ關シ後刻長官ノ語レル所大要次ノ如シ

先ツ中央政治會議ヲ開催シ政府樹立後ニ中央政治委員會ヲ設クルコトトシ政治會議ノ構成ニ關シ梁鴻志ヨリ委員

ハ(イ)國民黨(ロ)臨時政府(ハ)維新政府ヲ各々一單位トナスヘシトノ案ヲ提出シタルニ對シ汪兆銘ハ(イ)國民黨(ロ)蒙疆政府及各黨各派(ハ)既成政權ヲ各一單位トセン事ヲ主張シ意見一致セス。仍ツテ王克敏ハ單位ハ(イ)國民黨(ロ)既成政權(ハ)其他トスルモ議決方法ニ關シテハ過半數ニ依ラス四分ノ三乃至全會一致ニ依ルヘシトノ折衷案ヲ提議シタルニ汪兆銘ハ此種會議ノ議決方法ハ何レノ國ニ於テモ過半數ヲ以テ決定スルカ定則ナリトテ折衷案ニ反對セルカ結局影佐ノ斡旋ニ依リ重要ナル議事ニ關シテハ出來得ル限リ四分ノ三乃至全會一致ヲ見ル樣主席ニ於テ豫メ手ヲ盡スヘク、議決方法ニ關シテハ別ニ汪側ニ於テ一案ヲ作成スル事トシ落着セルカ結局如何ナル問題ヲ以テ重要ナル事項ト看做スヘキカニ關シテハ矢張リ問題ヲ將來ニ殘ス事トナレル譯ナリ(別紙丁號參照)。尙汪及其一黨ハ右會議後午後一時前上海ニ引上タリ

(二)陳群ノ談話トシテ楠本少將ノ語レル要旨左ノ通リ

中央政府樹立ニ關スル日本政府ノ意向トシテ汪兆銘カ維新政府側ニ言ヒ觸ラシ居ル處ハ、豫ネテ既成政權カ日本側ト提携シテ今日迄ヤツテ來タ所ト全ク相反シ汪兆銘及ヒ其一黨ハ完全ニ國民黨本位ノ中央政府ヲ樹立セント企圖シ居レリ、斯クテハ今日迄日本側ト提携シ來レル既成政府ハ何ノ爲ニ努力シ來タレルカ譯分ラス、汪兆銘ハ日本側トノ間ニ顧問ヲ入レヌ約束ヲシタト言ヒ居レルモ任援道ノ話ニ依レハ現在通リ少クトモ十名位ノ顧問ヲ存置セサレハ綏靖部隊ハ動カヌトノ事ナリ、尙周佛海ハ自分ニ對シ暫ク內政部長ニ就職シ、已ニ汪兆銘側ト日本側トノ間ニ諒解成立シ居ル貳千萬圓ノ建設借款ヲ纒メテ呉レト言ヘルカ果シテ斯如キ借款カ成立スルヤ否ヤ疑ヒナキ能ハス、例ヘ成立スルトモ此金ハ國民黨ノ喰物トナルヘシ

(三)二十一日正午南京市長ノ招宴後、午後三時ヨリ維新政府ノ招待處ニ於テ第六次聯合委員會本會議ヲ開催セルカ議案及ヒ決議事項等ニ關シテハ既ニ日支双方事務當局ニ於テ充分打合セ濟ミナルノミナラス各委員共中央政府樹立問題ニ沒頭シ來レル爲殆ト熱意ナク會議ハ僅カ一時間ニシテ一瀉千里原案通リ可決決定ヲ見タリ(汪側聲明ニ關シ中央政治委員會ノ構成カ希望通リ行カヌ位ナラ發表セスト汪ハ駄々ヲコネタルモ結局新聞ニ出タル通ノ形式ニ

テ三者ノ發表ヲナセリ）

㈣二十一日夕鮑觀澄長官ヲ來訪シ左ノ通リ語レル趣ナリ。曩ニ長官ト連絡ノ上重慶ニ赴ケル樊光ハ孔祥熙ノ家ニ一週間滞在シ、最近上海ニ歸リ來タレルカ樊ノ話ニ依レハ孔ハ喜多長官ニ對シ(1)支那ハ日本ト經濟合作ヲ爲ス事(2)抗日ヲ取消ス事(3)蔣介石ニ於テ責任ヲ以テ停戰ヲ命スヘキ事(4)政治上ノ問題ニ關シテハ別ニ相談スヘキ事(5)蔣介石下野ニ關スル問題ニ付テハ孔ヨリ直接話スヘキ事ノ五ケ條ヲ重慶側ノ意向トシテ傳ヘラレ度尚孔ニ於テ是非共直接喜多閣下ニ面會シ度ニ就キ長官ノ意向ヲ確メラレ度旨依頼セル由ナリ尚自分（鮑）カ得タル消息ニ依レハ張群ハ已ニ香港ニ在リ、松井大將ト會談中ナリトノコトナリ。

云々

第七、

二十二日ノ行事

㈠梁鴻志來談ノ内容

中央政治會議ノ構成單位ニ關シ二十日ノ晩原田少將ヨリ臨時及維新政府ヲ夫々一單位トスル顧問部ノ案ヲ維新政府ノ意見トシテ强ク主張スヘキ旨命令セラレタルモ若シ自分カ此ノ點ヲ余リ强ク主張シ汪兆銘氏カ之ニ不贊成ヲ唱ヘルコトトモナラハ自分ニ於テ汪工作破壞ノ責任ヲ負ハサルヘカラス日本政府ノ方針カ汪兆銘ノ言フ通リ汪兆銘絶對支持ト言フナラハ自分トシテハ余リ强ク主張スル譯ニハ行カス尚構成分子トシテ汪ハ各黨各派及無黨、無派ト言ヒ居ル處無黨、無派トハ如何ナルモノナリヤト質問セルニ汪ハ傍ノ「ボーイ」ヲ指サシ彼モ亦無黨無派ナリト言ヘリ。維新政府ト汪兆銘トノ意見ノ相違ノ根本ハ國民黨ノ態度ハ自分カ總經理ニナツテ會社ヲ作ルカラ維新政府ハ一株持ツテヤツテ來イトノ態度ナリ。陳群ハ實業部ヲ農鑛、商工ノ二ツニ分ケルコトハ絶對反對ナルヲ以テ其ノ點汪兆銘ニ話シタルニ然ラハ實業部ハ元通リ一部トシテ陳群ニ提供セント言ヘルカ右ニ對シテモ陳ハ國民黨カ勝手ニ地位ヲ指定シテ椅子ニ付ケルハ不滿ナリト言ヒ居タリ。小サイナカラモ維新政府ハ一ツノ會社ナレハ其ノ會社ノ社長タル自分トシテハ單ニ自分ノ身ノ上ノコトノミナラス部下ノ身ノコトモ考ヘテヤラネハナラヌ譯ニテ自分ノ立場ハ非常ニ困難ナリ

㈡王克敏來談ノ要旨左ノ通リ

二十一日ノ中華日報ニ於テ汪兆銘派ハ蔣介石ニ對シ暴露戰術ヲナシ居ルカ其ノ結果初メテ曩ニ「スチユワート」氏ノ紹介テ自分ヲ極祕裡ニ訪問シ蔣介石ノ意嚮ヲ傳ヘタル鄧悌ノ身分カ判明セリ、中華日報ニ依レハ鄧ハ實ハ曩ニ長沙ヲ燒却セル罪ニ依リ蔣介石ニ銃殺セラレタルコトトナリ居ル長沙ノ警備司令ナリ。之ニ依ツテ見ルモ若シ自分ヲ來訪セル鄧カ本物ナリトセハ蔣介石ハ無辜ノ人民ヲ替ヘ玉トシテ殺シテ居ルモノト思ハレル、鄧カ自分ヲ訪問シタルコトヲ何故ニ汪兆銘カ知ツテ居ルカト言フニ夫レハ先般汪兆銘カ北京ニ來レル時絶對他言無用ト言フ約束ノ下ニ自分カラ話シタモノテアルカ此ノ樣ナ二人限リノ話ヲ暴露シテ重慶攻擊ノ材料ニスル汪兆銘最近ノ態度ハ全ク焦リ過キテ居ル。斯樣ニ約束違反ヲスル汪兆銘ニ對シテハ甚タ信用カ出來ヌ、之レカラハ祕密ノコトハ一切汪ニ話サレヌ汪兆銘ハ蔣介石ニ對シテハ作用サヘアレハ何事ニ付テモ手段ヲ選ハヌ人トナリ下ツテ居ル。此ノ點ハオ序テノ節ニ影佐少將ノ耳ニ入レテ置イテ戴キタシ。

尙此ノ問題カ汪兆銘ニ依リ暴露セラレタル爲重慶ニ對スル切崩シ工作ニ關シ豫ネテ長官ニ御話シセルコトハ全部無駄トナレルヲ以テ張群問題ニ關シ先日長官ヨリ汪兆銘ト相談スル樣オ話アリタルモ最近ノ汪兆銘ノ態度ニ鑑ミ實現絶望ナルノミナラス斯樣ナ話ヲスルコトハ却テ汪兆銘派ノ誤解ヲ招キ、自分ノ心事ヲ疑ハレルノミナレハ張群ノコトハ一言モ言ハヌコトトセリ。中華日報ニ出タ爲鄧ヲ紹介シテ寄越シタ、「スチユワート」氏ニ對シテハ洵ニ相濟マヌ氣カスル。

次ニ中央政治委員會及中央政治會議ノ組織其他ニ關シ既成政權ヨリモ忌憚ナキ意見ヲ陳ヘヨトノコトナルカ梁鴻志ハ飽迄中央工作ニ對スル反對ノ責任ヲ臨時政府ニ轉嫁セムトノ作戰ヲトリ居リ、其ノ態度余リニ見エ過キ居ルニ付、自分ハ今回ノ三巨頭會談ニ於テ殆ント意見ヲ陳ヘサリキ。

長官ヨリ中央ニ入ルヘキ臨時政府側人物ノ諾否ノ見込ニ付王ノ忌憚ナキ意見ヲ求メタル處王揖唐及朱深兩氏ハ自分ヨリ確カメタルニ對シ中央ニハ入ラスト申シ居ルカ王揖唐氏ハ嘗テ臨時政府ノ出來ル際ニモ北京ニ赴ク前夜曹汝霖氏ヲ訪問シ自分ハ絶對ニ臨時政府ニ入ラスト斷言セ

ルニモ拘ラス翌早朝ノ汽車ニテ北京ニ赴キ臨時政府ニ入リタルコトアリ此ノ人ノ眞意カ果シテ何處ニアルカハ自分ニモ判ラヌ朱深ハ極ク簡單ニ自分ハ入ラスト言ヘリ、王蔭泰ハ永ク上海ニ居住シ偶々上海ヨリ北京ニ遊ヒ來タレル際懇請シテ實業部長ニ就任シテ貰ヒタルモノナルカ或ハ汪兆銘ノ希望通リニ中央ニ入ルコトトナルヤモ知レス、

先日高宗武來訪シ自分(高)ハ國民黨員ニアラサル爲汪兆銘ノ部下カラハ種々疑惑ヲカケラレ主要ナ問題ニ付テハ六分位シカ相談ニ預リ居ラス、上海ニ居レハ舊國民政府ノ者カ屢々自分ヲ來訪シ種々質問ヲナシ煩クテ困リ居ルヲ以テ是非北京ニ行キ度キニ付二十日間程經過シタル後自分ヲ電報ニテ北京ニ招聘シテ戴キタシト申出タルカ高宗武ハ直接テハナイカ蔣介石ト間接ニ關係カアルトノ評ナレハ歸京ノ上良ク考慮スル積ナリ尚呉震修氏ハ其ノ父及子供ヲ失ヘル爲一時殆ント氣狂ニナツテ居タカ最近ハ病氣モ癒リ目下上海ニ來テ居レリ。中央政府ニ入ラヌカト汪兆銘氏ヨリ話カアリタルモ斷リタル由ナレハ臨時政府ニ招寄セルコトハ恐ラク實現セサルヘシ」。云々

(三)臨時政府側聲明發表ノ都合モアリ午后四時海軍機ニテ南京ヲ出發セルモ逆風ノ爲北京着遲ルルノ惧アリタルヲ以テ青島ニ不時着、翌二十三日午后一時北京ニ歸還セリ、臨時政府ニ於テハ直ニ行政會議ヲ召集、十五名ノ委員聯名ニテ對應聲明ヲ發表セリ。

編　注　本備忘録の別紙は見当らない。

(付記三)

東京發電第一七〇六號（見当ラズ）ニ對スル私見

（九、二六、太田書記官記）

一、南京ニ於ケル三巨頭會談ノ空氣ハ南京發次長宛電報ニ依リテモ大體御想像相成ル通リ汪兆銘及其ノ一黨ノ既成政權ニ對スル態度ハ全ク國民黨本位ノモノニシテ十九日王克敏トノ第一回會談ニ當リテモ汪兆銘ハ先般上京ノ際日本側ヨリ取付ケタル所ナリトシテ日支新關係調整方針竝ニ六月十六日附「中國ノ提出セル時局收拾ニ關スル具體的辦法及日本側意見」等ニ記載セラレ居ル要領ヲ二十數ケ條ノ書物ニ認メ之ヲ正式ニ王ニ說明シ汪ヲ中心トスル

中央政府樹立ニ關シ如何ニモ日本側ト諒解アリ、前途ノ工作ニ十二分ノ自信ヲ有スルカ如キ態度ヲ示シタル由ニテ王克敏ノ內話ニ依レハ右書物ノ中ニハ政府ノ名稱、首都、國旗、顧問等ノ諸項（從來ノ王、梁指導要領ニ依レハ此等ノ點ハ餘リ說明セサルコト、成リ居レリ）ニ關シ正式ニハ王ニ於テサヘ知ラサル事項アリタル趣ニテ王ノ口吻ヨリ察スルニ王ハ日本側ハ王、梁ニハ知ラサ、ルコトヲモ汪ニハ約束シ居ルニ非スヤト疑ヒ居ルモノ、如シ（今後ハ汪ノ有スル丈ノ智識ハ既成政權當事者ニモ率直ニ話シ、ヨク諒解セシムルコト必要ナラン）

二、前記六月十六日附「日本側意見」ニ依レハ中央政府ノ名稱、首都等ハ既成政府及各黨各派ヲ網羅スル中央政治會議ニ於テ汪側ノ希望通リ「決定ヲ見ルニ於テハ日本側トシテモ敢テ異議ナシ」ト云フコトニナリ居リ、各黨各派カ平等ノ地位ニ立チテ中央政府ノ樹立ヲ討議スヘキ中央政治會議ノ召集ハ中央政府ノ設立ト不可分ノ關係ニアルモノナルニ拘ラス、汪ハ十九日ノ會談ニ於テイキナリ中央政治委員會組織條例草案ヲ提示シ來レリ、右草案ニ依レハ中央政治委員會ハ全國政治ノ最高指導機關ニシテ（第一條）其ノ主席ハ國民黨中央執行委員會主席ヲ以テ之ニ充ツルコト、ナリ居ルノミナラス（第二條）委員ノ構成ニ關シ既成政府ハ單ニ社會上重望ノ人士トシテ六名（梁鴻志ノ主張ニ依リ汪モ八名ニ增員方納得ス）即チ全員ノ五分ノ一乃至四分ノ一ヲ占ムルニ過キス、次ニ委員ハ主席ニ於テ「指定」シ得ルコト、ナリ居ル處構成三單位ノ中二單位全部ヲ汪カ勝手ニ指定スレハ之丈ニテモ三分ノ二ノ議決權ヲ國民黨ニ於テ獲得シ得ルコト、ナルヘシ（第三條）尚又第七條ニ關シテハ右ハ主席ノ權限ヲ餘リニ擴大スルモノナリトテ梁鴻志ハ干《不カ》滿ノ意ヲ王克敏ニ洩シタル由ナルカ（汪ニハ結局言ハス）王ハ本規定ハ事實、緊急ノ問題起ル場合モアリ得ヘキヲ以テ主席カ本條項ヲ惡用サヘシナケレハ可ナルヘク、本規定ヲ制限スルカ如キ成文ヲ設クルコトハ事實上困難ナリトノ意見ヲ述ヘ居レリ

三、前記中央政治委員會組織條例草案ハ中央政治會議ヲ拔キニシ一足飛ニ中央政府樹立後ノ最高指導機關タル常設的機關ノ問題ニ移リタルモノニシテ右ニ關シテハ主トシテ維新政府側ヨリ強キ反對アリ之カ爲メ二十日汪兆銘ハ

「第一回中央政治委員會構成ノ實際的辦法」ナル對案ヲ出シ來レルモ右ハ依然トシテ常設的機關タル中央政治委員會ニ執着シ居ルモノト認メラル

四、影佐少將ハ汪兆銘ハ國民黨主席ナレハ國民黨本位ノ案ヲ出スハ當然ニテ、既成政權ハ勝手ニ既成政權本位ノ案ヲ出シ三者ヲシテ自由ナル討議ヲ爲サシメハ可ナリト言ハレタルカ汪ノ態度前述ノ通リナルニ加ヘ王梁ノ兩名ハ何レモ汪ト日本側トノ間ニ十分ノ諒解アリ從ツテ汪ヲ中心トスル中央政權樹立工作ヲ破懐(壊カ)セリトノ責任ヲ問ハレンコトヲ惧レ居ル爲假令心中平カナラサルモノアリトスルモ敢テ異論ヲ扶(挾カ)マサルノ態度ナルヤニ見受ケラレタリ

之ヲ要スルニ中央政府樹立ノ際ノ根本問題タル北支ノ特殊化ヲ何ノ程度トスヘキヤノ問題ニ關シ日本側ノ肚ノ決マラサル限リ三巨頭ヲシテ何度會談ヲ續ケシムルモ確タル成果ヲ得ルコト困難ナリトノ印象ヲ强ク受ケタリ

五、二十一日正午迄討論ノ結果、中央政治會議ノ構成單位及議決方法ニ關シ一應三者間ニ意見一致ヲ見タルカ如キモ「重要ナル事項」トハ如何ナル事項ナリヤ。(別紙參照)(見当ラズ)問題ハ結局次回會議迄持越サレタルモノト言ハサルヘカラス。

六、華北政務委員會暫行組織大綱草案ニ關シテハ先ツ何ヨリモ日本側ノ要望スル「國防上及經濟上日支間ノ緊密ナル結合地帶」ナル字句ノ意味ヲ一々具體的事項ニ就キ決定スルヲ要ス。

若シ日本側ノ最後的要求カ北支方面軍ノ中央宛具申ノ如キモノトセハ本草案ハ殆ト問題ニナラス假ニ一歩ヲ讓リ日本側ノ最後ノ肚カ小生起草ノ「華北特政委員會」ノ程度ニ於テ我慢スルモノト假定スルモ本草案ハ(1)管轄區域(2)權限(3)財政收入(4)現狀維持(5)委員ノ人選等ニ關シ格段ノ相違アリ

汪ノ提出セル本草案ハ曩ニ汪カ行政院長兼外交部長タリシ當時何應欽ニ賦與セントスル六項目ノ權限ヨリモ更ニ縮小セラレタルモノト言ハサルヲ得ス

七、何レニセヨ右草案ニテハ北支ノ特殊化ニ關スル現地ノ希望ハ到底達成セラレス、又若シ右草案カ汪ノ諒解シ居ル日本政府側特殊化ノ內容ナク(リカ)トセハ北支ノ出先機關カ之以上强度ノ特殊化ヲ主張スルコトハ汪工作ノ防(妨カ)害トナルヘシ此ノ意味ニ於テモ北支ノ特殊化ノ具體的內容ヲ先ツ

日本側ニ於テシツカリ決定スルコト肝要ナリ王克敏ヲシテ先ツ北支ノ特殊化ヲ主張シ汪ニ當ラシメ見ルヘシトノ論ヲナスモノアル處二十日王克敏カ長官ニ對シ「卒直ニ支那人トシテノ意見ヲ申上クルナラハ强力ナル中央政府カ出現シ北支及其ノ他ヲモシツカリト中央ノ把握下ニ收メ支那全體ヲ統一シ得ル樣ニナルハ支那ニトリ誠ニ喜ハシキコトナリ」トノ趣旨ヲ述ヘタルハ此ノ間ノ眞相ヲ肚(吐カ)露セルモノト云フヘシ（王ヲシテ華北政務委員會ノ權限擴大方ニ關シ汪ト積極的ナル交渉ヲナサシムル爲ニハ先ツ日本側ニ於テ最小限度ノ腹案ヲ定メ、右ノ範圍内ニ於テハ飽迄王ヲ支持シ汪兆銘ノ主張ヲ壓ヘルトノ肚ヲ決メサル限リ王トシテモ面子上折衝ニハ乘出シ得ザルヘシ）其ノ他中央政治會議及中央政治委員會ニ於ケル決議事項及北支ヨリ派遣スヘキ中央政府幹部ノ顏觸乃至人數ノ如キモ北支ノ特殊化ノ實質的內容ニ關スル日本側ノ肚カ決マラサル限リ支那人丈ニテ如何程會合スルモ效果少シト存ス結局突キツメテ言ヘハ問題ハ(1)汪ヲ中心トシテ支那ヲ薄ク廣ク取ルカ或ハ(2)王ヲ中心トシテ北支ヲ深ク狹ク取ルカノ何レカ「事變ノ收拾」ニ有利ナリヤ、換言スレハ汪兆銘及其ノ部下ノ對日認織(識カ)、現在ノ如キ狀態ニアリテハ問題ノ解決ハ一ニ「汪ヲ中心トスル中央政府」ト「北支ノ特殊化」ノ兩者何レニ主點ヲ置クヘキカノ點ニ懸リ居ルモノト見ルヘキナリ。

491　昭和14年9月25日　在北京堀内大使館参事官より
野村外務大臣宛（電報）

汪兆銘との合作に同意するも南京還都には反対との呉佩孚意向について

付　記　昭和十四年十月七日付在上海三浦総領事より
土田東亜局第一課長宛書簡
汪兆銘・陳中孚会談要旨の送付

北　京　9月25日後発
本　省　9月25日夜着

第一〇七二號（極祕）

呉佩孚ハ其ノ出馬問題ニ關シ從來兎角明確ナル意思表示ヲ避ケツツアリタル處最近汪精衞トノ合作ニハ同意スルニ至リ又中央政府カ國民政府ノ名ヲ用ヒ主席ヲ選擧ニ依リ定ムルコトニモ敢テ反對シ居ラス唯南京ヲ首都トスルコトニ付

テハ未タ充分ノ贊意ヲ表セサル模樣ナルカ右ニ關シ吳ノ側近者カ吳ノ眞意ヲ探リタル所ニ依レハ結局南京行ヲ不安ガリ北京ヲ離ルルコトヲ欲セサル結果ナルカ如ク之ヲ要スルニ吳ノ狙フ所ハ中央政府カ汪ヲ行政委員長トシ吳ニ軍事長官ノ椅子ヲ與ヘ實際ハ北京ニ常駐シ北支政權ノ首腦者（現在ノ王克敏ノ地位）タラシムルコトニ在ルモノノ如シ

上海、天津、南京、香港ヘ轉電セリ

（付　記）

（10月13日接受）

拜啓陳者竹內ト吳佩孚トノ合作ニ關シテハ其後陳中孚等ノ斡旋ニテ日接受之カ實現ニ努力シツツアル次第ナル處吳佩孚方面ニ於テモ最近竹內ノ中央政權樹立工作漸ク具体化スルニ伴レ暫時從來ノ大總統又ハ政府主席ニナラントスルカ如キ要求ヲ引込メ新政權ニ對シテ協力セントスルノ傾向ニ變リツツアル模樣ニテ八月末竹內ヨリ親書ヲ陳ニ託シ吳ニ手交セシメタル處其ノ結果陳ハ其ノ返書ヲ携ヘテ九月末歸滬シ北京ニ於ケル吳トノ會談ノ模樣ヲ竹內ニ報告スル所アリタルカ其際ノ陳ト竹內ノ會談要旨別添送付スルニ付御查收相成度此段申進候

敬　具

昭和十四年十月七日

在上海
三浦總領事

東亞局第一課長殿

本信寫送付先　在北京參事官　南京　漢口　廣東

（別　添）

陳中孚、汪精衛會談要旨

昭和十四年十月二日午前
（陳中孚報告ニ據ル）梅機關

吳佩孚ヨリ汪精衛宛ノ親書ヲ讀ミタル後

汪、今囘ノ手紙ハ前囘ノモノヨリモ懇切ナル所アリ貴下ハ北京滯在月余ニ及ヒタルカ吳佩孚ノ氣持ハ如何ニナリシヤ

陳、自分ハ二週間ニテ歸ル豫定ナリシモ其ノ間各種ノ問題アリテ遲延セリ

其ノ第一ハ國民政府ノ名稱ノ問題ニシテ吳ノ立場ヨリ

セハ武漢ニ敗レシ以來國民政府ニ入リ居ラサル次第モアリ雑（難カ）色アリシ所ナルモ自分ヨリ汪派ノ國民政府名稱ニ固執スル所以ハ戰ニ敗レタルモ國未タ亡ヒサル現狀ニ於テ對內的考慮ニ基キ時局收拾上已ムヲ得ストスル點ヲ說明シ納得セシメタリ

汪、呉トシテハ寔ニ然ラン

陳、第二ノ問題ハ首都ノ位置ナルカ呉自身ハ北方人ニシテ南京、上海等ニ行キタルコトナシ從テ南方ヨリモ北方ノ方カ萬般ニ亘リ好都合ナリトシ首都ヲ北京ニ主張セシモノナルカ之モ自分ヨリ呉自身南方ニ行カストモ敢テ支障ナカルヘキ事情ヲ說明シ諒解セシメタリ

第三ノ政府主席ノ問題ニ關シテハ呉トシテハ主席タラントスル主張ハ現在之ヲ取止メタルモ呉カ主席ヨリ任命セラルルコトハ困ルトノ意見ナルヲ以テ自分ヨリ汪ハ行政院長トナルヘキヲ以テ呉ハ軍事ニ關スル主席トシテ立テハ可ナラスヤト說キタリ

汪、政府主席ハ林森ニ內定シアリ自分トシテハ林森來ラサル場合ハ其ノ代理トシテ古來ヨリノ代折代行ノ慣習（留守中其ノ下僚カ代印ヲ以テ職務ヲ執行スルモノニシテ副官程度ノ者主トシテ之ニ當リ職掌トシテハ輕キモノナリ）ヲ適用シ一般政務ニ關シテハ行政院長、軍事ニ關シテハ軍事長官（呉）夫々之ニ當ルコトトセハ特ニ主席代行者ヲ設定セストモ可ナリト考ヘ居レリ

（陳追加ニヨル）

首都問題ニ關シテハ首都ヲ南京トシ陪都ヲ北京トセバ呉氏ノ意嚮ヲモ加味セル事トナリ好都合ナルヘシト考フ

曩ノ南京政府ハ西安ヲ以テ陪都トシ現在首都ヲ重慶ニ移シタル後モ陪都ハ西安ト為シアリ　嘗テ清朝ノ北京政府ハ奉天ヲ陪都トセシ如ク陪都ノ制定ハ昔ヨリ行ハレ居ルモノナリ

陳、呉ハ軍事ヲ管掌シ度キ意嚮ナルモ又一方ニ於テハ北支行政ヲモ擔當シ度キ希望ヲ有ス

然レドモ本問題ハ今日貴下（汪）ニ對シ要求スルモノニハ非ス

現在王克敏ガ其ノ位置ニアルヲ以テ之ヲ排除シテ代ラントスルモノニハ非ズ　唯呉ハ內心其ノ希望ヲ有スルニ付愈軍事最高長官ノミニ就任ノコトニ決セバ自分ト

シテハ北京ニ歸還ノ上說得スルノ要アリト考フルノミ
汪、克ク諒解セリ
吳ガ北方ニテ行政ヲ行フトセバ如何ナル抱負ニテ行ハントスルモノナリヤ
陳、吳ハ中央政府ノ下ニ政務委員會程度ノ氣持ヲ以テ當ラントスルモノニシテ中央政府トノ對立乃至ハ獨立等ノ事ハ考ヘ居ラズ
唯彼ノ希望ハ北ニ居リテ行ヒ易キ行政ノ局ニ當ラントスルニ在ルノミ　彼ハ嘗テ四川、湖北、湖南等ヲ統治スルニ當リ省外ノ人士ヲ充當シタルコトナク之ガ爲該方面ノ人心今ニ至ルモ吳ヲ離レズ　屬其ノ蹶起ヲ慫慂シ來レル事例モアリ
吳自信《身カ》ハ同方面ニ對スル人心ノ把握收攬ニハ自信ヲ有シアリ
要スルニ吳ハ合作ニ對シテハ何等異議ナシ　唯現在トシテハ其ノ方法如何ガ殘レルノミ　而シテ其ノ一ハ國民黨統ノ問題ニシテ他ハ吳及其ノ周圍ノ人ノ地位ノ問題ノミ
彼ハ「國民政府」ノ名稱踏襲ニ對シテハ自ラ降レルカ如キ感ヲ抱カシムルモノアリトシテ之ヲ忌ムモノナルモ之ハ納得セシムルニ難カラス唯國民黨ノ問題ハ汪カ過度ニ國民黨專政ニ偏スルカ如キコトアリテハ納得セシメ得ス要ハ政府ト黨トヲ別個ニ考フレハ可ナリ
汪、諒解セリ　余モ年長ナル吳ニ對シ任命シ若ハ自分ノ下ニ置クカ如キコトハ行ハス　薦任官トスヘシ
(陳註)吳ノ地位ノ問題ハ後日ニ讓ルコト、シ之以上深入リセサリシモ汪ヨリ吳ヲ任命スルノ形式ヲ執ラス推薦ノ形式ヲ執ルノ要アルヘシ
汪、溫宗堯ハ吳トノ關係良好ナリ　然ルニ吳ノ手紙ニハ貴下ニ對シテノミ接衝スル樣認メアリ　溫宗堯ヲ呼フ必要ハナキヤ
陳、吳ノ代表ト自稱スル者ハ北京ハ勿論重慶ニモ劉某アリ之等ハ何等眞個ノ代表ニハ非ス(在重慶吳代表ノ僞ナルコトニ對シテハ汪モ吃驚ス)依テ吳ハ今同ノ親書ニ使用セル印判ヲ押捺セル手紙ヲ而モ自分(陳)ノミニ携行セシメ眞個ノ代表タルヲ明確ナラシメントスルモノナリ
汪、和平救國會ハ臨時的ノモノナリヤ　又ハ永久的ノモノ

ナリヤ　王克敏ハ和平救國會ヲ取消シタリト云フモ如何
陳、綏靖委員長推薦問題ニ絡マリ呉ハ未タ就任シ居ラス
解散問題ハ聯合委員會側カ勝手ニ宣傳セシモノニ過キ
ス　余自身ハ和平救國會ヲ現ニ指導シアリ　同會ハ政
黨ラシキ形式及手續ヲ執リ將來ハ政黨ニ轉化スヘキ性
質ヲ有ス
新同盟會ハ或時機ニ至ラハ國民黨トシテ存立シ得サル
コトアルヘシ上海ニハ國民黨員多キモ北方ニハ少キヲ
以テ現在同會ハ國民黨內外ノ人士ヲ併セ抱擁シアルニ
付將來ハ整理ノコト、スヘシ
自分ハ汪ト呉トノ中間ニ在ルモ右ハ全ク汪呉合作ノ爲
ニシテ余本來ノ立場ハ國民黨員ナリ　從テ將來ハ黨員
トシテ汪ニ接近セントスルモノナリ　又余ハ立場上和
平救國會ヲ棄ツルモノニ非ルモ同會ハ完全ニ國民黨ノ
與黨トナルヘキモノナリ
余ハ汪先生尙河內ニ在リシ時褚民誼ト相談シ先生ヲ上
海ニ呼出スコトヲ奬メ身邊ノ安全ヲ保證スルハ固ヨリ
現在先生ノ居住セル家屋モ當時既ニ余ニ於テ指摘セル
程ニシテ余トシテハ先生ノ立場ヲ充分考慮シアリ
汪、貴下ハ國民黨中央委員トナシアルモ貴下ノ現地位ニ鑑
ミ取消スヲ可トセスヤ
陳、今後情況進展スルニ從ヒ更メテ相談ノコト、スヘシ
（陳註）要スルニ汪トシテハ呉カ黨統問題ヲ認ムルヤ否
ヤト謂フニ對シテ呉トシテハ國民政府ノ法統ハ諒解シ
得ルモ國民黨ノ黨統ハ諒解シ得スト謂フニ在ル點ヲ明
確ナラシメタリ

492　昭和14年9月27日　在上海三浦總領事より野村外務大臣宛（電報）

新中央政府に対する承認問題等につき汪兆銘と独伊総領事会談について

上　海　9月27日後発
本　省　9月27日夜着

第二七七六號（極祕）
伊太利、獨逸兩總領事ハ二十五日各別ニ非公式ニ竹內ヲ訪
問シタルカ伊太利總領事ハ伊太利トシテハ竹內ノ中央政權
樹立工作カ一日モ早ク成功スルコトヲ希望シ居リ而シテ新
中央政府出現ノ際ハ伊太利ハ日本ニ次テ直ニ之ヲ承認スル

ノ用意アリ且西班牙、葡萄牙モ伊太利ニ次テ承認スヘク獨逸モ承認ヲ與フヘキコト疑ナシト述ヘ獨逸總領事ハ竹内ノ和平運動ニ同情スルモ出來得レハ重慶政府ト協力シテ和平工作ニ當ラレンコトヲ希望スルモノナリト述ヘタル由而シテ右獨逸總領事ノ意見ニ對シ竹内ハ自分等ハ强テ重慶ト離レテ和平運動ヲ起シタルニアラス河内ニ赴キタル後モ約半年間重慶政府ニ對シ和平ヲ勸告シ其ノ反省ヲ求メタリ然ルニ重慶ハ吾人ノ意見ヲ採擇セサルノミナラス刺客ヲ送リテ同志ノ暗殺スラ行フニ至レルヲ以テ已ムヲ得ス挺身和平運動ニ乘出シタルモノナリトテ其ノ心境ノ公明正大ナルコトヲ縷説シタル趣ナリ伊太利總領事ハ二十七日汪精衛訪問ノ豫定ナリ（本電發表セサレ《（ラカ）》サル様願度シ）

北京、天津、青島、濟南、南京、漢口、厦門、廣東、香港へ轉電セリ

493 昭和14年9月27日 在上海三浦総領事より野村外務大臣宛（電報）

三巨頭会談後も汪側と臨時・維新両政府との間には懐疑の念ありとの観測報告

上海 9月27日後発
本省 9月27日夜着

第二七七九號（部外極祕、館長符號扱）

南京發貴大臣宛電報第二〇七號ニ關シ

右會談ハ日本側ノ調停ニ依リ辛ウシテ大體ノ結論ニ到達セルモノニシテ支那側三巨頭ノ意見完全ニ融合セル結果ニハアラス蓋シ竹內側ト既成政權側トノ間ニハ今尙懷疑ノ念去ラス一方ハ國民黨ノ專斷ヲ牽制セントシ一方ハ既成政權側カ實權ヲ握リ國民黨側ニ對抗スル下心アルニアラスヤト懸念シ相互ニ駈引ヲ爲シ且既成政權側ニテハ事毎ニ日本側ノ顏色ヲ窺ヒ乍ラモ竹內ト日本側トノ間ニ如何ナル程度ノ了解アルヤ其ノ眞相ヲ知悉シ居ラサル爲虛心坦懷ニ協議シ得サリシモノト觀測セラル依テ中央政治會議ノ開催、新中央政府ノ樹立ニハ充分ナル下準備ヲ爲シ事前ニ關係各方面ノ打合ヲ遂クル必要アリ之カ爲影佐、喜多、原田等打合ノ結果十月上旬頃先ツ日本側關係當局者ノ協議會ヲ開キ次テ竹內及既成政權側ヲ側面的ニ指導シ其ノ結果ヲ見極メテ同月下旬頃再ヒ三巨頭ノ會見ヲ行ハシムルコトニ豫定セリ

一方竹內側ニテモ今同ノ會談ノ經驗ヨリ見テ中央政治會議

開催迄ニハ日本側及既成政權側ト事前ニ充分ナル了解ヲ遂ケ會議開催ノ際ニハ何等ノ紛糾ナク中央政府樹立ニ關スル議案ヲ通過シ得ル樣愼重ニ手配シ置ク必要アリト感シ居ル模樣ナリ

在支各總領事及香港ヘ轉電セリ

494　昭和14年10月3日　在北京堀内大使館参事官より野村外務大臣宛(電報)

中央政府樹立に際しては華北特殊性の明確化が必要との見解を王克敏が喜多華北連絡部長官に対して表明について

付記一　昭和十四年九月二十八日
「九月二十八日長官、王克敏會談要領」

二　昭和十四年十月三十一日
「中央政府樹立問題ニ關スル喜多長官、王克敏會談要領」

北　京　10月3日後発
本　省　10月3日夜着

第一〇九一號(館長符號扱)

當地聯絡部係官ノ內話ニ依レハ王克敏ハ喜多長官ヲ往訪シ

一、中央政府樹立ノ際之ト北支政權トノ關係卽チ北支特殊性ヲ明確ニ定メ置ク要アリ事變前宋哲元政權カ何事モ爲シ得サリシハ此ノ關係カ不明確ナリシニ因ルモノナリ

二、自分ハ中央政治委員會ニ入リテ中央政府ノ爲ニ働クコト至當ナリト考ヘ居タルカ先般南京ニ於テ竹內ト會見シ示サレタル委員會組織辦法ヲ見ルニ及ンテ吾人ノ出馬ノ餘地ナキヤニ認メラレ委員會入リヲ豫定セラレ居ル王揖唐、朱深、湯爾和等モ之ヲ好マサルヘシト述ヘ長官ヨリ右兩問題ニ付テハ更ニ考究ヲ要スル旨竝ニ臨時政府當局ノ中央政權參加ハ新秩序ノ建設上肝要ナル旨ヲ說示セル趣ナリ

上海ヘ轉電セリ

(付記一)

九月二十八日長官、王克敏會談要領

長　官

今回南京に於ける三巨頭の會談は準備が悪く又日本側の肚が十分決定し居らざりし爲、巧く行かざりしが各關係

者會合の上十月中旬までに日本側の腹案を決定し、十月下旬、北京に於て第七次聯合委員會開催の際、三巨頭とも相談し、十一月上旬には三巨頭相携へて日本に赴き總理とも會見の上、日本政府の意の存ずるところを徹したる後十一月下旬、中央政治會議を南京に於て開催し遅くも十二月中には中央政府の樹立を見得る樣努力することゝなり居れり

王克敏

日本側の肚が決つて初めて難問題も解決せらるべく、中央政府の樹立に關しては、北支の機構を如何にするかが最も重大問題なり、華北政務委員會の權限に關し原則だけでは駄目なり、政治、經濟、財政等の各個に付、具體的に如何なる權限を有せしむるかを十分決定した後にあらざれば、政治會議を召集するも無益なり

汪兆銘は北支の特殊性と言ふことを非常に簡單に考へてゐるが、先づこの思想を直すことが必要なり。汪兆銘の提出せる華北政務委員會組織大綱に付ては、先づ管轄區域の問題があるが、汪兆銘は北支の特殊性に對して十分の認識を有し居らず、又新中央政府の樹立を國民政府の復活と考へてゐるが此の考へ方は我儘なり、支那の現狀は國力も弱く、日本の援助がなければ何も出來ぬ實情なり、又軍隊も有せず治安の恢復せざる現狀に於ては、日本友軍の駐屯は絶對必要と思はるゝが汪兆銘氏は先般南京に於ける會談の際、中央政府樹立後二年以內には日本兵の徹(撤カ)退を見る樣既に日本政府と約束が出來てゐると言はれたが此の問題は非常な重要問題にて、友軍に對しては洵に御苦勞でしたと言ふ氣持でなければ駄目なり、此の問(間カ)の事情を自分より汪兆銘氏に説明せむとしたるも、喧嘩になるので十分意見を交換せずして分れたが之を以て中央政府樹立に對する自分の態度が冷淡なりと言はるゝは當らず自分は長官も御承知の通り中央政府の樹立に關しては卒先贊意を表し居るものなり　云々

尙王克敏より焦榮(大學教授)なるもの南方より來り自分に會見を求め居るを以て、二十九日會見のことゝなし居るが焦の使命は恐らく國民黨の支部を北支に作るにありと認めらるゝが、北支に國民黨の支部を作るに關し長官の御意見を伺ひたしと言へるを以て長官より中央政府樹立に關聯し國民黨は合法政黨として正式に日本側からも承認される譯

であるが、北支に支部を設けることに就ては十分研究を要すと思はるゝ旨返事し置きたる由
追て本會談の際南京に於ける三巨頭會談の經緯にも鑑み長官より王克敏に對し六月十五日附「中國主權尊重原則實行ニ關シ日本ニ對スル要望」及六月十六日附（欄外記入）「中國側ノ提出セル時局收拾ニ關スル具體的辦法及日本側意見」を手交し置けり

（欄外記入）
王ニハ此時始メテ渡シタルモノト見ユ

（付記二）

中央政府樹立問題ニ關スル喜多長官、王克敏會談要領

（昭和十四年十月三十一日　於喜多公館）

太田書記官口授

（欄外記入一）
㈠三巨頭ニ對スル工作要領
三巨頭ニ對スル工作要領竝ニ附屬書類ハ大體中央政府樹立ニ關スル案ニシテ、臨時政府ニ直接關係アルモノハ臨時政府ノ名儀取消及ヒ取消後ノ組織構成、權限等ナルカ組織及權限等ノ問題ハ日支國交調整ト不可分ノ關係ニアリ、國交調整ノ如何ニ依ツテ決定セラルヘキ性質ノモノナリ
人事問題ニ關シテハ臨時政府ヨリ一部ヲ中央政府ニ入レルトカ一部ヲ殘ストカノ問題ナルカ、汪精衞氏希望ノ俟補者カ行ク行カヌノ問題ハ別トシテ、中央政府樹立ノ時ハ現在ノ臨時政府ノモノヲモ加ヘテ之ヲ組織スル案トナリ居レリ。
中央政府樹立ト同時ニ臨時政府ノ名儀ハ取消サレ又華北政務委員會ノ組織、構成、權限ハ國交調整ヲ俟ツテ確定スル次第ナレハ本案ハ直接ニハ臨時政府トハ關係ナキ問題ナル事ヲ先ツ聲明シテ置キタシ
本日此點ヲ特ニ申上クル所以ハ昨日ノ「トランスオーシヨン」ニ「日本側ニ於テハ中央政府樹立ノ時期ハ年末ト稱シ居ルモ汪精衞側ニ於テハ、中央ト地方トノ權限其他ニ關シ、地方政權側ノ要求カ强過キル爲話合ニ長時間ヲ要シ從ツテ中央政府樹立ノ時期ハ遲レルモノト觀測シ居レリ」云々ノ通信アリタル處、我々ハ地方制度ニ關シ何モ權限トシテ之ヲ要求シ居ル譯ニ非ス。

卽チ華北政務委員會ノ組織、構成、權限等ハ、日支新國交ノ調整如何ニ依ツテ決定スル問題ナレハ汪精衞氏カ此日支國交調整問題ヲ如何ニ考ヘ如何ニ處理セラレルカカ根本問題テアルト考フ

(二)「中央政府樹立工作要領」ノ取扱ニ關シテハ二十八日長官ヨリ御話ノ通リ、充分ノ注意ヲ加フヘシ

(三)「三巨頭ニ對スル工作要領」ニ對シテモ別ニ異存ナキカ念ノ爲各條ニ付テ御話スルコトトスヘシ

(1)別紙第一ノ中央政治會議組織辦法ハ九月南京ニテ汪精衞氏ヨリ貰ヒタル案ノ通リナルニ付キ異存ナシ

(2)中央政治委員會組織條例草案ハ「訓政期間中ニ於テハ」ナル字句ヲ入レタ丈ニテ其ノ他ハ從來ノ案ト同様ナルニ付キ別ニ異存ナシ

(3)別紙第三モ異存ナシ、只各條ニ付テ意見ヲ申上ケレハ第一項ハ中央政府樹立前ノ問題ニシテ、樹立後ハ問題トハナラス、第二項ノ「日本側ト連絡」云々ハ當然ノコトナリ

重慶政府ノ主要分子獲得ニ關シテハ汪精衞氏ノ意見ノ通リヤル事カ必要ニシテ、若シ汪精衞氏ヨリ對重慶工作ニ關シ我々ノ協力ヲ必要トストノ申出アラハ我々ハ汪氏ニ滿腹ノ協力ヲ與フヘシ

第三項ノ日支新國交調整ニ關スル原則ハ汪精衞氏自身東京ニ於テ日本側ト相談シタル問題ナルヲ以テ、具體的事項ノ決定ニ關シテモ、汪精衞氏ニ一任スル方カ問題ヲ徹底セシムル所以ト存ス。第四項ハ問題ナシ

(四)中央政府組織ノ爲ノ人事ノ概定ニ關シテモ汪精衞氏ノ希望通リヤルヘキ問題ナルヲ以テ汪精衞氏ノ指定セラルル各候補者ニ對シテハ成ルヘク中央政府ニ入ルヤウ努力致シタシ。青島會議ニ出發前關係者ト打合ノ上、本人ニ意向ヲ確カメ置ク事トスヘシ

中央政府ノ教育部長タルヘキ湯爾和氏ニ關シテハ、二十八日長官ヨリ、別ニ棄權シタル趣旨ニハ非ストノ御説明アリタルカ教育部長トシテ湯爾和氏ニ持出シテ可ナリヤ、

(右ニ對シテ長官ヨリ持出サレタキ旨ヲ述フ)

(五)中央政治會議ノ議題ニ關シテハ此通リニテ結構ト思ハルル處

(1)右議題中對重慶工作ニ關シテハ汪精衞氏カ一番良ク知ツテ居ラレル譯テアルカラ先ツ汪精衞氏カトンナ考ヲ

持ツテ居ラレルカ御聴キ致シタシ（之ニ對シ長官ヨリ汪精衞氏ハ何應欽氏等ヲ引張リ出シタキ考ヘナル旨述フ）

(2)新中央政府樹立ニ關シ

(イ)新中央政府樹立ノ時期、構成ニ關シテハ問題ナシ

(ロ)政府ノ名稱、首都ニ關シテハ已ニ東京ニ於テ方針カ決定シテ居ルカラ、別ニ中央政治會議ニ於テ協議ノ要ナシト認ラル

(ハ)國旗ニ關シテハ、青天白日旗及ヒ反共和平等ノ旗ヲ使用スル事ハ問題ナシ、但シ五色旗ヲ新民會旗ニ變更スル事ニ關シテハ新民會ニハ已ニ新民會ノ會旗存スルヲ以テ其點ニ關シテハ新民會ト相談スル要アラン。五色旗ノ問題ニ關シ嘗テ臨時政府ノ兩委員ヨリ長官其ノ他ニ對シ私見ヲ發表シタル事アルモ之ハ大シタ問題トハナラス、實ハ五色旗ハ臨時政府成立前ヨリ北支ニ揭ケテアツタモノテ臨時政府ニ於テ政府ノ旗トシテ決メタモノニ非ス

(ニ)政府ノ政綱及ヒ政策ニ關シテハ直接汪精衞氏ニ聽イテ見タイト考ヘテ居ルカ現在ハ訓政時期ナルヲ以テ、大體ニ於テ國民黨ノ政綱、政策カ新中央政府ノ政綱、政策トナルノテハナイカト考ヘラル、（右ニ對シ、長官ヨリ、余リニ國民黨的ノモノトナツテハ困ル、日本ノ要望及ヒ既成事實等ト矛盾シナイモノト致シタイ考テアルカラ、會議ニ際シテハ、其積リテ汪精衞氏ト折渉サレン事ヲ希望スル旨述ヘタルニ王克敏ハ之ヲ諒承セリ）

(ホ)臨時、維新兩政府ノ發布セル法令ノ取扱方ニ關シテハ問題ナシ、重慶政府ノ分ニ關シテハ、東京ニ於テ研究シテ居ラレル事ト思ハル

(ヘ)軍隊及官吏ニ關スル措置ハ既成政權ノ事ヲ心配シテ下サル日本側ノ好意ニ基クモノト思ハレルカ臨時政府トシテハ大シテ問題ニナラヌト考ヘテ居ル

(ト)臨時、維新兩政府ノ名稱廢止ハ已ニ決ツタ事テ當然ノ事テアル

(六)地方制度ニ關スル件ハ新國交調整ノ話ト最モ密切ナ關係アル問題ナレハ新國交調整ノ問題カ汪精衞氏ノ努力ニ依ツテ、日本トノ間ニ話カ纏ツタ際、其話合ヲ善ク聞イタ上テ之ニ基キ曩ニ頂戴シタ華北政務委員會組織大綱案等

具體的ノコトヲ汪精衞氏ト協議スル積ナリ

(七)日支新國交調整方針ノ決定ヲ汪精衞氏ニ一任スル事ニ關シ、自分ハ全然贊成テアルカ、此ノ問題ハ汪精衞氏ヨリ進ンテ話ヲ切リ出ササル限リ、自分ヨリ持出ス事ヲ得サル性質ノモノナリ

(八)國民會議ノ召集及ヒ憲政ノ實行ハ成ヘク速カナラン事ヲ希望スルモ現在ハ軍事進行中ナルヲ以テ、急速ノ實現ハ困難ト考フ

(九)青島ニ於ケル三巨頭會議ノ際、聯合委員會ヲ同時ニ開催ストセハ日取ハ成可ク早ク決定シテ戴キタシ。聯合委員會事務當局ノ者ヲ先行セシムル必要アル處陸路旅行ノ證明書ヲ頂クニ三日間ヲ要スル現状ナレハ早ク決定シテ戴カナイト間ニ合ハス。(長官ヨリ、日取リハ八日ノ豫定ナリシモ一兩日、先ニナルカモ知レス、又成ヘク早ク決定ノ上御通知スヘキ旨答フ)

(十)中央政治會議ヲ南京ニテ開催スルコト可能ナリヤ(長官ヨリ、南京カ第一案ナリト答フ)

一週間乃至十日間ノ期間ハ長過キルト思フ、臨時政府ヨリ五名ノ代表カ出カケテ、長期留守ニナル事ハ政務ノ遂行上困ル(長官ヨリ、中央政治會議ノ前ニ充分話ヲ付ケ置キ、開會ノ場合ハ急速ニ運ヘルヤウニ致度ク會期カ長期ニ亘ル爲、臨時政府ノ政務カ澁滯スルヤウテハ困ルト考ヘテ居ル旨述フ)

(十一)新中央政府構成分子ノ日本政府ニ對スル確約ノ件ハ、汪精衞氏限リノ問題ナルカ其內容ニ關シテハ自分モ良ク諒解シ居レリ。此問題ニ就テハ汪氏ノ意見ヲ充分聽ク迄私見ヲ申上ケル事ハ遠慮致シタシ(右ニ對シ長官ヨリ、汪精衞氏ニ於テ異存ナケレハ貴委員長モ異存ナシトノ意味ナリヤト借問セルニ、然リ、ト答ヘタリ、更ニ確約ノ條例ハ公正、妥當ノモノテナケレハナラヌカ若シ其內容ニ之ハ無理テアルト思ハレル點カアレハ友人トシテ參考迄ニ御洩ヲ願ヒ度キ旨ヲ述ヘタルニ、王克敏ハ多少ノ意見ハアルモ一兩日良ク考ヘタ上テ御答ヘスヘシト答フ)

國交調整ニ關スル問題ハ汪精衞氏渡日ノ際日本政府主腦部トノ間テ大體話合ツテ居ルトノ事ナルカ具體的ノ事ハ未タ決ツテ居ナイト承知ス。自分ハ汪精衞氏サヘ異存ナケレハ別ニ意見ハナイカ、中央政治會議ニ出席スル代表者ノ中カラ、汪精衞ニ一任スルト言ツテモ、其內容ハト

ウテアルカ承知致シタシト詳細ノ内容ヲ聴クモノカ現レテ來ルカモ知レス、又或ル者ハ内容ノ範圍ヲ限ツテ汪ニ一任セヨト主張スルモノカアルカモ知レヌ、六月十五日附汪精衛氏ノ希望ハ汪精衛氏ヨリ江亢虎等ニ見セタトノ事ナレハ、其内容ニ付テ承知シテ居ルモノモ相當アルヘキ處、之ニ對スル日本側ノ意見ハ少數ノ者シカ知ラヌ模様ナリ。自分ハ出來得ル限リ汪精衛氏ニ一任ト云フ運ヒニナル様會議ノ席ニ於テ盡力スル積ナルカ心臟ノ强イ人間モ居ル事ナレハ此點ニ關シ色々質問スルカモ知レス。此問題ニ付テハ國民黨ノ代表中カラサヘ汪精衛ニ質問スルモノカアルカモ知レス（右ニ對シ長官ヨリ、汪精衛氏ノ日本ニ對スル要望ニ對シテハ近ク詳イ返事ヲ出ス事ニナリ居レリ。若シ中央政治會議ニ於テ此問題ニ關シ議論カ沸騰シタ際ニハ、夫レハ大シタ問題テハナイカラ一任セヨト言ツテ會議ヲ圓滿ニ運フ様取計ハレタシト言ヘルニ、王委員長ハ私ハ其ノ積リナリト答ヘタリ）

(十一)別紙第五ノ中央ト地方トノ關係中、臨時政府トノ關係調整要領ニ付テハ先程申上ケタ通リ別ニ意見ナシ、

(イ)只第二項ノ軍事處理機關トハ如何ナルモノナリヤ、之ハ治安部ノ外ニ設置セラレルモノナリヤ、前ニ戴キタル華北政務委員會組織大綱案ニハ無カリシ機關ナルカ中央ト同様北支ニモ政務委員會ト併行シテ軍事機關ヲ設置スル意味ナリヤ（右ニ對シ長官ヨリ、我々ノ希望ハ政務委員會ノ中ニ入レル積リナリ。其積リテ第三項ニハ「華北政務委員會ト軍事處理機關トノ關係」ト特ニ書キ置ケルカ此點ニ關シテハ何レ中央ニ於テ何分ノ決定ヲナシ通報アル事ト思ハルル處貴委員長ノ御意見如何ト質問セルニ、差當リ華北ニハ軍事ト言ツテモ治安部ニ八ケ團ヲ設クルニ止マリ黄郛政權時代、政務委員會ト何應欽ノ軍事委員會トヲ併置シタ時代トハ事情異ナレリ。當時ハ軍事多忙ナリシ爲、別ニ軍事委員會ヲ置ク必要アリタルナランモ委員長トシテテハナク全然自分一個人ノ意見ヲ申上ケレハ政務委員會ト軍事處理機關ノ二ツノ機關カ併置セラレル事ハ不適當ト思ハル、此問題ハ中央政治會議開催前ニ決定シテ置カヌト困ル問題ナリ。或ル人カ東京へ行ツテ此ノ軍事處理機關ヲ主張シタルニ非スヤ

（欄外記入二）

(ロ)現狀ヨリ調整ニ移リ行ク時期ハ慢々的ニ移行スル意味

ニテ良ク諒解セリ

㈧蒙疆及維新政府ノ事ハ北支トハ直接ノ關係ナキヲ以テ別ニ申上ケス

(十三)長官ヨリ中央政治會議ニ出席スヘキ北支ノ代表ハ聯合委員會ノ委員ノ他更ニ二名ヲ必要トスル處ニ之カ人選ニ關シ御考慮ヲ希望スト述ヘタルニ王克敏ハ「矢張リ汪精衛氏ノ希望シテ居ラレル湯爾和及王揖唐ノ兩氏カ適當ナラン尚中央政府ニ入ルヘキ人事ニ付テモ汪精衛氏ヨリ正式ノ申出アレハ充分斡旋致シ度ク若シ本人カ嫌ト言フ場合ニハ他ノ人ヲ推薦致スヘシ、此問題ニ付テハ木曜日行政會議ノ際關係者ト篤ト相談シテ見ルヘシ」ト答ヘタリ

(十四)呉佩孚ノ問題

之ハ別ノ話ナルカ熊財政部次長ノ報告ニ依レハ同次長ノ親類ニ當ル陶ト言フ人カ最近汪兆銘氏ノ手紙ヲ持參シテ呉ヲ訪問セル由ナルカ其ノ手紙ニハ「政府ノ名稱及國旗等ノ事ニ付誤解ナキ樣ニ」トノ趣旨カ書カレアリタル外、別ニ呉ニ對シトウ言フ地位ヲ與ヘルカト言フカ如キ具體的ナコトハ全然記戴《（載カ）》セラレ居ラサリシニ拘ラス呉佩孚ハ「自分出馬ノ上ハ貴下ニ地位ヲ與ヘテ働イテ貰ハウ」ト言フ意味ノ甚タ振ツタ返事ヲ出シタ由ナリ

尚最近ノ情報ニ依レハ呉佩孚ノ部下十數名ハ各省ヲ巡歷シ省長公共團體等ニ對シ呉ノ出馬ヲ懇願スル通電ヲ發スルヤウ遊說中トノコトナルカ一行ノ旅費ハ川本大佐カ之ヲ出シ又一行ノ內地旅行ノ證明書ハ佐々木前憲兵隊司令官カ發給サレタモノナリトノ噂ナリ。山東省省長カラノ報告ニ依ルト一行ノ遊說ニ對シ唐省長ハ呉將軍ノ御出馬ハ結構ナルカ出馬ノ請願電ヲ出ス事ハ關係筋ト相談ノ上ニ致シ度シト回答セル由

(十五)最后ニ中央政府樹立ノ機會ニ豫テノ希望通リ是非トモ休養サセテ戴キタシト再三述ヘタルヲ以テ長官ヨリ、今回ノ案ハ現狀維持ヲ原則トスルモノニテ人カ變レハ人心モ動搖スルヲ以テ中央政府ニ協力ノ實ヲ示ス意味ニ於テ引續キ御努力アリタク進退ニ付テハ愼重ナル考慮ヲ希望スル旨述ヘタル處王委員長ハ現狀維持ニテ此ノ儘繼續スルカラコソ一層責任ノ重大ナルヲ自覺スル譯ニテ、休養スルト言フモ決シテ隱居スルト言フ趣旨ニハ非スシテ側面カラ微力ヲ盡ス積ナレハ是非トモ休マセテ頂キ度シト繰返シ申出タリ

（欄外記入一）

行文少々アイマイナルモ王ノ話ト思ハル

（欄外記入二）

呉佩孚ノ時代ナリ

495　昭和14年10月22日

在中国総領事会議出席者との会見における汪兆銘の発言概要

（昭和十四年十月二十八日　亞）

在支總領事會議出席官ト汪精衛トノ會見ニ關スル件

出席者　本省　土田東亞局第一課長

〃　奥　村　事　務　官

武藤天津總領事

花輪漢口總領事

堀　南　京　總　領　事

有野濟南總領事

木　村　書　記　生

十月二十二日汪精衛ハ在支總領事會議出席者ヲ茶會ニ招待シタルカ其ノ際汪カ語リタル意見大要左ノ通リ

一、日本側ニ對スル要望。

（中央政府樹立ニ邁進スルニ當リ日本側ノ出方ニ付汪精衛ニ於テ最モ不安ニ感スル點如何トノ問ニ對シ）

支那民衆ヲ自分ノ傘下ニ吸收スル爲ニ和平條件トシテ日本側ガ如何ナルモノヲ提出スルヤノ點ガ目下ノ處不正確ナルコトガ最モ不安ニ感スル所ナリ而シテ右和平條件ノ中最モ重要ナルハ撤兵ノ問題及日支經濟合作ノ實体ノ點ニアリ

右ノ中撤兵ニ關シテハ自分ハ常ニ支那識者ニ對シ新中央政府ニ敵對スル勢力カ殘存スル限リ日本軍ノ援助ヲ求ムルコト已ムヲ得スト説明シ居リ大体之ヲ納得セシメ得ル自信アリ經濟合作ノ實体ニ關シテハ事變以來支那事業家ノ蒙リタル實害甚シカリシニ鑑ミ日本側ハ和平ノ後果シテ如何ナル具体的協力ノ形ヲ執ルヤニ付危惧ノ念甚シキモノアリ仍テ日本側ニ於テ諸般ノ事業ノ復興ニ當リ具体的ニ事實ニ依テ合作ノ實体ヲ表明セラルルヲ得ハ自分ニ於テ支那指導階級ヲ自分ノ下ニ引付クルヲ得ヘシト確信

シ居リ其ノ要點ハ日本軍ノ支配ト支那ノ主權トノ調合ヲ如何ニ作リ上ケルヤノ點ニ存ス自分カ中央政府ノ首班トシテ將來活動スル爲ニハ此ノ點ニ關シ日本側ニ於テ支那人ニ相當自由ナル立場ヲ與ヘラルルコト最モ必要ト確信ス

二、歐洲大戰ニ對スル考慮

時局收拾ニ關シ支那有識者ノ中ニハ日本ニ攻略サレル位ナラハ寧ロ蘇聯ト握ルヘシトノ說甚タ有力ニシテ孫科アタリモ公然斯ル言辭ヲ弄シ居リ民衆ノ中ニモ斯ル空氣甚タ多シ孫科カ今般伊太利ヲ訪問セルコトハ事變以來初メテノコトナルニ付極メテ關心ヲ有スル處ナルカ未タ其ノ目的ヲ探知シ得ス要スルニ今次歐洲大戰ハ日支和平ニ利用スヘキモノト考ヘ居レリ

三、蔣介石ノ立場

蔣ハ曾テ共產軍ニ對スル政策ノ根本ヲ其ノ抑制利用ニ置キタルモノナルカ右政策ハ全然覆滅セリ卽チ西安事變（蔣ト共產黨ノ間ニ世人ノ知ラサル條件アリ）以後ハ共產黨ノ爲手足ヲ縛ラレ自由全ク無シ但蔣ニ於テ翻然悔悟セハ日支和平ノ途ハ自分ノ工作ニ比シ極メテ容易ナリ然ルニモ拘ラス斯ル悔悟ヲ期待スルコトハ不可能ト信ス何トナレハ蔣カ百八十度ノ轉回ヲ爲ス場合ハ共產軍ノ討滅ヲ必要トス而シテ之カ爲ニハ固ヨリ支那ノ內部ニ多大ノ犧牲ヲ伴ハサルヲ得サル次第ナルカ自分ノ信念ニ依レハ手足ヲ切斷セラルルモ全身ヲ救フコトニ根本ノ國家生存ノ道アリト思考スルモノナルモ蔣ニ於テハ斯ル犧牲ヲ拂フ勇氣ナシ

四、重慶側各要人ノ立場

重慶側要人中問題ニセラレタルハ何應欽、張群、孔祥熙ノ三名ナルカ自分ハ何應欽ニ最モ同情ヲ表シ居レリ其ノ對日政策モ自分ト同意見ナリ但蹶然起ツノ勇氣ニ乏シ張群ハ考ハ自分ト同シナルモ蔣介石ヲ棄ツル氣ハ毛頭ナシ孔祥熙モ考ハ略々同樣ナルモ種々ノ方面ヨリ掣肘ヲ受ケ到底賴ムニ足ラサル如シ

五、重慶側軍事領袖ノ態度

顧祝同、劉峙ハ共ニ反共ニシテ共產軍ヲ壓迫セントシテ蔣介石ニ依リ實權ヲ奪ハレ部下ノ軍隊ノ指揮ハ漸次青年士官ニ移サルルニ至レリ之等青年士官ノ中代表的ナルモノハ陳誠ナルカ彼モ共產軍ニ事實上抑ヘラレ結局蔣ノ直系軍ハ共產軍ノ事實上ノ指揮下ニ立ツニ至レリ

4　内約交渉と南京国民政府の成立

496

昭和14年11月1日　興亜院会議決定

「中央政治會議指導要領」

付記一　昭和十四年十一月一日、興亜院会議諒解

「「中央政治會議指導要領」ニ關スル諒解事項」

二　昭和十四年十一月一日

「中央政治會議指導要領（案）ニ關スル諒解」

中央政治會議指導要領

昭和十四年十一月一日

興亞院會議決定

第一　方針

現下内外ノ情勢推移ニ鑑ミ新中央政府ノ樹立ハ支那側内部ノ基礎的條件ノ充足ヲ中核トシ對第三國及重慶工作ニ關スル措置ヲ外廓トシテ之ヲ施策シ且帝國政府ノ事變ニ對スル全局ノ態勢整備ニ即應シ帝國ノ自主的見地ニ基キ之カ構成竝ニ樹立ノ時期ヲ決定スヘク中央政治會議ニ於テハ如上ノ考慮ニ主眼ヲ置キ主トシテ内政問題ニ重點ヲ置カシムル如ク指導スルモノトス

第二　要領

一、中央政治會議ニ關シテハ豫メ新中央政府ノ主要構成分子ニ對シ以下定ムル所ノ我方要望事項ヲ諒解セシメタル上同會議ヲ開催セシムル如ク指導シ以テ支那側ノ決議事項トノ間ニ矛盾スル所無カラシムル如ク措置スルモノトス

二、中央政治會議ニ於テハ中央政府樹立ノ基礎工作トシテ別紙第一「（新欠カ）中央政府樹立ニ關スル大綱」ヲ確定セシムルモノトス

三、支那側工作ノ重點ヲ基礎地盤ノ設定、對重慶工作、兵力整備、資金準備等各般ニ亙ル人的要素及基礎的實力ノ具備ニ關スル準備ノ完成特ニ重慶側諸勢力ノ切崩獲得ニ置カシメ汪ヲ中核トシテ呉、既成政權等協力一致シテ右工作ノ完成ニ施策努力セシムルモノトス

四、新中央政府ノ構成竝ニ樹立ノ時期ハ前記準備工作ノ進展ノ程度及全局ニ亘ル情勢ヲ考慮シ日本側ト協議ノ上之ヲ定ムヘキモノナルコトヲ撤（徹カ）底セシムルモノトス

五、新中央政府ノ政綱及政策ニ關シテハ日支新關係調整ニ關スル原則、所要ノ既成事實ノ承認等日本側ノ要望ヲ包容シ且之ト矛盾スル所無カラシムルモノトス

六、新中央政府ノ名稱、首都及國旗ニ付テハ既定方針ニ據ルモノトス

七、既成政府ノ名稱廢止、地方制度及地方自治ノ程度ニ關シテハ別紙第二「新中央政府既成政權間ノ關係調整要領」ニ基キ我方ノ要請ヲ諒解セシメ所要ノ措置ヲ爲サシムルモノトス

尙右要請以外ノ新支那地方政治形態ニ關シテハ別紙第三「新支那地方政治形態ニ關スル指導腹案」ニ據リ內面指導スルモノトス

八、日支間ノ新關係調整ニ付テハ中央政治會議後新中央政府樹立前同政府ノ主要構成分子ヲシテ日本側ニ對シ確約ヲ爲サシムルモノトシ其ノ確約ニ關スル要綱ニ關シテハ別紙第四「新中央政府樹立前新中央政府ノ主要構成分子ノ日本側ニ對スル確約ニ關スル件（案）」ト豫定ス

右確約ヲ爲サシムル爲現地指導機關ニ於テ主要構成分子ニ對シ逐次事前ニ所要ノ內面指導ヲ爲スモノトシ中央政治會議前其ノ大要ニ關シ一應ノ諒解ヲ遂ケシムルモノトス

但シ右確約事項中ノ特定事項ヲ支那側ニ示ス時機竝ニ區分ニ關シテハ現地ヨリ中央ニ連絡ノ上之ヲ定ムルモノトス

九、第三國關係ニ付テハ日滿支及第三國ノ共通福祉ヲ增進スルコトヲ旨トスルモ第三國ヲシテ事變中特殊事態ノ存在ヲ認メシメ事態ノ鎭靜ニ伴ヒ第三國ノ利益ヲ尊重シツツ逐次新事態ニ卽應スル如ク合理的ニ調整セラルヘキ方針ヲ以テ對處スルモノトス

〔備考〕

八、ノ但書ノ確約事項中ノ特定事項トハ別紙第四中「日支新關係調整要項」第二ノ三及四ヲ指スモノトス

別紙第一（中央政治會議ニ於テ確定セシムベキモノ）

新中央政府樹立ニ關スル大綱

一、新中央政府ハ國民黨、既成政權、其ノ他ノ黨派及爲シ得レバ飜意改替ノ重慶政府等ヲ以テ其ノ構成分子ト爲シ其ノ適宜協力ニ依リ之ヲ樹立スルモノトス

二、新中央政府ノ基礎ヲ鞏固ナラシムル爲人的要素及基礎的實力（武力竝ニ財力）ノ具備ニ關シ日本側ト連繫シテ具體的ニ萬般ノ施策ヲ講シ努力邁進スルモノトス

重慶政府ノ重要分子獲得ニ關シテハ汪精衛ヲ中心トシ既成政權、各黨各派等協力シ施策ニ遺憾無キヲ期スルモノトス

三、新中央政府ハ日支新關係調整ニ關スル原則ニ準據シテ日支ノ國交ヲ正式ニ調整スルモノトシ之カ構成分子代表者ハ右日支新關係調整ニ關スル原則的事項ニ關シテ新中央政府樹立前日本側ト協議決定スルモノトス

四、重慶政府カ抗日容共政策ヲ放棄シ且所要ノ人的改替ヲ行フコト竝ニ第一號及第三號ヲ受諾シタル場合ニハ之ヲ飜意改替セルモノト認ムルモノトス

別紙第二（中央政治會議ニ關シ我方要請事項トシテ諒解セシメ所要ノ措置ヲ爲サシムベキモノ）

新中央政府既成政權間ノ關係調整要領

第一、蒙古聯合自治政府ト新中央政府トノ關係調整要領

一、蒙古聯合自治政府ト新中央政府トノ新關係設定ノ爲中央政治會議開催前日本側指導ノ下ニ汪精衛又ハ其ノ代表者ト徳王又ハ其ノ代表者トヲ北京又ハ青島ニ於テ會見セシメ左記事項ヲ文書ヲ以テ約セシムルモノトス

記

㈠新中央政府ハ蒙古聯合自治政府ノ高度防共自治ノ既成事實ヲ認ムルコト

㈡兩政權ノ關係調整ニ關シテハ本諒解ニ基キ新中央政府成立後別途協定スルコト

二、前號ノ諒解成立セル際ハ中央政治會議ニ蒙古聯合自治政府ヨリ其ノ代表者ヲ出席セシムルモノトス

但シ中央政治會議ニ於テハ蒙古聯合自治政府ノコトニ關シテハ前記諒解事項ノ範圍ヲ脫逸《（ママ）》セル事項ニ付テハ論議セシメザルモノトス

第二、臨時政府ト新中央政府トノ關係調整要領

一、北支ハ日滿兩國トノ國防上經濟上ノ强度結合地帶タル特殊性ニ鑑ミ日支新關係調整ニ關スル原則ニ基ク對日

滿局地處理ノ爲北支ニ中央政府ノ下ニ在ル華北政務委員會（假稱、以下同ジ）及軍事處理機關ヲ設置セシムルモノトス

二、華北政務委員會ト新中央政府トノ關係及華北政務委員會ノ構成權限竝ニ華北政務委員會ト軍事處理機關トノ關係及軍事處理機關ノ編成等ニ關スル具體的事項ハ中央政治會議ニ於テ下協議ヲ行フベキモ新中央政府樹立直前ニ臨時政府ト新中央政府ノ代表タルベキ者トノ間ニ於テ之ヲ概定セシムルモノトス

三、臨時政府ノ政府ナル名稱ヲ廢止シ華北政務委員會ニ移行スル場合ハ差當リ既成ノ事實ヲ繼承シ政務ノ停止澁滯等無カラシムルト共ニ經濟機構ノ運營上信用ノ動搖ヲ防止スル等人心ノ不安無カラシムル爲所要ノ措置ヲ爲サシムルモノトス

第三、維新政府ト新中央政府トノ關係調整要領

一、維新政府ノ立場ヲ尊重シ其ノ動搖ヲ防止シツツ新中央政府ト融合歸一スル如ク誘導シ新中央政府樹立迄ハ安ンジテ政務ヲ繼續セシムルモノトス

二、維新政府ヲシテ新中央政府樹立後政務委員會等ヲ設置セザルコトヲ納得セシムルモ其ノ主要人物ノ體面ト地位トニ關シテハ汪側ヲシテ考慮セシムルモノトス

三、新中央政府樹立セラレテ維新政府解消スル場合新中央政府ハ差當リ既成ノ事實ヲ繼承シ逐次調整ヲ行フモノトシ政務ノ停止澁滯等無カラシムルト共ニ經濟機構ノ運營上信用ノ動搖ヲ防止スル等人心ノ不安無カラシムル爲所要ノ措置ヲ爲サシムルモノトス

四、日支新關係調整ニ關スル原則ニ準據シ揚子江下流地帶ニ於テ日支經濟強度結合ノ具現ヲ容易ナラシムル爲日支協力事項ニ關シ主トシテ新上海ニ於テ行政機構上所要ノ措置ヲ爲サシムルモノトス

第四、其ノ他

一、上海、青島、厦門ニ關シテハ其ノ特別行政區域タル事實ヲ容認セシムルモノトス

二、南支沿岸特定島嶼中海南島ニハ中央政府直轄ノ局地的行政組織（軍事處理機關共）ヲ設置セシムルモノトス

別紙第三（取扱ニ關シテハ備考參照）

新支那地方政治形態ニ關スル指導腹案

第一　方　針

新支那地方政治形態ニ關シテハ別紙第二「新中央政府既成政權間ノ關係調整要領」ニ定ムルモノノ外下記要領ニ據リ内面指導スルモノトス

第二　要　領

一、蒙疆

蒙疆（概ネ内長城線（含ム）以北ノ地域トス）ハ外交（對日滿交渉ヲ除ク）以外ノ行政、立法、司法及軍事竝ニ對外蒙交渉ニ關シ既成事實ヲ基礎トシ廣汎ナル自治ヲ認メラレタル高度ノ防共自治區域トスルモノトス

二、北支

1區域

北支ハ概ネ内長城線（含マス）以南ノ河北省及山西省、山東省竝ニ概ネ黄河以北ノ河南省ノ地域トスルモノトス

2北支ノ政治形態ニ對スル日本側要請ノ限度左ノ如シ

(一)支那側ハ日支新關係調整ニ關スル諸原則ニ卽シ日滿兩國及蒙疆ニ對シ次號ニ掲クル範圍ノ地方的處理ノ爲北支ニ華北政務委員會（假稱、以下同ジ）及軍事處理機關ヲ置キ之ニ必要ナル權限ヲ附與スルモノトス

(二)北支ニ於ケル地方的處理ノ範圍ニハ左ノ諸項ヲ含ムモノトス

(甲)北支ニ於ケル共同防衛就中防共及治安協力事項ニ關シ

1、日本軍駐屯ニ伴フ事項ニ關スル處理

2、日支防共、治安協力ニ關スル所要事項ノ處理

3、其ノ他日支軍事協力ニ關スル處理

(乙)北支ニ於ケル經濟提携就中埋藏資源ノ開發及日滿北支物資需給事項ニ關シ

4、日本側ニ對スル埋藏資源ニ關スル特別便益供與ニ關スル處理

5、日滿、蒙疆及北支間物資需給ノ合理化ニ關スル處理

6、日滿、蒙疆及北支間ノ通貨及爲替ニ付テノ協力ニ關スル處理

7、航空、鐵道、通信及主要海運ニ關スル日支協力ニ關スル處理

(丙)其ノ他

8、日本人顧問及日本人職員ノ採用ニ關スル處理

㈢北支ニ於ケル日支間ノ軍事協力及經濟提携上北支ノ聯銀制度及之ニ關聯スル制度ヲ存續スルヲ必要トスル間ハ中央政府ハ其ノ存續ヲ認メ且所要ノ助成ヲ爲スモノトス

註右日本側要請ノ限度ハ日支間ニ於ケル新關係カ正常ノ状態ニ調整セラレタル場合ノモノヲ示スモノトス

3華北政務委員會ノ構成權限ハ前記2ノ日本側要請ヲ具現スルニ必要トスル程度ニ迄逐次調整セラルベキモ當分ノ間現狀ノ儘トスルモノトス

差當リ華北政務委員會ト新中央政府トノ間ヲ律スベキ主要事項左ノ如シ

㈠華北政務委員會所要經費支辨ノ爲必要ナル收入ヲ確保セシムル如ク措置スルモノトス

之カ爲關稅、鹽稅及統稅ハ建前トシテ中央政府ノ中央稅トスルモ差當リハ關稅收入剩餘ノ一定割合竝ニ鹽稅收入ノ剩餘及統稅收入ハ華北政務委員會ニ屬セシムルモノトス尙右國稅徵稅機關ニ對スル監督ハ中央政府ヨリ華北政務委員會ニ委任スルモノトス

㈡官有財產ハ現狀ノ儘華北政務委員會ニ屬セシメ追テ調整スルモノトス

㈢海關、郵政及航空ハ新中央政府ノ統一管理ノ下ニ在ラシムベキモ之ガ現狀ノ改變ハ逐次行フモノトス

㈣華北政務委員會ハ或ル程度ノ起債權ヲ有スルモノトス

㈤特任官ヲ除ク所屬官吏ノ人事權ハ華北政務委員會ニ屬スルモノトス

㈥隴海線ノ管理運營ハ華北政務委員會ニ屬スルモノトス

㈦外交交涉ハ中央政府之ヲ行ヒ日滿トノ地方的處理ニ伴フ交涉ハ華北政務委員會之ヲ行フモノトス

又蒙疆トノ地方的處理ニ伴フ交涉ハ華北政務委員會之ヲ行フモノトス

三、中支（新上海及揚子江下流地域）

㈠中支ニ於ケル經濟上ノ日支强度結合實現ニ關スル事項ハ維新政府ニ代リ新中央政府ニ於テ之ヲ繼承スルモノトス

㈡新上海ニ對スル日本側ノ要請限度左ノ如シ

(1)左ノ諸項ヲ以テ新上海ニ於ケル日支協力事項ト為スモノトス
(イ)新上海ノ建設ニ關スル協力事項
(ロ)新上海ニ於テ措置セラルル日本軍駐屯ニ伴フ事項
(ハ)新上海ニ於テ措置セラルル航空、主要海運、揚子江水運及通信ニ關スル協力事項
(ニ)其ノ他一般日支協力ニ關シ新上海ニ於テ處理セラルル事項
(2)支那側ハ日支新關係調整ニ關スル諸原則ニ卽シ前號ニ掲クル日支協力事項ノ具現ヲ容易ナラシムル為新上海ニ於テ行政機構上所要ノ措置ヲ為スモノトス
(三)揚子江下流地帶ニ於ケル日支經濟强度結合態勢具現ノ為中支經濟協議機關ヲ設置スル等所要ノ措置ヲ為スモノトス
四、厦門
厦門ニ關シテハ其ノ特別行政區域タル事實ヲ容認セシムルモノトス
五、海南島
海南島ニ中央政府直轄ノ局地的行政組織(軍事處理機關共)ヲ設置シ同島ニ於ケル日本ノ特殊地位ニ基ク左記要求事項ヲ處理セシムルモノトス
(イ)日本軍駐屯ニ伴フ事項
(ロ)日支軍事竝ニ治安協力ニ關スル事項
(ハ)國防上必要ナル特定資源ノ確保ニ關スル事項
(ニ)航空、通信及海運ニ關スル事項
(備考)
本腹案ハ將來日支間ニ約定セラルベキ我方要請事項及支那側ノ內政問題トシテ自發的ニ措置セラルベキ事項ニ亙リ我方指導ノ腹案タルモノトス從ツテ本腹案ハ支那側內政問題ニ付支那側相互ニ於テ決定困難ナル場合ニモ我方斡旋指導ノ基準タルモノトス

別紙第四(新中央政府樹立前同政府構成分子ヲシテ日本側ニ對シ確約セシムベキモノ)

新中央政府樹立前新中央政府ノ主要構成分子ノ日本側ニ對スル確約ニ關スル件(案)

第一　方　針

新中央政府成立後日支ノ新國交ヲ調整スベキ基準タル下記

要綱ヲ中央政治會議後新中央政府樹立前其ノ主要構成分子ヲシテ確約セシムルモノトス

第二　要　綱

一、日支兩國政府ハ別册日支新關係調整ニ關スル原則ニ準據シ新國交ヲ調整スルコト

二、事變中新國交修復以前ニ於ケル既成事實ノ存在ヲ認メ事態之ヲ許スニ伴ヒ右原則ニ準據シテ逐次調整セラルベキコト

三、事變繼續中ハ之ニ伴フ必然ノ要求ニ基ク所要ノ特殊事態ノ存續ヲ認ムルコト

右特殊事態ハ情勢ノ推移乃至事變ノ解決ニ伴ヒ日支新關係調整ニ關スル原則ニ準據シ逐次整理セラルベキコト

別册

日支新關係調整ニ關スル原則

日滿支三國ハ東亞ニ於ケル新秩序建設ノ理想ノ下ニ相互ニ善隣トシテ結合シ東洋平和ノ樞軸タルコトヲ共同ノ目標ト爲ス之カ爲基礎タルヘキ事項左ノ如シ

左　記

一、互惠ヲ基調トスル日滿支一般提携就中善隣友好、防共共同防衛、經濟提携原則ヲ設定スルコト

二、北支及蒙疆ニ於ケル國防上竝ニ經濟上日支强度結合地帶ヲ設定スルコト

蒙疆地方ハ前項ノ外特ニ防共ノ爲軍事上竝ニ政治上特殊地位ヲ設定スルコト

三、揚子江下流地域ニ於ケル經濟上日支强度結合地帶ヲ設定スルコト

四、南支沿岸特定島嶼ニ於ケル特殊地位ヲ設定スルコト

五、右諸項ノ具体的事項ニ關シテハ別紙要項ニ準據スルコト

日支新關係調整要項

第一　善隣友好ノ原則ニ關スル事項

日滿支三國ハ相互ニ本然ノ特質ヲ尊重シ渾然相提携シテ東洋ノ平和ヲ確保シ善隣友好ノ實ヲ擧グル爲各般ニ亘リ互助連環友好促進ノ手段ヲ講スルコト

一、支那ハ滿洲帝國ヲ承認シ日本及滿洲ハ支那ノ領土及主權ヲ尊重シ日滿支三國ハ新國交ヲ修復スルコト

二、日滿支三國ハ政治、外交、教育、宣傳、交易等諸般ニ亘

リ相互ニ好誼ヲ破壞スルカ如キ措置及原因ヲ撤廢シ且將來ニ亘リ之ヲ禁絶スルコト
三、日滿支三國ハ相互提携ヲ基調トスル外交ヲ行フコト
四、日滿支三國ハ文化ノ融合、創造及發展ニ協力スルコト
五、日本ハ新中央政府ニ顧問ヲ派遣シ新建設ニ協力スルコト特ニ强度結合地帶其ノ他特定ノ地域ニ在リテハ所要ノ機關ニ顧問職員ヲ配置スルコト
六、日滿支善隣關係ノ具現ニ伴ヒ日本ハ漸次租界、治外法權等ノ返還ヲ考慮スルコト

第二　共同防衛ノ原則ニ關スル事項

日滿支三國ハ協同シテ防共ニ當ルト共ニ共通ノ治安安寧ノ維持ニ關シ協力スルコト
一、日滿支三國ハ各々其ノ領域内ニ於ケル共産分子及組織ヲ芟除スルト共ニ防共ニ關スル情報宣傳等ニ關シ提携協力スルコト
二、日支共同シテ防共ヲ實行スルコト
之カ爲日本ハ所要ノ軍隊ヲ北支及蒙疆ノ要地ニ駐屯スルコト
三、第二項以外ノ日本軍隊ハ全般竝ニ局地ノ情勢ニ卽應シ成ルベク早期ニ之ヲ撤收スルコト
但シ北支及南京、上海、杭州三角地帶ニ於ケルモノハ治安ノ確立スル迄之ヲ駐屯セシムルコト
共通ノ治安安寧維持ノ爲揚子江沿岸特定ノ地點及南支沿岸特定ノ島嶼及之ニ關聯スル地點ニ艦船部隊ヲ駐屯スルコト尙揚子江及支那沿岸ニ於ケル艦船ノ航泊ハ自由トスルコト
四、支那ハ前項治安協力ノ爲ノ日本ノ駐兵ニ對シ財政的協力ノ義務ヲ負フコト
五、日本ハ概ネ駐兵地域ニ存在スル鐵道、航空、通信竝ニ主要港灣水路ニ對シ軍事上ノ要求權及監督權ヲ保留スルコト
六、支那ハ日本軍駐兵地域内ニ於ケル警察隊及軍隊等武裝團體ノ配置竝ニ軍事施設ハ當分ノ間治安及國防上必要ノ最少限トスルコト
日本ハ支那ノ軍隊、警察隊建設ニ關シ顧問及教官ノ派遣、武器ノ供給等ニ依リ協力スルコト
〔備考〕
一、中央政治會議前右第三號内容ノ取扱ハ左記ニ準據ス

左記

支那カ日支新關係ニ於ケル其ノ義務實行ヲ保證シ得且治安ノ囘復セラルル限リ日本ハ約定以外ノ兵力ヲ撤收ス(註―右保障ノ確實ナラサル場合ニハ所要ノ期間駐兵ノ必要ヲ豫期スルモノトス)

二、右第四號ニ付テハ中央政治會議前ニ於テハ之ニ觸レサルモノトス

第三　經濟提携ノ原則ニ關スル事項

日滿支三國ハ互助連環及共同防衞ノ實ヲ擧クル爲產業經濟等ニ關シ長短相補有無相通ノ趣旨ニ基キ共同互惠ヲ旨トスルコト

一、日滿支三國ハ資源ノ開發、關稅、交易、航空、交通、通信、氣象、測量等ニ關シ前記主旨竝ニ以下各項ノ要旨ヲ具現スル如ク所要ノ協定ヲ締結スルコト

二、北支蒙疆ニ於ケル資源就中埋藏資源ノ開發利用ニ付支那ハ共同防衞竝ニ經濟的結合ノ見地ヨリ日本ニ特別ノ便益ヲ供與シ其ノ他ノ地域ニ於テモ特定資源ノ開發利用ニ關シ經濟的結合ノ見地ヨリ必要ナル便益ヲ供與スルコト

三、一般產業ニ付テハ日本ハ支那側ニ必要ナル援助ヲ與フルコト

農業ニ關シテハ之カ改良ヲ援助シテ其ノ增產ヲ圖リ支那民生ノ安定ニ資スルコト

四、支那ノ財政經濟政策ノ確立ニ關シ日本ハ所要ノ援助ヲ爲スコト

五、交易ニ關シテハ妥當ナル關稅竝ニ海關制度ヲ採用スル等日滿支間ノ一般通商ヲ振興スルト共ニ日滿支就中北支間ノ物資需給ヲ便宜且合理的ナラシムルコト

六、支那ニ於ケル交通、通信、氣象竝ニ測量ノ發達ニ關シテハ日本ハ所要ノ援助乃至協力ヲ與フルコト

全支ニ於ケル航空ノ發達、北支ニ於ケル鐵道(隴海線ヲ含ム)、日支間及支那沿岸ニ於ケル主要海運、揚子江ニ於ケル水運竝ニ北支及揚子江下流ニ於ケル通信ハ日支交通協力ノ重點トスルコト

七、日支協力ニ依リ新上海ヲ建設スルコト

附

中央政府ハ事變發生以來支那ニ於テ日本國臣民ノ蒙リタル權利利益ノ損害ヲ補償スルコト

〔備考〕

以上日支新關係調整要項ノ取扱ニ關シテハ當分ノ間一切之ヲ極祕扱トシ尚正式國交調整ヲ行フニ際シテモ右要項ハ支那內部又ハ第三國ニ對スル顧慮上公開扱竝ニ祕密扱(例ヘハ第二共同防衛原則ニ於ケル第三號ノ一部、第四號、第五號及第六號ノ第一項等)ノ兩者ニ區分セラルヘキモノトス

(付記一)

「中央政治會議指導要領」ニ關スル諒解事項

昭和十四年十月三十日　連絡委員會決定

昭和十四年十一月一日　興亞院會議諒解

一、「中央政治會議指導要領」第二要領六、ノ「既定方針」トハ新中央政府ノ名稱及首都ニ關シテハ昭和十四年六月十六日五相會議諒解「中國側ノ提出セル時局收拾ニ關スル具體的辨法及日本側意見」第六、本辨法ニ關スル日本側ノ意見二、ヲ意味シ、新中央政府ノ國旗ニ關シテハ今回別途決定セラルベキ「新支那ノ國旗ニ關スル件」ヲ意味スルモノナリ

二、別紙第四「新中央政府樹立前新中央政府ノ主要構成分子ノ日本側ニ對スル確約ニ關スル件」ハ將來日支間新條約ノ基礎トナルベキ極メテ重大ナル事項ナルヲ以テ　御前會議ニ於テ御決定ヲ仰グカ又ハ少クトモ內閣總理大臣ヨリ上奏スルコトヲ要スベク、此ノ手續ヲ經テ初メテ確定ニ至ルベキモノナルヲ以テ、「中央政治會議指導要領」第二要領八、第一項ニ於テハ「豫定ス」ナル字句ヲ用ヒタルモノナリ

(別紙第四「新中央政府樹立前新中央政府ノ主要構成分子ノ日本側ニ對スル確約ニ關スル件(案)」トシタル理由亦同ジ)

三、別紙第二「新中央政府既成政權間ノ關係調整要領」第二、臨時政府ト新中央政府トノ關係調整要領一、及二、竝ニ別紙第三「新支那地方政治形態ニ關スル指導腹案」第二要領二、北支2㈠ハ將來軍事處理機關ヲ設置スルコトモ出來又ハ之ヲ設置セズシテ華北政務委員會(軍事處理機關ヲ含ム)トスルコトモ出來ル意味ニシテ、新中央政府樹立迄ニ之ヲ確定スルモノナリ

四、別紙第二「新中央政府既成政權間ノ關係調整要領」第三、維新政府ト新中央政府トノ關係調整要領四、竝ニ別紙第

三「新支那地方政治形態ニ關スル指導腹案」第二要領三、中支(二)ニ於ケル「新上海」ノ區域ハ概ネ現在ノ上海特別市ノ區域ニ據ルコトトシ今後尚研究スルモノトス

五、別紙第三「新支那地方政治形態ニ關スル指導腹案」第二要領三、中支(二)(2)ニ於テ「前號ニ掲グル日支協力事項ノ具現ヲ容易ナラシムル爲新上海ニ於テ行政機構上所要ノ措置ヲ爲スモノトス」トアルハ「當該行政機構ニ於テ前號ニ掲グル日支協力事項ヲ具現スルニ必要ナル財源上所要ノ措置ヲ爲ス」ノ意ヲモ含ムモノナリ

六、別紙第四「新中央政府樹立前新中央政府ノ主要構成分子ノ日本側ニ對スル確約ニ關スル件」ハ將來ニ於ケル條約ノ基礎トシテ日本國ニ對シ確約セシムルモノニシテ確約ノ日本側當事機關ニ關シテハ別ニ研究スルモノトス

七、別紙第四「確約ニ關スル件」中ノ「共同防衛ノ原則ニ關スル事項」中ニハ「日支新關係調整方針」別紙「日支新關係調整要領」第二「共同防衛ノ原則ニ關スル事項」三、ノ軍事同盟ニ關スル事項ヲ掲記シアラザルモ、右ハ此ノ際諸般ノ影響ヲ考慮シ「確約」中ニ明記スルコトヲ避ケタルノミニシテ、日支間新條約締結ノ際ハ支那側ニ提示シ其ノ内容タラシムルモノナリ

八、別紙第四「確約ニ關スル件」中ノ「共同防衛ノ原則ニ關スル事項」三、ハ新中央政府樹立前確約ヲ爲サシムル際ニハ其ノ全文ヲ支那側ニ提示スルモ中央政治會議前ノ指導ニ當リテハ之ヲ伏セ、現地ニ於テ指導ヲ必要トスル場合ニ於テハ右「共同防衛ノ原則ニ關スル事項」ノ(備考)一、ノ如ク應對スルモノトス

右(備考)一、中「約定」トアルハ現存ノ約定及將來締結セラルベキ約定ヲ含ム意ナリ

九、別紙第四「確約ニ關スル件」中ノ「共同防衛ノ原則ニ關スル事項」四、ハ中央政治會議前ノ指導ニ當リテハ全然之ニ觸レズ、新中央政府樹立前確約ヲ爲サシムルニ際シテ之ヲ支那側ニ提示スルモノトス

(付記二)

中央政治會議指導要領(案)ニ關スル諒解

(欄外記入)

一、本會議決定ノ「新中央政府樹立前新中央政府ノ主要構成分子ノ日本側ニ對スル確約ニ關スル件」(案)、「新中央政府既成政權間ノ關係調整要領」及「新支那地方政治形

態ニ關スル指導腹案」ニ基キ汪精衛及王、梁ヲ指導スルニ當リテハ無理押シニ本案ヲ押付クルカ如キコトヲナサス先方申出ノ希望カ合理的ナラハ相當ニ之ヲ考慮スルコト

三、「新中央政府樹立前新中央政府ノ主要構成分子ノ日本側ニ對スル確約ニ關スル件」（案）ニ基キ將來兩國ノ關係ヲ正式ニ調整スル場合其ノ爲ノ條約案ニ付テハ第三國關係ヲモ考慮シ其ノ形式表現等ニ付十分工夫ヲ繞ラスヘキコト

（欄外記入）

野村大臣ヨリ提出、一同異議ナシ

497　昭和14年11月1日　興亜院会議決定

「新支那ノ國旗ニ關スル件」

新支那ノ國旗ニ關スル件

昭和十四年十一月一日

興亞院會議決定

新支那ノ國旗ハ民心把握ノ爲青天白日滿地紅旗ノ使用ヲ認ム、但シ必要ノ期間其ノ上部ニ「反共和平」等ト明瞭ニ表示セル三角大形黄地布片ヲ附ス

〔備考〕

當分ノ間治安ノ維持、人心ノ不安防止等ノ爲特定地域ニ於テハ従來使用セル旗ヲ掲揚スルコト妨ゲナシ

498　昭和14年11月1日　興亜院会議決定

「中國主權尊重原則實行等ニ關スル中國側希望及之ニ對スル日本側回答要旨」

昭和十四年十一月一日

興亞院會議決定

中國主權尊重原則實行等ニ關スル中國側希望及之ニ對スル日本側回答要旨

目次

（甲）中國側希望

第一、中國主權尊重原則實行ニ關シ日本ニ對スル希望

第二、新中央政府財政問題ニ關聯シ日本側ニ對スル希望

第三、日本側ニ希望スル雜件

〔乙〕日本側回答要旨

第一、「中國主權尊重原則實行ニ關スル希望」ニ對スル回答要旨

第二、「新中央政府財政問題ニ關聯スル希望」ニ對スル回答要旨

第三、「日本側ニ希望スル雜件」ニ對スル回答要旨

〔甲〕中國側希望

第一、中國主權尊重原則實行ニ關シ日本ニ對スル希望

日本カ眞ニ中國ノ主權ヲ尊重セラレントスル誠意ヲ有セラルルコトハ赴日日本要路ト接觸シテ之ヲ感得シ深ク銘肝シアル所ナリ

目下中央政府樹立工作ニ專念シツツアリ殊ニ人的要素及基礎的實力ノ具備ニ全力ヲ指向シアル所彼等ニ日本側ノ誠意ヲ抽象的ニ説明スルモ尚懷疑的心境ヨリ脱却シ得サルハ遺憾トスル所ナリ、茲ニ於テ彼等ニ對シテハ更ニ一歩ヲ進メ更ニ具體的内容ヲ以テスルコト此際特ニ必要ナルヲ痛感スル次第ナリ

以下政治、軍事、經濟ニ分チ記述スル所ノモノハ右目的遂行ノ爲豫メ日本ノ諒解及保證ヲ得置キ度キ條件ナリ、固ヨリ詳細辨法ハ中央政府樹立後兩國政府間ニ於テ日支調整原則及其ノ精神ヲ基調トシ愼重研究ノ上決定セラルヘキモノタルヤ勿論ナリ

一、内政ニ付テ

中國ノ内政ノ獨立自主タルヘキコトニ關シテハ日本ノ屢次闡明セラルル原則ナルモ尚事實ニ則シテ日本ノ好意ヲ國民ニ證明シ其ノ注意ヲ喚起センカ爲以下緊要ナル數點ヲ列擧シ日本側ノ實行ヲ切望ス

一、中國ハ絶對ニ抗日排日ノ思想言論ヲ嚴禁シ親日的國民教育ヲ徹底勵行スヘク日本側ニ於テモ亦侮華侵華思想乃至態度ヲ是正シ親華教育ヲ實施セラレ度シ

二、我國民ヲシテ日本カ我内政ニ干渉スルノ意圖アルカ如キ疑惑ヲ抱カシメサル爲中央政府ニ在リテハ政治顧問及之ニ類似スルカ如キ名義職位ヲ設クルヲ避ケラレ度政治的ニ日本ト商議ヲ要スル事項ハ總テ正當ナル經路ヲ經テ中華民國駐在日本大使ト行フコトト致シ度シ

三、中央政府各院、各部中行政關係ノ院、部ニ於テハ内政干

渉ノ疑惑ヲ避クル爲日本人ヲ職員トシテ任用セサルコトト致シ度シ

自然科學ノ技術ニ關スル各部ニ於テハ日本ノ專門家ヲ技術顧問トシテ招聘スルモ其ノ職域ハ技術方面ニ限定シ一般行政ニハ參劃セサルコトヲ方針トス、從テ當該部ノ技術ト關係アル會議ニハ主管長官ノ通知ニ依リ之ニ列席スルヲ得ルモ一般行政會議ニハ列席セサルモノトス

但シ技術顧問ノ招聘ニ當リテハ上級官廳ノ認可ヲ受クルヲ要ス

技術顧問ニ關スル任用規定及服務規定ハ中央政府之ヲ公布ス

四、各省政府及特別市政府ニ於テモ上述ノ趣旨ニ依リ政治顧問又ハ類似ノ名義ヲ有スル職位ヲ設ケス

日本軍ノ撤退以前ニ在リテハ當該地方ニ於ケル日本軍トノ商議及一般渉外事項ニ關シ各當該省政府及特別市政府ニ臨時的ニ交渉專員ヲ設ケ此ノ事ニ當ラシム

日本軍ニシテ省政府又ハ市政府ノ協力ヲ必要トスル場合ハ外交的手續ヲ以テシ命令式文書又ハ口頭ノ通知ヲ以テセサル樣致サレ度シ

省政府所屬ノ各廳及特別市政府所屬ノ各局ニ於テモ純行政事項ニ關シテハ政治顧問又ハ類似ノ名義ヲ有スル職位ヲ設ケス但シ自然科學技術ノ必要上技術顧問ヲ任用スル場合ハ中央政府ニ於ケル辨法ニ準ス

五、縣政府及普通市政府ハ人民ト直接接觸スル行政機關ナルヲ以テ我人民ヲシテ日本ニ對スル疑畏心理ヲ起ササラシムル爲如何ナル名義タルヲ問ハス日本人ノ職員ヲ任用セサルヲ可トス

縣政府ハ渉外事項ニ關シ交渉祕書ヲ設クルヲ得

日本軍ノ撤兵以前ニ於テ當該地方縣市政府ノ協力ヲ必要トスル場合ニハ外交方式ニ依ルコトトシ命令式文書又ハ口頭ノ通知ヲ以テ行ハサルコトト致サレ度シ

現ニ作戰中ノ地域以外ノ各縣宣撫班ハ速ニ撤退スルコトニ決定セラレ度シ

六、各地方政府ノ威信ヲ保持シ且我人民ノ日本ニ對スル惡感ヲ避クル爲撤兵以前ニ於テハ日本駐屯軍ハ省市縣政府ト商議ヲ行フ爲ニハ專任人員ヲ指定シ其ノ責ニ任セシメラレ度シ

七、財政獨立ヲ表現スル爲中國ニ在ル日本ノ如何ナル機關及

個人ト雖直接間接ヲ問ハス各種各個ノ税收機關ヲ占有シ又操縦スルコトナキ様セラレ度シ

軍事上特異ノ狀態ヲ發生セルモノ（例ヘハ鹽税ノ如シ）ハ速ニ其ノ税收行政ヲ常態ニ復スル如クシ又中國ニ於ケル如何ナル機關、個人ト雖之ヲ阻止シ又ハ妨害ヲ加フルカ如キコトナキ様セラレ度シ

八、中國ニ於ケル日本（下級）軍民ノ中國人ヲ侮辱スルカ如キ行動及態度ナキ様是正セラレ度シ斯カル些細ナル事故カ兩國民間ノ親善ノ障害ヲナスコト大ナリ殊ニ撤兵以前ニ於テ此ノ點ニ關シ特別ノ注意ヲ拂ハレ度シ

二、軍　事

中日兩國國防方針既ニ一致セル以上我國ノ軍事施設ハ必ス日本ト同一共同目標ヲ對象トスルヤ勿論ナリ

唯中國ノ最高軍權ノ獨立性ニ關シ必ス之ヲ確立スル如クスルコト緊要ナリ

之カ爲左記諸項ヲ實行セラレ度シ

一、中央ノ最高軍事機關（軍事委員會又ハ國防委員會ノ如シ）ニ在リテハ顧問團ヲ設ケ日獨伊三ケ國ノ軍事専門家ヲ招聘シテ之ヲ組織ス

顧問人數ハ日本人二分ノ一獨伊人二分ノ一トシ主席ハ日本人之ニ當リ國防計畫及軍事施設ノ企畫ヲ輔佐ス其ノ職權ノ範圍及服務規定ハ中央政府之ヲ制定ス

二、各種軍事教育機關ニハ日獨伊軍事専門家ヲ教官トシテ招聘スルヲ得

三、中國軍隊ヲ監視シ或ハ束縛スルカ如キ疑惑ヲ避クル爲各部隊內ニ如何ナル名義タルヲ問ハス日獨伊軍事専門家ヲ任用シ或ハ招聘シテ職務ヲ擔任セシムルヲ得ス

但シ中央ノ最高軍事機關ヨリ派遣シタル顧問ニシテ臨時各部隊ヲ視察スルモノハ此ノ限ニ非ス

但シ其ノ視察ハ人事ニ涉ラサルヲ要ス

四、各種ノ兵器製造工場ハ必要アル場合日獨伊ノ専門家ヲ技師トシテ任用スルコトヲ得

其ノ職權ハ技術ノ方面ニ限リ各工場ノ人事行政及經理ニ參加セス

五、中央政府南京歸還ノ後中國軍隊ニシテ新中央政府ニ復歸スルモノアル時ハ協議ノ上日本軍ハ局部ノ撤退ヲ行ヒ其ノ區域ヲ該復歸軍隊ニ與ヘラレンコトヲ希望スルモ然ラサレハ他ノ區域ヲ其ノ駐屯地トナス如ク考慮アリ度シ

三、經　濟

經濟合作ハ互惠平等ノ原則ニ據ルヘキハ既ニ兩國人士ノ公認セル所ニシテ此ノ原則ノ具體化ヲ計ル爲速ニ左記諸項ヲ實行セラレ度シ

一、軍事期間中國ニ於ケル日本ノ機關或ハ個人ノ爲ニ占領又ハ沒收セラレタル中國ノ公營及私營ノ工場、鑛山及商店ハ速ニ之ヲ中國側ニ返還セラレ度ク別ニ適當ナル合辨辨法ヲ規定シ度シ

二、現在合辨中ノ公私事業ニシテ固有資産ノ評價適正ヲ缺クモノハ客觀的標準ニ基キ再評價スルコトト致シ度シ

三、合資經營ノ公私事業ニ對シ日本側カ株券等ヲ提供シテ實際上ノ出資ヲ行ヒアラサルモノアルハ不當ナルヲ以テ是正セラレ度シ

四、合資經營ノ公私事業ニシテ日本側ノ資本額ハ百分ノ四十九ヲ超過スルコトヲ得サルコトト致シ度シ

五、合資經營ノ公私事業ノ最高主權ハ固ヨリ中國ニ屬スルモノタルヲ要ス

六、中央政府南京歸還前軍事期間中ニ南北兩組織ノ許可セル契約ハ之ヲ再審查ノ餘地ヲ與ヘラレ度シ

〔備　考〕

四、五、等ハ當然ノ事ニ屬スルモ中國人ノ復歸及投資ヲ速カナラシムル爲新中央政府ニ於テ更メテ宣傳ノ要アリト思料シ豫メ日本側ノ諒解ヲ得度キ希望ニ出テタルニ過キス

第二、新中央政府財政問題ニ關聯シ日本側ニ對スル希望

曩ニ中國ノ主權ノ尊重ニ關スル原則ノ實行ニ關シ日本側ニ希望ヲ提出シタル所之ニ對シ充分其ノ趣旨ヲ諒トセラレ之レカ實現ニ努力セラルヘキ旨囘答セラレタルハ感謝ニ堪ヘサル所ナリ、然ル所中央政府成立ノ時期漸ク眼前ニ迫リ其ノ財政的基礎ニ關シ種々研究ヲ重ネアル所ナルカ財政問題ノ解決ニ關シ如何ナル方法ヲ選フニ拘ハラス左記各項ハ必須條件ナルモノノ如ク思料セラルルニ付玆ニ日本側ニ意見ヲ開陳シ御同意ヲ要望セントスル次第ナリ

固ヨリ左記各項ノ實行ニ當リテハ諸般ノ情勢ヲ顧慮シ地域的、時期的ニ考慮ヲ加フル要アルヘキモノト思料シアリ

第一、關稅收入ニ關スル件

(1)正金銀行ニ保管中ノ關稅ヨリ中央政府成立前ニ借款形式ヲ以テ四千萬元ヲ借入レタシ

(2)中央政府成立後正金銀行保管ノ關税ハ全部之ヲ中央政府ニ引渡シ爾後毎月ノ關税收入ハ之ヲ中央政府國庫ニ納ムルコトニ關シ諒解ヲ與ヘラレ度シ但シ一部分ハ從前通リ正金銀行ニ保管シ其ノ他ハ中央政府指定ノ支那銀行ニ保管スルコトトスルモ差支ナシト思考シアリ

尙昨年五月日英關税協定ニ依リ關税ヲ正金銀行ニ保管スルコトトナリテヨリ以來現在迄ニ亙ル上海海關税收入ハ一億八千餘萬元ト推定シアリ、又外債及賠償金ハ本年一月卅一日迄ハ既ニ重慶政府ヨリ償還濟ミナルヲ以テ本年一月以前ニ於ケル外債及賠償金ノ基金竝ニ關税剩餘ヲ日本側ノ好意ニ依リ中央政府ニ交付セラルルナラハ中央政府ノ財政的基礎ノ重要部分タラシメ得ヘシト思料シアリ、但シ其ノ中央政府ニ對スル正式交付手續ハ中央政府成立後タルヘキハ勿論ナリ

第二、統税ニ關スル件

目下江蘇、浙江、安徽三省ノ統税局ハ獨立ノ組織ヲ有シ維新政府ニ隷屬セス、毎月ノ税收ハ一旦日本側ニ納メ日本側ヨリ其ノ一部ヲ維新政府ニ交付シアル趣ナリ

中央政府成立ノ際ニハ該局ハ財政部之ヲ接收シ税收ハ國庫ニ納ムル如ク豫メ御諒解ヲ得置キ度シ

第三、鹽税ニ關スル件

鹽税ハ新中央政府ノ重要ナル財政的基礎タルヘキモノナルカ現在全ク收入ナク中支ニ通源公司アルモ日本人經營ノ食鹽運搬販賣機關トシテ納税ヲ負擔シアラサルモノノ如ク承知シアリ

仍テ中央政府成立前日本側ト商議ノ上中央政府成立後ハ鹽税ニ關スル税務行政及納税辨法ハ事變前ノ情態ヲ基準トシ復歸スル如ク希望シ日本側ノ同意ヲ得タシ

第三、日本側ニ希望スル雜件

一、長江開放ニ關スル件

長江開放問題ハ作戰ト不可分ノ關係ニアルコトハ能ク諒承スル所ナルモ新中央政府カ第三國ノ事實上ノ承認ヲ獲得スルト否トハ進テ重慶政權ノ運命ニ重大ナル影響アル所ニシテ長江開放問題ノ取扱如何カ右第三國ノ歸趨ヲ決スル關鍵トモ思料セラル、就テハ長江開放問題ニ關スル日本側ノ意向拜承致シタシ

二、京滬鐵路通行證ハ新中央政府成立後ハ政府ヨリ發給スルコト及首都停車場及各城門ノ檢查ハ爲シ得レハ中國憲兵

警察ニ於テ之ヲ行ヒ日本軍憲兵ガ城内ニ於テ犯罪者ヲ逮捕スル場合ハ中國ノ憲兵警察ト立會ノ上之ヲ行フコト等ハ作戰途上ノ日本側ニ對シ之ヲ要望スルコトハ無理ナルコトハ深ク諒解スル所ナルモ茲ニ小問題ニシテ且困難ナル問題ヲ捉ヘ日本側ニ要望スル所以ノモノ一ニ首都ノ威嚴ヲ保持シ且民心ヲ轉向改善スルコトニ寄與スル所大ナリト思考スレハナリ、御考慮ヲ希望ス

〔乙〕日本側回答要旨

第一、「中國主權尊重原則實行ニ關スル希望」ニ對スル回答要旨

帝國ハ日滿支三國ガ東亞ニ於ケル新秩序建設ノ理想ノ下ニ相互ニ善隣トシテ結合シ東洋平和ノ樞軸タルコトヲ共同ノ目標ト爲シ之ガ爲互惠ヲ基調トスル日滿支一般提携就中善隣友好、共同防衛、經濟提携ノ原則ヲ設定スルヲ以テ日支兩國國交調整ノ基礎ト爲スコトハ屢次聲明ノ通ナリ、今後益々相互相信シ至誠實行以テ新秩序ノ建設ニ邁進セラレンコトヲ望ム

一、内政ニ付テ

一、趣旨ニハ異存無キ所ナリ、日滿支三國ハ相互ニ本然ノ特質ヲ尊重シ渾然相提携シテ東洋ノ平和ヲ確保シ善隣友好ノ實ヲ擧グル爲各般ニ亙リ互助連環友好促進ノ手段ヲ講ズベキモノニシテ單ニ思想、言論、教育ノミナラズ日支兩國ハ政治、外交、宣傳、交易等諸般ニ亙リ相互ニ好誼ヲ破壞スルガ如キ措置及原因ヲ撤廢シ且將來ニ亙リ之ヲ禁絶スベキモノナリ

二及三、政治的ニ中央政府ト商議ヲ要スル事項ニ付テハ中華民國駐在日本大使ニ於テ措置スルヲ本旨トスルヲ以テ中央政府ニ政治顧問ヲ設クルコト竝ニ中央政府ノ各院各部ニ日本人職員ヲ任用スルコトハ日本側トシテモ亦考ヘアラザル所ナリ、就テハ日支善隣結合關係ヲ具現スル爲兩國ノ協力事項ニ關シ齟齬遺漏無キ様密ニ日本大使ト連絡ヲ保タレ度シ

日支協力事項ニ付テハ自然科學的技術ニ關シテノミナラズ財政、經濟等ニ關シテモ日本ノ專門家ヲ中央政府ノ顧問トシテ招聘スルコト竝ニ中央政府直轄ノ所要機關ニ教授、教官、稅關吏、技術官等ニ付日本人職員ヲ任用スルコトハ日支兩國ノ爲必要且有利ナリト思料ス又日本人顧問及職員ノ任用及服務等ニ關シテハ豫メ日本側ト協議ノ

上決定スルコトト致シ度シ

四、各省政府、特別市政府及各其ノ所屬ノ各廳各局ノ全般ニ瓦リ政治顧問ヲ設クルノ考ヘハ之ヲ有セザルモ日支强度結合地帶其ノ他特定ノ地域ニ在リテハ其ノ實現ヲ期スル爲日支協力事項ニ關シ其ノ程度ニ應シ所要ノ機關ニ日本人顧問職員ヲ置クコトヲ以テ日支兩國ノ爲必要且有利ナリト思料ス

日本軍トノ商議等ニ關シ支那側ニ於テ各當該地方政府ニ交涉專員ヲ設クルコトハ趣旨ニ於テ異存無キ所ナリ

日本軍ニシテ地方政府ノ協力ヲ必要トスル場合命令式文書又ハ口頭ノ通知ヲ以テセザルコトハ趣旨ニ於テ異存無キモ事變繼續中ノ特殊事情ニ卽スル措置ニ付テハ辨法ヲ商議シ度シ

技術的顧問ニ關シテハ中央政府ニ於ケル辨法ニ準ズルコト異存無シ

五、縣政府及普通市政府ニ日本人職員ヲ任用セザルコトニ付テハ日本側トシテモ本來異存無キ所ナリ、但シ事變中特定ノ地域ニ於ケル特殊事態ハ支那側トシテモ當然之ヲ認メラルベキモノナリ

縣政府ノ交涉祕書及日本軍トノ關係ニ付テハ前項同答同様ナリ

各縣宣撫班ハ日支雙方ノ努力ニ依リ事態ノ鎭靜ニ伴ヒ之ヲ整理スルコトニ異存無シ

六、要望ニ副フ如ク考慮スベシ

七、稅收機關ニ關シテハ之ヲ占有シ又ハ操縱スルノ意思無シ軍事上特異ノ狀態ヲ發生セルモノニ關シテハ事態ノ鎭靜ニ伴ヒ要望ニ副フ如ク致シ度シ

八、申出ノ如キ事實ノ根絕ヲ期スル様努ムベシ、尙貴方ニ於テモ此ノ如キ事實ノ原因トナルベキ事故ヲ排除スル様セラレ度シ

二、軍事ニ付テ

一及三、日支新關係調整原則ニ卽シ日支兩國ノ軍事協力事項ニ關シテハ所要ノ日本人軍事顧問ヲ設ケテ處理スルコトトシ日支軍事協力事項ニ關シテハ第三國ヲ介入セシメザルモノトス

右以外ノ一般軍事ニ關シ支那側ニ於テ第三國人タル軍事專門家ヲ招聘スルコトニ付テハ前記趣旨ヲモ考慮シ別ニ協議スルコトト致シ度シ

三、趣旨ハ全般トシテ異存無キモ日支軍事協力ヲ特ニ必要トスル地域ニ於ケル特定ノ軍隊ニハ日支軍事協力事項ニ關シ所要ノ日本人軍事專門家ヲ入ルルコトヲ日支兩國ノ爲必要且有利トスルコトアルベシ
四、異存ナシ
五、復歸軍隊ノ駐屯區域ニ付テハ中出ノ趣旨ニ基キ其ノ都度協議スベシ

三、經濟ニ付テ

一、目下管理中ノ公營私營ノ工場鑛山及商店ハ占領且沒收スルモノニ非ズ、敵性アルモノ竝ニ軍事上ノ必要等特殊事情アルモノノ外財產保護ノ措置トシテ管理セシメタルモノニ對シテハ事態ノ鎭靜ニ伴ヒ日支新關係調整ノ原則ニ卽シ合理的方法ニ依リ逐次貴方ニ移管スル如ク考慮シアルハ勿論ナリ、其ノ細目ハ別途具體案ヲ以テ示ス可シ、尙貴方ニ於テ返還ノ際ハ日支經濟提携ノ本旨ニ則リ適當ナル合辦々法ヲ講スルト共ニ民心安定ニ利用スル等其ノ處置ニ遺憾無キヲ期セラレ度シ
二、日支官憲ノ直接指導下ニ處理セル範圍ノモノニ付テハ當時ノ實狀ニ卽シ妥當ナル方法ニ依リ公正ニ評價サレタルモノナルモ民間相互ノ合辦等ニシテ適正ヲ缺クモノノ在ルニ於テハ日支間ニ委員ヲ設ケ再評價セシムル等善處スルニ異存無シ
三、日支官憲直接指導下ニ處理セルモノニハ斯ルモノ無シト認メアルモ萬一日支經濟提携ノ本旨ニ合致セズ不當ト認ムルモノアルニ於テハ之ヲ是正セシムルニ異存無シ
四、日支新關係調整ノ原則ニ卽シ主トシテ日支經濟ノ强度結合ヲ具現スベキ地域就中該地域ニ於ケル特定事業ニ付テハ特別ノ措置ヲ要スベク右以外ニ在リテハ異存無キ所ナリ
五、合資經營ノ支那法人ニ付テハ其ノ最高主權カ中國ニ屬スルモノナルコト勿論ナルモ其ノ運用ニ當リテハ日支双方ノ密接ナル協力ニ依リ經濟提携ノ具現ニ遺憾無カラシメラルベキモノトス
六、臨時、維新兩政府ノ發布セル法令及日支官憲ニ於テ協議ノ上之ヲ行ヒタルモノハ一應中央政府ニ於テ之ヲ確認スベク萬一日支新關係調整ノ原則ニ反スルモノアルニ於テハ後日日支協議ノ上再審査スルニ異存無シ
第二、「新中央政府財政問題ニ關聯スル希望」ニ

對スル回答要旨

一、關税收入ニ關スル件

(1)現在横濱正金銀行上海支店ヲシテ保管セシメアル上海海關ノ關税收入ヨリ新中央政府成立前ニ一定條件ノ下ニ借款形式ヲ以テ四千萬元ヲ融通スルコトニ付テハ充分ニ誠意ヲ以テ配慮スベキモ其ノ金額ニ關シテハ追テ具體的ニ協議スルコトト致シ度シ

(2)中央政府成立後ノ關税收入ノ保管ノ件ニ付テハ日英海關協定ノ關係モアリ從來通リ横濱正金銀行ヲ之ガ預託銀行トスルコトト致シ度シ、尤モ貴政府ノ收入ニ充テラルベキ剩餘金ノ取扱方ニ付テハ政府國庫金制度ノ整備スルニ至ル迄差當リ從前通リトス

尙關税ハ建前トシテ中央税トスルモ關税收入剩餘ノ一定割合ヲ蒙疆及北支ニ對シ交付スルコトヲ考慮スルノ要アリト思料ス

尙外債及賠償金ノ基金ニ付テハ日英海關協定ニ依リ日本側ニ於テ保管スル義務アルヲ以テ其ノ保管ヲ繼續スルモノナリ、而シテ新中央政府成立以前ニ於ケル關税剩餘ニ付テハ事變中ノ特殊事態ニ鑑ミ特別ニ處理セラルベキモノト承知アリ度シ

二、統税ニ關スル件

異存無キモ上海特別市ノ財源ニ付テハ充分ニ考慮アリ度シ

三、鹽税ニ關スル件

新中央政府成立後ニ於テ北支及蒙疆以外ノ鹽務行政及鹽税納税辨法ヲ事變前ノ情態ヲ基準トシ逐次調整スルニ付商議スルコト異存無シ

第三、「日本側ニ希望スル雜件」ニ關スル回答要旨

一、長江開放ニ關スル件

長江流域ニ於ケル日本軍ノ作戰行動上ノ必要緩和セラレテ其ノ全部又ハ尠クトモ一部地域ノ開放ヲ行フ事態ノ速ニ招來セラルルコトヲ日本側トシテハ希望シアルモ現在ノ事態ニ於テハ未タ其ノ時期ヲ明示シ得ス

二、京滬鐵路通行證ノ發給及首都停車場等ノ檢査ニ關スル件

貴方ノ意見ニ對シテハ新中央政府ノ行政權尊重ノ趣旨ニ鑑ミ主義上異存無キ所ナルモ其ノ實際上ノ調整ニ付テハ治安ノ狀況等現地ノ實情ニ卽應シ日支双方ノ現地關係官憲間ニ於テ協議スルコトト致シ度シ

499　昭和14年11月1日

内約交渉議事録(第一回)

日支國交調整原則ニ關スル協議會(矢野書記官記)

第一回會議議事要錄

十一月一日於上海六三花園開催

自午前十一時至午後三時半

列席者　中國側　周佛海　梅思平　陶希聖　周隆庠

日本側　影佐少將　須賀大佐　犬養健

谷萩大佐　矢野書記官　清水書記官

一、影佐少將ノ開會挨拶要旨

日本側ノ意嚮ハ日本ノ要望ヲ一度ニ其全部ヲ汪先生ニ呈出シ聊カモ留保シ置カサルコト日本ノ誠意ヲ披瀝スル所以ナリト考察シ茲ニ其全貌ヲ紹介スル次第ナリ

但日本ノ要望ハ日支永遠ノ平和ヲ樹立センカ爲メノ要望ニシテ戰勝者ノ立場ヲ以テスル要求ニアラス、諸君ハ右見地ニ基キ同志トシテ自由ナル意見ヲ開陳セラルル事ヲ希望ス

今後連續談合スルコトトナル處相當意見ノ隔タリアランモ中日關係調整ノ大目的達成ノ爲眼前ノ利害ヲ超越シ採ルヘキハ採リ棄ツルヘキハ棄ツヘク虚心坦懷互ニ相信シ討議ヲ進ムヘキコトヲ希望ス

本日諸君ニ開示スル案ハ之ヲ決定セハ爾後其條項ノ性質ニ依リ、或ルモノハ全《(公カ)》然締約スルモノモアルヘク、或ハ祕密協定ニ委ヌルモノモアラン、又事項ニ依リテハ成文ニ作成セサルモノモアランカ之等ハ外交技術ニ讓ルコトトナルニ非スヤト思考ス

二、梅思平ヨリ先ツ拜見シテカラ何分ノ意見ヲ述フルコトトシ度シトノ意見アリ　中國側ニ熟讀スル時間ヲ與フル爲メ支那側ヲ殘シ日本側ハ退場シ暫時休憩セリ

三、休憩後ノ日支双方質疑應答要旨

梅思平(以下梅ト略記ス)

今日ハ字句ニ付質問ヲナシ、一般的且概括的ニ意見ヲ述ヘ、何レ熟讀研究シタル上日ヲ改メテ當方ノ具體的問題ニ關スル意見ハ申上ルコトト致シ度シ

陶希聖(以下陶ト略記ス)

中央政府樹立ハ一般平和運動ノ前進トナルヲ以テ日本案ヲ研究シタル上、現狀ヲ直チニ全部修正スルコトハ

不可能ナランモ或部分ハ修正シ眞ニ日本ハ日支合作ノ誠意ヲ有スルモノトイフ證左ヲ一般民衆ニ示シタラ效果的ト思考ス

影、陶氏ノ意見ハ御尤モナリ又日本側ニ於テモ現事態ニ對シ修正ヲ要スヘキ點アルコトハ痛感シアル所ナルニ付、貴方ニ於テハ單ニ日本側案ニ對シ防勢的態度ヲ持スルコトナク、進ンテ何レノ諸事象ハ之ヲ修正ヲ希望ストイフ工合ニ坦懐ニ申出アリ度シ

梅、共同防衛ノ項ニテ軍隊駐屯地點ニ關シテ承ルコトヲ得ハ幸甚ナリ

影、之ハ事機密ニ屬スルニ付、今暫ク祕密ニシテ置カレ度ク申上クル時期ノ來ル迄暫時待タレ度シ

梅、强度結合地帶トハ如何

影、緊密ニ結ヒ付ク觀念ヲ强度結合ノ文字ニテ表ハセリ　結合目的ハ地域ニ依テ必スシモ同一ナラス　北支蒙疆ハ國防上經濟上ノ强度結合地帶、揚子江下流地域ハ經濟上ノ强度結合地帶ナリ

梅、共同防衛ニ關スルモノノ中第二項ノ「日本ハ所要ノ軍隊ヲ北支蒙疆ノ要地ニ駐屯ス」トアルカ、之ハ嘗テ重光堂ニ於テ我々カ談合セシ時ノ「蒙疆及ヒ所要ノ北支諸地點」トイフノト稍々意味カ異ナルニ非スヤ

影、其ノ後ノ情勢ノ變化ニ依リ殊ニソ聯ノ西北地域ニ於ケル情勢ニ鑑ミ北支ニ於ケル考方ヲ變更セサルヘカラサルニ至リシハ當然ナリ

梅、右第五項ノ駐兵地域トハ防共ノミナリヤ其ノ他ヲモ含ムヤ

影、右ハ防共上ノ駐兵モ治安上ノ駐兵モ作戰上ノ駐兵モ凡テ駐兵ヲ要スル地域ヲ包含スルモノナリ

周、別紙第一ノ五項ニ「顧問ヲ派遣ス」トカ「顧問ヲ配置」トイフカ如ク如何ニモ日本側カ勝手ニ顧問ヲ出ス樣ニ見ユル處此ノ如キ字句ハ適當ナル字句ニ改ムルコト可然ト思フ

影、之ハ約束カ出來テカラノ事ニシテ勝手ニ日本側カ一方的ニ派遣シ又ハ配置スルノ意ニ非ス　其用語ノ可否ハ討論ノ時ニ讓リ度シ

陶、顧問問題ハ主權尊重原則ニ對スル最少限度要望ノ中ニ於テモ問題トナリタリ　之ハ第五項ト如何ナル關係アリヤ

影、兩者同一主旨ナリ

梅、別紙第三ノ第二項ノ「其ノ他ノ地域」トハ北支蒙疆以外ノ全地域ナリヤ　又特定資源トイフコトト必要ナル便益トアリ北支蒙疆ノ項トハ稍々違フ樣ニ見ユルカ如何

影、然リ　又前者ハ強ク且一般的ニテ後者ハ制限的ニシテ且其限度モ「必要ナル」トノ形容詞ニテ制約セラレアルヲ注意セラレ度シ

周、日支新關係調整要綱別冊（東京案別紙第二、第三ノコトナリ）ノ備考ノ意味ヲ聞キ度シ

影、將來日支間ニ約定トシテ定メ置クヘキモノアリ　又貴國內政問題トシテ貴方自發的ニ措置セラレテ解決スルモノアリ　兩者ヲ包含スル次第ナリ

陶、既成事實ヲ繼承シ云々トテ華北ノ部ト維新政府ノ部ニ在ルカ之ハ貴國トノ話合ニテハ平等互惠ノ原則ニ從ヒ再檢討スルコトトナリ居ル處既成事實ヲ其儘承繼スルトイフハ觀念ノ抵觸ナキヤ否ヤ

影、右兩者ハ抵觸セス　差當リ事態ノ混亂ヲ防ク爲メ既成事實ヲ承繼シ後ニ漸ヲ逐ヒ修正スヘキハ之ヲ修正スルコトニスルヲ實際的必要性アリト考フ　換言スレハ修正ハスルカ一應既成事實ハ承繼スルコトノ意ニテ差當リトイフ字句ニ留意アリ度シ

陶、新上海ニ於ケル日支ノ結合ハ日支經濟協議機關ヲ設クル考方ヨリセハ經濟ニ關スルモノノミト考ヘテヨキヤ

影、大體經濟ヲ主トスルカ第三國關係複雜ナル新上海方面ニハ單ニ經濟ノミニテハ不充分ナルヘシ　政治及文化ヲモ含ムモノト思料ス

梅、貴方御交付ノ書類中ニ協力トカ援助トカノ文句ヲ拜見スル次第ナルカ之ハ權利的觀念ニヨルカ或ハ義務的觀念ニ基クモノカ何レナリヤ

影、ソレハ事柄ニヨルヘシ　例ヘハ日支經濟强度結合ノ必要上國防資源開發ノ如キハ中國側ニ於テハ義務トシテ日本側ニ協力スルモノト解セラレ度シ

梅、新上海ノ建設ノ協力トイフカ如キハ中國側ニ於テ協力ヲ求メサレハ如何トモシ難カルヘシトイフコトニナルニ非スヤ

影、東亞和平ノ癌タル對租界問題ノ如キ新上海ヲ建設セスンハ究極的目的ヲ達成シ得サルニ付支那側ノ協力ヲ必

要トスル次第ニシテ中國側ヨリ見ルトキハ租界問題解決スル爲協力ヲ日本ニ要請スル權利ヲ有シ又義務ト考ヘルト云フ氣持ヲ必要トスル

陶、要スルニ協力トハ合作（コオペレーシヨン）トイフ意ナリヤ

影、然リ

周、質問ナケレハ一般的討議ニ移ツタラ如何

四、一般的且概括的討議要旨

梅、此ノ度貴方ヨリ二個ノ文書ヲ貰ヒタルカ我方同志ハ皆之ヲ通讀シ驚キタルト共ニ安心モシタル次第ナリ

安心シタルハ日本ノ要求ハコレ以上ナシトイフ點テアリ、驚愕シタルハ大變廣範圍ニ亘ル點ナリ　近衞聲明ノ基礎ハ日本ニ於テ廟議決定セルモノニ基ク趣ナルカ我方ノ提出セル具體的要望モ亦據ツテ來ル所以アリ卽チ客年十一月上海ニ於テ貴方ト協議セシ記錄ニ基ク次第ニシテ近衞聲明モ亦之ニ基礎ヲ置クヘキモノト思考スル處近衞聲明ニハ撤兵ノ項ノ如キハ言及サレ居ラサルモ要スルニ今後我々ノ討議ハ基礎ヲ近衞聲明、昨年ノ上海會議ノ記錄及本年六月ノ東京ニ於ケル約束ノ三ツニ置クヘキニシテ而シテ右三個ノ文書ニナキモノハ我方トシテハ受諾スルニ困ル次第ナリ　又右三個ノ文書中矛盾アルモノハ修正スルコトヲ要スト思料ス

影、御說ハ分ル

陶、先ツ第一ニ吾人カ今後討議ヲ進ムルニ際シ貴方ニ於テ同志トシテ諒解セラレ度キ事ハ吾人ハ同一ノ目的ニ向ヒ努力シ居ルコトニシテソハ和平ト新政府組織ノ二點ニシテ重慶カ和平ヲナササルニ付已ムナク吾人ハ新政府ヲ組織シ之ニ當ル必要生シタルニ付之ハ手段ニシテ目的ハ日支間ノ和平達成ニ在リ、從テ斯カル諒解ノ下ニ今後討議ヲ進行セハ解決ハ容易ニナルナラン、從テ要綱ノ討論ニ當リテモ將來如何ニスルヤ、現在ニ於テ如何ニ處理スヘキヤ及過渡的ニ如何ニスルヤノ問題アルヘキモ之等ハ凡テ共同目的タル和平達成其ノ手段タル重慶崩壞ニ目安ヲ置キ決定スヘキモノト思考ス

今貴方ノ御要望ヲ見ルニ特殊地帶設定ノコトニ多ク言及サレ居ル處之等モ調整シ得ルモノアルニ非スヤト思考ス　卽チ重慶崩壞ノ手段トシテハ何物カ中國民衆ヲ說伏スルニ足リ之等ヲ把握スルニ足ル事實カナクンハ、

不可ト思考スル次第ニシテ之等目的及手段ヲ前提トシテ今後要綱ヲ討論シ戴ケハ議論ハ少ク容易ニ問題ヲ解決シ得ト解セラル

第二ノ點ハ日本側ニ於テ次ノ事ヲ認識シ置カレ度キ事ナリ

卽チ日本ハ東洋永遠ノ平和ヲ招來サレ度キ存念ト見受クルカ日本側モ多大ノ犠牲ヲ拂ハレタルト將來中國カ再ヒ反抗スルニ非スヤトノ懸念ヲ有サルルナラン　又我方モ貴方ノ御懸念ハ諒トスルモ汪氏ノ和平運動ハ重慶ヲ崩壞シ得テ且民衆カ受諾シ得テコソ始メテ中日國交ノ調整カ出來ル次第ニシテ之カ出來レハ將來再ヒ中日間ニ戰ハ起リ得サルニ非スヤ　從ツテ此間ノ事情ヲ御諒解下サラハ吾人ノ協議ハ圓滑ニ進行出來ルニ非スヤト思考ス　日本側ノ中國ヲ援助シ新中央政府樹立ニ助力ヲ與ヘラルルコトハ感謝スル次第ナルカ新政府カヨク活動シ得ル樣ニセラレ度ク卽チ子供ノ存在ハ認ムルモ之ヲ病氣ノ儘ニシ置クニ於テハ何等ノ役ニモ立タスト思考ス

吾人ノ方ヨリ提出セル中國主權尊重ニ關スル要望中日本側ヨリ見ルトキハ高キ要求ト見ユルモノアルヤモ計ラレサルカ之ハ日本側ニ於テ戰勝ノ結果ヲ要求セストノ御趣旨テアリ、旁吾人ノ和平運動達成ニ得策ナリトノ見地ヨリ要望シ居ル次第ナリ

影、陶氏ノ觀念ニハ稍々御訂正ヲ願ハサルヘカラサル點アリ、卽陶氏ハ戰爭終結、和平招來ノミヲ目的トセラレ居ル處單ニ其ノ目的タケナラハ事變直前ノ狀態ニ復歸セハ足ルモノナランカ中日兩國ハ單ニ戰爭止ムルノミナラス將來兩國ハ東洋ノ平和、東洋ノ防護ノ見地ヨリ日支合作協力カ必要ニシテ之ヲ理想トシテ今後日支兩國ハ進ムヘキモノト思フ　陶氏ハ特殊地域ヲ一例トシテ擧ケラレタルカ單ニ和平ヲ目的トスルナラハ特殊地域ノ如キハ意義ナキモ日支協力ノ必要性ヨリ觀察シ此必要ヲ認ムルニ至ルモノト思料ス

周、先刻來梅、陶兩氏ノ話サレタル事ヲ自分ヨリ綜合シ申上度シ　先ツ梅先生ノ言ヲ綜合スルニ第一ニ今後ノ討議ノ議題ハ昨年ノ上海會議ノ記錄近衞聲明及本年六月ノ東京協定ノ三個ニ基礎ヲ置クヲ要ス　然ルニ今度貴方ヨリ御交付ヲ受ケタル書類ヲ見ルニ右三者ヨリ逸脱

シ居ルモノ相當アルヤニ見受ケラルルニ付右三者ヲ基礎トシテ

㈠貴方御交付ノ二個ノ文書ト前記三者ト照合シ合致スルモノハ之ヲ討議決定シ

㈡然ラサルモノハ之ヲ討議ヨリ除キ今後モ出ササル様ニセラレ度ク

㈢前記三個ノ基礎中矛盾スルモノハ之ニ合致スル様修正サレ度シ

ノ三點ニ歸着スルモノノ如シ

次ニ陶氏議論ノ要旨ハ

貴方御交付ノ書類ヲ見テ同志ノ意見トシテハ日本側ノ御要望ハ原則ニ多クノ但書カ附加サレ居ル處之ハ例ヲ手形ニトルトキハ三年、五年先ニ現金化サルルモノニシテ現在中國ノ餓エ居ル狀態ヨリ見ルトキハ差向キ現金化サルル手形ヲ望ム次第ナリ　トイフニ在ルカ如シ

梅、我方ニ於テハ明日、明後日兩日間ニヨリ研究シ置キ度ク今日ハ未タ逐條審議ノ用意ナキニ付之ハ後日ニ譲リ度シ

影、然ラハ概括的ニテモ討議スルコトアラハ之ヲヤリ又思ヒ付ノ儘飛ヒ々々ニテモ討議スルコトアラハ之ヲ行ヒテハ如何

周、自由ナル意見トシテ申上クルト蒙疆地域ノ點ナルカ之ハ中國側ノ從來ノ解釋トシテハ察哈爾、綏遠兩省ヲ指スモノト思考スル所貴方ノ言ハルル蒙疆ニハ右以外ノ地カ含マレ居ルヤニ見ユルカ之ハ支那側トシテハ問題ナリ

影、之ハ現在ノ蒙疆自治政府ノ管轄區域ヲ指スモノニシテ貴方ノ問題トセラルルハ晋北十三縣(山西北部)ノコトナラン

貴方ニ聞キタキハ蒙疆ヲ察、綏兩省ノ行政區域ニ限定セントスルニハ貴方ニ於テ何カ特別ノ理由アルヤ

周、理由ハ極メテ簡單ニシテ山西北部ノ十三縣ハ完全ニ漢民族化セル地域ナルカ故ナリ、又北支ニ河南省ノ一部ヲ入ルルコトハ從來ノ觀念上相當問題ナリ　但本日ハ討論ニアラス問題ノ焦點タルコトヲ指摘スルノミニ止メタシ

梅、揚子江下流地域ノ問題ハ東京ニ於テモ言及セサルコトトナリ居リシ處今之ヲ持出サレテハ同志中ニモ反對ア

リ困ルコトニナルナリ

影、之ハ梅氏ノ誤解ナリ　揚子江下流地域ヲ經濟上ノ强度結合地帶トイフコトヲ中國側提出ノ具体的辨法中ニ日本側意見トシテ明記サレアリ

陶、揚子江下流地帶ハ吳越平原ニシテ歷史上東南地方カ西北諸省ヲ統一シ來リタリ　又此ノ地方ハ中國ノ經濟上最重要地帶ニシテ財界有力者モ此ノ地方ニ集マリ居リ中央政府樹立ノ基礎トナル地帶ナレハ若シ財界有力者ノ反對アルトキハ中央政府ノ基礎トナルヘキ地域ニ反對勢力ヲ作ルコトトナリ中央政府組織上基礎薄弱トナリ困ル

影、日支事變後ハ日支合作ヲナスヘキモノニシテ對立スヘキモノニ非ス　貴說ノ如ク經濟的要域ナルヲ以テ又特ニ合作ノ要アルニ非スヤ　日本カ獨占シタリ又ハ侵略シ來リハセスヤトノ疑念カラ斯ク申サルルナランモ當方ニハ決シテ其ノ意アルニ非ス　眞ノ意味ノ經濟合作ヲ庶幾スルモノナリ

而モ第三國トノ經濟關係ヲ排斥スルモノニ非ス　事變前貴方ハ揚子江下流地帶ニ於テハ日本トハ合作セサルモ外國トナラハ合作ストイフ狀態ニシテ之ヲ改メ日支間ノ經濟合作ヲナサントイフニ過キス

陶、經濟上ノ强度結合地帶ヲ好マストイフハ經濟合作ヲセストイフニ非スシテ寧ロ經濟合作ハ全國ニ亙リ必要ニシテ我方モ亦之ヲ望ム所ナルカ之ハ一般合作ヲナス項目アルニ拘ラス特ニ揚子江下流地帶ニ此ノ項ヲ設ケタルハ何カ經濟合作ノ外ニ郵政其ノ他ニ亙リ魂膽アルニ非スヤトノ疑問生スヘシ

影、文字上强度結合地帶ニ關シ誤解アルヤニ見ユル處實ハ經濟合作ノ出來ルハ蒙疆華北外ニテハ揚子江下流地域位ノモノニシテ其ノ他ノ地域ニテハ仲々出來サルヘク揚子江下流ニテシツカリ日支間ニ經濟上ノ提携ヲナサントイフ意ナリ　陶氏ハ煙草ノ小賣リ、拉車迄合作セヨトノ要望ナルヤニ誤解セラレ居ル處之ハ協議ノ進ムニ從ヒ何レノ部門ニ合作スヘク何レノ部門ハ自由トスヘキヤ等分明スヘシ　日本ノ考方ノ精神ハ陶氏モ分ラレタコトト思フカ如何

陶、若シ互惠平等ノ原則ニ則リ合作スルナラハ問題ナキモ心配サルルハ斯カル地域ヲ設定セン爲互惠平等ノ原則

ヨリ逸脱シテ郵便ヲモツト統制スルトイフカ如キ附帯的問題ノ發生ヲ惧ルルナリ

影、ソレハ實際問題ヲ討議スルトキ分明スヘク決シテ心配サルルコト非サルヘシ

梅、例ヘハ華盛頓會議ニ際シ門戸開放ノ原則カ約束サレタルニ其ノ後日本ノミカ門戸ヲ閉メラレタル次第ナルカ今度ハ逆ニ日本カ地位ヲ代リ列國ヲ閉メ出スノミナラス中國人ヲモ閉メ出スニ非スヤトノ誤解ヲ生スルコトアリ

影、門戸開放ハ原則上之ヲ認メサルヘカラス但昨年ノ上海會議ニ於テ日本ハ他ノ列國ヨリモ優先スト協議決定シタル次第ヲ想起セラルルヲ要ス　又日支双方互惠ノ原則ニ則ル上ハ中國人ヲ閉メ出スコト有リ得ヘカラサルニ非スヤ

梅、結論ニ於テハ日支兩國ノミカ斯カル地域ニ於テ經濟活動ヲナスコトハ理想ナルカ之ヲ今直チニ發表セハ外國人ハ驚愕シ中國新政府樹立ニ對シテモ多大ノ妨害ヲナスヘク又維新政府方面ニ於テモ經驗セル次第ナルカ日本人ノミカ經濟活動ヲ獨占スルトイフカ如キ危惧ノ念ヲ中國人一般ニ有シ居レリ　或ハ何等カノ文句ヲ入レテ誤解ヲ防クコト望マシ

影、貴方ハ何トカシテ揚子江下流地域ノ問題ヲ削除セントスルカ如クニ見ユル處トウモ其動機ニ疑ヲ持タザルヲ得ス

須賀（今後須ト略記ス）

貴方ハ作戰中ノ特殊狀態ヲ見テ危惧ノ念ヲ有スルニ非スヤ　又工場ニシテモ經營主ハ逃亡シ一方生産品ノ需要ハ充足スルノ要アリ　又勞働者ヲ養フ必要（治安上）モアリ已ムナク經營主不在ノ工場ヲ日本ヨリ資本家ヲ連レ來リ條件付ニテ（將來中國側經營主歸來セハ合辦其ノ他整理ヲナス）工場ヲ經營セシメタル次第ニテ此ノ點誤解ナキヲ要ス　故ニ一局部ノミヲ見テ議論スルト急（危カ）惧ノ念或ハ誤解カ生スルナランモ全般ヲ綜合シ討論研究シテ行ケハ分ルニ非スヤト思フ

梅、卒直ニ申上クルト華北政務委員會ノ項ヲ見ルニ憲法規定ノ如ク詳シク言及サレ居ル處之ハ日本側ノミノ意見ナリヤ　中國人ノ意見モ入リ居ルヤ

影、之ハ中國側ノ意見モ多分ニ取入レラレアルモ國防、經

濟的ノ特殊地域タル必要上政務委員會ノ權限トシテ此ノ位ノモノハ必要トスル日本側ノ自主的意見ニモヨリタルモノナリ

梅、我々モ斯ク考ヘ居リタリ
　南支沿岸特定島嶼トハ海南島ノミヲ指スモノナリヤ

須、然ラス　海南島ノミナラス三灶島、南明島、東沙島、西沙群島等ヲ指シ居レリ

梅、去年重光堂ニ於テ話合ヒタル時ハ華北以外ノ地域ニテ日本ニ優先權ヲ認ムルコトニナリ居リタルカ近衞聲明ニハ優先權ノコトニ言及シ非サル處今後優先權ノ文句ハ使用セサルカ宜シキヤ否ヤ

影、今後連日討議スルハ全テソノ儘發表スルモノニモ非ス又或事項ハ祕密協定ニスル等ハ他日外交接衝ノ際形式ハ整フルコトトナリソレ迄ハ同志トシテノ話合ナリ

梅、貿易ノ統制權ノ問題卽チ一例ヲ引クニ中國農民ノ作物ハ全部日本人會社ニ安ク賣リ日本側會社ハ之ヲ外國ニ賣リ其ノ間ノサヤヲトル　而モ之ハ中國政府ノ統制外ニナリ不便ヲ感スルコトトナル

影、之ハ全ク同感、日本側ニテモ修正ヲ要スルコトアルコトヲ知リ居ルヲ以テ從ツテ修正スヘキハ修正スルコトトナルヘシ
　先刻來小生ヨリ貴方ニ於テ防禦的立場ニ立タス卒直ニ不滿ナル現狀ノ修正ヲ要望セラレ度シト述ヘタルハ斯カルコトヲ意味ス

周、維新政府ニ於テハ軈テ解散サルルノテ今ノ間ニ一生懸命統制會社其ノ他既成事(實欠カ)ヲ盛ンニ作リツツアルカ日本側モ亦既成政權ヲ鞭撻シテ既成事實ヲ造ルコトニ汲々タル樣ニ思ハル、今急キ斯ル既成事實ヲ造リ置ク要ナク又コレヲヤラレテハ汪先生ノ中央政府ハ決シテ强化シ難シ　合理的ノ事實ヲ造ル要アラハ協定後ノ機會ヲ俟タレタキ熱望ナリ

影、貴說ヨク諒解セリ　ヨク調ヘ斯カル不合理ナル既成事實ヲ造成スル事實アルナラハ善處スル樣努力スヘシ
　又矢野君、小池君ニ於テ我方ノ經濟問題ノ係官トシテ働キ居ルニ付現狀ヲヨク諒解サルルコト必要ニシテ誤解ニ基ク疑惑モアル樣ニ思料ス
　次回ヨリ經濟關係ノ爲小池氏ヲ參加セシメ度シ

梅、今日ハ之ニテ閉會シ四日午前九時(上海時間)ヨリ開會

致シタシ

500　昭和14年11月2日　在上海三浦大使館参事官より野村外務大臣宛(電報)

内約交渉における日本側提案に対し汪側は占領地域の既成事実を継承するもので近衛声明の原則に背馳すると不満を表明について

上　海　11月2日後発
本　省　11月2日夜着

公使第二號(極祕、館長符號扱)

往電第一號ニ關シ

其ノ後汪精衛指導ニ關シテハ

一、一日東京案別紙第二乃至第四ヲ未定稿トシテ開示シ所要ノ説明ヲ加ヘテ先方ノ意見ヲ徴セル處先方ニ於テハ一兩日愼重研究ノ上意見ヲ開陳スルコトトナレルカ汪側ニ於テハ日本側カ最近諸種ノ獨占會社ヲ頻々トシテ創立スル等極力既成事實ノ造成ニ努メ之ヲ東京案別紙第二第三ノ通リ既成事實トシテ繼承セシメントスルハ近衛聲明ト對照シテ矛盾撞著ノ嫌アリ日本ニ於テ眞ニ近衛聲明ニ立脚シ支那ト合理的ノ協定ヲ締結セハ日本ノ諸企圖ハ右原則ニ違反セサルモノナル限リ之ヲ遂行シ得ルニ拘ラス今中央政府樹立ヲ前ニシテ右原則ト背馳スルカ如キ既成事實ノ設定ヲ企圖スルコトハ汪精衛等ヲシテ民心ノ把握及政府ノ强化ヲ不可能ナラシムル惧アルモノトシテ最モ此ノ點ヲ强調シ居レリ

二、次回ハ來ル四日會談ヲ行フ筈

往電第一號ト共ニ漢口ヘ轉電セリ

北京、南京、廣東、香港ヘ轉電セリ

501　昭和14年11月4日

内約交渉議事録(第二回)

日支國交調整原則ニ關スル協議會(扇少佐記)

第二回會議議事要錄

自十一月四日午前十時十分至午后四時三十分

列席者　中國側　周佛海、陶希聖、梅思平、周隆庠

日本側　影佐少將、谷萩大佐、須賀大佐

扇少佐、犬養、小池、矢野書記官

清水書記官

周、本日ノ會談モ前回ノ通リ同志ノ資格ニテ討議シ外交的形式ヲトラサルコトト致度而シテ討議ノ結果結論ニ到達スルコトヲ希望スルモ其ノ結論ハ飽迄試案トシテ置キ度唯今ヨリ調整要項ヲ逐次討議ノコトト致度討議ノ順序ハ原則ヨリ具體問題ニ入ルヲ本筋トスルモ、貴方ノ御提示ノ原則ニハ但書多ク附加サレ居ルニ依リ別紙ヨリ先ツ審議シタル後原則ノ審議ニ歸ルヲ便宜ト思考ス　要領第一項ハ問題ナシ　二ハ既成事實ノ存在ヲ認メ三ハ特殊事態ノ存續ヲ認ムル問題ニシテ具體的方法ヲ研究セサレハ此ノ現ハシ方ニテハ危惧ノ念ヲ與ヘルニ付二、三項ヲ取消シ別ニ一項目ニ取纏ムルコトトシテ具體的方法ヲ先ツ研究シタル上再ヒ此ノ問題ニ歸ルコトトシタシ

影、具體的方法ヲ先ニ研究スルコトハ差支ナシ

周、別冊(二頁)ノ原則事項ハ近衞聲明、上海會談、東京協定等ニアリ　文字上ノコトハ別トシ原則ハ別ニ異議ナキモ比較的詳シク研究スヘキハ別紙ナリト思考スルニ付先ツ具體的ニ入リ文字上ノ事ハ後ニ考フルコトトシタシ

陶、別紙善隣友好ノ原則ニ關スル事項ニ於テハ文字上ノ修正ヲ希望シタキモノアリ　卽チ「渾然」ハ中國ノ用語ニ依ルニ合併ヲ意味シ誤解ヲ生スル恐アリ

影、渾然ノ字句ハ本然ノ特質ヲ發展充實スルコトト關連的ニ解スルヲ要ス　貴見ノ如ク合併ヲ意味スルモノニアラス

陶、支那ニテハ合シテ融ケル意味ヲ表ハス

親密ニ相提携トシテハ如何

影、其ノ様ナ意味ニ於テ研究スヘシ

周、第一項「支那ハ滿洲帝國ヲ承認シ」以下ノ文句ニ漢文流ニ文字ヲ加ヘタシ例ヘハ「支那ノ領土ノ完整及主權、行政權ノ獨立ヲ尊重シ」ノ如キ文句ニ直サレタシ

影、本日ノ我々同志ノ間ニテハ細カキ字句ノ如キハ他日ニ譲ルトシ内容ヲ主トシテ討議シタシ

周、第二項、第三項問題ハナシ　第四項モ問題ナシ

梅、第五項ハ全部削除ヲ可ト認ム、其ノ理由ハ主權尊重ニ對スル最低條件ニテモ言及シアリ　又之ニ關シ貴方ノ回答モ得アルニ付宜シカラン　又其ノ部分ハ比較的小

サキ問題テアリ他項トノ振合モアリ形式上ヨリ見ルモ取除クヲ可トス主要ナル各項ト竝ヘルハ面白カラス
影、日本側トシテハ善隣友好ノ表現トシテ顧問ノ問題ハ主要問題ト考ヘ居レリ　故ニ顧問ニ關スル原則迄モ此所ニ掲ケ置クノ要アリ
陶、第五項顧問職員ノ問題ニハ三點アリ
一、顧問ハ自發的ニ招聘スルコト
二、中國ノ法令官吏服務規定ニ從フコト
三、義務的ニ服務スルニ非（四字アキ）ニ服務スルコトトシ行政ニハ干渉セス
他ノ項目ハ何レモ日滿支三國關係ノ主要原則ナルニ此ノ項ノミハ具體的事實ナルヲ以テ之ヲ竝ヘレハ日本ノ所謂善隣友好ハ顧問ヲ入レルコトナリト誤解シ易シ一般國民ノ誤解ヲ招クコトモ考ヘ技術的取扱ニ於テ別ナ所ニ入レ度、精神ヲ無視スルニ非ス
周、若シ是非書クナラハ御互ニ交換ノ意味トシ「中日兩國ハ必要ニ應シ政治顧問ヲ除キ財政經濟技術ニ關シ御互ニ顧問職員ヲ交換ス」トセハ如何
陶、「技術的學術的人才ヲ交換ス」トイフコトニ修正セハ如何
影、趣旨ハヨク判レリ更ニ研究スヘシ
陶、別ナ所例ヘハ經濟提携ノ次ギ等ニ置クハ如何　此處ニ入レレハ政治顧問ヲ含ムカ如キ響アリ　他ニ適當ナル場所アリト思考ス
周、文字上ニテ修正シタキ意味ヲ參考ノ爲示セハ
「中日双方ハ必要アル場合政治顧問ヲ除キ相手國ニ對シ財政經濟ノ技術的顧問竝ヒニ自然化學的顧問ヲ招聘スルコトヲ得此ノ具體的事項ハ別ニ定ム　職員ハ稅關教官及專門技術員ニ限ル」ノ如キモノトセハ如何
影、研究シ置カン
周、六項ハ問題ナシ
周、第二共同防衞ノ項ナルカ共同防衞ノ代リニ共同防共ニ變ヘテ戴ケサルヤ、實ハ近衞聲明上海會議等ニモ定メタル事ニシテ且從來我方ハ宣傳ニモ防共ノ字句ヲ使用シ來リ而モ共同防衞ハ防共ヨリモ範圍廣クナリ　從來ノ了解ノ經緯ヨリ見テモ適當ナラス
影、防共カ主タル事ハ勿論ナルモ共通ノ治安維持カアルカラ共同防衞トナリ居レリ　防共カ主タル事ニハ問題ナ

シ
周、實ハ其ノ次ノ共通ノ「治安安寧」維持ヲ削除シテ戴キ度次第ナリ　共通ノ治安安寧ト謂ヘハ範圍廣クナリ四川雲南ニモ及フコトトナル　前文中「……防共ニ當ル」丈トシ以下ヲ削除シタシ
影、日本軍ハ防共駐兵ノ外ニ治安駐兵ヲナス譯ニテ而モ中央政府樹立後ハ貴國軍隊モ追々出來ルナランモ差當リノ情勢ヲ考フル時ハ「共通治安維持」ヲ削除シテトウシテヤツテ行ク積リナリヤ
周、防共ハ略々永久的ノモノニシテ共通治安ハ永久的ノモノニ非ルヲ以テ之ハ別ノ項ニテ規定スルコトトシ此所ニハ恆久的性質ノモノノミヲ定ムルコトトス　例ヘハ去年ノ協定ノ二項ニ協定以外ノ地域ニ於テハ二ケ年以內ニ撤兵云々トアリ　一時的現象ナルヲ以テ共通ノ治安安寧ニ關シテハ別ニ書入ルルヲ可ト認ム
陶、更ニ説明センニ日華協議記錄中第一條二項ニ「防共ハ日、獨、伊防共協定ニ準シ」云々トアリ其ノ意ハ近衞聲明ニモアル處、防共ハ駐兵ヲ包含セス　汪氏ノ通電ニモ防共ハ內政干渉ニ非ストナシアリ　若シ防共ニ駐兵ヲ伴フナラハ內蒙ニ限ルヘキナリ從テ駐兵權ハ內蒙ノミニ限ルヘキニシテ他ノ治安上ノ駐兵ハ二年以內ニ撤兵スルコトトナリ居レリ　中國民衆ハ日本カ防共ノ名義ニテ駐兵權ヲ設定シ駐兵ニテ中國ノ內政干渉ヲ行フトテ三年前ト同樣ノ如ク誤解スル恐アリ　防共ト駐兵ヲ一緒ニスルカ如キ形トシ度クナシ
周、日華協議記錄第六條ニハ「協約以外ノ日本軍ハ日華兩國ノ平和克復後卽時撤退ヲ開始ス　但シ中國內地ノ治安恢復ト共ニ二年以內ニ完全ニ撤兵ヲ完了シ中國ハ本期間ニ治安ノ確立ヲ保證シ且駐兵地點ハ雙方合議ノ上之ヲ決定ス」トアリ共同防共ハ永久的性質ニシテ治安駐兵ハ二ケ年トナリ居レハ一時的ノモノナルニ付防共駐兵ト區別スルヲ要ス
影、上海會談ニ於ケル治安駐兵ハ二年以內トアルモ同時ニ此間ニ中國ハ治安ノ確立ノ責任アリ換言スレハ治安確立カ駐兵期間ヲ決スル一條件ナリ　恰モ防共駐兵ハ「ソ」聯ノ積極政策カ繼續スルコトカ前提條件ナルト同樣ナリ
同シ場所ニ書キテモ何等差支ナシト思フ

周、當方ニテ一番困ルコトハ駐兵ヲ廣範圍ニ解釋サルルコトニシテ之ハ民心把握上障害アリ、上海會議記錄ニハ防共駐兵ト雖モ期限ヲ附シアルモ之ハ比較的恆久的ニシテ治安駐兵ハ大體二ケ年トナリ居ルヲ以テ矢張別ニ共通治安ニ關シテハ防共ト離シ別ニ項目ヲ作リ此處ニハ防共ニ關スルモノノミヲ纒メテハ如何

影、此處ニ記載スルモノハ凡テ極祕ナレハ之ハ人民ニ見セルヘキモノニアラス

周、勿論祕密事項トシ發表セサルモ駐兵ノ事實ヲ國民カ見レハ之ニ對シ說明ヲ必要トス　故ニ其ノ說明ハハツキリセサルヘカラス

影、防共協定、治安駐屯ニ關シテハ何レモ別個ノ協定ヲ必要トス　之等原則ハ趣旨ヲ協議シ置キ條約締結ノ場合ニ形式ヲ整フレハ可ナリ　本原則ハ協定ノ材料タルノミ

陶、內容ヨリ申スモ防共駐兵ト治安駐兵トヲ分ケテ硏究スルヲ便トス　實ハ駐兵地域ニ關シ直ク次ニ言及サレ居ルニ付將來條約ヲ定ムル上ニ就テモ防共駐兵治安駐兵ニ應シ夫々地點何處々々ト分チテ考フルヲ好都合トス

周、矢張防共駐兵ト治安駐兵トハ別項トサレ度シ共通治安維持ノ駐兵ハ別項ヲ設ケテモ可ナリ　若シ此處ニ置クト混淆シテ誤解シ易シ卽日本軍隊駐兵地域ニ於テハ中國側ハ第五項第六項ノ適用ヲ受ケ殊ニ軍備制限ヲ受クルコトトナルヲ以テ工作上重大ノ影響アリ

影、駐兵ニハ防共作戰治安等アリ又年限ノ長短アルモ苟クモ日本軍隊ノ駐兵アル限リ鐵道ニ類スル監督權要求權等ノコトモアリ防共駐兵及治安駐兵ハ兩者同樣ニシテ五項六項ハ駐兵ニ伴フ必然ノ要求タルナリ

周、例ヘハ航空、鐵道、通信ニ對スル要求監督等ハ駐兵アル間當然ニシテ否定セス　唯臨時的ト永久的トハ別トシ混淆スルハ宜シカラス　別々ニ書クヲ適當トス

影、臨時、永久ト言フモ防共必スシモ永久ニハアラス　治安駐兵必スシモ短小時日ト言フヘカラス　此處ニ一緒ニ掲ケ置クコト然ルヘシト思考ス

梅、時間ノ長短ノ外ニ觀念上ノ問題アリ防共駐兵ト治安維持駐兵トハ同シカラス　防共ハ對外的ニシテ治安維持ハ對內、內政的ナリ　故ニ駐兵カ內政ニ關係セハ內政干涉ノ響アリ　尤モ撤兵前ノモノナラハ已ムヲ得サル

事態トシテ諒解スルモ治安維持駐兵カ防共駐兵ト同一場所ニ書キ置カルルコトハ内政干渉ノ嫌アリ

影、和平トナレハ結構ナルモ昨日迄ハ抗日ナリシ軍隊カ直ニ信頼シ得ルヤ　我國民ノ主観ヨリ見レハ實際ニ心カラノ提携ニ至ル迄ハ相當ノ努力ト日子トヲ必要トスヘシ　内政干與ヲ理由トシ直ク撤兵スルヲ以テ原則ト見ルナラハ何ノ爲ニ血ヲ流シタコトトナルカ内政干渉ト言ハルルコトハ理論的ニハ一應諒解シ得ルモ我方ヨリ見レハ戰止ミタリトテ直ニ全支那軍隊ヲ絶對信頼スル事ハ蓋シ不可能ナリ故ニ當分ノ治安駐兵ハ内政干渉トハ關係ナシ

周、規定其ノモノヲ否定スルモノニ非ス　規定ハ別々ニ爲サント云フノミ　歐米外交ハ巧妙ナルニ日本外交ハ拙劣ナリト云ハルルハ損ニ非スヤ　之ハ技術ノ問題ナリ別々ニ規定スルコトカ賢明ナラン　一緒ニ規定スルト幹部同志ノ間ニ於テ通過困難ナリ

梅、治安駐兵ヲ別ニ否定スル譯ニアラス　之ヲ防共ト分ケテ規定スルカ良カラント云フナリ

犬影、趣旨ハ判リタルヲ以テ技術ノ問題ナラハ後日篤ト研究セン

周、先刻ノモノヲ繰返シ申上クレハ防衛ヲ防共トシ、共通ノ治安安寧ノ件ヲ削除セラレ度ト言フニ在リ　第一項ハ問題ナシ

第二項「之カ爲日本ハ北支及蒙疆ノ要地ニ駐兵ス」トアルカ之ハ上海會議ニ於テハ蒙疆及平津地方トナリ居リタルカ之ノ項モ共通蒙疆及平津ノ要地トセラレ度

影、之ハ當時ヨリ見テ擴大シ居レル處其レハ其ノ後ノ情勢ノ變化ニ依リ其ノ必要生シタリ　之ハ汪先生カ六月日本ニ行カレタル時モ北支ハ國防上及經濟上ノ强度結合地帶ナルコトヲ認メラレタルコトニモ稽ヘ又軍事的ニモ赤色兵力カ北支ニ延ヒテ居ル今日平津ニテハ足ラサルヲ以テ斯クスル必要生シタリ

梅、本問題討論上ニハ假定的大前提アラン　之ハ重慶政府カ崩壊シタル時ヲ前提トシテ討論シ居ル次第ナリ　仍テ今日ノ事實ハ之ヲ承認スルモ重慶カ崩壊シ、中國カ自己ノ軍隊ニ依リ治安維持カ可能トナリタル時ノコトヲ論スル次第ナルヲ以テ二者混同セサル様願ヒタシ

陶、之モ觀念上ノ問題ナルカ作戰治安防共駐兵ヲ分ケスシ

テ赤軍ヲ目標トシテ論スルナラハ明確ニナルナリ　例ヘハ江南ニ新四軍ナルモノアリ之ハ共産軍ナレハ之ニ對シテノ防共駐兵ヲ爲ササルヲ得サルコトトナリ觀念ノ混亂ヲ來ス虞アリ

影、平和克復後汪氏ノ許ニ幾何ノ軍隊カ出來ルカハ將來ノ想像ノ問題ナリ

今兩君ノ話ハ中國軍隊カ全部汪氏ノ指揮下ニ入リタル時ノ話ヲ爲シ居レルカ防共軍事協定ハ其時始メテ結フニ非ス其ノ以前ニ締結ノ必要アルナリ

梅、若シモ軍隊カ復歸セサル時ハ其レハ作戰又ハ治安駐兵ニシテ防共駐兵ハ防共ナレハ矢張リ分ケテ討論スルコト必要ナラン　補足的ニ申上クルト同志幹部ノ心理ヲ尊重スルコトヲ要ス　幹部ハ防共駐兵ハ蒙疆及平津ニ限ラルルモノト思考シ居レリ　重慶ヲ出テテ一年足ラスニシテ條件カ過重サルルハ著シク吾人ノ意氣ヲ阻喪セシム

陶、此ノ問題ハ平和運動ノ基礎的精神ニシテ之ニ依レハ防共ニハ附帶條件カ無イト云フノニ又汪氏モ其ノ聲明ニ於テ防共ハ國際的協定ニシテ內政的ノモノニ非スト云ヒ居レルニ貴方ノ話ノ樣ナリトセハ國民ハ平和運動ニ失望シ我々モ苦境ニ陷ル次第ナリ

影、和平運動ハ貴國ノミナラス我方モ同樣ニ云ヘル　汪氏ノ運動カ始マレハ軍隊ハ復歸シ實力ヲ得ルト云ヒ居リタルニ現狀ニテハ仲々困難ニシテ有力日本人中ニモ仲々强硬ナル非難アリ斯ノ如キ現狀ニテハ日本ハ昨年ヨリ以上ノ强化ノ責任ヲ負擔セサルヲ得サルニ至レリ北支カ國防上强度結合地帶タルコトハ汪先生上京ノ節諒解ヲ取リツケタルモノニシテ今卒然トシテ提案セルモノニ非ス

周、此ノ問題ニ關シ個人的考ヲ申上ケン

最前ノ通防共駐兵ハ內蒙平津ヨリ北支ニ擴大シタルカ貴方ノ言ノ如ク情勢ノ變化ニ依ルト云ヘハ無限ニ變化シ行クモノナレハ之ハ理由トサレサル樣願ヒ度　例ヘハ江南ニ新四軍カ出現シ之ハ共産軍ナルカ之ニ對シテモ防共駐兵ヲ必要トスルニ至ラン　又目下日蘇國交調整カ傳ヘラレ或ハ成功スルヤモ計ラレス　然ラハ日蘇不可侵條約カ出來ルコトモアリ得ヘク其ノ際ハ防共協定カ取消サルルヤモ計ラレス　平津ヨリ江南ニ駐兵擴

大ノ場合モアリ得ヘク又防共協定取消ニ依リ駐兵ノ必要無クナル場合モアリ得ヘシ　従テ情勢ノ變化ニ關シテハ主張セラレサルコトヲ希望ス　重慶ニハ軍隊多ク汪側ニハ軍隊ナシ従テ重慶倒壊セサル場合ニ於テハ之レ防共ニ非スシテ作戰駐兵ヲ必要トシ重慶ノ倒壊ヲ見ル迄五十年六十年ニテモ駐兵ヲナスノ要アラン、之ハ作戰駐兵ナレハ防共駐兵ト別ニシテ考慮スルコトヲ要ス

防共駐兵地域カ北支全体ニ及フカ否カハ不明トシ、之ハ追テ協定作製ノ時決定スルナランモ若シ之カ北支全体ニ及フモノニ非ルナラハ此處ニ明確ニ定メテハ如何、私見トシテ(彼圖上ニ線ヲ引ク)山東ノ徳州ヨリ河北石家荘ニ一線ヲ引キ石家荘ヨリ山西太原ニ至ル線以北ヲ防共區域トナシテハ如何、實ハ之ハ未タ幹部トモ諮リ居ラス又陶、梅兩氏トモ未タ相談シ居ラサルヲ以テ全クノ個人トシテノ意見ナルカ私見トシテ申上ケテ見ル次第ナリ

影、之ハ小生ハ統帥部ノ考ヘ方ハ未タ分明ナラサルモ本項ニハ要地ト記載シアル處之ハ對蘇戰略要地ト考フヘキモノト思考ス　歐洲情勢ヨリ見レハ對蘇作戰ニ於テハ蘇聯ハ中國ヲ侵略シ來ル時中國ニ於テハ如何ニセラルルヤ　私見ナルカ將來汪氏カ軍隊ヲ獲得セラレタル時蘇聯カ中國ヲ侵ス時ハ中國ハ西北ヲ防キ日本ハ蒙疆北支ヲ防衛スルコトトナルモノト思考ス　若シ中國自身ニ於テ防キ得ルナラハ之ニ越シタルコトナシ　日本ハ其ノ際ハ大イニ助カル次第ナルカ斯ル場合ハ別トシ日本ハ好ムト好マサルニ拘ラス防共ニ關シ中國ニ援助セサルヲ得サルコトニナルハ必然ノ因縁ナリ　之ハ繰返シ議論スルモ無駄ナルヲ以テ研究シ置クコトトシタラ宜シカラン

周、防共ハ矢張リ蘇聯ニ對スルモノナルカ余ハ軍事ニ關シテハ素人ナルモ將來對蘇戰争發生ノ際ハ少クトモ山西ハ中國側ニ於テ軍事ヲ負擔セサルヲ得サルニ至ラン　對蘇作戰ハ内蒙カ第一線トナリ第二線ハ河北山西ノ北部石家荘太原ハ第三線トナルナラン防共地域トシテハ第三線迄ニテ充分ニシテ最前ト最大限度ヲ申上ケタル次第ナリ

影、之ハ防禦線ノ向キカ違フ　蘇聯ノ中國ヲ侵スニ三線ア

リ　一ハシベリアヨリ満洲ニ出ツル線、二ハ外蒙ヨリ内蒙ニ出ツル線、三ハ新疆ヨリ甘肅、陝西ニ來ル線之ナリ　中國軍カ山西河北南部ニ於テ敗戰セハ日本軍ハ後方ヲ遮斷サレ大イナル苦境ニ立ツヘシ(之ハ圖示セリ)

谷、蘇聯ノ戰ハ線ニ非ス面ナリ　敵ノ後方ニ味方ヲ得ルナリ　現ニ中國共產軍カ其ノ役割ヲナシ居レリ　斯ハ防共上重大ナル問題ナリ

周、第一第二第三線ト申上ケタルモ西ノ方面ニ敵カ襲來スルモ之ハ側面ニモ防禦シ得ルコト固ヨリ當然ナリ　要ハ平和ノ時ノ駐兵ニシテ戰時ニハ新疆迄モ駐兵ノ要アルニ至ラン　之ハ其ノ時ノ合意ニ依リ定メテ然ルヘシ

陶、現ニ英佛ハ共同作戰ヲ「マジノ」線ニ於テ爲シツツアルカ之ハ別ニ平時ヨリ條約ヲ締結シ居リタルモノニ非ス

谷、現在新疆省ニハ二個旅ノ機械化部隊アリ中國共產軍ハ陝西方面ニテ其ノ前哨部隊タリ　現在ハ既ニ平時ニ非スシテ戰時トモ解釋シ得ルナリ　從テ平時ヨリ協議シ置カスンハ目的ヲ達シ難ク戰時ノミノ問題ニ非ス　眞實ニ戰爭發生ノ際ハ北支ノミニテモ不充分ノ場合アルヘキモサリトテ對蘇問題ノ爲ニ中國ノ問題ヲ考ヘサルハ困ルナリ

(食事休憩)

影、午前ヨリ會談ノ結果ニ基キ所見ヲ述フレハ共同防衛ハ共同防共ニ變更スルコトニ同意、治安駐兵ハ別項トス、二項ノ駐兵地點ハ余一個ノ考ニテハ如何トモ出來兼ヌルモ趣旨ハ了承セリ

周、次ハ第五項中ニ「駐兵地域ニ存在スル鐵道、航空、通信云々ヲ保留ス」トアルカ地域ハ防共駐兵地域ニ於テハ其ノ內容如何

又保留スト云フハ一定期間ナリヤ　永久的ナリヤ

影、時間的意味ニ非スシテ斯ル權利ヲ有スルノ意ニシテ又要求權竝ニ監督權ト云フハ作戰上又ハ警備上前記事項ニ對シ要求又ハ監督スルコトノ權利例ヘハ作戰ニ際シ之カ輸送等種々作戰上ノ要求ヲ爲スコトニナルカ之ヲ指スモノナリ

梅、若シ斯ル意味ナラハ文字上今少シ明確ニ書ク方宜シカルヘシ例ヘハ「第三國ニ對スル作戰ノ場合」等トス

而シテ「駐兵區域ハ防共駐兵地域ニ限定シ鐵道、航空、通信竝ニ重要港灣水路ノ行政權及管理權ハ中國ニ屬スルモ防共軍事ニ必要ナル時ハ日本軍ニ對シ軍事上ノ輸送及通信ノ便宜ヲ與フ」ト云フト同一意味ナレハ斯ク修正シ置クコトヲ適當ト認ム

周、先ノ案ニテ不充分ナレハ「平時ハ――スル」「戰時ハ――スル」ト分チテモ可ナリ

影、戰時ニ於テ初メテ軍事要求權竝ニ監督權カ發動スルニ於テハ間ニ合ハス　平時ヨリ常ニ命令要求權アリテ之ニ依リテ萬般ノ準備ヲナシ居ラサルニ於テハ機ヲ失シ敵ニ機先ヲ制セラルル虞アリ　平時ノ便宜モ戰時ノ爲ナルヲ以テ戰爭ヲ廣ク解シ宣戰布告後ト云フカ如ク狹義ニ解セサルヲ要ス

梅、精神ハ判リタリ　ヨク研究セン

小、當方ニ於テ一番惧ルルハ權利ノ內容ニシテ鐵道ノ經營ヲ全部貴方ニ持行カルルコトヲ恐ルルナリ

周、實際ノ經營方法ヲ見ラルル時ハ軍事要求監督權カ極メテ狹キモノナルコトヲ理解セラルヘシ

第六項全般ニ於テ考慮スヘキハ軍備制限ノ如クニ見ユルコトナリ「トラウトマン」大使斡旋ノ際外交部次長徐謨カ案ヲ會議ニ持參シ來リタル時白崇禧カ眞先ニ日本ハ軍備制限ヲ要求シ居ラスヤト聞キ徐カ「無シ」ト答ヘタルヲ不思議カリ居リタリ

裁兵ト見ヘル文字ハ軍隊懷柔ニハ最大ノ癌ナリ　中國ノ現狀ニ於テ經濟上到底自ラ軍備制限ヲ爲ササルニ得サル狀態ニアリ　而モ汪氏モ南京ニ政府樹立ノ時最モ心痛シ居ラルルノハ軍隊ノ配置ニシテ之ニ依リ將來第二ノ通州事件ノ如キ不祥事ノ發生スルコトニシテ斯クテハ吾人ノ和平運動ハ全ク水泡ニ歸スルコトトナル次第ナレハ貴方ヨリ要求ナクトモ我方ニ於テハ充分心得居ル次第ナレハ本項前半ハ削除セラレテ何等差支ナキモノト認ム

影、貴方ノ御話ハ同情ヲ以テ聞キ置クヘシ

周、第六項ノ後段ナルカ之ハ三個ニ分チテ御話セン

先ツ顧問ニ關シテハ(警察ヲ含ム)最少限度ノ要望中ニアル通リ部隊ノ中ニ入レサルコトニシテ之ハ誤解ヲ起ス基ナリ

次ニ教官モ最少限度要求ノ通セラレ度シ第三ニハ武器

ハ日本ヨリノミ買ヒ第三國ヨリノ供給ヲ受ケ又ハ中國ニ於テ自ラ製造スルコトヲ止メヨト云ハルルハ困ル殊ニ同志トシテ申上クル次第ナルカ中國ハ經濟上未タ重工業ナキ爲自ラ製造スルコト能ハス　而モ在外正貨ヲ使ヒ果シタル後ナレハ外國ヨリ武器ヲ買フ金モナシ仍テ六項後半ハ防共ニ關係ナキニ付之ハ別ニ項ヲ設ケテ置キテハ如何

影、貴方ノ話ハ當方ノ意志トハ違フ　顧問ハ勝手ニ置クニ非スシテ又教官モ希望（勝手カ）ニ置クニ非ス　武器モ貴國カ希望ナラ供給スルモノニシテ要スルニ貴國ニ於テ希望アラハ云々ト云フ意味ナリ　日本ノ好意ヨリ出テタルコトナリ

周、余談ナルカ犬養氏トモ談シタル次第ナルカ精神上必要ナルコトハ日本側ハ戰勝國ト思ハスツマリ中國ヲ戰敗國ト考ヘスシテ和平ヲ行ハサルヘカラス

然シ一般中國民衆ハ敗レタルヲ以テ何ヲ云ヒ出スカ計リ難シト云フ心理狀態ニアリ

影、日本側ハ昨日迄ノ抗日軍隊ガ親日ニ變ルコトアリ得ヘカラサルニ付總テ明確ニ書キ置カサルヘカラストシ又貴方ハ日本ノ文書ニハ何カ魂膽アルニ非スヤトテ我方ノ文書ヲ表ヨリ裏ヨリタメツスカメツスル傾向アリカチニシテ從テ我々ハ仲々骨カ折レル次第ナリ

谷、日本軍隊ヲシテ云ハシムレハ蔣介石ハ獨佛ノ顧問ヲ重要地位ニ用ヒ來リ又抗日ノ盛ナル時ニ於テスラ白崇禧ハ六十數人ノ日本人顧問ヲ其ノ部隊ニ配置シ之カ訓練ニ當ラシメ又冀察ニ於テモ宋哲元ハ十數人ノ顧問ヲ日本ヨリ入レタル例アリ　然ルニ之カラ愈々日支兩國ハ相提携シテ行カントスルニ際シ何カ故ニ顧問ヲ斯モ嫌惡スルヤト不思議カル次第ナリ

周、强テ誤解ノナキ様ニスレバ過去ノ經驗ニ於テ顧問問題ハウマク行カサリシニ付止メタ方可ナリトモ云ヒ得ル次第ナリ

陶、日支兩方面ニ心配アルナランモ此ノ間ニハ時間上ノ差異アラン日本ノ心配ハ將來再ヒ戰爭カ起ルナラントノ心配ナルモ中國ノ其レハ和平カ巧ク行カサレハ戰爭カ止マサルヘシト云フニアリ

畢竟日本ノ心配ハ明日ノ朝食ノ心配ニシテ中國ノハ今日ノ夕食ノ心配ヲ爲ササルヲ得サル次第ナリ

周、六項後段ハ防共ノ所ニ入レス他ノ適當ナル所ニ出シテハ如何

影、他ニ適當ナル場所モ見當ラス「要スレハ云々」トセハ如何

周、獨立主權ノ處ニモ顧問ヲ置クコトニ言及シ此處ニモ亦出テ來アルモ其ハ不必要ナラスヤ

影、何故ニ此處ニ書クコトヲ反對スルヤ

周、防共ノモノニ非ス　從テ此處ニ書カストモ可ナリト思考ス　事實ハ同シコトナリ

清、此ノ書類ヲ其ノ儘協定スルニ非スシテ他日ノ協定締結ノ材料タルニ過キサルモノナレハ此處ニアリテモ宜シカラズヤ

周、假令正式條文ニ非スト雖モ防共ノ体裁上別ニ項ヲ設クルコト然ルヘシ

周、防共ノ軍隊ニ顧問ヲ入レルハ結局全部ノ軍隊ニ入ルルコトトナルヘシ　寧ロ部隊ニハ顧問ヲ入レスシテ戰時ニ於テハ支那ノ軍隊ヲ貴國ノ指揮下ニ入レテモ可ナリ

影、地域モ前ニアル通リ日支協力ヲ必要トスル特定ノ地域ニシテ且其ノ中ノ特定ノ部隊ニ入ルルコトトナリ居リ全般的ノモノニ非ス

周、特定區域ノ特定軍隊トスルト實際ハ困難ナラン　例ヘハ孫連仲ノ軍隊ニ入ルレハ其ノ軍隊ハ必ス事件ヲ起スヘシ

影、故ニ「必要トスル場合」トカ或ハ「有利トスル場合」等適當ナル形容詞ヲ附ケテ此處ニ規定シテハ如何

周、條文ハ當方ニテ一案ヲ作ルヘシ　貴方ニテモ案ヲ作ラレ度シ

影、文書ノ往復ヲヤリ居レハ後ニハ判ラサル様ニナルヲ以テ合作シテ一案ヲ作製セン

周、今日ハ之ニテ閉會致度

502　昭和14年11月5日　在上海三浦大使館参事官より野村外務大臣宛（電報）

日本側提案に汪側相当疑問のため青島巨頭会議等の開催は延期のほかなしとの状況につき報告

上　海　11月5日後発
本　省　11月5日後着

公使第四號（極祕、館長符號扱）

往電第二號ニ關シ
四日東京案別紙第四ノ日支關係調整ニ關スル原則竝ニ要綱ニ付汪側ト話合ヲ進メツツアル處相當疑問アリ此ノ分ニテハ別紙第二第三等ノ論議ニ入リタル際ハ一層手間取ルコトト察セラレ八日頃ト豫定セル青島巨頭會議ハ暫ク延期スル外ナク從テ聯合委員會モ延期スル樣關係方面ニ通報セル次第ナルカ何時頃是等會議開催ノ段取ニ漕キ付ケ得ルヤ見透シ付カサル狀態ナリ
青島へハ別ニ聯絡濟
北京、南京、漢口、廣東、香港へ轉電セリ

503

昭和14年11月5日

内約交渉議事録(第三回)

日支國交調整原則ニ關スル協議會
第三回會議議事要録(扇少佐記)
十一月五日　自一〇〇〇至一六三〇
出席者　前回通リ

周佛海(以下周ト略記ス)
昨日ハ共同防共原則ヲ討議セシカ今日ハ直ニ經濟提携ノ問題ニ入ルヤ或ハ防共原則ノ殘レル部分ヲ議スルヤ

影佐少將(以下影ト略記ス)
經濟提携ノ問題ニ入ルヲ可トセン

周、經濟提携ノ原則ニ關スル冒頭ノ原則ニ就テハ趣旨ハ贊成スルモ文字ノ修正ヲ希望ス卽「互助連環及共同防衞」ヲ「共存共榮」ニ換ヘ尚「共同互惠」トアルヲ「平等互惠」ニ變更セラレ度

影、「共存共榮」ノ意ハ「互助連環」ノ中ニ含ミアリ
經濟提携ハ何ヲ中心トシテ行フヤト言ヘハ互助連環及共同防衞ノ二者ヲ實現スルヲ目的トス　卽チ例ヲ擧クレハ第二項ハ共同防衞ヲ主タル目的トシ第三項、第五項ハ主トシテ「互助連環」ノ見地ニ基クモノナリ　又第六項ハ主トシテ共同防衞ヲ目的トスルカ如シ

陶希聖(以下陶ト略記ス)
趣旨ハ了解セリ東京以來ノ話ニ依レハ經濟合作ニ二種アリ
第一ハ國防的見地ニシテ第二ハ純經濟合作ニ屬スルモノナリ而シテ國防的見地ニ依ル提携ハ蒙疆北支ニ限ル

コトトナリ居リ中支南支ハ經濟合作ノ見地ニ基クモノナリ　從ツテ前文ニ明瞭ニセサレハ國防上ノ經濟提携カ全支ニ擴大セルカ如ク考ヘラレ今後各種方面ニ支障ヲ來ス虞アリテ具合惡キニ付前文ノ修正ヲ希望セル次第ニシテ若シ之カ出來サレハ以下ノ各項目中ニ夫々明記サレ度

影、前回中國側ノ意見アリシ如ク共同防衛ヲ共同防共ニ改ムレハ地域ヲ特ニ書カストモ北支蒙疆ハ共同防共ノ見地ニ基キ其他ハ經濟合作ノ趣旨ニ基クコト明ラカナラン

陶、「互助及防共ノ實ヲ擧クル爲」ニテハ如何

防共ニ國内的ト對外的トノ兩者ノ意アリ　明確ニナルモノト思フ

影、宜シカルヘシ

(周隆庠)、共同互惠ヲ平等互惠ト改メ度シ

影、宜シカラン

周、第一項ハ資源、關稅、交易、航空、通信等ノコトナルモ第二項以下ノ各項ニ夫々規定シアリ

第一項ハ前文ノ如キ觀アリ　見ル人ニ依リ全部日本ニ奪ハルル樣ニ感スルナラン　第一項ハ削除シテハ如何

清水(以下清ト略記ス)

要ハ協定ヲ締結スルコトヲ必要トスルニアリト思フ

影、「平等互惠」ト言フ文句カアリ　其ノ次ニ「前記主旨」ノ字句モアリ何モ彼モ日本ヨリ奪ラルル樣ニハ思ハレサルヘシ

第一項ハ最後ニ置クモ差支ヘナシ

梅思平(以下梅ト略記ス)

最後ニ「以上ノ各項ニ付所要ノ協定ヲ結フ」ト言フカ如キ形トセハ見ルモノノ感シモ良カラン

影、字句ハ別トシ最后ニ置クコトニ對シテハ異存ナシ

周、第二項ニ就テハ之ハ非常ニ複雜ナリ先ツ文字上ヨリ言フニ「共同防衛」ヲ「共同防共」ニ「經濟的結合」ハ誤解ヲ生スル字句ナリ「經濟的提携」ニ改メテハ如何

影、「結合」ノ方カ「提携」ヨリモ緊密ナル意味ナリ「平等互惠」ニテ「結合」スルコトニ誤解起ル理由ナカラン

周、「合作」ニテハ如何

影、良カラン

周、第二項ハ前段後段ニ分チ得ヘシ

前段ハ防共地域ニシテ後段ハ其他全般ノ地域ナルカ埋藏資源ノ意味ヲ具體的ニ知リ度又特別ノ便益ノ意味ハ如何　之ニ關シテハ第一ニ便宜供與ニハ十年、二十年等ノ期限ヲ附スルコト一般人ニ好感ヲ與フヘク第二ニハ資源ハ石炭、鐵等ニ就テハ支那側モ使用致シ度必スヤ將來使用ノ事トナルヘキニ付キ支那側ニモ其使用ニツキ留保スル樣セラレ度

梅、之ニ關シ一ツ申上ケ度キハ昨年八月香港ニ於テ松本氏ト話シタル時自分ヨリ松本氏ニ日本ノ北支ニ對スル資源ノ要求ハ如何ナルモノナルヤト問ヒタルニ松本ハ石炭及鐵ナルヘシト答ヘタリ香港作製案ニ於テハ北支ニ於ケル要求資源ハ石炭及鐵ニ限定セル意味ナリキ

又全部ヲ採ル意味ニモ非サリキ卽中國ニ於テ將來必要ヲ生シタル場合全部ヲ日本ニ渡シ殘ナキニ至ルコトアラハ甚タ困ル問題ナリ　石炭、鐵ハ全部北支ニ集中シアリ　之ヲ全部日本ニ渡セハ將來重工業ヲ必要トスル時困却スヘシ　勿論現在ハ其ノ時機ニ非ラサルモ矢張一部ヲ留保シ置キ度キ旨話シタル處松本ハ當然ノコトナリト答ヘタリ

斯ク言フ理由ハ中國ノ國防資源カ殆ト北支ニ集中シ、全部日本ニ渡セハ殘リハ無キニ付キ相談セシモノナリ

年限ノコトニ就テハ其ノ際ハ觸レサリキ　上海會議ニ於テモ話ハ出サリキ

影、松本ノ言ツタ事ハ間違ヒトハ思ハナイ　石炭、鐵ニ限ルヤ否ヤハ簡單ニ斷定シ兼ヌルカ之等ヲ主トスル國防上ノ埋藏資源ナリト理解セラレ度シ

小池(以下小ト略記ス)

埋藏資源ト書キアルモ廣ク解釋スルモノトハ思考シ居ラス唯國防資源トハ鐵、石炭ノ外最近輕金屬資源ハ國防上極メテ重要ナル地位ヲ占ムルニ至レリ　此處ニ於ケル國防資源トハ國防上必要ナル資源ノ意味ナリ又日本カ全部持チ行クト見ルハ誤解ニシテ採掘セル一部ハ勿論支那ニテモ使フモノナリ　現有熔鑛爐ヲ運營活用スルタメニ鐵、石炭カ必要ナルモノニシテ今後建設スル熔鑛爐ハ合同シテ建設シ其ノ製品亦日本ニ於テ使用セルモノノ殘ハ支那ニ於テモ使用セントスルモノナリ

影、日本側ニ奪ハルルトノ愴(杞カ)憂ヲ一掃スル爲メ互惠平等ノ

意味ニ文章ヲ書キ直スモ不可ナシ年限ノ問題ハ何年迄ハ合作シ其ノ以後ハ合作セスト言フカ如キ意味トナルハ思ハシカラス　協定ニ譲ルヲ適當トセスヤ

梅、一案ヲ擧レハ左ノ如シ

「埋藏國防資源ハ中國ノ必要量ヲ自用ニ供スルノ外〇〇年内ハ特別ニ日本ニ便宜ヲ供與ス」ノ如キ意味ノモノトセハ如何

清、原文ハ開發ニ關シ更ニ積極的意味ヲ有シアリ　梅氏案ハ國防資源ノ利用ニ關スル事項ヲ示スコトトナル

影、〇〇年内ノ如ク年限ヲ附スルハ協定ニ入ルヘキ問題ニシテ此處ニ書クハ同意シ難シ

小、「特別ノ便益」カ誤解ヲ招キ居ルニ非サルカ問題ハ日本カ何ヲ求メテ居ルカニ存スヘシ具體的ニ言ヘハ地下埋藏資源ヲ採ルニハ如何ナル便益ヲ必要トスヘキカ大量ノ採掘ニ當リテハ個人ニテハ不可能ナルヲ以テ日支大規模ニ提携合作スルヲ要ス　之カ爲ニハ現在何カ障碍トナルカト言ヘハ第一ニ當面スルハ中國ノ鑛業法ニシテ外國ノ資本カ參與シ得サル狀況ニ於テハ不可能ナルヲ以テ提携ノタメニハ之カ一部ノ修正ヲ必要トス

例ヘハ某額ノ資本ヲ要スル場合中國カ全部ノ負擔ニ堪ヘ得ストセハ殘リハ外國ニ仰カサルヘカラサルモ現行法律ニ於テハ不可能ナリ故ニ之カ適宜ノ修正ヲ必要トスヘク茲ニ特別ナル便益供與ノ必要ヲ生スル次第ナリ

梅、斯ル話ヲ聞ケハ當方ノ心配モ相當輕クナリ安心シ得ヘシ

周、「便益」ハ權益ノ意味ヲ含ムヲ以テ修正セラレ度シ

影、近衞聲明ノ用語ニ照シ「便宜」ト變フルコトハ異存ナシ

谷萩(以下谷ト略記ス)

「協力シテ開發シ利用ニ關シテハ中國ノ需要ヲ考慮スルコトトシ日本側ニ特別ノ便宜ヲ供與スル」ノ意トスレハ可ナルヘシ

須、鑛業法ノ改正モ其ノ一ナルモ米國ニアルカ如キ大規模ノ鑛業用鐵道ノ敷設ヲ必要トスヘク之等鐵道敷設等ニハ年限ヲ附セラレテハ實施不可能ナリ

周、後段ノ方其他ノ地域ニ關シテハ影佐少將ノ言ヘル通リ全國的ニシテ其ノ次ニ在ル「國防資源」ノ意味ト認ム然ラハ「必要ナル便益」ト書カス　上海會議ニ於ルカ

如ク日本ニ優先權ヲ與フル樣ナ意味トスルヲ可トス然ラサレハ誤解ヲ招ク虞アリ卽日華協議記錄中ノ「其他ノ地域ノ國防資源ニ就テハ日本ニ開發利用ニ關シ優先權ヲ與フ」ノ如クスルニアリ

梅、日華協議記錄中第四條前段ト了解事項第二項トヲ全部此處ニ持チ來リ一緒ニシテ別ニ一項ヲ設クル事トシテハ如何

周、全部變フルハ妥當ナラサルヘシ「其他ノ地域ニ於テモ特定資源ノ開發利用ニ關シ優先權ヲ認ム」トシテ其レニ了解事項ノ第二項ヲ附スルヲ適當トスヘシ

影、優先權ノミトセハ消極的トナル鑛業法等ニテ外國ニハ許ササルコトトナレハ日本モ便宜ヲ受ケ得サルニ至ルヘシ更ニ積極的ニ日本ニ便宜ヲ與フルコトコソ經濟合作ナリ

淸、協議記錄ノ優先權ハ全般的ノモノナルモ此處ニ言フ特定資源トハ國防資源ニシテ特別ノモノナリ

小、現在維新政府等ニ於テ如何ナル特別ノ便宜ヲ與ヘ居ルカヲ了解セハ此ノ間ノ情況ハ分明スルナラン　華中鑛業會社ハ資本及重役何レモ日支半々ニシテ維新政府ノ特殊會社トシテ鑛業權ヲ有シ所要ノ開發ヲナシアリ産品ハ日支ニ於テ共用シツツアリ　斯ル措置ハ特別ナル便益ト言フヘシ

右ノ一例ニテ解ルコトト思フモ誤解ヲ防クタメ更ニ附ケ加フレハ現在日本ノ手ニテ鐵鑛石ヲ出シ居ルモ之ハ輸出シアルモノニシテ適當ナル價ニテ買ヒアリ　無償ニテ持チ行クモノニ非ス北方ニ於テモ同樣ナリ

梅、當方ノ一般人ノ最モ恐ルルハ第三國ノ資本ノ驅逐セラルルコトニ非スシテ幼稚ナル中國ノ資本ヲ驅逐セラルルコトニアリ、言ヒ換フレハ獨占的ノモノニテハ不可ナリ、例ヘハ中國人カ鑛山ヲ發見シテモ華中鑛業會社ヲ通セサレハ採掘出來ス　斯ル狀況ハ中國ノ資本ヲ壓迫シテ租界ニ追込ミ米國爲替ノ買入其他經濟原則ニ合ハサル使途ニ當ツルカ如キ事態ヲ馴致ス　我々トシテハ極力之ヲ避ケ度考フルモノナリ

小、今ノ話ニハ大ナル誤解アリ會社ノ性質ヲ了解セラレアラサルモノト認ム　會社ハ鑛業權ノ「**ホールデイングコンパニー**」ニシテ採掘スルハ又別ノ適當ナル人ニ行ハシムルモノナリ　先願主義ニ依レハ第三國人ノ手ニ

權利カ移ル虞アリ、依テ國防上重要資源ノ第三國人ヘノ逃避ヲ防キ又未開發ノモノヲ開發セントスルモノニシテ決シテ開發ヲ自分ノミニテ爲スモノニ非ス實際ノ採掘ハ中國人ニテモ誰ニテモ適當ナル人ヲシテ之ヲ行ハシムルナリ　本會社ハ斯ル機關タルトコロニ重要性アリ　非常ニ解リ難キ形ナルニ付後日更ニ詳シク説明シ了解ヲ深ムルコトトスヘキモ兎モ角資源ノ逃避及未採掘ノ儘埋藏セラルルヲ防キ經濟原則ニ合致スル如ク指導シ行カントスルモノニシテ獨占主義ニ非ス

周、本題ニカヘリ優先權ノ話出タルモ優先權ノミニテハ第三國ノ關係アルタメ不充分ト言ハレタルモ中日間タケノ關係ニシテ「必要ナル便宜」ノ外更ニ適當ナル字句アラハ研究シ度

小、第二項ハ重要ナル問題ナレハ意見アラハ御遠慮ナク申サレ度尚研究ノ上修文ヲモ考慮ノコトト致シ度

犬養（以下犬ト略記ス）

必要ナル權利ヲ確保シテ不要ナル恐ヲ與ヘサル如キ文字ヲ更ニ研究スルノ要アルヘシ

周、第三項ハ必要ナル援助ト云フカ趣旨ハ問題ナキモ誤解ヲ避クルタメ文字上ノ修正案ヲ考ヘテ見タシ　即チ日本ヨリ權利的ニ援助ヲ押シ付クルノ感ヲ避クルタメ「一般産業ニ關シテハ日本ハ中國ノ要請ニ應シ資本及技術上ノ援助ヲ與フルコト」トセハ如何

影、宜シ其意味ナリ

周、農業ノ部ニ就テハ「中國ハ其改良及増産ヲ計ルタメ日本ハ中國ノ要請ニ依リ技術上ノ援助ヲナス」ノ意ト致度　此處ニ資本ヲ云ハサルハ殖民地的傾向ヲ避ケンカタメナリ　即チ日本カ地主トナリ中國農民カ小作トナルカ如キ事態ヲ避ケンカタメナリ　棉ニ關シテハ日本カ金ヲ貸シ農民ハ棉ヲ日本ニ買上ケラルルコトトナラハ此ノ際不法買價トナル傾向アリ、中國政府ニ於テ日本ノ資本ヲ借リ、之ヲ農民ニ貸スコトトセハ圓滑ニシテ且實際上ハ日本ヨリ資本ヲ入ルルコトトナリ好都合ト考フ

影、中支ニ於テハ斯クノ如クナシアリ　棉花改進會ハ中國資本ニテ運營シ日本人ハ技術上ノ援助ヲ與フル爲ニ入リアリ　農業ノ部ハ主トシテ棉ト羊毛ノコトニシテ之ハ日本トシテハ國防重要資源トシテ貴方カ考フル以上

ニ切實ナル問題ナリ、特ニ重要視シ在ルコトヲ考慮セラルルヲ要ス

陶、羊毛、棉ニ關シテハ兩者其ノ趣ヲ異ニス羊毛ハ主トシテ山西、河北ノ北部ニ產シ未タ發達シアラス山西省ニ於テ閻錫山カ手ヲ付ケタルノミ牧場ト關係アルモ河北ノ居庸關以北及山西省ノ一部ノミナリ　羊毛ニ關スルモノト棉ニ對スルモノトハ其要求ニ於テ同シカラス

棉ニ就テハ中國自體トシテモ重大ナリ　先ツ日本カ棉ヲ要求スル上ニ於ケル方法如何ノ問題ナルカ大體ニ於テ六十年來北支ノ小麥生產額ハ次第ニ衰ヘ來レリ　原因ハ麥粉ニスル工業的過程ニ近代化學的要素カ入リ製粉工業ハ米國ニ比シ極メテ幼稚ニシテ生產費騰リ製品ハ外國ニ仰クノ外ナキニ至レリ　之カ爲農民ハ大ナル不利ヲ受ケ小麥ノ作付ニ控目トナリ別ニ他ノ生產ヲ考フルニ至レリ　卽チ農民ノ棉作ニ轉向スルモノ漸增シ特ニ河北ニ於テハ之カ植付急增セリ　河南北部河北山東各省等亦小麥ヨリ棉ニ變リ重要性ヲ持チツツアリ

之カ原因ハ棉カ輸出可能ナルコトニアリ

之カタメ北支農民ノ收入ハ增シタルモ食量ハ不足シツツアリ斯ル趨勢ニ付日本カ自給ノ原則ニ依リ棉ヲ吸收セハ大ナル勢ヲ造成スルコト必然ナリ　然レ共最近何年カハ日本ノ棉吸收ノ方法カ自給ヨリモ獨占的トナリ棉ヲ植付ケテモ利益ヲ得ルコト不可能トナレリ　其責任カ全部日本ニ在リト云フニハ非ス地方ノ搾收ニモ依ル所モアルヘシ　小麥ヨリ他ノ生產ニ轉スルモ有福ナラス唯一ノ收入ナリシ棉カ有利ニナラサル爲農村破產ノ重大問題トナリツツアリ　日本ハ棉ニ對スル要求ニ付テハ誰ニテモ了解シ得ルカ如キ原則ヲ採用スルノ要アルヘク華北農民ヲ殺スカ如キ事ナキ樣注意ヲ願ヒ度

棉ハ國防工業ノ原料タルト同時ニ輕工業ノ原料タリ

日本ニ對シテハ國防資源トナリ中國ニ對シテハ輕工業資源タルヘク更ニ半成品トシテ中國中層下層ノ生活必須產業トシテ收入ノ源ヲナスモノニ付其ノ間ノ調節ヲモ考慮ヲ要ス　次ノ問題ハ北支ト滿洲トノ食料品ノ需給關係調節ニ關スルモノナルモ食料ハ現在北支ニ於テ不足シ滿洲ニ於テハ潤澤ナリ　最近滿洲ヨリノ供給減少シ平津ニ於テスラ缺乏シアリテ北支一般ノ重大問題ナリ　此等ノ調整合理化ニ就テモ考ヘラレ度

犬、陶氏ノ農村輕工業ニ關スル集約的説明ニ關シ日本ニ在リテモ農村ニ於ケル類似ノ現象ニ對シ適切ナル組合精神ノ適用ニ依リ有效ナル成果ヲ擧ケツツアリ　即チ愛知縣ニ於テハ羊毛工業カ農家ノ副業トナリ新潟縣ニ於テハ自轉車等ノ部分品ヲ農家ニ作製セシムルコトトシ優秀ナル製品トシテ米國ニモ輸出セラルルニ至リ個々ノ農家ヲ有福ナラシムルト共ニ農村全般ノ發達ニ對シテモ寄與セル所大ナルモノアリ　中國ニアリテモ合作社ヲ發達セシメ日本ノ組合精神ヲ傳フルコトトセハ有效ナルヘシ

小、棉花ノ作付ニ依リ收入カ減ルコトニ關シテハ維新政府ニ於テモ具体的ニ研究中ニシテ合作社ヲ改造シテ組織ヲ發達セシムル如ク努メツツアリ　今年日本ヨリ良好ナル種子ヲ移シタル處八割乃至十割ノ增收ヲ見タリ之ヲ公定價額ニテ賣却シツツアリ　小麥粉ノ問題ハ關税政策ニ由來シ世界ノ「ダンピング」ノ市場トナレルコトモ重大ナル原因ナリ

（十五分間休憩）

影、農業ノ問題ナルカ周氏提案ノ「支那側要請アラハ日本ハ技術的援助ヲ與フルコト」ニテハ日本側ノ國防資源ノ考慮ヨリセハ不充分ナリ　同時ニ陶氏ノ云ハレタル缺點ハ日本側トシテモ考慮ノコトトシ缺點ノ修正ヲ加ヘツツ日本側ノ要求ヲモ充足スル如ク明瞭ナラシムルコト必要ナリト認ム

周、影佐少將ノ言ハレシ第三項農業ノ件ヲ第五項後段「日滿支就中北支間ノ物資需給ヲ便宜且合理的ナラシムルコト」ノ所ニテ議スルコトトセハ如何

清、問題ハ需給ニ非スシテ改良增產ニアリ

周、農業ニ關シテハ中國ハ之カ改良及增產ヲ計ルタメ日本ハ中國ノ要請ニ應シ所要ノ援助ヲ與フルコトトシ需給ノ問題ハ第五項ニテ相談ノコトト致シ度シ

陶、增產ノコトハ三項ニ書キ棉花需給ノコトハ五項トシ滿洲北支間ノ食料其他交換關係ヲ併セテ議スルコトト致シ度シ

犬、國防上ノ問題トシテ棉羊毛ノ問題ヲ書キ其代リ滿洲北支間ノ食料品ノ問題ヲモ互惠的ニ書クコトトシテハ如何

谷、農產ニ關シテハ第三項ニ於テ增產ヲ圖ルコトヲ定メ第

五項ニ食料ノ問題ヲ定ムルヲ可トスヘシ

周、第四項ニ就テハ「中國ノ要請ニ依リ」トスルノ外「財政金融(特ニ新中央銀行ノ建設、新法幣ノ發行及爲替ノ統制ニ關シ)經濟政策ノ確立ニ關シ日本ハ所要ノ援助ヲ爲スコト」トセラレ度シ

小、財政金融ノ援助トハ今言ハレタル如キ意ナルモ之ヲ書クコトハ思惑カ起リ經濟上悪影響アルヘキニ付書カサルヲ可トスヘシ

周、本文ハ發表セサルモノナルニ付書キ入レ度シ我々ノ同志カ此ノ項ニ虞ヲ抱クハ華興銀行兌換券ヲ中央政府ニ充當スルノ危惧ヲ有スルモノニシテ今一ツハ爲替統制ノ問題ナリ　卽チ英米ヲ主トスル第三國ニ對シ大量ノ商品輸入ニ伴フ資金ノ逃出ヲ防ク爲統制ヲ加フルノ要アルヲ以テナリ

小、金融ノ問題ハ結局管理通貨ノ問題ニシテ國際收支ノ調整ハ當然ナルニ付經濟政策ニ對シ日本カ援助スルコトハ之等ニ關シ援助スルノ意ナルコトハ明白ナリ

周、「新中央銀行ノ設立新法幣發行等」トシテハ如何

影、一應同意ヲ表ス

周、經濟金融ニ次キ軍票ノコトニ就キ希望致シ度シ平和成立セハ軍票ノ增發ヲ停止シ且自發的ニ額面價格ニテ囘收サレ度シ中國側ヨリ新法幣又ハ聯銀券ニテ囘收スルモ可ナリ　之ヲ以テ額面價格ニ依リ爲替決濟ノ資金ニ充ツルモ一法ナリ　日露戰爭後日本ハ滿洲ニテ銀行券ヲ發行シ軍票ノ下落セル時之ヲ囘收セリ　斯クスル時ハ現地一般民衆ハ損失ヲ受クルニ付額面ニテ輸入貨物ノ決濟等ニ充ツルコトト致度シ斯ク要望セル理由ハ今次事變ハ普通ノ戰爭ニ非ス　戰爭ナラハ軍票囘收ハ問題ニ非ルヘキモ今次ノ戰ハ普通ニ非ルヲ以テ一般民衆ヲ敵トセサル趣旨モアリ無制限ニ金ヲ取ラルルコトノ危惧ヲ避クル爲速ニ軍票ヲ囘收セラレンコトヲ希望スルモノナリ

小、軍票ノ價値ヲ維持スルコトハ國內ノ貨幣價値ヲ維持スルト同様ノ必要性ヲ有スルモノナルニ付之ヲ囘收スルコトハ勿論ナルモ其ノ際モ矢張リ國內貨幣ノ維持ヲ考慮セサルヘカラス　軍票ノ下落スルコトハ民衆ノ苦痛タルト同様ニ日本貨幣ノ價値モ下ルニ付日本ノ民衆モ苦ムモノナリ　日露戰爭ノ際ノ例ハ誤解ナリ當時日本

ハ軍票一圓ハ銀一元ト交換セルモノニシテ安ク回收セリト云フハ支那人間ニ於テ投賣リセルモノニ過キス日本ノ銀行ニ請求セハ全額拂出ノ準備ハ爲シアリタルモノナリ　繰返シ云ハンモ軍票ヲ回收スルコトハ日本貨幣ノ價値維持上當然ノコトニシテ否ラサレハ日本自体カ困ルモノナリ　故ニ此處ニ書クノ要ナシト認ム

犬、石渡氏カ來レル後ニ非レハ決定ハ困難ナルヘシ　銀ニ依ル等價決濟ノ問題乃至ハ物資ニ依ル決濟等互ニ關連シテ機微ナル問題ナルニ付俄ニ決定シ難シ

影、軍票ノ問題ハ後日ニ讓リ度シ

周、唯今提案セル辨法ハ我方研究ノ結果現金ノ決濟不能ニ付斯クスルコトヲ必要ナリト結論セルモノナルヲ以テ何レノ條項ニ置クモ宜シク又過渡的辨法程度トスルモ差支ナキニ付書入レラレンコトヲ希望ス

影、過渡的辨法研究ノ際改メテ所見ヲ承ルヘシ

周、第五項ハ前段ニ付左ノ通文字上ノ修正ヲ行ヒ度シ

「交易ニ關シテハ平等互惠ノ關税税率ヲ採用シ以テ中日滿間一般的通商ヲ振興シ同時ニ中國ノ海關制度ハ獨立自主タルコト」

清、海關制度ハ日本カ侵害セントスルモノニ非ス此處ニ云ヘルハ海關手續程度ノモノニシテ根本的制度ニ非スト思考ス制度ノ中ニモ日本人ヲ入ルルコト等ノ問題モアルヘク海關其ノ物カ自主獨立タルコトハ問題ナシ

矢、貴方ノ云ハルル自主ノ意味ニ付伺ヒ度モ全然日本人外國人等ヲ斥ケ中國人ノミトスルノ意嚮ナリヤ　若ハ中國ノ法令ニ從ヒテ運營スルノ意ナリヤ

周、主權尊重ニ關スル最低條件ノ中ニ海關吏ノコトヲ記シアリ　此處テハ行政上ノ獨立自主ノ意味ナリ

矢、然ラハ茲ニ今更云ハストモ既ニ獨立自主ハ存在スルニ非スヤ

周、必要ナケレハ海關制度ニ觸レサル樣ニ書クコトニ關シ尙研究スヘシ

影、海關制度ノ意義ニ就テハ尙研究スヘシ

周、後段ノ「物資ノ需給ヲ便宜且合理的ナラシム」ノ項ニテ「日滿支就中北支間云々」トアルモ之ノ意味ハ如何多分「日滿ト中國殊ニ北支トノ間ニ云々」ノ意ナルヘキヲ以テ此處ニ「中國側ノ自給ヲ除キ」ノ字句ヲ入レラレ度

周、當方トシテハ「中日殊ニ北支間ノ物資需給ニ付テハ自給ヲ妨害セサル範圍ニ於テ相互ニ便宜且合理的ナラシムルコト」ト致シ度

右修正案ノ要點ハ自分テ用フルモノヲ除キタル外ハ便宜ヲ圖ルヘシト云フニアリ　換言セハ片面的ニ非スシテ兩面的相互的ナル意味ヲ持タシメタルモノニシテ殊ニ華北ノ食料問題ノ如キヲ重視シアリ　其他尙附加ヘテ卵、生糸及棉ノ問題アリ之等ハ全ク獨占セラレ爲ニ對外貿易資金ヲ失ヒタリ故ニ

「中國ノ對外貿易ハ中國政府ニ依リ自主的ニ之ヲ統制ス」ノ文句ヲ入レ度シ之モ第三國ニ對スル關係ナリ

小、現實ノ問題トシテ自主的ナラストスルヤ生糸ノ問題ニ付テ考フルニ華中蠶絲會社ハ中國ノ會社ナリ　生糸ニ關スル限リ日支協調セサレハ米國ニ左右セラルヘシ生糸ヲ賣レハ支那ノ外貨トナルコト勿論ニシテ單ニ輸出ヲ協調シテ第三國ニ利セラレサランコトヲ期シアルノミ

周、念ヲ押スヲ目的トスルモノナルニ付「自主的」ヲ書入レタシ

小、事實ヲ正解セハ書入ルルノ要ナシト思フ　此處ニ入ルレハ他ハ自主的ニ非ストノ意味トナルヘシ　卵、茶等ハ放ツテ置ケハ重慶ノ爲替受取トナルニ付維新政府ノモノトスル爲ニ處置ヲ執リタルモノナリ　誤解ヲ一掃サルレハ記入ノ要ナシ寧ロ日支間ノ恥ナルヘシ

犬、小池氏ノ言ハ正當ナリト認ム唯問題ハ維新政府ト中央政府トノ行政的引繼ニシテ云ヒ換フレハ外貨ヲ華興商業銀行ニ入ルルカ又ハ新中央銀行ニ入ルルカニシテ外貨ヲ何處ニ保管スルカカ新中央政府ノ信用ニ關係スヘキヲ以テ其ノ意味ニ於テ要望スルモノナラン

周、然リ

影、主權尊重ニ關スル最低限度ノ要望事項中ニ入ルルヲ可トセン

周、其レニテモ可ナリ

周、第六項ハ頗ル複雜ナリ　先ツ初ノ所ナルカ之モ前例ニ做《(倣カ)》ヒ「中國ノ要請ニ依リ資本及技術上所要ノ援助」ト直シテ貰ヒ度シ

影、之ニハ「協力」ノ文字カ大切ニシテ積極的ノ意味ヲ有シ假令支那側ニ於テ好マストモ國防上是非共之ハ協力

スルコトヲ必要トスルモノアルヘシ
梅、共同防共ノ第五項ニアルニ非スヤ
周、揚子江下流ノ水運、通信等ハ共同防共ト關係ナシ　支那沿岸ノ海運、日支間ノ海運等亦然リ
影、夫レ等ハ日支經濟提携ノ見地ヨリ說明カツクヘシ
須、沿岸、內河ノ測量ノ如キハ從來海關ニ於テ實施シ來リ纔ニ事變前支那海軍カ漸ク一部ノ測量ヲ行ヒタルニ過キス　現在日本カ作戰警備ノ必要ニ基キ所要地域ノ測量ヲ實施シ初メテ信頼スルニ足ル成果ヲ得ツツアルモノニシテ測量ノ如キハ緊密ニ協力シテ行フニ非サレハ到底發達ヲ期スルヲ得ス
扇、氣象ノ如キモ日本ノ氣象ヲ知ラスシテ支那氣象ノ完全ナル發達ヲ期待シ難ク同樣ニ支那大陸ノ氣象ハ日本近海氣象判定上不可缺ナリ　兩者ト有機的ニ結合統制サレテ初メテ完全ヲ期シ得ルモノナルヲ以テ最緊密ニ協力セラルヘキモノナリ
影、支那側カ押付ケラルルコトヲ恐ルルト同樣ニ日本側ハ支那カ「要請」スルカ否カニ疑問カ起リ得ヘキナリ　萬一支那側ニシテ要請セサルニ於テハ其レ迄ニテ終リナリ　之ノ點モ亦充分考ヘサルヘカラス
周、日本側ニ於テ不安アリト云フモ其ノ內容ハ二通リアリ其ノ一ハ支那カ第三國ニ對シテノミ要請シ日本ニ對シ要請セサル場合ニシテ
其ノ二ハ支那カ初ヨリ要請セサル場合ナリ　然レトモ第一ノ場合ハ有リ得ス　原則上優先權ヲ有シ日本ハ强硬ニ抗議シ得レハナリ
第二ノ場合ニ於テハ要請スルヲ好マサルノ理由ニ依リ不發達ノ儘放置スルカ如キ現象トナリ何レニスルモ斯ルコトハ全面的國交調整ノ上ハ絕對ニアリ得サルコトナリ
影、絕對アリ得サルナラハ明記スルニ如カス
周、先ノ文句ノ下ニ「若シ要請スル時ハ先ツ日本ニ對シテ行フ」ノ意ヲ入レテハ如何カト思フ　尙次ノ問題ヲ檢討シタル上再ヒ此ノ問題ニ歸スルコトト致度
周、全支ニ於ケル航空ノ發達ニ就キテハ喜ンテ協力ヲ受ケ度其方法ハ歐亞航空會社中國航空會社ノ前例アリ　今後ハ日本ト協力シテ其實ヲ擧ケ度キ希望ヲ有ス　從ツテ之ニ關スル諸事項ハ前例ニ依リ度シ

須、前例ハ政府ニ於テ如何程ノ補助金ヲ支出セルヤ

中華航空會社ノ爲ニハ我方ハ既ニ五〇〇萬圓ヲ支出セリ　今後ハ更ニ一千萬圓モ要スルナラン　斯ル多額ノ資金ヲ要スルニ付該航空會社ハ最近五千萬圓ニ増資セリ

小、航空協力ノ爲準備中ノ方法アリ　現存中華航空公司之ナリ　之ハ臨時維新兩政府及蒙疆三政府カ日本ヨリ資力ヲ得テ航空事業ヲナシ居ルモ之ハ新政府ニ移管スル豫定ニテ待機中ナリ　中國ノ會社ニシテ中國ノ獨立ヲ保全スル會社ナリ

影、本席ニ於テハ重點トスル原則ノミヲ討議シ具體的辨法ハ別々ニ定ムルコトトシ方法論ニハ入ラサル如ク致シ度シ

周、中華航空公司ヲモ加ヘテ折衷案ヲ考ヘ度歐亞中國兩公司ヲ參照シテ別ニ辨法ヲ作ルノ意味ヲ加ヘ度シ

小、今ハ其要ナシト認ム

周、卒直ニ云ヘハ同志ニ説明スルニ際シ通過ヲ容易ナラシムル爲日本ニ全部ヲ握ラルルモノニ非ストノ意味ヲ加ヘントスルモノナリ

犬、支那側ヲ安心セシムル爲ニ何等カノ考慮ヲ加フルコトハ適當ナルヘシ

影、他ニ覺書ヲ作レハ可ナルヘシ

周、以上ノ討議ノミニテハ全般不明ニ付終マテ討議致シ度シ　最後ニ體裁ヲ研究ノコトトスヘシ

航空ハ資本及技術ヲ要請スルコトトシ其ノ具體的方法ハ歐亞、中國及中華三會社ノ例ヲモ參照シ別ニ定ムルコトト致度

鐵道ニ關シテハ一般的ノモノハ主權尊重ノ最低條件ニ關スル要望事項ノ回答中ニ記シアリ原則トシテハ返還ノコトトシ投資セルモノハ借款トナシ工務及會計ノ人員ハ日本側ヨリ入ルルコトトシ差支ナシ　北支ニ在リテハ防共トノ關係上別ニ便宜ヲ與フルコトト致シ度

次ノ海運、水運ニ關シテハ三種ニ區別シ得ヘシ卽チ

一、日支間海運

二、中國沿岸海運

三、揚子江水運

ニシテ其ノ中第一ハ日支合辦ニテ可ナリ　第二、第三ニ付テハ從來ハ中國國營、公營及民營ノモノアリキ招商

局ハ國營ニシテ三北會社ハ民營ナリ

是等ノ二種ハ従前通恢復致シ度シ　其他ハ日支合作ニ依リ恢復ヲ希望ス　北支及揚子江下流ノ通信ハ支那側ノ要請ニ依リ資本及技術者ノ援助ヲ仰キ度シ　鐵道、海運、水運ト分チ説明シアルニ付航空ニモ制限ヲ付シ度シ

又別ニ「以上各項目ノ行政權及管理權ニ關シテハ日本ハ中國ノ獨立完整ヲ尊重ス」ノ意ヲ加ヘラレ度シ

影、此處ニ行政權トカ管理權トカヲ出スハ奇異ノ觀アルヲ以テ主權尊重ノ項ニ加フルヲ適當ト思考ス

影、返還ト云フハ日本カ奪ツタ樣ニ思考シ得ヘキモ奪ツテ居ル筋合ノモノニ非ス

周、返還ハ用語ノ誤ナリ　前言ヲ取消スヘシ　社營ノモノヲ國營ニ移管スルノ意ナリ

梅、現狀ハ國有民營ナリ　只今日本ノ資本入リ居ラハ之ヲ借款ニ代フルノ意ナリ

影、海運ニ公營ノモノアリヤ

梅、省政府市政府ノ經營ノ如シ　公法人ノ經營ナリ

須、第六項中全支航空及北支鐵道ハ軍事上ノ關係ヨリシテ日本カ之ニ關與シ第三國ヲ斥クルモノトス

通信ノ如キハ日支協力セサレハ發達セサル可ク互ニ防（妨カ）害セサル爲統制カ必要ナルヲ以テ協力シテ經營セントスルモノナリ　主權ノ侵害ニ非ス

海運ノ如キモ支那ノミニテハ船少ク爲ニ日支合理的經營ニ依リ優良ナル成績ヲ擧ケントスルモノナリ　英國ノ大ナル勢力アルヲ以テ之ニ對抗センカ爲ニハ日支一丸トナルヲ要ス　統制經營ト軍事上ノ問題トハ別個ニ考フルコトヲ得ヘシ

影、結論的ニハ航空、海運及通信等ニ關シ貴國ノ要望及目標ハ之ヲ了解シ得タリ具體的問題ニ關シテハ日本政府ノ意圖モ尚不明ナルニ付篤ト研究スルコトト致シ度シ

周、本件ハ保留スルコトニ致シ度シ　前述ノ意見ニモ鑑ミ熟考セラレ度シ

周、第七項ノ新上海建設ノ件ハ同志ノ意見未タ不一致ナルヲ以テ之カ討議ハ次回トセラレ度シ

周、終ノ部分ニ上海會談中ニ記載セラレアル難民救濟ノ事項ヲ含メラレ度シ

影、異存ナシ

周、昨日迄ニ保留シタル事項ニ關シ少シク討議致シ度シ
影、宜シカラン
周、顧問ノ問題ニ入リ度シ
影、前回ノ會談ニ於テ留保セル顧問ノ條項處理ニ關シテハ當方研究ノ結果共同防衛原則中ノ分ト善隣友好原則中ノ分トヲ一緒ニ纏メテ最後ニ置クコトトシ備考ヲ止メテ第四「其他」トシテ入レテハ如何
一試案左ノ如シ
「日本ハ支那ノ要請ニ基キ顧問ヲ新中央政府ニ派遣シ新建設ニ協力スルコト　特ニ強度結合地帯ニ於テハ所要ノ機關ニ顧問職員ヲ派遣スルコトヲ得ルコト　但シ細項ニ關シテハ別ニ協定スル所ニ從フコト
支那軍隊及警察隊建設ノ爲別ニ協定スル所ニ從ヒ軍事顧問及教官ヲ招聘派遣シ又ハ武器ノ供給ニ應スルコト」
周、中國人民ノ懼ルル所ハ第一ハ軍備制限ナルモ本日ハ之ニ觸レサルコトトス
第二ニハ顧問ノ問題ナリ　卒直ニ云ヘハ一般人ハ華北ノ喜多中將、華中ノ原田中將ノ兩者ヲ見テ頭痛ノ種トナシ居レリ「別ニ規定ス」トスルハ又心配ノ懸ルトコロナリ　更ニ日本案ニ就キ研究ノ上回答スヘシ
影、日本側モ顧問問題ヲ重要視シアルコト貴國側ト同シ其レハ何國ノ顧問ヲ何ノ程度ニ入ルルカニ依リテ新中央政府カ何國ニ依存スルカヲ察シ得ヘク從ツテ日本トシテハ中國カ歐米依存ヲ如何程ニ清算スルカヲ確然ト見分ケ得ヘシ　換言セハ中央政府カ何レノ方向ニ向クカヲ見分クル「バロメーター」トモ云フヘシ決シテ貴方ノ恐ルル顧問ヲ入レテ掻キ廻スノ意圖ニハ非ス
梅、具體的ニ協議シ其ノ內容ヨリ歸納シテ簡單ナル規定ヲ作製致シ度シ
須、防共駐兵ト治安駐兵トヲ分クルコトニナリアルカ故ニ第四ニ於テ治安維持ノ項ヲ設ケ又第五其他ノ項ヲ作リテ整理スルヲ可トセン

〰〰〰〰〰〰〰〰〰〰

504　昭和14年11月6日　在上海三浦大使館参事官より野村外務大臣宛（電報）

日本側提案を原案通り汪側に認めさせること は到底不可能な情勢につき報告

上　海　11月6日後発
本　省　11月6日後着

公使第七號（極祕、館長符號扱）

一日ノ興亞院會議ニ於テ閣下ヨリ中央政治會議指導要領案別紙二乃至四ニ對シ支那側ヨリ合理的申出アラハ相當ニ之ヲ考慮スルノ要アル旨ノ意見ヲ開陳セラレ他ノ閣僚ハ之ニ異議無カリシ由ニ承知シ居ル處別方面ヨリ總理ハ右ヲ認メス要領案ハ確定的ノモノナル旨ヲ强調サレタリトノ聞込アリ眞相如何ヲ懸念シ居ル際更ニ日支新關係調整案（別紙第四）ヲ近ク閣議ニ於テ決定セラルル趣仄聞スル處目下現地ニ於テ陸、海、外係官協力シ影佐少將ヲ助ケ支那側ノ指導ニ努メツツアルモ相當ノ困難ニ逢着シツツアリテ（之カ爲別紙第二第三ニ未タ觸ルルニ至ラス）所要ノ修正ヲ行ハスシテ原案ヲ其ノ儘認メシムルコトハ到底不可能ナル情勢ニアリ若シ本案ヲ閣議ニ掛クルコト必要ナル場合ニ於テモ其ノ決定ニ當リ相當伸縮性ヲ殘シ置カルルニアラサレハ汪工作ハ斷念スル外ナカルヘシト觀察セラルルニ付テハ右ノ點明確ニ條件附決定ヲ見ル樣御高配相仰度シ

（欄外記入）
東亞局長ヨリ外務大臣ニ經過ヲ伺フコトトナリ居レリ

505　昭和14年11月6日　在北京門脇（季光）大使館二等書記官より野村外務大臣宛（電報）

新中央政府への参加に否定的な臨時政府要人の見解について

北　京　11月6日後発
本　省　11月6日夜着

第一一五六號（極祕、館長符號扱）

往電第一一五〇號ニ關シ

一、連絡部係官ノ内報ニ依レハ五日喜多長官ハ行政委員會各委員ニ對シ東京案ニ基キ國交調整及北支ト新中央政府トノ關係ニ關シ概要ノ説明ヲ爲シタルカ其ノ際朱深、王揖唐、王蔭泰何レモ中央政府ニハ入ラサルヘキ旨述ヘ（王克敏ハ長官ニ對シ王揖唐ノ言フコトハ良ク判ラサレハ何處迄眞實ナルヤ不明ナリト語レル由）殊ニ湯爾和ハ中央政府ニ參加セサルハ勿論靑天白日旗採用トモナラハ北支

政權ノ教育靑(責カ)任者タルノ地位ヲモ退クヘク國交調整ハ汪精衞ノ遺ルコトニテ吾人ハ臨時政府ノ名稱ヲ取消サルル迄仕事ニ最善ヲ盡セハ足レリト語レル由ナリ

二、冒頭往電ノ五、中王揖唐ハ王蔭泰ノ誤ナリ

加藤公使、南京、廣東、香港ニ轉電セリ

506　昭和14年11月6日

内約交渉議事録（第四回）

第四回會議議事要錄

十一月六日於愚園路六十號

自午前九時至午後五時

列席者　日本側　影佐少將、犬養氏、須賀大佐、谷萩大佐、矢野書記官、清水書記官、扇少佐、片山少佐、小池囑託

中國側　前日ニ同シ

周　今日ハ日支新關係調整要綱別册ノ臨時政府ノ項ヨリ討議セン

谷　舊黃河ノ舊ヲ削除ス

周　第一項ハ華北ニ關スル地域ノ問題ナルカ矢張之ハ省ノ行政區域ヲ基準トシテ區分セラルルヲ希望ス內蒙ハ察哈爾綏遠二省ニシテ華北ハ山東、山西、河北三省ノ行政區域ト致シ度シ河南ノ北部ハ曾テ申上ケシ如ク華北ノ部ヨリ除外セラレ度シ

影　本問題ハ蒙疆、北支ノ二ツニ分カチ先ツ蒙疆ヨリ申上ケン蒙疆ハ現在御承知ノ如ク蒙疆自治政府ノ行政區劃ニシテ之ニハ晋北十三縣モ入リ居ル處單ニ行政區域トシテ山西省ニ屬スト云フ理由ノミヲ以テ之ヲ華北ニ歸屬セシメントスルハ論據薄弱ナリ既ニ晋北住民ノ熱望ニ基キ蒙疆ニ入リ聯合政府ヲ構成シ確固タル既成事實ヲ構成シアリ從ツテ山西省カ華北ニ入リ在ルヲ理由トシテ此ノ既成事實ヲ變更スルコトハ極メテ困難ナリ從來ハ同士トシテ協議ニ際シテハナルヘク貴方ノ言ヲ容ルル樣同情ヲ以テ臨ミシモ本件ニ關スル限リ不可能ナルコトヲ斷言ス諸君モ此際不可能ナルコトニ執著スルコトナク晋北ヲ蒙疆ニ屬セシコトニ決心セラルルヲ

賢明トス此事ハ私ノ中國側同志ニ呈スル嚴粛ナル忠告ナリ

陶

影佐少將ノ御忠言ノ程ハ重々諒トスルモ蒙疆ノ事ハ我等同志ノ考ヘトシテモ亦日本ノ爲ニ考フルモ內蒙ニ支障ナキ様考慮シ今少シ説明致シ度シ

蘆溝橋事件以前ノ內蒙自治運動ニ關シテハ余ハ少々知ル處アリ先ツ蒙古人ノ感情ト中國人ノ心理上ノ衝突ニ關シ申上ケンニ察省ニハ之無キモ綏遠ニ於テハ屢々發生ヲ見タリ兩者ノ衝突ヨリ蒙古獨立運動カ起リタル次第ナルカ其ノ衝突ノ原因ニハ二個アリ

一ハ種族上ノ原因ニシテ二ハ財政上ノ原因ナリ種族ノ原因ハ漢蒙兩民族雜居地域ニ起リ殊ニ綏遠ニ於テ漢民族ノ勢力カ蒙古地帶ニ延ヒレハ衝突起リ同様ニ蒙古人ノ勢力カ漢民族ノ地域ヘ延ヒル時ハ復衝突發生ス故ニ種族上ノ衝突ヲ除去センカ爲ニハ蒙古地帶ハ蒙古人ノ手ニ又漢民族ノ地帶ハ漢民族ノ手ニ卽チ北支ニ歸屬セシムヘキナリ雜居地帶ニ就キテハ別ニ詳ハシク解決方法ヲ協議スヘシ山西省ノ北部ハ漢民族地帶ナルニ付キ之ハ北支ニ歸セシムルヲ適當トス、第二ハ財政上ノ原因ニシテ之ハ嘗ツテ德王ト閻錫山トノ間ニ發生セル事アリ之ハ漢蒙雜居地域殊ニ漢人化セル蒙古地帶ニ於テ起リタルモノニシテ此ノ地方ハ財政上ノ收入カアリ閻ハ此ノ收入ヲ綏遠省政府ニ歸セシメントシ德王之ニ反對シ兩者ノ衝突起リタル事アリ依ツテ爭ヲ絶滅セントセハ漢人化セル蒙古地帶ハ北支ニ歸セシムルヲ要シ之ヲ蒙古ニ歸セシムルトセハ漢蒙ノ間ニ紛爭ヲ起サシメ永久ニ絶エサルヘシ次ニ申度キハ北支ト蒙疆トノ間ニ於テハ種族ノ問題カ主ニシテ財政上ノ問題カ從タルモノナルモ若シ兩者ノ境界ニ關シ華北ニ屬スルモノヲ蒙疆ニ中支ニ屬スルモノヲ華北ニ屬セシメル如ク之ヲ雜然トスル時ハ中國民ノ感情上又紛爭ヲ惹起スルニ至ルヘシ

省ノ區域ハ歷史上定マリ居リ之ヲ誤ラルトキハ紛爭ヲ生起スヘシ此ノ例ハ元朝ニ於テ成吉斯汗ヨリ忽必烈ニ到ル間黃河以北ヲ腹里ト云ヒ黃河ヨリ揚子江迄ヲ漢人區域トシ江南ノ地帶ヲ南人區域トセリ腹里區域ニテ漢人區域ヲ牽制セシメタリ今之ト同様ノ事ヲ爲セハ人民ニ歷史上ノ事實ヲ思ヒ浮ヘシメ結局此ノ境界ハ日本ニ

對シテモ面白カラサルヘシ今一ツノ理由ハ將來新政府成立ノ時之ヲ鞏固ナラシムル上ニ既成事實ノ變更カ望マシキ處之ハ中日國交調整上重要ナル事タルヘキニ付御參考トシテ歴史上ノ資料ヲ申上ケタルナリ

影　今ノ御話シハ漢蒙區域ヲ單ニ民族ノ集リカラ考フルノミナラハ陶氏ノ言ノ通リニシテ曾テ余モ同様考ヘタル事アルモ今回ハ民族自治カラノミ蒙疆政府出來タルニ非ス防共ヲ最高道德トシテ蒙人漢人相カタマリタル地域ナリ陶氏ハ民族ノ衝突ノ事ヲ申サレタルカ今回ノ蒙古聯合自治政府ハ察哈爾ハ察哈爾、綏遠ハ綏遠、晋北ハ晋北ニテ自治體ヲ構成シ各「グループ」カ聯合シテ聯合政府ヲ作ルト云フヤリ方ニテ御心配ノ事ハナカラン、尙山西北部ノ人々ハ從來山西南部ノ半植民地ナリトノ不滿アリタルニ今回蒙古自治政府成立ニ際シ欣然自發的ニ之ニ參加セル次第ナリ無理ニ引付ケタルモノニ非ス尙谷萩大佐ハ永ラク山西ニ居リタルニ付キ何カ之ニ附言セラルルコトアラン

谷　余ハ山西省ニ一年半特務機關長トシテ勤務シタル事アリタリ當時蒙疆ノ防共地帶ヲ完成スル爲ニハ外蒙ヨリ內蒙ヘノ「ルート」及新疆省ヨリ青海甘肅省ヘノ「ルート」ヲ考フル時ハ晋北ニテハ足ラス山西省一圓ヲ蒙疆ニ入ルヘシトノ強キ要求カアリタル位ナリ影佐氏ノ言ノ如ク晋北十三縣ハ閻錫山カ之ヲ搾取シ爲ニ住民ノ反感ヲカヒ終ニ今回蒙疆ニ參加セル次第ナリ又日本方面ニ於テモ愼重研究ノ結果定メタルモノナレハ之ハ我方ノ言フ如クセラルル方妥當ト信ス

陶　双方ノ同志ヨリ種々意見ノ開陳アリタルカ之ニ基キヨリ良キ案ヲ考慮セラレ度ク北支ニ防共ノ意味ナキニ於テハ此ノ山西北部ヲ蒙疆ニ入ルル事ヲ考慮シテ宜敷キモ若シ北支ヲ防共ノ爲ノ共同地域ノ意味ヲ附セラルル日本側ノ考ナラハ晋北ヲ華北ヨリ除クコトハ考慮シ難シ

影　先刻申シタルハ蒙疆カ民族自決主義ニヨリ定メタモノニ非ス防共ノ見地ヨリ之ヲ定メタルニ付民族問題ヲ以テノミ律セラルルハ不可能ナリ要スルニ政治ハ勢ニシテ白紙ヲ以テ研究スルモ妥當ナル結論ニ達スヘキモノニ非ス日本側ノ案ハ過去複雑ナル經緯ニ鑑ミ苦キ色々

ノ經驗ヲ經テ到達セル結論ナリ之ヲ考フル時カカル日本側ノ解決案ヲ以テ解決スルヨリ外方法斷シテナキコトヲ重ネテ言ヒ置キ度シ

周　双方同志ノ意見カ相當詳シク出テタルカ陶氏ノ意見ハ簡單ニ述フレハ理論ト現實トヲ顧慮シテ考ヘタルモノニシテ貴方ノ御苦心ハ我方同志ノ間ニ於テモ良ク諒解シ居レリ卽チ獨立セシムルヨリ寧ロ中國ニ屬セシメテ置ク方宜シ其處テ最後ニ妥協案ヲ提出シ度シ

卽第一項ノ內長城線(含マス)ヲ長城線ヲ(含ム)トシタラ如何、之ハ理由ハ將來蒙古カ獨立ヲ計ルヤモ如(知カ)レサルヲ以テ之ヲ備フル爲長城線ヲ北支ニ留保シ置カントスルモノニシテ、之ヲ蒙古ニ與レハ河北ハ開ケ放シトナルヲ以テ中國民衆ニ對シ申譯ナキ次第ナリ唯長城線ハ漢人ノモノトノ理由ニヨリ聊カ面子ヲ保タントスル苦心ノ表ハレナリ

第二ノ問題ハ次ノ黄河以北ノ河南ヲ華北ニ入ルルヤノ問題ナルカ之ハ妥協ノ名人タル小生モ認ムル事極メテ難ク理由ハ梅、陶兩氏ヨリ說明アルヘシ

梅　理由ハ簡單ニシテ河南省ノ此ノ部分ヲ北支ニ入レルト管轄カ如何ニナルヤノ問題ヲ生シ若シ河(華カ)北政務委員會ノ管轄ニ入レルト河南省ハ二分サレル事トナル

省境ヲ變更スル事ハ古來重大問題ニシテ之ヲ誤ラハ多大ノ紛糾ヲ生シ內政上ノ重大問題ヲ生ス故ニ省境ヲ變更セスシテ解決スルコト肝要ナリ

周　經濟上ヨリ云フモ河南ノ北部ハ大シタ價値ナク僅カニ焦作炭坑ノ石炭位ニシテ鐵道ハ道淸鐵道ノミニシテ大シタ得ナシ軍事上ヨリ云ヘハ防共ニ關シテハ先日申述ヘタ德洲、石家莊、太原ノ線ヲ讓リテモ叩カレタ位ニシテ河南ノ北部ヲ防共地域ニスレハ反對サルル事ハ必然ナリ然モ日本軍カ軍事上河南ニ進ム必要アル場合ハ防共線ニ於テハモハヤ事實上敗戰ト等シクカカル必要ハナカルヘシ

陶　山東省ニ於テモ黄河ヲ境トセサル以上ハ同樣河南省ニ於テモ黄河ヲ以テ境トセサルコトヲ希望ス省境線ハ歷史上慣ラサレ來リタルモノニシテスヘテ理由アリテ出來タルモノニシテ單ニ財政上ノ理由ニ基クノミナラス他省トノ長短相補ヘ之ヲ考慮シテ出來タルモノニシテ又風俗慣習ノ見地ヲモ加味シテ出來タルモノナレハ河

南モ山東モ黄河ヲ以テ境トスルハ妥當ナラス

梅　我方ハ忍フヘカラサルヲ忍ヒ晋北ヲ讓タルニ付貴方ニ於テハ此事タケハ是非讓ラレンコトヲ懇望ス此問題ハ汪先生ノ和平運動ニ重大ナル影響アリ

影　諒解セリ

周　次ニ第二項ノ問題ナルカ「――ニ鑑ミ――ノ爲華北政務委員會ヲ設置セシムルモノトス」ト規定シアルカ斯ク長キ理由ハ却ツテ誤解ヲ生シ易シ依ツテ理由ヲ除キ簡單ニ「中央政府ハ華北ニ於テ政務委員會ヲ設置スルモノトス」トシタク中央政府ヲ特ニ出シタルハ中央政府カ設置スルモノニシテ華北カ勝手ニ設置スルニ非サル事ヲ意味シ居レリ

影　日本側ハ如何

一同　事實上變化ナキヲ以テ異議ナシ

周　第三項モ內容ノ問題ナラスシテ字句ノ修正ナルカ「遲クモ――」以下ヲ削リ度シ

清　「協議セラルヘキモノトス」トスルヤ

周　「中央政治會議ニ於テ之ヲ決定スルモノトス」ハ如何

影　宜シカラン

周　第四項前段ナルカ之レモ少シ簡單ニ書キ度シ「華北政務委員會ノ權限、構成ハ左記諸項ヲ具現シ得ルヲ以テ限度トス」

後段ヲ

「臨時政府ノ名稱ヲ廢止シ其ノ政務ハ華北政務委員會ニ依リ接收ス但シ左記事項ヲ目標トシテ速カニ之ヲ整理ス」

ト原文ヲ修正致シ度シ

清　接收トハ如何ナル意味ナリヤ

周　繼承ト同一意義ナリ

影　然ラハ繼承ストセハ可ナラスヤ

周　接收ニテ宜シキニ非スヤ

矢　日本語ノ用語ニ隨ヘハ接收ト云ウ語ハ勝手ニ取ルト云ウ樣ニヒヒキ印象惡シ

周　中國側ニ於テハ繼承トハ相續ノ意ナリ、尤モ中國用語ニ繼續ト云フ語アルモ之ハ如何意味ハ日本語ノ繼承ト同シ

一同　中國側ハ繼續ヲ使ヒ日本側ハ繼承トセハ良カラン

周　「既成事實」ハ中國側ニ印象頗ル惡キヲ以テ此用語ハ

省キ度シ「政務繼續」ノ內容中ニ既成事實ハ含マレ居レリ

矢　既成事實ノ代リニ現狀ト書ケハ如何

梅　其レハ既成事實ト同樣ニ印象惡カラン

影　何故既成事實ハ惡シキヤ

周　當方ニ於テハ中國カ承認セサルニ盛ニ既成事實ヲ作ルノ感ヲ與フ

矢　政務移行ノ過渡期ニ於テ人心ノ動搖スルヲ防ク爲一應現狀ヲ華北政務委員會ニ於テ引繼キ民心ヲ安定セシムル事ヲ要スルヲ以テ「既成事實ノ繼承」ヲ提案シタルナリ

梅　事實上ノ相違ニ非ス表現ノ相違ナルヲ以テ爭フ必要ナカルヘシ實際王克敏カ既成事實ヲ作リ汪自身カ之ヲ繼ク事トナルナリ

矢　例ヘハ中國聯合準備銀行ノ如キハ多數ノ紙幣ヲ發行シ居ル處此ノ銀行カ將來如何ニナルヤハ其ノ紙幣ヲ所持セル人民ハ多大ノ不安ヲ感シ民心動搖スルコトアルヘキニ付一應現狀ヲ政務委員會カ受繼クモノナル事ヲ示ス適當ナル字句ヲ挿入シ置ケハ之ヲ防止シ得ヘシ

周　聯銀ノ件ハ先テ言及シアリ又實際ニハ此處ニ繼續トナシアルニ付不安ナカルヘシ

影　宜シカラン

谷　要スルニ「……繼續ス但……」ナリヤ

周　然リ

谷　差當リ「政務ヲ繼續云々」ニハ既成事實ヲ當然含ム意味ノ諒解事項ヲ設ケ置キテハ如何

陶　之ハ記錄スルモセサルモ實際上ハ差異ナシト思考ス又斯クスルナラハ「既成事實ノ承認」ニ非サル意味ヲモ諒解事項ニ書キ置サルヘカラサルニ付諒解事項ハ設ケサルヲ可トス

影　字句ハ適當ニ考ヘタラ良カラン

周　左記ノ項ナルカ(一)共同防衛ハ共同防共ニ直シ「就中治安協力ニ就テ」ハ北支ニ於テハ防共重要ニ付共同防共トシテ治安協力ノ項ヲ削除致シ度シ(1)ニ就テハ異存ナシ(2)ハ治安協力ヲ止メ「共同防共ニ關スル情報宣傳等ノ事項ノ處理」トシ度シ(3)ハ範圍廣過ク軍事ハ元來中央ニ統一サルルヲ希望スルニ付本項ハ削除セラレ度シ軍事協力ニ關スル事項ハ北支政務委員會ニ非スシテ中

央ニ於テ統制ノ事ト致シ度別ニ左ノ一項ヲ設ケ度シ
「華北政務委員會カ前記各項ノ事務ヲ處理スル場合ニハ隨時之ヲ中央政府ニ報告ス」

影　治安駐兵ノ事ハ日本側ヨリ未タ申上ケテナキヲ以テ削除スルニ非スシテ保留スルコトト致シ度シ「其他日支軍事協力ニ關スル處理」ヲ廣範圍ナリトシテ削除セントセラルルカ之ハ(1)(2)タケニテハ不充分ニシテ治安駐兵ニ關シテ昨日申上ケタ交通其他ニ關スル軍事上ノ要求竝ニ監督權ノ事モアリ(3)カ廣過キルナラハ具體的ニ竝ヘ見ルモ一案ナラン

周　(3)ヲ削除セル理由ハ軍事協力ハ一切中央政府ニ於テ處理シ度シ從來ノ抗日政府ニ非スシテ親日中央政府カ成立セラルルコトヲ前提トシテ考ヘラレ度シ

清　協力ニハ地方政府ニ於テ協力スルモノモアラン

梅　日本側ニ於テハ華北ノ事ハ華北政務委員會ニ於テ處理シ得ルト思ハルル樣子ナルカ事實ニ於テソウハ行カサルヘク日支協力ノ事ハ華北ノミニテハ處理シ得サルモノ多カルヘシ例ヘハ(1)ハ華北ノミニテモ宜シカランモ(2)ハ出來サルヘシ又中日軍事協力ハ華北ノミニテハ不可能ニシテ中央政府ト協力セサルヘカラス依ツテ華北政府(務カ)委員會ハ傳達機關ニ過キサル事カ實際的ナリ尤モ右委員會カ獨立スル意圖ナラハ別ナリ

清　自分ハ影佐氏ト同意見ニテ本項ハ別ニ明確ニ具體的ニ規定シテハ如何

周　實際軍事協力ニ關シテハ明確ニ規定スルヲ要スルニ付キ相談ノ上明確ニ致度シ

谷　曾テ黄孚カ北京政務委員會ニ於テ政治ヲ司リ何應欽カ軍事ヲ司リタル前例アリ又宋哲元ハ軍事ヲ司リ政治ハ各省主席ニ司ラシメタルカ往々迅速ヲ缺キ不便多カリキ卽チ華北ヨリ中央ニ報告シ中央カ之ヲ討議決定スルハ時日ヲ要シ遂ニハ時機ヲ失スル處大ナリ軍事協力事項ヲ現地ニテ處理セシムルカ圓滑ニ行クニ非スヤ

陶　谷萩氏ノ理由ニ對シテハ二個ノ點ヲ申上ケン第一ニハ當時ノ中央政府ハ抗日政府ナリシカ現在ハカカル政府ハ考慮ニ入レル必要ナシ第二ハ防共ニ關シテ他ニ規定アリテ種々便宜ヲ供スルコトニナリ居ルニ付キ谷萩氏ノ御心配ハナカラン殊ニ軍事協力ニ關シテハ「主權尊重ノ最低限度ノ要望」中ニモ「特定地域ノ特定事項」

トアリ範圍ヲ限定スル必要アリ
影　別ニ具体的ニ定メサルヘカラス
中央政府カ何事モ凡テナストイフハ事實ニ則ササルコトアルヘシ日本ノ如キ狹小ナル國ニ於テモ朝鮮臺灣總督ニハ相當廣範ナル權限ヲ與ヘラレ居ルニ中國ノ如ク廣大ナル國ニ於テハ遠ク離レタル地域ニハ更ニ其必要アルニ非スヤ
周　之ハ後ニ研究スルコトトシテ留保シ度シ
次ノ第二項ニ於テ
(1)ノ埋藏資源ノ開發ニハ問題ナシ
(2)モ異存ナシ
(3)モ異存ナシ
(4)項ハ取消シテ貰ヒ度シ理由ハ全國的性質ニシテ地方的ニ非サレハナリ鐵道ノ例ニ見ルニ津浦鐵路ハ統一的ニ管理セサルヲ得ス若シ之ヲ華北ノミニテ管理セハ鐵道ハ二分サル卽チ華北及中央政府管理ニ二ツニ分ルルヲ以テ鐵道管理上面白クナシ通信ニ於テモ同樣華北ト中央ノ管轄部分ニ分レ統一的管理ハ不可能トナルナリ故ニ本項ハ削除シテ戴キ度ク其ノ代リニ別ニ一項目ヲ加ヘテ貰ヒ度シ
「華北政務委員會カ上記ノ事項ヲ處理スル場合ニハ中央ノ關係法令、政策及施設ニ抵觸セサルヲ以テ限度トス且事前ニ中央政府ニ報告シ之カ認可ヲ得ヘキモノトス」
政策法令ニ抵觸セサル意味ハ中央カ貿易統制ヲナストキ華北カ之ニ違反シタ政策ヲトルコトハ困ルシ、又中央カ新法幣ヲ發行スルニ北支カ之ニ反スル政策ヲトルト不可能トナルナリ
影　小池君之ニ對シ意見アリヤ
小池　航空ハ中央政府ニ於テ纏メル樣ニ出來アリ鐵道通信主要海運ハ理想ハ其處ニアルモ一應現狀ハ引繼カサルヘカラス
梅　協力トイフカ故ニ此處ニ在リテモ差支ヘナキニ非スヤ協力セサルニ非スシテ重大ニシテ地方タケニテハ不可能ナルヲ以テ中央政府ニ於テ統一シテ管理スヘキ問題ナリ
影　技術問題ハヨク分ラサルモ何テモ中央ノ許可命令ナクンハ叶ハストイフニ於テハ協力ハ不可能ナリ地方的協

力ハ或範圍ニ於テ地方政府ト協力シテナスヲ要スルニ非スヤ

小池　之ハ地方的範圍ニ於テ協力セントスルモノニシテ國有國營トハ別個ニ考慮シ得ルモノナレハ此處ニ規定スルモ問題ナキニ非スヤ尤航空ハ一寸變ナルカ

周　吾人ノ主張ハ鐵道ニ對シテハ交通部ヨリ管理局ニ對シ命令スルコトヲ言フモノニシテ問題ハ中央對地方ノ問題ニシテ中日兩國關係ニ非ス

華北政務委員會カラ管理局ニ直接命令スルコトハ困ルコトニシテ協力セシメントスルトキハ交通部ノ命令ニ依リ之ヲナスヘキナリ

影　之ハ鐵道ノ國有非國有ノ根本問題ト關連アリ保留シ置キ度シ

周　前述ノ新ニ設ケタル項ハ卽チ「中央ニ對シ報告シ其ノ認可ヲ云々」トイフハ如何

影　特殊地域ト爲シ乍ラ何モカモ認可主義ハ一考ヲ要ス

梅　只今影佐少將ノ言ワレタルコトハ當方ノ説明ヲナセハ分ラン認可ニモ慣習上二ツノ場合アリ

一ハ具體的計畫ヲ上申シ認可ヲ要請スル場合

一ハ委任ヲ含ム認可ニシテ權能ヲ受クルコトノ二ツアリ

影　諒解セリ

周　㈢ノ顧問ノ件ハ異存ナキモ「中央ノ關係法令ニ基キ」ヲ附加サレ度シ

之ハ中央ニ於テ顧問ニ關スル關係法令ヲ作リ之ニ基キテ處理セラレ度シトイフコトナリ

影　好シ

周　㈣ハ聯銀ノ問題ナルカ之ハ文中ニモ永久ニ存在セシムルコトニナツテヰナイカラ之ヲ其ノ趣旨ニ基キ左記ノ修正案ヲ書イテ見タリ

「聯銀ハ中央銀行、華北支行ニ改メル但シ存續スルヲ必要トスル間ハ次ノ如キ處理方法ヲトル

(1)其ノ紙幣發行最高額ヲ規定ス其ノ發行額及準備銀高ハ隨時中央ニ之ヲ報告シ中央ハ隨時人ヲ派シ之ヲ檢査ス

(2)其ノ行使區域ハ華北ヲ以テ限度トスルコト但シ行使區域內ニ於テハ中央新法幣モ亦同時ニ流通ス

聯銀券ト新法幣トノ兌換率ヲ規定ス

影　(3)華北ノ為替統制ハ中央ノ認可ヲ經ルコトヲ要ス」
右ハ理論及實際ヲ見テ研究セル專門家ノ意見ナリ
貴國ノ政策ハ日本ノ金融政策ニモ多大ノ影響アルニ付我々素人ニハ不明ナルニ付篤ト研究スヘキヲ以テ保留シ度シ貴方ノ趣旨ハヨク分リタリ聯合準備銀行ヲ何時迄モ置クトイフ意ニハ非ス置クヲ必要トスル間ハ中央ハ之ヲ助ケルコトヲ書キアルモノニシテ要ハ過渡期ニ於テ民衆ノ經濟生活ニ不安ヲ抱カシメサルコトニアリ

周　矢張リ華北政務委員會ノ中ニ入レテアルニ付誤解カ生シ易シ

影　現在ハ華北政務委員會ノ前身タル臨時政府ノ銀行ナルヲ以テ同政府ト政務委員會トノ關係ヲ論スル項目ニ入ルルハ當然ナリト言フヘキナリ

周　此處ニ置イテモ可ナルカ全體カ論議決定サレテカラ定ムヘキモノニシテ夫レ迄留保セン

一三時十五分食事休憩一四、四〇分再開

周　(五)ノ部ノ前文ヲ全部取消シ「其ノ他」トセラレタシ

影　之ハ結論的ニ定メン

周　(1)ノ項ニテ財政方面ノコトハ中央ヨリ統一シテ給付致シ度シ仍テ左ノ如ク修正致シ度シ「華北政務委員會所要ノ經費ハ中央ニ於テ一括シ豫算ニ計上シテ處辨ス」
次ノ關税鹽税統税ノ項ニ於テ
「關税鹽税統税ハ中央税トス但シ當分ノ間華北ノ關税收入ノ百分ノ四〇、鹽税收入ノ百分ノ四〇、統税ノ百分ノ五〇ハ中央ヨリ華北政務委員會ヘ支給シ以テ行政費及建設費トナス」
關税鹽税統税ノ徴收方法ハ監督其ノ他ノ方法ニ依リ中央ニ於テ徴收ス
「關税及鹽税ニ關シテハ中央ヨリ直接徴收人員ヲ派遣シ中央ニ於テ直接之ヲ監督ス」
「統税ハ華北政務委員會ヨリ徴收人員ヲ推薦シ中央ニ於テ之ヲ委任ス華北政務委員會ト中央派遣ノ人員ト會同シテ之ヲ監督ス」

小池　從來ノ收入ニテモ華北ハ賄ヒ得サリシニ貴方ノ如キ案ニテハ益々財政難ヲ來タスナラン

周　之ハ專門家ニ於テ研究シタル結果當方結論ヲ得タルモノニシテ從來華北ハ統税ノミニテ賄ヒ居リタリ而ルニ今度ハ關餘鹽餘中ヨリ各々百分ノ四〇ヲ支給スルヲ以

テ賄ヘサルコトハアルマイ之ハ專門家ノ意見ナリ

小　先ツ事業豫算ヲ考ヘテ而ル後支給額ヲ決定スヘキニ非スヤ

清　冀察政務委員會時代ニハ關餘ヨリ百萬圓鹽税統税全部ヲ貰ヒタルニ何等建設出來サリシニ今日ハ山西山東河北ヲ賄フノ要アリ到底經費不足ハ免レ得サルヘシ

梅　軍事費ニ大部分ヲ使用シタル爲ナラン

小　何レニシテモ初ヨリ財源ヲ抑ヘテカカルノハ宜シカラサルヘク事業計劃ヲ見タル上幾何ノ補助ヲヤルカヲ定ムヘキモノニテ之ヲ押シツクレハ却ツテ華北ハ聞カサルヘク又之ニテハ中央カ華北ヲ搾取シタコトトナリ、ヨカラス

周　之ハ原文ノ通リニスルト鹽税統税共ニ全部華北政務委員會ニ歸スルコトニナルカ之ニテハ國防軍ノ費用ハ中央ノ負擔トナルニ非スヤ

小　豫算査定權ヲ中央カ持チアラハヨカラスヤ例ヘハ中央ニテ豫算ヲ査定シテ華北ニ支給ストイフナラハ可ナルカ豫算額ハ費消シ其ノ上ニ中央カラ支給ヲ受クトイフニアリテハ矛盾スト思考ス

小　差當リトイフ字句アリテ永久ノ意ニ非サルコトハ明白ニ非スヤ

周　此ノ問題ハ金額ノ問題ニ非スシテ財政統一ノ破壞ニナリ贊成シ難シ
斯ク明確ニスルカ惡ケレバ左ノ如クシテハ如何
「華北ノ關税鹽税統税ハ中央ニ於テ徴收シ之ガ一定割合ヲ華北ニ支給ス」

梅　要スルニ財政權ノ確保ノ問題ナリ

小　關税鹽税統税ハ中央税トナシ金額ハ關税ノ一定割合他ハ收入全部ヲ支給スルトシタラ如何

影　財政統一ノ事項ハ同感ナルカ金額ノ問題ニ關シテハ事變前ノ比率ヲ標準トスルハ不可ナランソハ經濟上國防上強度結合地帶ナレバナリ又貴方提出ノ割合ニテ足ルトモ思考サレズ實際ノ割合ヲ如何ニスルヤハ別ニ專門的見地ヨリ見テ定メタラ如何

犬　双方研究ノ時間ヲ貰ヒ金額ハ研究スルコトトセン實際ニ華北ニハ幾何ノ收入アリヤ又幾何ノ經費ヲ要スルヤ不明ナリ金額ヲ表示スルハ少ケレハ浙江財閥ヲ引キツクルコトニナルカ逆ニ百分ノ九十ノ如ク大ニナレハ寧

ロ数目ハ書カサルヲ可トス等ノ方法アラン

梅　先刻來申上ケタノハ文字ノ使ヒ様ニシテ財政統一ノコトヲ中心トスルモノニシテ金額ノ問題ナラ別ニ研究スルコトトスルモ財政統一ノ問題ナラハ之ヲ是非通過サレ度シ實ハ専門家トシテハ一歩讓リタル次第ナリ

影　財政統一ノコトハ貴方ノ意見異存ナシ其ノ他ノコト卽チ金額ノ問題ハ保留シ後日研究シテヨカルヘシ要ハ所要ノ金額カ北支ニ於テ使用サルルコトカ重點ト思考ス

周　貴下ノ言ノ通リ割合ヲ定ムルコトカ保留サレタリ

周　(2)ノ起債權ハ問題ニシテ之ハ外債內債兩者ヲ含ムモノト思ハルル處地方行政機關カ外債ヲ起スコトハ許ササルコトトナリ居ルニ付若外債起債權ヲモ含ムナラハ次ノ如ク修正シ度シ「華北政務委員會ハ地方行政機關ニシテ外債ヲ募集スルコトヲ得ス但シ其ノ管轄區域內ニ於テ地方債募集ノ法令ニ基キ中央政府ノ認可ヲ得テ內債ヲ募集スルコトヲ得」

梅　書クナラハ「華北政務委員會ハ中央政府ノ認可ヲ得テ內債ニ限リ募集スルコトヲ得」トシタラ如何

影　大體ヨカラウ

周　(3)ノ項ハ抽象的ナルニ付今少シ具體的ニ場合ヲ分ケテ規定致シ度シ左ノ案ハ如何「官有財產中國家ニ屬スルモノハ中央政府成立ノ時之ヲ中央ニ返還ス

華北各省市政府ニ屬スルモノハ各省市政府ニ於テ依然管理シ華北政務委員會ハ之ヲ監督ス」

小　華北ノ省有財產ニシテ華北ノミニ屬スル事實アリヤ

梅　官有財產トハ中國ニ於テハ廣狹ニ義アリ廣義ニ於テハ國家ニ屬スルモノハ總テ官有ト謂ヒ狹義ニ於テハ國家ニ屬スル不動產ナリ

小　前ニ周氏ノ言ハレタル官有財產ハ何レヲ指スヤ

周　國家ニ屬スル官有財產トハ狹義ノモノナリ何トナレハ鐵道等ハ當然國家ニ屬ス

梅　官有財產ニ三種類アリ

一、公共事業ニ屬スルモノ卽鐵道、運河、國道

二、行政上使用物、建物其ノ他

三、國家ノ營利事業、農場、牧場等

影　大體分リタルニ付次ニ進マン

周　(4)ノ「逐次」ヲ「速カニ」ト修正サレ度シ「海關、郵政、航空ハ中央政府成立ノ時中央ニ返還シ

統一シテ管理ス」郵政、航空ハ今返還スルモ實際ハ支障ナシ

小 「海關及航空ハ中央政府成立後速カニ其ノ統一管理下ニ入ラシムヘシ」トイフニテ可ナラン

矢 海關郵政等ハ建前トシテ中央政府ノ管理下ニ入ルヲ要スルハ必要ナルカ注意ヲ要スルハ彼等ハ現在重慶政府ノ任命ニ基キ執務シ居リ中央政府ニ於テ任命換ヲナストキハ總稅務司「メーズ」ハ恐ラク新政府ノ任命ヲ肯ンセサルヘク此ノ外ニモ斯カル者アルヘキニ付此點ヲ準備シ置クヲ要スヘク又之ト關聯シ考慮スヘキハ海關ニ關シテハ日英協定アリ日本側ト密ニ連絡シテ處理セラルルコト絶對ニ肝要ナルコトヲ留意アリ度シ

梅 矢野先生ノ助言ハヨク分リタルニ付特ニ當方ニ於テハ留意スルコトトシ記錄ニ留メ置クヘシ

周 (5)ノ隴海線ハ河南(黃河以北)ニ於テ讓ラレタルト同趣旨ニテ撤回アリ度シト思フカ如何

影 ヨカラン

周 (6)ノ任免ノ件ニ關シ
「特任官及簡任官ハ中央ニ於テ直接之ヲ任免ス薦任官ハ華北政務委員會ニ於テ先ツ之ヲ任免シ之ヲ中央ニ報告ス委任官以下ハ華北政務委員會ニ於テ之ヲ任免ス」省長ニハ簡任ノモノモ特任ノモノモアリ之ハ是非中央ニ留保シ置カレ度シ

矢 從來ノ臨時政府ヲ新中央政府ノ配下ニ入レテ早急ニ中央政府ヲ樹立スヘキ重大ナル時期ニ於テ貴方ニハ左程重要ニ非サル人事問題ヲ細々ト斯クノ如キ規定ヲ設ケツツキマワスハ得策ニ非ス而モ人事問題ハ既成政權ノ人々ニトリテハ重大問題ニシテ之ニ不安ヲ與フルハ人心ノ動搖ヲ來シ延テハ纒マルモノモ纒ラサルコトアリ賢明ニ非ス同志トシテ切ニ忠告スル次第ニシテ特任官ノ任命ニテ面子ヲ得後ハ華北ニ任セタ方ヨカルヘシ

周 然ラハ矢野氏ノ言ヲ參考トシテ次ノ妥協案ヲ作リタリ
「特任官及簡任官ハ中央ニ於テ任免ス」省主席省廳長等ハ簡任ナルカ之ハ中央ニ於テ處理セサレハ面目上面白カラス

谷 北方ノ人々ハ反國民黨ノ人々カ臨時政府ニ入リ居レリ之等ハ新中央政府カ樹立サルルト自分等ハ整理サルルヘシトテ人心ノ動搖現ニ甚シク延テハ治安維持ニモ多大

ノ影響アルニ付日本軍トシテハ治安維持ノ見地ヨリ強ク反對スルコトアルヘキヲ豫想スルヲ要ス特任官位ニテヨカラスヤ

陶　不平トナルハ薦任官以下ニテ簡任官以上ハナカルヘク之ハ中央ニテ任免シ度シ

影　寧ロ下級ノ者ハ可ナルモ上ノモノハ子分ヲ有スルニ付問題ナリトモ云ヒ得ヘシ貴方ノ提案ハ餘リニ中央統一ニ急ニシテ人心ノ機微ヲツカムニ足ラス立前ハ中央ニ於テ簡任官迄任免權アリトシ置キ當分ノ間簡任官（華北ノ）ハ華北政務委員會ニ於テ之ヲ任免ストイフ様ナ妥協案ハ無キヤ

周　然ラハ更ニ妥協案ヲ作リ條文ニハ特任簡任官ノ任免權ヲ中央ニアリトシ諒解事項中ニ貴言ノ如キヲ入レ置キテハ如何

影　日本側トノ諒解事項ニテハ意味ナシ

周　政府更迭ノ際ハ特任及簡任ハ中央政府ニ協議ノコトトシタラ如何

谷　却テ不良、人心動搖スヘシ

影　「特任及簡任官ハ中央政府ニ於テ之ヲ任免ス但シ當分ノ間簡任官ニ關シテハ華北政務委員會ニ於テ任免ス」トシタラ如何

周　「——但シ當分ノ間簡任官ハ華北政務委員會ニ於テ推薦ニ依ルトス」トシタシ

影　可ナリ

周　(7)ハ外交交渉ノ部ニシテ大体異議ナキモ多少字句ノ問題ニ修正ヲ希望ス

「華北政務委員會ハ外交事件ヲ處理スルヲ得ス但シ日滿間トノ純粹交渉事件ハ華北政務委員會ニ於テ處理スルコトヲ得」トシタシ

清　「華北政務委員會ハ日滿トノ純粹ナル地方的處理ニ件フ交渉ヲ行フコトヲ得但シ随時中央ニ報告スルモノトス」トアツサリ規定スル方ヨカラン

周　第二維新政府ニ關スルモノナルカ

一ハ前半ハ言ハスモカナナルニ付左ノ通リ修正シテハ如何

「中央政府成立前ニ在リテハ維新政府ハ平常通リ政務ヲ處理ス云々」

一同　維新政府職員及一般民衆ノ人心動搖ヲ防止スルコト

ヲ目的トシテ㈠ヲ掲ケ其ノ措置ヲトルコトヲイフナリ
字句ハ適宜修正スルトシテ研究スヘシ

周　㈡ノ趣旨ハ了解出來ルモ「汪側」ハオカシカラスヤ

影　「汪側」ハトリ「之ヲ考慮ス」トシヨウ

周　ヨカラン

㈢ノ所ハ複雑ニシテ既成事實ヲ繼承シトスルト人事行政ニ關シ中央カ權威ヲ失フニ至ルコトヲ惧ル又既成事實ヲドシドシ作ラル之ヲ繼承セサルヲ得サルニ至ルヘシ仍テ次ノ如ク改メ度シ

「中央政府成立シ維新政府解消ノ際ハ中央政府ノ人事行政、職權ノ行使ヲ妨ケサル範圍及中日間互惠平等ニ違反セサル範圍ニ於テ維新政府ニ對シテハ其ノ既ニ處理セル人事及事務ニ關シテハ適宜ニ之ヲ考慮シ速カニ之ヲ考慮スルモノトス」

影　互惠平等ノ原則ニ依リ整理ストイフカ之ハ一應維新政府ノ處理セルコトハ鵜呑ニシテ後ニ調整スヘキニシテ繼承セスシテ右原則ニ反シテヰルカラ速カニ止メルトスルト法律的ニ中斷サレ混亂スルナラン又人事問題ハ維新政府職員カ動搖スルニ付汪先生ニ於テ之ハ職員ノ身分保障ヲナスコトトナツテヰルノテ之ヲ考慮ニ入レ置クコトヲ希望ス

小池　人事問題ハ日本式ノ考ヘ方ナラハ一應引取ツタ後整理スルコトヲ必要トシ永久ニ整理スヘカラストイフニ非ス

周　然ラハ妥協案ヲ出サン

「……解消スル場合差當リ重要事實ニ對シ現狀ヲ維持シ速カニ之ヲ調整ス」

清　重要トハ如何ナル意ナリヤ

周　役ニ立タヌ人員ハ使用シ度クナシ

小　法律用語トシテ「司法行政立法上ノ行爲ヲ有效ト認メ差當リ之ヲ繼承スルモ速カニ之ヲ調整スルモノトス」ハ如何

周　詳シク書クモ如何ト思フカ「重要政務」ハ如何

矢　法律的ニ論スル者アルトキノ用意モ必要ナルカ現今何レノ國ニ於テモ一政府カ他ノ政府ニ吸收合併セラルルトキハ合併セル政府ハ從前ノ政府ノ權利義務ヲ抱（包カ）括的ニ繼承スルコトヲ要スルハ不動ノ原則ナリ今維新政府解消シ新中央政府之ヲ吸收スルニ際シテハ一應現狀ノ

儘繼承シ其後合法的手續ニテ整理スルコトヲ要スルハ當然ナリ仍テ貴方ノ如ク重要事項ノミヲ引續クトスルハ維新政府ト取引セル凡テノ人々ニ多大ノ不安ヲ與ヘ人心動搖セシム貴方ヨリ今妥協案ノ出サレタ中「重要事項」ヲ削除シ「差當リ現狀ノ儘繼承シタル後速カニ之ヲ整理ス」トスレハ可ナラスヤ

「中央政府ハ維新政府ノ爲シタル事項ニ對シ差當リ現狀ヲ維持シ速カニ之ヲ調整スルモノトス」ハ如何

一同好シ

周　揚子江下流以下新上海ノ項全部目下研究中ニシテ之ハ後日論議シ度シ其ノ代リ華興商業銀行ノ件ヲ附加スルコトトシ度シ勿論同銀行ノ存在ハ暫ク差支ヘナキモ發行權ハ停止シ度シ其ノ理由ハ國立銀行ニテナスヘキモノニシテ日支合辨ノ如キ華興商業銀行ノナスヘキモノニ非ス仍テ次ノ通リトシ度シ「華興商業銀行ハ勿論暫ク繼續シテ存在スルコトトス但シ中央政府成立ノ時ニ於テハ卽時紙幣ノ增發ヲ停止ス中央銀行成立シテ新法幣發行ノ時ニ於テハ其ノ發行權ヲ卽時取消スモノトス其ノ既ニ發行シタルモノハ一定期限內ニ同銀行自ラ回收スルモノトス」

小　紙幣發行ヲ停止シ乍ラ其同收ヲナスヘシトイフハ金融常識ヨリ見ル時ハ仲々ムツカシ而モ貴方御提案ハ大分詳シク書イテアルカ之ハ維新政府ノ現狀維持ノ中ニ含マレ居リ速カニ整理スルヲ要スルモノノ中ニ入ルヘキ問題ナルヲ以テ其ノ時研究スヘキナラン

周　コノ事ハ輕卒ニ出シタルモノニ非ス金融方面ニ對シテモサシタル影響ハナシトノ結論ナリ（華興券ハ三百萬位タカラ）之ハ聯銀ヨリ大シタ重大意味アリ

陶　同志トシテ此ノ案ハ堅キ決意ヲ有スルモノニシテ之ハ讓步シ難キモノナルコトヲ御記憶願ヒ度シ

法幣問題ニ關シ意見ヲ申上クルト今度ノ戰爭ノ重要問題ハ法幣ニシテ蔣ノ作戰ヲ維持シ得タルハ法幣ニシテ之ハ世界ノ二大金融國カ之ヲ支持シタル次第ナリ之カ爲メ日本モ多大ノ犧牲ヲ受ケタトイヒ得ヘキ處一切ノ中國抗戰力ハ之ニ吸收サレ日本側ヨリイフ時ハ全力ヲ擧ケテ法幣ヲ打倒スヘキナリキ故ニ本問題ハ國際的ナレハ大規模ニ且國際的見地ヨリ策ヲ樹テ實施スルヲ要ス將來新法幣カ出來ルトキハ日本ハ舊法幣ニ對スル戰

ニ於テ統一アル戰線ヲ布キ之ニ臨ミ新法幣ニ對スル價値ノ下落ヲ防止スヘキニシテ從來ノ如ク個々「バラバラ」ニ聯銀、華興、蒙疆等ニテ不統制ノ方策ヲナスハ如何ト思考ス

小　貴說ハ諒トス近ク専門家モ見ユルコトナレハ貴說等ヲモ併セ研究セン貴案ヲ篤ト拜見サセテ戴キ度シ

一同ヨカラン

周　明日ハ休會トセラレ度シ今後會議ノ場所、時間等ハ電話ヲ以テ打合セ度シ

〰〰〰〰〰〰〰〰

507　昭和14年11月8日　野村外務大臣より在英国重光大使、在米国堀内大使他宛（電報）

新中央政権樹立工作の現状について

本省　11月8日後7時発

合第二六〇一號（極祕、館長符號扱）

一、支那新中央政權樹立工作ニ關シテハ八月十一日附亞一機密合第九六四號往信ヲ以テ申進置キタル處其ノ後汪精衛側ニ於テハ「時局收拾ニ關スル具体的辨法」（七月十二日附亞一機密合第八二四號別紙第三參照）ニ從ヒ八月下旬上海ニ於テ第六次國民黨全國代表大會ヲ開催シタルカ近ク各既成政權等ト共ニ中央政治會議ヲ招集シ新中央政府樹立ニ關スル諸問題ヲ議スルコトトナレリ

二、一方我方ニ於テハ右ニ對處スル諸般ノ方策ヲ決定スル爲外務、陸海軍、大藏及興亞院協議ノ結果「中央政治會議指導要領」案ヲ作成十一月一日興亞院會議決定ヲ經ルニ至レル處右決定ノ要點ハ「現下內外ノ情勢推移ニ鑑ミ新中央政府ノ樹立ハ支那側內部ノ基礎的條件ノ充足ヲ中核トシ對第三國及重慶工作ニ關スル措置ヲ外廓トシテ之ヲ施策シ且我政府ノ事變ニ對スル全局ノ態勢整備ニ卽應シ帝國ノ自主的見地ニ基キ之カ構成竝ニ樹立ノ時期ヲ決定スヘク中央政治會議ニ於テハ右ノ考慮ニ主眼ヲ置キ主トシテ內政問題ニ重點ヲ置カシムル如ク指導スルコト」ヲ方針トシ而シテ

(一)先ツ中央政治會議ニ於テ新中央政府ハ國民黨、既成政權、其ノ他ノ黨派及爲シ得レハ飜意改替ノ重慶政府等ヲ以テ其ノ構成分子トシ其ノ適宜協力ニ依リ之ヲ樹立スヘク（重慶側ノ重要分子獲得ニ關シテハ汪精衛ヲ中

心トシ既成政權、各黨各派等協力シ遺憾無キヲ期セシム)日支ノ正式國交調整ノ基準タルヘキ原則及要綱ニ關シテハ新中央政府構成分子代表者ヲシテ新中央政府樹立前日本側ト協議決定スルモノナルコトヲ決定セシメ之ニ基キ

(二)汪精衞ヲシテ「日支新關係調整ニ關スル原則」(客年十一月三十日御前會議決定ト殆ト相違セサルモノ)ヲ受諾セシムルコトヲ豫定スルト共ニ

(三)右原則實現ノ爲必要ナルヘキ新中央政府既成政權間ノ關係調整ニ關スル我方要請及新支那ノ地方政治形体ニ關スル我方内面指導ノ腹案ヲ定メタルモノナリ

三、右ニ基キ現地機關ニ於テハ汪精衞、王克敏及梁鴻志ニ對シ夫々所要ノ事前工作ヲ既ニ開始シタルカ順調ニ進行スル場合ニハ近ク靑島ニ於テ汪精衞德王間ニ蒙疆ノ地位ニ關シ一般的了解ヲ遂クルト共ニ汪精衞王克敏梁鴻志三巨頭會合シ中央政治會議開催ニ關スル大綱ヲ協議シタル上大体十一月下旬同會議ヲ開催シ(南京ト豫定ス)續イテ本年末新中央政府樹立ニ進ムヘキ計畫トナリ居レリ

關係文書追テ送附ス

本電宛先　英、米、蘇

英ヨリ佛、伊、白ヘ伊ヨリ獨ヘ轉電アリ度

508　昭和14年11月8日　野村外務大臣より在上海加藤公使宛(電報)

汪側に対する内約事項の閣議での取扱いに関する政府対応振りにつき説明について

本　省　11月8日後8時発

第一號(極祕、館長符號扱)

貴電第七號ニ關シ

東亞局長ヨリ

一日ノ興亞院會議ニ於テ總理ヨリ貴電ニアルカ如キ意見ヲ述ヘラレタルコトハ事實ニ非ス一方興亞院側ニ於テハ確約事項(別紙第四)ノミヲ切離シ閣議決定ノ形式トセンカ爲「本案ハ一應閣議決定ノ上之ヲ以テ支那側責任者ニ對スル工作ノ基礎トナスモ情勢ノ如何ニ依リテハ更ニ考慮スルコトアルヘキヲ豫期ス」トノ諒解事項(此ノ趣旨ハ興亞院會議ニ於テ外相ヨリ意見提出スル所アリタリ)ヲ附シ七日ノ閣議ニ附議スル手續ヲ進メ居タル處陸軍側ヨリ斯ノ如キ條

件附ノ決定トスルコトハ閣議ノ權威ニモ鑑ミ面白カラサルニ付汪精衞ニ對スル最近ノ工作進展振ヲ確カメタル上何分ノ手續ヲ進メ度シトノ意見出テ（此ノ爲參謀本部ヨリ現ニ係官ヲ上海ニ派遣シ居ル旨竝ニ汪側ノ反對ハ些シタルモノニ非サルヘシト見込ミ居ル旨陸軍係官ヨリ內話アリタリ）差當リ其ノ儘トナリ居ル現狀ナリ

貴電末段ノ御意見ハ能ク諒承セリ

右不取敢

冒頭貴電ト共ニ北京ヘ轉電セリ

509　昭和14年11月9日　在北京門脇大使館二等書記官より野村外務大臣宛（電報）

新中央政府の樹立に異存はないが政府入りには難色を示す臨時政府要路の見解について

北　京　11月9日後発
本　省　11月9日夜着

第一一七四號（極祕、館長符號扱）

往電第一一五〇號及第一一五六號ニ關シ

喜多長官說示後ニ於ケル臨時政府內部ノ動向ニ關シ確實ナル筋ヨリノ內報左ノ通リ

一、六日湯爾和ハ喜多長官ニ對シ書面ヲ以テ中央政府ノ樹立ニハ滿腔ノ贊意ヲ表スルモ其ノ政體ハ憲政ニアラスシテ訓政ニ付自分（湯）トシテハ此ノ時期ニ出ツルヲ欲セサル旨其ノ態度ヲ闡明ニセル處齊燮元ハ當初竹內及王克敏ニ對シ極メテ不滿ノ意ヲ表セルモ其ノ後喜多長官ノ慰撫效ヲ奏シ陸軍旗及聯隊旗ヲ從來通リトスルコトヲ條件トシテ納得シ又中央入ヲ慫慂セラレ居ル王揖唐、朱深、王蔭泰ハ湯トノ關係モアリ表面之ヲ固辭シツツアルカ內王揖唐ノミハ喜多長官ノ立場ヲ困難ナラシムル惧アル場合ニハ敢テ自說ヲ固執セサルヘキ意思ヲ表示シツツアル模樣ナリ

二、右ノ如ク中央政府ノ樹立ニハ何人モ異存ナキモ其ノ政府入ニハ何レモ難色ヲ示シツツアル處右ハ㈠兩三日來竹內カ佛租界ニ引移レル消息特ニ宣傳セラレタル結果（事實ハ竹內ハ既ニ相當以前ニ引移リ居ル筈ナリ）右ハ竹內カ身邊ノ危險ヲ感シタル爲ナリトノ想像ヲ懷クニ至リタルコト㈡梁鴻志ノ祕書某來京シ竹內工作ノ前途ニ付悲觀說ヲ流布セルコト㈢中支ノ「テロ」行爲ニ怯エ居ルコト等

ニ基因スヘキ處一方第七次聯合委員會開催地ヲ竹内カ呉佩孚トノ關係ヲ慮リ青島ヲ主張セルニ對シ梁鴻志ヨリハ北京ヲ主張セル電報ヲ寄セ來ル等竹内對梁ノ不一致ヲ過敏ニ看取シ前記消極的態度ヲ持シツツ事態ノ推移ヲ見極メントシツツアルカ如シ

加藤公使、南京、廣東、香港へ轉電セリ

510 昭和14年11月9日

内約交渉議事録(第五回)

第五次會談(矢野書記官記)

(十一月九日午前九時半ヨリ午後四時ニ至ル)

(列席者前回ニ林柏生ヲ加フ)

周 前回ハ維新政府ノ項迄討議シタルカ新上海ノ項ハ保留セリ　新上海ニ關シテハ我方同志ノ間ニ幾度カ協議セルモ種々異論アリテ結論ニ達セス仍テ之ハ貴方御提案ヲ一應御撤回アリ度シ　故ニ今日ハ次ニ移リ蒙疆、廈門、海南島、顧問ノ項ヲ討論スルコトト致シ度シ

顧問問題ハ當方ヨリ一個ノ私案ヲ書キタリ仍テ治安駐兵ニ關シテハ貴方ヨリ提案アリ度シ

影 揚子江下流問題竝ニ新上海ノ問題ハ貴方ニ於テ御撤回アリタシトノミニテハ問題ノ解決トナラス仍テ今會議ニ上程スルコトハ見合ハストスルモ政治的ニ解決スルコトトシ後刻周氏ト小生トノ間ニ於テ懇談シ度シト思フカ如何ニヤ

陶 新上海問題ニ關シテ當方カ撤回セシ理由ハ消極的ノ考ヘヨリニ非ス寧ロ積極的ニ合作ヲナサントノ見地ヨリ希望セシ次第ニシテ撤回ハ決シテ合作セストイフニ非ス眞ニ合作シ得ル樣ニ今少シ積極的ナル良キ方法ニ於テナシタク　揚子江下流地域ハ防共卽チ對「ソ」問題タル内蒙北支ト異リ此ノ地方ハ歐米ニ對スル經濟地域タルヲ以テ經濟合作モ自ラ歐米ノ經濟侵略主義ニ對抗スルノ意ニ於テ意義重大ニシテ中日カ共同シテ歐米經濟侵略ニ對抗スルノ案ナラハ容易ニ解決ヲ見ルモノト思考ス

中日兩國カ共同目標ノ下ニ歐米侵略主義ニ對抗スルコトカ認メラルレハ事變前ノ狀態トハ異ナル必要アルコトハ認メ得ヘシ事變前ハ歐米ノ侵略主義ト結托シ居リ

タルヲ以テ中國民族資本ハ未タ幼稚ニシテ歐米ノ買辨ノ下ニアリタルカ之ハ中日兩國合作ニテ是正シ得ルヲ以テ其ノ原則ハ中國民族資本ヲ發達セシメテ歐米資本主義ヨリ解放セシムルコトニシテ之カ爲ニハ中日兩國ハ其資本ノ合作ヲナササルヲ得ス、此ノ意味ヨリ事變前ヨリ方向目的ヲ變更セサルヲ得ス　之ニテ始メテ歐米資本主義ニ對抗シ得ルナリ　中國東南地區ハ商工業地域ニテ歐米トノ交通ヲ開始シテ以來百年經濟ノ中心地ニシテ農業地域ニ非ス　此ノ地域ハ中國ノ經濟ノ精華ノ集マル地域ニシテ之ニヨリ中日合作スル次第ナルカ合作ニハ次ノ五要素アリ卽㈠日本資本㈡中國土着資本㈢歐米資本吸收㈣日本ノ技術㈤中國ノ技術ノ五要素ナリ

現狀ニ於テハ日本ハ東南地區ニテ經濟上ノ努力ヲナシツツアル處日本ハ此ノ地方ニ於テ經濟上ノ獨占ヲ企圖シ居リ之ハ中國人モ歐米人モ共ニ認識シ居ルニ付中國資本ハ一ハ西南ニ逃避シ二ハ逃避ノ途中ニ於テ消費サレ三ハ上海ニ於テ租界方面ニ逃ケ以テ歐米資本ト結托シ其ノ侵略ヲ强化シ爲メニ歐米資本主義ニ對抗スルトコロカ反對ニ之ヲ助長スル結果ヲ生スル奇現象ヲ呈シ居レリ　今貴案ヲ見ルニ揚子江下流地域ニ於テ積極的ニ中日合作シテ歐米資本主義ヲ排斥スルコトハ出來スニ精神トハ却テ反對ノ結果ヲ生スルニ非スヤトノ結論ニ同志ハ達セリ　之ハ只ニ目的ヲ達セサルノミナラス上海ヲ特殊化セントスルニ在リ　故ニ之ニ依リテハ中日共同シテ歐米ニ對抗シ得サルノミナラス上海ヲ中央政府ヨリ放シテ獨立狀態ニ置カントスルモノニシテ却テ離レ兩國合作ハ不可能トナリ又新上海ハ中央政府ヨリ絶縁スルニ至ルナリ　仍テ同志協議ノ結果中日兩國ハ共同シテ歐米ニ對抗シ得ストノ結論ニ達シ若シ中日兩國共同シテ歐米ニ對抗センカ爲メニハ今少シ積極的ニ合作シ目的ヲ達成セサルヘカラストノ意見一致シ一應貴方提案ハ撤回セラレンコトヲ要求セル次第ナリ決シテ合作セストイフニ非ス目的達成ニハ今少シ積極的ニ合作スルヲ要ストイフニ在リ吾人ノ未定稿ノ相談ニハ汪先生ハ從來參加シ在ラサリシモ經濟合作ノ問題ニハ汪氏モ參加シ居リ右樣ノ結論モ汪氏ノ意見ナルコトヲ重ネテ申上クルト共ニ、我方ハ決シテ合作セストイ

フニ非ス寧ロ積極的合作ヲナシ歐米ニ對抗セントスルモノニシテソノ爲メヨリ良キ方法ニヨリ目的ヲ達成セントスルモノナリ　數量ノ問題ナラハ如何樣ニモ考ヘ得ルモ性質上ノ問題ハ別ナリ

影　之ハ別途ニ考慮セン
只貴方ノ言ハ多少日本ヲ誤解シ居ラルルニ非スヤト思フ　上海カ中央ヨリ離ルルト申サレタルカ之ハ誤解ニ非スヤト思考ス　何故斯ク解セラルルヤ例示セラレンコトヲ望ム

陶　大體上海ノ部ニ關スル部分ハ維新政府トノ關係調整ノ部ニ在ルカソノ中「……所要ノ措置及經濟協議機關」トアルカ之ニテハ華北政務委員會ト同一形式ニ見エ居レリ

影　多分ソレナラント思ヒ居リタルカ「行政機構上所要ノ措置」トハ日支經濟合作ヲ容易ナラシムル爲メ上海市政府ニ必要ナル技術顧問及職員ヲ入レソノ他上海ニ於ケル參政權ニ發言權ヲ留保シ置クコト等ヲ意味スルノミ
次ハ經濟協議機關ニシテ政務機關ニモ非ス之ハ六月汪氏來京ノ時日本側ハ政務委員會及經濟委員會等政務機構ヲ提案セルカ之ハ汪氏ノ熱望ニ依リ之ヲ撤回セリ
經濟協議機關トハ右意味ノ政務機關ニ非ス日支經濟專問（門カ）家カ相談スル會ニシテ日支合作ヲ相談スルモノナリ決シテ執行機關ヤ又政治機關ニ非ス之ヲ諒解セラレ度シ
先日廣東ニ於テ汪先生カ日支ノ關係ヲ合作ニ導クコトヲ容易ナラシムル爲何カ協議會ヲ作ツタラ宜シカラスヤトノ話アリタルカ經濟協議機關トハ之ニ類スルモノナリ
以上綜合スルトキ上海カ中央政府ヨリ離ルルカ如ク見ユルハ誤解ニ基クモノト思考サル

陶　內容ハ討議スル用意ナキモ先刻申上ケタノハ日支合作シテ積極的ニ合作シテ歐米ニ對抗スルコトヲ實現シ得ル如クスヘキニシテ既成事實繼承ノ問題ニ非ス

周　影佐氏ハ小生ト懇談的ニ相談スルト申サレタルカ之ハ汪氏ヨリ我々同志ト貴方トノ間ニ會議スルコトヲ命セラレ居ルニ付貴方御提案ハ一應汪先生ト相談スルコトカ手續上ノ問題トシテ必要ナレハ此席ニテハ御答ヘ出

來ス

谷　撤回サレタノミニテハ今後ノ進行上困ルニ付貴方ニ於テ斯クスルトイフ御對案アラハ吾人モ之ヲ研究シテ見度シト思考ス

影　進行セン

周　蒙疆ノ件ナルカ

一ノ蒙疆ノ境界ノ件ハ先日北支ニ關シ相談ノ結果ハ長城ハ華北ニ入ルルコトニセルヲ以テ此處ニテハ「含マス」トセン

影　ヨカラン

周　二ノ點ハ「國防上經濟上……ニ對シテハ竝ニ對外蒙交渉……云々」ハ趣旨ハ結構ナルモ文句ハ左ノ様ニ修正シ度シト思フ處如何

「蒙疆ハ……ニ鑑ミ中央政府ハ高度ノ防共自治區域ナルコトヲ承認ス」

又職權ニ付具體的ニ書イテアルカ之ハ

「職權ハ中央ニ於テ內蒙ノ自治法ヲ發布シテ之ヲ規定ス」ト致シ度シ

中央カ蒙疆カ高度ノ自治區域タルコトヲ認メタル以上將來蒙疆ノ自治權ヲ認メタルモノナレハ之ハ自治法ヲ要スヘク又中央カ認メタ上ハ內政的ニ解決シ得ルナリ貴方案ノ如ク竝ヘルト恰モ中央ト日本トノ關係ノ如ク見ヘテ不可ナリ

梅　實ハ行政、立法、司法、軍事トイフハ大キクシテ分ラス仍テ內蒙自治法ニ於テ詳細ニ規定スルヲ可ナリト考フ而シテ之ハ內蒙ノ人々ト協議シテ規定ヲ作ラントスルモノニシテ具體的ニ其ノ中ニ規定ス

周　外蒙交渉ノ件ナルカ之ハ中央ノ外交交渉ト喰ヒ違フコトアリ殊ニ「ソ」聯ノ出方如何ニ依リテハ之ニ誘ハルルコトアリ得ヘク不侵略協定等ヲ結フトキハ「ソ」聯ニ乘セラルルコトモ有リ得ヘク斯ク簡單ニ書クハ危險性アリ將來自治法中ニ華北ノ場合ト同様ノ規定ヲ要スヘク又注意スヘキハ中國ハ外蒙ノ獨立ヲ承認シ居ラサルニ之ト內蒙ノ外交交渉ヲ認ムルハ外蒙ノ獨立ヲ承認セルコトトナル不都合ナリ　中國ハ將來日本ト共同シテ外蒙ヲ囘復セントスル意圖アリ

又「既成事實云々」ハ次ノ「左記」ノ所ニ書キ入ルルコトト致シ度シ

三ハ問題ナシ
左記ノ㈠ノ既成事實ヲ嫌フ
「中央政府ハ蒙疆自治政府ノ高度防共自治權ヲ認ム」ハ如何
若シ之ニテ不可ナラハ
「中央政府ハ現状ニ基キ蒙古聯合自治政府ノ高度防共自治權ヲ認ム」

影　最後ノ貴案ニ同意ス

周　左記ノ㈡ノ兩政權ハトウカト思ハル
「中央政府ト蒙古聯合自治政府トノ關係……」ト修正シテハ如何

影　其ノ通リニテ可ナリ

周　四モ問題ナシ

谷　具体的問題ハ諒解事項ニ書キテハ如何
「……ニ鑑ミ現状ニ基キ廣汎ナル自治權ヲ認メラレタル高度防共自治區域トス　其ノ權限ハ中央政府ノ發布スル內蒙自治法ニ規定スルモノトス」

周　ヨカラン　第四厦門ニ關スルモノナルカ發熱シアルヲ以テ梅氏ニ說明ヲ依頼ス

梅　厦門ニ關スル規定ハ簡單ナリ　趣旨ハ異存ナシ　文字上左ノ如ク修文シ度シ
「中國側ハ厦門ヲ特別市ニスルコトヲ承認シ日本側ハ厦門特別市政權ノ完整及其ノ獨立行使ヲ保證ス」
當方ニテ思フニ貴國海軍側ノ希望ナリト思考スル處惧ルルコトハ海軍側ハ軍事上ノ要求ノ結果行政權ノ獨立完整ヲコハサルルコトヲ惧ル
行政權ニ干渉シテ欲シカラサルナリ

須　決シテ行政權ノ獨立又ハ保全ヲ損フ意圖ナキ處厦門ハ共產黨モアリ又臺灣籍民モ多ク複雜ナル地域ナルニ付市政ニ參事會ノ如キモノニ日本側ヲ參加サセテ貰ヒ度イトイフ意ニテ實ハ現状モカクナリ居レリ

梅　如何ナル協定ニナリ居ルヤ

須　厦門連絡部ト市政府トノ間ノ協定ニナリ居レリ　之ハ作戰上ノ必要アリ

梅　厦門ニ關シテハ日本海軍トノ關係ハヨク分ルカ須賀大佐ハ保證サレ居ルモ吾人同志ハ現状ヲ詳ニセス　又須賀大佐モヨク分リ居ラレサル樣ナリ　又融通ノ利ク樣ニシ置カスシテ此處ニ束縛サレ居ルニ於テハ中央政府

ニ於テ行政運用上困難ヲ感スルニ付中央ニ於テ厦門ヲ特別市政府ニナシ日本側トノ協定ニヨリ圓滑ナル關係ヲ保チタキナリ

扇　現在軍事上ニ使用中ノ場所アリ　又政治顧問ヲ入レ居ルニ付之等ハ認メラレ度キナリ

須　本問題ハ遠方ニアリ貴方ニ於テ事情審カナラスト思考スルヲ以テ貴方ヨリ人ヲ派遣シ現狀ヲ視察シテ戴キ度シ　厦門ハ極メテ複雜ニシテ「コロンス」ナル租界アリ　又共産黨ハ租界ニ巣ヲ構エテ之ヲ策動ノ中心トナシ又臺灣籍民モ多ク之カ統制ハ相當難事ニシテ加フルニ厦門ハ華僑ノ故郷ニシテ之カ共産黨ノ活動ニヨリ攪亂サルルニ於テハ華僑工作上モ多大ノ支障アリ　仍テ華僑ヲシテ安心セシムルヲ要ス　決シテ政治上乃至ハ經濟上ノ關心ヲ有スルニ非ス　右樣ノ目的ノ爲厦門ノ特別行政區域タル事實ヲ認メラレ度キナリ

梅　之ハ保留シ置キ度シ

扇　貴方案ニアル行政上ノ保全云々ハ如何ニモ我方カ政治的ニ干渉シテ來ルナラントノ誤解アルカ如キモ我方ニ於テハ決シテ政治上ノ野心アルニ非ス　只海軍ニ於テハ軍事上ノ重要ナル要求ヲ充足シ得レハ足ルノミ

梅　海軍方面ト中央政府トノ間ニ於テ協定ヲ作リテハ如何

陶　「中央政府ハ厦門ヲ特別市トナス　其ノ區域ハ日本側ト協定ス」ハ如何

須　ソレモヨカラン　先日厦門ヨリ人ヲ派シ同地ニ國民黨支部設置ノ件ニ關シ汪先生ト協議ストノ電報アリタルヤニ記憶スル處彼ノ人物ハ未タ來ラサルヤ　之ニ詳細聞カレタルナラハ分ルナラン

矢　海軍側ハ之ニテヨロシキヤ　異議ナキヤ

扇　現在ノ厦門特別市ハ厦門島ハ勿論金門島其ノ他附近ノ小島嶼ヲフクミ居レリ仍テ只厦門ヲ特別市ニスルタケニテハ意味ヲナサス　海軍ノ必要トスルハ單ナル厦門市ノミニハ非ス　附近一帶ノ水域島嶼ヲ包含スル軍事要域ヲ得ルニ非レハ軍事上ノ要求ヲ充足シ得サルナリ

矢　然ラハ左ノ文章ハ如何

「中國側ハ現在ノ厦門特別市域ヲ軍事ノ要地ナルニ鑑ミ之ヲ特別市トナスコトヲ認ム　日本側ハ同政府ノ行政權ノ保全ヲ保證ス」

梅　之ハ認ムトイフコトカ具合惡シ

扇　「中央政府ハ厦門ヲ特別市トナス　但シ其ノ區域ハ別ニ協定ス」更ニ念ノ爲申上クルカ特別行政區域トイフハ軍事上ノ要地ナルコトカ意味サレ居ルヲ以テ之ヲ考慮ニ入レラルルコトヲ要ス

矢　之ニテハ特別市トナスコトハ分ルカ其ノ性質ニハ言及サレ居ラス　卽チ軍事上ノ問題カ拔ケ居ルカ可ナルヤ

梅　然ラハ之ハ如何
「中央政府ハ厦門ヲ特別市トナスソノ行政區域ハ別ニ之ヲ協定ス　又ソノ軍事協力事項ニ關シテハ中央政府ニ於テ日本側ト協定ス」

須　ヨカラン

梅　「次ハ南支沿岸」ノ問題ナルカ之ハ意味稍々明瞭ヲ缺キ居ルニ付提案ヲ出サン
次ノ三項ニ分チタリ
「海南島及其ノ附近ノ各島嶼ヲ改メテ特殊行政區域トナス」

周　之ハ違フ

梅　之ハ自分ノ間違ナルニ付變更シタシ

影　暫時休憩　此間支那側ハ研究アリ度シ

十一時四〇分休憩　十一時五〇分再開

梅　經過狀況ヲ申上ク
昨日周、陶兩氏トノ會談ニ於テ決定サレタル結果ヲ自分ハ誤解シテ先刻ノ如キ間違ヲナセリ　失禮、次ノ二項ヲ提案ス
㈠「海南島及其ノ附近ノ諸島嶼ノ中日海軍協力事項ニ關シテハ中央政府ニ於テ日本ト別ニ協定ス」
㈡「海南島ノ資源開發利用ニ關シテハ中日經濟合作ノ一般原則ヲ適用シ日本ニ優先權ヲ供與ス」
簡單ニ說明申上ケン　海南島ニ關シテハ本來中佛協定アリ　第三國ニ利權ヲ讓渡セストノ約定アルニ拘ラス海南島ニ關スル佛國トノ協定ヲ違反シテ迄モ日本ニ供與ストイフ次第ナルヲ諒トセラレ度シ　㈠ニテ海軍ノ軍事上ノ要求ヲ充タシ㈡ニテ資源開發ヲ國際問題惹起シテ迄モ日本ニ讓渡スル次第ナレハ多大ノ讓步ナリ　何故海南島ノ特殊行政區域ニセストイフハ現在海軍トノ協力及資源開發供與ニテ充分ナリト思考ス　又行政區域迄特別行政區域ニ變更シテ爲サスンハ協力不可能トハ思考サレス

今一ツノ理由ハ第三國ニ對スル刺戟ヲ與ヘサルコトヲ考慮ニ入レタリ　第三國ニ海南島不割讓ノ約定アリ仍テ特殊行政區域ニスルト假令領土ノ割讓ニハ非ストモ第三國ニ刺戟ヲ與ヘルコトトナル

須

中國側ノ意見ノ意ノアル處ハ諒解シ得ルモ別ノ立場ヨリ事態ヲ見直シテ戴キ度シ

只今梅氏ノ言ハ第三國ニ對スル刺戟ヲ避クルコトハ同感ナルカ現在ハ軍事占領ヲナシ居リ此ノ事實ハ既ニ第三國ニモ示サレ居ルニ付刺戟ハ與ヘ居レリ　其ノ後歐洲ニ戰亂起リ從來ノ日獨伊防共樞軸ト自由主義國家群トノ間ニハ既ニ戰爭狀態ニ入リ居レリ　此ノ狀勢ノ結果ハ何時不祥時(事カ)發生スルカハ計ラレサル時ニ當レリ此ノ有時ノ際ニハ戰略上當然海南島ハ特殊軍事上ノ必要性ヲ生シタリ　例ヘハ英米艦隊ト日本艦隊トノ對抗上地理的ニ必要ニシテ之ハ單ニ日本ノミナラス中日兩國ニ對シテ死活的大問題タリ

次ニハ資源ノ問題ナルカ梅氏ノ言ナルカ第三國トノ約定ノ問題モアルモ中日經濟合作上ノ一般原則ニ基キ資源開發ヲナスニハ最早何國モ異議ヲ挾ムルヲ得ル國モナカラン

之ハ當初海南島作戰ヲナシタル時ハ資源ヲ豫期セルニ非ス　軍事上ノ必要ヨリ敢行セルカ島南部ノ三亞港ニ基地ヲ置キタルニ附近ニ鐵鑛ヲ發見シタリ

歐洲各國ハ目下火カツキ居ルヲ以テ自然資源ハ各自ノ領土（印度濠洲）ヨリ之ヲ仰カサルヲ得サルニ至レルヲ以テ從來其ノ方面ヨリ鐵ノ供給ヲ仰キタル日本ハ自然鐵ノ供給ヲ絶タルルコトアルヘキニ付之ハ何處カニ發見セサルヲ得ス　而ルニ三亞附近ニ見ツケタルヲ以テ之ハ採算上ノ損ハナストモ採掘セサルヲ得ス

一ハ對歐洲戰爭ニ對シ常ニ不敗ノ態勢ヲトラサルヲ得ス　又歐洲戰爭ニヨリ鐵資源ノ供給ヲ絶タレサル樣之ニ備ヘ置カサルヲ得ス

中日兩國ハ共ニ對歐洲問題ニ於テ同一ナル運命ニ直面スヘキナレハ之ヲ考ヘラレ度シ　從ツテ權利義務關係ヲ離レテ成程蒙疆北支ニ於テ資源開發ヲ認メアルニ付之ニテ充分ニ非スヤト思ハルルナランモ之ハ未タ開發迄時日モ要スルニ付焦眉ノ急ノ間ニ合ハス

之カ爲ニハ海南島ヲ不安ナル狀態ニ置カレテハ迷惑ナ

リ　幸ヒ同島ノ軍隊ハ凡テ汪先生ノ關係深キ軍隊ニシテ之カ招撫ハ左程困難ニ非サルニ付汪先生ノ最モ信頼セラルル人ヲ迎ヘ海南島ヲ汪先生卽チ中央政府ノ直轄地域トナシ地方紛爭ノ外ニ置キ安定地域トナシ置キ度ト思フ

仍テ斯カル事實ヲ考慮ニ入レテ事態ヲ根本的ニ考ヘ直シテ戴キ度シ　今一ツ附加シテ申上ケ度キハ「局地的行政組織(軍事機關)」云々カ誤解ノ種トナルヤモ計ラレサルカ之ハ他意ナク地方政府ノ役人ノ如ク宇内ノ大勢ニ暗キモノニヨリ處理サレテハ協力カ圓滑ニ行カス寧ロ中央ニ屬スル地域トシテ中央ト接衝スレハ直チニ分ル樣ニシテ戴キ度シ

梅　須賀大佐ノ申サレタルコトハ軍事上經濟上ノ二點ノ如ク見ユルカ之ハ先刻ノ㈠㈡ニテ充分ナリト思考ス㈠ハ海軍軍事協力㈡ハ資源開發ニテ可能ナルカ故ニ之ニテヨロシカラント思考ス只違フハ特殊地域ノ問題ニシテ中國トシテハ贊成出來ス　戰前海南島ヲ獨立ノ省トセントイフ計劃ハアリタルモ之ハ自然沙汰止ミトナレルカ將來海南島ヲ省又ハ特別行政區域ニスルコトハ有リ得ルヤモ知レサルモ現在直チニ之ヲ實行セハ民衆ヲシテ之ヲ蒙疆化スニ非スヤトノ誤解ヲ與ヘ又第三國カラモ誤解ヲ招キ殊ニ同島民ハ古來愛國心ニ富ムモノニシテ現在之ヲ特殊行政區域ニスルコトハ島民ハ事情ヲ知ラサルヲ以テ之カ誤解ヲ不必要ニ起スコトトナルニ依テ島治ニ多大ノ不安ヲ起シ延テハ日本ト軍事上及經濟上ノ協定ヲナスニ障害トナルヲ懼ル　從テ將來適當ナル時期ニ於テ省トシテモ差支ヘナシ

又特別行政組織ヲ設ケテモ可ナリ

須　貴方ノ言ハヨク分リタルモ之ハ單ニ海軍ノ問題ニ非ス陸軍モ關係アリ

扇　梅氏ノ言ハ未タ認識カ充分ニナキヤニ思ハル地方政府所屬トシテ置クハ斯カル大事ヲ議スルコト不可能ニシテ廣東省所屬ニテハ手續上ノ問題ヨリ而モ極メテ煩雜ニシテ又不安アリ　仍テ中央所屬ニシテ中日兩國ニテ中央カカツチリ協力シテ處理スルニアラスンハ到底目的ヲ達スルコト能ハス　第二ノ第三國ニ關係アル點ハ吾人モヨク討議研究シタ上ニテノ話ニテ割讓ニモ非ス東亞ノ新事態ノ發生ニ卽應シテ行ク必要アリ細目ハコ

ノ大原則ヨリ發足スルモノニシテ此ノ原則ヲ認識セスンハ細目ヲ討議スルモ解決不可能ニ非スヤト思考ス

梅　扇氏ノ第三國關係ハ貴國ノ爲無視シテマテ定メタリ次ハ行政組織カ協力ニ對シテ如何ナル關係ニ立ツヤハ別ノ問題ニシテ將來ハ特別組織ニスルカモ知レヌモ現在ハ暫ク之ハ見合セテ貰ヒ度シ　又貴方案ノ㈠㈡ノ問題ハ臨時的卽チ一時的駐兵ニテ將來ハ陸上兵力ハ撤兵サルルモノト思フ只海軍ノ問題ハ殘リ居ルヲ以テ之ハ特別ニ海軍問題ハ特ニ海軍ト協定ヲ相談スヘシ海軍ノ問題ハ領土主權ノ問題ニ觸レスシテ定メ得ルナリ
又㈠㈡ハ却テ不明確ナリ

周　晝食後午後ハ早ク切リ上ケン　明日ハ顧問其他ノ問題ヲ討議セン　　午後一時食事一時四十分開始

周　海南島問題ハ大分明白ニナリ居ルモ之ハ結局保留スルコトトセン

扇　「局地行政區域」ハ特殊地位トイフコトヲ意味シ吾人ハ之ヲ重視シ居ルモ之ハ表面ニ出スコトハ面白クナキヲ以テ「局地的行政區域」トシアルモ之ハ其ノ含ミニテ可然解決シテ戴キ度シ

影　小生ヨリ申上ケテ置キ度キハ陸軍ノ駐屯ノコトカ問題トナリ居ル處之ハ海軍ノ施設ヲ保護スル爲メノ駐屯ヲ主トス　海軍ヲ離レテ駐屯ニ非ス
海南島ノ問題ハ之ニテ留メ置キ要綱別册第一項ニ戻リ一言シ度シ前回ハ一、ノ二行目「對日滿ノ地方的處理」ハ削除シタルカ之ヲ消シタルカ爲後ニ誤解カ生シタル様ナルモ我方中央ノ解釋スル處ニ據レハ
「日支協力事項ニ關シ中央政府ノ決定ノ範圍内ニ於テ地方的處理トシテ處理スヘキ事項」
ナル意味ナリ　前記「對日滿——」ヲ消シタルカ爲メ左記以下ヲ解釋スルニ際シ如何ニモ中央政府ト離レテ華北カ勝手ニヤル様ニ見ユル誤解ヲ生スル次第ナリ故ニ右解釋ヲ正シクシ誤解ヲ解ク爲メ「左記」ノ次ニ前記文句ヲ搜《(挿カ)》入スル方ヨカラント思考ス

梅　之ハ研究シ置カン

影　而シテ其ノ中ニ入ルモノカ
㈠共同防共
㈡經濟提携
㈢日本人顧問

(四)(五)ハ中國ノ內政問題ナリ

周　「經濟提携就中……」ハ右前文ノ趣旨モアリ事前認可ヲヤメテ事後報告ニ直シテ欲シイ中央政府ノ決定ノ範圍內ニテ處理スル次第ナルヲ以テ一々事前ニ中央ノ認可ヲ求ムルハ煩ニ堪エス仍テ事後報告ニ修正ヲ望ム御研究願ヒ度シ

本問題ハ今日ハ影佐氏ノ意見ヲ伺フ迄ニシ研究シテ置クヘク又一應濟ミタル上ハ初メカラ勿論ヤリ直シテ研究スヘシ

影　ソレニテ可ナリ

前回ニ(一)カ內容不明ナリトノコトニテ研究ヲ約セルトイワレタルカ之ヲ以テ今說明ヲ加ヘ置カン

(1)「日本駐屯ニ伴フ事項ニ關スル處理」ハ防共治安駐屯ニ關連シ兵營、演習場、訓練、軍隊ノ移動、給養ニ關スルモノ

(2)ハ警備、軍隊配置、相互救援、軍隊相互ノ連絡、情報交換

(3)軍事顧問、教官、武器供給、交通、通信ニ關スル軍事上ノ要求監督

之ハ中央政府ノ決定ノ範圍內ニ於テ處理スルナリ

周　小生ヨリ申上クルコトハ終リ

之ハ研究シ置クヘシ

明日ハ午前九時ヨリ開會スヘシ

〰〰〰〰〰〰〰〰〰〰

511　昭和14年11月10日

内約交渉議事録（第六回）

日支國交調整原則ニ關スル協議會

第六回會議議事要錄

十一月十日於愚園路六〇號

自午前十一時半至午後四時半

列席者　前回ニ同シ

周佛海（以下周ト略記ス）

顧問ノ問題ヲ審議致度（支那側起案ノ原案ニ付）逐條行フヤ又ハ全般的ニ討議スルヤ

影佐少將（以下影ト略記ス）

逐條審議ヲ進ムルコトトセン

周　逐條審議スヘシ

第一項中政治的顧問ヲ置カサルハ説明スル迄モナシ東京會談ノ際ハ財政及經濟顧問ハ入リ居ラサリシカ其ノ後ニ於ケル貴方ノ希望ニ依リ入ルルコトトセリ

第二項ハ地方行政機關ニハ軍事財政經濟ノ顧問ヲ招聘セス技術顧問ノミヲ入ルルノ意味ナリ卽軍事ハ中央ニ於テ統一スルノ要アルヲ以テ地方行政機關ニハ入レス、又財政經濟ニ關シテハ敢テ顧問ヲ必要トスル程ノコト無キニ付之ヲ加ヘアラサルナリ

縣政府ヲ除外セルハ、縣ハ地方行政機關中最人民ニ接スルモノナルニ付之ニハ顧問ヲ入レサル方、惡影響ヲ避クル所以ナルヘシトノ趣意ニ基クモノナリ

蒙疆ハ特別ニ除外例ヲ置キタル次第ナリ最後ノ項ハ當然ノ事項ヲ入レタルモノナリ之ハ「必要ノ場合」ト云フ字句アル以上本項ハ敢テ必要ナキカ如キモ當方幹部同志ノ感シヲ良好ナラシメントセルノミ

影　日本側ハ第一項ハ如何

谷萩（以下谷ト略記ス）

「政治的性質ノ日本人顧問ヲ招聘セス」ノ文句ハ書カナクトモ可ナラスヤ之ハ必要ノ場合ノミ招聘スルモノナルニ付不要ノ辭句ナリ

影　之ハ主權尊重原則中ニアルヲ以テ今更書ク要ナカラン

第一項中ノ第二項ニ關シテハ一般的ニ政治顧問ヲ置クノ意志ハ有セサルモ強度結合地帶卽北支蒙疆上海特別市政府等ニハ必要ナル顧問ヲ入ルルコトカ必要且有利ナリト思考スルコトハ主權尊重原則ニ關スル我方回答中ニアル所ノ如シ故ニ特別ナル處ニ在リテハ顧問ノ範圍ヲ廣ムルコト必要ナリ

周　日本側ノ云ハルルコトハ我方ニ於テモ充分考慮シ盡セル所ナリ從テ蒙疆ハ除外例ヲ設ケタリ

然レトモ強度結合地帶ト云ヒ特定地域ト云フモ何レモ漠然トシテ明確ナラス華北ニ政治顧問等ト書クハ宜シカラス

北支ニハ經濟顧問財政顧問迄ハ可ナルモ現情ノ如キ政治顧問ハ不可ナリ若シ北支ニ置クトセハ經濟上強度結合地帶ナルカ故ニ經濟顧問迄カ限度ナリト認ム

影　北支ハ國防上經濟上強度結合地帶ナリ北支ノ現在ノ情態ヲ兎角批判セラルルモ今ノ臨時政府ハ戰爭遂行中ナルカ故ニ強ク之ヲ把握スルハ當然ナリ今後ノ華北政務

委員會ノ性質ハ臨時政府トハ大ニ異ル所アルヘク政治顧問ヲ入レタレハトテ現在ノ臨時政府ニ對スルカ如キモノニアラス安心サレテ然ルヘキモノト認ム

梅思平（以下梅ト略記ス）

影佐少將ノ云ハレタル北支ハ國防上經濟上ノ強度結合地帶ナレハ之ハ軍事顧問ニ依リ解決サルヘク又經濟上ノ理由ニテハ經濟顧問ニテ解決ツクヘシ若シ此ノ外ノ理由ニテ政治顧問ノ必要ト云ハレテモ何ノ爲ナルカ諒解ニ苦ムモノナリ華北政務委員會ノ職權カ定マリ居ル以上一層政治顧問ノ必要性ハ無クナルモノト考フ

陶希聖（以下陶ト略記ス）

政治顧問ヲ置クカ否カハ行政權ノ自主ナルカ否カニ大ナル關係アリ華北ニ政治顧問ヲ置クカ否カハ華北政務委員會ノ職權ノ大小ニ拘ラサル問題ナリ

梅　政治顧問ノ問題ニ關シテハ影佐少將ノ立場モ困難ナルモノト諒解シ得ルモ我々ノ内部モ反對ノ態度カ強ク同志ニ大ナル反對アリ之ハ東京ニ傳ヘラレ度

犬養（以下犬ト略記ス）

此ノ位ニシテ置キ別途ニ練ルコトトセハ如何

影　財政經濟顧問ハ可ナルヤ

梅　經濟ハ宜シキモ財政顧問ハ困ル

周　「但シ華北政務委員會ハ經濟技術顧問ヲ招聘スルコトヲ得」ト入ルヘシ

影　尚ヨク研究セン

念ノ爲附言センニ中央政府ニハ政治顧問ヲ置カス大使カ之ヲ行フコトトナルモ北支ニ政治顧問ナキ時ハ連絡惡クナルヘシ

矢野（以下矢ト略記ス）

顧問ヲ入ルルハ日本側トシテ何等ノ益ハナシ然レトモ支那側ハ連絡上利スル所極メテ大ナルハ自分カ嘗テ其ノ掌ニ當リ痛感シアル所ナリ

卽顧問ニ依リ相互ノ意向カ明瞭ニ判リ連絡ハ極メテ容易トナル

影　今ノ顧問ハ軍政ヲ代行スル政府ニ對スルモノナルヲ以テ政府ヲ監督スルノ要アリ之ヲ以テ事變後ノ狀態トスルハ誤ナリ

周　補足的ニ述ヘ度ハ影佐少將ハ中央ハ大使カ政治顧問トナルニ付北支ニ於テ政治顧問カ居ラサレハ連絡惡シト

云ハレタルモ北支ニハ外交機關アリ斯ノ如キコトハ無カルヘシ大使館ハ別トスルモ連絡ヲ取ルニハ喜多中將ナリトモ連絡部長官ノ資格ニテモ可ナリ

陶　先ニ双方ノ意志ノ疎通連絡部等ノ話アリシモ東京會談以來ノ同志ノ一貫セル主張ハ內政干渉ノ形式ニ依ル連絡ヲ無クシ外交的形式ニ依ル疎通連絡ニ依ラントスルニ在リ勿論外交的形式ニ依ル場合ト雖モ側面的連絡ハ之ヲ行フモ要スルニ飽迄モ獨立國家ノ要素ヲ具備セシメントスルモノナリ

北支ニ於テハ特殊事情アルハ勿論ナルモ外交的ノモノハ無クシテ全ク內政干渉的ノモノ多ク日支双方ノ爲人心ヲ收攬スル所以ニ非ス

是非共外交的形式ト致度

影　更ニ相互研究スルコトトシ度シ

蒙疆ハ高度自治ノ形ナルカ顧問ノ招聘迄中央政府ノ許可ヲ得ルノ要ナシ報告ノ程度ニテ可ナラスヤ

梅　蒙疆ハ貴見ヲ容レテモ可ナルニ付北支ハ我方ノ主張ヲ通サレ度

周　例ヘハ今我々ト日本側トノ連絡ハ影佐少將カ之ニ當ラレ極メテウマク行キ居ルモ影佐少將ハ汪先生ノ政治顧問ニハアラス

影　一項ハ保管シテ先ニ進マン蒙疆ノ項ハ結局如何ニスルヤ

「蒙疆」ニ於テハ政治顧問ヲ招聘スルコトヲ得但シ之ヲ中央政府ニ報告スルモノトス」トセハ可ナルヘシ最後ノ項ハ省クヲ可トス

之等ノコトハ言ハスモカナノ事項ニシテ當然ノコトナリ貴方ニ於テハ念ノ爲加ヘラレタルモノナランモ我方ヨリ見レハ何等カ支那側カ顧問ヲ毛嫌スルカ如キ感シヲ現ハシ面白カラサルニ付原則中ニハ書カサルヲ可トス

周　最後ノ項ハ殘スヲ可トス若シ其ノ位置ニテ惡ケレハ主權尊重ニ關スル要望事項中ニ入ルヘシ其處ニテ其ノ項ヲ取除クナラハ前ノ方ノ第一、二、三項何レモ「必要ノ場合」ヲ記入スルヲ要ス

影　「招聘スルコトヲ得」トセハ同意義ニ非スヤ「得」トセハ義務的トハナラス

最後ノ項ハ主權尊重ノ部ニ入ルコトハ敢テシテ差支ナ

シ
犬　「得」ノ意味ニテ適當ナル語ハナキヤ
矢　法律的ニ讀メハ「得」丈ニテ可ナリ
周　ソレニテ可ナルヘシ最後ノ項ハ主權尊重原則中ニ入レ其處テハ削除スヘシ
第二項ノ方ハ嚴重ナル書振リナル爲不愉快ナル感シヲ與フルナランモ斯ク爲ササルヲ得サル所以ノモノハ臨時維新兩政府ニ在リテ顧問カ上官タルカ如キ態度ヲ執リ顧問ノ署名ナクンハ令達ノ發布出來ス上海市政府ニ於テモ警察ノ命令ニ副署スル等甚タシキ權力ヲ振廻シアリ現在ハ特別ノ事態ナルヘケンモ惰性ハ殘ルヘク一般ニ對スル印象ハ不良ナリ
谷　私ハ山西省ニ在リテ政治顧問ヲ兼ネ居リシモ一回モ省政府ノ令達ニ署名シタルコトナシ
周　副書ノ書類ハ自分カ親シク見タリ間違ナシ
谷　「前項ノ服務ニ關シテハ中央政府ノ定ムル所ニ依ル」トセハ如何
梅　此處ニ書キ置ケハ約束トナリ將來誤解モ一掃スヘシ服務規定ニセハ片面的ナリ顧問ニ雇ハルル前ニハツキリナシ置クヲ可トス事實上最恐ルルハ經濟部長ノ上ニ顧問カ居リテ更ニ一人ノ經濟部長ヲ置キタルカ如キ形トナルコトナリ
矢　顧問ニ關スル貴方御懸念ハ尤モナリ之ハ顧問職權行使ニ關シテハ別ニ中日協定ノ定ムル所ニ依ルトセハ如何
影　顧問ニ關シ兎角ノ批難アルカ誤解モ少ナカラス
例ヲ擧クルニ八月一日臨時政府ハ突如トシテ國旗條例ヲ發布セルニ付喜多中將ニ對シ之ヲ問合セタル處同中將ハ其事實ヲ知ラサリキ卽同中將カ一カラ十迄政務ニ關與シ居ルモノニ非ストノ有力ナル一例ト見得ヘキナリ
悪例ノミヲ促（捉カ）ヘテ一般ノ感情ヲ悪クスルカ如キ書キ振リハ避クルヲ可ト認ム
陶　自分ノ感想ヲ述ヘ度同志ノ資格ニテ一應聞カレ度自分ハ偶然ノコトニテ今度ノ會議ニ參加スルコトトナリシカ毎日ノ討議ノ模樣ヲ見ルニ日本側ハ簡單ヲ希望シ中國側ハ詳シキヲ希望ス又日本側ハ將來ニ於テ決定セントシ中國側ハ唯今決定セントス簡單ニト云フハ將來動カシ得ル余地ヲ殘サントスルモノナルヘク詳細ニセハ

將來變更スルコト困難ナリ中國側ハ將來變更サレサル様詳シク定メントスルモ日本側ハ將來變ヘ易イ様ニ簡單ヲ希望スルカノ如ク察セラル之ハ單ナル私一個ノ臆測ニ過キサルモ若シ之カ正シキモノトセハ將來支障ヲ來スコトアルヘシ

犬 此ノ場合ハ此處ニ出スコトカ感シヲ悪クスルモノナルニ付二段構ヘトスルヲ適當トセスヤ卽本項ノ內容ハ顧問招聘規程ニ讓ルコトトシ此處ニハ簡單ニ書キテ其ノ內容ハ必ス規程ニ盛ルコトヲ諒解事項ニテ定ムルハ可ナリ一案トシテハ顧問ノ服務規程ハ中央政府ノ定ムル所ニ依ルノ意味ヲ加フルコトナリ

陶 全部ノ內容ヲ別ノ所ニ置ク犬養案カ出タルモ自分トシテハ其レニテモ可ナリト認ム唯法律上ノ問題トシテ將來服務規程ハ中央政府カ定ムルモノナルニ付其ノ際全部ヲ織リ込メハ可ナリ

梅 「顧問ノ職權及服務規程ハ中央政府之ヲ定ム」トセハ如何

影 支那側ハ日本ノ內政干渉ヲ惧レ斯ル嚴密ナル要求ヲ書カントスルト同様日本側ハ支那カ顧問招聘ヲ忌避スルコトアルヤモ知レストノ疑念ヲ抱ク換言セハ「必要トスル場合」ト書キテ逃ケヲ張ルモノトノ疑ナキニ非ス故ニ茲ニ顧問ハ必要トスル旨ヲ諒解事項トシテ書キ置カレ度

梅 影佐少將ノ意見ハ了解セリ了解事項ハ公表セラレサルモノナルニ付如何ナルモノヲ發表スルカハ今後ノ問題ナリ今ノ處如何ナル顧問カ要ルカハ不明ナルモ今後研究スヘシ

影 發表ノ意ニ非ス諒解事項トシテ約スルニアリ之ハ中國ノ自主的立場ヲ滅却セス自主的立場ヨリ日本ニ要求スル形トセハ可ナリト認ム

周 諒解事項ノ次ニ「中國側ハ「必要ニ依リ」ノ辭句アレハトテ決シテ顧問招聘ヲ拒絶スルノ意ニ非ス」ノ意味ヲ加ヘルハ如何

影 「拒絶セス」トハ態度消極的ナリ我々ノ云フハ積極的ナリ必要トスルカ否カニ在リ例ヘハ第一項ノ如キ顧問ハ必要ト思フノ意ヲ加フルナリ

周 其レニテハ支那側ノ自主的ナル意味ヲ消スコトトナラスヤ

影　然ラス「得」ノ文字ニ對シ支那側ノ意向カ積極的カ消極的カヲ表ハセハ足ル

清水　「中國ハ現狀ニ鑑ミ前條各項ノ顧問ハ何レモ之ヲ必要ト認メ之カ招聘ヲ要望スルモノナリ」トセハ如何

影　清水君ノ意見ノ通ナリ

周　之ハ義務的ニ見エテドウカト思フ

犬　「中國ハ現狀ニ鑑ミ新中央政府成立後速ニ所要ノ顧問ヲ派遣セラレンコトヲ希望ス」ノ程度ニテ如何

陶　文字上ノ使用法カ惡イ時ハ顧問問題ハブチ毀シトナルヘシ

影　同樣ナルコトハ日本側ヨリモ云ヒ得ヘシ文字ノ使ヒ方ヲ充分研究シ日本側ノ要望ヲ容レラルヘシ

周　各位ノ心配サルル所ハ支那カ「必要ナル場合」ノ辭句ニ藉口シテ招聘セサルカ如キコトハ無キカトノ心持ナルヘキニ依リ中國トシテ將來不必要ナルノ故ヲ以テ招聘セスト云フコトナシト云ヘハ可ナルヤ

影　其レハ違フ必要カ不必要カヲ判キリセヨト云フ意ナリ招聘ヲ日本側ヨリ要求セハ自主權ヲ毀シタルコトトナルヲ以テ自主的ニ中國カ招聘スルノ形式ニサレ度旨ノ貴方ノ希望ニ依ルモノナルヲ以テ顧問カ必要ナルカ否カヲ明示セハ足ルモノナリ

周　必要ノ時招聘スト云フハ不必要ナル場合ニハ招聘セスト云フニ非ストノ意味ヲ表ハセハ可ナルヘシ

犬　陶氏トノ合作ニテ一案ヲ得タルニ付尙研究スヘシ

（晝食）

周　第三項軍事顧問ノ問題ナルカ之ハ主權尊重原則ノ最低條件中ニモ在リ其ノ職權ヲ「中國一般國防軍事ノ施設及中日防共的軍事協力事項ノ立案輔佐」ト爲セリ第二項ハ顧問ハ中央ニテ招聘シテ必要地點ニ送ルノ形式トセリ第三項ハ第三國軍事顧問ノ件ニシテ貴方案ニ依レリ

影　之ハ大体異議ナキカ如キモ綏靖軍ニ付テハ如何

周　之ハ後第五項ニ於テ討議セン

影　先刻陶氏ノ語リタル感想卽日本側ハ初ヲ簡單曖昧ナル形トシテ置キ後之カ擴大解釋ヲ行ハントスル傾向アリトノ件ハ余リニ穿チ過キタル解釋ニシテ何等斯ノ如キ意圖ヲ有セス責任ヲ以テ申述ヘ置クヘシ日本側ヨリ見レハ日本ハ大綱ヲ決定シ餘ハ定メ得ル時ニ定メントシ

支那側ハ定メ得サル現在ニ於テ定メントスルモノトノ感想ヲ予ハ抱キアリ次ニ進マン

周　第四項ハ如何

影　之ニテ宜シカラン

周　第五項ハ主權尊重ニ關スル最低條件中ニモアルカ如ク軍隊ニ入ルルハ目立ツニ付斯クセリ但蒙疆ノ部ハ其ノ特殊ノ事情ニ依リ適宜ノ措置トナセリ軍隊ノ中ニ顧問ヲ入ルル問題ハ先刻申上ケタルカ如キモ華北ノ綏靖部隊ニ顧問ヲ入ルルカ如キハ決シテ宜シカラス訓練ノ為ナラハ其ノ必要ナシ又監視ノ役目ナラハ通州事件ノ如ク何ニモナラス若シ危險ナルカ故ニ監視スト云フナラハ中國人ハ獨立自主ヲ好ムカ故ニ之ハ反感ヲソソルノミニテ却テ反亂ヲ起スヘシ從テ從來ノ經驗ヨリ云フモ監視的顧問ヲ置クコトハ無意味ナリ臨時政府ハ二ケ年軍隊ヲ募集セシモ出來ス出來サル理由ハ監視サレ獨立自由ヲ奪ハルル為反感ヲ起シテ謀叛トナルナリ因果ハ廻リテ循環論トナルヘシ監視ニ依リ事件ヲ防カントスルハ無駄ナルヘシ

谷　通州ハ特異ノ例ニシテ通州事件ヲ引例スルハ適當ナラス

周　通州ハ徒ラニ監視ノミヲヤッテモ用ヲ為ササル例トシテ申シタルナリ

影　日本側希望トシテハ特ニ軍事協力ヲ必要トスル部隊ニハ顧問ヲ入ルルコトト致度

國防軍ニ顧問ヲ入ルルコトハ私個人トシテハ撤回スルモ可ナリ但シ綏靖部隊等ニ入ルルコトハ撤回シ得ス要ハ既成事實ナルカ故ニ之ヲ無理ニ認ムヘシト云フニハ非ス成育ノ初期ニアル赤ン坊ヲ未成ニテ乳ヲ離スナト云フノミ

周　第五項ニ左ノ辭句ヲ加ヘン

「北支現在ノ綏靖部隊及警察以外ノ」ヲ冒頭ニ置ク

影　「外國人顧問教官及其ノ他名義ノ如何ヲ問ハス――」以下ヲ「外國人顧問教官及職員ヲ招聘セス」トスルヲ可トス

周　將來ノ軍事機構ヲ如何ニスルカハ未定ニシテ軍事委員會又ハ國防委員會等ノ案アリ執行機關ハ軍政部、及參謀本部トシ其ノ上ニ軍事委員會又ハ國防委員會ヲ置クコトトナルヘシ但シ之ハ個人ノ考タルノミ

影　綏靖部ハ軍靖部〔政カ〕ニ屬スルモノト考フルカ如何
周　過去ノ例ヲ云ヘハ綏靖部ヲ保安隊ト云ヒ省主席カ保安司令トシテ指揮シ司令トシテハ軍事委員會ニ屬シ居タリ
影　何故本問題ヲ尋ネタルヤト云ヘハ北支政務委員會ノ問題ニシテ國防軍ハ勿論中央統一トナルヘケレハ現在ノ綏靖部隊ハ是非共政務委員會ニ持ツヲ當然ト考フルヲ以テナリ
周　然リ綏靖部隊ハ當然北支政務委員會ニ歸屬ス唯間接ニ中央政府ノ指揮ヲ受クルノミ第六項ハ初ノ項ハ各位ノ意見ヲ基礎トシテ加ヘタリ第二項ハ北支ノ各種狀況ニ鑑ミ特ニ附シタルモノナリ卽日本人職員ハ上級者ニ從ハス例ヘハ中華民國何年ト書カス昭和何年ト書キアルカ如シ
　次ノ項ニ於ケルモノハ顧問ニ比シ低キ地位ノ人員ナリ此程度ノ人物ハ支那ニテモ余リテ困リアル位ナリ尚最後ニ經濟技術官及蒙疆ニ於ケル適宜ノ措置ニ觸レアリ
影　「法律上ノ地位ハ中國職員ニ同シ」ノ意味如何
梅　法律上ノ權利義務待遇等同樣ナリトノ意ナリ
影　矢野君意見ナキヤ
矢　俸給ハ如何
周　俸給ハ上クルモ差支ナシ
矢　法律上ノ地位ハ海關等ニ於テ外國人ハ全部同樣ナルヤ
周　外國人ハ郵政、鹽務、檢査所等ニアルモ俸給ノ外ハ全部同シ
矢　治外法權ノコトハ如何例ヘハ行政上ノ罰則ノ如キハ如何
梅　行政法上ノ問題ニシテ刑法上ノ問題ニハ觸レ居ラス官吏ノ服務ノ問題ナリ
矢　官吏服務規律ナリヤ
梅　然リ
影　然ラハ二項ハ少シ修文シ「中國行政法規ノ支配ヲ受ク」ニテハ如何
谷　第六項ノ第一ノ重要機關トアルハ所要トセハ如何
梅　「直屬ノ機關ハ……」ト直スハ如何
周　六、ノ三項ハ「日本人職員ヲ任用スルヲ得ス」トアルヲ「外國人職員ヲ任用セス」ト書直スヘシ

尚後ノ蒙疆ノ部ハ「蒙疆ニ於テハ適宜ノ措置ヲ為スコトヲ得」トスヘシ
前ノ第二項ヲ諒解事項トシテ簡單ニスル問題ハ陶氏起案ノ英文案モアリ文ヲ考フルコトトスヘシ
影　本項ハ壓縮セントセルモ之以上ハ困難ト認メラルルニ付其ノ儘「第五、其ノ他」ノ部ニ記入スヘシ尚了解事項ヲモ附スルコトト致度
周　明日ハ休トシ明後日上海時間十時（孫文先生誕生日ニ付朝ハ儀式アリ）ヨリ開會ノコトト致度

512
昭和14年11月12日

内約交渉議事録（第七回）

日支國交調整原則ニ關スル協議會
第七回議事要錄
十一月十二日自午前十一時至午後一時十五分
列席者　日本側　影佐少將　須賀大佐　谷萩大佐
扇少佐　矢野書記官　清水書記官
片山少佐　犬養健氏
中國側　周佛海　梅思平　陶希聖　周隆庠
林柏生
周　治安駐兵ニ關スル件ヲ協議スヘシ　本件日本側提案ナルニ付御說明事項アラハ承リ度
影　特ニ說明スヘキ事項ナシ
周　然ラハ直ニ協議ニ移ルヘシ
梅　第一ハ「日本ハ日支和平克復後防共駐兵地域以外ニアル軍隊ノ撤去ヲ開始シ速ニ之ヲ完了スルコト」トアルモ昨年ノ日華協議記錄中ニハ「二年以內」トアルニ付之ヲ挿入サレ度
影　宜シカルヘシ「速ニ」以下ヲ「二年以內ニ之ヲ完了スルコト」ニ直サン但シ昨年上海會議ニ於テ決定セシ如ク支那側ハ此ノ二年以內ニ治安ノ確立ヲ為ス義務アルニ付其レヲ挿入サレ度
陶　第二項ノ「治安確立ノ保證」ト云フノカ其レニ非スヤ
影　二年ヲ記載スルナラハ此間ニ於ケル貴方ノ義務タルヘキ貴方ノ「治安確立ノ保障」ヲ併セ明瞭ニ記載サレ度
梅　「……完了スルコト」ノ次ニ「中國ハ本期間ニ治安ノ確立ヲ保證ス」ト入ルレハ如何

扇　「本期間ニ治安ノ確立ヲ保證ス」ハ可笑シカラスヤ
「本期間ニ……實現ス」ヲ適當トセスヤ

梅　「本期間ニ治安ノ確立ヲ保證ス」トイフハ密約ノ文句ヲ其ノ儘ナリ

清　日本語トシテハ少々可笑シ
「支那ハ本期間ニ完全ナル治安ノ確立ヲ實證スルコト」ノ意味トスルヲ要ス

梅　「保證」ハ責任ヲ以テ行フモノニシテ强シ　實證ハ事實ヲ以テ示スモノナルモ保證ト雖モ法律的ニハ强キ意味ヲ有ス

影　從來モ我方トシテハ貴方ノ同志説得ニ成ルヘク都合ヨキ字句ヲ使用スルコトニ譲歩シ來レルニ付本件ニ付テハ同樣ノ意味ニ於テ我方ノ對内的關係上好都合ナル字句ヲ用ヒラレ度

陶　「完全」ノ二字ヲ加フレハ一ツノ煩累ヲ増スヘシ　卽チ將來討論ノ際一ツノ面倒ナル段梯ヲ與フルモノニシテ治安確立カ完全ナリヤ否ヤカ論爭點トナリ未タ完全ナラサルニ付兵力ヲ駐留セシムト云ヒ得ル次第ナリ

影　完全ヲ入ル丶ハ二年以内ト云フ期間カ大切ナルカ又ハ治安ノ確立カ大切ナルカヲ明確ナラシメンカ爲ニシテ年限ヨリハ治安ノ確立サルルコトカ大切ナリト思フ之ヲ逆ニ云ヘハ二年經チタルヲ以テ撤兵シテ貰ヒ度シトテ治安未タ確立シ居ラサルニ拘ラス撤退ヲ要求スルカ如キ論議ヲ起ス事態トナラハ甚タ困ル問題ナリ　故ニ「完全」ナル字句ノ捜（挿カ）入ヲ固執スルモノナリ

梅　重光堂ノ相談ノ際治安確立ノ意味ニ付協議セシカ當時ハ「治安ノ一般的確立」卽チ中國カ一般ニ自分ニテ治安ヲ確立シ得ル能力アルコトヲ意味スルモノトシ治安ヲ紊スモノカ一件モナシト云フノ意ニ非スト爲セリ例ヘハ偶々南京附近等ニテ或田舍者カ日本人ヲ殺シタルコトアリトスルモ之ノミヲ以テ治安確立セスト云ハレテハ何時迄經ツモ駄目ナリ　上海附近ニ便衣隊カ少々居ルトテ治安確立未タシトスルハ困ル問題ナリ「完全」ナル字句ヲ附セハ解釋上ノ論爭ヲ生スヘキヲ以テ昨年上海會議ノ解釋ニ依リ一般的治安維持ニ關スルモノト致シ度
保證ト云フ字句ノミニテハ日本人ニハ輕キ意味ニ解サレ貴方トシテ御困リカトモ察セラレサルニ非ルモ法律

上ハ責任ヲ以テ保證スルノ意味ナルヲ以テ一應諒承可能ナリト思考ス

影　上海會談ノ時ハ今ノ話ノ通リナリシカ其ノ後國內情勢ハ大ニ變化シ日本ノ輿論ハ到底輕々ニ撤兵スルコト不可能ナリトノ聲强ク自分ハ唯今上海會議ノ通リ自分ノ責任ニ於テ「二年」ト入レタルモ之ハ大ナル冒險ニシテ日本ノ輿論ハ恐ラクハ反對スヘシ之カ爲ニモ「完全ナル」ノ字句ヲ入ルルノ要アルナリ　之ヲ入レタレハトテ日本ハ決シテ之ニ云ヒ懸リヲ附ケテ撤兵ヲ澁リ居直ルト謂フニ非ス　安心セラレテ然ルヘキモノト思フ

扇　二年以內ノ撤兵ハ現在ノ客觀的情勢ヨリ見テ仲々容易ニ非ス　特ニ此ノ文句ヲ讀メハ艦船部隊等ニ至ル迄遠カラス撤退スルカノ如キ印象ヲモ與ヘ日本人內部ニ大ナル反對アルヘキハ必然ニシテ我々同志トシテモ之ヲ國民ニ示スノ自信ハ之ヲ有セス　故ニ二年ト云フ字句ヲ必ス入レントスルナラハ之ニ「バランス」スル丈ノ「完全ナル」トカ實證トカノ强ク響キ信賴シ得ル丈ノ字句ヲ添フルニ非スンハ日本側說得ニハ困難ナルヘシト思考ス

梅　「二年」ノ問題ナルカ我々ノ考ハ御國ノ御前會議通過ノモノト考ヘアリ　我方ニ於テハ上海會談ニ於テ通過セシ後重慶ニ持行キタル處汪先生ハ之ヲ諒トシ御前會議ノ決定ヲ見次テ近衞聲明カ出タルモノト思考シ居レリ　先ニ影佐氏ハ個人ノ意見トシテ挿入セシ由云ハレタルモ之ハ國家ト國家トノ協定ニシテ影佐少將個人ノ責任トスルハ當ラスト思考ス

周　此ノ問題ハ日本ト中國トノ問題ト云ハンヨリモ寧ロ兩國各々ノ對內的問題ナルヲ以テ解決方法アルヘシ

中國側トシテハ「二年以內」ヲ入レサレハ通過セサルト同樣ニ日本側ニ在リテハ二年以內ヲ入ルル時ハ輿論ヲ抑ヘサレハ影佐少將ハ東京飛行場到着ノ際暗殺セラルルコトモアリ得ヘシ　故ニ「完全」ヲ入ルルト共ニ左ノ如ク修文スルハ如何「中國ハ本期間內ニ於テ自己ノ力ヲ以テ完全ナル治安ノ確立ヲ保證ス」

影　今梅先生ノ云ヘル責任問題ニ付蛇足ヲ加ヘタシ　上海會談ノ結果ハ政府モ之ヲ承認セルモノナルコトハ梅君ノ御考ヘノ通リナリ　但シ「二年以內ニ」カ御前會議ニ懸リシカ否カハ言フヘキ限リニアラサルモ近衞聲明

ニハ書カレアラサリシコトハ御承知ノ通リナリ
今度ノ東京案ニハ又其ノ後ノ情勢ヲ參照シ上海會談當時ノ二年以内ト云フ問題ハ入リ居ラス　仍テ小生カ自己ノ責任ヲ以テ行フトノ意味ハ上海會議ニ於テ約束シタルヲ以テ現在政府案ニ入リ居ラサル事項ヲ今日私ノ獨斷ニテ入レタルモノナルニ付私個人ノ責任ト云フナリ
今ノ周氏案ニ付テハ今少シ研究シ度キニ付十分間餘裕ヲ與ヘラレ度日本側ニ於テ相談シ度
（支那側退場、日本側ノミ約十分間協議ス）

影　日本側トシテ協議セル處同志ノ意見ハ左ノ通
「完全ナル」ノ文字ヲ入ルレハ日本側ハ文字ノ影ニ匿レテズルズルト居据ルカ如キ魂膽ニ非スヤトノ中國側ノ申分ハ克ク之ヲ諒解シ得、然レトモ反面日本側ノ方ヨリ考フル時ハ支那側ノ主觀的立場ヨリ保證スト云フノミニテハ安心シ得ス殊ニ日本人商人ノ如キモ二年後日本軍ハ撤退スト云フコトニナレハ支那ハ口テハ保證スト云フモ如何ナル事態トナルヤモ圖ラレストテ歸國ノ仕度ヲ始ムルノ要モアルヘク斯ル考慮ヨリ見ルモ此ノ言葉ニハ大ナル反對アルヘシ
但シ周氏妥協案モ餘リ感心セス我々同志ノ意見ハ貴方ノ申分モサルコトナカラ我方モ嚴肅ナル言ヒ分カアルニ付今少シ研究ノコトニ致度ト云フニ在リ了承サレ度
梅　實際ハ當方トシテハ何等不安ハナシ實際ノ不安ハ却テ日本軍カ直ク退カルルコトナリ
周　次ノ但書ハ問題ナシ
次ノ軍事上ノ要求ハ範圍カ廣過キル今少シ限定セラレ度
影　之ハ軍事上ノ要求ノ範圍ハ將來軍事協定ニ讓ルモノニテ細部ハ其ノ際定ムル性質ノモノナリ　今此處ニハ大略ノミヲ記述セルモノニシテ何テモ要求セントスルモノニハ非ス　故ニ之ノ後ニ別ニ協定スルノ意味ヲ入レテモ可ナリ
周　詳細ナル細部ヲ定ムルコトハ困難ナランモ此度ノ範圍ヲ比較的ニ限定スル樣字句ヲ入ルルコトトセハ如何
卽「日本側ハ之ニ對シ要求シ中國側ハ之ニ應シ便宜ヲ與フ」ノ意ヲ加ヘタラ如何
影　便宜ニテハ不充分ト思フ　協定ニ依リ權利義務ノ關係

ヲ生セシムルヲ要ス　軍事上不可決（缺カ）ノ要求ニ對シ支那側カ自由裁量ニ依ル便宜ノ供與ニ止メントスルハ不可ナリ　何レ軍事協定ニ於テ別ニ細部ヲ協定スルコトトセハ範圍ハ其ノ際定マルニ非スヤ

周　若シ不充分ナラハ今一ツ他ノ文句ヲ加ヘテ之ヲ補フコトト致度　卽無制限ニ要求サルルト困ルニ付「便宜供與」ノ外ニ其ノ細則ハ別ノ協定ニテ規定スルコトトシ其ノ文句ハ
「要求ニ應シ中國側ハ便宜ヲ供與ス　其ノ細目ハ別ニ協定ス」トセハ如何

清　鐵道ヲ皆取ラルルニ非スヤトノ心配ハ聽テ軍事上ノ要求ニ制限ヲ加フルノ意トナラスヤ

影　貴案ノ精神ハ同意ナリ　然レトモ我方カ要求ヲ出スニ對シ支那側ハ應スルコトトナリテ定マルモノニシテ當方ノ要求ニ對シ便宜供與ニテハ不可ナリ　範圍ハ別ニ定ムルトスルモ權利義務ノ關係ニ於テ律スルヲ要ス

陶　權利義務ノ觀念ハ軍事協定ニ依ルモノニシテ主體ハ二ツトナル日本ノ要求ニ對シ支那ハ夫レニ對シ便宜ヲ供與スルコトニテ主體カ明瞭トナル　若シ日本側ノ要求ニ對シ中國側ノ主體カ無ケレハ日本ノ要求ノミノ片面トナリ鐵道ノ行政權モ管理權モ無クナツタカノ印象ヲ與フヘシ同志ノ間ニテハ問題ハナキモ將來論爭起リシ時困ルヘシ　故ニ日本ハ要求ス　之ニ對シ支那ハ便宜ヲ供與スルコトトセハ可ナラスヤ

影　原案ハ「要求ス」「應スル」コレテ日支ノ二主體定マル卽日本ハ十ヲ要求シ支那ハ十丈ケ應スル　貴方案ニ依レハ日本カ十ヲ要求スルニ對シ支那ハ八應スルカ又ハ七應スルカ勝手トナルヘシ　其レニテハ軍事上ノ要求ヲ充足シ得サルヘシ　故ニ主體カ二ツアルコトハ同シナリ
他ノ經濟上ノ問題ナラハ我慢シ得ルモ事軍事ニ關スル限リハ明確ニセサレハ間違ヲ起スヘシ

陶　影佐少將ノ言ハルル所ニ依レハ我意ヲ明確ニ諒解セラレタリト思ハル　但シ十ヲ七トセシニ非スシテ九トセリ　鐵道ノ管理權ト行政權ハ讓ルコトヲ得ス　之レ九ト爲セル所以ナリ

影　之ハ軍事協定ニテ定ムルモノナリ　如何ナルコトヲ要求シ如何ナルコトヲ支那カ應ヘルカハ明確ニ軍事協定

ニテ定ムヘキナリ　我方ノ要求ニ對シ一々限定スルトキハ作戰ノ用ヲ辨セス　例ヘハ作戰上所要ノ兵力ヲ急遽輸送セントスル要求ニ對シ便宜供與程度ノ氣持ニテ輸送量ヲ値切ラレテハ困ル問題ナリ

周　小生ハ妥協案ヲ多ク出シタルモ今日ハ何レモ失敗セシカ更ニ一ツヲ示サンニ原文ノママトシ「軍事上ノ要求ニ應スルコト但シ日本側ハ前記各項ノ行政權及管理權ヲ尊重スルコト」トセハ如何

影　戰時ハ如何、平時ハ之ニテ異存ナシ

周　戰時ハ別ナリ「平時」ト加ヘテモ可ナリ

影　平時ヲ加ヘテ同意ス

周　今後ノ問題ヲ相談シタシ

今日迄ニテ一通リ話シタルモ留保セル部分多シ　殊ニ皆様ノ方ニ多シ　故ニ今一度初ヨリ見テ討議セハ如何

主權尊重ニ關スル最低限度要望事項ニ對シ貴方ノ回答及我方ノ再回答アリ　之ヲ決定セン

次ニハ今後大體問題決定セハ兩者ヨリ代表ヲ出シテ「サイン」シ度シ勿論「サイン」ノ有無ハ問題ニハ非ルヘキモ國家百年ノ大計ナルヲ以テ「サイン」ヲ交シ置クヲ適當ト認ム

影　三件共異存ナシ

周　形式、文字上ノ整理及手段等ノ問題ハ如何

影　我方ハ判ヲ押ス時ノ日本側ノ代表ハ私共ニ非スト考ヘアリ誰ト誰トカ行フカハ未定ナリ　同志トシテノ話合ノ署名ナラハ別ナルモ正式ニ約定スルモノトセハ別ニ考慮ヲ要スヘシ

故ニ細イ交渉ハ其時ニ委スコトトシ我々ハ大ナル「ライン」カ一致シ居レハ其レニテ可ナリト考ヘ居レリ

私ノ考ニ依レハ今後貴我話合ヲ續行スルモ細イ所迄ピツタリ一致スルカ否カハ不明ニ付大體ノ方向タニ一致シ居ラハ離レタル儘ニテ進ムモ可ナリト認ム

調整要領ト方針トハ成ルヘク合ハスヲ可トスルモ其ノ他ノ別册ノ方ハ大體ノ處ニテ諒解カ出來レハ可ナリト考ヘ居ルモノナルモ貴方ノ考ハ如何

周　自分ノ不充分ナル處ハ他ノ人ニテ補足シテ貰ハンモ自分ノ考トシテハ同志トシテ「サイン」スル方可ナリト認ム　勿論未定稿トシテナリ　矢張リ相談セル以上ハ會談記錄等ニ纒メテ主文、諒解事項等議事錄ヲ作リ置

キ將來條約ノ資料トスルヲ可トス　而シテ之ニ署名シ置ケハ可ナルヘシ　尙留保シアルモノヲ如何ニスルヤ主權尊重原則ノ問題ヲ如何ニ處理スヘキヤ先程影佐少將ノ云ハレシ兩者完全ニ一致セストモ可ナリトノ件ハ自分トシテハ如何カト思ハル
我々ハ中央政治會議ニ依リテ今後ノ問題ヲ進メ行カントス　故ニ今諸問題カ決定シアルニ非レハ中央政治會議ヲ進行セシメ得ス　例ヘハ聯銀ノ問題華興商業銀行乃至ハ軍票ノ問題等ノ如キモ一應決定シ置クヲ必要トス　故ニ一應試案トシテ書面ヲ作製シ同志ノ資格トシテ署名スルヲ可トス

影　意味ハ了解セリ　成ルヘク問題ハ定マル樣努力スルモ何トシテモ定マラサル問題ハ如何トモ爲シ得ス　政府樹立ハ之ヲ急クノ要アルヲ以テ細イコト迄定マラサレハ中央政治會議開カレストスレハ政府樹立工作ニ障碍ヲ生シ子供ヲ活カサンカ爲ニ親カ死スルノ結果トナルヘシ
定マリタル所ハ兩方ニテ印判ヲ押シテ可ナリ　我々モ尙留保セル案件十七件アリ

周　保留案件十七件アリト云ハレシモ貴方ニテ整理シ戴ケサルヤ

谷　整理印刷スヘシ

周　我々モ整理スヘシ

影　日支關係ヲ調整スヘキ事項ハ纒リタル所ニテ捺印スヘシ　支那ノ內政問題ニ關スルモノヲ兩者ニテ捺印スルハ可笑シカラスヤ

周　整理ノ際ノ御參考トシテ原則、諒解事項、其ノ他ノ事項等ニ分チ漏レナク入レラレ度

谷　今迄ノ話合ニ依リ整理スヘシ

周　其ノ次ハ何日ニ開クヤ

影　明日休ミテ整理スルコトトシ明後日再開スヘシ
場所ハ六三花園　上海時間九時ヨリ開會トスヘシ

〰〰〰〰〰〰〰〰

513

昭和14年11月12日　在上海加藤公使より野村外務大臣宛（電報）

内約交渉における日本側提案中汪側と意見不一致の点につき報告

付記　昭和十四年十一月十三日、東亜局第一課作成

今後の交渉の進め方に関する陸軍側意向

上　海　11月12日後発
本　省　11月12日夜着

第一〇號（極祕、館長符號扱）

上海宛貴電第一四八八號ニ關シ

十一日迄ニ別紙第二、三、四ノ全部ニ亘リ一通リ説明及意見ノ交換ヲ終リ更ニ別紙第四第二第三ノ順序ニ依リ逐條討議シタルカ今日迄ノ處意見纒ラサル點主ナルモノ左ノ通リ

一、別紙第四別紙

㈠顧問

先方ハ蒙疆以外ノ政治顧問ヲ認メス又地方行政機關ニ日本人職員ヲ任用セサルコトヲ主張ス尚經濟顧問以下ノ技術顧問ノ職權ニ付嚴重ナル規定ヲ設クルコトヲ主張ス

㈡共同防衛ノ原則

先方ハ共同防衛ノ字ヲ使用セス之ヲ共同防共ト治安維持トノ二項ニ分ツコトヲ主張ス

㈢經濟提携ノ原則

先方ハ一般產業農業及財政經濟政策等ニ對スル日本ノ援助ハ支那ノ要請ニ於テ爲スコトヲ主張シ尚交通通信氣象竝ニ測量ノ發達ニ對スル日本ノ援助及協力ノ內容漠然タルヲ以テ詳細ニ規定スヘキコト特ニ鐵道通信ハ國營トナスコトヲ主張シ本項全部審議未了ナリ

又新上海建設協力ニ關スル項ニ付テハ二ノ㈡參照

二、別紙第二及第三

㈠臨時政府トノ關係

華北ノ範圍ヲ河北山西山東ノ三省ニ限リ河南省ノ一部ヲ含ムコトヲ認メス

華北政務委員會經費支辨ノ爲ノ收入確保ノ點ハ未決定ニシテ起債權ハ之ヲ認メス特ニ鐵道海關郵政ハ中央直轄トスヘキコトヲ主張ス

㈡維新政府トノ關係

中支特ニ新上海建設ニ關スル協力事項ハ先方ニテハ最重大視シ先方ハ幹部ヲ集メ連日協議中ニシテ今尚成案ヲ得ルニ至ラス

㈢蒙疆聯合自治政府トノ關係

大體問題無シ

㈣厦門大體問題無シ

㈤海南島

先方ハ所要ノ日支海軍現地協定ヲ締結シ資源開發ニ付日本側ニ優先權ヲ與フルコトヲ認ムルモ特別行政組織ハ之ヲ認ムルコト能ハサルコトヲ强ク主張ス

要スルニ先方ハ出來得ル限リ實質的ニ日本ノ要望ニ副フ様努力シツツアルモ表面上成ルヘク自主獨立ノ形式ヲ取ルニアラサレハ困難ナル支那ノ環境ニ處シ一般國民ノ人心ヲ收攬シ速ニ平和ヲ克服（復カ）スルコト至難ナリトノ意見ニ基キ此ノ點最モ注意ヲ拂ヒ居リ連日極メテ熱心ニ協議ヲ重ネツツアリ

尙詳細ハ田尻書記官携行ノ會議錄ニ依リ同書記官ヨリ御聽取アリタク本件內容極メテ機微ナル點アルニ付取扱方特ニ御注意相煩度シ

（付　記）

日支新關係調整要項ニ關スル件

（昭和一四、一一、一三、亞、一）

十一月十三日田尻書記官參謀本部ニ臼井大佐ヲ往訪上海ニ於ケル日支下打合ノ件ニ關シ差當リ如何ナル措置ニ出ツルヤヲ探リタル處大体本日中ニ左記要旨ノ電報ヲ影佐少將ニ對シ打電ノコトトナルヘキ旨述ヘタリ

記

會談ハ未タ途中ノコトニモアリ又貴方ニテ引受ケタルヲ以テ興亞院會議ノ決定迄ナシタルモノナレハ今ハ對案ヲ作ル時期ニ非ス仍テ此ノ上トモ原案ニ成ヘク近クナル様努力アリ度ク尤モ最後的對案ニ付テハ內部的ニ決定ヲ急クコトトスヘシ

巨頭會議カ遲レルコトハ面白カラス之ハ貴見ノ通ニ付決定セル他ノ事項（確約ノ件等現ニ話合中ノモノヲ除ク）ニ付一應開會スルコト可然中央政治會議カ遲レルハ已ムヲ得サルヘシ

何レ連絡者ヲ出ス筈

尙臼井大佐ハ上海會談進行シ愈我方ノ最後的態度決定ニ至ル場合ハ板垣總參謀長ヲ中央ニ招致シ之ヲ切カケニシテ適當ニ物事ヲ決定スルコトトナルヘキ旨竝ニ澤田參謀次長ハ參謀本部々內ノ少壯派ノ强硬空氣ニ對シ相當憂慮シ居リ支那側ニ對シ結局㈠日支間ノ國交ノ根本的調整事項關係㈡右ニ至ル迄ノ過渡的關係ノ二段ニ分チ何トカ話合纏ルヤウ致

シ度シトノ希望ナル旨述ヘ居タリ

514 昭和14年11月13日 在北京門脇大使館二等書記官より野村外務大臣宛（電報）

汪側との協議状況に関する華北連絡部よりの情報について

別 電 昭和十四年十一月十三日発在北京門脇大使館二等書記官より野村外務大臣宛第一一八四号
新中央政府樹立に関する中央および現地の申合せ案

北 京 11月13日後発
本 省 11月13日夜着

第一一八三號（部外極祕、館長符號扱）

[1]往電第一一五〇號ニ關シ

影佐機關ト汪兆銘側トノ折衝ニ關聯シ河北（華カ）ノ特殊性說明ノ爲影佐ノ希望ニ依リ上海ニ赴ケル河村大佐ノ歸來談トシテ連絡部係官ノ内報セル所大要左ノ通リ

中央政治會議指導要領ニ關聯スル書類ハ十一月一日影佐ヨリ汪兆銘ニ對シ一括提出セラレタルカ汪側ニ於テハ日本側ノ要求ハ大體近衞聲明、東京ニ於ケル汪ト五相トノ會談竝ニ上海及南京ニ於ケル日本側トノ會談等ヲ基礎トシタル簡單ナモノト思ヒ込ミ居タルニ今回提出ノ關係書類ハ内容極メテ複雜且具體的ナル爲汪ニ於テハ非常ニ驚キ折衝ニ手間取リ居ル譯ナルカ一方汪側トシテハ此ノ案ニテ話カ纏レハ是以上ニハ日本側ノ要求無キモノト一安心シ居ル實情ナリト認メラル目下問題トナリ居ル主ナルモノヲ列記スレハ左ノ通リ

A、日支新關係調整問題

別紙第四ノ内最モ問題トナリ居ルハ共同防衞ノ點ニシテ汪側ニ於テハ共同防共ナラハ可ナルモ防衞。ハ支那ノ主權ヲ害ス尚防共駐兵地區ハ蒙疆ノミトシ後方聯絡線トシテ已ムヲ得サルニ於テモ北支トセス京津地方ニ限ラレ度ク尚鐵道航空通信等ニ對スル軍事上ノ要求權及監督權ハ中國ノ主權ニ關スルヲ以テ反對ナリト主張シ居ルモ現地日本側機關トシテハ本調整問題ハ日本側ノ最モ重要點ヲ置ク所ナルヲ以テ飽迄之カ達成ニ努力スル方針ニシテ（後記C參照）支那側トシテモ結局字句ノ修正位ノ程度ニテ納得スルモノト觀測シ居レリ

B、中央ト地方トノ關係（以下番號ニ對シテハ太田書記官ヨリ土田書記官宛托送ノ「三巨頭ニ對スル工作要領」ノ別紙第五參照ノコト）

第[(2)]一、臨時政府トノ關係調整要領

一、汪側ニ於テハ晋北ヲ蒙疆ヨリ引離シ北支ニ入レンコトヲ强硬ニ主張シタル結果華北ノ範圍ヲ內長城線（含。ム）以南ノ河北、山西、山東トシ河南省ハ全部除外スルコトニテ妥結

二、華北ノ特殊性ニ關スル說明ヲ削除シ「中央政府ハ華北ニ於テ政務委員會ヲ設置ス」トシテ妥結

三、「……具體的事項ハ中央政治會議ニ於テ決定スルモノトス」トシ以下削除

四、第一項ノ「日支新關係正常化セル場合ニハ」及但書ヲ削除ス

第二項ハ「……華北政務委員會ニ依リ繼承ス但シ左記事項ヲ目標トシテ速ニ之ヲ整理ス」ト訂正

五、「左記」ノ㈠ニ關シテハ日本軍ノ駐屯ニ關聯スル事項ノ處理ハ中央ノ權限ナルコトヲ主張シ居ル外

㈡ノ四ヲ削除シ末尾ニ「上記各事項ヲ處理スル場合ハ中央ノ關係法令制作《ママ》施設ニ牴觸セサルヲ以テ限度トシ且事前ニ之ヲ中央政府ニ報告ス」ヲ附加センコトヲ主張シ妥結ニ至ラス

㈢ノ日本人顧問ノ冒頭ニ「中央ノ關係法令ニ基キ」ノ一句ヲ挿入スルコトトシ妥結

㈣聯銀ニ關シテハ新中央銀行ノ北支分行トスル建前ノ下ニ暫行的處理權限ヲ記載セル修正案ヲ提出シ來レルモ意見纏ラス

㈤ノ一、關稅及鹽稅ハ四割統稅ハ五割ヲ限リ北支ニ交付セントシ且關稅及鹽稅ニ關シテハ中央ヨリ直接徵稅人員ヲ派遣シ中央ニ於テ直接之ヲ監督センコト等ヲ主張シ居ルニ對シ影佐ニ於テハ中央側ノ財政統一ノ原則丈ケハ承認シタル模樣ナリ

㈤ノ二、「中央政府ノ認可ヲ經テ內債ニ限リ募集スルコトヲ得」ニテ一應妥結

三ノ官有財產ニ關シテハ全面的ニ修正意見ヲ提出シ居レリ

四ニ關シテハ「……中央政府ノ成立後直ニ統一管理下ニ入ラシムルモノトス」トシタキ支那側ノ意見ナリ

六、[3]「特任官、簡任官ハ中央ニ於テ直接之ヲ任免ス但シ當分ノ間簡任官ハ華北政務委員會ノ推薦ニ依ルモノトス」トノ案ニテ妥結

七、「華北政務委員會ハ日滿トノ純粹ナル地方的處理ニ伴フ交渉ヲ行フコトヲ得但シ隨時中央ニ報告スルモノトス」トノ案ニテ一應妥結

第二、維新政府トノ關係

新上海ノ建設ニ關シテハ右ハ第三國人ヲ排撃スルモノナルノミナラス斯ノ如キ案ニテハ華僑ノ投資スラ誘致スルヲ得ス上海ノ衰微ヲ來スモノトシテ全面的ニ反對シ居レリ

第三、蒙疆ニ關シテハ二、ヲ「……特殊性ニ鑑ミ現狀ニ基キ廣汎ナル自治權ヲ認メタル高度ノ防共自治區域トス其ノ權限ハ中央政府ノ規定セル内蒙自治法ニ依ルモノトス」トノ修正意見ヲ申出テ居ルモ蒙疆ノ事ハ大體諦メ居レリ

第四、及第五、厦門ハ特別市トスルコト其ノ軍事協力事項ニ關シテハ海南島等ト共ニ中央政府ニ於テ日本側ト別ニ協定スルコト海南島ノ資源開發等ニ關シテハ中日合作ノ一般原則ヲ適用シ日本ニ優先權ヲ供與ス等ノ妥協案ヲ作成セリ

C、今日迄ノ情勢大體以上ノ通リニテ十日現在ノ未解決問題ハ十七件ヲ數フル次第ナルカ影佐機關ニ於テハ速ニ中央政府ヲ樹立スルノ見地ヨリ九日板垣總參謀長參謀本部代表等トモ打合セノ上別電第一一八四號ノ如キ申合案ヲ作成シ一兩日中ニ影佐少將上京ノ趣ニテ右案ニ依リテモ窺ハルル通リ東京案別紙第二及第三ハ汪側トノ關係ヲ考慮シ今後相當調整ヲ加ヘラルルニアラスヤト懸念セラルル以上ハ矢野書記官等ヨリ報告濟ナルヤモ知レサルモ爲念要領ノミ電報ス

（別　電）

北　京　11月13日後発
本　省　11月13日夜着

第一一八四號（館長符號扱、部外極祕）

（欄外記入）
新中央政府樹立ニ對スル中央及現地ノ申合

第一、前半ニ關シ

一、現段階ニ於テハ一般方針ニ關スル意見ノ一致ヲ目的トシ

テ諸般ノ施策ヲ律シ細部事項ニ亘ル固定深入ヲ避クル如ク努ム
二、調整原則（別紙第四）ハ戰爭目的タルノ關係上之カ達成ニ努力シ之カ具現ヲ期ス
三、內政問題（別紙第二及第三）ハ支那側ニ委ヌルヲ本旨トシテ內面指導ス
特ニ內政干涉ノ印象ヲ與フルコトヲ避ク
四、事變ニ伴フ必然ノ特殊事態ヲ容認セシメ事態ノ平常化ヲ基礎トスル前二項ノ問題ト區別シテ取扱フ
第二、別紙第四ニ關シ
一、別紙第四ハ梅機關ニ於テ今後成ルヘク（一字ニテモ）原案ニ近付カシムル樣努力ス
二、究極迄一致セサルモノアルトキハ日支ノ意見ヲ並別（列カ）ノ儘存置ス
三、確約實行ノ直前ニ上記ノ竝列部分ノ處理方ニ付現地ヨリ上京又ハ東京ヨリ渡支ノ上決定ス
第三、別紙第二、第三ニ關シ
一、成ルヘク原案ニ近付カシムル樣努力ス
二、但シ兩者意見ノ一致ヲ求ムルコトニ焦慮シ爲ニ支那側ノ希望ヲ失ハシメサル樣注意ス（中央政治會議ノ開催ヲ著シク遲延セシメサル爲ニモ）
三、意見不一致ノ點ニ關スル處理ハ中央政治會議後特ニ中央政府樹立後ニ讓ラサルヘカラサルモノアリ

（欄外記入）
十一月十四日興亞院ヨリ接到ノ前迄ニ梅機關ノ意見ナルコトヲ銘記スルノ要アリ
之ヲ梅機關ノ部內更ニヨキ樣ニ對應シヤル要アリ

515 昭和14年11月15日 在北京門脇大使館二等書記官より野村外務大臣宛（電報）

汪側と協議中の「臨時政府トノ關係調整要領」に対する華北連絡部意見について

別電 昭和十四年十一月十五日発在北京門脇大使館二等書記官より野村外務大臣宛第一一八九号

右意見

北京 11月15日後発
本省 11月15日夜着

第一一八八號（館長符號扱）
往電第一一八三號ニ關シ
十四日當地連絡部ニ於テ軍側トモ打合セノ上「臨時政府トノ關係調整要領」ニ關スル意見別電第一一八九號ノ通リ具申セル趣ナリ
御見込ニ依リ冒頭往電ト共ニ本電及別電加藤公使ニ轉電アリタシ

（別　電）

北　京　11月15日後発
本　省　11月15日夜着

第一一八九號（館長符號扱）
「臨時政府トノ關係調整要領」[1]ニ關スル意見
梅機關ト汪兆銘側トノ間ニ折衝中ノ「臨時政府トノ關係調整要領」ニ對スル當部ノ意見左ノ通リ具申ス右ハ十一月九日附「新中央政府樹立指導ニ關スル中央及現地ノ申合セ」ノ趣旨ニモ鑑ミ現地側トシテハ最少限度ノ意見ナルニ付テハ右達成方此ノ上トモ御盡力相成度シ
一、當分ノ間現狀ヲ維持シツツ而モ日支新關係ノ正當化ヲ目途トシテ華北政務委員會ノ構成權限等ヲ逐次調整シ行ク根本原則ヲ汪側ヲシテ充分納得セシムル様工作セラレ度シ
二、「左記」ニ對スル意見
㈠新中央政府ニ依リ新ニ組織セラルヘキ國防軍ニ對スル事項ハ中央ノ軍事處理機關ニ依リ處理スルコト已ムナシト認ムルモ從來ヨリ北支ニ於テ保有スル軍隊ハ政務委員會ノ直轄トスルコト
㈡ノ四、ヨリ鐵道及通信（放送ヲ含ム）ヲ削除スルコトハ反對ナリ㈡ノ末尾ニ附加セラルヘキ但書ハ委任ヲ含ム認可ト解シ同意スルモ從來國民政府ニ依リ實行セラレタル法令、施設等ノ中ニハ日支新國交調整ノ根本方針ニ鑑ミ相當調整ヲ要スルモノアルヲ了解セシメラレ度シ）具體案ニ關シテハ鐵道及通信ノ全國的性質ヲ主張スル支那側ノ言分ヲモ斟酌ノ上追テ通報ス
㈢顧問ニ關スル修正ニハ異存ナキモ本件ニ關シテハ支那側提案等細部ノ論議ニ深入スルコトナク十一月一日決定ノ「日本側回答要旨」ニ依リ北支ノ特殊性ヲ充分認識セシメラレ度シ

(四)[2]聯銀ニ關シ

(一)名稱ノ變更ハ反對、發行額準備額等ヲ中央ニ報告スルコトハ異議ナシ、最高發行額ハ限定ハ主義トシテ反對ナルモ已ムヲ得サレハ讓歩可能但シ其ノ場合ハ最高限度ハ少クトモ十五億圓以上ナルヲ要ス

(二)聯銀券ノ流通地域ハ華北ノ地域内ニ限リ新中央銀行設立セラレタル場合ハ其ノ際ノ事情ニ則シ充分考究ノ上彼我ノ爲替相場ヲ決定スルコト但シ新法幣ト聯銀券トヲ華北地域内ニ併存流通セシムルコトハ反對(現ニ華北ニ於テハ日本金圓ノ流通ヲモ禁止的ニ抑止シツツアリ)

(三)華北ノ爲替統制其ノ他聯銀工作ニ關聯スル所要ノ措置ハ華北ニ於ケル埋藏資源ノ開發及日滿蒙疆北支間ノ物資交流ノ圓滑化ニ付絶對的關聯性アルヲ以テ華北政務委員會ノ下ニ實施シ得ル如ク爲シ置キ事後ニ中央ニ報告スルコト、但シ事前ニ事實上充分聯絡スルコト

(五)(一)北支ノ財政及建設計畫ノ實情ヲ特(篤カ)ト説明ノ上當分ノ間關稅ノ大部分、鹽稅及統稅ハ全額ヲ支給セシメラレタク尙徵稅機關ニ對スル監督ニ關シ北支六海關ニ對スル分ハ通貨工作トノ關聯アルヲ以テ華北政務委員會ニ留保スルト共ニ鹽稅ニ付テハ統稅ト同樣トセラレタシ

((二)ノ項脱?)

(三)官有財産ニ關シテハ支那側ヨリ其ノ種類等ニ關シ議論ヲ持チ出シ居ル處特殊會社ニ對スル臨時政府ノ株等中央ニ於テ本項ヲ特ニ設ケラレタル理由ヲ徹底セシメラレタシ

以上軍側トモ打合濟

本電宛先東京及華中(華中ヨリ總軍原田顧問及梅機關ニ聯絡アリタシ)

516

昭和14年11月15日　在上海加藤公使より野村外務大臣宛(電報)

「日支新關係調整要項」に關する汪側との協議状況について

上海　11月15日後発
本省　11月15日夜着

第一五號（部外極祕、館長符號扱）

往電第一〇號ニ關シ

竹内側トハ茲數日間專ラ日支新關係調整要項ニ付話合ヲ爲シ十四日修正案（十四日附公使機關往信機密第一號添附別紙丙號ノ(ロ)ニ付更ニ全部ノ協議ヲ爲シタルカ

第一、善隣友好ニ關スル事項ハ意見一致

第二、共同防共ノ原則ニ關スル事項中北支及蒙疆ノ駐兵地點ノミハ未決定

第三、經濟提携ノ原則ニ關スル事項ノ中一、二、三ハ意見一致但シ軍票ノ後始末ニ關スル事項ヲ諒解事項ニ記載スルコトトシ四ハ意見一致五ノ後段日支交通協力ノ重點ノ一項ニ諒解事項トシテ協力ニ關スル具體事項ヲ記載スルコトトナリ六ハ未決定七ハ意見一致

第四、治安維持ニ關スル協力事項ハ標題ヲ支那側ニ於テ撤兵竝ニ治安維持ニ關スル協力事項ト更メタキ旨申出アリ一ノ第二項ニ「支那ハ右期間後ト雖モ必要アリト認ムル場合ハ日本軍ノ協力ヲ求ムルコトヲ得」ト附ケ加ヘ意見一致

第五、日本人顧問職員招聘ニ關スル事項中一ノ顧問中ニ華北政務委員會ニ政治顧問ヲ置クコトハ支那側承知セス聯絡專員ナル名義ニテ聯絡員ヲ置クコトヲ承知シ以下意見一致六ノ地方行政機關ノ職員中青島、厦門、上海等ニ除外例ヲ設クルコトニ付テハ話合未タ纒ラス

第六、其ノ他ノ事項ハ其ノ儘トシ支那ノ軍隊及警察ニ對シ日本側ヨリ武器ヲ供給スルコトノ一項ヲ附加スルコトトナリタルカ數日來ノ協議模樣ニテハ此ノ邊カ恐ラク支那側最後ノ肚ニテ之以上押スコトハ極メテ困難ナル模様ナリ

517　昭和14年11月16日　在張家口望月総領事代理より野村外務大臣宛（電報）

新中央政府樹立問題に関する酒井蒙疆連絡部長官の見解について

張家口　11月16日前発
本　省　11月16日前着

第三二四號（極祕）

汪精衞ト協議ノ爲李守信ト共ニ青島ニ赴クヘク目下待機中ナル酒井連絡部長官ハ十四日本官ニ中央政權樹立問題ニ關シ中、北支ノ處理事項取扱ニ於テ箇々ノ具體的問題カ彼我

ノ間ニ餘リニ論議セラルルヲ策ヲ得タルモノニ非スト爲シ又進行中ノ既成事實ニ關スル彼等ノ質疑ヲ封シ込マサルハ拙シト洩シ居レルカ右言ニ徴スルモ青島會議ニ於テハ蒙疆側ノ既定方針タル既成事實ノ一々ニ付説明セス高度自治ノ一本槍ニテ全事態ヲ鵜呑ミニセシムルコトニ蒙疆側委員ハ邁進スルモノト推測セラル

上海大使館ヘ轉電セリ

518 昭和14年11月17日　在上海加藤公使より野村外務大臣宛（電報）

国共関係の現状など重慶情勢に関する汪兆銘の観察について

上海　11月17日後発
本省　11月17日夜着

◎第二〇號（極祕）

十六日本使汪精衛ト會見ノ際汪ノ談話中參考トナルヘキ點左ノ通リ

一、最近重慶方面ノ和平運動ニ付巷間種々取沙汰アルモ蔣ハ依然反省ノ色無キカ如シ

二、重慶側ハ最近英佛側ノ援助減退シタル爲米國蘇聯方面ニ特ニ接近セント色目ヲ使ヒ居ル模樣ナリ

三、國共兩黨ノ衝突ニ付世上種々ノ噂アル處最近ノ情報ヲ綜合スルニ兩黨關係日ニ惡化シツツアルハ事實ナルモ重慶政府カ抗戰ヲ繼續スル限リ兩黨ノ分立ハ表面化スルコトナカルヘク之ニ反シ一度蔣カ和平ノ態度ノ表明ヲセンカ忽チ兩黨分立ノ危機ニ瀕スヘシ

四、現在蔣ト共産黨ノ關係ハ全ク相互利用ノ立場ニ在リ卽チ共産黨ハ蔣ヲ利用シテ其ノ勢力ノ扶植ニ努メ蔣ハ共産黨ヲ利用シテ和平派ヲ彈壓シ居ル狀態ニシテ此ノ間ニ挾マレタル政府要人連ハ極度ニ煩悶シ居ル狀態ナリ

五、從來蘇聯ハ直接蔣ヲ援助シ居タルカ歐洲戰後ハ中國共産黨ヲ通シテ重慶側ノ抗戰ヲ援助スルコトニ改メタルハ極メテ注目スヘキ現象ナルカ一方共産黨ハ目下西北「ルート」強化ノ爲頻リニ其ノ準備ヲ進メツツアルモノノ如ク現ニ雲南、貴州、四川方面ニ於テハ共産黨ハ勢力擴張工作ヲ止メ全力ヲ西北「ルート」ノ構築ニ向ケ居レリ

六、四川軍ハ表面上團結シテ蔣ノ指揮ノ下ニアルモ内心ハ凡テ反蔣ノ念強ク機會アラハ四川軍擧ケテ反蔣ノ態度ニ出

ツル形勢ニアリ蔣モ四川省主席トシテ時々成都ニ赴キ之カ對策ニ苦心シ居ル模様ナリ

七、雲南、四川、貴州、廣西等重慶政府ノ地盤ニ於テハ中央軍ト地方軍ト交錯セシメテ配置シ居ル爲和平運動ニ參加セントスル軍隊ハ箇々ニ態度ヲ表明シ得サル狀況ニアリ右ハ密ニ當方ト聯絡ノ爲來レル軍關係者ノ報告ニ依ルモノナルカ新中央政權確立後ハ是等和平ニ贊成ノ軍隊牽付ノ爲日本軍側ト協力ノ上其ノ通路ヲ與フル必要生スヘク又最モ有效ナル方法ハ相當範圍內ニ於ケル軍隊カ共同動作ヲ執リ一擧ニ旗擧スルコトヲ監視シ居ル中央軍ヲ封スル方法ヲ採ルコトナリ

八、現在新政權樹立ノ爲日支兩方面ノ同士相集リ每日ノ如ク極メテ熱心ニ協議中ナルカ若シ幸ニシテ新政權ノ和平方策カ國民大衆ヲ率ユルニ足ルモノナラハ重慶ニ大打擊ヲ與フヘキモ若シ之ニ反シ新政權ノ和平方策カ大衆ノ失望スルカ如キモノナルトキハ却ツテ重慶ノ抗戰體制ヲ强化スル惧アルヲ以テ自分ハ此ノ點ヲ最モ重視シ新政權ノ樹立ニ當リ居ル次第ナリ

北京、天津、南京、漢口、廣東、香港ヘ轉電セリ

519　昭和14年11月21日　在上海加藤公使より野村外務大臣宛（電報）

新中央政府樹立後の第三国との関係等に関する田尻書記官と周仏海との会談報告

上　海　11月21日後発
本　省　11月21日夜着

第二七號（極祕、館長符號扱）

往[1]電第二四號ニ關シ

二十日田尻ヨリ周佛海ニ對シ最近ノ日支會談ニ付同志トシテ忌憚ナキ意見ヲ述ヘンニ貴方ハ日支協同ノ大目標ヲ忘レ和平ヲ最終ノ目的ト考ヘ居ルカ如キ感アリ又徒ニ自ラヲ(脫?)急ナルノミナラス表面ハ兎ニ角內心ニ於テ日本ヲ英米ト同地位ニ置キテ取扱ヒ相變ラス所謂歐米依存外交ニ期待シ居ルニアラスヤトノ疑スラアリトテ一々事例ヲ擧ケ反省ヲ求メ今後虛心坦懷ニ會談ヲ進ムルト共ニ「日支提携ヲ基調トスル大綱?」ノ眞意義ヲ把握シ第三國關係ヲ如何ニスルヤニ付眞面目ニ態度決定スルコト肝要ナル旨說キ種々話合ヒタル結果周ハ

一、九國條約ハ政治的ニ觀レハ集團的ニ支那ノ獨立尊重ヲ約

東スルモノニシテ支那ニ取リテハ屈辱ナリ又門戸開放ニ付テハ經濟上ノ事ニ限定シ第三國ノ政治的把握ヨリ脱却シタク同士ノ間ニハ適當ノ時機來ラハ同條約廢棄ノ方針ニ決定シ居レリ

二、國際聯盟ハ支那ニ取リテ無用ニ付之亦脱退ノ意嚮ナリ尙東亞協同體、東亞ノ新秩序等ハ内容判明セス内外ヨリ誤解ヲサレ易キニ付端的ニ東亞ノミノ國際聯盟ヲ創ルコトヲ共同ノ目標トシテ提唱シタシ

三、第三國關係ヲ現實ニ如何樣ニ處理スルヤハ未タ研究中ナルカ日本ノ立場ヲ窮地ニ陷レ又ハ歐米ニ對シ支那ノミカ顏ヲ立ツルカ如キ仕打ハ考ヘ居ラストノ趣旨ヲ明ニセリ

四、鐵道關係就中京滬線ニ付現在ノ借款契約ヲ其ノ儘トシテ邦人職員ヲ入ルル案ハ無意味ナルコト英國ニ對シ政治的約款ノ廢棄ヲ要求シ聽容レサレハ借款自體ヲ否定スヘシト云フカ如キ考ハ實際的ニ一顧ノ價値モナキ案ナルコト等ヲ指摘シ關餘ヲ以テ絶對必要ナル鐵道ノ擔保肩替ヲ爲ス案(過日田尻ノ携行セル日支經濟處理要項案及新政府外交關係處理案參照アリタシ)ニ付示唆シタルニ對シ周ハ右カ關餘ニ對シ非常ナル喰込トナルコトナシトセハ研究スヘキ旨ヲ約シ

五、[2]通貨問題ニ付新政府ハ約五十億ノ法幣ヲ整理スル大事業アル譯ナルカ若シ日本カ新政府ノ立場ヲ理解シ貴方提案ノ將來ノ金融政策ニ眞ニ協力スルモノトセハ聯銀華興券ノ將來ニ付殊更嚴格ナル條件ヲ今日決定シ置カストモ宜シカルヘク殊ニ軍票カ日本内地ノ金票トハ全ク遊離シ居ル現狀ヲ無視シ其ノ額面價値ヲ以テ將來ノ對日決濟方ヲ求ムルカ如キハ餘リニ利己的ナリト批評シタルニ對シ周ハ多少理解ヲ深メタルカ如シ

六、最後ニ周ハ此ノ場限リノ極祕ノ話ナルカト斷リ日本カ中支ニ關スル吾人同志ノ立場ヲ認メラレ現會談カ纒マラハ新政府成立ノ上爲スヘキ重慶ニ對スル工作ハ相當自信アル旨但シ汪ハ蔣トノ合作ヲ極端ニ忌避シ過日須磨部長ニ對シテモ相當興奮シテ右樣ノ話ヲ爲シタル程ナルニ付本件ニ關シ同志間ニモ未タ具體的ニハ話ヲ爲シ居ラス又爲シ得サル旨ヲ述ヘタルカ(絶對極祕ノコト)周ト雖蔣ノ南京入リヲ考慮シ居ル譯ニアラス從テ右ハ同人ト重慶トノ關係カ臭シト云フカ如キ色眼鏡ヲ以テ見ルヨリハ寧ロ事件終結ノ見透上ノ問題トシテ重大視スルヲ要スルコトト

考ヘ田尻ヨリ其ノ場合ノ中央軍ノ措置ヲ如何ニスルヤ日本ノ要求ヲ待タス自發的ニ裁兵及軍ノ配置ニ關スル愼重ナル考慮ノ望マシキ旨ヲ指摘シ置ケル由

（本懇談ハ日支會談ノ側面援助ノ爲先方ノ理解ヲ助クル目的ニテ爲シタルニ付話ハ何レモ最後ノ點迄突進メサリシ次第ナリ）

~~~~~~~~~~

520　昭和14年11月22日　野村外務大臣より在上海加藤公使宛（電報）

金融・財政・経済問題に関する汪側との協議支援のため石渡前蔵相を中国へ派遣について

付　記　昭和十四年十一月二十二日発野村外務大臣より在上海加藤公使宛電報第八号

新中央政府の通貨問題に関するわが方処理方針を石渡前蔵相へ説明について

本　省　11月22日後8時0分発

第七號（館長符號扱）

梅機關ノ竹內側トノ下打合事項中金融財政經濟ニ關スルモノニ付寺川《（影佐）》ヲ援助スルト共ニ必要ニ應シ自ラ竹內《（汪）》ト談合ノ目的ヲ以テ石渡前藏相興亞院久保課長同伴二十五日長崎發連絡船ニテ大体約一ヶ月滯在ノ豫定ヲ以テ貴地ニ向フ豫定ナリ同氏ハ大藏省顧問ノ資格ナルモ關係大臣ノ依賴ヲ受ケ居ルモノニシテ現下最モ重要ナル時期ニ當リ其ノ使命ノ極メテ重大ナルニ鑑ミ貴機關トノ連絡ニ付テハ特ニ配慮アリ度キ旨申入レ置キタリ

就テハ貴機關ニ於テモ同氏トノ間ニ緊密ナル連絡ヲ保持セラレ又梅機關トモ連絡シ所要ノ便宜供與相成ル樣致度シ特ニ竹內トノ會見ニ當リテハ寺川トモ相談ノ上清水書記官ヲシテ通譯ニ當ラシメラレ度

（付　記）

本　省　11月24日後9時発

第八號（極祕、館長符號扱）

貴電第二七號ノ五ニ關シ

通貨問題處理方針ニ關シ石渡前藏相ニ對シ東亞局長ヨリ當面ノ方策トシテ單ニ聯銀券ノ强化、華興券ニ對スル從來ノ諸施策ノ繼續、軍票制度ノ存續等ノミヲ考慮シ法幣ヲ其ノ儘ニ放置スルコトハ新政權樹立竝之ヲシテ支那民生ノ救濟
~~~~~~~~~~

ヲ實行セシムルノ根本ニ觸レサルカ故ニ寧ロ英米等主要第三國ニ對スル工作ヲナシ重慶ノ發券權ヲ制壓スル前提ノ下ニ法幣ノ安定ヲ圖ルコトヲ中心トシ前記圓系通貨ノ處理ヲ併セテ行フコトカ適切且必要ナリト思考スル旨(右ハ先日田尻書記官トモ話合濟)詳述セル處石渡氏ハ能ク諒解セリト答ヘ居タル趣ナリ同氏ト御協議ノ際ノ御參考迄

521 昭和14年11月22日　在上海加藤公使より野村外務大臣宛(電報)

華北鉄道問題に関するわが方態度が汪工作全般に及ぼす悪影響に鑑み交渉方針の再検討方田尻書記官より意見具申

付記一　昭和十四年十一月二十六日付在上海加藤公使より野村外務大臣宛電報写
事変処理促進の観点より速やかな内約交渉妥結の必要性につき田尻書記官より意見具申

二　昭和十四年十一月二十七日起草野村外務大臣より在上海加藤公使宛電報第一〇号
汪側との対立点に対するわが方方針を検討した関係省庁局長級会議の結果について

上　海　11月22日前発
本　省　11月22日夜着

第三一號(極祕、館長符號扱)

東亞局長ヘ田尻ヨリ

一、梅機關ヘノ入電ニ依レハ中央ニ於テハ北支鐵道ノ國營ヲ絶對容認セサル考アルカ如ク電文簡單ニテ貴方ノ眞意捕捉シ難キモ右ハ中支ニ於テ先方ノ顏ヲ立テ讓歩ヲ爲ス代償トシテ相當强硬ニ主張セントスル方針カト察セラルル處本件永引クモ容易ニ纏マラサルニ加ヘ梅機關長ノ汪會談ノ點(停頓)等ヨリ觀テ竹內ニ於テ日本ニ熱意ナシト觀察シ痛ク氣ヲ腐ラシ內密政府ノ樹立延期ヲ云々スルノミナラス寧ロ本工作自體ヲ打切ラントスル口吻スラ洩シ居ル由傳ヘラレ之ハ必スシモ我方ニ對スル牽制的示威ニアラスト認メラルル節アリ大イニ考慮ヲ要スル事態ナル一方元來新政府ノ樹立ハ時局終結上對重慶工作(及對第三國關係外交工作)ノ足場タラシムル點ニ於テ重大意義アリ依テ重慶カ到底承認スマシキモノヲ今日承認セシメテモ日本ノ自己滿足ニ止マリ今後ノ工作上ハ却テ害トナルヘク又將來重慶ニ對シ之ヲ讓歩スルカ如キコトアラハ重慶乃至蔣介石ノ言分カ正シカツタト云フコトトナリ日本及汪側ノ完全ナル敗北トナルヘキニ付テハ北支鐵道問題ノ如キモ右觀點ヨリ再檢討ヲ必要トスト存ス

二、依テ問題ノ焦點ハ支那側ニ於テ最モ重要視シ居ル鐵道ノ國營カ絶對ニ容認シ得サルモノナリヤニ懸ルヘキ處國營ヲ否定スル大ピラナ理論ハ先ツナシト認メラレ果シテ然ラハ原則的ニ之ヲ認メ置キ乍ラ暫行辦法トシテ一應現在ノ事態ヲ其ノ儘引繼カシメ遲クトモ治安駐屯期間滿了前ニ情勢ヲ看乍ラ民營ヨリ國營ニ移動セシムルコトトシ其ノ際ハ鐵路局副局長以下幹部ノミナラス相當大多數ノ現業員ヲモ職員トシ採用セシメ又右ニ先チ軍事及經濟提携上ノ要求ニ卽シタル企劃ヲ確定シ且實行ニ着手セシメ運輸問題ニ付テハ隴海線ヲ含メテ軍事協定ヲ締結セハ實際問題トシテ我方ノ要求ハ達成セラルルニアラスヤト考ヘラル（交渉ノ段階トシテハ京山京包山東及濟南以北ノ津浦線ヲ限リ委任經營ヲ爲ス案モ考慮シ得ヘシ）

尙右案ニ依ル際ノ現交通會社ハ投資會社トシテ存續セシムル方法モアルヘク我方從來ノ投資ハ借款トシテ北支ニ關スル限リ鐵道ヲ擔保トセシムヘキハ勿論ナルカ本件ハ鐵道ニ關スル借款ノ整理トモ重大ナル關係アリ殊ニ民營案カ果シテ第三國借款ト兩立スルヤニ付テハ自信ナク（我方ナケナシノ金ヲ以テ對英債務ヲ皆濟スル案ノ如キハ果シテ賢明ナル方策ナリヤ疑アリ）凡ユル角度ヨリ觀テ北支鐵道問題ハ再檢討セラルルコトヲ切望ス

（付記一）

十一月二十六日附加藤公使發外務大臣宛電報寫

東亞局長ヘ田尻ヨリ

一、梅機關長二十四日歸任ス中央ニテハ會談ノ決裂ヲ賭シテモ北支鐵道ノ民營ヲ主張スル一面中支ノ問題全部ヲ將來ノ討議ニ殘シ度キ意向ナル由ノ處右ハ外務省モ承知ノ上ナリヤ

二、中支就中上海ニ關スル先方ノ提案ハ往電第二四號ノ通リナルカ右ニ對シ(イ)上海等ニ於ケル日支合弁及產業協定等經濟協調ノ促進(ロ)上海恆產會社ノ承認等建設ニ對スル一般的協力(ハ)日本駐屯軍ニ關聯スル地方的事項ノ處理(ニ)所要ノ顧問及職員ノ派遣等ヲ追加セハ大体現狀ニ基礎ヲ置

ク解決案トシテハ我方ニテ呑ミ込ミ得ルモノナルヘク（市參事會員ハ既成事實モナキ今日主張スルカ無理ナリ）而モ右ハ固定的ノモノトセス先方同志一應ノ試案トシテ聞キ置クコトトセハ將來ニ對シ左シテ不都合モ起ラサルヘキ反面支那側ハ相當ノ安心ト自信ヲ得テ政府樹立ニ邁進スルモノト存セラル就テハ中支問題ヲ後日ニ留保セントスル中央ノ新對策ハ我方ノ關スル限リハ妙案ナルヘキモ我方原案ハ既ニ机上ニサラサレ先方ハ極端ナル懷疑心ヲ有スル今日到底此ノ新對策ヲ受入ルル筈ナキハ勿論ナルモ更ニ疑ヲ增スニ到ルヘキヲ以テ汪政府ヲ樹立スル根本方針ニ變更ナキ限リ過般歸朝ノ際申述ヘタル通リ中央ハ大悟一番中支ノ問題ハ先方ノ主張ニ前記追加事項ヲ加味シタル程度ニテ折合ヒ新政權ノ基礎强化ヲ計ルコト肝要ト存ス

三、北支鐵道ニ付テハ國營ノ原則ヲ認メタル上暫行的ニ膠濟線以北ノ民營ヲ或ハ承諾セシムル可能性ナシトセサルヘキモ駐屯期間ハ民營ナラストモ我方ノ意ノ儘ニ鐵道ヲ動シ得ヘク又其ノ以後日支ノ實力ノ差少ナクナリ國權囘復運動ノ起ルコトトモナラハ民營ハ却テ不得策ナルヘク鐵道ニ對スル把握カ畢竟形式ニ非ス日本ノ實力如何ニカカルトセハ國營トシテモ資本技術職員ヲ思フ通リ入レテ置カハ充分ナルヘキコト冒頭往電ノ通ナリ斯ル見透シノ下ニアリテ民營ヲ主張スル理由ハ直接間接鐵道會社關係ノ向ノ利益擁護以外ニ之ヲ發見シ得ス若シ理由アリトセハ汪政權成立ヲ阻止セントスル口實ノミナルヘキカ政府カ斯ル大轉換ヲナスヘシトハ眞面目ニハ考ヘ得サル所ナリ

四、假リニ現會談ヲ取リ止メ汪政權ノ樹立ヲ打切ル場合（延期ハ打切リト同樣ノ結果ヲ招クヘシ）ノ對策トシテハ我方ノ手ニ依リ重慶ヲ相手トスル直接交渉ニ入ルカ第三國殊ニ英國ノ橋渡シヲ賴ミ英ヲ後楯トスル重慶ト和平スルカ又ハ飽迄重慶政權倒壞ノ爲戰爭ヲ續クルカ（日本ノ國内狀勢ハ斯カル事ヲ許ササルヘキモ）ノ三途アルヘキカ前二者ハ果シテ汪政權ヲ踏ミ臺トスル現方針ヨリ優レル方法ナルヘキヤ汪政權カ決シテ强力ナル政府タリ得サルヘシトノ觀察ハ正ニ其ノ通リナルカ現在ノ汪派ヲ相手トスル會談ハ決シテ汪相手ニ止マラス實ハ重慶相手ナルト共ニ支那全体ヲ相手ノ交渉ニシテ汪派カ承諾セサルコトハ卽チ重慶ハ勿論一般中國人士モ亦聞キ入レサルコト從

テ日本ノ要求ハ國策上最低限度ノ必要事項ニ止マルヘキコトニ想到セハ既ニ會談ヲ開始シ重慶及外國（當地記者團スラ然リ）カ其ノ內容及經過ヲ知悉シ其ノ落着ヲ注目シ居ル丈ニ之ヲ打切リタル際ハ重慶及英國ハ以テ乘スヘシトシテ今日汪カ與フルモノモ決シテ之ヲ與ヘサルヘキコト火ヲ見ルヨリ明カナリ卽チ汪トハ六月來朝ノ際現在ノ如キ會談ヲ試ミ見込ナクハ袂ヲ分ツヘカリシモノナルト共ニ重慶及英ヲ相手トスル交渉ハ本會談カ成功シタル後ニアラサレハ決シテ行フヘキニ非スト思料ス（英國ヲ日本及汪派ニ引ツケル爲ノ交渉ハ大イニ必要ナリ）

五、本會談ヲ打切リ重慶ヲ直接交渉ノ相手トスルハ二年間ニ亘ル我カ國策ノ一枚看板ヲ下スコトトナリ內ニ於テハ國內民衆ノ憤懣抑フルニ由ナク外ニ於テハ列國ニ我カ敗戰ヲ裏書キシ其ノ干渉彌カ上ニモ我ニ加ハルノミナラス又重慶ヲシテ凱歌ヲ奏セシメ蔣介石ヲ將來永ク救國ノ英雄タラシムベク而モ交渉ノ結果得ヘキ條件ハ現在ノ程度ニモ及ハストセハ政府ハ何ヲ以テ國民ヲ指導シ得ヘキヤ固ヨリ交渉ノ結果カ不滿ナラハ實力ヲ以テ北支蒙疆ニタテ籠ル方法モアルヘキカ斯クテハ汪派其ノ他ノ和平派ヲモ全部敵方ニ廻ハシ中國全体ヲ相手ニ永久ニ應戰セサルヲ得サルニ到リ事變ノ卽急解決ハ到底不可能トナルヘク之亦政府ノ企圖及國民ノ期待ニ副フ所以ニ非ラサルヘシ

六、英ヲ利用シ重慶ヲシテ共產黨ト絕緣セシメ之ヲ切掛ケニ直接交渉ニ入ル手段モアルヘキカ右ハ汪政權ヲ踏ミ臺トシテ我方自ラ重慶工作ヲナシ得ル体勢ニ於テ又英國カ日本及新政權ニ協力スル充分ノ具体案ヲ提示シ來レル場合ニ初メテ爲スヘキコトニシテ然ラサル限リハ日本ハ英ヲ背景トスル重慶ヲ相手トスルコトトナリ結果ハ完全ナル敗戰ト選フ所ナク南支島嶼問題鐵道民營ノ如キ一蹴セラルヘキコト必定ナルヘク日蘇ノ提携トテ事變解決ニ關スル限リ同一ノ結果ヲ見ルニ過キス

七、要スルニ我カ事變處理方針ハ汪政權ヲ速カニ樹立シ之ヲ足場トシテ對重慶工作ヲナシ重慶ト南京トヲ合流セシムル外ナク（日本ハ對內的ニ重慶カ合流シ來レリト宣傳スルヲ要ス）對第三國外交ハ右到達スルワキ役ニ過キサルヘキコトヲ確信スル次第ナルニ付若シ何レノ方面タルヲ問ハス新政府成立ヲ取リ止メ若クハ政（以下欠カ）

編注一　本文書の発着日時および電報番号は不明。
二　本文書は、東京大学近代日本法政史料センター原資料部所蔵「阿部信行関係文書」より採録。

（付記二）

本　省　発

第一〇號（極祕、館長符號扱）

貴電第三五號ニ關シ

二十日（十九日ハ延期）鈴木部長、陸海軍務、理財、東亞四局長會合（影佐、須賀同席シ影佐ノ説明後退席セリ）先ツ影佐ヨリ確約及指導腹案全体ニ亘リ汪側ノ修正意見及之ニ對スル日本側ノ意見ヲ説明シタル後鈴木部長ヨリ汪側意見ト我方意見ト對立スル主ナル問題ハ㈠防共駐兵地點㈡鐵道㈢通信、航空、海運㈣北支財源㈤北支蒙疆政權ノ權限㈥新上海ノ建設㈦治安駐兵㈧通貨ノ諸問題ナリト思ハルルカ之ニ對シテハ

㈠防共駐兵問題ハ原案維持トシ駐兵地點ハ追テ協議スルコト

㈡鐵道問題ハ國有國營ノ原則ハ之ヲ認ムルモ北支特殊地域及用兵上必要ナルモノハ現狀維持トス但シ交通會社ノ合理的調整（持株、人事等）ハ之ヲ實行スルニ異存ナキコト（中支ノ鐵道ハ軍事上ノ要求權ニ依リ之ヲ維持ス）。尙鐵道ノ監理ハ中央ニ屬セシメ北支ニ中央直屬ノ監理局ヲ設クルコト亦異存ナシ

㈢通信、航空、海運問題ニ付テハ

(イ)通信ハ北支ハ現狀維持、中支モ日本カ協力シテ把握ス

(ロ)航空ニ付テハ汪側意見ノ如ク中國歐亞及中華公司ノ現狀ニ基キ合辦トス

(ハ)揚子江海運ハ合理的調整ヲ加ヘ新ニ經營スルモノハ合辦トス

㈣北支ノ財政ニ付テハ財源確保ヲ目途トシ徵稅監督ハ中央ニ認ム

㈤蒙疆ノ自治權、北支政務委員會ノ權限問題ニ付テハ汪側ノ修正案ヲ承認ス但シ日本側ト事前協議ヲ要スルコトトス

㈥新上海ノ建設ハ日支協力シテ之ヲ行フ趣旨ニ依リ具体案ニ付協議スルコト

㈦治安駐兵問題ニ付テハ撤兵ハ日本カ自主的ニ之ヲ行フ建

前ノ下ニ日本ハ平和克復後治安安寧ノ確立ヲ認ムレハ撤兵ヲ始メ二年間ニ之ヲ完了ス但シ南支沿岸特定島嶼ニ於ケル艦船部隊ノ駐兵基地ニ付テハ別途取極ヲ行フ(海軍側ヨリ揚子江沿岸主要地點ヲ追加スル意見出テタルモ之ハ決定ニ至ラス)

(八)通貨ニ付テハ新中央銀行設立及新券發行ハ餘リ飛躍的ナレハ之ヲ規定ニ入レス大体現狀維持トシ度キモ本件ハ專門的事項ナレハ石渡氏ヲシテ汪側ノ希望ヲ確メサセタル上更ニ考慮ス(聯銀券問題ニ付テハ發行高ヲ定ムルコト及聯銀券ト新法幣ノ兌換率ヲ規定スルコトハ不可ナルモ(一)發行額準備金額ハ隨時之ヲ中央ニ報告シ中央ハ隨時人ヲ派シテ檢査ス(二)聯銀券行使區域ハ北支ニ限ルコト(三)聯銀券行使區域內ト雖モ新法幣ハ聯銀券ト同時ニ流通スルコト(四)北支ノ爲替統制ハ中央ノ認可ヲ經ルヲ要ス等ハ之ヲ認メ差支ナシトノ軍側ノ意向ナリ)

トノ意見ヲ披露シ全体ニ亘リ意見交換ノ結果前記各項ノ腹案ニ基キ出先ニ於テ汪側ヲ納得セシムル樣指導シ中央政治會議開催ニ持チ行ク樣努力シ其ノ間成ルヘク既定ノ決定ニ近寄ラシムル樣努ムルコト右ニ依リ如何ニシテモ解決付カヌ場合ニハ改メテ政府最後ノ決定ヲ仰クコトニ申合セ本申合セニ基キ各官廳上司ノ諒解ヲ求ムルコトトシ各自異議ナカリシモ大藏省ハ理財局長不在ニテ代理者出席セル爲本日ノ決定ハ單ニ大臣ニ報告スルニ止ムヘシトノ留保アリタリ

尙其ノ節東亞局長ヨリ本件交渉カ永引クニ於テハ內外ニ不安ヲ與ヘ重慶側ノ策謀モ盛トナリ新政權樹立ヲ頓挫セシムル危險アルヲ以テ速ニ妥結ニ達スル樣政府ノ政治的考量ヲ促ス要アルコト及意見不一致ノ點ニ付駐兵鐵道等ハ我方ニテ讓歩出來サルモ新上海ノ建設ハ新政權ノ人心把握及第三國ヲ引付ケル上ヨリ支那側ノ希望ヲ認ムルノ要アル旨ヲ力說シ置ケリ

北京ニ轉電セリ

編注　本文書の発電日時は不明。

522　昭和14年11月27日　在南京堀総領事より野村外務大臣宛(電報)

内約交渉における日本側提案は新政府樹立の意義を損なうとして条件緩和を求める汪兆銘

の態度について

南京　11月27日後発
本省　11月27日夜着

第二二七號（館長符號扱）

谷次官へ依光參與官ヨリ

二十五日上海ニ於テ汪精衞ト會談二時間汪ハ「日本政府ノ提案ハ假ニ此ノ儘鵜呑ミトスルモ民心ハ收攬シ難シ支那大衆ニ新政權ハ結局日本ノ傀儡ニ過キス滿洲國ト選フ所ナシトノ感シヲ與フレハ新政權樹立ノ意義ハ沒却セラルルノミナラス却テ蔣政權ヲ强化セシメ戰爭ハ何時迄モ終熄スルコトナカラン自分ハ飽迄日本ヲ信頼新政府ノ樹立ニ邁進スヘキモ日本ニ於カレテモ自分ノ立場ヲ今少シ了解シ消化シ易キ膳立ヲ出サルル樣希望ス」ト述ヘ稍々腐リ氣味ニ見エタルニ付本官ハ「日本ハ未曾有ノ大戰ニ當リ而モ今日ノ大捷ヲ博シ居ル手前モアリ國民ハ戰果ニ付テハ多少ノ期待ト關心トヲ以テ臨ミ居ルコトトテ貴下ノ申出ハ一應御尤モナルモ左樣簡單ニハ行クマシク歩ミ寄リニハ相當ノ困難ヲ伴フモノト思フモ日本官民ハ擧ケテ貴下ニ協力シ事變ノ解決ヲ一日モ速カナランコトヲ熱望シ居ル際ナレハ貴下ニ於カレテモ氣ヲ腐ラスコトナク此ノ上トモ一層御自愛御努力ヲ祈ル」ト激勵シ置キタリ御參考迄大臣ヘモ可然御傳ヘ請フ

上海ヘ轉電セリ

523　昭和14年12月2日　在上海加藤公使より野村外務大臣宛（電報）

英国に対する応酬方針は内約交渉における汪側との諒解内容の確定をまって実施すべき旨意見具申

上海　12月2日後発
本省　12月2日後着

第四四號（極祕、館長符號扱）

英宛貴電第四五七號（見当ラズ）ニ關シ

一、英國ニ對シ本電ノ如キ應酬ヲ爲シ其ノ目的ヲ達セシカ爲ニハ中央政府ノ樹立工作カ完全ニ軌道ニ乘リ來ルコトヲ前提トスヘキ處日支基本的要項ニ關スル會談ハ目下停止狀態ニアリテ之カ妥結ヲ見ル迄ニハ我方限リ内部的ニ具體的意見ヲ取纏メル爲ニモ或ハ相當ノ日數ヲ要スヘキノミナラス三巨頭會談カ圓滿ニ進行シ次テ中央政治會議ニ於テ諸手續カ完了シタル上ニ非レハ政府樹立工作ハ必スシモ安心ヲ許サス殊ニ昨今本會談ノ停頓ハ重慶トシテ之ヲ逆宣傳ニ利用スルニ至ラシメ居ル一方汪派スラ（親日ヲ云々スルモ先ツ支那人タル點ニ於テハ重慶ト同様ナリ）其機關紙ヲシテ盛ニ國憲擁護ノ形ニ依リ日本ニ對シ無遠慮ナル社論ヲ連續掲載セシメツツアル實情ナルヲ以テ中央政府成立ヲ繞ル工作ハ重慶ヲ相手トスルニセヨ英國ニ働キ掛ケルニセヨ交渉及宣傳兩方面共早クトモ中央會議終了後初メテ之ヲ本格的ナラシメ得ルモノト認メラル

二、次ニ日支了解成立後重慶ヲ如何ニ取扱フヤノ問題ナルカ中央政府ノ力ヲ以テ重慶ヲ崩壊セシメ個々ノ要人脱出參加ヲ期待スルモ先ツ見込無ク且右ハ事變ノ急速解決ニ資スルコト尠キヲ以テ重慶ヲ一體トシテ南京ニ合流セシムル工作ニ主ヲ置クコトトナルヘキ處之カ爲ニハ㈠對英米或ハ蘇聯邦外交ニ主眼ヲ置クヘキヤ又㈡重慶ニ對シ中央政府及我方カ働キ掛ケルヘキヤ（其ノ方法アリ）ノ二途アル處現階段ニ於ケル我方ノ要求カ最少限度ノ必要ニ限ラレ支那側ノ立場ヲ認メヤル幅カ廣ケレハ廣キ程後者卽㈡ノ方法ニ依ル見込大ナル譯ニシテ汪派ニ對スル要求條件ノ範圍如何ハ日支兩國限リニテ本事變ヲ終結セシメントスル我根本方針ヲ建貫キ得ルヤ否ヤヲ決スル關鍵タルト共ニ英國カ冒頭往電我方働キカケニ如何ナル程度ニ乘リ來ルヤモ直接間接右條件ニヨリ決定セラルヘク（重慶カ動キ出ス可能性強ケレハ英國モ嫌々乍ラテモ乘出シ又鐵道問題等ニ關シ條件カ穩當ノモノナラハ自發的ニ口ヲキク場合モアルヘシ）又場合ニヨリテハ對英問題ハ我方ト中央政府ノ協力ニヨリ解決シ得ルコトトナリ冒頭貴電ノ如キ趣旨ノ應酬ニヨリテ英ヲ我方ニ惹キ付クル必要モ無クナルヘク觀シ來レハ汪トノ間ノ日支諒解ノ內容カ先決問題ニシテ對英應酬ハ右內容ノ確定ヲ待テ之ヲ始メルモ遲カラスト思考セラル

英へ轉電セリ

524　昭和14年12月6日　在上海加藤公使より野村外務大臣宛（電報）

時局に関する田尻書記官の観測

第五一號（部外極祕、館長符號扱）

上　海　12月6日後発
本　省　12月6日夜着

東亞局長へ田尻ヨリ[1]

左記各項ハ本官限リノ私見ニテ恐縮ナルモ時局對策企畫上何等御參考トナラハ幸甚ナリ

一、臨時政府ノ要人ハ王克敏ハ素ヨリ北方派ノ人物ト雖支那統一ヲ願ヒ所謂北支ノ特殊性ヲ最少限度ニ止メ出來得レハ之ヲ經濟關係ニ限リタキ願望アリ彼等カ出馬シタルハ日本ノ要求ヲ或程度容ルルコトニ依リ支那ノ分裂支那全般ニ對スル日本ノ把握ヲ阻止セントスルニアリ故ニ日本ト共ニ新中央政府ニ對抗シ特殊性ヲ擴大スルカ如キ意嚮毛頭無ク現ニ王カ北支政務委員會ノ權限ハ「國交調整」ノ當事者タル汪兆銘ノ決定スヘキコトニシテ自分等カ何等中央政府ニ對シ權限呼ハリヲスヘキ筋合ノモノニアラスト言ヒ其ノ他ノ者カ新政府成立セハ我等ノ任務ハ終レリト言フハ今日迄微力ヲ以テ支那ノ崩壞ヲ防衛シ來リタルカ中央政府カ出來レハ之ニ任セタク又任セタ方カ全般的ニ有利ナリト考フル爲ニシテ新政府ノ出現ニ反對アルカ爲ニハアラス彼等ハ傀儡ニアラスシテ愛國者ナリ（彼等カ公然靑天白日旗ヲ攻擊スルハ實ハ日本側ニ受ノ良キ强硬論ニ托シテ北方ニ特殊性ヲ云々シ强硬ナル中央政府ノ出現ヲ阻止セントスル日本側ノ態度ニ對シ敵本主義的鬱憤ヲ晴ラシ居ルモノナリ）彼等ニハ政府ノ首領カ汪ナルト蔣介石ナルトハ問フ所ニアラスシテ何人ニテモ中央ノ名ヲ用ヒテヨリ有效ニ日本ニ對抗スル組織カ速ニ出來ルコトカ問題ナリ換言セハ北支ヲ特殊化シ得ルモノハ日本ノ實力ニ依ル把握以外ニハ何物モナク無理ヲシテ特殊性ヲ形式化セントセハ（例ヘハ鐵道然リ）北支自體ノ民心ヲモ失フニ至ルヘシ

二、[2]中央政府工作カ玆迄進展セシ以上汪精衞ハ退クニ所ナカルヘキヲ以テ相當ノ無理ヲ承諾スヘシトノ判斷ハ誤解ナリ彼ハ革命兒ニシテ斷シテ政治屋ニハナレヌ人物ナレハ日本ノ要求カ屈辱的ニテ到底堪ヘ得サレハ何時ニテモ現工作ヲ抛ケ出スヘシ最近ノ汪ハ甚シク腐リ氣味ナルモ唯近衞公始メ日本側ノ同志ニ迷惑ヲ掛ケ度ク無シトノ考ヨリ仲間ヲ押ヘ我方ニ「ミート」スヘク努力シツツアリ若シ此ノ間ノ內情ヲ無視シ難題ヲ强フレハ汪ハ勿論彼ニ先

立チ其ノ同志カ逃ケ出ス可能性モ多分ニアリ従テ假令會談ヲ延期スルモ累次往電ノ如キ見透以上ニ先方カ折レ來ルコト無ク寧ロ現工作ハ中止トナリ流產トナリ重慶ト第三國ハ之ニ乘シテ強クナリ逆ニ汪ノ立場惡クナル爲其ノ際我方カ條件ヲ緩和シ再起ヲ促シテモ汪ハ之ヲ承諾シ得ス又重慶カ承諾セヌコトハ勿論ナルヲ以テ我カ條件ハ今ニ於テ此ノ角度ヨリ再檢討ノ上最少限度ノモノトスル要アルヘシ

三、(3)我カ條件次第ニテ汪政府カ占領地ニ於テ相當ノ人氣ヲ獲得スルコトハ可能ナルモ重慶ニ比スレハ弱體無勢力ニシテ重慶要人ノ引張リ出シヲ策シテモ重慶ノ團結強ク警戒嚴重ナル爲當分殆ト效果ナキコトハ內外人ノ一致セル觀測ナルノミナラス汪ヲ除ク彼等同志ノ考モ全ク同樣ニシテ從テ對重慶工作ハ如何ニセハ重慶全部ヲ其ノ儘ニ南京ニ牽キ付ケ得ルヤノ問題トナリ之ニハ汪ニ呑(込)マスモノヲ重慶カ承諾スル程度ニ止メルコトヲ第一條件トスル次第ニシテ現會談ハ實質的ニハ重慶トノ和平交涉ニ外ナラス汪ヲシテ「フランコ」政權タラシメ逐次重慶崩壞ニ導カントスル當初ノ計畫ヲ變更シ成ルヘク速ナル機會ニ於テ重慶ト我方トカ實質的和平ヲナス踏臺タルニ止メントスルハ前述ノ如ク新政權カ無力ナルヘキ見透ナル外國際情勢カ支那事變ノ速急解決ヲ要求スルカ爲ナリ從テ時局解決ノ樣式ハ日本ト汪トノ國交調整會談、中央政府樹立及之ト重慶トノ合流方ノ交涉、双方政府ノ解消、新統一政府誕生ノ段取トナリ右期間カ永引カハ中央政府承認モ現實ニ必要トナルヘキ處承認ハ宣言ニ依ラスシテ基本條約締結ノ形式ヲ選ヘハ無理ヲセスニ右期間ヲ延引スルヲ得ヘシ又統一政府ニハ蔣モ入リ來ラサル一方或ハ汪モ投ケ出サレ實體ハ重慶派ヲ主流トシ汪派ノCC團等カ參加シテ甦生サルヘク重慶カ我カ汪トノ會談ノ結果ヲ承認シ政府ヲ解體シ來ル以上其ノ排日容共政策ハ放棄サルル次第ナルモ人的構成、思想ノ主流ハ依然トシテ蔣介石ノ改造セル國民黨竝ニ國家主權ノ獨立尊重及之ヲ阻止スルモノノ排斥ニアルコト疑ノ餘地ナク之テハ何ノ爲ニ多大ノ犧牲ヲ拂ヒ事變ヲ戰ヒツツアリヤトノ有力ナル反對モ起ルヘキ處右解決案ニ代ルモノトシテハ長期戰爭アルノミトセハ又右カ我國ノ實力ノ不足ニ基因スルモノトセハ蓋シ已ムヲ得サル所ナルヘシ

四、[4]元來今次ノ事變ヲ以テ抗日容共政策ニ對スル膺懲ナリトスルハ看板ニシテ實ハ新興國トシテ伸ヒ來レル支那ノ成長力ヲ一應破壞スルニ在リ（尤モ支那カ日本ニ對シ友好的ナリセハ或ハ事變ヲ避ケタルヘキヲ以テ前記看板ハ半分ハ嘘ニアラス）聖戰二年半支那ノ物質的破壞ハ目的ヲ達シ日支實力ハ相當ノ開キヲ生シタルカ支那人ノ精神力ハ却テ旺盛トナリ將來恐ルヘキモノアルヲ以テ我國民カ之ヲ認識シ生産擴充、國防充實等ニ覺悟ヲ新ニセハ更ニ事變ノ收穫ハ大トナルヘク加フルニ滿蒙問題ノ最後的解決竝ニ北支ニ於ケル永久駐兵及開發建設ノ遂行ノ如キ和平ニ伴フ直接ノ收穫ヲ想ヘハ今次事變ハ充分ノ目的ヲ達シ得ル譯ニテ日本現在ノ環境ニ於テ北支ノ併合ヲ求メ或ハ國民的感情ニ名ヲ藉リ北支ノ特殊性ヲ形式化セントスルニハ未タ機熟セス又事變ノ眞意義ヲ認識シ國民ノ覺悟カ確固タルモノアラハ重慶派カ其ノ儘南京ニ歸來スルモ何等邪魔ニナラス日本トシテハ寧ロ事變ノ急速解決ニ依リ自由ナル立場ニ歸リ得ル利益ノ方遙ニ大ナルヘシ

編　注　本文書は、東京大学近代日本法政史料センター原資料部所蔵「阿部信行関係文書」より採録。

525

昭和14年12月8日　興亜院会議決定

「中央政權樹立工作ニ關スル申合セ」

付　記　昭和十四年十二月十九日発野村外務大臣より在上海加藤公使宛電報第三三三号

右決定の文言確定経緯について

中央政權樹立工作ニ關スル申合セ

昭和十四年十二月八日

興亞院會議決定

一、梅機關對汪工作ノ經過ヨリ見ルニ去ル十一月一日興亞院會議決定ニ依ル我ガ方要求ヲ今直チニ全面的ニ確約セシメントセバ汪ニ依ル新中央政府樹立ハ困難ト見ラレ又新中央政府樹立ヲ可能ナラシムル爲ノ汪側主張ハ我方ニ於テソノ儘之ヲ容認シ難キモノアリ

二、然ルニ國家内外ノ情勢ハ新中央政府ヲ速ニ樹立スルヲ有利ト認メラルルヲ以テ此ノ際現交渉ノ程度ニ於ケル彼我主張ノ開キノ如キハ一應梅機關ノ責任ニ於テ之ヲ呑込マ

シメ兎モ角モ速ニ汪政權ヲ樹立セシム
此ノ場合梅機關トシテハ彼我意見ノ一致セザル點ニ就テハ將來正式交渉ニ移リタル場合更メテ折衝ノ餘地ヲ存スル如ク出來得ル限リノ措置ヲ講ズルモノトス
三、政府ハ新中央政府樹立後諸般ノ情勢ヲ考慮ノ上適當ノ時機ニ右政府ト正式交渉ス
四、十一月一日興亞院會議ノ決定ニ就イテハ國內外ノ情勢ヲ見極メ且梅機關汪間ノ話合ヲ考慮シ要スレバ修正スルコトアルベシ

(付　記)

本　省　12月19日8時30分発(編注)

第三三號(館長符號扱)

往電第三二號ニ關シ
矢野ヘ田尻ヨリ
八日ノ興亞院會議決議草案第二項ニハ「彼我主張ノ開キハ政府關係機關ノ內面的諒解ノ下ニ一應梅機關ノ責任云々」トアリシ模樣ナルモ右ハ削除セラレ又興亞院會議提出ノ原案第三項冒頭ニ「政府ハ表面上內外ニ對シ梅機關工作トハ無關係ナル立場ヲ堅持シ新中央政府云々」トアリシヲ外務大臣ノ提案ニ依リ之ヲ削除シ往電第一九號ノ如ク修正シタルカ右ハ政府ノ責任ヲ「內面的了解」ノ範圍ニ止メズ梅機關ノ最後案カ法外ナモノニアラサル限リ政府自体カ之ヲ呑ムトノ趣旨ニテ本件ニ關スル決意ヲ示シタル次第ニテ十九日岡少將ノ談ニ依レハ海軍ハ右修正ニ全幅的ニ贊成ナル由

編注　本電報の発電時間が午前・午後のいずれであるかは不明。

526　昭和14年12月9日　在上海三浦総領事より野村外務大臣宛(電報)

呉佩孚死亡に関する報道について

上　海　12月9日後発
本　省　12月9日夜着

第三三〇四號

六、七日重慶發中央社及外電ハ呉佩孚ノ死亡ニ對シ蔣介石、宋美齡、孔祥熙、于右任及王寵惠等重慶政府要人ハ續々トシテ鄭重ナル弔電ヲ發シタル旨竝ニ中央日報ハ六日ノ社說

ニ於テ精神的抗戰ニ偉大ナル貢獻ヲ齎ラシ支那ノ民族史上光輝アル一頁ヲ占ムヘシトテ其ノ死ヲ悔ミタルカ七日ニハ吳ハ敵國醫師ノ爲殺害セラルト題シ吳ハ三日日本醫師ノ神祕的手術ノ爲昏睡狀態ニ陷リ翌日蘇生後親戚知友トノ會見ヲ希望セルモ夫人以外接見ヲ許サレス夫人ニ對シ余ハ死ヌ方カ增タトテ其苦衷ヲ洩シタルカ更ニ日本醫師ノ注射ヲ受クルヤ再ヒ意識不明トナリ遂ニ死亡セリトテ如何ニモ其ノ死カ毒殺ニ依ルカ如キ印象的書振リヲナシ居ル旨報シ居レリ

北京、天津、南京、漢口へ轉電セリ

527　昭和14年12月22日　在上海加藤公使より野村外務大臣宛(電報)

新中央政府樹立阻止を目的とする重慶側の策動活発化の情報に鑑み内約交涉の協議内容の取扱いにつき注意喚起について

上　海　12月22日後発
本　省　12月23日前着

第七〇號(極祕、館長符號扱)

一、汪精衛側ヨリ重慶ニ潛入セルモノカ陳立夫ヨリ得タル情報ニ依レハ最近重慶側ハ新中央政府樹立運動ノ阻止ニ躍起ノ活動ヲ爲シ殊ニ其ノ重點ヲ日本側ト汪精衛トノ離間策ト新中央政府樹立時期ノ遷延策トノ二點ニ置キ日本人側汪精衛內部既成政權側等ニ對シ組織的ニ働キ掛ケ居ルコト確實ニシテ既ニ日支トモ此ノ策動ニ乘セラレ居ルモノアルヤノ懸念アリ現ニ汪精衛內部ニ於ケル有力分子ニモ容疑者アル模樣ナリ

二、影佐機關ト汪側トノ交涉ハ目下最高潮ニ達シ居リ狀況宜シケレハ引續キ三巨頭會談ヲ準備スル爲ノ諸交涉ニ推移スル段取ナルカ重慶側ノ策動モアリ寔ニ複雜微妙ナル情勢ニアリ又日支交涉ノ內容ハ概シテ日本カ發表シタキ事項ハ支那內部ニハ不利ナルモノ多ク之ニ反シ支那ノ民心把握上發表シタキ事項ハ我カ國內情勢上不利ナルコト多キ次第ニシテ双方トモ一方的意思ヲ以テ其ノ內容ノ一部ニテモ曝露センカ今後ノ運動ニ重大ナル支障ヲ來ス惧多分ニアリ

三、以上ノ見地ニ鑑ミ近ク開會セラルヘキ議會ニ於テハ政府樹立問題ノ取扱ハ深甚ナル御注意ヲ必要トスヘク單ニ日

本側ノ一方的考ヘ方ニ基キ交渉内容ノ一部ニテモ發表セラルルコトアリテハ今後ノ工作ニ一大支障ヲ來ス次第ニ付本件取扱ニ萬遺漏無キヲ期セラルルコト肝要ト存ス
北京、南京、香港ヘ轉電セリ

528　昭和14年12月28日　興亜院会議決定

「呉工作善後處置要領」

呉工作善後處置要領

昭和十四年十二月二十八日
興亞院會議決定

一、呉佩孚ノ急死ニ伴ヒ其ノ出馬促進ノ工作ハ之ヲ中止シ成ル可ク速カニ善後處置ヲ完了ノ上關係諸工作中、中央政府樹立ニ必要ナルモノハ之ヲ梅機關ニ繼承實施セシムルモノトス
二、右ニ要スル經費ハ呉工作所要經費ノ殘額ヲ以テ之ニ充當スルモノトシ竹機關ノ解散後ハ其ノ正金銀行ニ對スル債務ハ梅機關ニ於テ之ヲ繼承セシムルモノトス

529　昭和14年12月30日

「日支新關係調整ニ關スル協議書類」

付記　昭和十四年十二月三十日
「日支新關係調整ニ關スル協議書類（別册）」

十二月三十一日印刷

日支新關係調整ニ關スル協議書類

目次

日支新關係調整要綱
別紙第一（日支新關係調整ニ關スル基本原則）
別紙第二（日支新關係調整ニ關スル具體原則）
祕密諒解事項
第一　新中央政府ト既成政府トノ關係調整要領
第二　金融、財政關係事項
第三　經濟關係事項
第四　交通關係事項
第五　揚子江下流地帶ニ於ケル日支協力關係事項
第六　日本人顧問職員招聘採用關係事項
第七　主權尊重原則實行ニ關スル支那側要望ニ對スル

回答關係事項

第八　雜　件

日支新關係調整要綱

一、日支兩國政府ハ別紙日支新關係調整ニ關スル原則ニ準據シ新國交ヲ調整スルコト

二、新國交修復以前ニ於テ既成政府ノ辨シタル事項ハ差當リ之ヲ繼承シ事態之ヲ許スニ伴ヒ第一項ノ原則ニ準據シテ調整セラルヘキコト

三、事變繼續中ハ之ニ伴フ特殊ノ事態ノ存在ヲ諒解スルコト右特殊事態ハ情勢ノ推移乃至事變ノ解決ニ伴ヒ第一項ノ原則ニ準據シ整理セラルヘキコト

別紙第一

日支新關係調整ニ關スル基本原則

日滿支三國ハ東亞ニ於ケル新秩序建設ノ理想ノ下ニ相互ニ善隣トシテ結合シ東洋平和ノ樞軸タルコトヲ共同ノ目標ト爲ス、之カ爲基礎タルヘキ事項左ノ如シ

左　記

一、互惠ヲ基調トスル日滿支一般提携就中善隣友好、共同防共、經濟提携原則ヲ設定スルコト

二、北支及蒙疆ニ於ケル國防上竝ニ經濟上日支間ノ緊密ナル合作地帶ヲ設定スルコト

蒙疆地方ハ前項ノ外特ニ防共ノ爲軍事上竝ニ政治上特殊地位ヲ設定スルコト

三、揚子江下流地域ニ於テ經濟上日支間ノ緊密ナル合作ヲ具現スルコト

四、南支沿岸特定島嶼ニ於ケル軍事上緊密ナル合作ヲ具現スルコト

五、右諸項ノ具體的事項ニ關シテハ別紙第二ニ準據シ所要ノ協定ヲ締結スルコト

別紙第二

日支新關係調整ニ關スル具體原則

第一、善隣友好ノ原則ニ關スル事項

日滿支三國ハ相互ニ本然ノ特質ヲ尊重シ緊密ニ相提携シテ東洋ノ平和ヲ確保シ善隣友好ノ實ヲ擧クル爲各般ニ亘リ互助敦睦ノ手段ヲ講スルコト

一、支那ハ滿洲帝國ヲ承認シ日本ハ支那ノ領土及行政ノ保全竝ニ主權ノ獨立ヲ尊重シ日滿支三國ハ新國交ヲ修復スルコト
二、日滿支三國ハ政治、外交、教育、宣傳、交易等諸般ニ亘リ相互ニ好誼ヲ破壞スルカ如キ措置及原因ヲ撤廢シ且將來ニ亘リ之ヲ禁絶スルコト
三、日滿支三國ハ相互提携ヲ基調トスル外交ヲ行フコト
四、日滿支三國ハ文化ノ融合、創造及發展ニ協力スルコト
五、日滿支善隣關係ノ具現ニ伴ヒ日本ハ漸次租界、治外法權等ノ返還ヲ考慮スルコト

第二、共同防共ノ原則ニ關スル事項

日滿支三國ハ協同シテ防共ニ當ル
一、日滿支三國ハ各々其ノ領域内ニ於ケル共產分子及組織ヲ芟除スルト共ニ防共ニ關スル情報、宣傳等ニ就キ提携協力スルコト
二、日支協同シテ防共ヲ實行スルコト、之カ爲日本ハ所要ノ軍隊ヲ蒙疆及北支ノ一定地域ニ駐屯スルコト
三、支那ハ駐屯地域及之ニ關聯スル地域ニ存在スル鐵道、航空、通信、主要港灣及水路ニ對シ別ニ協定スル所ニ從ヒ日本ノ軍事上ノ必要事項ニ關シ其ノ要求ニ應スルコト
但シ日本ハ平時ニ於テハ其ノ行政權及管理權ヲ尊重スルコト

第三、經濟提携ノ原則ニ關スル事項

日滿支三國ハ互助及防共ノ實ヲ擧クル爲產業、經濟等ニ關シ長短相補有無相通ノ趣旨ニ基キ平等互惠ヲ旨トスルコト
一、北支、蒙疆ニ於ケル特定資源就中國防上必要ナル埋藏資源ニ關シテハ共同防共及經濟合作ノ見地ヨリ日支協力シテ開發シ其ノ利用ニ關シテハ支那ノ需要ヲ考慮シ日本ニ特別ノ便宜ヲ供與スルコト
其ノ他ノ地域ニ於テモ國防上必要ナル特定資源ノ開發利用ニ關シ經濟合作ノ見地ヨリ日本ニ必要ナル便宜ヲ供與ス但シ利用ニ關シテハ支那ノ需要ヲ考慮スルコト
二、一般產業ニ就テハ日本ハ支那トノ協議ニ基キ支那ニ必要ナル援助ヲ與フルコト
三、支那ノ財政、金融（特ニ新中央銀行ノ設立、新通貨ノ發行等）、經濟政策ノ確立ニ關シ日本ハ支那トノ協議ニ基キ支那ニ所要ノ援助ヲ爲スコト
四、交易ニ關シテハ關稅ノ自主ト双方ノ利益トヲ尊重シ妥當

ナル關稅及通關手續ヲ採用スル等日滿支間ノ一般通商ヲ振興スルト共ニ日滿支就中北支間ノ物資需給ニ就キ各自給ヲ妨ケサル範圍ニ於テ便宜且合理的ナラシムルコト

五、支那ニ於ケル交通、通信、氣象及測量ノ發達ニ關シテハ日本ハ支那トノ協議ニ基キ支那ニ所要ノ援助乃至協力ヲ與フルコト

六、新上海ノ建設ニ付日本ハ支那トノ協議ニ基キ所要ノ援助及協力ヲナスコト

第四、共通ノ治安維持ニ關スル協力竝ニ撤兵ニ關スル事項

日支兩國ハ共通ノ治安維持ニ關シ協力スルコト

一、日本ハ平和克復後約定以外ノ軍隊ノ撤去ヲ開始シ治安確立ト共ニ二ケ年以內ニ之ヲ完了シ支那ハ本期間ニ於テ治安確立ヲ保證スルコト

二、共通ノ治安維持ヲ必要トスル間ノ駐兵地域其他ニ關シテハ日支協議ノ上之ヲ定ムルコト

三、共通ノ治安維持ノ爲メノ艦船部隊ノ駐屯、航泊ニ關スル地域其他ニ關シテハ日支協議ノ上之ヲ定ムルコト

四、支那ハ駐兵地域及之ニ關聯スル地域ニ存在スル鐵道、航空、通信、主要港灣及水路ニ對シ別ニ協定スル所ニ從ヒ日本ノ軍事上ノ必要事項ニ關シ其要求ニ應スルコト

但シ日本ハ平時ニ於テハ其ノ行政權管理權ヲ尊重スルコト

第五、其ノ他ノ事項

一、支那ハ別ニ定ムル所ニ依リ日支協力事項ニ關シ日本人顧問、職員ヲ招聘採用スルコト

二、日本ハ事變ノ爲生シタル支那難民ノ救濟ニ協力スルコト

三、支那ハ事變發生以來支那ニ於テ日本國臣民ノ蒙リタル權利利益ノ損害ヲ補償スルコト

祕密諒解事項(第一)

新中央政府ト既成政府トノ關係調整要領

第一、臨時政府トノ關係調整要領

一、北支トハ內長城線(含ム)以南ノ河北省及山西省竝ニ山東省ノ地域トス

二、中央政府ハ北支ニ於テ北支政務委員會ヲ設置ス

三、臨時政府ノ名稱ハ之ヲ廢止シ其ノ政務ハ北支政務委員會ニ依リ繼承ス

四、北支政務委員會ノ權限、構成等ニ關スル具體的事項ハ中央政治會議ニ於テ之ヲ決定ス
右權限構成ハ平和克復後左記條項ヲ具現シ得ルヲ以テ限度トシ之ヲ目途トシテ速カニ調整整理セラルヘキモノトス

左　記

㈠中央政府規定ノ範圍内ニ於ケル日支協力事項ニ關スル北支ノ地方的處理中防共及治安協力ニ關スル事項
1日本軍駐屯ニ伴フ事項ニ關スル處理
2日支防共及治安協力ニ關スル所要事項ノ處理
3其ノ他日支軍事協力ニ關スル處理
但シ國防軍ニ關スル處理ハ中央政府ノ北支ニ特設スル軍事處理機關ニ依ルモノトス又北支政務委員會ノ保有スル綏靖部隊ノ兵力ニ關シテハ別ニ定ムル所ニ據ル
㈡中央政府規定ノ範圍内ニ於ケル日支協力事項ニ關シ北支ノ地方的處理中經濟提携就中國防上必要ナル埋藏資源ノ開發利用及日滿蒙疆及北支間ノ物資需給ニ關スル事項
1日本ニ對シ資源就中國防上必要ナル埋藏資源ノ開發利用ニ關シ特別ノ便宜供與ニ關スル處理
2日滿蒙疆及北支間物資需給ノ便宜且合理化ニ關スル處理
3日滿蒙疆及北支間ノ通貨竝ニ爲替ニ就テノ協力ニ關スル處理
4鐵道、航空、通信、主要海運ニ就テノ協力ニ關スル處理
㈢北支政務委員會カ上記各項ヲ處理セシ場合ハ隨時之ヲ中央政府ニ報告スルモノトシ中央政府ハ右處置カ規定ノ範圍ヲ脱越セリト認ムル場合ハ之カ修正ヲナスコトヲ得但シ日支協力事項ニ就テハ日本大使ト連絡協議スルコト
㈣中央ノ關係法令ニ基キ日本人顧問及職員ノ招聘任用ニ關スル處理
㈤中國聯合準備銀行制度及之ニ關聯スル爲替制度ヲ存續スルヲ必要トスル間ハ中央政府ハ必要ナル助成ヲ爲スモノトス
其ノ具體的要領ハ中央政府ニ於テ日本ト協議ノ上別ニ決定ス
㈥其ノ他ノ事項ノ處理
1北支政務委員會所要經費ハ中央政府ニ於テ一括シテ之

ヲ交付スルモノトス

2關稅、鹽稅及統稅ハ中央稅トス

但シ當分ノ間關稅收入剩餘ノ五割及鹽稅收入剩餘ノ七割竝統稅收入ハ北支政務委員會ノ財源トス

徵稅及監督ニ就テハ關稅ハ中央政府鹽稅ハ中央政府ヨリ派遣セル人員カ北支政務委員會ト共同シテ之ヲ行ヒ統治ハ中央政府ヨリ北支政務委員會ニ委任ス之カ爲北支政務委員會ヨリ徵稅官及監督官ヲ推薦シ中央政府之ニ委任ス

3北支政務委員會ハ內債ニ限リ中央政府ノ認可ヲ得テ之ヲ募集スルコトヲ得

4北支ニ在ル官有財產中國家ニ屬スルモノハ中央政府ニ歸屬シ北支政務委員會之ヲ管理ス　又北支各省、市等ニ屬スルモノハ夫々省、市政府等之ヲ管理ス

5海關、郵政及航空ハ中央政府成立後速カニ其ノ統一管理下ニ入ラシムルモノトス

有線電報ニ關シテハ右ニ準ス

6特任官及簡任官ハ中央政府ニ於テ任免ス

但シ當分ノ間簡任官ハ北支政務委員會之ヲ推薦スルモノトス

7北支政務委員會ハ日滿トノ純粹ナル地方的處理ニ關スル交渉ニ限リ之ヲ行フコトヲ得

但シ隨時中央政府ニ報告スルモノトス

8中央政府ノ決定セル範圍內ニ於テ蒙疆トノ地方的連絡ニ關スル處理ハ北支政務委員會之ヲ行フコトヲ得

但シ隨時中央政府ニ報告スルモノトス

第二、維新政府トノ關係調整要領

一、維新政府ノ立場ヲ尊重シ其ノ動搖ヲ防止シ中央政府成立迄ハ安ンシテ政務ヲ繼續セシメ且中央政府ト融合歸一スル如ク考慮スルモノトス

二、維新政府ヲシテ中央政府成立後政務委員會等ヲ設置セサルコトヲ納得セシムルモ其ノ主要人物ノ體面ト地位トニ關シテハ之ヲ考慮ス

三、中央政府成立シ維新政府解消セル場合ハ中央政府ハ維新政府ノ辨シタル事項ニ對シ差當リ現狀ヲ維持シ速カニ之ヲ調整スルモノトス

四、揚子江下流地帶ニ於ケル日支間ノ緊密ナル合作ヲ具現スル爲日支經濟協議會（名稱未定）ニ於テ日支協議シ中央政

府又ハ上海市政府ニ於テ適當ナル方法ヲ講スルモノトス

五、上海ニ就テハ別ニ協定スル所ニ據ル

第三、蒙古聯合自治政府トノ關係調整要領

一、蒙疆トハ内長城線（含マス）以北ノ地域トス

二、蒙疆ハ國防上、經濟上日滿支三國强度結合地帶タル特殊性ニ鑑ミ現狀ニ基キ廣汎ナル自治權ヲ認メタル高度ノ防共自治區域トス

其ノ權限ハ中央政府ノ規定スル內蒙自治法ニ依ルモノトス、而シテ內蒙自治法ノ制定ニ就テハ豫メ日本側ト協議スルモノトス

三、中央政府ト蒙古聯合自治政府トノ新關係設定ノ爲中央政治會議開催前汪精衞又ハ其ノ代表者ト德王又ハ其ノ代表者トノ會見ニ於テ左記各項ヲ文書ヲ以テ約定スルモノトス

左　記

㈠中央政府ハ現狀ニ基キ蒙古聯合自治政府ノ高度防共自治權ヲ認ムルコト

㈡中央政府ト蒙古聯合自治政府トノ關係調整ニ關シテハ本諒解ニ基キ中央政府成立後別途協定スルコト

四、前項ノ諒解成立セル際ハ蒙古聯合自治政府ハ中央政治會議ニ代表者ヲ出席セシムルモノトス

五、中央政治會議ニ於テハ第三項諒解ノ範圍外ノ論議ハ行ハサルモノトス

第四、厦門

中央政府ハ厦門特別市ヲ設ク

厦門特別市ニ於ケル日支協力事項ニ關シテハ日支間ニ於テ別ニ協定スルコト

第五、海南島及附近ノ諸島嶼

中央政府ハ海南島及附近ノ諸島嶼ヲ以テ一省トナス

中央政府ハ專員ヲ駐派シ日支協力事項中左記事項ニ關シ圓滑ニ處理シ得ル如ク措置スルコト

一、軍事協力ニ關スル事項

二、經濟提携ニ關スル事項

祕密諒解事項（第二）

金融、財政關係

一、中國聯合準備銀行（以下聯銀ト略稱ス）制度及之ニ關聯スル制度ニ關スル件

聯銀ヲ存續スルヲ必要トスル間ハ左ノ如ク處置ス

1、聯銀券ノ正貨準備率ニ關シテハ中央ノ認可ヲ受ク發行額及準備金額ハ隨時之ヲ中央政府ニ報告シ中央政府ハ隨時又ハ常時人ヲ派シテ檢査ス

2、聯銀券ノ行使區域ハ北支ヲ以テ限界トス聯銀券ト新法幣トノ兌換等ニ關シテハ別ニ適當ノ處置ヲ講ス

3、北支ノ爲替統制ハ中央政府ノ政策ニ則リ之ヲ行フモノトス

(備考)

一、日本ハ支那ノ財政、金融ノ自主權ヲ尊重ス

二、中央政府ハ聯銀制度ノ存續ヲ必要トスル期間中之ヲ認ム

三、通貨ノ動搖ヲ生スヘキ原因ヲ釀成セサルコトニ就キ善處スルコト

二、華興商業銀行ニ關スル件

華興商業銀行ハ繼續シテ存在スルコトトス

新中央銀行成立シ新法幣發行セラルルニ至ラハ華興商業銀行ノ發行權ヲ取消シ既發行券ハ之ヲ囘收スルコト

三、軍票ニ關スル件

軍票ニ關シテハ日本側ハ必要以上ノ增發ヲ避ケ其ノ價値ノ維持ニ努メ之ヲ以テ日本ヨリ輸入スル物資ノ決濟ニ充當スル等之カ囘收ニ關シテハ遺憾ナキ方法ヲ講ス

囘收以前ノ軍票ト新法幣トノ流通面ニ於ケル調節ニ就テハ相互ニ充分考慮スルモノトス

祕密諒解事項(第三)

經濟關係事項

一、日支合辨國策會社ノ合辨目的ヲ促進達成セシムル爲メ其ノ事業ニ關シ中央政府ハ適宜日本大使ト協議シ緊密ナル連絡ヲ保ツモノトス　但シ中央政府ニ屬スル右會社ノ行政監督權ヲ尊重スルコト

又北支ニ於ケル地方的處理事項ニ關シテハ中央政府ノ定ムル範圍内ニ於テ北支政務委員會ハ前記要領ニ準シ處理ス

二、支那ハ對外貿易ニ關シ統制ヲ必要トスル場合ハ自主的ニ之ヲ行フモ日支新關係調整要綱第三經濟提携ニ關スル原則ト牴觸セサルヘキコト

祕密諒解事項（第四）

交通關係事項

全支ニ於ケル航空ノ發達、北支ニ於ケル鐵道、日支間及支那沿岸ニ於ケル主要海運、揚子江ニ於ケル水運及北支竝ニ揚子江下流ニ於ケル通信ハ日支交通協力ノ重點トスルコト

之カ爲具體的方案左ノ如シ

全支ニ於ケル航空ニ就テハ中國、歐亞及中華各航空會社ノ制度ヲ參照シテ合辨トス

全支鐵道ハ國有國營トス、但北支ニ關シテハ別ニ定ムル所ニ據ル

海（水）運ハ現事態ニ對シ合理的調整ヲ加フ

北支及揚子江下流ニ於ケル通信ニ就テハ日本ハ支那ト協議シ支那ニ援助乃至協力ヲ與フ

有線電報ハ國有國營トシ事態之ヲ許スニ伴ヒ調整ス

祕密諒解事項（第五）

揚子江下流地帶ニ於ケル日支協力關係事項

一、日支兩國ハ揚子江下流地帶特ニ上海ニ於ケル貿易、金融、産業及交通等經濟上ノ問題ニ就キ協議ヲナシ相互ノ提携ヲ緊密ナラシム日支經濟協議會（名稱未定）ハ右工作ヲ擔當ス

日支經濟協議會ハ日支協定ニ基キ官民練達堪能ノ士ヲ以テ組織ス

而シテ本會ノ決議事項ハ其ノ性質ニ鑑ミ中央政府又ハ上海特別市政府ニ於テ採擇シ之ヲ實行スルモノトス

日支經濟協議會ハ議長ヲ除キ日支人同數トス　議長ハ支那側トス

二、思想、教育、宣傳、文化事業及警察ニ關シテハ日支間緊密ニ連絡協力ス、之カ爲メ上海特別市政府ノ社會局、教育局及警察局ニ日本人連絡專員ヲ招聘ス

三、特務工作ニ就テハ日支當事者ハ絕ヘス緊密ナル連絡ヲ保チ且協力ス

四、支那側ハ上海特別市ノ對外交涉ニ就テハ絕ヘス日本側ト緊密ナル連絡ヲ保チ且協力ス

五、支那側ハ上海租界工部局內日本人參事會員及幹部職員ノ增加ニ關シ協力ス

六、上海特別市ハ其ノ新都市建設ノ爲メ日本人ノ技術顧問及

技術員ヲ招聘ス
七、日支合辦事業ノ分野竝ニ日支産業ノ生産及販路協定等經濟協力ニ就テハ日支經濟協議會ノ意見ヲ充分考慮シ公正ナル基礎ニ於テ其ノ準速（則カ）ヲ定ムルモノトス
八、上海居留ノ日本人ハ日本人協議會（名稱未定）ヲ組織シ市政府ニ對シ日本人ノ居住營業ニ關スル意見ヲ具申シ市政府ハ之ニ對シ充分ノ考慮ヲ拂フ
九、日本軍駐屯ニ伴フ事項中上海ニ於ケル地方的處理ニ就テハ中央政府ノ定ムル處ニ從ヒ上海特別市政府之ヲ處理ス其他ノ地域ニ在リテハ中央政府又ハ省政府ニ於テ之ヲ處理ス
十、上海特別市ノ財源ニ就テハ中央政府ニ於テ充分考慮シ建設ニ支障ナカラシムルコト
（備考）
日本ハ大阪市役所ノ社會局、教育局ニ支那人連絡專員ヲ招聘ス

祕密諒解事項（第六）
日本人顧問、職員招聘採用關係事項

一、支那中央政府ハ財政、經濟、自然科學ノ各技術顧問ヲ招聘スルコトヲ得
北支政務委員會ハ經濟技術顧問ヲ、縣政府以外ノ地方行政機關ハ自然科學技術顧問ヲ招聘スルコトヲ得
北支政務委員會ニハ連絡專員ヲ置ク
上海特別市政府ニハ社會局、警察局及教育局ニ連絡專員ヲ置ク
厦門特別市政府ニ於テハ技術顧問中一名ヲシテ連絡專員ヲ兼務セシム
（備考）
一、連絡專員ハ其ノ服務機關ト當該地方駐在ノ日本側機關トノ連絡任務ニ當リ一般行政ニハ參與セサルモノトス
二、連絡專員ハ特ニ獨立ノ機關ヲ設ケサルコト
三、連絡專員ハ簡任又ハ薦任トス
四、北支政務委員會連絡專員ハ八名ヲ限度トス
五、北支政務委員會連絡專員ハ必要ノ場合所屬ノ各省政府及各特別市政府ニ出張シ服務スルコトヲ得
二、支那最高軍事機關ハ軍事顧問ヲ招聘スルコトヲ得

其ノ職權ハ支那一般國防軍事ノ施設及日支防共軍事協力事項ノ立案ヲ輔佐スルニアリ
日支防共軍事協力事項ノ立案ヲ輔佐スル顧問ハ最高軍事機關ノ派遣ニ依リ防共軍事上必要アル地點ニ於テ服務スルコトヲ得
第三國ノ軍事顧問ハ日支軍事協力事項ニ參與セシメス
三、支那軍隊及警察ノ教育機關ハ必要アル場合教授、教官ヲ招聘スルコトヲ得
其ノ職權ハ教授及訓練ニ限ルモノニシテ行政ニ參與セス
四、支那軍隊ニハ外國人顧問、職員ヲ招聘セス　但シ北支ニ於ケル綏靖部隊ハ此ノ限リニアラス
五、支那警察ニハ外國人顧問、職員ヲ招聘セス　但シ北京、天津、青島、上海及厦門ノ各警察局ニ於ケル日本人職員任用ニ就テハ日支別ニ協議ノ上決定ス
六、支那中央政府直屬機關ハ必要アル場合日本人教授、教官、海關吏及專門技術官等ヲ任用スルコトヲ得
七、地方行政機關及其ノ所屬機關ニハ外國人職員ヲ任用セス
但シ北支政務委員會直屬ノ重要經濟建設機關、上海及厦門兩特別市ハ必要アル場合中央關係法令ニ從ヒ日本人專門技術官ヲ任用スルコトヲ得
八、前記各項ノ顧問ノ職權及服務規定ハ中央政府ニ於テ祕密諒解事項(第六)同(第八)ノ關係各項ニ基キ日支協議ノ上之ヲ定ム
九、前記各項ノ職員ハ總テ支那一般行政法規ノ支配ヲ受クルモノトス
十、蒙古聯合自治政府ハ顧問職員ノ招聘ニ關シ適宜ノ措置ヲ爲スコトヲ得
但シ政治顧問招聘ニ關シテハ中央政府ニ報告スルモノトス

祕密諒解事項(第七)
主權尊重原則實行等ニ關スル中國側要望ニ對スル回答關係事項
第一、政治
一、日支兩國政府ノ協議ニ關スル件
支那ハ中央政府ニ政治顧問ヲ招聘スルコトナク日本政府カ支那ニ於テ支那政府ト協議ヲ要スル事項ハ支那駐在日本大使之ニ當ル

支那ハ日支善隣結合關係ヲ具現スル爲メ兩國ノ協力事項ニ關シ齟齬遺漏ナキ様密ニ日本大使ト連絡スルコト

二、日本軍ト省政府、特別市政府、縣政府、普通市政府等トノ協力ニ關スル件

支那ハ對日本軍一般商議及渉外事項處理ノ爲メ臨時的ニ各省政府及各特別市政府ニ交渉専員ヲ又各縣政府、各普通市政府ニ交渉祕書ヲ置キ日本軍ハ専任人員ヲ指定シ各々其ノ責ニ任セシムルコト

日本軍ハ右諸政府ト協力スル場合ニハ外交的手續ヲ以テシ命令式文書又ハ口頭通知ヲ以テセサルコト　但シ事變繼續中ノ已ムヲ得サル特殊事情ニ卽スル措置ニ就テハ別ニ商議スルコト

三、各縣宣撫班ノ解消ニ關スル件

日支双方ノ努力ニ依リ事態ノ鎮靜ニ伴ヒ中央政府成立後成ルヘク速カニ之ヲ解消スルコト

第二、軍事

一、支那復歸軍隊ノ駐屯區域ニ關スル件

中央政府ニ復歸スル支那軍隊ニハ之カ便宜ヲ考慮シ日支協議ノ上其ノ駐屯ノ爲メ地域ヲ移譲スルコト

二、第三國人軍事専門家等招聘ニ關スル件

支那カ第三國人タル軍事専門家等ヲ招聘スル場合ニハ日支協力ノ精神ニ鑑ミ日本ト連絡スルコト

三、兵器製造工場ニ技師任用ニ關スル件

必要アル場合日本人及第三國人ノ専門家ヲ技師トシテ任用スルコトヲ得

但シ第三國人ノ場合ニハ第二項ノ趣旨ニ據ルコト

技師ノ職權ハ技術方面ニ限リ各工場ノ人事行政及經理ニハ參加セサルコト

第三、經濟

一、軍管理工場、鑛山及商店ニ關スル件

目下日本軍ニ於テ管理中ノ公營、私營ノ工場、鑛山及商店ハ占領又ハ沒收セシモノニ非ス　敵性アルモノ竝ニ軍事上ノ必要等已ムヲ得サル特殊事情アルモノノ外財産保護ノ措置トシテ管理シタルモノニ對シテハ速カニ日支新關係調整ノ原則ニ卽シ合理的方法ニ依リ支那側ニ移管スルコト

其ノ細目ニ就テハ日支別途具體的ニ協議スルコト

二、日支合辨事業ノ調整整理ニ關スル件

日支合辨事業ニシテ固有資産ノ評價適正ヲ缺クモノ在ルニ於テハ日支間ニ委員ヲ設ケ再評價セシメ善處スヘキコト　又不當ト認メラルルモノアラハ日支協議ノ上之ヲ是正スルコト

三、合辨事業ノ出資割合ニ關スル件

北支ノ國防上必要ナル特定事業ノ日本側出資割合ハ百分ノ五十五ヲ超過セサルコトトシ其ノ實行細目ハ日支別途協議スルコト

前項以外ノ合辨事業ノ日本側出資割合ハ百分ノ四十九ヲ超過セサルコト　但シ合辨起業ノ際已ムヲ得サル事情アル場合ニハ日支協議ノ上必要ナル措置ヲナスモノトス

蒙疆ハ適宜ノ措置ヲナスコトヲ得

（備考）

第二項但書ノ場合ノ日本側出資割合ハ百分ノ五十トシ支那側ノ出資金不足分ハ日本側ヨリ貸付ノ形式ニテ融通スルモノトス

四、既成政府ノ辨シタル事項ニ關スル件

臨時維新兩政府ノ辨シタル事項ハ一應中央政府ニ於テ繼承スヘク若シ日支新關係調整ノ原則ニ反スルモノアルニ於テハ再審査シ日支協議ノ上調整整理スルコト

第四、財政

一、税收機關ニ關スル件

日本ハ支那ノ財政ノ獨立ヲ尊重ス

支那ノ各種税收機關ニ就キ軍事上特異ノ狀態ヲ發生シアルモノニ關シテハ速カニ之ヲ調整整理スルコト

二、中央政府成立以前ニ於ケル上海海關收入及關税剩餘ニ關スル件

横濱正金銀行上海支店ニ保管シアル上海海關ノ關税收入中ヨリ中央政府成立前ニ借款形式ヲ以テ融通スルコト

新中央銀行成立以前ニ於ケル關税剩餘ニ關シテハ前項ノ處理ト共ニ融通ニ付充分考慮スルコト

以上ノ融通金額ハ尠クモ四千萬元トシ尙別途協議ス　但シ其ノ內成ル可ク多額ヲ新中央銀行準備金ノ一部ニ充當シ中央政府ノ政費ハ成ル可ク速カニ新法幣ニ依ル如ク努ムルコト

三、中央政府成立後關税收入保管ニ關スル件

横濱正金銀行ハ現在ノ儘關税預託銀行タルヘキモ中央政府ノ收入タルヘキ關税剩餘ノ若干部分ニ付テハ中央政府

ノ指定スル銀行ニ預託換ヘスルコト
新中央銀行成立セハ關税剰餘ハ之ヲ移譲ス、國庫代理設立セラルレハ之ニ準シ別途協議スルコト

四、外債及賠償金ノ基金保管ニ關スル件
横濱正金銀行ニ於テ既往ノ協定及慣習ニ據リ之ヲ保管スルコト

五、統税ニ關スル件
北支ニ於ケル統税ニ付テハ別ニ定ムル所ニ準據スヘキモ其ノ他ノ各省ノ統税局ハ中央政府成立セハ財政部之ヲ接收シ税收ハ國庫ニ納ムルコト

六、鹽税ニ關スル件
中央政府成立セハ鹽務行政及鹽税納税辨法ニ付事變中生シタル特殊事態ハ日支協議ノ上改訂セル事項ヲ除キ速カニ事變前ノ狀態ニ恢復セラルヘキコト

第五、其ノ他

一、長江開放ニ關スル件
日本側トシテハ之ニ關シ充分考慮シアリ

二、京滬鐵道通行證首都停車場等ノ檢査ニ關スル件
現地關係日支雙方責任者ヲ定メ速カニ協議ヲ開始スルコト

祕密諒解事項(第八)

雜件

一、祕密諒解事項(第一)中第一ノ四ノ左記中(一)ニ關スル件
1日本軍駐屯ニ伴フ事項ニ關スル處理トハ兵營、演習、移動、給養及軍需整備ニ關スル事項ナリ
2日支防共及治安協力ニ關スル所要事項ノ處理トハ警備、配置、相互救援、軍隊相互ノ連絡、情報交換及宣傳等ニ關スル事項ナリ
3其他日支軍事協力ニ關スル處理トハ顧問、職員ノ招聘採用、武器ノ供給及非常事變時ノ處置等ニ關スル事項ナリ

二、支那軍隊及警察隊建設ノ爲メ日本ハ日支協議ニ基キ武器ノ供給ヲナスコト　但シ支那ノ自製及第三國ヨリノ購入ヲ妨ケス

三、支那ハ日本軍駐兵地域內ニ於ケル軍隊、警察隊等武裝團體ノ配置竝ニ軍事施設ニハ相互協調ノ爲メ愼重ナル注意ヲ拂フコト

四、祕密諒解事項(第六)ニ關スル件

1支那ハ日支新關係調整要綱ニ基ク日本人顧問、職員招聘採用ニ關スル祕密諒解事項ニ記載ノ各項ノ顧問、職員ヲ招聘採用スルコトヲ日本ニ要請シ日本ハ之ニ應スルモノトス

2顧問ノ招聘ハ總テ支那側ノ實際上ノ必要ニ基キ自發的ニ之ヲ行フモノトス

3顧問ハ一般行政ニ參與セス　其ノ主要任務ハ所在機關主管長官ノ諮詢ニ備ヘ其専門的意見ヲ提供スルニアリ

4顧問ノ職務上處理スヘキ事務ハ支那ノ法令及通常ノ慣例ニ從ヒ當該主管長官ノ指揮及監督ニ服從スヘキモノトス

五、祕密諒解事項(第一)ノ第四廈門ニ關スル件

1廈門特別市ノ區域ニ關シテハ支那ハ日本側ノ希望ヲ考慮スルモノトス

2日支協力事項ハ概ネ海南島ニ準スルコト

六、祕密諒解事項(第一)第五海南島及附延(近カ)ノ諸島嶼ニ關スル件

1海南島及附近諸島嶼ニ於ケル軍事協力ニ關スル事項トハ共通ノ治安維持上必要トスル間ノ駐屯配置、警備、軍事施設、教育訓練、移動及連絡、相互救援、給養、情報宣傳、武器軍需品供給、非常事變時ノ處置、顧問ノ招聘、軍機保護、其他協定セル事項等ニ關スル事項ナリ

2海南島及附近諸島嶼ニ於ケル經濟提携ニ關スル事項トハ一部資源(主トシテ護謨、麻、棉ノ如キ農產資源)ニ關シ日支經濟提携ノ原則ニ準據シ日支協力シテ其ノ生產ヲ計リ支那ノ需要ヲ考慮シ日本ニ對シ利用上ノ便宜ヲ供與スルコト、竝ニ國防資源(主トシテ鐵、錫、銅ノ如キ鑛產資源)ニ關シ日支協力シテ開發シ支那ノ需要ヲ考慮シ日本ニ對シ利用上ノ特別ノ便宜ヲ供與スルコトヲ謂フ

(付　記)

十二月三十一日印刷
梅機關寫

日支新關係調整ニ關スル協議書類(別冊)

目　次

機密諒解事項

第一、防共駐兵地域關係事項

第二、北支鐵道問題關係事項

機密諒解事項（第一）

防共駐兵地域關係事項

一、防共駐兵ノ實施ハ蒙疆ノ外正太鐵道以北ノ山西省、北部河北省及膠濟鐵道沿線ノ地方トス　但シ艦船部隊ニ就テハ別ニ協定ス

二、防共駐兵期間ハ日支防共協定有效期間トス

（備考）

前記膠濟鐵道沿線中ニハ濟南及其隣接地區ヲ除クモノトス

機密諒解事項（第二）

北支鐵道問題關係事項

一、北支鐵道ハ國有國營トシ京山鐵道（支線京古鐵道ヲ含ム）京包鐵道及膠濟鐵道ハ中央政府主管部ト北支政務委員會トヨリ成ル北支鐵道管理委員會（名稱未定）之カ管理經營ニ當リ之ヲ華北交通會社ニ委託經營セシム　委託經營ノ年限ハ二十年トス

華北交通會社ハ日支合辨、支那法人トシ其ノ資本割當等ハ日支協力原則ニ基キ所要ノ調整ヲナス

二、華北交通會社ハ受託鐵道ノ收支狀態ヲ北支鐵道管理委員會ニ報告シ其ノ監督ヲ受ク

華北交通會社ハ受託鐵道ヨリ生スル利益金ヨリ所要ノ社內留保及配當等ヲ控除セル剩餘ヲ先ツ借款元利支拂ニ充當シ更ニ剩餘アル場合ハ之ヲ政府ニ上納ス

三、國營鐵道ト委託經營鐵道トハ協議ノ上相互通車ヲナシ以テ運輸ノ圓滑ヲ圖ル

四、國營鐵道タル北支各鐵道ニ對スル日本竝ニ華北交通會社ノ投資及融資ハ擔保附借款ノ形式ニ改ム

五、華北交通會社ノ經營スル以外ノ北支各鐵道管理局ハ別ニ協議スル處ニ從ヒ職員中ニ日本人ヲ採用スルコト

六、各鐵道ノ管理局ノ職員ニハ成ル可ク華北交通會社ノ日支人現在員ヲ採用シ以テ人心ノ動搖ヲ防クコト

七、軍事若クハ資源開發ノ爲メ必要ナル鐵道ノ建設及改良ハ日支人ヨリ成ル鐵道建設委員會（名稱未定）ニ於テ議決シ

北支鐵道管理委員會之ヲ採擇スルコト
但中央政府ノ計畫ニ基ク新鐵道建設ハ此ノ限リニアラサルモ前項ノ建設改良計畫トノ摩擦ヲ避クルモノトス
八、軍事輸送及物資輸送ヲ適正圓滑ナラシムル爲日支人ヨリ成ル運輸連絡委員會（名稱未定）ヲ設置スルコト　同蒲、正太及滄石（豫定）各鐵道ノ連絡ニ關シテハ特ニ右委員會内ニ特別委員會ヲ設置スルコト
委員會ノ議決事項ハ關係機關ニ於テ之ヲ採擇スルコト
九、前各號ノ經營方式ノ實行ニ就テハ日支間ニ細目協定ヲ締結スルコト
（備考）
第五項ニ基キ當分ノ間職員中ニ採用スル日本人左ノ如シ
一、同蒲及正太各鐵道管理局
1、運輸主任、會計主任（日支人併用）及會計補助者各一名トシ會計主任ノ任用ハ該鐵道ニ對スル借款ノ存在スル期間トス
2、運輸及工務人員各約三名
二、津浦及京漢各鐵道管理局
運輸、工務及會計人員各約三名

（別冊第三）
南支沿岸特定島嶼地點ニ關聯スル軍事機密
了解事項（第三）
支那海ノ交通路ヲ維持シ其ノ安全ヲ確保スルコトハ日支兩國共通ノ利益ナルコトヲ認ムルニ依リ日支兩國ハ互ニ軍事上ノ協力ヲナス爲
一、日本ハ前記目的達成ニ必要ナル中國ノ軍事施設竝ニ中國海軍ノ建設ニ協力スルコト
二、別ニ協定スル地點島嶼ニ於ケル日本ノ軍事施設ニ關シテハ別ニ日支專門委員會ヲ設置シ之カ管理又ハ使用等具体的事項ニ付協議ノ上定ムルコト
三、前項措置ノ如何ニ拘ラス中國ハ日支兩國又ハ其ノ孰レカノ一方國カ第三國ヨリ戰爭又ハ國際的事變ノ脅威ヲ受ケ若シクハ之ト交戰狀態ニ入ル場合日本ノ要請スル時機ニ於テ前諸項ノ軍事施設ヲ支障ナク日本ノ作戰用途ニ使用又ハ維持セシメ得ル爲必要ナル措置ヲ執ルコト
四、日支夫々ノ軍事施設ハ日支別ニ協議スル所ニ基キ相互ニ使用シ得ルコト

五、日本ハ前諸事項地方ニ於テ別ニ協定スル期間其ノ艦船部隊ヲ維持シ得ルコト

（終）

530　昭和15年1月6日　興亜院会議決定

「中央政權樹立ニ關聯スル對處要綱」

付　記　作成年月日、作成者不明
「現地交渉ニ依リ日本側ノ獲得セル重要成果」

中央政權樹立ニ關聯スル對處要綱

昭和十五年一月六日
興亞院會議決定

梅機關ノ對汪工作ノ現況ニ鑑ミ左記諒解ノ下ニ諸工作ヲ促進スルモノトス

一、昭和十四年十二月三十日梅機關汪精衛間ニ內約セル事項（卽チ日支新關係調整ニ關スル協議書類ニ示ス事項）ハ昭和十四年十二月八日興亞院會議決定「中央政府樹立工作ニ關スル申合セ」ノ趣旨ニ基キ一應之ヲ諒承シ中央政府ヲ樹立セシムルコト

二、新中央政府ヲ相手トスル正式國交調整交渉開始ノ時期竝ニ國交調整條件ハ該政府ノ發育及內外ノ情勢ヲ見極メタル上追テ之ヲ決定スルコト

三、我カ戰時經濟確立ノ爲メ必要ナル經濟建設ハ新中央政府ト正式ニ國交調整條件ノ妥結セラルル迄ハ概ネ既定方針ニ基キ急速ニ之ヲ促進スルモ戰時經濟ニ關係薄キ事項就中日支新關係調整要綱ノ主旨ニ反スルカ如キ施策ニ付テハ之カ調整ニ努ムルコト

四、汪側ヲシテ日本側ニ協力シ速ニ重慶屈服ニ其努力ヲ指向セシムルコト

五、梅機關ト汪精衛間ノ內約事項（卽チ「日支新關係調整ニ關スル協議書類」）ヲ發表スルニ當リテハ內外ニ及ホス影響ヲ考慮シ、支那側トモ協議ノ上適宜善處スルコト

六、新中央政府ニ對スル指導機構ハ別途研究ノ上之ヲ定ムルコト

七、梅機關ト汪精衛間ノ內約事項「日支新關係調整ニ關スル協議書類」ノ祕（機）密取扱ニ關シテハ別紙第一ニ依ルコト

備　考

閣議ニ對シテハ興亞院總裁ヨリ右協議書類ノ要旨ヲ適宜説明シ其ノ諒解ヲ求ムルモノトス

別紙第一

「日支新關係調整ニ關スル協議書類」ノ祕(機)密取扱ニ關スル件

十二月三十日梅機關ニ於テ汪側トノ間ニ交渉成立セル「日支新關係調整ニ關スル協議書類」ハ軍事、外交及經濟等ノ諸點ヨリ之ヲ祕密扱シ更ニ其ノ一部ハ機密扱スルヲ必要トスルヲ以テ之カ取扱ニ關シテハ左記各號ヲ嚴守スルモノトス

左　記

一、該協議書類全部ノ複寫ヲ嚴禁スルコト

二、該協議書類別册(機密諒解事項)ヲ機密扱トスル外左ノ分ヲモ機密扱トナスコト

(1)「日支新關係調整ニ關スル具體原則」中第二ノ二(防共駐屯地域ノ件)

(2)「日支新關係調整ニ關スル具體原則」中第四ノ一(撤兵ノ件)

(3)祕密諒解事項(第二)(金融財政關係)

(4)祕密諒解事項(第四)(交通關係)

(5)祕密諒解事項(第七)中第三ノ三(合辨事業ノ出資割合ニ關スル件)

三、今後ノ事務處理上必要アル場合ハ前項ノ機密扱事項ヲ除キタルモノヲ必要最少限ニ印刷スルコト

四、閣議説明案ハ別ニ適宜作成スルコト

(付　記)

現地交渉ニ依リ日本側ノ獲得セル重要成果

一、政治、外交及文化上ノ權利利益確保

1、滿洲帝國ノ承認確約

2、外交、教育、宣傳及文化等ノ協力確保

3、軍事以外ノ防共協力ノ確約

二、地域的實權把握

1、蒙疆ノ包括的實權把握

2、北支ノ國防上及重要經濟上ノ實權把握

3、上海特別市及厦門特別市ノ確保

4、海南島及附近諸島嶼ニ於ケル軍事上ノ實權及資源開

發權ノ確保

三、軍事上ノ實權把握

1、防共駐屯權確保

2、治安駐屯權確保

㈠厦門竝ニ海南島及附近諸島嶼等ニ於ケル艦船部隊ノ駐屯

㈡其ノ他ノ駐屯

3、駐屯地域及之ニ關聯スル地域ニ存在スル鐵道、航空、通信、主要港灣及水路ニ對スル日本ノ軍事上ノ要求ニ應スル旨ノ確約

4、軍事顧問及教官ニ依ル支那軍内面指導權ノ確保

四、經濟上ノ權利利益ノ獲得

甲、全支

1、航空ニ關スル支配的地位確保

2、國防上必要ナル特定資源ノ開發利用ニ關スル企業權(北支ニ於テハ日本優位、其ノ他ノ地域ニ於テハ日支平等)

3、支那沿岸ノ主要海運ニ關スル參加權確保

4、關税及通關手續ニ關スル親日政策實行ノ確約

5、日本人タル財政經濟技術顧問ヲ中央政府ニ招聘セシムルコトニ依ル我政策遂行方法ノ確保

乙、蒙疆

經濟ノ全部面ニ關スル指導權及參與權獲得

丙、北支

1、鐵道ニ關スル實權把握

2、通信(有線電信ヲ除ク)ニ關スル日支共同經營權(日本優位)ノ獲得

3、特定資源就中國防上必要ナル埋藏資源ノ開發利用權ノ確保

4、國防上必要ナル特定事業ニ關スル合辨事業參與權(日本優位)ノ確保

5、北支政務委員會ノ經濟行政ニ關スル内面指導權確保

丁、揚子江下流地帶

1、日支經濟協議會ノ設置ニ依リ貿易、金融、產業及交通等ニ關スル日支協議權ノ確保

2、上海特別市ノ新都市建設ニ技術顧問及技術員ヲ招聘セシムルコトニ依ル指導權確保

531　昭和15年1月7日　在北京土田大使館一等書記官より野村外務大臣宛（電報）

喜多華北連絡部長官の王克敏処遇に関する心境につき報告

北　京　1月7日後発
本　省　1月7日夜着

第一二號（部外絶對極祕、館長符號扱）

喜多長官ノ王克敏處理ニ關スル心境ニ付連絡部係官ヨリ絶對極祕ノ含ヲ以テ内報アリタルカ長官ニハ往電第一〇號ノ次第モアリ王ニ於テ果シテ永ク留マルヤ否ヤ全然判明セス他面王ハ勇退ノ意思モ手傳ヒタル爲カ近來兎角喧シキ議論ヲ爲シ仲々日本側ノ指導ニ追隨シ來ラサル傾アリテ北支軍ニ於テモ之ニ刺戟セラレ王排撃ノ空氣モ鮮カラス長官トシテハ出來得ル限リ王ヲ踏留マラスコト大局上宜シト信スルモ踏留マラスモノトセハ今日ノ如キ我儘ナル態度ヲ此ノ儘ニハ放置出來ス何等カ是正ノ必要アリト信シ居リ又罷メサセル方カ宜シトシテモ其ノ後ノ對策ハ早目ニ樹テ置ク必要アリトノ見地ヨリ大體三巨頭會談直後ノ最後ノ肚ヲ決メ自分（長官）ノ居ル間ニ今後ノ策ヲ確立シ膳立テモ作リ圓滑ニ取運フ樣致シ置キタシト內々熟慮中ナル趣ナリ本電內容ハ長官ニ於テ森岡次長ニサヘ洩ラシ居ラサル由ナルニ付テハ長官及係官ノ立場モアリ絶對ニ外部ニ洩レサル樣特ニ御配慮相煩度ク尙往電第一〇號及第一一號ハ今日ノ情勢上特殊ノ意義アリト認メ冗長ヲ顧ミス電報セル次第御諒承請フ

532　昭和15年1月8日　閣議決定

「支那新中央政府樹立ニ關聯スル處理方針」

付　記　昭和十五年一月八日
閣議後の内閣書記官長談

支那新中央政府樹立ニ關聯スル處理方針

（昭一五、一、八　閣議決定）

一、昭和十四年十一月一日興亞院會議決定ニ基キ支那新中央政府樹立ニ關聯スル諸工作ヲ實施シ來リタル處昭和十四年十二月三十日ニ至リ日支工作員相互間ニ意見ノ合致ヲ見タルヲ以テ帝國政府トシテハ一應之ニ了解ヲ與ヘ速ニ新中央政府ヲ樹立セシムルコトトス

右工作員ノ間ニ於テ意見ノ合致ヲ見タル要旨別冊「日支新關係調整要綱」[編注]ノ如シ
二、新中央政府ヲ相手トスル正式國交調整交渉開始ノ時期竝ニ國交調整條件ハ該政府ノ發育及內外ノ情勢ヲ見極メタル上追テ之ヲ決定スルモノトス

編　注　本書第529文書「日支新關係調整ニ關スル協議書類」中の「日支新關係調整要綱」と同文のため省略。

(付　記)

書記官長談(一月八日閣議後)

事變處理ニ關スル帝國ノ方途ニ就テハ累次中外ニ聲明セラレタル處ニシテ特ニ昭和十三年十一月三日帝國政府ノ聲明次デ同年十二月二十二日近衛前總理大臣ノ談話ニ於テハ征戰究極ノ目的ヲ明カニセラレ爾來政戰兩略一貫シテ此目的ノ追求ニ努力シ來リシ次第ナルカ此間支那ニ於ケル同憂具眼ノ士ニシテ帝國ノ意圖ニ響應スルモノ逐次增加シ來リ遂ニ昨年春季ニ入リ國民黨ノ指導的地位ニ在ル汪精衛及其同志ハ公然反共親日、和平救國ヲ主張シ帝國トノ協力的活動ヲ開始シ爾來日々其勢力ヲ加ヘ最近ニ至リ新ナル中央政府ヲ樹立スルノ氣運トナレリ而シテ其ノ志ス處ヲ詳察スルニ時局收拾ノ方向概ネ帝國ノ企圖スル處ニ合致スルモノアルニヨリ帝國トシテハ今後有ユル努力ヲ傾注シテ之レカ成立發展ヲ支援スルコトトナシタリ

533　昭和15年1月17日　在上海加藤公使より有田外務大臣宛(電報)

日本側との合意条件に不満を抱く高宗武らの離脱に対し汪兆銘は新中央政府樹立に向けた決意不変の態度を表明について

上　海　1月17日後発
本　省　1月17日夜着

第九號(館長符號扱)

本使[1]十三十五日ノ兩日汪精衛ト會談シ新中央政府樹立ニ關スル最近ノ心境、對重慶竝ニ日本側ニ對スル希望等聽取シタルカ御參考トナルヘキ點左ノ通リ

一、汪ハ新中央政府樹立ニ關シテハ同志ノ者ノ間ニモ異論ヲ唱フル者アリ陶季(希カ)聖高宗武兩名モ過日日支間ニ話合纏リ

タル和平條件ニテハ新政府ヲ樹立スルモ時局ヲ解決スル望無シトテ上海ヲ離レタルカ其殘セル書面ニ今回ノ條件ニテハ㈠國民ノ希望ヲ滿足セシメ難ク㈡重慶ヲ切崩ス迫力無ク㈢英米佛等ヲ納得セシメ得ス㈣日本側ニテモ新政權ハ無力ニシテ時局解決ノ能力無シト觀測スルモノアリ政府成立後愈其無力ヲ暴露セハ一層非難セラルル惧アリ㈤歐洲戰局モ遠カラス終局スヘシトノ見透行ハレ居ルヲ以テ早急ノ和平解決出來サルトキハ東洋ノ問題ハ再ヒ紛糾スル可能性アリト述ヘ尚自分等ハ決シテ重慶側ト聯絡シテ新政權樹立ヲ妨害セントスルモノニアラス寧ロ一身ノ危險ヲ犯シ香港ニ滯在シ事態ノ推移ヲ見守ラントスルモノナリト附記シアリタリ右兩人ト同樣ノ見解ヲ懷キ居ル者尙鮮カラスト察セラレ其心情ニ對シテハ同情ニ値スルモノアリ自分モ其間ニ立チテ極メテ苦シキ立場ニ在ル次第ナルカ折角日本側ニテ努力ノ上作ラレタル和平條件ヲ捨テテ政權ノ樹立ヲ中止スルコトハ信義上忍ヒ得サル所ナルヲ以テ多數同志ト共ニ既定ノ方針ニ從ヒ勇往邁進スル覺悟ニシテ今回ノ和平條件ハ陶高兩名ノ言ノ如ク民心把握ノ上ヨリ觀テ不充分ナル點アルヘキモ吾人ノ今後ノ努力ニ依リ之ヲ補フコトヲ決心シ居ル次第ナリ固ヨリ前途ニハ尙幾多ノ困難ニ逢着スヘク例ヘハ青島會談ニ於テモ新政府ノ人事問題等相當ノ難關アルヘシト豫想セラルルモ自分ハ決心ヲ動搖セシメス一意新中央政府ノ樹立工作ニ邁進シ度キ考ナリ

二、[2]和平運動ニ關スル重慶方面及軍隊方面ニ於ケル一般ノ動向ニ關シ汪ハ現在重慶ニ殘留シ居ル文武兩方面ノ同志カ今尙躊躇逡巡シ居ルハ極メテ遺憾ナルカ彼等トシテハ和平條件ニ對シ懷疑心ヲ抱キ其ノ態度ヲ決シ兼ネ居ルモノト察セラル一般ニ事態カ改善セラルレハ出テ來タイトテ和平ニ參加セントスル考ヘナルカ彼等カ續々參加シ來ラサレハ和平ハ實現セサル次第ニテ此ノ點ハ結局循環論ニ終ルニ過キス軍隊方面モ最後ノ勝利ヲ信シ居ルニアラサレトモ今日支那ノ生キル途ハ抗戰以外ニナシト思込ミ居リ已ムナク死地ニ就ク實情ナリ從ツテ彼等ヲ和平ニ導クニハ日支間ニ和平ノ途アルコトヲ知ラシメサルヘカラス然ラサレハ如何ニ戰フモ彼等ヲ動搖セシムル能ハス例ヘハ南寧攻略ニ依リ廣西軍隊カ一般ノ豫想ヲ裏切リ何等ノ動搖ヲ示ササリシカ如シ要スルニ彼等ヲ轉向セシムルニ

ハ日支間ノ和平法案カ根本問題ナリ之ヲ無視シテ重慶及軍隊方面ヲ切崩スコトハ殆ト不可能ナリト述ヘタリ

三、對重慶工作ニ關シ本使ヨリ新中央政府樹立ノ準備愈々其ノ緒ニ着キタル今日積極的ニ對重慶工作ヲ行フ必要アルヘシト述ヘタルニ對シ汪ハ對重慶工作ハ極メテ重要ナルカ自分等カ之ヲ行フ場合ニモ日本側カ之ヲ行フ場合ニモ相互ニ聯絡シ充分打合セタル上實行スルコトト致度ク然ラサレハ重慶側ハ巧ニ離間策ヲ講スル惧レアリ今日迄ノ所我方ニ對シ重慶側ヨリ第三國人ヲ通シ間接ニ聯絡シ來リタルコトアルモ何レモ確實性ニ乏シク眞ノ工作ハ今後ニ俟タサルヘカラサル次第ナルカ對重慶工作ヲ考慮スル場合新中央政府ノ樹立ハ果シテ妥當ナルヤ否ヤノ議論アリ即チ重慶側ハ極力新政府ノ樹立ニ反對シ居ルヲ以テ此ノ際新政府ノ樹立ハ益々對重慶工作ヲ困難ナラシムヘシトノ意見アリ若シ果シテ然ラハ政府ノ樹立ハ之ヲ後日ニ讓ルノ外ナカルヘシ然レ共自分ノ觀ル處ニテハ民國元年孫文カ南京ニ臨時政府ヲ樹立シテ却テ南北ノ和平ヲ促進セシメタル例モアリ新政府ノ樹立ハ寧ロ重慶ヲ切崩シ速ニ和平ヲ招來スル捷徑ナリト信スルモノナリ唯對重慶工作ニ注意スヘキハ蔣介石ト蔣介石以外ノ者トヲ區別シテ之カ對策ヲ考究スル必要アル點ナリ蔣ハ從來ノ遣口ヨリ觀ルニ權力ヲ一點ニ掌握シナカラ自ラハ其ノ責任ヲ執ラス然モ和戰共他人ノ容喙ヲ許サス自分ニ對シテモ頻リニ牽制策ヲ講シ權力ヲ剝脫シテ無力ノ儘重慶ニ留メ置カントセル狀態ニテ其ノ性格ヨリ言フモ到底事ヲ共ニシ難ク其ノ對外政策ニ至ツテハ特ニ重大ナル錯誤ニ陷リ今ヤ蘇聯ト離ルヘカラサル關係ヲ生シ日本ト講和セハ忽チ蘇聯ニ捨テラルル羽目トナルヲ以テ蘇聯ノ了解ナキ限リ彼ヲ和平ニ轉向セシムルコトハ到底不可能ナリ曾テ戴天仇ハ蔣介石カ亡フル時ハ支那モ亦同時ニ亡フヘシト言ヒタルコトアルカ右ハ至言ニシテ自分ハ蔣ニ對シテハ全ク望ヲ失ヒ居ル次第ナリ萬一日本側カ蔣ニ對シ和平ヲ談判スルコトアリトスルモ彼一人ニテハ決定シ難ク必ス先ツ「スターリン」ノ同意ヲ得サルヘカラス自分ノ知ル所ニテハ蔣ハ外交問題ニ關シテハ一々「スターリン」ニ報告スルヲ例トシ「カー」大使トノ會談ノ內容ノ如キモ詳細之ヲ「スターリン」ニ通報シ居ル實情ニテ要スルニ私心ノミアリテ眼中國家ナシト言フヘキナリ四[3]、新中央政府成立後ノ承認問題ニ關シテハ極メテ熱心ナル面持ニテ昨年東京ニ於テ政府要路ト會談ノ際モ述ヘタル通リ政府成立ノ際ハ日本大使ハ速ニ南京ニ歸任セラレタク獨伊英佛米國各使臣モ成ルヘク速ニ南京ニ來ル樣施策セラレタシ川越大使カ辭職シ居ラサレハ其ノ儘歸任セラルルコトニ依リ事實上ノ承認トナルヘキモ若シ辭職シ居ラルレハ新ニ全權大使ヲ任命セラレ政府承認ノ手續ヲ執ラレタシ新政府ノ基礎ヲ鞏固ニシ其ノ發展ヲ圖ル爲ニハ極メテ肝要ナル問題ナリ日本カ早急ニ新政府ヲ承認スルコトハ重慶側ノ合流ヲ妨クル惧アリト爲ス論アルモ右ハ寧ロ反對ニシテ若シ承認セサレハ重慶側ハ新政府ヲ僞組織ナリト宣傳シ旺ニ破壞工作ヲ試ミルヘク重慶側ヲ合流セシムルコト不可能ニ立到ルヘシ若シ速ニ承認ヲ得ハ新政府ハ支那ノ正式政府トナリ民衆初メテ安堵シ對外關係亦好轉スヘシ伊太利大使トハ二回ニ亘リ會談シタルカ新政府樹立ヲ待ツテ直ニ外交關係ヲ結フ爲今尙重慶政府ニ對スル國書捧呈ヲ見合セ居レリト述ヘ獨逸モ恐ラク伊太利ニ追隨スヘク英佛米ト雖正式ノ承認ハ兎モ角トシテ日伊獨カ承認ヲ與フレハ西班牙ノ例ニ於テモ知ラルル通リ不取敢商務官位ヲ派遣シテ事實上ノ承認ヲ爲スノ外無シト想像セラル何レニスルモ日本トノ外交關係回復カ先決問題ニシテ日本カ躊躇セハ是等各國ハ新政府ヲ見限ルコトトナリ新政府ハ對外的ニモ立行カサル破目ニ陷ルヘシ此ノ點ハ日本政府ニ於テモ充分考慮セラレタシト述ヘタリ

五、本使ヨリ何應欽、白崇禧等ノ態度ニ付質問シタルニ汪ハ何ハ軍事上ノ勢望蔣ニ次ク第一人者ト言フヘク陳誠ノ如キハ何ノ位置ニ取ツテ代ラントシツツアルモ其ノ閱歷聲望到底何ニ比スヘクモアラス而シテ何ハ終始戰爭ニ反對ニシテ和平ヲ希望シ居ルコト自分ト同樣ナルカ軍人トシテ部下ヲ擁スル關係上我々政治家ト異リ身ヲ以テ脫出スルコト難キ實情ニ在リ又彼トシテハ其ノ勢力ヲ維持スル必要上重慶ニ留ルコトヲ得策ト思考シ居ルモノナルヘシ白ハ何ト異リ其ノ動機如何ハ暫ク別トシ終始一貫抗戰ヲ主張シ居リ今日ノ所到底我々ノ和平ニ贊成スル可能性無シト認メラル尤モ白ハ何ト異リ寧ロ蔣ト離レタキ心境ナルヲ以テ或ハ偶然ノ機會ニ蔣ヲ離レ我方ニ投シ來ルコト無キヲ保セス極ク微妙ナル關係ニ在リ

534　昭和15年1月17日　在上海加藤公使より有田外務大臣宛（電報）

新政府樹立後の対重慶工作に関する周仏海の見解について

上　海　1月17日後発
本　省　1月18日前着

第一二號（極祕、館長符號扱）

周佛海ハ十四日清水ニ對シ新中央政府モ近ク成立ノ運ヒニ立到ルヘキ處全般的和平ヲ實現スル爲ニハ重慶ニ對スル工作其ノ他ノ政治問題ヲ解決スル必要アリ若シ之ニ成功セサレハ新政府樹立ノ意義ヲ失フコトトナルヘキニ付此ノ點ニ日夜苦慮シツツアリ元來自分ハ新政府ノ財政部長ニ擬セラレツツアルモ斯ル煩瑣ナル職ハ他ノ適當ナル者例ヘハ陳公博邊リニ讓リ（陳ハ過日汪ニ對シ外交部長ト財政部長丈ケハ御免蒙ムリタシト述ヘタル由）無任所大臣ノ格ニテ專ラ是等政治問題ノ解決ニ當リタキ心組ナルニ付日本側同志ニ於テモ諒トセラレタク尙對重慶工作ハ極メテ重要且機微ナル關係アルヲ以テ日本側トモ充分腹ヲ合ハセ實行シタキ所存ナリト語レル趣ナルカ十五日本使ト會談ノ際偶々對重慶工作問題ニ觸ルルヤ周ハ重慶工作ヲ行フニ當リテハ先ツ重慶側カ如何ナル態度ニ出ツルヤヲ豫想シテ總ユル場合ニ應シ打ツヘキ手ヲ研究シ置ク必要アリ自分ノ觀ル所ニテハ重慶ノ出方ハ大體次ノ如キモノニ要約スルヲ得ヘシ卽チ(一)蔣介石カ下野シテ和平ニ參加シタル場合(二)蔣カ下野セス其ノ儘和平ニ參加シ來ル場合但シ此ノ場合ヲ更ニ細分スレハ(イ)第三國ヲ介在セシメテ來ル場合(ロ)和平條件ノ緩和ヲ要求シ來タル場合(ハ)先ツ日本軍ノ撤退ヲ要求シ來タル場合(ニ)新中央政府ノ取消ヲ要求シ來タル場合等是ナリ是等ノ各場合ニ應スル對策ニ付テハ日本側ト共ニ豫メ檢討シタキ希望ナリト述ヘタリ

535　昭和15年1月20日　在上海加藤公使より有田外務大臣宛（電報）

新中央政府承認問題等に関する褚民誼と在中国米国大使との会談内容について

上　海　1月20日後発
本　省　1月20日夜着

第一七號（極祕）

汪精衛ハ上海ニ於テ機會アル毎ニ褚民誼ヲシテ各國大使館總領事館側ト內々聯絡セシメ和平運動ノ實情ヲ認識セシムルニ努力シツツアル處十九日褚民誼ハ米國大使ト會見シ大要左ノ如キ談話ヲ交換シタル趣ナリ

一、褚ヨリ汪ヲ中心トスル和平運動ノ狀況ヲ説明シタル處「ジヨ」ハ米國トシテハ洋ノ東西ヲ問ハス世界ノ平和ヲ希望スル點ニ於テ人後ニ落チサルモ遠慮ナク言ハハ米國ノ輿論ハ汪ニ對シ匂シカラサル實情ナリト述ヘタルニ依リ褚ハ我等ハ數年來和平ノ爲ニ總ユル努力ヲ爲シ來レルモ重慶政權ハ今尙之ヲ肯ンセサル狀態ナリ然レトモ我等カ依然全面的和平ヲ希望シ其ノ實現ノ爲努力シ居ル氣持ハ去ル十六日ノ蔣介石宛ノ汪ノ電報ニテモ明カナル通リナリ若シ重慶カ依然トシテ之ヲ肯ンセサレハ遺憾乍ラ重慶ノ態度如何ニ不拘中央政府ヲ樹立ノ上和平運動ニ邁進スル覺悟ナリ其ノ際ハ米國トシテモ西南ニ偏在スル重慶政府ニ掛リ合フヨリモ地域廣大ニシテ且ツ米國ノ權益上重要ナル地域ヲ包含スル我新中央政府ヲ承認スル方得策ナルヘシ又米國ノ輿論ニ對シテハ大使ヨリ支那ノ現情特ニ汪ノ平和運動ヲ説明シテ空氣ノ緩和ヲ計ル樣努力セラレタシト述ヘタリ

二、右褚ノ要望ニ對シ「ジヨ」ハ余ハ重慶政府ニ派遣セラレタル大使ニシテ且ツ新中央政府承認ノ件ハ本國政府ノ取扱フヘキ問題ナルニ付今茲ニ新政府承認問題ニ觸ルル自由ヲ有セス又米國ハ元來言論自由ノ國柄ナルヲ以テ政府ヨリ之ニ干渉スルコトヲ得サル實情ナルコトハ御承知ノ通ナリト語リ之ニ對シ褚ハ重ネテ大使ハ近ク重慶ニ赴ク由ナルニ付重慶ニ到著ノ際ハ我等ノ眞面目ナル和平ノ趣旨ヲ重慶側ニ傳ヘラレ度ク又米國ノ輿論緩和方ニ付テモ充分好意ヲ以テ考量セラレ度シト述ヘタリ

北京、南京、香港ヘ轉電セリ

536　昭和15年1月22日　在香港黄田総領事代理より有田外務大臣宛（電報）

高宗武および陶希聖が日本と汪側との内約協議文書を大公報紙上に暴露について

香　港　1月22日後発
本　省　1月22日後着

第四六號（至急）

高及陶カ發表ノ和平條件ハ當地ノ大公報カ我方トノ日支新關係調整要項及同附屬全文(日本文)ノ寫眞及右支那文ノ外客年八月汪カ我方ニ提示ノ希望條項及之ニ對スル十月ノ我方回答文ヲ夫々登載(寫眞以外ハ他ノ新聞ニモ)スルト共ニ各紙共社說ヲ掲ケ二十一箇條ヨリモ酷シトテ汪ノブケイ締約ヲ罵ル一方高及陶ヲ稱讃セルカ其ノ中國民日報ハ特ニ米?國ノ注意ヲ喚起シ又リトウホウハ高ハ來香後直ニ右ヲ在野某要人ニ託シ重慶ニ送付セルニ對シ重慶ハ大イニ喜ヒ高等ノ處分取消ノ計畫ニテ其ノ歸渝方希望シ來レルモ高ハ外遊シ海外宣傳ニ當リ度キ意嚮ナリ尙高夫人ハ十八日上海ヲ脫シ來香セリト報シ居レリ

上海、廣東ヘ轉電セリ

537 昭和15年1月22日 有田外務大臣より在伊国天羽(英二)大使、在米国堀内大使他宛(電報)

内約協議文書暴露問題へのわが方対処方針について

本省 1月22日後10時5分発

合第一二四號(極祕、至急)

往電合第四八號ニ關シ

二十二日香港ニ於テ大公報カ高宗武及陶希聖ノ手紙ニ基クモノトシテ最近ノ我方汪精衛間ノ話合ヲ詳細暴露セル事件ニ關シテハ差當リ我方トシテハ右發表ノ內容カ事實ニ反スル旨輕ク否定シ置クト共ニ所要ノ反駁ハ汪精衛側ヲシテ之ヲ行ハシムルコトトセリ

尙本件大公報發表ニ所謂客年末ノ協定及附屬文書トハ實ハ客年十一月一日興亞院會議決定ニ基キ我現地機關カ汪精衛側ニ提示セル原案ニ該當スルモノニシテ其ノ後二ケ月ニ亘ル折衝ニ依リ支那ノ自主獨立ニ關スル汪側ノ要望ヲ多分ニ容レ客年末彼我ノ間ニ意見一致ヲ見ルニ至レル決定案ニ非サル次第ナリ爲念

本電宛先　伊、米、蘇、佛

伊ヨリ英、獨、白ヘ轉電アリ度

米ヨリ關係ノ公館ニ可然轉報アリ度

538 昭和15年1月23日 在上海三浦総領事より有田外務大臣宛(電報)

外国人記者会見における内約協議文書暴露問題に対する現地応酬振りについて

上　海　1月23日後発
本　省　1月23日夜着

第一三五號

高宗武ノ協定暴露ニ關シ二十二日ノ外人記者會見ニテ種々立入リテ質問アリタルカ係官ヨリ左記趣旨ニテ應酬シ置ケル趣

一、(イ)高カ汪側ト日本側トノ協定ナリトシテ諸条件ヲ発表セル旨ノ香港電報ハ新聞紙上ニテ承知シ居ルモ其ノ真相ハ承知セス

(ロ)我方ト汪側トノ間ニ和平ニ關スル各種ノ問題ニ付話合ノ行ハレ居ルハ事實ニシテ之ニ關シテハ本月八日內閣書記官長談ヲ以テ時局收拾ニ關スル日本側及汪側ノ意嚮合致シ居レリトノ趣旨發表セラレ居リ夫レ以上ノコトハ言明スヘキ立場ニ非ルモ我方ト汪側トノ談合ハ所謂近衞聲明ヨリ出發シ居ルモノニシテ支那ノ主權ヲ侵害シ或ハ條約ヲ侵犯スルカ如キ性質ノモノニ非ルハ改メテ云フ迄モナシ

(ハ)汪側トノ談合ハ日本政府ヲ拘束スルモノナリヤトノ質問ニ對シテハ日本側トノ談合トノ意味ニテ必スシモ理論上ノ嚴格ナル意味ニ於ケル帝國政府代表者トノ談合ニハ非スト應酬シ置ケリ

(ニ)賠償ノ問題ニ關スル質問ニ對シテハ近衞聲明ニハ無賠償ノ方針ヲ明カニシアルモ國際法上賠償ナル語ハ種々ノ意味ニ解セラル例ヘハ國家間ノ戰費賠償或ハ個人ニ對スル損失補償トモ解セラルヘキカ近衞聲明ノ所謂賠償ニ如何ナル定義ヲ下スヘキカニ關シテハ自分ハ說明スヘキ立場ニ非スト應酬シ置ケリ

右說明振ハ二十三日各英字紙ニ掲載セラレタルカ委細郵報ス

二、右說明ニ對シ「ユーピー」ハ別電(省略)第一三六號ノ如キ趣旨ヲ海外ニ電報シ居レルカ其ノ內大使館「スポークスマン」ハ新政權ニ對シ日本カ賠償ヲ要求スルノ可能性ヲ洩セリ云々ノ點ニ關シテハ「ユーピー」側ノ注意ヲ喚起セリ

本電別電ト共ニ北京、天津、南京、漢口、青島、香港ヘ轉電セリ

539
昭和15年1月23日　在上海三浦総領事より有田外務大臣宛（電報）

暴露された内約協議文書を売国協定と弾劾する漢字紙報道について

上　海　1月23日後発
本　省　1月23日夜着

第一三七號

一、二十三日當地各漢字紙ハ二十二日香港發中央社電ニ依リ日支新關係調整要項及同附屬書竝ニ附屬其ノ一（日支新關係調整原則）及其ノ二（日支新關係調整要項）ヲ大々的ニ發表（原《？》文空送ス）スルト共ニ何レモ社説ニ於テ賣國協定ナリトテ之ヲ彈劾シ居レリ

二、中華日報ハ汪祕書長陳春甫《圃カ》談トシテ右ハ對日交渉ニ於ケル日本側ノ一方的提案ニ過キスシテ而モ最後的折衝ノ結果ニ非ス之ハ高陶兩名ノ關知セサル所ニシテ斷シテ支那ノ生存ト自由獨立ヲ毀損スルモノニ非ス其ノ和平條件ハ何レ公布セラルヘキニ付重慶側ノ和平運動破壞ノ謀略的謠言ニ迷フ勿レト發表シ其ノ社説ニ於テ陳ノ談話ヲ引用敷衍スルト共ニ發表文獻ハ事實上和平提案ノ基礎ナルモ正式ノ和平條約ハ中央政府ノ名義ニ於テ調印セラレ且發表セラルヘシ之ハ南京陷落前「トラウトマン」大使ノ取次キタル日本側ノ和平條件ニシテ蔣カ承認シタル程度ニ比シ支那ニ數倍有利ナルハ責任ヲ以テ國民ニ明言シ得ル所ナリ

三、二十二日重慶發「ユーピー」及「ルーター」電ニ依レハ政府發言人ハ高陶ノ政府ニ宛テタル日本側ト汪トノ交換文書及協定文ノ寫眞副本ハ二十一日接到セルカ之ハ日本カ支那ヲ第二ノ滿洲國トシ汪ヲ第二ノ傅《溥カ》儀ト爲スモノニシテ汪ノ對蔣和平勸告電ニ於テ保證セル日本側ノ合理的媾和條件ハ其ノ可能性ナキコト判明セリ尤モ汪ハ斯ル協定ヲ締結スル權能ナキヲ以テ外交部ニ於テハ目下之カ對策考究中ナルカ高陶及陳公博カ汪ヨリ離脱セル以上汪一派ハ全面的解體ヲ見ルヘキ旨發表セリ又官邊側ハ更ニ其ノ發表ニ依リ日本ノ交戰決意ハ益々强化セラレ和平勵奬ノ可能性ハ消失セリト斷シ居レル趣ナリ

在支各總領事及香港へ轉電セリ

540　昭和15年1月24日　在香港黄田総領事代理より有田外務大臣宛（電報）

内約協議文書暴露問題に対する蔣介石声明について

香　港　1月24日後発
本　省　1月24日夜着

第五一號

二十三日蔣介石ハ友邦人士ニ告クルノ書ヲ發表シ日汪協定ハ責任ノ地位ニ在ラサル汪カ勝手ニ作レルモノナレハ何等取上クルニ足ラサルモ之ニ依リ日本軍閥カ夢想スル世界制覇少クトモ支那ノ主權及列國ノ權益ヲ無視シ東亞ノ利益ヲ壟斷セントスル野心ハ明カニ證明セラレタリ列國ハ蔣政權ノ抗日戰爭カ單ニ支那ノミナラス世界平和ト人道擁護トノ爲ナサレ居ル所以ヲ認識シ苟クモ日本ヘ武器彈藥ヲ送ルカ如キ愚ヲ止メ積極的對支援助ニ乘出シ速ニ世界ノ公敵ヲ葬リ去ルヘク徒ニ逡巡シ時期ヲ逸センカ後ニ臍ヲ噛ムトモ遲カルヘシト述ヘ尚同時ニ軍民ニ告クルノ書ヲ公表シ汪ノ賣國的行爲ニ詳細說明ヲ加ヘ頻リニ反汪感情ヲ唆ルト共ニ抗日精神ノ發揚ニ努メ居レリ

541　昭和15年1月26日　在青島石川（実）総領事代理より有田外務大臣宛（電報）

高宗武および陶希聖の背反に対する汪兆銘声明について

青　島　1月26日後発
本　省　1月26日後着

第四八號

汪[1]精衞ハ二十三日午後「ロイター」及「エー、ピー」ノ特派員ヲ引見シ高、陶ノ所謂日支和平條件ニ關シ大要左ノ通リ聲明ヲ發表セリ

高及陶ハ何レモ最初ヨリ和平運動ニ參加シタルモノナルカ昨年三月二十一日曾仲鳴カ河内ニテ暗殺セラレテヨリ兩人共極メテ臆病ニナリ余カ河内ニ滯在中屢高宗武ニ招電ヲ發セルニ來ラス同志間ニ於テモ久シキ以前ヨリ之ヲ相手ニシナクナツテ居タ次第テ陶希聖モ亦優柔不斷テ堅イ決心ヲ有セサリシコト高ト同樣テアツタ乍併余ハ兩人共逸早ク和平運動ニ參加シタモノテアルカラ出來ル丈寛容ナル態度ヲ以テ彼等ヲ遇スルニ努メタカ昨年十二月頃其ノ態度ニ疑ハシキ形跡アルコトヲ發見シタノテ其ノ後ハ重要ナル交渉ニハ

參加サセナイ様ニシテ居タ今次兩人ハ昨年十一月五日ノ日本側現地一部ノ私案ヲ盜ミ重慶側ト通謀スルニ至ツタノテアル如何ナル運動テモ斯ル腐敗分子ノ出ルノハ免レ難キモノテ其ノ結果ハ却テ自己淘汰トナリ大局ニハ聊カモ害ハ無イ余ノ和平運動カ種々ノ障碍困難ニ遭フコトハ固ヨリ覺悟ノ前テアリ余ハ中國カ今日和平以外救ハルル途ノ無イコト及和平運動ハ日ヲ逐フテ發展成功ニ近ツキツツアルコトヲ堅ク信スルモノテアル

(2)國家存亡ノ非常時ニ於テハ自己ヲ犧牲ニスルノ決心カナケレハナラヌ抗戰失敗セハ抗戰者其ノ責ヲ負フヘク和平運動失敗セハ其ノ運動者其ノ責ニ任スヘク徒ニ首鼠兩端ヲ持スルカ如キハ斷シテ許サルヘキテナイ余及余ノ同志ハ何レモ此ノ決心ヲ抱キ勇往邁進シツツアリ高陶ノ如キ變節者ヲ出シタコトハ誠ニ痛惜ニ堪エナイカ一方カラ言ヘハ夫レカ爲益々吾人ノ責任負擔ノ念ヲ强ムルノテアル若シ夫レ和平法案ニ至ツテハ中日双方共兩國百年ノ大計ト東亞ノ前途ニ思ヲ致シ相互信頼互讓ノ精神ニ基キ作成ヲ見ルニ至リ中國ハ其ノ復興ノ基礎ヲ築キ且東亞ノ和平ト新秩序建設トノ責任ヲ分擔スルコトトナツタノテアル從テ右ハ高陶兩人ノ揑造發表セル文書トハ遙ニ異ツタモノテアツテ此ノ點ハ將來事實カ之ヲ證明スルテアラウ

在支各總領事ニ轉電セリ

---

542 昭和15年1月26日 在青島石川総領事代理より有田外務大臣宛(電報)

青島にて開催の汪兆銘・王克敏・梁鴻志による三巨頭会談の結果について

付記 昭和十五年二月四日、梅機関作成
「青島會談記錄」

青島 1月26日後発
本省 1月26日後着

第四九號(極祕、館長符號扱)

往電第四五號ニ關シ

二十五日引續キ會談ヲ行ヒタルカ其ノ結果大要左ノ通リ

一、日支新關係調整要綱及祕密了解事項ニ關スル件ニ付豫テ打合ノ通リ差支ナキ部分ヲ汪ヨリ說明シタリ尚本件發表方ニ付テハ高宗武等ノ暴露事件アリタル爲王克敏及梁鴻志ヨリ時期ヲ早メテハ如何トノ意見アリタルモ日本側ト

ノ關係モアリ發表ノ時期ハ汪ニ一任スルコトニ決定
二、北支政務委員會條例ニ付テハ臨時政府側ノ希望ニテ多少ノ修正ヲ行ヒタルカ其ノ主ナルモノハ第六條分課規定ヲ内務、財務、教育、建設、治安ノ六(編注)總處及政務、祕書兩廳ト爲スコト第十一條綏靖部隊ニ總司令ヲ置キ治安總處督辦是ヲ兼任スルコト等ナリ
三、中央政治會議組織綱領及條令其ノ儘通過
四、中央政治委員會組織條令其ノ儘通過
五、中央政府ノ構成組織ニ付テハ訓練總監部ヲ軍事訓練部ト改メ警察總監部ヲ警政部ト改ム
六、憲政實施問題ニ付テハ憲政實施委員會ヲ設クルコトニ決定
以上ヲ以テ青島會談ノ案件ハ全部終了シ出席者一同議事録ニ署名シテ散會セリ
中央政治會議ハ大體三月初メ開催引續キ中央政府ヲ樹立スル豫定ニテ會議ノ地點ハ南京ト爲スコトニ決定セリ
以上ノ通リ青島會談ハ豫想外ニ順調ニ終了シ二十六日午後汪側及臨時、維新兩政府側ニテ談話ノ形式ニテ聲明ヲ發表シ二十七日夫々歸任スル豫定ナリ

上海公使、北京、天津、香港、南京、漢口、廣東、濟南ニ轉電セリ
冒頭往電南京、漢口、廣東、濟南ニ轉電シ置ケリ

編　注　本文書付記中の「北支政務委員會組織條例」には、内務、財務、教育、建設、治安に加え、「實業總署」の設置が記載されている。

(付　記)

青島會談記録

二月四日　梅機關

本記録ハ汪側ノ作製ニ係ルモノヲ飜譯セルモノナリ

青島會談記録目次

一、第一次會談記録
二、第二次會談記録
三、中央政府樹立大綱(協議決定全文)
四、政綱(協議決定全文)
五、華北政務委員會組織條例(協議修正全文)

六、既成政權及華北政務委員會ニ關スル祕密諒解事項（協議修正全文）
七、中央政治會議組織綱要（協議修正全文）
八、中央政治會議組織條例（協議修正全文）
九、中央政治委員會組織條例（協議修正全文）
十、國民政府機構豫定一覽表（協議修正表）

（以　上）

第一次會談

期　日　中華民國二十九年一月二十四日

地　點　青島迎賓館

出席者　汪兆銘　王克敏　梁鴻志
　　　　溫宗堯　齊燮元　朱　深（王克敏代理）
　　　　陳　群　任援道　周佛海
　　　　褚民誼　梅思平　劉郁芬
　　　　林柏生　王揖唐

主　席　汪兆銘

記　錄　羅君强　張仲寰

(甲)報告事項

主席ヨリ昨年九月二十一日ノ南京會談以後ノ對外折衝及各方面協力ノ情況ヲ報告シ更ニ法統問題及今回會談ノ議事日程其他關係事項ニ付說明ス

(乙)決定事項

一、中央政府樹立大綱ニ關スル件

原案通トシ汪主席ヨリ中央政治會議ニ提出スルコトニ協議內定ス

二、政府ノ名稱、國旗及首都ニ關スル件

スヘテ國民政府ノ辨法ヲ沿用シ汪主席ヨリ中央政治會議ニ提出スルコトニ協議內定ス

三、中央政府樹立ノ時期ニ關スル件

本年三月中旬ト定ムルコトニ協議內定ス

四、政綱ニ關スル件

原案通リトシ汪主席ヨリ中央政治會議ニ提出スルコトニ協議內定ス

第二次會談

期　日　中華民國二十九年一月二十五日
地　點　青島迎賓館
出席者　汪兆銘　王克敏　梁鴻志
陳　群　齊燮元　王揖唐
溫宗堯　朱　深（王克敏代理）　褚民誼
梅思平　劉郁芬　周佛海
林柏生　任援道
主　席　汪兆銘
記　錄　羅君强　張仲寰

(甲)報告事項
第一次會談記錄ヲ宣讀ス
(乙)決定事項
一、日支新關係調整要綱及祕密諒解事項ニ關スル件
汪主席ヨリ說明、協議ノ結果將來汪主席ニ一任シテ處理セシメ發表迄ハ祕密ヲ嚴守スルコトニ同意ス
二、華北政務委員會組織條例ニ關スル件
修正案ノ通リ汪主席ヨリ中央政治會議ニ提出スルコトニ協議內定ス
三、既成政權及華北政務委員會ニ關スル祕密諒解事項ノ件
修正案通リ實行スルコトニ協議決定ス
四、中央政治會議組織綱要及條例ニ關スル件
修正案通リ協議決定ス
五、中央政治委員會組織條例
修正案ノ通リ汪主席ヨリ中央政治會議ニ提出スルコトニ協議內定
六、中央政府ノ構成組織ニ關スル件
修正國民政府機構豫定一覽ノ通リ汪主席ヨリ中央政治會議ニ提出スルコトニ協議內定ス
七、國民大會ノ召集及憲政ノ實施ニ關スル件
中央政治會議ニ於テ中央政府成立ノ際直チニ憲政實施委員會ヲ設置スヘキ旨決議セシムルコトニ協議內定ス
八、會談事項ノ處理及中央政治會議ノ開催ニ關スル件
(一)本會談ニ於テ協議決定セル事項ノ內左記ノモノハ題目ノミヲ發表スルコト
(1)中央政府樹立大綱
(2)華北政務委員會條例

(3)中央政治委員會條例

(4)國民政府政綱

(5)政府ノ名稱首都及國旗

(6)中央政府組織構成

(7)國民大會ノ召集及憲政ノ實施

左記ノモノハ題目及內容ノ概略ヲ發表スルコト

(1)中央政治會議綱要

(2)中央政治會議條例

左記ノモノハ全然發表セサルコト

(1)政府成立ノ時期

(2)日支新關係調整要綱及祕密諒解事項

(3)對重慶工作

(二)中央政治會議ハ本年三月初南京ニ於テ開催ノコトニ協議決定ス

中央政府樹立ニ關スル大綱

一、中央政府ハ國民黨、既成政府、在野合法政黨及社會上其他有力分子ヲ以テ其ノ構成ノ基礎ト爲ス　重慶政權ニシテ若シ能ク徹底的ニ改組セハ固ヨリ中央政府構成ノ一要素タラシムルコトヲ妨ケス

二、中央政府ハ日支新關係調整要綱ニ準據シテ日支ノ國交ヲ正式ニ調整スルモノトス　其ノ具體的事項ニ關シテハ中央政府樹立前構成分子代表者ト日本側ト協議決定スルモノトス

三、第一條ニ所謂重慶政權ノ徹底的改組トハ左記二條件ヲ具備スルコトヲ稱スルモノトス

1、抗日容共政策ヲ放棄スルコト

2、本大綱第一、第二條ニ示セル方案ヲ受諾スルコト

四、重慶政權ノ重要分子ニ對シテハ汪精衞ヲ中心トシ既成政府、各黨各派等相協力シ能フ限リ多數ヲ獲得シ中央政府ニ合作セシムル如ク施策スルモノトス

國民政府政綱

一、善隣友好ノ方針ニ基キ和平外交ヲ以テ中國ノ主權行政ノ獨立完整ヲ求メ以テ東亞永久ノ和平及新秩序建設ノ責任ヲ分擔ス

二、各友邦ノ正當ナル權益ヲ尊重シ竝ニ其ノ關係ヲ調整シ以テ友誼ヲ增進ス

三、各友邦ト聯合シ共同シテ國際共産黨ノ陰謀及其ノ一切ノ平和攪亂ノ活動ヲ防壓ス
四、歸來スル軍隊及各地遊擊隊ニ對シテハ夫々之ヲ收容安定セシメ竝ニ國防軍ヲ建設シ軍政軍令兩大權ヲ明瞭ニ區分シ以テ軍事獨裁制度ヲ打破ス
五、中央政治委員會及各種民衆機關ニ各黨各派ノ人材ヲ網羅シ全國ノ與論ヲ集中シ以テ政治ヲ指導ス
六、國民大會ヲ召集シ憲法ヲ定メ憲政ヲ實施ス
七、各友邦ニ資本ト技術トノ合作ヲ要求シ以テ戰後經濟ノ恢復ト産業ノ發展トヲ圖ル
八、對外貿易ヲ振興シ國際收支ノ均衡ヲ圖リ竝ニ中央銀行ヲ設立シテ幣制ヲ確立シ以テ社會金融ノ救濟及安定ヲ圖ル
九、稅制ヲ整理シ人民ノ負擔ヲ輕減シ農村ヲ復興シ且難民ヲ救濟シテ各其ノ生業ニ安セシム
十、反共和平建國ヲ以テ教育ノ方針トナシ且科學教育ノ程度ヲ高メテ浮華盲動ノ學風ヲ一掃ス

北支政務委員會組織條例

第一條　國民政府ハ河北、山東、山西三省及北京、天津、青島三特別市管内ニ於ケル防共、治安、經濟其他國民政府ヨリ委任セラレタル政務ヲ處理セシメ且所屬各省市ヲ監督セシムル爲メ北支政務委員會ヲ設置ス
第二條　本會ニ委員十七人乃至二十一人ヲ設ケ内一人ヲ指定シテ委員長トナシ五人乃至九人ヲ指定シテ常務委員トナス　其ノ人選ハ行政院長ヨリ中央政治委員會ニ提議シ通過後國民政府之ヲ任命ス
第三條　委員長ハ本會ノ會務ヲ綜理シ且本會ノ職員ヲ指導監督ス
第四條　常務委員ハ委員長ヲ輔佐シ本會ノ會務ヲ處理ス
第五條　本會會議規則ハ別ニ之ヲ定ム
第六條　本會ニ左記各總署及廳ヲ設ク
一、内務總署
二、財務總署
三、治安總署
四、教育總署
五、實業總署
六、建設總署
七、政務廳

八、祕書鐵（廳カ）

第七條　本會ノ各總署ニ督辦一名ヲ設ケ委員ヲシテ之ヲ兼任セシメ各廳ニハ簡任タル廳長一名ヲ設ケ夫々各總署、各廳ノ事務ヲ掌理セシム

各總署及廳ノ組織及辨事細則ハ別ニ之ヲ定ム

第八條　本會ニ顧問、參議、諮議、專員各若干名ヲ置クコトヲ得

第九條　本會ハ其ノ管下各機關ニ於ケル薦任官以下ノ公務員ヲ先行任免スルコトヲ得

第十條　本會ハ防共及治安ニ關スル事項ヲ處理スル爲メ中央法令ノ規定スル範圍内ニ於テ便宜ノ處置ヲナスコトヲ得

第十一條　本會ハ北支ノ治安ヲ維持スル爲メ綏靖部隊ヲ設置シ且之ヲ指揮スルコトヲ得

北支ノ綏靖軍ニ總司令一名ヲ置キ治安總署督辦ヲシテ之ヲ兼任セシム

第十二條　本會ハ北支ノ資源開發ノ爲メ中央ノ法令ノ規定スル範圍内ニ於テ便宜ノ處置ヲナスコトヲ得

第十三條　本會ハ北支ノ經濟及對外物資ノ需給關係ヲ調節スル爲メ中央ノ法令ノ許ス範圍内ニ於テ便宜ノ處置ヲナスコトヲ得

第十四條　本會ハ國民政府ノ委任ヲ受ケ北支ニ於ケル國有財産ヲ管理スルコトヲ得

第十五條　本會ハ國民政府ノ委任ヲ受ケ地方的渉外事項ヲ處理スルコトヲ得

第十六條　本會ハ其ノ職權ノ範圍内ニ於テ管下各省市政府ヲ指揮監督スルコトヲ得

第十七條　本會ハ中央法令ノ範圍内ニ於テ命令及單行法規ヲ發布スルコトヲ得

第十八條　本會ノ經費ハ國民政府ニ於テ統籌シテ之ヲ交付ス

第十九條　本會ハ之ヲ北京ニ置ク

第二十條　本條例ハ必要アル場合國民政府ニ申請シ之ヲ修正スルコトヲ得

第二十一條　本條例ハ公布ノ日ヨリ之ヲ施行ス

（備　考）

一、本條例第一條及第十六條ノ「各省市政府」ハ將來公署ノ名義ヲ用フル場合ニハ「各省市公署」ト改ム

二、各總署督辨ノ下ニ署長ヲ置キ簡任職トス
三、北支綏靖軍ノ兵力ハ別ニ協議ノ上之ヲ決定ス

既成政權及北支政務委員會ニ關スル祕密諒解事項

一、國民政府成立時ノ宣言中ニ臨時維新兩政府ノ辨シタル事項ハ差當リ之ヲ繼承シ事態許スニ伴ヒ日支新關係調整要綱ニ準據シテ調整セラルヘキ旨ヲ加入スヘキコト
二、國民政府ト北支政務委員會管下ノ各機關ノ政務上ノ往復ハ原則トシテ北支政務委員會ヲ經由シテ行フモノナルコトヲ別ニ規定スルコト
三、北支政務委員會ノ權限ハ該委員會條例公布ノ日ヨリ其ノ儘直ニ實行セラルヘキモノニ非ス　事態ノ推移ニ伴ヒ速ニ實行ニ移サルヘキコト

中央政治會議組織綱要

一、中國々民黨代表大會ノ決議ニ基キ汪主席ヨリ既成政府、在野合法各政黨及社會ニ重望アル人士ヲ會同シ中央政治會議ヲ組織シ一黨專制ヲ放棄シ以テ各黨各派合作ノ效ヲ收メンコトヲ期ス
二、中央政治會議ニ參加スヘキ既成政府及在野合法政黨ノ人名ハ汪主席ト既成政府黨（當カ）局及在野各合法政黨ノ領袖ト夫々會商ノ上之ヲ決定シ社會ニ重望アル人士ハ汪主席ニ於テ之ヲ招聘ス
三、中國々民黨ヨリ中央政治會議ニ參加スヘキ人名ハ汪主席之ヲ指定ス
四、中央政治會議ニ主席一人ヲ置キ汪主席之ニ任ス
又議員三十人ヲ置キ其振當左ノ如シ
㈠中國々民黨中央執行委員中央監察委員計十人
㈡臨時政府代表五人
㈢維新政府代表五人
㈣蒙古聯合自治政府代表二人
㈤在野合法各政黨代表計四人
㈥社會ニ重望アル人士四人
五、中央政治會議ニ於テ議決スヘキ事項左ノ如シ
㈠日支新關係調整方針竝ニ中央政府樹立ニ關スル大綱ノ決定ヲ汪主席ニ一任スルノ件
㈡中央政府ノ成立ニ關スル件
甲、中央政府ノ名稱、首都及國旗ニ關スル件

乙、中央政府成立ノ時期ニ關スル件
丙、中央政府ノ構成ニ關スル件
丁、臨時政府及維新政府ノ名稱廢止及其善後問題ニ關スル件
㈢中央政府ノ政綱ニ關スル件
㈣對重慶政府方策及其善後問題ニ關スル件
㈤國民大會ノ召集及憲政ノ實施ニ關スル件
六、中央政治會議ノ決議ハ議題ノ性質ニ應シ過半數又ハ四分ノ三以上ノ票決ニ依リ之ヲ定ム

中央政治會議組織條例

第一條　本條例ハ中央政治會議組織綱要ニ基キ之ヲ制定ス
第二條　中央政治會議ニハ主席一人議員三十人ヲ置キ主席ニ於テ夫々之ヲ指定又ハ招聘ス
第三條　中央政治會議ニ於テ議決スヘキ事項左ノ如シ
一、日支新關係調整方針竝ニ中央政府樹立ニ關スル大綱ノ決定ヲ汪主席ニ一任スル件
二、中央政府成立ニ關スル件
甲、中央政府ノ名稱、首都及國旗ニ關スル件

乙、中央政府成立ノ時期ニ關スル件
丙、中央政府ノ構成ニ關スル件
丁、臨時政府及維新政府ノ名稱廢止及其ノ善後問題ニ關スル件
三、中央政府ノ政綱ニ關スル件
四、對重慶政府方策及其善後問題ニ關スル件
五、國民大會ノ召集及憲政ノ實施ニ關スル件
第四條　中央政治會議ノ決議ハ議題ノ性質ニ應シ過半數又ハ四分ノ三以上ノ票決ヲ以テ之ヲ定ム
第五條　中央政治會議ハ第三條各項ノ議決ヲ終リタル後直ニ解散ス
第六條　中央政治會議ニ於テ議決セラレタル事項ハ中央政府ニ於テ之ヲ執行シ且ツ中央政治委員會ニ移管シテ審査ニ備フ
第七條　本條例ハ公布ノ日ヨリ之ヲ施行ス

中央政治委員會組織條例

第一條　中央政治委員會ハ全國政治ノ最高指導機關トナシ左記事項ハ中央政治委員會ノ決議ヲ經ルモノトス

一、立　法　原　則
二、施　政　方　針
三、軍事及外交大計
四、財政及經濟計畫
五、國民政府主席及委員各院々長、副院長竝各政務官ノ人選
六、中央政治委員會主席ニ於テ會議ニ提出スヘキモノト認ムル事項
第二條　中央政治委員會ニ主席一名ヲ置ク、主席ハ憲政準備期間中ニ在リテハ中國國民黨中央執行委員會主席ヲ以テ之ニ充ツ
第三條　中央政治委員會ニ委員二十四人乃至三十人ヲ設ケ主席ヨリ左記人員中ニ就キ夫々指定シ又ハ招聘ス
一、中國國民黨中央執行委員及中央監察委員
二、其他合法政黨幹部人員
三、社會上重望アル人士
中央政治委員會委員ノ任期ハ一年トス
第四條　中央政治委員會ニ常務委員六人乃至八人ヲ設ケ主席ニ於テ委員中ヨリ之ヲ指定ス

第五條　中央政治委員會開會ノ際委員ハ代表ヲ以テ出席ニ代ラシムルコトヲ得ス
中央政治委員會開會ノ際主席ハ政務人員ノ請求アル場合隨時其ノ列席報告ヲ許可スルコトヲ得
第六條　中央政治委員會ハ直接法令ヲ發佈シ又ハ政務ヲ處理セサルモノトス　其ノ決議ハ國民政府ニ交付シ之ヲ執行セシム
中央政治委員會ノ決議ニシテ國民政府及各院又ハ軍事最高機關ニ交付シ討論又ハ執行セシムルモノハ當該各長官之カ處理ノ責ニ任ス
第七條　本條例第一條ニ列記スル各事項ニシテ事機緊急ノ爲會議ニ提出シ決定スルノ遑ナキモノニ關シテハ中央政治委員會主席ハ便宜ノ處置トシテ政府ニ交付ノ上執行セシムルコトヲ得　但シ最近ノ會議ニ提出シ之カ追認ヲ受クルヲ要ス
第八條　中央政治委員會ニ法制、內政、外交、軍事、財政、經濟、教育及其ノ他ノ專門委員會ヲ設ケ各主任委員、副主任委員各一人、委員九人乃至十三人ヲ置キ夫々審査及設計事務ヲ擔任セシム　其ノ人選ハ主席ヨリ之ヲ指定ス

委員會組織規定ハ別ニ之ヲ定ム

第九條　中央政治委員會ニ祕書廳ヲ置キ祕書長一人、副祕書長一人又ハ二人祕書及辨事人員若干人ヲ設ケ主席ニ於テ任命シ且之ヲ指揮ス

祕書廳ノ組織規定ハ別ニ之ヲ定ム

第十條　中央政治委員會議事規則及辨事細則ハ別ニ之ヲ定ム

第十一條　本條例ハ決議ノ日ヨリ之ヲ施行ス

國民政府構成豫定一覽表

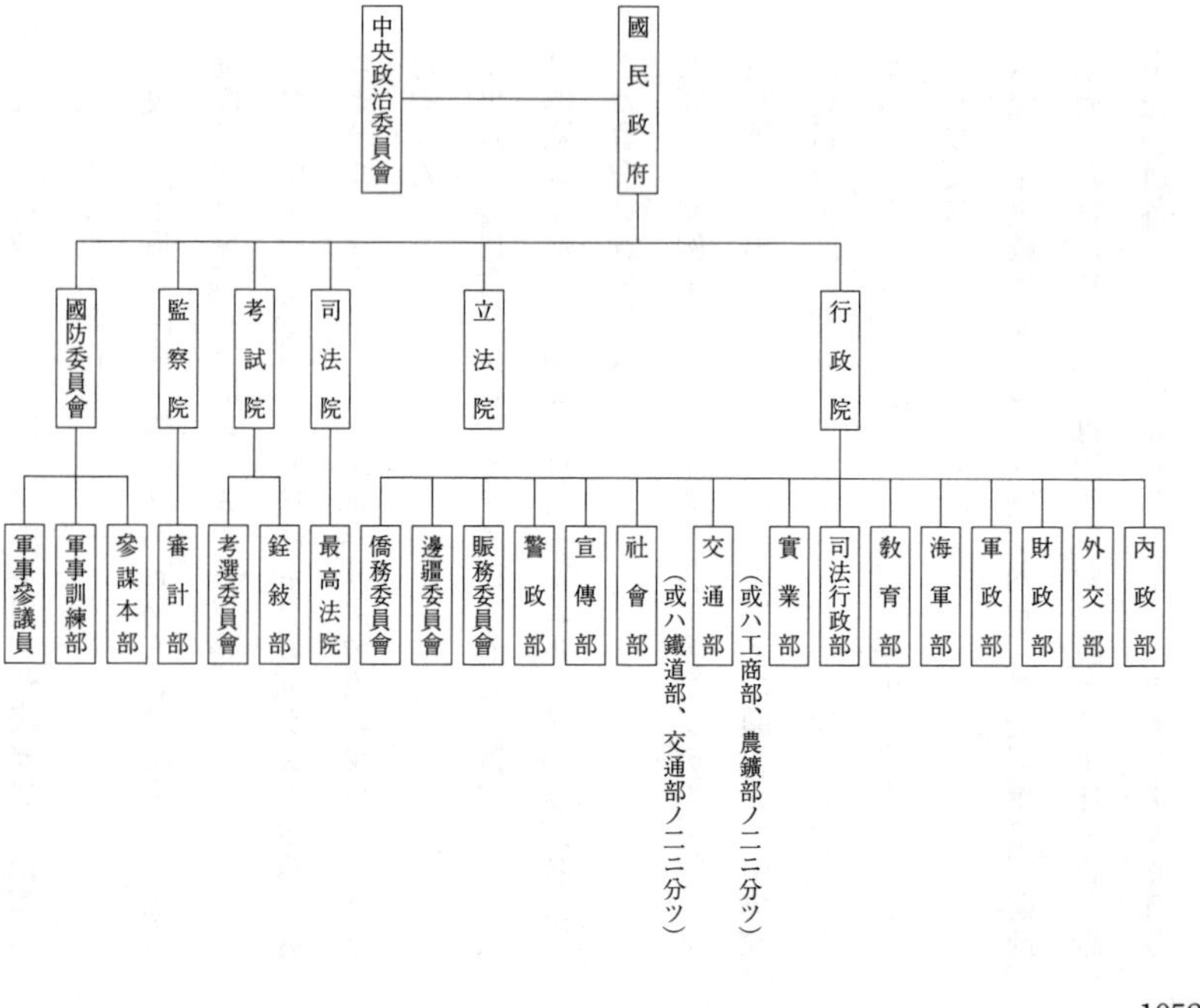

543

昭和15年2月4日　在北京藤井大使館参事官より有田外務大臣宛（電報）

華北政務委員会成立後における王克敏の勇退意思を容認する喜多華北連絡部長官の意向について

北京　2月4日後発
本省　2月4日夜着

第九四號（部外極祕、館長符號扱）

往電第一二號ニ關シ

山田ニ於テ喜多長官ノ心境ヲ叩キタル處王克敏ハ軍ヨリ王獨リカ種々頑張ル樣取ラルルノミナラス中央政府ノ人事問題（王揖唐ハ青島ヨリ歸來南京行ヲ拒絶スルニ至リ目下説得中ノ由）複雜ナル等ノコトアリ愈々嫌氣カ差シ居ル模樣ニテ青島ニ於テ汪精衛ノ激勵ヲ受ケタル次第ハアルモ北支政務委員會成立後二三ケ月後ニハ勇退スルコトニ肚ヲ決メ居ルモノノ如ク長官トシテモ之以上王ニ無理ハサセタクナシトノ心境ニテ目下ノ所ハ勇退セシムル方針ニテ指導中ノ趣ナリ從テ特ニ此ノ際我儘ノ調整等ハセス一ニ北支政情ニ動搖ヲ齎ササル趣旨ニ依リ二三ケ月ヲ經過セシメ其ノ間諸般ノ準備ヲ整ヘ圓滑ヲ期スル考ニテ王ノ後任者トシテハ一應湯爾和ヲ考ヘ居リ湯モ絶對ニ引受ケストハ言ハサル現狀ナリトノコトナリ

544

昭和15年2月9日　在上海加藤公使より有田外務大臣宛（電報）

中央政治会議開催に向け汪側と各党派代表との会合の開催決定について

上海　2月9日後発
本省　2月9日夜着

第五一號（極祕）

汪精衛側ニ於テハ來ルヘキ中央政治會議ニ備ヘ青島會談ニ引續キ各黨各派ノ聯合協議會ヲ開催スル豫定ニテ準備ヲ進メ居タルカ愈二月十二日上海ニ於テ國家社會黨及中國青年黨ノ代表竝ニ無黨無派ノ有力者ヲ招集シ所謂上海會談ヲ開催スルコトニ決定セリ右會談ニ於テハ青島會談ト同樣ノ議題ヲ提出スル豫定ナルカ既ニ相當ノ聯絡アルヲ以テ代表等ノ意見一致ヲ見ルニ至ルヘク兩黨トモ代表各二?名ヲ中央政治會議ニ參加セシムルコトトナル模樣ナリ

追テ本會談ニ關シテハ支那側ヨリ發表アル迄極祕トナリ居ルニ付右御含置キヲ請フ

在支總領事及香港ヘ轉電セリ

545　昭和15年2月10日　在上海加藤公使より有田外務大臣宛（電報）

新中央政府樹立に際し特命全権大使特派の必要につき意見具申

上　海　2月10日後発
本　省　2月10日夜着

第五三號（極祕、館長符號扱）

過般青島會談ニ於テ新中央政府樹立ハ三月中適當ノ時期ニ行フヘキ旨決定セラレ現ニ着々其ノ準備ノ進捗ヲ見ツツアル處ナルカ我方ハ右新情勢ニ卽應シ諸般ノ對策樹立及之カ實施ニ間然スル所無キヲ要スルハ論ヲ俟タサル處汪側トシテハ豫テ我國ニ依ル正式承認ノ一日モ早カランコトヲ要望シ居ルモ右正式承認ノ時期及方法等ハ愼重考慮ヲ加フヘキ重要問題ナリ然レ共右承認ノ問題トハ暫ク離レ苟モ新中央政府成立シタル以上ハ之ト同時ニ我方トシテハ之ト對位スヘキ機關卽チ特命全權大使ヲ特派スルハ㈠或程度迄事實上汪側卽時正式承認要望ノ趣旨ニ應スルモノニシテ且內外ニ對スル其ノ聲望ヲ昂揚セシムル所以ナルニ止マラス㈡右大使ヲシテ新中央政府ノ政務ニ對スル內面的協力事務ヲ處理セシメ現存興亞院聯絡部ノ事務ヲ事情ニ應シ漸次統合シ以テ獨立政府タルノ面目ヲ尊重スルノ實ヲ示ス爲ニモ必要ニシテ又㈢特ニ中央政府トノ外交的折衝殊ニ差詰メ過般ノ日支會談ノ內容ニ則リ之カ具現ヲ圖リ國交調整ニ關スル正式交涉ヲ進ムル爲正式承認ニ到ル過渡的措置トシテ絕對的緊要事ナリト思料セラル右特派大使派遣ハ滿洲國成立ノ場合ニ於ケル先例等ニモ鑑ミ異常ノ措置ニアラサル一方今後ノ對重慶工作及汪側指導トノ關係ヨリスルモ少クトモ右程度ニ於テ帝國ノ決意及態度ヲ明カニスルハ絕對必要ナリト考ヘラルル次第ナリ

就テハ本省ニ於カレテハ至急本件特派大使派遣ノ方針ヲ正式確定ニ導カレ速ニ追加豫算計上ト所要ノ措置ヲ完了セラレタク右稟申ス

546　昭和15年2月14日　在上海加藤公使より有田外務大臣宛（電報）

国家社会党など各党派の中央政治会議への参加決定について

上　海　2月14日後発
本　省　2月14日夜着

第五七號

往電第五一號ニ關シ

本件會談豫定通リ二月十二日愚園路汪側事務所ニ於テ開催セラレタルカ汪側ヨリハ周佛海、梅思平、林伯(柏カ)生、國家社會黨ヨリ陸鼎撥諸青來中國青年黨ヨリ邵木公無黨無派トシテ趙正平趙叔雍岑德コウ等出席シ青島會談ト同樣ノ議題ニ依リ協議シタル結果全部異議ナク通過シ國家社會黨及中國青年黨ハ各々正式ニ二名宛ノ代表者ヲ中央政治會議ニ參加セシムルコトニ決定シ近ク夫々宣言ヲ發表シテ黨ノ立場ヲ闡明スルコトトナレリ尚當日中國青年黨代表張英華及無黨無派楊毓珣ハ旅行不在ノ爲缺席セリ（會議出席者人名ハ中央政治會議迄發表セサルコトトナリ居レルニ付御含ミ置ヲ請フ）

在支各總領事及香港へ轉電セリ

547　昭和15年2月24日　在香港岡崎総領事より有田外務大臣宛（電報）

対重慶和平工作との整合性を考慮し新政府樹立に際して汪側との内約条件の緩和を考慮すべき旨意見具申

付　記　昭和十五年二月九日発在香港岡崎総領事より有田外務大臣宛電報郵第七五号
対重慶和平工作に拘泥せず速やかに汪政権を樹立すべき旨意見具申

香　港　2月24日後発
本　省　2月24日夜着

第一〇四號（極祕、館長符號扱）

往電第七五號[1]ノ六ニ關シ

一、高宗武ノ發表ニ依リ重慶方面ノ支那側モ汪協定ノ大體ノ輪郭ヲ想像シ中ニハ案外寛大ナル條件ナリト看做スモノアルモ多クハ之ヲ賣國的又ハ降服的ノモノト爲シ斯ル協定ヲ基礎トスル汪政權ニハ參加シ得ス又重慶ヲ動カスコ

トモ出來スト爲スニ傾ケリ

二、然ルニ本官過日東京及上海ニテ聞知スル所ニ依レハ外務當局ノミナラス陸海軍側モ最終的和平實現ノ爲ニハ重慶ト媾和スルヲ要シ重慶ト話合ヲ爲ス場合ハ汪トノ協定事項其ノ儘ニテハ到底纒マル見込無カルヘキニ付相當條件ヲ緩和スル用意アリト爲スヤノ印象ヲ得タリ果シテ然ラハ現在漢奸ノ汚名ヲ甘受シ乍ラ我方ト提携シツツアル汪ニ對シテハ過酷ナル條件ヲ以テ臨ミ抗戰ヲ繼續シ居ル敵タル重慶ニハ條件ヲ緩和スルモ宜シトノコトトナリ全ク不可解ナルノミナラス斯ル場合ハ汪ハ愈々其ノ立場ニ窮スヘク又我方トシテモ一般親日支那人ノ信ヲ失ヒ戰後ノ經營ニモ多大ノ支障ヲ生スヘシ

三、(2)汪ニ對シアレ丈ケノ協定ヲナサシメ得タルハ素ヨリ大成功ナルモ右約束實行ノ實現ニ當リ我方カ力ヲ以テ一方的ニ之ヲ爲サントスルモノナレハ初ヨリ斯ル協定ノ必要ナク然ラスシテ支那側ノ協力ニ依リ實現セントスルモノナラハ結局中央政府カ强固ノモノトナルニアラサレハ實行不可能ニ陷ルヘキ處餘リニ密ナル協定ニ依リ新政權ヲ身動キナラヌ樣縛リ上クレハ新政權トシテモ積極的ニ働キ掛クル氣力ヲ失フヘク又之ヲ公表シテ內外ニ呼掛ケ各方面ノ支援ヲ得ルコトモ困難トナリ結局極メテ無力ナル傀儡政府ニ墮スル惧多カルヘシ然ルニ他方重慶ヲ引入ルル條件ヲ緩和スル用意アリトセハ結論トシテハ汪ノ新政權ノミニテ進ム場合モ重慶ヲ含メテ和スル場合モ共ニ現在ノ汪トノ約束ヲ其ノ儘政府間ノ協定ニ引直スハ策ヲ得タルモノニアラサルカ如シ

四、就テハ本件協定ハ形式的ニハ汪ト我方代表者トノ間ノ約束ナレハ之ヲ以テ汪自身ニ對シテ右內約事項ノ實現ニ責任ヲ感セシムル程度ニ止メ愈中央政權成立シ兩國間ニ基礎的協定ヲ作ル場合ハ其ノ內容ハ近衞聲明ノ大綱ノミニ限リ一切細カキ取極ヲ避ケ殊ニ祕密協定ノ如キハ必要ノ最小限度ニ止ムルコト望マシク(各種ノ具體的事項ハ前記汪ノ內諾ト我方ノ實際的工作ニ依リ事實上解決シ行カハ可ナルヘシ)之ニ依リ外國側及重慶側ヲ惹付クルコトモ可能ナルヘク又我方モ基礎協定ヲ障碍ナク成立セシメ速ニ第二段ノ工作ニ取掛リ得ル利益アリト存ス當方面ヨリ見タル卑見御參考迄

上海へ轉電アリタシ

（付　記）

香　港　2月9日発
本　省　2月17日着

郵第七五號（館長符號扱）

四、[3]之ヲ要スルニ重慶ヲ引入ルルニアラサレハ終局ノ和平ヲ齎シ得サルコトハ何人モ異議ナキ所ナルヘシト雖之ヲ實現スル方法トシテハ此ノ際重慶トノ接近ヲ急クニ於テハ却テ目的ニ反スル結果ヲ生スル惧アリ素ヨリ重慶モ和平ヲ欲スルコト我ニ劣ラサルヘキニ付我方ニテ蔣ヲ相手トスルコトヲ肯ンスレハ開談ノ運ニ迄ハ漕キ付ケ得ヘキモ先方ハ必スシモ戰ニ敗レタリトハ思ヒ居ラサルニ付和平ノ條件ニテ直ニ衝突シ（例ヘハ撤兵、海南島、特殊會社、防共駐兵、鐵道管理等）結局物別レトナル危險頗ル多シ而モ右會談中ハ汪派モ中央政權ニ付到底乘氣セサルヘキニ付虻蜂取ラスノ結果トナリ徒ニ事變ノ終結ヲ遲ラスニ至ルヘシ從テ此ノ際ハ兎ニ角蔣ヲ相手トセストノ政府聲明ヲ掛値無シニ實行シ之ニ反スル策動ヲ一切抑壓セラルヘキモノト存ス（從來トモ所謂私設。ノ使節又ハ聯絡者ノ

（欄外記入）

策動ノ弊害ニ付テハ御承知ノ通リ）卽チ我方ハ汪政權ノ速カナル樹立及之カ卽時承認竝ニ右ニ依ル占領地域ノ平和及經濟的發展ヲ圖リ（汪ニ其ノ力ナシト爲ス向多キモ占領地域ニ在ル以上或程度無力ナルハ已ムヲ得ス要ハ我方如何ニ之ヲ支援シ有力ナラシムルカニ懸ル）外國側モ之ニ協調セサレハ支那全土ノ八十％ニ餘ル經濟的利益ハ日本ニ獨占セラルルノ懸念ヲ暗示スルコトニ依リテノミ却テ重慶ノ崩壊ヲ早メ結局有利ナル條件ニテ重慶ヲモ含ム全支那トノ和平ヲ具現スル捷徑トナルヘシ

五、素ヨリ外國側ニ對シテハ威嚇ヲ以テ臨ムヘカラサレハ充分實質的協調ヲ圖ル必要アリ此ノ意味ニテ揚子江珠江ノ開放ノ如キモ機宜ニ副ヒタル御措置ナルカ右ニ對スル各國ノ期待大ナル丈ケ其ノ實施ノ時期及條件ハ彼等ニ幻滅ヲ感セシメサルモノタルヲ要スヘク又米國ハ在支外國權益ノ擁護者タルカ如キ氣分ナル限リ更ニ米國ノ權益ノ保護ノミヲ爲スハ效果少ク一般第三國利權ニ對シ公平ナル取扱ヲ爲スヘキヲ現地機關ニ充分徹底セシムル要アルヘシ尚右實現ハ成ルヘク汪政權ノ手ニ依ラシムルコト然ルヘキハ言ヲ俟タス（英國等モ遣方次第ニテ防共的ノ汪政

權ヲ事實上ノ相手トスル覺悟アルヤニモ觀測セラル）

六、[4]以上ノ見解ニ對シ我方ノ決心ヲ固ムル前ニ重慶ノ眞意ヲ確メタシトノ議論アルヘキモ右ハ結果ニ於テ我方ノ弱味ヲ示ス以外效果ナカルヘキハ前記ノ通リ又必要ノ場合重慶トノ聯絡ノ途ヲ開ケ置クヲ要ストノ意見アルヘキモ少クトモ當館ニテハ吳鐵城、孔祥熙及蔣自身トノ間ニモ聯絡シ得ル途ナキニアラス又英國ノ如キハ歐洲情勢ニモ關聯シ日支ヲ防共的ニ結合セシメタキ希望ニテ機會到ラハ仲介ヲナサントノ底意觀測セラルルヲ以テ此處ニモ重慶トノ聯絡ノ途アリト言フヘシ

實ハ若シ是非共重慶ノ眞意ヲ打診ノ要アリトセハ寧ロ從來ノ行懸リヲ棄テ此ノ際英國ヲ利用スルコト一策ナリト考ヘラル但シ斯ル場合ハ汪トノ協定ノ內容通リニテハ到底話纒ラサルヘキニ付今ニ於テ思ヒ切ツテ之ヲ緩和シ汪ニ於テ堂々ト一般民衆ニ呼ヒ掛ケ得ルカ如キ和平條件トナシ（祕密協定ヲ最少限度ニ止ム）同時ニ我方モ之ヲ世界ニ公表シ英佛等カ自然追從シ來ルカ如キ方向ニ進マンコト最モ望マシキ次第ナリ

（欄外記入）

半年前ノ當方ノ希望ナリ

編　注　本電報の第一、第二分割電は見当らない。

548　昭和15年2月27日　有田外務大臣より在伊国天羽大使宛（電報）

新政府承認の時期は事変処理の全局的観点から考慮すべきゆえわが方にて目下検討中である旨伊国およびスペイン政府へ伝達方訓令

本　省　2月27日後8時15分発

第五二號（極祕、館長符號扱）

貴電第七一號及第一三二號ニ關シ

（欄外記入）

伊太利及西班牙ハ新中央政府成立ト同時ニ之ヲ承認スル意向ナリト思考セラルル處我國トシテモ可成速ニ之ヲ承認スルノ域ニ達セム事ヲ希望シ居ル次第ナルモ政府成立ト同時ニ又ハ成立後早急ニ之ヲ承認スヘキヤ否ヤニ關シテハ事變處理ノ全局ト關係アリ新政權カ內政上及第三國トノ關係ニ於テ或ル程度ノ成績ヲ示シ得ル以前ニ早急ニ之ヲ承認スル

ハ支那民心把握ノ點ヨリモ亦第三國トノ摩擦ヲ少クシ之等ヲシテ新政權ニ同調セシムル見地ヨリモ果シテ得策ナリヤ否ヤ考慮ノ要アリ折角當方ニ於テ研究中ナルニ付右貴官限リ極祕御含ミノ上伊側及西班牙側ニ對シ伊、西兩國カ克ク東亞ノ新事態ニ適應セラレ新中央政府ニ對シ同情ヲ與ヘラレ居ルニ對シテハ日本トシテモ深ク「アプレシエート」シ居ル所ニシテ新政府承認ニ關シテモ我方ヨリ伊、西兩國ニ密接ニ事前連絡スルコトト致度キ所存ナルニ付右兩國ニ於テモ同様連絡方希望スル旨適宜述ヘ置カレ度

本大臣ノ訓令トシテ西ニ轉電アリ度

英、米、獨ニ轉電アリ度

上海、北京ニ轉電セリ

（欄外記入）

二月廿六日興亞院石川大佐、海軍省矢野課長、陸軍省永井中佐ト打合濟

549　昭和15年3月2日　在上海加藤公使より　有田外務大臣宛（電報）

新政府樹立後における日本の即時承認を汪兆銘希望について

上　海　3月2日後発
本　省　3月3日前着

第八九號（極祕、館長符號扱）

往電第九〇號ニ關シ

二日汪ヲ訪問シタル處汪ハ前回ノ會談後承認問題ニ付充分考慮シタルカ抑々今回ノ事變ハ特別ナル性質ヲ有シ之カ收拾ニ關シテハ日本政府ハ最初一昨年國民政府ヲ相手トセスト聲明シタルカ同年十一月ニ至リ國民政府ニシテ容共抗日ノ政策ヲ捨ツルニ於テハ之ヲ容ルルニ吝ナラサルコトヲ闡明シ次テ昨年來國民政府ニシテ和平反共ノ態度ニ出ツルニ於テハ之ト共ニ時局ノ收拾ニ當ルヘキ旨ヲ表明スルニ至リシヲ以テ結局容共抗日ヲ捨テ反共和平ノ政策ヲ執ルニ至ラハ國民政府ト共ニ國交ノ平常化ヲ圖ルニ躊躇セストノ意嚮ナリト察セラレ右ハ支那國民大衆ノ希望トモ合致スルモノナリ而シテ右國交ノ平常化ヲ圖ルニハ全面的和平ヲ實現シ平常關係ヲ樹立シ次テ大使ノ交換ヲ行フト言フコト普通ノ行方ナレトモ今回ノ事變ノ特殊性ニ鑑ミ之ヲ速ニ解決スル

ニハ右ノ如キ通常ノ手續ニテハ間ニ合ハス最初ヨリ之ヲ正式ニ承認シテ中央政府ノ地位ヲ與フルコト必要ナリト思考ス蓋シ今回ノ新政府ハ其ノ力ノ有無カ問題ニアラス確固タル地位ヲ占ムルヤ否ヤカ問題ニシテ斯ル例ハ第一回歐洲大戰後「チエツコ」及波蘭ノ如キニ於テ之ヲ見ル通リ何レモ國際間ノ地位確認カ其ノ國家及政府ノ基礎ヲ爲シ居ル次第ナリ殊ニ前述ノ如ク日支兩國民トモ一日モ速ニ國交ノ恢復ヲ希望シ居ル實情ナルヲ以テ政府成立後ハ直ニ正式ニ承認セラルル樣希望スル次第ナリト述ヘタリ依テ本使ハ貴下ノ趣旨ハ好ク政府ニ傳達スヘシ素ヨリ日本側ニ於テモ新政府成立後ハ可成ク速ニ且他國ニ先シテ之ヲ承認スルノ方針ハ動クコト無ク只政府成立ト共ニ卽時承認ト言フカ如キコトハ前回申述ヘタルカ如キ諸般ノ情勢上問題ナルカ事情ノ許ス限リ速ニ承認スルノ意嚮ナリト信シ居レリト答ヘタルニ汪ハ政府成立ノ際ハ直ニ日本ヨリ全權大使ヲ派遣セラルルコトト承知シ居ルカ右ハ政府成立ノ慶祝ノ爲ノ代表トモ言フヘク夫レ丈ケニテハ未タ正式ノ承認トハナラス御信任狀ノ捧呈アリタル後始テ正式ノ大使トナルヘキモノナルニ付此ノ點考慮セラレタシト述ヘタリ次テ本使ヨリ昨年六月東京ニ於ケル約束文書中ニ日本大使館ハ中央政府成立後直ニ首都ニ歸駐スルト共ニ獨伊英佛米等ノ大使館ニ對シテモ成ルヘク速ニ歸駐セシムル樣努力スヘシト聞キ居ル處政府成立ト共ニ大使館ハ其ノ儘南京ニ移サルヘク日本側ノ方針カ急ニ變更シタ譯ニハアラスト述ヘタルニ對シ汪ハ當時未タ川越大使ノ辭職ヲ知悉シ居ラサリシ爲同大使カ南京ニ歸還セラルレハ夫レニテ問題無シト考ヘタルカ爲ナリ然ルニ同大使ハ既ニ辭職シ居ル由ナルヲ以テ今回派遣セラルル大使ハ御信任狀捧呈ノ手續ヲ取ラサレハ正式ノ大使トハナラサル次第ナリ尤モ英佛米等ハ斯カル手續ヲ取ラス其ノ儘南京ニ移駐セラルレハ差支無キモノト信スト答ヘタリ最後ニ本使ヨリ貴下ノ話ノ趣旨ハ充分政府側ニ傳ヘ置クヘク政府モ諸般ノ事情ヲ考慮シテ善處スルモノト察セラルルカ可成ク速ニ且諸外國ニ先シテ承認ノ手續ヲ取ルヘキコトハ疑無キ所ナルヲ以テ安シテ中央政府樹立工作ニ邁進セラレタシト希望シタルニ汪ハ其ノ好意ヲ謝シ目下政府ノ樹立準備ニ懸命ノ努力ヲ拂ヒツツアル旨ヲ答ヘタリ

北大へ轉電セリ

550　昭和15年3月19日　興亜院会議決定

「日支新條約ニ關スル件」

日支新條約ニ關スル件

昭和十五年三月十九日
興亞院會議決定

一、支那新中央政府樹立後之ト締結スベキ日支條約ニ關シテハ速ニ同條約對策委員ヲ置キ其ノ要旨ヲ起案セシムルモノトス

二、右條約要旨ハ昭和十三年十一月三十日御前會議決定ヲ基礎トシ昭和十四年十二月三十日梅機關汪側間內約ニ準據シ之ヲ起案スルモノトス

三、前項要旨ハ興亞院連絡委員會ノ審議ヲ經テ興亞院會議ニ付議決定スルモノトス

日支條約對策委員

委員長　　　　興亞院　政務部長
委　員（幹事）　〃　　政務部第一課長
〃　（〃）　〃　　〃　第一課員　一
委　員　　　　陸軍省　軍務局軍務課長
〃　（幹事）　〃　　〃　軍務課員　一
〃　　　　　　海軍省　軍務局第一課長
〃　（幹事）　〃　　〃　第一課員　一
〃　　　　　　外務省　東亞局第一課長
〃　（幹事）　〃　　〃　第一課員　一
〃　　　　　　大藏省　理財局外事課長
〃　（幹事）　〃　　〃　外事課員　一

551　昭和15年3月23日　閣議決定

「正式承認前ノ支那新中央政府ニ對スル協力機構」

正式承認前ノ支那新中央政府ニ對スル協力機構

昭和十五年三月二十三日　閣議決定

一、新中央政府樹立ト共ニ大正六年勅令第六四號ニヨル特命全權大使ヲ派遣ス

右大使ニ所要ノ隨員團ヲ附スルモノトス

二、特命全權大使ノ職務ハ內閣總理大臣及外務大臣ノ連署ノ

訓令ヲ以テ之ヲ定ムル如ク措置ス

三、前記訓令内容ハ概ネ左記ニ依ルモノトス

㈠特命全權大使ハ內閣總理大臣ノ命ヲ受ケ中央政府ニ對スル協力業務(軍事協力事項ヲ除ク)ヲ行フ

㈡特命全權大使ハ外務大臣ノ命ヲ受ケ支那ニ於ケル帝國ノ第三國關係外交竝ニ日支新關係條約締結ニ關スル事務ヲ行フ

㈢特命全權大使ハ重要政策ノ處理竝ニ治安ニ關連スル事項ニ就テハ關係ノ陸海軍最高指揮官ト協議ス

四、特命全權大使竝ニ其ノ隨員團ノ編成ハ概ネ左記ニ依ルモノトス

㈠特命全權大使ハ將來正式承認後正式大使タリ得ヘキ人物ヲ一般官民中ヨリ選定スルモノトス

㈡隨員團ハ興亞院、外務省職員竝陸海軍武官ヲ以テ編成ス

五、新中央政府ニ派遣セラルヘキ財政、經濟及自然科學等ノ技術顧問等ハ身分ヲ興亞院ニ置キ大使ノ指導ヲ承クルモノトス

閣議諒解事項

第三號㈠ノ內閣總理大臣トハ興亞院官制第六條ノ內閣總理大臣ヲ謂フ

552 昭和15年3月29日 有田外務大臣より在米国堀内大使、在独国来栖大使他宛(電報)

新中央政府成立に際するわが方措置振りにつき通報

本省 3月29日後11時0分発

合第五九四號(極祕)

一、汪精衞ハ三月三十日新中央政府ヲ樹立シ中華民國國民政府ノ名ヲ用ヒ國旗モ青天白日滿地紅旗ヲ襲用スルコトトナリ(但シ重慶側トノ識別ヲ明ニスル爲軍事上ノ必要ニ基キ差當リ「反共、和平、建國」ノ文字ヲ記セル黄色三角布片ヲ之ニ添附ス)從來ノ國民黨ヲ中心トスル支那正統政府ノ法統ヲ繼承シ南京ニ還都スル旨宣傳シ居ル處右ハ支那人心ノ把握及對重慶工作等國內的必要ニ基クモノニシテ我方モ之ヲ許容シ居ルモ國際法上ハ明ニ新政府ノ樹立ナルヲ以テ帝國政府トシテハ此ノ建前ヲ以テ諸般ノ

問題ヲ處理スル方針ナリ

二、新政府ニ對シテハ之ヲ正式承認スル前提トシテ不取敢大正六年勅令第六四號ニ依ル特派大使ヲ派遣シ(同大使ハ慶祝使節ヲ兼ネ阿部前總理ニ內定セリ)興亞院所管ノ所謂協力業務(支那ニ於テ處理ヲ要スル政治經濟文化ノ業務ニ付支那側ニ對シ指導協力ヲ爲ス事ナリ)ヲ處理セシムル一方支那ニ於ケル第三國關係外交及日支新關係ヲ律スヘキ條約締結ノ任ニ當ラシムルコトトシ遲クトモ四月央頃ニハ赴任ヲ見ル豫定ナリ尚大使ハ現地陸海軍最高指揮官ト中央ノ決定ニ基ク重要政策ノ現地ニ於ケル執行竝治安事項ニ關シ協議ヲ爲スモ軍指揮官ハ大使ニ對シ區處又ハ指示ヲ爲サス(大使ト興亞院及軍指揮官トノ關係ハ絶對極祕トセラレタシ)

三、新政府ノ正式承認ハ特派大使カ日支ノ新關係ヲ律スヘキ基本協定ヲ調印スル時期トシ度含ミニテ目下必要ナル事務手續進行中ナルカ右時期ハ未タ具體的ニ豫定スルヲ得ス從テ過般來伊太利(及西班牙)カ承認ノ用意アルコトヲ表明シ居ルモ右樣ノ內部關係アル爲第三國ニ依ル新政府ノ承認促進ニ付我方ヨリ進ンテ申出ヲ爲ス迄ニハ至リ居ラス

四、新政府ノ滿洲國承認ニ付テハ汪兆銘ハ既ニ承諾濟ミノコトナルカ是レ亦手續上大体前記條約調印ト同時トナル豫定ナリ

五、新政府ノ顏觸レハ汪ヲ中心トスル國民黨改組派及CC團ニ臨時、維新兩政府要人ノ一部ヲ加ヘ一應整ヒタルモ(各部次長以上國民黨員約六割ヲ占ム)管內ノ治安全カラス財政ノ基礎タル關稅ハ法幣及聯銀建ニテ年四億ニ充タス鹽稅、統稅ニモ多クヲ期待シ難ク又自己ノ軍隊ヲ有セサルヲ以テ我方ノ正式承認ハ時期尙早ニ傀儡政府ヲ作リ排他的ニ之ヲ利用セントストノ非難ヲ受ケ第三國トノ關係ニ於テ相當ノ困難ヲ招來スル虞ナキニ非ス之ニ拮抗スル爲新政府カ相當ノ實力ヲ具フルニハ同政府トシテモ我方トシテモ多大ノ努力ヲ要スヘシ

六、斯ル情況ニ於テハ新政府ヲシテ善政ヲ布カシムルコトニ依リ內外人心ノ把握ニ努メ外支人ノ信賴ヲ高ムル方圖《途カ》ヲ講スルコト緊要ニシテ右ハ特派大使ノ一重要任務ヲナス次第ナリ

七、尙右ト竝行シ日本及新政府ノ對第三國關係調整其ノ他ノ

外交施策ニ依リ彼等ヲシテ新政府ニ同調スルノ態度ニ出テシメ以テ間接ニ重慶ノ國際的弱体化ヲ企圖スルコトモ必要ニシテ之ニハ客年往電合第二八五四號ノ方針ニ則リ日支提携シテ對第三國外交ヲ促進スルノ要アリ（差當リノ措置トシテ支那ニ於ケル排外運動ノ禁遏、權益毀損ニ對スル補正ノ促進、天津租界問題調整及揚子江、珠江開放ノ急速實行等「滬西問題竝ニ虹口地區ノ開放及同地區ヘノ工部局警察ノ復歸問題ハ既ニ解決濟ミ」ニ付交渉又ハ準備進行中ナリ）

此ノ點ニ關シ第一新政府カ防共ヲ標榜スル以上蘇聯トノ間ニ釋然タラサル關係生スルコトアルヘキハ豫想ニ難カラス就テハ我方トシテ汪政權ノ防共方針ハ差當リ國內政治方面ニ限局セシムルト共ニ蘇聯カ目下其ノ主タル關心ヲ歐洲方面ニ有スル事情ニモ鑑ミ日蘇懸案ヲ解決シ同國トノ關係カ是以上惡化セサル如クスルノ要アリト考ヘ居レリ次ニ新政府カ支那ノ新秩序ヲ標榜スル以上其ノ程度ノ厚薄ハ別トスルモ九國條約關係國トノ間ニ相當ノ摩擦ヲ生スヘキハ明カニシテ其ノ內最モ困難ナルヘキハ米國トノ關係ナル處支那ニ於ケル關係列國ノ權益ハ共通ナルニ付我方トシテハ處理シ易キ國ヨリ權益問題ノ解決ヲ計ルコト肝要ニシテ此ノ見地ヨリスレハ英佛ト國交調整ノ談合ヲ進ムルコト便ナリト思考シ居リ尙伊國ハ帝國ノ東亞新秩序建設ニ積極的ニ同調スルノ態度ヲ示シ居ルヲ以テ之ヲ善用スルトキハ九國條約關係列國間ニ相當ノ協調ヲ保チ得ル譯ニテ一方米國ニ對シテモ支那ニ於ケル諸懸案ノ解決ニ依リ現在以上我方トノ關係ノ惡化ヲ避クルニ努ムルトキハ日米關係ノ最惡化ヲ防キ得ルヤニ思考シ居レリ

八、新政府ハ不取敢南京、上海ニ其ノ實力ヲ扶植スルコトニ重點ヲ置ク考ヘニシテ其ノ上ハ重慶部內ノ要人ノ脫出、中央軍中ノ寢返リ又支那實業界、財界ノ新政府ニ對スル協力モ逐次實現スヘキ可能性アル處右ハ相當ノ時日ヲ要シ從テ事變ノ速急解決ハ先ツ望マレサルヲ以テ我方トシテハ之ニ對應スル國內態勢ヲ整フルト共ニ重慶ニ對スル軍事行動ヲ攻擊的態勢ニ置クコト必要ニシテ斯クテコソ重慶ノ崩壞工作モ其ノ時期ヲ早ムルモノト觀察セラレ此ノ際早急ニ重慶ニ對シ何等施策ヲナスコトハ絕對禁物ナルカ時機熟スルニ伴ヒ適當ノ方法ニ依リ新政府ト共同シテ重慶ニ働キ掛ケ又ハ第三國カ重慶ニ對シ自發的ニ和平ノ勸告ヲ爲ス様仕向クルコトハ之ヲ排除スル要ナキモノト考ヘ居レリ御含ミ迄

本電宛先 佛、獨、米、香港、北京(參事官)、上海、天津、廣東、南京、滿

佛ヨリ英、伊、白、土ヘ獨ヨリ蘇、蘭ヘ轉電アリタシ

553 昭和15年3月29日 在上海加藤公使より有田外務大臣宛(電報)

李士群警政部次長による新中央政府の内部観察につき報告

上 海 3月29日後発
本 省 3月29日夜着

第一四四號(極祕)

新[1]中央政府警政部次長李士群ハ館員ニ對シ大要左ノ通リ內話シタル趣ナルカ同人カ警政部及特務工作ノ實際上ノ責任者タル點ニ於テ其ノ對內部觀察ハ新政府ノ今後ノ動向及對華北政權及維新政府系要人ニ對スル國民黨ノ態度ニ付幾多ノ示唆ニ富ムヤニ考ヘラルルニ付御參考迄(本談話ハ同人ノ立場モアリ部外絶對極祕トセラレタシ)

一、今般新中央政府カ汪派ヲ中心トシ華北政權、維新政府及其ノ他政黨ヲ兎モ角モ打ツテ一丸ト爲シ得タルハ一ハ汪精衛ノ政治主張カ中庸ナルコト一ハ日本側ノ新政府支持アリシ爲ニ他ナラス

二、汪ハ現ニ左派卽チ抗戰派ヨリハ漢奸ト目サレ又右派卽チ徹底的親日論者ヨリハ重慶ノ出店ナリト非難サレ居ル點ヨリシテモ明カナルカ如ク汪ノ主張ハ現在ノ支那ノ政治主張ノ中庸ヲ行クモノナリ左レハコソ前記各派ヲ結合シ得タル譯ニテ現在左派ノ主張ニ幾多ノ共鳴者アル如ク又右派ノ理論ニモ鮮カラサル贊成者アル如ク汪ノ中庸ノ主張ニモ亦必スヤ多クノ國民的同情ヲ得ルモノト確信ス此ノ點日本側ノ新政府支持ノ態度ト共ニ今次中央政府ノ强味ナリ

三、乍併反面幾多ノ弱點アルハ否定シ得ス㈠前途各派結合ノ力ハ汪ノ政治主張ト日本側ノ支持ナルカ汪ノ政治主張ハ實力ヲ伴ハス日本側ノ支持ハ實力ヲ背景トスルモノナレハ新政府ノ決定力ハ結局日本側ノ手中ニ在リト謂フヘク左リトテ汪ノ政治主張無クハ此ノ結合ハ實現セサリシナ

ラン左レハ右結合ノ二大要素中一ニテモ缺クルコトアランカ新政府ハ忽チ瓦解スルノ運命ニ逢着スル危險アリト謂フヘシ

(二)[2]現在ノ一般的環境ヨリスレハ汪ノ意思如何ニ拘ラス政治ノ官僚化ハ先ツ免レサルヘシ又今次南京會合ニ當リ汪派幹部中ニスラ朱ニ交レハ赤クナルノ比喩ノ如ク漸次腐敗化シ行クニアラスヤト思ハルル事實見受ケラレタリ斯クテ延イテハ政治ノ官僚化官吏ノ腐敗化ヲ馴致スルニアラサルカ眞ニ憂慮ニ堪エス(三)更ニ華北政權及(維欠カ)新政府系要人ハ殆ント汪ニ大ナル不滿ヲ抱キ居リ今日之カ未タ表面化セサルハ唯日本側ノ威壓アルカ爲ニ他ナラサルカ彼等ノ中ニハ交々相提携シ或者ハ重慶ト又或者ハ日本ト夫々勾結シ以テ汪追出シノ陰謀ヲ企マントシツツアル者アルヤニ認メラル

四、之等諸弱點モ汪ノ眞ノ實力アルニ於テハ左シタル問題ニハアラサルヘキモ如何セン現在ノ汪ニハ其ノ力ナシ從テ新政府ノ前途誠ニ多難ナルモノアルヲ思ハシム汪ハ目下之カ爲實ニ苦惱多キ次第ナルカ左レハトテ汪ノ態度及主張ニ變化アルヘシトハ到底信セラレス切ニ日本側ノ不斷ノ支持ヲ希望スルモノナリ

五、斯ル環境ノ下ニ於テ警政部(特務工作ヲ含ムモノナル如ク警政部ハ半公開的機關ナリ)ノ責任及重要性ハ一層加重サレタル譯ニテ今回自分カ(李)(ママ)ノ如キ政府委員中最若年者ヲ警政部次長(部長周佛海ハ兼任ニテ李ハ實際上ノ部長ナリ)ノ重要ナル「ポスト」ニ据ヘタルハ汪カ自分ヲキカ(如何カ)ニ信頼シ本件工作ヲ生命線ト考ヘ居ル證據ニテ自分カ今後身命ヲ擲ツテ汪ノ爲ニ盡ス覺悟ナリ

北京、南京ヘ轉電セリ

554　昭和15年3月29日　在北京藤井大使館参事官より有田外務大臣宛(電報)

新政府還都式典に際する臨時政府の対応振り決定について

北京　3月29日後発
本省　3月29日夜着

第二六六號(至急)

一、三十日還都典禮ニ關シ臨時政府ニ於テハ左ノ通リ決定セリ

(一)午前十時臨時政府各委員ヲ召集臨時政府解散ノ動議ヲ通過シタル上新國旗掲揚式ヲ行ヒ引續キ華北政務委員會第一次會議ヲ開催布告案ヲ通過シタル後政務委員會ノ成立ヲ宣言シ國民政府ニ委員ノ就任ヲ通電ス本式典ハ支那側ノミ參列シ極メテ簡素ニ行フ

(二)省以下地方官署ニ於テハ各地方ノ狀況ニ應シ適宜ノ式典ヲ行フ

(三)新國旗ハ官公衙ハ之ヲ掲揚スルモ其ノ他ニ於テハ日支合辦會社ニ於テ日支兩國旗ヲ交叉スル外一般ニ新舊兩國旗トモ掲揚セス

二、政務委員會委員以下ノ管下各職員ノ任命ニ關シテハ政務委員會成立後各總處、廳等ノ組織決定ヲ俟チ一括處理スルコトトシ不取敢新委員長ノ名ニ於テ各職員ハ新命令ノ接到スル迄引續キ職務上ノ責任ヲ負ヒ職務ヲ執行スヘキ旨ノ命令發出セラルル豫定ナリ

三、政務委員會ノ會議規則綱要廳等ノ組織及辦事細則ハ目下政府側ニ於テ立案中、委員會成立後引續キ所要ノ手續ヲ經タル上發布ノ豫定ナリ

上海公使、在支各總領事ヘ轉電セリ

555　昭和15年3月30日

南京国民政府成立に関する日本政府声明

付　記　昭和十五年三月三十日

南京国民政府成立に関する有田外相車中談

新中華民國政府成立ニ對スル帝國政府聲明

（昭和十五年三月三十日）

夫レ生命ハ不斷ニ發展シ、事象ハ時時ニ變化ス、國際ノ秩序亦コレニ遵フ、帝國ハ常ニコノ裡ニ在リテ國際正義ノ昂揚ト人類平和ノ確立トニ力ヲ致スモノナリ、今ヤ支那新中央政府樹立セラレ、更生支那ノ建設ソノ緒ニ就ク、帝國政府ハソノ成立ヲ慶賀スルト共ニ、其發展ニ對シテハ屢次ノ聲明ニ基キ全幅ノ協力ト支援トヲ與ヘントス、帝國ハ列國カ又克ク此ノ嚴然タル事實ヲ確認シ、速カニ東亞ノ平和建設ニ寄與セン事ヲ期待ス、帝國カ支那ニ冀求スル所ハ、支那カ克ク道義ニ立脚シテ眞ニ其ノ獨立ト自由トヲ完成シ帝國ト互ニ相携ヘテ東亞新秩序ノ建設ニ邁進シ、其ノ興隆ヲ共ニセンコトニ存ス、帝國カ東亞諸邦ト共ニ其ノ生存ヲ確保センカ爲、特ニ支那資源ノ開發利用ニ關聯シ、特殊ノ關

心ト要求トヲ有スルハ固ヨリ其ノ所タリ、然レトモ、帝國ハ東亞ノ新事態ニ卽スル第三國ノ平和的經濟活動ニ對シテハ、敢テ之ヲ排除セサルノミナラス、進ンテ是等諸邦ト協力シ、倶ニ國際修交ノ福利ヲ享受セントスルモノニシテ、帝國カソノ作戰繼續中ノ異常事態ニ拘ラス、多大ノ不便ヲ忍ビ、列國ノ在支權益ノ擁護ニ努力シ來レルノ眞意實ニココニ存ス、更生新支那亦ソノ方途ヲ一ニスヘキハ帝國政府ノ確信スル所ナリ、茲ニ更生新支那ノ發足ヲ見、東亞ノ情勢將ニ一轉機ヲ劃セントス、帝國ハ殘存容共抗日勢力ニシテ迷夢猶醒メサル限リ、之ニ對シ斷シテ矛ヲ戢ムルコトナキハ、勿論、今後生スルコトアルヘキ一切ノ障碍ニ對シ確固タル決意ト不斷ノ用意トヲ以テ之ヲ克服突破シ依テ聖戰目的ノ完遂ヲ期スルモノナリ。

（付　記）

汪精衛氏ヲ首班トスル中華民國新中央政府成立ニ關シ有田外務大臣車中談

（昭和十五年三月三十日）

（小田原電話）

本日汪精衛氏ヲ首班トスル中華民國新中央政府ノ成立ヲ見タコトハ日華兩國竝東亞平和ノ爲ハ勿論世界平和ノ爲洵ニ喜ハシイコトテ衷心カラ欣快ニ堪ヘナイ。

東亞ノ平和ト發達ヲ目標トスル共通ノ使命ヲ目覺シ幾多ノ艱難ヲ顧ミズ敢然トシテ支那四僑（億カ）民衆救濟ノ爲此ノ歷史的大事業達成サレタ汪精衛氏其他各位ノ勇氣ト苦心努力ニ對シテ深ク敬意ヲ表シ度イ。新政府ト帝國トノ協調方法ニ關シテハ種々噂サレテ居ルガ根本ノ方針ハ帝國政府屢次ノ聲明デ明カナ通リ決シテ侵略的テナイコトハ今後ニ現ハレテ來ル事實カ實證シテ行クコトテ根據ノナイ臆測ナコトハ今更何モ氣ニスルコトハナイト思フ。

從ツテ列國側トシテモ漸次帝國ノ公正ナル意圖ヲ了解スルニ至ルヘク新政府ノ成立ヲ機トシテ東亞新秩序ノ建設ヲ阻止妨害セムトスル擧ニ出ツルヲ恐レルカ如キハ一部人士ノ杞憂ニ過キナイモノト謂フヘキテアル假令大勢ニ無理解ナルモノアリトスルモ東亞新秩序建設ニ對スル帝國不抜ノ決意ト覺悟ノ前ニハ敢テ意トスルニ足ラナイモノト思ハレル。

556　昭和15年3月30日　在米国堀内大使より有田外務大臣宛（電報）

南京国民政府成立に対し重慶政権を支持する旨ハル米国務長官声明について

付　記　昭和十五年四月一日
右声明に対する情報部長談話

ワシントン　3月30日前発
本　　省　3月31日後着

第四四四號（至急）
三十日「ハル」長官ハ新中央政府成立ニ關シ聲明ヲ發シタルカ右ハ米政府ノ新「レジーム」成立ニ對スル態度竝ニ立場ニ關スル質問ニ答フルモノナリト冒頭シ要旨左ノ通リ述ヘ居レリ

一九三一年以來ノ支那各方面ニ於ケル出來事ニ照シ南京新「レジーム」ノ樹立ハ武力ニ依リテ隣國ヲ壓制シ世界ノ一大地域ヲ其ノ他ノ世界ノ部分トノ間ノ正常ナル政治的經濟的關係ヨリ隔絶セントスル一國ノ計畫カ更ニ一歩ヲ進メタルモノナル感アリ卽チ右ハ之迄一外國ノ庇護ノ下ニ支那ニ於テ樹立セラレタル他ノ「レジーム」等ト類ヲ同フシ特ニ一外國ノミノ利益ヲ計リ米國其ノ他第三國民カ久シキニ亘リ正當ニ享有セル平等待遇ノ權利ヲ否認セントスルモノノ如シ米政府ハ前記一外國ノ高官連カ自分等ノ國ハ外國ノ政治的獨立及自由ヲ尊重スル意嚮ナル旨竝ニ東亞今後ノ事態ハ右意嚮ヲ立證スヘキ旨聲明セルヲ承知スルモ今回ノ新「レジーム」成立ニ件フ軍事的外交的情勢ハ右意嚮ト符合スルモノト思ハレス米政府ハ重ネテ國際法現行條約及協定ニ基キ總ユル米ノ權利ヲ完全ニ留保シ重慶政府カ依然支那國民大多數ノ忠誠ト支持トヲ有スト信スル充分ノ理由ヲ認メ勿論今後トモ同政府ヲ支那國政府ト認ムルモノナリ（爲念「テキスト」別電ス）〔省略〕

本電ノミ伊へ轉電セリ

伊ヨリ英、佛、獨、白、土へ轉電アリタシ

紐育へ郵送セリ

蘇、滿へ轉電アリタシ

（付　記）

「ハル」米國國務長官ノ新中國中央政府否認聲明ニ關スル須磨情報部長談話

（昭和十五年四月一日）

四月一日情報部長ノ定例外人記者會見ニ於テ記者ヨリ所謂「ハル」聲明ニ對スル意見如何トノ質問アリ、之ニ對シ須磨部長ハ左ノ如キ旨ノ囘答ヲ爲セリ。

「ハル」長官聲明ニ付テハ有田外相カ既ニ其車中談テ見解ヲ述ヘラレテ居ルカ大體今次「ハル」聲明ハ米國從來ノ態度カラ觀テ當然ノ歸結ト觀ルヘキテアル。

然シ余ハ茲ニ二ツノ點ヲ指摘シテ置キタイ。

第一ニハ米國大使「グルー」氏ハ昨年野村外務大臣トノ會談ニ於テ米國政府ハ日米間ノ問題ニ付建設精神ヲ以テ交渉スル用意カアルト言明シタノテアルカ今囘ノ「ハル」長官聲明ハ東亞ニ新秩序ヲ齎シ平和ヲ確立スル目的ヲ以テ樹立サレタ汪精衞氏以下ノ新中國中央政府ヲ否認シ又現ニ我日本ト戰鬪ヲ繼續中ノ重慶政府ヲ認メ之ヲ使嗾シ援助スルノ擧ニ出タモノテアツテ斷シテ建設的精神トハ相容レス相互矛盾撞著シタモノテアル、「ハル」聲明ハ「スチムソン」氏一派ノ日本侵略不參加委員會ノ連中ノ反日的策動ヲ刺戟シ同時ニ重慶政府ニ對シテ相當大ナル援助ヲ與ヘル行爲テアル。

第二ニハ我方ハ日米間ノ問題ヲ解決シ兩國國交改善ノ爲從來終始一貫シテ最善ノ努力ヲ拂ヒ來タモノテアルニ不拘「ハル」聲明ハ我方ノ斯カル努力ノ成果ヲ見極メルタケノ忍耐ト雅量トヲ示サス反對ニ我方ノ誠意アル努力ヲ無視シ如何ニモ日本カ日滿華「ブロック」ヲ形成シテ米國ノ經濟的活動ヲ排除スルモノテアルカノ如ク獨斷的ニ考ヘ込ンテヰル點テアル、我方トシテハ日米間ノ種々ナ問題解決ノ爲ニハ一切ノ可能ナル方途ヲ講シ盡シテ居ルノテアルカラ米國トシテハ今少シ辛棒シテ其具體的成果ヲ見守ルヘキカ當然テアルト思フ、斯カル忍耐ヲ缺イテ「ハル」聲明ノ如キモノヲ出シタコトハ遺憾千萬テアル。

尙「ハル」長官ハ重慶政府カ如何ニモ有力ナ勢力テアルカノ如キ口吻ヲ示シタカ事實ハ決シテ左樣ナモノテハナイ、新中央政府ノ抱擁スル地域コソ重慶勢力下ノ未占據區域ト比較スレハ狹少テアルカ中國關稅總收入ノ約九割ハ汪精衞氏等ノ政府ノ把握スルトコロテアリ其他重要行政地域ハ悉ク新政府ノ範圍內ニ屬スル、斯樣ナ現實ノ事態ニ對シテハ何人ト雖眼ヲ蔽フコトハ出來ヌ筈テアル。

更ニ東亞ノ新事態ニ就テハ米國政府ハ一昨年十二月末ノ對

日通牒ニ於テ米國政府ハ「事態ノ變化シツツアル事實ハ充分認識スル」旨ヲ明記シテヰルノテアルカラ東亞ニ於テ發生シタ此現實ノ新事態ヲ無視シ得ル道理ハナイノテアル、「ハル」聲明ニ對スル意見ヲ費《(質カ)》サレタ此機會ニ以上ノ諸點ヲ明確ニシテ置ク。

5　日華基本条約の締結

557　昭和15年4月5日　有田外務大臣より在仏国沢田大使、在米国堀内大使他宛（電報）

南京国民政府の成立につき報告

別　電　昭和十五年四月五日発有田外務大臣より在仏国沢田大使、在米国堀内大使他宛合第六六四号

南京国民政府発表の十大政綱および財政政策

本　省　4月5日後11時発

合第六六三號

一、汪兆銘ヲ首班トスル中央政府ハ三月三十日南京ニ成立シタルカ五院十四部（工商、農鑛、宣傳、社會、警政部等ヲ増設セリ）及中央政治委員會中心ノ組織トシ國民黨改組派、CC團ノ外臨時及維新政府要人ノ一部ヲ之ニ配シ（次長以上ニテ國民黨員約六割ヲ占ム）成立當時十大政綱ヲ又卅一日財政部長周佛海ノ名ヲ以テ財政政策ヲ發表セリ（別電合第六六四號參照）

二、同政府成立ト共ニ維新政府ハ解消シ臨時政府ハ華北政務委員會（河北、山西、山東省及特別市ヲ管轄シ主トシテ北支ニ於ケル日本トノ協力業務ヲ取扱フ）ニ改組セラレタルカ同委員會及新政府ハ夫々臨時政府及維新政府ノ辦シタル諸事項ヲ其ノ儘繼承シ事態平靜ニ赴クニ從ヒ必要アラハ互惠平等ノ原則ニ依リ逐次之ヲ調整スルコトトナリ尚蒙疆自治政府ハ中央政府ヨリ高度ノ自治ヲ認メラレテ從前通リ存續シ居レリ漢口廣東等ノ政治組織ニハ未タ變更ナシ

三、新政府ノ地盤ハ北支蒙疆河南省（北半）江蘇安徽浙江（銭塘江以北）湖北（岳州迄）江西（南昌迄）及厦門汕頭廣東地方竝ニ海南島ニ及ヒ海岸線ハ（福州寧波ヲ除ク）殆ト其ノ手ニアリテ新政府ノ範圍ニ屬スル外國貿易及關税ハ全支收入ノ八割三分ニ達シ（一九三九年全支貿易額約二十三億六千萬元關税約三億三千萬元）今後物資ノ移動制限緩

和セラルルニ從ヒ右外國貿易ノ増加ト共ニ關税統税及鹽税收入ハ増加スルモノト豫想セラル尚北支ノ交通ハ何レモ回復セラレ上海南京ト漢口ノ間ニハ營業用航空路（及定期軍用船就航ス）アリ北中支間ニモ飛行便ノ他津浦線ノ連絡アリ京滬線ハ一日二回急行車ヲ出シ五時間半ニテ運轉シツツアリ又軍事的ニハ河南省開封ニ歸順兵ヲ收編セル綏靖部隊アリテ次第ニ増加シ居レリ又新政府ニ於テハ民心獲得ノ爲宣傳ニ意ヲ用ヒ其ノ機關紙中華日報ハ毎日八萬部（支那大新聞ノ發行部數ナリ）ヲ發行スル外中支ニ於ケル教育界勞働界ニ對スル喰込ニモ既ニ相當ノ成果ヲ收メツツアリ旁々今後治安恢復セラルルニ伴ヒ新政府ノ實力ハ次第ニ増進シ行クモノト豫想セラル

四、新政府ハ中華民國國民政府ノ名稱及青天白日滿地紅旗ヲ襲用シ又從來ノ政府ノ法統ヲ繼承シ南京ニ還都スルモノナリトノ立前ヲ執リ居ル處右ハ對內關係上人心把握ニ資セントスルモノニシテ國際法上ハ明カニ新政府ノ樹立ナルニ付帝國トシテハ右立前ヲ以テ問題ノ處理ニ當ル方針ニシテ之カ正式承認ノ前提トシテ阿部前總理ヲ特派大使ニ任シ新政府トノ修交ニ當ラシムル筈ニテ同大使ハ四月下旬着任二十六七日頃慶祝ノ行事ニ參列ノ豫定ナリ尚我國ノ新政府ニ對スル正式承認ハ列國ニ先ンシテ之ヲ行ヒ右ハ目下ノ處日支新關係ヲ律スヘキ基本條約調印ノ方法ニ依リ度考ナルカ其ノ時期ハ未定ナリ

五、政府ハ先ツ南京、上海方面ノ地盤ヲ固ムル方針ニシテ右達成ノ上ハ重慶ニ對スル切崩シ、財界金融界要人ノ參加及軍隊ノ寢返リ等モ可能ナルヘク我方トシテハアラユル方面ニ於テ新政府ニ對スル全幅ノ支援ヲ吝マサルモノナルカ差當リノ措置トシテハ新政府カ各般ノ善政ヲ布クコトニ因リ外支人ノ同政府ニ對スル信頼ヲ高ムルカ如キ施策ヲナスコト肝要ナルヲ以テ我方トシテモ右ニ呼應シ支那人ハ勿論第三國側ニ對シテモ力メテ其ノ關係ヲ調整スル目途ノ下ニ差當リ支那ニ於ケル排外運動ノ禁遏、天津租界問題ノ調整、揚子江及珠江開放ノ急速實行、旅行及物資移動制限ノ緩和、第三國權益ノ制限乃至毀損ニ對スル調整ノ促進等ニ付交渉又ハ準備進行中ナリ

本電及別電宛先　佛、壽、米、伯、新嘉坡（以上ヲシテ歐米、南洋亞細亞、亞弗利加主要公館ヘ轉電セシム）、馬尼剌、北京、上海、南京、滿

（別　電）

本　省　4月5日後11時30分発

合第六六四號

一、新政府ノ十大政綱左ノ通

1、善隣友好ノ方針ニ基キ和平外交ヲ以テ中國ノ主權、行政ノ獨立完整ヲ求メ以テ東亞永遠ノ平和及新秩序建設ノ責任ヲ分擔ス

2、友邦各國ノ正當ナル權益ヲ尊重シ且其ノ關係ヲ調整シ以テ友誼ヲ增進ス

3、友邦各國ト連結、共ニ國際共產主義ノ陰謀及其ノ他總テ平和攪亂ノ活動ヲ防遏ス

4、和平建國ヲ擁護スル軍隊及各地遊擊隊ハ之ヲ收容安定セシメ且ツ國防軍ヲ建設シ軍政、軍令兩大權ヲ明瞭ニ區分シ以テ軍事獨裁制ヲ打破ス

5、各級民意機關ヲ設立シ各界ノ人材ヲ網羅シテ全國ノ公意ヲ集中セシメ以テ民主政治ヲ助成ス

6、國民大會ヲ招集シ憲法ヲ定メ憲政ヲ實施ス

7、友邦各國ノ資本及ビ技術的合作ヲ以テ戰後經濟ノ回復ト產業ノ發展ヲ圖ル

8、對外貿易ヲ振興シ國際收支ノ均衡ヲ計リ竝ニ中央銀行ヲ再建シ幣制ヲ統一セシメ以テ社會金融ノ基礎ヲ確立ス

9、稅制ヲ整理シ人民ノ負擔ヲ輕減シ農村ヲ復興シ難民ヲ救濟シテ各其ノ生業ニ安ンゼシム

10、反共和平建國ヲ以テ教育ノ方針トナシ且科學教育ノ向上ヲ圖リ浮華妄動ノ學校ヲ一掃ス

二、財政政策左ノ通リ

1、金融ノ安定　現在通用ノ各種通貨ハ差當リ之ヲ認メ漸進的ニ其ノ改革統一ト金融安定ヲ期ス

2、國債ノ信用維持　政府成立前ノ外債ヲ一應承認シ其ノ關係性質ヲ調査シ適當ニ償還標準ヲ類別ス、內債ハ全面的和平成立ノ後適當ナル措置ニ依リ償還ス

3、國稅ノ整理

4、苛稅雜捐ノ撤廢

5、事變發生以來上海ニ流入シ居ル遊資ニ適切ナル投資方法ヲ與ヘ產業ノ發展ト民生ノ安定ヲ期ス

6、貿易調整

7、民衆生活ノ調節　事變以來物資ノ交流阻碍サレ各地

物價ノ平衡ヲ失シ居ルモノヲ調整シ人民ノ生活ヲ保證ス

8、農民ニ對シ資金貸付、農村設備ノ改良等ヲ爲シ民衆生活ノ幸福ヲ圖ル

558　昭和15年4月5日　興亜院会議決定

「阿部特命全權大使ニ與フル訓令」

昭和十五年四月五日
興亞院會議決定

特訓第一號

阿部特命全權大使ニ與フル訓令

一、貴官ハ主トシテ南京ニ駐在シ別紙（省略）帝國ノ方針ニ基キ左記任務ニ服スベシ

記

㈠中央政府ニ對スル協力業務、但シ軍事協力事項ヲ除ク

㈡支那ニ於ケル帝國ノ第三國關係外交竝ニ日支新關係條約締結ニ關スル事務

二、前項㈠ニ關シテハ興亞院官制第六條ノ內閣總理大臣ノ命ヲ受ケ又同㈡ニ關シテハ外務大臣ノ命ヲ受クベシ

三、任務遂行ノ爲ノ所要ノ隨員ヲ附シ業務ノ處理ニ關シ貴官ノ指揮ヲ受ケシメラル

四、重要政策ノ處理竝ニ治安ニ關連スル事項ニ付テハ關係ノ陸海軍最高指揮官ト協議スベシ

五、前各項ノ外必要ナル事項ハ別ニ指示ス

昭和十五年四月五日

內閣總理大臣　米內　光政
外　務　大　臣　有田　八郎

別紙トシテ附スルモノ左ノ如シ

第一、支那事變處理根本方針

昭和十三年一月十一日
御　前　會　議　決　定

第二、日支新關係調整方針

昭和十三年十一月三十日
御　前　會　議　決　定

559　昭和15年4月5日　在独国来栖大使より有田外務大臣宛（電報）

南京政府承認問題に対するドイツの態度について

ベルリン　4月5日後発
本　　省　4月6日後着

第三二一號（極祕）

貴電合第五九四號ニ關シ（新中央政府樹立ノ件）

支那新政府ニ對スル獨逸ノ態度ニ付テハ當方ニ於テモ絶ヘス注意シ來レル所ナルカ往電第二七五號及第二八〇號ニ依リテモ察セラルル通リ獨逸トシテハ此ノ際早急ニ新政府承認ノ措置ニ出ツル模様無ク右ハ㈠支那ノ現狀及日本內地一部ノ懷疑的言論等ヨリ見テ新政府ノ基礎及今後ノ發展ニ對シ獨逸トシテ未タ確信ヲ有セス當分事態ノ推移ヲ見ル必要アリト考ヘ居ルコト㈡獨逸トシテハ戰時ニ必要ナル物資補給ノ點ヨリ見テ蔣介石側トノ關係ニモ尙幾分ノ希望ヲ囑シ居リ此ノ間日本側ヨリスル對獨物資供給カ獨ノ希望スル程ニ至ラサル實情ニ乘シ從來ノ支那贔負ノ連中ハ蔣政權トノ關係維持ノ必要ヲ强調シ居ルコト等ニ依ルモノト認メラル他方若シ獨逸政府ニ新政府承認ノ意動キ居ルトスルモ我方カ正面ヨリ之ヲ勸誘スルノ態度ヲ執ルトキハ獨側ニテハ交換條件トシテ曾テ問題トナリタル支那ニ於ケル經濟待遇問題等ヲ持出シ來ルコト無キヲ保セサルニ依リ帝國政府トシテ他國ニ對スル關係ヲモ考慮セラレ果シテ早急ニ獨逸ノ承認ヲ希望セラルルヤ否ヤモ明カナラサルヲ以テ當方ニ於テハ單ニ獨側ノ意嚮ヲ探ルニ止メ居タル次第ナリ冒頭貴電ニ依レハ現在未タ第三國ニ依ル承認促進ニ付我方ヨリ進ンテ申入レヲ爲ス迄ニ至リ居ラストノ御意嚮ナルカ對獨關係ニ於テ何等特ニ御考慮ノ點モアラハ本使含ミ迄ニ御回示願度シ

560　昭和15年4月5日　在英国重光大使より有田外務大臣宛（電報）

南京政府成立に対する日本側態度を英国外務次官へ説示について

ロンドン　4月5日後発
本　　省　4月6日後着

第五二〇號

支那問題ニ付テハ往電第五一九號說明ノ續キトシテ四日「バ」次官ニ面會ノ際新中央政府成立及四月中旬日本ハ大使ヲ特派シテ接觸ヲ保チ政府ノ基礎ノ固マルト共ニ徐々ニ交涉ニ入ル豫定ニシテ要スルニ新政府カ支那及支那人ノ爲

ノ政府トシテ發達シ列國トノ關係モ事實上順調ニ進ミ總ユル方面ニ秩序ト友好ノ空氣ヲ釀成センコトカ日本ノ方針態度ニシテ右ハ日本カ今日東亞ニ於テ强キ立場ニ在ル爲實行シ得ル政策ナリト説明シ日本ノ希望スル所ハ支那問題ニ對シテハ英國ニ對シテハ勿論米國ニ對シテモ亦佛國ニ對シテモ右ノ如キ大局ニ立チテ進ミ居ルモノニシテ又重慶政府カ新中央政府ト(不明)ニ立チ或妥協ヲ爲スコトハ素ヨリ異存ナキ所ニシテ重慶政府カ昨今憲法運動ノ名ニ隱レタル赤化ノ傾向ヲ辿ルハ甚タ喜ハサル所ナリト述ヘタル處

「バ」ハ屢次ノ非公式説明ハ常ニ多トシ居ル所ニシテ意思疏通ニ大ナル效果アリ是ニ依リテ自分等モ機會アル毎ニ米國方面ニ適當ニ説明シ居レリ結局ハ「ブロードヴユー」ニ依リテ行フコト肝要ナリト思ハルト述ヘタリ

本使ハ日本カ素ヨリ各國ニ對シ前記ノ如キ態度ニテ出來得ル丈意思疏通ヲ計リタキ次第ナリ日本ノ對支政策ハ貴下ニ於テ了解セラルル通リニ付機會アラハ佛國首腦部ニモ大局ヲ過マラサル樣説明アリテハ如何ト述ヘタルニ

「バ」次官ハ好ク了承セリト答ヘタリ

米へ轉電シ佛へ暗送セリ

561　昭和15年4月8日　興亜院会議決定

「特命全權大使ニ與フル內閣總理大臣及外務大臣合同指示」

付　記　昭和十五年四月八日、堀内東亜局長作成
右決定に至る審議の際の諒解

昭和十五年四月八日
興亞院會議決定

特命全權大使ニ與フル內閣總理大臣及外務大臣
合同指示

一、今次事變處理ノ爲メ從來帝國政府ニ於テ決定セラレタル事項ニシテ貴官ノ任務遂行上準據スヘキモノ概ネ別冊(省略)ノ如シ

二、前號ノ外任務遂行上特ニ留意セラルヘキ事項概ネ左ノ如シ

㈠支那事變解決ノ原動力ハ皇軍就中其ノ活潑ナル作戰行動ニ在ルヲ以テ貴官ノ任務遂行ニ當リテハ特ニ此點ニ留意シ關係陸海軍最高指揮官ト緊密ナル連繫ヲ保持シ其ノ協力ニ遺憾ナキヲ期セラレ度

(二)中央政府ヲシテ名實共ニ日支新關係調整ノ對象タラシムルト共ニ之ヲ以テ事變解決ノ促進ニ資セントスルハ帝國政府ノ方針ナリ之カ爲メ中央政府指導ノ重點ハ該政府ヲシテ其ノ力ヲ日支間ノ國交調整ノミニ用ヒシムルコトナク努メテ其ノ實力ノ保有發展ニ致サシムルコトニ置クヲ要ス

(三)日支新關係調整ニ關スル帝國ノ方針ト現狀竝梅機關汪側間協議內約トノ調整ニ當リテハ主トシテ作戰上ノ要求ト新中央政府育成トノ關係ヲ考慮シ日支新關係調整ニ關スル帝國ノ方針所期ノ狀態ニ誘導スルヲ主眼トシテ之ヲ行フヲ要シ特ニ既成事實ノ調整ニヨリ日支双方ニ不安動搖ヲ生セシムル惧アルモノニ付テハ漸ヲ追ッテ之ヲ進メ以テ戰爭遂行ヲ困難ナラシムルカ如キコト無キ樣期スルヲ要ス

而シテ我カ戰時經濟確立ノ爲メ必要ナル經濟建設ハ澁滯齟齬ヲ來ササル樣措置スルヲ要ス

(四)帝國ノ中央政府ニ對スル正式承認ノ時機ハ內外ノ情勢ヲ考慮シ自主的ニ決定セラルヘク政府トシテハ目下ノ情勢ニ於テハ日支新關係調整ニ關スル基本條約締結時ト豫定シアリ

(五)日支新關係調整ニ關スル基本條約案及之ニ關スル交涉要領等ニ付テハ追ッテ訓令ス

(六)第三國就中英、米、佛、獨、伊、蘇等ノ動向ハ事變ノ處理ニ至大ノ關聯ヲ有スルヲ以テ之等第三國ヲシテ事變處理ニ關スル帝國ノ眞意ヲ理解シ速ニ東亞新秩序建設ニ協力セシムルカ如ク努ムルモノトス

之カ爲メ差當リ之等諸國カ極東ノ利害ヲ以テ合流シ帝國所期ノ方針遂行ヲ阻止スルカ如キ態度ニ出テシメサル樣施策スルヲ要ス

支那側ノ對第三國外交ハ帝國ノ夫ト相呼應シ施策ヲ活潑ナラシムル如ク指導スルヲ要ス

(七)前項ニ關連シ特ニ第三國ヲシテ事變遂行中ノ特殊事態、就中作戰軍ノ生存上ノ必要ニ基キ我カ方トシテ特殊ノ措置ヲ採ルノ止ムヲ得サル場合多キモ其ノ眞意ハ新事態ニ即スル彼等ノ平和的經濟活動ヲ阻止セントスルモノニ非ルコトヲ理解セシムルト共ニ諸懸案ノ解決ヲ促進シ要スレハ我方ノ戰時經濟確立ニ緊切ナラサル經濟的部面ノ進出ヲ調整シ第三國ノ經濟合作ヲ誘致スル等

必要ナル手段ヲ講スルヲ要ス

(八)將來帝國ノ在支政務關係機關ハ之カ一元的運用ニ關シ調整セラルヘキモ差當リ左ニ依リ相互ニ緊密ナル連絡ヲ遂ケ相扶ケ事變ノ處理ニ遺憾ナキヲ期セラレ度

甲、興亞院現地機關トノ關係

貴官ト既設興亞院連絡部長官トノ關係ハ差當リ原則トシテ協議連絡ノミトシ直接指揮ノ連關ヲ有セサルモノトス

イ、中央政府ニ對スル協力業務中興亞院連絡部ノ事務ニ關係アル事項ニ關シテハ關係連絡部長官ト協議連絡スルモノトス

特ニ華中連絡部長官トハ充分密接ナル協議連絡ヲ保持スルモノトス

ロ、各連絡部長官ノ支那側ニ對スル協力事項中、中央政府ニ關係アル事項ハ各連絡部長官ヲシテ貴官ニ協議連絡セシメ其ノ他ノ重要事項ハ貴官ニ通報セシム但シ中央政府ニ對スル交渉事務ハ貴官ヲ通シテ行ハシム

乙、外務機關トノ關係

支那ニ於ケル第三國外交及日支新關係條約締結ニ關係アル事務ニ付キ在支帝國外交官及領事官ニ對シ必要ニ應シ指示ヲ與フルモノトス

(九)中央政府ニ招聘セラルヘキ日本人顧問職員(軍事關係ノ者ヲ除ク)等ハ貴官之ヲ指導スルモノトス

(付　記)

昭和十五年四月八日興亞院會議決定ニ至ル審議ノ際ノ諒解

四月八日興亞院會議ニ於テ決定セル阿部特命全權大使ニ對スル指示ノ審議ニ際シ

一、指示二ノ(二)ノ「其ノ實力ノ保有發展ニ致サシム云々」ニ關シ外務大臣ヨリ右ハ中央政府ヲ指導シテ重慶工作等ヲナサシメ之ニ依リ新政府ノ實力ヲ昂メルコトヲモ含ムモノナリヤトノ質問アリ其ノ通リナリトノ諒解ヲ得タリ

二、指示二ノ(四)正式承認ノ時期ニ關シ外務大臣ノ質問ニ對シ鈴木政務部長ヨリ答辯アリ之ニ對シ外務大臣ヨリ只今ノ政務部長ノ説明ハ要スルニ

「原案ノ趣旨ハ帝國ノ中央政府ニ對スル正式承認ハ自

主的ニ決定スルモノトス
目下政府トシテハ概ネ日支新關係調整ニ關スル基本條約締結ノ方法ニ依リ正式承認ヲナス意向ナリ
但シ内外ノ情勢ニ依リ右時期以前ニ於テ正式承認ヲナスコトアルヘシ」
トノ意味ナリト解シ差支ナキヤト念ヲ押シ政務部長之ヲ肯定セルヲ以テ大臣ヨリ原案ヲ右質問ノ趣旨ニ訂正方提議シタルモ必スシモ字句修正ノ要ナカルヘシトノ意向ナリシニ付大臣ヨリ「原案ノ意味ハ内外ノ情勢ニ依リ基本條約締結以前ニ於テ正式承認ヲナスコトアルヘキヲ豫想シ居ルモ正式承認ヲ條約締結後ニ爲スコトアルヘシトノ意味ヲ包含シ居ラサル主旨明確ナラハ異議ナシ」ト述ヘ一同右ニ異存ナク原案ヲ決定セリ

562

昭和15年4月11日 在アルゼンチン内山(岩太郎)公使より有田外務大臣宛(電報)

列強諸国による速やかな南京政府承認を慫慂すべき旨意見具申

ブエノスアイレス 4月11日後発
本　省 4月12日前着

第一六二號(極祕、館長符號扱)

待[1]望ノ新中華民國政府カ目出度ク樹立セラレタルハ慶賀ニ耐エス今後同政權ノ育成竝ニ列國ニ依ル承認問題殊ニ對英米關係ノ清算ニ付テハ帝國政府ニ於テ既ニ充分御檢討濟ノコトト存セラルルモ承認問題ニ關聯シ御參考迄左ニ卑見上申ス

一、歐洲戰爭ハ今後益々激化永續ノ兆アルモ其ノ後ニ來ルヘキ國際勢力ノ異動竝ニ我國内情勢ノ現狀ニ鑑ミ極東ノ事態ハ一日モ速ニ安定化ノ必要アルハ論ヲ俟タス

二、之カ爲ニハ第三國ノ干渉ヲ排除シ南京政府ノ基礎ヲ强固ニスルト共ニ重慶政府ヲ壞滅ニ導クコトヲ絶對ノ條件トス

三、右目的ヲ遂行セントセハ南京政權ハ滿洲國獨立ノ場合ノ如ク外國ノ承認ヲ遷延ニ委サシムルハ得策ナラス

四、卽チ新政權ハ可成速ニ多數列强ノ承認ヲ求ムルコトニ依リ既成事實樹立安定ヲ促進シ一面我ニ對スル列强ノ壓力ヲ分割シ得ヘシ而シテ右承認ヲシテ急速且已ムヲ得サル

モノタラシメンカ為ニハ左ノ手段ニ依ルヲ最モ有效適切ナリト信ス

五、一九二六、七年當時波斯政府ノ採リタル不平等條約撤廢ノ例ニ倣ヒ

(イ)南京政府ヲシテ一定條件ノ下ニ現存不平等條約ヲ一律廢棄セシム

(ロ)[2]同政府ハ成ルヘク公正ナル國際観念ヲ基調トシ模範的新通商條約案ヲ作成シ先ツ伊太利其ノ他ノ友國ト條約關係ヲ樹立シ(日本ノ場合モ特殊事項ハ特殊條約ニ讓リ一般通商關係ハ成ルヘク右基本條約案ニ依ルコトカ國際關係ヲ調整スルニ有利ナルヘシ)例ヘハ一年ノ期限ヲ附シテ各國ニ對シ之ト同種條約ノ締結方ヲ提唱スルコト

(ハ)此ノ要求ニ應セサル國ハ右期間後當然無條約國トシ關稅其ノ他ニ於テ條約國ト區別スルコト

(ニ)右手段ヲ用フレハ支那ト通商關係アル國ハ必ス之ト交渉ヲ開始スヘク我方ハ守勢ヲ維持シツツ最モ有力ナル攻勢ヲ採リ得ヘシ

(ホ)若シ米國ノ如キカ法律論ヲ楯ニ交渉ヲ拒否シ徒ニ抗議ヲ續クルコトアリトスルモ南京政府ハ公正ナル代案ヲ具シテ交渉ヲ求メ居ルヲ以テ進ンテ彼ニ攻撃ヲ加エ居ル次第ニモアラス從テ米トシテモ武力干渉ノ如キ重大決意ヲ為ス切掛ケヲ得難ク支那政府ノ態度ハ世界ノ輿論ニ訴フルモ疚シキ所ナク米若シ之ヲ肯セサレハ潔ク東洋ヨリ引揚クルニ如カストノ態度ヲ執リ得ヘシ帝國ノ立場モ亦新支那ノ此ノ態度ヲ擁護スルニ於テ(ハ)對米日支協力ノ實ヲ擧ケ得ルノミナラス世界ニ對シテモ局面ヲ有利ニ展開シ得ヘシト存セラル

563　昭和15年4月13日　在上海三浦総領事より有田外務大臣宛(電報)

蔣介石の対南京工作および国共関係の現況など重慶政権の最近の動向につき報告

上　海　4月13日後発
本　省　4月13日夜着

第七二一號

往電[1]第七二〇號ノ外JK報告中(一)蔣介石ノ新中央政府ニ對スル破壞工作(二)重慶外交ノ新動向(三)國共關係今後ノ變化ニ

關スルモノ大要左ノ通リ

一、新中央政府成立ニ先立チ蔣ハ顧孟餘ヲシテ陳公博ヲ通シ汪ニ對シ政府組織ノ當分延期方勸告セシ處汪ハ將來假令蔣側ト合作スルコトアリトスルモ一應政府樹立ノ上ナラテハ蔣ヨリ瞞サルル虞レアリトシテ之ヲ承知セサリシ經緯アリ尚其ノ際蔣トシテハ其ノ場合陳ヲ汪ヨリ離脱セシムヘキ旨ヲ含メ置キタルモ陳汪兩者ノ因縁關係ノ方强ク之亦失敗ニ終リ遂ニ陳等ノ逮捕令發出ヲ見タル次第ナルカ蔣陳關係カ之ニ依リ絶縁セリト見ルハ早計ニテ今後モ何等カノ聯絡ヲ持續スヘキ一方兩陳モ蔣ノ意ヲ體シ梅思平樊仲雲等CC分子ヲ通シ破壞工作ヲ進ムルモノト見ラレ最近陳ホウカ(陳立夫ノ甥)祕密裡ニ來滬セル如キ周佛海等ニ兩陳ノ意嚮傳達ノ爲ト見ラル尚先般來滬中ノ呉開先ト丁默邨、李士群ノ間ニハ既ニ何等不可侵協定成立シ居ル如ク又周佛海カ汪ノ改組派ヲ排斥シ或ハ臨時維新系人物ヲ壓迫シ居ル事實モアル處右カ果シテ兩陳トノ了解ニ基クモノナルヤ疑問ナルモ客觀的情勢カ確カニ蔣ノ破壞工作ニ有利ナル點注目ニ價ス又香港杜月笙モ蔣ノ破壞工作ノ一役ヲ買ヒ居リ其ノ部下ヲ汪政權内ニ潛入セシメ上海ノ上層金融界乃至地方敎會關係巨頭連ノ汪トノ不合作ヲ策動シツツアル處一方蔣ハ「スチユアート」等ヲ通シ王克敏等ノ對汪反目ヲ策動シツツアルコトモ事實ナリ

二、英米ノ對蔣援助ノ既ニ望ミ薄トナレル今日蔣ハ英國ノ對日妥協ト米國ノ對日禁輸不實行ヲ最モ恐レ居リ過日「クレイギー」ノ東京ニ於ケル演説ハ蔣ニ取リ相當ノ煩悶ノ種トナリ居ル模様ナリ米國ニ對シテハ過般ノ太平洋學會ノ機ヲ利用シ顏惠慶及北大敎授周鯁生等ヲ派遣對日禁輸ヲ策動セシメタルモ奏功セサリシヲ以テ最近宋美齡ノ派遣(胡適ノ代リトモ言ハル)ヲ考ヘ居ルモ美齡ハ恐ラク受ケサルヘシ斯クテ新中央政府成立ニ對シテモ英米佛等ニ其ノ不承認ヲ泣付ク等以外別ニ積極的援助ヲ得ラレサルニ鑑ミ蔣トシテハ蘇聯接近ヲ示唆シテ英米ヲ脅威スルト共ニ他面今後ハ重慶抗戰力ニ徽(徹カ)底的打擊ヲ與フヘキ日英ノ接近日蘇妥協ノ妨害ノ手ニ出ツヘシ

三、[2]從來ノ國共摩擦ハ主トシテ蔣ノ對日和平準備ニ原因スル處差當リ英米ノ斡旋干渉ニ依ル對日和平モ望ミナキ今日漫然ト中共側ヲ壓迫シ蘇側ノ御機嫌ヲ損スルハ不得策ナレハ重慶ノ對共產黨態度ハ必ス變化アルヘク宋慶齡ノ重

慶行ノ如キ前記駐米大使説ノ外ニ國共關係改善ノ任務アリト見ラル乍併國共關係改善ニモ蔣側トシテハ差當リハ摩擦ノ減少ト共産黨ノ活動ニ多少ノ自由ヲ與フル程度ニ止メ陝甘寧邊區ノ特殊化ノ承認共産黨ノ?憲政運動ノ主張ニ對シテハ斷シテ讓歩セサルト一方共産黨側トシテモ其ノ恐ルル重慶側ノ對日妥協望ミナク客觀的情勢ハ同黨ニ有利ニ展開シツツアルヲ以テ多少ノ讓歩ハ覺悟シ居ル樣子ナリ而シテ蔣カ蘇聯ノ援助ヲ切望シ乍ラ中共側ト緊密ナル合作ヲ議シ得サルハ重慶部内ノ十中八九迄有產階級乃至徹底的反共產主義者ニシテ孔祥熙宋子文何應欽陳立夫陳果夫朱家驊等ハ勿論從來「シンパ」的立場ニ在リタル孫科迄カ最近中共ニ對スル態度頓ミニ冷淡(孫ハ從來香港ニハ宋慶齡ヲ介シ共產黨葉劍英ト聯絡シ居リタルカ過般莫斯科ヨリ歸來後ハ葉ヨリノ面會申込ヲ再三拒絶シ一日宴會ニテ兩人カ偶然落合ヒタル際モ孫ハ葉ニ對シ共產黨ハ中國ノ利益ヲ重ンスヘク第三國際ノ手先トナラサルヲ希望スト述ヘタルコトアリ又從來香港ノ宋慶齡ノ主宰スルホシヨウ大同盟ノ補助金モ停止セル事實モアリ)トナリタル現實ヲ無視シ得サル爲ナリ一方共產黨ニ於テモ蔣政權ノ本質ハ良ク承知シ居リ國共合作ニ便乘シ軍事勢力ノ擴張ニ專念シ居ル狀態ナリ要スルニ中共側眞ノ目的ハ單ナル表面的妥協ヤ國社黨乃至中國青年黨ノ如ク公開的合法地位ノ獲得ニアラス依然トシテ長期抗戰ノ「スローガン」ニ隱レ蔣ノ軍事力ヲ消耗セシメツツ北支ニ軍事根據地ヲ建立シ換言スレハ支那ヲ赤露化セシメタル後窮極ニ於テ赤化政權ヲ樹立シ全支ノ赤化ヲ計ルニ在リ蓋シ右ハ中共カ第三國際ト不可分ノ關係ニ在ル以上不可避的任務ナルヘク蔣カ中共側ト徹底的ニ妥協シ得サル所以ハ茲ニ在リ

北京、天津、南京、漢口ヘ轉電セリ
香港ヘ暗送セリ

---

564 昭和15年4月15日 在南京松本(俊一)大使館参事官より有田外務大臣宛(電報)

発足直後の南京政府部内の様子について

南京 4月15日後発
本省 4月15日夜着

第二一〇號(極祕)

新[1]政府モ創立早々ノコトトテ今尚廳舎ノ修理及舎内ノ設備等ニ忙殺セラレ職員ノ配置モ未タ完了セサル爲落着キテ事務ヲ執ル迄ニハ至ラサルモ大體ノ模樣ヲ觀ルニ維新政府當時ニ比シ新機關增加セルニ拘ラス財政ノ關係上各部ノ經費ハ極メテ切詰メラレ最高ハ財政部ノ月七萬元（人件費含ム）最低ハ詮敍部ノ二萬元ニシテ大體四萬元程度ナルカ維新政府職員ノ全部ヲ留任セシメタル外新ニ國民黨其ノ他加ハレル爲一人當ノ俸給額ハ減少シ事變前ノ俸給ニ戻ルノ已ムナキニ至リ之カ爲下級職員ハ早クモ生活難ヲ託チヨリ高キ地位ヲ獲得セントシテ奔走シツツアル實情ナリ職員ノ配置モ部長以下局科長ニ至ル迄論功行賞ノ意味ニテ地位ヲ與フルニ急ナリシ爲適材適所ノ人事ヲ行フコト能ハサリシ缺點アリ又各部トモ維新政府舊職員ト國民黨員及各黨各派ト入リ混リ所謂寄合世帶ナル爲人的結束動モスレハ緊密ナラス之ニハ部長連モ手ヲ燒キ居ル模樣ニテ今後相當ノ整理ヲ爲ササレハ事務ヲ軌道ニ上スコト困難ナルヘク此ノ點ハ政府幹部モ充分認識シ居ルヲ以テ何レ善後策ヲ講スルコトトナルヘシ

只[2]部長連ハ任命早々ニテモアリ何レモ部内ノ整備ニ大童ノ體ニテ極メテ緊張シ居ル爲新政府ラシキ清新ノ氣ヲ漂ハシツツアリ而モ未タ實際ノ事務ヲ執ルニ至ラサル爲幹部ノ間ニハ何等紛糾ヲ生スル餘地モナク一先ツ汪ノ下ニ於テ夫々政策ノ樹立等ニ努メツツアリ新政府ノ出來榮ニ付テハ汪派幹部モ大體豫想通リト爲シ居リ悲觀モ樂觀モナク要ハ今後果シテ新生ノ實ヲ擧ケ得ラルルヤ否ヤニ在リト觀察シ居ル模樣ナリ陳公博ハ新政府ノ中堅幹部等ノ間ニハ（不明）ノ嫌アルモノナキニアラス之等ハ徹底的ニ肅清シテ廉潔政治ヲ行ハサレハ新政府ノ發展性ナシト洩ラシ周佛海ハ和平運動展開ノ爲上海其ノ他ノ方面ノ工作ニ努力シタキモ人材缺乏ノ爲思フ樣ニ活動出來スト滲シ居リ梅思平ハ新政府ノ經濟工作ハ政府ノ基礎ヲ固メ人民ノ信望ヲ繫クモノナルヲ以テ日支間經濟問題ノ合理化及商工業ノ復興ニ依ル人民生活ノ保障ヲ與フルコト先決問題ニシテ此ノ點ニ失敗スレハ新政府ハ前途ノ希望ナシト稱シ居レリ右新政府ノ情勢御參考迄

565 昭和15年4月25日 在南京日高大使館參事官より有田外務大臣宛（電報）

阿部大使着任に際する汪兆銘との会見報告

南京　4月25日後発
本省　4月25日夜着

第三六號（極祕）

阿部大使ハ四月二十四日國民政府ニ於テ本官及清水ヲ帯同汪主席代理ニ會見（褚外交部長同席）着任ノ挨拶ヲ述フルト共ニ貴大臣ヨリ與ヘラレタル訓令ノ内容ヲ説明シタル處汪ハ貴大使カ斯ル任務ヲ以テ着任セラレタルコトハ國民政府トシテ極メテ歡迎スル所ニシテ外交當局ヲ始メトシ一同感奮スル次第ニシテ日支國交調整ニ付テハ充分ノ努力ヲ爲シ以テ期待ニ副フ覺悟ナリト述ヘ阿部大使ハ引續キ別室ニ於テ國民使節ヲ汪主席代理ニ紹介セリ尚訓令ノ寫ハ參考トシテ本官ヨリ外交部長ニ手交シ置キタリ

興亞院ニ傳達アリタシ

566　昭和15年5月17日　在北京藤井大使館参事官より　有田外務大臣宛（電報）

王克敏の辞職に伴う華北政務委員長の後任に王揖唐が意欲を表明について

北京　5月17日後発
本省　5月17日夜着

第三八九號（外信、部外極祕、館長符號扱）

往電第三七九號末段ニ關シ

十五日森岡長官ハ王揖唐側近ノ野崎ヲシテ考試院長トシテ中南海ニ於ケル文官登庸試驗ニ臨場（古來ノ習慣ニ依リ國家試驗ニハ終了迄外出ハ勿論家族親戚等モ一切面會出來サルコトトナリ居レリ）中ノ揖唐ニ偶々南海公園散策中落合ヘル形ノ下ニ路傍會見ヲナサシメ王克敏辭任申出ニ伴フ後任院長《（委員長カ）》ニ付揖唐ノ胸中ヲ打診セシメタル處去ル七日以來外部トノ接觸ヲ斷タレタル爲カ雜音入リ居ラス素直ニ引受ノ意ヲ仄カシ且抱負トシテ(イ)曹汝霖トノ合作ヲ希望シ同人ヲシテ從來ノ如キ高等顧問ノ空位置ニ置カス適當ノ地位ヲ與ヘ昔時ノ聯立內閣ノ如キ形ト曹ヲシテ主トシテ經濟方面ヲ擔當セシムルコト(ロ)政務委員會內ニ防共委員會ヲ新設シ之ニ北支ノ特殊性ヲ持タシムル如ク措置シ日本トノ聯携ニ便セシムルコト（此ノ點南京方面ニ於テハ特ニ部外極祕ニ願度シ）(ハ)閻錫山トハ士官學校時代一年間同室セル親密ノ間柄ナルヲ利用シ此ノ方面ニ手當ヲ願度キコトノ三點ヲ開陳

シ尚中間ノ案タル内務督辦トシテ委員長ヲ代行スルコトニ對シテハ強ク不同意ヲ表明セル由ナルカ以上野崎ノ打診ノ結果ヲ聴取セル長官ハ正式又ハ代行ハ未決ノ儘揖唐推戴ヲ決意セルカ如シ（揖唐ノ考ノ筋ノ宜シキコト竝ニ北支軍ノ意嚮ニ依リタルモノト認メラル）右不取敢

尚野崎ノ内話ニ依レハ揖唐ナラハ現在ノ各督辦ハ其ノ儘留任スヘキモ假ニ靳雲鵬ヲ引出ストセハ最小限王時璟ノ辭任ハ動カサル所ニシテ其ノ他辭任者續出スヘキ形勢ニアル趣ナリ

南京總領事へ外信トシテ轉電セリ

---

567 昭和15年5月25日 有田外務大臣 陳公博立法院長 会談

有田外相と陳公博立法院長との会談要旨

付　記　昭和十五年五月二十四日付、清水(薫三)書記官作成

陳公博と日本側各要路との会談要領

有田外務大臣、陳公博氏會談要旨

五月二十五日自午后二時四十分至午后六時

於外務大臣官邸（清水書記官記）

一、先ツ陳公博ヨリ左ノ通リ述フ

㈠新政府ノ狀況

新政府ハ阿部大使着任後今尚國交調整ノ交渉ヲ開始スルニ至ラサル爲政府部内ノモノ竝ニ一般國民モ種々疑惑ヲ懐カントスル傾向アリ一方新政府成立後民衆ノ生活改善ニ寄與スルトコロ極メテ少ク政府管轄下ノ物資ハ依然トシテ頗ル高値ニシテ例ヘハ米ノ如キ生産地ニ於テ十二圓ノモノカ南京上海ニ於テ四、五十圓ヲ唱ヘ其ノ他運輸課税等ノ關係ニテ物資ノ流通捗々シカラス之カ爲民衆ハ漸ク新政府ノ價値ヲ疑ハントスルニ至レリ其ノ他地方ニハ特務機關及宣撫班ノ改名セル連絡員等アリテ各地方官廳ヲ指揮シ居ルヲ以テ中央政府ノ命令ハ下級官廳ニ及ハス又中央政府ノ官吏ト雖モ特務機關發給ノ證明書ナケレハ居住通行モ出來得サル狀態ニテ新中央政府ト維新政府トノ差異何處ニ在リヤトノ感ヲ深カラシムルモノアリ従テ速ニ國交調整ノ交渉ニ入ルト共ニ斯カル地方ノ問題ヲ出來得ル限リ解決スルコトハ當面ノ急務ト思考ス支那側ニ

テハ固ヨリ日本ノ作戰ノ要求ハ之ヲ十分ニ承知シ居リ政府當局モ官民ニ對シ常ニ之カ認識ヲ敎ヘツツアル狀態ナルカ日本側ニテモ新政權ノ育成ノ爲ニ特ニ考慮セラルル樣希望ス

(二)北支及蒙古ノ問題

北支政務委員會ハ日支協力ノ便ヲ圖ル爲設置セラレタルモノナルヘキ處事實ハ寧ロ委員會ヲ中心トシテ漸次北支ノ獨立ニ向ハントスル傾向ニアルハ面白カラス情報ニ依レハ米國等カ新政府ノ承認ヲ否認スル聲明ヲ發セルハ日本側カ北支ヲ獨占シ半永久的ニ軍隊ヲ駐屯セシメントノ日本側ノ肚ナリト認メタル結果ニ基ク由ナリ蒙古ニ於テハ昨年末ノ話合ニ依リ山西北部十三縣及察哈爾南部數縣ヲ蒙古ニ編入シタルカ今トナツテ是カ變更ヲ要求スル譯ニハ非サルモ私見トシテ言ヘハ古キ歷史ヲ有スル是等ノ地方ヲ俄カニ蒙古ニ含マシムルハ洵ニ不合理ニシテ一般ニ對スル感情上面白カラサルモノアリ尚北支蒙疆ニ於テハ公然「モルヒネ」ノ製造販賣等行ハレ居ル實情ニシテ斯ル狀態ニテハ日支ノ協力合作ハ將來悲觀スヘキモノアリ尚昨年末日支現地當局間ニ話合ナレル條件ハ今更之ヲ批評スルハ手遲レナルモ吾人ノ觀察トシテ卒直ニ言ヘハ右條件ノ內容ハ戰勝者トシテノ立場ヨリスレハ極メテ輕ク日支永遠ノ關係ヲ取結フ點ヨリ見レハ極メテ重ク要スルニ何レニモ不徹底ナルモノナリ今後國交調整ノ交涉ヲナスニ當リ日本側ハ自發的ニ之ヲ緩和シ以テ支那國民ノ感情ヲ柔ラクルノ工夫ヲ凝スコト必要ナリト思考セラル

(三)重慶對策問題

重慶工作ニ付テハ蔣介石個人ト其他ノ重慶政府要人トノ問題ヲ別個ニ考フル必要アリ吾人ノ見ル所ニテハ目下ノ所蔣個人カ和平ニ傾クコトハ絕對ニ見込ナク其他ノ分子ヲ獲得スル方向ニ工作ヲ進ムルコト可ナリト信ス而シテ是カ工作ヲナスニ當リテハ新政府ト日本トハ不斷ニ連絡ヲ保チ各個ニ之ニ當ルヲ避クルコト絕對必要ナリト考フ而シテ右工作ノ基礎ヲナスモノハ單ニ日本側ノ武力ヲ以テ重慶側ニ脅威ヲ與フルニ止マラス政治方面ニ於テ新政府ヲ育成シ日支ノ協力ニ依リ和平建設ノ希望ヲ與フルコト其ノ前提ナリ汪精衞モ今次ノ新政權樹立ヲ以テ決シテ能事終レリトセス全面的和平ニ進ム一段階トナシ政府當局一同其ノ氣持ニテ努力シ居ル次第ナリ

㈣外交問題
新政府ノ外交方針ハ日本ノ外交方針ト一致セシメ彼此合同シテ其ノ方策ヲ進メントスル考ナル處日本側ノ外交方策ヲ窺フニ未タ歸一スル所ナキカ如ク例ヘハ歐洲大戰ニ對スル將來ノ見透シ又ハ英佛若クハ獨逸カ戰勝者トナリタル場合ノ各方面ニ及ホス影響之ニ對スル對策等ノ準備ノ有無ヲ承知セサル次第ナルカ結局歐洲大戰後其ノ影響ハ東洋ニモ及フモノト思料セラル今日ヨリ是カ對策ヲ考究スル必要アルヲ痛感シ居ル次第ナリ此點ニ關シ日本側ノ方針ヲ一先ツ伺ヘハ幸ナリ
右ニ對シ有田外務大臣ノ述ヘラレタル所左ノ如シ
一、日支問題ノ根本ニ關シ申述フヘシ
㈠余ハ先年歐洲ニ於テ墺太利人「クーデン・ホーフ」伯ヲ知レルカ同氏ハ汎歐洲運動(「パン・ユーロピアン・ムーヴメント」)ナルモノヲ起シ佛蘭西ノ「ブリアン」初メ英佛各國識者ノ支持ヲ受ケタリ、其ノ思想ハ要スルニ歐洲ノ平和ヲ確保スルニハ宜シク歐洲各國ノ聯合ヲ作リ經濟其他ノ合作ヲ圖ラサルヘカラス而シテ世界ハ歐洲ト「ソヴィエト・ロシア」ト南北米ト英帝國ト極東トノ五單位ニ之ヲ分チ各單位內ノ事ハ先ツ其單位ノ內テ解決スルコト最モ合理的ナリト主張シ「ブリアン」等モ右影響ヲ受ケテ同様ノ主張ヲナセルコトアリ余モ右ノ説ニハ贊成ニシテ今次事變ニ於テ日本カ所謂東亞新秩序ノ建設ヲ主張シ日滿支ノ互助連環關係ヲ樹立セントスルハ卽チ東亞ノ聯合ヲ圖ラントスルニ外ナラス固ヨリ右東亞ヲ以テスル單位ノ中ニ含マルル各國家ハ獨立ヲ享有シ個性ヲ發揮シ相互ニ經濟上ニハ有無相通シ必要ニ應シテハ軍事上モ密接ニ連絡セントスルニアリ又東亞ノ單位カ決シテ他ノ單位ヲ排擊セントスルモノニ非ス先ヅ單位ノ樹立ヲ圖リ然ル後他ノ單位トノ關係ヲ調整セントスルモノナリ是カ達成ニ當リテハ日支間ニハ各々長キ歷史アリ又過去ニ於テモ種々ノ感情ノ疎隔モアルヘク是等幾多ノ困難ト障碍トヲ突破スル必要アルヘキモ斯ルコトニハ失望セス兩國ノ識者ハ須ク兩國國民ノ感情ヲ融和シ是カ工作ニ努力スヘキモノニシテ新中央政府ニ於テモ右ハ同感ノコトナルヘシ
㈡國交調整ノ問題ハ昨年末ノ話合ニ基キ成ルヘク速カニ開始スル方針ニテ條約ノ草案ヲ研究シ居リタル次第ナルカ

條約ノ形式內容等ノ檢討ニ當リ相當ノ時日ヲ要シタル爲今日迄交渉開始ニ至ラス

然レ共最近關係方面トノ打合セ著シク進展シタルニ依リ遠カラス阿部大使ニ訓令ヲ發シ交渉開始ノ段取トナル筈ニテ余個人トシテモ是カ促進方ニ努力シ居ル次第ナレハ此點安心セラレ度日本內地ニ於テモ同樣是カ爲ニ種々ノ「デマ」等飛ヒ居ル模樣ナルモ右ノ如キハ意ニ介スルヲ要セス尙阿部大使ノ外交顧問トシテ堀田大使ハ二十九日飛行機ニテ南京ニ伺フ筈ナリ

㈢新政府ノ施政ニ付テハ作戰途上ナル關係ニテ平素ト異ナリ種々ノ不便アルヘキコトハ固ヨリ豫想セラルル所ニシテ同情ニ堪ヱサルカ右ハ双方ノ努力ニ依リ漸次解決セラルヘシ斯ル問題ニ付テハ忌憚ナク阿部大使ト相談セラレ度新政府カ其ノ立場ヲ明カニスル爲地方ノ問題ヲ是正シ行クコトハ一般國民ノ信頼ヲ得テ其ノ力ヲ增ス所以ナリ此ノ點ハ日本政府モ阿部大使ニ於テモ十分諒解シ居ル所ナリ

㈣華北ノ特殊化ニ付キ米國ノ得タリト稱スル情報カ全然事實無根ナルコト言ヲ俟タス日本ハ昨年春以來汪精衞氏ノ和平運動ヲ支持シ從テ新中央政府ノ成立ニ對シ全幅ノ支援ヲ與ヘ相共ニ新東亞ノ建設ニ邁進セントスルノ方針ナルコトハ屢々中外ニ聲明セル所ニシテ右方針ハ何等變更ナク此ノ點ハ此ノ機會ニ再ヒ明ニシ置ク所ナリ日本カ華北ニ關心ヲ有スルコトハ地理上經濟上又ハ防共ノ必要等ヨリ當然ノコトニシテ此ノ意味ヨリ北支政務委員會ノ必要ヲ感ジ居ル譯ナルカ此ノ地方ヲ他ト區別シ獨立又ハ半獨立ノ狀態ニ置カントスルカ如キハ何等考慮シ居ラス今指摘セラレタルコトハ若シ日支兩方ノ氣持カ融和シ相理解スルニ至ラハ形式問題ノ如キハ第二義的ノモノニシテ何等懸念スルヲ要セス余ハ兩國間友好ノ要諦ハ根本的ノ理解ト共同ノ理想ニ邁進スルコトニアリト信ス蒙古ノ問題ニ付テ意見ノアル所ハ記憶ニ留ムヘシ蒙古側ト北支側トノ聯絡不十分ナル爲治水工事等ニ支障ヲ來ス等ノコトハ面白カラス斯ル經濟開發ノ問題ニ付テハ双方協力スヘキコト固ヨリ當然ナリ

㈤重慶對策ニ付蔣介石及其他ノ要人ニ對スル觀察ハ余モ同樣ノ判斷ヲ下シ居レリ從テ今日政府ノ關係者ニハ香港等ニ於テ工作ヲナシ居ル者アルヲ聞カス假令斯ルコトヲナ

スト雖モ恐ラク成功セサルヘシ尚重慶政府切崩シノ爲新國民政府ト日本側ト話合ヲ遂ケ密接ナル連絡ノ上其ノ工作ヲ進ムルコトハ全ク同感ナリ此ノ點モ堪ヘス阿部大使ト連絡セラルルコトヲ希望ス

(六)日本ノ外交方針ハ第一ニ東亞ノ安定ヲ圖ルコトヲ以テ根本トシ是カ爲ニ日支ノ合作ヲ實現セントスルニアリ日支ノ合作ニ依リ東亞ノ經濟貿易ノ自給自足ヲ圖ルコトカ根本目的ナリ現在亞細亞ニ於テハ重工業ノ發達未タ十分ナラス從テ今尚歐米ニ依存スル部門少ナカラサル次第ナルカ吾人ノ理想ハ亞細亞ニ於ケル重工業ノ獨立ヲ圖ルニアリ右經濟ノ樹立ヲ見サル以前ニ徒ニ歐米各國ト磨擦ヲ生スルコトハ却テ經濟ノ進展ヲ阻害スルモノナリト認メ此ノ點ニ付テ相當ノ注意ヲ拂フ必要アリ今次ノ歐洲大戰ニ不介入ノ方針ヲ執リタルコトモ其ノ意義全ク玆ニアリ卽チ日本ハ東亞ノ自主的態勢ノ確立ニ全力ヲ盡シ何レノ側ニモ偏セサル立場ヲ執ラントスルモノニシテ世間ニハ往々ニシテ反英論親英論等ト稱セラルルハ一部ノ者ノ感情ヲ言ヒタルモノニ過キスシテ政府トシテハ全然不介入ノ方針ヲ執リ居ルモノナリ

二、歐洲大戰ノ見透シニ付テハ今俄カニ斷定ヲ下スコト困難ナルモ今次ノ戰亂ハ恐ラクハ急速ニ終結セサルヘシ急速ニ終結セサルトセハ前記生產擴充乃至東亞ノ自給經濟態勢ノ樹立ハ却ツテ進捗スヘク此ノ點ハ寧ロ吾々ニ取リ有利ナリト判斷セラル而シテ假令短期間ニ終結スルトスルモ歐洲其後ノ情勢ハ決シテ根本的ニ調整セラレス各國トモ極東ニ手ヲ延ハス暇ナカルヘク況ンヤ長期ニ亘ル戰爭ノ後假令何レノ側カ勝ツトスルモ實力ヲ以テ日本又ハ極東ニ臨ムコトハ容易ニ非サルヘシ獨逸カ勝利ヲ得タル場合モ同樣ナルヘシ其際蘇聯ノ極東ニ對スル態度ニ對シテハ日支兩方トモ十分注意ヲ拂フ必要アルモ其時ニ至ラハ蘇聯ハ却ツテ獨逸ヲ警戒セサルヘカラサル狀態トナリ積極的ニ極東ニ手ヲ伸ハスコトハ恐ラク不可能ナルヘシ要スルニ日本ハ先ヅ支那事變ノ解決ニ當リ生產ノ擴充ト實力ノ充實ヲ圖リ以テ他日ニ備ヘントスルモノナリ

尚ホ假ニ獨逸カ勝利ヲ得タル場合如何ナル變化アリヤト言ヘハ余ノ見ル所ニテハ獨逸ハ北歐洲ニ其ノ勢力ヲ伸ハシ伊太利ハ南歐洲乃至地中海ニ其ノ勢力ヲ伸ハスヘク其ノ他植民地ノ問題ハ阿弗利加問題ノ中心トナルヘク南

洋植民地ハ大体ニ於テ大ナル變化ナシト判斷セラル最近帝國政府カ聲明セル蘭領東印度ノ現狀維持ニ付テモ獨逸ハ東印度ニ何等興味ナシトノ意思表示ヲナシ居リ戰爭カ如何ニ終結スルトモ大ナル變化ナキモノト豫想シ居ル次第ナリ

尙最後ニ附加ヘ度キハ日本ノ外交ハ固ヨリ東亞新秩序ノ建設ヲ其ノ根本義トシ日滿支ノ緊密ナル連絡ヲ圖ルコトヲ以テ其ノ方策トナシ結局ニ於テ英米佛等ノ歐米ノ勢力カ支那ヲ中心トシテ不平等ノ關係ヲ樹立シ居ル現狀ヲ是正スルコトニアルモ右東亞新秩序ノ建設ハ一大事業ニシテ固ヨリ一時ニ是カ達成ヲ所期スルコト能ハス是カ實行ニ當リテハ愼重ナラサルヘカラス從テ例ヘハ租界回收ノ如キ問題モ根本原則トシテハ是非是カ回收ヲ圖ラサルヘカラサルモ其ノ時機方法等ニ付テハ愼重ニ考慮スル必要アリ一時ノ血氣ニ逸リテ實力回收ヲ圖ルカ如キハ決シテ當ヲ得タルモノニ非ス此ノ點モ篤ト考慮スル必要アリト信ス

三、外務大臣ノ回答ニ對シ陳ハ深甚ノ謝意ヲ述ヘ特ニ新シキ東亞ノ態勢ヲ整フル根本原則ニ付テハ非常ナル贊意ヲ表シ斯ル運動ヲ促進スル爲兩國ニ於テ準備ニ着手シ度キ旨ヲ述ヘ又外交方針ニ付テモ大体日本ノ意ノアル所ヲ承知シタルニ付歸國ノ上ハ汪精衛以下當局ニ右ノ趣ヲ報告シ十分期待ニ添フ樣致度シト述ヘタリ

（付　記）

陳公博ノ各要路トノ會談要領

（昭一五、五、二四　清水書記官記）

一、今回ノ新中央政府答禮使節一行ノ來朝ハ曩ニ阿部大使以下慶祝使節ヲ派遣セルニ對スル答禮ヲ其ノ使命トスルコト固ヨリナルモ一行出發當時ノ政府側ノ意向ヲ察知スルニ此ノ機會ニ我方朝野ノ新政府ニ對スル態度ヲ打診シ特ニ國交調整ニ關スル交渉ヲ促進セシムル樣要望スルト共ニ最近頻リニ傳ヘラルル重慶トノ直接交渉ニ關シ我方當局ノ肚ヲ突止メントスル考ヲ有シ居ルモノナルコトハ大体誤リナシト信ス

二、答禮使節着京後二十三日午前陳公博褚民誼ハ近衛公ト懇談セルカ右懇談ニ於テハ陳公博ヨリ主トシテ日支間ノ根本問題ニ付意見ヲ吐露シ近衛公ハ寧ロ之カ聽役ニ廻レル

狀態ナリ陳公博ハ今囘ノ事變ノ勃發ハ決シテ偶然ニ非スシテ自分ハ既ニ事變前ヨリ斯クアルヘキヲ察知シ居リタリト述ヘ其ノ根本ノ原因トシテ支那側ニ於テ日本カ近代國家トシテ强盛ニ赴ケルヲ妬ミ而モ日本カ歐米ト共ニ支那ヲ壓迫スルニ對シテ憤慨ノ念ヲ懷キナカラ他面日本ハ曾テハ支那ノ文化ヲ採容レタル國ニシテ謂ハハ支那ノ弟子ナリトテ之ヲ輕蔑スル氣持アリ又日本側ニ於テハ支那ハ尨大爲ス無シトシテ之ヲ輕蔑シナカラ他面曾テ世界ニ誇ル文化ノ歷史ヲ有スルコトニ想到シ心中之ヲ憚ルカ如キ氣持アリ此ノ兩國民ノ心理狀態ハ自ラ兩國ノ合作ヲ妨ケタルモノニシテ其ノ結果例ヘハ日本ノ所謂支那通ナルモノハ支那ノ缺點ヲ探スニ努メ支那ノ日本通ナルモノモ日本ノ正シキ認識ヲ得ント努力セスシテ日本ノ缺點ヲ暴露スルニ努メ日ヲ經ルニ從ヒ益々兩國ノ關係カ惡化セルカ如キハ斯ル兩國民ノ心理ニ基クモノト考ヘラル幸ニ今囘ノ事變ニ依リ殊ニ近衛聲明ト汪精衛ノ第一囘ノ通電ニ依リ兩國民共相互ニ認識ヲ改メ新ニ合作ヲ圖ラントスルニ至レルハ寧ロ幸トスヘキ所ナリ今ヤ新政權成立シテ日本トノ間ニ國交調整ノ交涉ヲ開始セントスルニ至レルカ

右調整ノ場合考慮スヘキハ

第一、支那ハ未タ全面的和平ノ域ニ至ラス新政權ハ右和平ヲ實現スル第一段階ニシテ國交調整モ之ヲ以テ全國民ニ和平ノ希望ヲ持タシムル重要ナル關係アルコトニ想到シ其ノ條件內容等ヲ十分檢討セサルヘカラサルコトナリ

第二、右調整ノ場合日支兩國民ノ民族性ニハ著シキ相違アルコトヲ考慮セサルヘカラス卽チ日本人ハ極メテ几帳面ニシテ昨年十二月ノ現地當局會談ニ於テモ見ラルル通リ或ル一ノ條件ヲ定メテ其ノ程度ヲ明瞭ニ規定セントスルニ對シ支那人ハ之ト異リ條文ハ條文事實ハ事實トシテ假令低キ程度ノ條件ニテモ感情如何ニ依ツテハヨリ多クノモノヲ與フルニ吝ナラス假令如何ナル條件ヲ定ムルモ之ヲ實行セサラントスレハ事實上之ヲ守ラサル國民ナリ此ノ兩民族性ノ相違ヲ十分ニ認識シテ徒ラニ條文ノ末節ニ走リ和平運動ノ大局ヲ忘ルルコトナキ樣希望セサルヲ得ス

トノ趣旨ヲ述ヘタリ。

三、近衛公ハ日支事變ノ勃發ノ一原因トシテ支那ノ歐米依存

卽チ第三國カ日支ノ關係ヲ利用シタルコトヲ考フヘキニ非スヤト問ヒセルニ陳公博ハ第三國カ事變發生ヲ煽動シタルコトハ否ムヘカラサル事實ナルモ其ノ根本ヲ繹ヌレハ之亦日本ノ責任ナリト言フヲ妨ケス何トナレハ日本ハ從來東亞ノ中心勢力トシテ自主的ニ對支外交ヲ運營スルノ勇氣ト誠意トニ缺ケ事毎ニ歐米ニ追隨シテ支那ニ臨ムヲ常トシタル爲支那從來ノ外交ハ總テ先ツ歐米ニ之ヲ諮リ歐米ヲ納得セシメタル後日本ニ持出スヲ定石トセルモノナリ其ノ上歐米各國ハ本國ノ利益ニ左程損害ヲ與ヘサルモノハ成ル可ク支那ノ面子ヲ立テ支那ニ權利ヲ返還スルカ如キ方策ヲ以テ巧ミニ支那ノ民心ヲ繫クニ努メタルコトモ支那ヲシテ併セテ歐米依存ニ走ラシメタル原因ナリ例ヘハ英米其ノ他各國ノ團匪賠償金ノ返還「ソヴエト・ロシヤ」ノ不平等條約廢棄ノ聲明英吉利ノ租界返還等ノ如シ汪精衛氏ハ斯ル支那ノ外交方式ヲ極メテ不當ナリトシ其ノ外交部長時代ニハ極力日本トノ直接交渉ヲ主張シ躬ヲ以テ之ニ當リタル次第ナルカ大勢如何トモスヘカラス歐米ニ偏セル支那ノ外交ハ遂ニ之ヲ打破スルニ由無カリシナリ仍テ今囘ノ事變ヲ契機トシ日本ニ希望スル所ハ日本カ能ク東亞ノ盟主タルコトヲ自覺シ自主的外交ヲ以テ支那ニ臨ミ歐米ニ先ンシテ支那ノ解放ヲ圖ルコトナリ斯ル日本ノ外交方針ニ依リ第三國ノ利用等ハ必ラス解消スルニ至ルヘシト答ヘタリ

四、尚陳公博ハ近衛公カ近衛聲明ノ主人公タルニ鑑ミ支那側ニ於テハ東亞新秩序建設ノ爲公カ必ス中心トナリテ其ノ達成ヲ圖ルヘキコトヲ期待シ居レリト述ヘタルニ對シ近衛公ハ近衛聲明ナルモノハ政府ノ聲明ナルト共ニ自分自身ノ理想ナルヲ以テ飽ク迄右理想ノ達成ニ努力スル考ナリト述ヘ陳公博褚民誼共大イニ氣ヲ強フシタル面持ニテ別レタリ

五、陳、褚ノ兩使節ハ二十三日午後總理、陸軍、海軍、大藏各大臣ト各々一時間前後懇談ヲ交ヘタルカ陳公博ノ爲シタル談話ハ大要左ノ四點ナリ

㈠國交調整ニ關スル件

陳公博ハ各大臣ト懇談ノ際先ツ最初ニ本問題ヲ提出シ阿部大使著任後相當ノ日時ヲ經過セルニ拘ラス今尚國交調整ノ交渉ヲ開始セサル爲政府部內ノ者モ又一般國民モ新政府ニ對シテ漸ク懷疑ノ念ヲ起シ自分カ南京ヲ

出發スル當時モ右ノ如キ空氣ハ明ニ之ヲ看取シ得タル所ナルカ若シ此ノ儘荏苒ヲ過スニ於テハ結局新政府ハ一般ノ信頼ヲ失ヒ全面的和平實現ノ基礎ヲ失フニ至ル虞アリ此ノ際速ニ右交渉ヲ開始セラレンコトヲ希望ストテ相當强ク之ヲ要望スルト共ニ日本側ノ意向如何ト質問セリ右ニ對シ總理以下各大臣共日本側ハ目下著々右交渉ノ準備ヲ進メ居リ不遠交渉ニ入ル筈ナリ詳細ハ外務大臣ト懇談セラレ度シト大体同樣ノ返答ヲ與ヘタリ

(二)對重慶工作問題

陳公博ハ國交調整問題ニ次テ本問題ヲ提出シ最近日本側ニテハ重慶側ニ對シ別途ニ而モ新政府トハ獨立ニ何等話合ヲ爲サントスルヤノ噂アル處其ノ眞相如何ト質問スル所アリ右ニ對シ總理大臣ハ近蘭(衞カ)聲明發出以來日本ノ事變處理ニ關スル方針ヲ述ヘ日本ハ新政府ト共ニ事變ノ解決ニ邁進セントスルモノニシテ之ヲ差措キ別ニ重慶ト和平ノ談判ヲ爲スカ如キ予(矛カ)盾セル政策ヲ執ル筈ナシト答ヘ其ノ他ノ大臣モ大体同樣ノ返答ヲ與ヘタルカ海軍大臣ハ政府ニ於テハ現在重慶ニ對スル直接交渉ハ全然爲シ居ラス又民間ニ於テモ斯ル工作ヲ爲シ居ル事實ヲ知ラス恐ラクハ責任無キ者等カ勝手ニ斯ルコトヲ吹聽シ居ルニ非スヤト想像セラルル處何レニスルモ最近ハ世界各國共流言蜚語ノ多キコトナレハ斯ル噂ニ惑フコトナク當局間ノ誠意ニ信頼シテ新政府ノ建設ニ邁進セラルルコトヲ要望スト述ヘタリ

尙陳公博ハ對重慶工作ニ關シ日本側ニ於テ何等カ手ヲ打タントスル場合ニハ先ツ新政府ニ通告スルコト新政府ニ於テ對重慶工作ヲ行フ場合ニハ亦之ヲ豫メ日本側ニ通報スルコト若クハ兩者共同シテ對重慶工作ヲ進ムルコト望マシキ旨ヲ述ヘ若シ新政府又ハ日本單獨ニ對重慶工作ヲ行フトキハ却テ重慶ヲ切崩スコトヲ得サルノミナラス和平ニ對スル妨害トモナル虞アリト述ヘタリ

總理大臣及陸軍大臣ハ重慶側最近ノ狀態特ニ蔣介石ノ立場等ニ對スル汪側ノ觀察ヲ質問シタルニ對シ陳公博ハ重慶政府ノ要人連ハ百分ノ九十以上心中和平ヲ希望シ居ルコトハ疑ナク殊ニ自分カ本年二月重慶ヨリ出テ來レル友人ヨリ聞キ込ミタル處ニ依レハ許世英、于右任、戴天仇ノ如キハ今ノ處日支和平ノ途ヲ發見スルヲ得ス但汪政權カ實現シ日支ノ間ニ和平ノ交渉進捗セハ之或ハ事變解決ノ一端トナルヤモ圖ラレスト述ヘタル趣ニシテ其ノ口吻ヨリ察スルニ彼等ハ汪政權ニ反對ナルニハ非ス汪政權カ如何ナル條件ヲ以テ日本ト國交ヲ調整スルヤヲ注目シ居ルモノト想像セラル、

之ニ反シテ蔣介石ハ全ク別個ノ問題ナリ、我々ハ蔣介石ト重慶政府トヲ別ノ問題ト考ヘ居レリ。自分ハ香港ニ居ル間一年間ニ亘リ蔣介石問題ヲ研究シタルカ最初蔣カ和平ニ反對スルハ下野問題ニ絡ミ居ル爲ニ非スヤト思ヒ込ミ居リタルモ右ハ全ク無關係ニシテ蔣カ和平ノ立場ヲ執リ得ザルハ寧ロ他ニ原因アリ其ノ一ハ彼ハ抗日ヲ以テ支那ノ統一ヲ圖リ其ノ途上ニアル者ナルヲ以テ今抗日ヲ捨ツルコトハ直チニ支那ノ統一ヲ破ルコトトナリ到底之ヲ爲シ得スト思ヒ居ルコトナリ

第二ハ共産黨トノ關係ナルカ蔣ハ過去十年間共産黨ノ肅清ヲ圖リ西安事件前ニ一段落トナリタルモ今回ノ事變ニ依リ勢力ヲ張リタル共産黨ニ對シ將來果シテ之ヲ肅清シ得ル自信アリヤ否ヤニ付蔣自身確乎タル見透シナキモノノ如ク之亦蔣カ和平ヲナシ得サル一原因ナリ要スルニ今日迄ノ状況ニテハ蔣ニ對シテハ見込ナシト思惟シ居ル次第ナリ

陸軍大臣ハ新政府ハ蔣介石ヲ如何ニ取扱フ積リナリヤトノ質問ヲ發シタル處陳ハ汪精衛ハ極メテハツキリセル態度ヲ有ス例ヘハ昨年「スチュワート」ノ使者カ汪ノ許ニ至リ蔣介石問題ニ付汪ノ意見ヲ求メタル時モ汪ハ蔣ニシテ和平ニ贊成シ出テ來ルニ於テハ蔣ヲ立テテ自分ハ之ヲ助クルモ差支ナク又蔣ニ於テ自分カ中心トナリテ政府ヲ組織セヨト言フナラハ自分カ政府ノ中心トナリ蔣ノ援助ヲ受クルコトモ差支ナシ又蔣モ下野シ自分モ下野シ孔祥煕、張群アタリカ中心トナリテ日本トノ全面的和平ヲ議スルコトトナルニ於テハ自分ハ固ヨリ蔣ト共ニ下野スルヲ辭セスト語リタルコトアリ斯ノ如ク新政府側ハ全面的和平ニ付極メテ明瞭ナル態度ヲ有シ居ル譯ナリ然ルニ蔣介石ハ之ニ反シ「スチュワート」カ蔣ニ對シ和平ヲ勸告シタルニ對シ

一、日本ヨリ先ツ支那ニ向ツテ媾和ノ申入ヲナスコト

二、米國カ仲介者トナリテ日支ノ間ニ話合ヲナスコト

ノ二條件ノ下ニ非サレハ日本トノ話合ニハ應シ難シト述ヘタル趣ナルカ右ハ明ニ蔣ニ和平ノ誠意ナキコトヲ示スモノナリト答ヘタリ

㈢華北及蒙疆ノ問題

陳ハ近ク阿部大使トノ間ニ開カルヘキ國交調整問題ハ昨年十二月現地當局間ニ取極メラレタル話合ヲ根據トスルコトハ汪精衞以下新政府側全部異存ナキ處ナルハ勿論ナルモ全然自分個人ノ意見トシテハ日本側ニ於テハ自發的ニ考慮セラルヘキ點相當存在シ居ルコトヲ注意致度シ其ノ第一ハ華北政務委員會ノ問題ナルカ元來華北政務委員會ノ組織ハ華北ニ於ケル日支ノ經濟合作ノ便宜ノ爲ニツクラレタルモノト思考シ居ル處其ノ後ノ狀態ヲ見ルニ華北ハ一般的ニ著シク特殊化セラレ政務委員會ハ殆ト獨立政府ノ如キ觀ヲ呈セントスル氣配アリ右ハ支那ノ爲ニハ固ヨリ日本ノ爲ニモ採ラサル處ナリ又蒙古聯合自治政府ハ晋北十三縣ヲ其ノ管轄下ニ入ルルコトニ話合ナリ居ルモ右地方ハ二千年來ノ歷史ヲ有シ滿洲等トハ全ク異ナレル事情ニアリ之ヲ蒙古ニ編入スルニ付テハ支那國民ニ對スル影響決シテ少カラス況ヤ所謂蒙疆ニハ六百萬ノ漢人種ニ對シ僅カ二十萬ノ蒙古人ヲ有スルニ過キサルニ於テオヤ尤モ蒙古ヲ以テ防共ノ爲高度ノ自治區域ト爲スコトハ我々ノ固ヨリ反對セサル處ナリト申入ルル處アリタリ、右ニ對シ各大臣共斯ル問題ハ孰レ國交調整交渉ノ際阿部大使等ニ連絡セラルレハ可ナラムト輕ク應酬シ置ケリ

尙本件ニ關シ陳公博ハ華北及蒙疆地區ニ於ケル「モルヒネ」「ヘロイン」ヲ公然製造販賣シ甚タシキニ至リテハ張家口等ニ於テ質屋ニ於テ「モルヒネ」「ヘロイン」等ヲ取扱ヒ居ル事實ヲ述ヘ斯ルコトハ日支ノ合作ニ甚シク惡影響ヲ及ホスモノナリトテ日本側ノ注意ヲ喚起スル處アリタリ

㈣新政府ノ民心獲得問題

陳公博ハ各大臣ニ對シ國交調整ノ問題ト別個ニ極メテ小ナル問題ナルカト前提シ新政府樹立以來民衆生活ノ安定ノ爲ニ新政府ハ何等ノ施設ヲ爲シ得サル實狀ヲ訴ヘ日本側ノ考慮ヲ要望セリ其ノ例トシテ米ハ產地ニ於テ一ピクル約十二、三元ナルモノ南京、上海ニ於テ四、五十弗ノ相場トナリ居ル事實又南京ニ於テ新政府ノ職

員ハ市民證ヲ所持スルヲ要シ其ノ發給ハ軍特務機關ニ於テ之ヲ行ヒツヽアル事實竝各地方ニ於ケル宣撫班ハ連絡員ト名稱ヲ改メ居ルモ依然トシテ地方政治ノ實權ヲ握リ、中央政府ノ政令ハ地方ニ徹底セサル憾ミアリ等ノ實狀ヲ述ヘテ新政府カ民衆ニ新ラシキ希望ヲ與ヘ得サル憾ミアル點ヲ指摘シ日本ノ援助方ヲ求ムル所アリタリ

六、以上ハ陳公博カ各大臣ト會談シタル際ニ提出セル問題ノ概要ナルカ此ノ外大藏大臣ニ對シテハ新中央銀行ノ設立方ニ付、成ル可ク速カニ成立スル様日本側ノ協力ヲ希望スル所アリ右ニ對シ大臣ハ中央銀行ノ樹立ニハ十分ナル研究ヲ爲シ鞏固ナル基礎ノ下ニ之ヲ開キ得ルニ至ラサレハ中央銀行トシテノ職能ヲ發揮シ得ス新通貨ヲシテ全國ニ流通セシムル爲ニハ相當鞏固ナル基礎ナカルヘカラス最近阿部大使ノ經濟顧問トシテ青木氏南京ニ赴キタルヲ以テ研究ノ結果其ノ報告ヲ俟チ出來ル限リノ援助ヲ與フルコトトスヘシト答ヘタリ

七、陸軍大臣ハ前記問題以外ニ左ノ三點ヲ强調セリ

㈠新政府ハ其ノ實力ヲ増加スル爲ニ先ツ政府自身ニ於テ爲スヘキコトヲ十分爲スコトニ努力セラレ度シ

㈡國交調整ノ場合考慮スヘキコトハ日本ハ今尙作戰中ニアルコト及新政府ハ日本軍ノ占據セル地域内ニ成立シ居ルコトヲ認識スルヲ要ス陸軍ノ立場トシテハ自ラ作戰ヲ以テ第一ト爲シ戰爭ニ勝ツコトヲ考フル必要アリ右ノ作戰ノ必要上種々ノ問題生スル次第ナルカ固ヨリ新政府ノ發展ノ爲出來ル限リ作戰上ノ必要ヲ忍ビ新政府ニ協力スルコトニハ努力スヘキモ支那側ニ於テモ右ノ事態及軍カ作戰ノ全責任ヲ持チ居ル事實ヲ篤ト認識シ國交調整トノ間ニ不一致ノ場合モ生スルコトナキヲ保セサルコトヲ考慮シ置クコトヲ要ス

㈢陸軍トシテハ蔣介石カ容共抗日政策ヲ捨テサル限リ飽ク迄モ武力ヲ以テ之ヲ攻擊スルノ態勢ヲ續ケ必要ニ依リテハ更ニ軍事行動ヲ積極化スル積リナリ

八、大藏大臣ヨリハ前記懇談ニ提出セラレタル問題以外ニ日本ノ經濟力ニ付歐洲大戰當時ノ各國トノ比較ヲ數字ニ基キテ説明シ日本ノ經濟力カ戰爭ノ遂行ハ固ヨリ新東亞ノ建設ニ十分餘裕アル旨ヲ述ヘ日支經濟合作ハ東亞一体トナリテ支那ノ富源ヲ開發シ日支兩國民各々其ノ福利ヲ増

進スルヲ目標トスルモノニシテ日本ハ何等領土的野心ヲ有セサル次第ナル旨ヲ述ヘタリ

568 昭和15年5月27日 阿部中国派遣大使より有田外務大臣宛(電報)

南京政府に対する日本側の支援強化を在中国伊国大使要望について

南京 5月27日後発
本省 5月27日夜着

第一二八號(極祕)

二十四日上海ニ於テ伊國大使カ日高參事官ニ内話セル要點左ノ通リ

日本ハ汪一派ヲシテ政府ヲ造ラシメタル以上之ヲ助ケ速ニ之ト話合ヲ附ケ日本側ノ決意ヲ中外ニ示シ且出來得ル限リ汪ノ面目ヲ立テ遣ラハ民心ヲ把握シ重慶ニ動搖ヲ與ヘ外國ヲシテ新中央政府ニ重キヲ置カシムルニ至ルヘシ率直ニ言ヘハ新政府成立後モ一向目ニ見エタル進展無ク外國人ハ勿論支那人モ期待ニ反シタル感ヲ抱キ人氣ヲ失ヒツツアリ日本カ大局ニ着眼シテ小節ニ拘泥セス何等カ中央政府ノ自主性ヲ示ス如キ事實ヲ示サルルコト必要ナルヘシ

蔣ハ益々英米ノ手先トナリタル傾アリ佛ノ對支物資輸送ハ相當ノモノニテ滇越鐵道ニテ毎月二萬三千噸餘リ自動車ニテ毎日七〇噸位ヲ運ヒ居レリ過般ノ爆擊ハ極メテ有效ニ行レ約三箇月間輸送杜絶セリ獨ノ出先外交官及商人ハ大局ヲ解セス小商人氣分ニテ重慶トノ商賣ノコト許リ考ヘ甚タ物足ラス現ニ同國外交官カ當地ヨリ承認尙早トノ意見ヲ電報セル事實モアリ

伊國ノ日支事變ニ對スル態度ハ變化無シ自分ハ日本及新政府トノ爲他國トノ間ニ出來得ル丈盡力スル積リナリ

興亞院ニ轉報アリタシ

北京、上海ヘ轉電セリ

569 昭和15年6月8日 在北京藤井大使館參事官より有田外務大臣宛(電報)

王克敏辭職に伴う華北政務委員長の後任に王揖唐決定について

北京 6月8日後発
本省 6月8日後着

第四四四號

王克敏ハ豫テ辭意ヲ有シ居リタルカ各方面ノ慰留モアリ實現ヲ見ルニ至ラサリシ次第ナル處五月九日森岡連絡部長官ニ對シ正式ニ辭意ヲ表明スルニ至リ長官ニ於テ關係方面ト協議ノ結果已ムヲ得サルモノト認メ後任ニ王揖唐ヲ推擧スル事ニ決定(後任委員長ニ關シテハ政務委員會側ニモ多少ノ意見ノ喰違ヒアリタリ)六日南京ヨリ夫々正式ニ發表ヲ見タリ尚政務委員中一、二辭任ヲ見ル模様ナルカ大體人事ニハ變動ナク總テ現狀維持ノ事トナルヤニ見ラル

南京大使、在支各總領事ニ轉電セリ

～～～～～～～～～～～～～～～～～～～～

570　昭和15年6月12日　興亜院会議決定

「大使ニ對スル訓令案」

付記一　昭和十五年六月十二日

右決定の際の興亜院会議議事要旨

二　昭和十五年六月十三日

大使随員に対する右決定の説明のための会議要旨

三　昭和十五年六月十三日

右説明に際し大使随員に与えられた諒解

大使ニ對スル訓令案

昭和十五年六月十二日

興　亞　院　會　議　決　定

貴大使ハ左記ニ依リ新中央政府トノ間ニ日支新關係調整ニ關スル條約締結ノ交渉ヲ開始セラレ度シ

記

一、帝國政府ハ新政府ノ承認ヲ條約締結ノ形式ニ於テ行フモノナル處右條約ノ構成及其內容トシテ取極ムベキ事項ノ範圍及緊要度ニ關シ交渉ノ基礎トシテ別紙第一「條約體系概案」、別紙第二「日滿支共同宣言書要綱」、別紙第三「日支間ノ新國交修復ニ關スル條約要綱」、及別紙第四「附屬議定書要綱」ヲ決定セリ。而シテ「條約體系概案」ニ掲ケラレタル諸取極中右以外ノモノニ就キテハ目下鋭意審議中ニシテ引續キ決定ノ上送付セラルヘシ

二、支那ノ滿洲國承認ハ今回ノ條約締結前又ハ遲クトモ之ト同時ニ必ス之ヲ實行セシムルヲ要ス。

而シテ承認ノ形式ニ付テハ我方トシテハ日滿支三國政府

カ主權及領土ノ相互尊重竝ニ相互提携ノ精神ヲ共同ニ宣言スル別紙第二ノ如キ形式ニ依ルコト最モ適當ナルヘシト認ムル次第ナリ

三、新條約ハ帝國カ支那ニ於ケル抗日勢力ニ對シ大規模ナル戰爭行爲ヲ繼續シツツ我方占據地域内ニ於テ成立セル新政府ヲ相手トシ締結スルモノナル點ニ於テ通常交戰國間ニ於テ休戰後締結セラルル媾和條約トハ本質的ノ相違アリ、卽チ新條約ハ事變ノ善後處置及今後永キニ渉ル日支關係ノ規準ヲ定ムルモノタルヲ要スル外、之ト同時ニ內國民ノ士氣ヲ振作シ事變完遂ニ對スル國民的結束ヲ確クシ、外支那人心ヲ把握シテ事變ノ解決ノ促進ニ資シ、且第三國ニ對シテハ帝國國策遂行ニ關スル不動ノ決意及其ノ具體的限界ヲ明示スルモノタルヲ要スル次第ナリ

右ハ公表セラルヘキ諸取極ノ規定ニ關シ政府ノ特ニ意圖スル點ナリ

四、我國ノ支那ニ於ケル戰爭行爲ハ尙大規模ニ進行中ナルヲ以テ我方トシテ新政府ノ承認、新條約ノ締結ニ依リ聊モ戰爭行爲ニ累ヲ及ボスガ如キ拘束ヲ受クルコトヲ欲セザルハ勿論、新政府モ進ンデ事變解決ノ爲我方ト密接ニ協力スベキモノト認ムルモノニシテ別紙第四「附屬議定書要綱」中ニモ此點ヲ明記シ誤解ナキヲ期シタリ

五、今回交涉ガ大體客年十二月三十日梅機關、汪側間ニ內約セラレタル「日支新關係調整ニ關スル協議書類」ノ線ニ沿ヒテ行ハルルコトトナルベキコトハ從來ノ經過殊ニ支那側ノ立場トシテ當然ニシテ政府ニ於テモ條約取極ノ立案ニ當リ努メテ此點ニ留意シタリ。而シテ交涉ノ開始ニ當リ支那側トシテハ先ヅ右「協議書類」全體ノ確認ヲ求メ來ルコトアルベキ處我方トシテハ貴大使ニ於テ我方モ亦大體「協議書類」ノ趣旨ニ準據シ交涉ヲ行フ意向ニシテ今回提示スベキ我方ノ案ガ大體「協議書類」ノ趣旨ニ合致セルモノナル旨及前記「條約體系概案」ニ含マレザル事項ニ關シテハ戰爭行爲繼續ニ伴フ特殊事態ノ存在ヲ考慮ニ入レツツ引續キ右「協議書類」ノ規定ノ趣旨ニ準據シ日支兩國協力シテ國交修復ノ爲之ガ具現ニ努ムベク又條約諸取極ヲ補足スル爲引續キ右趣旨ニ準據シ且必要ニ應ジ更ニ具體的事項ニ付協定ヲ折衝締結スベキ旨ヲ回答セラルルモ差支ナシ。又先方ニ於テ强テ主張スルニ於テハ「條約體系概案」ニ含マレザル事項中ノ或ルモノニ

付此際取極ヲナスコトモ考慮シ得ザルニハ非ズ。然レドモ其場合ニ於テモ我國トシテ戰爭行爲繼續中ナル現在ノ事態ニ於テ「協議書類（別册）」ニ掲ゲラレタル事項ニ關シ將來ニ對シ拘束ヲ受クルガ如キ取極ヲ今直チニナスコトハ困難トスル處ナルニ付御含ミ置キ相成度シ

六、今回交渉ハ特ニ機微且重大ナルヲ以テ政府ト密接ナル聯絡ヲ保持シ交渉ノ經過ニ就テハ隨時報告セラレ度シ

機密ノ保持ニ就テハ重慶側及第三國側ノ策動等ニモ鑑ミ特ニ新政府側トモ充分打合セ萬全ヲ期セラレ度シ

七、新政府ガ帝國ト條約ヲ締結スルノ資格ノ點ニ關シテハ別ニ訓令セラルベシ

昭和十五年六月十二日

興亞院會議決定

「別紙第一」

條約體系概案

一、日滿支共同宣言書

二、日支間關係條約

㈠基本條約（公表）

「日支間ノ國交修復ニ關スル條約」

㈡附屬議定書（公表）
- ○一、特殊事態ノ承認
- ○二、既成事實ノ承繼
- 三、撤兵
- 四、日本人ノ受ケタル損害補償及支那難民救濟

㈢附屬經濟協定（公表）
- ○一、一般産業協力
- ○二、北支、蒙疆
- 三、海南島
- 四、揚子江下流地域
- 五、合辦會社

㈣附屬協定（祕密）
- ○一、外交提携
- ○二、顧問
- ○三、治安駐兵
- ○四、交通等ヘノ軍事的要求權
- ○五、駐屯ニ伴フ便宜供與
- ○六、航空、氣象、鐵道、海運、水運、通信

㈤交換公文（祕密）（各個別的ノモノトナルヘシ）
- ○一、北支政務委員會
- ○二、蒙疆自治
- 三、揚子江下流地域
- ○四、海南島省
- ○五、厦門特別市

備考　○ヲ附シタルモノハ我方トシテ必ズ承認ニ當リ基本條約及共同宣言ト共ニ同時ニ取極ムルコト必要

ト認ムル事項

「別紙第二」

日滿支共同宣言書要綱（案）

昭和十五年六月十二日
興亞院會議決定

日本國政府、滿洲國政府及中華民國政府ハ三國ガ緊密ニ相提携シテ道義ニ立脚スル東亞ノ新秩序ヲ確立シ以テ永遠ノ平和ヲ保持センコトヲ希望シ左ノ如ク宣言ス

一、日本國、滿洲國及中華民國ハ相互ニ其ノ主權及領土ヲ尊重ス

二、日本國、滿洲國及中華民國ハ善隣友好ノ實ヲ擧クル爲施政ノ各般ニ亙リ互助敦睦ノ手段ヲ講ス

註、本書ハ三國ノ全權委員之ニ署名シ發表スルモノトス

「別紙第三」

日支間ノ新國交修復ニ關スル條約要綱（案）

昭和十五年六月十二日
興亞院會議決定

日支兩國政府ハ兩國ガ東亞ニ於ケル新秩序建設ノ理想ノ下ニ相互ニ善隣トシテ結合シ東洋平和ノ樞軸タルコトヲ共同ノ目標トナシ、之ガ爲日支兩國間ノ新關係ヲ律スベキ基本的條件トシテ次ノ各條ヲ協定セリ

第一條　兩國ハ相互ニ本然ノ特質ヲ尊重シ善隣友好ノ實ヲ擧クル爲各般ニ亘リ互助敦睦ノ手段ヲ講ズルコトヲ約ス

兩國ハ政治、外交、教育、宣傳、交易等諸般ニ亘リ相互ニ好誼ヲ破壞スルガ如キ措置及原因ヲ撤廢シ且將來ニ亘リ之ヲ禁絶ス

兩國ハ文化ノ融合、創造及發展ニ協力ス

第二條　兩國ハ協同シテ防共ニ當リ且共通ノ治安維持ニ關シ協力ス

日本ハ蒙疆竝ニ北支ノ一定地域ニ所要ノ日本國軍ヲ駐屯シ又兩國ハ各々其領域内ニ於ケル共產分子及其組織ヲ芟除スルト共ニ防共ニ關スル情報宣傳等ニ關シ提携協力ス

日本ハ揚子江沿岸特定ノ地點及南支沿岸特定ノ島嶼竝ニ之ニ關聯スル地點ニ艦船部隊ヲ駐留ス

第三條　兩國ハ平等互惠ノ精神ニ依リ且長短相補ヒ有無相通スルノ趣旨ニ基キ緊密ナル經濟上ノ提携ヲ行フ

兩國ハ支那領域內ニ於ケル資源殊ニ北支、蒙疆及海南島竝ニ附近ノ島嶼ニ於ケル國防上必要ナル特定資源ノ開發ニ關シ緊密ニ協力ス、右資源ノ利用ニ關シ支那ハ日本國及日本國臣民ニ對シ特別ノ便宜ヲ提供ス

兩國ハ一般通商ヲ振興スルト共ニ兩國間ノ物資需給ヲ便宜且合理的ナラシムル爲必要ナル措置ヲ講ズ、揚子江下流地域ニ於ケル兩國ノ通商交易ノ增進及日本ト北支竝ニ蒙疆間ノ物資需給ノ合理化ニ關シテハ特ニ緊密ニ協力ス

兩國ハ支那ニ於ケル產業、金融、交通、通信ノ復興、發達ニ關シ緊密ニ協力ス

第四條　日本ハ日支新關係ノ發展ニ照應シ漸次租界ノ還附、治外法權ノ撤廢等ヲ行フ

支那ハ別ニ協定セラルル處ニ依リ日本國臣民ノ爲內地ヲ開放ス

第五條　兩國ハ本條約ノ目的ヲ達成スル爲必要ナル事項ヲ別ニ協定ス

「別紙第四」

附屬議定書（公表）要綱（案）

昭和十五年六月十二日
興亞院會議決定

第一條

中華民國政府ハ日本國ガ現ニ中華民國領域內ニ於テ遂行シツツアル戰爭行爲ヲ繼續スル期間右戰爭行爲遂行ニ伴フ特殊事態ノ存在スルコト及日本國ガ中華民國領域內ニ於テ右戰爭行爲ノ目的達成上必要ナル措置ヲトルコトヲ諒解シ右目的完遂ニ協力スルコトヲ約ス

右特殊事態ハ戰爭行爲繼續中ニ在リテモ日本國ノ右目的達成上之ヲ許ス限リ情勢ノ推移ニ應ジ條約及附屬諸取極ノ精神ニ基キ調整セラルベキモノトス

第二條

中華民國政府ハ臨時、維新政府其他地方政府ノ辨ジタル一切ノ政務ヲ其ノ儘承認スベク之等政府ノ辨ジタル諸般ノ現行事實ハ引續キ有效ナルコトヲ確認ス

右現行事實中本日調印セラレタル「日支間ノ新國交修復ニ關スル條約」及附屬日支間取極ノ規定ニ依リ調整セラルベキモノニ付テハ將來事態ノ推移ニ應ジテ日支兩國間ノ協議ニ依リ逐次必要ナル調整ヲ計ルモノトス

第三條

日本國ハ抗日勢力ニ對スル軍事行動ヲ終了シタル時ハ中華民國ニ派遣セル約定以外ノ軍隊ノ撤去ヲ開始シ治安確立後二年以内ニ之ヲ完了スベク中華民國政府ハ本期間ニ於テ治安ノ確立ヲ保障スルモノトス

第四條

中華民國政府ハ事變發生以來支那ニ於テ日本國臣民ノ蒙リタル權利利益ノ損害ヲ補償スベキコトヲ約ス

日本國政府ハ事變ノ爲生ジタル支那難民ノ枚（救カ）濟ニ就キ中華民國政府ニ協力スベキコトヲ約ス

（付記一）

六月十二日興亞院會議議事覺

（會議後政務部長ノ談話ニ基キ筆記）

一、先ヅ政務部長ヨリ別紙（日支國交調整交渉ニ關スル件）ニ基キ全般的ノ説明ヲナシ次ニ訓令案及同別紙第一乃至第四ニ關シ説明セルニ

○總理大臣ヨリ「阿部大使ヨリ種々ノ電報接到シ居ル處之ヲ如何ニ見ルベキヤ」トノ質問アリ

政務部長ヨリ「右ハ主トシテ條約對策委員會ニ於テ五月末一應作製セル第一回ノ條約取極ノ案ヲ一見セラレ斯ル廣汎ナルモノヲ交渉決定スルハ困難ナリトノ印象ヲ受ケラレタルコトト第二ニハ先般隨員ガ現地ニテ研究セル案ハ「協議書類」ノ確認有效化ヲ基礎トスルニ對シ中央ハ立案及交渉ニ當リ協議書類ノ内容ニハ努メテ準據スルモ「協議書類」全般ヲ正式ニ確認スルコトハ反對ナルコトトノ二點ニ基キ意見ヲ電報セラレタルモノナルベシ、之等ノ點ニツキテハ既ニ影佐少將トモ談合シタルガ阿部大使ノ電報（特第二一號）ニ對シテハ別案ノ如ク返電致シ度シ」ト答ヘ同答電文案ヲ決定ス

二、次テ訓令案ノ審議ニ入リ

○外務大臣ヨリ「第一項ニ條約締結ノ形式ニ於テ行フ、トノ字句ハ今後情勢ノ變化ニヨリテハ必ズシモ此形式ニヨラザルコトアルベキコトヲ排除スルモノニ非ズト諒解シテ可ナリヤ」トノ質問アリ

政務部長ヨリ「政府ガ四圍ノ情勢ヲ判斷シテ新ニ決意セラルルコトハ固ヨリ差支ナカルベシ」ト答フ

○外務大臣ヨリ「訓令第二項ニ「滿洲國承認ハ今回ノ條

約締結前又ハ」云々トアル處締結前ニ之ヲ行ハシメントノ意向アル次第ナリヤ」トノ質問アリ
政務部長ヨリ「政府トシテハ三國宣言案ヲ最モ適當ト考フルモ交渉ノ經過ニヨリテハ先ヅ支那ガ一方的ニ承認スルコトモ考ヘラレ又條約ノ他ノ部分ニ付交渉成立セザル場合ニ三國宣言ノミヲ以テ承認スルコトモ考ヘラレザルニ非ズ。又文章トシテ「遲クモ同時」ノ意ヲ強ク言ヒ表ハス爲ニモ挿入セル字句ナリ」ト答フ
○總理大臣ヨリ「訓令第五項ノ意味如何」トノ質問アリ
政務部長ヨリ「要スルニ「差支ナシ」迄ハ應酬振ナリ「先方ニ於テ」云々以下ハ實質的ノ規定ニシテ「體系概案」ノ枠以外ニ出ルコトモ考慮セラルルモ其場合ニ於テモ別册ニ掲ゲラレタル事項ハ取極トスルベカラズトノ訓令ノ意ナリ」ト説明ス
○外務大臣ヨリ「第五項ノ末段ハ將來モ我方ノ要求トシテ「別册」ヨリ增加スルコトナキモ今度ハ協定セズトノ意味ナリヤ」ト質問アリ
政務部長ヨリ「戰爭遂行中ハ之等事項ヲ公式ニ論議スベカラズ、トイフ事ニシテ其ノ内容ハ可ナルモ協定スルコト出來ズ、トイフ如キ問題ニ非ズ」ト答ヘ
陸軍大臣ヨリ「將來別册ノ規定ヲ超エテ要求スルノ意志ハナシ。但シ今論議協定スルコトハ不可ナリトノ意味ナリ」ト述べ
外務大臣ヨリ「然ラバ此處ニ規定セル處ニヨリ將來「協議書類別册」ノ内容ヲ逸脱シ又ハ紛亂スルコトアルベシトノ意ニ非ズト考ヘ差支ナキヤ」ト質問シ
政務部長ヨリ「然リ、之ニハ觸レズ、トイフコトナリ。此ノ意味ヲ隨員ニ傳ヘラルルモ差支ナシ」ト答フ
○海軍大臣ヨリ「第七項資格ノ點ハ如何」ト質問アリ
政務部長ヨリ「目下人ヲ現地ニ派シテ支那側ノ意向ヲ調査セシメツツアリ。隨員側ハ汪ニ於テ主席ニナルコトヲ簡單ニ行ハルベシト考ヘ居ルモ果シテ如何カト考フ」ト答フ
三、右質疑後原案通リ決定セラレタリ

(欄外記入)

（別　紙）

日支國交調整交渉ニ關スル件

一、本年一月八日閣議決定ノ「新政府樹立ニ關聯スル處理方

針」ニ於テ新中央政府ヲ相手トスル正式國交調整交渉開始ノ時期竝ニ國交調整條件ハ該政府ノ發育及內外ノ情勢ヲ見極メタル上追テ之ヲ決定スルモノトス

ト決定セラレアリ而シテ新政府樹立以來今日ニ至ル間其發育狀況ヲ詳察スルニ逐次其基礎ヲ堅メツツアルモ人的要素ニ於テ財力ニ於テ將タ亦行政能力ニ於テ未タ以テ中央政府トシテ條約履行ノ實體ヲ具備スルニ至ラス特ニ政治運營ノ基底力タル兵權ノ確立及軍力ノ點ニ至リテハ極メテ不充分ナリ之ヲ以テ該政府發育ノ現狀ヨリセハ未タ以テ必スシモ條約締結ノ段階ニ到達シアリト認ムルヲ得ス然レトモ飜テ內外ノ諸情勢ヲ考察スルニ歐洲戰亂ノ發展特ニ該戰亂ヲ廻ル獨伊ノ壓到(倒カ)的勝勢及之ニ原因スル重慶政權ノ抗戰意志ノ動搖ト其實力弱化トハ速カニ條約締結ニ關スル交渉ヲ開始シ一ツハ以テ帝國不動ノ決意ヲ中外ニ宣明シ他ハ以テ全般的事變解決ノ促進ニ資スルノ要切ナルモノアリ依テ新政府ノ實力强化ハ今後引續キ之カ施策ヲ活潑ナラシムルコトトシ新政府ヲ相手トスル國交調整ヲ速カニ開始スルコトトセリ

二、本交渉カ昭和十三年十一月三十日御前會議決定ノ「日支新關係調整方針」ヲ根帶トシ昭和十三(四カ)年十二月三十日梅機關汪間ニ行ハレタル日支協議書類ニ準據シ行ハルヘキモノタルハ勿論ナルモ交渉開始ノ事情前項ノ如クナルヲ以テ交渉間ニ於テモ常ニ今後ニ於ケル世界政局ノ變轉ト事變全局ノ動向トニ則應シテ機宜ノ處斷ニ出テ得ルノ彈力性ヲ保持スルト共ニ帝國ノ事變遂行力ニ微動タモ來ササルノ用意トヲ必要ト認メ條約要綱ノ立案取扱ニ當リ特ニ此點ニ留意シツツアリ

三、條約全般ニ關スル立案ハ一應之ヲ了シタルモ交渉開始ヲ急クノ必要ヨリシテ全般ニ亘リ審議決定ヲ爲スノ餘裕ナク爲メニ差當リ交渉開始ニ必要ナル部分ノミノ審議決定ニ止メ新政府承認時迄テニ必要ナル條項ニ就テハ追テ取急キ審議決定スルコトトセリ

(欄外記入)

一五、六、一二、興亞院會議ノ際政務部長ノ述ヘタル要旨

(付記二)

六月十三日隨員團ニ說明ノ爲ノ會議ノ議事覺

出席者
興亞院　鈴木　政務部長
〃　石川政務部第一課長
〃　吉野政務部第二課長
〃　政務部第一課　課員
〃　〃　第二課　課員
外務省　田尻東亞局第一課長
大藏省　櫛田理財局外事課長
陸軍省　河村軍務局軍務課長
〃　石井同課員
海軍省　大前軍務局第一課員
大使隨員團　影佐隨員
〃　犬養隨員
〃　杉原隨員
〃　藤井隨員
〃　石原隨員

一、訓令案ニ付鈴木部長ヨリ說明
(前回ノ案ヲ變更シタル理由―政府ノ交渉開始ヲ急グ方針。

一、現在ノ處デハ條約調印ノ形式ヲ以テ承認セントス。
五、「差支ナシ」迄ハ應酬振。次ノ「非ズ」迄ハ本質、ソノ次ノ「相成度シ」迄モ本質ニシテ前ノ項ヲ限定スルモノナリ。
七、ハ之カラ隨員トモ連絡シテ研究シタシ。)
二、次テ質問ニ入リ
杉原「第一項ノ規定ハ條約締結以外ノ形式ヲモ絶對ニ排除スルモノニハ非スト解シ差支ナキヤ」
部長「中央ニ於テ情況ニヨリ意志ヲ變更スルコト絶對ニナシトハ云ヘズ。但シ斯ル際ハ改メテ訓令アルヘキ筋合ナリ」
杉原「第一項ニ揭ケタル條約取極ハ概定ニシテ「體系概案」ニ揭ケラレサル事項ノ取極ノ如キモ必スシモ排斥スルモノニ非ズト解シ差支ナキヤ」
部長「然リ」
杉原「第二項ニ「締結前又ハ」トアルモ其ノ要旨ハ「遲クトモ同時」ニ重點アリト解シ差支ナキヤ」
部長「然リ、支那ガ先ツ自發的ニ單獨デ滿洲國承認ヲ行フモ差支ナキニ付「前ニ」トアル次第ナリ」

杉原「第五項ノ前段ノ規定ニ關シ、交渉全體ヲ「イニシアチブ」ヲトツテ「リード」スル爲ニ「協議書類」全体ニツキ之ニ準據シ交渉スヘシトイフカ如キコトヲ我方ヨリ進ンデ云ヒ出シテモ差支ナキヤ。又「同答スルモ差支ナシ」トアルハ場合ニヨリ文書ヲ以テシテモ差支ナキ意ナリヤ。」

部長「然リ。然レドモ文書ヲ以テスルカ如キコトハナルヘク避ケタシトイフ考ナリ。」

影佐「ソノ邊御趣旨ヲ諒解シ難シ。日本ガ協議書類ノ内容ヲ超ヘテ要求スル方針ナラバ別ナルモ協議書類ノ内容ハ可ナリトイフコトナラバ文書ヲ以テ確認スルモ差支ナキニ非スヤ。

協議書類ノ内容ニ關シテハ支那トシテモ實ハ輕減ヲ欲スル規定モ多々アル次第ニテ交渉ニ當リ協議書類ヲ先ツ確認スルコトハ支那ニノミ有利ナリト解スルハ當ラズ。協議書類ノ確認ヲ不可トセラルルハ或ハ將來或事項ニツキ「プラス、アルフア」ヲ考ヘ居ラルルニ非スヤトモ思ハルル處如何。我々ハ確認ヲ澁ラルルハ「プラス、アルフア」ハナク、單ニ時機ノ問題ト諒解シ來レリ。大使モ總理大臣以下カラ「プラス、アルフア」ハナシトノ確言ヲ得タル上ニテ御受ケシタル次第ニテ、此點ハ今般ノ訓令ニ依リ變更セラレタリトイフ事トナル」

部長「「プラス、アルフア」トイフ譯ニ非ズ。何トモキメラレヌ、トイフ事ナリ。」

吉野「戰爭遂行中ハ決定出來ヌトイフ事ナリ」

影佐「ソレナラバ時機ノミノ問題トナル」

部長「單ナル時機ノ問題ニ非ズ」

杉原「同答セラレ差支ナシ、トノ點ニ掲ケアル「協議書類」ハ「別冊」モ含ム「協議書類」ト解シ差支ナキヤ」

部長「差支ナシ」

杉原「別冊ニ關シ取極ヲナスヘカラズトイフ事ハソレダケノ意味ニテ日本政府トシテ將來別冊ノ規定ヲ超越シ又ハウヤムヤニスル意志ハナシト解シ差支ナキヤ」

部長「然リ。」

影佐「吉野課長ノ云フ如ク戰爭遂行中ハ決定出來ヌト云ヘバ之ハ時期ノ問題ナリ。而シテ支那側ニ於テ「別冊」ヲ此際訓令ノ方針ノ如ク別扱トスルコトニ同意セサル場合ニハ訓令第一項ノ規定ニ顧ミ承認ハ當分ハ出來ヌトイフ事トナル。數年後トイフコトニナルベシ」
部長「交渉シテ見ナケレバ、分ラヌコトナリ」
影佐「要スルニ日本政府ノ腹トシテ別冊云々ニ藉口シテ承認ヲ遲ラサントノ意向アリテハ困ルトイフコトトナリ」
部長「政府ノ意志トシテ斯ルコト絶對ニナシ」
影佐「諒承セリ」
（次テ藤井中佐ヨリ大使館ト中央トノ事務上ノ連絡ニ關シ發言アリタル後）
杉原「別紙第一「體系概案」ノ備考〇ヲ附シタルモノノ範圍モ交渉ノ經過ニ依リ變ルコトアリ得ベシト考ヘテ可ナリヤ」
部長「政府トシテ現在ノ心持ハ同表ノ通リニシテ將來モアマリ變化ナカルベシ」
杉原「附屬議定書第二條ノ「政務」ト「辨シタル現行事實」トヲ區別スルコトノ意味如何。」
部長「行政的處斷ノ結果トシテ既成事實トナツタモノトノ兩方ヲ含ムモノナリ」
杉原「同第三條ハ非常ニ面倒ナル經緯アリテ決定ニ御苦心アリタルコトト思ハルルモ意味ハ明確ナラシメ置キタシ。右規定中「本期間」トハ如何ナル期間ナリヤ」
部長「「二年以内」、ナリ」
藤井「「別冊」中海軍關係ノモノハ寧ロ直チニ取極トスルコト有利ナリト考ヘラルル處之モ何等協定セサル御方針ナリヤ」
石川「日本側ノ歩調ガ亂レルカラ此際取極メザルコトトシタル次第ナリ。交渉ノ途中ニテ若シ差支ナキ方式アラバ中央ト連絡ノ上善處セントスルモノナリ」
大前「海軍トシテ軍事協定トイフカ如キコトハ陸軍トノ振リ合ヒヲ保ツ意味ニテ困難ナルヘキモ別冊海軍關係事項中必要ナルモノヲ議事錄等何等カ適當ノ形式ニテ取極メ置キタキ希望ナリ」
影佐「要スルニ我々ノ申ス處ハ協議書類全般ニ關シ交渉開始ニ當リ先ツ協議書類ノ「ライン」デ行カウ、トイフ話合ヒヲシタイトイフ趣旨ナリ」
部長「訓令ハ斯ルコトヲナルベク遣リタクナシトノ事ヲ

示スモノナリ。要スルニ交渉ニ先ンジ支那側ト文書ヲ以テ斯ルコトヲ取極ムルコトハ信ナキコトヲ示ス。相互間ニ信アレバ問題ナシ」

影佐「信ナキ故問題トナル次第ナリ」

藤井「外交交渉ノ手段トシテヤルノハ差支ナカルベシ。議事録等ニ記録セラルルコトトナルハ致方ナカルベシ。」

田尻「正式ノ協定ニ近キ議事録ヲ條約締結前ニヤルコトハ不可ナリ」

影佐「結局今回ノ交渉ハ協議書類ヲ基礎トシテ案文ヲ均ラスコトニ終始スルコトトナルベシ。協議書類ノ字句ノ不明確ナルモノヲ明確ニスルコトハ出來ルモ其レ以上ノコトハ困難ナルヘシ」

(次テ隨員側ヨリ別紙(編注)「大使隨員ニ與ヘラレタル諒解」ヲ提出シ誤リナキヤヲ質問シ所要ノ訂正ヲ加ヘ大體承認セラレタリ)

其他打合セラレタル事項

○本件交渉ニ關スル發表ハ現地テ或ル程度ノコトハヤリ、中央ニテ發表スル場合ニハ外務省カ其事務ヲナスコトヲナスコト等

○滿洲國關係ニツキテハ陸軍省ヨリ關東軍ト所要ノ聯絡ヲナスコト等

編注　訂正済の「大使隨員ニ與ヘラレタル諒解」は、第570文書付記三として採録。

(付記三)

六月十三日興亞院ニ於ケル訓令内容ノ説明ニ際シ打合上京中ノ大使隨員ニ與ヘラレタル諒解

一、訓令案第一項中「帝國政府ハ新政府ノ承認ヲ條約締結ノ形式ニ於テ行フモノナル處」トアルハ將來情勢ニ依リ條約締結以外ノ方法ニ依ル場合アルコトヲ絶對ニ排斥スル趣旨ニ非ス

二、訓令案第一項中交渉ノ基礎トシテ決定セラレ又引續キ決定送付セラルヘキ諸要綱ハ我方ノ腹案ニシテ之等ヲ其ノ儘交渉原案トナスヘシトノ意味ニ非ス彼我交渉ノ經過ニ依リ体系其ノ他ハ右諸要綱ノ趣旨ヲ体シ機宜處理シ差支ナシ但シ内容ニ關シ變更ヲ見ル場合ニハ請訓セラルヘキモノトス

三、訓令案第二項中「支那ノ滿洲國承認ハ今囘ノ條約締結前又ハ遲クトモ之ト同時ニ必ス之ヲ實行セシムルヲ要ス」トアルモ必スシモ前段ノ「今囘ノ條約締結前」ニ重點ヲ置クノ趣旨ニ非ス

四、訓令案第五項中協議書類ノ取扱振ニ關シ

(イ)萬已ムヲ得サレハ彼我交渉ニ入ルニ當リ先ツ話合ハ協議書類(別册共)ノ線ニ沿ヒ行ハルヘキ旨彼我ノ間ニ明確ニスルコト及要スレハ之ヲ議事錄程度ノ文書ヲ以テ行フコト差支ナシ

(ロ)協議書類中別册ニ關スルモノノ取扱ハ現下諸般ノ情勢ニ於ケル中央トシテノ内意ヲ傳ヘタルモノニシテ將來右別册ノ規定ヲ逸脱シ又ハ之ヲ有耶無耶ニ葬リ去ラントスルカ如キ趣旨ヲ含ムモノニ非ス從テ之カ取扱ハ今後ニ於ケル交渉ノ進捗狀況ヲ考慮シ改メテ指示ヲ待ツ儀ト心得ルモノトス

〰〰〰〰〰〰〰〰

571

昭和15年6月16日　阿部中国派遣大使より有田外務大臣宛(電報)

対重慶和平工作実施の前提として日本による南京政府の正式承認が先決との周仏海見解について

南京　6月16日後発
本省　6月16日夜着

第一八八號(極祕)

特第三二號

十四日周佛海ハ他用ヲ以テ面會セル清水ニ對シ對重慶工作ニ關シ大要左ノ如キ意見ヲ洩セル趣ナリ

一、對重慶工作ニ付テハ政府部内ニ於テモ種々考慮シ居リ有效ナル手ヲ打チ度キ積リナルモ日本側ノ正式承認無キ今日徒ラニ重慶側ニ手ヲ出ストキハ汪ハ日本ヨリ見捨テラレタル結果重慶側ニ縋リ付カントスル下心ナルヘシト憶測セラレ又斯ル意味ヲ宣傳スヘキコト必定ニシテ斯クテハ却テ逆效果ヲ現ハス虞アリヤモ(知レス)此ノ際日本側ヨリ重慶ニ手ヲ伸スコトモ同樣ニシテ日本ハ國內ノ行詰リニ汪ノ力ノ足ラサル爲事變ノ解決ニ焦セリ愈音ヲ擧ケ來レリト早呑込シテ却テ日本ヲ飜弄スルニ至ルヘシ

二、從テ對重慶工作ニ力ヲ注クニハ先ツ日本側ヨリ正式ノ承認ヲ得ルコト先決問題ニシテ一度新政府ノ承認ヲ見ハ支

那側モ日本側モ大膽ニ重慶工作ニ乘出スコトヲ得ル次第ナリ

三、日本側ニ於テハ政府承認ノ形式ヲ條約締結ニ依ラントスルモノノ如ク察セラルル處萬一條約締結交渉カ長引クニ於テハ承認問題モ之ニ伴レテ遲レ何時迄モ重慶工作ニ乘出スコト出來サル狀態ニ陷リ其ノ他各方面ヨリ觀テ面白カラサル事態ヲ惹起スル虞アリ此ノ點政府部内ノモノ一同憂慮シ居ル次第ナリ

四、重慶側最近ノ狀態ハ相當動搖シ和平ノ空氣昂マリツツアル模樣ナルモ汪主席初メ幹部一同ハ蔣介石ノミハ全ク望ミ無キモノト諦メ居レリ自分ノ見ル所ヲ以テスルモ蔣カ和平ニ乘リ出ス機會ハ既ニ過キ去レリト言ハサルヘカラス

上海、北京、天津、青島、厦門、廣東、漢口、香港ヘ轉電セリ

572 昭和15年6月18日 興亜院会議決定

「新中央政府ノ動向ト之カ指導ニ關スル件」

昭和十五年六月十八日

興亞院會議決定

新中央政府ノ動向ト之カ指導ニ關スル件

總裁

(宛)阿部大使

(通報)各連絡部長官及青島出張所長

(電文)

貴大使ヨリノ情報、訪日新政府要人ノ言動、其ノ他ヲ綜合スルニ新政府ハ現下其ノ活動ノ重點ヲ直接重慶政權ノ切リ崩シニ置クコト微弱ニシテ却ツテ日支國交ノ調整就中帝國ノ行動制限乃至要求緩和ニヨル政治力ノ向上ニ指向シツツアルヤニ思考セラルル節アリ卽チ『

一、陳公博ハ在京中帝國ノ獨自的重慶工作ノ差シ控ヘ竝ニ北支蒙疆地區ノ政治的特殊性ノ緩和ヲ要望シ

二、豫メ日本側ニ充分ナル連絡ヲ爲サスシテ

(イ)周佛海ハ北支關餘ノ取扱ノ取極メヲ王克敏トノ間ニ交渉決定シ

(ロ)中央銀行設立ニ關スル諸準備ヲ單獨ニテ進メ特ニ米國トノ間ニ深入リセル話合ヒヲ進メ

(ハ)既成政府ノ辨シタル事項ヲ逐次否定スルニアラサルヤヲ印象セシムル如キ法令ヲ發布シ

三、諸民誼ハ東亞教育大會及體育大會ニ關シ北支就中蒙疆地區ノ特殊性ヲ輕視シテ中央集權的現象具現ニ焦リアルカ如キ言動ヲナシ

四、周佛海ハ對重慶工作ニ關連シ帝國ノ條約締結ニヨル新政府承認以外ノ急速承認ノ要望ヲ示唆スルト共ニ條約締結ニヨリ承認ヲ行ハントスル場合交渉延引又ハ暗礁乘リ上ケノ責任ヲ回避スルカ如キ言辭ヲナシアルカ如キ是ナリ』

右ハ新政府ノ人的素質及其ノ能力ヨリスル必然的現象ナルヘキモ他方亦彼等カ現ニ大規模ノ戰爭繼續中ニシテ事變ノ解決カ一ツニ帝國國軍ノ戰果ニ依存スルコトヲ明識セサルノ結果ナリト察セラルルヲ以テ此點ニ關シ篤ト御指導アリ敍上ノ如キ支那側ノ動キヲ未然ニ封スルコトニ關シ重ネテ御配慮相煩度

編　注　本文書は、昭和十五年六月十八日夜、米内興亜院総裁より阿部中国派遣大使に宛てて発電された。

573　昭和15年6月19日　有田外務大臣より在英国重光大使、在独国来栖大使他宛（電報）

南京政府との条約交渉開始に関する情勢説明

本　省　6月19日発

合第一三一〇號（極祕、館長符號扱）

往電合第五九四號ニ關シ

支那新中央政府ニ關スル最近ノ情勢大要左ノ通、御參考迄

一、我方カ速ニ新政府ヲ承認シ其ノ方法トシテ條約締結ノ形式ニ依ラントスル方針竝ニ各般ノ方面ニ亘リ同政府ヲ助成シ事變解決ニ資セントスル方針ニハ何等變更ナキモ關係廳間ノ條約案ノ審議ニ當リ一部方面ニ於テハ新政府ト條約ヲ締結スルモ到底事變解決ニ寄與スルコトナシトノ見透シノ下ニ長期戰ニ對スル國內体制强化ノ爲寧ロ條約中ニ成ヘク多分ニ戰果ヲ盛リ込マントノ底意强ク之カ爲條約ハ成ヘク合理的ノモノトシ之ニ依リ支那民心ノ把握重慶ノ崩壞及第三國外交ニ資セントスル主張ハ押サレ勝ニシテ右審議手間取リタルカ大体ニ於テ客年末成立セル日支國交調整ニ關スル協議書類ノ範圍ヲ甚タシク逸脱ス

ルコトナクシテ一應ノ成案ヲ得之ニ依リ阿部大使ヲシテ條約交渉ヲ開始セシムル段取トナレリ

二、右交渉ノ結果成立スヘキ條約カ戰果主義者ノ主張スルカ如キモノトナル場合ニ於テハ條約ノ締結及新政府ノ承認カ事變解決ニ資スルコト少カルヘキコト前述ノ如クナルヲ以テ今後ノ交渉ハ右含ミノ下ニ行ハルヘキコト當然ナルカ他方新政府ニ於テ善政ヲ布クコトニ依リ尠クトモ南京上海方面ニ於ケル人心ノ把握ヲナスコトカ不可能ナル場合ニハ我方ノ新政府ニ對スル支持ハ跛行的トナリ従テ單ニ日本及一二ノ國カ承認ヲ與フルノミニテハ結局同政府ヲ中心トシ重慶ノ弱體化ヲ計リ以テ事變ヲ處理セムトスル我方既定方針ノ迅速ナル完遂ハ困難トナルヘキニ付我方ノ使命ハ此ノ點ニ於テモ極メテ重大ナルモノアリト考ヘ居レリ

三、重慶ニ於テハ英佛ノ頼リ難キヲ自覺シ來ルト共ニ米國ニ對シテモ次第ニ期待薄ノ感ヲ懐キツツアルカ如ク又蘇聯ニ對シテハ從來トモ物質的援助少ナキニ拘ラス共產黨及軍ノ勢力次第ニ擡頭シ來リ國共間ノ摩擦多キニ鑑ミ最近ノ傾向トシテ寧ロ獨逸ニ頼リ時局ノ解決ヲ圖リ引續キ共產黨ヲ押ヘントノ氣風モ見エ來レルカ如キモ日本ニ對シテハ飽迄抗戰ヲ主張シ居リ（一部野心家ニ於テ密ニ日本側トノ直接交渉ヲ企圖シ居ル者ナキニ非サルモ）對日和平ヲ口ニスル者愈々少クナレリトノ報道モアリ抗日陣營ニ亀裂ヲ認メ得サルモ重慶政權下ノ生活ハ相當困窮シ又軍需資材ノ供給モ十分ナラス何トカシテ時局ヲ速ニ終結センコトヲ望ミ而モ支那ノ面子ヲ失ハサランコトヲ惧レ歐洲大戰ニ藉口シ日支相争フノ愚ナルコトヲ口實トシ又憲政實施ヲ宣傳ノ主眼トシ民衆ノ注意ヲ事變ヨリ轉換セントスル傾向モナキニ非ス親獨氣分從來ヨリ强キ支那ノコトナレハ今後歐洲戰局ノ發展ニツレ獨伊樞軸ニ頼ラントスル氣風ハ强マルモノト判斷セラル

本電宛先　英、獨、米、香港、北京（大）、上海、天津、廣東、南京（總）

獨ヨリ蘇、伊、土へ轉電アリタシ

574　昭和15年7月26日　興亜院会議決定

「大使ニ對スル訓令案（甲）」

大使ニ對スル訓令案(甲)

昭和十五年七月二十六日
興亞院會議決定

一、六月十五日附往信機密第三四號訓令中一、二記載セラレタル如ク政府ハ「條約體系概案」ニ掲ゲラレタル諸取極案中右訓令ニ附屬セラレザリシモノニ付其後審議ヲ續ケ來リシ處七月二十六日興亞院會議ニ於テ左記各要綱ヲ決定セラレタルヲ以テ夫々別紙第一乃至第五トシテ玆ニ送付スルニ付右ニ基キ新政府ト交渉セラレ度シ

一、附屬協定要綱
二、蒙疆ノ自治ニ關スル交換公文要綱
三、華北政務委員會ニ關スル交換公文要綱
四、上海ニ於ケル日支協力ニ關スル交換公文要綱
五、海南島及附近ノ諸島嶼竝ニ厦門特別市ニ於ケル日支協力事項ノ處理ニ關スル交換公文要綱

尚新政府承認ニ當リ締結スベキ取極ノ範圍ハ我方トシテ差當リ以上ヲ以テ打切リトナスノ意向ニシテ「條約體系概案」ハ此點修正ヲ見タルモノト諒解セラレ度シ

別紙第一

附屬協定(祕密)要綱

第一條

日支兩國政府ハ相互提携ヲ基調トスル外交ヲ行ヒ之ニ反スルガ如キ一切ノ措置ヲ第三國トノ關係ニ於テ執ラザルベキコトヲ約ス

第二條

中華民國政府ハ日本國政府トノ間ニ協議決定セラルル所ニ依リ日支協力事項ニ關シ日本人顧問及職員ヲ招聘シ又ハ採用スベキコトヲ約ス

第三條

中華民國政府ハ中華民國ノ領域内ニ於ケル日本國軍ノ駐屯地域及之ニ關聯スル地域ニ存在スル鐵道、航空、通信、主要港灣及水路ニ付別ニ協議決定セラルル所ニ從ヒ日本國ガ軍事上必要トスル事項ニ關シ其ノ要求ニ應ズベキコトヲ約ス

但シ日本ハ平時ニ於テハ支那ノ行政權及管理權ヲ尊重スルモノトス

第四條

中華民國政府ハ中華民國ノ領域內ニ駐屯スル日本國軍ニ對シ駐屯ニ必要ナル諸般ノ便宜ヲ供與スベキコトヲ約ス

註

一、第三條ニ關シ、日本ノ航空及水路ニ對スル軍事上ノ要求權ハ當然氣象觀測ニ關スル要求權ヲ含ムモノナルコトヲ議事錄ニ留ムルモノトス

二、第四條中「駐屯ニ必要ナル諸般ノ便宜ヲ供與ス」トハ例ヘバ兵營構築、演習、移動、給養、軍需整備及港灣施設等ニ關シ資材、勞力及土地ニ關スル利便ヲ供與スルコトヲモ含ムモノトス

別紙第二

蒙疆ノ自治ニ關スル祕密交換公文要綱

（支那側ヨリ通告シ日本側之ヲ諒承スルノ形式トス）

蒙疆（內長城線以北ノ地域トス）ハ國防上及經濟上日滿支三國强度結合地帶タル特殊性ニ鑑ミ現狀ニ基キ廣汎ナル自治權ヲ認メタル高度ノ防共自治區域トス

中華民國政府ハ內蒙自治法ニ依リ蒙疆自治ノ權限ヲ規定スベク同法ノ制定ニ付テハ豫メ日本國政府ト協議スベシ

註

內蒙自治法ノ制定後將來ニ於ケル改正ニ關シテモ日本國政府ト協議スベキ旨議事錄ニ留メ置クモノトス

別紙第三

華北政務委員會ニ關スル祕密交換公文要綱

（支那側ヨリ通告シ日本側之ヲ諒承スルノ形式トス）

一、中華民國政府ハ中華民國臨時政府ノ解消ト共ニ北支ニ華北政務委員會ヲ設置シ同委員會ヲシテ中華民國臨時政府ノ辦ジタル政務ヲ其ノ儘繼承處理セシメ居ル處本日調印セラレタル「日支間ノ新國交修復ニ關スル條約」及附屬日支間諸取極ノ規定及精神ニ基キ內長城線以南ノ河北省山西省及山東省ノ地域ガ國防上及經濟上日支ノ緊密ナル合作地帶タルニ鑑ミ同地域ト日滿兩國トノ間ニ於ケル協力事項ニ關シテハ將來ニ亘リ同委員會ヲシテ之ヲ地方的ニ處理セシムル方針ナリ

二、日支間ノ全面的平和克服後北支ニ於ケル日支協力事項中華北政務委員會ガ地方的ニ處理シ得ル事項ハ次ノ通トシ中華民國政府ハ日本國政府トノ協議ニ基ク法令ニ依リ之

ヲ規定ス

甲、防共及治安協力ニ關スル事項

㈠日本軍駐屯ニ伴フ事項ニ關スル處理

㈡日支防共、治安協力ニ關スル所要事項ノ處理

㈢其ノ他日支軍事協力ニ關スル處理

但シ國防軍ニ關スル處理ハ中華民國政府ノ北支ニ特設スル軍事處理機關ニ依ルモノトス又北支（華北カ）政務委員會ノ保有スル綏靖部隊ノ兵力ニ關シテハ別ニ定ムル所ニ據ルモノトス

乙、北支ニ於ケル經濟提携就中國防上必要ナル埋藏資源ノ開發利用及日滿蒙疆及北支間ノ物資需給ニ關スル事項

㈠日本側ニ對シ資源就中國防上必要ナル埋藏資源ノ開發利用ニ關スル特別ノ便宜供與ニ關スル事項

㈡日滿蒙疆及北支間物資需給ノ便宜且合理化ニ關スル處理

㈢日滿蒙疆及北支間ノ通貨及爲替ニ就テノ協力ニ關スル處理

㈣鐵道、航空、通信、主要海運ニ就テノ協力ニ關スル處理

丙、日本人顧問及職員ノ招聘任用ニ關スル事項

丁、日滿トノ純粹ナル地方的處理ニ關スル交渉

三、華北政務委員會ハ中央政府ノ決定セル範圍内ニ於テ蒙疆トノ地方的連絡ニ關スル處理ヲ行フコトヲ得

註

一、二、ノ甲、㈠乃至㈢防共及治安協力事項ノ定義（「協議書類」祕密諒解事項（第八）ノ一）ヲ別ニ議事錄ニ留ムルモノトス

二、華北政務委員會ト中央政府トノ關係ニ關スル「協議書類」祕密諒解事項（第一）ノ第一、ニ記載セラレタル事項ニシテ本交換公文要綱ニ掲記セザル事項ハ交渉ニ當リ必要アラバ之ヲ議事錄ニ留ムルモノトス

別紙第四

上海ニ於ケル日支協力ニ關スル機密交換公文要綱

（支那側ヨリ通告シ日本側之ヲ諒承スルノ形式トス）

中華民國政府ハ東亞ニ於ケル新秩序ノ建設上上海ノ占ムル重要ナル地位ニ鑑ミ日本國政府トノ協力ニ依リ新上海ヲ建

設スベク左記各項ニ關シ別ニ協議決定セラルル所ニ從ヒ提携ヲ具現セントス

一、日支兩國ハ上海ニ於テ貿易、金融、產業及交通等ニ關シ緊密ニ協力スルコト

二、日支兩國政府ハ上海ニ於テ思想、宣傳、防疫、警察ニ關シ緊密ニ協力スルコト

三、上海特別市ノ建設ニ關シ中華民國政府ハ同特別市ノ財源ニ付充分考慮シ建設ニ支障ナカラシムベク日本國政府ハ右建設ニ技術的協力ヲ爲スコト

四、上海特別市ノ對外交渉ニ關シテハ絶ヘズ日支間ニ緊密ナル連絡ヲ保チ協力スルコト

五、日本軍駐屯ニ伴フ事項中上海ニ於ケル地方的處理ニ付テハ上海特別市政府ヲシテ之ニ當ラシムルコト

別紙第五

海南島及附近ノ諸島嶼竝ニ厦門特別市ニ於ケル日支協力事項ノ處理ニ關スル祕密交換公文要綱

（支那側ヨリ通告シ日本側之ヲ諒承スルノ形式トス）

中華民國政府ハ本日調印セラレタル「日支間ノ新國交修復ニ關スル條約」及附屬日支間諸取極ニ於テ日支兩國ハ南支沿岸特定ノ島嶼竝ニ之ニ關聯スル地點ニ於テ軍事上特ニ緊密ニ協力スヘク且海南島及附近諸島嶼ニ於テ經濟上特ニ緊密ナル提携ヲ行フベキコト規定セラレタルニ鑑ミ左ノ如ク處置ス

一、海南島及附近ノ諸島嶼ヲ省域トスル一省ヲ設置ス

二、厦門島及其ノ附近ヲ市域トスル厦門特別市ヲ設置ス

三、第一項ノ省政府及厦門特別市政府ニ於テ日支軍事協力及經濟提携ニ關スル事項ニ付地方的ニ處理シ得ル如ク措置ス

註

一、軍事協力ニ關スル事項及經濟提携ニ關スル事項ノ說明（「協議書類」祕密諒解事項（第八）ノ六、及五ノ2、）ハ別ニ日支間ニ議事錄ニ留メ置クモノトス

二、海南島及附近ノ諸島嶼トハ次ノ諸島嶼ヲ意味スルモノトス

海南島、西沙島、潿州島（蛇洋洲ヲ含ム）南朋《(鵬カ)》島（大護山、二護山、黃程山ヲ含ム）上川島、下川島（莽《(漭カ)》洲、雷珠ヲ含ム）、牛角山島、三灶島

三、厦門特別市ノ市域ハ我方トシテ概ネ左ノ通豫定ス
厦門島、鼓浪嶼、小金門島、金門島、浯嶼、崎嶼、坦嶼、海門島、及官潯南西方三七五高地ヨリ山梁ヲ傳ハリ秦安宮、龍溪嶺、天柱岩山ヲ經テ北溪江東橋北方ニ到ル線以南辻河以北ノ地域

編注　本訓令案の概要は、昭和十五年七月二十八日着松岡外務大臣より阿部中国派遣大使宛電報第一六七号によって阿部大使に伝えられた。

575

昭和15年7月26日　興亜院会議決定

「大使ニ對スル訓令案(乙)」

大使ニ對スル訓令案(乙)

昭和十五年七月二十六日
興亜院會議決定

條約ニ關スル貴方ノ新政府ニ對スル交渉ノ狀況ニ關シ最近貴地ニ出張セル關係各廳係官ヨリ報告ニ接シタル處左記ノ點ハ特ニ重要ナリト認メラルルヲ以テ處置相成度

記

一、揚子江沿岸特定ノ地點及南支沿岸特定ノ島嶼竝ニ之ニ關聯スル地點ニ我方艦船部隊ヲ駐留スルノ件ニ關シ政府ハ元來右ヲ以テ永久的ニシテ且第三國ニ對スル日支軍事協力ヲモ含ムモノトシテ先般送付セル「日支間ノ新國交修復ニ關スル條約要綱」第二條ノ規定ヲ立案決定シタル次第ナルヲ以テ此點支那側トノ交渉ニ當リ明確ニナシ置カレ度シ、而シテ今日迄ノ交渉經過ヲ甚ダシク紛亂スルコトナク右目的ヲ達成センガ爲ニハ貴方提案「基本條約要綱案」第五條ヲ次ノ如ク修正スルコト適當ナルベシト認ム
「日本國ハ日支兩國間ニ別ニ協議決定セラルル所ニ從ヒ所要ノ日本國艦船部隊ヲ揚子江沿岸ニ於ケル特定地點及華南沿岸ニ於ケル特定島嶼竝ニ之ニ關聯スル地點ニ駐留セシメ日支兩國ハ軍事上緊密ニ協力スベシ」

二、基本條約ノ前文ハ東亞新秩序建設ノ共同目標ヲ明示セントスルモノナルガ「協議書類」ノ「日支新關係調整ニ關スル基本原則」ハ右內容ノ骨子ヲ要約セルモノナルヲ以テ右前文中ニ日支兩國ガ

㈠互恵ヲ基調トスル一般提携
㈡北支蒙疆ニ於ケル國防竝經濟上ノ日支合作就中蒙疆地方ニ於ケル防共特殊地域ノ設定
㈢揚子江下流地域ニ於ケル經濟合作
㈣南支沿岸特定島嶼ニ於ケル軍事提携
ノ四項目ヲ具現スルノ意向アル旨ヲ補備修文スルコト前項記載ノ點トモ關聯シ適當ナルベシト認ム、此點ニ付テハ交渉ノ適當ナル時機ニ於テ適宜御措置相成度シ

編注 本訓令案の概要は、昭和十五年七月二十八日着松岡外務大臣より阿部中国派遣大使宛電報第一六七号によって阿部大使に伝えられた。

---

576 昭和15年8月(6)日 松岡外務大臣より阿部中国派遣大使宛(電報)

日満華共同宣言に関する予備交渉への参加を満州国側希望について

付記 昭和十五年八月七日着松岡外務大臣より阿部中国派遣大使宛電報第一七九号
右交渉への満州国代表の参加は認められないとのわが方見解について

本省 発
南京 8月6日後11時着

第一八〇號(極祕、館長符號扱)
滿大來第三一八號
外務局ノ內報ニ依レハ滿側ニ於テハ滿支國交開始ニ關シ左ノ通リノ意嚮ナル趣ノ處右ニ關シ當方ニ於テ心得フヘキ點アラハ御回電アリタシ
一、日滿支共同宣言ノ署名ハ滿洲國ニ執リ重大盛事ナルニ鑑ミ全權委員ニハ總理級ノ人物ヲ選ヒ多數ノ隨員ヲ隨行セシムル筈ノ處對內對外的面子上調印ニ先立チ豫備交渉ニ是非共參加シ度キ希望ナリ但シ右豫備交渉ノ參加ニハ在上海通商代表及在南京伊藤辨事處長ヲ以テ之ニ充ツルモノトス
二、滿支國交樹立後ハ大使ヲ交換シタク右大使ノ交換及交換ノ時期ニ付テハ前記共同宣言署名ノ際滿側全權委員ヲシテ支那側ト協議了解ヲ遂ケシムルモノトス領事館開設ニ關スル具體的問題ハ大使館開設後大使ヲシテ處理セシム

尚蒙疆ニ關シテハ支那中央政府トノ交渉ニ於テハ之ニ觸レサルモノトス

(付　記)

本省　発
南京　8月7日後4時着

第一七九號(極祕、館長符號扱)

滿大宛第三八八號

貴電第三一八號ニ關シ

一、御申越ノ趣了承但シ共同宣言案ニ關スル交渉未タ開始セラレ居ラサルニ付豫備交渉ノ終結ヲ俟チ調印其ノ他ノコトハ先方トモ聯絡ノ上措置スルコトト致シ度シ

二、右豫備交渉ニ滿側代表參加ノ件ニ關シテハ日支交渉ノ?性質上支那側ノ滿洲國承認ノ問題ヲ本件共同宣言ノ形式ニ依リ片付ケントスルモノナルヲ以テ日支間ノ交渉ナル建前ヨリスルモ交渉其ノモノニハ滿側ヲ參加セシムルコトナク右宣言案ハ滿側ノ同意ヲ得ヘキコトヲ條件ト爲シ置キ豫備交渉終了後直ニ我方ヨリ正式ニ滿側ノ同意ヲ求ムル形式ニ依ルヲ適當トスル意見ナリ

冒頭貴電ト共ニ南京大使ヘ轉電セリ

577　昭和15年9月21日　松岡外務大臣より阿部中国派遣大使宛

現地にてイニシアルされた条約案に対するわが方政府方針が興亜院会議にて決定につき同方針貫徹方訓令

付　記　昭和十五年九月二十日
右会議議事概要

亞一機密第一一八號

昭和十五年九月二十一日

外務大臣　松岡　洋右

在南京
特命全權大使　阿部　信行殿

日支新關係調整條約ノ締結交渉ニ關スル件

八月三十一日日華兩國交渉委員間ニ「イニシアル」ヲ了シタル日華滿共同宣言案竝ニ日華間基本條約案及附屬文書案ニ關シ九月二十日興亞院會議ニ於テ左記帝國政府方針決定相成タルニ付テハ新政府ト更ニ交渉セラレ帝國政府方針ノ

貫徹ヲ期セラレ度シ

記

一、日華滿共同宣言ノ冒頭ノ各政府名及各條項ノ國名、年號月日及各全權ノ署名ノ順序ハ日本語正文ニ付テハ日滿支ノ順ニ依ルコト

二、附屬議定書ニ關スル了解事項中第四、ヲ別紙第一ノ如ク修正スルコト

三、附屬祕密協定第二條及第三條ハ公表ノ場合ヲ考慮シ別個ノ祕密協定トスルコト、尙其ノ際右二個條カ基本協定ノ一部ヲナスモノナル旨ノ趣旨及祕密協定現地案第五條第二項公表ニ關スル規定ヲ之ニ加フルコト(別紙第二)

四、議事錄拔萃ノ第四、「日本國軍隊ノ撤去完了期」ヲ別紙第三ノ如ク修正シ且本議事錄ハ全般的平和克復ノ時又ハ其後二年以內ニ之ヲ公表スルコトヲ日支間ニ約束シ置クコト

(別紙第一)

第四、中華民國政府ハ對外貿易ニ關シ統制ヲ必要トスル場合ハ自主的ニ之ヲ行フモノトス但シ事變繼續中ハ日本側ト密ニ協議シ尙條約第六條ニ揭ケラレタル日華經濟提携ノ原則ト牴觸スルコトヲ得ス

(別紙第二)

祕密協定案

本日日本國中華民國間基本關係ニ關スル條約ヲ署名スルニ當リ本條約ト一體ヲ爲スヘキモノトシテ兩國全權委員ハ左ノ通協定セリ

第一條

第二條

(附屬祕密協定現地妥結案第二條)

第三條

(同案第三條但末行ヲ削除ス)

兩國政府ハ兩國間ノ全般的平和克復ノ際又ハ其ノ以前ノ適當ノ時期ニ於テ協議ノ上本協定ヲ公表スルモノトス

第四條

本協定ハ條約ト同時ニ實施セラルヘシ

右證據トシテ兩國全權委員ハ本協定ニ署名調印セリ

昭和　年　月　日卽チ中華民國　年　月　日　ニ於

テ日本文及漢文ヲ以テ本書各二通ヲ作成ス

（別紙第三）

「本日ノ正式會議ニ於テ日本側交渉委員ハ附屬議定書第三條ノ規定ニ關聯シ左ノ通陳述セリ

附屬議定書第三條ノ趣旨ハ兩國間ノ全般的平和克復シ戰爭狀態終了セル後ニ於ケル中華民國ノ治安確立ヲ日本國軍撤去完了ノ前提條件トナスモノニシテ其確立ヲ見ル迄ハ約定以外ノ軍隊ノ全部ニ付撤去ヲ完了シ得サルモノナルモ如何ニ遲ルルモ治安確立ノ時期ヨリ二年以内ニハ之ヲ完了スルノ意ナリ

右ニ關シ中國側交渉委員ハ左ノ通陳述セリ

日本側交渉委員陳述中ノ「治安確立」トハ一般治安ノ確立換言スレハ戰爭狀態終了後ノ社會秩序カ能ク善隣友好的和平狀態ニ恢復スルニ至レルヲ謂フ

更ニ右ニ關シ日本側交渉委員ハ左ノ通陳述セリ

日本側ハ治安不安定ニ名ヲ藉リテ故意ニ撤兵ヲ長引カシメントスル意志ヲ有スルモノニ非ス

最後ニ兩國交渉委員共ニ相手方ノ陳述ヲ諒承セル旨陳述セリ」

（付　記）

九月二十日興亞院會議々事概要

○政務部長ヨリ「交渉訓令内容案」ニ付説明セル後次ノ如キ趣旨ノ發言アリ

○外務大臣　「支那ヲ相手ニスル仕事ハ簡單ナルガヨシ、故ニ今回ノ妥結案ハ其儘呑ムコトトスルコト可然」

○總務長官　「問題ハ戰爭中ニヤル條約ノ事ナレバ苟モ軍ノ統帥ニ支障ヲ生スルカ如キ規定アリテハ不可ナリ、故ニ主トシテ統帥部ノ希望ニヨリ修正セントスルモノニシテ此希望ハ尊重スルコトトシタシ」

○外務大臣　「ソレナラバ可ナルモ修正要求ニ依リ新政府ヲ潰ス樣ナコトアリテハ不可ナリ」

○政務部長　「今回ノ修正ニ依リ直チニ新政府ヲ潰スカ如キコトヲ考フル要ナシ、斯ル大方針ハ今後別個ニ政治的ナル根本的考慮ヨリ決定セラルルベシ今回ノ案ハ兎モ角大使ニ之ヲ訓令シ交渉セシメントスルダケノモノナリ。」

○大藏大臣　「議定書附屬ノ諒解事項ニ關シテハ之ヲ約定

シ公表スルコトニヨリ不安ヲ生スベシトノ説アルモ自分ハ斯ク考ヘズ、寧ロナルベク速カニ明確ナル限界ヲ一般ニ知ラス方ヨシト考ヘ居レリ」
○政務部長　「諒解事項ニ記サレタル諸點ハ既ニ「內約」ノ締結セラレタル頃ヨリ各方面ニ不安ナキ樣手配シタルコトモアリ不必要ニ動搖ヲ來サザル樣善處スルコトト致度シ」
○外務大臣　「「防共」ナル字句ハ對蘇國交調整ノ障害トナルヲ以テ此條約ヨリ取リ去ルコトトシタシ」
○政務部長　「其ノ點ハ自分等トシテモ考慮シタル點ナリ、然レドモ之ハ愼重ヲ要スル點ナリ。防共ノ字句ハ　御前會議決定ノ中ニアリ又所謂「近衞三原則」ノ一ニモ防共アリ、之ヨリ數次ノ內閣ニ涉リ之ヲ堅持シ、南京政府モ反共ヲ以テ政策ノ中心トナシタリ。蒙疆北支駐兵ノ根據モ防共ニシテ又北支蒙疆ニ於ケル軍隊ハ防共ヲ以テ精神トナシ居レリ。之等ノ點ヲ考慮スルニ防共ノ字句ヲ修正スルコトハ容易ナラサル問題ト考フ」
○外務大臣　「ソノ通リナリ。自分モ蘇聯トハ國交斷絶ヲヤル方ヨシト思フ位ナリ。然レトモ現在ハ一時ノ權道トシテ蘇聯ト國交調整ヲ行フ要アリト考フルモノナリ」
○大藏大臣　「ナカナカ困難ナルベシ」
○陸軍大臣　「「防共」ノ規定ヲ存置スル必要ト日蘇國交調整上ノ都合ヨリ之ヲ修正スルヲ可トスル事情トハ愼重ニ考究ノ要アリ。又修正ヲナストセバ急速ニ決心シ處置スル要アリ」
○政務部長　「修正スルコトハ思想戰ノ立場ヨリ云ヘバ一歩退却ニシテ國內ノ思想部面及北支蒙疆ノ治安等ニ如何ニ響クヤヲ考フル要アリ」
○外務大臣　「防共ノ方針ハ絶對ニ緩メラレズ、日蘇國交ヲ調整セバ更ニ一層防共ヲ活潑ニヤル要アリ」
○總務長官　「日蘇國交調整ハ國內新體制等ニヨリ赤色系統ノ人々ガ表面ニ出テ活動スルノ傾向アリ、注意ヲ要ス」
○海軍大臣　「防共ノ規定ハ單簡ニハ抹殺シ得サルベシ」
○政務部長　「此問題ニ處スル三ノ方法アリ、一ハ日支間ノ條文ハ此ノ儘トシテ蘇聯ノ之ヨリ抱ク感覺ヲ是正スルノ外交手段ヲトルコトニハ「共同防共」ヲ「共同防衞」ト改メテ祕密協定ニヨリ支那トノ間ニ防共ヲ約束スルコト三ハ「防共」ヲ抹殺スル場合ニ我方ガ思想戰ニ敗退シタル爲斯ル處置ヲトリタル譯ニアラザルコトヲ明カニスル樣赤色退治ニ一層力ヲ注グコトナリ」
○陸軍大臣　「出來レバ防共ノ規定ハ此ノ儘デ行キタシ。外務大臣ハ此ノ規定アルガ爲ニ日蘇國交調整ニ非常ナル障害ヲナスモノト考フルヤ」
○外務大臣　「斯ル規定ガ無キ方遣リ易シトイフダケノ事ナリ。自分ガ削除ヲ可トスル意見ヲ述ヘタルハ事務當局ノ意見ニシテ事務的ニ見レバ斯ル主張トナル譯ナリ。然レドモ此ノ規定アリトテ大シタコトハナカルベシ」
○陸軍大臣　「然ラバ此ノ儘トシタシ」
○海軍大臣　「同感ナリ」
○外務大臣　「此ノ儘進メル方良シ、ソノ方ガ却ツテ日蘇國交調整モヤリヨシ、明確ニスル方ガ可ナリ」
○陸軍大臣　「此ノ條約ハ此ノ案ニ依リ支那側ト交渉シ、ソノ結果纏リタル上ハ何等ノ策ヲ施スコトナク樞密院ニ送ルコトトスルコト可然、樞密院ノ審議ハ何時頃ニナル見込ナリヤ」
○政務部長　「交渉ハ今月一杯ニテ終了シ來月上旬ニハ樞密院ニテ審議ノ運ビトナルヘシ」
○陸軍大臣　「急イデ取運ブコトト致度シ」
○總理大臣　「ソノ樣ニ急グ必要モナカルベシ」
○陸軍大臣　「ソレハ締結ニ先立チ獨ニ對シ手ヲ打チ又蘇聯ニ手ヲ打チ其ノ結果ヲ見タル後ニ本條約ニ關スル方針ヲ最後的ニ決定セントノ御意志ナリヤ」
○總理大臣　「大體ソノ通リナリ」
○外務大臣　「本條約ハ本條約トシテ急グ方ガヨシ、ソレガ重慶ニ對スル壓力トモナリ對蘇調整ノ手ニモナル譯ナリ」
○政務部長　「特ニ急ガズ又遲クセズ普通ノ速度ニテヤルコトト致度シ。尙防共ノ問題ハ蘇聯トノ國交調整ノ話ヲ進メドウシテモ之ガ邪魔ナラバ之ハ獨トノ關係ヲモ考ヘ修正スルコトトシタシ。故ニ樞密院ニ懸ル迄餘裕ヲトツテオク樣オ願ヒ致ス方良ロシカルベシ、ソノ時迄ニ如何ナル情勢ニ如何ナル手アリヤヲ事務當局ニ於テモ研究シ置クコトトスベシ」

（終）

昭和15年9月28日　阿部中国派遣大使より松岡外務大臣宛(電報)

南京政府の最近の実情につき報告

付　記　昭和十五年十月十日、作成者不明

南京政府の実情に関する梅思平および周仏海の内話

南　京　9月28日後発
本　省　9月28日夜着

第三九五號

特第六九號(興亞院經由)

國民政府成立以來其ノ施政ノ見ルヘキモノナシトシテ本邦ニ於テ種種ノ批判アル模様ナル處政府主腦部ハ我カ軍占領地域內ニ於テハ日本側ノ信頼ト協力ナクシテハ手モ足モ出ヌコトハ充分承知シ居リ我カ支持ヲ得テ中央政府タルノ面目ヲ立テツツ善政ヲ布キ民心ヲ引付ケ其ノ背景ヲ以テ重慶ニ働キカケルコトヲ所期シ此ノ意味ニ於テ今次條約ノ調印竝ニ承認ノ事實ニ依リ日本側ノ絶對的支持ヲ立證シ得ルモノトシテ之ニ期待ヲ繫キ部下ノ焦慮ヲ押ヘ居ル次第ニアリ過日陳公博ハ本使ニ對シ國民政府ノ强化及部內ノ結束ニ苦心シ居ル內情ヲ述ヘ中央及地方ニ於ケル日本軍官ノ援助ヲ懇請スル處アリ又最近周佛海ハ二千六百年式典參列者其ノ他各種代表者派遣手續等ニ關聯シ隨員ニ對シ國民政府カ事實上維新政府同様若クハ以下ノ取扱ヲ受クル様ナラハ寧ロ日本側ヨリ此ノ點ニ關シ明白ナル態度ノ表示ヲ求メ之ニ基キ去就ヲ決スヘシトスル當面內《ママ》ノ意見相當强ク荏苒之ヲ放置セハ憂慮スヘキ事態ヲ惹起スル懼ナシトセスト內話セル次第モアリ當方トシテハ彼等ニ對シ現實ノ事態ニ卽シ時局解決上我方ト協力スル態度ヲ事實ニ於テ示唆スルコトノ必要ヲ說クト共ニ條約問題ノ前途ニ危惧ヲ抱カシメサル様竝ニ軍事上差支ヘナキ限リ民生撫宣其ノ他人心把握上必要ナル政府ノ政策ヲ實施シ得ル様關係方面ト協力シ努力シツツアリ最近ノ實情御參考迄

(付　記)

國民政府ノ現狀ニ關スル梅思平及周佛海ノ內話要旨

(昭和一五、一〇、一〇)

本件ニ關シ十月十日影佐少將來談ノ要旨

一、梅思平ノ談(十月二日)

現在ハ戰爭ノ眞最中ナルヲ以テ日本軍側トシテモ國民政府ニ對シ種々注文ハアルヘキモ今少シク國民政府ヲシテ積極的ニ仕事ヲサセテ下サルナラハ國民政府トシテモ民心把握上非常ニ好都合ナリト存ス、自分モ汪兆銘ノ陣營ニ投シ國民政府ヲ樹立セル當時ハ中央政府トシテノ國民政府ニ關シ相當理想的ノ考ヲ有シタルモ還都以來今日迄ノ体驗ニ依レハ事變中ニ於テハ結局出來ヌモノハ出來ヌコトヲ會得セリ然ルニ鐵道部、農鑛部、交通部等ノ役人連中ニハ是等所管ノ事項ヲ單ナル經濟問題トシテ取扱フモノ多ク事變中ニ於テハ政治問題ト經濟問題トガ切離シ得サルコトヲ充分了解セス、從テ何モヤラシテ貰ヘヌ國民政府ノ現狀ニ於テ不眞面目ナモノハ益々「サボタージュ」氣分トナリ眞面目ナモノハ現狀ニ慊ラス進退ヲ考慮シテ居ルモノモ少カラサル處右ハ洵ニ無理カラヌコトト思ハル。自分ハ今日迄ノ經驗ニ依リ此ノ現狀ヲ打開スル爲ニハ經濟方面ニ何トカ新生面ヲ開キ日支ノ協力ニ依ル新シキ經濟利益ノ創生ヲ計ルコト必要ナリト考ヘ居レリ。是カ爲從來日支經濟協議會ノ設立ニハ反對シ來レルモ此ノ種日支間ノ經濟協議會ヲ設立スルコトハ現狀ヲ打開スル上ノ息拔トシテ結構ナルヘシト考フルニ至レリ

國民政府ト軍トノ關係ヲ考察スルニ軍ハ軍票維持等ノ爲占領地域ニ於テドシドシ統制ヲ加ヘ國民政府ハ恰モ此ノ統制ヲ抑制スル機關ノ如キ外觀ヲ呈シ居ル處軍ノ經濟統制ノヤリ方ニハ旨味ノナキ點多々アリ經濟問題ハ權力ヲ以テ抑フルダケニテハ駄目ニテ軍ノ統制ニ當リテハ例ヘハ支那ノ古キ「ギルド」ノ制度等ヲ利用スル等支那民心ノ動向ニ注意ヲ拂フコト必要ナリ。今日ノ軍ノヤリ方ニテハ結局占領地外ノ民衆ノ方ガヨリ安居樂業ニシテ一般人心カ却テ蔣介石ヲ謳歌スルカ如キ現狀ニアリテハ重慶ノ切崩シハ不可能ナリ。就テハ此際軍、興亞院、國民政府等ノ代表ヨリ成ル一ツノ連絡機關ヲ設置シ日支相互ニ自分ノ軍隊、自分ノ政府ト云フヤウナ氣持デ問題ヲ處理シ行クコト肝要ニシテ戰爭目的達成ノ爲ニハ支那ノ實情トノ調和ヲ圖ルコト適當ト考ヘ居レリ。

二、周佛海ノ談話

先般日本ノ憲兵伍長カ江蘇省政府建設廳長ヲ呼付ケ三國同盟成立ニ對スル所感ヲ求メ又省主席ニ對シテモ同樣ノ所感ヲ訊問シタル由ナルカ日本側ヨリ見レハ省長、建設

廳長等ハ憲兵ノ伍長位カモ知レサルモ斯ノ如キヤリ方ハ余リニ酷過ギルト思ハル。地方ノ人民ハ軍ノヤリ方ニ對シ斯ノ如キ狀態カ持續スルニ於テハ日支ノ提携ハ到底駄目ダトノ感想ヲ懷キ居リ國民政府トシテモ左樣ノ感想ヲ懷カサルヲ得サル現狀ナリ。先般周作民ニ面會セル際同人ヨリ國民政府成立後日本側ノ國民政府ニ對スル態度ヲ話シテ呉レト賴マレタルガ、自分(周佛海)ハ洵ニ返答ニ窮シタル次第ニテ當初ハ立派ナ政府ヲ作ル積リニテ出馬シタルカ斯ノ如キ現狀ニテハ中央政府モ存在ノ意義ナシト悲觀セサルヲ得ス。維新政府ノ當時ハ事ノ善惡ハ別トシ日本側ハ兎ニモ角ニモ維新政府ニ仕事ヲヤラシテ呉レタルガ今日ハ國民政府ノスル事爲ス事唯止メルバカリナリ。自分ノ得居ル諸般ノ情報ヲ綜合スルニ重慶ニ於ケル抗日分子ハ支那全土ヲ失フモ自由ヲ得度シト豪語シ居リ、國民政府ノ現狀ニ於テハ斯ル連中ト理論鬪爭ヲナスモ到底勝目ナシ、自分ハ飯ヲ食フ爲ニ出馬セルモノニ非ス何トカシテ全面和平ヲ招來センカ爲ニ努力シ居ルモノニテ豫テヨリ全面和平成立ノ後ハ死ヲ覺悟シテ居ル次第ナルカ國民政府ノ現狀ヲ考フルトキハ夜モ眠ラレヌ氣持ナリ

---

579 昭和15年10月1日 阿部中国派遣大使より松岡外務大臣宛(電報)

条約交渉妥結について

南　京　10月1日後発
本　省　10月1日夜着

第四〇四號(至急、極祕、館長符號扱)

東亞局長へ日高參事官ヨリ[1]

九月二十一日附第三次訓令接到後連日支那側トノ間ニ會議ヲ行ヒ鋭意訓令ノ趣旨ノ貫徹ニ努メタル結果一日漸ク左ノ通リ妥決ニ到達セリ

一、共同宣言案中ノ國名順序ノ件ハ先方應諾ス

二、諒解事項第四ハ八月三十一日「イニシアル」濟案文(以下原案ト稱ス)ノ末尾「又事變繼續中ニ於テハ右統制ニ付日本國側ト協議スヘキモノトス」ヲ附加ス

三、祕密協定第二條、第三條ヲ單行協定トスル件先方應諾但シ表題ヲ區別ノ便宜ノ爲附屬祕密協約トシ(從テ第三條、第四條及末文ノ「本協定」ヲ「本協約」トス)前文ヲ「…署名スルニ當リ兩國全權委員ハ右條約ト一體ヲ爲スヘキモノトシテ左ノ諸條ヲ協定セリ」トス

四[2]、議事錄第四ニ付テハ第一項ヲ「兩國間ノ全般的平和克服シ戰爭狀態終了セル後ニ於ケル中華民國ノ治安ノ確立ハ日本國軍隊撤去完了ノ前提條件ヲ爲スモノナルヲ以テ日本國軍隊ハ治安確立ヲ見ル迄ハ撤去ヲ完了シ得サルハ勿論ナルノミナラス治安確立スルヤ卽時日本國軍隊（日本國中華民國間基本關係ニ對スル條約及兩國間ノ現行約定ニ基キ駐屯スルモノヲ除ク）ノ全部ノ撤去ヲ完了セシメントスルモ事實上其ノ不可能ナルコト明白ナリ（以下原案通リ）」トシ末項ヲ「最後ニ兩國交渉委員ハ互ニ相手方ノ陳述ヲ了承セル旨陳述シ且本議事錄ハ全般的平和克服ノ時又ハ其ノ後二年以內ニ是ヲ公表スルコトニ意見一致セリ」トス

（欄外記入）

支那側ニ於テハ「イニシアル」ヲ了シタル案文ニ對シ日本側ヨリ再ヒ修正ヲ持込マレタルニ當惑シ殊ニ前記三、及四、ノ修正ニ付テハ先方幹部會ニ於テモ激論アリタル模樣ニテ修正ニ多大ノ難色アリタルモ百方說得ノ結果漸クニシテ前記ノ所迄漕キ付ケタル次第ニテ是以上ヲ望ム？ハ絕對ニ不可能ト認メラルルノミナラス右妥結案ニ依ル訓令內容ノ實質ハ略貫徹セルモノト思考セラルルニ付本妥結案ニ依リ中央御意見ヲ纏メラルル樣御努力方切望ニ堪エス本官近日上京ノ上詳シク御說明申上クヘキモ右不取敢

（欄外記入）

仍テ日本國軍隊ノ全部的撤去ハ實際問題トシテ治安確立ノ時期ヨリ多少遲クルルコトトナルベキモ如何ニ遲クルルトモ二年以內ニハ之ノ完了スベシ

580　昭和15年10月2日　阿部中国派遣大使より松岡外務大臣宛（電報）

条約交渉妥結に関する阿部大使の報告

南　京　10月2日前発
本　省　10月2日前着

第四〇五號（至急、極祕、館長符號扱）

特第七三號

本使曩ニ六月十二日及七月二十六日興亞院會議決定ニ基ク訓令ヲ受ケ日支新國交調整ニ關スル條約締結ノ交渉ニ當リ去ル八月三十一日ヲ以テ妥結ニ到達シタル次第ハ當時報告ノ通リナリ然ル處今般九月二十一日附訓令ヲ以テ再應之カ

修正ヲ命セラルルニ至リタルハ本使ノ責任トシテ恐懼措ク能ハサル所ナリ

仍テ進退ヲモ相伺フヘキ處之カ爲益々條約ノ締結ヲ遲延セシメ信ヲ中外ニ失フノ結果ヲ來スノ惧レ鮮カラサルヲ以テ敢テ交渉ヲ繼續シタル結果漸ク本一日ヲ以テ妥結ニ到達セリ右ハ大體訓令ノ線ニ沿ヒ居ル處撤兵完了期ニ關スル部分ニ付先方ハ多大ノ難色ヲ示シ結局多少字句ヲ改メ漸ク之ヲ受諾セシメ得タル次第ニシテ右妥結案ニテモ訓令ノ實質ハ略々盡シ居ルモノト思考セラレ各般ノ情勢上之以上ヲ望ムコトハ絶對不可能ト認メラル右報告ス

尙日高參事官ヲ派遣シテ詳細報告セシム

581 昭和15年11月9日 在南京日高大使館参事官より松本条約局長宛

日満華共同宣言案の三国間協議に関する日高参事官報告

日滿華共同宣言案ニ關スル今次三國委員下協議ノ模樣ニ關シテハ累次電報報告竝ニ「クーリエ」携行ノ議事錄記載ノ通ナルカ右ニテ委細盡シ難キニ付補足旁々右下協議ノ內情貴官御參考迄左ノ通

一、日滿內協議

滿側ノ希望モアリ三國下協議開催ノ前日日滿間ノミニテ內協議ヲ行ヒタルカ(本官、韋長官モ出席)其ノ際本官ヨリ滿側ニ對シ從來ノ日華間ノ交渉經緯ヲ說明シタルニ對シ滿側ヨリ種々質問出テタルカ右質問中ニハ議事錄掲載ノモノ以外ニ左ノ如キ事項ニ關スルモノアリ之等ニ付テハ當方ヨリ左ノ通應酬スルト共ニ三國間下協議ノ議場ニ於テハ之ニ關スル質問ヲ爲スヲ差控フルコトニ打合セタリ

(イ)滿華間基本條約

本宣言ハ滿華間ニ日華基本條約ニ對應スル基本條約ヲ締結スルコトヲ妨ケサルモノナリヤトノ問ニ對シ條文ノ解釋トシテハ別ニ之ヲ排除スルモノニ非サル旨答ヘ置キタリ

(ロ)主權及領土ノ尊重

宣言案第一項ノ主權及領土ノ尊重ハ殊更之ヲ規定スル必要アリヤトノ質問ニ對シ日滿間ニハ必要ナカルヘキモ中國ノ參加スル三國間ノ宣言ナルヲ以テ之ヲ規定ス

ルノ意義アル次第ナル旨竝ニ本宣言ハ中國ノ滿洲國承認ヲ意味スルモノナレハ主權及領土ノ尊重ヲ規定スルハ主權國家トシテノ滿洲國ノ地位ヲ確定スルノ意義ヲモ有スルモノナル旨應酬セリ

(ハ)宣言案第二項ノ漢文ノ構成

第二項ノ構成ハ日本文ト漢文トノ間ニ差異アリ漢文ハ日本文ノ逆トナリ居リ要點カ違フ如キ感ヲ與フルニ非スヤトノ質問アリ此ノ點ニ付テハ中國側ノ意見ヲモ徵スルノ要アリタルヲ以テ第一回下協議終了後三國事務當局參集研究ノ結果漢文原案通ニテ差支ナシトノ結論ヲ得タリ

(ニ)今次下協議ノ議事範圍

共同宣言署名ノ時期、形式等ハ今次下協議ノ議ニ上セ差支ナキヤトノ問ニ對シ今回ハ共同宣言案其ノモノノ內容ニ付テノミ討議スルコトトシタキ旨述ヘタリ

尙滿側ハ今回來寧ノ機ニ於テ承認後ノ滿華間大使交換ニ付中國側ノ意向ヲ打診シタキ希望ヲ有シタルヲ以テ右打診ハ汪主席訪問ノ際爲スヲ適當トスヘキ旨「サジエスト」シタルカ徐、周兩次長ニ對シ滿側ハ直チニ大使任命ノ用意アル旨ヲ述ヘタルニ對シ兩次長ヨリ中國側モ同樣ノ考ナル旨竝建物等ニ關シ便宜供與アリ度キ旨ヲ述ヘタル由ナリ尙汪主席ハ本件ニ付明答ヲ避ケタル趣ナリ

二、國名順序及政府呼稱問題

共同宣言案中ノ國名、年號等ノ順序ハ日本文「テキスト」及漢文中中國側「テキスト」ニ付テハ既ニ日華間交涉ニ於テ決定濟ナリシモ滿側「テキスト」ニ付テハ未決定ナリシヲ以テ下協議開催前滿側及中國側トモ打合セノ上「滿、華、日」ノ順序ト爲スコトトセリ右ニ依リ日、滿、華共夫々一度宛第一位、第二位、第三位ノ順序ヲ與ヘラルルコトトナリタリ

政府ノ呼稱ニ付テハ日華間交涉ニ於テ日本文「テキスト」ニ於テハ「大日本帝國政府」(滿、華ニハ「大」ヲ附セス)漢文中中國側「テキスト」ニ於テハ「大中華民國政府」「大日本帝國政府」(滿ニハ「大」ヲ附セス)ト爲スコトニ決定シ居リタル處下協議前日ニ至リ中國側ヨリ滿側「テキスト」ニ於テモ「大中華民國政府」ト爲スヘキコトヲ主張シ來リタルカ斯クテハ滿側ヨリ「大滿洲

帝國政府」ト爲スヘシトノ要求ヲ誘發スルコト(ト欠カ)ナルヘキ點ヲ指摘シ之ヲ撤回セシメタリ

三、中國側委員ノ不在

褚外交部長廣東旅行中ノ故ヲ以テ滿側委員ハ豫定ヲ變更シ一週間遲レテ來寧シタルニ拘ラス褚部長未タ歸來セス徐代部長中國側委員ニ當リタル爲滿側ハ當初多少不滿ノ色アリタルモ其ノ後徐代部長以下中國側ノ誠意ヲ以テノ應待、汪主席訪問ノ際ノ厚遇等ニ依リ不滿モ解消シ且ツ滿側委員出發直前飛行場ニ於テ褚部長ノ歸來セルニ遇ヒ談合ノ機會ヲ得滿足シテ當地ヲ出發セル模樣ナリ

要之今次下協議ハ圓滿且友好的空氣ノ間ニ終始シ滿側ニ於テハ中國側ノ態度ニ多少ナリトモ冷カナル所ナキヤヲ虞レタル模樣ナキニアラサリシモ事實ハ右ニ反シ將來滿華兩國國交ノ爲ニモ極メテ好影響アルヘシト認メラル

尚汪主席訪問ノ際ノ會談錄（甲號）、一行滯寧中ノ行事「プログラム」（乙號）(省略)及韋長官主催宴會ニ於ケル徐代部長挨拶（丙號）(省略)御參考迄添附ス

昭和十五年十一月九日

在中華民國（南京）

大日本帝國大使館

日高參事官

外務省

松本條約局長殿

甲號

汪主席訪問談話記錄（劉試補記）

一、日　時　十一月八日午後五時ヨリ約十分

一、場　所　汪主席公館

一、訪問者　韋長官、尾形參事官、丁理事官、德田祕書官、劉試補

一、陪席者　徐次長、周常務次長

韋長官　今回余ハ本國政府ノ命ヲ承ケ中國側及日本側委員トノ間ニ日滿華三國共同宣言案下協議ヲナス爲南京ニ來リタル次第ナリ

貴國側各關係方面ヨリ多大ナル便宜ヲ供與サレ依テ今日ノ如キ三國國交調整ノ基礎タルヘキ共同宣言案モ「イニシアル」ヲ了シ無事任務ヲ終了スルヲ得タリ茲ニ謝意ヲ表ス

汪主席　貴委員カ遠路遙々ト滿洲ヨリ南京ニ來ラレ今回ノ意義アル下協議ニ參加セラレタルハ誠ニ御苦勞ニ存ス我々ハ過去ニ於テ同胞タリシガ今後モ同胞ノ關係ヲ繼續セザルベカラズ同胞ノ間ニ遠慮ノ要ナシ

韋長官　共同宣言案モ圓滿妥結シタルニヨリ我方トシテハ貴國トノ間ニ一日モ早ク使節ノ交換ガ實現サレンコトヲ希望ス

汪主席　(右長官ノ發言ニ對シ「ソウソウ」ト漠然タル意思表示アリ次テ)

會議ノ模樣ハ逐次報告ヲ受ケ又議事錄ヲモ讀ミ居リ會議ノ席上ニ於ケル貴委員ノ質問ヲヨク知リ居ルカ右質問ノ內容ハ非常ニ充實シ居リ感服セリ尚日高徐兩委員ノ之ニ對スル說明モ又至極結構ニシテ殊ニ共同宣言案カ原案通リ一字モ修正サルルコトナク會議ヲ通過シタルコトハ何ヨリモ結構ナルコトナリ

今後我々ハ更ニ「イニシアル」濟ノ共同宣言案ノ趣旨ヲシテ具体化セシムル要アリ

目下ノ世界政局ハ混沌タルモノニシテ此ノ混沌ノ眞最中ニ在ル我ガ東亞全体ハ一定シタル方針ト一定シタル進ムベキ方向ヲ定メ以テ我々ハ少クトモ東亞ヲ保全セザルベカラズ吾人ハ日本ハ東亞ニ於ケル先進國タルコトヲ認ムベク我々ハ日本ヨリ數十年モ遲レ居ルニヨリ我々ハ日本ニ學ビ且之ニ追付キ以テ東亞合作ノ一致團結ヲ圖ラザルベカラズト確信ス

我々ハ全面的和平ヲ實現サセ東亞全体ヲシテ一定シタル方針ヲ持タセ又一定シタル方向ヲ決定シ置クコトハ我國民ノ幸福デアリ我東亞ノ幸福デアリ將又全世界ノ幸福タルコトト確信スルモノナリ

最後ニ滿洲國皇帝陛下及張國務總理ノ近況ニ關シ種々質問アリ之ニ對シ韋長官ヨリ簡易ナル回答アリタリ

582　昭和15年11月28日　阿部中国派遣大使より松岡外務大臣宛(電報)

汪兆銘の国民政府主席就任について

南　京　11月28日後発
本　省　11月28日夜着

第五五三號(至急)

特第一〇五號

汪精衛ニ十八日本使來訪ノ際國民政府主席問題ニ關シ今次ノ日支條約締結ニ當リ自分カ代理主席ノ名義ニテハ面白カラストノ意見アルコトハ從來承知シ居リ政府部内ニモ種々ノ議論アリタル次第ナルカ本日ノ中央政治委員會會議ニ於テ今日ニ到リ依然代理主席ノ名稱ヲ用フルハ面白カラス自分カ正式主席ニ就任スヘキ旨滿場一致ヲ以テ可決セラレ梁鴻志、溫宗堯等特ニ強ク之ヲ主張セルニ依リ自分モ考慮ノ結果之ヲ受クルコトニ決意セリ抑々代理主席ヨリ正式主席ニ變ルニハ一應蔣介石ニ宛テ最後ノ電報ヲ寄セ其ノ反省ナキ場合之ヲ決行スル心組ナリシカ委員會ニ於ケル意見ニテハ假令蔣ニ電報スルモ到底滿足ナル返事ヲ爲ス筈モ無ク殊ニ條約締結差迫レル今日斯カル無用ノ手續ヲ執ルコトハ徒ニ時日ヲ遷延セシムルニ過キサルヲ以テ直ニ正式主席就任ヲ可トスルノ論強ク自分モ之ヲ諒トシテ直ニ就任方承諾セル次第ナリト述ヘタリ

583 昭和15年11月30日 調印

日華基本条約

日本國中華民國間基本關係ニ關スル條約

大日本帝國政府及

中華民國國民政府ハ

兩國相互ニ其ノ本然ノ特質ヲ尊重シ東亞ニ於テ道義ニ基ク新秩序ヲ建設スルノ共同ノ理想ノ下ニ善隣トシテ緊密ニ相提携シ以テ東亞ニ於ケル恆久的平和ヲ確立シ之ヲ核心トシテ世界全般ノ平和ニ貢獻センコトヲ希望シ之ガ爲兩國間ノ關係ヲ律スル基本的原則ヲ訂立セント欲シ左ノ通協定セリ

第一條

兩國政府ハ兩國間ニ永久ニ善隣友好ノ關係ヲ維持スル爲相互ニ其ノ主權及領土ヲ尊重シツツ政治、經濟、文化等各般ニ亙リ互助敦睦ノ手段ヲ講ズベシ

兩國政府ハ政治、外交、教育、宣傳、交易等諸般ニ亙リ相互ニ兩國間ノ好誼ヲ破壞スルガ如キ措置及原因ヲ撤廢シ且將來ニ亙リ之ヲ禁絶スルコトヲ約ス

第二條

兩國政府ハ文化ノ融合、創造及發展ニ付緊密ニ協力スベシ

第三條

兩國政府ハ兩國ノ安寧及福祉ヲ危殆ナラシムル一切ノ共產主義的破壞工作ニ對シ共同シテ防衞ニ當ルコトヲ約ス
兩國政府ハ前項ノ目的ヲ達成スル爲各其ノ領域內ニ於ケル共產分子及組織ヲ芟除スルト共ニ防共ニ關スル情報、宣傳等ニ付緊密ニ協力スベシ
日本國ハ兩國共同シテ防共ヲ實行スル爲所要期間中兩國間ニ別ニ協議決定セラルル所ニ從ヒ所要ノ軍隊ヲ蒙疆及華北ノ一定地域ニ駐屯セシムベシ

第四條

兩國政府ハ中華民國ニ派遣セラレタル日本國軍隊ガ別ニ定ムル所ニ依リ撤去ヲ完了スルニ至ル迄共通ノ治安維持ニ付緊密ニ協力スルコトヲ約ス
共通ノ治安維持ヲ必要トスル間ニ於ケル日本國軍隊ノ駐屯地域其ノ他ニ關シテハ兩國間ニ別ニ協議決定セラルル所ニ據ル

第五條

中華民國政府ハ日本國ガ從前ノ慣例ニ基キ又ハ兩國共通ノ利益ヲ確保スル爲所要期間中兩國間ニ別ニ協議決定セラルル所ニ從ヒ其ノ艦船部隊ヲ中華民國領域內ニ於ケル特定地域ニ駐留セシメ得ルコトヲ承認スベシ

第六條

兩國政府ハ長短相補ヒ有無相通ズルノ趣旨ニ基キ且平等互惠ノ原則ニ依リ兩國間ノ緊密ナル經濟提携ヲ行フベシ
中華民國政府ハ華北及蒙疆ニ於ケル特定資源就中國防上必要ナル埋藏資源ニ關シ兩國緊密ニ協力シテ之ヲ開發スルコトヲ約諾ス中華民國政府ハ其ノ他ノ地域ニ於ケル國防上必要ナル特定資源ノ開發ニ關シ日本國及日本國臣民ニ對シ必要ナル便宜ヲ提供スベシ
前項ノ資源ノ利用ニ關シテハ中華民國ノ需要ヲ考慮シ中華民國政府ハ日本國及日本國臣民ニ對シ積極的ニ充分ナル便宜ヲ提供スルモノトス
兩國政府ハ一般通商ヲ振興シ及兩國間ノ物資需給ヲ便宜且合理的ナラシムル爲必要ナル措置ヲ講ズベシ兩國政府ハ揚子江下流地域ニ於ケル通商交易ノ增進竝ニ日本國ト華北及蒙疆トノ間ニ於ケル物資需給ノ合理化ニ付テハ特ニ緊密ニ協力スベシ
日本國政府ハ中華民國ニ於ケル產業、金融、交通、通信等ノ復興發達ニ付兩國間ノ協議ニ依リ中華民國ニ對シ必要ナ

ル援助乃至協力ヲ爲スベシ
第七條
本條約ニ基ク日華新關係ノ發展ニ照應シ日本國政府ハ中華民國ニ於テ日本國ノ有スル治外法權ヲ撤廢シ及其ノ租界ヲ還付スベク中華民國政府ハ自國領域ヲ日本國臣民ノ居住營業ノ爲開放スベシ
第八條
兩國政府ハ本條約ノ目的ヲ達成スル爲必要ナル具體的事項ニ關シ更ニ約定ヲ締結スルモノトス
第九條
本條約ハ署名ノ日ヨリ實施セラルベシ
右證據トシテ下名ハ各本國政府ヨリ正當ノ委任ヲ受ケ本條約ニ署名調印セリ
昭和十五年十一月三十日卽チ中華民國二十九年十一月三十日南京ニ於テ日本文及漢文ヲ以テ本書各二通ヲ作成ス
大日本帝國特命全權大使　阿部　信行〔印〕
中華民國國民政府行政院院長　汪　兆　銘〔印〕

附屬議定書

本日日本國中華民國間基本關係ニ關スル條約ニ署名スルニ當リ兩國全權委員ハ左ノ通協定セリ
第一條
中華民國政府ハ日本國ガ中華民國領域內ニ於テ現ニ遂行シツツアル戰爭行爲ヲ繼續スル期間中右戰爭行爲遂行ニ伴フ特殊事態ノ存在スルコト及日本國ガ右戰爭行爲ノ目的達成上必要ナル措置ヲ執ルコトヲ諒解シ之ニ應ジ必要ナル措置ヲ講ズルモノトス
前項ノ特殊事態ハ戰爭行爲繼續中ト雖モ戰爭行爲ノ目的達成上支障ナキ限リ情勢ノ推移ニ應ジ條約及附屬文書ノ趣旨ニ準據シテ調整セラルベキモノトス
第二條
從前中華民國臨時政府、中華民國維新政府等ノ辨ジタル事項ハ中華民國政府ニ依リ繼承セラレ差當リ現狀ヲ維持セラレタルモノナルニ依リ右事項ノ中調整ヲ要スルモノニシテ未ダ調整セラレザルモノハ事態之ヲ許スニ伴ヒ兩國間ノ協議ニ依リ條約及附屬文書ノ趣旨ニ準據シテ速ニ調整セラルベキモノトス
第三條

兩國間ノ全般的平和克復シ戰爭狀態終了シタルトキハ日本國軍隊ハ本日署名セラレタル日本國中華民國間基本關係ニ關スル條約及兩國間ノ現行約定ニ基キ駐屯スルモノヲ除キ撤去ヲ開始シ治安確立ト共ニ二年以内ニ之ヲ完了スベク中華民國政府ハ本期間ニ於テ治安ノ確立ヲ保障スルモノトス

第四條

中華民國政府ハ事變發生以來中華民國ニ於テ事變ニ因リ日本國臣民ノ蒙リタル權利利益ノ損害ヲ補償スベシ

日本國政府ハ事變ノ爲生ジタル中華民國難民ノ救濟ニ付中華民國政府ニ協力スベシ

第五條

本議定書ハ條約ト同時ニ實施セラルベシ

右證據トシテ兩國全權委員ハ本議定書ニ署名調印セリ

昭和十五年十一月三十日卽チ中華民國二十九年十一月三十日南京ニ於テ日本文及漢文ヲ以テ本書各二通ヲ作成ス

大日本帝國特命全權大使　阿部　信行〔印〕

中華民國國民政府行政院院長　汪　兆　銘〔印〕

附屬議定書ニ關スル日華兩國全權委員間了解事項

本日日本國中華民國間基本關係ニ關スル條約ニ署名スルニ當リ右條約附屬議定書第一條及第二條ノ規定ニ關聯シ兩國全權委員間ニ左ノ了解成立セリ

第一　中華民國ニ於ケル各種徵稅機關ニシテ目下軍事上ノ必要ニ依リ特異ナル狀態ニ在ルモノニ付テハ中華民國ノ財政獨立尊重ノ趣旨ニ基キ速ニ之ガ調整ヲ計ルモノトス

第二　目下日本國軍ニ於テ管理中ノ公營、私營ノ工場、鑛山及商店ハ敵性ヲ有スルモノ及軍事上ノ必要等已ムヲ得ザル特殊ノ事情ニ在ルモノヲ除キ合理的方法ニ依リ速ニ之ヲ中華民國側ニ移管スル爲必要ナル措置ヲ講ズルモノトス

第三　日華合辦事業ニシテ固有資產ノ評價、出資比率其ノ他ニ付修正ヲ要スルモノアルニ於テハ兩國間ニ別ニ協議決定セラルル所ニ從ヒ之ガ是正ノ措置ヲ講ズルモノトス

第四　中華民國政府ハ對外貿易ニ關シ統制ヲ必要トスル場合ハ自主的ニ之ヲ行フモノトス但シ條約第六條ニ揭ゲラレタル日華經濟提携ノ原則ト抵觸スルコトヲ得ズ又事變繼續中ニ於テハ右統制ニ付日本國側ト協議スベキモノトス

第五　中華民國ニ於ケル交通、通信ニ關スル事項ニシテ調整ヲ要スルモノニ付テハ兩國間ニ別ニ協議決定セラルル所ニ從ヒ事態之ヲ許ス限リ速ニ之ガ調整ヲ計ルモノトス

昭和十五年十一月三十日卽チ中華民國二十九年十一月三十日南京ニ於テ日本文及漢文ヲ以テ本書各二通ヲ作成ス

大日本帝國特命全權大使　阿部　信行〔印〕

中華民國國民政府行政院院長　汪　兆　銘〔印〕

附屬祕密協約

本日日本國中華民國間基本關係ニ關スル條約ニ署名スルニ當リ兩國全權委員ハ右條約ト一體ヲ成スベキモノトシテ左ノ諸條ヲ協定セリ

第一條

條約第五條ノ規定ニ基キ日本國ハ所要ノ艦船部隊ヲ揚子江沿岸特定地點竝ニ華南沿岸特定島嶼及之ニ關聯スル地點ニ駐留セシムベク日本國艦船ハ中華民國領域內ノ港灣水域ニ自由ニ出入、碇泊シ得ルモノトス

日本國及中華民國ハ兩國共通ノ利益確保ノ爲支那海ノ交通路ヲ維持シ其ノ安全ヲ擁護スルコトヲ必要ト認メ條約第五條ノ規定ニ基キ兩國間ニ別ニ協議決定セラルル所ニ從ヒ華南沿岸特定島嶼及之ニ關聯スル地點ニ於テ緊密ナル軍事上ノ協力ヲ行フコトヲ約ス

第二條

中華民國政府ハ廈門及海南島竝ニ其ノ附近ノ諸島嶼ニ於ケル特定資源就中國防上必要ナル資源ニ關シ兩國緊密ニ協力シテ之ガ開發生產ヲ計ルコトヲ約諾ス右資源ノ利用ニ關シテハ中華民國ノ需要ヲ考慮シ中華民國政府ハ日本國及日本國臣民ニ對シ積極的ニ充分ナル便宜ヲ提供シ特ニ日本國ノ國防上ノ要求ヲ充足スルモノトス

第三條

兩國政府ハ兩國間ノ全般的平和克復ノ際又ハ其ノ以前ノ適當ノ時期ニ於テ協議ノ上本協約ヲ公表スルモノトス

第四條

本協約ハ條約ト同時ニ實施セラルベシ

右證據トシテ兩國全權委員ハ本協約ニ署名調印セリ

昭和十五年十一月三十日卽チ中華民國二十九年十一月三十日南京ニ於テ日本文及漢文ヲ以テ本書各二通ヲ作成ス

大日本帝國特命全權大使　阿部　信行　印

中華民國國民政府行政院院長　汪　兆　銘　印

附屬祕密協定

本日日本國中華民國間基本關係ニ關スル條約ニ署名スルニ當リ兩國全權委員ハ左ノ通協定セリ

第一條

兩國政府ハ兩國共通ノ利益ヲ增進シ東亞ニ於ケル平和ヲ確保スル爲相互提携ヲ基調トスル外交ヲ行ヒ之ニ反スルガ如キ一切ノ措置ヲ第三國トノ關係ニ於テ執ラザルコトヲ約ス

第二條

中華民國政府ハ中華民國領域內ニ駐屯スル日本國軍隊ノ駐屯地域及之ニ關聯スル地域ニ存在スル鐵道、航空、通信、主要港灣及水路等ニ付兩國間ニ別ニ協議決定セラルル所ニ從ヒ日本國ノ軍事上ノ必要事項ニ關シ其ノ要求ニ應ズルコトヲ約ス但シ平時ニ於ケル中華民國ノ行政權及管理權ハ尊重セラルベキモノトス

中華民國政府ハ前項ノ日本國軍隊ニ對シ兩國間ニ別ニ協議決定セラルル所ニ從ヒ駐屯ニ必要ナル諸般ノ便宜ヲ供與スルコトヲ約ス

第三條

兩國政府ハ必要ノ場合協議ノ上本協定ノ條項ノ全部又ハ一部ニ付公表スルノ措置ヲ執ルモノトス

第四條

本協定ハ條約ト同時ニ實施セラルベシ

右證據トシテ兩國全權委員ハ本協定ニ署名調印セリ

昭和十五年十一月三十日卽チ中華民國二十九年十一月三十日南京ニ於テ日本文及漢文ヲ以テ本書各二通ヲ作成ス

大日本帝國特命全權大使　阿部　信行　印

中華民國國民政府行政院院長　汪　兆　銘　印

祕密交換公文(甲)

(來翰譯文)

以書翰啓上致候陳者本日中華民國日本國間基本關係ニ關スル條約ニ署名スルニ當リ本官ト閣下トノ間ニ左ノ了解成立致候

第一

蒙疆(內長城線(含マズ)以北ノ地域トス)ハ前記條約ノ規定ニ基キ國防上及經濟上華日兩國ノ强度結合地帶タル特

殊性ヲ有スルモノナルニ鑑ミ現狀ニ基キ廣汎ナル自治權ヲ認メタル高度ノ防共自治區域ト爲スモノトス
中華民國政府ハ蒙疆ノ自治ニ關スル法令ニ依リ蒙疆自治ノ權限ヲ規定スベク右法令ノ制定ニ付テハ豫メ日本國政府ト協議スルモノトス

第二

一　中華民國政府ハ前記條約及附屬文書ノ規定スルガ如ク華北(内長城線(含ム)以南ノ河北省及山西省竝ニ山東省ノ地域)ガ國防上及經濟上華日間ノ緊密ナル合作地帶タルニ鑑ミ華北ニ華北政務委員會ヲ設置シ同委員會ヲシテ中華民國臨時政府ノ辨ジタル事項ヲ繼承處理セシメ居ル處右委員會ノ權限構成ハ兩國間ノ全般的平和克復後左記二ノ條項ヲ具現シ得ルヲ以テ限度トシ之ヲ目途トシテ速ニ調整整理セラルベキモノトス

二　兩國間ノ全般的平和克復後華北ニ於ケル華日協力事項中華北政務委員會ガ地方的ニ處理シ得ル事項ハ左ノ通トシ右ニ關シテハ中華民國政府ハ日本國政府トノ協議ニ基ク法令ニ依リ之ヲ規定スルモノトス

甲　防共及治安協力ニ關スル事項

(一)日本國軍隊駐屯ニ伴フ事項ニ關スル處理
(二)華日間ノ防共及治安協力ニ關スル所要事項ノ處理
(三)其ノ他華日軍事協力ニ關スル處理

但シ國防軍ニ關スル處理ハ中華民國政府ノ華北ニ特設スル軍事處理機關ニ依ルモノトス又華北政務委員會ノ保有スル綏靖部隊ノ兵力ニ關シテハ別ニ定ムル所ニ據ルモノトス

乙　華北ニ於ケル經濟提携就中國防上必要ナル埋藏資源ノ開發利用竝ニ日本國、滿洲國、蒙疆及華北間ノ物資需給ニ關スル事項

(一)日本國及日本國臣民ニ對シ資源就中國防上必要ナル埋藏資源ノ開發利用ニ關スル便宜供與ニ關スル事項
(二)日本國、滿洲國、蒙疆及華北間ノ物資需給ノ便宜且合理化ニ關スル處理
(三)日本國、滿洲國、蒙疆及華北間ノ通貨及爲替ニ付テノ協力ニ關スル處理
(四)鐵道、航空、通信、主要海運ニ付テノ協力ニ關スル處理

丙　日本人顧問及職員ノ招聘採用ニ關スル事項
丁　前記甲、乙及丙ニ掲ケラレサル事項ニ付テノ日本國及滿洲國トノ純粹ナル地方的處理ニ關スル交渉
三　華北政務委員會ハ中華民國政府ノ決定スル範圍內ニ於テ蒙疆トノ地方的連絡ニ關スル處理ヲ行フコトヲ得ルモノトス
四　華北政務委員會カ前記二及三ニ掲ケラレタル事項ヲ處理シタル場合ハ隨時之ヲ中華民國政府ニ報告スルモノトス

第三

中華民國政府ハ前記條約及附屬文書ノ規定ニ基キ揚子江下流地域ニ於テ經濟上華日間ノ緊密ナル合作ヲ具現スルコトトナリタルニ鑑ミ且右ニ關聯シ華日協力ノ實現上特ニ上海ノ占ムル重要ナル地位ニ鑑ミ日本國政府ト協力シテ新上海ヲ建設スヘク左記各項ニ關シ別ニ協議決定セラルル所ニ從ヒ華日間ノ提携ヲ具現スルモノトス
一　兩國ハ揚子江下流地域特ニ上海ニ於テ貿易、金融、產業及交通等ニ關シ緊密ニ協力スルコト
華日經濟協議會ヲ設置スルコト

二　兩國ハ上海ニ於テ思想、教育、宣傳、衞生、警察及文化事業ニ關シ緊密ニ協力スルコト
三　上海特別市ノ建設ニ關シ中華民國政府ハ同特別市ノ財源ニ付充分考慮シ建設ニ支障ナカラシムヘク日本國政府ハ右建設ニ付技術的協力ヲ爲スコト
四　上海特別市ノ對外交渉ニ關シテハ絕エズ兩國間ニ緊密ナル連絡ヲ保チ協力スルコト
五　日本國軍隊駐屯ニ伴フ事項中上海ニ於ケル地方的處理ニ付テハ上海特別市政府ヲシテ之ニ當ラシムルコト

第四

中華民國政府ハ前記條約及附屬文書ノ規定ニ基キ華南沿岸特定島嶼及之ニ關聯スル地點ニ於テ兩國間ノ緊密ナル軍事上ノ合作及經濟上ノ提携ヲ具現スルコトトナリタルニ鑑ミ兩國間ニ別ニ協議決定セラルル所ニ依リ現狀ニ從ヒ左ノ措置ヲ執ルモノトス
一　海南島及附近ノ諸島嶼ヲ省域トスル一省ヲ設クルコト
二　厦門島及其ノ附近ヲ市域トスル厦門特別市ヲ設クルコト

三　前記諸地域ニ於ケル華日協力事項中軍事協力及經濟提携ニ關スル事項ニ付圓滑ニ地方的處理ヲ行ヒ得ル如ク措置スルコト

第五

中華民國政府ハ日本國政府トノ間ニ別ニ協議決定セラル所ニ從ヒ華日協力事項ニ關シ日本人技術顧問及軍事顧問ヲ招聘シ竝ニ日本人職員ヲ採用スルモノトス

前項ノ顧問ノ職權及服務規程ハ兩國間ニ別ニ協議決定セラルル所ニ從ヒ中華民國政府ニ於テ之ヲ定ムヘク又前項ノ職員ノ任務ハ中華民國法令ノ定ムル所ニ據ルモノトス

本官ハ閣下ニ於テ右了解ヲ確認セラレンコトヲ希望致候

本官ハ茲ニ閣下ニ向テ敬意ヲ表シ候　敬具

中華民國二十九年十一月三十日

大中華民國國民政府行政院院長

汪　兆　銘　印

大日本帝國特命全權大使

阿部　信行閣下

(往　翰)

以書翰啓上致候陳者本日附貴翰ヲ以テ左記ノ趣御申越相成敬承致候

(以下來翰譯文ノ內容)

本使ハ茲ニ前記了解ヲ確認致候

右回答旁本使ハ閣下ニ向テ敬意ヲ表シ候　敬具

昭和十五年十一月三十日南京ニ於テ

大日本帝國特命全權大使

阿部　信行　印

中華民國國民政府行政院院長

汪　兆　銘　閣下

祕密交換公文(乙)

(來翰譯文)

以書翰啓上致候陳者本日中華民國日本國間基本關係ニ關スル條約ニ署名スルニ當リ右條約附屬議定書第一條ノ規定ニ關聯シ日本國ガ中華民國領域內ニ於テ現ニ遂行シツツアル戰爭行爲ヲ繼續スル期間中中華民國政府ハ右日本國ノ戰爭行爲ノ目的完遂ニ付積極的ニ協力スベキ旨本官ト閣下トノ間ニ了解成立致候

本官ハ閣下ニ於テ前記了解ヲ確認セラレンコトヲ希望致候
本官ハ茲ニ閣下ニ向テ敬意ヲ表シ候　敬具

中華民國二十九年十一月三十日

大中華民國國民政府行政院院長

汪　兆　銘　印

大日本帝國特命全權大使

阿部　信行閣下

（往　翰）

以書翰啓上致候陳者本日附貴翰ヲ以テ左記ノ趣御申越相成敬承致候

（以下來翰譯文ノ內容）

本使ハ茲ニ前記了解ヲ確認致候
右回答旁本使ハ閣下ニ向テ敬意ヲ表シ候　敬具

昭和十五年十一月三十日南京ニ於テ

大日本帝國特命全權大使

阿部　信行　印

中華民國國民政府行政院院長

汪　兆　銘　閣下

584　日満華共同宣言

昭和15年11月30日　調印

日滿華共同宣言

大日本帝國政府
滿洲帝國政府及
中華民國國民政府ハ
三國相互ニ其ノ本然ノ特質ヲ尊重シ東亞ニ於テ道義ニ基ク新秩序ヲ建設スルノ共同ノ理想ノ下ニ善隣トシテ緊密ニ相提携シ以テ東亞ニ於ケル恆久的平和ノ樞軸ヲ形成シ之ヲ核心トシテ世界全般ノ平和ニ貢獻センコトヲ希望シ左ノ通宣言ス

一　日本國、滿洲國及中華民國ハ相互ニ其ノ主權及領土ヲ尊重ス

二　日本國、滿洲國及中華民國ハ互惠ヲ基調トスル三國間ノ一般提携就中善隣友好、共同防共、經濟提携ノ實ヲ擧グベク之ガ爲各般ニ亙リ必要ナル一切ノ手段ヲ講ズ

三　日本國、滿洲國及中華民國ハ本宣言ノ趣旨ニ基キ速ニ約定ヲ締結ス

昭和十五年十一月三十日卽チ康德七年十一月三十日、中華民國二十九年十一月三十日南京ニ於テ

大日本帝國特命全權大使　阿部　信行（印）

滿　洲　帝　國　參　議　臧　式　毅（印）

中華民國國民政府行政院院長　汪　兆　銘（印）

585　昭和15年11月30日

日華基本条約および日満華共同宣言成立に関する日本政府公表

付記一　昭和十五年十一月三十日
日華基本条約および日満華共同宣言成立に関する情報部長談話

二　昭和十五年十二月一日付
日華基本条約成立に対するハル米国務長官の声明

日華基本條約竝日滿華共同宣言ニ關スル帝國政府公表

（昭和十五年十一月三十日午後一時）

本十一月三十日南京ニ於テ日華兩國全權ハ兩國基本關係ニ關スル條約、同附屬議定書竝ニ附屬議定書ニ關スル兩國全權委員間了解事項ニ調印シ次イテ日滿華三國全權ハ日滿華共同宣言ニ調印ヲ了セリ以上ヲ以テ帝國政府ハ汪精衞氏ヲ首班トスル中華民國國民政府ヲ正式ニ承認シ中華民國國民政府ハ滿洲國ヲ承認シ滿洲國政府ハ中華民國國民政府ヲ承認セル次第ナリ。

關係文書ノ內容ハ左記ノ通ナリ。（以下省略）

（付記一）

日華間基本條約及日滿華共同宣言ニ關スル須磨情報部長談

（昭和十五年十一月三十日午後一時）

本日南京ニ於テ午前十時阿部大使ト汪行政院長（汪氏ハ二十九日國民政府主席ニ就任シタルモ條約締結ニ關スル交涉及調印ハ行政院長ノ資格ニ於テ爲シタル次第ナリ）トノ間ニ日華間ノ基本關係ニ關スル條約及附屬諸取極カ調印セラレ、之ニ依リ日本ハ新國民政府ヲ中國ニ於ケル正當政府トシテ正式ニ承認シタ譯テアルカ引續キ午後零時阿部大使、臧式毅全權及行政院長トノ間ニ日滿華共同宣言ノ調印ヲ見

ルニ至リ滿洲國ハ汪精衞氏ヲ首班トスル國民政府ヲ承認シ、國民政府ハ滿洲國ヲ承認シ玆ニ三國相提携シテ東亞新秩序建設ニ邁進スヘキ基礎ノ確立ヲ見タコトハ慶賀ニ堪ヘナイ所テアル。

今次事變發生以來皇軍ノ進出ニ伴ヒ中國各地ニ治安維持會ノ發生ヲ見、ソレ等ハ漸次臨時、維新ノ兩政府ニ吸引結集セラレ新中國建設ノ機運ハ漸次成熟シツツアツタカ果然汪精衞氏ヲ領導者トスル和平救國運動ノ擡頭ヲ見ルニ至ツタ。本運動ハ日本ト提携シテ新東亞ヲ建設スル目的トシ是カ爲共產主義、抗日運動ヲ排除シ、日華提携ノ更生國民黨政權ヲ樹立スルコトトナリ昭和十三年十二月遂ニ汪氏ノ重慶脫出トナツテ世界ノ表面ニ現レ出タノテアル（十二月十八日）、次テ東亞新秩序建設ニ關スル近衞內閣總理大臣ノ談話（十二月二十二日）ニ對應セル汪氏ノ和平反共宣言（十二月三十日）トナリ其後汪氏ハ河內ヨリ上海ニ到着（昭和十四年五月八日）同地ニ和平運動ノ根據ヲ置クコトトナツタカ、續イテ同年五月三十一日東京ヲ訪レ、當時平沼總理及近衞前總理トモ會見ノ上和平運動ニ對スル日本側ノ決意ヲ知リ、愈々本格的運動ニ乘出スコトトナリ、八月二十八日中國國民黨第六次全國代表大會（六全大會）ヲ上海ニ招集シ、日華關係ヲ根本的ニ調整シ國交ヲ恢復スルコト及國民黨ノ機構ヲ改正シテ汪氏ヲ黨中央執行委員會主席トスルコト等ヲ可決シ歪曲セラレタル三民主義ニ對シテ純正解釋ヲ下シタノテアル。玆ニ於テ和平救國運動ハ一轉シテ和平建國運動トナリ純正國民黨ハ從來ノ以黨治國ノ主張ヲ拋棄シ各黨各派無黨無派ノ人士ト協力シテ新中央政府樹立ノ工作ニ乘出シタノテアル。

新中央政府樹立ノ工作ハ聽テ九月十九日ヨリ三日間南京ニ於ケル汪精衞、王克敏、梁鴻志三氏間ノ所謂三巨頭會談トナリ昭和十五年ニ入ルヤ一月二十三日ノ靑島會談（汪精衞、王克敏、梁鴻志三氏）二月十二日汪氏ト各黨各派、社會上重望アル人士トノ會談ヲ以テ中央政府樹立大綱、政綱等ニ關スル意見ノ一致ヲ見遂ニ三月二十日新中央政府樹立ノ根本ヲ定ム可キ中央政治會議ノ開催トナツタノテアル。同會議ニハ國民黨十名、臨時政府、維新政府各五名、蒙古聯合自治政府、國家社會黨、中國靑年黨各二名其他社會上重望アル者四名、合計三十名ノ議員出席シ、日華關係調整案、中央政府樹立大綱案、國民政府政綱、中央政治委員會組織條例等ノ十二重要案件可決セラレ、二十五日閉會、同三十日南京ニ於テ國民政府還都典禮擧行セラレ、主席代理汪精衞氏還都宣言ヲ發シ玆ニ國民政府ハ東亞新秩序建設ノ分擔者トシテ歴史的第一歩ヲ踏ミ出スコトトナツタノテアル。

他方中央政府樹立工作ト併行シテ日華國交調整ノ交渉ハ之ト不可分ニ遂行セラレ來ツタカ昭和十四年八月末ノ國民黨六全大會以後ハ善隣友好、共同防共、經濟提携ノ三大原則ヲ基調トシテ愈々急調ニ展開セラレ十二月三十日上海ニ於テ兩國工作者間ニ國交調整ニ關スル基本觀念ノ一致ヲ見タノテアル。

而シテ昭和十五年三月三十日新中央政府成立ヲ見ルヤ帝國政府ハ四月一日阿部信行氏ヲ特命全權大使ニ任命、二十三日南京着任後、日華國交修復ニ關スル準備ハ着々辨理セラレ、七月五日阿部大使、汪主席代理以下出席ノ下ニ第一回正式會議開カレ、汪氏ヨリ會議ニ對スル中國側ノ期待ヲ表明シ、之ニ對シ、阿部大使ヨリ交渉ニ對スル我方ノ見解ヲ披瀝シタ。爾後時ヲ閲スルコト約二箇月、八月二十八日迄ノ間ニ正式會議ヲ開クコト十五回、彼我雙方ノ互讓ト言ハンヨリ寧ロ東亞新秩序建設ヘノ熱情ハ能ク錯雜セル論點ヲ超克シ八月二十八日ノ第十五回正式會議ヲ以テ條約案文ハ一應ノ決定ヲ見、同三十一日兩國委員ノ間ニ「イニシアル」カ行ハレタ、次テ「イニシアル」ヲ經タル案文ニ付兩國各々國內的檢討ヲ重ネタル結果、局部的ニ其ノ修正ノ必要ヲ認メ九月下旬再折衝ノ上右修正ニ關スル意見ノ妥結ヲ見、十月一日兩國委員間ニ「イニシアル」カ行ハレタノテアル。

他方帝國ニ對シ常ニ全面的支持ヲ吝マナカツタ滿洲國トモ、日滿華共同宣言案ニ付折衝カ行ハレテ居ツタカ十一月上旬南京ニ於テ滿洲國委員外務局長官韋煥章氏ヲ迎ヘ十一月八日右三國委員間ノ「イニシアル」カ行ハレルニ至ツタ。是ヨリ曩阿部大使ハ十月二十七日歸朝、同月二十九日近衞總理大臣ト會見シテ一切ノ復命ヲ了シ條約案ハ十一月十三日ノ御前會議ヲ經テ樞密院ノ御諮詢ニ付セラレ、十一月二十七日同院ノ本會議ニ於テ可決セラレ本日玆ニ調印ヲ了シタ次第テアル。

(付記二)

日華基本條約成立ニ對スル「ハル」長官ノ否認聲明

國務卿「ハル」ハ昨日—三十日—午後曩ニ日本支持下ノ南京政府ニ對スル遺責（譴カ）ヲ再度聲明シタカ、ソノ條約調印ヲ批評シテ曰ク本年三月發表シタトコロノ聲明ハ日本カ正式ニ南京ヲ承認シタ事ニヨツテ變更スルモノデナイ云々（「ユーピー・ニユーヨーク」一日電）

586　昭和15年12月

日華基本条約の交渉経緯に関する阿部大使復命報告書の抜粋

昭和十五年十二月

日華條約締結ニ關スル復命報告書

特命全權大使　阿部　信行

不肖曩ニ特命全權大使トシテ特ニ中華民國ニ派遣セラレ日華間ノ新關係調整ニ關スル條約締結方ノ命ヲ受ケ爾來之ガ締結ノ交渉ニ從事セル處去ル十一月三十日ヲ以テ日本國中華民國間基本關係ニ關スル條約及附屬文書竝ニ日滿華共同宣言ニ署名調印ヲ了セリ

右復命報告ス委細別紙報告書ノ通

昭和十五年十二月十七日

中華民國派遣特命全權大使　阿部　信行

外務大臣　松岡　洋右殿

（別　紙）

昭和十五年十二月

日華條約締結ニ關スル報告書

特命全權大使　阿部　信行

日華條約締結ニ關スル報告書目次

緒　言
第一章　中華民國派遣特命全權大使ノ任命ト隨員團ノ構成
第二章　條約交渉開始前ノ經緯
第一節　條約交渉開始前ノ中國側內情
第二節　第一次訓令ノ受領ト交渉開始準備
第三章　條約交渉經緯概要
第一節　七月中ニ於ケル交渉經緯、第二次訓令ノ受領
第二節　八月中ニ於ケル交渉經緯
第三節　日華交渉通觀
第四節　條約案文ニ對スル「イニシアル」ノ終了

第五節　第三次訓令ノ受領ト案文ノ字句形式ノ修正
第六節　日華交渉ト滿洲國トノ關係
第七節　日滿華三國委員下協議
第四章　條約ノ調印
第一節　調印準備ト汪兆銘ノ正式主席就任
第二節　調印式
第三節　條約ノ調印ト今後ノ對支施策管見
附錄第一（別册）　昭和十五年十一月三十日調印ノ日華間條約及日滿華共同宣言
附錄第二（別册）　條約交渉會議記錄

第三章　條約交渉經緯概要

條約交渉ノ經緯ノ詳細ハ附錄「日支條約交渉會議記錄」ニ之ヲ讓リ本章ニ於テハ右經緯ノ概要ヲ期ヲ分チテ敍述セントス

第一節　七月中ニ於ケル交渉經緯、第二次訓令ノ受領

七月五日午前十時ヨリ寧遠樓ニ於テ第一回正式會議ヲ開催シ汪院長開會ノ挨拶ヲ述べ次デ本使ヨリ挨拶ヲ述べタリ（會議記錄參照）本使ハ其ノ挨拶中ニ於テ今次條約交渉ニ關スル我方ノ根本的見解ヲ披瀝シ置クヲ必要ト認メ右根本的見解トシテ㈠所謂近衛聲明ヲ兩國國交調整ノ基本觀念トスベキコト㈡今次交渉ノ實質的基礎ハ之ヲ客年末ノ「日支新關係調整ニ關スル協議書類」ニ求ムベキコト及㈢今回ノ條約ハ戰爭行爲繼續中ニ於テ締結セラルル條約トシテノ特殊性ヲ具備スベキモノナルコトノ三點ヲ强調セリ中國側ニ於テモ右見解ニハ完全ナル同意ヲ表示シ殊ニ右㈡ノ點ハ中國側ニ安堵ヲ與ヘタルモノノ如ク交渉開始劈頭ニ於ケル双方根本的見解ノ一致ハ爾後ノ交渉ノ進展ヲ圓滑ナラシムルノ效果アリタリト思料セラル右挨拶ノ後日高委員ヨリ日支双方祕書局ニ於テ事前ニ折衝セル今次會議ノ構成其ノ他ニ關スル打合ヲ披露シ褚委員之ニ同意ヲ表シ同日ノ會議ヲ終了セリ

翌七月六日午前十時ヨリ第二回正式會議ヲ開催シ我方ヨリ十六項目ニ亘ル「日本側提案要項」ヲ提出シ同時ニ「基本條約要綱案」ヲ提出セリ（會議記錄參照）日高委員ヨリ右提案要項ハ日支間新國交調整ノ最初ノ條約タル今次條約中ニ掲ゲ置クヲ適當ト認メタル事項ヲ客年末ノ協議書類ヨリ抽出シテ掲記セルモノナル旨竝ニ右十六項目ヲ分チテ如何ナ

ル形式ノ文書ニ纏メ規定スベキヤノ點ニ關シテハ日支間ノ恆久的關係ヲ律スベキ基本的原則的事項ヲ基本條約ニ、稍過渡的ノ意義ヲ有スル重要事項ヲ附屬議定書ニ、同ジク重要事項ナルモ發表スルヲ適當トセザル事項ヲ附屬祕密協定ニ夫々規定スルヲ適當トスル旨ノ説明ヲ行ヒ中國側研究ヲ約シテ散會セリ

爾後七月中ニ於テ第三回（九日）第四回（十五日）第五回（十九日）第六回（二十二日）第七回（二十六日）及第八回（三十一日）ノ各正式會議ヲ開催シ（會議記録參照）其ノ間頻繁ニ非公式會談ヲ行ヒタリ第三回正式會議（七月九日）ニ於テハ基本條約前文（東亞新秩序建設ノ共同目標ニ關スル件）、同第一條（主權及領土ノ尊重竝ニ善隣友好互助敦睦ニ關スル件、好誼破壞ノ措置及原因ノ撤廢禁絶ニ關スル件）同第二條（文化協力ニ關スル件）同第三條第一項及第二項（共同防共ニ關スル件）ノ妥結ヲ見タリ第四回正式會議（七月十五日）ニ於テ我方ヨリ附屬議定書要綱案ヲ提出シ第五回正式會議（七月十九日）ニ於テ議定書第四條（日本國臣民ノ蒙リタル權利利益ノ損害補償竝ニ中華民國難民ノ救濟ニ關スル件）ノ規定ニ付意見一致ヲ見第六回第七回正式會議（七月二十二日及二十六日）ニ於テ基本條約第六條第一項（一般經濟提携ニ關スル件）同第三項（資源ノ利用ニ關スル件）同第四項（通商ノ振興及物資需給ノ合理化ニ關スル件）同第五項（產業、金融、交通、通信等ノ復興、發達ニ付テノ協力ニ關スル件）及基本條約第七條（租界還付及治外法權撤廢竝ニ內地開放ニ關スル件）ニ付妥結ニ到達シ七月中最後ノ會議タル第八回正式會議（七月三十一日）ニ於テ基本條約第四條（共通ノ治安維持ニ關スル件）及同第五條（艦船部隊ノ駐留ニ關スル件）ノ兩規定ニ付妥結ヲ見ルニ至レリ

然レ共防共駐兵ノ期間（基本條約第三條第三項）資源開發協力ノ地域的範圍（同第六條第二項）戰爭目的完遂ニ對スル協力（議定書第一條）既成政權ノ所辨事項ノ承繼（同第二條）日本國軍隊ノ撤兵（同第三條）ノ諸案件ニ付テハ未ダ妥結ヲ見ルニ至ラズ之ガ討議ヲ八月ニ繰越スコトトナレリ

一方七月二十七日附ヲ以テ條約交渉ニ關スル第二次訓令發セラレ「大使ニ對スル訓令（甲）」（別紙第三號）ニ於テ附屬祕密協定及交換公文ノ內容ニ關スル指示ヲ受ケ同時ニ「大使ニ對スル訓令（乙）」ニ於テ從來ノ交渉狀況ニ關スル中央御意向ノ指示ニ接シタリ仍テ隨員ヲシテ右第二次訓令ノ趣

旨ヲ體シ爾後ノ交渉ニ對スル對策ヲ錬ラシムル所アリ斯クテ交渉第一月ヲ終了セリ

第二節　八月中ニ於ケル交渉經緯

八月中ニ於テ第九回（二日）第十回（九（十カ）日）第十一回（十四日）第十二回（十七日）第十三回（二十一日）第十四回（二十四日）第十五回（二十八日）及第十六回（三十一日）合計八回ノ正式會議及其ノ間更ニ頻繁ナル非公式會談ヲ開催セリ（會議記錄參照）此ノ期間ニ於テハ正式會議ニ於ケル議論ノ紛糾ヲ避ケ議事ノ進行ヲ速カナラシムル爲重要案件ニ付テハ正式會議上程前小人數ノ非公式會談ニ於テ腹藏ナキ意見ノ交換ヲ遂グルコトトセリ右非公式會談ハ時トシテ深刻ナル討論ニ終始セルコトアリシモ概シテ友好的雰圍氣ノ裡ニ妥結ヲ收ムルノ效果ヲ擧グルヲ得タリ

第九回正式會議（八月二日）ニ於テハ附屬議定書第二條（既成ノ政權ノ辨ジタル事項ノ承繼及其ノ調整ニ關スル件）ニ付妥結ヲ見次デ我方ヨリ附屬議定書ニ關スル日華兩國全權委員間了解事項案（會議記錄參照）ヲ提出セリ右了解事項案ハ第七回正式會議（七月二十六日）ニ於テ附屬議定書ノ追加條項トシテ中國側ノ提出シ來レル十項目中我方ノ受諾シ得ベキモノヲ撰ビテ形式ヲ了解事項ト爲シタルモノナリ第十回正式會議ハ七日開催ノ豫定ナリシモ非公式會談ニ於ケル重要案件ノ審議纒ラザル爲十日ニ延期開催セラレ同日ノ會議ニ於テモ何等妥結ノ歩ヲ進ムルコトナカリキ八月初旬ヨリ中旬ニ至ル期間ハ實ニ今次交渉ノ最大難關ニ逢着セル期間ニシテ重要案件ニ付日支双方互ニ自己ノ主張ヲ固守シテ讓ラズ時恰モ南京ノ暑熱酷烈ヲ極メ日支双方ノ交渉關係者ノ苦心絶大ナルモノアリタリ

第十一回正式會議（八月十四日）ニ於テ了解事項第二（軍管理工場等ノ移管）同第四（對外貿易ノ統制）ニ付意見一致ヲ見次デ我方ヨリ附屬祕密協定要綱案（會議記錄參照）ヲ提出シタルガ同案ニ付テハ事前ニ非公式會談ニ於テ審議ヲ盡シタルヲ以テ卽日第一條（外交上ノ相互提携ニ關スル件）第四條第一項（鐵道、航空、通信、主要港灣及水路ニ付テノ軍事上ノ必要事項處理ニ關スル件）第五條第一項（祕密協定ノ條項ノ公表措置ニ關スル件）ノ妥結ヲ見タリ

第十二回正式會議（八月十七日）ニ於テハ了解事項第一（中國徵税機關ノ特異狀態調整）同第三（日華合辨事業ノ資産評價、出資比率等ノ修正）祕密協定第二條（艦船部隊ノ駐留及

之ニ關聯スル軍事上ノ協力ニ關スル件)同第四條第二項及同第五條第二項ニ付意見一致ヲ見同日更ニ我方ヨリ「條約ト協議書類ノ關係」ニ關スル議事錄案(議事錄第一)、蒙疆、華北、上海、海南島及厦門ニ關スル祕密交換公文案竝ニ日本人顧問ニ關スル祕密交換公文案(後日兩交換公文ヲ合一シテ交換公文(甲)トナル、附錄會議記錄參照)ヲ提出セリ

第十三回正式會議(八月二十一日)ニ於テハ我方ヨリ基本條約、附屬議定書、附屬祕密協定ノ各々ニ付實施期日ノ規定及末文ノ案竝ニ基本條約第八條トシテ具体的約定ノ締結ニ關スル規定ノ案ヲ提出シ夫々妥結ヲ見タル外懸案ノ基本條約第三條第三項(防共駐兵ノ期間)及議事錄第一ニ付意見一致シ尙同日ノ會議ニ於テ我方ヨリ日華滿共同宣言案(會議記錄參照)「條約作成ノ基礎原則」ニ關スル議事錄案(議事錄第二)及戰爭行爲ノ目的完遂ニ對スル協力ニ關スル祕密交換公文案(交換公文(乙))ヲ提出セリ

第十四回正式會議(八月二十四日)ニ於テハ幾多ノ重要規定ニ付妥結ヲ見交涉モ漸ク峠ヲ越シタル觀アリ卽チ同日ノ會議ニ於テ基本條約第六條第二項(資源ノ開發ニ關スル件)議定書第三條(撤兵ニ關スル件)了解事項第五(交通、通信ニ關スル事項ノ調整)祕密協定第三條(海南島其ノ他華南沿岸特定島嶼ニ於ケル資源ノ開發利用ニ關スル件)交換公文(甲)及(乙)、議事錄第二ニ付意見ノ一致ヲ見ルニ至レリ尙同會議ニ於テ我方ヨリ「今次條約ト最惠國約款トノ關係」ニ關スル議事錄案(議事錄第三)「日本國軍隊ノ撤去完了期」ニ關スル議事錄案(議事錄第四)及協議書類照合ニ關スル覺書案ヲ提出シ(會議記錄參照)右ノ中議事錄第三及覺書案ニ付テハ卽日妥結ヲ見タリ

八月二十八日第十五回正式會議ヲ開催シ日華滿共同宣言案ノ字句修正ニ付意見一致シタル外附屬議定書第一條(事變繼續中ノ特殊事態及其ノ調整竝ニ戰爭目的完遂ニ對スル協力ニ關スル件)及議事錄第四ノ妥結ヲ見更ニ我方ヨリ「條約第八條ノ約定」ニ關スル議事錄案(議事錄第五)ヲ提出シ直ニ之ヲ決定斯クテ第十五回正式會議ヲ以テ條約及附屬文書ノ全案文ニ付完全ナル妥結ヲ見タリ

第三節　日華交涉通觀

二ケ月ニ亘ル日華條約交涉ノ經緯ヲ通觀スルニ交涉劈頭ニ於テ今次交涉ノ本質ニ關スル双方ノ根本的見解ノ一致ヲ見且交涉繼續中日華兩國交涉委員ハ今次條約締結本來ノ趣旨

ニ鑑ミ常ニ對手方ニ臨ムニ深キ同情ト理解トヲ以テシ虚心坦懐折衝ニ努メタリト雖モ交渉個々ノ段階ニ於テ難關ニ逢着スルコト一再ニ止マラス妥結ニ長時日ヲ要シタルコトアルモ右ハ交渉内容ノ重要性ニ鑑ミ又當然ノ次第ナルベシ

今次交渉ヲ通ジ最モ妥結ニ困難ヲ來セル主要案件ハ防共駐兵、治安維持協力、艦船部隊ノ駐留、資源ノ開發利用、戰爭行爲繼續中ノ特殊事態、既成政權ノ處辨事項ノ承繼、日本國軍隊ノ撤兵等ニ關スル事項ナリキ之等ノ事項ハ何レモ客年末ノ「日支新關係調整ニ關スル協議書類」中ニ於テ一應ノ解決ヲ與ヘラレ居ルモノナリト雖モ今次交渉ハ之ヲ國家間ノ正式約定トシテ規定セントスルモノナルヲ以テ右事項ニ付テノ地域的又ハ時間的範圍ノ問題ニ關シ或ハ右事項ニ關スル規定ノ表現方法ニ關シ兩國交渉委員間ニ深刻ナル論爭ヲ惹起シタルハ蓋シ已ムヲ得ザリシ次第ナリ

更ニ日華双方ノ立場ニ於テ對蹠的ノモノアリシコトモ亦率直ニ之ヲ認メザルベカラズ卽チ我方ハ無賠償無割讓ノ大乘的見地ニ立チタリト雖モ第一ニ戰爭行爲繼續中ニ在ル我方トシテハ戰爭目的完遂ノ爲ノ絶對的要求ヲ有シ第二ニ東亞新秩序ノ建設ニ今次事變ノ至上意義ヲ求ムル我方トシテハ右秩序建設ノ爲必須トスル軍事的及經濟的手段ノ確保ニ關スル强キ要請アリ右我方ノ立場ニ對シ中國側トシテハ第一ニ中國ノ主權獨立ノ尊重ヲ絶對的條件ト爲シ從テ第二ニ日華間ニ於ケル凡ユル提携協力ハ平等互惠ノ地歩ニ於テノミ行ハザルベカラズトノ制約アリ右ハ中國一般民衆ニ對スル立場ヲ考慮シ重慶政權ニ反省ヲ促サントスル新政府側トシテハ當然ノ主張ナルベキモ我方ノ實質的要請ニ對シ先方ノ主張ハ常ニ形式、面子ノ上ニアリ卽チ我ハ實質ヲ求メ彼ハ形式ヲ糊塗セントス是實ニ今次交渉ニ於ケル彼我ノ立場ヲ對蹠的ナラシメタル最大原因ナリ

然リト雖モ今次交渉ニ於テ双方當事者ガ究極ノ目的ヲ一ニシ前記ノ如ク互ニ對手方ニ對シ深キ同情ト理解トヲ以テ臨ミ爲ニ會議カ常ニ和氣靄々タル雰圍氣ノ裡ニ終始シ圓滿ナル妥結ニ到達シタルノ事實ハ以テ日華兩國間ノ將來ノ緊密ナル提携關係ヲトスルニ足ルモノト謂フベシ

第四節　條約案文ニ對スル「イニシアル」ノ終了

八月二十八日第十五回正式會議ヲ以テ交渉ハ實質的妥結ニ到達シタルニ依リ同日迄ノ交渉成果ヲ一應確認スル意味ニ於テ案文ノ「イニシアル」ヲ行フコトニ日華双方ノ意見一

致シ八月三十一日午後四時ヨリ第十六回正式會議ヲ開催シ先ツ双方ノ首席交渉委員タル日高參事官及褚外交部長ニ於テ左ノ文書ノ日華兩案文ニ付「イニシアル」ヲ行ヒタリ

一、日華滿共同宣言案
二、日本國中華民國間基本關係ニ關スル條約案
三、附屬議定書案
四、附屬議定書ニ關スル日華兩國全權委員間了解事項案
五、附屬祕密協定案
六、祕密交換公文(甲)案
七、祕密交換公文(乙)案
八、議事錄拔萃案
九、協議書類照合ニ關スル覺書案

次テ午後五時本使及汪院長議場ニ着席シ先ツ本使挨拶ヲ述ヘ汪院長次ニ挨拶ヲ述ヘタリ(會議記錄參照)本使ハ其ノ挨拶中ニ於テ條約及附屬文書ノ案文ハ本使ノ裁量ニ依リ取纏メタルモノニシテ我方トシテハ先ツ國內手續上之ヲ本國政府ニ報告シ其ノ承認ヲ經ルノ要アリ從テ本國政府ニ於テ檢討ノ結果我方ヨリ右案文ニ付更ニ修正意見ヲ申出ツルコトアリ得ヘキ旨明確ニ留保シタルニ對シ汪院長モ亦其ノ挨拶中ニ於テハ今次締結セラルヘキ條約及附屬文書ハ中國側ニ於テモ法定ノ手續ニ依リ法定機關ノ議決ヲ經テ始メテ政府ニ於テ之ヲ承認シ得ル次第ナルヲ以テ其ノ間或ハ多少ノ修正ヲ加ヘラルルヲ免レサルヘキ旨述ヘタリ

第五節　第三次訓令ノ受領ト案文ノ字句形式ノ修正

九月初旬松本參事官以下ノ隨員ヲシテ前記「イニシアル」濟ノ案文ヲ携行上京セシメ審サニ交渉ノ經緯ト成果ヲ中央ニ報告セシムル所アリ中央ニ於テハ更ニ關係當局ノ愼重檢討ヲ經九月二十一日附ヲ以テ本使ニ對シ第三次訓令(別紙第五號)ヲ發セラレタリ

仍テ本使ハ隨員ヲシテ右訓令ノ趣旨ヲ體シ修正案ヲ起草セシメ九月二十八日非公式會談ニ於テ之ヲ中國側ニ呈示セシメタル處右修正ハ案文ノ內容實質ニ重大變更ヲ加フルモノニ非スシテ單ニ其ノ字句形式ニ付輕微ノ變更ヲ加フルニ止マルモノナリシヲ以テ中國側モ容易ニ之ヲ應諾セリ

十月一日外交部ニ於テ日高參事官及褚外交部長ノ間ニ更メテ右修正卽チ㈠日華滿共同宣言案中國名等ノ順序ヲ日、滿、華ト改ム㈡了解事項第四、中ノ字句ノ修正㈢附屬祕密協定第二條及第三條ヲ切離シテ別個ニ祕密協約案ヲ作成ス㈣右

㈢ニ件フ祕密協定ノ修正及㈤議事錄拔萃第四、「日本國軍隊ノ撤去完了期」中ノ字句ノ修正ヲ內容トスル修正案ニ「イニシアル」ヲ行ヒタリ

第六節　日華交涉ト滿洲國トノ關係

中華民國ニ依ル滿洲國ノ承認ノ問題ハ今次交渉ヲ通シ最モ機微ナルモノノ一ナリキ蓋シ今次事變ハ滿洲事變ノ繼續トモ見ルヲ得ヘク帝國ニトリテハ滿洲國問題ノ解決ヲ伴ハサル事變ノ解決ハアリ得サル次第ニシテ一方中國側ヨリ見レハ從來滿洲國ノ獨立ハ中國ノ失地ト看做サレ失地恢復ノ要求ニ基ク抗日意識ノ宣揚ハ事變勃發ノ直接ノ動因トナリ現ニ重慶政權ハ依然失地恢復ノ呼號ヲ繼續シ居ル現狀ナルヲ以テナリ

此ノ現狀ニ於テ新國民政府カ敢然滿洲國承認ノ態度ニ一決セルハ大英斷ト謂ハサルヘカラス

仍テ今次交涉ニ於テハ我方ヨリハ最初ノ提案要項中ノ一項目トシテ「滿洲國ノ承認措置ニ關スル件」ヲ揭クルニ止メ同國ヲ承認スル主體ハ中國ナルヲ以テ本件ノ具體的取扱振ノ如何ハ中國側ノ自由ナル發案ニ俟タントスルノ態度ニ出テタリ七月二十日非公式會談ニ於テ日本側ヨリ中國側ノ本件取扱振ニ關スル意見ヲ求メタルニ中國側ハ未タ審議シ居ラスト前提シ周佛海委員ノ個人ノ意見トシテ交換公文程度ノモノニテ取扱フハ如何ト述ヘ双方研究方ヲ約シ散會セリ

然レ共本件ヲ荏苒放置スルハ許サレサルヲ以テ八月六日非公式會談ニ於テ我方ヨリ三國共同宣言要綱案ヲ提出シ更ニ本章第二節所述ノ如ク同二十一日第十三回正式會議ニ於テ正式ニ之ヲ提案シ同二十八日第十五回正式會議ニ於テ本宣言案ニ付妥結ヲ見タリ

本宣言發出ノ時期ニ關シテハ當初中國側ハ體面上ノ考慮ヨリ日華間條約署名ノ後日最少限度其ノ翌日ヲ希望セルニ對シ日本側同日ヲ主張シ又本宣言署名者ニ付テハ中國ハ日華間條約署名者ト別人ト爲スヲ希望シ日本側ハ同一人ト爲スヘキヲ主張シ結局右二點ニ付テハ後日篤ト協議スルコトトシ不取敢宣言案文ノ內容其ノモノヲ決定スルニ止メ置キタルモノナリ

尚第十六回正式會議ニ於ケル挨拶中ニ於テ本使ハ日華滿共同宣言案ニ付テハ第三ノ當事國タル滿洲國ノ同意ヲ條件トスルモノナル旨ノ留保ヲ行ヘリ

第七節　日滿華三國委員下協議

日滿華共同宣言案ニ付テノ日華間交渉妥結ノ經緯ハ前節所述ノ通ナルガ右經緯及妥結セル宣言案ノ内容ハ帝國政府ヨリ滿洲國政府ニ通報セラレ滿洲國政府ニ於テハ同宣言署名ノ爲全權委員ヲ派遣スルニ先チ日滿華三國間ノ下協議ノ爲委員ヲ派遣スルニ決定シ韋外務局長官ヲ右下協議ノ爲ノ委員ニ任命セリ

韋長官ハ十一月五日尾形外務局參事官以下五名ノ隨員ト共ニ南京ニ到着シ十一月六日日本大使館ニ於テ日本側委員日高參事官以下ノ隨員ト內協議ヲ遂ゲ翌七日午前十一時ヨリ國民政府內寧遠樓ニ於テ開催セラレタル日滿華三國下協議ニ臨ミタリ

中國側ハ褚外交部長十月末ヨリ要務ノ爲廣東ニ出張シ未ダ歸來セザリシ爲徐外交部政務次長代部長トシテ中國側委員ノ任ニ當レリ七日第一回下協議ニ於テ先ヅ徐委員開會ノ挨拶ヲ述ベ右挨拶中ニ於テ徐委員ハ滿洲國ハ元中華民國ノ領土ノ一部ナリシモ歐亞陸路交通ノ要衝ヲ扼シ共產主義國家ト相隣接セルガ故ニ其ノ地位施設ハ常ニ世界ノ注目スル所トナリ同國ガ赤化ヲ防止シ邊境ヲ鞏固ニスル爲政治的體制ヲ變更シ以テ其ノ自由生存ノ能力ヲ增大スルコトハ中國側トシテモ之ヲ希望スルモノナル旨竝ニ中華民國ノ外交政策ハ由來獨立自由平等互助ヲ以テ其ノ原則トナシ來リタル處今ヤ滿洲國ガ獨立自由ノ精神ヲ發揮シ能ク新國家ヲ創造シ然モ情勢上中日兩國ト平等互助ノ必要ヲ有スルニ至リ中華民國政府ハ之ニ對シ自ラ同情ヲ表シ今後相互ニ誠意ヲ以テ協同シ永久ニ提携スベク過去三百年間互ニ痛癢ヲ同ジウシ甘苦ヲ共ニシタル尊キ歷史的結合ハ決シテ今日政治形式上ノ變更ニ依リ聊モ疎遠トナルモノニ非ズ更ニ進ンデ兩國ノ凡ユル力ヲ聯合シ東亞ノ秩序ヲ安定シ中日滿三國ヲ共存共榮ニ導カザルベカラズト信ズル旨述ベタルガ右ハ滿洲國ニ對スル新國民政府側ノ見解ヲ端的ニ表明セルモノトシテ注目ニ値スベシ

次デ日高委員ヨリ宣言案ノ說明ヲ爲シタル處韋委員ハ滿側ハ宣言案ノ趣旨ニハ完全ニ同意ナルモ字句ノ點ニ付質問シタシト前提シ數個ノ質問ヲ爲シ(會議記錄參照)之ニ對シ日高、徐兩委員ヨリ交々說明シ韋委員宣言案ノ字句モ明瞭ニ理解セリトテ直ニ宣言案受諾ノ意ヲ表シタリ尙其ノ際日高委員ヨリ三國委員間ニ妥結ヲ見タル本宣言案ハ三國政府ノ夫々承認ヲ經テ初メテ確定スルモノナル旨及本宣言ハ名ハ

宣言ナルモ實質上ハ完全ナル國際約定ナル旨述ベタルニ徐、韋兩委員共ニ日高委員ノ見解ニ同意セリ

十一月七日午前十一時第二回日滿華下協議ヲ開催前回ニ於テ討議ヲ盡シタルヲ以テ直ニ三國委員ニ於テ宣言案ニ「イニシアル」ヲ施シタル後韋委員立チテ本宣言案妥結ノ意義ヲ强調スルト共ニ中華民國政府ガ其ノ高邁ナル理念ニ基キ滿洲國成立ノ意義ニ共感シ其ノ自由生存ヲ尊重シ此ノ基礎ノ下ニ誠意合作永久提携ノ關係ヲ設定スルニ至リシコトハ滿洲國ニトリテハ勿論東亞ノ恆久的平和ノ爲衷心歡迎スルモノナル旨ノ挨拶ヲ述べ散會セリ

日滿華三國下協議ハ斯クテ終了セルガ中國側褚部長ノ不在ハ當初滿側ニ多少ノ不滿ヲ與ヘタルガ其ノ後徐代部長以下中國側ノ誠意ヲ以テノ應待、汪代理主席訪問ノ際ノ厚遇等ニ依リ不滿モ解消シ三國下協議モ友好的零《(雰カ)》圍氣ノ間ニ終始シ圓滿妥結ヲ見タルハ將來ニ於ケル滿華兩國間ノ國交ノ爲好影響アルモノト認メラル

第四章　條約ノ調印

第一節　調印準備ト汪兆銘ノ正式主席就任

前記第三次訓令ニ基ク條約案文ノ修正交渉妥結ニ到達セルヲ機會ニ從來ノ交渉經緯ヲ親シク中央要路ニ報告シ旁々紀元二千六百年紀念式典ニ參列ノ爲十月下旬本使南京ヲ出發歸朝ノ途ニ就キタリ中央ニ於テハ既ニ關係當局ニ於ケル條約案ノ審議進行シ條約締結ニ關スル國內手續ヲ準備中ナリシカ十一月十三日畏クモ御前ニ於テ政府大本營聯絡會議開カレ條約案ノ可決ヲ見十五日閣議ヲ經卽日上奏後樞密院ニ廻附セラレ二十日二十一日兩日ノ樞密院審査委員會ニ於テ可決セラルルノ運ヒニ至レリ

仍テ本使ハ二十六日急遽南京ニ歸任シ隨員ヲシテ外交部及滿洲國通商代表部トノ間ニ調印手筈ニ關シ打合セヲ遂ケシメ右打合ノ結果左ノ通決定ヲ見タリ

一、調印日時　十一月三十日午前十時ヨリ日華間條約ノ署名調印ヲ行ヒ同日午前十二時ヨリ日滿華共同宣言ノ署名調印ヲ行フ

二、調印者　日華條約ハ本使及汪院長、日滿華共同宣言ハ本使、臧全權、汪院長トス

三、調印地及場所　調印地ハ南京トシ場所ハ國民政府內大禮堂トス

四、條約ノ發表　日華間條約及日滿華共同宣言共十一月三十

日午後一時發表ス

中國側ニ於テハ二十八日行政院會議及中央政治委員會ノ聯席會議ヲ開催條約案ヲ通過シ翌二十九日立法院會議ニ上程之ヲ可決セリ兩日ノ會議ニ附議セラレタルハ基本條約、附屬議定書、了解事項及日滿華共同宣言案ノ四文書ノミナリシ趣ニシテ會議ノ席上二、三質問出テタルモ大ナル波瀾ヲ見スシテ通過シ陳立法院長ハ條約案上程ニ當リ審議ヲ許スモ修正ヲ許サストノ斷乎タル態度ヲ以テ會議ニ臨ミタル趣ナリ

尙汪兆銘ハ二十八日中央政治委員會ニ於テ國民政府ノ正式主席ニ推選セラレ翌二十九日午前八時ヨリ主席就任式ヲ擧行セリ中華民國ニ於ケル條約ノ締結權ハ國民政府自體ニ存シ主席ハ單ナル代表權ヲ行使スルニ過キス且國際法上ノ見地ヨリスルモ汪兆銘カ代理主席タルト正式主席タルトハ國民政府ノ締結スル條約ノ效力ニ何等ノ影響ヲ及スモノニ非スト雖モ右ハ法律論タルニ止リ政治的ニ之ヲ見レハ汪兆銘カ日本ニ敵對スル林森主席ノ代理トシテ條約締結ノ衝ニ當ルハ奇異ノ感アルヲ免レス國民政府部內ニ於テモ此ノ際汪カ正式主席ニ就任シ責任ノ歸趨ヲ明確ニシ內外ニ對シ旗旒ヲ鮮明ニスヘシトノ主張有力トナリ前記ノ如ク正式主席就任ヲ見タルモノナリ

前記ノ打合セニ基キ南京ニ於ケル調印準備ハ着々ト整ヒ調印本書モ二十八日東京ヨリ到着シタルモ共同宣言ノ署名ニ當ルヘキ滿洲國全權臧參議府議長及滿側隨員ハ天候ノ都合ニテ來寧遲延シ漸ク二十九日午後ニ至リ着寧セリ

第二節　調印式

十二（一カ）月二十七日樞密院本會議ニ於テ條約案可決セラレ翌二十八日御裁可ヲ得同日夜ニ至リ本使ニ對スル署名方ノ訓令電報ニ接シ翌二十九日松本條約局長携行ノ署名方ニ關スル外務大臣ノ指令ヲ入手セリ仍テ訓令ニ從ヒ翌十一月三十日午前十時國民政府大禮堂ノ調印式場ニ赴キ本使汪行政院長ト共ニ左ノ條約及附屬文書ニ署名調印ヲ了シ竝ニ公文ノ交換ヲ遂ケタリ

一、日本國中華民國間基本關係ニ關スル條約
二、附屬議定書
三、附屬議定書ニ關スル日華兩國全權委員間了解事項
四、附屬祕密協約
五、附屬祕密協定

六、祕密交換公文（甲）

七、祕密交換公文（乙）

尙調印式ニ際シ本使汪行政院長ト共ニ議事錄拔痒（萃カ）ニ署名シ又調印式ニ先チ九時三十分日高參事官及褚外交部長ノ間ニ協議書類照合ニ關スル覺書ノ署名ヲ行ヒタリ

右調印終了後汪院長別紙第六號ノ如キ挨拶ヲ述ヘ之ニ對シ本使別紙第七號ノ通挨拶ヲ述ヘタリ

同日午前十二時再ヒ大禮堂ニ赴キ本使、臧全權、汪院長ノ間ニ日滿華共同宣言ノ署名調印ヲ了シタリ右共同宣言調印式場ニ於ケル汪院長、本使、臧全權ノ挨拶夫々別紙第八號、第九號、第十號ノ通

同日午後二時本使ハ今次條約及共同宣言ニ關シ別紙第十一號ノ通談話ヲ發表セリ

第三節　條約ノ調印ト今後ノ對支施策管見

斯クテ本使ノ有スル重要任務ノ一タル日華間ノ國交調整ニ關スル條約ノ締結ハ滞リナク結了ヲ見タル處茲ニ聊カ條約締結ニ際シテノ所感ヲ述ベ併セテ今後ノ對支施策ニ關スル所見ヲ開陳シテ本報告ヲ終ラントス

今次條約ノ調印ハ支那事變解決ノ上ニ於テ固ヨリ一ノ重要ナル段階ヲ劃スルモノナリト雖モ右ハ飽ク迄新ナル段階ノ出發點ヲ爲スモノニ過ギズシテ今次條約締結ノ目的ヲ達成センガ爲ニハ今後更ニ長期ニ亘リ日華兩當事國ノ努力ニ俟ツモノ鮮カラザルハ言ヲ俟タザル所ナリトス

然リト雖モ今回ノ條約締結ノ直接ノ效果トシテ擧グベキモノアルハ亦之ヲ否ムベカラズ蓋シ中國側ヨリ見レバ前述ノ如ク新國民政府ノ成立以來汪主席以下政府部內ノ擧ゲテ待望セルハ日華間ノ國交調整ニ關スル基準ノ速カナル確定ニシテ然モ同國トシテハ其ノ施政各般ノ方針ノ決定ハ其ノ前提トシテ右基準ノ確定ナクシテハ之ヲ爲シ得ザル所ナルヲ以テナリ國民政府ハ今日迄其ノ不利ナル環境ニモ拘ラズ短時日ノ中ニ克ク行政ノ機構ヲ整備シ其ノ財政ヲ健實ナル基礎ニ置キ我方ノ協力ノ下ニ經濟、產業、文化ノ各般ニ亘リ着々トシテ業蹟ヲ擧ゲ來リタルハ事實ナリト雖モ日華間ノ國交調整ニ關スル基準ノ未ダ確定セザル間ハ同國施政ノ全般ヲ通ジ明確ナル方針ノ缺如ニ基ク不安定ノ感アリシヲ否ムベカラズ

然ルニ今回ノ條約調印ニ依リ新政府トシテハ其ノ內政外交ヲ通ジ今後確固タル方針ト一定ノ計畫ノ下ニ施政ノ運用ヲ

行フヲ得ルコトトナリタル次第ニシテ此ノ意味ニ於テ條約ノ調印ハ新政府ニ對シ大ナル激勵ト鼓舞ヲ與ヘタルモノト認メラル是條約調印ノ中國政治ニ與ヘタル直接ノ効果ナリ一方帝國トシテモ今次條約ハ單ニ在支帝國官憲及居留民ニ對シテノミナラズ一般國民ニ對シ事變處理方途ニ付明確ナル準繩ヲ示シタルモノト謂フヲ得ベク右ハ今後ノ我對支施策ノ遂行ヲ容易ナラシムルノ效果アルモノト認ムルヲ得ベシ

今次條約締結ノ目的達成ノ爲ニハ將來更ニ長期ニ亘ル努力ヲ要スベキコト前述ノ通ナル處條約ノ締結後ニ於ケル我對支施策遂行ノ上ニ於テ左ノ諸點ニ付テハ特ニ我方トシテ注意ヲ要スルモノト認メラル

一、惟フニ今次條約ハ之ニ依リ新國民政府ヲ中華民國ニ於ケル唯一ノ正當政府トシテ承認シ同時ニ東亞新秩序建設ノ責務ヲ同政府ニ分擔セシメントスルモノナルヲ以テ今後ニ於ケル我對支施策ノ最重要眼目ハ右共同責務ノ分擔者タル國民政府其ノ者ノ地位ヲ育成强化スルコトニ在ルコト多言ヲ要セザルベシ而シテ國民政府ノ地位ノ强化ハ中國民心ノ把握ニ基ク同政府ノ政治力ノ培養强化ニ俟タザルベカラズ固ヨリ新國民政府ハ帝國軍隊ノ作戰地域内ニ存在スルモノナルヲ以テ當分ノ間同政府ノ活動分野ニハ自ラ一定ノ制約アルヲ免レザルベキモ同政府ノ地位强化ノ爲ニハ我方トシテ作戰上ノ支障ナキ限リ新政府側ノ創意ト積極的活動ニ對シ最大限度ノ機會ヲ與フルノ準備ニ遺憾ナキヲ期スルト共ニ今次條約締結ノ道義的目標ニ鑑ミ苟クモ利己的ニ流ルル要求ハ我方トシテ嚴ニ之ヲ自制スルノ用意ナカルベカラズ世上往々新政府ヲ以テ帝國ノ傀儡視シ之ヲ以テ我方ノ一方的要求ノ實現ノ具ト爲サントノ論アル處斯クノ如キハ內自ラヲ欺クト共ニ外中國側ノ帝國ニ對スル信頼ヲ裏切ルモノニシテ事變處理ニ關スル我方本然ノ目的達成ニ支障ヲ來サシムルモノト謂ハザルベカラズ此ノ點ニ關シテハ今後ノ對支施策遂行上特ニ周到ノ注意ヲ拂フノ要アリト認メラル

二、今後ノ對支施策中ノ最重要分野ハ占領地域ニ於ケル經濟ノ運營ニ在リ蓋シ占領地域ニ於ケル經濟施策ノ適否ハ直接我方ノ作戰進行ニ至大ノ影響ヲ及ボスノミナラズ中國ニ於ケル一般治安ノ維持乃至民心ノ把握其ノ他各般ノ見地ヨリシテ我事變處理方策ノ成否ヲ決スル重大問題ナル

ヲ以テナリ新政府承認後ニ於テハ右問題ノ重要性ハ益々大キヲ加フル次第ニシテ特ニ占領地域ニ於ケル物資ノ流通、非占領地域及第三國方面ヨリノ物資ノ吸收、中國民族資本ノ利用及第三國資本ノ活用等ニ付テハ日華兩國協力シテ大局的見地ヨリ適切ナル具体方策ノ運用ヲ行フコト最モ必要ナリト認メラル

三、最後ニ國民政府承認後其ノ對蹠的存在タル重慶政權ニ對スル施策ノ如何ハ直接今次事變ノ全面的解決ニ觸ルル重要問題ナリ而シテ今次新政府ノ承認ト對重慶工作トハ本質上互ニ矛盾スルモノニ非ズシテ却テ兩者相輔翼スルノ關係ニ在ルモノト認メラルルモ今日遽カニ重慶政權ノ翻意合流ヲ求ムルコトハ未ダ猶客觀情勢ノ熟セザルモノアリ蓋シ重慶政權ガ既ニ實質上一地方政權ニ墮シツツモ依然抗戰ヲ繼續スル所以ノモノハ其ノ背後ニ從來ヨリ同政權ト深キ因縁ニ依リ結バルル第三國勢力ノ伏在スルアルニ依ルモノニシテ重慶政權ノ處理ハ結局帝國ト右背後勢力トノ關係ノ調整ヲ其ノ前提條件トスルモノナルヲ以テナリ仍テ對重慶施策ノ考慮ハ深ク右裏面ニ對スル洞察ナクシテ之ヲ行フヘカラザルモノト思惟セラル

右ノ見地ヨリセバ我對支施策ハ結局ニ於テ帝國ノ世界政策トノ關聯ニ於テ之ヲ考慮スルヲ要スルモノト謂ハザルベカラズ支那事變處理方策ヲ對支施策ト對第三國施策トニ岐タバ前者ハ事變處理ノ內苞ヲ後者ハ其ノ外核ヲ構成スルモノト見ルヲ得ベク先ヅ外核工作ニ重點ヲ置クハ一見迂遠ナルガ如シト雖モ今日ノ客觀情勢ヨリ見レバ右ハ却テ捷徑ニシテ此ノ意味ニ於テ目下ノ我外交施策ノ焦點ヲ對第三國就中對「ソヴィエト」聯邦及對米關係ノ調整ニ置クハ事變ノ全面的解決ノ見地ヨリ見ルモ極メテ緊要事ナリト思料セラル

附記

日華條約締結ノ任務終了ヲ期トシ右復命報告ノ爲本使十二月十六日歸朝シ同月十八日參內拜謁仰付ケラレ本報告書ノ要領ニ依リ謹ンテ闕下ニ復命奏上セル處畏クモ本使ニ對シ左ノ通優渥ナル勅語ヲ賜リタリ

卿曩ニ國民政府ノ成立ニ方リ特ニ特命全權大使トシテ中華民國ニ使シ今茲ニ其ノ復命ヲ聽ク卿愼重克ク謀リ精勵事ニ從ヒ以テ其ノ任ヲ竭セリ

朕深ク其ノ勞ヲ嘉ス

編注　本文書は、「日華條約締結ニ關スル復命報告書」の第三章および第四章の本文を抜粋採録し、別紙はすべて省略した。

6 汪兆銘再訪日と枢軸諸国の汪政権承認

587 昭和15年11月30日 阿部中国派遣大使より松岡外務大臣宛(電報)

日華基本条約の成立を踏まえ速やかな訪日を汪兆銘希望について

南　京　11月30日後発
本　省　11月30日夜着

第五七六號

特第一〇九號(興亞院經由)

國民政府ヨリ汪精衞ハ條約締結ヲ見タルヲ機會ニ十二月中可成早目ニ國民政府主席ノ資格ヲ以テ褚民誼、周佛海ヲ帶同シ赴日致度希望ナルニ付テハ豫メ日本側ノ都合ヲ承知致(欄外記入)度旨傳ヘラレ度赴日ノ際ノ交通機關等ニ付テハ適宜手配アリ度旨申出アリタルニ付先方ニ對スル應酬竝ニ準備ノ都合モアルニ付宮中ノ御都合其ノ他何分ノ儀至急回電ヲ請フ

(欄外記入)
中止スルコトトナレリ　十二、六日

588 昭和15年12月8日 阿部中国派遣大使より松岡外務大臣宛(電報)

汪兆銘の訪日中止理由を褚民誼へ説明について

南　京　12月8日後発
本　省　12月8日夜着

第六〇四號(至急、極祕)

特第一一四號

汪主席渡日中止方ニ關シ吉野、山田兩課長ヨリ事情聽取ノ上七日日高參事官ヨリ褚外交部長ニ對シ我方諸般ノ都合上差當リ實行不可能ナルノミナラス共和國元首ノ公式訪問ハ先例ナキ事ニモアリ我方トシテ種々研究ヲ要スル點アル次第ヲ然ルヘク説明シ此ノ際渡日中止方申入レシメタル處褚ハ事情ハ良ク諒承セルニ付汪主席ニ報告シ取止方取計フヘシト答ヘタルカ同時ニ右日本側ノ中止申出ハ時期ノ關係ヨ

リナサレタルモノニシテ主義上ノ問題ニハ非スト解スル旨ヲ附言セリ
本件將來ノ措置振ニ關スル當方ノ所見ハ前記兩官ニ開陳シアルニ付御聽取ノ上更ニ御考究ヲ得度シ

589　昭和15年12月24日　在南京日高大使館参事官より松岡外務大臣宛（電報）

中国における独国官民の日本および南京政府に対する非友誼的な態度につき汪兆銘内話について

南　京　12月24日後発
本　省　12月24日後着

第六六七號（極祕）

一、在支獨逸側ノ態度ニ關スル二十三日汪主席ノ內話要領左ノ通リ

(一)最近獨逸參事官重慶ニ着任シ經濟協定ヲ商議シツツアリトノ情報アリ

(二)在支獨逸官民ノ對日汪態度ハ必スシモ好カラス例ヘハ(イ)「フイシヤー」參事官ハ最近自分ニ對シ日本ハ在支經濟活動ヲ獨占セント欲シ獨逸商人ノ活動ヲ認メストテ種々實例ヲ擧ケ前軍事顧問「フアルケンハイン」カ白耳義ノ總督トシテ爲シツツアル所ト對比シタルニ付自分ヨリ右ハ戰爭行爲遂行ノ必要ヨリ出テタル一時的措置ナルヘシト說明セルモ承服セス彼等ノ考方ハ概シテ重慶的ノ臭味アリ(ロ)又「フ」ハ昨年最初ニ面會セル時以來常ニ治外法權ヲ有スル各國ト同樣ノ待遇ヲ與ヘサレハ承認セスト言フカ如キ口吻ヲ漏シ（往電第六五六號參照）(ハ)「トランスオーシヤン」ノ如キモ其ノ報道振好意的ナラス現ニ十一月二十日ノ報知所載武藤貞一ノ論說ノ如キハ極メテ汪政權ニ不利ナル樣歪曲シテ報道セルカ如キ其ノ一例ナリ

二、右ニ對シ本官ヨリ獨逸モ佛白ニ於テハ物資獲得等ノ必要上嚴重ナル經濟統制ヲ行ヒ居ルコト「フイシヤー」自身「フアルケンハウゼン」ト白國皇帝トヲ比較シ「フア」カ國王ナリト語レル事實アルコト等ヲ指摘シ汪ノ所說ニ同感ヲ表シ治外法權問題ニ關シテハ往電第六五六號(ハ)ノ要領ヲ述ヘ置ケルカ以上汪ノ所言ハ何レモ事實ニ合シ且本官等ト所見ヲ同シウスル所アルニ付特ニ報告ス

北京、上海へ轉電セリ

590　昭和15年12月28日　在中国本多大使より松岡外務大臣宛(電報)

信任状捧呈式の終了報告

南　京　12月28日後発
本　省　12月28日夜着

第六八〇號

本二十八日本使御信任狀捧呈式ヲ無事終了セリ

北大ヨリ北支各館へ轉電アリタシ

在支各總領事、香港、滿ニ轉電セリ

591　昭和16年1月8日　在中国本多大使より松岡外務大臣宛

信任状捧呈式の状況報告

支大祕第七號　(接受日不明)

昭和十六年一月八日

在南京

特命全權大使　本多　熊太郎[印]

外務大臣　松岡　洋右殿

本多大使御信任狀捧呈ニ關スル件

十二月二十八日本使南京ニ於テ國民政府主席汪兆銘ニ對シ御信任狀ヲ捧呈シタル次第ハ不取敢電報シ置タル處右擧式ノ模様及之ニ關聯セル前後ノ模様左ノ通リ報告ス

記

一、十二月二十六日本使上海着、行政院副院長周佛海汪行政院長代理トシテ、外交部駐滬辦事處長周珏徐外交部長代理トシテ夫々出迎ヲ受ク

二、十二月二十七日午前十時飛行機ニテ上海出發同十一時二十五分南京飛行場著外交儀禮上ノ典禮局長蕭奇斌及外交部交際科長王纘祖ノ外日支ノ特別友好關係ニ鑑ミ褚民誼大使、徐良外交部長、周隆庠外交部次長等ノ出迎ヲ受ケ沿道日支關係機關ノ嚴重ナル警戒裡ニ鼓樓大使館内官邸ニ入ル

三、右到着當日二十七日午後四時外交部長徐良ヲ公式訪問シ著任ノ挨拶ヲ述ヘ同午後五時同部長ノ答訪ヲ受ク

四、同日前例ニ依リ着任挨拶ノ意味ニテ館員ヲシテ五院々長、副院長等ニ本使ノ名刺ヲ送達セシメタリ

五、御信任狀捧呈式當日卽十二月二十八日午前十時四十五分國民政府派遣ノ接待員典禮局長蕭奇斌、參軍謝澤民少將ノ出迎ヲ受ケ同政府差廻シノ禮車（自動車、正禮車一臺、副禮車一臺、準副禮車一臺）ノ中本使ハ蕭典禮局長ト共ニ正禮車ニ同乘シ堀内公使以下隨員三十六名（別添第六號）（省略）ハ副禮車以下自動車十四臺ニ分乘（別添第八號）（省略）シ本使官邸ヲ出發國民政府ニ赴ク

國民政府正門ニハ二個小隊ノ衛兵堵列シ本使一行ノ自動車通過ノ際ハ歡迎ノ樂ヲ奏シ捧銃ノ敬禮ヲ行ヒ、大禮堂前ニテ下車スルヤ同所ニ整列セル軍樂隊ハ國歌「君ケ代」ヲ奏ス本使以下隨員ハ典禮局長及參軍長ノ先導ニ依リ大禮堂休憩室ニ入リ小憩ノ後定刻午前十一時典禮局長ノ先導ニ依リ隨員ト共ニ式場タル大禮堂ニ入ル

六、大禮堂ニハ國民政府主席汪兆銘「モーニング」ヲ着用シ場ノ正面ニ起立シ外交部長徐良其ノ右側ニ侍立シ參軍長唐蟒、文官長徐蘇中以下文武官正面ヲ中心ニ左右ニ侍立シ本使ヲ迎ヘ本使ハ參入シテ主席ノ前ニ起立シ隨員ハ本使ノ後ニ横隊三列（別添第七號）（省略）ニ整列列席定マルヤ本使ハ別添第二號ノ口上書ヲ讀上ゲ清水書記官之ヲ華語ニ譯ス（別添第三號）（省略）次テ本使ハ本使ニ對スル御信任狀ヲ主席ニ捧呈ス、主席恭シク之ヲ受ケ徐外交部長ニ手交シタル上別添第四號（省略）ノ答辭ヲ述ヘ外交部常務次長周隆庠之ヲ日本語ニ譯ス（別添第五號）

次テ主席本使ト握手シ先ツ
日本國天皇陛下ニ於カセラレテハ御健康ニ渉ラセラルルヤト述ベ本使ヨリ
聖躬御安泰ニ渉ラセラルル旨答ヘ一二簡單ナル會話ヲ交換シ本使ヨリ隨員ヲ紹介シ主席一々各官ト握手セリ次テ本使ヨリ暇ヲ告ケ十一時三十分式場ヨリ退出シ右ニテ滯リナク式ヲ終レリ

式場退出後大禮堂前階下ニテ主席、外交部長其他及本使隨員一同ノ紀念撮影アリ終リテ休憩室ニ入リ外交部長以下ノ接待ニテ「シヤンパン」ノ杯ヲ擧グ

同十一時五〇分外交部長以下ノ見送裡、支那國歌ノ吹奏裡ニ大禮堂ヲ出發同十二時官邸ニ歸着ス

七、同日午後一時ヨリ汪主席主催本使及隨員招待ノ午餐會大禮堂ニ於テ開カレ支那側ハ前顯參列者ノ外各部々長之ニ參加セリ席上主席ヨリ

天皇陛下ノ御健康ヲ祝シ奉リ併セテ日本帝國ノ國運隆昌ヲ祈ル旨ヲ述ベテ乾杯シ次テ本使ヨリ主席ノ健康ヲ祝シ併セテ中華民國ノ國運隆昌ヲ祈ル旨ヲ述ベ乾杯セリ斯テ午後二時半頃宴ヲ終リ國民政府ヲ辭去官邸ニ歸還セリ此ノ日國民政府ニ至ル沿道ニハ特ニ巡警憲兵ヲ增派シ本使一行ノ通過ニ際シ敬禮ヲ爲サシメタリ

八、同日午後七時徐外交部長主催本使及隨員招待ノ公式晚餐會大禮堂ニ於テ催サレ支那側ハ各院長等之ニ參加セリ

九、二十九日午前本使ハ堀内公使以下隨員數名ヲ帶同、菊花臺表忠塔無名戰士墓及中山陵ヲ參拜ス中山陵ニ於テハ外交部ノ派シタル常務次長周隆庠、典禮局長蕭奇斌、交際科長王纘祖等ノ案内接待ヲ受ク

十、同日午後四時本使ハ公館ニ汪主席ヲ訪問、懇談シ午後七時首都飯店ニ支那側(主賓外交部長)ヲ招待披露宴ヲ催セリ

以上

別紙一號

良友

朕ハ貴我兩國ヲ聯結スル友好親睦ノ關係ヲ間斷ナク維持センコトヲ希ヒ從三位勳一等本多熊太郎ヲ選ヒ委ヌルニ朕カ特命全權大使トシテ貴政府ノ下ニ駐劄シ朕ヲ代表スルノ重任ヲ以テシタリ熊太郎人ト爲リ忠誠職ヲ執ル勤勉ニシテ又才幹アリ且其ノ性格ノ儁秀ナル朕ノ久シク知悉スル所ニシテ其ノ光榮アル使命ヲ遂行スルニ當リ全然朕ノ意ニ適ヒ又貴主席ノ殊遇信任ニ副ハンカ爲勵精盡力苟クモ缺漏ナカルヘキハ朕ノ確信スル所ナリ因テ朕ハ熊太郎カ朕ノ名ヲ以テ貴主席ニ以聞スル所ノモノハ總テ貴主席ノ憑信ヲ得殊ニ朕カ貴主席ノ慶福ト貴國ノ隆昌トヲ祈ルノ誠意ヲ致シ朕カ深厚ニシテ恆久渝ラサル敬愛ノ衷情ヲ披陳スルニ際シテハ深ク其ノ言ヲ信セラレンコトヲ望ム

昭和十五年十二月十四日東京宮城ニ於テ

貴主席ノ良友

(御　名)

中華民國國民政府主席　閣下

別紙二號

本多大使口上書

主席閣下
大日本帝國
天皇陛下ハ今回本使ヲ中華民國駐箚特命全權大使ニ任シ賜ヒ本日茲ニ　天皇陛下ノ御親翰ヲ捧呈スルハ本使ノ最モ光榮トスル所ナリ
惟フニ貴我兩國ハ古來善隣トシテ輯睦ヲ敦フス、一時ノ變ニ遭フト雖之ヲ以テ兩國本然ノ關係ヲ害フト云フ可カラス、曩ニ兩國間基本關係ニ關スル條約ノ締結ヲ見、道義ニ基ク東亞新秩序ノ建設ニ巨歩ヲ進メ得タルハ洵ニ欣快ニ堪ヘサル所ナリ、我政府ハ兩國政府及國民間ノ理解ト同情ノ增進ニ依リ兩國カ相倚リ相扶ケ以テ東亞ニ於ケル恆久的平和ヲ確立センコトヲ冀念シテ已マス
本使茲ニ任ニ臨ムニ當リ此ノ目的ノ達成ニ最善ノ努力ヲ盡サンコトヲ期ス、幸ニ貴國政府ノ協力ニ依リ其ノ職責ヲ全フセンコトヲ希フ
茲ニ敬ミテ
貴主席ノ健康ヲ祝シ併セテ
貴國國運ノ隆昌ヲ祈ル
（了）

別紙五號
汪主席答詞（日譯）
大使閣下
貴大使ハ貴國　天皇陛下ヨリ中華民國駐箚特命全權大使ニ任命セラレ本日信任狀ヲ捧呈セラル本主席ハ之ヲ接受シ欣快ノ至ニ堪ヘス
貴大使ハ昔日外交官ノ資格ヲ以テ多年中國ニ在任セラレ兩國ノ情勢ヲ熟知セラル今次中華民國駐箚ノ大使ニ任セラレタルハ最モ歡迎スル所ナリ貴我兩國ハ同文同種ニシテ就中文物制度ノ灌輪融和ハ兩國親善ノ精神ニ歷史的悠久性ヲ具有セシメ誠ニ貴大使ノ言ハルル如ク一時ノ事變ニ遭フト雖モ其ノ本來ノ關係ニ影響スルニ至ラサルナリ現ニ兩國ノ基本條約成立シ過去ノ睦誼ヲ恢復セルノミナラス更ニ之ヲ增進スルコトトナレリ此レヨリ兩大民族間平等ノ立場ニ於テ相互ニ尊敬シ相互ニ提携シ政治上ニハ彼我獨立ト自由トヲ尊重シ經濟上ニハ互惠ヲ以テ基調トナシ同心協力以テ東亞新秩序ヲ建設シ共存共榮ノ基礎ヲ確立スヘク本主席ハ貴大使ト同樣堅固ナル決意ヲ有ス

貴大使カ職務上必要トセラルル便宜ハ當ニ誠意ヲ以テ供與シ貴大使ニ於テ其ノ偉大ナル使命ヲ完成セラルル様協力ヲナスヘシ

茲ニ謹ミテ貴國　天皇陛下ノ御安泰ト貴國國運ノ隆昌トヲ祝シ奉リ併テ貴大使ノ御健勝ヲ祈ル

592　昭和16年1月23日　在伊国堀切(善兵衛)大使より松岡外務大臣宛(電報)

南京政府承認問題に対する独伊の立場につき伊側説明について

ローマ　1月23日後発
本　省　1月24日夜着

第四七號(極祕)

往電第三九號ニ關シ(南京政府承認問題)

二十三日「プルナス」ハ安東ニ對シ本件ニ付「ム」「ヒ」會談ノ結果ヲ尚未タ御傳ヘシ得サルカ自分ノ印象ニテハ獨側ハ從來ノ主張ヲ堅持シ居リ伊側ハ從來ノ立場ヲ説明シテ承認ニ導クヘク努メタル次第ナリト語レルヲ以テ安東ハ獨側カ獨伊間ニ意見ノ不一致アルカ如キ印象ヲ與フルコトヲ不可トスルノ理由ヨリ伊ノ承認ヲ延期セシメントスルハ獨ノ立場ヨリ觀テ素ヨリ了解シ得ル所ナルモ日本政府カ既ニ南京政府ヲ承認シ之ニ絶對支持ヲ與ヘテ東亞新秩序建設ノ一礎石トシツツアル現狀ヨリ解シテ之ニ同調スルハ同盟各國ノ個々ノ國家ノ利益ニ超越シテ三國大目的達成上重要意義アルコトヲ念頭ニ置カレタシト述ヘタル處「プ」ハ獨ハ承認カ蘇聯邦ニ與フル影響ヲモ考慮シ居レルカ伊ノ方針ハ素ヨリ承認ニアルヲ以テ今後モ之カ實現ニハ努力スヘシト云ヘリ

獨、蘇ヘ轉電セリ

593　昭和16年1月25日　在中国日高臨時代理大使より松岡外務大臣宛(電報)

東亜連盟運動に関する日本政府の閣議決定が中国における運動に与える影響を汪兆銘懸念について

付　記　昭和十六年一月十四日
右閣議決定

南　京　1月25日後発
本　省　1月25日夜着

第五三號（至急）

特第八號

往電第七號ニ關シ

二十一日汪主席ニ面會ノ節汪ハ率直ニ打明クヘシトテ東亞聯盟運動ニ關シ（阿部大使發客年十二月四日附機密合第六九號往信參照）日支兩國ノ遣方ニ緩急冷熱ノ差アルハ敢テ氣ニセサルモ其ノ間ニ喰違ヲ生シ誤解ヲ來スヲ惧レ先般近衛首相ニ自分ノ聲ヲ申シ送リ最近返翰ニ接シ自分ノ意圖スル處カ其ノ意ニ反セサルヲ知リ安心セルモ恰モ自分（汪）指導ノ下ニ全國的運動ノ形ヲ採ラントスルニ決シタル折柄十四日ノ閣議決定ノ發表アリ支那側ニ於テハ新聞報道ヲ見テ本運動參加ニ躊躇スル者ヲ生シ殊ニ國民黨以外ノ分子ニハ不參加ヲ唱フルモノ出テ自分トシテハ今更相當工合惡シキ立場ニ在リ彼等ニ對シテモ責任ヲ感シ又此ノ際斯ル運動ヲ進ムルコトハ故意ニ日本政府ノ意ニ反シテ行動スルヤノ誤解ナキヤヲ惧ルトテ運動ノ形式及名稱ニ付テモ種々苦心セル內情ヲ打明ケ差當リ思想運動ニ止メ名稱ハ東亞聯盟促進中國協會トシ孫文ノ大亞細亞主義及日支條約、三（國?）共同宣言ノ主旨ニ則ルコトヲ明カニシテ「スタート」スル積ナリ廣東ニハ既ニ組織アリ南京ニハ中國同志會アリ近ク上海及武漢ニモ支部ヲ作ルコトトシ本協會ハ全國的ノ性質ノモノトスルコトトセリトテ甚タシク日本側ニ氣兼セル様子ヲ示シタルニ付本官ヨリ閣議決定ノ主旨ヲ可然敷衍シ安心ヲ與ヘ置ケリ

（付記）

興亞諸團體ノ指導理念統一ニ關スル件

昭和十六年一月十四日　閣議決定

（付　箋）

一、大東亞新秩序建設ヲ目標トセル諸團體ノ指導理念ハ昭和十五年十一月三十日日滿華共同宣言ニテ闡明セル趣旨ニ依ラシムル如ク指導ス

肇國ノ精神ニ反シ皇國ノ國家主權ヲ晦冥ナラシムル虞レアルカ如キ國家聯合理論ノ展開乃至之ニ基ク國際形態ノ樹立ヲ促進セントスル運動ハ之ヲ撲滅スル如ク指導ス

二、帝國內ニ於ケル大東亞新秩序建設ニ關スル啓蒙的思想運動ハ大政翼賛會ヲシテ政府ト表裏一體ノ關係ニ於テ之ニ

當ラシム之カ為本運動ノ關係諸團體ヲ適宜整理統合シ大政翼贊會ト連繫ヲ保持セシム
右態勢ノ確立ニ伴ヒ政府指導ノ下ニ大政翼贊會ヲシテ他ノ諸國ニ於ケル團體ニ對スル啓蒙運動ヲ展開セシム之レカ為メ大政翼贊會內ノ此種關係機構ヲ適正ナラシムル如ク措置ス

備　考

支那ニ於ケル東亞聯盟中國同志會ノ行フ運動ハ日滿華共同宣言ニテ闡明セル趣旨ニ反セサル限リ之ヲ阻止スルコトナシ、但シ該同志會ト新民會トノ團體的統合ハ當分之ヲ避ケ北支ニ於ケル日滿華共同宣言ノ趣旨普及ハ新民會ヲシテ之ニ當ラシム

（付　箋）

第二項大政翼贊會ト連繫ヲ保持セシムルトハ外地ニ在リテハ當該地該當機關ヲ經由シテ行フモノトス

編　注　本文書は、国立公文書館所蔵「公文別録」より採録。

594　昭和16年4月11日　在中国本多大使より近衛臨時外務大臣事務管理宛（電報）

南京政府の立場強化の観点から汪側より訪日の申入れある場合には受諾すべき旨意見具申

南　京　4月11日後発
本　省　4月11日夜着

第二一二號（極祕、館長符號扱）

往電第一六六號ニ關シ

本件ハ汪主席ニ於テ一應本使ノ意見ニ聽從暫ク見合セト申ス形ニ相成リ居ルモ右ハ本使ニ對スル禮讓ヲ重ンシテノコトニシテ渡日希望夫レ自體ノ斷念ニ非サルハ申迄モナキ所ニ有之若シ何等カノ機會ニ於テ先方ヨリ「曾テノ御意見モサルコト乍兎ニ角首相閣下ノ御意嚮ヲ伺ヒ呉レ度シ」トノ申出ニ接シタル時ハ本使トシテ之ヲ斷ハルヘキ筋合ニ無之キノミナラス現下內外情勢ハ轉右ノ希望ニ熱ヲ加ヘシメツツアリト看取セラルル節モ多分ニ有之殊ニ國民政府支援ニ關スル日本側ノ熱意冷却ノ傾キアルヤノ疑念カ最近國府部內ニスラ段々濃厚ヲ加ヘツツアルハ本使ノ見ル所ニテモ遺憾乍ラ事實ニ有之旁以テ汪主席トシテハ速ニ此ノ種ノ疑霧

ヲ一掃シ國民政府ノ立場强化ヲ中外ニ昂揚スルノ要ヲ痛感スルト同時ニ內外ノ重要問題ニ關シ親シク閣下ノ高敎ヲ仰キ又政府要部ノ諸公トモ隔意ナキ接洽ヲ遂ケントスルノ希望ニ燃エ居ルヘキハ想像ニ難カラサル所ニシテ或ハ近ク渡日希望ヲ更メテ申入レ來タルコトアルヤモ計リ難シト存ス其ノ場合我方トシテ之ヲ阻却スルコトハ當方面目下ノ政情ヨリ見テ好マシカラサル影響ヲ多分ニ招來スルノ惧レ無シトセス若シ夫レ宮中方面ノ關係ニ至ツテハ汪氏ノ渡日ハ主トシテ行政院長ノ資格ヲ以テ日本政府首腦ト接觸ノ爲ナリトノ建前ヲ取リ(事實又其ノ通リナリ)單ニ一日位適當ノ方法形式ノ下ニ元首トシテノ御待遇ヲ賜ハルコトトスル等可然ク善處ノ途ナシトセサルヘク其邊ニ付テハ汪氏自身敢テ虛榮的期待ヲ持チ居ルヘシトハ思ハレ申サス何レニシテモ汪主席渡日ノ問題ハ昨年來段々ノ行懸リモ有之ノミナラス我方ニ於テ之ヲ迷惑カリ居ルカノ如キ感想ヲ與フルコトハ此ノ際殊ニ禁物ト愚考セラルルニ付未タ何等更メテノ申入ニ接シタル次第ニハ非サルモ此ノ場合御參考ノ一端迄謹ンテ所見ヲ申上ケ置ク

595　昭和16年4月17日　在中国本多大使より　近衛臨時外務大臣事務管理宛(電報)

汪側より訪日希望申入れについて

南京　4月17日後発
本省　4月17日夜着

第二四四號(極祕、館長符號扱)

往電第二二二號ニ關シ

豫測ノ如ク汪首席《(主カ)》ヨリ主トシテ行政院長ノ資格ヲ以テ渡日ノ希望首相閣下ヘ傳達方懇囑ニ接シタリ委細今十七日空送ノ機密第一八一號拙信ニテ御承知願フ

596　昭和16年5月6日　在中国本多大使より　松岡外務大臣宛(電報)

今次訪日の目的は南京政府強化問題の協議にある旨汪兆銘強調について

南京　5月6日後発
本省　5月6日夜着

第二九四號(極祕、館長符號扱)

(1)五日夕汪主席ノ招宴(國府首腦連陪席)ニ於テ主席ヨリ食前

約一時間兩人丈ニテ懇談ノ希望アリ其ノ機會ニ貴電第一四三號ノ內容ヲ程良ク織込ミ何レ本使歸朝ノ上主席御迎ヘノ日取等決定スル事トナルヘシト述ヘ置キタリ左樣御含ヲ請フ主席ノ談話中左ノ一節ハ頗ル深刻ナル含蓄ヲ有スト認ムルニ付特ニ電報ス

凡ソ人ノ世ニ生クルヤ其ノ生クルニ足ル價値ナカルヘカラス國民政府又然リ國民政府ノ存在ニハ其ノ存在ヲ意義附ケル理由ナカルヘカラス自分ノ渡日ハ卽チ斯ル根本問題ヲ檢討センカ爲ニシテ國民政府ノ現狀ハ正ニ其ノ檢討ヲ必要トスルノ時期ニ達セリト信シ居レリ

支[2]那ノ現狀ヲ見ルニ㈠米國ノ支援スル重慶政權ト㈡蘇聯ノ支持スル共產黨ト及㈢日本ト不可分ノ關係ニ在ル我國民政府ト天下三分ノ形勢ニ在リ而シテ日本ノ支那ニ於ケルヤ米國及蘇聯ニ比シ强力ナル地位ヲ占メ居ルニ拘ハラス不可分ノ關係ニ在ル國民政府ハ他ノ二者ニ比シ遙ニ劣弱ナル情勢ニ在リ共產黨スラ三十萬ノ軍ヲ擁シ重慶ニ至テハ大ナル兵力ヲ有スル上ニ米國ヨリ巨額ノ借款ヲ得テ其ノ財政的基礎我國民政府ヲ凌キテ餘リアリ國民政府ハ共產黨程ノ武力スラナク蔣介石程ノ財力モ之ヲ有セス殊ニ民心ノ歸向ヲ察スルニ米國ト蘇聯ハ深ク支那國民ノ信賴ヲ受ケ居ルニ日本ハ遺憾乍ラ今尙民心ヲ把握シ居ラス此ノ點ヨリ見ルモ吾人ノ和平區域內ハ最モ劣勢ナリト言ハサルヘカラス斯カル國民政府ヲシテ果シテ他ノ二者ノ價値ヲ得セシムルニ足ルヤ否ヤ此ニ於テカ深刻ニ國民政府ノ存在價値ヲ檢討スルノ要アリ國民政府ニシテ眞ニ其ノ力ヲ增强シ何等顧慮スル所ナク前進シ得ル態勢ヲ整フルヲ得ハ此處ニ始メテ其ノ存在ノ意義アリト言フニ足ルヘシ云々

597　昭和16年5月9日　在上海堀内総領事より松岡外務大臣宛（電報）

南京政府の強化に関し現地陸海軍と意見一致の試案を作成した旨帰朝予定の本多大使より報告

付　記　昭和十六年六月十一日、興亜院連絡委員会諒解

「本多大使ニ對スル回答案」

上　海　5月9日前発
本　省　5月9日前着

第七六八號（至急、極祕、外信）

本多大使ヨリ

㈠豫定ノ通リ本九日龍田丸ニテ出發ス書類整理ノ爲二、三日京都ニ滯在十四、五日頃入京ノ積リナリ

㈡國民政府カ今ヤ殆ト行キ詰リノ窮境ニ在リ此ノ際急速ニ活ヲ入レテ遣ルノ要アリトノ點ニ付テハ現地陸海軍側モ期セスシテ本使ト所見ヲ一ニシ此ノ見地ヨリ我方ヨリ施策ヲ必要トスル諸點ニ付テハ過日來大使館側トノ間ニ共同研究ノ結果幸ニシテ現地三機關一致ノ試案ヲ得タリ右ハ現下ノ狀勢對策ニ關スル陸軍大臣宛板垣總參謀長內狀（發送前本使モ內覽濟）ト共ニ八日空路上京ノ土橋參謀副長携行ノ筈ナリ支那方面艦隊司令長官トハ金澤武官ヲ以テ終始緊密ノ聯絡ヲ執リ居タルカ七日同長官ヨリ招待ノ晚餐會ニ於テ食前一時間參謀長モ列席懇談ヲ遂ケタルカ同長官ニ於テ全然本使ト同感ナリトテ本使努力ノ成功ヲ祈ル旨ノ挨拶アリタリ

㈢尙華中連絡部井上次長ヲ招キ同官內含ミ迄前記試案ヲ內示シ置キタリ東亞局長宛空送ス

南大へ轉電セリ

（付　記）

本多大使ニ對スル回答案

昭和一六、六、一一

興亞院連絡委員會諒解

國民政府ノ育成强化ニ關スル我政府ノ方針ハ何等變更ナク中央各廳ニ於テモ鋭意之カ研究具體化ニ努力シ居ル次第ナリ

五月十四日貴大使携行ノ「一般方針」ニ記載セラレ居ル諸案件ニ付以下政府ノ見解ヲ列述スルコトトスヘシ

第一、一般的事項

一、第三國就中我カ樞軸ノ盟邦タル獨伊等ノ國民政府承認ニ關シテハ成ルベク速ニ之カ實現ヲ計リ度キ考ヘナリ

二、對重慶和平工作ヲ實施スル場合ニアリテハ適時國民政府ト連絡シ以テ十分ナル協調ヲ圖ルヘシ

三、國民政府ノ實質的强化ニ關シテハ作戰上直接ノ必要及帝國綜合國力ノ强化ニ背馳セサル如ク各般ノ問題ニ付極力之カ速ナル具體化ヲ圖ルヘシ

第二、具體的諸問題

一、物資搬出入ニ關スル件

物資ノ敵地流出防止ニ對シテハ對重慶經濟戰ノ見地ヨリ日支協力シテ益々之カ合理的强化ヲ圖ルト共ニ占領地內ニ於ケル物資流通ニ對スル現行制限ニ關シテハ合理的調整ヲ加ヘツツアリ

而シテ軍票ノ價値維持方策ニ關シテハ中央ニ於テモ積極的合理化ニ努メツツアリ

二、普通敵產又ハ我方管理ノ家屋等ニ對スル件

普通敵產及不在所有者ノ爲管理中ノモノニ付テハ逐次支那側ニ返還シツツアリ

三、合辦會社經營ニ關スル件

軍事上及國防上特ニ重要ナルモノ以外ニ付テハ調整ニ異存ナキヲ以テ現地各機關トモ協議ノ上具申セラレ度シ

四、治外法權ニ關聯スル課稅經濟統制等ノ暫定的調整

治外法權ノ原則トモ關聯スルヲ以テ愼重ニ取扱ヒ度ク支那側ノ課稅ヲ正式承認スルコトハ未ダ其時期ニアラズ

經濟統制ニ關シテモ其ノ合理的且適當ナルモノニ付テハ我方行政權ノ發動トシテ之ヲ實施スル等ノ方法ニ依リ日支協力ノ實效ヲ擧クル如ク考慮中ナリ

國民政府ノ財政强化方策ニ就テハ別途ニ考慮中ナリ

五、國民政府ト其ノ治下ノ諸機關トノ關係調整ニ關スル事項

日支新條約ノ精神及規定ニ準據シ各地域ニ對スル國民政府ノ權威ヲ浸透セシムルカ如ク調整ヲ圖リツツアリ

六、政治ニ關スル主權尊重原則ノ件

廣ク人材ヲ求ムル意味ニ於テ各級地方政府ニ對スル國民政府ノ人事權ノ發動ヲ不必要ニ阻碍スルカ如キ意圖ナキモ治安トモ關聯アルヲ以テ自發的ニ日本側ニ連絡セシムル如ク內面指導スルノ要アリ

七、國民政府ノ財政强化

治安確立、稅制整備、統治地區內ノ經濟振興ニ依ル民力涵養等ニ依リ國民政府ノ財政的基礎ヲ鞏固ナラシムル如ク此上トモ協力スヘシ

備　考

以上諸問題中現地ニ於テ處理シ得ルモノハ現地各機關ト連絡ノ上處置シ、中央ノ指示ヲ待ツヘキ事項ニ就テハ具體案ヲ中央ニ具申スルモノトス

598　昭和16年6月5日　在中国日高臨時代理大使より松岡外務大臣宛（電報）

汪訪日に関する現地作成の宣伝指導要綱について

別　電　昭和十六年六月五日発在中国日高臨時代理大使より松岡外務大臣宛第三六二号

右要綱

南　京　6月5日前発
本　省　6月5日前着

第三六一號（大至急、館長符號扱）

汪主席渡日ニ關スル宣傳指導要綱別電第三六二號ノ通リ當地三機關ニ於テ一致ヲ見支那側ニテモ林宣傳部長ハ大體結構ナリト申シ居ルニ付本要綱ニ基キ當方面ヲ指導シ差支ナキヤ折返シ御回電ヲ請フ

上海へ轉電セリ

（別　電）

南　京　6月5日後発
本　省　6月5日夜着

第三六二號（大至急、館長符號扱）

一、方針[(1)]

主席ノ訪日ニ關スル宣傳ハ日本ノ對支政策カ確乎不動ニシテ日華兩國ノ友好關係益々强固ヲ加ヘツツアルコトヲ認識セシムルト共ニ國府基礎ノ强化具體策カ一層活潑ニ展開セラレ兩國ノ緊密ナル結合ニ依リ世界ノ新情勢ニ對應シツツ事變處理ノ段階ニ一大前進ヲ見ルモノナルコトヲ中外ニ宣明セシムル樣指導スルモノトス

二、要領

(イ)强調要旨

一、主席訪日ノ目的ハ日華兩國間ノ親善關係ヲ深メ豫テ兩國間ノ重要問題ニ關シ日本政府ノ最高首腦部ト意見ノ交換ヲ行フコトニアルコト

二、日華兩國ノ基本關係ヲ律スル客年十一月三十日締結ノ日華新條約竝ニ日滿華共同宣言ハ確乎不動ニシテ右精神ハ新情勢ニ應シ益々發揚セラルヘキコト

三、國民政府ノ理想ハ日本側ノ積極的協力ニ依リ着々强化セラルヘク他方重慶側ノ窮迫化ト相俟ツテ國民政府ノ和平反共建國ノ理念ニ對スル共鳴者益々增加シ延イテ重慶ノ解體ヲ促進スヘキ氣運ニアルコト

四、日華兩國政府ノ提携ハ今後愈々强化ヲ加ヘ既定方針ニ依ル東亞新秩序ノ實現ニ拍車ヲ掛クルニ至ルヘキコト
五、調整事項ノ處理ハ日華新條約ノ趣旨ニ基キ逐次實施セラルヘク他方帝國ノ要求ハ國民政府ノ全幅的協力ニ依リ圓滿ナル進展ヲ期スヘキコト
(ロ)注意事項
一、國民政府カ傀儡政府タル如キ印象ヲ與ヘサルコト
二、近衞聲明乃至條約ノ再確認ナル用語ヲ避ケ訪日ニ建設的意義ヲ持タシムルコト
三、滯京中ノ數日ハ元首トシテノ資格ナルニ付用語ヲ注意スルコト
四、事前ニ各關係者外ニ洩ラササル樣注意スルコト
三、[2]實施要項
(イ)治安ノ關係上事前報道ヲ絶對禁スルモ(別紙御參照)《見当ラズ》概ネ左ノ事項ヲ準備ス
一、中華映畫ヲシテ主席訪日記錄映畫ヲ撮映セシムル爲所要ノ準備ヲ爲サシム
二、隨行ノ新聞記者ヲ選定シ必要ナル指示ヲ與フ
三、主席ノ渡日ニ關スル各般ノ材料ヲ蒐集シ且ツ之ヲ新聞記者ニ供給ス
四、出發時ニ於ケル記者及寫眞班ノ入場手續ヲ打合ハス(歸任ノ際モ同樣)
(ロ)出發後歸任迄ハ左ノ如ク措置ス
一、漢字紙及邦字紙ヲシテ隨時消息及寫眞ヲ詳細且ツ大々的ニ掲載セシムル外各種ノ社說短評等ヲモ隨時掲載セシム
二、汪院長ノ日華外人記者團會見ヲ行フ
三、林部長ノ紀行文ヲ航空便ニテ送付セシメ之ヲ漢文字ニ掲載セシム
四、爲シ得レハ近衞首相、汪院長又松岡外相、(一字アキ)部長等ノ對日對支放送ヲ實施ス
五、本邦在住ノ華僑代表ニ對シテモ會見ノ上談話ヲ行フ
(ハ)歸任後ハ左ノ事項ヲ實施ス
一、出來得レハ主席ヨリ歸寧後直ニ聲明書又ハ談話ヲ發表ス
二、隨員一同モ感想文又ハ紀行文ヲ發表ス
三、訪日記錄映畫ヲ直ニ南京ニ送付ノ上封切セシメ各地ニ之ヲ配給セシム

?實施ニ關シ日華兩國ノ分擔事項ハ双方擔當者ニ於テ之ヲ決定ス

上海へ轉電セリ

599　昭和16年6月11日

興亜院連絡委員会諒解の「汪精衛氏ニ對スル應對要領」

（昭和一六、六、一一・興亞院連絡委員會諒解
昭和一六、六、一三・興亞院會議打合案）

汪精衛氏ニ對スル應對要領

一般要領

汪精衛氏ノ訪日ハ日本側ノ眞意ヲ打診セントスル相當眞劍且機微ナル企圖アルヤニ判斷セラルニ付キテハ此ノ際昨秋ノ廟議決定ニ準據シ成シ得ル限リ具體的ニ其ノ要望ニ對フルト共ニ我方ヨリ要望スヘキ事項ハ之ヲ卒直簡明ニ提示シ時局處理ニ關シ帝國ノ意圖スル處ヲ十分納得セシムルモノトス

之カ爲考慮セラルル應對資料別紙一ノ如ク國民政府側ニ要望スヘキ事項ノ骨子別紙二ノ如シ

別紙一

○國民政府側ニ對スル應對資料

第一、一般的事項

國民政府ノ育成强化ニ關スル帝國既定ノ方針ハ何等變更ナシ

特ニ最近ニ於ケル國際情勢ノ激變ハ益々國民政府ノ迅速ナル發育强化ヲ必要トシ帝國ハ朝野ヲ擧ケテ國民政府ノ發展ヲ期待シアリ

然レ共世界情勢ハ急迫シ帝國トシテハ一面重慶政權ノ屈服ヲ圖ルト共ニ他面帝國綜合國力殊ニ彈撥性アル國防力ノ確保增强ニ努メツツアル次第ナルヲ以テ國民政府トシテモ之カ打開ノ責任ヲ分擔スルノ覺悟ヲ以テ我帝國ノ本企圖ニ協力スルノ要アリ

尚帝國政府ノ意圖シツツアル處左ノ如シ

一、第三國就中我カ樞軸ノ盟邦タル獨伊等ノ國民政府承認ニ關シテハ成ルベク速ニ之カ實現ヲ圖リ度キ考ナリ

二、對重慶和平工作ヲ實施スル場合ニアリテハ適時國民政

府ト連絡シ以テ十分ナル協調ヲ圖ル如クスヘシ

三、國民政府ノ實質的强化ニ關シテハ作戰上直接ノ必要及帝國綜合國力ノ强化ニ背馳セサル如ク各般ノ問題ニ付極力之カ速ナル具體化ヲ圖ルヘシ

四、貴國ノ東亞聯盟運動ニ關シテハ日滿華共同宣言ノ趣旨ニ副フ如ク其健全ナル發展ヲ期待シアリ（昭和一六、一、一四閣議決定參照）

日本ニ於ケル興亞國民運動ハ大政翼贊會ヲシテ行ハシメツツアルモ未タ貴國ノ運動團體ト直接連絡スルノ域ニ達シアラズ

第二、具體的諸問題

政府トシテハ左記方針ニテ現地機關トモ密ニ連絡シ之カ具體化ニ努メツツアリ尚詳細ハ本多大使ヨリ聽取アリ度

一、物資搬出入ニ關スル件

物資ノ敵地流出防止ニ對シテハ對重慶經濟戰ノ見地ヨリ日支協力シテ益々之カ合理的强化ヲ圖ルト共ニ占領地內ニ於ケル物資流通ニ對スル現行制限ニ關シテハ合理的調整ヲ加ヘツツアリ

二、普通敵産又ハ我方管理ノ家屋等ニ對スル件

普通敵産及不在所有者ノ爲管理中ノモノニ付テハ逐次返還シツツアリ

三、合辦會社經營ニ關スル件

軍事上及國防上特ニ重要ナルモノ以外ニ付テハ調整ニ異存ナキヲ以テ現地日本側機關ト協議ノ上具體的申出ヲ望ム次第ナリ

四、治外法權ニ關聯スル課税、經濟統制等ノ暫定的調整

治外法權ノ原則トモ關連スルヲ以テ愼重ニ研究致度シ、經濟統制ニ關シテモ其ノ合理的且適當ナルモノニ付テハ日支協力ノ實效ヲ擧クル如ク顧慮シアリ

五、國民政府ノ財政强化

國民政府ノ財政强化方策ニ就テハ別途ニ考慮シアリ

治安確立、税制整備、統治地區內ノ經濟振興ニ依ル民力涵養等ニ依リ國民政府ノ財政的基礎ヲ鞏固ナラシムル如ク此上トモ協力スヘシ

六、國民政府ト其ノ治下ノ諸機關トノ關係調整ニ關スル事項

日支新條約ノ精神及規定ニ準據シ各地域ニ對スル國民政府ノ權威ヲ浸透セシムルカ如ク調整ヲ圖リツツアリ

七、政治ニ關スル主權尊重原則ノ件

廣ク人材ヲ求ムル意味ニ於テ各級地方政府ニ對スル國民政府ノ人事權ノ發動ヲ不必要ニ阻碍スルカ如キ意圖ナキモ治安トモ關聯アルヲ以テ自發的ニ日本側ニ連絡セシムル如クセラレ度

別紙二

○國民政府側ニ對シ要望スヘキ事項

第一、汪精衛氏以下ニ積極的ニ要望シ又ハ了解セシムヘキ事項

一、帝國政府ノ國民政府支援强化ニ關スル方針ハ確乎トシテ今日モ微動ダニシアラス、然レトモ帝國ハ目下對重慶戰爭遂行中ナルト他面緊迫セル國際狀勢ニ對處センカ爲綜合國力ノ彈撥性保持ニ努力シアルヲ以テ日支條約ノ調整等直ニ國民政府ノ要望ヲ全面的ニ容ルルコト能ハサルモノアルモ積極的ニ爲シ得ル限リノ調整ヲ企圖シアルニ付徒ニ帝國ノ國民政府支援ノ熱意冷却セリト誤解シ或ハ前途ヲ危懼スルカ如キコトナク我方施策ニ積極的ニ協力セラレ度

二、帝國ハ目下武力的ニ又經濟的ニ重慶側ニ强壓ヲ加ヘ以テ其屈服ヲ企圖シアルハ既ニ承知セラルル所ニシテ全面的和平ノ爲ニハ本施策ヲ以テ根本方策ト定メアリ國民政府ニ於テモ帝國ノ正式承認ヲ機トシ其性格變化セルコトヲ自覺シ重慶ト對立抗爭ノ性格ニ於テ密ニ我企圖ニ協力セラレ度ク中國側ノ自主的政治活動ハ固ヨリ希望スル所ナルモ其施政ハ密ニ本主旨ニ吻合スル如ク指導セラレンコトヲ希望ス

第二、機ヲ見テ汪精衛氏以下ニ納得セシムヘキ事項

本件ハ積極的ニ云フヲ要セサルモ先方トノ應對中要スレハ機ヲ見テ應酬シ其反省ヲ求ムヘキモノトシ參考迄ニ附記スルモノナリ

一、中國側ノ自主的活動範圍ノ擴大ハ望ム處ナルモ中國側ノ現況ハ帝國ノ戰爭遂行上ノ要求ニ密ニ順應シ得サルモノ多キヲ以テ當分ノ間帝國側ノ指導ヲ必要トスル實情ナルコトヲ認識スルノ要アリ

1、日本ノ軍需及物動物資ノ調辨ヲ支那側ニ一任サレ度要求……本年初ノ中支米買付ノ如キ支那側ハ遲ク時期ヲ失ス

2、物資搬出入取締規定ノ緩和ノ要求……支那側ニ爲サシムルモ日本ノ經濟戰ノ要求ニ順應シ得ス

3、合辦會社調整ノ要求……バス會社委讓ノ如キ日本側ハ要求ニ應シ度キモ事實ハ支那側財力上經營困難ナル點アリ

二、臨時及維新兩政府等ノ辨シタル事項ニ就テ動モスレハ之ヲ否認セントシ或ハ之カ飛躍的調整ヲ圖ラントスルカ如キ傾向アルハ遺憾ニシテ却テ調整ノ具現ヲ困難ナラシムルモノナリ

1、民國二十六年十一月十九日以前ノ國民政府諸法令適用ヲ飛躍的ニ强行セントスルモノアリ

2、特別市ノ件……特別市條例ノ變更ヲ加ヘントセルカ如キ例アリ

3、礦產稅賦課ノ要求……華中鐵礦、淮南炭坑ニ課稅ヲ要求シ來レルモ維新政府ノ法令ニ抵觸シアリ

4、法院ノ件……華北ノ法院モ直ニ南京司法行政院ニ直轄セシメントス

5、合辦會社ノ件……評價當初ノ經緯ヲ考慮スルコトナク出資比率評價等ノ變更ヲ行ハンコトヲ主張ス

6、維新學院經費未拂……維新政府時政府補助セシモ國民政府ハ再三要求シ未タ支給セス

三、主權囘復ノ方面ノミヲ以テ國民政府强化ノ手段ト見做シ帝國ト提携シテ東亞新秩序ヲ建設セントスルノ熱意ヲ缺クニ至ル如キコトナキ樣充分注意アリ度

1、華北、蒙疆地域ニ對スル國民政府ノ政治力ヲ急速ニ浸透セシメントス（法院直轄ノ例、華北政務委員會條例停頓ノ例）

2、河南省、徐海道等ヲ直ニ國民政府ニ移管セントス

3、武漢地區ノ人事課稅ニ關スル要求

4、厦門市政府接收ノ要求

5、日本人ニ對スル課稅ヲ當然ノ權利トシ要求（酒稅、飲料水等）

6、儲備銀行劵ヲ徐海道ニ流通セシメントセル例（申合セニ反シ）

四、政府機關ノ無意味ナル形式的整備ニ熱中スルコトナク漸ヲ逐ヒ行政力ノ浸透强化ヲ圖リ以テ經費ノ節約ニ留意スル要アリ

1、現政府ノ組織カ既ニ國民黨收容ヲ主トセルカ如キ

感アリ
2、京滬、滬杭甬鐵路管理局設置ノ要求……鐵道部ノ他ニ此ノ管理局ヲ設クルモ仕事ナク人件費ヲ增スノミナリ
3、上海ニハ政府ノ各種辦事處設置セラレアルモ單ニ形式的ノ存在ニ墮シアルモノアラサルヤ
五、日支基本條約ノ具體的調整ハ日支相互ニ本條約及諸取極ノ精神ヲ十分ニ理解スルコトニ依リ圓滿ナル遂行ヲ期スヘキヲ以テ國民政府ニ於テモ官吏ノ指導上十分配慮ヲ望ム
1、法院ノ件……河南省ノ法院、華北ノ法院ヲ直ニ南京司法行政院ニ直轄セシメントスル精神上面白カラサルモノアリ
2、教育關係……教科書ヲ維新政府時代ヨリ日本側ト研究準備セルモノヲ使用セス故ラニ事變前ノモノヲ使用セルカ如キ例アリ、又學校ニ就テモ教育ノ獨立ト稱シ日本ノ援助ヲ敬遠セントス
3、其他下級官吏ノ言動ニ條約ノ精神ヲ了得シアルヤ否ヤヲ疑ハシムルモノ少カラス

600　昭和16年6月13日　松岡外務大臣より在英国重光大使、在米国野村大使他宛（電報）

汪訪日に関するわが方宣伝方針について

別　電　昭和十六年六月十三日発松岡外務大臣より在英国重光大使、在米国野村大使他宛合第一二四九号

汪訪日に関する発表内容

本　省　6月13日後8時15分発

合第一二五一號

汪主席來朝ニ關シ十四日午後一時（東南時間）情報局ヨリ別電合第一二四九號通リ發表豫定ノ處帝國政府ニ於テハ今次汪主席ノ來朝ヲ機トシ日本ノ對支政策カ確乎不動ニシテ日華兩國ノ友好關係益々强固ヲ加ヘツツアルコト兩國ノ緊密ナル結合ニ依リ世界新情勢ニ對應シツツ事變處理ノ段階ニ一大前進ヲ見ルモノナルコトヲ宣明シ國民政府ノ理想ハ日本側ノ積極的協力ニ依リ着々强化セラルヘク他方重慶側ノ窮迫化ト相俟ツテ和平反共建國ノ理念ニ對スル共鳴者益々增加シ延イテ重慶ノ解體ヲ促進スヘキ機運ニアルコト等ヲ

適宜宣傳致度考ナリ御參考迄
米ヨリ本官管下各領事ニ轉電アリ度シ

（別　電）

本　省　6月13日後8時20分発

合第一二四九號

中華民國國民政府主席、行政院院長汪精衞閣下ハ新中央政府成立以來本邦各方面ヨリ寄セラレタル好意ニ答フルト共ニ日華兩國間ノ協力ニ關シ我方要路ト懇談ノ爲六月十四日上海發八幡丸ニテ訪日ノ途ニ就カレタルカ一行ハ十六日神戸ニ上陸、十七日朝東京驛着ノ豫定ニシテ汪精衞閣下ハ國民政府主席トシテ十八日宮城ニ參入、十九日以降行政院院長ノ資格ニ於總理、外務、陸軍、海軍、大藏等ノ各大臣ト會談ノ豫定ナリ

尚一行ハ汪院長ノ外行政院副院長兼財政部部長周佛海氏、外交部部長徐良氏、宣傳部部長林柏生氏等十數名ナリ

601　昭和16年6月17日　在独国大島（浩）大使より松岡外務大臣宛（電報）

南京政府の承認につき独国政府に対し正式申入れ方請訓

ベルリン　6月17日後発
本　省　6月18日前着

1182

第六九九號（至急、館長符號扱）

貴電第五一四號ニ關シ（對汪應酬振ノ件）

獨逸ハ我要望ニ應シ汪政權ヲ承認セラルル用意アリヤト尋ネタル處「リ」ハ本件ニ付テハ既ニ二月末貴大使ニ御答ヘシタル通リ自分トシテハ日本ノ御希望アルニ於テハ勿論之ヲ承認スル考ヘナリ（往電第一五九號參照）只今貴大使ノ御申出ハ日本政府ノ公式ノ提議ト心得ヘテ宜敷ヤ若シ然ラハ本件ニ關シテハ未タ「ヒ」總統ニ話居ラサルヲ以テ至急總統ノ決裁ヲ受クルコトトスヘシト述ヘタルヲ以テ本使ハ更ニ帝國政府ニ確メタル上確答スヘシト答ヘタリ

往電第二〇九號ヲ以テ卑見ヲ稟申セル如ク何時迄モ此ノ問題ヲ不確實ノ儘放棄スルコトハ帝國ノ權威ニ關スヘク公式ニ汪政權ヲ承認ヲ《ママ》獨逸政府ニ提議セラルルヤ若シ然ラストセハ此ノ際獨逸政府ニ對シ承認ヲ求メサル理由ヲ通告スルヲ儀禮上至當ト考フ速ニ我態度御決定ノ上回訓ヲ請フ

602　昭和16年6月21日　興亜院会議申合

「國民政府ニ對スル借款供與方ニ關スル件」

國民政府ニ對スル借款供與方ニ關スル件

昭和十六年六月二十一日

興亞院會議申合

一、汪兆銘氏來朝中國民政府ニ對スル借款供與方ヲ申出テタルトキハ主トシテ其ノ重慶政府竝ニ第三國ニ與フル政治的効果ヲ意圖シ左記要綱ニ則ル借款ノ供與方ヲ應諾スルモノトス

二、借款要綱

(一)借款ハ「クレヂツト」トシ金額ノ限度ハ之ヲ三億圓トスルモノトス

(二)借款ノ實行ハ現物ノ供與ニ依ルヲ原則トスルモ資金ニ付支那側ヨリ申出アルトキハ其ノ內容ヲ聽取シタル上出來ルタケ考慮スルモノトス

(三)供與スヘキ現物ノ內容ニ付テハ支那側ノ申出ヲ聽取シタル上我方ノ供與能力ヲ勘案シテ之ヲ決定スルモノトス

(四)其ノ他ノ條件及借款ノ當事者竝ニ本借款ノ實行ニ關聯シ必要トスル諸般ノ措置ニ付テハ國民政府側トモ協議ノ上之ヲ決定スルモノトス

「附屬文書」

對國民政府三億圓借款供與方ニ關スル件

對國民政府三億圓借款供與方ニ關シテハ左記ノ諸點ニ付政府全體トシテ充分ナル決意ヲ爲シ置クノ要アリ

尙借款實行ノ具體的細目ニ付テハ先方ノ申出ヲ篤ト聽取シタル上關係各廳協力ノ上速カニ立案スヘシ

記

一、借款ノ實行ハ軍需資材、其ノ他ノ物資及第三國物資ノ供給竝ニ之カ輸入決濟ノ爲ニ必要トスル資金又ハ信用ノ供與ニアル處、資金又ハ信用ノ供與ニ付テハ大藏省ニ於テ出來ル丈盡力スヘキモ

(イ)軍需資材ノ供給ノ確保ニ付テハ陸海軍當局ノ好意的協力ヲ必要トシ

(ロ)其他ノ物資及第三國物資ノ供給ノ確保ニ關シテハ關係各廳ノ好意的協力ヲ必要トスルコト

二、本借款ノ緣由等ニ顧ミルモ、將又資材資金ニ付帝國經濟トノ關係一層緊密トナルヘキヲ以テ今後長江經濟囘復强化施策ニ關シテハ財政經濟方面ノ專門家ニ委スルノ主旨ヲ採リ漸ヲ追ウテ之ヲ實行ニ移シ速ニ其ノ經濟囘復ヲ計ルヘキコト

603 昭和16年6月23日

近衛首相と汪兆銘による日華共同声明

日華共同聲明全文

我等兩名ハ今次ノ事變ヲ速ニ處理シ之ヲ楔機トシテ日華兩國永遠ノ關係ヲ確立シ以テ共存共榮、東亞復興ノ共同目標ニ向テ邁進センガ爲、曩ニ善隣友好、共同防共、經濟提携ヲ內容トスル東亞新秩序ノ建設ニ關シ夫夫聲明スル所アリタルガ客年十一月三十日成立ノ日華基本條約及日滿華共同宣言ノ趣旨トスル所亦右ニ外ナラズ。

抑東亞新秩序建設ノ意義ハ東亞固有ノ道義的精神ヲ基調トシテ東亞ニ於ケル侵略主義及共產主義ノ流毒ヲ一掃シ相互提携、共存共榮ノ國家ヲ建設セントスルニ在リ。中國民衆中ニハ日華ノ合作ニ依ル東亞ノ復興ヲ希望シツツモ右希望ガ果シテ實現セラルルヤ否ヤニ關シ尙自信ヲ有セズ、依然トシテ低徊觀望ノ態度ヲ持シ居ル者尠カラズ存スルガ如キ處東亞復興ノ偉大ナル事業ハ今日ノ段階ニ於テ出來得ル限リ其ノ曙光ヲ顯現セシメ大多數國民ノ信賴ヲ得テ銳意全面和平ノ實現ニ邁進スルコトニ依リ始メテ之ヲ達成シ得ベキナリ。

今囘我等會談ノ結果日華兩國政府ハ右共同ノ目標ニ向テ一層ノ努力ヲ爲スベキコトヲ誓ヒタリ。國民政府ハ政治上、軍事上、經濟上、文化上、日華提携協力ノ具體的事實ヲ提供シ、民衆ヲシテ日華合作、東亞復興ガ日華兩國民ノ共同ノ使命ナルコトヲ知ラシムルニ努ムベク日本國政府亦之ニ對シテ一層ノ援助ヲ與ヘ國民政府ヲシテ能ク獨立自由ノ權能ヲ發揮セシメ以テ東亞新秩序建設ノ責任ヲ分擔セシムルニ努力セントス。

昭和十六年六月二十三日

近衛　文麿

汪　兆銘

604　昭和16年6月23日　在中国中村臨時代理大使より松岡外務大臣宛（電報）

汪訪日に関する報道振り報告

南　京　6月23日後発
本　省　6月23日後着

第四一三號

汪主席今次ノ訪日ニ關シテハ各紙トモ過日東京ニ於ケル汪主席歡迎狀況ヲ大々的ニ報シ特ニ我カ皇室ノ御鄭重ナル御待遇振リニ對シテハ感激ヲ以テ詳報シ居ル處當地機關紙ノ其ノ後ノ論調ヲ見ルニ「中報」ハ現ニ支那カ先輩國ナルヲ自覺スル要アルヲ認ムルト共ニ支那ノ現在求ムル所ハ單ニ其ノ獨立ノ保持ト内政的完成（完全、成就）トカ最低限度ノ願ナル旨ヲ强調シ「南京新報」ハ世界大變革此ノ際汪主席ノ訪日ハ必スヤ兩國間ノ一層緊密ナル提携ヲ招來スルト同時ニ國民政府ノ力ヲ益々增大シ支那自身ノ强大ヲ計リ又日本ト協同シテ東亞新秩序建設ノ責任ヲ負擔スル所以ナル旨ヲ力說シ居レリ（委細郵報）

本省ヨリ興亞院、關係總領事ヨリ連絡部へ轉報アリタシ

滿、在支各領事へ轉電セリ

廣東、新嘉彼《（坡カ）》へ轉電アリタシ

605　昭和16年6月23日　在中国中村臨時代理大使より松岡外務大臣宛（電報）

汪訪日に対する日本側歓待振りに南京政府側満足を表明について

南　京　6月23日後発
本　省　6月23日後着

第四一四號

往電第四一三號ニ關シ

主席代理陳公博ハ二十二日往訪ノ中村參事官ニ對シ汪主席ノ東京ニ於テ受ケツツアル日本ノ歡待ニ對シ頗ル滿足シ感謝スルト共ニ平和運動ハ必スヤ新シキ光明ヲ發見スルニ到ルナラムト汪主席ノ歸國ヲ鶴首シ居リ上海方面ノ銀行家ヨリモ同趣旨ノ來信ニ接シ居ル旨述ヘタリ

其ノ他館員ニ於テ官邊筋ト接觸シタル印象ヲ綜合スルニ主席カ元首ノ資格ニ於テ　陛下ニ御會見申上ケ我皇室ノ賓客トシテ殊遇ヲ受ケタルニ對シ感激シ居ル外我朝野ノ熱烈ナル歡迎ヲ知リ主席今次ノ訪日カ國民政府强化上有效ナルヲ

認識スルト共ニ重慶側又ハ第三國ニ對スル新國民政府ノ獨立性ヲ示ス政治的影響ノ大ナルヲ喜ヒ一般ニ明朗ナル氣分ニテ今後ノ國民政府ノ强化發展ニ多大ノ期待ヲ懸ケ居ル模様ナリ

前電ノ通リ轉電セリ

前電ノ通リ轉報アリタシ

606　昭和16年6月26日　在伊国堀切大使より松岡外務大臣宛（電報）

伊国政府に対し南京政府承認方申入れについて

ローマ　6月26日後発
本　省　6月27日前着

第四〇七號（館長符號扱）

貴電合第一三一八號ニ關シ

二十六日本使「チアノ」ヲ往訪御訓令ノ次第ヲ申入レタル處「チ」ハ從來伊國ニ於テハ南京政府承認ノ用意アルコト御承知ノ通リニテ曩ニ本大臣ヨリ汪院長ニ電信ヲ送リタル事實又現ニ在支伊國大使カ在支既ニ三年ニ及フモ未タ重慶政府ニ信任狀ヲ捧呈セサル事實等ヨリスルモ伊國ハ南京政府ヲ事實上承認セルモ同様ニテ本問題ニ付テハ伊國ニ關スル限リ何等政治上ノ困難ナキモ獨逸ト歩調ヲ倶ニセサルヘカラサルニ付早速獨逸ト電話ニテ話合ヒ尙「ムツソリーニ」首相ニモ話シタル上回答スヘシト答ヘタリ

獨ヘ轉電セリ

607　昭和16年6月26日　在独国大島大使より松岡外務大臣宛（電報）

独国の南京政府承認決定について

ベルリン　6月26日後発
本　省　6月27日夜着

第七八三號（館長符號扱）

貴電合第一三一八號ニ關シ（獨伊ノ國民政府承認問題）

一、二十六日午后「ソンネンブル」ニ在ル「リ」外相ヲ往訪シ御訓令通リ汪政權ノ承認方正式ニ申入タル處「リ」ハ直ニ在大本營「ヒ」總統ト電話連絡シ其ノ裁決ヲ得タル上獨逸ハ日本ノ欲スル時及形式ニテ汪政權ヲ承認スヘキ旨答ヘタリ

二、他ノ三國同盟加入國ニ對シテハ獨逸トシテ素ヨリ承認斡

旋致スヘク自分ハ明二十七日東「プロシア」大本營ニ赴クニ付獨逸ノ本件ニ關スル斡旋方法、承認ノ形式等ハ本日直ニ「ワイツゼツカ」次官ニ訓令シ置クヘキヲ以テ貴大使ヨリ「ワ」ニ直接御協議願ヒタシト述ヘタリ依テ本使ヨリ帝國政府ノ希望ハ三國同盟加入國ノ外防共協定加入國タル「スペイン」ヲモ參加承認セシムルニアリト存スルモ西カ汪政權ノ承認ヲ困難トスル何等カノ理由アリト考ヘラルルヤト尋ネタル處「リ」ハ西ハ食糧補給上英米ニ氣兼セサルヲ得サル立場ニアルモ獨蘇戰爭ニ義勇兵ヲ派遣スルコトトナリタル次第モアリ特ニ困難アリトハ考ヘス御希望ナラハ獨逸側ヨリ問合スモ差支ナシト答タルヲ以テ西ニ付テハ帝國政府ノ意嚮ヲ今一度確メタル上回答致スヘキ旨述ヘ置キタルニ付右御意嚮至急御回答ヲ請フ

三、尚本會談中「リ」ハ直接「チアノ」ニ電話連絡シ「ヒ」總統カ之ヲ決裁セル旨ヲ告ケタルニ「チ」モ亦汪政權承認ニ異議ナキ旨答ヘタル趣ナリ

四、「スロバキア」ニ付テハ御訓令アリ次第本使ヨリ在當地「ス」國公使ヲ通シ申入ルルコトト致度シ

伊ニ轉電シ要略佛、西、羅、勃、洪ニ轉報セリ

608　昭和16年6月27日　松岡外務大臣より在上海堀内総領事宛（電報）

南京政府に対する三億円借款供与決定について

本　省　6月27日後7時20分発

第六〇五號（大至急）

今回帝國政府ハ國民政府ノ要望ニ應ヘ取敢ス限度三億圓ノ借款供與方ヲ決定シ之カ實行ニ付テハ横濱正金銀行等ニ於テ其ノ衝ニ當ルコトトセリ

南大ヘ轉電セリ

609　昭和16年6月27日　在独国大島大使より松岡外務大臣宛（電報）

三国同盟加入国による南京政府承認手続き等に関し独国外務次官より説明について

ベルリン　6月27日後発
本　　省　6月28日前着

第七八九號（至急、館長符號扱）

往電第七八三號ニ關シ
二十七日冒頭往電「リ」外相ノ申出ニ基キ「ワ」次官ヲ往訪セル處「ワ」ハ獨政府ハ七月一日附汪兆銘宛電報ヲ以テ南京政府ノ承認竝ニ外交關係ノ開始ヲ通告スヘク而シテ南京ニハ差當リ代理大使ヲ駐派スル豫定ナリ又他ノ三國同盟加入國卽チ羅馬尼、洪牙利、勃牙利「スロバキア」及「クロアチア」ノ各政府ニ對シテハ日本側御希望通リ御取計致スヘク其ノ方法トシテハ右諸國ニ駐在スル獨公使ニ對シ所在日本公使ト聯絡、打合セノ上措置スヘキ旨至急訓令スヘク又伊太利政府ヨリモ前記諸國ニ駐在スル伊太利公使ヲシテ同様ノ措置ヲ採ラシムル様同政府ニ電報スヘシト述ヘタリ

伊、羅、洪、勃へ轉電セリ

610 昭和16年6月27日 在伊国堀切大使より 松岡外務大臣宛(電報)

伊国の南京政府承認決定について

ローマ 6月27日後発
本　省 6月28日後着

第四一〇號(館長符號扱)
往電第四〇七號ニ關シ
二十七日求メニ應シ本使「アン?フーゾ」官房長ヲ往訪セル處「プルナス」立會ニテ「ア」ハ本通告ハ「チアノ」ヨリ爲スヘキ筈ナルカ留守ノ爲本官ヨリ致セシ次第ナリト前提シ二十六日「チ」へ御申入ノ南京政府承認問題ニ付テハ獨逸側トモ話合ノ上承認スルコトニ決定セルニ付右假リニ貴大使ニ御通知スヘキカ通告ノ方法ニ付テハ目下獨逸側ト共ニ研究中ニテ承認ノ時機ニ付テハ御希望ニ副フ様努力スヘク尚他ノ樞軸國ニ對スル斡旋ニ付テハ早速措置スル旨述ヘタリ

獨逸へ轉電セリ

611 昭和16年6月29日 在独国大島大使より 松岡外務大臣宛(電報)

独国の承認後における南京政府の新駐独大使選定に関し意見具申

ベルリン 6月29日後発
本　　省 6月30日後着

第八〇五號（館長符號扱）

貴電合第一三五七號ニ關シ

樞軸諸國ノ南京政府承認後ハ樞軸國駐在ノ支那使臣中南京側ニ鞍替スル者アリトスルモ此ノ際蔣政權ニ屬セシ者ヲモ一掃スルノ明確ナル態度ヲ中外ニ顯示スルコト必要ト存セ（欄外記入）ラル從テ在獨ノ陳介モ個人トシテ特ニ非難スヘキ點ナキノミナラス才能アルヲ以テ若シ改心セハ支那ニ於テ彼ヲ用ヒルモ可ナルモ親支獨人トモ腐緣アルニ付獨逸ニ留任セシムルハ適當ナラス館員モ志操正シキ青年外交官若干ヲ殘シ其ノ他ノ大部分ハ變更スルノ要アリ（目下各個人ニ付人物内査中ナリ）而シテ陳介ノ後任ニハ經濟人ハ兎角當國ノ親支商人ト聯絡シ面白カラサルニ付眞ニ日本ト協力セントスル人格ヨキ人物ヲ選任セラレタシ

尚斯ル考ヘヲ有スル向キナシト信スルモ南京ニ寝返ヘリシタル外交官ヲ殘シ將來蔣政權ニ對スル工作ニ用ヒントスル如キハ戒メサルヘカラス右爲念

南大ニ轉電アリタシ

（欄外記入）

余リニ「キレイ」ナ考方ハ禁物ナリ

612　昭和16年6月30日　在中国中村臨時代理大使より松岡外務大臣宛（電報）

新駐独大使選定に関する汪兆銘の意向について

南京　6月30日後発
本省　6月30日夜着

第四二八號（館長符號扱、至急）

貴[1]電第二三〇號ニ關シ

二十九日汪主席ヲ往訪シ確メタル所ニ依レハ駐獨大使陳介、駐伊代理大使徐隋隣ハ夫々自分ノ外交部長時代ニ外交部ニ採用シタルモノニテ最モ關係深キ人物ナルモ自分ノ脫出以來往復ヲ斷チ今日ニテハ彼等ノ心境モ知ルニ由ナク又之ヲ說得スル途ハ日本、獨、伊ノ御盡力ニ依ル外ナキ狀態ナリ彼等ニシテ和平陣營ニ投シ來ルトキハ素ヨリ現在ノ地位ヲ保有セシムルニ異議ナシ陳介ノ方ハ在伯林滿洲國公使トハ中國銀行時代ノ關係ニテ交通致シ居ルト仄聞スルニ付公使ヲ煩ハスモ一策ナリト思考ス若シ陳介ニシテ承知セサルトキハ獨逸ニハ一日モ早ク大使ヲ派遣スル要アルニ拘ラス今日ニテハ本國ヨリ派遣ノ途ナク歐洲ニ在ル者ニ求メサルヘカラサル處幸ニ陳公博ノ實業部長時代ノ司長ニシテ「ゼネバ」ノ國際勞働事務局ニ代表者タル李平衡(Li Ping Heng)ハ豫テヨリ南京ニ復歸シタキ旨度々通シ來タリ居リ履歴[2]ヨリスレハ大使タラシムルモ差支ナク彼ナラハ必ス承諾スヘキニ付在壽府日本總領事ヲ通シ說得シ獨逸ニ赴任セシムルコト然ルヘシ若シ陳介ニテ承諾セハ李ハ駐伊大使トスルモ差支ナキ次第ナリ(書記官級ナラハ在獨留學生中ヨリ求ムルコトモ可能ナリ)尚陳介ハ和平陣營ニ投スルモ家族ハ上海ニ在リテ心配ナキ事情アリ自分モヨク知リ居リ且親獨家ナルニ付先ツ日獨兩國ヨリ說得シ動カサルコト確定スレハ李ニ當ルコト然ルヘシト思考スト述ヘタリ

右汪主席ノ談話ニ徴スルモ貴電御推問ノ事項ニ對スル具體的意嚮ナルモノモ以上ノ範圍ヲ出テス何レノ場合モ我方ノ仲介ヲ要スルモノト認メラル

尚汪主席ハ本件ニ關シ昨年末日高公使ト話アリタル趣ナルニ付在京日高公使ト御聯絡アリタシ

北京ニ轉電セリ

獨、壽府ニ轉電アリタシ

613　昭和16年7月1日　在中国中村臨時代理大使より松岡外務大臣宛(電報)

独伊による南京政府承認の汪宛書簡提出について

別　電　昭和十六年七月二日発在中国中村臨時代理大使より松岡外務大臣宛第四四二号

右書簡

南　京　7月1日後発
本　省　7月2日前着

第四四一號(至急)

在南京獨逸總領事「ギッベルリッヒ」ハ一日午後五時十分、伊太利大使「タリアニ」ハ同六時二十分夫々汪主席ヲ往訪シ別電「リ」外相及「チ」外相ノ汪主席宛承認ニ關スル同一文句ノ書翰ヲ提出セリ(獨文ハ省略ス)尚右書翰要旨ハ外交部ヨリ午後九時公表セリ

滿、北京、上海ヘ轉電セリ

(別　電)

南　京　7月2日前発
本　省　7月2日後着

第四四二號（大至急）

Shanghai July 1st 1941.

Excellency Wang Ching-wei President of the National Government of China Nanking.

I have the honour to inform you that the Fascist Government, adhering to the desire expressed by the Imperial Japanese Government, has decided to recognize the Government presided by Your Excellency.

The Fascist Government proposes to establish normal diplomatic relations with your Government and will, as soon as possible, determine with you all the matters connected with the recognition.

Signed Ciano.

614　昭和16年7月2日　在仏国加藤大使より松岡外務大臣宛（電報）

南京政府の承認方仏国政府に対し申入れについて

ヴィシー　7月2日前発
本　省　7月2日後着

第三三六號（至急）

貴電[1]第二五二號ニ關シ（佛ノ汪政權承認ノ件）

七月一日「ダルラン」ヲ訪問シ本使ヨリ國民政府ノ承認問題ニ關シテハ佛國政府ニ於テモ多大ノ興味ヲ有シ居ラルルコト昨年九月「ボードアン」前外相カ澤田大使ニモ話サレタル通リナルカ國民政府モ成立以來時ト共ニ堅實ナル發育ヲ遂ケ今日ハ其ノ基礎モ充分強固トナリツツアル處七月一日獨伊兩國カ正式ニ同政府ヲ承認スルコトトナリ歐洲ノ他ノ多數ノ諸國亦近ク承認ヲ與フル筈ナリ就テハ佛國政府モ此ノ際國民政府ヲ承認サレタク日本政府ノ希望ナリト申入レタル處「ダ」ハ

一、佛國ハ獨佛休戰條約下ニ於テ特殊ノ事態下ニアリ其ノ對外政策モ他ノ樞軸國ト必スシモ同一ナルヲ得ス

二、若シ休戰條約改メラレ或ル種ノ恆久的ナ條約關係成立シ之ニ依リテ歐洲ノ新事態ニ對スル佛國ノ協力關係カ確立サルルニ至ルカ如キ事態トモナラハ佛國ノ對外政策亦之ニ依リテ根本的ニ改メラルヘク其ノ場合ニハ支那ニ對スル方策モ其ノ角度ヨリ觀テ樹直サルルニ至ルヘキモ現在ハ未タ其ノ所迄ニ達シ居ラス

三、佛國ハ印度支那ニ於テ蔣介石ト國境ヲ接シ居ル處自分ノ承知シ居ル限リ汪政府ノ勢力ハ未タ西南邊境ニ迄延ヒ居ラス佛國若シ出抜ニ汪ヲ承認センカ英人ノ使嗾モ必然アリ蔣側ハ佛印方面ニ爭ヲ惹起スルニ至ルヘク佛トシテハ兵力的ニ佛印ニ增援シ得サル今日夫レハ困ル事態テ極力之ヲ避ケサルヘカラス

四、(2)從テ佛トシテハ國民政府ノ承認問題ハ日本ニ對スル友好ノ表示トシテ進ンテ爲シ度キ所ナレ共之カ爲困難ナル事態ヲ惹起スルカ如キコトハ避ケサルヲ得サルニ付獨蘇戰ノ結果蘇側ノ援蔣薄ラキ蔣カ自然ニ勢力ヲ失墜スルカ如キ事態トナルカ又ハ獨佛ノ協力關係カ今一段ト進展シテ將來ニ對スル不安ナク完全ニ日獨側ト歩調ヲ合セ得ル時ニ至ル迄ハ現在ノ儘ニナシ置キ度キ意嚮ナリト述ヘタルニ付本使ハ佛國カ他ノ歐洲諸國ノ多クトハ東洋ニ於テ異ナレル地位ニアルハ熟知シ居リ又今次承認ノ申出ヲ爲スハ必スシモ樞軸國ト行動ヲ一ニサレタシト云フカ主眼ニモアラスサリ乍ラ在支佛國權益殆ト全部カ國民政府ノ治下ニ在リ同政府ト正常ナル關係ヲ開カルルコトハ佛國ノ利益ニモ合スル次第ニ付之等ノ點モ篤ト考ヘニ入レ置カレ度本問題ニ付テハ何レ改メテ御話スル機會アルヘシト述ヘ置キタリ

本件ニ關シ「ダ」ノ重キヲ置キ居ル所ハ蔣側ヨリ自發的又ハ英ノ使嗾ニ依リ佛印ニ爭ヲ持掛ケラルルコトヲ懸念シ居ル點ニアルニ付佛印關係問題ヲ餘リ掘下クルコトハ今日ノ事態ニ於テハ面白カラスト考ヘ以上ノ程度ニテ一應話ヲ留メ置キタルカ此ノ際承認問題ヲ餘リ强ク佛側ニ押付クルコトハ如何カト考ヘラル

獨ヘ轉電セリ

---

615 昭和16年7月2日 在上海堀内総領事より松岡外務大臣宛(電報)

独伊等の南京政府承認に関する報道振り報告

上海 7月2日後発
本省 7月2日夜着

第一一三三號

獨伊外樞軸三國ノ國民政府正式承認ノ報ハ二日上海「タイムス」「ノースチヤイナデイリーニユース」及和平漢字紙ニ同盟電ニ依リ大キク報道セラレタルカ China Press 及抗

日漢字紙ハ前記同盟電ヲ全然抹殺シ専ラ重慶側反響トシテ官邊筋ニテハ言明ヲ避ケ居ルモ右ハ支那ニ對スル最モ非友誼的行爲ト思考シ居ル旨竝ニ外交部ハ直ニ在獨、伊大使及館員ニ引揚方訓令ヲ發セル旨ノ一日重慶「ユーピ」電及今回ノ承認ノ裏ニハ日本ノ對蘇戰參加ヲ條件トシ居ルヤモシレストテ一般ハ日本ノ出方ヲ注視シ居ル旨ノ「ルーター」電ヲ報道スルニ止マリ居レルカ日本ノ獨蘇戰ニ對スル態度ニ付テハ連日東京電其他ノ外電ヲ詳細ニ掲ケ極メテ注意ヲ集メ居レリ

承認ニ關スル論説要旨左ノ通リ

Daily News

獨伊カ當然既往ニスヘカリシ汪政權承認ヲ今日ニ至リテ突然爲セルハ日本側ニテ獨ノ今次對蘇攻撃ノ結果「ヒツトラー」ノ誠意ニ多大ノ疑惑、不安ヲ感シ來レル爲之ヲ緩和セントスル「ヒ」ノ策謀ノ表示ニ外ナラス若シ日本カ之ヲ以テ獨ノ誠意ノ披瀝ト思考セハ大間違ニテ必スヤ最後ニ失望スヘシ日本ノ穩健派ハ既ニ此ノ點ヲ認識シツツアリ

中美日報

獨伊諸國ノ汪政權承認ハ獨ノ對蘇戰ヲ有利ニ展開スル爲日本ノ好意ヲ獲得セントスルニアルノミニテ之ハ現下ノ狀勢ニテハ汪政權强化ニ役立タサルノミナラス中國ノ抗戰建國ニモ何等悪影響ヲ及ホサス却テ國際間ノ友敵關係ヲ明瞭ナラシメ民主戰線ノ團結ヲ一層强化スルニ役立ツヘシ

南大、海口、北大、天津、香港へ轉電セリ

616　昭和16年7月4日　在中国中村臨時代理大使より松岡外務大臣宛(電報)

南京政府の在外使臣の人選は日本側の助言により決定するとの汪兆銘意向について

南　京　7月4日後発
本　省　7月4日夜着

第四五四號(館長符號扱、大至急)

貴電第二五一號ニ關シ

在獨逸大使來?電報第八一四號ノ次第モアリタルニ付四日中村參事官ヨリ重ネテ汪主席ノ意嚮ヲ質シタル處

(一)此ノ際獨伊等ノ諸國ノ在外使臣ノ人選ハ萬事日本政府ノ御助言ニ依リ決定致度ク陳介カ獨逸ニ在勤スルコト不可ナリト認メラルル事情アルニ於テハ在羅馬徐代理大使ヲ

轉出セシメ陳ト交替セシムルモ可ナリ徐ハ段祺瑞ノ部下徐樹錚ノ息子ニテ名門ノ出ニシテ獨逸語ヲ良クシ夫人ハ獨逸人ナル趣ナリ

(二)獨逸大使館ノミナラス其ノ他ノ公館ノ接收モ日本政府ニ御一任致度シ取ルヘキ手續アラハ御教示ヲ得度シト語レリ

(三)徐外交部長モ陳、徐トモ自分ハ以前懇意ナリシニ付何等カ自分ノ傳言ニテモ役立ツコトアラハ日本大使ニ於テ然ルヘク書簡ニテモ御作成ノ上御利用願度キ旨申出居レリ

(四)現地ニ於テ見タル國民政府ノ内情ハ冒頭貴電ノ如ク人材ニ缺乏甚シク殊ニ外務部内ニ於テ著シク感セラレ居ルニ付蔣政權ノ一派ニ斷然タル態度ヲ取ルモ後任ノ補充ハ甚シク困難ナリト觀測ス

(五)貴電第二五一號ノ御趣旨及本電ハ在伊大使ヲ始メ國民政府ヲ容認シタル各國ニ駐在スル帝國使臣ニモ訓令相成リ右御方針ニテ善處セシメラルルコト然ルヘシト思考ス御參考迄

617

昭和16年7月5日　在北京土田大使館参事官より　松岡外務大臣宛(電報)

南京政府承認後における独国の華北権益増進への要望に関する対策考究方具申

北　京　7月5日後発
本　省　7月5日夜着

第四三七號

上海發大臣宛電報第一一五〇號ニ關シ

當地獨逸大使館方面トノ接觸ニ依リ得タル印象ニ依ルモ獨逸ニ於テハ從來トモ支那就中北支ニ於ケル通商經濟權益ノ增進ヲ熱望シ居タル樣ニ見受ケラレ從テ今次南京政府承認後ハ益々斯カル方面ニ進ミ來ルコト豫想ニ難カラサルニ付當方ニ於テモ軍、興亞院方面ト聯絡シ對策ヲ考究スヘキモ本省ニ於テモ御考究置キ相成度爲念

南大、上海ヘ轉電セリ

618

昭和16年7月5日　在独国大島大使より　松岡外務大臣宛(電報)

南京政府との通商条約締結に関する独国政府

の意向について

ベルリン　7月5日前発
本　　省　7月8日前着

第八四一號（館長符號扱）

往電第七九〇號ニ關シ

三日「ヴイール」ハ松島ニ對シ南京政府トノ通商條約締結ニ關シテハ近ク「ウオールタート」ニ訓令ノ筈ナルカ右ニ依リ獨側ハ在支獨逸人ト日本人トノ同一待遇方必スシモ希望セサルモ獨逸人カ第三國ト異ナル特惠待遇ヲ享受スルコトトシ度ク尤モ伊太利ハ獨ト諸般ノ點ニ於テ異ルモ之ニ獨ト同一ノ待遇ヲ與ヘラルルニ異議無キ旨述ヘタルニ松島ヨリ南京側カ斯ル獨側ノ提案ヲ容ルル場合ニハ日本モ亦獨ノ勢力圈内ニ於テ獨以外ノ第三國人ヨリモ良好ナル待遇ヲ得度ク或ル程度日本ハ右圈内ノ或ル地方ニ於ケル獨逸ノ如キ深キ利害關係ヲ有セサル所アルモ今後歐洲東亞兩圈間ノ經濟的互讓關係ヲ增進スルカ爲ニハ相方ノ互讓形式ヲ均等トスルコトヲ最モ重要ナル旨說明セルニ「ヴイ」ハ本件發展次第今後共意見ノ交換ヲ致度ト答ヘタルニ付松島ヨリ南京政府ト本件交涉ヲ開始スル際ハ豫メ獨提案ノ內容通報アリ度キ旨依賴シ置キタリ

伊ヘ轉電セリ

619　昭和16年7月10日　在中国中村臨時代理大使より松岡外務大臣宛（電報）

対華僑工作の観点より仏国による南京政府承認を汪兆銘希望について

南　京　7月10日後発
本　省　7月10日夜着

第四七〇號

在佛大使發閣下宛電報第三三六號ニ關シ

九日他用ヲ以テ中村參事官汪主席ヲ往訪ノ際主席ハ各國ノ承認招致ニ對スル日本政府ノ重々ノ配慮ヲ謝シタル後佛國政府ノ態度ニ對シテハ頗ル遺憾ノ意ヲ表シ居リ西南地方カ佛印ト接壤地帶ノ關係ニアリ國民政府ノ勢力ハ未タ同地ニ及ハサルコトハ事實ナルモ結局ハ上海ニ佛租界ナル尨大ナル權益ヲ保持シ居ルコトモ考慮ニ容ルルヲ要スヘク他方國民政府ハ佛國ノ承認ヲ得テ多數華僑ノ居住セル佛印方面ニ代表者ヲ派遣スルヲ得ルニ到ラハ進ンテ「タイ」其ノ他南

洋各方面ヘノ華僑工作ノ基地トナスコトモ得ル次第ナルニ付佛國ノ承認ハ對華僑工作ヨリ考フルモ重要ナル意義ヲ有スル次第ナリ依テ重ネテ日本政府ノ御援助ヲ御願ヒスル旨述ヘタリ

〰〰〰〰〰〰〰〰〰〰〰〰

620 昭和16年7月16日 在中国日高臨時代理大使より松岡外務大臣宛(電報)

南京政府が日本側に希望する諸問題を調整するための委員会設置を徐良外交部長提議について

付　記　昭和十六年五月十三日付周仏海行政院副院長より在中国本多大使宛書簡
日本に対する南京政府の希望について

南　京　7月16日後発
本　省　7月16日夜着

第四八二號

日支間諸問題ノ調整ニ關シ

外交部長徐良ハ十五日附公文ヲ以テ曩ニ周副院長ヨリ本多大使宛書翰ニ對シ原則上ノ承認ヲ與ヘラレタルコトヲ感謝スルト共ニ速ニ之カ實現ヲ圖ル見地ヨリ國民政府ニ於テハ特ニ日華基本條約議定ニ參加セル者ヲ以テ委員會ヲ組織シ其ノ推進ヲ圖ルコトトシ陳公博、周佛海、梅思平、林柏生、徐良、楊揆一、陳春甫、陳君慧、周隆庠ノ九名ヲ委員ト指名シタルニ付我方ニ於テモ同様ノ組織ヲ構成セラレ必要ニ應シ商議セラレンコトヲ希望スル趣旨ヲ申出テタリ

公文空送ス

興亞院及華中連絡部ニ轉報アリタシ

上海ヘ轉電セリ

(付　記)

日本政府ニ對スル希望送付ニ關スル周行政院副院長來翰(譯文)

拜啓陳者別添送付ノ希望一通主席ノ命ニ依リ提出スルモノナルニ付貴國政府ニ御傳達ノ上我方希望ノ各項逐一實現シ得ラルル樣特ニ御援助賜リ度此段御依頼得貴意候　敬具

五月十三日

周佛海

本多大使閣下

（別　添）

日本政府ニ對スル希望譯文

貴國政府ノ國策カ國民政府ヲ强化シテ各般ノ政策ヲ實施セシメ以テ民心ヲ收攬シ重慶政權ヲ破摧シ全面和平及建國ノ任務ヲ完成セシメントスルニ在ルコトハ國民政府同人ノ深ク了解スル所ナルト共ニ其ノ眞摯ナル態度ニハ極メテ感激スル所ナリ國民政府ノ方針ハ右貴國ノ國策ト完全ニ一致セルモノナルヲ以テ今日ニ至ルマテ微力ヲ盡シテ其ノ成功ヲ企圖セルカ國民政府還都以來既ニ一年餘ヲ閲シ其ノ間模範軍隊ノ建設、匪軍ノ招撫、軍艦ノ接收、財政ノ整理、金融ノ安定、糧食ノ購入運搬、工場ノ接收、文化資料ノ保管、放送局ノ接收其他軍事、政治、經濟、文化各方面ニ亘リ貴國在支各機關ノ援助ニ依リ相當ノ成績ヲ擧ケ得タルハ政府及人民ノ均シク感謝スル所ナリ然レトモ政府ノ負ヘル全面和平ノ任務ヲ完成セントセハ政府ノ統一强化ヲ謀ルト共ニ各般ノ政策ヲ實施シ以テ民心ヲ把握スルニ非サレハ其ノ功ヲ收ムルヲ得ス現下ノ狀態ヲ以テシテハ遂ニ此ノ遠大ナル目的ヲ達成スルコト能ハサルヘク一念茲ニ及ヘハ眞ニ寒心ニ堪ヘス殊ニ外間流言甚多ク或ハ謂フ貴國政府ハ今ヤ前述ノ國策ヲ忘却シ國民政府强化ノ熱意日ニ冷淡トナリツツアリト或ハ謂フ貴國政府ハ國民政府ノ立場ヲ考慮セス直接重慶ニ對シテ祕密裡ニ和平ノ交渉ヲ進メツツアリト是等種々ノ流言ニ對シ政府同人ハ絶エス不安ヲ感シツツアルノミナラス人民ヲシテ國民政府將來ノ運命ニ對シ疑惑ノ念ヲ起サシメツツアリ現在ノ情態ニ於テハ國民（政府欠カ）ノ政令南京ヲ出ツル能ハスト謂フモ過言ニ非ス若シ貴國ノ國民政府ニ對スル援助カ果シテ外間ニ傳フル如ク日ニ冷淡ニ趨キツツアリトセハ焉ンソ能ク民心ヲシテ歸服セシムルコトヲ得ンヤ焉ンソ能ク國民政府ヲ强化シ以テ全面和平ノ使命ヲ完成セシムルコトヲ得ンヤ啻ニ之レノミナラス若シ現狀ヲ改善セサレハ國民政府ノ忠實ナル中堅分子ハ日ニ益々悲觀シ政府ヲシテ崩壞ニ至ラシムル惧スラアリ斯カル慘事ヲ惹起スヘキ可能性ハ充分ニアリ國民政府同人ハ德薄ク能少ク還都一年餘ニシテ尙未タ重慶政權ヲ崩壞セシムルコト能ハス尙未タ重慶方面大多數ノ民衆ヲシテ和平陣營ニ投セシムルコト能ハサル所以ニ付テハ國民政府同人先ツ自ラ責ムヘキモノタルヲ深ク自覺シ居レリ斯カル局面ヲ現出セルハ固ヨリ國民政府同人ノ能力薄弱ナルニ因ルモ環境ヨリ來ル種々ノ束縛ト障

碍トニ因由スルモノナルコト亦否ムヘカラス右ハ速ニ改善ノ必要アルコトヲ坦白ニ陳述セント欲スル所以ナリ

貴國カ作戰遂行上必要トスル事項ニ關シテハ條約上既ニ明文ノ規定アリ國民政府カ欣然之ニ協力スヘキハ當然ニシテ何等言フヘキ所ナシ然レトモ作戰ニ關係ナキ事項ニ付テハ貴國カ國民政府ニ便宜ヲ與ヘ以テ使命完成ノ目的ヲ達成セシメンコトヲ希望セサル能ハス茲ニ特ニ重要且ツ緊急ナル事項ヲ列擧スレハ左ノ如シ

甲、各種日支合辨會社ノ調整ニ關スル事項

現在支那ノ民衆ハ何レモ貴國ノ支那ニ於ケル企圖ハ經濟侵略ニ外ナラス名ハ日支合辨ノ會社ト云フモ實ハ經濟侵略ノ方法ト道具ナリト思惟シ居レリ斯カル觀念ハ固ヨリ認識不足ニ基クモノニシテ當然矯正セサルヘカラサルモノナルモ目前ノ不合理ナル狀態ノ下ニ於テハ民衆ハ日支合辨會社ニ對シ大ナル疑惑ト恐怖感ヲ抱キテ之ニ參加スルヲ欲セス之カ爲巨額ノ遊資空シク租界內ニ眠ルヲ坐視スルノミニテ之ヲ利用スル能ハサル實情ニアリ是レ實ニ日支双方ノ重大ナル損失ナリ一般民衆カ前述ノ如キ觀念ヲ抱クニ至レルハ實ニ貴國カ作戰ト直接關係ナキ合辨會社ニ對シテ調整ヲ肯ンセサルノ致ス所ナリ國民政府還都一年有餘ニシテ合辨會社ノ調整セラレタルモノ竟ニ一モナシ我國人民カ貴國ノ誠意ヲ疑フハ實ニ原因無シトセサルナリ斯カル現狀ハ速ニ之ヲ矯正セサレハ不可ナリ竊カニ惟フニ各種合辨會社ニシテ作戰上絕對必要アルモノハ其ノ調整ヲ稍遲ラスモ可ナリ若シ夫レ作戰ト直接ノ關係ナキ會社ニ至リテハ條約及內約ノ趣旨ニ基キ速ニ具體的調整ヲ加ヘラレンコトヲ希望ス

乙、物資流通ニ關スル問題

現在一切ノ物資ノ流通ニ關シテハ其ノ軍用品タルト軍用品ニ非サルモノタルトヲ問ハス甚シキニ至リテハ軍事ト全然關係ナキ商品スラ何レモ嚴格ナル制限ヲ受ケ其ノ結果和平區域內ノ商工業ハ疲弊シ物價ハ暴騰シ政府ノ財源亦枯渇ニ瀕シ國民政府ノ基礎遂ニ漸ク根本的動搖ヲ見ルニ至ラントシツツアリ

茲ニ作戰期間內ニ於テ一方作戰上ノ必要ニ鑑ミ一方民生及財政ヲ顧慮シ貴國在支各關係特ニ在支軍當局ト協力シテ上海及前戰(線カ)ノ取締ヲ强化シ內部ノ流通ヲ圖ル爲現ニ極力研究ヲ進メツツアリ而シテ左記ノ希望事項ハ既ニ貴國在支軍當局ニ諮リ其ノ同意ヲ得タリ

一、物資流通ニ關スル對策トシテ如何ナル物資ヲ軍事上ノ必要ニ基キ統制スヘキヤ如何ナル物資ハ統制ヲ受クル必要ナキヤ其他統制實施ノ方法等ハスヘテ國民政府ト貴國在支各關係機關トノ間ニ共同委員會ヲ組織シテ之ヲ協議決定スルコト

二、物資流通ノ管理機關モ亦日支双方共同シテ之ヲ組織スルコト

三、運搬及配給ノ機構ニ付テハ日支商人同等ノ待遇ヲ受クヘキコト

四、和平區域内ニ於ケル生活必需品ハ充分流通セシムル如ク施策スルコト

五、物資ヲ海外ニ輸出シ外貨ヲ獲得スル爲ニハ宜シク統制ヲ加ヘ日支兩國共通ノ目的ヲ達成セサルヘカラス此ノ點ニ關シテハ貴國ノ協力ト援助トヲ希望シテ已マス但シ日本ノ對外貿易ト合作スル必要アル場合ニハ當然日本側ト協議スヘキコト

同時ニ左記日本側ノ提案ハ我國ノ同意ヲ與ヘタルモノナリ

一、作戰遂行ノ爲制限ヲ加ヘサルヲ得サルモノアルコト

二、流通區域ノ外圍卽チ上海及前線ノ統制ハ日支双方協力シテ其ノ强化ヲ謀ルヘキコト之カ爲

一、前線及上海ノ周圍ニハ固定的統制及封鎖ノ配置ヲ施スコト

二、物資ノ敵地流出ヲ防止スル爲重要地點ニ經濟警戒隊ヲ配置スルコト

三、日支協力シテ物資分配機構ノ合理化ヲ謀リ具體的ニ内部物資ノ流通ヲ促進スルコト

現地ニ於ケル本問題ノ進捗狀況ハ略上述ノ如シ之ヲ要スルニ國民政府ノ希望スル所ハ現行統制ニ對シ再檢討ヲ加ヘ且其ノ緩和ヲ圖リ統制ノ繼續ヲ必要トスルモノハ兩國協力シテ切實ニ合理的物資管理ヲ實行セントスル點ニアリ今後貴國在支各機關ト共同協力シテ前記諸原則ヲ具現シ以テ一般產業ヲ振興シ國民生活ノ安定ヲ圖ルコトハ其ノ最モ希望スル所ナルト共ニ貴國政府カ國民政府ノ熱意ヲ諒解シ協力援助シテ其ノ任務ヲ達成セシメンコトヲ望ンテ已マス

丙、國民政府ノ各級地方政府ニ對スル統馭力强化ニ關スル問題

現在國民政府ハ各級地方政府ニ對シ實際上尙指揮意ノ如ク

ナル能ハス華北及武漢一帯ハ固ヨリ論スル迄モナク華中及華南各省市ノ人事及内政スラ常ニ貴國關係方面ノ掣肘ヲ受ケ居ル實情ナリ而シテ貴國關係方面ハ又極メテ複雜ニシテ聯絡上頗ル困難ヲ感スルモノアリ軍事期間中地方政府ト作戰部隊トカ氣息相通スル必要アルコトハ國民政府同人ノ能ク了解スル所ナルモ軍事ト直接關係ナキ事項ニ付テモ亦其ノ掣肘ヲ受ケ國民政府ノ强化ヲ阻碍スルノ結果ヲ招クコトハ我國民ノ解釋ニ苦シム所ナリ玆ニ軍事ト行政ト兩方面ヲ顧慮シ左記數點ノ了解ヲ得ンコトヲ希望ス

一、各級地方政府ノ人事異動(例ヘハ中央ニ於テ省政府主席、委員、廳長及特別市長、局長等ヲ動カス場合、省政府ニ於テ縣長、市長等ヲ動カス場合)ハ事前ニ上級ノ責任者ヨリ非公式ニ日本側關係方面ニ通知スルコトハ差支ナシ但シ右ニ對シ干渉ヲ加ヘサルコトヲ希望ス尚日本側各關係機關ニ於テハ中央政府及地方上級機關ニ協力シテ其ノ政令ノ施行ヲ貫徹セシメラレンコトヲ希望ス若シ貴國側ニ於テ苟クモ干渉ヲ加フルカ如キコトアレハ啻ニ上級政府ノ威信地ヲ掃フテ其ノ指揮意ノ如クナル能ハサルノミナラス政府ト日本側トノ間ニ齟齬ヲ生シ下級官廳カ日本側ノ庇護ヲ利用シ往々ニシテ上級機關ノ政令ニ反抗シ又ハ之ヲ輕視スルノ風ヲ釀成シ易シ

二、各級地方政府内部ノ事務官ノ異動(例ヘハ省、市、縣政府ノ科長祕書等)ニ付テハ特ニ日本側ニ於テ干渉ヲ加ヘサルコトヲ希望ス然ラサレハ各級官廳ハ其ノ内部ノ職員ヲ指揮スルコト能ハス行政及軍事上至大ノ支障ヲ來ス虞アリ

三、現在國民政府所屬ノ地方機關ハ常ニ當該地日本側各機關ノ庇護ヲ受ケ中央又ハ上級機關ノ命令ニ反抗シ(例ヘハ縣連絡官カ縣長ニ加袒(擔カ)シテ省政府ノ命令ニ反抗シ又ハ特務機關カ省政府又ハ特別市政府ニ加袒(擔カ)シテ中央政府ノ命令ニ反抗スルカ如キ)之レカ爲政令ヲ行使スル能ハス且ツ行政系統ヲ紊亂セシムル實情ニアリ斯カル習慣ハ急速ニ排除スルヲ要ス尚必要ノ際ニハ中央及上級地方機關ヲ援助シテ一切ノ政令ヲ推行シ上級機關ノ威信ヲ强化セラレンコトヲ希望ス

丁、武漢方面ニ對スル希望

武漢方面ノ現狀ハ之ヲ華南華中ト比較シテ特異ノ點尠ナカラス作戰上武漢カ其ノ他ノ地方ニ比シ特異ノ點アルコトハ

已ムヲ得サルトスルモ一切ノ狀態ハ努メテ宜シク廣東ノ現狀ト同一ナラシメサルヘカラス故ニ下記ノ各點ヲ實行センコトヲ希望ス現ニ貴國ノ在支軍當局モ大体ニ於テ右ハ實現ノ可能性アリト認メ其ノ具現ニ協力スヘキ旨希望シ居レリ貴國政府ニ於テ之カ促進ニ盡力セラレンコトヲ希望ス

一、省、市政府ノ人事ハ華中及華南ト同樣中央ノ自由處置ニ任セシムルコトヲ希望ス

二、現在中央ノ武漢ニ設置セル財政整理委員會ハ一有名無實ノ機關ナルヲ以テ今後ハ各種ノ中央稅收ハ實際上國民政府ニ移管シ政府自ラ整理ヲ行ヒ日本側各關係機關ハ之ニ掣肘ヲ加ヘス專ラ援助ヲ與ヘ最低限度廣東ノ現狀ト同樣財政當局ヲシテ自由ニ職權ヲ行使セシムルコトヲ希望ス

三、省、市政府ノ日本人顧問ハ華中華南各省市ト同樣トスル樣調整ヲ加ヘラレンコトヲ希望ス

四、其他ノ一切ノ事項何レモ華中及華南ト同樣ナル如ク希望ス

戊、華北方面ニ對スル希望

全面和平恢復以前ニ於テハ作戰ニ妨ナキ範圍內ニ於テ華北ノ現狀ハ步一步內約ニ基キ之ヲ調整センコトヲ希望ス左記ノ諸點ハ特ニ緊急ナルヲ以テ速ニ促進方希望ス

一、華北政務委員會及各總署督辦ノ人選ハ中央ニ於テ自由ニ處置スル權アルコト其ノ手續ハ丙ノ㈠ニ依リ辦理スルコト

二、日支基本條約竝ニ其ノ附屬議定書、交換公文及內約ニ牴觸セサル範圍內ニ於テ華北ノ法令ハ中央ニ於テ調整シ之ヲ統一スルコト

華北ノ司法モ亦中央ニ於テ統一スルコト

三、河南省ハ約定ニ照シ中央ニ直屬セシムルコト江蘇ノ徐海道一帶及安徽ノ淮北一帶ノ原ト江蘇、安徽兩省ニ屬スル各縣ハ速ニ夫々江蘇及安徽兩省政府ノ統治ニ復歸セシメ中國多年ノ省界ヲ混亂スルコト無キ樣希望ス

己、家屋ノ調整ニ關スル問題

各地ノ家屋ハ其ノ權利者一時不在ナリシ爲日本側ニテ使用セルモノ甚ダ多シ其中一部分ハ貴國在支關係當局ノ援助ニ依リ既ニ解決ヲ見タルモノアルハ甚タ感謝ニ堪エサル所ナリ然レトモ大部分ハ尙未解決ノ儘ナルヲ以テ速ニ方法ヲ講シ貴國ノ作戰上必要トスルモノヲ除キ特ニ軍事ト關係ナキ民有家屋ハ優先的ニ之ヲ返還シ以テ民生ノ困難ヲ救濟セラ

レンコトヲ希望ス

以上ノ各項ハ平日何レモ貴國側在支各責任アル長官ト隨時懇談シ誠意ヲ披瀝シテ意見ヲ交換シ既ニ贊同ヲ得居ルトコロナルモ相當ノ日時ヲ經過シテ今尙其ノ實現ヲ見ルニ至ラサルハ甚タ遺憾トスル所ナリ前述ノ各事項中ニハ貴國中央ト關係アルモノアリ又貴國在支各機關ニ於テ解決セラルベキモノアルコトハ之ヲ承知シ居ルモ種々ノ原因ニ依リ之カ推進ニ困難ヲ感シ居ルモノナルヲ以テ特ニ列擧セル次第ナリ其中貴國中央ノ關係事項ハ貴國政府ニ於テ方針及辦法ヲ確定シ適當ノ措置ヲ取リテ貴國在支各機關ト國民政府トノ交渉ノ進捗ニ便ナラシメンコトヲ希望シ茲ニ特ニ誠意ヲ披瀝シテ陳述シ速ニ具体的囘答ニ接センコトヲ期待スルモノナリ又現地關係ノ事項ハ參考ニ供スル目的ヲ以テ其ノ實情及進行狀況ヲ記述セルモノナルニ付貴國政府ニ於テ之ヲ諒解シ援助促進セラレンコトヲ希望ス

上述各項以外貴國政府ノ國民政府强化方針、對重慶工作、東亞聯盟及軍器借款等ノ事項ニ付テモ具体的ニ協議スル必要アリト思惟スルモ右ハ事態重大ニシテ且ツ根本的問題ナルヲ以テ主席自ラ陳述スル所アルヘシ

以　上

621　昭和16年7月26日　在中国日高臨時代理大使より豊田外務大臣宛(電報)

三億円借款の今年度割当分を専ら武器購入にあてたいとの汪兆銘申し出について

南　京　7月26日後発
本　省　7月26日後着

第五一九號(極祕)

國民政府ニ對スル三億圓ノ借款ニ關シ

二十六日汪主席ハ影佐顧問ニ對シ本借款ニ付テハ日本側ノ意嚮トシテ年五千萬圓程度宛使用差支ナキ樣承知シ居ル處差當リ今年度ハ右金額ヲ以テ專ラ武器ノ供給ヲ受ケタキ積リナリ實ハ過日借款ノ件發表以來各方面ヨリ種々ノ要求出テ居リ此ノ儘ニテハ收拾シ難キ事態ニ陷ル惧モアリ此ノ際國民政府側ニテ至急一案ヲ持シ日本側ニ申出テルコトト致度シ殊ニ近ク下級幹部軍官モ卒業スルヲ以テ武器ノ入手早急ヲ要スル次第モアリ顧問部ニ於テモ本件達成方竝ニ立案計畫ニ協力セラレタシト申出テタリ

本件ハ早速總軍側ヨリ陸軍中央ニモ請訓シタル由ナルカ不取敢御參考迄
尙影佐ノ內話ニ依レハ政府ニ於テハ武器ノ缺乏ノ爲現ニ軍ノ建設及訓練ニ至大ノ支障ヲ來シ極メテ困難ヲ感シ居ル實情ニテ本件申出ニ對シテハ日本側ニ於テモ好意的ニ考慮ヲ拂フコト可然トノ趣ナリ

622　昭和16年9月6日　在仏国加藤大使より豊田外務大臣宛（電報）

南京政府承認の時期は慎重に決定したいとの仏国政府意向について

ヴィシー　9月6日前発
本　　省　9月6日夜着

第四九二號（至急）
貴電第三六八號ニ關シ（在佛印重慶側領事追放ノ件）
五日「ダルラン」副總理ニ面會貴電ノ趣旨ヲ申入ルルト同時ニ國民政府承認問題ニ關シ督促セル處「ダ」ハ
一、國民政府ノ承認ニハ佛國政府ニ於テ何等異存ナキ次第ナレトモ只其ノ時機ノ選擇ハ自分ニ任カセラレ度ク佛國トシテハ現駐支大使ハ重慶ニ赴カシメス又新任ノ大使ヲモ支那ニ赴任セシメス事實上重慶側トハ何等ノ外交關係ヲ有シ居ラサル次第ナルカ今急ニ南京政府ヲ承認シ重慶ト正面ヨリ斷交スルコトハ一面重慶側ニ不必要ナル刺戟ヲ與ヘ東京灣方面ニ對スル不安ノ情勢ヲ釀ス惧レアルノミナラス英米等ニ對シテモ相當ノ反響ヲ與ヘ恰モ折角安眠中ノ子供ヲ呼ヒ起スカ如キ結果トナリ面白カラス繰返シ申述フル次第ナルカ問題ノ實質ニ付テハ決シテ異存ナキ譯故時機ノ選定タケハ自分ニ委カサレ度シ
二、實ハ獨佛協調ノ根本問題ニ關シ獨佛間ニ新ナル談合ヲ開始スルコトニ最近決定シ此處十日位ヨリ右交渉開始ノ筈ナルカ其ノ結果佛國ト樞軸諸國トノ關係カ新タナル意味合ニテ展開ヲ見ルニ至ル可能性アリト信スル處右樣ノ場合ニハ直ニ國民政府ヲ承認シ差支ナシト考ヘ居レリ
三、佛印ニ於ケル支那領事其ノ他ノ退去問題ハ共同防衞及防諜等ノ見地ヨリ御尤ト考ヘラルルニ付實行方法等ニ付關係當局ニ早速研究セシムルコトトスヘシト申シ居リタリ

623 昭和16年9月27日　在中国本多大使より豊田外務大臣宛（電報）

揚子江下流地帯における物資移動の制限緩和問題への対応振りにつき報告

南　京　9月27日後発
本　省　9月27日夜着

第六八二號

周佛海發本使宛書翰ヲ以テ要請シ來レル諸調整事項ノ中揚子江下流地帯ニ於ケル物資移動ノ制限緩和ノ問題ニ關シテハ現地連絡委員會トシテモ研究ヲ重ネ居リシ處此ノ程㈠上海周邊殊ニ前線ニ於ケル物資ノ取締ハ强化スルモ㈡右地域內部ニ於テハ原則トシテ軍需調達以外ノ移動制限ハ撤廢シ㈢許可機關ニ付テハ支那側機關ニモ生絲、繭、茶、卵ノ四品目ノ許可ヲ實施セシムルノ三ノ觀點ヨリ改良ヲ加ヘ大體支那側ニ於テモ滿足シ得ル規則ヲ制定セラレ從來ノ祕密主義ヲ改メ二十六日總軍司令官及艦隊司令官ノ布告トシテ發表シ十月一日ヨリ實施スルコトトナリタリ（關係書類累次空送濟）

本規則ハ素ヨリ完全ナルモノニハアラス今後ノ經驗ニ徵シ將來又改正ヲ加フヘキモノナルハ《（ママ）》或ル程度自由ヲ回復シ且支那側ヲ干與セシムル先例ヲ開キタルモノト認メラル支那側ニ於テハ右ノ意味ニ於テ概シテ滿足ノ意ヲ表シ居レリ

624 昭和16年10月8日　豊田外務大臣より在米国野村大使他宛（電報）

南京政府による在外使臣の任命や国共関係の悪化状況など最近の中国情勢について

本　省　10月8日発

合第二一三〇號

（支那情報）

一、汪主席ノ訪日ニ關聯シ七月以降獨、伊、西、洪、勃、羅「スロバキヤ」「クロアチア」丁抹ノ諸國相繼イテ南京政府ヲ承認シタルヲ以テ國民政府ニ於テハ駐獨大使ニ李聖伍駐伊大使ニ呉凱聲駐羅公使ニ芳《（李ヵ）》駐西公使ニ王徳炎ヲ夫々任命、呉及李芳ハ館員ト共ニ近々赴任ノ豫定ナリ

二、汪主席ハ六月下旬訪日ヨリ歸寧スルヤ我方トノ連繫ヲ一層緊密ナラシメ以テ國民政府ノ基礎ヲ强固ナラシムル爲愈國府改組ニ乘出スコトトナリ種々工夫ヲ凝ラシタルカ

結局警政部ヲ内務部ニ併合シ農鑛部ト工商部ヲ合セテ新ニ實業部ヲ作リ又鐵道部ハ交通部ニ併合、社會部ハ之ヲ廢止スルコトニ落着セリ

右ニ依リ從來ノ行政院十四部ハ十部トナリ事務ノ簡捷化ヲ計リ得タルノミナラス各部長ノ顔觸モ國民黨關係者ヲ中心トスル同志的結合ノ色彩濃厚トナリ本改組ハ過渡的措置トシテハ兎モ角成功ト言ハサルヲ得ス追テ右ニ關聯シ駐日大使褚民誼ハ再ヒ外交部長ニ復歸徐良駐日大使ニ轉出スルコトトナレリ

三、本多大使ノ歸任後國府强化策着々實行ニ移ス爲大使ノ諮問機關トシテ大使館内ニ陸軍及華中聯絡部關係者竝ニ靑木全國經濟委員會最高顧問等ヲ委員トスル連絡委員設置セラレタルカ目下研究中ノモノハ物資統制ノ合理化、合辨會社ノ調整、土地家屋ノ返還等ノ問題ニシテ我方トシテハ汪、近衛共同聲明ノ趣旨ニモ鑑ミ帝國ノ國民政府ニ與ヘタル言質ハ飽ク迄之ヲ實行ニ移シ以テ國民政府ノ育成强化ヲ計リ度キ鋭意努力中ナリ

尚汪主席訪日ノ際國民政府ニ供與セル三億圓ノ「クレヂツト」ニ關シテハ今年度ハ差當リ四千萬圓程度ノ物資ヲ供給スルコトトシ目下先方ノ希望ニ從ヒ武器其ノ他ノ器材供給方考究中ニテ近ク實現ノ見込ナリ

四、重慶ハ物資ノ不足及法幣ノ停止スルコトナキ增發ニ依リ極度ノ「インフレ」ニ惱サレ居リ事變前ニ比シ白米十三倍、小麥、砂糖及鹽十倍、茶及棉花十八倍、石炭三十一倍、木炭四十五倍トナリ居リ政府ノ財政モ本年度歳出豫算ハ六十億ナルモ物價騰貴ノ結果實際ニハ百五十億ヲ要スヘク之ニ對スル歳入ハ税收五億英米ヨリノ「クレヂツト」十五億ニ過キス公債モ民間ニ消化セラルルハ五億程度ニシテ殘額百二十億ノ公債ハ銀行引受トナリ結局法幣增發ノ外ナク惡性「インフレ」ニ更ニ拍車ヲ掛クルコトトナルヘシ

五、本年一月皖南新四軍攻擊事件ヲ口火トシテ急速ニ激化セラレタル國共關係ノ惡化ハソノ後臨時辨法十二ケ條ヲ廻リテ國共兩者間ニ交渉繼續セラレタルカ英米ノ勸告ニモ不拘解決ヲ見ス本年五、六月ノ皇軍ノ所謂中原作戰ニ當リテ第十八集團軍ハ重慶ノ命令ヲ無視シテ皇軍ニ對シ反擊ヲ加ヘス重慶側ハ之ニ對シ「共產遊擊軍遊ンテ擊タス」トテ盛ニ言論戰ヲ以テ報イタルカ獨蘇戰勃發ト共ニ

中共側ノ態度稍妥協的トナリタルニ反シ重慶側ノ態度硬化シ國共關係ハ依然トシテ睨合ノ形ニシテ重慶ハ中共ニ對シ武器及物資ノ供給ヲ停止シ居ル模様ナリ

編　注　本電報の宛先は「支那關係情報通リ(但シ支那方面ハ除ク)」となっている。

625　昭和16年11月15日　在中国日高臨時代理大使より東郷外務大臣宛(電報)

防共協定への参加に関するわが方打診に対し汪兆銘は欣然参加の意思を表明について

南　京　11月15日後発
本　省　11月15日夜着

第八〇四號(極祕、館長符號扱、至急)

貴電第四七五號ニ關シ(國民政府ノ防共協定參加ノ件)

十五日汪主席ニ對シ御來示ノ次第ヲ申入レタル處卽座ニ國民政府トシテ欣然參加致スヘキニ付斡旋ヲ請フ旨答ヘタリ

(欄外記入)
尚其ノ際主席ヨリ(イ)本協定ニハ別ニ傳ヘラルル如キ祕密取極ナキヤ(ロ)二十五日以前ニ參加スルコト可能ナリヤト質シタルニ付(イ)斯ルモノ存セス(ロ)二十五日調印ノ議定書ニテ定マル參加手續ニ依リ第一番ノ參加國タラントスル次第ナル旨說明シ置ケリ

獨大使發貴大臣宛電報第一三二〇號ノ次第モアリ特ニ祕密嚴守方申入レ且當地獨伊代表者トハ未タ聯絡シ居ラサルニ付當方ト相談無ク彼等ニ聯絡セサル樣打合セ置ケリ(此ノ點ニ關シ何分ノ儀折返シ御指示ヲ請フ)

(欄外記入)
獨伊大使ト共ニ正式勸誘セシメルコトトセリ　太田

626　昭和16年11月18日　在中国日高臨時代理大使より東郷外務大臣宛(電報)

南京政府の防共協定參加に関する宣伝振りにつき請訓

南　京　11月18日後発
本　省　11月18日夜着

第八〇七號(館長符號扱)

貴電第四八二號ニ關シ(國民政府ノ防共協定參加ノ件)

本使褚民誼外交部長ニ聯絡ノ上所要ノ手續完了ヲ勸告シ電報ハ二十五日中ニ發スル様承諾ヲ得タリ
尚其ノ際發表宣傳振等ニ關シテハ日本政府ニ於テハ本件防共協定延長竝ニ國府參加ヲ此ノ際相當大々的ニ宣傳セラルル氣持ナルニ於テハ國民政府ニ於テモ外交部長ノ「ラヂオ」放送其ノ他宣傳ニ力ヲ入ルル意嚮ナルニ付日本政府ノ氣持ヲ承知シタキ旨申出テタリ本件宣傳ニ付テハ目下進行中ノ日米交渉トモ關聯スル所アルモノト思考セラルルニ付何分ノ儀御回訓相煩度シ

627 昭和16年11月22日 在中国日高臨時代理大使より東郷外務大臣宛(電報)

南京政府に対し防共協定参加を希望する旨独伊両国とともに申入れについて

南京 11月22日後発
本省 11月22日夜着

第八二一號(至急、館長符號扱)

往電第八〇七號ニ關シ
獨伊兩國政府ヨリノ訓令接到ヲ待チ當地ニ於テ打合ノ上二十二日獨代理大使及伊書記官同道外交部ヲ往訪シ本官ヨリ防共協定延長議定書調印ノ次第竝ニ國民政府ノ參加ヲ勸誘スル旨述ヘ獨伊代表モ夫々政府ノ訓令ニ依リ同様希望スル旨答ヘタリ參加通告電報ハ當地獨逸大使館ヲ通シ二十四日夕刻迄ニ發送セラルル筈
尚支那側ニ於テハ外交部長ノ聲明ヲ發シタキ意嚮ナルニ付發表ノ時間至急御回示相成ル様致度シ
二十七日汪主席主催ニテ日、獨、伊、西(二十六日新公使信任狀捧呈ノ豫定)ノ代表者ヲ晩餐ニ招待スル筈

628 昭和16年11月23日 在中国日高臨時代理大使より東郷外務大臣宛(電報)

南京政府の防共協定参加日時について

南京 11月23日後発
本省 11月23日夜着

第八二二號(館長符號扱、大至急)

往電第八二一號ニ關シ
一、防共協定ニ對スル國民政府參加ノ次第ハ效力延長議定書調印ノ件ト同時ニ發表サルルモノト解シ支那側ニ於テモ

其ノ心組ミニテ準備シ居レリ

二、伯林トノ時差ニ鑑ミ東京ニ於ケル右發表ハ二十五日夕刻ノコトト推察シ當地ニ於テハ二十六日朝刊（上海ヲ含ム）ニ掲載シ得ル様二十五日中ニ發表スル積リナリ

三、國民政府ハ參加ノ趣旨ヲ外交部長談話トシテ聲明スル豫定ニテ右ハ本邦ニ於ケル本件發表（遲クトモ二十六日朝刊）ニ間ニ合フ様早目ニ同盟ヲシテ打電セシムヘシ

四、本邦政府側ノ聲明モ可成當地及上海二十六日朝刊ニ支那側發表ト合セテ掲載セシメタキニ付日本側聲明ハ可成早目ニ（遲クモ二十五日夜九時頃迄ニ）當地及上海ニ着電スル様同盟ヲシテ「キヤリー」セシメラレタシ

以上各項ニ付別段ノ貴見アラハ大至急回電アリタク特ニ當地ニ於ケル發表ノ時刻ニ關シテハ支、獨、伊、各方面トモ當方ヨリノ指示ヲ待チ居ル次第ニ付折返シ御回電ヲ請フ

編　注　昭和十六年十一月二十五日、日独伊などが参加する防共協定の有効期間を五年間延長する議定書がベルリンにて調印され、南京国民政府は同日付で同議定書に参加した。

三　占領地域における諸問題

1　一般問題

629　昭和12年7月31日　在天津堀内総領事より広田外務大臣宛（電報）

戦線拡大に伴い占領地域治安維持のため警察官増派方請訓

天　津　7月31日前発
本　省　7月31日夜着

第六二四號

曩ニ滿洲ヨリ警察官ノ増援ヲ受ケ各地共不眠不休警備ニ服シ居ル處其ノ後益々戰線擴大シ二十九日ノ如キ當地警察分署ノ襲撃ヲ受クル等警察官自ラ奮戰セサルヘカラサル實情ナリ軍ハ當市支那街ノ占領ヲ企圖シ之カ掃蕩中ナルモ其ノ道案内、通譯等警察官ヲ煩ハスコト多ク一面敵ノ工作員、便衣隊、敗走兵等ハ我租界ヲ始メ各地ニ潛入シ後方攪亂、掠脱(奪カ)等ヲ策動シ居リ之カ警戒モ亦容易ナラス一方詳細不明ナルモ山海關副領事ノ報告ニ依レハ北寧沿線各地保安隊ノ?叛變アル模樣ニテ沿線在住民ノ保護モ現配置數ニテハ萬全トハ認メ難ク此ノ儘推移スルニ於テハ到底在留民保護竝ニ警備ノ目的ヲ達シ難キニ付滿洲ヨリ第二次應援警察官五十名ヲ至急増發相成度シ

右應援警察官ハ秦皇島巡査三、昌黎巡査三、灤州巡査三、唐山警部補一、巡査三、塘沽巡査二、通州巡査四、豐臺巡査三、北平巡査五、天津巡査二三ノ配置トス

同警察官ノ服裝ハ第一次應援者ト同樣トシ更ニ天津配屬者ハ騎銃一、實包一〇〇發其ノ他ノ配屬者ハ騎銃二、實包二〇〇發ヲ携行セシメラレ度シ

尚北支一帶交通杜絶ノ惧アルヲ以テ塘沽以東ハ在滿大使ニ於テ人選ノ上直接任地ニ其ノ他ハ天津ニ集合スル様下命方御取計相成度シ

滿へ轉電セリ

630　昭和12年8月1日　在天津堀内総領事より広田外務大臣宛（電報）

天津方面の治安対策につき意見具申

天　津　8月1日後発
本　省　8月1日夜着

第六三五號

警察官第二次增援方ニ關シテハ曩ニ電請ノ通リナル處軍ハ支那街（特區ヲ含ム）ノ不逞ノ徒ヲ掃蕩シツツアリテ略其ノ工作モ終リタルカ其ノ後ノ治安維持ハ原則トシテ憲兵隊指導ノ下ニ支那側警察ヲシテ當ラシムル様目下軍側ニテ工作中ナル處特區紡績工場方面ニハ邦人警察官ヲ是非共相當數派遣スル必要アリ然ルニ右增援ハ辛フシテ租界內警備ヲ擔當シ得ル程度（天津ニ於ケル戰禍一段落後ハ軍隊ハ前線ニ進出ノ豫定ニテ現ニ租界內ハ領警、義勇隊ヲ以テ警備シ居リ義勇隊ハ其ノ本質上可久《（及カ）》的速ニ解散セシムル要アリ）ニシテ事情差迫リ居ルヲ以テ不取敢警備員トシテ一人月額六十圓、鮮人四十圓外ニ被服料トシテ最初一人十五圓見當ニテ三十名ヲ現地採用致度キニ付御承認相成度シ

尚軍側ニ於テハ特務機關ヲ擴充シ憲兵隊ヲシテ支那街（特區ヲ含ム）ニ五箇分隊二百八十名ヲ兩三日中ニ配置シ支那側警察機關ヲ指導シ治安囘復ヲ計ル計畫ナルカ（北平モ之ニ倣フ）我方ニ於テモ在留民保護ノ見地ヨリ當地、北平ヲ始メ各地警察力充實ノ必要アルヲ以テ本省ニ於テ警察官三百名ヲ募集シ至急北支ニ增員シ時局ニ卽應スル警察活動ヲ促シ今後ノ對策ヲ圓滑ナラシムルコト肝要ナリト認メラル

右ハ或ハ本省ニ於テモ既ニ御考慮ノコトトハ存スルモ至急實現方御配慮ノ上何分ノ儀折返シ御囘電ヲ請フ配置計畫等ニ關シテハ飛行便ヲ以テ進達ノ筈

滿ヘ轉電セリ

631　昭和12年8月1日　在北平森島大使館参事官より広田外務大臣宛（電報）

冀東保安隊の改編など北平方面における軍側措置につき報告

北　平　8月1日後発
本　省　8月1日夜着

第六〇四號

一、三十日午後長辛店ヲ占據セル河邊部隊以外ノ各部隊ハ目下北平ノ周圍ニ於テ敗殘兵及當方面ヘ逃走中ノ冀東保安隊ニ對スル處理ニ當リ居リ增援隊到着迄ハ現在ノ體勢ヲ

維持スルモノノ如シ
二、城内外觀平靜ニシテ交民巷ニ引揚ケタル外國人中既ニ歸宅セル者多シ
三、城内百三十二師ノ保安隊改編ハ一應完了セルモ軍側ハ結局右ヲ解散歸鄕セシメ治安維持ハ警察局ヲシテ之ニ當ラシムル方針ナリ
四、北寧線ハ一日修理班ヲシテ調査セシムル筈ナリシモ沿線不安ノ爲取止メタル處一兩日中ニハ我方ノ管理スル所トナルヘシ損害程度不明
支、天津、上海、滿へ轉電セリ

632　昭和12年8月5日　広田外務大臣より在天津堀内総領事宛（電報）

華北における警察官増援要請につき回訓

本　省　8月5日後5時20分発

第二七八號（極祕）
貴電第六二四號及第六三五號後段ニ關シ
一、事變以來滿洲國内ニ於ケル蘇支ノ地下工作ハ日ヲ逐フテ露骨化シ來レルヤノ觀アル處萬一ノ場合ハ滿洲ニ於ケル軍ノ現狀ニ鑑ミ關東局及外務省ノ警察官ヲシテ軍ト協力更ニ一層同國々内ノ治安維持ニ當ラシメサル可カラサルヘク右樣ノ事態ニ立到ルニ於テハ現在ノ應援警察官モ或ハ急遽歸任セシムルノ必要スラ生スルヤモ計ラレサル狀態ナルヲ以テ此ノ上滿洲ヨリノ應援ハ到底望ミ得サル實狀ニ在リ他面事態ノ將來ハ全ク豫見シ得サル現狀ニシテ事態更ニ惡化スレハ警察官ヲ增員スルモ十分ナル目的ヲ達シ得サルヘク又此ノ儘事態平靜ニ歸スルニ於テハ御申出ノ如キ多數警察官ノ派駐必要ナキニ至ルヘシトノ議論モアリ何レニスルモ將來ノ見透付カサル今日增員ヲ要求スルモ到底詮議叶ハサルヘシト認メラル（濟南及山東沿線ノ全面的引揚又ハ中南支ノ引揚等實施ノ曉ニ於テハ引揚警察官中相當部分ヲ貴地ニ應援派遣スルコトニ取計フ豫定爲念）
二、憲兵ノ貴地租界外及北平方面ヘノ進出ハ軍事行動ニ伴フ當然ノ措置ナルヘキモ之ト建前ヲ異ニスル警察官ヲシテ同一ノ行動ヲ取ラシムルコトニ付テハ愼重考慮ノ要アルヤニ認メラル從テ現在ニ於テハ遠隔ノ地ニ於ケル我工場竝社員職工ノ實力保護ハ差向軍側ニ委ネ漸次秩序恢復ス

ルヲ待ツテ軍、憲兵ノ領導下ニ支那警察ヲシテ保護セシムルノ建前ヲ取ルコト可然ト存ス（尤モ此ノ場合連絡ノ為極少數ノ警察官ヲ派シ置クコトハ支障ナカルヘシ）
三、就テハ警察官ノ苦勞竝貴官ノ立場ハ十分諒トスルモ敍上ノ方針ニテ進ムコトト致度此ノ上乍ラ警察官及巡補ヲ指導督勵シテ善處セラレンコト切望ニ耐ヘス
支、滿へ轉電セリ
冒頭貴電支へ暗送アリタシ

633 昭和12年8月6日 在北平森島大使館参事官より広田外務大臣宛（電報）

北平市内平静に帰し避難命令解除を検討中の旨報告

北平 8月6日後発
本省 8月7日前着

第六四二號

一、二十七日避難命令發出以來今猶居留民ノ市内外出ヲモ禁シ居ル處既ニ城内ノ支那兵撤退シ城外ノ保安隊ノ武裝解除モ進捗シ來リ市面漸ク平靜ニ赴キタルニ付便衣隊等ノ危險絶無トハ言ヒ難キモ六日午後ヨリ地域ヲ限リ男子ノミノ晝間歸宅ヲ許可スルコトトセルカ目下進捗中ノ通州ヨリ逃亡シ來レル保安隊ノ掃蕩ノ結果等ヲ考慮ニ加ヘ漸ヲ追ツテ避難命令ノ解除ニ努メ度キ意嚮ナリ然レトモ他方事態ハ相當長引クモノト想像セラレ場合ニ依リテハ再ヒ避難ヲ命スル要アルヘキニ付此ノ際成ルヘク婦女子及永住ノ意思ナキ男子ヲシテ自發的ニ内地方面ニ引揚ケシムルコト機宜ニ適スト認メラル
二、依テ北寧線ノ無賃乘車方ニ付考究中ナルカ（奉山線ハ五割引トナリ居レリ）本省ニ於テ本邦船會社ニ對シ少クトモ三等船客ノ無賃輸送方及内地汽車賃ノ半額割引方等御取扱ヲ得ハ好都合ト存ス右ハ中南支方面ヨリノ引揚者ト一併御考慮中ノコトトハ存スルモ居留民ニ對スル指示ノ都合モアリ何分ノ結果至急御回電相成度シ
支、在支各總領事、滿へ轉電セリ

634 昭和12年8月8日 在山海関藤井（啓二）分館主任より広田外務大臣宛（電報）

冀東政府への軍側対応振りなど山海関特務機

関長の内話報告

山海関　8月8日後発
本　省　8月8日夜着

第三八號（極祕扱）

天津ヨリ歸任セル特務機關長ノ內話中左記御參考迄

㈠池宗墨ヨリ軍側ニ對シ冀東政府ヲ唐（山）？ニ移シ度シトノ申出アリタルモ依然通州ニ置カシムルコトトナレリ

㈡殷汝耕ヲ軍ニテ近ク逮捕査辨シ今後ハ同人ヲ使用セス

㈢北寧線ハ當分日本側ニテ管理スルカ如キコトヲ避ケ現存支那人幹部ヲ中心トシ滿鐵ニテ有力ニ之ヲ支持セシム

支、滿、天津、北平ヘ轉電セリ

635　昭和12年8月10日　在天津堀内総領事より広田外務大臣宛（電報）

華北占領地域での海関行政や塩務行政に対する軍の対応振り報告

天　津　8月10日前発
本　省　8月10日前着

第七二三號（極祕）

往電[1]第六九二號ニ關シ

其ノ後ノ進展左ノ通リ

一、海關

軍カ海關ニ對シ申告ヲ爲ササルコトトセルハ軍用船ニ依ル軍需品ノ輸入及普通船ニ依リ軍宛ニ送付セラレタル荷物ノミニシテ一般商人カ輸入シテ軍酒保等ニ納入スルニ際シ當該商人ノ海關ニ對スル申告ニ軍用品ナル旨ノ證明ヲ爲シテ免税セラルル物（主トシテ雜貨類）及一般商人ヨリ免税値段ニテ購入シ後ニ當該商人カ同一ノ品物ヲ輸入スル場合軍用品ナル旨ノ證明ヲ與フル物（自動車「ガソリン」等）ニ付テハ從來通リ申告書ニ證明ヲ與フル譯ナリ

此ノ點軍ノ一部ニ誤解アリテ二、三日來一切ノ證明ヲ與ヘサルコトトセル爲一部邦商ハ海關ニ對シ軍ニ於テ證明ヲ爲ササルコトトナレルニ付申告ヲ爲サスシテ通關スト申入レ船舶ノ「クリヤランス」ニ困難ヲ生シタルカ當方ヨリ軍ト協議ノ結果前記ノ通リ決定セル次第ナリ（右協議ノ際敵ノ機關ニ申告ヲ爲スハ不都合ナリ等ノ議論アリタルモ差當リ海關接收ヲ爲ササル中央ノ方針ナルニ付一

般商人カ輸入税ヲ支拂フハ當然ニシテ之ト區別付カサル物ニハ軍用品タルノ證明ヲ與フル必要アリトノ意見ニ落着キタル譯ナリ）

尚冒頭往電二分ノ一税ノ噂トカ右ノ經緯ヲ誤傳シテ總テ强制通關ヲ爲スコトトナレリトカノ噂ノ爲邦商方面ニモ相當不安ヲ與ヘタル模樣ニ付九日商工會議所員ニ當方ヨリ説明セリ（右噂ノ爲大連等ヨリ無申告ニテ輸入ヲ計ラントスルモノアルヤノ聞込アル處是等火事泥式ノコトハ嚴禁スル方針ナリ）外商方面ニ於テモ日本軍占領ノ上ハ關税ノ遞減ヲ見ルヘシトテ輸入ヲ差控ヘ居ルモノアリ物資缺乏ノ一因トナリ居レリ（「スタンダード・オイル」ノ如キハ高税ヲ拂ヒテ輸入セル「ガソリン」ヲ免税値段ニテ軍ニ納入シ將來新規輸入ノ場合關税カ減免セラルレハ損失トナルニ付此ノ點ノ保障ノ約束ヲ得サレハ納入セスト稱シ居ル趣ナリ）

二、鹽務

日本軍人カ英租界内ノ鹽務管理局長宅ニ赴キ接收ヲ爲シタルコトニ付テハ英國總領事ヨリ館員ニ對シ文句ヲ言ヒ居タル趣ナルカ八日英國司令官香月司令官ヲ來訪ノ際モ之ニ言及シ日本軍人カ英租界内ニ於テ封印等ヲ爲ス等ノ行爲ハ不都合ナリト述ヘタル趣ニテ軍側ニテハ治安維持ノ委囑ニ依リ鄭副局長カ李局長ニ面會シ事務引繼ヲ受ケタルモノニシテ軍係官ハ萬一治安維持會側カ不都合ノ行爲ヲ爲ササル樣之ニ同行セルニ過キス封印ハ鄭カ爲シタルモノニシテ印ヲ見ラルレハ判ル筈ナリトノ趣旨ニテ回答ノ筈ナリ

尚[3]鄭ノ調査ノ結果鹽税ノ殘金ハ六十二萬元位（七月中冀察及冀東ニ送金スヘキ分ヲ送金シ居ラサルニ依ル）ナルカ之カ引出シハ困難ノ由但シ六月頃ヨリ製鹽期ノ關係上收入ナク銀行ヨリ借入シ居リ銀行トシテハ今治安維持會ニ新規貸出ヲ拒否セハ却テ舊債ノ返還ヲ受ケラレサルコトトナルニ付多少ノ貸出ニハ應スヘシトノ見込ノ由

三、郵務及電報（部外祕）

軍側ニテ當方ノ往電第六九一號ノ如キ意見（治安維持會ノ權限ヲ通信事項ニ迄擴張スルハ疑問ナリトノ）ヲモ考慮シ接收ノ問題ハ軍政施行等ノ時機ニ至リタル上ノコトトシ差當リハ軍ノ必要トスル最小限度卽チ通信檢閲又ハ遮斷ヲ行ヒ檢閲ヲ爲サシムル間ニ將來接收ノ場合ノ調査

準備ヲ爲サシメ度シトノ意見ニテ之ニ對シ當方ヨリ接收ノ可否及能否ハ別トシ檢閲スラ外國租界ニテ行フニハ共同檢閲ノ形ヲ採リ外國側ト合意スルヨリ外ナカルヘキ旨説明シ往電第七一四號ノ如キ措置ヲ取リタル次第ナリ尤モ共同檢閲スラ不可能トナリタル場合軍ヲシテ租界外ニ於ケル遮斷ニテ滿足セシメ得ヘキヤ及終局ニ於テ接收ヲ斷念セシメ得ヘキヤハ目下ノ處見當付カス

尙[(4)]郵便局員ハ七日以來總局ニ來ラス英租界内ニテ執務シ居リ郵便物ハ外國船ニテ運搬シ居ル模樣ニシテ電報ハ有線ハ殆ト切斷セラレ居リ無線ニテ東京及上海方面ト通信シ居リ上海方面ハ通信充分ナラサルカ如シ

四、電話(部外祕)

電話ニ付テモ軍側ハ英租界ノ第三局ニ派員監督シテ接收ノ準備ヲ爲サシメントノ意見ナルカ九日午前西田ヲ電話局長ノ許ニ派シタル際(日本租界當館等六箇所ニ電話ヲ引ク件ニテ)英國兵カ立番シ居リ局員外ノ出入ヲ許サストテ西田ヲ追拂ヒタル程ニテ(本件ハ英國側ヘ抗議セリ)到底無斷ニテ電話局ニ派員スルコトハ困難ナルヘク右派員ハ監督ノ爲ニシテ電話傍聽ニ依ル通信檢閲ヲ考ヘ居ル譯ニアラサルニ付共同檢閲ト言フ譯ニモ行カス成ルヘク軍側ヲ「デイスカレッジ」シ英租界電話局ニ實行派員スル等ノコトトナラサル樣注意スル所存ナリ

尙電電ノ計畫中日本租界中央局ハ數箇月ヲ要スヘク之カ完成後モ三局(英租界)、四局(伊太利租界)トノ接續ノ方法ヲ技術及對租界關係上如何ニスヘキヤハ相當問題ナルヘシ

支、北平、上海ヘ轉電セリ

〰〰〰〰〰〰〰〰〰〰〰〰〰〰〰〰

636　昭和12年8月10日　在北平森島大使館參事官より広田外務大臣宛(電報)

北平市内常態に復し商店一斉開店の旨報告

北　平　8月10日後発
本　省　8月10日夜着

第六七二號

市内殆ト常態ニ復シ九日歸宅セシメタル邦人ハ何等事故ナク十日ヨリ一齊開店セリ尙西城外城方面居住者ハ尙一兩日引續キ收容ノ豫定

朝鮮總督ヘ轉電アリタシ

支、天津、上海へ轉電セリ

637 昭和12年8月11日

日本軍による電報および郵便の検閲問題につき東京において英仏側と交渉ありたき旨請訓

在天津堀内総領事より
広田外務大臣宛（電報）

天　津　8月11日後発
本　省　8月12日前着

第七三三號

往電第七三二號ニ關シ
軍カ各國軍及領事館ノ無電等ヲ放置シテ公衆電報及一般郵便ノ検閲ヲ固執スルハ稍神經過敏ノ嫌アルモ外國租界カ南京政府ノ通信機關ヲ存置セシメテ軍ノ行動及後方ノ安全ニ害アル通信ノ送達ヲ自由ナラシメ軍カ此ノ有害ノ通信ト善意ノ通信トヲ區別シ前者ノミヲ阻止スルニ必要ナル措置ヲ講スルヲ認メサル以上軍トシテハ租界ヨリ外部ヘノ一切ノ通信ヲ遮斷スルモ或ハ已ムヲ得サル所ナルヤニ存セラル（此ノ場合一般公衆ノ不便ノ責任ハ我方ノミ負フ限リニ非スト主張スルモ無理ナラサルヘシ）當方トシテハ往電第七二三號ノ三ノ如ク外國租界内ノ通信機關ノ接收等租界ト實力衝突ヲ來ス虞アル方法（十日以來英佛共郵便局電報局等ヲ軍隊及警察ヲ以テ物々シク保護シ居レリ）ヲ避ケ検閲ノミテ滿足スル様軍側ヲ說得シ來リタル次第ナルカ検閲スラ外國側ノ態度樂觀ヲ許ササル事情ナルニ付東京ニ於テモ英佛大使ニ對シ更ニ御交渉方御配慮ヲ煩シ度ク東京ニテ交渉セラルルヲ得ハ其ノ間軍ヲ待タスヘク何分ノ儀折返シ御回電アリ度ク又萬一先方カ飽迄検閲ヲ拒否シ來リタル場合ハ當方トシテハ㈠軍ニ對シ暫ク此ノ儘放任シ置ク様說得スヘキヤ㈡租界外ニ於ケル遮斷ハ已ムヲ得ストナスヘキヤ（完全ナル遮斷ノ為ニハ電線切斷郵嚢出。界等ノミナラス無電ノ妨碍郵便物ヲ租界埠頭ヨリ搬出スル外國船ノ検査等モ必要トスルヘシ）何分ノ儀併セテ御回電アリ度シ㈠ノ場合ニハ其ノ旨軍中央ヨリモ電報セシメラレ度シ尚外國租界内ニ於ケル實力行使回避方ニ付テモ軍中央ヨリ電報セシメラル、方安全ト存ス

支、北平、上海へ轉電セリ

638

昭和12年8月12日

陸軍省作成の「北支政務指導要綱」

北支政務指導要綱

其一、方　針

一、北支政務指導ノ要ハ作戰地後方地域（冀東ヲ含ム以下同シ）ニ於ケル各般ノ政務事項ヲ統合指導シ該地域ヲシテ日滿支提携共榮實現ノ基礎タラシムルニアリ

其二、要　領

一、政務指導各般ノ處理ハ嚴ニ敵國占領ノ精神ヨリ脱却シ將來ノ長計ヲ考慮シ地方固有ノ社會組織竝習俗ハ成ルヘク之ヲ存置善導スルコトニ努メ且軍隊對住民ノ關係ハ特ニ之ヲ圓滑ニ調整スルモノトス

二、作戰地後方地域ノ政治機關ハ住民ノ自主的發生ニ基クモノトシ其機構運營亦住民ノ積極的參贊ニ據ル

冀東政權ハ特ニ其内部ヲ刷新合理化スルモノトス

三、前項地域ノ經濟開發ハ差當リ冀東地區ヲ主トシ冀東政權ヲ内面的ニ指導シテ之ヲ行フ

而シテ經濟開發實施ノ爲ニハ成ルヘク興中公司ヲシテ直接實行若ハ調整ニ當ラシムルモノトス

經濟開發ニ關スル具體的事項ハ別ニ連絡ス

四、現地ノ明朗化ヲ妨害スル不良分子（浮浪人排日及共產分子等）ハ何レノ國籍人タルヲ問ハス之カ徹底的整理ノ手段ヲ講シ速ニ之ヲ實施スルモノトス

之カ實施ハ軍內諸機關、外務官憲及支那側機關相互ノ協力ニ依ル

五、住民ノ爲文化的諸施設就中保健醫療施設ノ普及ニ關シ所要ノ措置ヲ講スルモノトス

639

昭和12年8月15日　在天津堀内総領事より広田外務大臣宛（電報）

外国租界への戒厳・軍政適用につき方針回示方請訓

天　津　8月15日後発
本　省　8月15日夜着

第七五五號（部外祕）

[1]支那側及特區ニ於テハ軍及軍ノ指導スル治安維持會治安ノ維持ニ當リ居リ租界內（租界外居住邦人ニ付テモ特ニ軍ノ必要アルモノノ外ハ同樣）ハ成ルヘク領事館警察ヲ以テス

ルコトニ軍側ト打合セ居ル處目下外國租界カ一種ノ戒嚴狀態ニ在ルコトハ既電ノ通リニシテ今後事態ノ如何ニ依リ租界ニ於ケル戒嚴實施ノ問題ヲモ生スル虞アリ又軍側ニテハ戰線南下ノ場合ニハ軍(政)ヲモ考慮シ居ルコト既電ノ通リナルヲ以テ戒嚴又ハ軍政施行ノ場合日本租界ニ對スル領事官ノ行政權、裁判權及租界外邦人ノ地位等ニ付豫メ方針ヲ確立シ置クノ必要アリト存セラル卽チ

一、戒嚴

(一)戒嚴令(明治十五年太政官布告)ハ屬地的ニ日本領土內ニ於テノミ適用アルモノト解スヘキヤ

(二)戒嚴令ニ依ル戒嚴カ支那ニ於テモ可能ナリトスルモ本來日本憲法及法律等ヲ以テ定メラレタル通常ノ行政及司法上ノ事務ヲ停止スルヲ目的トスルモノナルヲ以テ租界內ニ於テノミ其ノ適用アルニアラサルカ(租界外ニ於テハ邦人ニ對スル屬人的ノ日本ノ行政及司法權ヲ停止スル爲ノミニ戒嚴ノ意義アリトモ解セラル)

(三)戒嚴ノ宣告ニ依リ軍ニ關係アル(第九條)又ハ一切ノ(第十條)領事官ノ地方行政事務及司法事務ハ戒嚴司令官ノ手ニ移ルモ第十條ノ場合ト雖地方行政及司法事務以外ノ領事ノ權限ニ屬スル事項ハ影響ヲ受ケスト解シ然ルヘキヤ

二、[2]軍政

(一)軍政ハ敵國行政下ニ在リシ占領地ニ施行セラルルモノナルヲ以テ假令平津地方一帶ニ軍政施行セラルルカ如キ場合ニ於テモ列國行政下ニ在ル外國租界ニハ軍政ハ行ハレス又日本租界ニ付テモ領事館ノ權限ニ何等變化ナキモノト解シ然ルヘキヤ

(二)尤モ租界內ノ支那人ハ平時ヨリ支那ノ法律ニ服シ居ルモノナルヲ以テ右支那ノ法律カ軍律ニ依リ變更セラル限度ニ於テ軍政ノ效果カ租界內支那人ニ及フモノト解スヘキヤ

(三)租界外ニ在ル邦人ノ地位如何

(イ)軍政ノ屬地性ニ依リ軍政ニ服スルコトトナルカ或ハ平時治外法權ノ效果トシテ日本ノ行政權ニ服シ居ル範圍ニ於テハ依然領事官ノ行政權ニ服スルヤ

(ロ)裁判權ニ付テモ同樣ノ問題ヲ生スルカ如何

以上ノ如キ各點ハ何時直ニ實現ノ問題トナルヤモ測リ難ク且現ニ租界外ノ邦人ノ犯罪ノ處理等ニ付テハ軍側トノ間ニ

(脱?)旨話合ヲ爲シ居ル次第ニモアリ至急本省ノ御意嚮承知致度シ

支、北平、上海、青島ヘ轉電セリ

640　昭和12年8月15日　在天津堀内総領事より広田外務大臣宛(電報)

外国租界への戒厳・軍政適用方針設定に当たっての留意点について

天津　8月15日後発
本省　8月15日夜着

第七五六號(部外祕)

往電第七五五號ニ關シ

本件ハ未タ軍側ト協議シタル次第ニアラス御回訓ヲ得タル上ニテ篤ト協議シ置ク所存ナルモ出先軍側トシテハ軍ニ於テ萬事ヲ爲スヘク租界行政權及領事裁判權ノ如キハ當然停止セラルル位ニ考ヘ居ル向モ鮮カラサル模様ナルニ付方針御決定ノ上ハ東京ニ於テ一應軍側ト御協議相成リ置カルル様御配慮煩度シ

尚主義上ノ問題ノミヲ主張シ實效之ニ伴ハサルカ如キコトアラハ到底軍側ヲ納得セシメ得サル次第ニ付同時ニ領事館(警察及司法領事關係ヲ含ム)ノ増強殊ニ往電第六三五號末段警察官ノ募集ノ實現性ノ有無ヲモ考慮セラレタル上方針ヲ御決定相成樣致度シ

支、北平、上海、青島ヘ轉電セリ

641　昭和12年8月17日　在天津堀内総領事より広田外務大臣宛(電報)

天津治安維持会の活動状況報告

天津　8月17日後発
本省　8月18日前着

第七六九號

中[1]央軍天津奪回ノ流言アル爲人心何トナク不安氣分ヲ脱スルニ至ラサルモ其ノ後治安維持會ノ警備ノ充實、交通ノ復舊工作、救護事業ノ進捗等ニ伴ヒ着々安定ニ向ヒ居リ殊ニ近ク下記ノ軍斡旋ノ維持會ノ百萬圓政費借款成立ヲ見ハ之ヲ以テ治安維持會モ愈本格的活動ヲ爲スヘシト認メラル

維持會其ノ後ノ經過等左ノ通リ

一、社會局長ニ紐(鈕カ)傳善就任王竹林ハ鹽務管理局長竝ニ物資對

策委員會委員長專任（十日）
一、地方法院復舊整備策考究（同日）
一、商品檢驗處（職員逃亡シ居レリ）ノ復活（十一日）
註、商品檢驗處ハ主義上容認ノ限リニアラサル制度ニ屬スル一方大体收入本位ニシテ商取引上無益ノ施設ナルカ故ニ當方トシテハ之カ管理ニハ異存ナキモ棉花ノ水氣檢査等通商ノ實際上必要ナル制度ニ關シ治安維持會トシテ特定機關ヲ設ケシムルコト、致度ク軍側ト協議中ナルモ軍側ニテハ一應囘復ノ上修正ヲ考慮スヘシト申シ居レリ
一、營業税ノ廢止
營業税ハ收入トシテモ少ク又小資本商業者ヲ壓迫スルコト甚タシキカ故ニ廢止セラレタル由（同日）
一、[2]水上公安局ノ編成完了、公安局ヘ隸屬セシム（同日）
一、天津特務機關將校ノ顧問就任（監督指導ヲ目的トシ維持會會議關係ハ永嶺中佐、總務局ハ永嶺中佐、公安局ハ池上少佐、財政局ハ井戸垣少佐、社會局ハ多喜少佐、衛生局ハオウスズ大尉（十二日）
一、三民主義反對布告及各學校ニ對スル三民主義及國民黨義禁止令發出方決定（同日）

一、避難民收容所ノ閉鎖
一萬五千ニ達セル避難民ハ數百名ニ激減シ且收容所ノ必要ヲ感セサルニ至レリ（同日）
一、菸酒印花局及統税局ノ處置ハ北平トノ關係アルニ依リ研究方決定（同日）
一、英租界在庫食料搬出方交渉成立
英租界ニテハ麥粉六十萬袋及白米十萬包等ノ在庫食料ノ租界外持出ヲ禁シ居リタルカ維持會ニ於テ交渉ノ結果同租界引當トシテ麥粉三萬袋、白米一萬包ヲ殘シ其ノ他ハ同租界持出ヲ承諾セリ右ニ依リ一時急迫セル食糧問題ノミハ緩和セリ（同日）
一、[3]牙税徵收方決定（十四日）
一、鮮銀百萬圓借款
軍ニテハ現ニ維持會カ未タ舊市政ヲ囘復スルニ至ラサル爲何等收入ナク近ク收入ヲ復舊スルコトモ至難ト認メ維持會當座ノ經費ニ充ツル爲鮮銀ヨリ百萬圓借款セシムルコトニ内定シ中央ニ具申セル處今囘中央ヨリ本件借款ハ興中公司ヲシテ之ニ當ラシムルノ方針ノ下ニ軍、鮮銀、興中公司及維持會ノ四者カ細目ノ協定ヲ行ヒ差支ナシト

ノ囘訓アリタル由ニテ興中公司ニテハ前記鹽務管理局長王竹林ヲ相手ニ鹽税擔保ニテ借款契約ヲ結ヒ度キ意嚮ニテ目下交渉中ナリ（本項極祕）

（註、維持會當局ハ未タ此ノ議ヲ知ラス同當局トシテハ事變直前迄天津市ハ大體六百數十萬元ノ收入アリ右ノ内七十五萬元丈ケ中央ヘ送金シ居リタルカ右收入ノ大宗ハ田房契税、營業税、牙税、屠殺税、菸酒牌照税、房舗捐ニシテ此ノ税金ハ營業ノ復舊ヲ見サレハ到底取立ツルコト能ハス假ニ取立テ得ルトスルモ本年度ハ百萬元モ六ケ敷カルヘシ此ノ際トシテハ鹽税等ヲ擔保トシ日支何レヲ問ハス相談シ得ル者ヨリ借入ヲ行フ外ナシト言ヒ居レリ）（同日）

尚軍側ニテハ鹽務管理局ヨリ鄧沽鹽田税警カ天津事件ノ際二十九軍ト共ニ逃亡セル爲直後該地方ハ產鹽ノ强奪行ハレ居ルニ付右取締方要請アリタルニ付十二日特務機關治安部ハ約百名ノ警戒兵ノ編制ヲ完了現地ヘ派遣セリ

上海、北平、青島、滿ヘ轉電セリ

642　昭和12年8月20日　在天津堀内総領事より広田外務大臣宛（電報）

華北占領地域での第三国人の治安攪乱や間諜行為に対する当面の対処方針請訓

天　津　8月20日後発
本　省　8月20日夜着

第七八六號

日支間ニ於テハ未タ外交關係ノ斷絶ヲ見ルニ至ラス又全面的宣戰ノ布告モ行ハレ居ラサル過渡的事態ナルニ鑑ミ北支占領地域ニ對スル占領地行政方針確立スルニ至ル迄差當リ第三國人ニ對シテハ左ノ如ク措置スルモノト存ス（但シ租界外ナルコトヲ要ス）

㈠軍ニ對シ直接危害ヲ與フル行爲ニ對シテハ軍ニ於テ左ノ如ク處理ス

(イ)軍ニ對スル加害行爲又ハ間諜行爲ヲ現ニ爲シツツアル者ニ對シテハ其ノ場ニ於テ右行動ヲ阻止スルニ必要ナル措置ヲ講シ得ルモノトス

(ロ)軍ニ對スル加害行爲又ハ間諜行爲ヲ爲サントシツツアル者アルトキハ確實ナル證據ヲ得ルニ努メタル上之ヲ

抑留ス

(ハ)(イ)及(ロ)ノ場合ニ於テ抑留セラレタル者ハ差當リ治外法權國人ハ所屬國領事ニ引渡シ又非治外法權國人ヲ支那裁判所ニ引渡シ之ヲ處置セシム

(ニ)治安ヲ紊シ又ハ紊サントスルノ行爲アル者例ヘハ反日又ハ共産黨運動ニ從事セル者ハ治安維持會ヲシテ布告ヲ發セシメ支那警察官ヲシテ取押ヘタル上非治外法權國人ハ支那裁判所ヲシテ處罰セシメ治外法權國人ハ所屬國領事ニ引渡シ處置セシム

注意事項

右措置ノ實施ニ當リテハ外交問題トナレル場合我方ノ立場ヲ有利ナラシムルコト緊要ナルニ鑑ミ出來得ル限リ確實ナル證據ニ基クコトトシ必要アル場合相手國側ニ其ノ實證ヲ提示シ得ル樣努力シ置クヘシ

上海、北平ヘ轉電セリ

643　昭和12年8月21日　在天津堀内総領事より広田外務大臣宛(電報)

軍が新たに地方政権樹立を企図しつつある中で治安維持会の活動は警察・救済・宣撫事項などに限定すべき旨意見具申

天　津　8月21日後発
本　省　8月21日後着

第七九八號

貴電[1]第二八五號ニ關シ(軍政施行ノ問題)

一、治安維持會ハ往電第七六九號乃至往電第七八〇號ノ通リ特務機關ノ指導ニ依リ漸次警察、救濟、宣撫等ノ事業ヲ進メツツアルモ同時ニ

(一)軍トシテ軍事上必要ノ措置ニシテ軍カ占領地行政ノ態度ヲ明カナラシメサル限リ軍自ラ表面ニ立ツヲ憚ルモノヲ同會ヲシテ爲サシメントスル傾向アリ(例ヘハ通信機關ノ接收ノ如キ又第三國人業(務)?取締ノ如キ)

(二)治安維持會カ北平及天津ノ地方的組織ナル爲之ヲシテ爲サシムルハ如何ニモ無理ナル事項アリ(例ヘハ鹽務管理局長、法院長、海關監督等ノ任命ノ如キ又ハ幣制關係事項ノ如キ)是等工作ノ爲ニハ冀察政務委員會ヲ形丈ケニテモ存置スルヲ可トスルモ考ヘラレタルモ軍司令部内ニハ同委員會ハ存置セシムヘカラストノ意見

モ聞ク（其ノ點ハ北平軍側トハ意見多少相違アリタルカ如シ）今ヤ冀察ニ活ヲ入ルルハ大勢上困難ト認メラレ勢ヒ是等ノ工作ノ爲治安維持會ノ任務ヲ不當ニ擴大シテ政權化スルカ別ニ何等カノ北支政權ヲ作ラントスル傾向ヲ生シツツアリ

(三)[2]一面ニハ華北人ノ華北ナル標語ヲ以テ或種團體ヲシテ治安維持會ヲ支持セシムルノ工作行ハレ居リ又此ノ間ニ失業老政客連ノ動向ニモ注意ヲ要スルモノアリ復僻（辟カ）運動ノ噂サヘ耳ニセサルニアラス

二、依テ貴電ノ如ク今後ノ日支關係ノ全面的調整ヲ考慮シテ地方政權ノ樹立ノ如キ傾向ヲ避クヘシトセハ治安維持會ナル構成自體カ既ニ多分ニ滿洲的傾向ヲ有スルコトニ留意シ同會ノ活動ヲ其ノ本來ノ任務卽チ警察等ニ關スル地方的事項ニ限定スルコト肝要ナルヘク之カ爲ニハ何人モ軍事上必要ナリト認ムル措置ハ一時的ニ絕對必要ナル最小限度ヲ軍自ラ爲スコトトシ治安維持會ヲシテ爲サシムレハ軍ノ必要以上ニ相當ナ事ヲシテモ可ナリトノ考ヲ棄テ前記海關監督、法院長等ノ如キ逃出シタル者ハ治安維持會等ヲシテ任命セシムトスルモ（占領地ノ安寧維持ノ義務ヨリ軍自ラ任命スルモ差支ナシト存スルモ）是等機關ヲ治安維持會ニ隷屬セシメス獨立ノ機關トシテ之ヲ必要ノ限度ニ於テ軍カ成ルヘク內面的ニ「コントロール」スルノ形ヲ取ルコト然ルヘシ（現ニ北寧鐵路ノ如キ其ノ儘存在シ軍ノ鐵道監部。。及滿鐵員カ事實上之ヲ「コントロール」シ居ルモ何人モ之ヲ當然視シ居レリ）

三、[3]貴電ノ如ク軍政施行ヲ飽迄避ケントスル御趣旨ハ軍政施行又ハ一定區域ノ占領ヲ宣言スルコトノ對外關係ニ及ホス影響ヲ顧慮セラルル結果ト存スルモ前記ノ如キ建前ノ軍ノ措置ハ必スシモ總括的ノ軍政宣言ヲ要スル次第ニアラス事實上日本軍カ後方ノ安全ヲ確保スルニ要スル當然ノ措置トシテ又ハ支那側機關ノ離散セル地域ノ安寧秩序ヲ確保スルノ義務ニ基クモノトシテ個々ノ措置ニ付布告又ハ「コミユニケ」等ヲ發シ行ケハ外國側等ヲモ納得セシメ得ヘク戰局中支ニモ發展シタル今日殊ニ北支ニ於テ第二段ノ作戰ニ移リタル上ハ假令此ノ種ノ事ヲ言明シタリトスルモ事態擴大ノ責ヲ我方ニ歸シ又ハ我方ノ侵略的意圖ヲ宣傳セラルル心配ハナカルヘク寧ロ治安維持會ノ活動範圍ヲ最小限度ニ局限シ居ル事實ト相俟テ却テ我方

カ第二ノ滿洲國ノ如キ既成事實ヲ作ル下心アルカノ如キ疑念ヲ解消セシムル所以ナリト存ス
軍ハ近ク喜多少將ノ著津ノ上ハ特務部ヲ設クル計畫ニシテ夫レト同時ニ此ノ邊ノ方針ヲ決定スルモノト解セラレ又今後各般ノ問題ノ處理上一々問題トナル點ニモアリ右ニ對スル貴見爲念今一應至急御回電ヲ請フ
上海、北平へ轉電セリ

644 昭和12年8月21日 在天津堀内総領事より広田外務大臣宛(電報)

平津方面第三国人に対し前線周辺への移動自粛を求める旨領事団へ通報について

別　電　昭和十二年八月二十一日発在天津堀内総領事より広田外務大臣宛第八〇五号

右通報

天　津　8月21日後発
本　省　8月21日夜着

第八〇四號

本官發北平宛電報

第六〇號

軍ヨリノ依頼ニ依リ別電第六一號ノ趣旨ヲ二十一日首席領事ヲ通シ領事團ニ通報セル處右ハ獨流鎭、長辛店、南口等各方面ヲ含ム趣旨ナルニ付テハ貴方ニ於テモ同様通報方然ルヘク御取計相成度シ
本電別電ト共ニ大臣、上海へ轉電セリ

（別　電）

天　津　8月21日後発
本　省　8月21日後着

第八〇五號

本官發北平宛電報

No. 61.

I have the honour to request You inform colleagues that Japanese military authorities think it inadvisable for foreign residents Tientsin Peiping to go to far out these cities towards vicinity Japanese front lines in view of danger prevailing in these zones.

Japanese military can not hold themselves responsibile

for any mishaps which foreigners may be involved, in case they have disregarded abovementioned advice.

645　昭和12年8月24日　在上海岡本総領事より広田外務大臣宛(電報)

虹口・楊樹浦方面における行政権は軍事的必要の許す限り工部局に任せるよう軍側へ説示について

上　海　8月24日後発
本　省　8月24日夜着

第一〇八八號(部外極祕)

往電[(1)]第一〇八三號前段ニ關シ

二十四日楠本大佐ハ館員ニ對シ今後戰鬪ノ中心ハ次第ニ租界ヨリ離レ虹口、楊樹浦方面モ漸次常態ニ復シ來ルニ連レ同方面ニ外支人カ復歸シ來ルヘク又斯クシテ我軍ノ後方ニ於ケル經濟活動ヲ順調ナラシムルコトハ作戰上ヨリモ必要ナル處同方面ノ警察其ノ他行政機構ヲ如何スヘキヤ領事館ニ於テ研究アリ度キ旨述ヘタルヲ以テ館員ヨリ先般來ノ工部局警察(以下S・M・Pト稱ス)ノ撤退ニ際シ之ヲ機會ニ我方ニ於テ行政權ヲ接收スヘシトノ議論モアリタルカ支那トノ約束ニ基カスシテ我方ノ專管行政ヲ施行スルコトハ理由ナク又斯ル意圖ヲ知ラシムルコトハ政策的ニモ不可ナリ依テ我方トシテハ矢張リ工部局ノ行政權ヲ認ムル建前ヲ持シ一般警察ニ付テモ我方ハ工部局ヲ督勵スル態度ニ出テ唯我方ノ軍事的必要(軍事警察ヲ含ム)ニ關スル限リ支那人及非治外法權外國人ニ對スル或程度ノ權力ヲ行使スルコト然ルヘキ旨說明セル處

同[(2)]大佐ハ之ヲ諒トシ唯憲兵隊モ手不足ナレハ(イ)領事館警察ヲ强化スルコト竝ニ(ロ)工部局外人警察官及外人義勇隊員ハ餘リ好マサル旨述ヘタルヲ以テ(イ)ニ付テハ既ニ手配中ナルカ元來屬人的行政權ノミ有スルモノナレハ外支人ニ對スル行政ハ矢張リS・M・Pニ委ヌル外ナク(ロ)ニ付テハ義勇隊ハ必要ナカルヘキモ外人警察官ハ特ニ楊樹浦方面外國人財產保護ノ爲一概ニ之ヲ排除シ得サルヘキモS・M・P日本隊ノ强化ハ考慮ニ値スル旨述ヘ置キタル趣ナリ

陸軍側ニ對シテハ右ノ如ク應酬セシメ置ケルモ工部局殊ニS・M・Pニ對シテハ冒頭往電本官ノ「ボーン」ニ對スル應酬振ノ「ライン」ニ依リ先方ノ我儘ヲ許サス適宜我方ノ

强硬ナル態度ヲ仄カシツヽ日本隊ノ強化等ノ措置ヲ容認セシムル意嚮ナリ不取敢

646 昭和12年8月25日 在上海岡本総領事より広田外務大臣宛（電報）

蘇州河以北の租界内の治安維持工作に関し陸軍側が方針案提示について

別電一 昭和十二年八月二十五日発在上海岡本総領事より広田外務大臣宛第一一一六号
右方針案

二 昭和十二年八月二十五日発在上海岡本総領事より広田外務大臣宛第一一一七号
避難外国人の復帰取締に関するわが方布告案

上海 8月25日後発
本省 8月25日夜着

第一一一五號

往電第一〇八八號ニ關シ

二十五日楠本大佐ヨリ別電第一一一六號ノ如キ治安維持工作方針ニ付當方及海軍側ノ意嚮ヲ徴シ來レルヲ以テ㈠ハ極力之カ達成ヲ圖ルモ漸進主義ニ依ル要アリ㈡ハ異存ナク工部局ニモ其ノ旨通スヘシ㈢ニ付テハ憲兵及陸戰隊ノ任務ハ㈡ノ通リトシ海軍側ハ當分陸戰隊ヲ警察用ニ用フル餘力ナキヲ以テ憲兵隊ノ増派ヲ實現スルコト然ルヘシ㈣ハ早速手配スヘシ（往電第一〇八八號）㈤ハ領事館警察ノ増強ニ伴ヒ分駐ヲ考慮スヘシ㈥ニ付テハ艦隊長官ヨリ別電第一一一七號ノ趣旨ニテ布告ヲ發スルコトニ打合セタリ

（別電一）

上海 8月25日後発
本省 8月25日夜着

第一一一六號

㈠蘇州河以北ノ租界内ノS・M・P署長ヲ此ノ際日本人トシ且日本隊ヲ増強ス
㈡右租界内ノ治安維持ハS・M・Pノ任スル所ナルカ軍ハ作戰ニ關係アリト認ムル事項ニ對シ必要ノ措置ヲ執ル之カ爲各署要スレハ各派出所ニ憲兵ヲ立會ハシム
㈢憲兵ハ陸戰隊ト協力シテ租界内ノ治安維持ニ任ス
㈣在留民ノ復興以前ニ内地ヨリ渡來スル者ノ防止策（渡航

許可證發給）

(五)北四川路、越界路區方面ニ復歸スル日本人ノ取締（領事館警察ノ増强）

(六)避難外支人ノ復歸取締

（別電二）

上　海　8月25日後発
本　省　8月25日夜着

第一一一七號

我軍事行動ノ進展ニ伴ヒ楊樹浦、虹口方面ニ潜入シ來レル者又ハ同方面ノ住民ニシテ避難地ヨリ漸次原住地ニ復歸セントスル者アル處未タ同方面ノ治安回復充分ナラサルヲ以テ追テ禁令ヲ解除スル迄當分ノ間支那人ノ潜入復歸ヲ禁止ス外國人住民ハ我軍ノ治安工作ヲ了解シ前記期間ニ於テハ自發的ニ同方面潜入復歸ヲ見合サンコトヲ期待ス

〰〰〰〰〰〰〰〰〰〰〰〰〰〰〰〰〰〰

647　昭和12年8月27日　在天津堀内総領事より広田外務大臣宛（電報）

上海から来津した塩務総局ボードの長蘆塩管理局の現状をめぐる活動振り報告

天　津　8月27日後発
本　省　8月27日夜着

第八二九號

(一)[1]上海ノ財政部鹽務總局佛國人「ボード」十八日本官ヲ來訪シ長蘆鹽管理局ヨリ二月ヨリ七月迄南京ヘ送金ナキニ付此ノ期間ニ於ケル宋哲元政權ニ支給セル鹽税ノ帳簿ヲ檢査スル爲來津セル旨ヲ述ヘタルニ付右ハ我方ニ關係ナキコトナルモ御希望ナラハ便宜ヲ供與スヘキ旨ヲ答ヘ置キタルカ其ノ際「ボ」ハ來津ノ主タル目的ニアラサルモ天津事件後ノ管理局ノ狀況ハ何トカ解決ノ方法ナカルヘキヤト言ヒタルニ依リ天津及太沽鹽田方面ニ於ケル擾亂ノ結果責任當局ナクナリタルニ付天津及其ノ附近ノ治安維持ノ爲ニ組織セラレタル治安維持會カ鹽務ノ利益保全ノ爲必要ナル措置ヲ執リ居ル旨聞及ヒ居ルモ直接日本當局ノ關係スル所ニアラサルヲ以テ本問題ニ付當方ニ申出テラルル筋合ニアラサルヘク且今ハ本件ノ解決ヲ計ル時機ニアラサルヘシト答ヘ置ケリ

(二)「ボ」ハ廿四日附ヲ以テ領事團首席ニ對シ「本職ノ調査

ニ依レハ天津管理局ハ日本軍ノ手ニ移リ大部分ノ職員ニハ變更ナキモ治安維持會ノ名ニ於テ一切ノ命令ヲ出シツツアリ新ニ若干ノ日本人ヲ任命シ支那銀行ニ在ル税收ヲ抑留シ朝鮮銀行ニ當座ヲ設ケタリ自分ヨリ日本領事ニ「デマルシユ」ヲ爲シタルモ容レラレス堀内總領事ハ目下日本軍當局ト交渉ヲ爲ス時機ニアラスト述ヘタリ依テ自分ハ上海總局ニ報告スルト共ニ出來得ルナラハ支那當局ヨリ外交手段ニ依リ日本政府ニ對シ鹽税收入ハ外債ノ擔保ニ供セラレタル國税ニシテ斯ノ如ク沒收セラルヘキニアラサル旨ヲ申入ルル樣「サジエスト」セリ天津領事團首席ハ自分ノ口頭申入ヲ「テイクノート」セラレタリ尙堀内總領事ハ外債擔保部分ハ尊重セラルヘキ旨ヲ言明セラレタルコトヲ附言ス」トノ覺書ヲ提出シ領事團回章ニ附セラレタリ

㈢[(2)]二十五日附ヲ以テ「ボ」ヨリ本官ニ對シ十八日ノ會談ノ「コンフアメイシヨン」ナリトテ「現下ノ事態ノ對策ヲ責任當局ト協議方ヲ申出テ第三國銀行ニ税收ヲ預金スルモ一案ナルヘキコトヲ申出テタルニ對シ貴總領事ヨリ軍當局ト會談スル時機ニアラスト述ヘラレタルヤ自分ノ責任上日本軍ノ占領及其ノ後ニ於テ長蘆鹽管理局ニ對シ執ラレタル措置ニ付留保ヲ表明セル」旨ノ覺書ヲ送付越セルニ依リ二十七日附ヲ以テ十八日ノ會談ハ前記㈠ノ通リニシテ右覺書ヲ領事團首席ニ對スル覺書モ十八日會談ノ内容ト相違スルニ付訂正ヲ要求スル旨回答シ右寫ヲ「ボ」ノ本官ニ對スル來翰ト共ニ領事團首席ニ送付シ置キタリ

㈣尙「ボ」ハ二十六日萩原ヲ來訪シ鹽税收入二千九百萬元中冀察ニ拂ハレ居タル一千八百萬元ハ冀察ノ解消セル今日鹽務總局トシテハ新ナル手續ヲ經スシテ他ノ用途ニ供セラルルコトヲ認メ難キ次第ナルモ現狀ハ如何トモ仕方ナキニ付治安維持會ノ任命シタル王竹林ヲ管理局長ニ任命シ前記一千八百萬元ヲ治安維持會ニ支拂フコトトスル外ナカルヘク南京ノ意見ヲ徵シ見ルモ可ナリト述ヘ居タル趣ナルカ軍側ト協議ノ結果二十七日萩原ヨリ斯ノ如キ措置ハ今更不可能ナルヘキ旨ヲ回答セシメ置キタリ

右「ボ」ノ申出ノ「ライン」ニテ交渉スルコト或ハ對外關係上望マシキニアラスヤト考ヘタルモ軍側ハ海關ハ條約上其ノ機構統一ヲ保障シ居ルヲ以テ南京政府ノ機關ヲ

認ムル外ナキモ鹽務ニ關シテハ外債擔保部分ノ送金サヘ爲セハ其ノ他ノ事項ニ付南京ノ命令ヲ北支ニ認ムル要ナシトノ意嚮ナリ

上海、北平ヘ轉電セリ

648　昭和12年8月27日　在天津堀内総領事より広田外務大臣宛(電報)

郵政業務の再開や邦人顧問の採用方針など天津市政の現状に関し報告

天　津　8月27日後発
本　省　8月27日夜着

第八三二號

往電第八一四號ニ關シ

一、警察局ノ市内一齊檢索實施

天津市警察局ハ八月二十三日管轄地域全般ニ亘リ一齊檢索ヲ行ヒ主トシテ隱匿武器ノ押收ニ努メタル處押收品ハ僅少ナリシ趣ナリ右ハ檢索方法ノ適切ナラサリシコト一因ナルヘキモ事實敗殘兵等ノ武器ハ殆ト郊外部落ニ埋藏セラレ居ルモノノ如ク市內ノ檢索ヨリモ天津郊外ノ村落ノ肅正ヲ必要トスル模様ナリ

一、天津縣政ノ指導

特務機關ヨリ指導官ヲ入レ縣政ノ指導ニ當ラシム

一、新聞檢驗處改名

新聞檢驗處ハ之ヲ新聞管理處ト改名シ單ニ檢閲ノミナラス指導ヲモ行フコトトナレリ

一、郵政業務ノ開始

既報ノ通リ八月二十三日ヨリ日本軍部ノ通信檢閲ノ下ニ東站郵政總局ハ開局シ二十四日支那街所在ノ各支局モ一部ヲ除キ業務ヲ開始セリ

一、天津防水調查

既報ノ各關係者ノ共同現地調查ノ結果目下ノ處天津外圍ノ大堰堤ノ一部其ノ他ノ應急補修ニ依リ洪水ハ避ケ得ラルル見込ナリ

一、邦人ノ顧問及職員採用方針

(一)極メテ少數ノ邦人顧問ヲ樞要部門ニ配置シ重要事項ハ總テ顧問ノ同意ヲ得テ決定セシム

(二)右顧問等ニハ軍、滿鐵等ノ所屬者ヲ當ツ就テハ支那側ヨリハ報酬ヲ受ケシメス但シ通譯其ノ他下級職員ハ此

ノ限リニアラス
尙天津市ノ治安ハ概ネ舊態ニ復セリ就テハ八月末ニハ治安維持會ヲ市政府ト改稱シ平常ノ行政機構ニ戻ス樣議ヲ進メツヽアル模樣ナリ
上海、北平、滿、青島へ轉電セリ

---

649 昭和12年8月29日 在天津堀内総領事より広田外務大臣宛（電報）

日本軍による天津英租界内での英国人殴打事件発生のため日本軍の租界通過を自発的に中止する旨英仏両領事へ通報について

天　津　8月29日後発
本　省　8月30日前着

第八四九號

㈠[1]英國租界ノ武裝軍隊通過ハ平常ヨリ豫メ租界當局ニ通告許諾ノ上ニテ爲スコトトナリ居リ（本來ハ總領事ノ許諾ヲ求ムル建前ナルモ我方ニテハ客年來日本軍當局ヨリ英國警察署長ニ直接通告其ノ許諾ヲ得ルヲ以テ足ルコトニ打合セ居レリ）天津及附近ニ於ケル敵對行爲發生後ハ一定ノ通過經路ヲ定メ居レル處最近太沽ニ上陸陸路白河右岸ニ沿ヒ天津ニ來ル部隊及裝備竝ニ食糧ノ增加及特一區部隊駐屯ニ伴ヒ特一區ヨリ英佛租界ヲ通過シ日本租界及支那街トノ間ヲ往復スル部隊頓ニ增加シ其ノ間通過手續ノ不履行、數町ニ亘ル長列部隊ニ依ル交通妨害、兵卒ノ拳銃誤發事件（本件別電ス）、軍用「トラック」ノ速（力）?超過及是等ニ伴フ事故頻發シ英字紙等ニモ是等事故ニ付屢非難的記事掲載セラレ皇軍ニ對スル反感ヲ起スカ如キ事態現出ノ惧アルニ至レリ

㈡右ニ關シ二十三日英國總領事本官ヲ來訪シ外國軍隊ノ英國租界通過ハ元々已ムヲ得サル特殊ノ場合ニ限ル趣旨ナリシニ拘ラストテ前記㈠後段狀況ヲ縷述シ斯ル狀態ノ繼續ハ日本軍カ英國租界ヲ交通路トシテ使用シ居ルモノト見ル外ナク右ハ英國ノ中立態度ニ牴觸スルコトトナリ此[2]ノ上容認シ難キニ付日本軍當局ニ對シ例外的ノ場合ヲ除キ租界ヲ通路ニ使用セサル樣勸告アリ度ク又通過ノ許可權モ從來ノ如ク警察署長ニ一任シ置キ難キニ付自分又ハ總領事館幹部ノ許可ヲ得ルコトトセサルヲ得ス且四時間以前ニ通過スヘキ軍隊ノ正確ナル數ヲ書面ニテ申入ル

ルコトトセラレ度キ旨ヲ申入レ來レリ（後刻右趣旨ノ「エードメモアル」ヲ送リ來レリ）

㈢右ニ對シ直ニ軍トモ話合ノ上二十七日英國總領事本官ヲ再ヒ來訪ノ際先ツ本官ヨリ口ヲ切リ過日御申入ノ如キ軍ノ通過ハ極メテ短期間ニ過キスト期待シ居ルコト（軍ニテハ大體八月一杯ニ輸送ヲ終ル旨述ヘ居タリ）及天候其ノ他目下ノ狀況ニ顧ミ特一區ト日本租界ヲ聯絡スル通路ハ英國租界ヲ通過スルヨリ外ナキコトヲ述ヘ日本軍トシテハ日英間ノ親善關係ニモ鑑ミ英國官憲カ日本軍ノ爲開カレタル唯一ノ門戸ヲ閉鎖セサルコトヲ强ク希望スル旨ヲ述フルト共ニ租界內軍隊通過ニ際シ生スル小事故及通過手續ニ關スル行違ニ付テハ日本軍及領事官憲ニ於テ防止及是正方ニ最善ノ努力ヲ拂ヒ居リ現ニ二十四日附ニテ司令部ヨリ軍隊租界通過ニ關スル詳細ナル訓令ヲ各部隊ニ發シ其ノ他徹底的措置ヲ執リ居レル次第ヲ告ケ

本官[3]トシテハ總領事始メ英國官民ニ於テ今暫ク忍耐的態度ニ出テ土地ノ事情ニ馴レサル日本部隊カ租界內ニ於テ行違事故等ヲ生シタル際ニハ理解ヲ以テ之ヲ援助セラレンコトヲ望ム旨懇說シ（右ノ次第ハ既ニ二十四日萩原ヲシテ英國總領事館員ニ申入レシメ置クト共ニ前記二十七日本官トノ會談後「エード、メモアル」ヲ送付セリ）タルニ英國總領事ハ其ノ後モ通過軍隊ハ頓ニ增加スル一方ニシテ自分ハ愈々日本軍ノ通過ヲ禁止セサルヲ得サル立場ニ陷リ直ニ公文ヲ出サンカトモ考ヘタルモ先ツ懇談ニ來レル次第ナリト述ヘタルニ付本官ヨリ種々說得ノ結果愈々通過ヲ止メル以前ニ今一度話合フコトニ打合セ別レタリ

㈣然ルニ本二十九日午後英國總領事佛國領事ヲ同伴來訪シ同日朝大部隊ノ日本輸送隊英國租界通過中其ノ隊列餘リ長キ爲交叉點ニ於テ交通整理上巡捕之ヲ區切ラントシタルニ端ヲ發シ日本軍人ハ右巡捕及道ヲ横切ラントセル英國人「グリーンランド」ヲ打擲シ果テハ之ヲ鞭ニテ打チ或ハ足蹴リスル等凡ユル亂暴ヲ働キタル後大聲ニテ嘲笑シタル事件（佛國租界ニテモ同樣ノ事件起レル趣ナリ）アリ

右[4]ハ英國人ニ對スル此ノ上ナキ侮辱ニシテ之ヲ目擊セル英人（知名ノ者アリ）證人モ相當アリ自分トシテハ之以上軍隊通過ヲ容認スルコトハ如何ナル事態ヲ起スヤモ測リ

難ク到底困難ナルニ付明三十日朝貴官ニ公文ヲ以テ三十日夜半限リ軍隊通過ヲ禁止スル旨申送ルコトトナレル旨ヲ告ケ（佛國領事モ英國側ト同様措置スヘキ旨述ヘタリ）本官ヨリ種々再考方ヲ求メタルモ應スル色ナカリキ（英國總領事ハ地方ノコトハ自分ノ權限ニテ爲シ得ル次第ナルモ本件措置ハ大使ニ報告スヘキ旨述ヘ居タリ）

(五)依テ本官ハ已ムヲ得ス參謀次長《ママ》及係官ニ對シ前記(四)ノ次第ヲ告ケ話合ヘル結果軍トシテハ英國側ノ公文發出ニ先立チ自發的ニ三十日正午ヲ限リ第一特區方面ヨリノ軍隊ノ英佛租界通過ヲ取止ムルコトニ決シタルニ付其ノ旨竝ニ第一特區ニ在ル小部隊トノ聯絡及交代ニ必要ナル少數ノ將校又ハ兵ノ通過ニ付テハ從前ノ手續ニ依ル便宜供與方軍ヨリ依頼スルコトアルヘキ旨公文ヲ以テ英、佛兩領事ニ通報セリ

上海、北平ヘ轉電セリ

650　昭和12年8月31日

本邦人の中国渡航取締に関する外務省発表

本邦人ノ支那渡航取締（八月三十一日）

從來本邦人ノ支那ニ渡航スルニハ旅券ヲ必要トセス自由テアリマシタカ今次ノ北支事變ノ進展ニ伴ヒ現ニ北支及上海方面ニ於テハ軍事行動進行中ニシテ又其ノ他ノ地方ニ於テモ在支邦人ノ生命財産ハ甚大ノ危險ニ曝サルルニ至ツタ結果支那在留本邦人ノ大部分ハ引揚クルノ已ムナキ事態ニ立至リマシタ斯ノ如キ狀態ナルニ拘ラス此ノ際從來ノ如ク一般本邦人ヲシテ自由ニ渡支セシムルコトハ在支邦人ノ保護上危險アルノミナラス軍事行動ノ進行シツツアル地方ニ於テハ軍ノ行動上及軍後方地區ノ治安維持上支障ヲ及ホス虞アルヲ以テ此ノ際本邦人ノ支那渡航ニ對シ一定ノ取締ヲ爲スコトト致シマシタ、併シ乍ラ業務上家庭上其ノ他正當ナル目的ノ爲至急渡支ヲ必要トスル者ニ對シテハ其ノ渡航ヲ制限スル限リテハアリマセンカラ此ノ種私用ノ爲此ノ際支那ニ渡航セントスル方ニ對シテハ願出ニ依リ本人ノ居住地所轄警察署長ヨリ渡航目的、理由、期間等ヲ記載セル身分證明書ヲ發給シ右證明書ヲ有スル者ニ限リ出發港ニ於テ乘船セシムルコトトナリマシタ、次ニ公務ヲ帶ヒ此ノ際支那ニ渡航セラルル方モ乘船ノ際其ノ身分ヲ證明スル爲派遣官

公署ノ身分證明書例ヘハ官吏ナ（一字アキ）ハ其ノ所屬官公署ノ發給シタル身分證明書又市町村ヨリ派遣セラルル公務員ノ如キハ其ノ市町村長ノ發給シタル身分證明書ノ携帶ヲ必要トシマス、但シ制服着用ノ軍人軍屬ハ身分證明書携帶ノ必要ハアリマセン、尚本取扱方ハ支那現地ノ事態ノ許ス限リ可成速ニ之ヲ撤廢スル積リテアリマス。

編注 本文書は、昭和十二年十月、情報部作成「支那事變關係公表集（第一號）」から抜粋。

---

651 昭和12年8月31日 在天津堀内総領事より広田外務大臣宛（電報）

作戦地域における日本軍への敵対行為や間諜行為を厳罰に処する旨の布告発表について

別電一 昭和十二年八月三十一日発在天津堀内総領事より広田外務大臣宛第八五七号
支那駐屯軍司令官の布告

二 昭和十二年八月三十一日発在天津堀内総領事より広田外務大臣宛第八五八号
治安維持会および冀東防共自治政府の布告

三 昭和十二年八月三十一日発在天津堀内総領事より広田外務大臣宛第八五九号
布告に際しての軍当局談

天津 8月31日後発
本省 8月31日夜着

第八五六號

往電第八三一號ニ關シ

九月一日附ヲ以テ軍司令官ヨリ別電第八五七號ノ通リ又天津治安維持會、北平地方維持會及冀東防共自治政府ヨリ夫々別電第八五八號ノ通リ佈告ヲ發スルコトトナレリ

尚軍佈告ニ關シテハ天津軍當局談トシテ別電第八五九號ノ通リ發表ノ豫定ナリ

本電別電ト共ニ在英大使ヘ轉電シ土ヲ除ク在歐各大使壽府ヘ轉電セシメラレタシ

在米大使ヘ轉電シ紐育、伯ヘ轉電セシメラレタシ

本電別電ト共ニ上海北平ヘ轉電セリ

（別電一）

第八五七號

天津　8月31日後発
本省　8月31日夜着

布告

爾今作戰地域內ニ於テ左ノ通リノ行爲ヲ爲シ又ハ爲サントスル者ハ嚴罰ニ處シ第三國人ト雖其ノ自由ハ保障セラレサルヘシ

一、間諜ヲ爲ス行爲

一、日本軍ニ對シ反逆ヲ爲ス行爲及之ヲ敎唆スル行爲

一、其ノ他日本軍ノ安全ヲ害スル行爲

昭和十二年九月一日日本軍司令官

(別電二)

第八五八號

天津　8月31日後発
本省　8月31日夜着

布告

本會(冀東ハ政府)管轄內ニ於テ左ノ行爲ヲ爲シ又ハ爲サントスル者ハ處罰スヘシ

一、虛僞ノ風說不穩ノ主義ヲ流布シ又ハ右目的ヲ以テ印刷物ヲ頒布スル行爲

一、不法ニ人心ヲ煽動スル行爲

一、經濟及金融ヲ攪亂セントスル行爲

一、前各項ノ目的ヲ以テ集合結社ヲ爲スノ行爲

一、許可無クシテ武器ヲ輸入シ又ハ所持スルノ行爲

一、掠奪、暴行、强迫其ノ他治安ヲ紊シ又ハ紊サントスル行爲

(別電三)

第八五九號

天津　8月31日後発
本省　8月31日夜着

今次天津軍カ發布シタ布告ノ目的ハ日支間ニ於テ現ニ敵對行爲カ行ハレテ居ル事實ニ鑑ミ作戰地域內ニ於ケル日本軍ノ安全ヲ確保シ作戰ノ遂行ニ阻害無カラシメンカ爲之ニ有害ナル一切ノ行爲ヲ彈壓セントスルニアルカ租界及第三國人ニ對シテハ國際法及諸條約ニ準據シ措置セラルルコトハ勿論テアル

652　昭和12年9月1日　在天津堀内総領事より広田外務大臣宛（電報）

日本軍の天津英仏租界通過を自発的に中止する旨のわが方通報に対する英仏両国の回答振りについて

天　津　9月1日後発
本　省　9月1日夜着

第八六三號

往電[(1)]第八四九號ニ關シ

㈠同電㈤ノ公文ハ英國宛ノ分ハ二十九日夜本官自身總領事ニ手交スルト共ニ自發的ニ斯ル措置ニ出テタル我方ノ意ノアル所ヲ述ヘ先方ヨリノ公文發出ヲ思ヒ止マラシムル樣說キタルニ總領事ハ我方ノ態度ヲ諒トシ三十日午後ニ至ルモ武裝兵ノ通過ヲ見サル限リ之ヲ取止ムヘキ旨ヲ述ヘ第一特區トノ聯絡交代等ニ際スル從來通リノ手續ニ依ル通過申出ハ例外的措置トシテ之ヲ承諾スヘシト述ヘタリ

尙英國總領事ヨリハ三十日附公文ヲ以テ冒頭往電㈣ノ事件ニ關シ同電㈡㈢及㈣ノ本官トノ話合ノ經緯ヲ詳細引用シタル上各「ウイツトネス」及警官ノ報告寫ヲ添ヘ本事件ハ重大ナル侮辱ト見ル外ナク本公文及附屬ヲ香月司令官ニ傳達シ㈠事件ノ調査㈡必要ナル「デイシプリナー・アクシヨン」ヲ執ラレ度キコト及㈢英國總領事ニ對スル陳謝ヲ要求スルト共ニ特別區ヨリノ小部隊往復ノ爲ノ通過ニ付テハ申込用紙ヲ用意スヘク凡テ英國租界ヲ軍隊通過ノ際ハ少クトモ四時間以前ニ右用紙ヲ用ヒ申込ヲ受ケタル場合ニノミ之ヲ許容スヘキ旨ヲ申出テ來レリ

㈡[(2)]佛國領事ニハ同シク二十九日夜萩原ヲシテ公文ヲ持參セシメ尙日本租界ヨリ萬國橋ヲ越エ第三特區ニ至ル爲ノ佛國租界通過ハ本公文ニハ關係ナク從テ從前通リ通行シ得ルモノト了解スル旨ヲ述ヘシメタル處同領事ハ我方ノ措置ヲ多トシ萬國橋ニ至ル租界通過ハ從前通リニテ結構ナリト述ヘ尙三十日附公文ヲ以テ日本軍カ佛國側ノ困難ヲ諒察相成リタルコト及佛國側カ從來供與セル便宜ヲ多トセラレタルコトヲ感謝スル旨第三特區トノ交通ハ日本軍カ其ノ通行ヲ成ルヘク少カラシムルコトヲ期待シツツ喜ンテ從前通リ開放スル旨既ニ發生セル小事件ニ付テハ之ヲ忘却シ度ク何等申出ヲ爲ササルヘキ旨竝ニ事情ノ許ス

限リ日本軍ヲ「ウエルカム」シ自分ノ意思ニ反シ全ク已ムヲ得サルニ至ラサル限リ態度ヲ變更セサル旨ヲ申送リ來レリ

天津、北平へ轉電セリ

653 昭和12年9月1日 在天津堀内総領事より広田外務大臣宛(電報)

張家口は当分軍政に準じた統治を行う方針のため領事館復帰は当面延期方関東軍通報について

天津 9月1日後発
本省 9月1日夜着

第八六五號(極祕)

張家口復歸問題ニ關シ關東軍參謀長ヨリ天津軍ニ對シ張家口方面ハ當分軍政ニ準シタル統治ヲ行フ方針ナルニ付領事館ノ進出ハ暫ク見合スコト然ルへキ旨電報越セリ不取敢北平ヨリ中根ニ傳ヘラレ度シ

北平、上海へ轉電セリ

---

654 昭和12年9月4日

陸軍省作成の「察蒙處理要綱」

察蒙處理要綱

第一、方針

一、察蒙處理ノ主眼ハ內蒙政權領域ノ燥急ナル擴大ヲ避ケ速ニ同政權ヲ充實强化シ親日滿防共自治ノ實力充備ヲ圖ルト共ニ同政權領域內ニ於テ蒙民族ノ安住繁榮ヲ計リ北支就中察南及山西處理トノ關係ヲ適正ニ調整スルニ在リ

二、將來ニ於ケル關東軍ト北支軍トノ察哈爾省方面政務指導ニ關スル境界ハ外長城線トシ綏東四旗中平綏線(之ヲ含ム)以南ノ地域ハ北支軍ニ屬スルモノト豫定ス

三、關東軍及北支軍ハ各々擔任スル政務指導竝施策ニ關シ緊密ニ連繫シ特ニ漢蒙兩民族ノ指導ニ關シ調和ヲ圖ルモノトス

第二、要領

一、差當リ關東軍ノ政務指導地域ハ察北、察南ノ範圍トシ必要ノ場合張家口以西平綏沿線ノ施策ヲ擔任シ將來察南ノ政務指導及平綏沿線地方ニ對スル施策ハ北支軍之ニ當リ

關東軍ハ錫盟及察盟ノ大部（工作ノ進展後ハ烏盟ニ及フ範域）ニ對スル工作ヲ實施ス

但綏東四旗ニ對スル積極的工作ハ內蒙政權實力ノ强化ト綏遠及山西ニ對スル大局的考慮ノ下ニ行フモノトス

二、內蒙工作ハ蒙古人心ノ把握ヲ以テ主眼トシ親日滿防共自治ヲ國是トスル蒙古ノ建設ヲ指導シ對蘇特ニ對外蒙態勢ヲ調整スルヲ以テ窮極ノ目的トス之カ爲先ツ以テ前掲二盟ヲ範域トスル內蒙ノ內部强化ヲ主トス

右ノ進展ニ伴ヒ逐次烏盟ニ對シ工作ノ擴張ヲ計ル但之カ爲ノ施策ニ於テハ特ニ外蒙ヲ刺戟セサル樣考慮ヲ拂フモノトス

三、上記內蒙ノ防衞竝治安確保ノ爲日滿側ヨリ所要ノ經費、兵器、器材等ヲ支給シ之ヲ援助ス

內蒙軍ノ整備竝ニ之カ所要ノ經費ニ關シテハ昭和十二年二月二十七日附陸滿密第七五號ノ要領ニ準據ス

四、察南ハ察北ノ內蒙政權ニ合併スルコトナク其政務指導ハ北支政務指導要綱ニ準據シ特ニ同地方漢族民衆ニ基礎ヲ置ク機關ヲシテ治安ノ維持民心ノ安定經濟ノ開發等ニ當ラシム

五、綏遠（烏盟ヲ除ク）ニ對スル施策ハ北支軍ニ於テ內蒙工作竝北支就中山西ノ處理ヲ考慮シ適宜之ヲ行フ

（終）

655　昭和12年9月6日　在満州国植田大使より広田外務大臣宛（電報）

察南自治政府の管轄区域は作戦地域として関東軍が行政司法権を管掌する旨軍側内報について

新　京　9月6日後発
本　省　9月6日夜着

第七九五號（極祕）

軍側ヨリ四日成立セル察南自治政府ノ區域內ハ同政府側請願ノ次第モアリ之ヲ作戰地トシテ戰時體制ノ下ニ戒嚴ニ準シ關東軍司令官ニ於テ一切ノ行政司法權ヲモ管掌シ其ノ統制ニ依リ事務ヲ實施セシメツツアリ從ツテ將來日本領事館カ張家口ニ歸任スル場合ニ於テモ軍司令官ノ指揮ノ下ニ其ノ職務ヲ執行セシムル方針ナル旨內報アリタリ御參考迄

北平、天津ヘ轉電セリ

656　昭和12年9月6日　在満州国植田大使より広田外務大臣宛（電報）

察南自治政府への指導方針に関する吉岡大佐の内話について

新　京　9月6日後発
本　省　9月6日夜着

第七九六號

張家口ヨリ歸來セル吉岡大佐ノ内(話)ニ依レハ同地ハ日本軍入城以來極メテ明朗化シ各店舖モ殆ト開店ノ狀態ニアリ土著民衆（南京系ノ者ハ殆ト逃走セリ）ノ總意ニ依リ四日察南自治政府ノ成立ヲ見タリ同政府ノ根本方針ハ勿論日滿支ノ提携防共等ノ大精神ニアルモ差當リノ指導方針トシテハ戰時体制ノ下ニ軍事ヲ中心トシ直接治安財政等緊急事項ノ處理ヲ先ニシ漸次一般ニ及ハントスルモノニシテ先ツ治安維持、財政金融、交通通信等ノ委員會ヲ組織セルカ

㈠金融財政政策ニ於テハ現地ノ有リ金ヲ利用スルモ紙幣ハ舊幣ヲ斥ケ新ニ發行スル紙幣ヲ流通セシムルコト、支拂猶豫ヲ實施スルコト等ヲ主眼トシ從前ヨリノ各種稅捐局ハ殘留官吏請願ノ形式ニ依リ全部接收ヲ終リ目下相當ノ稅收アリ

㈡交通、通信、郵政等ハ將來特定機關ニ之ニ《(ヲカ)》移(管)《?》スルモ差當リ之ヲ關東軍司令官ノ運營管理トス

㈢產業指導方針トシテハ軍需資源ノ培養貯藏ヲ中軸トシ米作ヲモ考慮スルコト（鑛山資源モ附近ニ相當アリ）等ノ方針ニテ著々整備ヲ進メツツアルカ要スルニ同政府地域内ハ非武裝地帶トシ日本軍以外一切ノ武裝ヲ許サス關東軍司令官統卒ノ下ニ一切ノ行政司法ヲ行フノ建前ヲ取リツツアル趣ナリ

上海、北平、天津ヘ轉電セリ

～～～～～～～～～～

657　昭和12年9月9日　在天津堀内総領事より広田外務大臣宛（電報）

北清事変議定書の関係から渉外事項に関しては支那駐屯軍の名称を建前上継続する方針について

天　津　9月9日後発
本　省　9月9日後着

第八九九號（極祕）

香月司令官着任ノ際ハ一々ノ儀禮ハ省略セルモ其ノ着任ヲ各國駐屯軍ニ通知シ二、三ノ外國司令官、領事等ノ訪問モ受ケ文書ニモ同司令官ノ名ヲ用ヒ來レリ然ルニ今次ノ改變ハ各軍ノ名稱モ司令官ノ名モ一切部外極祕トシ居ルヲ以テ之ヲ對外關係上如何ニスヘキヤニ付軍ヨリ協議有リ軍トシテハ支那駐屯軍ナルモノモ無クナリタル譯ナルモ涉外關係事項殊ニ團匪議定書關係事項ニ關シテハ其ノ名稱ヲ存シ置クコト然ルヘシト思考シ此ノ種事項ニ關スル限リ引續キ支那駐屯軍司令官トシテ香月中將ノ名ヲ用ヒ但シ同中將天津ヨリ不在トナラハ喜多少將カ支那駐屯軍司令官ノ代理タル建前ニテ涉外事項ヲ處理スルコトニ致シタリ北平大使館衞兵隊長モ然ルヘク決定ノ筈

上海、北平ニ轉電セリ

658　平津地方維持会連合会の成立について

昭和12年9月27日　在天津堀内総領事より広田外務大臣宛(電報)

天　津　9月27日後発
本　省　9月27日夜着

第一〇〇五號(極祕)

本月二十二日當地治安維持會事務所ニ天津、北平各治安維持會代表冀東防共自治政府聯絡員參集シ軍側ヨリ當地特務部長、平津各特務機關長等列席ノ上平津地方維持會聯合會ヲ成立セシメ成立宣言書ヲ發表シ聯合會章程ヲ決定セリ

(別途郵送)

右聯合會ハ成立宣言書ニモ示サレ居ル如ク平津兩治安維持會、冀東政府三者間ノ事務上ノ聯絡竝ニ對外事項ノ處理等ニ付一代表機關ヲ設クルノ必要上設置セラレタルモノニシテ將來ノ平津地方ノ政治形態トハ何等ノ關聯ヲモ有セサルモノニシテ此ノ點ニ付テハ其ノ後開催セラレタル特務部關係者會合ノ席上特務部長ヨリ明確ニ指示スル所アリタリ

上海、北平へ轉電セリ

659　治安状況など天津近況につき報告

昭和12年10月2日　在天津堀内総領事より広田外務大臣宛(電報)

天　津　10月2日後発
本　省　10月2日後着

第一〇二五號

當方面ノ治安狀況ハ其ノ後天津治安維持會ノ諸施措竝ニ警察機構ノ改變等ニ依リ漸次安定ニ向ヒ居リ殊ニ支那街及特區方面モ我軍憲ノ指導ト相俟ツテ概ネ順調ニ囘復シツヽアリ唯英佛租界內ニ於テハ今尙避難學生ノ一部、藍衣社其ノ他共產黨ノ不良分子カ小報ヲ發行シテ戰況ノ逆宣傳ヲ爲シ或ハ流言蜚語ヲ放ツ等反日活動ヲ爲ス者少カラス一般支那人中ニハ是等策動ニ惑ハサレ未タ不安ノ念ヲ抱キ店舖ヲ開カサル者相當アリシカ占領ノ眞相漸次判明スルト共ニ我方及治安維持會ノ宣傳竝ニ宣撫工作等ニ依リ是等商人モ漸次門戶ヲ開キ市內ノ人出モ頻繁トナリ華街其ノ他ノ劇場、活動寫眞館等ノ各館モ增加シ仲秋節數日前ヨリハ特ニ市內一般ニ活況ヲ呈シ來レリ此ノ傾向ハ其ノ後保定及滄州陷落シ日本側ノ祝賀會(九月二十六日)行ハルルニ及ヒ益々顯著トナリ軍側內面指導モ手傳ヒ一日ニハ支那側ニ於テ河北青年黨、天津市商會其ノ他ノ民衆團體ヲ中心ニ中日聯歡大會開催セラレ一般民衆及學校生徒(約五千)ノ旗行列行ハレ日本側學校生徒之ニ和スル等平和親睦ノ空氣漲リツヽアリ(支那街最近ノ開店狀況ハ小中商店ハ全部、大商店六、七割)然レトモ天津市近郊ニ於テハ尙敗殘兵相當數橫行シ居リ治安維持會ニテハ軍ト協力シ之カ掃蕩ニ努メツヽアリ最近特ニ意ヲ用ヒツヽアルハ防水及防疫ノ對策ナル處兩者共軍及治安維持會其ノ他關係各機關及外國側ト協力シ極力之カ防止ニ努メツヽアリ(「コレラ」ハ天津市內眞性二名決定セリ)

尙九、一八記念日前後ノ不逞分子ノ行動狀況ハ既電ノ通リナルモ詳細ハ別途報告ス

上海、天津、滿へ轉電セリ

---

660 昭和12年11月17日 在上海岡本総領事より広田外務大臣宛(電報)

上海の戦線が租界を離れたことに伴う邦人の復帰方針について

上海 11月17日後発
本省 11月18日前着

第二三〇〇號

往電第二一四一號ニ關シ

其ノ後南市及浦東陷落シ戰線租界ヲ離レタルニ依リ陸上ヨ

リ攻撃ヲ受クル危險ハ除去セラレタルカ右ニ伴ヒ陸戰隊ニ於テハ十五日ヨリ北部立退區域ノ大部分ニ亘リ邦人ノ歸住ヲ許可スルニ至リ目下電燈、水道、瓦斯等ノ修繕モ徐々ニ開始セラレ居ル狀態ナルヲ以テ更ニ陸海軍側トモ協議ヲ遂ケタル結果當分ノ間㈠前上海在留者ハ歸還後不正行爲ヲ爲ス惧アル者及歸還後直ニ生活救濟ヲ爲ササルヘカラサル惧アル者ノ外ハ男子ノミナラス婦女子ニ付テモ歸還ヲ許可ス(當館ノ身分證明書發給ハ從來ノ通リ)又㈡長江沿岸引揚ノ前在留者(蘇州、杭州、長沙及鄭州ヲ含ム)ノ上海渡航ニ對シテハ其ノ身許及渡航後ノ業務確實ナル場合ニ限リ㈠ニ準シ渡航ノ便宜ヲ供與ス(必要ニ應シ所轄警察署ニ對シ照會ス)ルコトニ取扱ヲ緩和セリ尤モ冒頭往電ノ事情モアルニ付㈡以外ノ前支那在留者及新規渡航者ニ付テハ至急渡支ヲ必要トスル事情アル者ノ外ハ依然嚴重ニ抑制相成度シ

尚九月八日以來本日迄ニ當館ニ於テ發給シタル證明書件數三、一二〇件(内六〇八件ハ本邦ヘ往復ノ爲)ニシテ既ニ歸還シタル者約二千二百名、同期間ノ在留民出國數約千八九百名ノ見込ナリ

661　昭和12年11月22日

蒙疆連合委員会設立に際しての関東軍司令官と蒙疆連合委員会との秘密交換公文

蒙疆聯合委員會設定ニ際シ蒙疆聯合委員會ト關東軍司令官トノ秘密交換公文

滿文正文(日文譯文)

中華民國二十六
成吉斯汗紀七百三十二年十一月二十二日蒙疆方面各政權ハ相互協議ノ上蒙疆聯合委員會設定ニ關スル協定ヲ締結セルニ據リ本聯合委員會ハ爰ニ各政權ノ同意ヲ得テ左ノ諸件ノ確約ニ付得貴意度照會候也

一、今次事變ニ於ケル貴帝國出師ノ根本義ニ鑑ミ蒙疆地方ニ於ケル本委員會ノ處理スヘキ一切ノ命令及執行ニ關シテハ貴軍占據ニ伴フ軍事ノ要請ニ應セシムヘク就テハ貴軍竝日滿兩國ヨリ充分ナル協力ヲ仰キ度特ニ貴軍司令官ノ内面的指導ニ關シテハ深甚ナル配慮ヲ仰キ度キコト

二、本委員會ノ最高顧問參議顧問及委員會職員中主タルモノハ貴軍司令官ノ推薦スル日滿兩國ノ者ヲ充當致度コト三政權内日滿系顧問職員ニ就テモ右ニ準スヘキコト

三、本委員會ノ管理若ハ統制スヘキ重要交通及重要産業ニ關シテハ必要ニ應シ貴軍司令官ノ指定スル日滿各機關ニ經營ヲ委任シ若ハ合辦事業ヲ營マシムルコトアルヘク此場合特ニ便宜ヲ與ヘラレタキコト

四、本委員會管下ノ金融事項ニ關シテハ蒙疆銀行ヲシテ中央銀行タラシムルヲ根本方針トスルニ付之ニ關聯シテ將來生スヘキ諸事項ニ關シ御援助ヲ願ヒ度キコト

五、本委員會ハ當分貴帝國軍ノ駐兵ヲ希望シ之カ爲其管理又ハ經營スル事業ニ關シ財政上ノ餘力ヲ生スルニ至レハ貴帝國軍駐兵ニ伴フ經費ニ關シ現金又ハ物納ノ形式ヲ以テ努メテ之ヲ分擔スルコト

六、將來正式條約協定等締結セラルルニ際シテモ蒙疆地方ニ關スル前記各條項ハ本聯合委員會構成ノ政權ニ關スル限リ實質上何等ノ變更ナキ如ク調整スルコト

中華民國二十六年十一月二十二日

成吉斯汗紀七百三十二年十一月二十二日

蒙疆聯合委員會

右諸條ニ關シ下名ハ夫々其政權ノ正當ノ委任ヲ承ケテ連署ス

蒙古聯盟自治政府代表委員　卓圖巴札布

察南自治政府代表委員　于　品　卿

晋北自治政府代表委員　夏　恭

關東軍司令官　植田　謙吉閣下

日本文正文

中華民國二十六年十一月二十二日卽成吉斯汗紀元七百三十二年十一月二十二日附貴聯合委員會カ夫々各政權ノ正當ナル委任ヲ承ケタル代表委員ノ連署セル書翰ヲ以テ照會ニ係ル諸件了承候

當方ノ支障ナキ限リニ於テ協力スルコトト致度

右及回答得貴意候也

昭和十二年十一月二十五日

關東軍司令官　植田　謙吉

蒙疆聯合委員會

蒙古聯盟自治政府代表委員　卓圖巴札布殿

察南自治政府代表委員　于　品　卿殿

晋北自治政府代表委員　夏　恭殿

662　昭和12年12月30日

駐蒙兵団設置に際しての関東軍司令官と蒙疆連合委員会との交換公文

付記一　作成年月日不明
「蒙疆政務処理要綱」

二　昭和十三年一月十四日
蒙古軍の統帥に関する駐蒙兵団と蒙古連盟自治政府との交換公文

駐蒙兵團設置ニ際シ關東軍司令官ト蒙疆聯合委員會トノ交換公文

（往翰）

今般駐蒙兵團設置セラレ貴地方ニ駐屯スルニ際シ貴蒙疆聯合委員會ト本職トノ間ニ取換シタル公文ニ關シテハ左記諒解ノ下ニ措置スルコトト致シ度キニ付諒承相成度候

尚此機會ニ貴蒙疆聯合委員會及各自治政府カ各々其成立ノ經緯ト目的トニ鑑ミ其關係ヲ一層鞏化シ日滿兩國ト提携シ益々發展興隆セラレンコトヲ衷心ヨリ希望スル旨附言致候

左　記

㈠昭和十二年十一月二十二日卽成吉斯汗紀元七百三十二年十一月二十二日蒙疆聯合委員會ト關東軍司令官トノ間ニ取換シタル祕密交換公文中關東軍司令官トノ關係ハ駐蒙兵團司令部設置ト共ニ駐蒙兵團司令官ニ移行セラルル儀ト承知相成度

㈡關東軍司令官ハ滿洲國政府ト共ニ能フ限リノ協力援助ヲ行フヘク右協力援助ハ原則トシテ駐蒙兵團司令官ノ行フ指導ヲ通シ實施セラルヘシ

㈢貴聯合委員會ト滿洲國トノ關係ニ就テハ當軍トシテモ充分隔意ナク協議ニ應シ共榮ノ爲支援方努力スヘク又成ルヘク速ニ防共、通商、經濟、金融關係其他ニ付滿洲國トノ間ニ所要ノ協定ヲ締結シ特ニ貴地方重要物資、資源等ノ滿洲國ニ對スル優先的ナル利用開發ニ便宜ヲ供セラレンコトヲ希望ス

㈣駐蒙兵團ト關東軍トノ關係上將來交換公文ノ內容ニ調整ヲ必要トスル場合ニ於テハ別途措置スルコトトス

㈤將來貴聯合委員會構成ノ內容ニ著シキ變化ヲ生スヘキ場合ニ於テハ豫メ當軍ノ同意ヲ求メタル上措置セラルヘキモノトス

昭和十二年十二月三十日

關東軍司令官　植田　謙吉

蒙疆聯合委員會

蒙古聯盟自治政府代表委員　卓圖巴札布先生

察南自治政府代表委員　于　品　卿先生　均鑑

晋北自治政府代表委員　夏　　恭先生

（復翰）

昭和十二年十二月三十日附貴翰正ニ接受候

貴翰ノ條々一々諒承異存無之將來共貴軍司令官竝滿洲國政府ヨリ隔意ナク從前通リ御援助賜ハリ度切望候又貴軍司令官ニ對スルト同樣駐蒙兵團司令官ニモ齊シク信頼シ其指導ヲ受クヘク爰ニ確約仕候

尙當方面ノ各政權及蒙疆聯合委員會發達ノ經緯ニ鑑ミ更ニ一層密接ニ其關係ヲ鞏化シ防共民族協和ノ大義ニ則リ發展ニ努ムヘク特ニ格別ナル御援助ヲ願上候

成吉斯汗紀元七百三十二年十二月三十日

中華民國二十六年十二月三十日

蒙古聯盟自治政府代表委員　卓圖巴札布

察南自治政府代表委員　于　品　卿

晋北自治政府代表委員　夏　　恭

關東軍司令官　植田　謙吉殿

（付記一）

蒙疆政務處理要綱

蒙疆地方政務處理ニ關シテハ昭和十二年十二月二十四日閣議決定ノ事變對處要綱（甲）ニ據ルノ外差當リ左記要領ニ據ルモノトス

左　記

一、蒙疆地方ノ政務指導ハ駐蒙兵團司令官之ニ任シ關東軍司令官ノ同地方政權ニ對シテ得タル政務指導上ノ諸權限ヲ繼承スルモノトス

二、駐蒙兵團司令官ノ行フ蒙疆地方政務指導ハ差當リ關東軍司令官ノ實施セル方針ヲ踏襲スルモノトス

三、駐蒙兵團ノ政務指導ニ關スル擔任區域ハ察北、察南、晋北及綏遠省トシ其ノ關東軍及北支那方面軍トノ政務指導ニ關スル擔任區域ノ境界ハ察哈爾省東部省境ヲ經テ八達嶺以南以西ノ內長城ヲ連ヌル線（徠源縣及其附近河北省

内ハ北支那方面軍ニ屬ス)トス

四、蒙疆地方ノ政務指導ニ方リテハ特ニ漢蒙兩民族指導ニ關スル完全ナル調和ヲ圖ルト共ニ北支那方面軍及關東軍ノ行フ政務指導ト密ニ連繫シ相互ノ摩擦相剋ヲ生セシメサル爲萬遺憾ナキヲ期スルモノトス

(付記二)

蒙古軍ノ統帥ニ關スル駐蒙兵團ト蒙古聯盟自治政府トノ交換公文

謹啓　今般貴兵團蒙疆地方ニ設定セラルルニ當リ蒙古聯盟自治政府副主席徳王及蒙古軍總司令李守信ハ主席雲王ヲ代表シ日本軍ノ蒙疆地方ニ駐屯又ハ作戰スル間蒙古軍統帥權ノ運用ヲ在蒙疆日本軍最高指揮官ニ委任致シ度ク就テハ日本軍ニ於テハ蒙古軍ノ建設育成ニ十分ナル協力援助ヲ與ヘラレ度

右貴意ヲ得度候

成吉斯汗紀元七三三年一月十四日

昭和十三年一月十四日

蒙古聯盟自治政府副主席　徳穆楚克棟魯普

蒙古軍總司令　李守信

蒙疆日本軍司令官　蓮沼　蕃閣下

復啓

昭和十三年一月十四日即成吉斯汗紀元七百三十三年一月十四日附蒙古軍統帥ニ關スル御來翰ノ趣諒承仕候

昭和十三年一月十四日

蒙疆日本軍司令官　蓮沼　蕃

蒙古聯盟自治政府副主席
徳穆楚克棟魯普　閣下

蒙古軍總司令
李守信　閣下

663　昭和13年1月11日　在青島大鷹総領事より広田外務大臣宛(電報)

青島への居留民復帰につき先発隊派遣方請訓

青島　1月11日後発
本省　1月12日前着

第四號

青島邦人財産ノ被害狀況ハ目下調査中ナルモ諸般ノ情報ヲ綜合スルニ青島ハ損害額其ノモノハ巨額ニ上ル見込ナルカ（主要工場ノ破壞、商品ノ完全ナル掠奪）濟南ト異リ建物破壞セラレタルモノ豫想外ニ少ク（各學校、銀行、會社等ノ建物無事）從ツテ人員ノ收容（個人住宅ハ燒失又ハ掠奪ノ爲居住當分困難）ニハ余リ不自由ヲ感スル模樣ナキノミナラス此ノ分ナラハ居留民ノ復歸シ復興事業ニ着手スルモ想像セル程ノ不便モ無之カルヘク復舊モ案外ニ迅速ニ行ハルヘシト存セラルルニ付成ルヘク速ニ居留民第一回先發隊ノ復歸ヲ見ルコト然ルヘク（食料、寢具等適當携帶ノ要アリ）右ハ海軍側及陸軍特務機關ニテモ全然同感ニ付右樣大至急御取計相成度シ

追テ市内ノ秩序ハ略完全ニ確定セル模樣ナリ

（海軍無線經由）

664　昭和13年1月15日　在青島大鷹総領事より広田外務大臣宛（電報）

青島邦人財産の被害状況報告

青島　1月15日前発
本省　1月16日後着

1248

第二三號

貴電[1]第一號ニ關シ

在留民復歸ヲ考慮シ今日迄調査判明シタル當地ノ狀況左ノ通リ

一、水道ハ白沙河水源地ノ給水ノミニ俟ツ次第ナルカ工場復活セサル間市民ノ生活ニハ間ニ合フ見込ナリ

二、電燈ハ四方發電所破壞セラレ居ルモ（損害一五〇萬圓修理ニ一年ヲ要スル見込）臺西鎭ノ電力ノミニテ當分差支ナキ見込

三、邦人側工場ハ各紡績、鈴木糸廠等ハ油房等ヲ初メトシ大小ノ工場ハ完全ニ爆破燒毀セラル

四、石炭ハ小港ニ六百噸、大港ニ二千噸ノ煖房用炭ヲ殘スノミニテ他ニ數千噸ノ粉炭アルニ過キス早晩非常ナル不足ヲ告ケル見込ニ付大連ニ注文方手配濟

五、遺留セラレタル木材ハ殆ト完全ニ殘存スルモ家屋修繕材料トシテノ窓硝子、煙突材料等ハ全ク當地ニ於テ補充方不可能ノ見込ナリ「ストーブ」モ幾分補給ヲ要スヘシ

六、[2]邦人住宅ノ燒失セルモノ三十餘軒アリ各被害人名ニ付テハ別電ス

七、一般邦人住宅店舗ノ內部ハ大部分慘澹タル掠奪被害ヲ受ケ(全然被害ナキ家屋モ多少アリ其ノ所有人名ニ付テハ目下調査中)復歸ニ當リテハ寢具、衣類、炊事道具等生計必需品ハ殆ト殘存シ居ラサルモノト覺悟ヲ要ス又水道管ハ氷結又ハ破壞シ居ルモノ少カラサル見込

以上ノ如キ狀況ナルヲ以テ在留民復歸ニ當リテハ先ツ各人ノ住居ノ安定ヲ得ル迄ニハ相當ノ時日ト費用ヲ要スヘク就テハ曩ニ本省ニ於テ大藏、陸、海軍等五省關係者會合ノ際外務省案トシテ內示シタル復歸費ハ當地現實ノ狀況ニ照ラシ其ノ額猶過少ニ失シ復歸後當地ニ於テ多大ノ困難ニ逢着スヘキハ豫想ニ難カラサルニ付復歸者ニ對シテハ當地到着後住居ノ復舊及當分ノ生活維持費トシテ一世帶當リ最少限度金五〇〇圓ノ補助ヲ與フルコト必要ト存セラル關係各省トノ御折衝モ進捗シツツアルコトト存スルモ此ノ點特ニ御考慮ノ上然ルヘク御措置相煩度シ

665　昭和13年1月15日　在青島大鷹総領事より広田外務大臣宛(電報)

青島の被害状況を踏まえた邦人復帰方針について

青　島　1月15日後発
本　省　1月16日夜着

第二七號

復歸在留民及新來住者ノ來青ニ付往電第二三號ノ如キ事情モアリ且當地ノ復興及秩序ノ統制ニモ至大ノ關係アルニ付軍側トモ打合ノ結果此ノ際三省打合ノ民團側復歸順序ニ依ル來青者ノ外ハ陸海軍及當館ノ了解アル者ニ限リ當地上陸ヲ許可シ其ノ他ノ者ニ付テハ假令便船ニ依リ來青スルコトアルモ上陸ヲ許可セサルコトニ決定シタルニ付此ノ旨至急關係方面ヘ御通達相成ルト共ニ東京民團ヨリ大連方面ニ聯絡ヲ取ラシメ此ノ旨徹底セシムル樣御取計相成度シ

追テ膠濟方面ノ在留民復歸ニ付テハ當方ヨリ何分ノ通知ヲ爲ス迄來青ヲ見合シムル樣御取計相成度シ

666　昭和13年1月21日　在青島大鷹総領事より広田外務大臣宛(電報)

陸軍作戦上の入域制限地域に青島も含まれているところ復興の観点から青島については再考方陸軍側へ交渉ありたき旨請訓

青　島　1月21日前発
本　省　1月22日後着

第五六號（至急、極祕）

當[1]地特務機關長大木中佐（十九日前任眞方少佐ト交代セリ）ヨリ今般第二軍ニ於テ作成セル軍作戦地域ノ入域及營業取締規程ヲ送付シ來リ當館ノ協力ヲ求メタルカ右ニ依レハ青島市モ本件作戦地域内ニ包含セラレ㈠市内ニ於テ陸軍ノ占據スル地域ニ入市スル者（旅行者ヲ含ム）ニ對シ青島特務機關長ハ本官ノ許可證ヲ有スル者ニシテ入域差支ナシト認ムル者ニ對シ入域許可證ヲ交付シ㈡又居住營業ヲ爲サントスル者ハ從來ノ既許可者タルト否トヲ問ハス更ニ改メテ本官ノ許可ヲ受ケシメタル上青島特務機關長ノ許可ヲ受クヘキ旨ヲ規定シ居レリ

右[2]ニ對シ本官ハ青島市カ平穩無事ニ占據セラレ治安モ極メテ能ク維持セラレ居リ他ノ軍行動地域ト同一視シスヘカラサルコト居留民ノ復歸ヲ促シ復興事業ニ當ラシムルコト第一義ナル此ノ際身分證明書以外煩雜ナル手續ヲ執ラシムルコト實狀ニ適セサルノミナラス實際問題トシテ相當困難ナルニト（コカ）陸軍側ニ於テ此ノ種措置ヲ執ル場合海軍側ニテモ同樣ノ希望ヲ有スヘク其ノ結果入域者營業者等ニ付兩者間ニ機微ナル關係ヲ生スルコトアルヘキコト從來ノ屆出營業ヲ許可營業ト變更スルニハ館令ノ改正ヲ要スルコト軍政モ布カサル地域ニ於テ領事以外ノ官憲カ行政處分ヲ爲スノ不合理ナルコトヲ説明シ

入[3]域居住營業共從來ノ儘トシ軍側ニテ特定人ノ入域居住ヲ不可トスル場合ハ其ノ都度能フル限リ軍ノ希望ニ應スル樣措置スルコトト致度キ旨（新規營業許可ノ際豫メ軍側ト打合ノ上徹底スルコトモ可ナル旨）説示シ再考ヲ求メタル處軍ノ作戰上必要ナリトノ理由ニテ容易ニ應スル模樣ナク廿一日早速之カ實施ヲ要求セリ

本[4]件ハ館署員手不足ノ折柄事實上實行困難ノ次第ハ兎モ角當地ニ於ケル第一義ノ問題ハ復興事業ニテ之ニ對シテハ海軍側ニテモ充分同情ヲ示シ居ル際居留民ノ復歸及營業ニ軍カ最終ノ許可權ヲ握ルニ至ラハ居留民ノ不安モ鮮カラサルヘク政府トシテモ不許可ノ居留民ニ對シテ復歸旅費ヲ無益

ニ支給スル結果トナルヘク次ニ復興ハ全居留民ノ協力一致ヲ以テシテモ尚充分トハ認メラレサル今日居留民内ニ陸軍系、海軍系等ノ色彩アル黨派ヲ生スルコトトナラハ結局當地ノ事態トシテハ甚タ感心セサルモノアルヘク當方トシテハ居留民復歸ニ關シ既ニ數月以來民團ト協議シ出來得ル限リ周到ナル案ヲ樹テテ既ニ實行ニ移リタル此ノ際ナレハ軍側ノ要望ニ對シテハ本省ノ御訓令ヲ得サル限リ應諾出來サル旨ヲ繰返シ回答シタルニ拘ラス軍側ハ作戰上ヨリ上述ノ措置ヲ必要トスルモノト主張スル次第ナレハ右事情御了承ノ上本省ニ於テ軍側ニ對シ青島ノ分ハ（濟南ノ分ハ有野總領事ニ於テ主義ニ於テ贊成セル旨軍側ニテ語リ居タリ）再考方御交渉相煩度ク結果何分ノ儀御回電アリタシ

追テ軍側ニテハ漸次當方面ニ軍政ヲ布カントノ意嚮ナルヤニ承知スル處右ハ帝國政府ノ御方針トセラルル所ナリヤ併セテ御回電アリタシ

天津ヨリ濟南ヘ轉電アリタシ

北平、天津、上海ヘ轉電セリ

667　昭和13年1月24日　在済南有野総領事より広田外務大臣宛（電報）

済南邦人財産の被害状況甚大に鑑み救済方法につき意見具申

濟　南　1月24日後発
本　省　1月24日夜着

第一八號

今次事變ニ依リ當地在留邦人被害ノ詳細目下極力調査中ナルカ其ノ極メテ廣汎且深刻ナルコトハ累次ノ往電ニ依リ御諒察ノ通リニシテ從テ歸還在留民ニシテ今日迄ニ何ウニカ營業ヲ開始シ得タルハ僅ニ軍關係食料店一、料理店二ニ過キス其ノ他大部分ハ被害現場ヲ眼ノ當リ見テ茫然爲ス所ヲ知ラス復興ノ目算モ建チ難キ有様ナルカ一方是等在留民ハ數箇月ノ徒食ニ依リ資金ヲ使ヒ果シ家屋ノ修理、商品ノ仕入ハ勿論當座ノ生活費ニモ窮シ居ル者少カラス之カ救濟方乃至資金ノ供給ハ焦眉ノ急タリ殊ニ其ノ營業資金ノ供給ハ目下恰モ物資缺乏シ且相當數ノ皇軍駐屯シ居ル今日其ノ額ノ大小ニ拘ラス最モ效果的ニ利用シ得ヘク例ヘハ二百圓、五百圓ノ小資本ニテモ優ニ一營業トシテ成リ立チ極メテ生

産的ニ利用シ従テ居留民ノ復興ニ資スルコト少カラサルヘキ現状ナリ而シテ是等資金トシテ差當リ三十萬元至急調達ノ要アル次第ナルカ貴電第二號ノ通リ既ニ十萬圓ノ調達ヲ得タルヲ以テ更ニ殘額二十萬圓ヲ必要トスル次第ナルカ此ノ外張店及博山管内モ近ク復歸ノ見込ナルニ付テハ右兩管内ノ分十萬圓ヲ加ヘ合計三十萬圓調達ノ必要ヲ痛感シ居ル次第ナリ右資金ハ既ニ御手配中ノ復歸資金及將來御詮議アルヘキ復興資金等ヲ引當トシ償還セシメ度キ所存ナルカ之カ支給ハ前記ノ如ク急ヲ要シ且早ケレハ早イ丈ケ效果多キ次第ニ付事情御賢察ノ上此ノ際右三十萬圓ノ額ヲ銀行等ヨリ民團ニ對シ大至急融通貸付方特別ノ御配慮相仰度シ

668　昭和13年4月27日

交通・通信・航空等に関する北支那方面軍司令官と中華民国臨時政府行政委員会委員長との間の覚書

交通通信及航空等ニ關スル覺書

日本軍司令官伯爵寺内壽一及中華民國臨時政府行政委員會委員長王克敏ハ北支方面現下ノ情態ニ鑑ミ左記ノコトヲ約ス

左記

日本軍カ現ニ占有シアル交通通信及航空等ノ將來ニ關スル處理ハ情勢ニ應シ後日協定セラルヘキモ日本軍カ軍事行動ヲ必要トスル期間ニ於テハ日本軍北支最高指揮官ハ交通通信及航空等ニシテ軍事上必要ナルモノニ付之ヲ管理ス

昭和十三年四月二十七日
民國二十七年四月二十七日　於北京

日本軍司令官伯爵　寺内　壽一
中華民國臨時政府行政委員會委員長　王　克　敏

669　昭和13年7月4日

陸軍省作成の「蒙疆政務指導要綱」

蒙疆政務指導要綱

蒙疆ノ政務指導ハ當分ノ間左記要領ニ基キ北支那方面軍司令官駐蒙軍司令官ヲ通ジテ之ヲ實施スルモノトス

左記

一、蒙疆ノ政務指導ニ方リテハ該地域ニ廣汎ナル自治ヲ認メ且其特殊性ヲ保續ス

二、蒙疆ノ行政機構、行政區域ハ現狀ノ儘トス

三、蒙疆ノ金融ハ蒙疆銀行ヲシテ之ニ當ラシメ將來全支ニ亙ル金融ノ根本的改革ヲ行フニ方リテモ右蒙疆地方金融組織ノ特殊性ヲ十分ニ考慮ス

四、蒙疆ノ經濟開發（交通通信等ヲ含ム）ハ北支ト一元的ニ實施ス但シ之カ實施ニ方リテハ蒙疆ノ特殊事情ヲ十分考慮ス

五、北支那方面軍司令官ノ蒙疆ニ對スル政務指導ハ前記各項ニ依ルノ外重要ナル事項ハ陸軍大臣ノ認可ヲ受ケテ之ヲ行ヒ尙滿洲國ト關係ヲ有スル事項ハ關東軍司令官ト密接ニ連繫ス

670　昭和13年7月6日　在北京堀内大使館参事官より宇垣外務大臣宛（電報）

日本軍による北寧鉄路局の改組・管理に際し外国権益処理に関する方針案請訓

別電一　昭和十三年七月六日発在北京堀内大使館参事官より宇垣外務大臣宛第九八六号
右方針案

二　昭和十三年七月五日発在北京堀内大使館参事官より宇垣外務大臣宛第九八七号
対英回答案

北京　7月6日前発
本省　7月6日前着

第九八五號

貴電[1]第五六〇號ニ關シ（北支鐵道ノ改組ニ關シ英國側ヨリ申出ノ件）

一、軍ニ於テハ事變後滿鐵ヲシテ北京北支事務局ヲ設置セシメ其ノ管理下ニ北京、天津、張家口、濟南ノ各事務所ヲ設ケテ從前ノ支那側各鐵路局ヲ合體セシメ軍事輸送ヲ主體トスル鐵道ノ管理經營ニ當ラシメ居タルカ北寧鐵路局ノミハ諸般ノ關係上之ヲ天津事務所ニ合體スルコトナク之ト併立セシメ置キタルカ斯ル併立關係ヲ存續スルコトハ軍事輸送ノ圓滑ヲ期シ且機密ヲ保持スル上ニ少カラサル支障アリタルト他面北支交通會社設立ヲモ考慮シ逐次

統一的經營ニ移行スルノ準備ヲ進メ置クノ必要モ認メラレタル爲六月廿日ヲ期シテ北支事務局管下各事務所ノ改組ヲ實行シ天津事務所ト北寧鐵路局ヲ合併シテ之ヲ天津鐵路局ト改メ之ト同時ニ他ノ事務所モ北京、張家口、濟南鐵路局ト夫々其ノ名稱ヲ改メタリ

(2)改組ニ基ク鐵路局ノ職制ハ鐵路局ニ總務、經理、營業、運輸、工務、電氣、警務七處竝ニ參與及監察ヲ設ケタルカ之ヲ天津鐵路局ニ付テ見ルニ舊北寧ノ事務處ヲ營業處ニ、機務處ヲ輸送處ニ夫々名稱ヲ改メ又新ニ電氣處ヲ新設セル以外舊北寧鐵路局ノ機構ト大體變リナク唯北寧ノ人事カ業務關係別ノ縱列ニ依リ統制セラレ居リタルヲ總務處ニ統轄シタルコト、稽核室カ從來南京ノ目付役ヲ爲シ居リタルヲ廢止シテ同主任ヲ監察ト爲シタルコト、祕書處ヲ廢止シ總務處ニ合併セラルル程度ナリ人事異動ノ主ナルモノハ元北寧鐵路局ノ會計處(長)「バートン」ハ總經理局(長)ニ元會計副處長ノ王選ヲ經理處長ニ夫々任命シ新ニ經理副處長ニ日本人ヲ任命シ元機務處機械總王(工カ)程司「タンバリン」ヲ輸送處顧問ニ、元車務處顧問「ステール」ヲ名稱變更ニ基キ營業處顧問ニ夫々任命シ總工程司、ヤウ總監室工程司兼總監「ウイリス」ハ總工程司兼總監トシテ

(3)從前(通リ)トシ別ニ新設ノ電氣處ノ處長及總務處ノ副處長ニ日本人ヲ又營業處、輸送處、工務處ノ副處長ニ支那人副處長ノ外新ニ日本人副處長ヲ夫々任命セリ要スルニ從前ノ外國人職員ニ對シテハ作戰行動ノ關係上多少祭上ケノ形トセルモ依然從前通リノ地位ヲ其ノ儘認メ居レル現狀ナリ

尚各鐵路局ノ管轄ハ天津ハ北寧線、津浦線(桑梓店迄)、北京ハ北寧線ノ一部(豐臺、黃土坡間ニ一粁以上)、京綏線一部(西直?門驛ト清華園ノ中間)、京漢線全部、正太線、同蒲線(風(陵カ)渡、原平鎭間)、張家口ハ京綏線ノ大部分、同蒲線(大同(一字アキ)縣間)、濟南ハ津浦線(桑梓店、黃河間)、膠濟線全部ナリトス

三、北寧線ニ關スル借款及附帶權益ニ關スル處理對策ニ付テハ往電第八七八號外國權益對策方針ニ基キ借款對策委員會ニ於テ研究ヲ進メ居タルカ大體別電第九八六號ノ如キ(4)對策案ニ付決定ヲ見タルヲ以テ右方針要領ニ基キ往電第九五一號英國側申出ニ對シテハ軍側トモ打合ノ上不取敢

別電第九八七號ノ通リ回答スルコトニ一應話合ヲ遂ケタルカ本件ハ重大ナル關係アルヲ以テ當方及軍側何レモ中央ニ請訓スルコトトセルニ付右回答振ニ關シ御意見アラハ至急御回示ヲ得度シ

尙北寧線以外ノ各線ニ關シテモ順次對策ヲ研究中ナルカ北寧線ニ對シテハ軍側トシテモ鐵道子會社ノ設立ニ障碍ノ起ルヲ慮リ居ルニ付英國側ノ抗議アリタルヲ機會ニ右設立工作ニ竝行シ前掲別電ノ要領ニ依リ速ニ中英公司其ノ他英國側トノ交渉ヲ側面ヨリ援助シ行クコトト致度キ所存ナルカ本件ハ北京山海關鐵道還附協定追加協定ニ變更ヲ加フルモノニシテ英國側ノ態度如何ニ依リテハ日英關係ニモ重大ナル影響ヲ與フルモノナルヲ以テ右ニ對シテモ此ノ際併セテ御意見至急御回示相成度シ

本電別電ト共ニ上海、天津、青島、濟南ヘ轉電セリ

（別電一）

北京　7月6日後発
本省　7月6日後着

第九八六號

北寧借款ニ對スル具體的對策案[1]

一、略

二、(イ)略

(ロ)略

(ハ)現有債務ニ對スル支拂若クハ支拂保障ノ意思表示ヲ爲シ之ト同時ニ借款附帶權利ヲ拋棄セシムル方針借款ニ對スル根本對策ハ目下研究過程ニアリ從テ右ノ如キ方針ヲ採擇スルコトハ早計ノ憾ナキニアラサルモ究極ニ於ケル借款問題ノ歸趨ヲ案スルニ債務自體ハ多分ニ技術的修正ヲ爲スコトヲ前提トシテ繼承シ之ニ伴フ附帶權利ハ諸般ノ國策ニ應シ全面的ニ調整若クハ解除スルヲ至當トスヘシ

從テ北寧鐵道借款ニ對シテモ前掲ノ趣旨ヲ基ニ個々ノ契約ニ付テハ尙我方ニ有利ナル解決ヲ期スルコトトシテ鐵道財政カ辨濟可能ナル時期ニ到達スルヲ待テ支拂ヲ開始スヘキ用意アル旨表明シ之ト同時ニ一八九三年關內外借款ノ如キ大連會議ノ結果既ニ事實上滿洲國政府ニ於テ辨濟シ山海關以北ノ鐵道債權モ現實ニ消滅セル狀態ニ置カレアル事實ニ鑑ミ將來借款ノ支拂ヲ確實

ナラシムル理由トシテ英國ヲシテ右關內外借款契約竝ニ北京、山海關鐵道還附協定ニ基ク諸權利ヲ抛棄セシムルモノトス

(ニ)[2]當分ノ間不卽不離ノ關係ヲ持續シ事態ニ應シ對策ヲ決定スルノ方針

本項ハ借款問題ノ根本方針カ決定スルニ至ラサルト北支經濟開發方針ノ具體化セサル現狀ニ鑑ミ今暫ク事態ヲ靜觀シタル上對策ヲ決定スルモノニシテ此ノ場合採擇スヘキ事由左ノ如シ

(一)軍事行動カ現ニ繼續中ナルコト

京津地方ハ日本軍ノ適切ナル行動ニ依リ局地的ニ安定シタルカ如キモ未タ軍事行動繼續中ニシテ現ニ同地方治安維持上多大ノ犧牲ヲ拂ヒ居リ從テ斯ル作戰地域ニ於ケル事業權利ニ對シ平時同樣ノ主張ヲ爲スハ國際道義上反省ヲ求ムルノ外ナシ

(二)輪轉材料其ノ他財產ノ損害大ナルコト

北寧線カ比較的順調ニ復舊シツツアルハ日本軍ニ於テ常ニ外國權益ヲ尊重シ多大ノ犧牲ヲ拂ヒ有效適切ナル行動ニ出テタル結果ナリ

然ルニ該鐵道ハ事變初期ニ於テ實質的ニ英國職員管理下ニ在リ乍ラ支那軍ノ爲輪轉材料ノ大部分ヲ南方ニ搬出サレ(暗ニ英側ノ責任ト見ラルヘキ旨强調シ)鐵道ノ運營ヲ著シク破壞セラルルニ至リタリ而シテ我方ハ目下莫大ナル犧牲ヲ拂ヒ之カ復舊ニ專念シ居ル狀態ナリ

(三)[3]財政ノ現狀ハ未タ借款ヲ支拂フ餘裕ナキコト

財政現狀カ前記ノ通リナルコト及之カ內容ハ英國職員ニ於テモ知悉スル所ナル旨指摘シ鐵道財政カ斯ク喰込ミ狀態ナル以上目下借款支拂ニ應シ難シ

(四)借款支拂ニ關シ外貨ノ買付不能ナルコト

借款ノ償還ハ磅建ナルモ北支ノ金融情勢上差當リ外貨ノ買付困難ナル事情アルヲ以テ支拂ヲ實施スル場合ニ於テモ中國聯合準備銀行券又ハ其ノ他ノ國內通貨ヲ以テ決濟スル外ナシ

(ホ)英國職員ノ權限行使ニ關スル件

鐵道ハ軍事行動ノ根幹ヲ爲スモノニシテ直接軍事行動ニ關係アル事項ニ對シ日人ヲシテ當ラシムルハ自衞上當然ノ措置ニシテ此ノ結果自然外人ノ干涉ヲ僅少ナラ

シムルハ事情已ムヲ得ストノ主張ノ下ニ反駁ス

對策方針

第一、方針

北寧鐵道ニ對シ英國ノ有スル權益ハ鐵道運營ヲ掣肘スルコト大ナルヲ以テ關内外借款契約第十一條ヲ適用シ該借款ヲ一擧ニ償還スルヲ得策トスルカ如キモ日滿支ノ經財的實情ヲ檢討シ我北支經濟開發方針ヲ考慮スルトキハ甚タ[4]困難ナル事情モアルモノト思惟セラルルヲ以テ左記要領ニ依リ北寧鐵路代表ヲシテ中英公司代表ニ申入レシムルト共ニ我方ニ於テモ同様ノ趣旨ニ依リ確實ナル方法ヲ以テ借款ノ支拂ヲ斡旋スルノ用意アル旨通告スルモノトス

第二、要領

一、北寧鐵道ノ對英借款ハ同鐵道ノ重要性ニ鑑ミ可及的速ニ英國權益ヲ排除スルコトヲ目的トシ之カ對策ハ前記二、ノ事由ヲ强調シツツ他ノ方針ヲ以テ以下記載セル要領ニ依リ商議スルモノトス

二、北寧鐵道ノ收入金ヲ以テ從來支拂ヒ居タル借款ハ概ネ同鐵道ノ財政恢復期タル民國二十八年度下半期(明年一月)以降鐵道收益ニ應シ逐次償還ヲ爲スモノトス但シ借款ノ繼承及之カ償還方法ニ關シテハ別途双方協議ノ上決定スルコトトスルモ支拂ニ付テハ中國聯合準備銀行券ニ依リ決濟スル建前ヲ固持ス

三、關内外支拂ハ從前通リ奉山局ヲシテ履行セシムルニ依リ中英公司ハ一八九八年關内外借款及一九〇二年北京、山海關、鐵道還附協定追加協定ニ基ク諸權利ヲ拋棄スルコトトス

四、前項ノ場合ニ於テ支拂保障ヲ要スルトキハ鐵道收入金ノ一部ヲ銀行ニ供託シ當該銀行ヲシテ保障セシムル等適當ナル保障ノ方法ヲ提示ス

五、英國職員ノ權限行使ニ關シテハ鐵道トシテ何等回答スヘキ筋合ニアラサルヲ以テ別個ニ本關係當局ニ於テ解決スルモノトス

(別電二)

北　京　7月5日後発

本　省　7月5日夜着

第九八七號

拝啓六月廿五日附貴翰拝見仕候
御承知ノ如ク北支ニ於ケル鐵道ハ事變以來敵軍ノ爲破壞セラレ且輪轉材料及從業員等モ逃避シタル者少カラスシテ日本軍ハ作戰上非常ナル不便ヲ感シアリ候依テ今回日本軍ノ作戰期間中特別ノ處置トシテ其ノ能率ヲ最大限ニ發揮セシムル爲一時的ニ機構ノ改組ヲ行ヒタルモノニ御座候而シテ此ノ改組ハ右申ス如ク日本軍カ作戰上ノ必要ニ基キ關係各機關ト充分了解ノ上實施シタルモノナルコトヲ申上候前記ノ如ク最大能率ヲ擧クル爲ニハ運營其ノ他ニ關シ一部日本人カ干與シツツアルハ事實ニ候處此ノ改組ニ依リ英國ノ權益ヲ犯スノ意思ハ毛頭無之西洋人會計處長タリシ人モ實質的ニ舊北寧鐵路所管ノ會計ニ關シ必要ナル「チエック」且「サイン」ヲ爲シアル次第ニ候
尚以上機構改正モ鐵道收入ヲ朝鮮銀行へ預託スル件モ總テ借款協定ニ依リタル西洋人職員ト事前ニ了解ヲ遂ケ又ハ協議ノ上其ノ同意ヲ得テ爲サレタルモノニ付此ノ點亦了承相成度シ

671　昭和13年7月7日　在上海日高総領事より宇垣外務大臣宛(電報)

華北塩務行政の復旧を塩務総局ボードが要請について

上海　7月7日後発
本省　7月7日夜着

第二一二九號

先日[1]或宴席ニテ本官ニ紹介サレタル鹽務總局「ボード」本七日本官ヲ來訪曾禰代ツテ應接セルカ同人ノ語レル處概ネ左ノ通リ御參考迄

一、「ロックハート」ハ事變以來只管漢口ノ氣息ヲ伺ヒ鹽務機構ノ國際的重要性ニ思ヲ致サス「ボ」ノ屢次ノ說得ニ拘ラス占領地鹽稅處理ニ關シ日本側ト接洽ヲ圖ラサリシ處最近英大使及「ホールパッチ」ヨリ其ノ無能ヲ叱責セラレ(英國側ニテハ「ロ」ヲ罷免シ英人ヲ後任ニ据エント試ミ居ル由)今ニ至リテ日本側トノ聯絡ニ惱ミ始メタリ

二、外積支拂ニ付テハ事變以來今日迄鹽務總局ニ對スル未占領地ヨリノ外債「クオータ」送金ト從來ヨリノ積立金

（「ピクル」三十仙ノ外債附加税ニシテ平時ノ年收約八百萬元ニ達ス）ヲ以テ支拂ヲ繼續シ延滯ナカリシカ既ニ長蘆、山東ノ外兩淮ヲ失ヘル以上次期支拂（九月）ニハ愈々漢口ヨリノ特別送金ナキ限リ不足スル計算ナルヲ以テ日本占領地方ヨリ「クオータ」及外債附加税ノ送金方望マシキ次第ナリ

三、[2]上海ニ於ケル鹽務機關ハ外債支拂審計部ニ對スル報告等ノ外上海鹽務局トシテ佛租界及共同租界トノ協定ニ基キ租界內私鹽ノ取締ニ任シ居ルモ漢口ニ對スル送金ノ如キハ一切爲シ居ラス

四、鹽務ハ關務ト異リ開港場ヲ離レタル奥地ニテ徵税ヲ要シ之カ機能ノ破壞ハ一朝ニシテ囘復シ得サルヲ以テ速ニ日本占領地ニ於ケル鹽務ヲ從來ノ鹽務機關ヲシテ確保セシムルコト必要ナリ

尙「ボ」ノ來訪ハ約二週間前東京ニ於テ英、米、佛大使ヨリ共同申入ヲ爲シタルコトニ關聯シ居ル模樣ナルカ（御囘電アリ度シ）曾禰ヨリ今トナリテハ鹽務機關カ日本側ニ接觸ヲ圖ルモ時期遲レナルコト、新政權側トノ關係ニ付テハ鹽務機關カ新政權ニ忠誠ヲ誓フコトカ前提條件ナルコトヲ指摘シ置ケル由

北京、天津、青島ヘ轉電セリ

---

672 昭和13年8月18日 在上海日高総領事より宇垣外務大臣宛（電報）

塩務新会社設立報道に対する英国大使抗議への回答振り報告

上海 8月18日後発
本省 8月18日夜着

第二五一四號

貴電合第二六二一號ニ關シ（鹽務ニ關スル英國側申出ニ對スル囘答ノ件）

一、當地ニ於テモ十一日附公文ヲ以テ「カー」ヨリ谷公使宛新聞報道ニ依レハ中支ニ於テハ資本金五百萬圓ヲ以テ通源公司ナルモノ設立セラレ又北支ニ於テモ資本金三千五百萬圓ノ北支鹽業會社ヲ設立計畫中ノ趣ナルカ日本政府ハ右御承知ナリヤ又然リトセハ是等會社設立ニ依リ影響ヲ受クルコトアルヤモ知レサル英國ノ利益保全ノ爲如何ナル措置ヲ執ラントスルヤ御通報アリ度キ旨申越シ又十

六日附公文ヲ以テ佛國側ヨリモ大體同趣旨ヲ申越セリ
（委細郵報）

二、右ニ對シテハ通源公司ナルモノハ舊來ノ鹽商ニ依リ組織セラレタルモノナル由承知シ居ルモ北支鹽業會社ニ付テハ何等具體的計畫アルヲ承知シ居ラサル旨ヲ附加シ大體貴電合第二六二二號ノ通リ回答シ度キ所存ナリ

三、尚冒頭貴電後段外債「クオウタ」ハ各鹽區毎ニ税收ヲ算出シ得サル等ノ爲實行困難云々ノ點ニ付鹽税ニ關シテハ關税ノ場合ト異ナリ從來各鹽區ニ對スル「クオウタ」カ決定シ居リタルハ御承知ノ通リニシテ外債支拂不能ナル一半ノ理由トシテハ抑奥地徴税ヲ要スル鹽務全體ノ運行カ時局柄至難ナルニアリト存セラル

北京、青島へ轉電セリ

673 昭和13年10月17日 在北京堀内大使館参事官より近衛外務大臣宛（電報）

華北交通会社設立に関する北支那方面軍と中華民国臨時政府との間の覚書案について

別　電　昭和十三年十月十七日発在北京堀内大使館参事官より近衛外務大臣宛第一五七三号
右覚書案

北　京　10月17日後発
本　省　10月17日夜着

第一五七二號（部外祕）

貴電第九六七號ニ關シ（北寧鐵道借款對策ニ關スル件）

軍司令官王克敏間覺書案（別電第一五七三號）ハ未タ確定案ニハアラサルモ軍參謀長ノ決裁ヲ經タルモノナル趣ナリ交通會社設立ニ關スル王克敏トノ話合ハ監督權問題等ニ關シ多少曲折アリタル模樣ナルモ大體順調ニ進ミ居ル由ナリ

本電及別電ハ上述ノ理由モアリ關係者ニ對シ直接及間接ニモ提示セサルコトト致度シ

本電別電ト共ニ上海、天津へ轉電セリ

（別　電）

北　京　10月17日後発
本　省　10月17日夜着

第一五七三號（部外祕）

北支交通會社設立ニ當リ寺内軍司令官ト王克敏トノ間ニ左

記了解ヲ遂ケ有事ノ際ニ於ケル軍司令官ノ交通管理權ヲ發動シ得ル如ク措置ス

但シ之カ發動ニ當リテハ充分事前ニ軍中央部ト聯絡ヲ保持スルモノトス

北支那交通株式會社設立ニ關スル了解事項

現下ノ時局ニ卽應シ北支ニ於ケル治安ノ囘復、民生ノ復興ニ資スルト共ニ日滿支三國ノ共榮竝ニ防共ノ實現ヲ期スル爲北支主要交通ニ關シ左記ノ如ク處理スルモノトス

左　記

一、新ニ中國法人タル特殊會社ヲ設立シ同會社ヲシテ日本軍カ北支ニ於テ現ニ占有シアル交通及爾他主要交通諸事業ヲ綜合的ニ經營セシム

二、會社經營ノ方針ハ左ノ要領ニ依ルモノトス

一、現存鐵道（通古線ヲ除ク）ハ中華民國臨時政府ノ國有トシ其ノ經營ヲ會社ニ委託ス

二、右以外ノ主要鐵道、港灣ノ建設經營ハ會社之ニ任シ且是等ヲ社有トス

三、北支日本陸軍最高指揮官ハ現時ノ情勢ニ鑑ミ會社設立後ニ於テモ軍事行動間ハ昭和十三年四月二十七日交通通信及航空等ニ關スル覺書ニ依ル管理ハ依然之ヲ繼續ス

但シ會社ノ經營ヲ良好ナラシムル爲中華民國臨時政府及日本側ノ適當ナル機關ニ所要ノ監督權ヲ委任スルモノトス

備考

通信、航空ニ關スル會社ニ於テモ概ネ前各項ニ準シ適切ナル措置ヲ講スルモノトス

上海、天津ヘ轉電セリ

674

昭和13年10月28日　陸軍・海軍・外務三大臣決定

「漢口方面政務處理要綱」

漢口方面政務處理要綱

昭和十三年十月二十八日

陸海外三大臣決定

漢口方面ニ於ケル政務處理ハ差當リ概ネ左ノ趣旨ニ準據スルモノトス

第一　方　針

漢口方面ノ政務關係ノ處理ハ國軍ノ作戰竝治安維持ノ範圍ニ止メ爾他ノ政務ハ努メテ支那側ノ實施ニ委スルモノトス

第二　要　領

一、政治指導ハ左ノ要領ニ據ルモノトス

(一)特ニ軍政ヲ行ハス政務ノ施行ハ努メテ支那側ノ自治ニ俟ツモノトス

(二)差當リ治安維持會ノ育成ヲ主トシ情勢ノ安定ニ伴ヒ防共地方政權ヲ樹立ス

右政權ノ區域ハ差當リ江西、湖南及湖北ノ各省トス

右政權ノ樹立ハ支那側ノ發生ニ委ス但政權樹立ノ促進ハ我政務指導機關(陸海外漢口連絡會議)協力ノ下ニ主トシテ謀略機關(對支特別委員會)之ニ當リ成立後ノ政權ノ內面指導ハ政務指導機關之ニ當ルモノトス尙政權樹立工作ニ方リテハ焦燥且粗惡ノ政權樹立ヲ避クルモノトス

(三)漢口日本租界ヲ中心トスル邦人ノ復歸竝復興ニ努ム

二、經濟指導ハ左ノ要領ニ據ルモノトス

(一)經濟ニ關スル施策ハ差當リ國軍ノ生存ニ必要ナル物資獲得ヲ主トシ漸次支那民生ノ囘復ヲ期スルト共ニ我貿易ノ振興ヲ圖ルヲ以テ主眼トス

(二)經濟ノ建設ハ主トシテ支那人ヲシテ之ヲ實施セシメ我國資本及資材ニ依ル新ナル建設ヲ企圖セサルト共ニ支那側既存企業ノ買收、併合等支那側指導上弊害ヲ生スル虞アル施策ヲ行ハサルモノトス

三、第三國關係ノ處理ハ左ノ要領ニ據ルモノトス

(一)第三國ノ權益ヲ尊重シ外交經濟等紛糾ノ惹起ヲ避ケ特ニ第三國ヲシテ事變ニ對スル干涉ノ口實ヲ捉ヘシメサルコトニ努ム若シ紛糾惹起シタル場合ニハ大局的見地ニ立チ卽時成ルヘク現地ニ於テ之ヲ處理ス

(二)第三國租界ニ對シテハ不必要ノ刺戟ヲ與ヘサルコトニ努ムルモノトシ第三國排擊等ノ措置ヲ戒ム

四、漢口方面政務關係ノ處理ハ陸海外三省現地機關ニ於テ構成スル陸海外漢口連絡會議之ヲ審議決定シ且實施ノ衝ニ當ル

右連絡會議ト謀略機關(對支特別委員會)トハ密ニ連絡協調ヲ保持スルモノトス

675　昭和13年10月28日　陸軍・海軍・外務三大臣決定

「南支作戰ニ伴フ政務處理要綱」

南支作戰ニ伴フ政務處理要綱

昭和十三年十月二十八日

陸海外三大臣決定

南支（兩廣以下之ニ倣フ）作戰ニ伴フ政務處理ニ關シテハ差當リ概ネ左ノ趣旨ニ準據スルモノトス

第一　方　針

南支ハ之ヲ純粹ノ作戰地域トナシ之カ政務指導ハ國軍ノ作戰竝治安維持ニ必要ナル範圍ニ止メ爾他ノ政務ハ努メテ支那側ノ實施ニ委スルヲ本旨トス

第二　要　領

一、政治指導ハ左ノ要領ニ據ルモノトス

㈠特ニ軍政ヲ行ハス政務ノ施行ハ努メテ支那側ノ自治ニ俟ツモノトス

㈡我方ノ行フ政治指導ハ前項ノ趣旨ニ基キ差當リ治安維持會育成ノ程度ニ止ム

㈢地方政權ノ樹立ハ支那側ノ發生ニ委ス

但地方政權樹立ノ促進ハ我政務指導機關（陸海外廣東連絡會議）協力ノ下ニ主トシテ謀略機關（對支特別委員會）之ニ當リ成立後ノ地方政權ノ指導ハ政務指導機關之ニ當ルモノトス

㈣南支ニ對スル政治其他ノ指導ハ南支官民カ未タ皇軍ノ威力及我國力ヲ知ラス且特殊ノ性情ヲ有スルニ鑑ミ特ニ軍ノ威力發揚ノ下ニ民衆愛護ヲ徹底セシメ以テ對日依存ノ實ヲ擧ケシムルコトニ努ムルモノトス

二、經濟指導ハ左ノ要領ニ據ルモノトス

㈠經濟ニ關スル施策ハ差當リ國軍ノ生存ニ必要ナル物資獲得ヲ主トシ漸次支那民生ノ囘復ヲ期スルト共ニ我貿易ノ振興ヲ圖ルヲ以テ主眼トス特ニ此際我方ニ於テ新權益ノ設定獨占等ノ施策ハ之ヲ行ハス

㈡經濟建設ハ主トシテ支那人ヲシテ實施セシメ我國資本及資材ニ依ル新ナル建設ハ貿易振興竝對華僑工作等特ニ必要ナルモノニ限定スルヲ本旨トス

㈢華僑ニ對シテハ政治其他ノ施策ト相俟テ之ヲ反蔣、親日的ニ指導シ我對南支策ニ寄與セシムルト共ニ對南洋貿易ノ發展ヲ圖リ以テ不足資源ノ獲得ヲ容易ナラシム

三、第三國關係ノ處理ハ左ノ要領ニ據ルモノトス
(一)第三國ノ權益ヲ尊重シ外交經濟等紛糾ノ惹起ヲ避ケ特ニ第三國排撃等ノ措置ヲ戒メ以テ事變ニ對スル干渉ノ口實ヲ與ヘサルコトニ努ム若シ紛争惹起シタル場合ニハ大局ノ見地ニ於テ卽時成ルヘク現地ニ於テ之ヲ處理ス
(二)英國ニ對シテハ特ニ既存ノ權益ヲ認メ嚴ニ問題ノ發生ヲ避クルト共ニ彼ヲシテ蔣政權援助ノ方針ヲ棄テ帝國ノ政策ニ順應セシムル如ク適宜施策ス
(三)墺門《(澳カ)》ニ對シテハ好意的態度ヲ保持ス
四、南支軍占據地方政務關係處理ハ陸海外三省現地機關ニ於テ構成スル陸海外廣東連絡會議之ヲ審議決定シ且實施ノ衝ニ當ル
右連絡會議ノ擔任區域ハ差當リ兩廣地方トス
右連絡會議ト謀略機關(對支特別委員會)トハ密ニ連絡協調ヲ保持スルモノトス

676 昭和13年11月3日 在香港中村総領事より有田外務大臣宛(電報)

華南方面の政務処理に関しては香港にも三省連絡会議の設置を検討方意見具申

香港 11月3日後発
本省 11月3日夜着

第一四七三號(極祕)
貴電第四七五號ニ關シ(南支方面政務處理要綱ニ關スル件)
陸海外廣東聯絡會議ニ於テ南支政務處理ノコトト相成リタルハ寔ニ結構ナルモ兩廣方面ノ現狀ヨリ見レハ香港ハ國民政府兩廣福建等各方面有力支那人ノ集合ノ中心地タルニ反シ廣東ニハ殆ト人物殘留セス且當地トノ交通モ杜絶シ居リ現ニ廣東汕頭及福建方面ニ乘出シテ目論見居ル分子モ主トシテ當地ニ於テ畫策中ニテ本官ニモ既ニ廣東勞働者團體ヲ始メ陳濟棠時代ノ有力者福建方面ノ有力者等ヨリ接觸ヲ求メ來リ居ル實狀ニテ此ノ傾向ハ當分續クモノト考ヘラル就テハ少クトモ地方政權誕生迄ハ當地ニモ廣東同樣三省係官ノ聯絡會議ヲ設置シ廣東會議ト密接ナル關係ヲ持續シツツ政務處理ニ積極的ニ協力セシムルコト必要ト存セラル尙對支特別委員會ノ活動ハ南支ニ關スル限リ殆ト陸軍ノミニ限ラレ居ル感アル處舞臺ハ既ニ軍事ヲ離レ政治中心ニ移

リ來リタルニ鑑ミ支那ノ各社會層ヲ糾合スル爲ニハ外務方面モ同等ノ資格ニテ其ノ過去ノ聯絡ヲ以テ委員會ニ參加スル必要アルニ付同委員會ノ最高首腦部ノミナラス實際工作ノ衝ニ當ル向ニモ外務省員ヲ參加セシメ積極的ニ軍側關係者ト聯合シ進ンテ之カ達成ニ寄與スヘキコト時宜ニ適スルヤニ思考セラル

就テハ前記二點ニ付陸海軍中央部トモ御協議ノ上何分ノ御回訓相煩度シ

上海ヘ轉電アリタシ

677　昭和13年12月16日　閣議決定

「中華航空株式會社設立要綱」

中華航空株式會社設立要綱　　一三、一二、一六、　閣議決定

第一　方　針

支那ニ於ケル航空事業ノ我方實權下ニ於ケル一元的經營ヲ策シ政治、經濟及國防上ノ要求充足ヲ圖ルト共ニ東亞航空政策ノ實現ニ資スル爲日支合辨ノ本格的航空會社ヲ設立スルコトヲ目標トシ差當リ現下ノ急需ニ應ゼシムル爲暫定的ニ速ニ中華航空株式會社(假稱)ヲ設立ス

惠通航空股《(股カ)》份有限公司ハ之ヲ本會社ニ統合セシム

第二　要　領

一、名稱

中華航空株式會社

二、事業目的

1.旅客及郵便物又ハ其他ノ貨物ノ航空機ニヨル運送

2.航空機ノ賃貸事業

3.其ノ他航空機ヲ以テスル一切ノ事業

4.航空事業ノ發展ニ資スベキ事業

5.前各號ニ附帶スル事業

6.前各號ニ掲グル事業ニ對スル投資

三、資本

1.資本總額六百萬圓

2.資本割當(豫定)

中華民國臨時政府　百八拾萬圓

維　新　政　府　貳百萬圓

蒙　疆　政　府　貳拾萬圓

惠通航空殷《股カ》份有限公司　百萬圓（現物出資）
大日本航空株式會社　百萬圓（現物出資）

註一、惠通ノ出資百萬圓ハ本會社成立後臨時政府ニ五拾萬圓大日本航空ニ五拾萬圓名義變更サルルモノトス

註二、現金出資ハ當初二分ノ一拂込トシ殘額ハ會社設立後六ケ月後ニ於テ拂込ムモノト豫定ス

註三、現在滿航ヨリ惠通ヘ融通シアル金額ハ一應其ノ儘本會社ニ融通シ貸與シアル器材ハ滿航ヨリ本會社ニ賣渡スモノトシ本會社ハ註一、ノ名義變更ノ際大日本航空ヨリ所要資金ノ貸付ヲ受ケ右融通金及器材代金ヲ滿航ニ對シ支拂フモノトス

四、法人格及本社所在地
臨時、維新及蒙疆政府ノ特殊法人トシ三政府ニ設立登記ヲナス
本社ハ差當リ北京ニ置クモノトス

五、役員
社長一、副社長一、理事若干名、監督若干名

六、特典
1.支那ニ於ケル航空事業（航空機製造事業ヲ含ム）獨占權ノ享有但シ既ニ國民政府ノ許可ヲ受ケタル航空輸送事業ニ付テハ將來ノ整理ニ待ツモノトシ現ニ大日本航空及滿航ノ行フ支那國內航空事業ニ付テハ別ニ之ヲ定ム
2.國有飛行場使用ニ關シ獨占ノ特權ノ享有
3.必需品ニ對スル輸入稅ノ免除竝ニ租稅其ノ他一切ノ公課免除
4.土地收用其ノ他官營事業ニ與ヘラル可へ《キカ》特典ノ賦與
5.事業上必要ナル通信、標識及放送ノ專用運營權ノ賦與
6.三政府其ノ他ヨリ經營上必要トスル補助金ノ交付
7.本會社ハ株式全額拂込前ト雖其ノ資本ヲ增加スルコトヲ得

七、特殊義務
本會社ハ公益上必要ナル命令ニ服スルモノトス

八、本會社ノ監督ニ付テハ別ニ之ヲ定ム

備　考
一、本會社ハ急速ニ設立セシムル爲差當リ株式公募ノ方法ニ依ラズ發起設立ニ依リ成立セシムルモ將來適當

ナル時期ニ於テ一般國民ガ本會社ノ株主タリ得ルノ途ヲ拓クモノトス其ノ際出征者及其ノ家族、在支邦人ニ對シ特別ノ考慮ヲ拂フモノトス

二、本會社ノ人員採用ニ付テハ出征者及其ノ家族、在支邦人等ニ對シ事情ノ許ス限リ特別ノ考慮ヲ拂フモノトス

三、支那ニ於ケル第三國ノ航空權益ニ付テハ本會社ヲシテ第三國ノ既得權益線ヲ運航セシメ既成事實ノ作成ニ努メ以テ第三國トノ商議ニ際シ有利ノ地歩ヲ占ムル如ク準備スルモノトス

附箋　備考三、第三國權益ノ處理ニ付テハ特別ノ注意ヲ拂ヒ之カ侵害ニ亙ラサル樣愼重措置セラルルモノト諒解ス

外務大臣　花押

閣議諒解事項（其ノ一）

東亞ニ於ケル航空事業（航空機製造事業ヲ含ム、以下同ジ）ノ整正確實ナル發展ヲ期スル爲支那ニ於ケル航空事業ニ付テハ日本政府ニ於テ實質上一元的統制ヲ保持シ得ル如ク措置スルモノトス

閣議諒解事項（其ノ二）

一、關税其ノ他公課ノ免除ニ關シテハ政府補助金ト關聯シテ別ニ定ム

二、本會社ニ對スル民間關係機關ヨリノ補助金ハ原則トシテ大日本航空株式會社ヨリ之ヲ支出セシムル樣措置スルモノトス

三、本會社ニハ適當數ノ支那人役員ヲ置クモノトス

四、人員資材ノ供(貸)與、飛行場ノ使用其ノ他運營上陸海軍ハ（ママ）於テ所要ノ援助ヲ與フルモノトス

五、惠通航空股份有限公司ノ人員ハ原則トシテ本會社ニ引續（繼カ）ギ其ノ主體トシテ之ニ吸收スルモノトス

六、第一方針中ニ掲グル本格的航空會社ハ速ニ之ヲ設立スルモノトシ右設立ニ當リテハ資本ノ構成、人的關係、本社ノ所在地等本暫定會社ニ拘束セラレザル見地ニ於テ行ハルベキモノトス

本格的會社設立ノ際ハ其ノ設立ノ趣旨ニ反セザル範圍內ニ於テ友好國ノ資本及技術ヲ參加セシムル如ク考慮スル

モノトス

閣議諒解事項(其ノ三)

本要綱ノ實施ニ當リテハ資金物資ノ關係ニ付左記ニ依ルモノトス

記

一、本事業遂行ニ要スル諸物資ハ能フ限リ之ヲ本邦ニ於テ調達スルモノトス

二、本邦ヨリ既ニ積出濟ノ貨物ノ代金ノ決濟モ之ヲ本邦ニ於テ爲スモノトス

三、外國資本(支那資本ヲ含ム)ノ買收ハ極力之ヲ避ケ現物出資ノ方法ニ依ルコト　已ムヲ得ズ買收ノ要アルトキハ契約締結前ニ日本政府ト協議スルモノトス

四、起業費、運轉資金ノ送金及設備用機械類ノ無爲替輸出ニ關シ今後ノ爲替狀勢及物資需給關係等ニヨリテハ當初ノ資金物資計畫ヲ變更スルノ要アルヘシ

678　昭和14年2月10日

日本軍の海南島上陸に関する情報部長談話

(二月十日)

日本軍海南島上陸ニ關スル外務省情報部長談

明治四十年(一九〇七年)日佛協約締結當時ハ支那ハ半身不隨時代テ治安維持ノ能力ヲ缺キソノタメニ日佛兩國ノ支那トノ接壤近邇地帶ノ不安動搖ヲ防止スル見地カラ相互支持ヲ約シタモノテアルカソノ後支那ノ政治情勢ハ一變シ締約當時ノ如キ不安カ一掃セラレタカ茲ニ新シイ危險カ生シタ、即チ支那カ整備サレタ大軍隊ヲ擁シテ敍上ノ地帶ヲ策戰根據地帶トシテ接壤近邇國ニ對シテ攻擊ヲ加ヘル可能性カ發生增大シ來ツタコトテアル、コレハ又支那事變ノ一ツノ原因ヲ爲シテヰルノテアル。

戰局擴大ニツレテ作戰地帶ハ支那全土ニ擴カリソノ重點ハ北カラ南ヘ次第ニ移行スル傾向ニアリ、海南島ハ目下支那軍ノ重要作戰地帶テ從ツテ支那軍力ヲ掃蕩スルノ目的ヲモツテ今回ノ海南島上陸カ行ハレタ以上日佛協約ニ豫見サレタ協約兩國ノ相互平穩保障ノ問題トハ全然別個ノ問題テアル、一八九七年ノ海南島ノ不割讓ニ對スル佛支間ノ交換公文ハ兩國間ノ問題テ何等日本ヲ拘束スルモノテハナイ。

（都下新聞掲載ノモノ）

編注　本文書は、昭和十四年十二月、情報部作成「支那事變關係公表集（第四號）」から抜粋。

679　昭和14年3月14日　在広東岡崎総領事より有田外務大臣宛

海南島への邦人の渡航制限につき報告

機密第一四一號　（接受日不明）

昭和十四年三月十四日

在廣東
總領事　岡崎　勝男［印］

外務大臣　有田　八郎殿

海南島渡航ニ關スル件

海南島ノ占領ハ咄嗟ニ行ハレタルニ付支那住民ハ殆ント逃避セス海口市ノ如キハ目下依然トシテ居住營業シアリテ空屋皆無ノ狀態ナリ旁々邦人カ無制限ニ同地方ニ進出セントスレハ直ニ家屋ノ問題ニ困難ヲ生スルノミナラス元來人口及經濟力共ニ僅少ナル該地方ニテ支那人トノ間ニ競爭モ生シ宣撫工作上種々面白カラサル問題惹起スヘキハ頗ル明瞭ナリ

是ニ於テ海口三省連絡會議ニ於テハ目下邦人ノ進出ハ廣東ト同島トノ間ヲ往復スル軍用船ニ依ルノミニテ一般交通運輸機關整備セサル際ニモアリ差當リ之カ進出ヲ必要ノ限度ニ止ムルコト特ニ利權漁リ等ヲ目的トシ海南島ニ於ケル邦人ノ堅實ナル發展ヲ阻害スルカ如キ惧アル邦人ノ渡來ハ嚴ニ之ヲ禁止スルコトトシ之カ爲海南島渡航希望者（軍人又ハ軍關係ノ者ヲ除ク）ニシテ當館ノ證明ヲ携帯セサルモノハ軍用船ニ便乘セシメサル樣希望アリタリ

依テ當地三省連絡會議ニテ協議ノ結果右要望ニ副ヒ當館ヨリ證明書ヲ發給スルコト竝將來臺灣等ヨリ海南島宛直航船運行セラルル際ハ改メテ對策ヲ考究スルコトトナレリ

就テハ本邦臺灣方面ニ於テハ渡航希望者相當アルヤノ趣ニ付右趣旨周知方可然御取計相成度此段報告旁申進ス

本信寫送付先　上海、厦門、香港、臺外

680　昭和14年4月13日　在海口昌谷（忠）総領事より有田外務大臣宛（電報）

海口における三省連絡会議において海南島への邦人渡航条件決定について

海　口　4月13日後発
本　省　4月14日前着

第三四號（至急）

當地聯絡會議ニ於テ當地向ケ一般渡航條件ニ關シ左記ノ通リ決定シ來ル四月二十一日以降之ヲ實施スルニ付右關係官廳、在外公館竝ニ航空及汽船會社ヘ通報方然ルヘク御取計ヲ請フ

記

一、在海口陸海外三省聯絡會議ニ於テ調査若クハ産業開發ヲ認許セラレタル關係者

二、官廳關係視察旅行者

三、海南島永住希望者ニシテ左ノ各項ノ條件ヲ具備スル者

イ、確實ナル具體的目的ヲ有シ所要ノ資金ヲ有スルコト

ロ、兵役關係者タラサルコト

ハ、病弱者タラサルコト

ニ、所轄官憲ノ身許證明ヲ所持スルコト但シ海外ヨリノ直接渡航者ハ所轄帝國領事館ノ身許證明書ヲ要ス

四、一般寄航者ニシテ單純ナル視察ヲ目的トシ短期間滯在ノモノ

五、第三國人ハ從來海南島ニ關係アリ且右ニ付帝國官憲ノ證明書ヲ有スルモノノ外當分ノ間一般渡航ヲ禁止ス

廣東ヘ轉電セリ

681

昭和14年4月21日　陸軍・海軍・外務三大臣決定

「海南島政務暫定處理要綱」

海南島政務暫定處理要綱

昭和十四年四月二十一日
陸、海、外三大臣決定

第一、方　針

海南島ニ於ケル差當リノ政務處理ハ同島攻略目的ニ鑑ミ先ヅ作戰ノ遂行竝ニ治安ノ確保ニ重點ヲ置クト共ニ我國不足資源ノ急需ニ對應スベキ重要資源ノ調査及獲得ニ努ムルヲ目途トス

第二、要　領

一、政務關係處理機關

海南島ニ於ケル政務關係ノ處理ハ現地ニ在ル陸海軍各政務處理機關及外務派遣機關ヲ以テ構成スル海口連絡會議之ヲ擔當シ其ノ實行ニ當ルモノトス

二、政治指導

(イ)差當リ治安維持ヲ目的トスル治安維持會ヲ育成ス

(ロ)差當リ海南島ノ政治機關ハ將來樹立セラルベキ西南地方政權ト直接關係ナキ地方政治組織タラシムル如ク指導ス

三、經濟指導

(イ)經濟ニ關スル諸施策ハ島民宣撫竝ニ民生囘復上必要トスルモノノ外爲シ得ル限リ現地調辨ヲ旨トシ之ヲ行フモノトス

(ロ)國防、經濟上重要ナル諸資源ニ對シテハ極力其ノ調査ヲ促進シ急需ニ應ズル不足資源ニ關シ所在資源ノ獲得ヲ圖ルモノトス

國防上必要ナル特定資源ハ將來之ヲ確保シ得ル如ク考慮スルモノトス

(ハ)金融、交易、關務、通信、航空、海運等ハ本島ノ地方的事情ヲ考慮シ機宜定ムルト共ニ必要ナル事項ニ付テハ本邦トノ直接連絡ヲ考慮スルモノトス

金融對策中軍票ノ價値維持ニ關シテハ速ニ必要ナル措置ヲ講ズルモノトス

(備　考)

海南島ニ於ケル宿舍、物資不足ノ現情ニ鑑ミ調査、視察等ノ爲ノ渡航者ハ現地ノ要望ナキ限リ各方面ニ於テ渡航ヲ制限スル如ク措置スルモノトス

(終)

682

昭和14年6月27日　興亜院会議決定

「厦門特別市ニ關スル日支間協定事項」

厦門特別市ニ關スル日支間協定事項

今般厦門特別市成立ヲ見ルニ至リタル處日支共存共榮ノ大義ニ則リ市政ノ圓滑ナル運用ヲ期スル爲左記事項ヲ協定ス

一、市長ノ就任又ハ辭任ニ付テハ其ノ都度豫メ在厦門日本國官憲ニ協議スルコト

二、日本國臣民タル市參議ハ定員ノ半數ヲ限度トシ在厦門日本國官憲ノ推薦ニ依リ任命スルコト

三、顧問ハ在厦門日本國官憲ノ推薦ニ依リ日本國臣民ヲ招聘スルコト

四、警察廳長及副廳長ハ日本國官憲ノ要求アル場合ハ日本國臣民ヲ任命スルコト

五、日本人警察官ヲ六十人以上任用スルコトトシ其ノ身分取扱ニ付テハ顧問ノ承認ヲ經ルコト

六、厦門治安維持會ニ於テ發シタル法令及之ニ基ク行爲及效果ハ厦門特別市之ヲ承繼スルコト

七、厦門治安維持會ニ屬スル事務竝ニ財産(負債ヲ含ム)其ノ他ノ權利義務ハ厦門特別市之ヲ承繼スルコト

中華民國二十八年　月　日

興亞院厦門連絡部長官

厦門特別市長

厦門治安維持會々長

編注　厦門特別市は七月一日成立。

683

昭和14年6月27日　興亜院会議決定

「厦門特別市ニ關スル日支間覺書(不公表)」

厦門特別市ニ關スル日支間覺書(不公表)

厦門特別市ニ關スル日支間協定事項ノ外ニ厦門連絡部長官ト厦門特別市長間ニ左記要旨ヲ覺書トシテ交換スルモノトス

厦門特別市ニ關スル日支間覺書(不公表)

一、主要ナル經濟部事業ハ日支合辨組織トスルヲ原則トス

二、市政上重要ナル事項ハ興亞院厦門連絡部長官ノ承認ヲ經ベキコト

三、協定事項中在厦門日本國官憲トアルハ興亞院厦門連絡部長官ノコトトス

684

昭和14年8月4日　閣議決定

「蒙疆統一政權設立要綱」

付記一　昭和十四年八月(日付不明)、山脇(正隆)陸軍次官より山下(奉文)北支那方面軍参謀長、田中(新一)駐蒙軍参謀長宛電報

蒙疆統一政権の名称に関する注意点

二　昭和十四年九月二日、駐蒙軍参謀部作成「新支那中央政權ト蒙古聯合自治政府トノ關係調整要領」

蒙疆統一政權設立要綱

昭和十四年七月二十八日
興亞院會議決定
昭和十四年八月四日
閣議決定

一、蒙疆聯合委員會及三自治政府ヲ統合シ統一政權ヲ樹立シ之ヲ蒙古聯合自治政府ト稱ス
二、蒙古聯合自治政府ハ高度ノ自治制トス
三、蒙古聯合自治政府ハ民族協和ヲ基調トシ親日防共民生向上ヲ以テ施政ノ綱領トナス
四、首都ハ〇〇〇ニ奠メ其ノ名稱ハ〇〇ト定ム但シ當分ノ間ハ張家口トス
五、紀元年號ハ成吉汗《(斯欠カ)》紀元ニ依リ、暦年號ハ支那中央政府ノ年號ニ依ル
政權旗ハ別ニ之ヲ定ム
六、蒙古聯合自治政府ニ主席、副主席ヲ置ク、主席ハ政府ヲ代表ス
主席事故アルトキハ副主席、主席ノ權限ヲ代行ス
七、主席ノ協議機關トシテ最高顧問ヲ置キ日本人ヲ以テ之ニ充ツ
八、主席ノ諮問機關トシテ參議府ヲ置ク
參議府ノ組織權限ハ別ニ之ヲ定ム
九、主席ノ下ニ政務院ヲ置ク
政務院ノ組織ハ聯合委員會各部權限ニ戰時體制的要請ニ基ク調整ヲ加ヘルト共ニ强力ナル政治ヲ行ヒ得ル如ク工夫スル外概ネ現機構ニ依ルモノトス
政府ハ民族協和ノ趣旨ニ基キ各民族ノ適任者ヲ以テ之ヲ組成ス
政務院ニ所要ノ顧問ヲ置ク
顧問ハ最高顧問ノ區處ヲ承ク
十、政務院ノ下ニ地方行政組織トシテ政廳又ハ盟公署ヲ置ク
政廳及盟公署ノ下ニ市、縣、旗公署ヲ置ク

備　考

一、支那中央政府トノ關係及北支トノ經濟關係事項等ニ就テハ追テ研究ノ上指示スルモノトス

（以上）

（付記一）

蒙疆統一政權ニ關スル件

次官ヨリ北支那方面軍、駐蒙軍各參謀長宛電報

（陸支密）

（暗號、至急）

蒙參電四二三號返

蒙疆統一政權設立要綱ハ八月四日附ヲ以テ興亞院會議決定ノ全文通リ閣議ニ於テ決定セラレアルヲ以テ支那全般ノ政治形態ニ關スル日本側要望ノ決定ヲ見ル迄ハ「蒙古聯合自治政府」ナル名稱ハ變更ヲ認メラレサルニ付組織法等公式取扱ヲ受クルヘキ基礎法ニ「邦」又ハ「國」ナル字句ヲ挿入スルコトハ差シ當リ避ケラレ度

要スルニ現地トシテハ各種ノ理由アルヘキモ本要綱決定ノ經緯ニ鑑ミ差シ當リノ名稱ハ「蒙古聯合自治政府」ヲ堅持スル如ク指導アリ度

尚ホ統一政權設立ニ關スル今後ノ準備中政府組織法等重要案件ニ就テハ密ニ當方ト連絡シ現地限リニテ措置セラレサル様嚴ニ注意セラレ度從テ名稱ノ件モ其ノ際更ニ協議スルコトト致シ度ク若シ强イテ貴方ニ於テ九月一日政權統合ヲ實行スルノ必要アラハ領域ニ關スル名稱確定迄組織法等ハ此ノ際公布セサルヲ可トスル意見ナリ

金森氏ノ件ハ交渉進捗次第何分ノ返致スヘク尚暫ク待タレ度

（付記二）

新支那中央政權ト蒙古聯合自治政府トノ關係調整要領

昭和一四、九、二

戊集團參謀部

將來ノ新支那中央政府ト蒙古聯合自治政府トノ關係調整ニ關シテハ左記要領ニ準據致度意見ナリ

就テハ中央ニ於テ新政府成立ニ先チ事前工作ヲ實施アリ度

要　領

一、蒙疆諸政權ハ既ニ一昨年各々其成立ニ際シ既ニ國民黨及國民政府ヨリ離脱ヲ宣言セル次第ナルヲ以テ蒙古聯合自治政府ト支那新中央政權トノ關係ヲ調整スル爲メニハ新ニ兩者間ニ別途協定セシムルヲ要ス

「註」
蒙疆ハ中華民國正當政府ノ宗主權ヲ認ムルモ國民政府ノ宗主權ハ之ヲ既ニ否認シアリ此點ニ於テ維新、臨時兩政府トハ本質ヲ全ク異ニスルモノナリ

二、新中央政府ト蒙古聯合自治政府トノ新關係設定ノ為メ新中央政府成立ニ先チ然ルヘキ兩者ノ代表ヲ張家口又ハ東京ニ於テ會商セシメ宗主權問題ニ關スル一般的原則ヲ認ム但シ之カ具体的事項ニ關シテハ新中央政府樹立後別途協議ノ上決定スル旨ヲ締約ス

三、支那新中央政府組織ニ當リ建國宣言、國家組織法等ニハ蒙古聯合自治政府ニ關係スル既成事實ヲ破壞スルカ如キ事項ニハ一切觸レシメサルモノトス

四、新中央政府結成ニ當リテハ蒙古聯合自治政府ヨリ代表（二字分アキ）ヲ派遣セサルモノトス

五、新中央政府ノ成立後適當ノ機會ニ於テ支那新中央政府ト蒙古聯合自治政府兩者間ノ關係調整ニ關スル具体的交渉ヲ開始ス

六、蒙古聯合自治政府ハ帝國國防ノ第一線タルト共ニ外蒙古其他ヲ回收スル必然的使命ヲ有スルカ故ニ此ノ緊急使命達成ニ不利ナル感及アルモノハ總テ之ヲ排除スルコトヲ本旨トシテ兩政府間ノ關係ヲ律スルモノトス

「附　記」
本要領ニ依リ事前工作完成スルニ方リテハ一般ノ情勢已ムヲ得サレハ新中央政府結成ニ際シ蒙疆ヨリ代表者ヲ出スコトハ必スシモ拒否セス

685　昭和15年1月26日　在張家口渡辺（信雄）総領事より有田外務大臣宛（電報）

新中央政府と蒙古連合自治政府との関係に関する協定成立について

付　記　昭和十五年一月　右協定案

張家口　1月26日前発
本　省　1月26日後着

第一三號（極祕）

汪精衛代理周佛海ト德王代理守信（李ヵ）トノ間ニ二十二日青島ニ於テ中央政府ハ現状ニ於テ蒙古聯合自治政府ノ高度自治權ヲ認ムルコト竝ニ中央政府ト蒙古聯合自治政府ノ關係調整

ニ關シテハ本了解ニ基キ中央政府成立後別途協定スルコト
ヲ趣旨トスル覺書交換アリタル趣ナリ
既ニ御承知濟ノコトトハ存セラルルモ聞込ノ儘不取敢
北京、上海公使ヘ轉電セリ

（付　記）

覺　書

中華民國新中央政府樹立ニ關シ汪精衛代理ト蒙古聯合自治政府主席德穆楚克棟普（魯欠カ）代理トノ間ニ左ノ通協定セリ

一、中央政府ハ現狀ニ基キ蒙古聯合自治政府ノ高度防共自治權ヲ認ムルコト

二、中央政府ト蒙古聯合自治政府トノ關係調整ニ關シテハ本諒解ニ基キ中央政府成立後別途協定スルコト

本覺書ハ署名ノ日ヨリ效力ヲ生スルモノトス
右證據トシテ下名ハ正當ノ委任ヲ受ケ本覺書ニ署名調印セリ

中華民國二九年
成吉思汗紀元七百二五年一月青島ニ於テ之ヲ作成ス

汪精衛代理　印

蒙古聯合自治政府主席德穆楚克棟普（魯欠カ）代理　印

686　昭和15年4月5日　在張家口渡辺総領事より有田外務大臣宛

徳王が南京国民政府と蒙古連合自治政府との関係は兄弟の間柄であり隷属関係ではないと述べ蒙古復興を力説について

機密第一八九號　（接受日不明）

昭和十五年四月五日

在張家口
総領事　渡邊　信雄〔印〕

外務大臣　有田　八郎殿

新支那中央政府成立其他ニ關シ德王ト本官トノ
談話要領報告ノ件

目下當地ニ滯留中ノ蒙古聯合自治政府主席德王先般來健康ヲ害セル趣聞及居リタルヲ以テ四月三日病氣見舞旁々德王府ヲ往訪セルカ其際本官トノ間ニ大要別紙ノ如キ談話ヲナセリ、右内密ノ御含迄ニ申進ス

本信寫送付先　北京參事官、上海公使、南京、厚和

（別　紙）

本官　近頃御健康勝レサル趣聞及ヘルカ御容態如何

徳王　昨今氣分非常ニヨロシキモ未タ全快ニ至ラス、然シ左程ノ事モナキニ付御休心請フ（因ニ徳王ハ胃腸病ニ悩ミ居ル趣ナリ）

本官　新國民政府モ成立シ事態大イニ改善セラレタルカ右ニ付テモ將來益々東亞新秩序ニ重大ナル責務ヲ負ハルル貴主席ノ御自愛ヲ祈ツテ止マス

時ニ貴主席ノ新國民政府成立ニ關スル御感想如何

徳王　新中央政府成立ニ對スル明確ナル感想トテハナキモ、過日卓政務院長及陳長官ヲ南京ニ派遣シタルハ自分トシテハ慶祝使節トシテ送リタルニ過キス、又政府樹立ニ際シ新聞紙ニハ自分カ汪精衛ニ對シ祝電ヲ送リタル如ク記サレ居ルモ右ハ事實ニ非ス又自分ノ關知セサル處ニシテ政府ニ於テ發シタリト云ウ電文スラ承知シ居ラス。

本官　當地邦字新聞ニハ蒙古政府ヨリ祝電ヲ發セル旨記載アリタルカ貴主席ニ於テ發セラレタルモノトハ記シアラスト記憶ス（因ニ當初政府トシテハ徳主席ヲシテ發セシムル意嚮ナリシ處徳王之ヲ好マサルニ依リ已ムヲ得ス政府ノ名ニ於テ發シタル趣ナリ）

徳王　新中央政府ト蒙古政府トノ關係ハ謂ハバ兄弟ノ間柄ニシテ吾々ハ新中央政府ニ隷屬スヘキモノニ非ス將來共新東亞建設ノ爲互ニ協力スヘキモノナルノミ

蒙古ハ既ニ四年前、綏東事變當時ヨリ日本ノ援助協力ヲ得テ遠大ナル蒙古民族ノ理想達成ノ爲立チ上リタルモノニシテ事變後ニ出來上リタル各政權トハ自ラ異リタルモノアリ從ツテ蒙古ノ日本ニ對スル理解乃至信頼ノ度ハ他ト比スヘクモアラス

本官　貴主席ノ地位ハ蒙疆全體ノ主席ナルカ故ニ啻ニ蒙古民族ノミナラス全蒙疆地域内ニ包括サルル漢民族其他ノ民族ノ福祉增進ノ上ヨリスルモ貴主席ノ責任ハ誠ニ重大ナリ

徳王　貴說御尤ナルモ殘念乍ラ目下ノ自分トシテハ他ノ民族ノコト迄考ヘ得ラレス、吾人ハ先ツ吾カ蒙古民族復興ノ爲努力スヘキモノニシテ他民族ノ事ニマテ現在ノ情況ニ於テハ手ノ廻リ兼ヌル有様ナリ、何トナ

レハ蒙古民族ノ負ヘル傷手カ余リニモ大ナルカ爲ナリ、玆ニ例ヲ擧ケテ說明セハ蒙古ハ既ニ病篤キ病人ナリコノ病人カ自ラノ病篤キニ氣付キタルトキ見渡シタルトコロコノ病ヲ治シ得可キ名醫ナク只々日本トイフ名醫アルヲ知リ、コノ醫者ヲ除キテコノ病ヲ治シ得ルモノナカルヘシト考フルニ至リ、爾來コノ病人ハソノ名醫ニ絕對的信頼ヲ以テ治療ヲ受ケツツアリ、唯コノ病人ノ最モ恐レ居ル處ハ名醫ノ考ヘニシテ變化ナキヤノ點ナリ、コノ病人ハ素ヨリ貧乏ナル病人ト云フヲ得ヘシ、將來トモ引續キ名醫ニ見放サルルコトナク療養シタキハ一旦ソノ名醫ニ信頼セル以上病人トシテ尤モナルコトナルヘシ、然ルニ今度名醫ノ病院ニ新患者ノ入院ヲ見タルカ而モ其患者ハ金持ナリ（新中央政府ヲ諷シタルモノト存ス）我々ノ懸念スルトコロハコノ名醫カ貧シキ患者ヲ見限リ新シキ富メル患者ノ治療ニ力ヲ注クニアラサルヤノ點ナリ

本官　自分ハ貴主席ノ所謂病院ノ代診ニ過サルカ各科部長乃至院長ノ心持ハヨク承知致シ居ル積リナリ、院長乃至部長ハ絕對的ニ差別待遇ハナササル可ク又名醫タルノ名譽ニ掛ケテモ決シテ舊患者カ貧乏ナルノ故ニ手放スコトアルマシク必ス治シテ見セル自信ヲ持チ居ルコトト思考ス

唯々コノ名醫モ場合ニ依リテハ服薬ノミナラス外科的手術ノ要ヲ認ムルヤモ計リ難ク、カカル場合ハ治癒ヲ迅速ナラシムルタメニシテ患者モ醫師ニ信頼シテ苦痛ヲ忍ハサルヘカラス

德王　貴說御尤モナルモソノ病人ハトコマテモ手術ヲ要スルモノト貴官ハ思考サルルヤ、然シ乍ラ出來得可クンハ外科的手術ヲ受クルコトナク治リタキモノナリ

本官　ソレハ醫師ノ判斷ニ任ス外ナシ、醫師ニ於テ斯ク考ヘタル場合ハソレモ止ムヲ得サルヘシ、患者ヲ知ルハ醫師アルノミ、又患者ハ自分ノ病ノ程度ヲ詳知シ得サルモノナリ、要ハアセラスニ醫師ノ腕ニ委ヌヘキモノナリ

德王　（態度ヲ改メテ）今迄ハ例ニヨリ申上ケシモ改メテ理解サレタキ事ハ日本ニ於テモ、蒙古民族カ如何ニ貴國ニ頼リ居ルヤ、又如何ニ防共上重要ナル役割ヲ努

メ居ルヤヲヨリ一層認識サレ、又蒙古復興ノ爲ニモ今後共更ナル御援助ヲ賜リタシ

本官　貴意ノアルトコロヲヨク承知ス機會アル毎ニ貴説ヲ傳ヘン本官昨今多忙ナルカ少暇ヲ得テ一度東京ニ歸リ度キカ貴主席ハ日本ノ菓子ヲ好マルルト聞クカ其他ニモ何カ御希望ノ品アラハ「おみやげ」トシテ持チ歸ル可ク遠慮ナク仰セラレ度シ

徳王　御厚意ヲ深謝ス、自分ノ欲スルモノハ他ニナシ、タダ前述ノ考ヘヲ中央ノ方々ニ御傳言願ヒ度キノミ、貴官ノ責務亦重大ナリ御自愛ノ程ヲ祈ル

本官　多謝

以上

687　昭和16年1月30日　松岡外務大臣より　在南京杉原（荒太）総領事宛（電報）

蒙古独立に対する日本側意向を確認するため徳王が訪日を希望しているところ興亜院の対応振り通報

別　電　昭和十六年一月三十日発松岡外務大臣より在南京杉原総領事宛第一三号

興亜院の右対応方針

付　記　昭和十六年二月十二日、東亜局第一課作成

「徳王應待要領ニ關スル件」

本　省　1月30日後8時発

第一二號（極祕、館長符號扱）

外信

日高參事官ヘ東亞局長ヨリ

二十九日興亞院連絡委員會幹事會ニ於ケル蒙疆連絡部係官ノ説明ニ依レハ最近蒙古王侯及青年層ニ於ケル蒙古獨立ノ希望漸ク盛ナルモノアリ徳王ニ於テハ自ラ蒙古建國促進案ナルモノヲ起草シ上京ノ上蒙古獨立ニ關スル日本側ノ意向ヲ確メ度又國民政府ト蒙古トノ關係ニ付明確ナル協定（客年一月二十三日青島ニ於テ作成セラレタル覺書ノ二參照）ヲ結ヒ度キ強キ希望ヲ有シ居リ蒙疆連絡部トシテハ從來ノ經緯モアリ此ノ上徳王ノ渡日ヲ抑フルコト困難ナル趣ニテ徳王ハ既ニ二月十一日出發十四日東京着ノコトニ肚ヲ決メ居ル趣ノ處一方興亞院トシテモ徳王ノ上京ヲ無碍ニ阻止スルコト不可能ナリトノコトニテ種々討議ノ結果政務部長ヨ

リ蒙疆長官宛別電第一三號ノ如ク回電スルコトトナレルカ(徳王ニ對スル應待要領等ニ關シテハ引續キ研究中)當方係官ヨリ徳王ノ上京ニ關シテハ蒙疆連絡部ニ電報ノ上、尠クトモ事前ニ國民政府側ノ諒解ヲ取付ケル形トスルコト然ルヘキ旨述ヘ置ケリ御參考迄
本電別電ト共ニ張家口、北京、上海ニ轉電セリ

(別　電)

本　省　1月30日後8時発

第一三號(極祕、館長符號扱)

徳王ノ上京ハ内外諸般ノ情勢上之ヲ見合ハシムルコトト致度シ然レトモ之ヲ思ヒ止マラシムルコト困難ナリトセハ左記事項御含ミノ上上京ニ依リテ徳王ヲシテ却テ困難ナル立場ニ陥ラシムルコトナキヤウ御配慮乞フ

一、徳王ノ上京ハ儀禮的意義ヲ主タル目的ナラシムルコト

二、假ニ政治的事項ニ涉ルコトアルモ専ラ現地ノ實情ノ説明若ハ希望ノ開陳ニ止メシメ何等カノ政治的諒解ヲ取付クルカ如キハ企圖セシメサルコト

(付　記)

徳王應待要領ニ關スル件

(昭和一六、二、一二、亞一)

一、徳王ノ來朝ニ關聯シ一月三十一日興亞院政務部第二課ニ於テ部内ノ意向ヲ取纒メ一應「徳王應待要領案」(別紙乙號(省略))ヲ作成セルカ右ニ對シ當方ニ於テハ大臣及次官ノ御意向ヲモ体シ徳王ニ對シテハ出來得ル限リ同情共鳴ノ態度ヲ採ル趣旨ニテ二月三日附亞一「徳王接待要領案」(別紙丙號)ヲ作成シ右ニ基キ興亞院側ト折衝セル處主務官ニ於テハ大体右趣旨ニテ應待スルコトニ異存ナキ旨述フルト共ニ金井最高顧問ノ意向トシテ同顧問ニ於テハ右案三、要領(イ)「蒙古政府ノ政治ハ蒙古人ヲシテ實施セシメ日本人ハ顧問トシテ參劃セシムルコト」ニ關シテハ右カ現在ノ日系官吏ヲ排斥シテ可ナリト云フカ如キ印象ヲ徳王ニ與ヘサル樣希望シ居ル旨語レリ(興亞院主務官ノ内話ニ依レハ興亞院鈴木政務部長ニ於テハ徳王ノ自治要望ニ對シテハ出來得ル限リ我方ノ立場ヲ「コミット」セサルコト可ナリトノ意向ヲ有スルモノノ如シ)

二、陸軍省石井中佐ヨリノ通報ニ依レハ陸軍省及參謀本部々

內ニ於テハ出來得ル限リ德王ニ對シ同情アル應酬ヲナサントスルノ意向强ク特ニ陸軍大臣ニ於テハ從來ノ關係モアリ今回德王ノ來朝ニ對シテハ成ヘク失望ニ終ラシメサルヤウ好意的應酬ヲナサントノ意向ヲ有シ石井中佐ニ於テハ別紙陸軍省作成「德王ニ對スル應答要旨」ヲ取纒ムルニ多大ノ苦心ヲ拂ヒタル趣ニテ右案ヲ外務大臣ノ參考トシテ送付シ來レリ(右陸軍案ハ蒙古自治ノ基礎法ニ蒙古自治國。ト規定スルコトニ就キ我方ノ立場ヲ拘束スルカ如キ明確ナル言質ヲ與ヘサルヤウ留意シ居ル點ヲ除ケハ終始同情的態度ヲ以テ對セントスルモノニテ亞一案ノ氣持ト大差ナシ)

三、事情右ノ通リニテ此ノ際關係省間ニ正式ニ德王接待要領ヲ作成スルコトハ間ニ合ハサルニ付外務大臣及次官ニ於カレテハ大体外務案及陸軍案ノ趣旨ニテ適宜應酬セラルルコトト致度

(別　紙)

德王ニ對スル應答要旨

配布區分｛大臣、次官、軍務局長、田中兵務局長
參謀總長、田中第一部長、鈴木政務部長
松岡大臣、所要ニ應ジ寺內大將

德王カ蒙疆ノ獨立ヲ執拗ニ主張スルコトヲ豫想セラルルニ付テハ左記要旨ニ依リ應答スルモノトス

(イ)蒙疆ガ政治、經濟ノ全部面ニ亙リ內部的發展ヲ遂ゲ將來ノ飛躍ヘノ基礎ヲ着々固メツツアルハ洵ニ同慶ノ至リニシテ當方モ大ニ期待ヲ寄セアル所ナリ

(ロ)日本ハ蒙古ノ獨立ニ付テ極メテ好意的關心ヲ有シアルコト勿論ニシテ獨立ノ時期ガ熟スルコトヲ熱望シアリ之ガ爲前述ノ如ク蒙疆ガ先ツ內部的發展ヲ完成シ將來外蒙ヲモ傘下ニ吸收シ得ル實力ヲ培養セラレンコトヲ渴望シ引キ續キ支援致シ度キ所存ナリ

(ハ)貴方ノ希望セラルル高度自治ノ內容ハ實質上完全ニ具現セラレ得ヘキモノト確信シアル次第ナリ卽チ其內容ハ豫メ中華民國政府カ蒙疆ト十分ナル協議ヲ遂ケ且日本側トモ十分協議スルコトトナリアルヲ以テ決シテ蒙疆ノ高度自治ヲ害スルモノニアラス

蒙疆自治ノ權限ヲ形式上中華民國政府ノ法令(內蒙自治法)ヲ以テスルモ中華民國ノ宗主權ヲ認メアル蒙疆ノ權

威ヲ害スルモノニ非ルナリ

(ニ)內蒙自治法ニ於テ蒙疆ノ地域ヲ指稱スル名稱ヲ決定セラルルニ當リテハ「國」「邦」又ハ「其他適宜ノ文字」等各種ノ考案生スヘク當方トシテハ誠意ヲ以テ研究スヘシ

(ニ)ニ付テハ日本側ヨリ進ンテ發言スルコトヲ避クルモ先方ヨリ具体的發言行ハルル際ハ應答スルコトトス、此際我方ノ立場ヲ拘束スルカ如キ明確ナル言質ハ與ヘサル樣留意スルモノトス)

(別紙丙號)

徳王接待要領案　（昭和一六、二、三　亞一）

徳王ノ應接ハ主トシテ外務大臣之ニ當ルコトトシ他ノ大臣ハ成ヘク儀禮的引見ニ止ムルモノトス

外務大臣ノ應待ハ左記ニ依ルコト

記

一、方針

徳王ノ現地實情ノ說明若ハ之ニ基ク希望ノ開陳ヲ聽取スルコトニ重點ヲ置キ蒙古自治國ノ設立、其ノ時期等ニ關スル徳王ノ申出ニ對シテハ我方ノ立場ヲ拘束スルカ如キ言質ヲ與ヘサル樣留意スルモノトス

二、要領

(イ)自治政府ノ實力向上ニ關シ

高度防共自治區域トシテノ使命達成ノ爲先ツ蒙古民族ノ實力向上竝ニ自治地域內ニ於ケル政治力ノ浸透、經濟ノ開發ニ全力ヲ盡ス樣說示スルト共ニ蒙古人ノ實力發揚ニ關スル徳王ノ希望ニ就テハ十分之ヲ聽取シ特ニ「蒙古政府ノ政治ハ蒙古人ヲシテ實施セシメ日本人ハ顧問トシテ參劃セシムルコト」等自治政府ノ基礎强化方ニ關スル徳王ノ希望ニ對シテハ日本側トシテモ之カ實現方誠意ヲ以テ研究スヘキ旨述フルコト

(ロ)自治權設定ノ形式ニ關シ

中華民國ノ宗主權ヲ認メタル以上中華民國政府カ蒙疆ト十分協議ノ上國民政府ノ法令ヲ以テ蒙疆自治ノ權限ヲ規定スルハ毫モ蒙疆ノ權威ヲ害スルモノニ非ス、帝國政府トシテハ右法令ノ內容ニ關シ重大ナル關心ヲ有シ居レリ。

自治政府ニ於テ諸般ノ情勢上是非共自治權ニ關スル華蒙間協定ヲ締結シ度シト云フニ於テハ帝國政府トシテ

モ右協定ノ內容ヲ十分檢討シタル上前記國民政府ノ法令ト併行シ適當ノ時期ニ協定成立方斡旋スルニ吝ナラス

688　昭和16年3月10日　松岡外務大臣より在張家口渡辺総領事宛（電報）

徳王訪日時の接遇振りにつき通報

別　電　昭和十六年三月十日発松岡外務大臣より在張家口渡辺総領事宛第二八号

松岡・徳王会談概要

本　省　3月10日後10時発

第二七號（極祕）

東亞局長ヨリ

一、徳王ハ十八日謁見ヲ賜ハリ同日外務大臣ノ晩餐會ニ出席（公式招宴ハ右ニ止メ其他ハ極メテ內輪ニ陸軍大臣、褚民誼大使、東京市長等ノ招待ニ出席セリ）二十五日ヨリ三月一日迄東北地方（仙臺、盛岡、花巻温泉、福島縣飯坂温泉）ヲ巡遊セルカ八日東京發伊勢（一泊）大阪（一泊）經由歸國ノ途ニ就キタリ

二、今次渡日ニ當リ徳王ガ最モ關心ヲ有シタルハ蒙古自治國（尠クトモ自治邦。）ノ設立ニ對スル我方ノ見解ヲ確メントスルニ在リタルモノノ如キ處蒙古ノ現狀ニ關スル徳王ノ說明ニ對シテハ努メテ理解アル態度ヲ以テ臨ムモ將來ノ問題ニ關シ我方ノ立場ヲ拘束スルカ如キ言質ヲ與ヘサル樣留意スル方針ノ下ニ會見モ出來得ル限リ之ヲ小範圍ニ止メ大臣、次官、東條陸軍大臣、鈴木興亞院總務長官心得及田中兵務局長等トノミ余人ヲ交ヘス懇談スル所アリ徳王ノ希望申出（徳王起草ノ案ヲ中心トス）ニ對シテハ出來得ル限リ之カ實現方斡旋スヘシトノ趣旨ニテ同情ヲ以テ聽取シタル結果徳王モ相當滿足セル模樣ナリ（松岡大臣トノ會談要旨別電第二八號ノ通）

三、一行ノ滯在ハ出來得ル限リ短期トシ度心組ナリシガ同人ハ余人ノ同席ヲ避ケ前記關係者トハ數回ニ亘リ充分懇談ノ機會ヲ作リタル結果自然東京滯在延長セラレタル次第ナリ（其間隨行ノ金井顧問、村谷祕書長、在京蒙古代表等關係日本人間ノ連絡必スシモ良好ナラス當方ニ於テ適宜指導ヲ與ヘタルカ日程其他萬事圓滑ニ運ヒ得サリシ憾ナキニ非リシ處眞相蒙疆連絡部山下事務官ヨリ御聽取ア

リ度)
委細郵報ス
別電ト共ニ北京、南大、滿大、上海ヘ轉電セリ

(別　電)

本　省　3月10日後9時発

第二八號(極祕)
二月十八日德王本大臣ヲ來訪同人起草ニ係ル蒙古建國促進案ヲ提示シ蒙古ノ獨立ニ付日本ヨリ一層ノ援助ヲ仰キ度旨述ヘタルヲ以テ個人トシテハ右草案ノ趣旨ハヨク理解シ得ルモ外務大臣トシテハ右草案ト日支基本條約トノ關係ヲ十分檢討シタル上ナラテハ明答シ難キ旨ヲ答ヘタル上日本皇道ノ理念ヲ敷衍說明シ蒙古人カ其ノ本然ノ地位ヲ得ル樣日本ハ極力援助スヘキ立場ニ在リ從テ今直クト云フ譯ニハ行カサルモ將來ニ於テ必ス日本ノ斡旋ニ依リ貴意ノ實現ヲ期スヘシトノ趣旨ヲ述ヘタル處德王モ喜ヒノ色ヲ浮ヘテ謝意ヲ表シ約一時間半ニテ會談ヲ終レリ

689　昭和16年4月22日　在広東高津総領事より近衛臨時外務大臣事務管理宛(電報)

福建華僑工作に関する現地軍の要望について

広　東　4月22日後発
本　省　4月22日夜着

第一四〇號(絕對極祕、館長符號扱)
本官發馬尼剌、新嘉坡、河內、「バタヴイア」、「タイ」宛電報合第七二號
四月二十一日我軍ハ福州ヲ攻略セルカ福建華僑工作ハ本作戰ノ成果ニ鑑ミ一層其ノ重要性ヲ增大セルヲ以テ軍ヨリ今後出先公館ニ於テ左記趣旨ニテ積極的ニ工作方希望越シタル處當館トシテモ洵ニ同感ナルニ付テハ然ルヘク御配慮相成度シ
一、蔣政權トノ從來ノ連鎖ヲ絕チ福建人ノ福建タラシム
二、福建出身ノ華僑ヲシテ此ノ際大同團結シ蔣政權ヲ沒落セシムルコトニ協力セシム
大臣、支、上海ヘ轉電セリ

690　昭和16年4月28日　在中国本多大使より松岡外務大臣宛(電報)

蒙疆地域での自治運動進展に関し南京国民政府との関係から影佐少将憂慮表明について

南　京　4月28日後発
本　省　4月29日前着

第二七一號(極祕、館長符號扱)

影佐少將ノ本使ニ內話スル所ニ依レハ過般德王日本往訪ノ結果中央ニ於テハ彼ノ希望ヲ或程度容レテ蒙疆地域ヲ自治邦ト爲スコトニ內諾ヲ與ヘ德王ハ近ク王侯會議ヲ召集シ自治邦組織採用ヲ決定スル趣ナリ

惟フニ蒙疆ノ自治ニ付テハ和平條件協議ノ際ノ一大重要問題ナリシカ漸ク自治區域ナル字句ニ落着キタル經緯ハ御承知ノ通リニシテ今國民政府ト何等ノ話合ヲスルコトナクシテ之ヲ自治邦ト爲スコトハ條約ノ一方的變更ノミナラス又支那側ニモ同意ヲ得ルコト頗ル困難ナリト思考セラル

〰〰〰〰〰〰〰〰〰〰〰〰

691　昭和16年4月28日　在中国本多大使より松岡外務大臣宛(電報)

蒙疆自治運動や西南政府樹立運動が南京国民政府当局を刺激・困惑させているため同政府の心配を除去するよう尽力方要望について

南　京　4月28日後発
本　省　4月29日前着

第二七二號(極祕)

往電第二七〇號乃至第二七一號ニ關シ

之等ノ情報ハ何レモ國民政府當局ヲ頗ル刺戟シ居リ相當氣ヲ腐ラシ居ル模樣ナルニ付テハ當地總軍ニ於テモ折角考慮中ナルモ中央ニ於テモ時節柄國民政府ノ心配ヲ除去スル樣軍側ト聯絡方切望ニ堪ヘス

上海、廣東、北大、張家口ヘ轉電セリ

〰〰〰〰〰〰〰〰〰〰〰〰

692　昭和16年4月29日　在中国本多大使より松岡外務大臣宛(電報)

余漢謀の幕僚による西南政府樹立運動を制止するよう南京国民政府要望について

南　京　4月29日後発
本　省　4月29日後着

第二七〇號(極祕)
余漢謀幕僚ナル趙鼎華ナルモノ曩ニ南支軍延原參謀ト聯絡シ西南政府樹立方運動シ居リタル處汪側ニ於テハ斯カル運動ハ到底成功セサルモノト思考スルモ日本軍ニ於テ趙ヲ支持セラレテ居ル以上ハ短期間中山縣長ノ位置ヲ與ヘ試ミルモ巳ム無シトシ西南政府樹立ノ條件ノ下ニ之ヲ容認シ置キタル處今次趙ハ陳永孚ナルモノニ對シ中山縣ニ於テ政務委員會ヲ四週以內ニ組織セラレタキ旨要求セル趣ナリ
國民政府ニ於テハ斯ノ如キ政務委員會ヲ組織スルコトハ西南政府樹立ノ如クニモ取ラレ曩ニ與ヘタル了解ニモ反シ面白カラサルニ付取止ムル樣取計方影佐ヲ通シ日本側ニ希望シ來レリ
上海、廣東ヘ轉電セリ

693 昭和16年5月16日 在広東高津総領事より松岡外務大臣宛(電報)

福州経営は軍中央と現地軍との間に意見の不一致があり長期経営は経済的に困難との観測報告

広東 5月16日後発
本省 5月16日夜着

第一七〇號(外機密、館長符號扱)
[1]往電第一六二號及往電第一六六號ニ關シ
福州經營問題ハ當初ヨリ中央及南支軍間ノ懸案ニシテ攻略當初ニ於テモ未タ方針確定セス卽チ現地軍カ陳儀抱(?)込ニ依ル重慶陣營ノ一角崩壞ヲ第一目標トシ右ニ失敗シタル場合ニハ華僑工作ニ利用セントスル政治的理由ニ依リ福州經營ヲ主張セルニ對シ中央ハ戰線縮小南京政府育成强化ノ中央既定方針ト共ニ內地ヨリノ物資供給難ノ爲現地(ママ)トシテハ經營ニ反對セルカ只陳儀抱込ニ成功ノ場合ニハ再考スヘシトノ態度ニテ從テ福州經營ハ一ニ懸テ陳儀工作ニ在リタルカ愈攻略ノ結果陳儀ハ既ニ以前ヨリ同地ニ在ラサリシト現地ニ於ケル同人ノ餘リナル不人氣ニ現地軍ニ於テモ同人ヲ見限リ專ラ華僑工作ノ爲福州經營ノ肚ヲ決メタルモノノ如ク其ノ結果內地ヨリハ物資ノ補給ヲ期待シ得サルヲ以テ今同ノ當地ニ於ケル福州經濟會議トナリ物資ハ上海、厦門、廣東ヨリ補給スルコトニ大體話合一應纒レル次第ナリ
[2]因ニ現地軍ヨリ攻略直後領事館再開、民間航路ノ寄航及銀

行ノ進出要請シタルニ對シ中央ハ之ニ同意セサリシ事實アリ以上ノ經緯ニテ現地軍ニ於テハ華僑工作上福州ニ於ケル政治ハ「福建人ノ福建」ノ下ニ一切ヲ支那人ニ委セ日本側ヨリハ干渉セス彼等ニ自由ニ善政ヲ敷カシムル建前ヲ執レルカ此點ハ他占領地トハ趣ヲ異ニス又事實上華僑ノ充分ナル協力ナクシテハ福州ノ經營ハ經濟的ニ至難ノ業ニシテ尠クトモ長期ノ經營ハ困難ナリト思ハル

支、上海、厦門、香港へ轉電セリ

694　昭和16年6月30日　在張家口渡辺総領事より松岡外務大臣宛（電報）

蒙古自治邦の名称採用を現地要人のみの会議で決議し興亜院も承認しているとの情報報告

張家口　6月30日後発
本　省　6月30日後着

第一一二號（部外極祕、館長符號扱）

大橋[1]次官へ

五月十三日附貴官宛拙信ニ依リ御推察ノコトト存スルカ同月十一日現地人ノミノ會議ニ於テ蒙古自治邦。決議セラレタリ右ニ關シ翌十二日軍係官ハ本官ニ極ク内密ニ會議ノ顛末ヲ告ケタル上本件決議ヲ爲スコトニ付テハ興亞院會議ノ承認ヲ得居ル次第、汪精衞カ日本ヨリ歸リタル後奥地ヨリ漸次看板ノ塗リ替ヘヲナシ又南京ヨリ抗議アリタル場合ニハ現地人ノ決定ニ係ルモノニシテ日本國ノ干與セサリシ故ヲ以テ酬ユル方針ナル旨内話セリ

支那語ニテハ邦ト國トノ區別ハ一應付ケ得ヘキモ蒙古語ニハ其ノ差ナキヲ以テ

一般[2]蒙古人ハ遂ニ國トシテ内蒙ノ存在ヲ認メタルモノト思考シ居ル如クニテ獨立運動モ爾來其ノ聲ヲ潛メタル樣觀察セラル只蒙古要人中ニハ本件承諾カ日蘇中立條約後ナリシヲ恨ムト本官ニ洩セルモノアリ

尚汪精衞歸國ノ今日本件實施振ヲ密ニ注意シ居ルモ現在迄ノ處其ノ氣配ナク最近參謀長ニ質セルニ機密ニシテ洩シ難シト言ヘルモ蒙古要人カ本官ニ内話セル處ニ依レハ金井ハ數ケ月後ニハ必ス實施セシムヘシト語レル趣ニテ此ノ事情ヨリ本官ハ右期日トシテ九月一日ノ政府成立記念日カ考慮セラレ居ルモノト推測ス最近本官ヲ來訪セル呉政務院長ハ貴官ノ御斡旋ニ對シシミジミト感謝シ居レリ

695　昭和16年8月4日　在張家口渡辺総領事より豊田外務大臣宛（電報）

蒙古自治邦の名称採用理由および実施方法につき軍側より通報について

張家口　8月4日後発
本　省　8月4日後着

第一四〇號（外機密、部外極祕、館長符號扱）

往電[1]第一三八號ニ關シ

四日ヨリ實施スヘキ「蒙古自治邦」名ノ採用理由竝ニ採用實施方法左ノ通リナル旨軍側ヨリ內報ヲ受タルニ付何等御參考迄

一、蒙古聯合自治政府ノ地域（「オジユメル」區域）ニ付テハ未タ適確ナル名稱ナク單ニ自然的發生シタル「蒙疆」ヲ用ヒ居ルモ種々不便アルニ付蒙疆ニ代フルニ「蒙古自治邦」ナル地域名稱ヲ採用スルモノニシテ南京政府ノ宗主權ヲ認ムルコト依然變ルトコロナク從テ本名稱採用後モ對南京政府關係、地域內政治機構及法令其ノ他何等從來ト變ルトコロナシ

本處置ハ蒙人?ニ對シ將來大蒙古建設ノ有力ナル基礎ヲ內蒙ニ構成スル一段階ナルコトヲ指示シテ蒙疆建設ノ為奮起ヲ促ス資料トスルヲ目的トス

二、[2]右名稱使用準備完了後ハ對內的公文、布告等ニハ新名稱ヲ用フルモ當分ノ間新聞、雜誌等ニ右使用ヲ嚴禁スルハ勿論本件施行ハ德王指揮ノ下ニ實施セシメ苟モ日系官吏カ表面ニ立チ若クハ日本軍民カ之ヲ指導セシカ如キ感ヲ與ヘサル如キ限度ニ取締ラシム又前記公文、布告、告示等ヨリ南京側ニ漏洩シ又詰問的照會ヲ受クル場合ハ對內問題ナルコトヲ建前トシテ上司ト聯繫シテ對處ス

因ニ本件名稱變更ニ關シ軍側ニ於テハ邦?人側ヨリ國民政府及華北政務委員會ニ對シ漏洩セシメサル樣要望シ越スト共ニ關係現地人ニ對シ外部ニ漏洩セサル樣特ニ注意セル趣ナリ

本電取扱ニ御注意請フ尚冒頭往電ヲ除キ本電ノミヲ南京總領事（外信トシテ）ニ轉報アリタシ

北大、厚和、滿ニ轉電セリ

696　昭和16年10月22日　在北京土田大使館参事官より東郷外務大臣宛（電報）

軍政施行説の流布に関し北支那方面軍参謀長は軍容に変動なき旨言明について

北　京　10月22日後発
本　省　10月22日夜着

第六八七號（館長符號扱、部外極祕）

前内閣末期ヨリ日米交渉ニ關聯シ當方面軍内ニ内地戒嚴令說ニ呼應スル現地軍政施行說アル旨流布セラレ（今回軍務局轉任ノ宮本中佐ノ倭島ニ對スル内話ニ依レハ北支軍トシテ既ニ決意ヲナシタル次第ニアラサルモ宮本着任ノ上ハ中央ヨリ北支軍ニ對シ軍政施行ニ關スル意見ヲ徵スルコトトナルヤモ知レストノ趣旨ヲ洩シタル由倭島ハ右ニ對シ軍政ノ不適當ナルコト及寧ロ支那側ニ軍事委員會ノ如キモノヲ新設スルニ如カストテ强ク反省ヲ促シ置キタル由）タルニモ鑑ミ新内閣成立ノ機ニ軍首腦部ノ内意探査然ルヘシト認メ本官二十二日田邊參謀長ニ面會夫レトナク軍方針ノ變更ノ有無ニ付質シタル處同參謀長ハ北支軍トシテハ萬般ニ亘リ何等ノ變更ナキ建前ヲ堅持シ居リ現ニ司令官ヨリ隷下部隊ニ對シ右ノ次第ヲ明確ニ指示シタル旨明言セリ參謀長ハ南北兩面ニ亘リ帝國トシテ何等ノ行動ニ出スル場合アリトスルモ北支ノ軍容ニハ何等ノ動搖ナク北支ヨリスル事變處理ノ街道ヲ驀進スル考ナリト述ヘ居留民就中經濟界人士ノ危惧ノ念拂拭方ニ付依賴シタルニ付本官之ヲ快諾スルト共ニ軍容ノ嚴然タルニ竝行シ政治ノ變遷換言スレハ支那側ノ政治的積極關心ヲ導出スルノ急務（卽チ間接ニ軍政否認）ヲ力說シタルニ參謀長之ニ全然同感ノ旨ヲ表明セリ

以上些カ抽象的ニ失スルモ現下當方面軍責任當局ノ意嚮表明トシテ御參考迄

南總（外信）ヘ轉電セリ

697　昭和16年12月3日　在広東高津総領事より東郷外務大臣宛（電報）

国際情勢急転の場合の措置振りにつき軍側との協議内容報告

広　東　12月3日後発
本　省　12月3日夜着

第五一六號（極祕、館長符號扱）

貴電合第二三四二號(1)ニ關シ

本二日軍側ヨリ聯絡アリタルニ付各係官帶同軍司令部ニ於

テ南支軍幕僚ト軍側作成ノ對英米戰開始ノ際ニ於ケル廣東方面敵性權益接收措置及ヒ處理案ニ付テ協議セル處軍側ニ於テモ英租界及ヒ英米權益接收ニ際シテハ無益ノ摩擦ヲ防止スルコトニハ全然同意見ニシテ右接收ニ當リテハ本官ヨリ英米總領事ニ對シ租界其ノ他ノ權益ヲ接收スル旨口頭ヲ以テ通告シ平和的ニ接收シタル上守備隊ヲシテ實質的ニ支配セシムルコトトシ英租界ニ隣接スル佛租界ニ付テハ本官ヨリ佛領事ニ對シ我方行動ニ對シ諸般ノ便宜ヲ供與スル様申入レヲ爲スコトトナリ又教會、學校ハ成ルヘク現狀ヲ維持スルコト及ヒ人ノ取扱ハ出來ル丈ケ穩カニシテ惡宣傳ノ具ニ供セラルルコトナキ樣トノ本官申出ニ對シ軍側ニ於テ篤ト諒承セリ

尚[2]前記措置及處理案中重ナル點左ノ通リ

(1)英租界

(イ)英米總領事館ハ一時其ノ機能ヲ停止セシメ工部局ハ接收シ租界ノ一般人出入及物資ノ搬出入ヲ禁止ス

(ロ)租界接收後ハ陸軍警備區域ニ編入ス

(2)敵國人ニ對スル措置

(イ)敵國人ニ對シテハ在外邦人ニ對スル報復ヲ輕減セシムル爲努メテ不當苛酷ナル取扱ヲ避クルコトトシ一應現ニ居住ノ住所ニ軟禁シ爾後特定ノ家屋ニ收容ス

(ロ)敵側兵力ニ參加スルモノト認メラルル者又ハ有害ナリト認メラルル者ハ抑留スルモ右以外ハ支那奥地又ハ澳門方面ニ退去ヲ命ス

(3)[3]敵性財産ニ對スル措置

敵國公有及ヒ敵國人私有財産ニ付テハ英米側ノ我方ニ對スル資産凍結實施ノ報復モ加味セラレ其ノ措置ハ敵國人ニ對スル措置ヨリモ相當嚴重ナルモ公有財産又ハ之ニ準スル利益ト認メラルルモノハ沒收シ私有財産ハ軍事上ノ必要ノ程度ニ依リ沒收、押收又ハ徵收スルコトトセルモ學校、病院、教會、寺院ニ付テハ出來得ル限リ現狀ヲ維持セシムルコトトセリ

(4)未接收ノ重慶側權益ハ敵國ニ準シテ處理ス

(5)海關ハ既定ノ方針ニ依ル郵政局ハ敵性國人罷免ノ上軍ノ監督下ニ置キ電話局ハ接收ス

698 昭和16年12月3日 在北京土田大使館參事官より東郷外務大臣宛(電報)

国際情勢急転の場合の敵性権益接収につき大局的見地に基づいた方針を中央より現地へ指令すべき旨意見具申

付　記　昭和十六年十二月四日、東亜局第一課作成
「國際情勢急轉ノ場合在支敵國人及敵國財産處理ニ伴ヒ帝國外務官憲ノ差當リ執ルヘキ措置」

北　京　12月3日後発
本　省　12月3日夜着

第七六六七號（館長符號扱）

往電第七六三號（編注）ニ關シ

二日北澤有末參謀副長ニ面會ノ節有末ハ北支方面艦隊ニ於テハ開戰ノ際青島方面ニ於ケル敵性權益ハ教會等ニ至ル迄之ヲ接收使用スルコトヲ考慮シ居ルカ如クナルヲ以テ軍トシテハ陸軍側ニ於テ接收スル敵性權益ハ必要ニ應シ海軍側ニモ分與スヘシトノ趣旨ヲ以テ海軍側カ行過キタル措置ニ出テサル樣協議ヲ進メツツアル旨述ヘタルニ付北澤ハ三日當地久保田海軍武官ニ面接シ冒頭往電ノ趣旨ヲ篤ト説明シ海軍側ニ於テモ大局的見地ヨリ開戰ノ際ノ措置振ニ付充分考慮アリタク右北支方面艦隊側ニモ聯絡ヲ願度キ旨述ヘタルニ同武官ハ御話ノ趣旨ハ同感ナルカ自分ヨリ艦隊側ニ申送ルコトハ機微ノ事情アリ又本件ハ北支ノミナラス中南支及南方ノ作戰地域ニ於テモ同樣措置スルノ必要アルヘキニ付中央ノ決定トシテ現地陸海軍側ニ指令アル樣取計フコト適當ト認ムルニ付右樣大使館ヨリ中央ニ稟請セラレテハ如何ト答ヘタル趣ナルニ付テハ右指令ノ發出方ニ付御考慮相成リテハ如何カト存ス爲念

南總（外信）、上海ニ轉電セリ

編　注　本書第398文書

（付　記）

國際情勢急轉ノ場合在支敵國人及敵國財産處理ニ伴ヒ帝國外務官憲ノ差當リ執ルヘキ措置

（昭十六、十二、四　亞一）

一、上海共同租界ニ關シテ取ル可キ措置

㈠米國「マリン」及英米艦船ニ對スル武装解除勸告ハ陸海軍司令官ヨリ直接通告スルト同時ニ帝國總領事ヨリ

英米總領事ニ對シテ自發的武裝解除方要求ス

(二)帝國總領事ヨリ工部局參事會議長ニ對シ上海義勇隊ハ日本軍進駐ニ依リ租界內治安維持ノ責任ヲ解除セラルヘキニ付活動ヲ中止スヘキ旨通告スルト共ニ領事團首席領事ニ對シ右通告文寫ヲ送付ス(帝國軍司令官ヨリモ工部局參事會議長宛同趣旨ノ通告ヲナス)

(三)帝國總領事ヨリ佛伊兩國總領事ニ對シ日本軍ハ共同防備協定ハ其ノ存在理由消失シタルニ付之ヲ廢棄スルコトニ決シ其ノ旨伊國軍司令官及共同租界參事會議長宛通告シタル旨通報ス

(四)共同租界進駐直前軍司令官ハ伊太利軍司令官ニ對シ伊軍ハ紛爭防止ノ見地ヨリ兵營ニ於テ待機セラレンコトヲ要請スルト共ニ帝國總領事ハ伊國總領事ニ對シ右通告ニ付通報シ同時ニ伊國軍カ日本軍ノ要請ニ應スル樣斡旋方申入ル

(五)進駐ト共ニ帝國總領事ヨリ英大使館及英米總領事館ノ事務ヲ停止セシムルタメ必要ノ通告及措置ヲナス

二、上海佛租界ニ關シテ取ル可キ措置

上海佛租界ニ對シテハ外交交渉ニ依リ我方トヨリ強度ノ協力關係ヲ設定セシムルヤウ工作ス(內容別紙ノ通)

三、北京公使館區域ニ關シテ取ル可キ措置

(一)大使館ヨリ獨、伊、佛、白、西、和蘭ノ各關係國代表ニ對シ日本軍カ北京英米駐屯軍兵營ヲ占領シ公使館區域內ニ存在スル英米系權益財產ノ一部接收ヲ行ヒタル旨通告スルト共ニ不取敢日本軍ハ公使館區域ノ治安維持ニ任スルニ付右ニ協力アリ度キ旨申入ル

(二)行政委員會ノ改組ヲ求ムル爲メ大使館ヨリ先任大使タル白耳義大使ニ對シ帝國政府ハ今後英米兩國大使館員ノ行政委員トシテノ職權ノ行使ヲ認メサル旨竝ニ從來英國委員ノ行ヒ居リタル行政委員會委員長ノ職務ハ今後日本委員ニ於テ代行ス可キ旨又行政委員會書記英人「ローレンス」ハ日本軍ニヨリ抑留セラレタルニ付一時日本人職員藤井ヲシテ事務所ノ管理ニ當ラシムル旨通告ス

(三)英米大使館ノ事務ヲ停止セシムルタメ帝國大使館ニ於テ必要ノ通告及措置ヲナス

四、天津ニ於テ取ル可キ措置

(一)英米總領事館ノ事務ヲ停止セシムルタメ帝國總領事ニ

於テ必要ナル通告及措置ヲナス
㈡英租界進駐ト共ニ帝國總領事ヨリ獨、伊、佛、白等ノ領事ニ對シ進駐ノ事實竝ニ自今帝國軍ニ於テ同租界內ノ治安維持ニ任スル旨通告ス
㈢佛、伊總領事ニ對シ夫々佛租界及伊租界ニ於テ今後我方ニ對シ全面的ニ協力的態度ヲ取ラレタキ旨申入ル
五、其他敵國領事館所在地ニ於テ取ル可キ措置
㈠其他英米領事館ノ所在地ニ於テハ帝國領事官ニ於テ英米領事館ノ事務ヲ停止セシムルタメ必要ナル通告及措置ヲナス
㈡南京ニ於テ獨伊等國民政府承認國ニ對シ右我方ノ取リタル措置ヲ通報スル場合ハ帝國大使館ニ於テ之ヲナス
六、中央ニ於テ取ル可キ措置
中央ニ於テ獨伊佛各國大使ニ對シ帝國ハ英米ト開戰セル結果支那ニ於ケル敵性租界ヲ我軍ノ權力下ニ置クコトトナリタルカ之等地域ノ管理竝ニ一般ニ支那占領地ノ經營ニ當リテハ現地獨伊佛官憲ノ協力ヲ要スルコト少ナカラサル可キヲ以テ獨伊佛各國ノ政府ヨリ現地自國官憲ニ對シ日本當局ニ協力方改メテ訓令サレタキ旨申入ル

（別　紙）

佛國租界ニ對シテハ差當リ兵力ヲ進駐セシメス我方（軍及外務官憲）ヨリ租界當局ニ對シ必要ナル協力ヲ要求ス
上海佛租界當局ニ對シ要求ス可キ具體的諸項左ノ通リ（但シ左記各項ノ要求ハ情勢ノ推移ヲ見タル上適宜申出ツルモノトス）
一、我方ノ共同租界進駐ニ際シ同租界內ニ居住スル敵國人及敵國財產カ佛租界ニ逃避スル場合之ヲ庇護セサルコト
二、我方ノ要求ニ應シ佛租界內ニ在ル敵國人及敵國財產ヲ我方ニ引渡スコト
三、佛租界內居住敵國人ヲ看視スルタメ佛租界內ニ我方憲兵ノ駐屯ヲ認ムルコト
四、公董局董事中重慶側ト關係アルモノ（五名中二名）ヲ罷免シ國民政府側ノモノヲ以テ之ニ代フ（董事、佛九、支五、英二、米一、瑞一、計十八名）
五、英米人董事（三名）ヲ罷免シ日本人董事一名ヲ任命ス
六、公董局警察ニ日本人高級職員一名ヲ任命シ以テ連絡ニ當ラシム

七、排日新聞雑誌記事ノ徹底的取締
八、排日放送ノ徹底的取締
九、排日映畫、教科書ノ徹底的取締
十、佛租界内軍票、儲備銀行券流通ノ承認
十一、其他我方經濟施策ニ對スル全面的協力
（備考）天津佛租界ニ對スル要求モ概ネ右ニ準スルモノトス

2 中国海関接収問題

699 昭和12年7月19日 在天津堀内総領事より広田外務大臣宛(電報)

作戦行動開始により海関接収を行う必要が生じた場合にも邦人職員の接収協力は実施せぬよう軍側へ注意喚起について

天津 7月19日後発
本省 7月19日夜着

第四七三號

軍側ニ於テハ作戰行動開始ノ上ハ占領地行政ヲ布キタル際ノ日本側ノ手ニ依ル海關接收及占領地行政ヲ布カサル場合ニ於ケル支那側(例ヘハ治安維持令(會カ)様ノモノ)ノ手ニ依ル海關接收ヲ立案シ居タルニ付(何レノ場合モ佛租界內ノ現海關ニハ手ヲ觸レス第一特區邊ニ別ノ海關ヲ作ル案ナリ)萬一其ノ場合ニ於テモ現海關邦人職員ハ飽迄支那海關ニ留マリ税關長ノ命ニ從ハシメ我方トシテ之ヲ引拔クカ如(キコト?)ナキ様軍側ニ話シ其ノ同意ヲ得置キタリ

從テ上海發大臣宛電報第五四三號末段ノ通リ當地海關職員ハ差當リ休暇ヲ取ラシムル必要ナシト存セラル

右上海電上海ヨリ青島ヘ轉電アリ度シ

支、上海、北平、青島ヘ轉電セリ

700 昭和12年8月19日 在上海岡本総領事より広田外務大臣宛(電報)

中国海関は日本軍の軍事行動を阻害する措置は執らないので海関行政の独立を尊重方総税務司署から非公式要請について

上海 8月19日後発
本省 8月19日夜着

第一〇〇〇號(極祕)

往電第九九二號ニ關シ

川越大使ヨリ

十九日「カボン」本使ヲ來訪右ト同様ノ內話ヲ爲シタルカ

其ノ際ノ會見談中左ノ通リ

一、「カ」先ツ自分ハ豫テ「メーズ」カ日本大使館ヲ賴リニシ居ルヲ承知シ居ルヲ以テ「メ」ハ未タ歸滬セサルモ其ノ意ヲ體シ非公式且極祕ニ來訪シタルモ海關ハ關稅ノ徵收及公債ノ支拂ヲ本務トシ或程度ニ支那政府ヨリ獨立シ居ル國際機關ナルヲ以テ右本然ノ任務遂行ニ付テハ日本軍事當局ヨリモ援助ヲ得ルコトト致度シ一方稅關ニ於テモ日本ノ軍事行動ヲ阻害スルカ如キ措置ハ執ラサル方針ニ付宜敷ク御願シ度ク軍部ノ希望乃至苦情等アラハ隔意ナキ懇談ニ依リ解決ヲ圖リ度キ旨述ヘタルニ付本使ハ是等ヲ了承スルト共ニ萬一稅關ニ於テ不都合ナル行爲アル場合ハ軍部トシテ夫レ相當ノ自衞手段ヲ執ルノ已ムナキニ至ルコトアルヘキニ付右含ミ置カレ度キ旨注意シ置ケリ

二、本使ヨリ關稅收入ノ實情ヲ尋ネタルニ對シ「カ」ハ上半期ハ附加稅、噸稅ヲ含メ二億二千萬弗ノ稅收アリ又八月モ公債及賠償金支拂等ニ差支ナキモ日支間ノ軍事長引ケハ九月ハ早速困ル狀態ニテ追テハ關係國間ノ問題トナルニアラスヤト考ヘ居ル旨答ヘタリ

三、「カ」ハ「リースロス」カ二年前來支シタル際ハ問題ヲ日本ニ有利ニ解決スヘク全權ヲ委サレ居タルニ拘ラス日本及本國外務省方面ノ支援ヲ得サリシ爲僅ニ幣制問題ノミ解決シ歸英シタルモノナル旨語レルニ付法幣發行額及準備額等ニ付情報ヲ求メタル處「カ」ハ是等ノ點ニ付「ロジヤース」ハ一切外部ニ洩ラササルヲ以テ數字ハ知ラサルモ「ロ」ハ法幣維持ノ見込ナキニ至ラハ直ニ歸英スヘキ旨內話シ居ルニ付右ヲ觀測ノ對象トセラレ「ロ」カ上海ニ滯在中ハ法幣ノ維持可能ナルモノト認メラレ間違ナカルヘキ旨述ヘタリ

701 昭和12年8月22日 在天津堀内総領事より広田外務大臣宛(電報)

軍の要望に基づく海関管理案に関し海関側との内交渉開始方請訓

別　電　昭和十二年八月二十二日発在天津堀内総領事より広田外務大臣宛第八一〇号

右海関管理案

天　津　8月22日後発
本　省　8月22日夜着

第八〇九號(極祕)

貴電第二七〇號ニ關シ

軍ハ海關ヲ通シテ支那側(例ヘハ外國租界内ノ不逞分子)ニ武器彈藥等カ供給セラルルヲ防止スル必要アリ又既ニ事實上全面戰トナリタル今日軍費ニ利用サルル惧アル税收カ南送セラルルヲ防止スルハ當然ナリトノ理由ニテ海關ノ管理ヲ絶對必要ト認メ居ル處其ノ所謂管理トハ大体別電第八一〇號ノ如キ相當「リーゾナブル」ナモノニシテ必スシモ海關機構ヲ破壞スルモノトハ言ヒ難ク滿洲海關接收前上海大使館ノ「メーズ」等ノ協議セル所以上ニ出テサルヲ以テ此ノ程度ノ案ナラハ當地海關側又ハ總税務司ト協議シテ妥結ノ見込全然ナキニハアラサルヘシトモ存セラル(過般當地税關長「マイヤーズ」ハ守屋參事官ト會食ノ際個人的意見トシテ Dual Tariff ヲ採用セス海關ノ「インテグリテイ」ヲ害セサル提案ナル限リ天津海關トシテ之ヲ應諾セサルヲ得サルヘシト考ヘ居ル旨ヲ内話シ大連式ノ接收阻止方ヲ希望セル由ナリ)

素ヨリ右交渉ノ爲ニハ海關側カ之ニ應セサル場合ハ軍ハ冒頭記載ノ目的ヲ達スル爲租界外ニ於テ有效ノ措置ヲ執ルヘク其ノ結果天津(海關)ハ英佛租界内ニ罐詰ニセラレ租界外ニ於ケル一切ノ行動ヲ阻止セラルルコトト成ルヘキ旨ヲ仄カシ且果シテ先方カ之ニ應セサル場合ハ右ノ如キ措置ヲ實行スルヨリ外道ナカルヘキモ一應前記ノ如キ趣旨ニテ當地又ハ上海ニ於テ内々交渉ヲ試ミルコトト致度ク何分ノ儀貴見至急御回電ヲ請フ

軍側ト打合濟

上海、北平ヘ轉電セリ

(別　電)

天　津　8月22日後発
本　省　8月22日夜着

第八一〇號(極祕)

一、税關長以下ノ外人職員及下級支那人職員ヲ變更スル必要ナシ

二、税率ヲ變更スル必要ナシ

三、税收中外債擔保部分ハ送金ス

四、外債擔保部分以外モ接收スルヲ要セス事變落着迄南送ヲ停止セシム（例ヘハ日本側銀行ニ預金セシム）

五、治安維持會ノ任命スル海關監督ヲ承認セシム（現海關監督孫維東ハ二十九軍系ニシテ天津事件以來英租界ニ潜伏シ事務ヲ執リ居ラス）

六、武器ノ輸入禁止等或種軍事的ニ必要ナル最少限度ノ措置ヲ認メシム（武器輸出禁止ハ銀移出禁止等ト同樣現行規則ヲ變更セスシテ海關監督ノ加印拒否ニテ目的ヲ達シ得ルニアラスヤト思考セラル）

七、冀東貿易ハ自然消滅ニ委スモ差支ナシ軍需品ニ藉口スル密輸等ハ之ヲ防止ス

上海、北平ヘ轉電セリ

702 昭和12年8月22日 在天津堀内総領事より広田外務大臣宛（電報）

海関側との内交渉開始の必要性について

天津 8月22日後発
本省 8月22日夜着

第八一一號（部外極祕）

往電第八〇九號ニ關シ[1]

軍ノ海關ニ對スル何等カノ措置ノ希望ハ極メテ切ナルモノアリ當方係官ニ對シ再三軍ノ意見ヲ中央ニ對シ支持方申出アリタルニ依リ軍ノ希望スル最少限度ヲ確メテ協議ノ上冒頭往電ノ通リ請訓セル次第ナリ

殊ニ冒頭往電起草?以來外債擔保以外ノ稅ニ付テモ之ヲ單ニ積立テ置クノミニテ治安維持會等ニ利用セシメサルコトニ付軍ノ言質ヲ得タル次第ナルヲ以テ此ノ點ハ海關トノ交涉ヲ容（易）ナラシムヘキノミナラス貴電第二七〇號ノ如ク過早ニ治安維持會ノ基礎ヲ固メ時局收拾ニ關スル交涉ヲ困難ナラシムル懸念ナキヤニ思考セラル寧ロ貴電第二七二號ノ如ク「軍ニ於テ直接管理スルハ不可ナリ」トノ方針ノミニテハ却テ治安維持會ヲシテ接收セシムル傾向ヲ助成スル惧アルニ付軍カ軍事上必要ノ最少限度ヲ一時的ニ爲ス建前ニテ外交機關ニ於テ海關側ヲ納得セシメタル上ニテ之ヲ實行スルコト然ルヘシト存セラル

一[2]方當地ノ實狀ハ既ニ冀東貿易樣ノモノヲ計畫セルモノアリ（往電第六九二號及第六七三號）又塘沽ニ於テハ海關出張所ハ事實上活動シ居ラス無斷通關自由ニシテ（唯塘沽ヨリ

ノ輸送不自由ノ為無税商品ノ流入ナキノミナルモ天候回復セハ自動車輸送可能トナルヘシ）天津ニ於テモ第三特區邊ヘハ殆ト自由ニ陸揚ケシ得（小型汽船ニ依リ輸送シ來レル往電第七一二號麥粉ノ如キ現ニ無斷陸揚セリ）唯目下輸送ノ困難ナルト軍側ニテ當館ト打合ノ結果食料品以外ヲ無税輸入セシメサル方針ヲ執リ居ルカ為?脫税品ノ流入少キ有様ナルモ軍ノ意思次第ニテ直ニ海關ノ英佛租界外ニ於ケル活動ヲ停止セシメラルヘク現ニ先般責任アル軍係官ヨリ塘沽海關出張所附近ニテ發砲シテ之ヲ逃ケ出サシムル計畫ヲ相談シ來リタル程ナレハ海關管理ノ軍側希望ニ何トカ色ヲ着ケテ海關ヲ「フアンクシヨン」セシムルニアラサレハ天津ニ無海關（商業的ニハ無政府的）狀態ニ陷ラシムル惧アリ

此ノ邊ノ事情ヲモ御考慮ノ上冒頭往電ニ對シ㈠一應交渉ヲ試ミ其ノ成否ノ決スル迄何等强力的措置ヲ執ラサルコトトスルカ又ハ㈡直接タルト間接タルトヲ問ハス一切海關ノ管理ノ如キハ考ヘサルコトトスルカ何レニスルモ當方宛御回訓ト竝行シテ軍中央ヨリモ天津軍ニ更メテ方針ヲ電報セシムル様御取計相煩度シ

支、北平ヘ轉電セリ

703

昭和12年8月28日　在天津堀内総領事より広田外務大臣宛（電報）

わが方の海関管理案を天津税関長へ提示について

天　津　8月28日後発
本　省　8月28日夜着

第八四二號

貴電第三二二號ニ關シ（天津ニ於ケル海關管理ノ件）

本二十八日本官税關長ノ來訪ヲ求メ往電第八一〇號ノ趣旨ヲ敷衍説明（但シ軍側ノ希望モアリ右往電㈠ニ「成ルヘク邦人職員ノ增員ヲ計リ且支那職員中政治策動ヲ為ス者等ハ税關長ニ於テ責任ヲ以テ取締ルヘキコト」ヲ追加シ㈣末段日本銀行ヘ預金方ハ之ヲ强調シ㈥末段ノ括弧内ニハ言及セス）セル處税關長ハ自分ハ尤モナル要求ト存スルニ付「メーヅ」ニ請訓ノ上回答スヘシト答ヘタリ

尚税關長ハ私見トシテ税關トシテハ支那ノ對外的又ハ内部的ノ紛亂ニ超然トシ内外債支拂等ノ「コンマーシヤル、クレヂット」トシテノ機能ヲ果シ政費、軍費等ヘノ流用ハ外交團ノ承認ヲ要スル北京政府時代ノ制度ニ歸スルコト最モ望マシク天津及秦皇島税關ニ關スル本件要求ノミナラス靑島、上海等ヘモ戰亂ノ波及スル場合ヲモ考慮シ何トカ前記ノ如キ制度ト爲ス要アリト考フルニ付其ノ旨モ「メーヅ」ニ上申スル積リナリト述ヘ居タリ

冒頭貴電ノ次第ハアルモ岸本邊ヲ通シ「メーヅ」ニ我方ノ意ノアル所ヲ納得セシムル樣上海ニテ措置セラルレハ好都合カト存ス

北平、上海ヘ轉電セリ

---

704 昭和12年9月11日 在天津堀内総領事より広田外務大臣宛（電報）

わが方の海関管理案に対する天津税関長の回答について

天津 9月11日後発
本省 9月11日夜着

第九一六號

往[1]電第八四二號ニ關シ

十日稅關長英國總領事ト共ニ他用來訪ノ節英國總領事ト同席ノ際ニ本件ニ言及シ差支ナキヤヲ本官ニ質シタル上左ノ趣旨ヲ述ヘタリ

「ＩＧヨリ日本側ノ申出ハ愼重考慮中ナルモ兎ニ角「インパス」ヲ「アボイド」スヘキ旨ノ中間的回答アリ自分トシテハ更ニ決定的訓令ナキ限リ日本側申出ヲ正式ニ受諾スル譯ニ行カサルモ自分ハ現ニ事件以來稅收ノ南送ハ差控ヘ居リ又輸出入禁止等ノ告示モ紛爭ヲ生スル惧アルモノハ其ノ旨中央ニ申シ送リ當地ニ於ケル告示ハ差控ヘ居ル次第ニシテ何トカ日本側トノ關係ヲ調整シテ當地ノ商業ヲ恢復セシメ度シト考ヘ居リ日本側ノ申出ノ內治安維持會カ新ニ海關監督ヲ任命スル件ノ如キハ異存ナシ（本官ノ質問ニ對シ治安維持會ノ任命スル海關監督ヲ認メテ從來ノ海關監督ト同樣ノ權限ヲ認ムル意ナリト說明セリ）唯稅收ノ問題ハ自分限リニテ處置シ得ス尤モ日本人ノ納入スル稅ハ全部正金銀行ニ預ケ入レ稅關ハ之ヲ引出ササルコトトシ右以外（外支人ノ納稅）ハ從來通リ香上ニ預ケ入レ之ヨリ經費ヲ支出シ且外債支拂等ノ爲南送シ得ルコトトスル案ナラハ自分限リニテ措置シ得ヘシ

蓋[2]シ稅收ヲ全部一旦日本側銀行ニ預ケ入ルルコトハ「カストデイアンバンク」ノ變更ニシテ外交的ノ手續ヲ要シ自分限リニテ實行出來サルモ右ノ案ナラハ法幣拂底ノ爲日本商

人ノ納税ニ支障ヲ來タシ居ル對策卽チ金融上ノ「アブノーマル」ナル事態ノ對策トシテ自分限リニテ取計ヒ得ヘシ日本人ノ納税額ヲ預金スルコトハ全税收ノ五割乃至六割ヲ保留シ置クコトトナルニ付事件以來激減セル收入ヨリ經費（月十一萬五千弗ヲ要スル由）及外債擔保部分ヲ控除セルモノヲ保留スルヨリモ却テ日本ニ有利ナルヘク外債負擔部分ヲ如何ニ決定スルカノ面倒ナル論議ヲモ避ケ得ヘシ」云々右ニ對シテハ本官ヨリ我方トシテハ外債擔保部分以外南送セシメストノ原則ヲ重視シ居リ且其ノ實際ヲ確證シ得ルカ爲税收全部ノ日本銀行ヘノ預ケ入レヲ希望シ居ルモノニ付右ノ案ハ應諾困難ナルヘシト答ヘ置キタルカ目下軍側ト共ニ右ノ案カ我方ノ申出ニ比シ實際上如何ナル結果トナルカヲ研究中ナリ尚法幣不足ノ（脫?）方針トシテ邦商ヲシテ正金ノ小切手ヲ以テ納税シ海關ハ右小切手ヲ正金ニ預金シ置クコト（右小切手ヲ法幣ニテ支拂フヲ要セハ銀行ハ法幣ノ準備ヲ要スルニ付無意義トナル）ヲ館員ヨリ海關ニ「サジエスト」シ置キタル經緯アリ税關長ハ右我方ノ希望ヲ容ルルト共ニ「カストディアンバンク」ニ付面倒ナル問題ヲ起スヲ避クル意味合ヨリ前記ノ考案ヲ申出テタルモノニテ右ハ少ク共Ｉ、Ｇノ內諾ヲ得居ルモノナルヤニ感セラレタリ

爲念

北平、上海ヘ轉電セリ

705　昭和12年9月15日　在天津堀内総領事より広田外務大臣宛（電報）

わが方海関管理案を天津税関長内諾について

天　津　9月15日後発
本　省　9月15日夜着

第九三九號

往電第九一六號ニ關シ

其ノ後先方申出ヲ數字的ニ攻究スルト共ニ更ニ粎倉ヲ通シ税關長ノ事態認識ヲ促シ置キタル處十四日税關長本官ヲ來訪シ

㈠先日ハ日本人納付ノ税ノミ日本側銀行ニ預金スル樣申上ケタルモ今後ノ税收ハ全部日本側銀行ニ預入シ差支ナシ但シ過去ノ税收約百萬弗香上銀行ニ預入レアリ之ハ其ノ儘ニ願ヒ度ク而シテ今後ノ日本銀行預金中ヨリハ海關經費及日本側ノ同意ヲ得タル外債擔保部分ノミヲ「ドロ

ー」スル建前ト致度シ(但シ自分トシテハ當分外債部分ハ「ドロー」セサル所存ナリ)右ノ案ニテ日本側ノ同意ヲ直ニI、Gニ請訓ノ上實行致度シト述ヘ(「マ」?ハI、Gハ正式ニ承認シ難カルヘキモ少クトモ差支ナシトノ内意ヲ表示シ來ルヘク自分ハ右ニテ實行スル積リナリト述ヘ居タリ)

(二)本官ヨリ天津海關ノ日本人職員增加カ日本側ノ海關ニ對スル信頼ヲ增加スル爲ニ最モ必要ナル旨ヲ强調セルニ對シ早速之ヲ上申スヘキ旨ヲ答ヘ

(三)本官ヨリ日本側ハ銀ノ南送殊ニ密移輸出ノ有效ナル阻止ヲ肝要ト考ヘ居ル旨ヲ述ヘタルニ對シ自分(稅關長)モ南京ヨリ銀行側ニ對シ銀南送方ノ命令アリタルヤノ情報ニ接シ居ルモ事件以來正規ニ輸出セラレタルモノハナク内密ニ輸送スルカ如キコトナキ樣注意シ居ルカ今後ハ日本人海關員ヲシテ出港船ノ臨檢ヲ爲サシメ結果ヲ海關監督(近ク任命セラルヘキ治安維持會側ノ)ニ報告シ日本側ニモ御知ラセ致スヘク此ノ際更メテ船舶業者ニ對シ銀ノ輸移出ハ禁止セラレ居リ違反者ハ沒收セラルヘキ旨ヲ通告スルモ可ナリ尚自分ヨリ總稅務司ニ對シ日本軍ハ銀ノ移輸出ヲ嚴禁シ居ルヲ以テ輸出セント試ミルモ軍ニ沒收セラレ無益ノ紛糾ヲ來スノミナル旨ヲ申送リ置クヘシト答ヘタリ

上海、北平ヘ轉電セリ

706 昭和12年9月29日 在上海岡本総領事より広田外務大臣宛(電報)

海関収入を担保とする北清事変賠償金の対日支払いを中国側停止について

上海 9月29日後発
本省 9月29日夜着

第一六四一號

往電第一三一二號ニ關シ

「メーズ」ヨリ正金支店長ニ對シ二十九日附書翰ヲ以テ對本邦團匪賠償金九月分支拂ニ關シ財政部ヨリ事變終了迄中立國銀行ニ特別勘定トシテ供託方指令アリタルニ付右月賦額ヲ香上銀行ニ當該勘定トシテ供託セル旨申越セリ不取敢

北平、天津ヘ轉電セリ

707　昭和12年9月30日　在天津堀内総領事より広田外務大臣宛（電報）

関税収入を治安維持会の経費として融通する方法につき研究方請訓

天　津　9月30日後発
本　省　9月30日後着

第一〇一六號（部外祕）

往[1]電第九四〇號ニ關シ

一、金融對策トノ關係ニ於テ海關接收必要ナリトノ議論ノ出テタルハ
(イ)税率ヲ一分遞減ノ要アリ(ロ)銀ノ南送ヲ監視スル要アリ(ハ)收入ノ南送ヲ阻止スル要アリ(ニ)經費及外債擔保部分ヲ除ク收入ヲ北支政權ノ費用ニ當ツル要アリ等ノ要望ヨリ出發スルモノニシテ右ノ中(ロ)及(ハ)ハ目下ノ海關トノ話合成立セハ其ノ目的ヲ達スヘク(イ)モ極ク少數品目ニ對スル暫行的ノ税率引下ナラハ又將來海關トノ話合ニテ解決ノ途ナキニアラサルヘシ（委細郵報濟）トノ趣旨ヲ説明シ大體納得セシメ得タル次第ナルカ右(ニ)ニ付テハ目下ノ海關トノ話合ヲ全然打切リテ實力接收ノ擧ニ出ツルカ又ハ目下ノ話合ノ「ライン」ニテ日本側銀行ニ積立テタル税收ヲ治安維持會ニ融通スルカ如キ便法ヲ講セサル限リ其ノ目的ヲ達シ得ス鹽税、統税等ノ收入カ增加シテ治安維持會等ノ經費ヲ「カバー」シ得ルニ至ルヘキヤ否ヤハ疑問ナルモ財政難ヲ感スル度毎ニ海關接收論カ擡頭シ來ルハ不可避ト認メラルルニ付日本銀行ニ積立テタル税收ヲ融通スル方法ハ可能ナリヤ否ヤヲ研究シ置クコト肝要ナリト存セラル

二、[2]税收ハ税關長ノ當座預金トシテ預入レラレ一定額ニ達シタル上ハ定期預金又ハ通?期預金トスルヲ得ヘキモ（税關長カ我方トノ約束ニ反シテ預金引出ヲ求ムルカ如キコトアラハ銀行トシテ其ノ信用上支拂ヲ拒否シ得サルモ此ノ點ハ我方ニテ銀行トノ聯絡ニ依リ税關長ヲ有效ニ制限シ得ヘシト存ス）銀行トシテハ税關長ノ同意ナキ限リ我方ノ要求ニ依リ海關ノ預金ヲ治安維持會ニ交付シ難キハ勿論之ヲ擔保ニ貸付ヲ爲ス譯ニモ行カス治安維持會ニ對スル貸出ハ結局形式的ニハ無擔保貸出トスルヨリ外ナク正金等ニテハ躊躇スヘク（鮮銀ハ可能ナルヤモ知レス）少クトモ政府ノ財政的保障ヲ要求スルニアラスヤトモ考ヘラ

ルル處之ニハ多大ノ困難アルヘシ或ハ滿鐵、興中等ヲ介在セシメテ之ヲシテ保障セシムルカ如キ案モ考ヘラレサルニアラス以上ノ如キ技術的困難ハ有之トスルモ税收ノ中ヨリ經費及外債擔保部分ヲ控除セル部分ハ事件ノ終了迄引出サルルコトナキ預金ナルヲ以テ何トカ銀行トシテ之ト同額ノ借款ヲ治安維持會ニ與フル便法ヲ考慮シ得ヘク事件終了ノ際税收ノ處分ヲ決スルニ當リ之ヲ治安維持會ニ交付スルコトトシ借款償還ト相殺シ得ヘシト存セラル

素[3]ヨリ税收ノ預金ハ萬已ムヲ得サル場合ノ外政費ニハ融通セス成ルヘク銀行ノ商業手形割引等ノ資金トシテ用ヒシムル所存ナルモ已ムヲ得サル場合融通スル途アルコト明カトナラサル限リ海關接收論ヲ抑ヘテ目下話合中ノ「ライン」ニテ海關トノ交渉ヲ纒ムルコト不可能ナル形勢ナルニ付前記ノ如ク技術的困難ヲ何トカ克服シ得ル便法ヲ御研究ノ上至急御回電煩シ度シ

三、治安維持會ノ經費ハ北平、天津各三十萬、聯合會二十萬合計月八十萬元位カト想像セラルル處收入ハ鹽税五十數萬元(往電第九七一號參照但シ經費及外債擔保部分等ヲ除ク)統税四、五十萬元(往電第一〇〇八號參照)等ニテ大體不足ナキニアラスヤトモ思考セラルルモ收入ハ必スシモ確實ナラス支出ハ事態ノ發展ニ依リ増加不可避ナルヤモ知レス

上海、北平ニ轉電セリ

---

708 昭和12年9月30日　在上海岡本総領事より広田外務大臣宛(電報)

事変終了までは北清事変賠償金の対日支払いを第三国銀行に預託する案をホール・パッチ提議について

上　海　9月30日後発
本　省　9月30日夜着

第一六四六號

往電第一六四一號ニ關シ

財務官ヨリ

大藏次官ニ左ノ通リ傳達ヲ請フ

二十九日「ホールパッチ」ノ求メニ依リ會見セル處「ホ」ハ團匪賠償金對日支拂ニ付テハ南京側ハ既ニ八月中ヨリ停

止ノ議強カリシカ自分ヨリ支那ノ對外信用ニ及ホス影響ヲ説キ置ケリ蔣介石ハ財政問題ニ暗ク日本ハ他國ト異リ受取分ヲ對支戰爭ニ用フヘシトテ支拂ニ強硬反對ノ意向ナル由ニ付先般自分赴寧ノ際鄒琳及張公權ニ對シ折衷案トシテ事變終了迄第三國銀行ニ預託シ「サスペンス・アカウント」トスルコトヲ提示シ張公權ヨリ蔣ニ話シタリ（往電第一五六九號參照）支那側ハ同案ヲ採用スルコトトナリタル旨最近聞ケルカ何レ支那側ヨリ日本側ニ正式通知アルヘキモ自分ノ措置ヲ内密賀屋藏相ニ傳ヘラレタキ旨述ヘタリ

北平、天津ヘ轉電セリ

709　昭和12年9月30日　在上海岡本総領事より広田外務大臣宛（電報）

北清事変賠償金の対日支払い停止に対する不承認および権利留保を中国側へ通告方請訓

上　海　9月30日後発
本　省　9月30日夜着

第一六五三號

往電第一六四一號ニ關シ

（付箋）本件支那側決定ハ對日支拂分ノミニ關スルモノナル處我方トシテハ不取敢支那側ニ對シ其ノ一方的ニ決定セル本件措置ハ我方之ヲ承認セス我方ハ債權確保上必要ノ措置ヲ執ル權利ヲ留保スル旨申入レ置クコト然ルヘシト認メラルルモ何分ノ御意見御回電アリタシ

北平、天津ヘ轉電セリ

（付　箋）

上海來電第一六五三號ニ關シ

東亞局松村事務官ニ對シ文化事業部ノ態度表明濟

東亞局ハ上海來電第一六五三號ニ對シ稟請通措置スヘキ旨訓令スルト共ニ在京支那大使ニモ抗議スル事ニ決定セリ

昭和十二年十月一日

710　昭和12年10月3日　在天津堀内総領事より広田外務大臣宛（電報）

わが方海関管理案の再検討を英国領事提議について

天津　10月3日後発
本省　10月3日夜着

第一〇三五號（極祕）

往電第九三九號[1]ニ關シ

一、其ノ後「メーズ」ヨリ稅關長ニ對シ第三國銀行ニ預金スル案ニテ日本側ト再應交涉方訓令アリタル模樣ナルモ稅關長ハ直接之ヲ本官ニ申出テ兼ネタルモノト見ヘ二十三日糭倉ヲ派シ來レルニ付本官ヨリ日本銀行ニ預金スル案ニテモ反對少カラサル迄ニ事態ノ變化シ來レル此ノ際斯ル申出ヲ爲ス樣ニテハ事態ヲ惡化セシムルノミナル旨ヲ傳言セシメ置キタル處稅關長ハ重ネテ日本側申出ヲ至急受諾スル以外途ナキ旨ヲ「メーズ」ニ電報セルカ稅關長ハ「メ」ノ回訓如何ニ拘ラス我方提案ヲ實行スル決心ナルカ如キ旨糭倉ヨリ內報アリタリ

二、尤モ之ニ對シ「メ」ヨリ日本側申出ヲ鵜呑ニスルノミニテハ困ル旨重ネテ電報越セルラシク二十九日ニハ英國總領事館「ハーバート」領事本官ヲ來訪シ稅關長ノ苦衷ヲ聽キ全然個人トシテ何トカ日本側ニ於テ考慮ノ餘地ナキヤヲ伺ヒ來レリト述ヘタルニ付本官[2]ヨリ事態ヲ篤ト說明セルニ日本側申出ヲ受諾スル外ナキコトヲ了解セルニ付自分ヨリ個人トシテ在上海英國總領事ヲシテ「メーズ」ヲ說得セシメ度キニ付四、五日待タレ度シト述ヘ居タリ（本官ハ貴官ノ個人ノ關與ハ希望セサルモ御隨意ナリ軍カ之以上辛抱スルヤ否ヤハ疑問ナリト應酬シ置ケリ）

尙佛國領事モ他用萩原ト會談ノ際電報局、郵便局、海關ノ如キ支那側機關ヲ租界內ニ置クコトハ面倒許リ起スニ付今後ノ新設ハ許可セサル方針ニシテ海關問題ニ關スル日本側ト稅關長トノ話合モ他ヨリ聞及ヒ居ルカ日本側申出ハ「リーゾナブル」ナレハ海關カ之ヲ受諾シテ何トカ速ニ平和ニ解決スル樣希望シ居リ既ニ其ノ旨大使ニ電報セリト內話シ居タル由

三、右ノ如キ外國側ノ說得モアリタル爲カ本二日「メーズ」ヨリ favourable answer shall be sent ト電報アリタル由糭倉ヨリ內報アリタリ

上海、北平へ轉電セリ

711　昭和12年10月10日　在天津堀内総領事より広田外務大臣宛（電報）

海関管理問題に関し英国側が対案提示について

別　電　昭和十二年十月十日発在天津堀内総領事より広田外務大臣宛第一〇七二号

右対案

天　津　10月10日後発
本　省　10月10日後着

第一〇七一號

往電(1)第一〇三五號ニ關シ

一、其ノ後更ニI、Gヨリ金單位紙幣又ハ小切手ニ依ル納税ノミハ中央銀行支店ヲシテ取扱ハシムル案ニテ交渉方電訓アリタルヤニテ糴倉來訪セルニ付斯ル案ハ到底問題トナラサル旨ヲ申聞ケ置クト共ニ六日萩原ヲ税關長ノ許ニ派シI、Gハ或ハ責任回避ノ爲色々ノ案ヲ出シ來リ其ノ何レモ日本側ノ受諾スル所トナラサリシコト明カトナルニアラスンハ責任ヲ取ラサル積リナルヤモ知レサルモ日本側公表《ママ》ヲ遷延策トヨリ解シ得ス日本側カ當初ヨリ駈引ナシニ極メテ「リーゾナブル」ナル案ヲ提出シ其ノ儘容諾ヲ求メ居ルコトハ御承知ノ通リニシテ總領事ハ數日中ニ貴税關長ヨリ「イエス」カ「ノー」カノ回答ヲ期待シ居ラレ夫レ以上遷延セハ本件ハ打切トシ日本側ハ獨自ノ見解ニテ處理スル外ナキ旨申入レシメタルニ税關長ハ十一日朝迄ニ確答ヲ約シ期日ヲ限ラ(レ)タルコトハ寧ロ自分ノ立場ヲ容易ナラシムルヘクI、Gニ對シテハ急迫セル事情ヲ説明シ此ノ上ハ自分ノ最善ト信スル所ヲ行フコトヲ許サレ度キ旨打電スヘシト述ヘ居タル趣ナリ

二、(2)然ルニ九日英國總領事本官ヲ來訪シ在南京大使館ヨリ南京政府ニ於テハ目下別電ノ如キ案ニテ話ヲ進メントシツツアル模様ナルニ付日本側カ最後的措置ヲ執ラルルコトヲ一週間許リ待タレ度キ旨ヲ貴官ニ申入ルル様訓令アリタル旨ヲ述ヘタルニ付本官ヨリ本件ハ支那側トノ交渉ニシテ大使ノ訓令ニ依ル御申入ナリトセハ自分ハ之ヲ聞ク譯ニ行カスト應酬シタル處然ラハ自分(英國總領事)ノ個人的申入ト解セラレ度シト述ヘタルニ付本官ヨリ税關長カ再再延期ヲ申出テ目下本官ヨリ最後的回答ヲ求メ居ル位ナレハ今更一週間ト言フカ如キハ問題トナラサルヘシト答ヘ置キタリ

右訓電ノ内容ニ付テハ深入リスルヲ避ケ唯々個人的ノ「コメント」トシテ外國銀行ヲ經由シ日本銀行ニ預金セラルルトセハ日本側トシテ税收カ全部日本銀行ニ預金セラレタリヤ否ヤヲ調査シ得サルヘキニ付到底受諾シ難カルヘシト述ヘタルニ對シ英國總領事ハ税金ハ直接税關ヨリ日本銀行ニ預金セラレ唯預金ヲ「カストジアン・バンク」ノ名義トスル意ナリト説明シ居タリ

本電別電ト共ニ上海、北平ヘ轉電セリ

天津　10月10日後発
本省　10月10日後着

(別　電)

第一〇七二號

Central Bank to nominate Hongkong and Shanghai Bank or other "neutral" bank as custodian bank for all customs revenue. Custodian bank to open an account with Yokohama Specie Bank in which all customs revenues collected in Tientsin and Chingwangtao will be deposited. The custodian bank undertakes do《ママ》 vis a vis the Yokohama Specie Bank, that this account will be drawn upon by custodian bank by cheque for foreign loan quota and current local expenses only and balance to remain in Yokohama Specie Bank pending settlement of present hostilities.

712　昭和12年10月12日　在天津堀内総領事より広田外務大臣宛(電報)

海関管理問題に関する天津税関長との意見交換について

別　電　昭和十二年十月十二日発在天津堀内総領事より広田外務大臣宛第一〇七九号

海関管理に関する英国側対案は日本案と大差なき旨意見具申

天津　10月12日後発
本省　10月12日後着

第一〇七八號

往電[1]第一〇七一號ニ關シ

税關長ヨリ十一日本官ニ回答ヲ爲スコトトナリ居ルニ九日

ノ英國總領事ノ來談ニ依リ右回答ヲ延期シ得ルモノト考ヘ居ル模様ナリシニ付十一日稅關長ノ來訪ヲ求メ英國總領事ヨリノ話ハ同總領事ノ得タル「インフオメイシヨン」ヲ個人的ニ通報アリタルモノト了解シ居リ從テ貴稅關長ヨリ確答又ハ少クトモ同答ヲ爲シ得サル事情ノ説明ヲ期待シ居ル旨ヲ述ヘタルニ稅關長ハ七日I、Gニ對シ十日迄ニ回答ナキ時ハ承諾アリタルモノト了解シ最善ト信スル所ヲ行フヘキニ付之ヲ許サレ度キ旨電報シ置キタル處I、Gヨリ目下交渉中ニシテ速ニ回訓ヲ發スヘキニ付獨斷ニテ行動スヘカラサル旨回電アリタリ如何ナル回訓カアルヤハ英國總領事館側情報以外ニ豫測ノ材料ナク左リトテ自分限リニテ取極メル譯ニモ行カス困却シ居ル旨ヲ述ヘ英國側情報ノ如キ案ヲ日本側ニテ受諾可能ト考ヘラルルヤト質問セルニ付本官ヨリ支那側カ之ナラハ實行スヘシト言フコト確實ナル對案ナラハ兎モ角今直ニ我方ニ於テ同案ヲ受諾シ得ルヤ否ヤヲ表明スヘキ筋合ニアラス

又[2]軍側ニ於テハ本件交渉ニ付支那側カ遷延策ヲ弄シ居ルヤノ印象ヲ深メ居ル折柄稅收以外ノ諸點ニ關スル我方ノ提案ハ貴官限リニテ實行シ得ルトノ豫テノ御話モアリ例ヘハ海關監督ノ件及邦人職員ニ依リ銀密輸監視等ヲ直ニ實行スル位ノ誠意ヲ示スニアラサレハ本件對案ノ考量ハ愚カ之以上待ツ譯ニハ行カサルヘシト應酬シ置キタリ稅關長ハ直ニI、Gニ對シ英國側情報ノ案カ確定的對案ナリヤヲ「コンフアーム」シ且自分限リニテ取計ヘサル邦人職員增員方等ヲ至急電請スヘク海關監督ハ治安維持會ニテ任命アラハ之ヲ承認シテ差支ナキ旨I、Gノ了解取付濟ナル旨ヲ述ヘタリ

右會談ニ際シ往電第一〇七二號ノ案ニ付其ノ諾否ヲ「コンミツト」スルモノニアラサルモノナル旨ヲ前提シテ稅關長ニ或程度ノ説明ヲ求メタルカ其ノ概要及本案ニ對スル當方ノ觀測別電第一〇七九號ノ通リ

本電別電ト共ニ上海、北平ヘ轉電セリ

（別　電）

天　津　10月12日後発
本　省　10月12日後着

第一〇七九號

一、[1]往電第一〇七二號第一項ニ Custodian bank for all customs revenue (all ノ字ニ「アンダーライン」シアリ

タリ）トアルコト及「カストジアン、バンク」ノ語ノ本來ノ意味（又 China's customs revenue 第八頁以下）等ヨリ考ヘレハ全支那ノ關税收入ノ意ナラスヤト考ヘラルルニ付税關長ニ質問セルニ矢張リ天津及秦皇島税收ノ全部ヲ保管スル銀行ノ意ナルヘシト述ヘ居タルカ貴電第四四五號ニ依リ全支那ノ海關收入ノ意ト解セラル英國側カ海關ノ獨（立?）性ヲ强化シ支那ノ對外的又ハ內部的紛亂ニ對シテモ超然タル存在トナシ且之ニ對スル國際管理ヲ强化シ支那ノ金融經濟ヲ把握セントノ考ヲ有スルコトハ「リースロス」以來ノ經緯ニ徵スルモ疑ノ餘地ナク此ノ點ニ付テハ充分ノ考量ヲ運ラス必要アルモ集金、送金等ノ技術的見地ヨリ見レハ一九三二年三月以來各地ノ税收ハ上海ノ中央銀行ニ集メ同銀行ヨリ外債支拂所要額ヲ香上銀行ニ送付シ居ルモノニシテ（前記書物十二?頁）香上銀行カ右中央銀行ノ地位ニ取ツテ代ルコトハ左シタル影響ナク寧ロ支那側カ外債支拂ヲ中止シテ關税收入ノ全部ヲ政費、軍備ニ流用スル危險ヲ防止スル利益アリ從テ此ノ點ハ「全支海關收入ノ「カストジアン、バンク」ノ變更ヲ今直ニ國際間ニ話合フコトハ適當ナラスト思考ス支那側カ一方的ニ之ヲ變更スル場合ハ事變中ノ暫行的措置ニシテ將來ノ制度ヲ「コミツト」スルモノニアラサルコトヲ明カトスルコトヲ要ス」ト應酬シ强テ反對ノ要ナキヤニ存セラル

二、(2) 從來天津ニ於テハ中央銀行員カ海關內ニ出張シ居リ「デユチー・メモ」ニ依リ納税者ヨリ直接税金ヲ收受シ同行カ「レミツタンス」ヲ爲シ居タリ（前記書物十三頁ノ表參照）事變以來ハ「コレクシヨン」ハ引續キ中央銀行カ行ヒ居ルモ税金ハ香上銀行ヘ預入レ「レミツタンス」ハ行ヒ居ラス本案ニ依レハ「コレクシヨン」ハ中央銀行員引續キ之ヲ行ヒ毎日其ノ日ノ收入ヲ直接正金銀行ニ持チ行キ之ヲ正金銀行ニ於ケル香上銀行ノ特別「アカウント」ニ入レ税關長カ經費ノ支出ヲ要スル時ハ香上銀行宛ノ小切手ヲ切リ香上銀行ハ同額ヲ正金銀行ニ於ケル預金ヨリ引出スコトトナルモノニシテ外債擔保部分ノ送金ヲ爲スニハ税關長ヨリ香上ニ送金ヲ申込ミ香上ハ正金ヨリ引出シテ送金ヲ爲スモノナリ右小切手ノ振出又ハ送金ノ申込ニハ税關長ノ署名ヲ要シ（香上ノミニテ爲スヲ得ス）且税關長カ豫メ日本側ノ同意ヲ得タルモノナルコトヲ明

カニシタル場合ノミ正金カ引出ヲ認メ得ル様税關長ト香上トノ間及香上ト正金トノ間ニ契約セシムルコトヲ得ヘシ右ハ税關長ノ言ナルカ果シテ右ノ通リナリヤ否ヤハ岸本邊ニ就キ充分確メラルル必要アリ

三、我方カ所期ノ目的ヲ達スル爲ニハ(イ)税收ノ全部カ誤魔化サレスニ日本銀行ニ預入レラルルコト(ロ)預金ヲ不必要ニ引出サレサルコト等必要トス右(イ)ハ正金銀行員カ中央銀行員ニ代リテ海關ニ出張シ得サル限リ假令正金ヲ「カストジアン・バンク」トスルモ税關側ヲ信頼シ行ク外ナク税關長ハ本官ノ質問ニ對シ海關ノ會計係ヲ日本人職員ニ代フルカ如キハ自分ノ權限内ニテ取計ヒ得ヘキニ付適當處理スヘシト述ヘ居タリ右(ロ)ハ前記二、税關長ノ話ノ通リナリトスレハ心配ナシト思考セラル

從テ右(イ)(ロ)ノ見地ヨリスレハ我方原案ニ依ルモ本案ニ依ルモ大差ナキモノト認メラル

四、[3]從ツテ本件對案カ税關長等ノ考ヘ居ルカ如キ支那側ノ面子ノミノ問題ナリトセハ之ヲ受諾スルモ差支ナシト認メラルルモ若シ英國側カ「ローン、クオータ」ノ決定及預金ノ最終的處分ニ迄容喙セントスル底意アリトセハ相當考慮ヲ要スヘシ

依テ Foreign loan quota ノ後ニ to be consented by the Japanese Authorities ノ語ヲ加ヘ It is understood that custodian bank is in no way entitled, by the present modus operandi, to intervene in the settlement of the issue ノ一句ヲ加ヘ細目ハ税關長ト本官ノ間ニ話合ヒ税關長、正金間ノ文書トシテ殘シ置クカ如キモ一案ニアラサルカト思考セラル

但シ以上ノ意見ハ軍ト打合セタル所ニアラス此ノ點ハ至急追電スヘキニ付直ニ意見ヲ御決定ナキ様致度シ

713 昭和12年10月12日 在天津堀内総領事より広田外務大臣宛(電報)

海関管理問題を軍と協議の結果わが方管理案の貫徹方針を決定について

天津 10月12日後発
本省 10月12日夜着

第一〇八七號(極祕、部外祕)

往電[1]第一〇八六號ニ關シ

一、軍側トノ打合ニハ會議ノ形式ニ依ルコトヲ避ケ先ツ萩原、朝海ヨリ軍側係官ニ對シ英國側新提案ヲ修正附ニテ容認セハ我方原案ト實質上相違ナカルヘキ旨竝ニ外務側トシテモ決シテ遷延策ニ乗セラレ居ル次第ニハアラス海關ニ對シ積極的措置ヲ執ルヘキ時機ハ北支竝ニ上海方面ニ於ケル軍事行動一段落ヲ告ケタル際ノ支那側出方ヲ見極メタル上自主的ニ決定スルコト我方ニ有利ナルヘシトノ見地ヨリ現在ハ税關側ノ交渉ニ應シ居ル次第ナル旨詳述シ海關ノ實質的把握工作ニ充分ナル機會ヲ與フルコト適當ナル旨申入レタル處同係官ハ一應右ヲ納得シ喜多少將ニモ直ニ報告スヘキ旨約セリ

二、依テ十二日本官同少將ト會見海關ノ卽時接收カ既ニ相當惡化セル國際關係ノ惡化ニ拍車ヲ掛クルコトトナルヘキハ明カナルヲ以テ新提案ノ修正ニ依リ我方當初ノ目的ヲ達成シ得ル以上早急的措置ニ依リ支那側ノ宣傳ニ乗スル隙ヲ與ヘシメサルコト肝要ナル旨繰返シ申述ヘタルモ同少將ハ本件ヲ持出シタル後二箇月ナルニ未タニ海關ニ對スル工作思フ樣ニハ進マサル實狀ナレハ部內情勢ヨリモ此ノ上ノ遷延ニハ應シ難ク殊ニ新提案ハ英國ノ本件ニ對スル介入ヲ誘致スルカ如キ性質ヲ有スト認メラレ右ニテハ愈々部內ヲ取纏ムルニ困難ヲ感スル次第ナリ

依[2]テ原案ニ對シ直ニ諾否ノ返答ヲ海關側ヨリ取付ケラルル樣御配意アリ度ク税關ニテ應セサルニ於テハ接收ノ外途ナカルヘシ軍トシテハ直ニ其ノ準備ニ取掛ル積リナリト答ヘタルニ付更ニ本官ヨリ出先ニ於テ意見ノ一致ヲ見ストセハ問題ノ重要性ニモ鑑ミ夫々中央ニ請訓ノ上決定ヲ待ツコトト致度シト申入レタルモ同少將ハ右ハ徒ニ出先ノ意見不一致ヲ中央ニ表示スルニ止マル一方中央トシテモ裁決シ得サルニアラスヤト思考セラルルニ付何トカ軍側方針ニ御協力相願度シト答ヘタリ

三、中央ニ於テ卽時接收ハ不可ナリトノ御決定アラハ格別ナルモ（右決定モ至難ナルヘキハ朝海事務官ヨリ報告アリ）當方從來ノ軍側トノ關係ニ鑑ミ本件ニ付軍側ト協調ヲ保ツコトハ今後幾多ノ問題ノ處理上極メテ必要ナリト存セラレ此ノ際我方原案ニ對シ至急税關側ヨリ返事（卽答ニ近キモノ）ヲ取付クル樣努力スルノ外ナク卽答ナキカ拒否的回答ナルニ於テハ接收工作具體的ニ進メラルル結果トナルヘシ

714　昭和12年10月12日　在天津堀内総領事より広田外務大臣宛(電報)

海関管理問題に対する軍の態度硬化と接収実行に向けた準備状況について

天　津　10月12日後発
本　省　10月12日夜着

第一〇八八號(極祕、部外祕)

上村東亞一課長ヘ朝海ヨリ

一、最初當地軍側ニテハ中央ノ意見ヲ氣兼シ海關接收ニ相當「チミッド」ナリシ由ナルモ靑木次長、川村中佐等ノ來津ニ依リ中央軍側ノ强硬意見ヲ確認シ急ニ强硬論ノ擡頭ヲ見ルニ至レル趣ナリ

二、冀東貿易ノ擴張强化ハ軍側ヲシテ既ニ原則的ニ之カ廢止ニ同意セシメタル次第ニモアリ且ハ國際關係ニ及ホスヘキ影響ハ海關ノ接收ト殆ト異ル所ナカルヘキニ付今ノ所此ノ點ニ付軍側ニ持出スコトハ面白カラサルヘシトノ堀内總領事御意見ナリシヲ以テ小官ヨリ本案ヲ接收代案トシテ軍側ニ提示シ居ラサルニ付御含置キ請フ

三、尤モ軍側トシテモ我方實力若クハ我方ノ旨ヲ受ケタル便衣隊ヲシテ佛租界ノ海關ヲ强制的ニ接收シ度シト迄ハ考ヘ居ラサルモノノ如シ差當リ塘沽、日本租界、特別區等ニ新海關ヲ設置シテ舊海關ヲ骨拔キトスル意嚮ナリト認メラル(右ノ場合ニモ例ヘハ外國船カ自由ニ佛租界舊税關ニテ所定ノ手續ヲ履ムコトヲ阻止シ得サルヘキニ付果シテ骨拔キト爲シ得ヘキヤ疑問ナル旨指摘シ置ケリ)滿洲國税關吏三名目下當地ニテ接收ノ具體的方法ヲ研究中ノ由

四、總領事館ニ於テハ輸入税率ノ引下ハ實質的把握工作成功セル後第二段ノ措置トシテ研究ヲ進メ度シトノ意嚮ナリ(往電第一〇一六號ノ一參照)

五、外債擔保部分及海關經費ヲ差引キタル殘餘ヲ今直ニ政費ニ流用セサレハ治安維持會等ノ指導ニ支障アリヤトノ質問ニ對シテハ軍側ヨリ必スシモ然ラサルカ如キ印象ヲ受ケタリ

〰〰〰〰〰〰〰〰〰〰

715　昭和12年10月14日　在天津堀内総領事より広田外務大臣宛(電報)

海関問題に対する軍の態度硬化に鑑み交渉条

件が第三国の利害に影響せず妥結の望みある旨を軍に説明方意見具申

付　記　東亜局作成「昭和十二年度執務報告　第一冊（第一課關係）」より抜粋

「天津秦皇島海關接收問題」中の「第二款　我方管理要求ト天津税關長ノ受諾」の「十」から「十二」

天　津　10月14日後発
本　省　10月14日夜着

第一一〇〇號（部外祕）

貴電第四五七號ニ關シ

海關問題ニ關シ最近軍側ノ態度特ニ急激ニ硬化セルハ軍中央ヨリ貴電第四四五號ノ英佛申出及之ニ關スル傍受電ヲ電報シ來レル爲本件ニ關シ漸ク外國側カ容喙シ來リ外務當局ニ交渉ヲ任シ置クニ於テハ外國側ニ對スル關係上遂ニ接收ノ外ナキニ至リタル場合モ接收ヲ實行シ得サル羽目トナル惧アルニ付海關實質的把握ノ交渉ハ速ニ決裂セシムルニ如カスト考ヘ出シタルニモ依ルモノナルコトハ往電第一〇九七號ニモ申進ノ通リニシテ此ノ際外國側ヨリ色々申出アルモ之ニ對シテハ本件ハ我方ニ對シ戰鬪行爲ヲ爲シ居ル南京政府ノ機關ヲ我軍ノ後方ニ存置セシメ置ク譯ニ行カス本來ナラハ戰鬪行爲中海關ノ行動停止ヲ要求スヘキ筋合ナルモ特ニ外國側ノ利害關係ヲ考慮シ一定條件ノ下ニ之ヲ存置セシメ置カントシテ海關ト交渉ヲ開始セルモノニシテ右條件ハ海關ノ機構外國人職員外債擔保部分ニ影響スルコトナク從テ外國ノ利害ニ影響ヲ及ホササルモノナレハ之以上外國側ノ容喙ヲ受クヘキ筋合ニアラサルコトヲ明カニセラルルニアラサレハ益々軍側ヲ「イリテート」シテ接收ヲ早カラシメ纒マルヘキ交渉モ纒マラサルニ至ル惧アリト思考セラル

御氣付ノコトトハ存スルモ爲念

（付　記）

（前略）十、十月十三日在京英國大使ハ堀内次官ヲ來訪シ天津海關問題ニ關シ左記ノ案ヲ提示シ我方ノ考慮ヲ求ムル旨述ヘタルニ付次官ヨリ右ハ英國側ノ提案ト了解スヘキヤト質シタルニ英大使ハ右ハ現地ニ於ケル日本側提案ニ基ク天津日英總領事間討議、南京ニ於ケル「ホールパッチ」

「ハウ」代理大使及外交部長間討議等ノ結果ヲ綜合シテ適當ナリト認メタル案ニシテ結局ニ於テ天津税關長ヨリ日本側ニ提議セラルヘキモノト思考スルモ英國政府トシテモ支那海關ニ關シ深キ利害關係ヲ有スルニ付特ニ右案ヲ支持シテ日本政府ノ考慮ヲ求ムル次第ナリト述ヘタリ

1. The procedure now in force is that all Customs revenues are deposited with the Central Bank of China. The Chinese Government is willing to instruct on its own initiative the Central Bank of China to authorize as a provisional measure a bank of a third country as custodian Bank to receive such revenues, the details of the arrangement to be fixed by the two Banks.

2. The revenues referred to above shall include those of Tientsin and Chinwangtao Customs.

3. The period for which authorization is given will only cover the duration of the present hostilities.

4. The custodian Bank shall be responsible to the Central Bank of China for the safe custody of all Customs Revenues so deposited. With regard however to revenues collected by the Tientsin and Chinwangtao Customs the custodian Bank is permitted to deposit them with another Bank.

5. The custodian Bank shall, during the period of authorization mentioned in No. 1 above, make the necessary monthly payments as heretofore. As regards however the revenues deposited temporarily with the other Bank mentioned in No. 4 it may draw by cheque on such other bank as they fall due, the necessary amounts for the payment of the quota of foreign loans assigned to Tientsin and Chinwangtao and for the defraying of the necessary current local expenses of those stations.

6. The custodian Bank shall not concern itself with matters other than the arrangements above mentioned.

十一、然ルニ十月十五日天津税關長ハ堀内總領事ヲ來訪シI・Gヨリ左記ノ通リノ案ニテ日本側ト話合ヲ纒メ差支ナキ旨訓令アリタリト述ヘタルニ付同總領事ハ先ツ其ノ案ノ説明ヲ求メタル上支那側對案ノ内容カ我方原案ノ代換ヲ装ヒツツ實ハ骨抜キニスル「トリツク」ナルコトト此ノ間ニ外國側ノ介入アルコトカ明カトナリタル以上我方トシテモ相當警戒セサルヲ得ス從テ今日ハ右ノ如キ提案カ問題トナラサルハ勿論我方原案ノ儘ニテモ纒メ得ルヤ否ヤ疑問ナルモ若シ今直ニ原案（稅關長カ直接日本銀行ニ預入レ我方ノ同意セル外債擔保部分ト地方的經費ノミヲ引出スコト）ヲ實行スル用意アラハ之ヲ纒ムル樣最善ノ努力ヲ爲ス積リナリト述ヘタル處稅關長ハ之ヲ諒トシ早速I・Gニ對シ速ニ日本側原案ヲ受諾スルコト必要ナル旨電報スヘシト述ヘタル趣ナリ

1. Procedure now in force is that all Customs revenues are deposited with Central Bank of China. Chinese Government is willing to instruct on its own initiative Central Bank of China to authorize as provisional measure bank of third country as Custodian Bank to receive such revenues, details of arrangement to be fixed by two Banks.

2. The moneys to be deposited in the Custodian Bank shall comprise the customs revenue collected by the Tientsin and Chingtao customs.

3. Period for which authorization is given will only cover duration of present hostilities.

4. The whole revenue, i.e. import duty and surtax, export duty and surtax, interport duty and surtax, collected by the Tientsin and Chingtao customs the Custodian Bank may deposit with another bank (i.e. Yokohama Specie Bank).

5. As regards however revenues deposited temporarily with other Bank mentioned in No. 4 it may draw by cheque on such other bank as they fall due, necessary amounts for payment of foreign loans assigned to Tientsin and Chinwangtao and for defraying of necessary current local expenses of those stations.

6. Custodian Bank shall not concern itself with matters other than custody of customs revenue.

十二、一方十月十八日在京英國大使ハ堀內次官ヲ來訪シ日本軍側ハ英國側カ支那側ト肚ヲ合セ「トリック」ヲ行ヒ居ルモノトシ憤慨シ居ル趣ナルカ右カ甚シキ誤解ナルコトハ御承知ノ通リニテ自分ハ日本側カ海關統一ヲ支持スト云フ従來ノ言明ニ反シテ海關ヲ接收スルカ如キコトアランカ此上更ニ列國ノ對日感情ヲ刺戟シ日本ノ國際關係ヲ不利ナラシムルコトトナルヘキノミナラス夫レカ爲メ支那側ノ日本ニ對スル債務支拂ニモ累ヲ及ホシ却テ日本ノ不利トナルヘク英國側ニテハ斯ル事態ノ起ルコトヲ避クル爲メ極力支那當局ヲ説得シ圓滿解決ノ爲盡力シ居ル次第ナリ自分トシテハ先日ノ提案ハ是ニテ稅收ノ南送ヲ阻止シ得ルニ依リ日本側要求ヲ事實上滿足セシメ得ルモノト信ス尚(次官ヨリ日本側ニテハ稅收ノ南送阻止ノミナラス出來得レハ治安維持費ヲモ捻出シ度キ考アルモノト思考スト述ヘタルニ對シ)地方政費支辨ノ問題アラハ右日本側要求ヲ更ニ話合フコトヲ得ヘシ要ハ海關ノ統一ヲ保持シツツ日本側要求ヲ容ルル目的ヲ以テ交渉ヲ進ムニアリ日本天津總領事ヨリハ十七日ヲ期限トシ最後的回答ヲ要求シ居ルカ如キモ接收ノ如キハソレノミニテ世界ノ對日疑惑ヲ增スヘキニ付斯ル形式ハ之ヲ避クルヲ要スヘシ云々ト述ヘタリ

次テ二十日會談ノ際英國大使ハ再ヒ本問題ニ言及シ天津方面軍ハ過日ノ提案カ天津及秦皇島ノ收入ヲモ同一ニ取扱ハントスル點ニ反對アルカ如キモ本案ハ支那政府カ外債擔保部分ヲ濫用セサルヘキコトヲ保障スルモノナリ等述ヘタルニ對シ次官ヨリ本件ハ天津ニ於テ交渉中ナルヲ以テ東京ニ於テ論議スルコトハ却テ問題ヲ紛糾セシムルノ惧アル旨ヲ告ケタル處同大使ハ在天津日本官憲ハ此上ノ討議ヲ拒絶シ憂慮スヘキ事態ニ在リトノ報道ニ接シ居ルニ付何トカ當地ニ於テ非公式話合ニ依リ了解ヲ遂ケ度シト述ヘタリ

同大使ハ更ニ二十二日ニハ過日ノ六項目案ハ支那側最大ノ讓歩ニテ實ハ支那側ニテハ内債支拂額ヲモ差引カンコトヲ固執シタルモ英國側ニテ漸ク説得シタル位ナリトテ右案ニ依ル解決方ヲ繰返シタルヲ以テ次官ハ最近ノ情報ニ依レハ稅關側ニテハ多少讓歩ノ模様アリ暫ク現地交渉ノ成行ヲ見ルコト然ルヘキ旨答ヘ置ケリ(以下略)

716　昭和12年10月21日　在天津堀内総領事より広田外務大臣宛(電報)

総税務司六項目提案のわが方承諾を中国財政部長が強く要求しているとの海関側通報について

付記一　東亜局作成「昭和十二年度執務報告　第一冊（第一課關係）」より抜粋
「天津秦皇島海關接收問題」中の「第二款　我方管理要求ト天津税關長ノ受諾」の「十三」から「十四」

二　東亜局作成「昭和十二年度執務報告　第一冊（第一課關係）」より抜粋
「天津秦皇島海關接收問題」中の「第三款　其後ノ交渉ト新政權ニ依ル接收」の「二」および「六」から「七」

天津　10月21日後発
本省　10月21日後着

第一一三八號※※

往電第一一二二號ニ關シ

十九日I、Gヨリ財政部長ハ既電ノ六項目以上ニ如何ナル讓歩ヲモ許シ得ス現在及今後ノ税收ハ徴税費及外債支拂ニスラ不足ニシテ夫レ以外ノ用途ニ當ツヘキ剩餘ナキコトヲ説明シ日本側ニ六項目ノ承認方ヲ強ク Urge セラレ度シト電報アリ（上海發本官宛電報第八〇號ニ所謂最後的訓令ニ該當スルモノカト思ハルルモ內債擔保部分ノ引出ヲ云々シ居ラス）税關長ハ糴倉ヲ通シ右ノ次第ヲ內報越スト共ニ保管銀行ヲ認ムル代リニ天津、秦皇島以外各地海關ノ税收モ正金ニ預入ルル案ニテハ如何カト申出テ來タレルカ二十一日英國總領事館ニ税關長カ「ア、バンク、オブ、グッド、リピユテイシヨン」ニ直接預金スル案ニテ差支ナキ旨電報アリタル趣ニテ税關長ハ目下之ヲI、Gニ「コンファーム」シ居ル由

北平、上海ニ轉電セリ

（付記一）

（前略）

十三、I・G側ニテハ依然前記六項目ヲ固執シ居タルモノノ如キ處十月二十二日糴倉ハ税關長ノ命ニ依ル趣ヲ以テ堀內總領事ヲ來訪シ「日本側原案ノ通リ税關長ヨリ日本側銀行ニ直接預入レ外債及經費ノミ引出スコトト致度ク右ハ即日實行スルモ可ナリ青島海關ヨリ引揚中ノ邦人職員ノ有能ナル者ヲ天津ニ任命方電報スヘシ」トノ傳言ヲ傳ヘ税關長ハ右ヲ文書ヲ以テ「コンファーム」スヘシト述ヘタルニ付同總領事ヨリ「十五日ノ會議ニ於テ述ヘ置

キタル通リ今トナリテハ原案ノ儘ヲ受諾スルモ之ニテモ纒メ得ルヤ否ヤ疑問ナルモ本官トシテハ取纒ムル様盡力スヘシ」ト税關長宛傳言セシメ置キタル趣ナルカ同日税關長ヨリ同總領事ニ對シ別記ノ通來翰アリタル由ナリ

一方之ト同時ニ赤谷税務司及英人副税務司ハ天津正金支店長ヲ往訪シ天津ノ分及秦皇島ノ分各々ニ付 revenue a/c. revenue surtax a/c. flood relief surtax a/c ノ三者合計六口ノ當座ヲ開キ度キ旨及金單位税收ハ差當リ弗ニ換ヘス紙幣又ハ native order ヲ其ノ儘保護預リセラレ度キ旨ヲ申出テタル趣ニシテ正金支店長ハ總領事館ノ意見ヲ聽キタル上ニテ回答スヘシト答ヘ置キタル由ナルカ堀内總領事ハ正金支店長ニ對シ差當リ普通ノ預金トシテ取扱フヘキ旨示達シ置キタル處税關ハ十月二十五日ヨリ正金預金ヲ開始セル由ナリ

I have honour to inform you that having received necessary authority from I.G. to settle with you outstanding questions connected with Chinese Customs service in Tientsin and Chinwangtao, I have this day taken necessary steps to open an account with Y.S.B. at Tientsin and Chinwangtao namely, the collection on behalf of import duty and revenue surtax and flood relief surtax, export duty and revenue surtax, interport duty and surtax, will be deposited, commencing with today's collections.

Throughout duration of present hostilities between Japanese Empire and China, and until questions arising out of these hostilities are settled, these specified collections will continue to be deposited with Y.S.B. in Tientsin, and it is understood that withdrawals therefrom shall consist of moneys for regular and accepted current local expenses. In regard to such of these moneys as are marked for loans of obligation purposes, their disposal is left to my discretion, but it is not my intention to make any withdrawals in this connection, pending settlement arising out of the present hostilities, and therefore any question regarding them does not arise.

It will be daily duty of administrative commissioner,

Mr. Y. Akatani, representing myself, to see that these moneys are duly deposited in Y.S.B. and Mr. Akatani has been given my full authority to take such steps as he may consider necessary to enable a proper check to be maintained over these moneys.

十四、然ルニI・Gハ十月三十日税關長ニ對シ日本側原案ハ外債擔保部分ノ送金ヲ認メ居タルニモ鑑ミ一切送金ヲ爲シ得ストノ貴官ノ言分ハ不可解ナリ之ヲ政府ニ報告セハ貴官ノ越權ノ行爲ト認ムヘク既電ノ條件（內債、外債ノ送金ヲ爲ス條件ニテ預金スルコト）ヲ逸脱セル理由ヲ說明スルコト困難ナルヘシ既電ノ條件通リトスルカ又ハ以前ノ貴電通リ送金ヲ爲スコトトスルコトカ不可能トセハ再ヒ六項目ノ案ヲ採用スル様努力アリ度ク而シテ東京ニ於テハ外國側モ日本側モ支持シ居ルコト明カナルニ付兎モ角モ現地ニテハ問題ヲ未解決ニシ置カレ度シト電報越シタル趣ニテ糾倉ヲ通シ堀內總領事ニ對シ東京ニ於ケル六項目ニ對スル「サッポート」云々ノ事實ノ有無ヲ確メ來レルニ付同總領事ヨリ然ルヘク說明シ置キタル處稅關長ハ三十一日I・Gニ對シ「日本側ハ六項目ニ對スル支持云々ヲ否認シ居リ且問題ハ天津及秦皇島ニ關スルモノニシテ全支那ニ關スルモノニアラスト主張ス現地ニハ強硬論多ク自分ハ事態收拾ノ爲至急行動スル要アリタリ越權行爲ヲ云々セラルルモ自分ハ日本軍ノ意思カ最高ナル地位ニ居ルコトヲ記憶セラレタシ日本側及外國側カ東京ニ於テ六項目ヲ支持シ居ルトセハ東京ヨリ現地軍側ニ對シ東京ニ於テ解決スル迄待ツヘキ旨電報スル様措置セラレ度シ日本軍ニ對シ解決ハI・Gノ手ニ移シタル旨ヲ通告シ差支ナキヤ」云々ト回電セルニI・Gヨリハ單ニ引續キ交渉スヘシト電報シ來レル由ナリ（以下略）

（付記二）

一、（前略）天津稅關長I・G間ノ關係ハ別トシ海關側ハ兎ニ角天津秦皇島ニ於ケル收入ヲ正金ニ預入ルルコト其內ヨリ經費以外ノ支出ヲナササルコト、邦人職員ヲシテ之ヲ監督セシムルコト、邦人職員ヲ增加スルコト、新ニ治安維持會ノ任命スル海關監督ヲ認ムルコト等ノ我方ノ要求全部ヲ入レ天津海關問題モ第一段ノ工作ヲ終レル次第ナルカ軍側出先ニ於テハ更ニ稅收ノ利用、稅率ノ低減ノ爲卽時接收ヲ實施スヘシトスル議論ナリシカハ本省ニ於テハ陸海軍大藏省トモ打合ノ上左記方針ヲ決定シ右ニ依リ可然取計フ様十月三十日堀内總領事ニ對シ訓電セリ

㈠　天津及秦皇島海關ノ接收ハ直接タルト間接タルトヲ問ハス今直ニ之ヲ實施スルコトハ海關側ニ於テ我方要求全部ヲ應諾シタル事實竝ニ九國條約會議開催ヲ目捷ニ控ヘ國際情勢頗ル機微ナル際ナルニモ鑑ミ之ヲ差控フルヲ得策ト認ムルヲ以テ差當リノ暫行措置トシテハ十月二十二日天津稅關長ノ承諾セル案ニ依リ處理セシム

㈡　右暫行期間中ニ於ケル(イ)稅收ノ政費流用(ロ)稅率ノ低減(ハ)邦人海關吏ノ增加等ハ現地ニ於テ是カ實現方努力セシメ中央ノ措置ヲ要スルモノニ付テハ關係中央ニ於テ協議ノ上是カ實現ヲ圖ル

㈢　今後南京政府ニ何等反省ノ色ナク之ヲ相手トシテ戰局ヲ收拾スルノ見込ナキニ至ラハ時機及方法ニ付對外關係ヲモ考慮シタル上支那側北支政權ヲシテ其ノ勢力範圍內ニ在ル各機關ヲ接收セシムルコトヲ考慮ス（此ノ場合帝國ハ右ニ何等干與セストノ建前ヲ執ル）

㈣　英、米、佛等本件ニ關シ帝國政府ニ申出ヲナシタル諸國ニ對シテハ帝國トシテハ本問題ハ現地ノ交涉ニ委ヌルコト然ルヘシト認メ居ル處是等諸國ノ支那海關ニ有スル利益ニ付テハ我方ニ於テ之ヲ侵害セントスルカ如キ意圖ナシトノ趣旨ヲ以テ應酬ス（中略）

六、在京英佛大使ノ申出

尙十一月二日在京英國大使ハ堀內次官ニ對シ天津稅關長ノ約束ハ日本側ノ脅迫ニ依リ已ムヲ得スナシタルモノナリト述ヘタル次第アリタルニ依リ五日同大使次官ヲ來訪ノ際次官ヨリ十月二十二日附天津稅關長來信ヲ示シ同來信ニモ特ニ總稅務司ノ訓令ニ依ル旨ヲ記シアリ同稅關長トシテモ總稅務司ト連絡ノ上取極メタルモノニテ日本側ノ脅迫ニ依ルトハ全然事實ニ反スルモノナル旨說明セル處同大使ハ稅關長カ日本側ノ提案ヲ受諾セサルニ於テハ日本ハ稅關ヲ接收スルニ至ルヘキ氣勢ヲ示シタルコトハ事實ナルカ此點ハ兎モ角右稅關長ノ約束中內外債擔保部分ヲモ送金セストノ點ハ全然訓令違反ニテ越權行爲ナル旨電報ニ接シ居レリト述ヘタリ

仍テ次官ハ右ノ如キ問題ハ税關ノ內部關係ニテ當方トシテハ總テ總税務司ノ訓令ニ依リ税關長ニ於テ處理シタルモノト認メ居リ東京ニ於テ本問題ヲ論議スルヲ得ス現地話合ノ儘ニナシ置クノ外ナシト述ヘタル處同大使ハ兎モ角外債負擔部分ハ送金スルコト出來マシキヤト申出タルニ付右ノ如キコトハ今更出來得ル話ニ非ス但シ外債負擔部分ハ確實ニ積立テ置クコトトナリ居リ外債所有者ノ利益保全ニハ十分意ヲ用ヒ居ル次第ナル旨說明セル處同大使ハ然ラハ外債支拂部分ヲ確實ニ積立テ置キ流用スルカ如キコトナキ樣是非御配慮ヲ得度キ旨述ヘ居タリ

尙在京佛國大使ヨリモ十一月六日附公文ヲ以テ日本陸軍官憲カ外債擔保部分ノ南送ヲ阻止シ居ル旨申越セルニ依リ前記英國大使ニ對スルト同趣旨ニテ回答シ置キタリ

七、新政府ノ接收

中華民國臨時政府ハ十二月十四日北平ニ成立セルカ行政委員長王克敏ハ同月十五日「マイヤース」税關長ニ對シ新政府樹立セラレタルニ付其ノ隷下ニ屬シテ同政府ノ目的ニ協力ヲ希望スル旨電報スルト共ニ溫世珍ヲ接收委員トシテ同日午後税關ヲ訪問面談交渉セシメタル處「マイヤース」ハ王ニ對シ希望ニ副フヘキ旨返電シ斯クシテ兎モ角接收ヲ了シタル形トナレル趣ナリ（以下略）

717

昭和12年12月1日　在上海岡本総領事より広田外務大臣宛（電報）

上海方面の海関管理問題に関しわが方と上海税関長の協議に先立ち英国側と協議ありたき旨の覚書を英国総領事提出について

別　電　昭和十二年十二月一日発在上海岡本総領事より広田外務大臣宛第二四八一号

右覚書

付　記　東亜局作成「昭和十二年度執務報告　第一冊（第一課関係）」より抜粋

「上海海關問題」

上　海　12月1日後発
本　省　12月1日夜着

第二四八〇號（※※）

卅日午後英國總領事ヨリ是非共面會シ度キ旨申出アリ之ニ應シタル處何等豫告スル所ナク「ホールパッチ」同伴來訪

シ別電第二四八一號ノ如キ三十日附「プロメモリア」ヲ提出シタル上「ホ」カ主トナリテ發言シ關稅問題ニ付我方ト稅關長トノ間ノ話合ニ先チ英國側ト事前ニ協議アリ度ク右ハ貴大臣ヨリ「クレーギ」大使ニ對シ承諾アリタル由申出タルヲ以テ本官ヨリ例ノ通リ我方トシテハ目下ハ稅關長ト折衝中ナル次第ニシテ第三國ノ利益ニ對シテハ其ノ上ニテ「デユーコンシダレーシヨン」ヲ加フル意嚮ナル旨及未タ第三國ト會談スル時期ニ到達セサル旨竝ニ貴大臣ノ談モ右ノ範圍ヲ出テ居ラサルモノト承知スル旨ヲ述ヘタル處「ホ」モ最後ノ點ハ或ハ然ランモ天津ノ例ヨリ見ルニ日本ハ稅關長ニ壓迫ヲ加ヘ解決ヲ圖ルモノト斷セサルヲ得ス又稅關長ト中央政府トハ關係ナキヲ以テ稅關長トノ取極ニ南京ヨリ承諾ヲ取付ケ得ス日本ハ結局稅關長ヲ壓迫スルコトトナルヘシト述ヘタルニ付本官ヨリ第三國ノ利益ヲ尊重スヘシト言フ我方ノ態度ヲ貴方ニ於テ信用スルトセサルトハ自由ナルカ本官トシテハ前言ヲ繰返スヨリ外ナシ又上海稅關ノ話合ニ南京ノ承諾ヲ必要トスルヤハ日本側ノ關知スル所ニ非ス又目下平穩ニ話合中ナルヲ以テ貴方ヨリ何ト言ハレテモ現在ノ折衝ニ貴方ヲ介入セシムルヲ得サル旨ヲ說明シタル處「ホ」ハ英國側トシテハ關稅收入ヲ正金銀行ノミニ預入ルルコトニセラルルコトハ如何ニスルモ同意スルヲ得ス自分ハ幾多ノ基礎案ヲ提出スル用意アルヲ以テ是非共話合ヲ開始シ度キ旨再三希望シタルニ付最後ニ本官ヨリ是等ノ案ニ付テハ何レ拜聽スル時期アルヘキ處右ハ我方トシテハ參考トシテ聞ク程度ナルコトヲ御承知アリ度ク本日ノ貴方申出ニ對シテハ單ニ不取敢覺書ヲ受取リタル丈ケノコトトシ置クヘキヲ述ヘ先方ハ明日ニモ話ヲ始メ度キ旨ヲ繰返シ引取リタリ尙「ホ」ハ他ノ關係國トノ聯絡ハ自分ニ於テ之ニ當ルヘキ旨ヲ述ヘタリ
佛總領事モ本一日英國ト同文ノ覺書ヲ持參セルニ付一應受取リ置キタリ
北平、天津ヘ轉電セリ
英米ヘ轉電アリタシ
英ヨリ佛ヘ轉電アリタシ

（別　電）

上　海　12月1日後発
本　省　12月1日後着

第※※二四八一號

It is understood that assurances been given by Minister Foreign Affairs Tokio to effect that due consideration would be given to desiderata of foreign Powers concerned before any arrangement was come to between Japanese authorities and local Customs Officials Shanghai. It also understood that Minister Foreign Affairs stated that Japanese Consul-General Shanghai will be entering into direct communication with financial adviser to British Embassy with view to discussing this aspect of customs question.

In these circumstances British Consul-General is confident that nothing will be done to modify in any way existing arrangements for dealing with Customs revenue Shanghai pending outcome of conversations envisaged in preceding paragraph.

(付　記)

上海海關問題

第一款　上海海關代行問題

上海ニ於ケル戰鬪開始以來楊樹浦方面ノ機關機能停止シタル處同地郵船支店側ヨリ同方面ニテハ日本側ニ於テ稅關手續ヲ實行シ度キ旨總領事館側ニ申出來リタルヲ以テ總領事館ニテハ種々考究ノ結果暫行的措置トシテ九月十日汽船會社及商工會議所代表者ヲ委員トスル「稅關事務臨時代行委員會」ナルモノヲ組織セシメ當分ノ間右委員會ヲシテ上海ニ於ケル日本船舶ニ對スル稅關事務ヲ代行セシメ徵收稅金ハ之ヲ總領事館ニ供託セシムルコトヲ考慮セルカ軍側ノ反對アリテ實施セサリキ依テ總領事館ニテハ十月一日關係者ヲ招致シ會商ノ結果本件委員會ハ解消シ郵船其他ノ船會社ノ海關ニ對スル輸入稅等支拂保證ノ業務ニ關シ支那側トノ間ニ生スヘキ紛議ニ付テハ事變中及事變後ニ於ケル外交交涉ニ任スコトトセル趣ナリ

右ニ依リ本邦船ニ對スル稅關事務ハ全然實行セラレサルコトトナリタルカ其ノ結果生スヘキ弊害防止ニ付テハ現地ニ於テ關係者トモ話合ノ結果

(イ)邦人商工會議所ノ肝煎ニテ輸入商ニ於テ當分ノ間軍需品及邦人ノ生活必需品以外ノ商品ノ輸入ハ差控フルコトニ

申合ヲ為スコト

(ロ)必要ニ應シ總領事館ヨリ一般在留民ニ對シ諭告其他ノ方法ニ依リ軍需品及邦人ノ生活必需品以外ノ商品ノ輸入ニ關シ自制ヲ勸告スルコト

(ハ)軍側ノ協力ヲ求ムル等ニ依リ不必要品其他ノ輸入ヲ制限スルコトニ決定シ内地ニ於テモ之ニ對應シ然ルヘク措置方稟請アリタリ依テ當方ニ於テモ右ニ從ヒ關係省トモ協議ヲ遂ケタリ

第二款　上海海關接收問題

一、其後總領事館ニ於テハ上海附近ニ於ケル我方ノ軍事行動進捗シ上海包圍ノ態勢ヲ取ルニ至リタル場合ノ對海關處理方針トシテ大體天津ノ例ニ做《(倣カ)》ヒ十月下旬左記ノ案ヲ樹テ現地陸海軍側ト協議スル所アリタリ

(イ)上海海關ハ直接間接之カ接收ヲ為サルル《(サカ)》ト共ニ税則ハ中華民國國定税率ヲ踏襲ス

(ロ)上海海關ニ對シテハ軍需品ノ輸入禁止及關税剩餘ノ抑留ヲ眼目トシ交渉ニ依リ左記實現ヲ企圖ス

(A)上海海關ノ接收《(税カ)》ハ確實ナル非支那銀行ニ預入セシム

(B)税關長ハ外債擔保部分及海關地方經費ヲ引出得

(C)上海及青島在勤日本人税關吏ヲ總動員スル外必要ナル員數ヲ增加シ會計、評價及外勤等ノ要所ニ配置セシム

(D)軍需品ノ輸入ハ海關ニ於テ自發的ニ禁止ス

(E)金銀ノ輸出ヲ嚴重ニ取締ラシム

(ハ)右原則ハ海關ノ活動區域全般ニ及フモノトス但シ右話合ツカサル以前ニ於テモ状況ニ應シ滙山、虹口、浦東、呉淞ニ於ケル海關ノ活動ヲ認ムルコトアルヘシ

(ニ)前記交渉ハ總テ領事館又ハ大使館ノ處理スル所トス

(ホ)蘇州河以南共同租界内海關事務所ニ對スル手入等ハ絶對ニ之ヲ為ササルヲ要ス

二、然ルニ現地陸軍側ニテハ大體接收論强ク管理案カ接收案(日本側税關設置案)カニ付原則的意見ノ一致ヲ見サリシ趣ナル處其後我軍ノ上海包圍完成スルヤ十一月十一日松井司令官ハ外國新聞記者トノ「インタービュー」ニ於テ租界ニ對スル軍ノ强硬ナル決意ヲ表明シ又總領事館側ニテモ共同租界竝佛租界當局ニ對スル申入ニ於テ支那側機關ノ租界外撤退ヲ要求シタル外外國記者團ニ對シテモ税關ハ純然タル支那政府ノ内政機關ニシテ當然日本側ノ

監督又ハ處分ニ服スヘキモノナル旨説明セル經緯アリ海關側ニテモ此ノ際進ンテ日本側ト接觸スルコトノ有利ナルヲ認メ來リタルモノノ如ク十一月二十二日上海税關長「ローフォード」ハ海關問題ニ關シ個人的ニ日本側ノ意嚮ヲ聞クトノ立前ニテ岡本總領事ヲ來訪セリ

仍テ總領事館側ヨリ「ロ」ニ對シ

(一)上海税關ハ差當リ日本ノ管理下ニ置カルルコトヲ明確ニシ置クコト必要ナリ軍側ニ於テハ接收ヲ必要トストノ意嚮モアル處總領事館側ニテハ差當リノ措置トシテ我方ノ有效ナル管理ヲ必要ト認ム

(二)右原則ヲ容認セル上税關カ如何ニセハ日本ノ有效ナル管理ノ下ニ日本側ト圓滿ナル關係ヲ持シツツ活動ヲ續クルヤニ付テハ税關側ニ於テ立案シ我方ニ相談シ來ルコト適當ト認ムルモ差當リノ思付トシテハ日本側ノ「スーパーバイザー」ヲシテ税收ノ檢査及武器軍需品ノ輸入積替竝ニ金銀ノ流出等ヲ取締ラシムルコトハ最少限度必要ナリ

(三)日本側ト税關側トノ間ノ話合着ク迄虹口、楊樹浦等ニ於ケル税關ノ活動ハ日本側ヲ刺戟シ面白カラサルヲ以テ從來日本側カ手ヲ觸レサリシ蘇州河以内(ママ)「バンド」等ニ於テ有效ニ日本側ノ管理ニ服スル如ク「モーダスオペランデー」ヲ作リタル上上海港一般ノ問題ヲ考フルコトトシ度シ

(四)本件「ロ」及我方ノ話合ハ飽迄支那ノ行政廳ト其ノ管理者タル日本官憲トノ間ノ話合ナレハ第三國ノ利益即チ外債擔保部分及外國人職員ノ地位ノ如キハ右話合ノ題目ト爲スニ適セス此等ノ點ニ付テハ日本政府ハ第三國ノ立場ニ對シ適當考慮ヲ加フルモノト信スルモ第三國側又ハ國際銀行委員會等カ本件話合ニ介入スルコトハ我方ニ於テ之ヲ容認セス

トノ趣旨ヲ申入レタル處(右ノ外日本人税關吏ノ登用、關務署鄭萊ノ追放等ニ付テモ言及セリ)「ロ」ハ御話ノ次第ハ能ク了解セルヲ以テ早速「モーダスオペランデー」ニ付テ研究シ總税務司トモ相談ノ上何分ノ具體的話合ヲ決定シ度キ旨答タル趣ナリ

三、然ルニ税關側ニテハ我方ノ持出シタル「スーパーバイザー」案ニ怖ヲ抱キ之カ代案トシテ税關本邦職員ヲ重要地位ニ登用シ我方ノ態度緩和ヲ圖ラント企テタルモノノ

如ク上海海關ノ「アドミニストラチブ、コミシヨナー」トシテ赤谷ヲ「レベニユー、アカウンタント」トシテ加藤ヲ任命セル處總領事館側ニテ更ニ交渉ノ結果税關長ハ十一月二十六日岡本總領事ニ對シ書翰ヲ以テ税關ニ關聯シ上海ニ於テ起レル新事態ニ卽應スル爲遲滯ナク左記ノ者ノ任命方ヲ手配セル旨他ニ多數ノ現日本人職員ヲ任命撰擇中ニ付近ク通告スヘク又構内水上警察官ニモ日本人職員ヲ追加シ强化スヘキ旨申越セル趣ナリ

赤　谷「アドミニストラチゾ(ブカ)、コミツシヨナー」
籾　倉「アクチング、デピユチー、コム」(税關長祕書)
岡　本　同上(「チーフ、アプレザー」)
小山田　同上(「レベニユー、アカウント、オフイス」)
加　藤「アシスタント」(同上)
平　本「チーフ、タイドサペヤー」(新規設置)
濱　野「アシスタント」(總務課)
杉　山「アクチング、ハーバー、マスター」(新規設置)

四、次テ十一月二十五日岡本總領事ハ税關長ト會談シ

㈠日本軍ノ占領地及蘇州河以北租界ニ在ル碼頭ハ專ラ日本人税關吏ヲ派遣スルヲ以テ原則トスルコト(金利源碼頭ニハ二十七日ヨリ邦人税關吏ヲ派スルコトトナレル由ナリ)

㈡税收ハ輸出入税、轉口税及附加税ノ外噸税、「ウオーフエージ、デユー」、「コンサーバンシー、デユー」及統税等總テ之ヲ正金銀行ノミニ預入レルコトトシ右ノ中「ウオーフエジー、デユー」ノ上海市政府取分及統税ハ我方ニ於テ取上クルコト

㈢外債擔保部分ノ處置ニ付テハ二十二日ノ會談ノ際述ヘタル通税關長トノ話合ノ題目トスルニ適セス

トノ三項ヲ申入置キタル趣ナリ但シ「コンサーバンシーデユー」及噸税ニ付テハ其後二十九日ノ會談ノ際同總領事ヨリ右ハ手數料的性質ナレハ差當リ現状ニテモ不可ナカルヘキ旨ヲ述ヘタル由ナリ

第三款　上海海關問題ニ關スル列國ノ申出

一、上海ニ於ケル申出

英國駐支財務官「ホールパッチ」ハ十一月中旬在上海岡崎總領事(厦門)ニ對シ上海海關問題ニ關シテハ關税收入

中海關經費ヲ控除シ外債擔保部分ハ保管銀行ニ預入レ剰餘有ラハ之ヲ南京ニ送付セシメサル方法ニテ折合ヒ度シトノ私的意見ヲ開陳セルニ付同總領事ハ日本側ニテハ到底斯ル提案ニハ同意スル筈ナシトテ取合ハスシテ別レタル趣ナリ

十一月二十三日岡本總領事ハ英、米、佛、伊總領事トノ非公式會合ニ於テ上海海關問題ニ關スル質問ニ對シ本問題ハ支那政府機關タル點ヨリスレハ新事態ニ對シ我方ニ於テ有效ニ管理スヘキハ當然ニシテ其ノ國際的性質ヲ有スル方面ニ付テハ外債擔保部分及外國人職員ノ地位ニ付我政府ニ於テ相當ノ考慮ヲ拂フ以上第三國ニ於テ文句ヲ言ヘサルモノト思考スル旨ヲ説明セル處各總領事ハ特ニ重大ナル異論ヲ挾マサリシ趣ナリ

十一月二十七日英佛總領事ハ相次テ岡本總領事ヲ來訪シ同文ノ「プロ、メモリア」ヲ以テ「目下上海税關長ニ對シ税收ハ正金銀行ニ預入スル樣壓力加ヘラレ居ル由ナル處東京ニ於テ既ニ折衝中ニ付右結果判明スル迄上海ニ於ケル現取扱ヲ變更スルカ如キ何等ノ過早ナル手段ニ對シテハ英佛國總領事ハ强ク反對ナル旨」ヲ申入レ來レルヲ以テ岡本總領事ヨリ目下支那政府ノ機關トシテノ税關長ト平穩ニ話合進行中ニテ第三國關係ノコトハ問題トナリ居ラス又第三國カ右話合ニ干渉セラルルハ理解ニ苦シム旨ヲ以テ應酬シ置キタル趣ナルカ翌二十八日ニハ米國總領事ヨリモ右英、佛總領事口上書ト同趣旨ヲ口頭ニテ申出來レルヲ以テ英、佛總領事ニ對スルト同樣應酬シ置キタル趣ナリ

二、東京ニ於ケル申出

(イ)十一月十九日英國大使堀內次官ヲ來訪シ上海ニ於ケル日本軍カ税關ニ對シ「ドラスティック」ナル措置ヲ執ラントシツツアル趣ニテ憂慮ニ堪ヘス本件ハ關係國間ノ話合ニ依リ圓滿解決ヲ圖リ度ク詳細ハ追テ申入ルヘキモ事態切迫シ居ルニ付不取敢上海ニ於テ右樣急激ナル措置ニ出テサル樣御取計ヒアリ度キ旨述ヘタリ

(ロ)同二十二日更ニ英國大使ハ次官宛半公信ヲ以テ「ホール、パッチ」財務官ハ税關問題ニ關シ岡崎總領事ト協議スルヘク訓令セラレタルニ依リ日本側ニ於テモ岡崎總領事ヲシテ「ホ」ト話合ハシムル樣訓令方希望スルト共ニ税關監視船黄浦江改修局所屬船拿捕ニ關シ照會

スル所アリタリ尚同日佛國大使ハ公文ヲ以テ佛國側ノ權益ニ付注意ヲ喚起スルト共ニ日本軍側ノ接收決議《(ママ)》ヲ延期セシムル様措置アリ度キ旨申越セリ

(ハ)同二十五日英國大使大臣ヲ來訪シ關係列國ト協議ノ必要ヲ力說シ現狀ニ於テハ日本軍側カ强力接收ヲナスカ或ハ日本政府ハ列國トノ話合ヲナス用意アルカノ何レカナリト認メラルル處日本モ遠カラサル將來ニ於テ英國ノ好意協力ニ俟ツ所アルヘキニ付願クハ前者ニ依ラス後者ニ依ル様致サレ度シト申出テタルニ依リ大臣ヨリ出先ニ於テハ支那政府機關トシテノ海關ト話合ヲナシ居ルモノニシテ今直ニ强力接收スルカ如キコトナカルヘク若シ現地ニ於テ接收ヲ必要ト認ムル場合ニハ何レ請訓シ來ルヘキニ依リ豫メ訓令ノ要ナカルヘシ日本政府トシテハ出來得ル限リ英國側權益ヲ尊重スル意向ナリトノ趣旨ヲ述ヘ置キタリ

(ニ)翌二十六日英國大使ハ大臣宛半公信ヲ以テ岡崎總領事ハ「ホール、パッチ」トノ交渉ヲナササル様認メラレタル趣ナル處更ニ眞僞確メ中ナルモ右ハ上海ニ於ケル事態ノ不滿足ナルヲ示スモノナルニ付不取敢注意ヲ喚起スル旨述ヘ左記英國政府試案ヲ送附越セリ

1. Creation of an international banker's commission as trustees for all interests concerned.
2. This commission to comprise one respresentative《(representativeカ)》 of each of the American, British, French and Japanese banks.
3. Customs revenue from all China to be centralized at Shanghai under the control of the commission.
4. Deposits to be divided in four equal shares, one share to banks of each nationality.
5. Payments of loans and indemnity in accordance with the principle of priority to be made out of the nett Customs revenue in respect of all Chinese Government obligations secured on the Customs that were receiving service as of July 1st, 1937.
6. The arrangement to be operated by the Inspector General of Customs under the supervision of the commission.
7. The arrangement to obtain during the hostilities.

尙同日米國大使大臣ヲ來訪シ上海ニ於ケル日本官憲ハ第三國ヲシテ交渉ニ干與セシメサルヘキ旨ノ報道ヲ得タルカ米國政府ハ米國ノ權益ヲ十分尊重セラルヘキヲ信シ右ニ從ヒ措置セラルヘキコトヲ切望スルモノナル趣述ヘ同趣旨ノ覺書ヲ殘シ置ケリ

(ホ)同二十八日英米兩國大使ハ相次テ大臣ヲ來訪シ略々同趣旨ノ公文ヲ手交シ本問題討議ニ關係國代表參加方要求セルニ付大臣ヨリ海關ハ支那ノ機關ナルヲ以テ第三國ノ介入ハ主義上認メ得サルモ外國權益ノ尊重ハ十分考慮シ居ル旨應酬セルカ更ニ英國大使ニ對シテハ我方出先ト關係國代表トノ間ニ連絡ヲ保チ其ノ意見ヲ聽クコトハ差支ナカルヘキニ付此點ハ出先ニモ通シ置クヘキ旨述ヘ置キタリ

尙佛國大使ヨリモ同二十九日附公文ヲ以テ英米側申出ト同樣趣旨ヲ申越セルニ付右ノ次第上海ニ通報シ從來ノ建前ヲ持シツツ第三國側ト聯絡ヲトル樣訓令シ置ケリ

---

718 昭和12年12月15日 在天津堀内総領事より広田外務大臣宛(電報)

天津および秦皇島海関接収後における臨時政府の税関事務措置案について

天津 12月15日後発
本省 12月16日前着

第一三二七號(部外祕)

海關事務ニ關スル件

政府ハ天津海關及秦皇島海關ノ下ニ塘沽分關及北京分關ヲ塘沽分關ノ下ニ大沽分卡ヲ又秦皇島海關ノ下ニ山海關分關ヲ置ク

海關事務ハ原則トシテ從前ノ例ニ依リ之ヲ處理スルモ政府ノ施政方針ニ基キ左ノ諸點ニ付改正ス

一、滿洲國及關東州ハ之ヲ外國トシテ扱フ

從テ

甲、滿洲國又ハ關東州仕向ケ輸出セラルル物品ニ付テハ輸出稅ヲ課ス

乙、滿洲國又ハ關東州ヨリ仕出シ輸入セラルル物品ニ付テハ輸入稅ヲ課ス

二、從來ノ海關出口稅稅則及海關進口稅稅則中舊政府カ特ニ國際的差別待遇ヲ目的トセルモノ、經濟開發ニ支障アルモノ及庶民ノ生活安定ノ爲必要アリト認ムルモノ若干ニ付之ニ妥當ナル改正ヲ加ヘ本月二十日ヨリ之ヲ實施ス

卽チ

甲、海關出口稅稅則中別表第一號(見当ラズ)ノ通リ改正ス

乙、海關進口稅稅則中別表第二號(見当ラズ)ノ通リ改正ス

三、從來ノ歲入附加稅ハ之ヲ廢シ別ニ災區救濟ノ爲ニ當分ノ間輸出物品及輸入物品ニ付其ノ稅額ノ百分ノ五ノ稅率ニ依リ賑災附加稅ヲ課ス

四、小麥粉ハ當分ノ間其ノ輸入稅ヲ免ス

五、本政府ニ所屬セサル海關ノ發給スル輸入稅納付濟證ハ其ノ效力ヲ認メス

六、本政府ニ所屬セサル海關ノ發給スル噸稅執照ハ其ノ效力ヲ認メス但シ本日以前ノ發給ニカカルモノニ付テハ此ノ限リニアラス

右佈告ス

中華民國二十六年十二月(二字アキ)日

中華民國臨時政府行政委員會委員長　王克敏

編注　本電報第一三二七号は別電となっているが、その本電は見当らない。

719　昭和13年2月2日　在英国吉田大使より広田外務大臣宛(電報)

臨時政府の関税率改正等に関する英国外相の下院での答弁振り報告

ロンドン　2月2日後発
本　省　2月3日前着

第八四號(※※)

二日下院ニ於テ外相ハ日支問題ニ關シ左ノ如キ答辯ヲ爲セリ

中國臨時政府ハ過般北支稅率改正ニ關スル法令ヲ公布セルカ英國政府ハ「稅率ハ全支ヲ通シ均一タルヘシ」トノ條約規定ニ違反スルヲ以テ右ニ抗議シ居レリ又上海工部局日本職員增加方ニ關スル要求ニ付テハ市參事會ニ於テ關係國政府ト接觸シ折角考究中ナリ日本ノ軍事行動ニ依リ英國人ノ蒙リタル損害ニ付テハ累次抗議シ來レルカ其ノ未解決ナル

モノニ對シテハ之カ圓滿ナル妥結ヲ圖ルヘク努力シ居レル處米國政府亦同種事件ニ關シ同様ノ措置ヲ執リツツアリ政府ハ極東ノ複雜ナル事態ニ鑑ミ關係主要國トモ終始密接ナル關係ヲ保チツツアルカ右諸國トノ間ニ完全ナル意見ノ一致アルヲ見ルハ欣快トスル所ナリ云々
尚右諸事件ニ關シ日本政府ハ陳謝以外如何ナル措置ヲ執レリヤトノ問ニ對シ外相ヨリ或場合ニハ賠償ヲ支拂ヒタル旨ヲ答ヘ又英國政府ハ聯盟決議(聯盟國ハ支那ノ領土權侵害セラルル場合必要ナル援助ヲ與フヘシ)ヲ實行ニ移スヘキ何等ノ措置ヲ講スルヤトノ問ニ對シテハ答辯ヲ拒否シ上海ニ於ケル通信檢閲問題ニ付テハ既ニ必要ナル措置ヲ執リタル旨答ヘタリ

720 昭和13年2月12日 在北京森島大使館参事官より広田外務大臣宛(電報)

中国関税収入中の外債負担部分の支払い問題に関する特務部の意向について

付記 昭和十三年二月十日、陸軍・海軍・外務三省課長会議決定

右支払い問題へのわが方処理方針に関する広田外務大臣より在上海岡本総領事宛電報案

北京 2月12日後発
本省 2月12日夜着

第二〇〇號(極祕)

本官發上海宛電報
第二二號

天津宛貴電第二五號ニ關シ
楠本大佐モ大体既電ノI、G處理案及大臣發貴官宛電報第二〇一號(編注)ノ外債擔保部分處理方法ニ異存ナカリシニ付特務部側ニ對シ更ニ念ヲ押シ置キタリ
尚特務部係官ハ必要ナラハ曩ニ過去ノ天津ノ外債負擔部分ヲ上海ニ送金シテモ差支ナク兎モ角成ルヘク速ニ北支ノ外債負擔部分ヲモ解決シ剰餘ノ利用ヲ計リ度シ(負擔部分解決セサレハ一定額ヲ積立テ置キ剰餘ハ處分スヘシ)トノ氣持ナルカ一方正金ニ預金セラレアル法幣ノ税收ハ正金ヲシテ密ニ磅ヲ買ハシメアリ新銀行ノ外貨資金ニ充當スル筈ナルニ付過去ノ外債擔保部分全部ヲ一時ニ送金(右磅ヲ賣リテ法幣ニテ)スルコトハ避ケ度シトノ財政顧問ノ意見モア

リ過去ノ負擔部分ヲ全部一時ニ送金スルコトニ話纒マル場合ハ豫メ送金ノ時期方法等ニ付當方ト協議ヲ請フ（新銀行券ニ依リ法幣ヲ回收スルノ時期ニ至ラハ右法幣ニテ送金ヲ爲シ得ルニアラスヤト思ハル）
大臣、天津、青島ヘ轉電セリ

編注　本文書付記の電報案が発電されたものと思われる。

（付　記）

（二月十日陸海外三省課長會議決定）

廣田外務大臣

在上海
岡本總領事宛

關稅擔保外債支拂ニ關スル件

一月十九日附貴信機密第一五三號及貴電第三五六號ニ關シ陸海軍トモ話合ノ上左ノ如ク大体貴案通リ決定セルニ付右御含ノ上交渉ヲ進メラレ度シ

一、稅關ノ强力接收ハ之ヲ行ハス從來ノ經緯ヲ辿リ外交交渉ニ依リ外債支拂竝稅收ノ正金預入ヲ實現セシム

二、外債支拂負擔割合ハ客年九月乃至十二月ノ收入ヲ基準トシ一箇年位ノ暫行的決定トス但シ交渉ノ模様ニヨリ已ヲ得サル場合ニハ負擔割合ヲ㈠客年七月乃至十二月ノ六ケ月ノ平均割合㈡客年一年間ノ割合ノ順序ニ依リ妥協シ差支ナシ（漢口側支拂停止ニ對スル留保ハ之ヲナスノ要ナシ。但團匪賠償金ノ現實取得ヲ期ス）

三、右外債ノ支拂及負擔割合決定ニ付テハ外國側トモ交渉スヘク右ハ先ツ上海限リノ問題トシテ進ムル建前ナルモ交渉ノ模様ニ依リテハ北支ヲモ含ム全般的問題トシ差支ナシ

四、總稅務司宛送金ヲ中止セル時期以降支拂ヲ實施シ差支ナシ（委細郵報）

721　昭和13年2月18日

中国海関の保全に関する米国大使館口上書について

支那稅關保全ニ關スル件☆

（昭和一三、二、一八東亞一）

二月十七日午後「ドウマン」米國大使館參事官吉澤亞米利加局長ヲ來訪シ本件ニ關シ何等ノ回答無キハ遺憾ナリ中間的返事ニテモ可ナル次第ニテ何ナリト御返事アレハ米國側トシテモ對處ノ致シ様モアルヘキモ何モ御申越ナキニ於テハ勢ヒ強イコトヲ申上ケサルヲ得サルニ至ル譯ナリトノ「コンメント」ヲ述ヘ別紙口上書ヲ手交セリ

（別　紙）

支那税關保全ニ關スル件

（昭和一三、二、一八東亞一）

二月十七日附米國大使館口上書要領

口上書

客年十二月二十三日及同二十七日ノ兩日米國大使ハ外務大臣閣下ニ對シ支那税關保全ノ維持ニ對スル米國ノ關心ヲ縷述シ税關ノ保全及權威ノ維持ニ關スル日本政府ノ保障ニ對スル希望ヲ表明セル書翰ヲ差出ス光榮ヲ有セリ米國政府ハ支那税關ノ收入ニ利害關係ヲ有スル政府ノ一トシテ税關問題ノ解決ニ關シ如何ナル案ヲ審査スルニ先立チ日本政府ヨリ支那税關行政ヲ破壞シ税關收入ヲ以テスル外債償還部分ノ支拂ヲ困難ナラシムル如キ行爲ヲ執ラス又之ヲ容認セサル旨及更ニ前記債務ノ償還ハ支那税關ノ經費ヲ差引キタル税收ニ對スル第一次ノ負擔トシテ取扱フヘキ旨ノ廣汎且的確ナル保障ヲ期待スルモノナリ米國大使ハ敍上趣旨ノ保障ヲ日本政府ヨリ受領センコトヲ熱心且斷定的ニ希望シ日本政府カ今後爲スヘキ如何ナル取極ニ於テモ十分ノ注意ヲ以テ税關ノ行政機構及手續ヲ保存シ正當ナル外債及賠償金償還ノ用意ヲ爲スヘキコトヲ要請ス

編注　本口上書の原文は見当らない。

722　昭和13年3月12日　在天津堀内総領事より広田外務大臣宛（電報）

臨時政府が実施した関税率改訂に対する英米諸国の抗議に鑑み第二次改訂に当たっての外国向け説明振り請訓

天　津　3月12日後発
本　省　3月12日夜着

第二七〇號（部外極祕）

最近貴電合第四〇八號人絹布ノ問題其ノ他ノ税率改正方ニ付種々ノ陳情モアリ軍側ニ於テ第二回ノ税率改正ノ必要アリトシテ至急右立案方ヲ當方ニ依頼シ來リ居ルニ付當方トシテハ一應ノ案ヲ作成シ軍側ニ提示スル所存ナル處（軍側カセツツキ來ラサル限リ軍側ニ提示前内密ニ本省ト打合スコト勿論ナリ）先般ノ一部税率改正ニ對スル英米佛ノ抗議ニモ鑑ミ第二次改正ヲ外國側ニ對シ如何ナル建前ニテ説明スヘキヤハ相當考慮ヲ要スヘク又先般ノ舊税率適用方ノ英國側提議ニ對シテモ如何ナル御方針ヲ執ラルルヤ未タ承知セス將又上海ニテ研究中ナルヤノ税率改正トノ關係ニ關スル貴見モ明瞭ナラス是等諸點ニ關シ一應ノ貴見ニテモ前記立案ノ都合モアルニ付折返シ御回電ヲ請フ

北京、上海、青島、芝罘ヘ轉電セリ

723　昭和13年4月5日　在上海日高総領事より
広田外務大臣宛（電報）

米国よりの米中棉麦借款の権利保全要求に対する回答振り請訓

別　電　昭和十三年四月五日発在上海日高総領事より広田外務大臣宛第一一〇三号
右回答案

上　海　4月5日後発
本　省　4月5日夜着

第一一〇二號

往電第五七五號ニ關シ

本件ニ關シテハ曩ニ「ゴース」ヨリ一月十八日附覺書ヲ以テ棉麥借款ノ權利保全ニ關シ申入アリタル（東京ニ於テモ同一ノ申入ヲ爲シタル筈）ニ對シ今日迄回答ヲ差控ヘ居タル處「ゴ」ヨリ再三督促アリタルヲ以テ別電第一一〇三號ノ通リ回答スルコトト致度キ處本省ニ於ケル應酬振ヲ承知シ居ラサル次第ニモアリ何分ノ儀御回電アリ度シ

本電別電ト共ニ北京、天津ヘ轉電セリ

（別　電）

上　海　4月5日後発
本　省　4月6日前着

第一一〇三號

蘇浙皖税務總局ハ曩ニ從來ノ上海統税及內地税機關ニ代フ

ルモノトシテ設立セラレ既ニ共同租界及佛租界當局ヨリ業務遂行上從前ノ機關ト同樣ノ地位ヲ認メラレ内外商民モ齊シク納税ヲ實行シ居ルコトト本官ニ於テ承知シ居リ又一九三一年及一九三三年ノ米國側借款ノ元利ハ關税ヨリ支拂ハレ居ルコト御承知ノ通リナリ
御來示ノ趣旨ハ支那側官憲ニ對シ申出テラルヘキ筋合ト認メラルル次第ナルカ本官トシテモ便宜中支新政權ニ之ヲ取次キ置キタリ

724 昭和13年4月25日 第三委員会決定
「中華民國新政權關税暫定改正ニ關スル處理方針」

中華民國新政權關税暫定改正ニ關スル處理方針

一三、四、二五 第三委員會決定

第一 方 針

現下ノ狀勢ニ於テ我方占據地域ニ於ケル中華民國各地海關ヲ我實權下ニ接收シ得ル基礎ヲ確立スルコト急務ナルヲ以テ速ニ海關制度ノ改善ヲ圖ルト共ニ左記方針ニ依リ新政權ヲシテ關税改正ヲ行ハシムル如ク措置スルモノトス

第二 要 領

一、差當リ臨時暫定ノ改正ヲ行ヒ引續キ速ニ日支經濟提携ノ趣旨ニ基キ根本的改正ヲ實施セシムルコト

二、關税改正ニ當リテハ我方指導ノ下ニ北支及中支兩政權ノ意見一致ノ下ニ兩政權ノ關税自主權ヲ堅持シツツ之ヲ行ハシムルコト
尙改正税率及其ノ實施時期等ニ付兩政權ヲシテ同一步調ヲ取ラシムルコト

三、今回ノ改正ニ當リテハ原則トシテ一九三一年ノ税率ヲ實施スルコト
一月二十日實施ノ臨時政府改正税率表中別表一(省略)ニ掲グル二十一品目及備考ハ之ヲ存置スルコト
別表二(省略)ニ掲グル品目ニ付テハ改正税率中ニ於テ現行税率存置方極力努ムルコト
兩政權新税率公布ニ當リテハ一九三一年税表ソノモノヲ修正スルノ形式ニ依ルコト
税目ノ數量單位ハ現行ノモノニ依ルコト

四、新政權財政ノ確立及賑災復興等ノ目的ヲ以テ必要アル場

合ニハ特別ノ附加税ヲ課スル等ノ措置ヲ講ズルコト
五、輸出税ニ關シテハ一月二十日實施ノ臨時政府改正税率ヲ中支ニモ適用スルコト

725　昭和13年4月27日

東亜局第一課が閣議説明資料として作成した中国関税収入外債負担部分の処理に関する日英交渉の経過概要

◎關税擔保外債支拂問題日英交渉經濟(過カ)概要（閣議説明資料）

（昭和一三、四、二七、亞一）

帝國軍ノ占領地域ニ於テハ我方ハ支那海關ノ收入ガ國民政府ノ手ニ移ルコトヲ防止スルト共ニ將來成立スベキ新政權ノ爲メ財源ヲ確保スルノ目的ヲ以テ右海關收入ノ拂出ヲ差止ムルノ措置ヲ執リタリ然ルニ支那海關收入ヲ擔保トスル外債ノ償還ハ事變以後モ國民政府ニ於テ非占領地域ヨリノ海關收入ヲ以テ之ニ充テ居タル處本年二月我方ニ於テ上海海關收入ノ漢口宛送金ヲ差止ムルニ及ビ國民政府ハ外債支拂ニ窮スルニ至リ英米佛等ノ對支債權國ハ帝國政府ニ對シ頻リニ外債支拂ノ繼續及海關制度ノ保全ニ付申入ルル所アリ我方ニ於テハ占領地内ノ支那海關ニ對スル實權ヲ確立スルト同時ニ外國權益尊重ノ既定方針ニ基キ海關收入ノ處分ニ關シ昨年十一月以來上海ニ於テ交渉ヲ行ヒ次デ本年二月下旬以來堀内次官及「クレイギー」在京英國大使トノ間ニ非公式話合ヲ繼續シタル結果最近ニ至リ占領地内ノ海關收入ハ全部横濱正金銀行ニ預入ルコトトスルト共ニ右收入ヨリ外債ヲ分擔支拂フコトニ日英間ノ意見一致シ又右解決案ニ付テハ新政府ニ於テモ異議ナキコトヲ確メタリ

仍テ來ル三十日帝國政府ヨリ之ヲ英國政府ニ正式ニ通報シ英國側ヨリ右ニ異議ナキ旨回答アル筈ナリ米、佛兩國側ニ對シテハ英國大使ニ於テ是迄屢次聯絡シ居タル次第ニシテ兩國共事實上右解決案ニ異議ナキ模樣ナリ又國民政府側ニ對シテハ英國側ヨリ然ルベク本件解決案ヲ内報シテ納得セシムル手筈ナリト云フ

右英國側ニ通報スベキ解決案ハ事變中ニ限ル暫行的取扱ニシテ又諸般ノ經濟狀況ニ今後重大變化アラバ更ニ再考スルコトトナリ居ルモノナルガ其ノ内容ハ前月ノ各海關收入ノ全支收入ニ對スル割合ニ依リ毎月ノ外債分擔額ヲ算定シテ

之ヲ支拂フト共ニ各海關ノ收入ニシテ現ニ香上銀行ニ積立テアルモノ竝將來徵收セラルベキモノハ總テ正金銀行ニ之ヲ預入セシムルコトヲ骨子トスルモノニシテ尙客年九月以降國民政府ニ於テ香上銀行ニ供託シ支拂ヲ實行セザリシ對日團匪賠償金未拂分ハ此ノ際一括日本政府ヘ支拂フコト竝ニ將來日本ニ對シ外債支拂上差別待遇ヲ爲サザルベキコト等ヲモ含ムモノナリ本件日英間ノ話合ヒハ日本側ハ事實上ノ占領者タリ又新政府ト債權國間ノ斡旋者タルノ立場ニ於テ之ヲ行ヒ他方英國側ハ最モ關係深キ債權國トシテ之ニ當レル次第ニシテ勿論前記外債支拂等ノ責任ハ新政府ノ負擔スル所ナリ

726　昭和13年5月2日

中国関税収入外債負担部分の処理に関する日英取極

付記一　右取極の合意に関する日英往復書簡
二　右取極の留意点に関する日英往復書簡
三　右取極合意に当たっての堀内外務次官とクレーギー大使との会談記録

關稅擔保外債取極

一、日本占領地域內各港支那海關ノ徵收スル關稅、附加稅、課稅其他ノ諸收入ハ總テ稅關長ノ名義ヲ以テ横濱正金銀行若ハ同銀行ノ支店ナキ地方ニ在リテハ協議ノ上決スヘキ其他ノ銀行ニ保管セラルヘシ

二、右預入セラレタル輸入稅、輸出稅、轉口稅及水災附加稅中ヨリ一九三七年七月現在海關稅收ヲ擔保トスル外債及賠償金ノ定期且完全ナル支拂ニ充ツル爲外債「クオータ」ヲ十日ヲ超エサル期間每ニ上海正金銀行ニ於ケル總稅務司勘定ニ送金スヘシ

三、海關收入ノ擔保外債及賠償金ノ償還ハ全支各港ニ於テ總收入中ヨリ總稅務司ノ證明アル海關行政維持費(總稅務費用ノ分擔ヲ含ム)及ヒ其ノ他同樣證明セラルヘキ通常ノ支出及補助(從來外債支拂ニ先タツテ控除セラレタルモノ)ヲ控除セル後ノ第一擔保トシテ取扱レルモノトス

四、(A)各港ノ外債「クオータ」ハ前月ニ於ケル全港ノ總收入ニ對スル其ノ港ノ收入ニ比例シ每月決定セラルヘキモノトス

(B)外債「クオータ」ハ支那海關ノ輸入、輸出、轉口各税總收入ヲ基礎トシテ計算セラレ且ツ此等「クオータ」ハ總税務司ニ於テ前(A)項ノ通リ決定シ日本其他關係各國ノ同意ヲ得ヘキモノトス

(C)北支及中支ニ於ケル日本占領地域内ノ一港ニ於テ海關收入カ「クオータ」支拂ニ不足スルトキハ夫々右各地域内ノ他ノ港ノ收入ニヨリ補顚セラルヘキモノトス

五、(A)一九三七年九月以降香上銀行海關假勘定ニ積立テアル團匪賠償金日本取得分未拂額ハ日本政府ニ支拂ハルヘキモノトス

(B)團匪賠償金日本所得分竝ニ一九一三年善後借款ノ將來ノ支拂ハ關税擔保ノ全外債及賠償金ノ償還ト同様ニ行ハルヘキモノトス

(C)現在上海香上銀行ニ預金シアル一九三八年一月及二月分ノ外債及賠償金償還未拂額(總額三、九六六、五七六、三三元)ハ之カ擔保關係ニアル借越金返濟ノ爲引出サルルモノトス

(D)日本占領地域内各港香上銀行ニ於ケル海關預金殘高ハ右殘高ノ存在スル各港ノ正金支店ニ於ケル税關長勘定ニ預替シ將來ノ外債「クオータ」支拂ニ利用セラルヘキモノトス

六、以上ノ取極ハ一九三八年五月三日ヨリ效力ヲ發生シ一九三八年三月以降ノ海關收入ニ適用セラル

---

1. All duties, surtaxes, dues and other revenues collected by the Chinese Maritime Customs at each port within the areas under Japanese occupation shall be deposited in the name of the Commissioner of Customs with the Yokohama Specie Bank or, where the Bank has no branch, with any other bank or banks to be agreed upon.

2. From the import, export and interport duties and the flood relief surtax thus deposited, foreign loan quotas shall be remitted, at intervals which should not exceed ten days, to the Inspector General's account at the Yokohama Specie Bank in Shanghai in order to meet in full on due dates the service of the foreign loans and indemnities which were secured on the Customs revenue in July, 1937.

3. The service of foreign loans and indemnities secured on

the Customs revenue shall be treated at all ports in China as a first charge on the revenue after deducting the maintenance expenses of the Customs Administration (including the share of the expenses of the Inspectorate General) as certified by the Inspector General of Customs and such customary payments and grants (hitherto deducted from gross revenue before payment of foreign obligations) as are similarly certified.

4. (a) Foreign loan quotas for each port shall be determined monthly in proportion to the share of that port in the total gross collections for all ports during the preceding month.

(b) Calculations in respect of foreign loan quotas shall be based on the gross import, export and interport duty collections of the Chinese Maritime Customs and these quotas shall be determined as set out in (a) above by the Inspectorate General of Customs, with the agreement of Japan and the other Powers concerned.

(c) Any insufficiency of Customs revenue to meet the quota of any port within the areas under Japanese occupation in North China and in Central China shall be made good from the Customs revenue of other ports in the respective areas.

5. (a) The arrears on the Japanese portion of the Boxer Indemnity held in a suspense account at the Hongkong and Shanghai Bank since September 1937 shall be paid to the Japanese Government.

(b) Future payments of the Japanese portion of the Boxer Indemnity as well as the Japanese share of the Reorganisation Loan of 1913 shall be made in the same manner as in the servicing of all foreign loans and indemnities secured on the Customs revenue.

(c) The arrears on the foreign loan and indemnity service for January and February 1938, at present deposited in the Hongkong and Shanghai Bank at Shanghai (amounting to $3,966,576.32) shall be released to meet the relevant overdraft for which they act as security.

(d) The balance of the Customs accounts with the

Hongkong and Shanghai Bank in each port under Japanese occupation shall be transferred to the account of the Commissioner of Customs at the branch of the Yokohama Specie Bank in each port at which such a balance exists and utilised for future foreign loan quota payments.

6. The above arrangements shall come into effect on May 3rd, 1938 and shall apply to the Customs collections beginning with March 1938.

（付記一）

May 2nd, 1938.

Your Excellency,

As a result of the conversations which have recently taken place between Your Excellency and Mr. Horinouchi respecting the service of the foreign obligations secured on the Chinese Maritime Customs revenue and other relevant matters, I have the honour to inform Your Excellency that the Japanese Government, after obtaining the concurrence of the Chinese authorities in the occupied areas, are now desirous of dealing with these matters on the lines set forth in the accompanying document and are prepared to effect the measures described therein. It is understood that the measures are of a temporary nature for the duration of the present hostilities and will be subject to reconsideration in the event of a radical change in the economic conditions under which the above measures are proposed.

I trust these arrangements will prove acceptable to His Majesty's Government in the United Kingdom.

I avail myself of this opportunity to renew to Your Excellency the assurance of my highest consideration.

(L.S.) Minister for Foreign Affairs

一九三八年五月二日附廣田外務大臣發在京英國大使宛書翰譯文

以書翰啓上致候陳者支那海關收入ヲ擔保トスル對外債務ノ償還其他ノ關係事項ニ付過般來閣下竝ニ堀内次官ノ間ニ行ハレタル會談ノ結果ニ基キ本大臣ハ閣下ニ對シ帝國政府ハ占領地域内ニ於ケル支那側政權ノ同意ヲ得タルニ付附屬書

記載ノ趣旨ニ依リ是等事項ヲ處理致度意向ニシテ右措置ヲ實行ニ移ス用意アル次第ナルコトヲ通報スルノ光榮ヲ有シ候但シ右措置ハ今次事變繼續中ニ於ケル暫行的ノモノニシテ又之ヲ提議セル際ニ於ケル經濟情況ニ甚大ナル變化アルトキハ更ニ再考セラルヘキモノト諒解致候

本大臣ハ英國政府ニ於テモ以上ノ取扱ニ異存ナカルヘキコトヲ確信スルモノニ有之候

右申進旁本大臣ハ茲ニ重ネテ閣下ニ向テ敬意ヲ表シ候

敬具

May 2nd, 1938.

Your Excellency,

I have the honour to acknowledge the receipt of the note which Your Excellency was good enough to address to me on the 2nd May, 1938, respecting the service of the foreign obligations secured on the Chinese Maritime Customs revenue and other relevant matters.

His Majesty's Government in the United Kingdom recognise that the present position creates great difficulties for which it is urgently necessary, in the interest of all countries concerned, to find a solution and I have accordingly been authorised to state that His Majesty's Government will, for their part, raise no objection to the application of the temporary measures set forth in Your Excellency's note and its enclosure.

I am further instructed to take this opportunity to emphasise once more to Your Excellency the interest which my Government take in the maintenance in every respect of the authority and integrity of the Maritime Customs Service.

I avail, etc.,

(Sgd.) R. L. Craigie

一九三八年五月二日附在京英國大使發廣田外務大臣宛回答假譯文

以書翰啓上致候陳者支那海關收入ヲ擔保トスル對外債務ノ償還其他ノ關係事項ニ關スル一九三八年五月二日附本使宛書翰正ニ受領致候英國政府ハ現下ノ情勢カ齎ラセル異常ノ

困難ニ付テハ關係諸國ノ利益ノ爲解決ヲ講スルコトノ緊急必要ナルヲ認メ閣下ノ書翰及同添付書類記載ノ臨時的措置適用ニ對シ英國政府トシテハ異議ナキ旨回答スルコト本使ニ許シタリ

尙本使ハ此ノ機會ニ於テ閣下ニ對シ英國政府ハ支那海關制度ノ權威及統一カ總テノ點ニ於テ維持セラルヘキコトニ付利害關係ヲ有スルコトヲ再ヒ强調スヘキ旨訓令ヲ受領致候

（付記二）

British Embassy, TOKYO.

2nd May, 1938.

CONFIDENTIAL

My dear Vice-Minister,

With reference to the notes which are being exchanged today in regard to the Chinese Maritime Customs, I should be glad if, in order to avoid future misunderstanding, Your Excellency would be so good as to give me an assurance that the quotas for foreign obligations payable by the Northern ports in Japanese occupation will be remitted in a currency which will enable the Inspector General to effect the necessary transfer into the currencies in which the foreign obligations are serviced. This question arises particularly in connection with the recent decision to create a new currency in Northern China.

Believe me,

My dear Vice-Minister,

Yours very sincerely,

(Sgd.) R. L. Craigie

His Excellency

Mr. Kensuke Horinouchi,

H.I.J.M. Vice Minister for Foreign Affairs.

一九三八年五月二日附在京英國大使發堀內外務次官宛書翰假譯

支那海關問題ニ關シ本日交換セラレタル書翰ニ付今後ノ誤解ヲ避クル爲日本占領地區內ニ於ケル北部諸港ノ支拂フヘキ外債ノ「クオータ」ハ總稅務司カ外債ヲ償還スヘキ通貨

ニ兌換シ得ヘキ通貨ニテ送金セラルヘキ旨確認セラルルコトヲ得ハ欣幸トスル次第ナリ本問題ハ最近北支那ニ於テ新通貨ヲ發行スヘキ旨ノ決定アリタルニ關聯シ特ニ發生セルモノナリ

CONFIDENTIAL

May 2nd, 1938.

My dear Ambassador,

With reference to your letter of today I am glad to be able to give you the assurance that the quotas for foreign obligations payable by the Northern ports in Japanese occupation will be paid in Chinese national currency (Fa Pi), on the understanding that the Inspector General of Customs will arrange for the supply of the necessary amount of foreign exchange for the conversion of these sums from Chinese national currency (Fa Pi) into currencies in which the foreign obligations are serviced.

Believe me,

My dear Ambassador,

Yours very sincerely,

(Sgd.) K. Horinouchi

His Excellency

The Right Honourable

Sir Robert Craigie,

Ambassador Extraordinary and Plenipotentiary,

TOKYO.

一九三八年五月二日附在京英國大使宛堀内次官發

回答文假譯文

本日附貴翰ニ關シ日本占領地區内ニ於ケル北支那諸港ノ支拂フヘキ外債ノ「クオータ」ハ支那國通貨(法幣)ヲ以テ支拂ハルヘキ旨但右ハ總税務司ニ於テ所要額ヲ支那國通貨(法幣)ヨリ外債ヲ償還スヘキ通貨ニ兌換スルニ必要ナル外國爲替ヲ調達シ得ルコトヲ條件トスルモノナル旨ノ確答ヲ閣下ニ致シ得ルハ本官ノ欣幸トスル所ナリ

（付記三）

CONFIDENTIAL

Record of Meeting on the Chinese Maritime Customs Question between Mr. Horinouchi and Sir Robert Craigie at Ministry of Foreign Affairs on May 2nd, 1938.

Point 1. Customary Grants

To prevent any possibility of misunderstanding Mr. Horinouchi and Sir Robert Craigie agreed that the wording of paragraph 3 of the proposed arrangement was intended to cover not only the customary payments normally made by the Commissioners of Customs before remitting the balances to the Inspector General of Customs but also those payments normally made by the Inspector General himself before meeting the service of the foreign obligations.

Point 2. Method of obtaining exchange for transfer of North China quotas.

Mr. Horinouchi pointed out that the Tientsin Branches of the Bank of China and the Bank of Communications have considerable credit balances at the Shanghai offices of these banks. The best way to enable the Tientsin Branch of the Yokohama Specie Bank to remit the foreign loan quotas from ports in North China to its Shanghai Branch would be to let the Tientsin Branches of these Chinese Banks sell remittance bills against these credit balances. He asked that the British authorities should use their influence to secure the cooperation of the Chinese banks to that end. Sir Robert Craigie stated that although this would involve great difficulty the British authorities in China would be prepared to place this proposal before the Chinese Banks concerned.

In reply to Sir Robert Craigie's enquiry as to what further measures would be taken for the creation of the necessary exchange, Mr. Horinouchi stated that, should this prove necessary, it was intended to use in full the deposits which were to be transferred to the Yokohama Specie Bank from the Hongkong and Shanghai Bank at Shanghai, Tientsin and Chingwangtao for the payment of foreign loan quotas due from ports in North China.

Sir Robert Craigie stated that, according to a telegram received from H.M. Ambassador in China, the amount of the balance in Hongkong and Shanghai Bank at Shanghai of the Shanghai Customs Revenue Account, Revenue Surtax Account and Flood Relief Surtax Account amounted to $24,829,703.46 up to and including April 29th last. The similar balance in Tientsin and Chingwangtao was $1,762,841.85.

Point 3. Foreign Obligations covered by the proposed Arrangement.

Sir Robert Craigie stated that it was his understanding that paragraph 2 was intended to cover not only those loans which were directly secured on the Customs revenue but also the foreign obligations having the Customs revenue as a contingent security, i.e. the Tientsin-Pukow and Hukuang Railway Loans. The contingent liability of the Customs in respect of the latter loan did not arise until 1941, so that, so far as he was concerned, the only loans enjoying a contingent charge which would fall within the scope of the present arrangement were the Tientsin-Pukow Railway Loans. Sir Robert Craigie added that the principal and interest of these loans were secured on the railway revenue, but the Customs were to make good deficiencies in interest payments. The contingent liability of the Customs for the remainder of the present year was £125,000; for each year 1939 to 1941 inclusive £307,000; the liability thereafter slowly decreasing.

Mr. Horinouchi replied that he was prepared to recognise the contingent interest of these loans in the Customs revenue on the understanding that certain Japanese loans which had a contingent charge on the Customs revenue, should also be regarded as covered by the arrangement. As examples he quoted two principal loans involved, namely:

(a) 6% Treasury Note in Gold Yen for the Compensation of Public Properties and Salt Interests in Tsingtao (1923)

(b) Chinese Government 8% Bonds for Refunding

Internal and Foreign Short-term Debts (1922) — so-called Japanese Portion of the 96 million Dollar Loan.

He added that the Japanese Government had no present intention of putting forward a claim that any of these loans should be serviced out of the Customs revenue.

Sir Robert Craigie stated that no objection would be raised by his Government for their part in the event of the Japanese Government putting forward claims in connection with these Japanese loans. He also concurred in the view expressed by Mr. Horinouchi that the status of the various loans was not affected one way or the other by the fact that they would be regarded as falling within the scope of the proposed arrangement.

編　注　本会談録の日本文は見当らない。

727　昭和13年5月3日

中国海関問題に関する日本政府発表

（昭和十三年五月三日）

支那海關問題ニ關スル帝國政府發表

本問題解決ハ所謂交換公文ノ形式ヲ備ヘタルモノニ非ス日本側ヨリ措置案ヲ通報セルニ對シ英國側ヨリ簡單ニ異議ナキ旨回答アリタルノミナリ

支那關税收入ヲ擔保トセル外債ノ償還其ノ他關係事項ニ關シ去ル二月以來在京英國大使「クレイギー」氏及堀内外務次官ノ間ニ非公式會談行ハレタリ右意見交換ノ結果帝國政府ハ英國政府ニ對シ今次事變繼續中帝國政府カ之等問題處理ノ爲執ラムトスル暫行措置ヲ通報シタルニ對シ英國政府ニ於テモ同政府ノ關スル限リ事變中右暫行措置ヲ適用スルニ異存ナキ旨ノ回答ニ接シタリ

前記措置ハ事變中ニ限ル暫行的ノモノニシテ又諸般ノ經濟狀況ニ今後重大變化アラハ更ニ再考スルコトトナリ居レルモノナルカ右ニ依レハ日本軍占領地域内各港ノ海關カ徵收シタル一切ノ税收ハ横濱正金銀行ニ預入セラルヘク右樣預入セラレタル税收中ヨリハ關税擔保外債竝賠償金ノ償還ヲ

ナス爲外債負擔部分ヲ總稅務司宛送金スルコトトナリ居レリ右外債及賠償金ノ償還ハ從來通海關經費其他常例ノ支出ヲ差引キタル稅收ニ對スル第一擔保タルヘク又各海關ノ外債負擔部分ハ前月ノ各海關收入ノ全支收入ニ對スル割合ニ依リ每月算定セラルヘシ

本件措置ハ更ニ客年九月以來香上銀行ニ供託セラレ居リシ對日團匪賠償金延滯分ハ之ヲ日本政府ニ交附スルコトトスルト共ニ將來ノ團匪賠償金日本受取分竝ニ一九一三年善後借款日本分ハ今後トモ諸外國ニ對スルト同樣支拂ヲ實施セラルヘキモノトナシ居レリ尚日本軍占領地內ノ各海關ノ香上銀行ニ於ケル預金ハ本年一月以降上海稅關ノ外債支拂ノ爲總稅務司カ借越セル金額ヲ差引キ總テ橫濱正金銀行ニ引渡サルヘク右引渡ヲ受ケタル預金ハ將來ノ外債償還ニ利用セラルヘキコトトナリ居レリ

728 昭和13年5月3日 在上海日高総領事より広田外務大臣宛（電報）

日本軍占領地域における中国関税収入の横浜正金銀行保管を総税務司承諾について

別　電 昭和十三年五月三日発在上海日高総領事より広田外務大臣宛第一四〇六号

右承諾の旨の上海税関長より横浜正金銀行宛書簡

上　海　5月3日後発
本　省　5月3日後着

第一四〇五號（極祕）

往電第一三九七號ニ關シ

二日夜「スコット」及「カボン」ノ斡旋ニ依リ三日朝「ローフオード」ヨリ「メーズ」宛不可抗力トシテ今後ノ稅收ヲ正金ニ預入方異議ナキヤ書面問合ヲ爲シ右ニ對シ「メ」ヨリ同意ノ旨文書囘答ヲ爲シタル上三日附ヲ以テ「ロ」ヨリ正金宛別電第一四〇六號ノ如キ書面ヲ提出スルコトトナリ三日午後一時右樣處置ヲ了セリ尚香上ノ「バランス」ヲ正金ニ預入方ノ件竝ニ團匪賠償金對日未拂部分ノ處分ニ付テハ英國側ハ漢口側ノ囘答ヲ一兩日待チタル上實現セシメ度キ意嚮ナルカ當方トシテハ卽時實行シ得ル樣英國側ヨリ「メ」ノ責任ヲ「カバー」シ遣ルコトヲ英國側ニ要求中ナリ不取敢

本電宛先北京、天津

（別　電）

上　海　5月3日後発
本　省　5月3日後着

第一四〇六號

I am authorised by the Inspector General of Customs to request you this day to open in my name as Shanghai Commissioner of Customs the following revenue accounts:

Commissioner of Customs Revenue (gold unit) Account:
Commissioner of Customs Revenue (Doller) Account:
Commissioner of Customs Flood Relief Surtax (G. U.) Account:
Commissioner of Customs Flood Relief Surtax ($) Account:
Commissioner of Customs Flood Relief Surtax Account:

and to credit them with my daily revenue collections as received.

Kindly note that these accounts will be operated by me a specimen of my signature is given bellow.

Please give me the usual cheque books and pass books.

~~~~~~

729　昭和13年5月3日　在上海日高総領事より広田外務大臣宛（電報）

香港上海銀行に保管される関税収入残高の横浜正金銀行への移管要求について

上　海　5月3日後発
本　省　5月3日夜着

第一四一一號（至急、極祕）

往電第一四〇五號ニ關シ

一、上海香上ノ殘高ヲ正金ニ移スコトニ「ローフォード」ノ支拂命令ノミニテ實行シ得ル次第ナルヲ以テ必スシモ團匪賠償金停止勘定ノ解除ニ關係ナク早速實現方「ロ」ニ迫ル積リナルカ日英了解ノ實施ニ關スル障碍ノ除去方「クレーギー」ニ申入レ相煩度シ

二、右概ネ實現ノ上又ハ餘リニ遲延スル場合ニハ新政權ニ依
~~~~~~

ル税關ノ接收ニ移リ度キ意嚮ナルカ其ノ方法トシテハ海關監督(李建南ヨリ二十八日維新政府ノ命ニ依リ二日「ロ」宛公文ニテ通報セリ)ヲシテ税關長ニ對シ引續キ維新政府ノ隷下ニ税關長トシテ勤務シ今後同政府ノ命令ニ基キ行動方特ニ剩餘ノ處分ニ付テハ政府ノ指示ニ從フヘキコト等ヲ申渡シ「ロ」カ之ヲ承諾セル場合ニハ維新政府ノ名ニ於テ税關接收ヲ了スル旨公表方ヲ考慮シ居ルモ「ロ」カ命ニ從ハサル場合ニハ病氣休暇ヲ取ラシメ赤谷ヲシテ代行セシムル必要アルヘシ右御含迄

北京、天津へ轉電セリ

730 昭和13年5月6日 在上海日高総領事より広田外務大臣宛(電報)

維新政府による上海海関接收完了について

上海 5月6日後発
本省 5月6日後着

第一四四三號(大至急)※※

往電第一四三一號ニ關シ

六日午前十時田尻及曾禰李建南ヲ案内シ(陸海軍特務部同道)海關事務所ニ「ローフォード」ヲ往訪(赤谷立會)李ヨリ別電第一四四四號(見当ラズ)ヲ讀上ケ「ロ」ノ希望ニ依リ之ヲ手交シタル處「ロ」ハ旗ノ件ニ關シ暫ク待タレ度シト述ヘタルカ他ノ點ニ關シテハ別ニ意見ヲ述ヘサリシヲ以テ李ヨリ維新政府ノ任命狀ヲ「ロ」ニ手交シ之ニテ圓滿ニ接收ヲ終レリ尚「ロ」ハ近ク李ヲ答訪スルコトニ打合濟

本電別電ト共ニ北京、天津、青島、芝罘、濟南、南京、香港、滿へ轉電セリ

731 昭和13年5月6日 在上海日高総領事より広田外務大臣宛(電報)

中国関税収入処理に関する日英取極を非難する中国側要人の談話報道報告

上海 5月6日後発
本省 5月6日夜着

※※第一四四八號

新聞報道ニ依レハ日英間海關協定ニ關シ支那某要人ハ本協定ハ英國側トシテハ外債保有者ノ保護及海關制度ノ維持ノ動機ニ出テタルコトハ了解スルモ支那ノ同意ナクシテ侵略

國タル日本ト英國トノ間ニ勝手ニ支那ノ重要行政タル海關ニ關シ協定ヲ遂ケタルハ遺憾ニシテ其ノ內容ニ付テモ遺憾ノ點多ク例ヘハ外債ヲ優遇シ以テ內債ニ關スル海關ノ擔保價値ヲ傷ケ又預入銀行ヲ中立國銀行ヨリ敵國銀行ニ變更シ日本ニ支那人ノ納付スル關稅ヲ以テ支那ヲ侵略スルノ便宜ヲ與ヘ居レリトノ趣旨ノ談話ヲ發表セル趣ナリ

北京、天津ヘ轉電セリ

732　昭和13年5月6日　在上海日高総領事より　広田外務大臣宛（電報）

中国関税収入処理に関する日英取極の即時完全履行を英国側に要求すべき旨請訓

上　海　5月6日後発
本　省　5月6日夜着

第※※一四五一號（極祕）

往電第一四五〇號ニ關シ

累次往電ニテ御承知ノ通リ英國側ハ目下漢口ヲ說得中ナリトテ未タ協定ノ履行（賠償金ノ支拂及香上殘高ノ引渡）ヲ「メーズ」等ニ實行セシメ居ラサル一方本日ノ稅關接收ハ全ク圓滿ニ行ハレ何等英國側ニ協定履行ノ責ヲ免ルルノ口實ヲ與フルモノニアラサルモ或ハ斯ル言懸リヲ見出サントシ居ルヤモ測リ難キニ付御如才ナカルヘキモ此ノ際先手ヲ打チ更メテ強ク「クレーギー」ニ對シ卽時履行方御申聞相成ルコト切望ニ堪ヘス

北京、天津ヘ轉電セリ

733　昭和13年5月10日　在英国吉田大使より　広田外務大臣宛（電報）

中国関税収入処理に関する日英取極の成立に満足を表する英国外務次官の吉田大使宛私信について

ロンドン　5月10日後発
本　省　5月11日前着

第※※三二五號

日英海關取極成立ニ關シ「カドガン」ハ六日附本使宛私信ヲ以テ滿足ノ意ヲ表シ左ノ通リ申越セリ

I should like to express my personal satisfaction at seeing successful outcome of negotiaction on this complicated and difficult question. Sir Robert Craigie has been authorised, as well, to convey in Tokyo our appreciation of helpful attitude shown in this matter by Minister of Foreign Affairs and Vice Minister of Foreign Affairs.

734　昭和13年5月18日　在天津田代総領事より広田外務大臣宛（電報）

中国関税収入処理に関する日英取極の履行を天津税関長へ要求について

天津　5月18日後発
本省　5月18日夜着

※※第五四〇號

貴電第三二八號ニ關シ（海關「マリン、デパートメント」ノ件）

十八日「マイヤース」ニ對シ日英協定ノ內容ヲ外務省發表通リ（但シ正金ニ預金セラルヘキ稅收ハ一切ノ稅收ニシテ「クオータ」ノ計算及送金ハ輸入稅等ヨリ爲スモノナルコトヲ明カニシ置ケリ）通報シ噸稅及地方附加稅等ノ收入ヲ正金ニ預金方公文ヲ以テ要求シ置ケリ尙十七日萩原カ「マ」ニ右ノ次第ヲ豫告シ置キタル際「マ」ハI、Gヲ督促スル意味合ニテ日英協定ノ內容ヲ日本總領事ヨリ通報セラレタルカ其ノ細目及之ニ對スル處置振回電アリ度キ旨電報ヲ發シ之ニ對スル「メーズ」ノ回答振ヲ見ルコトトシタルモ「メ」ノ回答ノ如何ニ拘ラス噸稅收入等ノ預金移轉ヲ實行スヘシト述ヘ居タル由

上海、北京、青島、芝罘ヘ轉電セリ

735　昭和13年5月31日

臨時政府ならびに維新政府の関税改正に関する情報部長談話

中華民國臨時政府竝ニ維新政府ノ關稅改正ニ關スル情報部長談（五月三十一日）

今般中華民國臨時政府竝ニ維新政府ハ新輸出入稅則竝ニ轉口稅則ヲ制定シ六月一日ヨリ之ヲ實施スル旨發表シタカ新稅則ノ要點ハ次ノ諸點テアル

(イ)新輸入稅率ハ原則トシテ一九三一年一月一日ヨリ實施ノ

税則ヲ「メートル」制ニ換算セルモノヲ採用シ之ニ去ル一月二十日中華民國臨時政府ノ公布セル改正税率ノ一部(二十品目)ヲ据置キタルモノヲ北支中支ヲ通シ統一的ニ實施スルコトトセルコト

(ロ)新輸出税率ハ去ル一月二十日中華民國臨時政府ノ公布セルモノヲ其儘上海方面ニモ實施スルコトトセルコト

(ハ)新轉口税率ハ客年十月一日以降上海方面ニ於テ改正實施セルモノヲ北支方面ニモ實施スルコトトセルコト

先ツ新輸入税率ノ標準トナツタ一九三一年ノ輸入税率ハ國民政府カ一九二九年列國ニ依ツテ承認セラレタル關税自主權ニ基イテ制定シタ最初ノ國定税率テアツテ我カ對支輸出品ニ對スル税率モ大體穩當ナモノテアツタ其ノ後國民政府ハ一九三三年及三四年等ノ關税改正ニ當リ主トシテ税收増加ノ目的上相當廣範圍ノ税率引上ヲ行フト共ニ右日支關税協定ノ期間滿了ヲ口實ニ或種邦品ニ對シテ不當ニ高率ナ輸入税ヲ課シテ之カ輸入ノ防遏ヲ圖ツタノテアルカ右排日關税ノ撤廢方ニ關シテ帝國政府ハ國民政府ニ對シ屢々交渉ヲ行ツタコトハ衆知ノ點テアル

今回臨時及維新兩政府カ以上ノ様ナ不都合ナ税率ヲ全廢シ一般的ニ税率ノ低イ且排日的税率ヲ含マナイ一九三一年ノ税率ヲ採用シタコトハ我國ニ取ツテモ諸外國ニトツテモ歡迎ニ値スルモノト認メラレル勿論數年前ノ税率ヲ復舊スルノテアルカラ最近ノ情勢ニ適應シナイ憾ナシトシナイカ關税改正ノ如キハ充分ノ時日ト愼重ナ研究ヲ要スル問題テアルカラ支那事變モ未タ終結セス從ツテ又中國ノ經濟ノ基礎モ充分確立シテヰナイ今日トシテハ右ハ蓋シ已ムヲ得ナイ處置ト言ハサルヲ得ナイテアラウ尚新銳《(ママ)》税率中ニハ去ル一月二十二日以來臨時政府カ民衆救濟及復興ノ目的ヲ以テ北支方面ニ於テ實施シテヰタ約六十品目ノ改正税率中約二十品目ヲ選ンテ之ヲ存置シテヰルカ之亦其ノ性質上時宜ヲ得タ措置ト認メラレル

次ニ輸出税率ハ去ル一月二十二日以來臨時政府カ實施シテヰタ輸出税率ヲ其ノ儘採用シ又轉口税率ハ客年十月一日以來上海方面ニ於テ實施サレ來ツタモノヲ採用シタカ此等ハ共ニ支那關税統一上尤モナ處置テアルト言ハネハナラヌ

要之今回ノ税率改正ハ一般的ニ見テ税率ノ引下ケテアリ且邦品防遏ヲ目的トスルカ如キ税率ヲ撤廢シタモノテアルカラ我國ニトツテモ又諸外國ニ對シテモ大體穩當ナ改正テア

ルト言ハネハナラヌ又支那關税制度カ臨時及維新兩政府ノ緊密ナ提携ニ依ツテ再ヒ確乎タル統一ノ下ニ待《(持カ)》來サレタコトハ新支那ノ將來ノ爲眞ニ慶賀ニ耐エヌ次第テアル。

編　注　本文書は、昭和十三年十二月、情報部作成「支那事變關係公表集（第三號）」から抜粋。

736　昭和13年6月7日　在天津田代総領事より宇垣外務大臣宛（電報）

関税率改訂の経済的影響につき報告

天　津　6月7日後発
本　省　6月7日後着

第五九九號

新關税ノ當地經濟界ニ及ホセル影響ハ㈠對奥地交易不能ノ爲取引不振ヲ續ケ㈡換物人氣ニ基ク思惑輸入品ノ「ストック」激増シ居ル折柄㈢比較的活潑ナル荷動キヲ示シ居ル建設材料食料品其ノ他ノ主要輸入品ハ第一次改正ニ依リ既ニ低税實施セラレ居リ且㈣最近對外爲替ノ急崩落等ノ爲「マーケット」ニ左シタル動キヲ示シ居ラス其ノ實效ノ顯ハルルハ奥地交易常態ニ復シ厖大ナル「ストック」カ或程度消化セラレタル後ト見ラル尚加工綿布ノ大幅引下カ紡績織布捺染業ニ相當ノ打撃ヲ與ヘ護謨「タイヤ」及硫化染料類ノ引下ハ當地邦人工場ニ相當ノ打撃トナリ又釘ノ三割引下カ支那人釘工場ノ操業ヲ不能ナラシム等土着工業ニモ相當ノ影響アルモノノ如シ

綿糸ハ第一次改正ト些シタル變リナク生地綿布ハ第一次ニ比シ却テ引上トナリタルモ加工綿布引下ケラレタル結果今後此ノ輸入漸増スヘク當地工場製生地綿布ニモ或程度壓迫トナルヘシ人絹糸ハ變化ナク人絹布四割以上ヲ引下ケラレ將來ノ輸入増加必至ト豫想セラルルモ目下冀東物「ストック」多量アリ且實需不良ノ爲「マーケット」變化ナシ工材機械工具類ハ多少引下ケラレタルモ殆ント影響ナシ精糖ハ第一次ヨリ多少引上トナリシモ「マーケット」動カス洋紙染料ニ於テモ大差ナキモ硫化「ブラック」ノ大幅引下ハ當地工場ノ操業ヲ不能ナラシムヘシ

支、上海、南京、濟南ヘ轉電セリ

737　昭和13年8月3日　在上海日高総領事より宇垣外務大臣宛(電報)

中国関税収入処理に関する日英取極の英国側履行遷延に対し根本的解決策回示方請訓

上　海　8月3日後発
本　省　8月3日夜着

第二三七一號（極祕）

一、[(1)] 上海香上殘高（六月中分ノ善後借款負擔額ヲ控除スレハ二千四百萬弗）モ日英取極ノ精神ニ從ヒ七月末迄ノ外債「クオータ」ヲ差引クモノト假定セハ僅カ八、九十萬弗見當ヲ剩スノミトナル勘定（六月廿四日附往信機密第一八九〇號參照外ニ北支香上殘高約二百三十萬弗アルハ御承知ノ通リ尚七月三十日附往信機密第二三九〇號總稅務司署經費分擔問題モアリ）トナリ最早八月分外債支拂ニ當リテハ從來ノ如ク香上殘高引渡遷延ノ爲新政權海關ヨリノ「クオータ」支拂モ實行セストノ不確定ナル狀態ノ持續ヲ許ササルヘク從テ我方トシテハ日英協定履行ノ建前ヨリ此ノ際總稅務司ヲシテ取極通リ對日賠償金ノ引渡等ヲ爲サシメ懸案ヲ一擧ニ解決スルコト常道ナルヘキ處右不可能ナルニ於テハ或ハ(イ)中央銀行ノ借越及三、四兩月ノ Banks《?》 Quota ハ優先的支拂ヲ認メサル建前ニテ右相當額一千三百萬弗程度ノ殘存額アリト爲シ當分從來通リ占領地內「クオータ」ノ支拂ヲ爲サシムルカ又ハ(ロ)賠償金ハ自主的ニ取得スル覺悟ノ下ニ香上殘高ノ有無ニ拘ラス占領地下ノ收入ハ正金預金ニ依リ外債支拂ヲ爲ササルノ決意ヲ固ムルカ何レカニ決定セサルヘカラサル時機到來セルモノト認メラル

二、[(2)] 右ニ付テハ東京ニ於テ折角御考慮中ト存スル處前記ノ如ク時日切迫シ居ルト共ニ從來ノ如ク徒ニ時日ヲ遷延スル內ニ經濟狀況ニモ變化ヲ生シ例ヘハ法幣ノ下落、占領地內負擔率ノ增加（六月ハ六十二「パーセント」、七月モ上海ニ關スル限リ收入增加シ居レリ）香上殘高消費ニ依ル北支「クオータ」南送ノ困難等ノ實質的理由生シ來ルコトアルヘク又一般的ニ言フモ我方トシテハ取極ノ精神ハ重ンスルモ五月ノ成立當時ニ遡テ取極通リ實施スルコトニ輕々ニ贊成スルコト得策ナリヤ否ヤノ議論モアリ此ノ際前記ノ常道論モ一應再檢討ノ要アリト存セラルル次第ナルカ少クトモ「クレイギー」邊ニ對シ團匪賠償金其ノ

他ノ問題解決ヲ嚴重督促スルト共ニ我方トシテハ五月ノ取極ヲ再検討スルノ必要ニ迫ラルルヤモ知レサル困難ナル立場ニ置カレ居ル旨説明シ之以上問題ノ遷延ヲ許ササルモノナルコトヲ印象付クルコト肝要ト思惟セラル尙當方ニ於テモ右趣旨ニテ「メーズ」ニ決斷ヲ促シ度キ所存ナルカ本件ニ關シ何分ノ儀至急御回訓相成度シ

北京、天津ヘ轉電セリ

738 昭和13年8月15日　在上海日高総領事より宇垣外務大臣宛(電報)

日英取極の履行遷延に対し英国側に厳重交渉方意見具申

上　海　8月15日後発
本　省　8月15日夜着

第二四八六號(極祕)

貴電[1]第一二九三號ニ關シ(日英海關取極實施ノ件)

御來示ニ依レハ㈠英國側トシテハ漢口ヲ說得シ得サル限リ假ニ香上殘高千二百萬元ヲ支拂ニ當テタリトスル場合其ノ全額費消後ニ於テモ日本側ニ對シ正金預金ヨリノ支拂實行方ヲ要求シ得サル筋合ナリ㈡我方トシテハ取極通リノ實行ナラハ何時ニテモ應スヘシ(一年間モ「バックアオータ」カ滯納セル後一擧ニ支拂ヒテモ差支ナキ結果ヲモ招來スル譯ナリ)㈢殘高引渡問題ニ多少色ヲ着ケテ團匪賠償金支拂ヲ實行セシムル見込ナキ今日協定ノ實行ヲ英國側ニセツク要ナシトノ御意見ノ處

㈠ニ付テハ英國側カ爾ク遠慮深シトモ存セラレサルモ問題ハ英國側ノ出方如何、日英抗争ノ反響如何、支那側ノ惡宣傳如何竝ニ右ニ對スル我方ノ肚ト準備アリヤ等ノ諸點(二)存スル處飽迄御來示ノ如ク取極ノ實行ナキ限リ正金ヨリハ一文モ支拂ハストノ方針ヲ堅持セラルル次第ナリヤ

㈡ニ付テハ前記括孤《(弧カ)》內ノ事態ヲ如何ニ處理セラルル御考ナリヤ現地側トシテハ何日迄モ稅關長名義ノ儘ニシ置キ何日「バッククオータ」ヲ支出スルカ不確定ノ狀態ニ置カルル(更ニ北支ノ「クオータ」ノ立替拂ヲ必要トスルヤ否ヤモ不明ナリ)コトハ到底堪エサル所ナリ

㈢[2]ニ付テハ先方ノ都合如何ニ拘ラス我方トシテハ御來示ノ如キ消極的態度ニ出ツヘキニアラスシテ少クトモ英國側

ヨリ諸般ノ懸案解決方話シ出ツル度毎ニ本件ヲ攻道具トシテ用ヒ團匪賠償金ノ外更ニ北支「クオータ」支拂ニ關聯スル英國側ノ約束履行方ヲ強ク迫ル必要アルヘキハ勿論ニシテ假ニ我方ニ於テ協定ノ履行カ何日ニナリテモ夫レ以前ノ「クオータ」ハ遡及的ニ支拂ツテ遣ル意嚮ナリトシ右意嚮カ英國側ニ洩レルニ於テハ英國側(及I・G)トシテハ協定履行ニ何等熱意ヲ持タサルヘシト思考セラル

如上ノ次第ニ付往電第二三七一號ノ一ノ(ロ)案ニ一擧ニ行カストモ千二百萬元以上ノ「バッククオータ」ノ支拂ヲ日本側ニ期待スルハ出來サル相談ナルヲ以テ日本占領地税關「クオータ」支拂カ右金額ニ達スル以前ニ協定ノ完全ナル履行ヲ取計フカ然ラサレハ支那側カ取得スヘキ千三百萬元ハ之ヲ拋棄セシメ之ヲ五月以降ノ日本占領地税關「クオータ」支拂ニ充當シ「クオータ」支拂總額カ二千五百萬元ニ達スル以前ニ於テ協定ヲ履行スルカ何レカヲ英國側ニ於テ撰擇スヘク何レノ場合ニ於テモ協定履行ナキ限リ正金預金ヨリ「バッククオータ」支拂ハ期待シ得サル旨ヲ以テ英國側ニ強ク御交渉相成様切望ニ堪エス七月一日ノ「メーズ」宛通告ハ漢口側ノ立替拂カ香上殘高以內ナルコトヲ前提トセルモノナルヲ以テ右カ香上殘高以上トナレル八月以降ニ於テハ依然トシテ從前ノ我方態度ヲ繼續スル能ハサル事態ナリト思考セラルルニ依リ特ニ右稟申ス

北京、天津ヘ轉電セリ

---

739 昭和13年8月17日 在上海日高総領事より宇垣外務大臣宛(電報)

北清事変賠償金の対日支払い再開など日英取極の履行を総税務司に強く要求について

上海 8月17日後発
本省 8月18日前着

第二五〇二號

往電[1]第二三三一號ニ關シ

谷公使ヨリ

十六日「メーズ」來訪總税務司署費用問題ニ關シ日本側ニ於テ他ノ税關費用ノ支拂ヲ認メ居ルニ反シ總税務司署費用ノミ停止セルハ了解スルニ苦シム金額モ極メテ少額ナレハ列國トノ關係ノ紛糾ヲ避クル爲支拂停止解除サレンコトヲ

望ムト述ヘタリ依テ本使ヨリ右ハ過般「ローフオード」ヨリ日高總領事へ申入アリ之ニ對シ同總領事ヨリ日英協定ノ不履行カ現狀通リニテハ之ニ應スルヲ得スト回答セリト承知シ居レルカ日英協定モ時ノ經過ニ依リ解決シ易クナレル部分モアリ今日主トシテ實際上問題トナルハ團匪賠償金ノ支拂ナルカ漢口政府モ重慶ニ移轉シ其ノ地位モ日ニ日ニ地方的トナラントスル今日本使カ嘗テ漢口政府ノ地位惡化ニ伴レI、Gノ「ボンド、ホルダース」ノ「トラスチー」タルノ地位重要トナルト述ヘ貴總稅務司ノ贊成ヲ得タルコトヲ想起スル時ニアラスヤ團匪賠償金モ稅收ニ依リ保障サレ居ル點他ノ債權ト何等異ル所ナシ然ルニ右ノミ支拂ヲ爲ササル謂レ全然ナシ若シ日本政府カ協定當時斯カル不公平ノ行ハルルヲ知リタリトセハ協定ニ應セサリシナラン

元來[2]「ク」大使カ先見ノ明ヲ以テ稅關ノ保全ハ素ヨリ關係者全體ノ利益ノ爲締結シタル協定カ英國側ノ無理解ノ態度ノ爲實行不能ニ陷ラントシツツアルハ遺憾ニ堪ヘス貴總稅務司ニ於テモ費用カ必要ナラハ賠償金ノ問題ノ解決ヲ希望スト述ヘタルニ「メ」ハ實ハ過般關務署長鄭萊カ來レル際關稅收入ノ最近ノ情勢ヲ述ヘ今後六箇月ニハ日本占領地ノ收入益々增加スヘシトノ趣旨モ加ヘ日英協定履行カ漢口ニ取リ得策ナル所以ヲ力說シ置キ彼モ相當動カサレタルヤニ思考セラルルニ付或ハ見込アルヤモ知レス(此ノ點支那側ニ洩レテハ日本ニ內通スト思ハルルニ付暫時極祕ニ願フト附言ス)ト言ヘルニ付本使ヨリ總稅務司署費用負擔ニ付テモ其ノ結果ヲ待ツモ一案ナリト述ヘタル處彼ハ何レニシテモ金額モ少ク或ハ七月以降ニテモ宜シキニ付總稅務司署費用ノ支拂ハルル樣配慮アリ度シトテ引取リタリ

尙「メ」ハ日本占領地稅關ヨリノ外債「クオータ」支拂方ニ付テハ言及セス又團匪賠償金對日支拂ニ付「カー」及「ホールパッチ」ヨリ漢口ニ於ケル工作ノ結果ヲ聞キタルヤト質問セルニ對シ「メ」ハ何等聞キ居ラサル旨答ヘタリ

北京、天津へ轉電セリ

740

昭和14年1月16日　在英国重光大使より有田外務大臣宛(電報)

日本の中国関税収入外債担保部分支払い拒絶および重慶政権の内外債支払い停止に関する報道振り報告

付記一　昭和十四年一月十八日、文化事業部第一課作成
「國民政府ニ依ル外債元利支拂停止竝ニ膠濟鐵道國庫證券未拂問題」

二　昭和十四年一月二十五日、北京関係者会議決定
「占領地域内海關收入處分要綱」

三　昭和十四年三月八日付在中国湯本（武雄）海外駐箚財務官より大野（龍太）大蔵次官宛公信北支第二四号
華北海関収入預金使用方法要綱等の決定について

ロンドン　1月16日後発
本　　省　1月17日前着

第四二號

十五日上海發「タイムス」特電ハ十四日日本大使館ハ重慶政府カ團匪賠償金未拂金ヲ日本側ニ支拂ヒ且客年五月ノ海關問題ニ關スル日英協定ノ條項ヲ實行セサル限リ外債擔保部分支拂ヲ拒絶スヘキヲ發表セル旨竝ニ重慶政府ハ海關收入ノ約三分ノ二カ日本軍占領區域ニテ徴收セラルルニ至レルニ拘ラス一切ノ内外債支拂ヲ行ヒ來リ（對日團匪賠償金ノミハ英國銀行ノ特別勘定ニ預入ス）今日迄ニ一億七千五百萬弗ヲ「アドバンス」シタルモ遂ニ支拂ヲ停止スルニ決シタルモノナル旨ヲ報シ又十六日上海發路透ハ本件支那側決定ハ同地金融界ニ衝動ヲ與ヘ支那カ前記日英協定ヲ受諾セサル限リ日本ハ何等ノ支拂ヲ爲ササルヘク公債所持者ハ利拂ヲ受ケサルコトトナルニ鑑ミ支那人銀行家ハ支那カ單獨支拂ヲ爲シ得サル以上日英協定ヲ受諾スル外ナキ旨ヲ重慶ニ電報方協議中ナリト報シ居レリ
本件ハ當地ニテモ注意ヲ惹キ居ルニ付最近ノ事情電報アリタシ

（付記一）

國民政府ニ依ル外債元利支拂停止竝ニ膠濟鐵道國庫證券未拂問題

國民政府ハ一月十五日突如海關收入ヲ擔保トスル外債ノ元利支拂停止ノ意向ヲ聲明スルニ至リタル處右聲明ニ依レハ國民政府ハ爾後(イ)中央銀行ノ當座貸越ニ依ル外債ノ支拂ハ

之ヲ許サス又(ロ)未占領地各海關ノ收入ヨリ分擔金ハ之ヲ定期ニ中央銀行ニ特別預金トシテ繰入ルルコトトナリタル趣ナルヲ以テ果シテ然ラハ客年九月以降國民政府ニ於テ實行シ來リタル團匪賠償金對日支拂分ノ香上銀行供託ハ本月以降中絶スルコトトナル次第ナリ

帝國政府ニ於テハ右事態ニ對シ適宜ナル措置ヲ執リ得ルニ至ル迄支那側ヨリ團匪賠償金ノ支拂ヲ受クヘキ道ハ杜絶スル次第ナルヲ以テ外務省文化事業部トシテハ豫算ノ遂行竝ニ編成上大藏當局ト協議ヲ遂ケ置ク要アリ尚膠濟鐵道國庫證券償還支拂問題ニ付テ帝國政府トシテ北支交通會社ノ業績ヲ見タル上臨時政府ヲシテ解決ニ當ラシムヘキモ茲ニ三、四年本問題ノ解決ヲ見ルモノトハ思考セラレス

以上

(付記二)

占領地域內海關收入處分要綱

一四、一、二五　北京關係者會議

一、方　針

占領地域內海關收入ハ外債元利拂ノ分擔額、海關地方經費及總税務司署經費分擔額ヲ控除シタル剩餘ヲ日本側管理ノ下ニ臨時政府ニ於テ使用スルモノトス

二、要　領

(イ)海關收入ハ輸出入税、轉口税、收入附加税及水災附加收入ヲ合シタルモノトス

(ロ)關税擔保外債ノ元利拂ノ爲北支各海關ノ分擔スヘキ額(昭和十三年二月分迄《(ママ)》ハ以前ハ外債ヲ分擔セス)竝ニ海關地方經費及總税務司署經費ノ分擔額ヲ除キタル剩餘ヲ使用スルモノトス

(ハ)右控除セラルヘキ外債分擔額及總税務司署經費分擔額ハ聯銀券ニ依リ(法幣ト「パー」ノ計算ニテ)積立テ置クモノトス

(ニ)海關收入ハ預託銀行ヲシテ內密ニ能フ限リ外貨ニ換フル措置ヲ執ラシムルモノトス

(ホ)剩餘額全部ヲ使用スルコトハ成ル可ク之レヲ避ケ又使用スヘキ額ハ大體之ヲ限定スルモノトス

(ヘ)使用スヘキ剩餘ハ原則トシテ海關長ヨリ臨時政府ニ正式ニ引渡サシムルモノトス(尤モ右引渡ニ總税務司ノ同意ヲ要シ且其ノ同意ヲ得サル場合ハ關税收入預金ヲ

見返リニ借入レヲ爲ス方法モアルヘシ)
(ト)正金ニ預金シアル實在額ト別紙調書(省略)ノ數額ト一致スルヤ否ヤニ付テハ改メテ大使館ニテ確メルモノトス

(付記三)

北支第二十四號

昭和十四年三月八日

海外駐劄財務官　湯本　武雄

大藏次官　大野　龍太殿

北支海關收入預金使用ニ關スル件

首題ニ關シ北支海關收入預金使用方法要綱(別紙第一)及中華民國臨時政府、横濱正金銀行間ノ借款契約書案(別紙第二)(省略)ヲ決定仕候間及御送付候也

追而右要綱ノ內日本側ノ內部關係ニ關スル部分ヲ削除シ別紙第三(省略)ノ如ク修正ノ上杉山部隊參謀長ヨリ臨時政府行政委員長宛送付スルト共ニ横濱正金銀行天津支店支配人ニ宛テ臨時政府ニ對スルモノト同文ヲ添附ノ上別紙第四(省略)ノ通牒ヲ發シ候尚本件取運ビニ關スル手續別紙第五(省略)ノ通諒解成立候間右書類併而及御送付候也

添付書類

別紙第一、北支海關收入預金使用方法要綱

〃　第二、中華民國臨時政府、横濱正金銀行間ノ借款契約書案

〃　第三、北支海關收入預金使用方法要綱(但臨時政府及正金天津支店支配人宛送付分)

〃　第四、海關預金ヲ見返トスル中華民國臨時政府ニ對スル貸付金ニ關スル横濱正金銀行宛通牒

〃　第五、海關預金見返貸付金ニ關スル手續

別紙第一

北支海關收入預金使用方法要綱

(一)方　針

北支海關收入預金中一千二百萬圓ハ直ニ之ヲ引出シ臨時政府ノ財源トシテ使用スルヲ得ザルニ付臨時政府ハ該預金ヲ引當トシテ左ノ要領ニ依リ横濱正金銀行ヨリ借入ヲ爲シ其ノ目的ヲ達セントス

(二)要　領

(イ)臨時政府ハ後日同政府カ支拂ヲ受ケ得ル北支海關收入

預金中一千二百萬圓ヲ引當トシテ横濱正金銀行支店ヨリ一千二百萬圓ノ借入ヲ爲スモノトス
(ロ)臨時政府ガ北支海關收入ノ支拂ヲ受ケタル時ハ其ノ金額ノ限度ニ於テ遲滯ナク本借入金ヲ返濟スルモノトス
(ハ)借入金ノ利率ハ北支海關收入預金ニ對シ横濱正金銀行ノ支拂フ利率トス
(ニ)本借入金中蒙疆政府ニ對シ支拂フベキ二百萬圓ハ臨時政府ヨリ之ヲ蒙疆政府ニ貸付タルコトトシ其ノ償還方法及利率ハ前記(ロ)及(ハ)ノ條件ヲ準用ス
(ホ)日本政府ハ横濱正金銀行ニ對シ將來如何ナル事態發生スルモ同行ガ右貸出ニ因リ何等支障ヲ受ケザル樣措置スベキ旨ノ念書ヲ同行ニ交付ス
(ヘ)北支海關收入預金ヲ預リ居ル横濱正金銀行北支各店ハ該預金ノ名義人ガ預金ノ拂出ヲ受ケントスル場合ハ所在地ノ外務官憲ノ承認ヲ受クルコトヲ要ス
(三)本措置ハ實行上不便尠カラザルヲ以テ關係當局ハ可及的速ニ海關收入預金ヨリ本借入金ヲ振替決濟シ得ル樣考慮スルモノトス
(四)本措置ノ實行ニ付テハ中央ノ承認ヲ要スルヲ以テ之ガ連絡ヲ爲スト共ニ承認アリ次第直チニ實行シ得ルヤウ準備シ置クモノトス

741

昭和14年4月1日　興亜院会議決定

「救國反共同盟會(註、汪工作)ノ所要經費ニ關スル件」

救國反共同盟會(註、汪工作)ノ所要經費ニ關スル件

昭和十四年四月一日

興亞院會議決定

一、救國反共同盟會ノ運動ニ要スル費用ハ海關剩餘金ヲ以テ充當スルヲ建前トシ之ニ要スル金額ハ四月以降六ケ月(月額三〇〇萬元以內)計壹千八百萬元以內トシ爾後ノ經費ハ救國會ヲシテ自ラ調達セシムルヲ本則トスルモ要スレハ改メテ研究ス
但シ當初ノ一ケ月分三百萬元(圓カ元ニ對シ打歩ヲ生シタルトキト雖モ三百萬日本圓以上ハ支出セス)ヲ限リ日本側(陸軍機密費支辨)ヨリ支出スルモノトシ之カ外貨ヘノ交換ヲ要スル場合ハ陸軍省ヨリ大藏省ニ諒解ヲ求ムル

モノトス

二、海關剰餘金ノ使用ニ當リテハ機密保持上日本側ノ名ヲ用フ

三、海關剰餘金ヲ以テスル資金千五百萬元ハ差シ當リ中支ニ於ケル海關剰餘金ヲ以テ之ニ引キ充ツ

其支出時期ハ差シ當リ本年五月以降五ケ月間ト豫定ス、右金額ハ中支海關剰餘金ヲ見返ヘリトシ日本政府ノ保證ニヨリ正金銀行ヨリ借入レノ形式ヲトリ之ヲ救國反共同盟會ノ運動ヲ指導スル現地日本側責任者ニ交付スルモノトス

本借入金ハ適當ノ時機ニ支那側政府ヲ指導シ正金銀行ニ返濟(又ハ整理)セシムル如ク措置スルモノトス

諒解事項

一、最初ノ一ケ月分トシテ必要ナル法幣ハ中支海關預金トシテ横濱正金銀行ノ受入レタル法幣中ヨリ市場相場ニ依リ之ヲ買取リテ調達スルコト

此ノ場合同行ノ圓買法幣賣ニ伴フ爲替相場上ノ危險ハ之ヲ同行ノ負擔ニ歸セシメザル様日本政府及現地海關預金管理者(上海陸軍特務部本部長、上海海軍特務部長及上海總領事)ニ於テ保障スルコト

二、最初ノ一ケ月分トシテ第三國通貨ヲ必要トスル場合ハ右法幣ヲ市場ニテ賣却シテ之ヲ調達スルコト

三、第二回以後ノ交付金ノ調達ニ付テハ其ノ形式ヲ本工作現地責任者名義法幣借入金トシ且其ノ金額ニ相當スル中支海關預金ヲ見返リト爲スコトヲ日本政府及現地海關預金管理者ニ於テ横濱正金銀行ニ對シ承認スルコト

四、右交付金トシテ法幣以外ノ通貨ヲ必要トスル場合ハ前記二ノ場合ニ準ジ法幣ヲ賣却シテ之ヲ調達スルコト

五、前記二及四ノ法幣賣外貨買(圓買ヲ含ム)ノ所作ニ付テハ横濱正金銀行ヲシテ其ノ衝ニ當ラシメ且我方ノ通貨工作上支障ナキ時期及方法ヲ擇ブコト

六、本工作上物資ヲ必要トスル場合ハ極力本邦物資ニ依リ之ヲ調達スルコト

以　上

742　昭和14年5月18日

興亜院が作成した「支那關稅率暫定改正準備

要綱」

支那關稅率暫定改正準備要綱

昭和十四年五月十八日
總務長官決裁
（關係省諒解）

第一　方針

支那現行關稅率ノ根本的改正ハ可及的速ニ之ガ實現ヲ期スルノ要アル處現下諸般ノ情勢ニ鑑ミ右ハ尙暫ク事態ノ推移ニ俟ツコトトシ差當リハ中支經濟工作ノ必要ヲモ考慮シ左記要領ニ依リ輸入稅率中特ニ緊急改正ヲ要スト認メラルルモノニ付之ガ改正草案ノ作成ヲ急速準備スルモノトス

第二　要領

一、主トシテ左記ノ如キ稅率ニ付合理的改正ヲ行フコトトスルモ特ニ日滿ヨリノ重要輸入品ニ關シテハ諸外國品トノ關係上愼重檢討ヲ加フルト共ニ新政權財政ノ確立、支那產業ニ及ホス影響及本邦輸出力ノ現勢等ニ付十分考慮ヲ拂フモノトス

㈠一九三四年度稅率ニ比シ著シク高率トナリタルモノ

㈡生活必需品ノ稅率ニシテ民生安定上特ニ改正ノ要アルモノ

㈢排日的色彩尙顯著ニシテ貿易ノ伸長ヲ阻碍シアルモノ

㈣經濟復興竝開發上特ニ引下ノ要アルモノ

㈤滿洲國稅率ニ比シ著シク差異アル爲密輸入ヲ誘發スル惧アルモノ

㈥品目ノ分類適正ナラズ又從量、從價ノ權衡ヲ失シ特ニ改正ノ要アルモノ

二、關係各廳及現地連絡部ヨリ提出セル調査資料竝改正案ヲ基礎トシ興亞院ニ於テ一應ノ草案ヲ作成シタル上、右草案ヲ中支經濟工作促進委員會商權關係分科會ニ附議スルモノトス

三、稅率改正實施ノ時期ハ本年六月末ヲ目途トシ同月中旬迄ニ之ガ所要ノ調査竝立案ヲ完了セシムルモノトス

備考

本件調査ニ基ク改正案ノ實行方ニ付テハ別途考究スルモノトス

743　昭和14年6月23日　興亜院会議決定

「吳工作所要經費ニ關スル件」

吳工作所要經費ニ關スル件

昭和十四年六月二十三日

興亞院會議決定

吳工作ニ要スル經費ハ曩ニ決定セラレタル救國反共同盟會所要經費ノ件ニ準シ左記ノ如ク支出ス

左記

一、六月以降ノ吳工作ニ要スル費用ハ海關剩餘金ヲ以テ充當シ之ニ要スル金額ハ六月以降五ケ月（月額二〇〇萬元以内）計壹千萬元以内トシ爾後ノ經費ハ改メテ研究ス

二、海關剩餘金ノ使用ハ當分日本側ノ名ヲ用フ

三、月額二百萬元ハ北支及中支ニ於ケル海關剩餘金ヲ折半ニ引キ充ツルモノトシ其交付ニ方リテハ本工作現地日本側責任者名義借入金トシ且其金額ニ相當スル海關預金ヲ見返ヘリト爲スコトヲ日本政府及現地海關預金管理者ニ於テ橫濱正金銀行ニ對シ承認スルモノトス

本借入金ハ適當ノ時機ニ支那側政府ヲ指導シ正金銀行ニ返濟（又ハ整理）セシムル如ク措置スルモノトス

四、右交付金ハ北支ノ分ハ聯銀券、中支ノ分ハ法幣トシ法幣賣圓買ノ所作ニ付テハ橫濱正金銀行ヲシテ其衝ニ當ラシメ且我方ノ通貨工作上支障ナキ時期及方法ヲ擇フモノトス

〰〰〰〰〰〰

744

昭和14年9月29日　興亜院会議決定

「特種工作所要經費追加ニ關スル件」

特種工作所要經費追加ニ關スル件

昭和十四年九月二十九日

興亞院會議決定

一、特種工作所要經費ハ昭和十四年四月一日興亞院會議決定ニ於テ差當リ本年五月以降五ケ月間ト豫定セラレタルモ工作ノ現況ニ鑑ミ更ニ昭和十四年十月以降新中央政府樹立迄毎月月額四百萬元ヲ支出ス

二、右經費支出ノ要領ハ前記興亞院會議決定ノ要領ニ同シ

三、軍事工作進展シ有力ナル軍隊ノ寢返リ來リタル場合ノ經費ニ關シテハ別途詮議スルモノトス

〰〰〰〰〰〰

745　昭和15年2月27日　有田外務大臣より在上海加藤公使宛

上海海関剰余金を充当した新中央政府に対する四千万元貸付けについて

付　記　昭和十五年三月十二日、梅機関作成

「中央政府樹立直後ニ於ケル海關剩餘利用ニ關スル件」

亞一機密第六號

昭和十五年二月二十七日

外務大臣　有田　八郎

在上海

特命全權公使　加藤　外松殿

汪ニ對シ上海海關剩餘金ヲ見返トシテ貸付ヲ爲スノ件

本件ニ關シ二月十九日興亞院會議ニ於テ別紙寫甲號ノ通リ決定セラレタルニ付御了知相成度シ

尚横濱正金銀行ヨリ新中央政府ニ對スル四千萬元貸付ノ條件ニ付テハ二十一日興亞院主任者會議ニ於テ別紙寫乙號ノ通リ決定セラレ近ク持廻リニ依ル興亞院會議ニ於テ決定ヲ見ル可キ豫定ニ付御含置相成度シ

本信寫送付先　上海、北京

甲　號

汪ニ對シ上海海關剩餘金ヲ見返トシテ貸付ヲ爲スノ件

昭和十五年二月十九日

興　亞　院　會　議　決　定

汪ニ對シ横濱正金銀行ヲシテ其ノ保管ニ係ル上海海關剩餘金ヲ見返トシテ四千萬元ヲ限度トスル所要ノ金額ノ貸付ヲ爲サシム

右金額ノ引出其他ノ具体的條件ハ別ニ之ヲ定ム

乙　號

横濱正金銀行ヨリ新中央政府ニ對スル四千萬元貸付ノ條件(興亞院會議決定案)

昭和十五年二月二十一日

興亞院主任者會議決定

昭和十五年二月十九日興亞院會議決定「汪ニ對シ上海海關剩餘金ヲ見返トシテ貸付ヲ爲スノ件」第二項ニ依リ貸付ノ條件ヲ左ノ如ク定ムルモノトス

一、新中央政府成立ト同時ニ之ニ對シ横濱正金銀行ヨリ四千萬元ヲ貸付ケ新中央政府ハ之ヲ其ノ儘同銀行ニ預金シ必要ノ都度引出スコト

二、右貸付金ハ無利子無擔保トシ且右預金ハ無利子トスルコト

（備　考）

㈠本件預金引出ニ備フル爲日本側含ミトシテ横濱正金銀行ヲシテ左記ニ依リ支拂準備ヲ爲サシムルコト

三月十日（新中央政府成立ノ日）　千五百萬圓
四月十日　千　萬　圓
五月十日　千　萬　圓
六月十日　五百萬圓

㈡支拂準備ノ期日及金額ハ右㈠ノ如ク豫定スルモ出來得ル限リ節約ヲ圖リ且原則トシテ之ヲ臨時的經費ニ充テ經常的經費ニハ充テシメサル様支那側ヲ指導スルコト

㈢一應法幣ニテ支拂ヲ準備スルモ出來得ル限リ法幣ニ代ヘ軍票又ハ華興券ヲ受領セシムル様支那側ヲ指導スルコト

㈣前二項ニ關聯シ右㈠ノ範圍內ニ於ケル更ニ具體的ノ支拂期日、金額及金種ハ爾後梅機關（新中央政府成立後ハ其ノ指導機關）ニ於テ事前ニ横濱正金銀行ニ連絡スルコト

（付　記）

中央政府樹立直後ニ於ケル海關剩餘利用ニ關スル件

昭和十五、三、十二　梅機關

一、諸般ノ情勢ニ鑑ミ中央政府樹立後少クトモ當分ノ間ハ海關側乃至一般第三國側ヲシテ海關收入ニ對スル中央政府ノ管理處分權ヲ認メシムルコト實際上至難ト認メラルルニ付中央政府ノ海關收入利用ハ不取敢正金銀行ニ於ケル海關剩餘預託金ヲ見返リトシテ貸付ヲ受クルノ方法ニ依ラシムルノ外ナシト思料セラル

二、然レトモ中央政府ニ對スル日本側指導ノ施策的見地ヨリスレハ日本側ヨリ中央政府側ニ對シ最初ヨリ前記ノ如ク正金銀行ヨリ貸付ヲ受クルノ方法ヲ强調シ之ヲ强要スルカ如キ態度ヲ示スコトハ面白カラス蓋シ右ノ如キ態度ヲ示ストキハ日本側ニ於テ海關收入ニ對スル中央政府ノ管理處分權ノ直接ノ行使ヲ否認スルノ意圖ヲ有スルニアラ

スヤトノ誤解ヲ生セシメ延ヒテハ日本側ニ於テ中央政府ノ獨立性ヲ認メス之ヲ傀儡的存在トシテ取扱ハントスルノ魂膽ヲ包藏スルカ如キ印象ヲ與ヘ中央政府ノ前途ニ對スル希望ヲ失ハシムルノ虞アルヲ以テナリ

三、仍テ右ノ如キ日本側ノ眞意ニ反スルカ如キ面白カラサル結果ノ發生ヲ避ケ且中央政府側ヲシテ海關收入利用ニ付テハ結局少クトモ當分ノ間前記ノ如ク正金銀行ヨリ貸付ヲ受クルノ方法ニ依ルノ外ナキコトヲ自然ニ納得自覺セシムル爲中央政府側自身ヲシテ一應海關側ニ對シ日本側ノ協力ノ下ニ直接所要ノ折衝ヲ試ミ其ノ結果ヲ見セシムルコト可然

備考　本件第一號ニ依リ海關剩餘預託金ヲ見返リトスル貸付ヲ見ル迄ハ二月十九日及同月二十九日興亞院會議決定ノ貸付金ヲ其預金引出月割ノ範圍ニ於テ中央政府經常費ノ財源ニ流用セシムルモノトス

---

746 昭和16年10月9日　在上海堀内総領事より豊田外務大臣宛(電報)

総税務司署の接収や各地海関把握の強化など非常時における中国海関対策の具体案を軍および興亜院関係者と協議について

上　海　10月9日後発
本　省　10月9日夜着

第一八六三號

貴電合第二〇四一號ニ關シ(支那海關接收準備對策ニ關スル件)

九日午前陸、海、興亞院及南京大使館係官ノ參集ヲ求メ豫メ當館ニ於テ作成セル非常時支那海關對策具體案ニ基キ㈠總税務司署接收㈡一般人事對策㈢退職金問題㈣上海海關把握强化㈤各地海關把握强化ノ五項目ニ依リ協議ノ結果夫々具體的對策要領ノ打合ヲ了シタリ(委細郵報)

尙非常時ニ於ケル總税務司署及各地海關ノ人事配置案ニ付テハ引續キ研究立案ノ上具體案決定次第報告ス

南京、天津、青島、廣東、厦門、海口ヘ轉電セリ

---

747 昭和16年11月13日　在上海堀内総領事より東郷外務大臣宛(電報)

非常時における中国海関機構ならびに人事対

策具体案の決定について

別　電　昭和十六年十一月十三日発在上海堀内総領事より東郷外務大臣宛第二〇八六号

右具体案要領

上　海　11月13日後発
本　省　11月13日夜着

第二〇八五號

貴電第一一二七號及往電第一八六三號ニ關シ

十二日陸海興亞院係官ノ參集ヲ求メ當館作成ノ非常時海關機構竝ニ人事對策案（要旨別電第二〇八六號御參照）ニ付協議セル處陸海側ニ於テハ大體右ニ異存ナカリシモ興亞院係官ヨリ岸本ヲ總税務司ニ豫定セル點ニ付再考ノ餘地アル旨及新規海關員採用ノ要ナシトノ點ニ付重要地位ニ邦人海關員配置ノ爲相當數ノ海關員新規採用ノ要アル旨意見開陳アリ右ニ對シ當館係官ヨリ閲歴竝ニ能力ノ點ヨリ見テ岸本ヲ總税務司トスルコトニ反對スヘキ理由ナキヲ以テ現地案トシテ出來得レハ之ヲ確定シ置キ度キコト及非常時機ニ於テハ貿易ノ激減豫想セラルル處斯ル場合冗員ハ極力陶（淘カ）汰シ海關經費ノ節減ヲ計ル要アリ且ツ本案ニ依ルモ重要地位ニハ一應全部邦人ヲ配置スルコトトナリ居ルコト竝ニ本案ハ非常時突發ノ際ノ應急案ニテ爾後ノ海關把握强化ニ付テハ別途適宜措置ノ要アルハ勿論ナルヘキコト等説明シ置キタル趣ナリ委細別途空送ス

別電ト共ニ南大、北大、天津、青島、廣東、厦門、海口へ轉電セリ

（別　電）

上　海　11月13日後発
本　省　11月13日夜着

第二〇八六號

非常時海關機構及人事配置具體案要領左ノ通

一、總税務司署、上海海關竝ニ海務部ノ機構ハ現状通リトスルコト

二、總税務司ニハ岸本ヲ豫定シ又岸本ノ現地位タル首席税務司ニハ同人ノ信頼スル邦人海關員ヲ配スルコト

三、上海海關長ニハ赤谷ヲ又次席ニハ小山田ヲ配スルコト

四、總税務司署ニ於テ罷免スヘキ敵性國人「メーズ」以下英人十一名米人三名上海海關ニ於テ罷免スヘキ者「ローフ

オード」以下英人六十名米人二十名海關海務部ニ於テ罷免スヘキ者英人六名（他ニ同部所屬技師英人二名及占領地區内各地燈臺管理員英人八名アルモ是等ハ强テ罷免ノ要無カルヘキコト）

罷免者ノ地位ハ現海關員ノ合理的配置ニ依リ之ヲ補充シ新規海關員ノ採用ノ必要無キコト

五、各地海關ノ機構ハ現状通リトシテ且罷免者ノ地位ハ現海關員ヲ以テ補充シ新規海關員採用ノ必要ヲ認メサルコト

六、當面ノ非常事態經過後ニ於ケル支那海關ニ對スル我方把握量ノ强化ニ付テハ必要ニ應シ適宜處置スヘキコト

3　興亜院の設置

748　昭和13年3月17日　広田外務大臣より在米国斎藤大使、在仏国杉村(陽太郎)大使宛(電報)

対華中央機関設置問題に関する政府内の協議状況および中国経済開発に関する閣議決定について

付　記　昭和十三年四月二十日、米沢(菊二)調査部長作成

「對支中央機關問題經過(其ノ一)」

本　省　3月17日後9時35分発

合第八六一號

予テ支那經濟開發事務管掌ノ爲中央機關ヲ設置スヘシトノ議アリ企畫院軍部方面ノ支持スル內閣直屬案ニ對シ外務省ハ外交一元化ノ建前ヨリ外務省外局案ヲ主張シ讓ラス結局內閣側ニ於テ法制局ヲシテ立案セシムルコトトナリ三月九日法制局ニ於テ對支政策、經濟開發、文化事業等ヲ綜合管掌スル對支局ヲ內閣ニ設置セムトスル試案ヲ作成セルニ對シ當方ニ於テ强硬反對ノ結果法制局ニ於テモ大方本省側ノ意嚮ヲ容レ十五日ノ閣議ニ於テ

一、國策會社ノ監督官廳ハ總理大臣トスルコト

一、對支經濟開發ニ關スル重要事項ヲ調査審議セシムル爲內閣ニ對支經濟審議會(會長ヲ總理大臣トシ關係閣僚及必要ニ依リ參議、民間有力者ヲ委員トス)ヲ設クルコト

一、北支及中支ニ於ケル兩國策會社ノ監督事務ノミヲ掌ル小規模ノ機關ヲ內閣ニ設クルコト

ニ決定シ一應ノ解決ヲ見タルカ大規模ノ中央機關(對支局又ハ東亞省)ヲ內閣ニ設ケ支那事變處理ニ當ラシメムトスル空氣依然强ク之ニ對抗スル爲本省ニ於テモ此ノ際外交一元化ヲ主眼トスル綜合外政機關設置方ニ付考慮中ナリ

佛ヨリ在歐各大公使壽府へ轉報アリタク

米ヨリ在米各大公使紐育桑港ニ轉報アリタシ

（付　記）

（昭和十三年四月二十日米澤記）

對支中央機關問題經過（其ノ一）

一、本年一月二十日前後企畫院第三委員會幹事會ノ際非公式ニ内閣ニ東亞事務局（假稱）設置ノ案提議セラレ各自研究ノ事トナリタル處本案ノ骨子ハ

㈠支那關係ニ於テ

(イ)支那ニ於ケル經濟ニ關スル計畫ノ立案及實施

(ロ)各廳對支行政事務ノ統一保持

(ハ)支那ニ於ケル各國策會社ノ業務ノ監督又ハ統制

㈡滿洲關係ニ於テ

對滿事務局事務ノ全部

㈢滿支關係ニ於テ

外務省文化事業ニ關スル事務

ヲ所管セシメントスルモノニシテ支那ト滿洲トヲ同一視スル形ノ下ニ諸般ノ事務ヲ統合セントスル點ニ於テ不都合アルノミナラス經濟ニ關スル立案實施（經濟ト政務トハ事實上分離シ難シ）及文化事業ヲ所管セントスル點ニ於テ外交ノ分裂ヲ招來スルモノナリ仍テ外務省トシテ右案ニ對シ斷然反對スルト共ニ支那ニ於ケル經濟開發ニ關スル事務ハ外務大臣管理ノ下ニ外局ヲ設ケ

㈠調査立案

㈡國策會社ノ業務ノ監督及統制

㈢各廳事務ノ連絡調整

ヲ所管セシムルノ案ヲ樹テ本案貫徹ノ爲關係方面ノ說得ニ努メタリ

二、然ルニ外務省案ニ對シテハ陸軍、企畫院、大藏等ノ反對アリ海軍ハ筋道ハ外務省ノ主張ノ通ナルモ現下ノ時局對應策トシテハ事態ニ卽セスト爲シ内閣設置說依然有力ニ行ハル此ノ前後議會ニ於テモ支那問題處理ノ爲中央機關設置ノ必要高唱セラレ總理ヨリハ其ノ必要ヲ認メ遠カラス實現ヲ見ルヘキ旨ノ答辯アリ國策會社設立要綱ニ關スル關係省ノ協議進行ニ伴ヒ本件中央機關問題ノ急速決定必要トセラレ遂ニ法制局ニ於テ兎ニ角一應立案シ見ルコトトナレリ

三、然ル處二月末法制局案ナルモノ新聞ニ散見スルニ至リタルカ何レモ大規模ナル組織ニシテ東亞省又ハ直ニ一省ヲ形成スルニ至ルヘキ程ノ機構ナリシヲ以テ二月二十八日

米澤調査部長ハ樋貝法制局參事官ニ又三月一日石射東亞局長ハ船田法制局長官ニ夫々面會法制局ノ意向ヲ訊ネタルニ

㈠外務省ノ現狀（機構、人員ノ具体的人物）《ママ》ヲ以テシテハ非常時局ヲ擔當スルニ適セス

㈡支那問題ノ處理ハ國運ノ消長ヲ左右ス此ノ際繩張爭ヒノ如キニ墮スルヲ避ケ擧國一致國難ニ當ルヘシ

㈢從テ總理ノ直轄下ニ中央機關ヲ設置シ之ニ關係省ヨリ人材ヲ集メ政治、外交、經濟、通商、文化等綜合的立場ヨリ國策ヲ樹立シ之カ運營ニ遺憾ナカラシムヘシ

㈣支那ハ獨立國トハ云ヘ日支間ノ關係ハ日本ト其ノ他ノ外國トノ關係トハ異リ對立ニ非スシテ實質上一体ナリ從テ支那ニ對シテハ純粹ナル外交ノ分野甚タ鮮シ今後益々其ノ傾向顯著トナルヘク外務省ハ寧ロ其ノ力ヲ全的ニ支那以外ノ國ニ向クヘク爲スヘキ仕事山積ス

㈤此ノ事態ハ結局滿洲ハ勿論外地（特ニ朝鮮）ヲモ日支關係ノ連鎖ノ內ニ入レテ考慮スルノ必要ニ押進ムヘク（樺太ハ內務省ノ所管ニ移シテ可ナリ）從テ中央機關ハ拓務省ノ解體、外務省東亞局及對支文化事業部、對滿事務局ヲ統合スルモノニ發展シ結局東亞省ト云フ如キ一省ノ樹立ニ導クヘシ

トノ意向ヲ述ヘ現在ノ問題トシテハ今直ニ一省設立トスヘキカ或ハ一省設立ヲ目標トスル中樞事務機關ノ設置ニ止ムヘキカノ點ニ在ルノミト云ヒ（以上樋貝參事官說明要旨）更ニ內閣ニハ既ニ澤山ノ機關アリ總理ハ名目ノミトナル傾アリ（對滿事務局ノ如シ）旁々內閣ノ一局トシテハ不充分且陸軍ニ引摺ラルル虞アルヲ以テ獨立ノ一省トシテ東亞省ヲ設ケ時局ノ處理ニ當ラシムルコト必要ナリ其ノ組織トシテハ政務（支那ニ對スル政治指導）產業（經濟開發）文化（對支文化事業）ノ三局ノ外外局トシテ對滿事務局ヲ置キ尙拓務省ノ主管ヨリ樺太ヲ內務省ニ移シ他ハ一局ニ纏メ外地局又ハ拓務局トシ外務省ヨリハ對支文化事業ノ外支那ニ關スル政治指導ノ方面全部ヲ移管シ外務省ハ通商外交ノ充實ニ進ムコトトスト云ヘリ（船田長官說明ノ要旨）

四、以上法制局案ナルモノハ支那ヲ以テ滿洲國ト同一視シ植民地的ニ諸般ノ施策ヲ行フコトヲ基本觀念トスルモノニシテ日支事變善後處理ニ關スル帝國政府ノ方針（一月十

一日御前會議決定）ニ眞向ヨリ背馳スルノミナラス我外交カ支那ニ對シ又ハ支那ヲ中心トシテ動キツツアル事實ヲ無視シ支那ニ關スル外交ト支那ニ關セサル外交トニニ分セントスル外東亞省自身ノ出先機關ヲ設クルコトニ依リ外務出先機關トノ對立ヲ現出シ純外交ト然ラサルモノトノ分界ニ關スル紛爭ヲ醸サントスルモノニシテ內外共ニ外交機關ノ分裂外交機能ノ摩擦撞着ヲ結果スルモノニシテ苟モ常識アルモノノ認容シ得サル所ナリ

五、仍テ外務省トシテハ斷然之ニ反對スルコトニ決シ此ノ種ノ案カ閣議ニ上程セラルル場合外務大臣ニ於テ確乎タル決心ヲ以テ反對セラレンコトヲ要望セサルヲ得サルニ至リ數次首腦部ニ於テ廣田大臣ト會見事情ヲ說明シ善處方要請スルト共ニ輿論ノ趨向ニモ鑑ミ外務省自身トシテモ深ク自ラ反省スルノ必要ヲ認メ當面ノ問題タル國策會社ノ監督官廳ニ關スル具體案ヲ作成スルト共ニ外政機關ノ「斯クアラサルヘカラス」トノ基礎ノ下ニ組織、人員ノ整備、具體的人物ノ三點ニ於テ外務省存立ノ使命遂行ニ遺憾ナキ様機構ノ再建ヲ企圖スルニ至レリ

六、此ノ間三月九日ニ至リ法制局ヨリ翌日ノ閣議ニ上程スル案ナリトシテ對支局案ナルモノ出テ來リタルカ右案ハ東亞省設置ノ根幹トシテ不取敢內閣ニ相當大規模ナル一局ヲ設ケ之ニ

(イ)對支政策（純外交ハ除ク）ノ樹立ニ關スル事務

(ロ)各廳對支行政ノ統一保持ニ關スル事務

(ハ)東亞事情及對支政策ト國際事情トノ關係ノ調査研究

(ニ)支那ニ於ケル經濟開發ノ計畫及其ノ實施ニ關スル事務

(ホ)日滿支間ニ於ケル經濟交通及其ノ調整ニ關スル事務

(ヘ)支那ニ於テ事業ヲ爲スヲ目的トスル特設會社ノ業務ノ監督及統制ノ事務

(ト)支那ニ於ケル文化事業ニ關スル事務

(チ)對支審議會ノ議案ノ作成其ノ他對支審議會ニ關スル庶務

ノ事務ヲ管掌セシメントスルモノニシテ畢竟對支政策ヲ以テ外交ニ非スト爲スノ觀念ニ出ツルモノニシテ外交機關ノ分裂外交機能ノ摩擦ヲ招來シ國家ノ前途ヲ誤ル惧アルモノナリ仍テ之カ閣議決定阻止ノ爲同日企畫委員會緊急幹事會（委員長以下委員出席）ヲ開キ種々意見交換ノ後左記三個ノ決議ヲ爲シ同夜直ニ全員廣田大臣ニ面接シ大

臣ノ決意ヲ促セリ

一、苟モ帝國ノ外交國策ニ二アルヘカラス外交ノ統一ヲ維持スルコトハ絶對必要ナリ特ニ對支政策ニ付然リトス

二、外務省現在ノ機構ハ目下ノ事態ニ照シ充分ナラス依テ人材ヲ廣ク省外ニモ求メ外務省ノ擴充强化ヲ圖ルヲ要ス

三、對支新機構ニ付テハ對支局案ニ反對ナリ對支事務ハ總テ外務大臣ノ管轄下ニ綜合統制スルノ要アリ

右ニ對シ大臣ハ其ノ趣旨ヲ諒トセラレ對支局案ニハ反對スルコトヲ約束セラルルト共ニ此ノ際外務省トシテモ支那問題處理ノ爲ノ機構改革具体案ヲ作成スルト同時ニ差當リノ必要タル國策會社ノ監督ニ關スル官廳ノ問題ヲ速急決定スヘキコトヲ要請セラレタリ

七、右大臣ノ要請ニ對シテハ外務省ノ機構ノ擴充强化ニ關スル具体案ハ早速考究スヘキモ差當リ右擴充强化ノ一部門トシテ對支經濟開發事務局（外務省外局）ヲ主張スルモノナルコト及國策會社ノ監督ハ外務大臣カ陸海藏三大臣ト協議シ其ノ協定ニ準據シテ之ヲ行フモノトシ其ノ監督ニ關スル事務ハ前記開發事務局ヲシテ行ハシムルコトニテ進メハ可ナリト述ヘ右趣旨ニテ大臣ノ御承諾ヲ得タリ斯クテ此ノ趣旨ノ案ヲ對支局案ニ對スル外務省對案トシテ閣議ニ上程スルコトトシ閣議決定案ヲ大臣ニ御渡シシタルカ閣内ニ於テハ兩案對峙ノ狀勢ニ鑑ミ十日ノ閣議ハ開カレス翌日モ翌日モ延期トナリ其ノ間内閣側ニテハ外務省ノ反對强硬ナルニ辟易シ遂ニ問題ヲ當面ノ必要タル國策會社ノ監督事務ニ局限シ此ノ目的ノ爲内閣ニ小サナ一局（局長、書記官二、技師二）ヲ設クルノ案ニテ進ムコトニ變更シ外務省ノ同意ヲ求メ來レリ

八、右ニ對シ外務省ハ引續キ外局案ヲ主張シ監督權ヲ内閣總理大臣トスルニ同意ヲ與ヘサリシカ何トシテモ十五日ノ閣議ニテ監督權ノ問題ヲ決定スル必要ニ迫ラレ居レリトテ外務省ノ再考ヲ促シテ已マス仍テ外務省トシテモ監督權タケノ問題ニ限定スル限リ之カ爲政治的混亂ヲ惹起スル程ノコトモナシトノ見地ヨリ

㈠國策會社ノ業務ノ監督ハ總理、外務、大藏、陸軍及海軍ノ五大臣ノ共管トス但シ主務官廳ハ總理トス

㈡右共管ノ形式ハ生命保險ノ監督ニ關スル件（勅令）ノ例ニ據ル

㈢右監督事務ノ爲內閣ニ國策會社監督事務局ヲ設ク其ノ管掌事務ハ嚴ニ「會社設立要綱」規定ノ監督ニ關スル事項ニ限ル
現地ニハ右事務局ノ出先機關ヲ設置スルコトナシ
㈣國策會社ニ關スル事務ニシテ涉外事項タルモノハ當然外務省ノ主管トス
㈤內閣審議會ニ附議セラルヘキ事項ハ支那ニ於ケル經濟開發ニ關スル重要事項ニ限ルモノトス
㈥右審議會ノ幹事ハ外務、大藏、陸軍及海軍四省次官及企畫院次長トス
ノ案ヲ樹テ內閣ト折衝ノ結果十四日夜半ニ至リ先方遂ニ納得本案ノ趣旨ニテ閣議ノ決定ヲ經ヘキ旨ヲ約セリ
九、斯クテ十五、十六ノ兩日閣議開催大体外務省案ノ精神ニテ閣議決定ヲ見タルカ唯監督權ハ形式上ハ總理一本トシ共管ニ關スル勅令ハ之ヲ出サス四大臣ヘノ協議ハ閣議決定事項トシテ記錄ニ止ムルコトトナリ監督權ノ問題ハ一段落ヲ告クルニ至レリ
十、然レトモ對支經營ノ機關ノ問題ハ右ヲ以テ解決シタルモノニ非ス內閣トシテモ國策會社法案ノ議會上程ノ必要ニ迫ラレ兎ニモ角ニモ監督權問題ヲ決定スル緊急ノ必要ニ應スル爲對支局案ヲ撤回シタル迄ニシテ問題ハ今後ニ殘サレタル次第ナルノミナラス國策會社法案ノ議會上程ト共ニ對支事務中央機關トシテ東亞省設置ノ必要論議セラレ總理ニ於テモ目下考究中ナル旨重ネテ答辯シタル行懸モアリ本問題ハ近ク再ヒ具體化スヘキ運命ニ在リ而シテ之ニ對シテハ外務省トシテモ支那經濟開發ノ爲外局ノ設置ヲ提案シタル行懸アルノミナラス外交機關ノ統合外交ノ一元化ヲ旗印トシテ對支局案ニ反對シ之ヲ撤回セシメタル手前モアリ積極的ニ一般ノ期待ニ副フヘキ案ヲ提示セサルヘカラサル地位ニ在リ唯今日ノ外務省ニ對シテハ其ノ組織、規模、人員ニ於テ世間ノ信頼ナク此事カ支那開發ノ爲ノ外局ヲ外務省ニ設クルコトニ反對ヲ招キタル實情ナルニモ鑑ミ此ノ際外務省ノ依テ以テ存在スル使命卽チ對外國策ヲ綜合的見地ヨリ計畫實施スヘキ使命ヲ達成スルニ足ル樣組織、規模、人員ノ根本的立直シヲ目標トスル機構ノ再建ヲ企圖スル必要アリト信ス目下外務省トシテ(大臣ニハ未タ話シアラス)考ヘ居ルハ外政機關ヲ統合スル外政省案ニシテ國內諸官廳トノ仕事ノ本質ノ差

違ニ鑑ミ各省官制通則ノ束縛ヲ受ケサル特殊ノ體系ト為シ廣ク人材ヲ天下ニ求メ眞ニ外政ノ一元的統制ヲ實現シ新生東亞ノ事態ニ適應セル外交政策ノ遂行ヲ期セントスルモノナリ

749　昭和13年7月14日

対華中央機関設置問題に関する報道に臨時政府反発について

在北京堀内大使館参事官より
宇垣外務大臣宛（電報）

北　京　7月14日後発
本　省　7月14日夜着

第一〇三八號

十一日貴地發同盟ハ政府ハ戰爭目的達成ノ為對支中央機關設置ニ付八月中ニ具體化スヘク立案中ニテ右ハ東亞省設置ノ前提トナルヘキ大規模ノモノニテ其ノ現地執行機關トシテハ總督府若クハ總監府ノ如キモノヲ設クル筈云々ノ要旨ヲ通信セル為十二日各紙ハ一齊ニ大袈裟ニ之ヲ傳ヘ各方面ニ多大ノ衝動ヲ捲起シ臨時政府側ニテモ問題トナリ居ルモノノ如ク十四日湯爾和ハ偶々落合ヘル本官ニ對シ右通信ハ確實ナル筋ヨリ出テタルモノナリヤ自分（湯）等ハ從來ノ日本ノ遣口ニ見テ右通信ニ信ヲ置ク能ハサルカ然リトセハ斯ノ如キ無用ニ支那側ヲ刺戟スル記事ハ宜シク取締方ヲ願度ク又若シ右カ日本ノ眞意ヲ傳フルモノトセハ自分（湯）等ハ總督政治ノ下ニ純然タル傀儡トナリ得サルヲ以テ潔ク身ヲ退クヨリ他ハナク又一般民衆ハ抗日ニ還元スルコトトナリ悲觀スヘキ事態ヲ招來スルニ至ルヘク右ニ付外國記者邊ヨリ種々眞意ヲ質サレ居リ當惑シ居レリ云々ト興奮ノ面持ヲ以テ述ヘ居タルニ付本官ハ右ハ何等カノ間違ニテ通信セラレタルモノニテ日本政府ノ眞意ニアラスト信シ又日本ノ檢閲ノ如キモ蔣介石ノ執レル如キ嚴重ナルモノニアラサレハ時ニ目溢レハアリ得ヘク左シテ悲觀ノ要ナカルヘキ旨答ヘ置ケリ御參考迄

上海、天津ヘ轉電セリ

750　昭和13年10月1日　閣議決定

「對支院設置ニ關スル件」

付記一　昭和十三年十月一日

「閣議了解事項」

二　昭和十三年十月一日

「右ノ外五相會議ニ於テ決定セル事項」

三　昭和十三年十月二十日、米沢調査部長作成

「對支中央機關問題經過(其ノ二)」

對支院設置ニ關スル件

昭和十三年十月一日　閣議決定

一、支那事變中内閣總理大臣ヲ總裁、外務、大藏、陸軍、海軍四大臣ヲ副總裁トスル對支中央機關ヲ設置シ對支院ト稱ス

二、本機關ノ管掌スヘキ事項左ノ如シ但シ渉外事項ヲ除ク

(一)支那事變ニ當リ支那ニ於テ處理ヲ要スル政治、經濟及文化ニ關スル事務

(二)前號ニ掲クル事項ニ關スル諸政策ノ樹立ニ關スル事務

(三)支那ニ於テ事業ヲ爲スヲ目的トスル特別法律ニ依リ設立セラレタル會社ノ業務ノ監督竝ニ支那ニ於テ事業ヲ爲スヲ目的トスル會社ノ業務ノ統制ニ關スル事務

(四)各廳ノ支那ニ關係スル行政事務ノ統一保持ニ關スル事務

三、前項ノ事務ニ關シ重要ナル事項ヲ關係各廳ト連絡處理セシムル爲對支院ニ連絡委員會ヲ附置ス

四、對支院ノ現地機關トシテ支局(假稱)ヲ現地所要ノ地ニ設置ス

五、總裁ノ諮問ニ應シ對支院ノ權限ニ屬スル事務中重要事項ヲ調査審議シ且總裁ニ所要ノ建議ヲ行ハシムル爲對支委員會ヲ設ク

本委員ニハ民間ノ有能達識ノモノヲ加ヘ以テ國民的輿論ヲ表現セシム

(付記一)

閣議了解事項

昭和十三年十月一日決定

對支院ノ設置ハ左記ノ了解ニ基クモノトス

一、對支院設置ト同時ニ其ノ現地機關ヲ設置スルモノトス

二、對支院ノ現地機關ハ其ノ設置ト共ニ管掌事務タル政治、經濟及文化ノ全部ニ亙リ其ノ事務ヲ行フ從テ軍特務部其他ノ機關ハ右現地機關ノ設置ト共ニ此等事務ヲ一括シテ之ニ移讓スルモノトス

三、治安維持ニ關シ現地陸海軍ト對支院現地機關トノ關係ニ付テハ特別ノ考慮ヲ爲スモノトス

四、對支院ノ所管事務中涉外事項（第三國關係事項）ニ關係アルモノニ付テハ對支院總裁ハ外務大臣ニ事前ニ協議スルモノトス

（付記二）

右ノ外五相會議ニ於テ決定セル事項

昭和十三年十月一日

一、對支院管掌事項中第二號ニ於テ「諸政策ノ樹立ニ關スル事務」ト規定スル處對支諸政策ノ根本ハ總テ關係大臣卽チ所謂五相會議ニ於テ之ヲ決定シ對支院ニ於テハ右管掌事項第二號ノ諸政策ニ關シ五相會議ノ決定ニ附スヘキ案ヲ樹テ又五相會議ニ於テ決定シタル政策ニ基キ其ノ實行的具體案ヲ樹ツルコトヲ其ノ職務トス

二、時局收拾ニ關スル根本方策ハ專ラ五相會議ニ於テ之ヲ決定シ右ノ實施ニ伴フ工作乃至事務ハ主トシテ外藏陸海四大臣ニ於テ管掌スルモノトス

（付記三）

對支中央機關問題經過（其ノ二）

（昭和十三年十月二十日米澤記）

一、曩ニ宇垣前大臣及池田藏相ノ入閣ニ依リ所謂五相會議出現スルヤ右ハ對支重要諸政策ノ決定ヲ爲シ從來執拗ニ要望セラレタル對支中央機關ノ職能ノ重要部分ヲ事實上行フモノトシテ一時右中央機關設置問題解消セラレタルヤニ見ヘタル處八月下旬問題ハ再ヒ表面化シ五相會議ニ於テ早急之カ實現ヲ期スル目途ノ下ニ關係大臣ヨリ具體案ヲ提示スルコトトナレリ

二、仍テ本省ニ於テハ四圍ノ狀勢ニ鑑ミ總理ノ管理ニ屬スル機關ノ設置ニハ進ンデ贊成スルト共ニ其ノ權限ハ官制上ハ各廳對支關係事務ノ連絡調整ト國策會社ノ監督ニ限リ別ニ閣議ノ決定ヲ以テ本機關ニ五相會議關係事務竝ニ第三委員會ノ現ニ行ヒ居ル業務ヲ行ハシムル程度ノモノトスルヲ適當ト認メ宇垣前大臣ヨリ右ノ趣旨ノ案ヲ五相會議閣僚ニ配布セリ

三、然ルニ軍側ハ右外務案ヲ以テ規模小ニ過キ特ニ實施機關タラサル點ニ於テ時需ニ應セサルモノトシテ問題トセス

全智能ヲ動員シテ時局ニ對處スルノ必要ヲ强調シ政治、經濟及文化ノ三方面ニ亘リ政策ノ樹立ト共ニ之ガ實施ノ任ニ當ルノ機關タラシムヘシト爲シ其ノ權限ヲ㈠對支諸政策ノ樹立㈡支那新政權ニ對スル政治的經濟的協力㈢支那ニ於ケル政治經濟ニ關スル調査計畫及其ノ實施㈣支那ニ於ケル厚生事業竝ニ文化事業㈤國策會社ノ監督㈥各廳對支行政ノ統一保持ニ及ホサシムヘシト主張シ九月六日陸相ヨリ此ノ趣旨ノ案ヲ對支院案ト銘打チテ五相會議ニ提出セリ

四、中央機關ヲ實施官廳トスル以上所管事務ノ全部ニ亘リ現地機關ノ機能整備ヲ必要トスヘキコト固ヨリ當然ナル處右陸軍案ハ對支院ヲ實施官廳ト爲シナガラ現地機關トシテハ現地特務機關ノ反對ヲ顧念シ差當リ經濟(九月下旬ノ案ニハ文化ヲモ加フ)處理機關ノミニ止メ政治ハ依然トシテ特務機關ノ手ニ殘スコトトシ居リ統合機關トシテノ本質ヨリ見テ頗ル徹底ヲ缺ケリ加之對支院ハ之ヲ事變中ノ暫行機關ト見ルコトナク最少限度ノ基礎的恆久機關ト認メテ(支那新中央政府承認後ト雖モ日本ガ支那ニ對スル把握力ヲ持續スル以上此ノ種ノ機關ヲ必要トス)日支國交調整後ノ兩國關係ヲ豫メ束縛スルノ慊アル外政策樹立ニ關スル權限カ所謂國策的性質ノモノヲモ包含シ五相會議ヲ「ロボット」化スルカ如キ危險ヲ藏スル點ニ於テ大イニ警戒スヘキモノアリタリ

五、仍テ本省ニ於テハ事態ノ急迫ニ伴ヒ原案貫徹ノ到底望ミナキヲ看取シ之ヲ固執セサルコトトスルト共ニ此ノ際㈠機構問題ノ爲政治的波瀾ヲ惹起セシメサルコト及㈡外交ノ綜合性及外交体系ノ一元的保持ヲ害セサルコトヲ根本觀念トシ此ノ二條件ヲ兩立セシメ得ルカ如キ對案ヲ考慮スルコトトセリ右ノ結果㈠現在特務部其ノ他ノ行ヒツツアル政治、經濟及文化ノ事務ヲ同時ニ且一括對支院現地機關ニ移譲スルコト(此ノ點ハ海軍モ强ク主張ス)㈡對支院ヲ事變中ノ臨時的機構トシ日支國交調整ノ場合ハ其ノ際ノ日支關係ニ卽應スル機構ヲ改メテ考慮スルコト㈢對支院ノ權限ニ屬セシムベキ政策樹立ノ事務ノ所謂政策ハ第二義的ノモノニ限リ時局收拾ニ關スル根本方策ハ固ヨリ對支重要政策ハ擧ケテ五相會議ノ職能ニ委ヌルコトヲ條件トシテ對支院ヲ實施機關トスルコトニ同意スルト共ニ軍占據地域ハ軍政施行地域ニ準シ得ベク新政權トノ間

ニ外交關係ナキ現狀ニ於テ特設機關ノ施策行政ヲ認ムルモ敢テ外交ノ一元性ヲ害セストノ立前ニテ對支院ノ權限區域ヲ占領地域ニ限ルモノトスル案ヲ得九月二十七日宇垣前大臣ヨリ五相會議ニ之ヲ提案セリ

六、然ルニ右案ニ對シ陸海軍兩大臣ハ對支院ヲ暫行機關トスルコトニハ同意シタルモ權限ノ區域ヲ占據地域ニ限定スルコトニハ絶對ニ反對シ此ノ如キハ支那ヲ相手ニ大戰爭ヲ爲シ居ル事實ヲ無視シ蔣打倒ノ目標ノ下ニ支那全土ヲ對象トシテ建設破壞ノ兩工作ヲ竝ヒ行フヘキ對支院ノ使命ニ背馳スルモノナリトノ主張ヲ堅持シ兩案ハ茲ニ完全ニ對立シ五相會議ハ「デッドロック」ノ儘翌日ニ持越サルルコトトナレリ此ノ時既ニ軍部外務双方大臣間ニハ政治的折衝ニ依ル局面打開ノ途ハ塞カレ宇垣前大臣モ形勢ノ不利ナルヲ察シ或ル程度ノ決意ヲ藏シ居ラルルヤニ見受ケラレタル程ニシテ僅ニ事務當局ノ希望ヲ容レ事務的解決ノ途アラハ試ムルモ差支ナシト云フカ如キ土壇場ニ立至レリ

七、斯クテ事務當局間ノ折衝トナリタルカ軍側（海軍モ前面的ニ陸軍案支持）ハ占據地域問題以外ハ大体外務側ノ主張（前顯五參照）ヲ容レタルモ占據地域案ニハ根本的ニ反對シ戰爭狀態ニ在ルコトハ卽チ外交關係ノ存在セサルコトヲ意味スルモノニシテ占據地域ト非戰《(占カ)》據地域トヲ區別スヘカラサルノミナラス地域ノ限定ハ對支院ノ使命ト相容レストテ絶對ニ支那全土案ヲ押通サスンハ止マサルノ決意アルヲ示シタルヲ以テ支那全土カ占據地域ナリト看取シ得レハ夫レニテ差支ナシトノ意味ニテ遂ニ對支院ノ存在ガ日支ノ變態的關係ニ基礎ヲ置キ其ノ所管事務モ非常時的色彩ヲ帶フベキコトヲ一層明確ナラシムル樣適當ノ措辭ヲ發見スルコトニ依リ此ノ趣旨ヲ現ハスコトトシ外務大臣ノ承認ヲ條件トシテ一應占據地案ヲ讓歩スルコトニ申合成レリ

八、此ノ間政府ハ五相會議ヲ一日半延期スルコトニ依リ問題ノ圓滿收拾ヲ希望シタルカ右ノ事務當局妥協案ハ二十九日午前之ヲ宇垣前大臣ニ說明シタルニ同大臣ハ非占據地域ニ對シテハ戰爭中ノ今日占據地域同樣外交關係ナク且蔣政權ハ之ヲ相手トセストノ政府ノ聲明アルコトハ之ヲ認ムルモ支那國民ハ之ヲ相手トシテ差支ナク非占據地域ニ對シ外交上ノ手ヲ打ツノ餘地ヲ殘シ置クコト必要ナリ

一切ハ自分ニ任サレタク自分ニハ決意アリト述ヘ其ノ足ニテ直ニ近衛總理ヲ訪ヒ支那全土案ニテハ外務大臣トシテノ職責上責任ヲ取リ得ストノ趣旨ヲ明カニシテ辭表ヲ提出セラレタリ

九、斯クテ總理ノ外務大臣兼任ニ依リ至急ニ前記事務當局妥協案ノ「ライン」ニテ進ムコトトナリ外務側ヨリハ對支院ノ本質及權限ニ付必要ナル制約ヲ加フル爲閣議決定要綱案及了解事項案ノ字句ニ對シ强硬ナル主張ヲ爲シ全部之ヲ貫徹シタルカ十月一日五相會議及閣議ヲ經テ成立シタルモノ別紙甲號及乙號(編注一)ノ通(別紙乙號ノ五項及六項ハ五相會議ト閣議トノ機微ナル關係ニ鑑ミ五相會議ノ了解事項トシ閣議了解事項ニハ之ヲ削ル(編注二))ナリ

一〇、目下法制局ニ於テ官制案立案整理中ナルカ關係省ヨリ移讓サルヘキ事務ノ內容ニ付未タ最後的決定ニ至ラス特ニ外務省關係ニ付テハ文化事業(全部移管スヘキヤ事變關係ノ一部ニ止ムヘキヤ論議中)ヲ始メ東亞局、通商局及情報部ノ出先ニ於ケル仕事ニ關スル智識不充分ノ爲困惑シ居ルモノノ如ク當方ニ於テ目下詳細說明中ナルカ當方トシテハ對支院カ事變中ノ暫行機關トシテ事變ニ當リ處理ヲ必要トスル事務ニ付綜合的ニ立案實施スル點ニ根本的ノ使命アルコトニ思ヲ致シ他ヨリ移管ヲ受クヘキ事務ノ內容ニ付愼重ノ考慮ヲ加フヘキコトヲ注意シ居レリ

編注一 別紙甲号および乙号は省略。第750文書および第750文書付記一として採録。

二 「閣議了解事項」から削られた部分は、第750文書付記二として採録。

751 昭和13年12月16日 近衛内閣総理大臣より有田外務大臣宛

興亜院官制および興亜院連絡部官制に関する附帯閣議了解事項につき通報

付記一 昭和十三年十二月十六日公布勅令第七五八号
興亜院官制

二 昭和十三年十二月十六日公布勅令第七五九号
興亜院連絡部官制

昭和十三年十二月十六日

內閣總理大臣 公爵 近衛 文麿

外務大臣　有田　八郎殿

今般興亞院官制竝興亞院連絡部官制公布ニ付右ニ關スル附帶閣議了解事項別紙ノ通及通牒候

（別　紙）

附帶閣議了解事項

一、興亞院ト關係各廳トノ間ノ權限分界ハ別ニ協定スル所ニ依ル

二、軍事及警備ニ關シ支那側關係機關ニ對シテ爲ス指導ハ陸海軍各最高指揮官其ノ任務及協定ニ基キテ之ヲ爲スモノトス

興亞院ノ指導ハ右ノ範圍外ニ於ケル政務ニ關スルモノトス

三、興亞院連絡部ハ實質的ニハ興亞院ノ現地支廳タルヘキモノニシテ新支那建設ニ關スル政治、經濟及文化ニ關スル事務ヲ取扱フモノトス

將來現地ノ事情之ヲ許スニ到レハ名實共ニ興亞院現地機關タルヘキモノトス

四、興亞院連絡部ノ次長以下ノ職員ニハ必要アルトキハ現地陸海軍ノ司令部等ニ屬スル適任者タル武官ヲシテモ之ヲ兼務セシムルコトヲ得

五、陸海軍各最高指揮官カ交通、通信又ハ航空ノ會社等ニ對シ軍事上必要ノ要求又ハ監督ヲ爲スハ別ニ協定スル處ニ依ル

（付記一）

興亞院官制

昭和十三年十二月十六日
勅令第七百五十八號

第一條　支那事變中內閣總理大臣ノ管理ノ下ニ興亞院ヲ置キ左ノ事務ヲ掌ラシム但シ外交ニ關スルモノハ之ヲ除ク

一　支那事變ニ當リ支那ニ於テ處理ヲ要スル政治、經濟及文化ニ關スル事務

二　前號ニ掲グル事項ニ關スル諸政策ノ樹立ニ關スル事務

三　支那ニ於テ事業ヲ爲スヲ目的トシテ特別ノ法律ニ依リ設立セラレタル會社ノ業務ノ監督及支那ニ於テ事業ヲ爲ス者ノ支那ニ於ケル業務ノ統制ニ關スル事務

四　各廳ノ支那ニ關係スル行政事務ノ統一保持ニ關スル
事務
第二條　興亞院ニ左ノ職員ヲ置ク
總裁
副總裁　　　　四人
總務長官　　　一人　　勅任
部長　　　　　三人　　勅任
祕書官　　　専任一人　　奏任
書記官　　　専任八人　　奏任
調査官　　　専任十八人　　奏任
事務官　　　専任十八人　　奏任
技師　　　専任六人　　奏任　　内一人ヲ勅任ト爲スコトヲ得
通譯官　　　専任一人　　奏任
理事官　　　専任二人　　奏任
屬　　　専任五十五人　　判任
技手　　　専任十人　　判任
通譯生　　　専任二人　　判任
總務長官ニハ親任官ノ待遇ヲ賜フ
第三條　前條ノ職員ノ外内閣總理大臣ノ奏請ニ依リ關係各廳高等官ノ中ヨリ内閣ニ於テ事務官ヲ命ズルコトヲ得
第四條　興亞院ニ總裁官房及左ノ三部ヲ置ク
政務部
經濟部
文化部
興亞院ニ別ニ技術部ヲ置クコトヲ得之ヲ置キタル場合ニ於テ其ノ部ノ長ハ勅任技師ヲ以テ之ニ充ツ
總裁官房及各部ノ事務ノ分掌ハ内閣總理大臣之ヲ定ム
第五條　第一條ノ事務ニ關スル重要事項ニ付關係各廳間ニ於ケル事務連絡處理ノ爲興亞院ニ連絡委員會ヲ附置ス
連絡委員會ハ會長及委員若干人ヲ以テ之ヲ組織ス會長ハ總務長官ヲ以テ之ニ充テ委員ハ内閣總理大臣ノ奏請ニ依リ關係各廳高等官ノ中ヨリ内閣ニ於テ之ヲ命ズ
連絡委員會ニ幹事ヲ置ク内閣總理大臣ノ奏請ニ依リ關係各廳高等官ノ中ヨリ内閣ニ於テ之ヲ命ズ上司ノ指揮ヲ承ケ庶務ヲ整理ス
第六條　總裁ハ内閣總理大臣ヲ以テ之ニ充ツ院務ヲ統理シ所部ノ職員ヲ統督シ判任官ノ進退ヲ専行ス
第七條　副總裁ハ外務大臣、大藏大臣、陸軍大臣及海軍大

臣ヲ以テ之ニ充ツ總裁ヲ輔佐ス
第八條　總務長官ハ總裁及副總裁ヲ佐ケ院務ヲ掌理ス
第九條　部長及技術部ノ長ハ上官ノ命ヲ承ケ部務ヲ掌理ス
第十條　祕書官ハ總裁ノ命ヲ承ケ機密ニ關スル事務ヲ掌ル
第十一條　書記官ハ上官ノ命ヲ承ケ事務ヲ掌ル
第十二條　調査官ハ上官ノ命ヲ承ケ調査、審査及立案ヲ掌ル
第十三條　事務官ハ上官ノ命ヲ承ケ事務ヲ掌ル
第十四條　技師ハ上官ノ命ヲ承ケ技術ヲ掌ル
第十五條　通譯官ハ上官ノ命ヲ承ケ飜譯及通辯ヲ掌ル
第十六條　理事官ハ上官ノ命ヲ承ケ庶務ヲ掌ル
第十七條　屬ハ上官ノ指揮ヲ承ケ庶務ニ從事ス
第十八條　技手ハ上官ノ指揮ヲ承ケ技術ニ從事ス
第十九條　通譯生ハ上官ノ指揮ヲ承ケ飜譯及通辯ニ從事ス
第二十條　興亞院ニハ別ニ定ムル所ニ依リ必要ノ地ニ連絡部ヲ置ク

附　則

本令ハ公布ノ日ヨリ之ヲ施行ス

（付記二）

興亞院連絡部官制

昭和十三年十二月十六日
勅令第七百五十九號

第一條　興亞院連絡部ハ支那ニ於ケル興亞院ノ事務ノ連絡ヲ掌ル
連絡部ヲ置ク地竝ニ各連絡部ノ名稱及擔任區域ハ內閣總理大臣之ヲ定ム
第二條　各連絡部ニ左ノ興亞院職員ヲ置ク但シ連絡部ニ依リ其ノ一部ヲ缺クコトヲ得

連絡部長官　勅任
連絡部次長　勅任
書記官
調査官
事務官
技師
通譯官
理事官
屬

技手
通譯生
連絡部ニ屬セシムベキ調査官ハ之ヲ勅任ト爲スコトヲ得
各連絡部ニ屬セシムベキ前二項ノ職員ノ定員ハ別ニ之ヲ定ム
第一項ノ職員ノ外各連絡部ニ興亞院官制第三條ノ規定ニ依ル事務官ヲ置ク
第三條　各連絡部ニ參與ヲ置キ部務ニ參與セシム
連絡部參與ハ内閣總理大臣ノ奏請ニ依リ學識經驗アル者ノ中ヨリ内閣ニ於テ之ヲ命ズ
第四條　各連絡部ノ分課ハ興亞院總裁ノ認可ヲ受ケ連絡部長官之ヲ定ム
第五條　連絡部長官ハ興亞院總裁ノ命ヲ承ケ部務ヲ統理シ所部ノ職員ヲ指揮監督ス
第六條　連絡部次長ハ連絡部長官ヲ輔佐シ部務ヲ掌理ス
第七條　内閣總理大臣ハ必要ノ地ニ連絡部ノ出張所ヲ置クコトヲ得
第八條　連絡部長官及出張所ノ長ハ軍事及警備ニ關係ヲ有スル事項ニ付テハ各其ノ地方ニ於ケル陸軍及海軍ノ最高指揮官ノ區處ヲ受ク

附　則

本令ハ公布ノ日ヨリ之ヲ施行ス

752　昭和14年2月4日　在北京堀内大使館参事官より有田外務大臣宛（電報）

興亜院華北連絡部の編制に関する現地協議について

北京　2月4日後発
本省　2月4日後着

第一二六號

興亞院河北（華カ）聯絡部ノ編制ニ關シ
二日陸海外關係者參集ノ上陸軍省案（大体秋山ヨリ人事課長宛ノモノト同樣ナリ）ヲ基礎トシテ一應ノ研究ヲ遂ケ四日更ニ協議スル豫定ナルカ當地軍側ノ意嚮トシテハ軍ヨリ專任者ヲ出ス場合ニハ應召軍人トノ間ニ種々ノ差異ヲ生シ統制上中央部ノ如ク文官タルノ形式ヲ採リ得ス從テ全部兼任タラシムル模樣ナルカ外務側トシテハ政務、文化、經濟各局ニ專任者各一名（差當リ必要ナル者ハ大使館兼勤タラシム）、兼任者各二名位ヲ出ス腹案ニテ臨ミタキ意嚮ナリ海軍側ニテハ本件ハ中央ニテ決スヘキ問題ナリトシテ傍聴シ居ルニ止マル又青島出張所長ヲ差當リ海軍武官タラシムルコトニ關シテハ當方トシテハ一應留保シ置キタリ
上海、青島へ轉電セリ

753　昭和14年2月8日

在青島加藤（伝次郎）総領事より
有田外務大臣宛（電報）

青島における興亜院連絡部設置につき具申

青　島　2月8日後発
本　省　2月8日夜着

第九七號（至急、部外極祕）
北京聯絡部青島出張所設置問題ニ關シ當地海軍側ハ青島ト海軍トノ緊密ナル關係ニ鑑ミ青島出張所カ北京聯絡部ノ下風ニ立ツヲ潔シトセス當地ニハ別ニ興亞院直屬ノ聯絡部ヲ設置（芝罘、威海衞、連雲港等ニ聯絡部出張所ヲ設ケントスル計畫ナルカ如シ）スヘシトノ意見モアル模樣ニテ右ニ關スル打合ノ爲警務部長ハ昨七日上京セル由ナルカ（四艦隊參謀長モ津田中將ト打合ノ爲本八日赴滬セリ）私見ニ依レハ右海軍案ノ如ク青島ト其ノ他二、三ノ都市ノミヲ目的トシ當地聯絡部ノ設置ヲ望ムハ政治、產業上ヨリ見テ全ク無意義ナルノミナラス斯テハ將來青島ノ孤立ヲ招來スルノ惧モアリ俄ニ贊意ヲ表シ難シト雖青島ノ背後地ヲ成シ總ユル關係ニ於テ之ト密接不離ノ地位ニアル山東省全体ノ指導監督ヲ爲ス我方機關ヲ青島聯絡部ニ依リ統制シ政治、產業、文化ニ付一貫セル方針ヲ以テ臨ムコト緊急ノ必要ト認メラルル處此ノ意味ニ於テ海軍案ヲ更ニ擴張シ芝罘、威海衞等ノミナラス山東省ヲ打ツテ一丸トシ之ヲ區署スル青島聯絡部ヲ設クルコト時宜ニ適スト思考セラル
尙陸海軍カ興亞院出先機關長ノ地位ヲ悉ク掌握スルコトハ聯絡部ノ職責ヨリモ將又陸海外三機關ノ權衡上ヨリモ如何カト思惟セラルル處聯絡部カ實現スルト否トニ拘ラス當方面ノ現狀ニ於テハ其ノ首班ヲ外務側トスルコト當地陸海軍ノ對立防止ト北京（臨時政府及司令部）ニ對スル關係等ノ見地ヨリ最モ適當ト存セラル
北京、上海、濟南へ轉電セリ

昭和14年2月8日　在北京堀内大使館参事官より有田外務大臣宛（電報）

華北連絡部と現地軍および現行の顧問制度との関係の明確化は相当困難との状況について

北　京　2月8日後発
本　省　2月8日夜着

第一四四號（部外祕）

往電[1]第一二六號ニ關シ

一、聯絡部ノ編制ニ關シテハ各主管毎ニ所要人員ヲ持寄リ目下研究中ナル處當方ヨリハ冒頭往電ノ案ヲ提示シ置ケリ兼任者ヲ如何ニ取扱フヘキヤ殊ニ軍人ノ兼勤者ト地位ノ關係ニ付テ法律上ノ疑義アリテ目下研究中ナリ

二、聯絡部ト大使館ノ事務分界ニ關シテハ貴信文化機密合第七三五號ニ基キ分界疑ハシキモノニ付具體的ニ明示シ置キタリ事務分界中最モ困難ナルハ軍トノ關係ニシテ聯絡部ノ擔當スヘキ内面指導ハ臨時政府、青島特別市竝ニ政府直轄機關タル建設總處、郵政總局、海關、統稅總處?及鹽務管理局等ナルモ右以外ノ各省及特別市等ノ地方行政機關其ノ他直轄機關ノ出先機關ノ内面指導ハ軍ニ於テ司令部ノ隷下ニ在ル特務機關ノ權限タラシムル建前ヲ固持シ居ルヲ以テ中央政府ノ行政カ主トシテ地方ニ於ケル實施ヲ目標トスルモノナル以上結局豫メ軍ノ同意ヲ經ルコトナクシテ何事モ爲シ得サルコトトナリ中央ニ於テハ何ノ程度迄聯絡部ノ機能ヲ期待シ居ラルルヤハ不明ナルモ當地ノ現狀ニ於テハ其ノ運用上相當ノ困難アルモノト認メラル

三、[2]新体制ニ對應シ從來ノ顧問制度ヲ如何ニ取扱フヤモ相當困難ナル問題ニシテ聯絡部長官ヲ同時ニ最高顧問タラシムルヤ右ノ場合現在ノ顧問トノ關係ヲ如何ニ處理スルヤ又顧問ハ寧ロ臨時政府側ニ專ラ這入リ込ミ之ヲ全面的指導スヘキ機關タラシメ日系官吏ニ代ルヘキ新シキ制度トシテ其ノ活用ヲ計ルヘキヤ等未タ意見歸一セス其ノ運用方法ニ關シ研究中ナリ

四、當地聯絡部ニ對スル海軍側ノ態度ハ當地陸軍側ノ聯絡部編制要領ニ鑑ミ鮮カラス不滿ヲ有シ居ルモノノ如ク今後相當困難ナル問題ヲ生スヘキモノト思考ス殊ニ青島出張所ヲシテ單ニ特別市公署ノ内面指導ノミニ其ノ權限ヲ限定シ他ヲ濟南特務機關ノ指導下ニ置キ又市公署ニ相當日

系官吏ヲ入レタル後出張所長ノ指導ヲ受ケシムルコトハ青島方面ニ於ケル政治、經濟、文化ノ諸工作カ地方的ニ少クトモ山東ヲ一体トシ又北支ノ一部トシテ近ク實施スルヲ要スル關係上鮮カラサル無理アリ是等ノ點豫メ中央ニ於テ充分考慮セラルルニアラサレハ陸海關係ノ現狀ニ鑑ミ却テ禍根ヲ將來ニ貽スモノト認メラル

755 昭和14年3月3日 在上海三浦総領事より有田外務大臣宛(電報)

華中連絡部における外務省の発言権確保の必要に関し意見具申

上海 3月3日後発
本省 3月3日夜着

第五三二號(極祕、館長符號扱)

往[1]電第四一三號ニ關シ

興亞院聯絡部問題ハ東京ニ於テ關係當局間ニ協議中ナル趣ナルカ既ニ三月分ノ聯絡豫算モ決定セル由ニモアリ遠カラス設立ヲ見ル運ニ至ルモノト存セラルルニ付テハ國際關係ノ複雜セル當地ノ特殊事情竝ニ相當廣範圍ノ事務カ聯絡部ニ移管セラルルコトトナルヘキ點等ヲモ御考慮ノ上至急外務側ノ方針ヲ確定シ聯絡部機構内ニ於ケル當方ノ發言權ヲ確保スル樣折角御配慮相成リ萬遺漏ナキヲ期セラルルコト切望ニ堪ヘス中支聯絡部ニ關スル本官意見左ノ通リ御參考迄

一、冒頭往電次長問題ニ關スル海軍特務部長意見ハ從來ノ陸海外三省聯絡會議ノ精神ニ鑑ミ極メテ公平妥當ニシテ陸軍ハ既ニ最高顧問ヲ有シ居ル次第ニモアリ政務局長ニテ滿足シ以テ三省間ノ均衡ヲ圖ルコトハ至當ナリト存セラルルニ付テハ次長ハ是非共外務側ニ於テ獲得スル樣致度ク之カ爲ニハ文化局長ハ之ヲ拋棄スルモ已ムヲ得スト存ス

二、[2]經濟事項ハ聯絡部所管事項中最モ重要ナル部分ヲ占ムルノミナラス外交上ニモ密接ナル關係ヲ有シ外務側トシテハ最モ重キヲ置クヘキ部門ナル處石黒領事ノ報告ニ依レハ陸海軍側ニ於テハ之ヲ二分又ハ三分シ陸海軍兩特務部建設課長ヲ之カ首班ニ當嵌メントスルカ如キ意嚮ナル趣ナルカ(第三局ノ設置ハ大體大藏省ヲ滿足セシムル手段ト解セラル)右ハ人ノ爲ニ制度ヲ作ラントスル本末顚倒

ノ考方ニテ斯ル案ノ不眞面目ナルコトハ言ヲ俟タス須ク統一セル經濟局ヲ設置シ之カ首班ニハ所管事項ノ性質ニモ鑑ミ外務等ノ文官ヲ以テ之ニ充テ事務ノ性質ニ應シ數課ヲ設クルコト可然ト存セラル

北京、南京へ轉電セリ

756 昭和14年3月4日　在北京堀内大使館参事官より有田外務大臣宛（電報）

軍と連絡部との権限関係明確化につき意見具申

北　京　3月4日後発
本　省　3月4日夜着

第二七五號（極祕、部外祕、館長符號扱）

一、[1]軍ト聯絡部トノ權限關係ニ關シテハ曩ニ往電第一四四號ヲ以テ申進置キタル處軍司令部ニ於テハ特務機關長ハ之ヲ現地各兵團ニ配屬シ各兵團長ニ對シテハ爾後省政府以下地方ノ政務指導ノ任ニ當ルヘキ旨ノ通牒ヲ發シアル趣ニテ聯絡部設立後ニ於テモ地方行政機關其ノ他中央直轄機關ノ出先機關ニ對スル政務指導ハ軍ニ於テ依然之ヲ保有シ行ク次第ニテ從テ聯絡部ハ苟クモ直接、間接ニ地方ニ關係ヲ有スル事項ニ關シテハ臨時政府ノ指導ニ當リテモ總テ軍ノ了解ヲ求メ司令部ヨリ現地軍ニ對シ同様ノ命令方ヲ依頼スルニアラサレハ何事ヲモ爲シ得サル次第ナリ

二、最近軍司令部ヨリ更ニ地方行政官ノ任免及行政區劃ノ變更ニ關シ縣知事ノ任免ニ付テハ兵團長ハ其ノ意見ヲ省政指導ニ任スル軍司令官、兵團長ニ通報シ軍司令官及兵團長ハ右通報ニ基キ省公署ヲ指導シ其ノ發令ヲ爲サシメ爾後方面軍ニ報告スルコトトシ
又[2]道尹ノ任免ハ省政指導ニ任スル軍司令官、兵團長カ隷下兵團長ヨリノ通報ニ基キ省長ヲシテ行政委員會ニ申請セシムルト共ニ其ノ旨ヲ方面軍ニ通報スルコト及軍、兵團ハ行政指導ニ當リ現在ノ道縣ノ行政區劃ハ變更セサルヲ原則トスルモ特殊ノ事情ニ基キ之カ變更ヲ必要トスル場合ハ其ノ理由ヲ附シ方面軍ニ具申スルコトトスル旨ノ通報ヲ發シタル由ナリ

三、右ノ如キ次第ニテ結局聯絡部ヲシテ其ノ機能ヲ發揮セシメントセハ少クトモ特務機關長ヲシテ聯絡部職員ヲ兼務セシメ地方行政ニ對シテモ其ノ權限ニ屬スル事項ニ關シ

テハ指導權ヲ持チ得ル如キ措置ヲ講スルカ又ハ前記一末段ノ趣旨及軍側カ指導スルニハ事前ニ聯絡部ノ意見ヲ徴スル趣旨ニ付充分ノ了解ヲ遂ケ置ク要アルヘク然ラサレハ政令二途ニ出テ政務ノ紛訌ヲ來サシムルノ惧大ナルコト將ニ現狀ノ改惡ト言ハサルヲ得ス右ノ如キ點既ニ興亞院邊ニ於テ考慮中ナルヤ不明ナルモ聯絡部設置ニ先立チ豫メ明確ナラシメ置クノ要アリト思考ス

757

昭和14年4月7日　興亜院会議決定

「興亞院連絡部長官會議ニ於ケル內閣總理大臣ノ訓示竝興亞院總務長官ノ指示ニ關スル件」

付　記　昭和十四年三月十日付閣令第三号

「興亞院連絡部及興亞院連絡部出張所ヲ置ク地竝ニ各連絡部及連絡部出張所ノ名稱及擔任區域ニ關スル件」

昭和十四年四月七日

興　亞　院　會　議　決　定

興亞院連絡部長官會議(編注)ニ於ケル內閣總理大臣ノ訓示竝興亞院總務長官ノ指示ニ關スル件

連絡部長官ニ對スル內閣總理大臣ノ訓示

今次帝國カ破邪顯正ノ劍ヲ動カシテ以來玆ニ一年八箇月、其ノ間我陸海軍ハ陸ニ海ニ空ニ着々戰果ヲ收メ舊國民政府ハ最早支那中央政府タルノ實ヲ失ヒ奧地ニ跼蹐シ僅カニ一地方政權トシテ其ノ餘命ヲ保ツニ過キヌコトトナリマシタコトハ是偏ニ　天皇陛下ノ御稜威ニ依ルノテアリマシテ國民一同ノ深ク壽キ奉ル所テアリマスト共ニ此間ニ於ケル陛下ノ御聖慮ヲ拜察シ奉ル時誠ニ恐畏措ク能ハサル處テアリマス尙ホ我將兵ノ忠勇ト國民ノ犧牲トニ對シマシテハ深甚ノ感謝ヲ表スル次第テアリマス

今ヤ事變ハ長期建設ノ段階ニ入ツタノデアリマスカ此ノ建設ノ事業タルヤ戰果ノ獲得ニ劣ラサル大事業テアリマシテ多大ノ忍耐ト不斷ノ努力トヲ要スルコトハ今更呶々ヲ要シナイ所テアリマシテ帝國朝野戮力同心一丸トナリテ各々其ノ全能力ヲ傾注シ事ニ當ルニ非スンハ到底此ノ大事業ノ達成ハ期シ難イト思フノテアリマス

對支國策ハ政治、經濟、文化ノ各般ニ亘リ廣汎ナル部門ヲ有シテ居ルノテアリマスカラ我ガ諸官廳ニシテ之カ處理

ニ關係ヲ有シナイモノハ殆ト無イノテアリマスカ新シキ事態ノ開展ニ伴ヒ之等諸官廳ノ力ノ綜合調整ヲ圖リ以テ政策ノ一元化ヲ實現スルト共ニ併セテ國家ノ總力的活動ヲ最モ效果的ニ發展セシムル必要ガ痛感セラルルニ至リマシタノテ客年末全國民ノ翹望ノ裡ニ興亞院カ設置サレ今復其ノ現地機關トシテ連絡部カ開設セラレ茲ニ中央及現地一丸トナツテ眞ニ對支政策ノ樹立及ヒ經營具現ニ向ツテ邁進スル態勢ノ整ヒマシタコトハ深ク喜ヒニ耐ヘヌ所テアリマス

帝國政府ノ對支政策ハ夙ニ廟議ノ決スル處テアリマシテ屢次ノ政府聲明及事變處理ニ關スル客年十二月二十二日ノ近衛前首相ノ談ニ於テ其ノ概貌ヲ明白ニサレテヰルノテアリマシテ現内閣ニ於テモ其ノ就任ニ當リ聲明シマシタ通リ既定方針ヲ踏襲シ飽迄之カ貫徹ノ決意ヲ有シテヰルノテアリマス依テ諸官ニ於テモ此ノ方針ニ則ラレテ東亞ニ永遠ノ平和ト安定トヲ齎スヘキ新シキ秩序ノ建設ニ拮据セラレンコトヲ切望シテ已マナイ次第テアリマス

併シ皇軍將士ハ未タ戰爭ヲ繼續シテヰルノテアリマスカラ自然諸官ノ管掌セラルル各種建設事業モ之ト連關シ併行シテ處理ヲ要スル場合カ多イノテアリマスカラ常ニ所在陸海軍ト緊密ナル連絡ヲ保チ職務遂行ニ萬全ヲ期セラレンコトヲ望ムモノテアリマス。

又支那ニ於キマシテハ列國ノ諸關係モ極メテ複雜シテ居リ我カ對支國策遂行ニ際シテハ之等關係ニ充分意ヲ用ヒ所在外務官憲ト緊密ナル聯絡ノ下ニ處置セラレンコトヲ希望スル次第テアリマス。帝國政府トシテハ國防及國家存立ニ必要ナル範圍ヲ超エ第三國ノ經濟活動乃至權益ヲ不當ニ排除制限セントスルモノテハアリマセヌ又今次事變勃發以來第三國トノ間ニ生シ今日未解決ノ儘ナル各種懸案ニ關シテハ公正ナル態度ヲ以テ成ルヘク速ニ處理スルコトカ必要テアリマスカラ此ノ點篤ト留意ノ上關係方面ト連絡ノ上善處セラレンコトヲ希望スル次第テアリマス

終リニ臨ミ興亞院ハ國民朝野ノ多大ノ期待ノ下ニ對支國策ノ一元的遂行ニ對スル國家的要請ニヨリ誕生シタノテアリマスカラ諸官ニ於カレテハ其ノ職責ノ重大ナルヲ深思内省セラレ中央ト各連絡部ハ勿論、連絡部相互間ニ於テモ常時緊密ナル連絡ヲ保チ其ノ間政策ノ遂行ニ齟齬ヲ生スルカ如キコトナキ樣特ニ戒心ヲ加ヘラレ依テ以テ聖戰ノ目的達成ニ邁進セラレ上　聖旨ニ副ヘ奉ルト共ニ幾多戰歿將士ノ

地下ノ英靈ニ應ヘラレンコトヲ切ニ御願ヒスル次第テアリマス

諸官ノ管轄地域内ニ於ケル事務處理ノ基本ハ政府既定ノ方針ニ則ルコトハ勿論テアリマスカ連絡部開設ノ機會ニ於テ職務遂行上ノ心得ト併セ事務處理方針ノ要點ニ付中央ノ大體ノ意嚮ヲ總務長官ヲシテ指示セシメマス

連絡部長官會議ニ於ケル總務長官ノ指示

一、支那新政權ニ對スル内面指導（協力ヲ含ム）等支那ニ於ケル政治、經濟及文化ニ關スル事項ハ日支新關係調整方針其ノ他帝國ノ既定方針ニ則リ別紙要領ニ準據シ處理スルモノトス

二、支那新政權ニ對スル内面指導ニ當リテハ支那側ノ立場ヲ尊重シ內政問題ニ關シ干涉ヲ避クヘキモ帝國ノ希求スル重點ニ關シテハ之カ貫徹ヲ期スルモノトス

三、省政府以下ニ對スル内面指導ハ差當リ之ヲ行ハサルモ今後治安維持ノ進展ニ伴ヒ逐次連絡部ニ移管セラルヘキヲ考慮シ從來直接指導ニ當リアル官憲ト密ニ連絡シ之カ協力ニ萬全ヲ期スルモノトス

四、支那側ト地方的取極ヲ爲スニ當リテハ日支新關係調整方針ニ準據シ現地關係機關ト緊密ニ連絡シ且中央ノ統制下ニ之カ處理ニ當ルモノトス

五、顧問（軍事顧問ヲ除ク）制度ノ確立竝關係人事ニ付テハ興亞院設置ノ趣旨ニ基キ成ルヘク速ニ處理セラルヘキモノトス

六、中南支ニ於ケル連絡部未設置方面ニ關係ヲ有スル重要事項ノ處理ハ中央ノ指示ヲ仰クヲ建前トス

別　紙

第一　政務關係指導要領

一、將來分治合作ニ基ク中央政府樹立ヲ目標トシ差當リ各政權ノ施政ノ重點ヲ治安ノ確保及民生ノ安定ニ置キ各地域ノ特殊性ニ卽應スル施策ヲ行ハシムルモノトス

各政權ノ民衆指導ハ親日滿ノ空氣釀成ヲ目途トスルモ差當リ右指導ノ重點ヲ防共ニ置カシムルト共ニ日滿支經濟提携ノ具現ヲ計リ以テ日支新關係ノ樹立ヲ促進セシムルモノトス

中央政府ノ樹立竝分治合作ノ要領ニ就テハ追テ指示ス

二、中央政府ノ樹立工作ニ對シテハ之ニ協力シ其ノ樹立ヲ容易ナラシムル如ク既存政權其ノ他ヲ指導スルモノトス
中央政府ト各地政權トノ關係ハ將來中央政府ノ成立ニ伴ヒ律セラルヘキモ差當リ關稅剩餘ハ中央政府ノ財源トシテ豫定シ置ク要アルニ鑑ミ各政權ノ本年以降ノ關稅剩餘ハ萬已ムヲ得サル場合ノ外之ヲ政費ニ充當セサル樣指導スルモノトス
各政權ヲシテ關稅剩餘ヲ政費ニ充當セシムルノ要アル場合ハ豫メ指示ヲ仰クモノトス
三、蒙疆、臨時及維新各政府ノ行政區域ハ當分ノ間概ネ左記區分ニ據ル如ク指導スルモノトス
蒙疆政府　察哈爾省、綏遠省及內長城線(含ム)以北ノ山西省ノ地域
臨時政府　河北省、山東省、內長城線(含マス)以南ノ山西省及隴海線沿線以北ノ河南省ノ地域
維新政府　江蘇省、安徽省及浙江省
前項以外ノ中支及南支ニ於ケル占據地域ニ付テハ新政權ノ發達ニ伴ヒ適時之ヲ定ムルモノトス
四、諸工作ノ實施ニ當リテハ河北省北部、山東省東部要域及揚子江下流地帶ヲ重點トシテ施策セシムルモノトス
蒙疆ニ對シテハ其特殊性ヲ尊重スルト共ニ特ニ外蒙ニ對スル防共地域タルノ實ヲ具有セシムルモノトス

第二　經濟關係處理要領

一、日滿支三國ノ互助連環ノ經濟關係ヲ確立スルコトヲ以テ目標トナシ北支蒙疆ハ帝國ノ國防上及經濟上ノ要求ヲ充足スル方針ノ下ニ又揚子江下流地域ハ特ニ日支經濟ヲ結合スル方針ノ下ニ差當リ日滿生產擴充計畫ニ卽應スル如ク速ニ第一次產業經濟三ケ年實施計畫(昭和十四年度ヲ第一年度トス)ヲ確立シ之カ遂行ニ遺憾無キヲ期スルモノトス
右計畫ノ立案ハ中央及現地協力シテ之ニ當ルモノトス
立案ノ指針ニ付テハ別示ス
二、經濟關係ノ設定ニ關シテハ平等互惠ヲ基調トシ北支蒙疆ニ於ケル埋藏資源開發、其ノ他ノ地域ニ於ケル特定資源ノ開發、對北支交易、航空、北支鐵道、主要海運、揚子江水運、北支及揚子江下流通信等調整方針ニ特ニ指定セラレタルモノニ關シテハ帝國ノ實質的指導ノ素地ヲ事ノ性質ニ應ジ必要ノ限度ニ於テ夫々設定スベキモ其ノ他ニ

關シテハ平等互惠ノ限度ヲ越ヘタル實權把握ニ墮スルヲ戒メ支那人ノ正當權益ノ侵害乃至民業壓迫ノ弊ニ陷ラザル樣特ニ留意スルモノトス

三、北支及蒙疆ニ於ケル現行通貨制度ハ共ニ其ノ强化ヲ策ス中支及南支ニ在リテハ同地域ニ於ケル幣制ノ現況ニ鑑ミ差當リ北支ト別個ノ通貨地域ト爲スモノトス
北支及中南支ノ通貨制度ノ相異ニ基ク兩地間ノ調整ニ就テハ中央ノ方針ニ基キ相互協力ノ下ニ善處スルモノトス

四、第三國ノ活動及權益トノ關係ニ就テハ日支新關係調整方針(要綱附二)ニ準據シツツ北支ニ於テハ我方ノ優越的地位ノ確立ヲ期シ中支ニ於テハ我方ノ緊切ナル經濟的要求ニ反セサル限リ成ルヘク第三國ノ活動ノ自由ヲ認ムル如ク處理スルモノトス

五、支那ニ於ケル經濟建設ヲ促進シ併セテ國際關係ノ打開ニ資スル如ク第三國ノ資本ヲ誘導スルモノトス
(イ)北支方面ニ於テハ特ニ獨伊ノ經濟的協力ヲ誘致スルニ努ムルモノトス
(ロ)中支方面ニ於テハ第三國權益ヲ尊重スルノ建前ヲ以テ巧ミニ英米等資本ノ利用ヲ圖ルモノトス

六、蒙疆連絡部長官ハ北支開發株式會社ノ業務ニ關シ華北連絡部長官ノ區處ヲ承クルモノトスルモ其實施ニ當リテハ相協力シ其發展ヲ期スル如ク處理スルモノトス

七、徐海道ニ於ケル經濟問題ハ差當リ便宜華北連絡部ニ於テ華中連絡部ニ協議ノ上之レカ處理ニ當ルモノトス
(註)政治、文化ニ付テモ右趣旨ニ準シ處理スルモノトス

八、南支ニ於テハ華僑トノ經濟合作ニ付特殊ノ考慮ヲ拂ヒ漸次中支及北支ニ於ケル經濟開發ニ對シ積極的ニ協力セシムル樣誘導スルモノトス
(註)華僑ニ對スル工作ハ現在各機關ニ於テ擔當シアル實情ニ鑑ミ當分ノ間中央ニ於テ之ガ統制指導ニ當ル如ク處理スルモノトス

附、日支合辨會社内ニ服務スル邦人幹部ハ新政權ニ對スル實質的重要指導分子タルニ鑑ミ特ニ之レカ善導ヲ圖ルモノトス

第三　文化關係處理要領

一、日支提携ノ根本的確立ヲ目途トシ現地ニ於テ施策スヘキ事項ニ付速ニ調査立案ヲ爲スト共ニ既存文化事業ニ付再檢討ヲ加ヘ之カ調整ヲ圖ルモノトス

立案ノ指針ニ付テハ別示ス

二、文化事業ハ原則トシテ支那側之ヲ實施シ我方之ニ協力スルノ建前ヲトルモノトス

第一次産業經濟三ケ年計畫立案指針

一、蒙疆、北支、中支ニ於ケル産業經濟計畫ハ日滿兩國ノ生産力擴充計畫年度ト一致セシメ又昭和十四年度物資動員計畫ノ決定ニ基ク資材配給量ニ基キ重點主義ニ依リ速カニ(五月中旬迄)昭和十四年度ヨリ昭和十六年度ニ至ル三年度ノ實施計畫案ヲ樹立ス

二、昭和十四年度實施計畫ニ付テハ決定資材配給量ヲ基礎トシ個々ノ企業又ハ事業ニ對シ配給額ヲ決定スルト共ニ十四年度ニ於テ實現シ得ヘキ事業ノ豫定進捗度又ハ生産數豫定額ヲ個々ノ企業又ハ事業場ニ付速カニ(五月中旬迄)決定ス

三、資材供給ノ不足ヲ補フ爲メ現地ニ於ケル勞動力ノ動員、現地ニ於ケル輸入力ノ增進等特別ノ工夫ヲ囘ラシ其ノ豫定計畫以上ノ達成ニ努ム

四、物動計畫ニ基ク事業計畫ニ則リ速カニ(五月中旬迄)資金計畫及勞務動員計畫ヲ樹立ス

備考

㈠前項ニヨリ決定シタル事業ノ進捗又ハ生産擴充ノ豫定目標ハ責任ヲ以テ官民ノ一致協力ニヨリ達成ヲ圖リ、且ツ事業又ハ企業指導ノ重點ヲ茲ニ置キ隨時其ノ實蹟狀況ニ付連絡部審査シ又ハ督勵ヲ加フ

㈡生産力擴充ヲ具體的ニ促進スル爲メ軍管理工場又ハ事業場ノ經營ノ合理化又ハ企業化ニ依リ企業ノ危險負擔ノ責任ヲ明確ニスルヲ必要トスルヲ以テ軍ト協力シ事情ノ許ス限リ速カニ其ノ企業組織化又ハ合理化ニ努ム(此ノ場合政治工作ニ重要ナル關係ヲ有スル支那側企業ノ取扱ニ付テハ特別ノ考慮ヲ拂フ)

㈢事變段階ノ推移ニ卽應シ且ツ廣義ノ治安維持ノ見地ヨリ支那側産業及資本ノ活用又ハ調整方ニ付細心ノ注意ト積極的ナル意圖ヲ以テ施策ス殊ニ一般産業ニ付テハ支那側既存企業ヲ侵害又ハ壓迫スルコトヲ戒メ以テ間接ニ支那側民間資本ノ誘致ト我方トノ提携ニ付積極的ナラシムル様指導ス

北中南支ニ於ケル我方ノ通貨政策竝相互間ノ
調整保持ニ關スル方針

一、北支ニ於テハ法幣ヲ驅逐シ中聯券ニ依ル通貨ノ統一ヲ完成ス而シテ中聯券ハ金圓ト「リンク」シ第三國通貨トノ交換價値ハ對英一志二片ヲ基準トスル建前ヲ堅持シ之カ爲逐次爲替集中制ノ擴充强化ヲ圖ルモノトス

二、中支ニ於テハ金圓竝軍票ノ回收及價値維持ニ關スル方策ノ强化ヲ圖ルト共ニ華興商業銀行券ヲ發行シ之カ價値基準ノ大體ノ目途ヲ一應對英八片ニ置キ對第三國貿易通貨トシテノ機能培養ニ努メ以テ逐次法幣ニ代置セシムルノ基礎ヲ確立ス

三、南支ニ於テハ當面毫幣、法幣等ノ流通ヲ容認シ軍票ニ付テハ極力之カ回收及價値維持ヲ圖ルモノトス

四、右ノ如ク各地域ニ於ケル通貨政策ヲ異ニスル現狀ニ於テ中南支ハ北支ノ通貨工作ニ協力シ北支ハ中南支通貨工作ノ圓滑ナル運行ヲ援助シ相互間ノ圓滑ナル調整保持ニ努ムルモノトス此ノ見地ヨリ差當リ

(イ)中南支ハ北支ノ爲替集中制カ其ノ實效ヲ擧ケ得ル樣之ニ協力ス

（例、北支ヨリ中南支ニ對スル密輸出ノ防止、減價セル金圓券ニ依ル北支向送金ノ制限等ノ如シ）

(ロ)北支ハ中南支ノ需要スル宣撫用其ノ他物資ノ同地域向移出ニ付爲替集中制ノ運用上適當ノ手心ヲ加フルモノトス

（付　箋）

本件ハ將來日支正式外交關係樹立ニ至ル迄ノ實際ノ必要ニ基ク措置トス

編　注　本会議は、四月十日から十一日まで開催された。

（付　記）

興亞院連絡部及興亞院連絡部出張所ヲ置ク地竝ニ各連絡部及連絡部出張所ノ名稱及擔任區域ニ關スル件

昭和十四年三月十日　閣令第三號

興亞院連絡部ヲ置ク地竝ニ各連絡部ノ名稱及擔任區域左ノ如シ

名稱	連絡部ヲ置ク地	擔任區域
興亞院華北連絡部	北京	中華民國臨時政府ノ管轄スル區域
興亞院蒙疆連絡部	張家口	蒙疆聯合委員會ノ管轄スル區域
興亞院華中連絡部	上海	中華民國維新政府ノ管轄スル區域
興亞院厦門連絡部	厦門	厦門島及其ノ附近

興亞院連絡部出張所ヲ置ク地竝ニ其ノ名稱及擔任區域左ノ如シ

名稱	連絡部出張所ヲ置ク地	擔任區域
興亞院華北連絡部青島出張所	青島	青島特別市公署ノ管轄スル區域

4　経済問題

758　昭和12年7月17日　在満州国植田大使より広田外務大臣宛（電報）

華北地方で軍費支払いに使用すべき通貨につき意見具申

新　京　7月17日後発
本　省　7月18日前着

第六〇一號（至急）

北支事變ニ關聯シ帝國ノ政策遂行援助ノ爲當館ニ於テハ軍、滿洲國其ノ他關係機關ト密接ナル聯絡ヲ保チツツ萬遺算ナキヲ期シツツアリ現ニ北支ヲ中心トスル財政金融問題ノ對策具體案ニ付テモ研究ヲ進メツツアル處今般政府ニ於テハ北支事變ノ支拂ヲ鮮銀券ヲ以テスルコトニ決定セラレタル趣ナルカ右ハ日本通貨ヲ支那側ニ入手セシメ我爲替操作ノ具ニ供セラルル危險アルノミナラス我通貨ノ膨脹ヲ來シ信用上不利ナル影響ヲ生スヘキニ依リ軍人、軍屬ニ對スル給與ノ如キ特殊ノ費用ヲ除クノ外ハ正金銀行ノ天津鈔票ヲ使用スルコト必要且得策ナリ同鈔票ハ現ニ天津附近ニ五十萬圓內外流通シ居リ現地使用ニ便ナルノミナラス日本通貨ト直接關係ナキ爲鮮銀券使用ノ場合ノ如ク不利ナシ且鈔票ハ大連正金支店ニ一部修正ヲ加ヘ直ニ使用シ得ヘキモノ約三千萬圓アルヲ以テ之ヲ使用スルヲ可ナリト思考ス右ハ豫テ關係者極祕裡ニ研究ノ結論ナルニ付上申ス關係省トモ御協議ノ上至急實現方御配慮相煩度シ詳細空送ス

支、北平、天津ヘ轉電セリ

759　昭和12年7月24日　在満州国植田大使より広田外務大臣宛（電報）

事変に関連した政策遂行を容易にするため中国通貨の信用低下を目的とする宣伝工作の基本方針樹立方意見具申

新　京　7月24日後発
本　省　7月24日夜着

第六三三號（極祕）
往電第六〇一號ニ關シ
北支事變ニ關聯シ帝國政府ノ政策遂行ヲ容易ニシ且之ヲ確保スル爲ニ單ニ北支關係地方現地工作ヲ進ムルニ止マラス廣ク世界全般ニ亘リ必要機宜ノ措置ヲ講スルノ要アリ特ニ支那財政金融ニ衝擊ヲ與フルコト最モ有效ノ方法ナリト思考ス冒頭往電申進ノ件モ右ノ第一着歩トシテノ工作ナルカ當方ニ於テハ之ト竝行シテ關係機關協力ノ上支那通貨ノ信用破壞ヲ目的トシ直接間接支那ノ財政經濟上ノ弱點暴露（虚僞ノ宣傳ハ嚴ニ愼ミツツアリ）宣傳ニ從事シ以テ滿洲國ノ人心安定對日依存ノ强化ニ資シツツアリ然ルニ日本國ニ於テハ「ラヂオ」ノ放送其ノ他一般雜誌印刷物等ニ於テ右ニ反スルノミナラス滿洲國ニ取リ却テ不利ナルカ如キ印象ヲ與フル放送乃至記事ヲ掲クル向アリ本件ニ付テハ我對支經濟關係貿易上ノ影響等ノコトヲモ考慮スルノ要アルコト勿論ナルモ折角重要政策遂行ノ機ニ當リ宣傳方法一途ニ出テサルハ極メテ好マシカラサル現象ナリト認メラルルヲ以テ此ノ際速ニ本件宣傳根本方針ヲ決定セラレ言論機關其ノ他ノ指導上遺憾ナキヲ期セラルル様致度シ
右ハ現地事態ノ推移如何ニ拘ラス今後ノ對支國策ノ基調タルヘキモノナルノミナラス直接滿洲國ニ對シテモ至大ノ關係ヲ有スルコトナルニ付重ネテ卑見上申ス
支、北平、天津ヘ轉電セリ

760 昭和12年8月17日 在天津堀内総領事より広田外務大臣宛（電報）

当座預金の引出し制限など中国側金融機関が実施した時局対策につき報告

天　津　8月17日後発
本　省　8月18日前着

第七六八號
當地支那銀行及銀號ハ一昨十五日迄平常通リ營業ヲ續ケ居リタルカ十六日銀行公會及錢莊公會協議ノ上時局對策トシテ左記七箇條ノ申合ヲ爲シ卽日實施セリ（但シ中央銀行及河北省銀行ヲ除ク）
㈠八月十六日以後銀行及銀號ニ於ケル當座預金ノ引出ニハ毎週該預金殘高ノ五分以內トス尙一回ノ引出ハ銀百五十弗ヲ超過スルヲ得ス

㈡八月十六日及同日以後新ニ開設セラレタル預金勘定ハ㈠ノ引出制限ヲ受ケサルモノトス

㈢定期預金ハ期日以前ニ引出スヲ得サルモノトス又定期預金者カ期日ニ書換ヲ欲セサル場合ニハ當該銀行ニ當座預金ト爲スヘキモノトス

而シテ右當座預金ノ引出ニ付テハ㈠ノ制限ヲ受クルモノトス

㈣銀行ハ次項ノ定期預金ヲ擔保トシテ貸出ヲ爲スヲ得ルモ該貸出ハ一口一千弗ヲ超ユルヲ得ス

尚二千弗以内ノ定期預金擔保ニ對シテハ該預金ノ五割以内ノ貸出ヲ爲スヲ得

㈤[2]工場、會社其ノ他ノ機關ノ賃銀支拂ノ爲ノ引出ニ對シテハ特別ノ協定ヲ爲スヲ得

㈥送金ハ總テ法幣ヲ以テ爲スコト又現銀取引ニ限ルコト

㈦本辦法ハ八月十六日ヨリ實施シ時局緩和ヲ俟テ停止スヘキモ其ノ時期ニ付テハ改メテ通知ス

一方天津治安維持會ハ同會委員王曉岩ヨリ右辦法ノ披露ヲ受ケタルニ依リ十六日ノ定例(脫?)ニ於テ之カ對策ヲ評議セルカ當地ハ經濟的及政治的ニ南方トハ事情ヲ異ニストノ見地ヨリ不取敢右辦法ニ對スル反對ヲ決議シ更ニ詳細ノ檢討ニ付テハ同會金融委員會ノ研究ニ俟ツコトトセル趣ナリ

尚當地外國爲替銀行組合ハ十六日時局對策協議會ヲ開催ノ上平常通リ營業ヲ繼續スルコト及外國爲替銀行ノ支那側銀行ニ有スル預金勘定ノ預金引出ニ付テハ前記ノ引出制限ヲ受ケストノ口約ヲ得タルモ爲念猶正式ノ保障ヲ要求スルコトニ決定セリ

761　昭和12年8月27日　在天津堀内総領事より広田外務大臣宛（電報）

銀資金の調達が困難な華北実情に鑑み軍費支払いには抜本的対策が必要の旨意見具申

天　津　8月27日後発
本　省　8月27日夜着

第八三三號

七[1]月二十九日附滿宛貴信第八九五號ニ關シ（軍費支拂ノ爲北支ニ於テ使用スヘキ通貨ニ關スル件）

鈔票ノ使用ハ兌換準備ノ爲正金ニ於テ銀資金ノ手當ヲ要スルノミナラス天津以外ニ於ケル其ノ通用力モ疑問ニシテ朝

鮮銀行券ヲ使用スルト利害大差無カルヘシト思考シ軍ヨリ朝鮮銀行券使用方ノ意見ヲ上申セルニ對シ當方ヨリハ特ニ意見ヲ上申セサリシ次第ナリシ處朝鮮銀行券使用以來ノ成行ヲ見ルニ同銀行券ハ日本租界内ノ小口取引ヲ除キ普通支那人及外國人ニ對スル支拂（軍カ支那人ヨリ購入スル物資及外國人ヨリ購入スル自動車、「ガソリン」其ノ他ノ物資ニ對スル支拂、邦人紡績及邦人請負業者等ノ支那人職工「クリー」ニ對スル賃金支拂、關稅ノ納付等）ニハ通用セス結局法幣トノ交換ヲ必要トス而シテ圓弗ノ交換モ當初ハ左迄不自由ニ非サリシカ

㈠天津事件發生以來錢莊閉鎖シ交換市場カ極メテ狹隘トナリシコト

㈡商品ノ輸入杜絶セル爲邦商ノ手ニ入ル弗資金殆ト皆無トナレルコト從テ日本側銀行ノ弗資金カ極メテ手薄トナレルコト

㈢[2]事變發生後モ銀行ハ直賣先買？ニ依リ弗資金ヲ調達シ居タルモ上海事件ノ勃發後ノ上海銀行ノ閉鎖ニ依リ右ノ途杜絶セルコト

㈣當地支那銀行ハ上海銀行ニ追從シ「モラ」ヲ爲シタル爲支那銀行ヨリ融通ノ途モ絶ヘ同時ニ一般支那人ノ有スル弗資金ノ減少セルコト

等ノ事由ニ依リ多少纏リタル額ノ圓ヲ弗ニ交換スルコトハ殆ト不可能ナリ市中爲替相場モ七月ハ金百圓ニ付銀八十九弗ヲ唱ヘ而モ實際ニハ交換額カ三千圓以上ニ上ル場合ハ金百圓ニ付銀八十七弗見當ニ暴落スルト言フ實情ニシテ電々興中電業等ノ工事、「ガソリン」等ノ購入、紡績ノ賃金支拂、關稅ノ納付等モ殆ト不可能ナラントシツツアルノミナラス一般邦人及支那人間ニ圓ニ對スル不當ナル不安人氣スラ擡頭シ居ル狀態ニシテ之カ對策トシテハ

(イ)圓ノ供給抑制、鈔票ノ使用ニハ前記ノ困難アリ又軍票ノ使用（强制通用）ノ如キ「ドラスチック」ノ措置ヲ執ルハ多大ノ無理ヲ伴ヒ人心治安ノ不安定ヲ來スヘシ

(ロ)[3]圓ノ需要促進、日本居留民團課金ヲ圓建ニスル等ノ姑息手段ニテハ到底效果ヲ收メ難ク支那側ノ機關ヲシテ公課ヲ圓ニテ收納セシムルトスルモ弗建ヲ時價換算ニテ收納スルノミニテハ效果無カルヘク公定相場ヲ必要トスヘシ（强制的公定相場ノ如キ無理モ亦人心ノ不安ヲ來スニ過キサルヘシ）

(ハ)弗ノ供給増加、差當リノ窮狀ハ一時的且局地的ノ現象ナレハ邦人銀行所有銀（總額約五百萬弗內三百萬弗ハ滿洲中央銀行ノ所有ニシテ直ニ自由ニナラサルモ差當リ殘額二百萬弗ニテモ可ナリ）ヲ引渡シ弗資金ヲ入手スルコト最モ有效ナル具体策カト思ハル此ノ外支那銀行ノ「モラ」ヲ中止セシムルトカ支那銀行ヲシテ圓擔保ニテ弗ノ貸出ヲ爲サシムルトカ圓ヲ外貨ニ換フル便宜ヲ與ヘ外貨ヲ以テ邦貨ヲ入手セシムルトカ河北省銀行ヲ接收シ外貨「クレヂツト」ヲ與ヘタル上紙幣ヲ增發セシムルトカノ如ク根本策ヲ要スルニ非スヤト考ヘラル

本件ハ軍及居留民ノ困難甚タシク此ノ儘放置スルニ於テハ軍ノ行動及邦人ノ生活ニモ多大ノ支障ヲ來ス問題ニシテ延ヒテハ已ムヲ得ス北支獨立幣制ヲ必要トスルニ至ル惧モアリ何等對策研究ノ要アルニ付大藏省側トモ御協議ノ上何分ノ貴見（前記銀引渡ノ可否ノミニテモ）大至急御回電ヲ請フ

上海、北平、滿ヘ轉電セリ

762　昭和12年8月28日　在天津堀内総領事より広田外務大臣宛（電報）

横浜正金銀行および朝鮮銀行の天津支店が銀資金調達のため所有現銀の処分を要望について

天　津　8月28日後発
本　省　8月28日夜着

第八四三號

往電第八三三號ニ關シ

正金、朝鮮兩銀行支店長ノ談ニ依レハ銀行トシテハ輸入品賣レサル現場ニ於テ輸入爲替ノ取立不能トナリタル一方之カ「カバー」ヲ主トシテ外貨買ニ依リ居タル關係上其ノ「テリバリー」ハ期日通リ外國銀行ニ對シ弗ヲ以テ行フ必要アリ又支那銀行ノ「モラ」ノ結果上取引先ニ對スル融通ノ必要增加セル一方先安不安ニ依ル弗預金ノ引出少カラサル爲手許頗ル逼迫シ居レリ加之軍ノ需要スル弗資金（軍ノ支拂ハ三分ノ二位ハ圓ニ依リ居ルモ）調達ノ必要アリ旁銀行トシテモ此ノ際當地外國銀行乃至上海日本銀行ト同一條件ニテ銀ヲ支那銀行ニ引渡スコトト致度シ之ニ依リ冒頭往電ノ如キ目下ノ「アブノーマル」ナル事態ヲ是正スルニ效果少カラサルヘシトノコトニ付軍及當方トシテハ銀行渡ニ異存ナキ旨ヲ申渡シタリ

銀行ハ夫々本社ニ請訓ノ上支那側ト交渉シ月末以前ニ引渡ヲ了シ度キ趣ニシテ本件ノ發表振等ニ付テハ軍トモ協議ノ上當方ニテ指導ノ筈ニ付差當リ外部ニ洩レサル様致度シ
萬一御異見アラハ折返シ電報アリ度シ
上海、北平ヘ轉電セリ

763 昭和12年9月1日 在天津堀内総領事より広田外務大臣宛（電報）

日本側銀行の所有現銀処分は金融・通貨安定の観点から最善の方策と思料する旨意見具申

天津 9月1日後発
本省 9月1日後着

第八六〇號

貴電[1]第三四一號ニ關シ（天津日本銀行ノ在銀處分ノ件）

一、我方ニ於テ法幣入手ニ焦慮シ居レリトノ印象ヲ與フト言フモ現ニ九十弗前後ノ「ローカル・レイト」カ事實ヲ物語リ居ルモノニシテ銀ノ引渡ニ依リ之ヲ緩和シ得レハ寧ロ好影響ヲ與フヘシト思ハル

二、正金銀行ハ預金引出制限ハ銀行ノ信用上飽迄避クル要アリト爲シ居ルモ朝鮮銀行本店ハ銀引渡ヲ見合セ寧ロ預金引出ヲ制限スヘキ旨ヲ電命シ來レル趣ナル處外國銀行カ一行モ斯ル制限ヲ爲シ居ラサル今日日本側ノミ之ヲ爲スカ如キハ銀引渡ヨリ更ニ面白カラサル印象ヲ與フヘク他ニ途ナシトセハ寧ロ銀引渡ヲ可トスヘシ

三、上海來電第五六號ノ二、ノ外貨賣法幣買ニ付テハ朝鮮銀行ノ如キ賣ルヘキ外貨ヲ有セサル一方平常上海ニ依存スル當地外國銀行支店カ上海ト聯絡ノ途ヲ斷タレ且輸入貨物ノ殆ト皆無ナル今日外國銀行ヨリ外貨買法幣賣ノ「オファー」モ極メテ僅少ニシテ時タマ十萬、二十萬位ノ出合アルノミナレハ（此ノ一兩日ハ稍増加セリ）弗資金ノ調達ヲ之ノミニ依ルコト不可能ナルヘシ（上海ニテ弗資金ヲ調達シ法幣ヲ現送シ得レハ好都合ナルモ中國、交通兩行券ハ上海發行ノ分ハ通用セス中央銀行券ハ餘リ當地方ニ流通シ居ラサルコトヲ考慮スルヲ要ス）

四、[2]引渡シタル銀カ南送又ハ輸出セラルヘシトセハ法幣ヲ實質的ニ「サポート」スル結果トナルヘキモ支那銀行カ當地ニ銀ヲ留メ置キテ銀ノ引渡ニ代リ法幣ヲ發行セシムルモ法幣ヲ「サポート」スル結果トハナラサルヘシ（其ノ

効果アリタリトスルモ四千萬弗ノ在銀ニ二百萬弗ヲ加フルニ過キス）目下支那銀行ハ銀南送ノ意思ナキカ如ク我方トシテ之ヲ何トカ阻止スル方法アルヘシ

五、當地支那銀行公會（中國、交通、鹽業、金城、大中、中南、上海ノ各行ヲ含ミ中央銀行、河北省銀行ヲ含マス）ハ三十日治安維持會ト協議會ヲ開キ三十一日日本側金融對策委員トモ協議ノ筈ナルカ是等支那銀行ハ事實上上海トノ聯絡ノ途ナク當地ノ金融維持ノ爲日本側ト協力セントノ氣持ニ傾キ居リ（中國銀行ノ如キ毛利顧問斡旋ニテ正金、朝鮮兩行ニ對シ夫々差當リ三十萬弗ノ當座貸越（無擔保六分）ヲ承認シ銀引渡モ南送ヲ條件トスルカ如キコトナクシテ話合纏マル見込ナリ）目下銀行公會ヲ此ノ方向ニ指導中ニシテ當方面トシテハ軍事上ヨリスルモ後方ノ人心ノ安定ノ爲金融及通貨ノ平靜ヲ計ルコト最モ肝要ナリト思考シ居ルニ付金融及通貨ノ安定ヲ阻害スル惧アル措置ハ考物ニシテ寧ロ支那民衆ノ通貨ノ安定ヲ「サポート」スルコト必要ナリト考ヘ居レリ

六、右ノ如キ見地ヨリ金券ノ强制使用又ハ軍票ノ使用ノ如キハ頗ル考物ニシテ實際上ヨリモ物資ノ徵發ヲ行ハサル限リ其ノ使用ハ單ニ物價ノ騰貴ヲ來スニ過キサルヘシ

卑見御參考迄

上海、北平ヘ轉電セリ

764　昭和12年9月2日　在天津堀内総領事より広田外務大臣宛（電報）

華北地方の経済安定策として棉花の輸入促進を図るため為替管理法上の輸入制限緩和方意見具申

天津　9月2日後発
本省　9月2日夜着

第八六七號

軍[1]ノ作戰上特ニ必要ナル後方ノ安全確保ノ爲ニハ當方面ノ經濟的安定ヲ必要トスルコト申迄モナキ儀ナル處天津ノ如キ貿易港ハ察哈爾、山西、河南ニ亘ル廣大ナル背部地ニ依リ始メテ存在シ得ヘキニ拘ラス右背部地ハ目下戰線ニ依リ著シク局限セラレ戰線カ更ニ南進スルモ平常ノ半ニモ至ラサルヘク從テ目下ノ如キ食料品以外ノ商内ノ停頓狀態カ戰線ノ南進ト共ニ漸次回復スル場合ニモ天津ノ貿易額從テ貿

易港タル天津ノ住民ノ所得モ亦激減スルハ必然ナリ斯テハ現下ノ輸送難ヨリ來ル食料品饑饉カ我方ノ措置ニ依リ解決セラレタリトスルモ住民ハ食料品ヲ購入スル資力ヲ有セサルニ至ルヘク茲ニ天津ノ經濟的不安、金融ノ不安延イテハ人心ノ不安ノ原因カ存スル譯ナリ

右ノ如キ事態ハ素ヨリ避ケ得ヘカラサル戰爭ノ結果ナリト雖若シ何等カ對策アラハ少シニテモ其ノ影響ヲ輕減シ當方面ノ經濟的安定ヲ出來得ル限リ回復スルヲ要スルハ言ヲ俟タス例ヘハ出來得ル限リ輸出ノ增進ヲ圖リ乃至ハ失業救濟的見地ヨリスル邦人事業ノ進出方ヲ考慮スルカ如キ是レナリ

素ヨリ輸入超過ノ我國カ無理ニ輸入ヲ爲ス要ナキハ勿論ナリト雖何レノ途必要ナル原料ハ若シ可能ナラハ之ヲ北支ニ求ムルカ如キ又對外支拂過超ノ我國カ無用ナル事業ヲ北支ニ起ス要ナキハ勿論ナリト雖或程度ノ事業ヲ考慮シ遣ルカ如キハ當然必要ナル措置ト言フヘシ

如[2]上ノ如キ見地ヨリ例ヘハ棉花及紡績ノ問題ヲ見ルニ棉花ハ本夏ノ例年ニナキ降雨ノ爲極メテ不作ニシテ戰爭ナシトスルモ收穫例年ノ半額位ナルヘキニ更ニ戰爭ノ爲天津ニ出廻ル棉花ハ其ノ半額ニモ達セサルヘク（事態多少改善スルトスルモ來夏迄ニ百二十萬擔位ト想像セラル）而シテ紡績ハ製品ノ捌口ナキ以上停業ノ外ナク今後事態多少改善スルトモ五割運轉ヲ續クルコト困難ナルヘシ

依テ北支棉花ニ關スル限リ爲替管理法上ノ輸入制限ヲ全廢シテ棉花ノ對日輸出ヲ促進シ（其ノ量ハ本邦ノ全棉花消費量ノ數十分ノ一ニモ達セサルヘシ）又紡績製品ノ海外捌口ヲ考慮シ遣ルカ如キ措置ハ前述ノ見地ヨリモ絕對必要ナリト思考セラル

製造工業品トシテハ紡績位ノモノナルヘキモ原料品ニ付テハ棉花ノミナラス植物油原料獸毛等ノ他ノ當地主要輸出品ニ付テモ右ト同樣爲替管理法上ノ取扱ヲ考慮シ遣ル必要アリ具体的例ニ付テハ更ニ累次申進ムヘキモ目下中央ニ於テハ爲替管理以上貿易統制ニ付考究中ノ趣ニモ有之本省當局ニ於テモ此ノ邊ノ事態ヲ篤ト御研究相成リ關係方面ヘモ豫メ充分徹底シ置カル、樣御配慮相煩度シ

上海、北平ヘ轉電セリ

765

昭和12年9月14日　在天津堀内総領事より広田外務大臣宛（電報）

河北省銀行券を中心とする華北金融対策の現地方針案策定について

付　記　昭和十二年九月二十五日

「北支金融對策要綱」に関する青木企画院次長の説明要旨

天　津　9月14日後発
本　省　9月14日後着

第九二七號

北支金融問題ニ關シテハ青木次長ノ稟申ヲ機トシ出先各參謀長トノ間ニ打合ノ上河北省銀行券ヲ中心トスル現地案ヲ得タリ詳細ハ近日歸京ノ青木次長ヨリ聽取ヲ請フ

軍側ヨリモ本日同趣旨發電濟

本件ハ部外ニ洩レサル様注意スルコトニ軍側ト打合濟

（付　記）

北支金融處理（對策カ）要綱ニ關スル青木次長説明要旨

（昭一二、九、二五　小澤記）

本官北支滯在中別紙甲ノ通大藏、陸軍兩大臣ニ稟申ノ結果其囘訓ヲ得タルニ依リ直チニ北支金融對策要綱二ノ㈨及㈩海關ニ關スル措置ヲ除キタル其他ヲ實行ニ移シ歸京セルモノナリ

本要綱及實施要領ハ何レモ差當リ當面ノ問題ヲ處理スル過渡的措置案ナルモ他面本結論ヲ得タル考ヘ方ハ我國ノ北支對策ノ根本問題ノ一部ヲ爲ス經濟財政金融問題ニ關スル將來ノ問題處理ノ示唆トナルモノト信スルモノナリ

㈠先ツ日本側ニ於テ考慮スヘキ當面ノ問題ハ次ノ三點ナルヘシ

第一ハ軍ノ現地支拂通貨ノ問題ニシテ右ニ付テハ鮮銀券ヲ以テ賄フヤ軍票ヲ發行スルカ又ハ支那法貨ヲ利用スルカノ問題アリ其二ハ占領地域ニ對スル問題ニシテ右地域內ノ金融ノ安定、交通及通信ノ確保カ同時ニ治安工作トシテ重要ナル問題ナリ第三ハ日滿支經濟關係ニシテ卽三國間ニ於ケル物資交流ノ問題之ナリ之カ爲ニハ此際Finance ノ問題トシテ今日ヨリ右關係設定ノ基礎ヲ確保セサルヘカラス

㈡右觀點ヨリ北支金融對策要綱一方針ニ付本官ノ見解ヲ述

フレハ通貨金融對策トシテハ事實上人心ノ不安ヲ除去スルコトヲ以テ要諦トスルモノニシテ若シ鮮銀券ヲ强制的ニ使用セシムルカ又ハ軍票ヲ使用シテ之ニ强制通用力ヲ與ヘントセハ之カ背後ニ强力ナル政權ノ存在ヲ必要トスヘク現狀ニ於テハ軍政ヲ敷カサル限リ其目的ヲ達スルコトヲ得サルヘシ其結果トシテハ軍ノ强力ヲ以テ經濟生活ヲ支配スルニ至リ經濟ノ安定、人心ノ安定ノ趣旨ニ反スルニ至ルヘシ從ツテ法幣利用ノ外他ニ途無シト考フルニ至レルモノナリ之ニ次テ考慮スヘキハ現地諸機關(行政機關?)ニ對スル日本ノ財政負擔ハ之ヲ出來得ル限リ緩和スルノ要アリ之カ爲ニハ現地徵辨ノ方途ニ出テサルヘカラサルコト是ナリ

右目的ヲ遂行スル方法トシテハ北支ニ於ケル支那側銀行就中、河北省、中國、交通ノ三銀行ノ自主化ヲ必要トス卽右三銀行ニ對シ適當ナル措置ヲ加ヘ自ラ北支地方經濟ヲ賄ヒ得シムル樣爲ササルヘカラス

㈢右實施ノ爲ニハ㈠理想案トシテハ前記三銀行ヲ日本ト協調セシメ之ヲ加ヘタル各行ヨリノ共同出資ニ係ル北支聯邦準備庫制度ヲ採用シ度キモ之カ爲ニハ更ニ戰局ノ進展ヲ見サル限リ中國銀行ノ如キ其態度決定ニ難色アルヘキヲ以テ㈡夫迄ノ間ハ河北省銀行ヲ中心トシテ甲號三ノ㈺冒頭ノ如ク支那側銀行ノ協力ヲ强化セシムル如ク措置セシムルノ要アリ

河北省銀行ハ佛租界ニ本店アルヲ以テ實力ヲ以テ之ヲ引ヅリ來ル譯ニ行カス何等カ之ヲ納得セシメ引摺リ來ラサルヘカラス然ルニ處從來冀察政務委員會カ之ヲ管理シ來レル關係モアリ之ヲ引ヅル爲ニハ是非共之ニ代ル組織ヲ有セサルヘカラス此ノ目的ヲ達成スル爲ニモ北平、天津ノ治安維持會ヲ一括スル要アル旨ヲ主張シ來レル處幸ヒ右氣運釀成セラレ先般平津治安維持會聯合會ノ成立ヲ見ルニ至レル次第ナリ(實施要領第一參照)

右河北省銀行管理ハ甲號電報ニ對スル回訓ニ基キ直チニ其實施ニ着手シ張士、曹汝霖、朱授光鮮銀關係者ヲシテ右工作ニ當ラシメタリ

而シテ河北省銀行券ハ今日日本貨ト等價ナルモ之ヲ官憲側ニ於テモ積極的ニ支持セシメサル限リ其値下リヲ來スヲ以テ政權ヲシテ進ンテ之ヲ其 legal tender タラシムルヲ要ス(要綱二ノ㈡)

次ニ現地支拂ハ俸給給與ヲ除キ原則トシテ日本支出官カ鮮銀券ヲ以テ河北省銀行券ト引換ヘ支拂フコトトスル結果河北省銀行ニハ金資金カ渡サルル結果トナルヘシ依ツテ之ヲ日本側銀行ニ預入レシムルコトトスルノ要アリ（要綱二ノ㈢）

㈣中國銀行ニ對スル對策（實施要領第二ノ一、二、三參照）

河北省銀行ニ對スル協力中法貨調達ニ付テハ中國銀行カ我方ニツクヤ否ヤヲ計ル「バロメーター」トシテ之ヲ中國銀行ヲシテ行ハシムルコトトセルカ右ハ一二人ノ問題ニシテ本官ノ見ル所ニテハ本店ニ對シ説明サヘツケハ中國銀行側ハ之ニ應スルモノト觀測シ居ルモノニシテ中國銀行側ニテハ何程ノ金ヲ調達スヘキヤヲ執拗ニ本官ニ問ヒ來リ私見トシテ一千萬圓モアラハ二箇月位ハ賄ヒ得ヘシト傳ヘ置キタリ

而シテ若シ此等支那側金融機關カ河北省銀行ニ對シ協力ヲ肯セサルカ如キコトアラハ其地位ヲ承認セストシテ和戰兩樣ノ方法ヲ以テ交渉セシメ居レリ（要綱二ノ㈧、實施要領第二ノ二參照）

㈤北支財政收入ノ確保

北支行政機關ノ機能ノ囘復ヲ圖リ興中公司カ鮮銀ヨリ借リテ行政ニ充ツルカ如キコトハ極力之ヲ避クル要アルヘク既ニ統税、煙草税等ハ接收ヲ了シタリ煙草税ニ付テハ英米「トラスト」ニ於テ最初仲々承知セサリシモ終ニ我方ノ云フコトヲ聞クニ至レリ（甲號三ノ㈡、要綱二ノ㈦、㈩）

次ニ問題トナルハ海關ノ接收問題ニシテ税關長トノ接收（衝カ）ハ領事館側ニ於テ之ニ當リ居タルカ税關側ニテハ關税收入ヨリ税關ノ經費ヲ引キ外債擔保部分ヲ上海ニ送リタル殘リヲ正金銀行ニ預入ルルコトト致度シトセルニ對シ我方ハ外債擔保部分ヲ正金ニ預ケ入レシメ殘リヲ地方政權ノ經費ニ提供セシメント主張セルモノニシテ之ニ對シ先方ハ正金ニ預ケ置ケハ税關側ノ承知セサル間ニ私消セラルル惧アリト反駁シ來レルモ右ハ誤謬モ甚シキモノニシテ日本ノ銀行ハ預主（税關）ノ承知セサルモノヲ使用スルコト不可能ナル旨ヲ説示シ置キタリ

㈥關税問題

現在ノ處軍用品ハ無税ナルモ其他ノ物資ハ舊税ニ基キ高率關税ヲ負擔シ居レリ從ツテ中ニハ軍用品ト稱シ無税輸

入セラルルモノモアルモ右高率關税ニ對シ従來我方ニ於テ支那民衆ニ對シ不都合ナリトシテ其税率ノ低下ヲ南京側ニ要求シ來レル關係モアリ寧ロ此際税率ヲ輕減スルコトヲ最モ合理的ノ措置トスヘシ右輕減税率實施セラルルニ至ラハ陸軍側トシテモ冀東貿易ノ廢止ニ贊成スヘキ旨喜多武官ヨリ言明アリタル次第ニシテ本件ハ出來得ル限リ至急之カ決定ヲ爲スノ要アルモ現地ニ於テハ中央ヨリノ訓令ニ依ル趣ヲ以テ意見ノ一致ヲ見サルヲ以テ此點至急中央ニ於テ決定ノ要アリト思考ス

(七)以上本官ノ金融對策ニ付テハ北支ノ幣制カ南京ノ幣制ニ追隨スルカ如キ印象ヲ與フルヤモ知レサルモ民心ノ安定ヲ基礎トシテ考究スル場合右方法ヲ以テ最上ノモノトスヘク旁南京側ノ法幣崩解(壊カ)スルト雖モ北支幣制ハ之ニ依リ其安全性ヲ保持スルニ至ルヘク却ツテ支那民衆ニ恩恵ヲ與フルト共ニ同時ニ日本ノ實力ヲモ之ニ加フルコトヲ得ル良策ナリト信スルモノアリ

(別紙甲号)

電報案

青木次長ヨリ

大藏大臣
陸軍大臣 宛

一、北支ニ於ケル法幣其他支那側通貨ノ供給異常ニ梗塞シ之カ緩和ハ民心ノ安定上刻下ノ急務ナリト認メラルル處、北支民衆ハ未ダ朝鮮銀行券ノ使用ニ慣レザルモノアリ、今後益々增加スベキ軍ノ現地支拂ニ專ラ朝鮮銀行券ヲ使用スル時ハ其ノ對法幣相場ヲ益低落ニ導クニ過ギズ、而シテ朝鮮銀行券若クハ軍票ノ通用竝ニ其相場維持ノ爲ニ強制的方法ヲ採用スルコトハ事變ニ對スル帝國政府ノ今日迄採リツツアル方針竝ニ北支民衆ニ及ホス影響ニ鑑ミ之ヲ避クルノ要アリト信ズ

二、依テ茲ニ河北省銀行、中國、交通兩行其他主要支那側銀行ノ參加協力ニ依ル北支金融ノ自主化ヲ畫策シ、速カニ支那側通貨特ニ河北省銀行券利用ノ途ヲ講ジ、以テ皇軍ノ活動竝ニ我爲替政策ニ寄與スルト共ニ後方地區ノ治安ノ確保及ビ民生ノ維持安定ニ資シ併セテ今後ノ北支經營ニ要スル我國ノ負擔ヲ出來得ル限リ緩和スルヲ適當ト信ズ

三、右ノ趣旨ニ基キ左ノ如キ要旨ニ基ク北支金融對策要綱竝ニ其ノ實施要領ヲ起案シ當地軍當局其他關係者ノ聯合協議ニ附シ現地案トシテ同意ヲ得タリ

(イ)差當リ軍ノ支拂等ノ爲ニ必要トスル法幣資金ハ主トシテ中國銀行ヨリノ融通及ビ日滿側銀行所有現銀ノ處分ニヨリ之ヲ調達スルコト外貨資金ノ處分ニヨル調達ハ可及的之ヲ避クルコト

(ロ)速カニ支那側行政機關ノ機能ヲ發揮セシメ河北省銀行ノ管理統制ヲ强化スルト共ニ同行券ノ法幣ニ對スル等價ノ維持ノ爲ニ支那側銀行ノ協力ヲ强化セシメ、日支諸機關ニ於テモ積極的ニ必要ナル措置ヲ講スルコト、而シテ北支金融ノ自主化ニ關スル工作（各行共同出資ニ係ル北支聯合準備庫制度ヲ豫定ス）ハ今後狀勢ノ推移ニ應シ中國銀行ヲ中心トシテ支那側有力銀行（中央銀行ヲ除ク）ニ對シ行フコト

尙右工作ハ軍ノ內面指導ノ下ニ支那側行政機關ヲシテ之ニ當ラシメ諸銀行ノ自發的協力參加ヲ獲チ得ル如ク措置スルコト

(ハ)軍ノ現地支拂ハ俸給給與ヲ除キ原則トシテ河北省銀行券ヲ以テスルコトトシ（此ノ場合河北省銀行ノ得タル金資金ハ日本側銀行ニ預入セシム）又朝鮮銀行券ノ引換要求ニ對シテハ河北省銀行券ヲ以テ之ニ應スルコトトシ、其ノ引換相場ハ日支當事者間ニ於テ原則トシテ時價ヲ參酌シテ時々之ヲ定ムルコト

(ニ)北支財(政欠カ)收入ノ確保特ニ海關把握ノ途ヲ講ジ、北支行政機關ノ機能ノ囘復ヲ圖リ、其ノ不足トスル資金ハ能フ限リ支那側銀行ヲシテ調達セシメ以テ我方負擔ノ緩和ニ資セシムルコト

(ホ)日滿物資ノ輸入促進ノ爲ニ輸送ノ便宜供與、配給機構ノ整備、關稅定率ノ暫定的輕減、要スレバ中南支トノ關稅障壁ノ設定等ヲ講ズルト共ニ出來得ル限リ我方ノ北支物資ノ購入促進ニ努ムルコト

四、右要綱竝ニ要領正文ハ陸軍省河村中佐携行十七日飛機ニテ歸京スベキニ付委細夫レニテ承知相成度、本案ノ實行ニ就テハ、支那側銀行カ何レモ英佛租界ニ其本據ヲ有スル等ノ關係ニテ尠カラサル困難ヲ生スルコトト想像セラルルモ、他ニ良案考慮シ得ラレサルヲ以テ、萬難ヲ排シ實施セラルルコトヲ希望ス、尙河北省銀行ノ管理ノ如キ

直チニ着手ヲ要スル事項モ少カラサルヲ以テ至急政府方針トシテ御採擇アラムコトヲ希望ス、尙小官ハ數日中ニ歸途ニ就ク豫定ナル所、出發前右ニ決定ノ旨御回電ヲ得タル場合ニハ當地鮮銀正金兩行支配人ニ對シ當面ノ措置ニ付若干ノ指示ヲ與ヘ置度ニ付此點特ニ大藏大臣ノ御了解ヲ乞フ

（別紙乙号）

北支金融對策要綱

一二、九、一二

事變中北支ニ於ケル日本軍ノ活動竝ニ日本政府ノ爲替政策ノ遂行ニ寄與スルト共ニ後方地區ノ治安ヲ確保シ民生ノ維持安定ヲ圖リ併セテ事變後北支政治形態ノ如何ニ拘ラズ我國ノ經營力ト北支經濟力トノ結合ニヨリ日滿支經濟關係ノ緊密化ノ素地ヲ確立スル爲、左記要領ニ依リ金融對策竝ニ之ガ爲必要ナル財政經濟對策ヲ講ズルモノトス

一、方　針

北支ニ於ケル通貨金融對策ニ付テハ極力經濟ノ運用ヲ圓滑ナラシメ人心ノ不安ヲ惹起スルコトナカラシムルト共ニ事變中竝ニ事變後ニ於ケル北支經營ニ要スル我國ノ負擔ヲ出來得ル限リ緩和スル爲、河北省銀行、中國、交通兩行其他主要支那側銀行ノ參加協力ニ依ル北支金融ノ自主化ヲ策スルモノトス

二、措　置

㈠速カニ河北省銀行管理委員會ノ機能ヲ發揮セシメ河北省銀行ニ對スル管理統制ヲ强化ス

㈡河北省銀行券ハ現在ノ法幣トノ等價ヲ維持セシムル爲支那側銀行間ノ協力ヲ强化セシムルト共ニ日本側及支那側諸機關ニ於テモ積極的ニ必要ナル措置ヲ講ズルモノトス

㈢軍ノ現地支拂ハ俸給給與ヲ除キ原則トシテ河北省銀行券ヲ以テ爲スモノトス、此ノ場合河北省銀行ノ得タル金資金ハ日本側銀行ニ預入セシムルモノトス

㈣軍ノ支拂及日本側銀行ノ取引上必要トスル法幣資金ハ支那側發券銀行（主トシテ中國銀行）ヨリノ融通及日滿側銀行ノ所有現銀ノ處分ニ依リ之ヲ調達スルコトトシ日本ノ外貨資金ノ處分ニ依ル調達ハ可及的之ヲ避クルモノトス

(五)鮮銀券ノ引換要求ニ對シテハ河北省銀行券ヲ以テ應ズルモノトス
(六)鮮銀券ト河北省銀行券トノ引換相場ハ日支當事者間ニ於テ原則トシテ時價ヲ參酌シテ時々之ヲ定ム
(七)行政機關ノ諸經費ニ充ツル爲必要ナル資金ハ能フ限リ支那側銀行ヲシテ調達セシムル如ク工作スルモノトス
(八)支那側銀行參加ニ依ル北支幣制自主化ハ各銀行ノ共同出資ニ係ル聯合準備庫制度ヲ豫定スルモ支那側銀行ヲシテ北支通貨金融ノ自主化ニ參加セシムルコト不可能ナル場合ニ於ケル支那側銀行ノ處置ニ就テハ別途考究スルモノトス
(九)日滿ヨリ物資ノ輸入ヲ促進スル爲輸送ノ便宜供與、配給機構ノ整備、關税定率ノ輕減、要スレバ中南支トノ關税障壁(專税)ノ設定等適切ナル方策ヲ講ジ北支民生維持ヲ圖ルト共ニ日本側爲替政策ニ寄與セシム、尙出來得ル限リ北支物資ノ購入ヲ促進スルコトニ力ムルモノトス
(十)速ニ財政收入確保ノ途ヲ講ジ行政機關ノ機能ノ囘復ヲ圖ルト共ニ日本側財政及金融負擔ノ緩和ニ資セシムルモノトス
(十一)海關ニ付テハ其ノ收入ヲ北支ニ確保スルト共ニ日滿物資ノ輸入ヲ容易ナラシムル爲差當リ一定ノ商品ニ付キ輕減定率ヲ適用スルノ暫定的方策ヲ講ズルコト

北支金融對策實施要領

一二、九、一二

第一、河北省銀行管理要綱

一、管理機關
(イ)速ニ冀察政務委員會ニ代ルヘキ行政機構(差當リ平津治安維持會聯合會)ノ監督ノ下ニ河北省銀行管理委員會ヲ改組シ河北省銀行ニ對スル管理統制ヲ强化ス
(ロ)河北省銀行管理委員會ノ改組强化ニ當リテハ特ニ其ノ人的構成ニ留意シ平津銀行界及商工界ヲ指導シ得ル人物ヲ委員トシテ配置スル如ク指導スルト共ニ顧問又ハ囑託トシテ適切ナル邦人ヲ招聘セシム
二、河北省銀行管理委員會ノ任務
(イ)管理委員會ハ直ニ河北省銀行ノ內容調査ヲ遂ケ今後

ニ於ケル各種ノ對策樹立ノ基礎ヲ明確ナラシムルモノトス

(ロ)管理委員會ハ將來河北省銀行ヲ少クトモ北支ノ中央發券機關ノ一員タラシムルコトヲ目標トシテ同行ヲ管理指導スルト共ニ同行ヲシテ我軍費現地支拂等ノ爲ニ所要ナルヘキ通貨ノ圓滑ナル供給ヲ爲サシムル如ク同行ヲ管理指導スルモノトス

(ハ)管理委員會ハ速カニ河北省銀行券ノ增刷ヲ圖ルモノトス

三、河北省銀行ノ本店所在地ハ北支中樞行政機關ノ所在地ト關連シテ之ヲ定ムルモノトス

四、河北省銀行ノ管理統制强化セラルルニ於テハ同行ヲシテ北支財政收入ノ取扱ヲ爲サシムルモノトス

尚右取扱ノ開始以前ニ於テハ行政機關カ受入レタル法幣ハ適宜日本側銀行ニ預入セシムルモノトス

第二、中國、交通兩行其他支那側金融機關指導要綱

一、河北省銀行ニ對スル協力竝ニ北支金融自主化ニ關スル工作ハ中國銀行ヲ中心トシ北平及天津銀行公會會員銀行(中國、交通、金城、大陸、中南、鹽業及北洋保商)ニ對シ之ヲ行フモノトス

二、支那側金融機關ノ統制指導ハ軍ノ內面指導ノ下ニ平津治安維持會聯合會ヲシテ之ニ當ラシムルト共ニ隨時適當ナルモノヲシテ個別的ニ支那側金融機關ノ北支責任者ト懇談セシムル等ノ方法ニヨリ其ノ自發的協力ヲ獲チ得ル如ク措置スルモノトスルモ、要スレバ將來北支ニ於ケル地位ヲ喪フニ至ルベキコトヲ暗示スル等ノ考慮ヲ用ヒ極力目的ノ達成ニ努ムルモノトス

三、支那側金融機關ニ對シ差當リ

(イ)河北省銀行券ノ等價維持ニ對スル協力

(ロ)日本側銀行ニ對スル融資

(ハ)平津治安維持會聯合會ニ對スル行政借款

ヲ要求シ、進ムテハ必要ニ應シ

ヲ要求スルモノトス

四、現銀ノ南送及搬出ヲ防止スル爲

(イ)平津治安維持會聯合會ヲシテ現銀ノ檢査ヲ爲サシム

(ロ)海關ノ實質的把握ニヨリ監視ヲ全カラシム

(ハ)治安維持會聯合會ヲシテ改メテ現銀ノ搬出禁止ノ布告ヲ爲サシメ此ノ場合右ノ行爲ノ軍司令官布告ニ觸

ルル旨ヲ公示セシム

五、發行準備管理委員會天津分會ハ治安維持會聯合會ノ下ニ歸屬セシメ之ヲ改組シ現銀檢査ノ外河北省銀行以外ノ發行業務ヲ監督セシメ漸次銀行監督ノ機能ヲ發揮セシム

六、北支ノ政局カ進展シ支那側銀行ノ北支金融自主化ニ對スル參加明確トナリタルトキハ直チニ北支聯合準備庫ノ設立ニ着手ス、之カ構成及機能ノ細目ニ付テハ別途之ヲ考究ス、右ニ要スル紙幣ノ原版ノ作成ハ豫メ之ヲ準備シ置クモノトス

七、南方系發券銀行ノ銀行券ニシテ「天津」ノ表示ナキモノハ極力之ヲ回收シ南方ニ於ケル軍ノ需要ニ供スルモノトス

八、治安維持會聯合會ヲシテ錢莊其他兩替商ノ取締ヲ實行セシメ鮮銀券及河北省銀行券ノ不當ナル賣買ヲ禁止スルモノトス

九、北支各行政機關、鐵道、郵局、電信電話、電氣、水道等ノ公共機關ヲシテ河北省銀行券ヲ法幣ト等價ニテ無條件受入ヲ爲サシムル外、商務會、同業公會等民間經濟團體ニ對シテモ右方針ニ順應スル如ク指導スルモノトス

〰〰〰〰〰〰〰〰〰〰〰〰

766　昭和12年9月24日　在上海岡本総領事より広田外務大臣宛(電報)

事変が長期化すれば上海財界は苦境に陥って国民政府への影響力を失い共産勢力が台頭するだろうとのホール・パッチ内話報告

上　海　9月24日後発
本　省　9月24日夜着

第一五八〇號

往電[1]第一五六八號ニ關シ

上海財界竝ニ支那全般ノ財政金融問題等ニ關スル「ホールパッチ」ノ日高參事官ニ對スル談話要領左ノ通リ

一、支那側ハ事變以來今日迄上海方面ニ於テ五千五百萬元ノ新紙幣ヲ增發セルモ依然トシテ法幣ハ甚タシク缺乏シ居レリ右ハ支那銀行ノ預金引出制限ニ從テ一般民衆間ニ通貨ノ「ホーデイング」行ハレ外國銀行亦成ルヘク資金ヲ海外ニ送リ當地ニ於テ外貨賣弗買ヲ爲ササル等種々ノ事

情ニ基クモノナリ(三菱銀行吉田ノ談ニ依レハ俘虜ノ手持金ヲ調ヘタル結果一旦政府銀行ニ於テ回収セル民間紙幣ヲ所持シ居ル者アリタル由ニ付右ニ言及シ「ホ」ノ意見ヲ尋ネタル處「ホ」ハ能ク承知セサル旨答ヘタリ)

右上海ノ通貨不足ニ引換ヘ奥地ニ於テハ「インフレ」ノ傾向アリ而シテ支那側ハ少數ノ大都市ニ於ケル政府系銀行ノ預金ニアラサレハ之カ上海ヘノ送金ヲ許ササル命令ヲ出シ(註、右ノ如キ法令ハ見當ラサルモ實際上國内爲替ニ制限ヲ爲シ居レルハ事實ノ如シ)以テ奥地ヨリノ資金ノ流レ從テ資金ノ海外逃避ヲ防止シツツアリ自分ハ支那側ノ右ノ如キ預金引出又ハ資金流通ノ制限ハ大局上不可ナル旨ノ意見ヲ述ヘ居レリ

二、[2] 日支交戰カ六箇月ニ亘ラハ上海ノ財閥銀行ハ苦境ニ陥ルモノト思ハレ右カ日本側ノ狙ヒ所カト想像スルモ其ノ結果上海財界ノ南京ニ對スル力ヲ殺キ南京ハ右穩健ナル勢力ヨリノ掣肘ヲ失フト共ニ益々桃色乃至ハ赤色化スルニアラサルヤヲ惧ル尤モ上海財界ハ南京政府ト別個ノ生命ヲ保ツモノトモ認メラレ宋子文ノ如キハ先般來政治活動ヲ思切リ居レルカ最近上海財界ノ維持ニ汲々トシテ餘リ南京ニ赴カス却テ南京行ヲ避ケ居ル傾向アリ(右ノ結果張公權ハ南京ニ於ケル財政通トシテ蔣介石ノ相談相手トナリ其ノ地位向上セル傾アリ)

三、上海ニ於テハ匯劃トカ法幣トカ流通シ兩者ノ間ニ打歩ヲ生セス不思議ナル現象ヲ呈シ居レルカ日支交戰ノ結果新式銀行ハ非常ナル痛手ヲ蒙リ之カ長引ケハ支那各地ニ於ケル新式銀行ノ勢力失墜シ再ヒ舊式地方金融機關ト併立スルコトトナルヘク斯クテ支那ノ近代的金融商業組織ハ破産ニ瀕シ外國貿易ハ再ヒ買辦制度乃至ハ物々交換ノ昔ニ還元スルニアラサルヤ右ハ對支貿易ニ利害ヲ有スル外國側ヨリ見テ甚タ不便ナル事態ナルヘシ

北平、天津ヘ轉電セリ

767 昭和12年9月27日 在天津堀内総領事より広田外務大臣宛(電報)

河北省銀行券を中心とする華北金融対策の準備工作進捗について

天津 9月27日後発
本省 9月27日夜着

第一〇〇七號（極祕）

往電第九二七號ニ關シ

本件金融對策ハ從來冀察ノ任命監督シ來レル河北省銀行監理委員會ヲ平津治安維持會聯合會ノ監督ノ下ニ改組シテ河北省銀行ヲ「コントロール」スルト共ニ中國、交通其ノ他ノ主要銀行ノ協力ヲ得ルコトヲ前提トスルモノナル處治安維持會聯合會ハ二十二日成立シ（往電第一〇〇五號）引續キ坂谷理事及毛利顧問等ニ於テ特務部ノ旨ヲ受ケ工作ノ結果曹汝霖、李思浩（金融問題解決ノ爲支那側銀行ヲ協力サスカ爲ニハ是等二人ヲ誘ヒテ內面指導ヲ爲サシムルコト必要ナル旨ヲ本官ヨリ喜多部長ニ再三申入レ置キタリ）張弧等ノ協力ヲ得テ二十七日監理委員會章程ノ決定竝ニ溫世珍（元南京交渉使）楊允楷、沈鴻昭（何レモ元財政部司長ニシテ李、曹ヨリ推薦セル趣ナリ）ノ三名ノ委員ノ任命ヲ見ルコトトナリ更ニ銀行公會、錢業公會及市商會ヨリ十名ノ協贊委員ヲ任命スル筈ナリ尚主要銀行家（殊ニ中國銀行）トノ關係モ先方ニ種々ノ希望ハアリタルモ大體ニ於テ順調ニ工作進展シツツアル趣ナリ

以上ノ準備的工作モ大體出來タル譯ニ付今後ハ未發行紙幣ノ問題、邦幣資金ノ調達等ノ實質的問題ノ工作ニ入ル筈ナリ

以上發表セサルコトト致度シ（中央系銀行家ノ立場モアリ發表ハ避ケテ極祕裡ニ工作ヲ進ムル軍ノ意嚮ナリ）

北平、上海、滿ヘ轉電セリ

768　昭和12年10月5日　在天津堀内総領事より広田外務大臣宛（電報）

華北地方の経済安定を図るため華北物資の購入奨励および為替管理法上の特例措置採用方意見具申

天津　10月5日後発
本省　10月5日夜着

第一〇四六號

往電[(1)]第八六七號ニ關シ

一、當方面ノ物資ノ輸出ヲ促進スルコトカ北支ノ經濟的安定、治安ノ維持上最緊急事ニシテ金融對策上重要視セラルル日滿物資ノ北支輸入促進ノ如キモ戰爭ニ疲弊セル北支ニ於テハ物資ノ輸出ニ依リ購買力ノ增進ヲ圖ルニアラサレ

ハ如何ニ關稅等ヲ修正スルモ到底庶幾シ得サル所ナルコトハ先般來津セル青木次官モ最近歸國セル喜多部長モ本官等再三ノ說明ニ依リ充分之ヲ認識シ居リ夫々東京ニ於テ關係方面ト之カ實現ニ必要ナル措置ヲ協議シ居ルコトト存ス

二、本件實現策トシテハ奥地物資ノ出廻リノ爲ニ運搬方法(例ヘハ徵發セラレタル民船ノ囘復、鐵道ノ普通列車運轉)及土匪敗殘兵ニ對スル防衛處置(例ヘハ公安局水上警察ノ復舊)等ニ付對策ヲ講スル要アリ又輸出業者ニ對シ弗資金取得內國送金等ノ便益ヲ考慮シ遣ル必要アリ是等ニ付テハ夫々當地ニ於テ研究中ナルカ當地ノ實狀ヨリスレハ以上ノ如キ諸點ヨリモ寧ロ當業者カ爲替管理上ノ許可ヲ得ラルルヤ否ヤノ判斷ニ迷ヒ若クハ許可ハ得ラレサルモノト諦メテ買付ヲ試ミサルコトカ輸出增進ニ對スル最大ノ支障ナリト思考セラル許可ヲ得タル上ニテ電報一本ニテ買付ヲ爲シ得ル歐米邊ノ市場ト異リ買付ニ多大ノ苦心ト時日ヲ要スル當地(殊ニ現在ハ然リ)ニ於テハ許可カ得ラルルヤ否ヤ判明セサルニ買進マサルハ寧ロ當然ト言フヘク之カ爲金融策ノ進行及產業貿易ノ復活等總テ進行ノ途ナキ現狀ニ在リ從テ之カ對策トシテハ

此[2]ノ際速ニ政府ニ於テ北支ノ物資ノ購入ハ國策上之ヲ特ニ奬勵シ爲替管理其ノ他ノ戰時貿易管理法上ニ於テモ特殊ノ考慮ヲ拂フモノナルコトヲ決定宣明セラルルコト緊要ニシテ殊ニ棉花ニ付テハ其ノ割當ニ際シ各商社ニ對シ割當額ノ一定部分ハ北支棉花ヲ購入スルヲ要スルノ條件ヲ附シ又ハ北支棉花ハ割當外ニ特殊ノ考慮ヲ拂フ旨ヲ明カニセラルルコト肝要ナリ(右ノ如キ措置ヲ執ラルレハ商人トシテハ總ユル努力ヲ拂ヒ前記ノ如キ局地的困難ヲ「オーバーカム」スル手段ヲ講スヘク是レ前記ノ運搬、金融等ニ關スル困難ヲ解決スル最善ノ手段ナリ)

三、棉花ニ付右ノ如キ措置ヲ講セラルルニ當リテハ前年ノ對日輸出量ヲ標準トセス從來青島、上海ニ輸送セラレ居タル河北棉(山東棉ノ一部)カ陸路モ海路モ其ノ途ヲ失ヒタルコト、當地紡績ノ消費量カ減少スヘキコトヲ考慮シテ可能輸出量ヲ想定シ之ヲ基準ニ對策ヲ決定スル要アリ其ノ數字ニ付テハ大體九月四日附往信第一〇三六號ヲ御參照相成度シ其ノ後水害ニ依リ更ニ多少減少セルモ輸出餘力ハ少クトモ百二十萬擔(內蒲團綿四十萬擔、紡績綿七

十萬擔)位ナルヘク來年三月頃迄ニ其ノ約半分ヲ許可セラルル方針ニテ處置セラルルコトヲ希望ス
尚蒲團綿ハ近時戰時工業ノ關係上需要頗ル盛ナル趣ニ付輸出促進困難ナラサルヘク紡績綿ハ內地ノ紡績ニ於テ來年二月頃迄大體手配濟ナルヤノ(脫?)不足額新割當ヲ考慮セラレ居ル趣ニモアリ特ニ御考慮ヲ請フ
北平、上海ニ轉電セリ

769　昭和12年10月9日　在天津堀内総領事より広田外務大臣宛(電報)

察南銀行の開業について

天　津　10月9日後発
本　省　10月9日夜着

第一〇六八號
往電第一〇〇六號ニ關シ
當方確實ナル筋ヨリノ聞込ニ依レハ察南銀行ハ一日開業セルカ資本金ハ百萬元、全額拂込右拂込金ハ滿洲中央銀行ヨリ之ヲ融通シ新ニ發券ヲ行ヒ既ニ宣化、懷來ニ支店ヲ開設シ近ク大同ニモ支店ヲ開クコトトナリ總裁ニ杜運宇、副總裁ニ滿洲中央銀行計算科長山田茂ニ任命セラレ行員ハ舊察哈爾省商業錢局殘留行員ノ外中央銀行ヨリ日滿人職員二十名送リ來リ居レリ尚察哈爾省商業錢局ハ現ニ四百萬元ノ紙幣ヲ發行シ居レルカ右ハ本月二十日迄ニ之ヲ回收スル豫定ニテ右發收用紙幣ニハ舊東三省官銀號紙幣ニ察南銀行印章等ヲ加印セルモノナルカ察南券ノ單位ハ滿洲國國幣ト同一トシ平津向ケ送金ハ日本金トシ當地鮮銀ニ資金ヲ置クコトトナリ居ル由
北平、上海、張家口ヘ轉電セリ

770　昭和12年10月26日　閣議決定

「第三委員會規則」

第三委員會規則

昭和一二、一〇、二六　閣議決定
昭和一二、一一、六　設　置

一、支那事變ニ關聯シ支那ニ於ケル經濟ニ關スル重要諸事項ヲ審議セシムル爲內閣ニ第三委員會(以下委員會ト稱ス)ヲ設置ス

二、委員會ハ內閣總理大臣ノ監督ニ屬シ左ノ事項ヲ掌ル
(イ)對支經濟ニ關スル事項ヲ調査、立案シ內閣總理大臣ニ上申スルコト
(ロ)對支經濟ニ關シ各廳事務ノ連絡調整ヲ圖ルコト
內閣總理大臣ニ上申シタル案ノ實行ニ關シテハ陸軍、海軍、外務、大藏四大臣ニ於テ協議ノ上其ノ重要ナルモノハ閣議ヲ經、輕易ナルモノハ直ニ實行ニ移スモノトス
三、委員會ハ委員長一名及委員若干名ヲ以テ之ヲ組織ス臨時必要アル場合ニハ臨時委員ヲ置クコトヲ得
四、委員長ハ企畫院次長ヲ以テ之ニ充ツ
委員及臨時委員ハ關係各廳ノ局部長級ヨリ內閣ニ於テ之ヲ命ジ又ハ囑託ス
五、委員長ハ會務ヲ總理ス委員長事故アルトキハ委員長ノ指名スル委員其職務ヲ代理ス
六、委員會ニ幹事長一名幹事若干名ヲ置ク
幹事長ハ企畫院勅任官ノ中ヨリ、幹事ハ關係各廳高等官ノ中ヨリ內閣ニ於テ命ジ又ハ囑託ス
七、幹事長及幹事ハ上司ノ指揮ヲ承ケ議案ノ準備、決議ノ整理等ニ任ジ要スレバ委員會ニ出席シテ意見ヲ開陳ス
八、委員會ニ關スル事務ハ企畫院ニ於テ處理ス
九、本委員會ノ設置ハ之ヲ祕密トス

---

771 昭和12年10月29日

広田外務大臣より
在天津堀内総領事宛(電報)

華北棉花等の輸入促進に関して企画院が華北経済工作の一環として方針検討中について

本省 10月29日後7時30分発

第四九五號
貴電第一一四一號ニ關シ
累次御申越ノ次第ニ付テハ次官或ハ關係局長等ヨリ主トシテ藏商兩省ニ交渉ヲ重ネ更ニ二十八日陸軍等ヲモ加ヘタル關係各廳協議會ヲ開キタル處此ノ際北支ノ物資殊ニ棉花ノ輸入促進ヲ圖ルベキコトニ付テハ何レノ方面ニモ異論ナキモ(商工省ニ於テモ來年三月迄ニ六十萬擔輸入スルモ米棉・印棉トノ値開キノ問題ヲ別トスレバ之ヲコナスニ支障ナカルベシトノ意見ナリ)具体的數量等ハ今般企劃院ニ於テ全般的北支經濟工作立案ノ衡ニ主トシテ當ルコトトナリ

タル結果同院ニ於テ爲替、金融、北支貿易機構等各般ノ要素ヲ考量シテ統一的ニ攻究ノ上日、滿、北支綜合經濟ノ見地ヨリ之ヲ決定スルコト適當ナリトノ結論ニ達セリ從テ在華紡ノ資金取寄及機械ノ無爲替輸出ノ問題モ併セテ今後企畫院ニ於テ取急キ研究ノコトトナレルガ當省側ヨリハ本件ノ緊急性ニ鑑ミ應急策ニテモ又實行シ得ルモノヨリ部分的ニテモ急速決定方要望シ置ケリ

本件ハ本省トシテ此上トモ促進ニ力ムヘキ處前記協議會ニ於テ問題トナリタル關係モアリ我方ノ北支棉買付量、在華紡ノ需要量及現在「ストック」（殊ニ工場擴張ノ場合ニ於ケル）等確實ナル數字的基礎出來得ルダケ詳細ニ御回示相成度シ

北京、上海ニ轉電アリタシ

772　昭和12年10月30日　在上海岡本総領事より広田外務大臣宛（電報）

中国政府の財政金融政策に関するホール・パッチ内話報告

上海　10月30日後発
本省　10月30日夜着

第二〇六一號

財務官[1]ヨリ

二十九日「ホールパッチ」ト會談シタルカ同人ノ內話要旨左ノ通リ

一、自分（「ホ」）ハ近日中當地發天津ニ赴キ約一週間滯在ノ上神戶經由東京ニ赴キ二週間餘滯在ノ考ナリ（「クレーギー」大使ハ二箇月位ノ滯在ヲ希望シ居ルモ實現困難ナルヘシ）

二、宋子文來訪一週間前ニ會見シタルカ宋ハ通貨問題ニ付テハ相當自信アル如キ口吻ヲ洩シ居タリ

三、日本軍カ上海包圍ニ成功セハ上海ハ死ノ都トナルヘク影響スル所大ナルヘシ

四、救國公債ニ付テハ右ニ依リ幾何ノ「フレツシユマネー」ヲ獲得シ得ルヤカ重要ナル點ナルカ其ノ推定ハ困難ナリ但シ支那ノ戰費カ驚クヘキ少額ニ止リ居ル點ハ注意スヘク問題ハ軍需品ニ在ルヘシ又不公平且重キ課税行ハレ居ル處右ハ現狀ニ於テハ致方ナカルヘシ

五、南京政府カ上海ノ銀行家ヲ南京ニ招致セシハ事實ニシテ陳光甫、徐新六、李銘等ハ南京ニ赴キタルカ彼等カ國民黨左派及人民戰線派カ戰費其ノ他ニ金錢ヲ湯水ノ如ク使用セントスルヲ抑制スルコトハ望マシキコトナリ上海ノ銀行家ハ戰費ヲ賄フコトハ承諾スルモ其ノ所要額及徒費セサルヤ等ノ點ヲ知リ度キ要望アリ
事變ノ進展ニ伴ヒ南京ノ政治家中ニハ財政經濟問題ニ通セスシテ勝手ナル對策ヲ唱導シ極端ナル「インフレーション」ヲ强行シ兼ネマシキ者アル處孔祥熙ハ必スシモ財政金融ニ廣汎ナル知識ヲ有セサルモ斯カル「ワイルドメン」ノ政策ノ危險ナルコトハ認識シ居レハ之カ抑制ニ努ムヘシ
六、[2]政府關係銀行ハ戰費ヲ賄フニ急ナル餘リ奥地ノ事情ニ重點ヲ置カス寧ロ輕視スル傾向アルニ對シ商業銀行ハ內地ノ經濟力ヲ相當重視シ兩者ノ間ニ意見ノ相異アリ
七、奥地ノ經濟事情ハ相當窮乏セルモノノ如ク右ハ米麥棉花等ノ物資ノ動カサルコト及金融ノ梗塞ニ依ルモノナリ
內地ト上海間ノ送金ニ付テハ外人ニ關シテハ左シタル困難ナキモ支那人側ハ相當窮屈ナル模樣ナリ
八、匯劃手形ノ額ハ外國銀行筋ハ五百萬元見當ナルカ現在一%ノ割引率ニテ物資購入ノ為之ヲ買集メ居ル者アルハ奇異ノ現象ナリ
北京、天津ヘ轉電セリ

773 昭和12年11月17日 広田外務大臣より在天津岸(偉一)総領事代理宛(電報)

第三委員会が作成した華北棉花輸入促進の方針案について

本 省 11月17日後8時15分発

第五二七號

往電第四九五號ニ關シ

十六日企畫院ニ於テ北支棉花ノ輸入方策案ヲ審議セルガ兩三日中ニ正式決定ノ筈要綱左ノ通(委細郵報)
一、差當リ明年一月迄ニ二十五萬擔程度ヲ輸入ス
二、買付ニハ河北省銀行券ヲ使用シ已ムヲ得サル場合鮮銀券ヲ使用ス
三、(イ)紡績用棉花ニ關シテハ日本紡績聯合會ヲ中心トシテ買付ノ為「シンヂゲート」ヲ組織セシム右ハ棉花輸入商ノ

数社ヲ指定シテ買付ヲ委託スルコトトシ(ロ)製綿用棉花ニ關シテハ全國製綿用北支棉花輸入業者ヲ以テ輸入協會ヲ組織セシメ右ハ一定ノ基準ニ基キ輸入數量ヲ協會員ニ割當ツルコトトス

四、買付ハ適正ナル價格ヲ以テスル様施策ス

五、天津邦人紡績原棉手當資金ニ付テハ出來得ル限リ現地調達ノ方法ヲ講スルモノトス(内地ヨリノ送金已ムヲ得スト認メラルルモノニ付テハ別途考慮ノコトトス此ノ點貴官御含ミ迄尚大藏省側ノ説明ニ依レバ現地ニ於テ右手當資金ニ當ツヘキ預金相當アル見込ナルノミナラズ最近本件資金送金ノ申請皆無ノ趣ナルニ付テハ關係者ヲシテ申請ヲ爲サシムル様仕向ケラレタク右ハ今後大藏省ヲシテ内地ヨリノ送金ヲ承認セシムル爲ニ必要ナリ)

北京、上海ニ轉電アリタシ

編注 本案は、昭和十二年十一月十八日に第三委員会で正式決定された。

774 昭和12年11月17日 在香港水沢総領事より広田外務大臣宛(電報)

上海陥落後における中国側銀行の動向に関する関係筋の観測報告

香港 11月17日後発
本省 11月17日夜着

第八〇六號

上海陷落後ニ於ケル支那銀行ノ動キニ關シ聯絡者呉?、中央銀行信託局副經理李弧帆其ノ他第四銀行支店ヨリ得タル情報左ノ通リ

一、今次ノ上海戰ニ於テ郊外都市ノ建築物ハ多數破壊サレ加フルニ支那軍ノ撤退ニ際シ焼拂ハレタルモノモ少カラス是等建築ハ各銀行投資ニ對スル擔保トナリ居ル爲今後各銀行ハ資金回收ノ望ナク營業困難トナルヘシ

二、白銀ノ香港集中ハ周知ノ事實ナルカ上海陷落ヲ見越シ各銀行共重要書類、多數ノ紙幣ヲ香港ニ持越シタリ

三、上海陷落ニ依リ支那銀行ハ一齊ニ同地本店ヲ引揚クル筈ナリシモ今後ノ信用保持ノ關係モアリ中央、農民兩銀行ハ本店ヲ南京ニ移シ(中國、交通ハ本店ノ看板丈ケ南京

ニ移セルモ本店事務ハ依然上海ニテ行フ由）各銀行共支店ヲ置クコトトセリ尤モ上海ニ於テハ地方ノ預金關係事務ニ止メ對內的一般銀行事務ハ廣東ニ於テ又對外爲替ハ香港ニ於テ行フ方針ナリ

當地各支那銀行ノ預金ハ十六日以來引出者續出シ居ル處右ハ預金者ニ於テ

㈠中國、交通兩銀行ヲ除ク他ノ銀行ハ本店ノ潰レル懼アリ

㈡銀行自體ノ信用以外ニ本店ノ國幣ノ價値ニ不安ヲ抱キ

㈢南京陷落後中央政府カ奧地ニ移轉シ抗戰ヲ繼續セハ勢ヒ抗日ノ生命線タル廣東ニ對シ日本側ノ出兵ヲ見ルヘク其ノ場合香港モ危險ニシテ殊ニ支那銀行ノ信用ハ危フシ

ト觀察シ居ル爲ナルカ如ク之カ爲支那銀行預金者ハ國幣勘定ヲ有スル者ハ香港紙幣ヲ受取リ其ノ他ノ者モ續々外國銀行ヘ預金ヲ移シ居レル由

上海、臺灣外事課長ニ轉電アリタシ

775

昭和12年11月18日　第三委員会決定

「北支應急金融工作實行要領」

北支應急金融工作實行要領

一二、一一、一八

第三委員會決定

北支金融工作ハ嚮ニ決定セル北支金融對策要綱ニ基キ其ノ實施要領ニ從ヒ實行シツツアル處最近ニ於ケル情勢ノ進展ニ鑑ミ右對策要綱ニ定メラレタル根本對策ヲ實施スル迄差當リ左記要領ニ從ヒ應急金融工作ヲ實行スルモノトス

一、左記機關ノ收入ハ金票ヲ以テモ之ガ受入ヲ爲サシムルモノトス（現地）

(イ)鐵　道

(ロ)治安維持會及治安維持會聯合會

(ハ)海　關

(ニ)其他我方ニ於テ指導シ得ベキ支那側諸機關

二、前記各機關ノ受入レタル金票ハ之ヲ河北省銀行（本店及重要支店）ニ於テ同行券ト引換ヘシメ各機關ノ支拂ハ成ルベク河北省銀行券ヲ使用スルモノトス（現地）

三、前二項ニ依ル金票ノ受入及引換相場ハ現地ノ事情ニ應ジ適當ニ之ヲ定ムルモノトス（現地）
四、日本側銀行ノ金票兌換ハ河北省銀行券ヲ以テスルモノトス（現地）
五、中國、交通其他支那側銀行ヲシテ河北省銀行券ノ無條件受入ヲ爲サシムルモノトス（現地）
六、日本側銀行ハ金圓資金（金票又ハ圓爲替）ニ依リ河北省銀行券ヲ調達スルモノトス此ノ場合河北省銀行ノ得タル金圓資金ハ之ヲ朝鮮銀行ニ預入セシメ專ラ對日爲替決濟ニ使用セシムルモノトシ河北省銀行ノ金圓資金受拂ニ付テハ特ニ適當ナル監督ヲ行フモノトス（現地及內地）
七、日本側銀行ノ法幣資金調達ニ付テハ左記各項ニ依ルモノトス
(イ)外貨資金ノ賣却ニヨル法幣資金ノ調達ハ極力之ヲ避クルコトトシ止ムヲ得ザル場合ニハ豫メ大藏省ニ協議セシムルモノトス（內地及現地）
(ロ)正金及鮮銀支店ガ中國銀行ノ當座借越ニヨリ調達シタル法幣資金ヲ以テスル圓買ニ付テハ正金及鮮銀支店ニ於テ之ガ「カバー」ヲ取ラザル樣兩行本店ト協議ノ上適當措置スルモノトス（內地及現地）
(ハ)法幣調達ノ爲ニ日滿側保有現銀ヲ使用スルコトハ之ヲ見合スモノトス（現地）
八、朝鮮銀行券及河北省銀行券ノ不當ナル賣買ヲ防止スル爲錢舖其他兩替商ノ取締ヲ實行スル等適當ナル方策ヲ講ズルモノトス（現地）
九、北支ニ於ケル日銀代理店ヲ正金ヨリ鮮銀ニ移ス爲適當ナル措置ヲ講ズルモノトス（內地）
一〇、現地ノ貿易業者ニ對シテハ日滿支以外ノ各國向輸出手形ヲ成ルベク正金銀行（場合ニヨリテハ朝鮮銀行）ニ賣却スル樣指導スルモノトス（現地）
一一、日本向北支物資ノ買付ニ當リテハ出來得ル限リ河北省銀行券ヲ使用シ止ムヲ得ザル場合鮮銀券ヲ使用スルモノトス（現地）
一二、日本向北支物資ニシテ河北省銀行券又ハ鮮銀券ヲ以テ輸入シ得ルモノニ付テハ之ガ輸入爲替ヲ事實上制限セザルモノトス（內地）
但シ之ガ爲現地ニ於ケル物資ノ需要ヲ壓迫スルガ如キ事態ナキ樣適當措置スルモノトス（現地）

三、日本向北支物資ニ關スル爲替取扱機關ハ正金及鮮銀トスルモノトス（內地及現地）

（備考）括弧內ニ內地又ハ現地トアルハ專ラ當該地ニ於テ措置スベキ事項タルヲ示スモノトス

776　昭和12年11月26日　閣議決定

「華北聯合銀行（假稱）設立要綱」

華北聯合銀行（假稱）設立要綱

三、一一、二六　閣議決定

北支ニ於ケル通貨金融ニ關スル應急對策ハ嚮ニ決定セル北支金融對策要綱ニ基キ實行中ノ處其後ニ於ケル北支ノ情勢ノ進展ニ鑑ミ右要綱ニ定メラレタル根本對策ノ急速實現ヲ圖ル爲左記要領ニ從ヒ速ニ華北聯合銀行（假稱）設立工作ヲ進ムルモノトス

一、資本及構成

(イ)資本金ハ五千萬圓（半額拂込）トス（出資ニ付テハ北支政權及支那側主要銀行ノ折半出資ヲ豫定シ速ニ支那側主要銀行ノ態度ヲ決定セシムルモノトス支那側主要銀行不參加ノ場合ハ政權ノ出資ニ依ルモノトシ此場合支那側主要銀行ノ處置ニ付テハ別途考究スルモノトス）

(ロ)政權ノ出資ニ必要ナル資金ハ日本側金融機關ニ於テ適當ナル方法ヲ以テ之ヲ融通スルモノトシ日本側金融機關ノ資金調達ニ關シテハ日本政府ハ之ヲ援助スルモノトス（其ノ具体的方法ハ別ニ之ヲ定ム）

二、機能

(イ)聯合銀行ハ速カニ聯合銀行券ヲ發行スルモノトス

(ロ)聯合銀行券ハ北支ニ於ケル唯一ノ法貨トシ聯合銀行券以外ノ銀行券（朝鮮銀行券及正金銀行券ヲ含ム）ノ發行ヲ廢止スルモノトス

(ハ)本銀行券ノ對外價値ハ金圓ニ「リンク」セシムルコトトシ其ノ比率ハ等價ヲ目途トシ圓滑且迅速ナル實現ヲ期スルモノトス

(ニ)支那側銀行ヲシテ可及的短期間ニ其ノ既發銀行券ヲ聯合銀行券ニ引換ヘシムルモノトス（支那側銀行不參加ノ場合ニ於ケル其ノ既發銀行券ノ處置ニ付テハ別途考究スルモノトス）

引換相場ハ現地ノ事情ニ應ジ適當ニ之ヲ定ムルモノト

ス
支那側銀行ガ右引換ノ爲ニ要スル聯合銀行券ハ先ヅ其ノ所有現金銀及外貨資金ト引換ニ聯合銀行之ヲ交付スルモノトシ不足額ハ適當ナル擔保ヲ提供セシメ長期年賦低利息ヲ以テ聯合銀行之ヲ貸付クルモノトス
(ホ)日本側銀行券ハ聯合銀行及日本側銀行ニ於テ聯合銀行券ニ引換シムルモノトス
(ヘ)聯合銀行ノ發行準備タル外貨資金ハ原則トシテ日本側銀行ニ預入セシムルモノトス
聯合銀行保有現金銀ハ聯合銀行券ノ對外價値維持ニ資スル爲必要ニ應ジ之ヲ外貨資金ニ換フルモノトス
(ト)日本側銀行ヲシテ本銀行ノ爲一億圓程度ノ「**クレヂット**」ヲ供與セシメ對日爲替決濟ニ備フルモノトス
右「**クレヂット**」ノ使用ニ付テハ豫メ日本側銀行ノ承認ヲ受ケシムルモノトス
(チ)聯合銀行ハ發行業務以外ノ一般銀行業務ヲモ營ミ得ル立前トスルモ政府關係以外ノ業務ニ就テハ既存各銀行ノ營業利益ヲ侵害スルコト無キ様考慮ス但外國爲替業務ニ付テハ聯合銀行及日本側銀行ニ集中スル如ク措置スルモノトス

三、經營
聯合銀行ノ經營ニ關シテハ我方ノ强力ナル内面指導ノ下ニ支那側ノ自主的立場ヲ尊重スルモノトシ人的要素其他ニ付愼重ナル考慮ヲ拂フモノトス

四、準備ノ充實
聯合銀行ノ準備ノ充實ヲ圖ル爲市場ニ於ケル金銀塊ノ買上、支那側銀行ノ外貨資金ノ聯合銀行ヘノ集中、外國投資（中南支ヨリノ投資ヲ含ム）ノ存續、外資ノ新規流入等ヲ圖ルモノトス
尚冀東地區ニ於テ採掘セラレタル金ハ聯合銀行ニ之ヲ集中スル如ク措置スルモノトス

五、其他
(イ)各銀行ニ對スル政權ノ監督ヲ强化シテ金融統制ノ確立ヲ期スルモノトス
(ロ)冀東銀行ハ之ヲ聯合銀行ニ統合スルモノトス
(ハ)河北省銀行ヘ將來主トシテ農民ヲ對象トスル金融機關トシテ其ノ機能ヲ發揮セシムル等其ノ利用更生ノ途ヲ講ズルモノトス（支那側主要銀行不參加ノ場合ハ河北

省銀行ハ之ヲ聯合銀行ニ統合スルモノトス）

㈡中華匯業銀行ニ對スル措置ハ別途考究スルモノトシ聯合銀行ノ設立ニハ關與セシメザルモノトス

㈭中央銀行ハ聯合銀行ノ設立ニハ關與セシメザルモノトス

諒解事項

華北聯合銀行（假稱）設立要綱二ノ(ト)ニ關シ北支ノ爲替資金ハ物資ノ輸出入及投資ノ方面ヨリ之ガ調整ヲ圖ルモノトシ「クレヂツト」ノ使用ハ之ヲ避クル如ク措置スルモノトス

777 昭和12年11月27日 在上海岡本総領事より広田外務大臣宛（電報）

日本軍部は中国の通貨金融制度の崩壊を目指しているのではないかとホール・パッチが懸念表明について

上海 11月27日後発
本省 11月27日夜着

第二四四〇號

財務官ヨリ大藏次官へ

一、往電第二四三九號「ホールパッチ」ト會談ノ際支那側銀行カ爲替先物取引ニ付從來甚タ制限的ニシテ先ニ「ホ」ヨリ其ノ後緩和方ヲ慫慂シタルモ不成功ニ終リタルカ「ホ」ハ日本側銀行カ先物取引ニ付心配シ居ルヲ知リタル故ニ最近更ニ話合ヒタル處支那側ハ二十四日外國銀行ニ對シ其ノ要求額ノ先（物）?ヲ賣ル様方針ヲ決定シタル趣非公式ニ「ホ」ニ通達シ來レリ支那側銀行トシテハ日本側銀行ト直接取引ヲ行ハサルモ今後ハ日本銀行ハ外國銀行ヲ通シ先物ノ便益ヲ得ルコトトナリ且上海ヲ國際金融ノ一中心トシテ維持スル上ニモ效果アリト考ヘ居ル次第ナリ

何レ近ク外國銀行組合ヨリ日本側銀行ニモ通知セラルル筈ナルヲ以テ自分（「ホ」）ヨリ話シタルコトハ極祕ト爲シ置カレ度シ

二、日本ノ軍部ノ政策トシテ支那ノ通貨金融ヲ崩壊セシムルコトヲ目的トスルニアラスヤト危惧セラルル處讀賣、報知ノ如キ比較的小新聞ハ扨置キ大新聞サヘモ斯ル記事ヲ掲載シ居レルコトヨリ見ルニ少クトモ一部ノ高等政策ト

シテ右目的カ存在シ居ルモノノ如シ戰後日本カ支那ト經濟提携ヲ行ヒ支那ヲ市場トシテ商品ヲ賣込ミ或ハ原料ヲ購入シ又ハ資源ヲ開發スル際ニ於テ若シ往時ノ支那ノ如ク通貨ノ動搖甚タシク各省區々ノ通貨カ毎日變動スルモノトセハ日本ノミナラス列國ノ貿易業者及銀行ハ安ンシテ取引スルコト困難トナリ一般支那人ノ損失亦大ナルヘク利得スルハ單ニ少數ノ錢莊ノ如キモノニ止マルヘシ而モ幣制金融ノ再建ニハ數年ノ期間ト甚大ナル努力トヲ要スルコトハ先年ノ幣制改革ノ顚末ヲ見ルモ明カニシテ自分(「ホ」)ハ「メン・オブ・ピース」ノ一人トシテ此ノ點ニ關シ貴下ヨリ軍ニ對シ申述ヘラルルコトヲ望ム次第ナリ

右一、ニ關シテハ一應其ノ好意ヲ謝シ三、ニ付テハ單ニ聞キ置クニ止メタリ

北平、天津ヘ轉電セリ

778　昭和12年12月16日　外務・陸軍・海軍・大蔵四大臣決定

「北支經濟開發方針」および「上海方面ニ於ケル帝國ノ經濟的權益設定策」

昭和十二年十二月十六日

「北支經濟開發方針」竝「上海方面ニ於ケル經濟的權益設定策」ニ付協議決定

別紙第一、第二ノ通リ

別紙第一

北支經濟開發方針

一二、一二、一六

第三委員會

一、北支經濟開發ノ目標ハ日滿經濟ノ綜合的關係ヲ補强シ以テ日滿支提携共榮實現ノ基礎ヲ確立スルニ在リ

之ガ爲支那現地資本竝我方ノ資本及技術ヲ緊密ニ結合セシメテ經濟各部門ヲ開發整備シ以テ秩序ノ維持民衆生活ノ安定ヲ圖リ併セテ日滿兩國ニ亘ル我廣義國防生産力ノ擴充ニ資スルモノトス

而シテ開發實施ニ際シテハ日滿及北支ノ國際收支ノ適合及物資需給ノ調節ヲ尊重シ緩急ヲ誤ラザル様措置スルト共ニ努メテ支那側ヲ表面ニ立テ經濟的壓迫ヲ與フルガ如

キ感ヲ抱カシメザル如クシ且我全國民ノ期待ニ反セザル適切ナル國策的運營ニ重點ヲ置クモノトス

二、北支經濟開發及統制ノ爲一國策會社ヲ設立スルモノトシ擧國一致ノ精神ト全國産業動員ノ趣旨ヲ具現スルガ如ク之ヲ組織スルモノトス

主要交通運輸事業(港灣及道路ヲ含ム)、主要通信事業、主要發送電事業、主要鑛産事業、鹽業及鹽利用工業等ニ關スル重要産業ハ右會社ヲシテ之ガ開發經營又ハ調整ニ當ラシムルモノトス

右會社ノ運營ニ就テハ日滿兩國ノ重要産業計畫ニ卽應スルト共ニ常ニ我國ノ實情ニ鑑ミ緩急宜シキヲ制スル事ニ意ヲ用フベキモノトス

右重要産業以外ノ事業ハ特別ノ事由アル場合ノ外特別ナル統制ヲ加ヘザルモノトス

三、北支經濟開發ニ當リテハ支那側資本ノ利用ニ努ムルト共ニ支那側企業トノ協調ヲ圖ルモノトス

四、北支經濟開發ニ對スル第三國ノ協調的投資ハ之ヲ認ムルモノトス

北支ニ於ケル列國ノ既存經濟權益ハ事情ノ許ス限リ之ヲ尊重スルモノトス

五、日滿北支貿易關係ノ緊密化ヲ圖ルト共ニ北支對第三國貿易ノ適切ナル調整ヲ行フモノトス

六、現地政權ヲシテ農業ノ改善、治水及利水、植林、合作社等ニ關シ逐次所要ノ施設ヲ爲サシムルモノトス

七、北支ニ於ケル既存事業ニシテ重要産業ニ關スルモノハ本方針ニ從ヒ之ヲ整理又ハ調整スルモノトス

八、差當リ直チニ着手シ得ル事業ニ付テハ將來本方針ニ基ク整理又ハ調整ヲ條件トシテ速ニ之ヲ開始スル様措置スルモノトス

九、北支經濟開發ニ關スル交渉ノ相手方ハ差當リ中華民國臨時政府、治安維持會若クハ其ノ聯合會又ハ局地政權トス

閣議諒解事項

一、主要交通運輸事業、主要通信事業ニ付テハ滿支ヲ通ズル一會社ノ一元經營ハ之ヲ認メザルコト

二、北支政權ノ財政强化ニ努メ以テ北支ニ於ケル公共事業其他ノ開發諸事業ニ寄與セシムルコト

三、北支對第三國國際收支ノ維持改善ヲ圖ル爲有效適切ナル

方策ヲ講ズルコト

四、北支ニ於ケル産金事業ハ我國國際收支ノ觀點ヨリ特ニ速カニ着手セシムルコトトシ今後ニ於ケル調整ニ際シテモ此ノ事情ヲ考慮スルコト

委員會諒解事項

日滿支ノ交通、通信ノ圓滑ナル連絡ニ資スル爲北支ニ於ケル交通通信事業ヲ經營スル機關ハ滿鐵竝滿洲電々會社ト常ニ緊密ナル關係ヲ保持セシムル樣措置シ尚滿鐵竝電々社員ノ大陸ニ於ケル活動ノ適性竝今次事變ニ於ケル活動ノ實狀ニ鑑ミ交通々信事業ノ經營ニ際シテハ之等ヲ充分活用スルノ方針ヲ執ルコト

別紙第二

上海方面ニ於ケル帝國ノ經濟的權益設定策

一二、一二、一六

第三委員會

上海ヲ據點トシ中支方面ニ對スル帝國ノ經濟的發展ノ基礎ヲ確立スルヲ目標トシ其ノ具體的方策ノ一トシテ左ノ通リ措置スルモノトス

一、租界ノ周邊（租界及越界道路ヲ除ク大上海市管轄區域）ヲ特別市トシ右特別市內ニ於ケル電話、電力、電燈、水道、瓦斯、電車、バス等公共的性質ヲ有スル諸事業ノ實權ヲ我方ニ把握シ之ヲ經營スルト共ニ下記各項ニ關聯スル事業ノ經營又ハ調整ニ當ラシムル爲國策會社ヲ設立ス

右國策會社ノ規模竝事業着手ノ順序等ニ就テハ我國ノ實情及現地情勢ヲ參酌シ別ニ之ヲ定ムルモノトス

右國策會社ノ資本ニ就テハ其目的上支障ナキ限リ現地資本ノ利用ヲ圖ルモノトス

尚特別市及租界內邦人中小企業家ニ對スル資金融通及邦人ノ租界內不動產取得ニ對スル資金融通等ニ就テハ可及的速ニ別途考慮スルモノトス

二、特別市內ニ於ケル舊支那側官有ノ機關及土地建物等ハ全部我方ニ於テ接收シ適宜利用スルモノトス

但シ特別市當局ニ於テ行政上必要アルモノハ之ヲ使用セシム

三、上海附近ト本邦各地北支、滿洲國間等トノ通信運輸航空ノ聯絡基地トシテ出來得ル限リ特別市地域ヲ利用スルモ

ノトシ差當リ左ノ各項ヲ實施スルモノトス

(イ)適當ナル汽船會社等ヲシテ虹江碼頭招商局碼頭等ヲ利用セシム

(ロ)將來上海方面ニ於ケル有線無線(放送ヲ含ム)通信權ノ實質的獲得ニ必要ナル諸施設ヲ管理運用ス

(ハ)上海福岡連絡飛行基地トシテ龍華飛行場ヲ管理運用ス尙虹橋及遠東飛行場ノ管理權ヲ獲得シ將來日支航空連絡ニ對スル實質的權益ノ設定ニ資ス

四、特別市地域ニ大市場ヲ建設シ租界ニ對スル魚類、肉類、野菜等ノ生活必需品ノ供給ヲ爲サシムルモノトス(差當リ上海市魚市場等ノ利用ヲ考慮シ尙小型船舶ノ自由出入港ヲ認メシム)

五、差當リ直チニ着手シ得ル事業ニ就テハ國策會社成立ノ際適宜整理又ハ調整スルヲ條件トシテ速ニ之ヲ開始スル樣措置スルモノトス

六、本經濟的權益設定ニ關スル交渉ノ相手方ハ差當リ治安維持會又ハ局地政權トス

閣議諒解事項

右國策會社ニ對シ特別市ニ於ケル軍ノ管理スル土地其他我方ノ管理下ニアル土地ニ關スル經營等ノ諸事業ヲモ必要ニ應ジ之ヲ行ハシムルコトヲ得

779　昭和12年12月20日　在天津堀内総領事より広田外務大臣宛(電報)

華北地方の貿易収支調整に関し意見具申

天　津　12月20日前発
本　省　12月20日前着

第一三三九號

一、[1]北支ノ計畫經濟殊ニ其ノ管理通貨ノ成否ハ北支ノ對外收支ノ調整ノ成否ニ懸ルコト申ス迄モナキ儀ナル處對日貿易ハ著シク入超(昭和十年度海關統計ニ據レハ天津港ノミニテ一千三百萬元外ニ冀東貿易アリ)ナルモ日本以外ノ諸國トノ貿易ハ相當ノ出超(一千九百萬元)ニシテ一方對中南支移出入貿易ハ七千二百萬ノ大入超ナリ從テ今後ハ右對外出超ヲ維持スルト共ニ對中南支入超ヲ極力「チエク」スル必要アリ

二、對中南支貿易中綿絲布移入五千萬元ハ當方面紡績ノ發展

又ハ紡績内部ノ財的工作ニ依リ當然解決スヘク小麥粉移入三千萬元ヲ解決シ得ハ入超ヲ皆無ト爲シ得ル譯ナリ小麥粉ハ事變以來上海品ニ代リ專ラ日本品輸入セラレ居リ此ノ狀態ヲ持續セハ可ナル譯ナルモ右ハ日本產小麥粉ノミカ無稅取扱ヲ受ケ居ルカ爲ニシテ內地ノ小麥粉ノ價格ハ外麥輸入禁止ト北支向ケ輸出激增ノ爲著シク昂騰シC・I・F大沽一袋四、九〇ニ達シ此ノ儘ニテハC・I・F大沽四、三〇ノ見當ノ濠洲品乃至米國品ニ對シテハ軍用品トシテ日本品ノミニ關稅（一袋七十九《?》錢位）ヲ免除セラレ居ルニ拘ラス或ハ對抗シ得サルニ至ルニアラスヤト認メラルル實情ナリ

殊[(2)]ニ近ク實施セラルル關稅改正ハ小麥粉ヲ無稅トシ勿論外國品ヲ「デイスクリミネート」シ居ラス低廉ナル外國小麥粉ヲ防遏スルハ時々日（々?・）ノ必需品ヲ低廉ニ供給スルヲ目的トストノ言分モ立タサル次第ニシテ又新政府カ成立早々外國ニ對シ差別的ナル關稅ヲ設クルカ如キハ新政府ノ爲ニ取ラサル所ニシテ之カ對策トシテハ內地ノ自給自足ヲ目的トセル今日迄ノ政策ヲ變更シテ北支輸出分丈ケハ外麥ノ輸入ヲ許可スルカ强ヒテ內地小麥ヲ以テ製粉セルモノヲ輸出セントセハ政府ニ於テ一定價格ニテ買上ケテ一定價格ニテ輸出スルカ又ハ「セメント」輸出ニ於ケルカ如ク同業組合ヲシテ適當ノ措置ヲ執ラシムル外ナシト存ス目下一部ニ於テ前述ノ如キ事態ノ對策トシテ少クトモ小麥粉ノミニ特惠關稅制度（內地品無稅、外國品ニ對スル增稅、中南支品ニ對スル課稅等）設定方ノ議アルモ斯クノ如キハ外交上及通商上ニ多大ノ影響アルヘク輕々ニ決定スヘキニアラサルコトヲ說明シ居ルモ前記ノ如キ內地ニ於ケル對策ヲ講セサル限リ北支トシテ對外收支上特惠關稅類似ノ措置ヲ講セサルヲ得サルニ至ル惧アリ此ノ點ハ至急關係方面ト協議ノ上結果御回電ヲ請フ

尙[(3)]日本以外ノ諸國ニ對スル出超ハ河北省產品（棉花ノ輸出ハ日本ノミ其ノ他ハ卵及其ノ加工品）ヨリモ寧ロ察哈爾、綏遠ノ產品ヲ以テ構成セラル（羊毛及山羊毛一千六百萬、毛皮九百萬、「カーペット」四百萬、亞麻仁四百萬等）其ノ一部例ヘハ羊毛ノ如キハ將來對日輸出ニ轉スルトスルモ概シテ言ヘハ綏遠等ヲ含ミテ始メテ北支ノ對外收支カ出超トナルモノニシテ若シ察哈爾、綏遠ノ產物

カ蒙疆銀行紙幣ニテ買付ケラレ北支ハ單ニ通過スルノミトナラハ北支ノ管理通貨ハ一段ト困難ヲ加フルコトトナルヘク此ノ點ハ幣制問題上ヨリモ特ニ注意ヲ要スヘシ尤モ是等綏遠、察哈爾ノ産物ヲ輸出スル外國商ハ當地正金又ハ外國銀行ニテ輸出爲替ヲ取組ムヘク其ノ結果是等ノ出超ハ當方面ノ對外出超トナリ內部關係ニ於テ當方面銀行ト蒙疆銀行トノ關係ヲ調整スレハ可ナルヤニ考ヘラルルモ此ノ點ハ兩銀行間ニ更ニ話合ヲ進メシムル考ナルモ不取敢

北平、上海ヘ轉電セリ

780 昭和13年1月2日　在上海岡本総領事より広田外務大臣宛(電報)

軍需物資運搬における食料品および日用雑貨類の無税通関を利用した本邦品の輸入増大傾向について

上海　1月2日後発
本省　1月2日夜着

第六號

(一、欠カ)當地現在入港ノ郵船ハ九月中旬聯絡船ノ定期運航再開當初ハ軍關係物資ノ輸送多ク船腹不足シタル爲在留民ニ對スル生活必需品ハ供給圓滑ヲ缺キ價格ノ昂騰ヲ見タル一方曩ニ報告ノ通リ必需品以外ノ一般商品ハ積出ヲ制限(商人ノ自制ニ依ルト共ニ船會社ニテ取締レリ)セル爲見越輸入モ實際上現ハレサリシカ十月末頃ヨリ食料品及日用雜貨品類ハ無稅ナルヲ利用シ相當多量ノ輸入ヲ見ルニ至レリ卽チ郵船調ニ依レハ九月三千三百噸十月五千六百十一月一萬二千十二月一萬八千(豫想)ト漸增シツツアリ(從來每月平均三萬噸前後)

二、然ルニ又郵船以外ニ大連汽船ハ既報ノ通リ十二月初ヨリ一隻配船每六日ニ一回就航中(大部分食料品)ナルカ一月中旬ヨリ更ニ一隻增配每四日一回ノ定期就航ノ豫定ノ處大阪商船モ近ク臺灣上海間ノ運航ヲ開始ノ趣ニテ郵船ノ貨物船增配ト相俟チ今後本邦品ノ輸入ハ一層增加ノ傾向ニアリ一方當地邦人碼頭倉庫ハ事變前ノ在庫品充滿シ居リ收容餘力僅少ノ實狀ナルカ最近邦商ノ對支那人取引モ大體之ヲ容認シテ差支ナキニ至レルヲ以テ今後漸次倉出ヲ見ルヘキモ他方之カ爲一層邦品ノ輸入ヲ促進スルコトトナルヘシ加之支

那人トノ取引ノ一般的回復ハ當分急速ニハ進捗ヲ見サルヘキモ以テ一時的ニハ滞貨ノ増加トナルヘシ旁右輸入増加ノ傾向ニアル邦品ノ處置ニ付テハ考慮ヲ要スヘシト存セラル

北平、天津ヘ轉電セリ

781　昭和13年1月21日　在北平森島大使館参事官より広田外務大臣宛（電報）

冀東密貿易の廃止に当たり関東庁へ密輸船厳重取締方要請について

北平　1月21日後発
本省　1月22日前着

第（脱）号（編注）

本官發關東州廳長官宛電報

第一號

一、冀東貿易ハ一月廿日ヲ以テ廢止セラレ（廿日以前ニ出港セル船舶ノ積荷ハ特ニ從前通リ通過セシム）又臨時政府ハ廿二日ヨリ税率ノ一部引下ヲ實施スルコトトナレリ

一、臨時政府ハ密輸其ノ他ノ不正規貿易ヲ嚴重取締ルコトトセルニ付テハ自今日本官憲トシテモ臨時政府ノ密輸取締ニ對シ日本法規ノ許ス範圍内ニ於テ自發的ニ好意的援助ヲ與フル所存ナリ

一、就テハ貴地ニ於テモ密輸船ノ出港ニ對シ右ノ趣旨ニテ取締ヲ加ヘラルル様御配慮得度シ

右軍側ト打合濟

大臣、上海、天津、滿、青島ヘ轉電セリ

編注　本電報は電報番号不明。

782　昭和13年2月17日　在上海岡本総領事より広田外務大臣宛（電報）

華中への新国策会社設立要綱に対する現地三省の共同意見上申について

別電一　昭和十三年二月十七日発在上海岡本総領事より広田外務大臣宛第五四九号
新会社への政府監督権に関する意見

二　昭和十三年二月十七日発在上海岡本総領事より広田外務大臣宛第五五〇号
新会社設立に当たり考慮すべき点

上海　2月17日後発
本省　2月17日夜着

第五四八號（極祕）

中支那投資會社設立要綱及同法案（十二日第三委員會幹事會ニ於テ一應採決ノモノ）ニ關シ十六日鹽澤大佐ノ報告ヲ徴シタル上三省側ニ於テ協議ノ結果別電第五四九號及第五五〇號ノ趣旨ノ共同意見ヲ上申スルコトトナリタリ尚法案第二十三條ニ付テハ當方トシテモ「國防上」ニ限ラス「國策上」ノ必要ニ基ク政府監督權ヲ適當ナル形式（法案ニ記載セサルヲ可トスヘシ）ニ依リ確保シ以テ陸海軍ノ國防上ノ必要ニ基クモノノ外政府ノ國交上ノ必要ニ基ク發言權ヲ留保シ置クコト適當ト存セラレ又國防上ノ必要ニ基ク監督權モ現地統帥系統ニ與フルコトナク政府換言スレハ陸海軍大臣ニテ把握スルコトトシ度キ意嚮ニテ其ノ旨陸海軍側ニ斷リノ上別電ニ賛成シ置ケリ尤モ諸般ノ關係上軍事的監督權ヲ保留セサルコトトナル場合ニ於テハ國交上ノ監督權ニ付テモ固執スル必要ナカルヘシト存ス

就テハ右御含ノ上當方意嚮達成方御高配ヲ得度シ

本電別電ト共ニ北京、天津ヘ轉電セリ

（別電一）

上海　2月17日後発
本省　2月17日夜着

第五四九號

中支那投資會社法案ハ當方各方面トモ異存ナキ處左記二點ニ付テハ現地ニ於ケル特殊關係上極力實現方御配慮アリ度シ

㈠第二十三條ハ已ムヲ得サレハ原案ノ儘トシ差支ナキモ「國防上」ノ必要ニ基ク政府監督權ノ確保ニ關シテハ中央ニ於テ適當ナル手段ヲ講シ置カルルコト

㈡第二十九條第一項政府補給ノ限度ハ他トノ振合上百分ノ六トスルコト

（別電二）

上海　2月17日後発
本省　2月17日夜着

第五五〇號

中支投資會社ノ設立ニ關シテハ左ノ點特ニ考慮アリ度シ

(一)本會社設立ハ現地ニ於ケル諸工作ノ關係上遲クモ四月中ニ實現ヲ計ルコト

(二)本會社ノ重役特ニ總裁ハ人格、見識、閲歴、能力等ニ於テ申分ナキト共ニ現地ノ實狀ニ鑑ミ支那人及第三國人ニ對シ信望アル人物ナルコト

(三)本會社ノ使命ニ鑑ミ對內外宣傳ニ付テハ東京及現地ニ於テ一致協力善處スヘキコト

右(二)及(三)ニ付テハ近ク現地案ヲ提出スル筈

783　昭和13年2月26日　在上海岡本総領事より広田外務大臣宛(電報)

華中新国策会社設立に関し総裁の人選および外債処分問題につき意見具申

上　海　2月26日後発
本　省　2月26日夜着

第六七七號(極祕)

往電第五四八號ニ關シ

一、中支那投資會社設立要綱案及聲明案ハ二十五日聯絡會議ニ於テ決定シ中央ニ移牒スルコトトナレルカ(空送ス)右ニ付注意ヲ要スル點左ノ通リ

(イ)聲明案ハ現地帝國官憲ノ名ニ於テ發表ノ筈ニテ中央ニ於テハ右ノ趣旨ニテ且對內關係ヲ加味セル聲明(帝國政府)ヲ發セラルルト共ニ或程度會社ノ事業等ニ關シ說明ヲ加フル要アリト存セラル

(ロ)總裁ニ付テハ未タ現地ニ於テモ確定案ナク鄉誠之助、兒玉謙次等カ呼聲高キモ總裁ハ上海ニ常駐ノ建前ニ付果シテ是等人物ノ出馬可能ナリヤ疑問ナルノミナラス單ナル看板トスルナラハ副總裁ニ相當ノ人物ヲ必要トシ結局人物不經濟トナル惧アリ寧ロ若手一流所ヲ可トスルニアラサルヤ何レニスルモ閣下ノ御意嚮早目ニ御內示ヲ得レハ現地ノ意見取纒ニ便宜ナルヘシ(部外祕)

二、親會社ノ外鐵道、電氣、通信及電業(當分水道ヲ兼營ス)ノ三子會社設立要綱モ大體審議ヲ了セルカ右ニ關シ外務側トシテ最モ注意スヘキハ外債(日本側債權ヲ含ム)ノ處分問題ナルカ是等ノ問題ハ北支政權側トノ關係モアリ當館限リニテ決メ難ク是非共中央ニ於テ至急一般的原則ヲ定メラルルコトト致度ク當方トシテハ差當リ子會社ニ於テ其ノ事業計畫、收支計算中ニ外債支拂ヲ全然考慮ニ置

カスシテ全部新政權ト外國側トノ交渉ニ譲ル如キコトナキ様注意ヲ與ヘタル結果外債償還ハ新政府ニ於テ交渉スヘキモ會社トシテハ積立ヲ爲スノ原則ヲ鐵道及電氣通信會社設立要綱中ニ記載セシメ置ケリ
本件對策ニ關スル當方意見追報スヘキモ爲念
北京、天津ヘ轉電セリ

---

784 昭和13年3月15日 閣議決定

「北支那開發株式會社設立要綱」

北支那開發株式會社設立要綱

一三、三、一五 閣議決定

帝國政府決定ノ北支那經濟開發方針ニ基キ日滿北支經濟ヲ緊密ニ結合シテ北支那ノ經濟開發ヲ促進シ以テ北支那ノ繁榮ヲ圖リ併テ我國國防經濟力ノ擴充强化ヲ期スル爲北支那開發株式會社ヲ設立スルモノトス

一、本會社ハ特別法ニ基ク日本法人トス

二、本會社ノ資本金ハ三億五千萬圓トシ日本政府及日本政府以外ノ者ニ於テ夫々一億七千五百萬圓宛ヲ出資スルモノトス
日本政府出資ノ中約一億五千萬圓ハ現物ニ依ルモノトス
日本政府以外ノ者ヨリノ出資ハ一般ヨリ之ヲ公募ス
本會社ノ資本金ハ政府ノ認可ヲ受ケ増加スルコトヲ得ルモノトス

三、本會社ニ對スル日本政府以外ノ者ノ出資ニ對シテハ優先配當權ヲ認メ又會社ニ對スル一定期間ノ利益補給ニ依リ配當ノ確實ヲ期スル等適當ナル優遇方法ヲ講ズルモノトス

四、本會社ハ左ノ事業ニ投資又ハ融資シ其ノ事業ヲ統合調整スルモノトス
㈠主要交通運輸及港灣事業
㈡主要通信事業
㈢主要發送電事業
㈣主要鑛産事業
㈤鹽業及鹽利用事業
㈥其ノ他北支那ノ經濟開發促進上特ニ統合調整ヲ必要トスル事業ニシテ政府ノ認可ヲ受ケタルモノ
本會社ハ右ニ掲ゲタル諸事業ヲ實行スベキ子會社ノ設立

ニ當リテハ豫メ政府ノ承認ヲ得ルモノトス

五、本會社ハ拂込資本金ノ五倍迄社債ヲ發行スルコトヲ得ルモノトス

政府ハ右社債ノ元利支拂ニ付保證ノ方法ヲ考慮スルモノトス

六、政府ハ本會社ニ對シ登錄税竝ニ開業ノ年及其ノ翌年ヨリ九年間所得税及營業收益税ニ關シ特典ヲ與フルモノトス

七、本會社ニ總裁一人、副總裁二人、理事五人以上、監事二人以上ヲ置ク

總裁及副總裁ハ勅裁ヲ經テ政府之ヲ命ジ理事ハ株主總會ニ於テ選任シ政府ノ許可ヲ受クルモノトス

本會社ニ顧問ヲ置クコトヲ得顧問ハ政府ノ認可ヲ受ケテ會社之ヲ委囑スルモノトス

八、政府ハ毎營業年度ノ投資及融資ニ關スル計畫其ノ他重要事項ノ認可(別紙ノ方法ニ依ル)、監理官ノ設置、軍事上又ハ本會社ノ目的遂行上必要ナル命令等ニ依リ本會社ヲ監督スルモノトス

軍事上又ハ本會社ノ目的遂行上必要ナル命令ニ因リ政府ノ補償ヲ要スルガ如キ場合ハ豫算ノ範圍內ニ限ルモノトス

九、政府ハ新政權ヲシテ本會社及其ノ子會社ニ對シ適當ナル優遇方法ヲ講ゼシムル様努ムルモノトス

別　紙

一、北支那開發株式會社ノ毎營業年度ノ投資及融資ニ關スル計畫又ハ其ノ變更ノ認可申請ハ遲クモ年度開始又ハ變更計畫着手豫定期一箇月前迄ニ爲サシムルモノトス但シ其ノ計畫ノ變更ニシテ輕易ナルモノニ付テハ簡易ナル手續ニ依ルコトヲ認ムルモノトス

二、政府ハ投資及融資ニ關スル計畫又ハ其ノ變更ノ認可ニ關シテハ年度開始又ハ變更計畫着手豫定期迄ニ處理スルモノトス

閣議諒解事項

一、投資及融資ニ關スル計畫トハ資金ノ使用ニ關スル計畫ノミナラズ其ノ資金ノ調達ニ關スル計畫ヲモ一體トシテ包含スルモノトシ、其ノ認可申請ニ當リテハ子會社ノ事業計畫ヲ添附セシムルモノトス

二、軍事上ノ命令ヲ發スベキ場合ニハ豫算ノ關係モアリ豫メ關係廳ト充分協議スルモノトス

三、曩ニ閣議ニ於テ決定セル昭和十三年中ノ物資需給竝ニ輸入計畫ニ於テハ本會社ノ目的遂行ノ爲必要ナルベキ物資竝ニ外貨資金ハ一部ノ鐵道材料ノ如キモノヲ除キ之ヲ見込ミ居ラザルニ付本會社ノ目的遂行ノ爲ニハ關係各廳共同ノ努力ヲ以テ出來得ル限リ物資及外貨資金ヲ差繰捻出スルノ外ナク本會社ノ事業ハ斯クシテ生ジタル物資竝ニ資金ノ餘裕ノ範圍内ニ於テ之ヲ行フモノトス

四、本會社ハ自己又ハ其ノ子會社ガ現地ニ於テ第三國(滿洲國ヲ除ク)ヨリノ物資ノ輸入其ノ他ニ因リ外貨資金(新政權ノ通貨ヲ除ク)ノ必要ヲ生ズルガ如キ業務ヲ爲サントスルトキハ豫メ政府ノ承認ヲ受クベキモノトス

785 昭和13年3月15日　閣議決定

「中支那振興株式會社設立要綱」

付　記　昭和十三年三月十二日、外務省事変企画委員会決定

「支那經濟開發ニ關シ第三國資本導入要綱(案)」

中支那振興株式會社設立要綱

（一三、三、一五　閣議決定）

中支方面(當分ハ現占據地域)ニ於テ主トシテ公共的性質ヲ有スル諸事業ノ實權ヲ我方ニ把握スルト共ニ日支共榮ノ精神ニ基キ該區域ニ於ケル經濟ノ復興及建設ヲ助成シ且之ヲ統一的ニ指導スル爲中支那振興株式會社ヲ設立シ公共ノ利益ニ關スル事業、産業振興上必要ナル事業等ニ對シ投資及融資ヲ爲サシメ必要ニ應シ之カ經營ニ當ラシムルモノトス

一、本會社ハ特別法ニ基ク日本法人トシ本店ヲ上海ニ置クモノトス

二、本會社ノ資本金ハ一億圓トシ日本政府及日本民間ニ於テ夫々五千萬圓宛ヲ出資スルモノトス
本會社ノ資本金ハ政府ノ認可ヲ受ケ増加スルコトヲ得ルモノトス

三、本會社ニ對スル民間出資ニ對シテハ優先配當權ヲ認メ又會社ニ對スル一定期間ノ利益補給ニ依リ配當ノ確實ヲ期スル等適當ナル優遇方法ヲ講ズルモノトス

四、本會社ニ對スル出資者ハ差當リ日本側ノミヲ豫定スルモ將來支那側及滿洲側ノ參加ヲモ認ムル建前トス
本會社ノ子會社タル事業會社ニ對シテハ日滿支以外ノ第三國ノ出資ヲモ認ムルモノトス

五、本會社ハ左ノ事業ニ對スル投資又ハ融資ヲ爲スモノトス
㈠交通、運輸、通信ニ關スル事業
㈡電氣、瓦斯、水道ニ關スル事業
㈢鑛産ニ關スル事業
㈣水産ニ關スル事業
㈤其ノ他公共ノ利益又ハ産業ノ振興ノ爲必要ナル事業ニシテ政府ノ認可ヲ受ケタルモノ
本會社ハ投資及融資ヲ主タル事業トスルモ特殊ノ事情アル場合ニ於テハ政府ノ認可ヲ受ケ前項各號ノ事業ヲ自ラ經營スルコトヲ得ルモノトス
本會社ハ右ニ掲ケタル諸事業ヲ實行スヘキ子會社ノ設立ニ當リテハ豫メ政府ノ承認ヲ得ルモノトス

六、本會社ハ拂込資本金ノ五倍迄社債ヲ發行スルコトヲ得ルモノトス
政府ハ右社債ノ元利支拂ニ付保證ノ方法ヲ考慮スルモノトス

七、本會社ニ總裁副總裁各一人、理事三人以上、監事二人以上ヲ置キ總裁及副總裁ハ勅裁ヲ經テ政府之ヲ命シ理事ハ株主總會ニ於テ選任シ政府ノ認可ヲ受クルモノトス

八、政府ハ毎營業年度ノ投資及融資ニ關スル計畫其ノ他重要事項ノ認可（別紙ノ方法ニ依ル）、監理官ノ設置、軍事上又ハ本會社ノ目的遂行上必要ナル命令等ニ依リ本會社ヲ監督スルモノトス
軍事上又ハ本會社ノ目的遂行上必要ナル命令ニ因リ政府ノ補償ヲ要スルカ如キ場合ハ豫算ノ範圍内ニ限ルモノトス

九、將來本會社ノ營業區域ニ新政權樹立セラルルトキハ政府ハ之ヲシテ本會社及其ノ子會社ニ對シ適當ナル優遇方法ヲ講セシムル樣努ムルモノトス

閣議諒解事項

一、投資及融資ニ關スル計畫トハ資金ノ使用ニ關スル計畫ノミナラス其ノ資金ノ調達ニ關スル計畫ヲモ一體トシテ包含スルモノトシ其ノ認可申請ニ當リテハ自己ノ經營スル

事業ノ計畫及子會社ノ事業計畫ヲ添附スルモノトス
二、軍事上ノ命令ヲ發スヘキ場合ニハ豫算ノ關係モアリ豫メ關係廳ト充分協議スルモノトス
三、曩ニ閣議ニ於テ決定セル昭和十三年中ノ物資需給竝ニ輸入計畫ニ於テハ本會社ノ目的遂行ノ爲必要ナルヘキ物資竝ニ外貨資金ハ之ヲ見込ミ居ラサルニ付本會社ノ目的遂行ノ爲ニハ關係各廳共同ノ努力ヲ以テ出來得ル限リ物資及外貨資金ヲ差繰捻出スルノ外ナク本會社ノ事業ハ斯クシテ生シタル物資竝ニ資金ノ餘裕ノ範圍內ニ於テ之ヲ行フモノトス
四、本會社ハ自己又ハ其ノ子會社カ現地ニ於テ第三國(滿洲國ヲ除ク)ヨリノ物資ノ輸入其ノ他ニ因リ外貨資金(新政權ノ通貨ヲ除ク)ノ必要ヲ生スルカ如キ業務ヲ爲サントスルトキハ豫メ政府ノ承認ヲ受クヘキモノトス
五、政府出資ハ場合ニ依リ一部現物ニ依ルコトアルヘシ

別　紙

一、中支那振興株式會社ノ毎營業年度ノ投資及融資ニ關スル計畫又ハ其ノ變更ノ認可申請ハ遲クモ年度開始又ハ變更計畫着手豫定期一箇月前迄ニ爲サシムルモノトス
但シ其ノ計畫ノ變更ニシテ輕易ナルモノニ付テハ簡易ナル手續ニ依ルコトヲ認ムルモノトス
二、政府ハ投資及融資ニ關スル計畫又ハ其ノ變更ノ認可ニ關シテハ年度開始又ハ變更計畫着手豫定期迄ニ處理スルモノトス

(付　記)

一三、三、一二、委員會決定　企畫委員會書記局

支那經濟開發ニ關シ第三國資本導入要綱(案)

北支及中支ニ於ケル經濟開發實施ニ關シ日支兩國ニ於ケル資本及物資調達ノ現狀ニ鑑ミ出來得ル限リ第三國ノ投資ヲ誘導シ以テ開發計畫ノ圓滿迅速ナル遂行竝國際關係ノ改善ニ資スルモノトス
之カ爲列國ニ對シ支那經濟開發ニ對スル我方ノ方針ヲ說明シ我方ニ於テ支那ノ經濟的利益ヲ獨占スルノ意圖ヲ有セサルコトヲ闡明スルト共ニ現在第三國ノ經濟的權益ヲ侵害シ居ルカ如キ事項ニ付速ニ調整ヲ施スコトヲ要ス
中支ニ於テハ勿論北支ニ於テモ爲替管理及貿易統制ハ極力

之ヲ避クヘキモノトス
第三國資本ノ誘導ハ政府民間協力一致之ニ當リ概ネ左ノ方法ニ依リ之ヲ行フ
一、從來支那ニ於テ密接ナル投資關係ヲ有スル國（英、米、佛、白等）ノ既存權益ノ現狀ヲ基礎トシテ外資ノ誘致ヲ計ルコト
二、獨、伊ノ如キ友好國ノ投資ニ付テハ特ニ便宜ヲ供與スルコト但シ其ノ他ノ國ノ資本進出ノ障害トナラサル樣留意スルコト
三、第三國ノ投資ハ社債ノ應募、「クレヂット」ニ依ル機械材料等ノ供給又ハ開發會社若ハ其ノ子會社タル各事業會社ニ對スル出資等ノ方法ニ依ルコト
四、開發會社ノ直接統制範圍以外ニアル事業（殊ニ自動車航空機製造工業等）ニ對シテハ單獨又ハ合辦ニ依ル第三國資本ノ進出ヲ助長スルコト

786　昭和13年4月19日　在張家口森岡（正平）総領事より広田外務大臣宛（電報）

蒙疆方面の為替管理方針について

張家口　4月19日後発
本　省　4月19日後着

第一五二號
金井最高顧問過般上京中帝國ノ對外爲替管理ニ關シ蒙疆地區ヲ滿洲國同樣取扱方大藏省當局ノ了解ヲ得タルト共ニ蒙疆銀行ヲ爲替銀行トシテ承認ヲ受ケ目下正金、朝鮮兩銀行對蒙疆銀行間ニ契約書交換手配中ナリ尚右ノ結果在張家口滿洲中央銀行分行ハ二箇月位ノ後閉店シ當分殘務處理員ヲ蒙疆銀行本店ニ駐在セシムル筈ナリ
北京、天津、上海、滿ヘ轉電セリ

787　昭和13年4月23日　第三委員会決定

「在支紡績應急對策」

在支紡績應急對策

三、四、二三　第三委員會決定

一、在支邦人紡績業ノ復舊ハ左記方針ニ依リ之ヲ認ムルコト
(イ)工場全部ノ破壞セラレタルモノニ關シテハ原則トシテ其ノ復舊規模ヲ精紡機五萬錘織機一千臺ヲ限度トシ事

變前ニ於テ右ノ規模ニ達セザリシモノニ付テハ事變前ノ設備規模ヲ限度トシテ其ノ復舊ヲ認ムルコト

(ロ)一部ノ被害ニ止マリタルモノニ付テハ原則トシテ其ノ復舊ヲ認ムルコト

(ハ)轉地復舊ハ特別ノ事由アル場合ニ於テハ之ヲ認ムルコト

二、在支邦人紡績業ノ擴張ハ原則トシテ之ヲ認メザルコトトスルモ事變前ニ着手シ工事ノ程度相當進捗シ居レルモノ其他特別ノ事由アルモノニ付テハ機械製作ノ狀況、流用シ得ベキ內地休錘設備ノ狀況等ヲ考慮シテ場合ニ依リ之ヲ認ムルコト

三、在支邦人紡績業ノ新設ハ當分ノ間之ヲ認メザルコト

四、在來ノ支那人經營紡績ハ原則トシテ邦人紡績企業ノ共同進出ニ依リ日支合辦ノ支那法人タラシムルコト

五、支那人經營紡績ノ全部破壞セラレタルモノハ之ガ復舊ヲ見合スルコト

一部ノ被害ニ止マリタルモノニ付邦人紡績企業ノ進出セル場合ニ於テハ之ヲ運行スルニ必要ナル限度ノ修繕ヲ認ムルコト

六、復舊、擴張、新設ヲ認ムル場合ニ於テハ其ノ機械設備ニ付內地休錘設備ノ轉用及他ノ新規計畫ノ爲製作セルモノノ流用ヲ極力行ハシムルコト

七、使用原綿ハ混綿用ノモノヲ除キ外綿ノ輸入ヲ極力避クルコト

八、內地紡織機械製造業ハ紡績機械修繕工場ノ程度ノモノノ外之ガ進出ヲ認メザルコト

九、染色、精練、加工等ノ絲布加工業ハ當分ノ間其ノ新設、擴張ヲ認メザルコト

一〇、在支紡績ノ復舊、擴張、新設又ハ邦人紡績企業ノ進出ニ付テハ現地機關ハ事前ニ中央ト協議スルコト

備　考

邦人紡績企業ノ支那人經營紡績ニ對スル進出ニ關シテハ當業者ノ無用ノ競爭ヲ防止スルト共ニ事變ニ依リ著シキ打擊ヲ受ケタル者、事變前支那進出ヲ企圖シタルモ新設ヲ容認セラレザリシ者及內地中小紡績業者ヲシテ進出ノ機會ヲ與フルコトヲ考慮スルモノトス

788

昭和13年5月9日　在北京堀内大使館参事官より広田外務大臣宛（電報）

朝鮮銀行券の上海流出阻止を華北各公館へ注意喚起について

北京　5月9日後発
本省　5月9日夜着

第六七八號

本官發天津、青島、濟南、芝罘宛電報

合第三九九號

當地鮮銀支店ヨリ最近上海ニ於テ鮮銀券ノ流入巨額ニ及ヒ鮮銀上海支店ハ右流入阻止策トシテ鮮銀券ノ爲替買收及日本銀行券トノ交換ヲ拒絶シ居ル爲上海ニ於テ鮮銀券ト日本銀行券トノ間ニ五十錢乃至一圓ノ打歩ヲ生シ居ル處右ハ北支ト中支ニ於ケル法幣ノ對金圓賣買相場ノ差異ヲ利用シ又資本逃避ヲ加味シテ北支ヨリ中支ニ流入スルモノナルニ付鮮銀券ノ上支《(北カ)》ヨリノ流出ヲ防止サレ度キ旨依頼アリタリ（同時ニ鮮銀ニ於テハ上海支店ニ日銀券ヲ充實シ或程度鮮銀券ノ日銀券トノ交換ヲ圖ラントシ居ル趣ナリ）

上海ニ於ケル鮮銀券ノ流入ハ必スシモ北支ヨリノ流出ノミニ基クモノニアラス軍費等トシテ持來ラルルモノ多カルヘク右對策ハ種々ナル方面ヨリ考慮セラルヘキモノナルモ北支ヨリノ流出ニ關シテハ既ニ四月中旬臨時政府ニ於テ之ヲ禁止シ居ル次第ナルカ（本官發大臣宛電報第五五一號參照）右禁止ヲ潛リテ南送サレ居ル疑アルニ付海關ニ對シ右禁止ヲ一層嚴行スル様申聞ケラルルト共ニ日本商人ニ對シ日本紙幣南送嚴禁ノ趣旨徹底方然ルヘク御配慮相成度シ尚軍ニ於テモ同趣旨ヲ各出先軍機關ニ命令濟

大臣、上海へ轉電セリ

本電宛先天津、青島、濟南、芝罘

789

昭和13年5月10日　在北京堀内大使館参事官より広田外務大臣宛（電報）

北支那開発会社の子会社設立案に関し敵産処理および軍の監督権などにつき意見具申

北京　5月10日後発
本省　5月11日前着

第六七七號（部外祕）

往電第六五五號ニ關シ

一、各子會社設立計畫書中ニ所謂敵産卽チ漢口側ノ公有財産ヲ日本側現物出資トシテ掲ケアル處(例ヘハ北支鐵鋼會社ノ現物出資中太原西北實業錬鐵廠ノ如シ)右ハ現在軍管理下ニ在リト雖將來臨時政府ニ繼承セラルヘキ?モノニシテ最近軍ニ於テ決定セル軍管理竝ニ我管理下ニアル敵産其ノ他企業處理案(十一日空送ス)ニモ此ノ旨明記シアリ之ト抵觸スルノミナラス法理上ヨリ妥當ナラサルト共ニ中國側ニ對シテモ面白カラサルニ付本件討議ノ席上係官ニ於テ右ヲ指摘シ石本中佐モ之ヲ認メタルモ子會社設立ノ計畫上ハ何トカ日本側出資トスル必要アルニ付如何ナル手續方式ニ依ルコトカ最モ合理的且妥當ナリヤ外務側ニ於テ研究立案アリ度キ旨依賴アリタリ卽チ先ツ臨時政府ニ繼承シ同政府ヨリ我國ニ讓渡スル形式ヲ執ラルル要アルモ實際的問題トシテ種々考究ノ要アリ本省ニ於テ本件御討議ノ際右ノ點御考慮相成ルト共ニ本官心得迄何分ノ貴見御囘電相成度シ

二、開發會社ノ子會社ニ對スル監督ニ關シ軍參謀ヨリ子會社ハ軍ノ監督ニ服スヘキ旨明記スルコトヲ要求セル處特務部ヨリ中央ニ於テ反對アルヘキニ付明記スルハ藪蛇ナリトノ意見出テ當方ヨリハ戰時狀態下ニ在リテハ軍ノ監督ハ軍事行動ノ必要上アルヘキモ本案ハ平時狀態下ニ在ル組織案ナリトシ結局右軍ノ監督ニ關シテ明記セス必要アラハ更メテ考慮スルコトトセリ

三、石炭液化ニ關シテハ經濟上ノ點ヨリ相當意見出テ且內地ノ液化事業トノ關係ヲ考慮ノ要アリ結局一先ツ一案トシテ中央ニ提出スルコトトナリタルモノナリ

上海、天津ヘ轉電セリ

790　昭和13年5月13日　第三委員会決定

「中支那通貨金融対策」

中支那通貨金融對策

昭、一三、五、一三　第三委員會決定

中支那ニ於ケル通貨金融對策ニ付テハ中支那經濟ノ振興人心ノ安定ヲ圖リ以テ我國ノ中支那經營ノ基礎ヲ確立スルト共ニ中支那方面ノ通貨金融ノ支配權ヲ漢口政權ヨリ我方ニ掌握スルコトヲ目標トシ左記要領ニヨリ必要ナル諸般ノ措置ヲ講ズルモノトス

一、軍費及經濟振興資金ニ付テハ差當リ原則トシテ本邦通貨（日本銀行券及補助費）ヲ使用スルコトトスルモ實需ヲ超エテ流通セシメザルヲ旨トシテ其ノ價値維持等ニ付適切ナル方策ヲ講ズルコトトシ速ニ其ノ具體案ヲ研究實施スルモノトス

二、軍票ハ軍事行動ノ必要ニ應ジ現在ノ取扱ヲ繼續スルモノトス

三、軍費及經濟振興資金ニ付法幣ヲ使用スルコトハ極力之ヲ避ケ萬已ムヲ得サル場合ニ於テモ第三國通貨賣却ニヨリ之ヲ調達スルコトナク本邦物資ノ賣却等ニヨリテ取得シタル法幣ノ利用ニ努ムルモノトシ且維新政府收入法幣及北支ニ於ケル囘收法幣ノ利用ニ付十分考慮スルモノトス

四、維新政府ノ收納セル法幣ハ出來得ル限リ之ヲ第三國通貨ニ換ヘシムルモノトス

五、維新政府ヲシテ土產其他主トシテ輸出向物資ノ購入賣却竝地方產業及民衆生活上必要ナル物資ノ供給ヲ圓滑ナラシムル爲ノ通貨ノ發行ヲ目的トスル金融機關ヲ設立セシムルト共ニ右機關ノ機能ヲ圓滑ナラシメ通貨價値ノ維持ヲ圖ル爲メ必要ナル商業機構ノ確立其他ノ措置ヲ講ゼシムルモノトス（具體案ハ別途之ヲ定ム）

右施設ハ奧地ヨリ始メ漸次其他ノ地域ニ及ボスモノトシ又右機關ノ發行スベキ通貨ノ印刷ヲ急速ニ完了セシムルモノトス

尚第三國人ノ土產買付ニ對シテハ出來得ル限リ外貨ヲ提供セシムルモノトス

六、維新政府ヲシテ錢莊其他金融機關ノ取締ヲ勵行シテ通貨ノ不當ナル賣買ヲ抑止セシムルモノトス

七、漢口政府ノ在外正貨ノ損耗ヲ促進シ其ノ蓄積ヲ阻止スル爲前揭諸方策ノ實施ト併セテ第三國銀行及支那側金融機關ヲシテ極力我方ニ協力シ來ル如ク措置スルモノトス

租界ヲ除ク占領區域內ニ於ケル第三國銀行及支那側銀行ノ復歸又ハ新設ハ之等銀行ニ於テ我方ニ協力セザル限リ之ヲ認メザルモノトス

八、將來ノ中支那ニ於ケル中樞的發券機關トシテハ

㈠中央銀行ヲ設立スルカ

㈡前記五ノ機關ヲ育成シテ其ノ擴大ヲ圖リ中央銀行ニ移行セシムルカ

㈢支那側既存銀行ヲ我方ニ誘致シ之ヲシテ中央銀行ノ職

能ヲ行ハシムルカ
㈣中國聯合準備銀行ヲシテ中支那ニ進出セシムルカ
右四者アルベキモ現下内外諸般ノ事情ニ顧ミルトキハ今日ハ未ダ其ノ何レニ依ルベキヤヲ決定スベキ時期ニアラザルヲ以テ此ノ點ハ今後暫ク事態ノ推移ヲ俟ツテ之ヲ定ムルモノトス
而シテ右ノ何レノ方法ニ依ルトスルモ其ノ實現ハ利用シ得ベキ外貨ノ充足ヲ見且爾後ノ通貨價値維持ニ付懸念ナキニ至リタル場合ニ於テ之ヲ實行スルモノトシ差當リ之ガ基礎ヲ培養スル爲左記事項ノ實施ニ努ムルモノトス
㈠産業經濟ニ對スル統制力ノ充實
㈡對外收支ノ均衡維持及改善竝外貨ノ蓄積
㈢支那財閥竝ニ第三國ノ協力ノ誘致
尚右機關ノ實現ヲ見ルベキ場合ニ備フル爲豫メ紙幣原版(但シ發行者ノ名ヲ記載スベキ箇處ヲ空白ノ儘ニナシ置ケルモノ)ノ作成ニ着手スルモノトス
九、前項ノ機關ノ實現ヲ見ルニ至ラザルニ法幣崩落シ通貨タル機能ヲ喪失シタル場合ハ前記五ノ機關ノ擴大其他ノ方法ニ依リ通貨ノ供給ヲ圖リ經濟ノ運行ニ支障ナカラシムルト共ニ第三國通貨ノ流通ヲ見ルニ於テハ之ヲ統制スル等適當ナル措置ヲ講ズルモノトス
十、維新政府ノ財政ニ付テハ其ノ健全ナル基礎ヲ確立セシメ以テ歳入不足補塡ノ爲ニ公債ヲ發行スルガ如キコトナカラシムルモノトス
尚當分ノ間維新政府ノ受拂ニ充ツベキ各種通貨ノ換算率ハ我方ノ内面指導ノ下ニ維新政府之ヲ決定スルモノトス
海關金單位ノ換算率ノ決定ニ付亦同ジ
十一、第三國通貨ノ流入ヲ見タル場合ニ於テハ適當ナル方法ニヨリ之ヲ我方ニ於テ統制シ得ル如ク措置スルモノトス

---

791 昭和13年5月30日 在青島大鷹総領事より宇垣外務大臣宛(電報)

中国連合準備銀行券を使用する邦人輸出業者は外国商との競争力に乏しいため本邦輸入許可の緩和など救済策検討方意見具申

青　島　5月30日前発
本　省　5月30日後着

第四六四號

當地邦人特産物輸出業者ハ本邦爲替管理竝ニ輸入許可制強化ノ爲對日主要輸出品中棉花、鹽等二、三特殊品ノ一部ヲ除ク外輸出全ク停頓ノ實情ニアリ（落花生、同粕、麩、桐材等ノ輸入許可ニ關シ從來屢請願爲シ居ルモ未タ一回ノ許可ヲモ得ラレス）他面日滿以外ノ對外輸出ニ於テモ邦商ハ法幣ト等價ヲ以テ聯銀券ヲ使用シ且北支現行通貨規定ノ對外價値一志二片ノ「レート」ニ依リ輸出爲替ノ取組ヲ爲ス要アルニ反シ外商ハ一志以下ニ再落セル上海「レート」ニ依リ法幣ヲ使用シ得ルヲ以テ外商トノ競争到底不可能ニシテ最初法幣相場ノ下落甚タシカラサリシ時代ニ於ケル約定品少シ許リノ輸出ヲ爲シ得タルニ止マリ其ノ後ハ全然杜絶ノ狀態ナリ尙目下聯銀券ハ背後地治安未タ確保サレサル爲流通圓滑ナラス昨今法幣ニ對シ五分内外ノ打歩ヲサヘ生シ居ル模様ニテ之ヲ使用スル邦商ノ特産物買付價格ハ頗ル割高トナリ同情スヘキ狀態ニアリ依テ之カ打開策ニ付寄々協議中ナルカ差當リ本邦輸入許可ノ緩和ニ依リ幾分ニテモ取引ノ途ヲ開カシムルコト必要ト認メラルルニ付此ノ上共何分ノ御配慮仰度シ

北京、天津、濟南、上海へ轉電セリ

792　昭和13年6月8日　在天津田代総領事より宇垣外務大臣宛（電報）

流通禁止紙幣を投機目的で売買する邦人を金融攪乱者として処罰するため処罰令公布につき請訓

天　津　6月8日後発
本　省　6月8日夜着

第六〇五號（部外祕）

往電第一〇六號ニ關聯シ

天津陸軍特務機關ハ客月二十八日附告示ヲ以テ「舊通貨整理辦法ニ依リ六月十一日以後流通ヲ認メサル紙幣ハ有效期間滿了前ニ於テ中國聯合準備銀行券ニ引替ヘ以テ不慮ノ損失ヲ來ササル様爲念一般ニ告示ス尙投機ヲ目的トシテ右紙幣ノ賣買ヲ爲ス者ハ金融攪亂罪トシテ嚴重處斷セラルヘキモノナルニ付併セテ告示ス」トノ旨連日新聞ニ廣告シ居リ（特務機關カ斯ル告示ヲ爲スコトノ可否ハ別問題トシ）北京特務部ニテハ大使館係官ニ對シ各總領事館ニ於テ一般在留邦人ニシテ右ノ如キ金融攪亂者ヲ實際ニ取締リ得ル様措置方切望シタル趣ナル處金融攪亂ノ行爲ハ軍律ニ規定セラレ

居ラス客年往電第九六七號ノ通リ治安維持會ノ布告ヲ以テ公布セラレタルニ過キサルヲ以テ帝國臣民カ支那ノ金融ヲ攪亂シタル場合之ヲ處罰シ得サルニ付警察犯處罰令（明治四十二年當館館令第一八號）ノ第一條六十三號ノ次ニ第六十四號トシテ「金融ヲ攪亂シ又ハ攪亂セシメタル者」ヲ挿入シ現在ノ第六十四號ヲ第六十五號トシテ改正スル館令ヲ公布シ差支ナキヤ何分ノ儀至急御回電ヲ請フ

北京、上海、青島、濟南、芝罘ヘ轉電セリ

793 昭和13年6月9日　宇垣外務大臣より
在天津田代総領事宛（電報）

金融攪乱取締に関する処罰令公布につき認可方回訓

本　省　6月9日後6時40分発

第三九一號（部外祕）

貴電第六〇五號ニ關シ

御來示ノ通館令公布方認可ス公布ノ上ハ寫二部送付アリ度シ

北京、上海、青島、濟南、芝罘ヘ轉電セリ

794 昭和13年6月9日　在天津田代総領事より
宇垣外務大臣宛（電報）

銀行券の移輸出禁止に関する領事館令告示について

天　津　6月9日後発
本　省　6月9日夜着

第六〇九號

貴電第三八三號ニ關シ（銀行券ノ移輸出禁止館令ノ件）

當館ハ八日附ヲ以テ左ノ通リ告示セリ

中國海關規定ニ違反シテ各種銀行券ヲ輸出シ輸入シ移出シ若クハ移入シ又其ノ輸出、輸入、移出若クハ移入ヲ圖リタル者ハ昭和十三年六月一日當館館令第二號密輸取締規則第一條第二號ノ違反トシテ處罰セラルヘシ

上海、北京、青島、濟南、芝罘、山海關、石家莊、塘沽ヘ轉電セリ

795 昭和13年6月23日　第三委員会決定

「上海內河汽船株式會社設立要綱」

上海內河汽船株式會社設立要綱

一三、六、二三　第三委員會決定

第一　方　針

中支ノ主要ナル內河航運ヲ統制シ之ヲ合理的ニ經營セシメ以テ中支ニ於ケル水陸交通聯絡ノ調整及日支海運ノ健全ナル發達ニ資スル爲上海內河汽船株式會社（假稱）ヲ設立ス現在ノ江浙輪船公司ハ之ヲ本會社ニ統合セシム

第二　要　領

一、本會社ハ上海ヲ根據トシ中支ノ主要ナル內河航路ニ於ケル小蒸氣船及發動機船竝ニ之ガ曳航ニ依ル運輸營業ヲ獨占經營セシムルヲ目途トス但シ正當ナル第三國人ノ內河航運ニ關スル權益ハ之ヲ認ムルモ船舶等ハ成ルベク買收、合併其ノ他ノ方法ニ依リ本會社ノ統制下ニ入ラシム

二、本會社ノ業務左ノ如シ

1、中支那主要內河航路ニ於ケル旅客及貨物ノ運送

2、船舶賃貸借

3、倉庫及碼頭ノ經營等前各項ニ附帶スル事業

三、本會社ノ營業航路ハ差當リ左記諸線トシ將來必要ニ應ジ之ヲ延長シ又ハ新設ス

左　記

1、上海―松江―泖港鎭―平湖

2、上海―松江―泖港鎭―嘉興―杭州

3、上海―松江―泖港鎭―平望鎭―吳興

4、上海―黃渡―朱家角

5、上海―崑山―蘇州―無錫―武進―丹陽―鎭江

6、上海―崑山―常熟―蘇州

7、上海―嘉定―太倉―常熟

四、會社ノ名稱

上海內河汽船株式會社（支那名ハ上海內水輪船股份有限公司）

五、國籍及本店所在地

本會社ハ維新政府普通法人トシ本店ヲ上海ニ置ク

六、資本金

(イ)　資本總額　貳百萬圓

內　譯

現物出資　　四拾萬圓

現金出資　　百六拾萬圓

(ロ)　現物出資ハ全額拂込トシ現金出資ハ第一回四分ノ一

拂込トス

(註一)現物出資ハ江浙輪船公司ニ加入シ現ニ就航中ノ船舶ノ一部ヲ以テ之ニ充ツル豫定ナルモ船舶ノ隻數等ノ關係ニ依リ多少增減スルコトアルベシ

(註二)現金出資中六拾萬圓ハ中支那振興株式會社、四拾萬圓ハ日清汽船株式會社ニ於テ引受ケ殘餘ノ六拾萬圓ハ内河航運關係日支人等ヲシテ引受ケシムルモノトス

七、役　員

役員ハ社長、副社長各一人、取締役三人以上、監査役二人以内ヲ置クモノトシ其ノ任期ハ社長、副社長及取締役ハ各三年、監査役ハ一年トス

八、本會社ノ特典

1、同種競爭事業ノ新設ヲ認メズ

2、會社設立登錄稅ノ免除

3、土地收用其ノ他必要ナル特權

備　考

㈠本會社ハ差當リ株式公募ノ方法ニ依ラズ發起設立ニ依リ急速ニ成立セシムルモ將來適當ナル時期ニ於テ一般國民ガ本會社ノ株主タリ得ルノ途ヲ拓クモノトス其ノ際出征者及其ノ家族、在支邦人等ニ對シ特別ノ考慮ヲ拂フモノトス

㈡本會社ノ從業員ノ採用ニ付テハ出征者及其ノ家族、在支邦人等ニ對シ事情ノ許ス限リ特別ノ考慮ヲ拂フモノトス

〰〰〰〰〰〰〰〰〰〰〰〰〰〰〰〰

796　昭和13年6月24日　在青島大鷹総領事より宇垣外務大臣宛(電報)

華北方面の邦人業者による第三国との輸出入取引は貿易収支の均衡を得れば制限しないとの大蔵省方針について

青　島　6月24日後発
本　省　6月24日後着

第五二二號

往電第四六四號ニ關シ

當地三井支店ニ於テハ當方面特産品ノ日滿以外ノ對外輸出促進ノ爲第三國ヨリノ輸入許可方ニ付大藏省ノ意嚮照會中ナリシ處二十二日三井本店ヨリ當地支店ニ對シ大藏省ハ内

地資金計畫ニ影響アル軍關係大口輸入其ノ他特殊ノ場合ヲ除キ第三國ヨリノ輸入ハ輸出入ノ「バランス」ヲ得レハ現地ノ自由ニ委セ差當リ制限セサル方針ナルニ付現地銀行竝ニ當局ノ意嚮確メ方入電アリタル趣ヲ以テ當館ニ伺出テタリ

他方當地正金支店ニ於テモ第三國向輸出品カ北支產ニシテ其ノ代償カ外貨トシテ入金アリタル場合右範圍內ニ於ケル北支必需品ノ輸入ヲ認メ該品目ノ選定ハ當事者ノ判斷ニ委セ輸出入取引ノ內容ハ事後報告ニテ差支ナキ旨指令アリタル趣ナリ

右ニ依レハ此ノ種取引ノ大部分カ三井、三菱等ノ大手筋ニ集中シ土着小商人等ハ有利ナラサルモ第三國向貿易打開ノ爲大局上已ムヲ得サル次第ト思惟セラルルニ付右方針ニ依リ邦商ノ第三國向輸出入ヲ指導スル意嚮ナル處何等御意見アラハ御回電相成度シ

北京、天津、上海、濟南ヘ轉電セリ

797　昭和13年7月5日　五相会議決定

「中支那金融緊急對策」

付　記　昭和十三年八月十日付、作成者不明

「中支那金融緊急對策ニ付英國ト公式交渉開始ノ件」

中支那金融緊急對策

昭和十三年七月五日

五　相　會　議　決　定

一、列國ヲシテ對蔣援助ヲ斷タシムル爲第三國關係ヲ調整スルコトハ極メテ肝要ナルニ鑑ミ政府ハ中支占領地域ニ於ケル外國銀行竝ニ外國商社ノ通商及金融上ノ活動ニ對スル制限ヲ除去スルノ用意ヲ有ス

但シ揚子江航行自由問題ハ施策上各方面ニ重大ナル影響アルヲ以テ交渉上本問題ニ觸ルル場合ニハ出先ハ改メテ上申ノ上對處スルモノトス

二、法幣崩落ノ現狀ニ鑑ミ前記用意ノ下ニ第三國側殊ニ英國側ヲ協力セシメテ速ニ中支那通商促進ヲ主目的トシ事實上政治ヨリ獨立セル新發券銀行ノ設立竝ニ新銀行券ノ發券ヲ行ヒ以テ法幣崩壞ノ場合ニ備フルモノトス

右第三國側ノ協力ノ勸誘ニ付テハ先ツ現地ニ於ケル英國

系銀行要スレハ英國政府側ニ對シテ之ヲ行フ、場合ニ依リ獨伊兩國ノ誘致ニ依リ其ノ促進ヲ圖ルコトヲモ考慮ス

但シ帝國ノ中支發展ノ基礎確立上不安ナカラシメ帝國カ中支金融上指導的立場ヲ保持シ得ルヲ建前トスルモノトス

三、支那側銀行竝商社ニ對シテモ前記二ノ趣旨ヲ以テ勸告ヲ爲スモノトス

備考　本件實施ハ別紙處理要領ニ依ル

（別　紙）

中支金融緊急對策處理要領

昭和十三年七月五日
五　相　會　議　決　定

第一、方　針

本金融對策ノ實施ニ當リテハ第三國側ノ干渉ヲ誘致スルコト及和平問題ニ波及スルコトヲ戒メ飽ク迄自主的態度ヲ堅持シ特ニ本交渉ノ時期及方法ニ於テ我方ニ有利ナラシムル如ク施策スルモノトス

第二、要　領

一、政府ハ中支金融緊急對策方針ニ則リ内地及現地協力ノ上直チニ中支金融機構ノ具體案樹立ニ着手ス

右具體案ハ本件交渉ノ結果ニ適從シ得ル如ク適當彈力性アルモノトス

二、本件交渉ハ單ナル金融上ノ問題トシ主トシテ現地ニ於ケル我方及第三國側金融擔當者間ニ於ケル非公式折衝ニ重點ヲ置キツツ始ムルモノトシ適當ナル時機到來ヲ俟テ漸次政府間ノ交渉ヲ開始スルト共ニ必要ニ應シ之ヲ中央ノ交渉ニ移行セシム右政府間ノ交渉開始竝ニ中央ノ交渉ニ移行スル時機ニ付テハ別ニ中央ノ決定指示スル所ニ據ルヘキモノトス

右ニ備ヘ中央ニ於テハ豫メ本件處理ノ實質的準備ヲ整フ之カ爲現地竝ニ内地ニ於ケル關係者ノ連絡ヲ密ニシ不統制ニ基ク缺陷ノ排除ニ努ム

本交渉ニ關連スル通商問題ノ取扱ハ特ニ愼重ヲ期シ片務的結果ニ終ラシメサルモノトス

三、本交渉ニ當リテハ先ツ現地ニ於ケル相手國實業界等ノ空氣ヲ我方ニ有利ナル如ク展開セシメ其ノ本國（英米等）ヲシテ事態ヲ正當ニ認識セシムルコトニ努ムルト同時ニ我

方ノ財界等ニ對シテハ本件交渉上苟モ我方ニ不利ナル如キ言説ヲ用ヒシメサル様適當指導ス

四、交渉ノ主目標ハ英國ニ存スルモ之カ手段トシテ米、獨、伊等ヲ利用スル等アラユル積極的手段ヲ講スルモノトス

五、前項ノ第三國ニ對スル外交工作ト併行シ第三國ノ對蔣政權態度ノ是正蔣政權ノ切崩シ竝ニ支那財界ノ吸引ニ努ムルモノトス

六、本件交渉ノ祕密保持方ニ付テハ全幅ノ注意ヲ拂フ要アルハ勿論、本交渉ニ必要ナル陣容ヲ整備シ、交渉上苟モ缺陷齟齬ナキヲ期スルモノトス

（付　記）

中支那金融緊急對策ニ付英國ト公式交渉開始ノ件

一三、八、一〇

判　決

現地ニ於ケル非公式折衝ノ結果竝最近ニ於ケル法幣ノ推移及ヒ作戰ノ進展等ニ鑑ミ「ホ」氏上京ヲ機トシ此ノ際中支那金融緊急對策ニ付公式交渉ニ入ラシムルヲ要ス

理　由

一、現地ニ於ケル非公式折衝結果概要

(1)**ホールパッチ**氏指導案理由記載ノ如ク同氏ハ法幣維持ヲ希望シ其ノ實現手段ニ付駐支英大使等ト連絡ヲ保チツツ折衝中ノ處近ク東京ニ於テ駐日英大使ト協議シ或ハ我方關係者トモ交渉ノ上對策實現ノタメ歸國セントスルモノト判斷セラル

(2)在上海英國系財界人ハ現狀ヲ以テ推移スルニ於テハ法幣崩壞不可避ト爲シ通商保持ノ必要上事態ニ即應スルタメ何等カ新通貨創設ノ必要ヲ認メ居リタル處**ホールパッチ**氏漢口ヨリ歸滬ノ頃ヨリハ寧ロ積極的意思表示ヲ避ケントスルカ如キ態度ヲ執ルニ至レルモノノ如シ

(3)**カー**駐支英大使ハ最近漢口ヨリ歸滬セルヲ以テ引續キ非公式折衝ニ依リ善導ニ努ムヘキモ同氏ハ通貨問題ニ關シテハ恐ラクハ**ホ**氏ト同意見ニシテ又一般的ニモ蔣ニ對シテ好意ヲ有スルハ免レサル所ナルヘク此ノ際比較的我方ヲ了解スル立場ニ在ル駐日英大使ヲ中心ニ通貨問題ヲ協議シ之ヲ我方ニ協力セシムルト共ニ他面支那ニ關スル日英兩國間ノ現存諸懸案ノ解決ヲ圖ルヲ必要トスヘシ

二、法幣推移ニ伴フ英蔣關係
三月中旬以來崩落ノ一途ヲ辿リ來タレル法幣ハ現在蔣政權ノ統制外貨賣ニ依リ辛クモ八片ヲ維持シ居レルモ戰爭進展ニ伴フ暴落ノ現狀ニ直面シ之カ價值維持ヲ共同ノ利益トスル英國及ヒ蔣政權カ其ノ暴落防止ノタメ何等カ對策ヲ講シ之カタメ益々兩者ノ關係ヲ緊密ニ爲スノ虞アリ

三、漢口作戰トノ關係
漢口作戰ノ效果ヲ十分ニ我方ニ收ムルタメニハ對外關係殊ニ對英關係ヲ是正スルト共ニ英國ト蔣政權ノ隔離ヲ實現スルコト緊要ト認メラルル處通貨問題ハ兩者ノ利害關係ノ楔トナリ居ル事情ニ鑑ミ日英間ノ對支一般諸懸案解決ト共ニ通貨問題ノ解決ニ付我方ノ方針ニ合致セシメ蔣政權トノ離反ヲ實現スルノ必要アリ

以上ヲ要スルニ通貨竝通商問題ニ關スル對英現地折衝ノ今日迄ノ結果ハ速カニ本件ヲ以テ公式交涉ニ移シ通貨問題ニ關シテ英蔣離反ヲ實現スルタメ諸方策ヲ實施シ其ノ效果ノ完全ヲ期シ以テ漢口攻略ノ效果ヲ出來得ル限リ大ナラシムルノ要アルヲ認ム

處　置

一、本判決ヲ中央ニ具申シ實現ヲ期ス
二、ホールパッチ氏ノ指導竝交涉開始及ヒ交涉經過ニ應シ善處スルタメ關係者ヲ上京セシメ中央ト緊密ナル連絡ノ下ニ行動セシム
三、東京ニ於ケルホ氏ノ指導竝交涉ノ經過ニ卽應シ現地ノ指導ヲ主トシ英國系金融業者ニ指向シ以テ彼等ヲ通シ英官憲ノ態度ヲ善導セシムル如ク努ム特ニ交涉開始後ニ於テ東京現地間ノ連絡ヲ緊密ニシ齟齬ナカラシム
場合ニ依リ現地上京者ノ一部ヲ歸滬セシム

以　上

798　昭和13年7月17日　在張家口森岡総領事より宇垣外務大臣宛(電報)

蒙疆連合委員会が管轄区域内の中国銀行四支店に閉鎖を命じた旨報告

張家口　7月17日後発
本　省　7月17日夜着

第二六七號

蒙疆聯合委員會ニ於テハ事變前ヨリ引續キ最近迄厚和、包

頭、平地泉、豊鎮ノ四箇所ニ存在シ居リタル中國銀行各支店ニ對シ七月五日限リ閉鎖ヲ命シタルカ何レモ異議ナク命令ニ服従セリ尚右ノ結果蒙疆地帯ノ金融機關ハ蒙疆銀行(國立)及其ノ統制下ニアル蒙疆實業銀行ノ獨占トナレリ

北京、天津、上海ヘ轉電セリ

799　昭和13年8月4日　在北京堀内大使館参事官より宇垣外務大臣宛(電報)

中国連合準備銀行券の流通速度や法幣への中国人の執着など華北金融状況につき報告

北　京　8月4日後発
本　省　8月4日夜着

第一一三九號

京[1]津地方ニ於ケル金融狀況ニ關スル情報御參考迄左ノ通リ

中聯券ノ發行總額ハ約六千百萬元ニシテ其ノ過半ハ京津地方ニ流通シ居ル處地方治安ノ不良、棉花ノ出廻停止ニ基ク資金ノ地方還流ノ阻害ハ財源《ママ》及一部ノ支那側銀行ノ反中聯的態度、抗日分子ノ中聯券偽造ニ依ル金融攪亂行爲等ト相俟ツテ中聯創立以來外國租界ニ存シ居タル中聯券、舊法幣ノ闇取引市場ニ於ケル打歩ヲ大ナラシメ最近中聯券百元ニ付舊法幣九十四、五元ノ「レイト」ニテ取引サレ居ル模様ナリ又支那側有力銀行(交通、中國、上海、中央等)ハ大概反日的ニシテ中聯券ニ對シテ預金其ノ他ニ於テ特殊ノ取扱ヲ爲シツツアル爲支那人ニ信用大ナル是等諸銀行ノ態度ハ直接一般支那人ニ影響シ支那人ノ舊法幣ニ對スル執着ヲ強カラシメ之ヲ「ホルド」スル傾向ヲ増長シ以テ中聯券ノ流通速度ヲ早メ物價騰貴ヲ促進シツツアリ他方支那側銀行ノ營業狀況ハ極メテ悪化シ内地爲替業務ヲ除カハ全ク業務ナク積立金資本金ヲ喰ヒツツ存續シ居ル有様ニテ斯樣ナ營業不振ハ内容不健實ナル銀行ヨリ比較的健實ナル銀行ヘノ預金ノ大量的移動ヲ誘致シツツアルヲ以テ前者ハ預金ノ逃避ヲ防ク爲利子ノ引上ヲ爲シツツアルニ反シ後者ハ運用ニ途ナキ預金ノ集中ヲ防ク爲利子ノ引下ヲ爲シツツアリ右ノ如ク中聯ノ金融統制力ハ全ク缺如シ中聯ハ金融界ヨリ遊離シ居レリ

第[2]三國貿易資金ノ決濟ニ充テラレ居ル舊法幣ノ下落、流通額増加シツツアル中聯券ノ對舊法幣比價ノ動搖、中聯券ノ空轉等ノ一聯ノ事情ニ現レ居ル通貨不安ノ濃化ハ内地物價

高ノ北支ヘノ直接的反映ト相俟チ北支ノ物價高ヲ促進セリ卽チ六月ノ天津物價ハ前年同月ニ比シ四九%本年二月ニ比シ二〇%餘ノ騰貴ヲ示シ而モ銅元物價ハ銅元ノ退藏輸出或ハ銅元票ノ下落ノ爲銀元物價ノ騰貴ニ比シ極メテ大ニシテ最近ノ物價高ハ銅元ニ依リ生活シ居ル下層階級ヘノ重壓トナリツツアリ現在ノ物價騰貴趨勢カ適當ノ方法ニ依リ「チエック」セラルルニアラサレハ今秋頃ノ食糧ヲ中心トスル生活必需品ノ騰貴ハ大ナル社會政治問題トナルヘク治安上ヨリスルモ等閑視スヘカラサルモノアリ

中聯創立以降外國爲替市場ハ消滅シ居ルモ外國商社ト外銀?トノ爲替取組ハ相當活潑ナルモノアリ最近ノ舊法幣ノ崩落ハ支那土產品ノ輸出ヲ頗ル有利ナラシメ對第三國輸出ハ外商之ヲ獨占シ居リ卽チ外商ハ輸出爲替ノ取組ヲ外銀?ニ於テ舊法幣ヲ以テ爲シ建値ハ對八片前後ナルニ反シ日本商社ハ中聯券ヲ以テ正金ニ於テ一志二片ニテ取組マサルヲ得サル事情ニ在リ日本商社ハ到底外商ト競爭シ得ス斯クテ正金乃至ハ中聯ヘノ輸出「ビル」ノ集中ハ當分實現セサルヘク從テ中聯ノ外貨蓄積ハ頗ル困難ナルヘシ

天津、上海、青島、濟南ヘ轉電セリ

---

800 昭和13年8月12日 在上海日高総領事より宇垣外務大臣宛(電報)

中支那振興会社および同子会社への第三国資本参加に関し英国商ケズウィックへ説明について

上海 8月12日後発
本省 8月12日夜着

第二四六五號

貴電[1]第一三〇二號ニ關シ(國策會社株式ヲ外國人ニテ引受希望ノ件)

「ケシック」カ本件申込ヲ爲サントシタル事件ヲ指スモノト思料セラルル處其ノ概要左ノ如シ

一、三日ノ「デーリー、ニユウス」ハ當地正金ニ於テ本件株式公募中(offered to the public)ナル旨ノ同盟?英文ヲ揭載セリ

二、四日午前英人「ブローカー」「ベンジヤミン、アンド、ポッツ」ヨリ正金(現地邦人ノ本件株式申込ノ取次ヲ爲シ居レリ)ニ對シ使ヲ以テ前記記事ヲ示シ申込用紙ヲ請求シ來リタルモ正金ニ於テハ振興會社定款ニ其ノ株式ノ外人ヘノ讓渡ハ總裁ノ承認ヲ受クヘキ旨規定シアルニ鑑

ミ外人カ引受ケ得ルヤ否ヤ不明ナルニ付振興會社出張所ヘ問合ハスヘキ旨說示シ用紙ヲ與ヘサリシ由ナリ（後ニ同出張所ヘ文書ヲ以テ同様請求アリタルモ何等回答ヲ爲シ居ラサル由）

三、[2]四日午後「ケジック」（兄）ハ他用面會セル滿鐵金井ニ對シ從來ノ御勸モアリ前記新聞記事ヲ見（不明）[編注]若干アルヲ以テ二十萬圓程（株券面額ナルヤモ知レス）應募セントシタルモ正金ニテ斷ハラレタリト語リタルカ金井ハ當局ノ意嚮ヲ確メタル上翌五日更ニ面會シ振興會社株ハ外人ノ引受困難ナルモ子會社ハ外人ノ投資ヲ歡迎スルモノアルヘキ旨語リタルニ「ケ」ハ實ハ四日斷ハラレタル次第ヲ倫敦ニ電報セルカ新聞ニハ offered to the public トアルニ拘ラス外人ヲ排除ストテ悪印象ヲ與ヘタルヤモ知レス子會社ニ投資ノ可能性アリトセハ右悪印象ハ不當ニ惹起セラレタル譯ナレハ之カ是正ノ意味ニテ御話ノ次第ヲ追電スヘシト語リ居タル由ナリ

四、右二、三、ノ關係不明ナルカ正金ニ對スル申込ハ「ベ」ノ外ニナカリシ趣ナルニ依リ關聯アルモノカト思考セラル（「ケ」ハ七日當地發日本ニ向ヘリ）

五、場合ニ依リ右二十萬圓ヲ子會社ニ振向クル餘地ナキヤ否ヤ特務部ニテ研究中ナリ

北京ヘ轉電セリ

編 注 「不明」は後日、「安キ圓」と訂正された。

---

801 昭和13年8月22日 在北京堀内総領事より宇垣外務大臣宛（電報）

華北物価高騰への対策として物価取締規則の制定につき請訓

別 電 昭和十三年八月二十二日発在北京堀内総領事より宇垣外務大臣宛第六二号

右規則案

北 京 8月22日後発
本 省 8月22日夜着

第六一號

昨今北支ニ於ケル物價ハ異常ノ昂騰ヲ示シツツアリ此ノ趨勢ヲ放置スルコトハ治安工作上ニモ重大ナル障碍ヲ免レサルヘキヲ以テ軍側ニ於テモ何等機宜ノ方策ヲ講スヘシトノ

希望強ク先般來各關係方面ニ於テ物價統制ノ具体案研究中ナリシカ不取敢石炭、燐寸、小麥粉、米及其ノ他雜穀類、綿布、主要木材、煉瓦等ノ主要生活必需品ニ對シ最高價格ヲ公定シ右價格ヲ越エテ販賣スルコトヲ禁止スルノ案ヲ實行スルコトニ話合成リ（實行區域ハ北支全般ヲ目的トスルモ不取敢京津地方ニ於テ右方法ニ依リ北支全般ニ及ホサントスルモノナリ）目下最高價格決定ニ關シ研究中ナルカ右ノ結果當館ニ於テ別電第六二號ノ如キ館令ヲ公布シ（第一條列記ノ各品ニ對スル最高價格ハ當館告示ヲ以テ公布ス）度キ處差支ナキヤ折返シ何分ノ儀御回電相成度シ（支那側ニ於テモ同趣旨ノ發令發布ノ豫定）

本電別電共ニ上海、天津、青島、濟南ヘ轉電セリ

（別　電）

北　京　8月22日後発
本　省　8月22日夜着

第六二號

物價取締ニ關スル規則

第一條、左ニ掲クル物品ヲ別ニ定ムル價格ヲ越ヘテ販賣スルコトヲ得ス

一、石炭
二、燐寸
三、小麥粉
四、米及其ノ他各殼（穀カ）類
五、綿布
六、主要木材
七、煉瓦

右物品ノ外必要ニ應シ之ヲ追加スルコトヲ得

第二條、前條記載ノ物品ノ買占又ハ賣惜ミヲ爲スコトヲ得ス

第三條、他人ヲシテ前二條ノ行爲ヲ爲サシムルコトヲ得ス

第四條、第一條記載ノ物品ヲ販賣スル者ハ其ノ販賣價格ヲ店頭ニ掲示スヘシ

第五條、總領事必要アリト認ムル時ハ第一條ニ掲クル物品ノ取扱者ニ對シ賣買價格、賣買數量、貯藏量等ニ關スル報告書ヲ提出セシメ又ハ其ノ者ノ住所、營業所、店舗、倉庫、工場其ノ他ノ場所ノ臨檢、帳簿書類其ノ他ノ物件ノ檢査又ハ關係者ノ訊問ヲ爲シ又ハ必要ナル命令ヲ爲ス

コトヲ得
第六條、第一條乃至第四條ノ規定ニ違反シ又ハ第五條ノ規定ニ依ル報告ヲ爲サス若クハ虚僞ノ報告ヲ爲シ檢査ヲ拒ミ妨ケ若クハ忌避又ハ訊問ニ答ヘス若クハ虚僞ノ答辯ヲ爲シタルモノハ金五十圓以下ノ罰金若クハ科料又ハ拘留ニ處ス
第七條、本令ノ罰則ハ未成年者又ハ禁治産者ナル時ハ其ノ法定代理人ニ、法人ナル時ハ其ノ代表者ニ之ヲ適用ス

附則

第八條、本令ハ公布ノ日ヨリ之ヲ施行ス

802　昭和13年8月27日　在北京堀内大使館参事官より宇垣外務大臣宛(電報)

華北物産の輸出を外国資材輸入の範囲内とする輸出入リンク制度の決定について

別　電　昭和十三年八月二十七日発在北京堀内大使館参事官より宇垣外務大臣宛第一二六九号

右輸出入リンク制度実施要綱案

北　京　8月27日後発
本　省　8月27日夜着

第一二六八號(至急、極祕)

往電第一二四三號ニ關シ

其ノ後ノ研究ノ結果貿易管理實施ニ至ル迄ノ措置トシテ差當リ外國資材ノ輸入ヲ北支物産ノ輸出(日本及滿洲國トノ輸出入ヲ除ク)ノ範圍内ニ止メ國際收支ノ適合ト不用不急品ノ輸入抑制ヲ圖ル爲(中南支ハ差當リ外國トシテ取扱フ)輸出入「リンク」制ヲ外國爲替資金制度ト共ニ實施スルコトトナリ「リンク」制ハ大體別電第一二六九號ノ趣旨ニ決定シタルカ資金制度案ト組合セ更ニ二十九日檢討ヲ加ヘ三十日頃日本側銀行竝ニ邦人商社ニ通達シ本案ニ依ルヘキコトヲ嚴命スル豫定ナリ尚本案ニ依ルモ外國及一切(ノ)支那商社ハ除外セラルルヲ以テ本案實施後貿易管理ハ可及的速ニ實施方考慮ノ筈ナリ

天津、上海、青島、濟南、芝罘ヘ轉電セリ

(別　電)

北　京　8月27日後発
本　省　8月28日前着

第一二六九號（至急、極祕）

一、[1]

㈠輸出爲替ノ金額ノ範圍内ニ於テ輸入ヲ認ム爲替相場ハ一志二片ヲ原則トス

㈡輸入資材ノ種類及數量ニ付テハ輸入ヲ爲サントスル者ヲシテ輸入爲替ノ取得ニ際シ屆出テシメ當局ノ豫メ定ムル物資需給計畫ニ依ラシムルコト（必要物資ノ順位ヲ(イ)軍需關係品(ロ)生活必需品(ハ)北支開發用物資(ニ)其ノ他ニ分チ且不急不用品名ヲ列擧ス）

㈢本案ノ實施ハ專ラ日本系爲替銀行（横濱正金銀行及朝鮮銀行）ヲシテ之ニ當ラシム

㈣租界外國銀行及支那銀行ヲ通シテ行ハルル貿易ニ對シテハ海關ニ於ケル通關手續又ハ奥地ニ於テ買付ケタル物產ノ輸送等ニ關シ極祕裡ニ適當ナル手心ヲ加ヘルト共ニ本制度ニ依ル貿易ニ對シテハ可及的優遇ヲ與フ

㈤爲替市場ヲ通セサル物々交換ノ方法ニ依ル貿易モ本案ニ準ス

二、措置

㈠輸入ヲ認ムル額ハ輸出爲替金額ノ九〇％ヲ限度トス（輸出ノ際ノ各種危險ヲ考慮セリ）

㈡無爲替輸出又ハ委託販賣ニ依ル輸出等ノ如ク代金ノ回收時期ノ不明又ハ長期ニ亘ル輸出ニ對應スル輸入ハ認メス

㈢[2]輸出者輸出爲替ヲ取組ミタル時ハ爲替銀行ヨリ爲替取組證明書ノ交付ヲ受ク

㈣輸入者ハ輸入爲替取組ニ際シ㈠ニ定ムル比率ニ依リ其ノ輸入金額ニ對スル金額ノ爲替取組證明書ヲ爲替銀行ニ提出スヘシ

㈤爲替取組證明書ハ爲替銀行ニ對シテノミ讓渡シ又ハ同銀行ヨリノミ讓受ケ得ヘシ

㈥爲替銀行ハ爲替取組證明書ノ金額ニ付所持人ノ請求ニ依リ之ヲ分割シタル金額ノ證明書ヲ發行スルコトヲ得

㈦爲替銀行ハ爲替取組證明書ノ提出ナキモノニ對シテハ輸入爲替ノ供與ヲ爲サス

㈧爲替取組證明書ノ有効期間ハ爲替ヲ取組ミタル日ヨリ一月トス

㈨輸出業者又ハ輸入業者本制度ニ依リ輸出入ヲ爲シタル時ハ其ノ都度遅滞ナク左ノ事項ヲ爲替銀行ニ屆出ツヘシ

㈠輸出又ハ輸入物資ノ種類、數量及金額

㈡輸出又ハ輸入年月日

㈢輸出ニアリテハ其ノ仕向地、輸入ニアリテハ當該物資ノ產出地又ハ製造地

㈩爲替銀行ハ一月毎ニ輸出入ノ狀況ニ付特務部ニ報告スヘシ

⑪爲替市場ヲ通セス物々交換ニ依リ輸出入ヲ爲サントスル者ハ豫メ特務部ノ承認ヲ得ヘシ尚輸出入ヲ爲シタル時ハ其ノ都度遅滞ナク㈨ニ掲クル事項ヲ特務部ニ報告スヘシ

天津、上海、青島、濟南、芝罘ヘ轉電セリ

〰〰〰〰〰〰〰〰

803　昭和13年8月29日　在北京堀内大使館参事官より宇垣外務大臣宛（電報）

外国為替基金制度実施要綱の決定について

別　電　昭和十三年八月二十九日発在北京堀内大使館参事官より宇垣外務大臣宛第一二八二号

右要綱

北　京　8月29日後発
本　省　8月29日夜着

第一二八一號

往電第一二六八號ニ關シ

一、更ニ廿九日協議ノ結果往電第一二六九號ノ輸出入「リンク」制實施要綱案ハ「措置」ノ項中㈠㈠ノ九〇「パーセント」ヲ適當ナル限度ニ改メ㈺㈧ノ一箇月ヲ一定期間ニ改メ㈧「外國爲替基金制度ヲ利用スル場合ハ㈣及㈦ノ規定ニ拘ラス輸出爲替證明書ノ提出ヲ要セス」トノ一項ヲ追加シ之ヲ決定セリ

二、右ト同時ニ外國爲替基金制度實施要綱ヲ協議セルカ本制度ハ結局輸出入「リンク」制ノ一部ナルモ其ノ方針トシテハ中聯券ヲ對外貿易通貨タラシメ其ノ對外價値ヲ具體化スルコトヲ第一目標トシテ併セテ邦人ノ對外貿易促進及對外爲替吸收ノ結果ヲ拘束センコトヲ主眼トシ要領別電第一二八二號ノ通リ決定セリ

三、本件兩制度ハ至急實施ノ豫定ナリシモ蒙疆地區ヲ北支ニ

包含セシメ居ル一方中南支ヲ第三國扱トシ居ル爲一應蒙疆及中南支方面出先ト協議ノ上實施スルコトトナリ近ク特務部ニ於テ右兩地方ノ係官ヲ招集ノ豫定ナリ

四、兩制度實施要綱郵送ス

當方ニ於ケル發表迄詳細ノ發表見合サレ度シ

天津、上海、青島、芝罘、濟南へ轉電セリ

（別　電）

北京　8月29日後発
本省　8月29日夜着

第一二八二號

外國爲替基金制度實施要綱

要領

一、外國爲替基金ハ輸出入兩爲替取組ニ於ケル外貨資金得喪ヲ（ノカ）時期的喰違ヲ調整スルコトヲ目的トスル廻轉資金ニシテ輸出入爲替ノ「リンク」制ト結合セシメ運用ス

二、中聯所有外貨資金ノ中差當リ五百萬圓ヲ以テ本資金ヲ設置ス但シ事情ニ依リ増額ヲ考慮ス

三、輸出入爲替ノ取引ハ一志二片「ベーシス」ニ於テ之ヲ行フ

四、本資金ノ減少ヲ防止スル爲輸出爲替ハ其ノ支拂ノ確實ヲ期シ之カ種類ニ付適當ノ制限ヲ加フ

五、輸出入爲替ハ英貨建又ハ米貨建ニ限リ且同一幣種ニ付テノミ其ノ「リンク」ヲ認ム

六、本資金ノ適用ニハ正金ヲシテ當ラシム

鮮銀取扱ニ係ル輸出入爲替ニ付テモ適宜本制度利用ノ途ヲ開ク

七、正金ハ一志二片ニテ輸出爲替ヲ取組ムコトニ依リ爲替取組者ノ蒙ル不利ヲ輕減スル爲之ニ必要ナル限度ニ於テ低利貸付ヲ行フ右貸付金ハ當該輸出ト「リンク」セル輸入爲替取組ノ利益ニ依リ返濟セシム

八、本制度ノ實施ハ邦商ノ對第三國貿易進出助長ニ資スルモノナルモ之カ利用ニハ外商ヲ排除セス

天津、上海、青島、濟南、芝罘へ轉電セリ

804　昭和13年9月6日　閣議決定

「上海都市建設基本要綱」

上海都市建設基本要綱

三、九、六　閣議決定

上海ヲ據點トシ中支方面ニ對スル帝國ノ經濟的發展ノ基礎ヲ確立スルヲ目標トシ其ノ具體的方策ノ一トシテ左記ニ依リ上海新都市ヲ建設スルモノトス

第一　方　針

一、上海市ヲ日支兩國勢力下ノ理想的都市タラシムル目的ヲ以テ黄浦江下流沿岸ニ港灣施設ヲ擴充シ新都市ヲ建設ス

二、新都市建設計畫ハ大上海市全體ヲ對象トシテ計畫立案シ將來上海市政府ノ行政權ノ擴充竝ニ我經濟力ノ伸張ト相俟ツテ租界ヲ包括スル明朗ナル都市ノ實現ヲ期ス

三、當初ノ建設ハ日支兩國ノ經濟狀況ヲ顧慮シ先ヅ必要ナル範圍ニ止メ將來逐次之ヲ擴張ス

第二　要　領

一、新都市建設區域ハ舊市政府ヲ中心トシテ概ネ蘇州河々口附近ニ至ル距離ヲ半經(徑カ)トスル圓周ノ範圍トス

本區域內ニ於テ概ネ黄浦江下流主要港灣地帶ヲ市中心區ニ、吳淞「クリーク」兩岸ヲ工業區ニ豫定シ閘北及虹口地帶ハ新都市中心區ト租界トノ連接ヲ目的トシテ復興ス

二、本建設事業ノ主ナルモノ左ノ如シ

(一)新都市建設ノ爲必要ナル土地ノ賣買

(二)港灣施設(海運ノ進展ヲ顧慮シ大造船修理工場ノ建設ヲ含ム)

(三)水陸交通連絡施設

(四)市街(公共施設ヲ含ム)ノ建設

三、本建設ハ維新政府ノ事業トシ原則トシテ同政府ノ特殊法人タル日支合辨會社ヲシテ之ガ實施ニ當ラシム

但シ其ノ目的遂行上支障ナキ限リ第三國資本ノ參加ヲ認ムルモノトス

四、上海附近ニ於ケル舊支那側官有ノ土地、建物等ハ之ヲ右會社ニ對スル維新政府ノ現物出資ニ充當セシムルコトヲ得ルモノトス

五、中支那振興會社ニ屬スル公益事業(鐵道、バス、電氣、電話、水道、ガス等)ノ經營者ヲシテ新都市建設ニ協力セシム

六、中支那振興會社ハ第三項ノ會社ニ投資又ハ融資ヲ爲シ其事業ヲ助成シ之ヲ統一的ニ指導ス

七、維新政府ヲシテ土地收用其他新都市建設上必要ナル法令

ノ制定ヲナサシメ且本事業遂行上必要ナル特典ヲ與ヘシム

八、都市建設區域内ニ設定スル我軍事施設ハ今次作戰ノモノト將來永久性ヲ要スルモノトヲ明確ニ區分シ都市計畫ニ齟齬ナカラシム

九、南市及滬西地域ニ於ケル復興計畫ハ眞ニ已ムヲ得ザル最少限度ニ止ム

一〇、上海市ノ防衛施設ニ就テハ別ニ計畫ス

閣議諒解事項

第二ノ第三項「本建設ハ維新政府ノ事業トシ」ハ對支那人及第三國人關係等ヲ考慮シ本建設ガ本來維新政府ノ爲スベキ事業タルノ建前ヲ表ハス趣旨ニシテ右建設實施業務中概ネ設計、實施監督及土地買收ハ維新政府ニ於テ、其ノ他ハ會社ニ於テ之ヲ行フモノトス

805　物価の漸次低下傾向に鑑み物価取締規則の公布は暫く見合わせについて

昭和13年9月22日　在北京堀内大使館参事官より宇垣外務大臣宛(電報)

北京　9月22日後発
本省　9月22日後着

第一四二五號

本官發濟南宛電報

第四四號

貴官發大臣宛電報第六八九號ニ關シ

當館ニ於テハ其ノ後折角關係方面ト聯絡シ殊ニ麥粉、綿布、米及雜穀等ハ天津ノ價格ニ左右セラルルニ付天津トモ聯絡シ最高價格研究中ナリシカ租界問題ノ爲天津ニ於ケル研究進捗セサリシ一方軍竝ニ當館始メ一般ノ物價統制ニ對スル掛聲增大ト共ニ物價ハ(特ニ石炭燐寸)漸次低下スル傾向ヲ示シタルヲ以テ特務部トモ打合ノ上館令ニ依ル物價抑制ハ暫ク傳家ノ寶刀トシテ殘シ置キ(館令公布ノ際之カ實效ヲ奏セサル場合ハ却テ結果面白カラサルヘキヲモ考慮シ)前記ノ傾向ヲ利用シ石炭、燐寸、煉瓦取扱業者ヲ指導シ當方ニ於テ適當ト認ムル販賣價格ヲ新聞ニ大々的ニ廣告セシメル等自發的ニ抑制ノ方法ヲ執ラシメ概ネ所期ノ目的ヲ達シ居レリ從テ館令ハ今後ノ情勢ヲ見タル上ニテ公布スルヤ否

ヤヲ決スル所存ナリ御參考迄
大臣、天津、上海、青島へ轉電セリ

806　昭和13年9月23日　第三委員会決定

「中支那方面物資配給組織ニ關スル暫定處理要綱」

中支那方面物資配給組織ニ關スル暫定處理要綱

一三、九、二三　第三委員會決定

第一　方　針

日本商品ノ奥地進出、民衆宣撫工作等ニ資スル爲本年秋期收穫期以前ニ於テ上海、南京、蘇州、杭州等ニ不取敢本邦物資配給機關ヲ整備シ逐次其ノ擴大强化ヲ計ルモノトス

（註一）中支那ハ本邦商品市場トシテ對支貿易ノ過半ヲ占メ長江流域二億ニ達スル大衆ノ購買力ハ市場開拓ノ將來性ヲ示唆スルモノナル處本邦商品ノ奥地滲透ヲ策スルガ爲ニハ現地配給機關ノ擴充ヲ前提トセザルベカラズ

加之占據地域內民衆ニ對シ生活必需物資ノ圓滑ナル供給ヲ計ルハ宣撫工作竝通貨工作上早急實施ノ必要ニ迫ラレツツアル所ナリ

（註二）本案ハ占據地域內配給機構ニ關スル暫定的對策ニ過ギザルヲ以テ中支那ノ重要性ニ鑑ミ商品進出ト資本進出トノ關係調整又ハ中支那貿易振興上必要ナル既存貿易機關ノ整備等ニ關シテハ引續キ根本的對策ヲ樹立シ彼此相俟チテ完璧ヲ期ス

第二　要　領

一、配給機關

不取敢本邦雜貨取扱業者ニシテ組織、資本及經營方法優秀ナルト共ニ奥地進出ノ熱意ヲ有シ中支配給機關ノ急速實現ヲ可能ナラシムルニ適スル者ヲ選ビ之ヲ進出セシムルモノトス

二、配給機關ノ事業範圍

(イ)本邦商品ノ卸賣

(ロ)本邦商品ノ小賣但シ事情ニ依リ特定地方ニ於テハ之ヲ行ハシメザル場合アルヲ考慮ス

(ハ)右ニ附帶スル事業

（註）中支物產ノ買付及中支間配給卸賣ハ(ハ)ノ事業トシ

テ之ヲ爲スコトヲ得

三、配給機關ノ經營方法

中支各重要都市ヲ各業者ニ割當ツルモノトス

四、配給機關設置地

第一次　上海、南京、蘇州及杭州

必要アル場合ハ支所等ヲ右以外ノ都市ニ設置スルヲ妨ゲズ

第二次　漢口等

五、配給機關ノ組織

差當リ本邦各業者ノ延長事業トナスモノトス

六、實現時期

本年秋季收穫期以前ニ急速實現セシムルモノトス

備　考

(一)本件實現ニ依リ豫想シ得ベキ既存關係業者等ニ及ボス影響ニ付テハ適宜緩和是正ノ策ヲ講ズルモノトス

(二)本件配給機關ヲシテ支那民衆ノ所持スル軍票ニ依ル購入ニモ應ゼシムルモノトス

(三)本件配給機關ノ機能促進ノ爲軍及官憲ハ努メテ之ニ便宜ヲ付與スルモノトス

(四)本計畫實現ニ關聯シ本邦品ノ奥地進出及宣撫工作等ノ必要ニ鑑ミ本邦品ノ對支輸出制限緩和方ニ關シ具體的ニ特別ノ考慮ヲ拂フモノトス

諒解事項

本要綱ノ實施ニ當リテハ左記ニ依ルモノトス

一　本配給機構ノ事業ハ獨占事業ニ非ザルヲ以テ從來ノ本邦側關係業者ノ利益ヲ充分ニ尊重シ特ニ商品ノ仕入及配給ニ付其ノ利益ヲ害セザル樣考慮スルコト

二　外國ニ對シ本配給機關ガ中支ニ於ケル物資配給ノ獨占ヲ爲サントスルモノナルヤノ誤解ヲ與ヘザル樣愼重措置スルコト

三　本配給機關ノ組織者タル業者ニ對シ本要綱ノ暫定措置ナル旨ヲ充分諒解セシメ將來根本對策ノ樹立ニ當リ政府ノ措置ニ無條件ニ服スベキコトヲ約セシムルコト

四　本配給機構ノ運用ニ當リテハ支那側現存取引機構ノ復活利用ニ努メ日支提携協力ノ基礎ノ上ニ我ガ對支貿易ノ發展ヲ期スル樣充分考慮スルコト

807 昭和13年11月11日 在天津田代総領事より有田外務大臣宛(電報)

天津市政府による非常時金融弁法撤廃の動きについて

天津 11月11日後発
本省 11月11日夜着

第一〇六五號

天津市政府ハ客年八月十六日財政部命令ニ依リ實施セラレタル非常時金融辨法(客年往電第七六八號)ヲ十一月一日ヨリ撤廢セル旨支那側各金融業者ニ示達セル處右示達ノ經緯ニ付テハ當地特務機關、聯銀支店及市政府日本人顧問等全ク關知シ居ラス潘市長カ奈邊ノ指導ニ依リ右示達ヲ爲セルモノカ出所全然不明ナルカ支那側銀行カ飽ク迄聯銀トノ合作ヲ肯セサル場合ハ本件金融辨法ノ撤廢ヲ行ヒ一般ノ預金引出要求増加ト相俟ツテ支那側銀行ヲシテ聯銀券使用ヲ餘儀ナクセシムヘシトノ肚ハ豫テ聯銀側ニ存セル所ニシテ唯聯銀側ノ支那側銀行ニ對スル平和的合作促進工作カ進捗シツツアル折柄時機尚早ナリトシテ手控ヘラレ居タルモノナリ而シテ右示達ニ關シ支那側銀行方面ニハ㈠一般ノ預金引出ニ付テモ商業資金ハ無制限ニ拂出ヲ行ヒ居リ㈡一般ノ預金引出ニ付テモ商業資金ニ與ヘラルルコト確實ナルモノハ隨時無制限ニ拂出シ來レル上㈢一般預金者ニシテ一箇月最高制限額六百元一杯迄引出ヲ要求セラレタル例少ク商取引衰退ノ折柄資金需要僅少ト推測セラルルヲ以テ右撤廢示達カ實施ニ移サルルトモ取付發生ノ如キ惧ハ先ツナク[2]其ノ實際的影響ハ殆トナカルヘシト豫想セラルルモ萬一取付ノ生シタル場合ハ充分ナル資金準備ナキヲ以テ當地店舗ハ閉鎖ノ外ナク然ル上ハ南方本店ニ於テ預金引出ニ應スルコトニナルヘキ處之ハ資本ノ逃避トナリ(當地支那側有力銀行ハ悉ク本店ヲ上海ニ置キ當地ニテ受入レタル預金ノ大部分ハ本店貸トナリ南方ニテ流用セラレ其ノ額約一億元ト推測セラル)北支經濟ハ著シキ困難ニ逢着スヘシト稱シ居レリ一方日本側ニテハ本件辨法撤廢ニ依リ取付發生ノ惧ナキハ確カナルヘキモ多少ノ預金引出ト之ニ伴フ銀行ノ資金行詰ハ免レサルヘク右示達後支那側金融業者カ市政府ニ右示達ノ實施遷延方ヲ要請シ且之ニ備ヘ資金手當(最近數日間ニ聯銀券ノ上海匯劃ニ對スル打歩カ一萬元ニ付七百元内外ヨリ最高一千三百元ニ暴騰セルハ支那側銀行カ資金獲得ノ爲銀行ヲ通シ上海爲替ノ賣リニ出動シ居ル證左ナルヘシ)ヲ急キ居ルニ徴スルモ明カナリ而シテ支那側銀行ノ店舗閉鎖ハ爾ク簡單ニ行ヒ得ルモノニアラス結局聯銀統制下ニ降ルヘキハ明カナリト思料セラルルモ支那側カ前記ノ如キ切札ヲ有スルコトハ今後ノ工作上充分考慮ニ入レ置ク必要アルヘシ

北京、濟南、青島、上海へ轉電セリ

808 昭和13年11月13日 在北京堀内大使館参事官より有田外務大臣宛(電報)

対中通貨政策の強化に関し意見具申

北京 11月13日前発
本省 11月13日前着

第一六八五號(極祕)

一、[1]北中南支ニ於ケル金融問題ニ關シテハ今日迄ノ所局地的ニ種々其ノ對策ヲ攻究シ來レル次第ナル處帝國政府ノ政策カ既ニ蔣政權ヲ排除潰滅シ新中國政權ノ樹立、輔導ニ依リ東亞ノ新秩序ヲ確立セントスルニ存スル以上今後相當長期間ニ亘リ引續キ大兵團ノ駐屯從テ現地ニ於ケル相當額ノ軍費ノ支出ヲ必要トスルノミナラス占領地域ノ復興建設開發モ亦速ニ之ヲ促進スルヲ要スルノ現状ニ在リ斯ル情勢ノ下ニ於テ我國現下ノ戰時經濟體制ニ及ホスヘキ惡影響ヲ防止シ未曾有ノ時艱ヲ克復セントセハ今後對蔣經濟戰ノ遂行ヲ一層强化徹底スルノ要アルヘク殊ニ其ノ根底ヲ爲スヘキ幣制金融對策ハ獨リ直接ニ蔣政權ニ對スル經濟戰ノ目標タルニ止マラス英米等ノ我方ニ對スル協力ヲ促進セシメ得ヘキ重要問題ナルヲ以テ既ニ漢口廣東ノ攻略ヲモ完了シ重要經濟地點カ我方ノ統制下ニ歸シタルヲ轉機トシ此ノ際內政外交全般ノ見地ヨリ從前ノ對策ニ再檢討ヲ加フヘキ時期ニ到達セルモノト思考セラル

二、[2]抑々北支ニ於テ聯銀ヲ創設シ圓元「ブロック」トシテ之ヲ圓「ブロック」ニ入レタルハ一ニ現地ニ於ケル軍費支辨ニ必要ナル通貨ノ獲得ト他面長期經濟戰ニ備フルカ爲圓「ノート」ニ依ル北支ヨリ所要物資ノ輸入ヲ確保スルト共ニ北支經濟開發ニ必要ナル圓投資ヲ得ンコトニ誘導シ併セテ右圓紙幣ノ流通ニ伴ヒ我國政治經濟ニ及ホスヘキ惡影響ヲ防止セントスルニ存スル次第ナルカ今日ノ事態ニ於テハ益々右趣旨ニ依リ聯銀ノ强化ヲ圖ルノ要アル

ハ勿論進ンテ中南支方面ニ於ケル我方占領地域ノ全般ニ亘リテモ右趣旨ニ依リ同様適切ナル措置ヲ講スルノ要アリ換言スレハ圓元「パー」對英一志二片ノ幣制金融政策ハ獨リ之ヲ北支ノミニ限定スルコトナク此ノ際中南支ニ亘リ全般的ニ之ヲ强行シ我國戰時經濟力ノ强化ヲ計ルト共ニ對英米ノ外交謀略ノ手段トシテ之ヲ利用スヘキコト絶對ニ必要ナリト確信ス

三、右幣制金融政策實施ノ方策トシテハ健全通貨ノ基礎ヲ爲スヘキ現銀ノ準備カ國民政府ノ手ニ依リ凡テ搬出セラレ消耗セラレタル現狀ニ在リテハ爲替管理及貿易管理ノ手段ニ依ルノ外ナシ卽チ

(一)[3]北支ニ在リテハ一志二片「ベイシー」ニ依ル貿易爲替管理ヲ實施シ輸出爲替ヲ聯銀ニ集中セシムルコトニ依リ外貨ヲ獲得シ以テ聯銀券ノ强化ヲ圖ルコトトシ

(二)中南支方面ニ於テハ北支ノ如ク別個ノ中央銀行ヲ樹立シ之ヲシテ同様ノ措置ヲ講セシムルコト最モ徹底セル手段ナリト雖今日中南支ヲ通シ十數億圓餘ノ法幣現ニ流通シツツアリ一般民心ニ及ホス惡影響ニ鑑ミ差當リ更生支那ノ通貨トシテ到底法幣ヲ度外視スルコトヲ得サルヘク寧ロ支那經濟財政ノ中心勢力タル浙江財閥ヲ切離シ之ヲシテ新政權支持ノ態度ニ出テシムル施策トシ(此ノ點ハ支那民心ヲ收攬シ得ヘキ新中央政權樹立工作ノ進捗上ヨリモ特ニ必要ナルコト御承知ノ通リ)又法幣維持ヲ餌トシテ英米等我方ニ對スル協力ヲ誘導スル謀略的見地ヨリ先ツ中國交通銀行ヲシテ一志二片ニ依ル輸出爲替ノ集中ノ業務ヲ擔當セシムル如ク施策シ(此ノ場合外貨ハ正金ニ預入セシムル等彼等カ暗ニ蔣政權ヲ援助セサル樣監督ノ要アリ)若シ彼等カ右施策ニ應セサル場合ニ於テハ新政權(維新政府、漢口政權、廣東治安維持會等)ヲシテ聯銀其ノ他ノ新銀行又ハ正金ヲシテ全面的又ハ個別的ニ右業務ヲ擔當セシメ中南支ニ於テモ北支同樣一志二片ニ依ル通貨ノ對(外)?價値ヲ維持セシム

右[4]ノ如キ方策ニ依リ假令蔣政權側ニ於テ法幣ノ増發其ノ他ノ謀略ニ出ツルトモ占領地關税及戰線主要地ニ於テ蔣政權管下ヨリ流入スル紙幣ヲ防遏スル限リ大體所期ノ實效ヲ收メ得ルニアラスヤト思考シ居レルモ若シ上記ノ如キ施策ヲ困難トスル事情生スルニ於テハ更ニ中南支ノ幣

制金融ニ對スル追撃戰トシテ軍票ナリ新銀行券(朝鮮銀行券又ハ日本銀(行)?券等ニ特別ノ符號ヲ附スルコトモ一案ナルヘシ)ナリヲ至急發行强制スルコト必要且已ムヲ得サルヘク本邦通貨ニ「リンク」卽チ圓元「パー」トセサルトモ前述ノ爲替及貿易管理ニ依リ一志二片見當ニ維持シ得ルモノト認メラル(尙右貿易爲替管理ノ實施ハ全面的ニ海關ニ對スル我勢力ノ强化ヲ絕對ニ必要トスルモノナルヲ以テ昨今ノ情勢上何レニスルモ總稅務司署及中南支方面ノ海關ニ對スル日本人ノ增强ヲ卽時斷行スルノ要アリ)

四、本對策ノ實施ハ素ヨリ英米等ノ對外關係上或程度ノ摩擦ヲ豫想セラルルモ右ハ我戰時經濟力ノ强化ヲ圖リ蔣政權ノ經濟力ニ徹底的攻擊ヲ加ヘ以テ事變處理ノ鍵ヲ我掌中ニ收メ得ヘキ最モ有效適切ナル措置ト言フヘク多少ノ摩擦ヲ冒ストモ國策的見地ヨリ此ノ際之ヲ敢行スルコト必要ナリト認メラルルノミナラス他面國際關係ノ見地ヨリ之ヲ見ルモ

元[5]來本措置ヲ講スルノ已ムナキニ至ラシメタル所以ノモノハ蔣政權カ幣制改革ノ名ノ下ニ國民所有ノ銀ノ大部分ヲ捲上ケ全部之ヲ外國ニ持出シ民衆ノ福祉ヲ無視シ專ラ兵器彈藥トシテ消耗シツツアリテ反蔣新政權下ニ於ケル通貨ハ銀及外貨等一切ノ準備ヲ剝奪セラレ居ル現狀ノ下ニ於テハ貿易爲替ノ管理ニ依リ通貨ノ安定ヲ計ルニアラサレハ通貨破壞ニ依ル經濟的恐慌及四億民衆ノ破綻ヲ防止シ難ク又蔣政權カ現ニ其ノ支配下ヲ離レタル地域ニ對シテ金融上全ク之ヲ見捨テントスル政策ヲ執リツツアル以上斷乎トシテ之ニ抗爭スルノ要アルハ治安維持ノ外純作戰ノ見地ヨリスルモ將又今次聖戰ノ目度トスル國策ノ基調ニ鑑ミルモ當然ノ歸結ト言ハサルヲ得ス而シテ斯ル事態ヲ誘致スルニ至レルハ英國等ノ直接間接ノ蔣支援カ根本ノ原因ヲ爲シ居ルモノアルヲ以テ英米等ニ於テ爲替管理等ノ措置ニ異存アルナラハ蔣政權ノ現ニ殘有スル銀又ハ外貨資金ヲ新政權ニ提供シテ準備ヲ囘復スルカ又ハ右地域ニ於ケル金融安定ノ爲別個ニ援助協力ノ措置ヲ執ルコト然ルヘシトノ相當首肯シ得ヘキ態度ヲ執リ得ヘク(蔣政權カ過去一年餘ニ亘リ此ノ種管理ヲ實行シ來リ英米ニ於テ之ニ反對シ居ラサルコト御承知ノ通リ)右ハ從來其ノ事例多キ起債ノ禁止又ハ制限ニ比シ同樣ノ旗幟ノ

下ニ對抗シ得ル根據アルモノト信ス

殊[6]ニ英國等ノ在支權益ハ幣制金融關係ニ依リ根本的ノ支配ヲ受クヘキ地位ニ在リ此ノ點ニ對スル日本側ノ前記方針ニ依ル合法的「アタツク」ハ最モ苦惱トスル所ナルノミナラス他面蔣政權擁護モ所詮生スル利害ニ基キ居ル次第ナルヲ以テ此ノ點ニ於テ何等カ妥協ヲ見出シ得ルニ於テハ蔣政權トノ絶縁モ必然的ニ考慮セラルルニ到ルヘキモノト認メラル他方我方トシテモ對支金融對策ハ結局全面的ニ考慮スルニアラサレハ成功ノ途ナク差當リ南方ニ於ケル法幣ノ維持ヲ度外視スルヲ得サルモノトセハ此ノ點ニ於テ英國等ト利害一致スヘキモノアリ右關係ヲ利用シテ英米ヲシテ蔣ヲ離レ我方ニ協力セシメントセハ先ツ前述ノ旗幟ノ下ニ其ノ據點タル幣制金融問題ニ付徹底的攻擊ヲ加ヘ徐ニ先方ノ協力ヲ誘導スル樣措置スルコト最モ適切ノ處置ト思考ス

五、本件幣制金融策ノ實行ハ前述ノ如ク英國側ヲ新政權ニ引附クル上ニ於テ相當有力ナル手段タル外其ノ合法性ニ付キテモ或ル程度迄外國側ヲ說得シ得ヘク他方今日我方カ同樣ノ目的ノ下ニ英國側ニ望ミ居ル長江航行ノ閉鎖ヲ之レ以上無限ニ主張スルコトノ困難ナル事情ト照合スルトキハ例ヘハ本件貿易爲替管理ノ實行ニ際シ長江航行ヲ或ル程度迄開放シ爾後貿易管理運用ノ手心ニ依リ我方商權ノ伸張ヲ計リ彼等ヲシテ權益尊重ヲ執拗ニ主張スル口實ヲ得サシメサル樣施策スルコト對英關係ノ全面ヨリ見テ寧ロ適切ナリト存ス

[7]（六、欠カ）往電第一六七五號北支ニ於ケル爲替管理ヲ主體トスル貿易調整案モ既ニ述ヘタル如キ我方金融政策上ノ必要性ニ基キ樹立セラレタルモノナルカ右ハ元來全支ニ亘ル前記ノ如キ金融政策ヲ實施スルニアラスンハ其ノ效果ヲ擧ケ得サルモノナルコト御承知ノ通リナルヘク從テ全支ニ亘リ本件金融政策ヲ實施スルトセハ北支ノミ先行セス寧ロ其ノ一部トシテ同時ニ本案ヲ實施スルコト然ルヘク一ハ對外關係上北支ノ無理ナル聯銀强化ノ政策ニ引摺ラレ遂ニ中南支方面ニ無理ヲ强行セサルヲ得サルニ至レリトノ感觸乃至非難ヲ防止シ得ルノミナラス他面本案自體ニ附隨スル難點タル中南支方面トノ調整問題モ圓滑ニ解決シ得ルヲ以テナリ

北支案ハ何レ中央ノ審議ニ附セラルヘキ處此ノ際是非共

前述ノ趣旨ヲ充分御考慮ノ上全支ニ亘ル統一的金融對策ノ確立方諸般ノ情勢上切望ニ堪ヘス

七、尚本官トシテハ今後右ノ要領ニテ軍側其ノ他ト話合ヲ進メ度キ意嚮ナルカ事對英關係ノ全體ニ影響スル所モ有之右ニ御異存アラハ何分ノ儀折返シ御回示ヲ請フ

上海へ轉電セリ

809 昭和13年11月15日　在天津田代総領事より有田外務大臣宛（電報）

石炭およびマッチの価格統制実施につき報告

天　津　11月15日後発
本　省　11月15日後着

第一〇七一號

貴[1]大臣發北京總領事宛電報第四三號ニ關シ（物價取締館令公布ノ件）

天津ニ於テモ八月以來北京ヨリノ委囑ニ依リ當館中心トナリ關係各方面ヲ網羅セル物價統制委員會ヲ開催スルコト既ニ六回ニ及ヒ（其ノ外石炭、米、棉、雜穀、綿布、建築材料、市場及取締方法ノ六（ママ）小委員會ヲ設置シ夫々數回開會ス）最近石炭及燐寸ニ關シ漸ク具體的結果ニ到達セルニ付本件館令左ノ通リ公布實施スルコトトセリ

一、第一條ニ掲クル品目ハ不取敢石炭及燐寸ノミトス

二、石炭ニ付テハ支那側及各外國租界ト共同實施（但シ罰則ハ異ナル）ノコトニ打合濟ニシテ遲クモ來週初ヨリ實施シ得ル見込ナリ

三、取締ニ當ル警察官ハ次第ニ訓練スヘキモ當地石炭ハ供給元タル開灤及興中ノ協力アル以上販賣商側ノ取締比較的簡單ニ行ヒ得ル見込ニシテ消費者側ニ對スル取締モ嚴ニ過キサル樣充分留意スル所存ナリ

四、[2]當初館令公布ニ依ラサル石炭ノ價格調節ヲ考慮シタルモ業者ノ多クハ支那人ノコトニモアリ結局取締法規ハ絶對ニ必要ナリトノ結論ニ達シタル次第ニシテ十四日ヨリ實施ノ天津港ヨリノ積出制限（本官發北京宛電報第三〇四號）ト相俟テ效果ヲ擧ケ得ルモノト考ヘ居レリ

五、價格ハ開灤炭ニ付テハ開灤鑛務局ノ公定直賣價格ニテ數量、運賃、利益等トシテ二元ヲ加ヘタル額、大同炭其ノ他興中扱ノ石炭ニ付テハ興中ノ指定スル小賣價格又ハ門頭溝炭ニ付テハ北京ノ公定最高價格（業者ノ祕密投票ニ

依リ定メラレタル由）ニ北京天津間ノ運賃ヲ加ヘタル額ヲ以テ夫々公定最高價格トセリ外國租界當局モ夫々關係アル石炭ニ付右ヲ肯定スルコトニ內諾ヲ與ヘタリ燐寸ニ付テハ在華燐寸同業會ノ決議（當館植田囑託原案作成）ヲ採用ス

右最高公定價格ハ何レモ當館告示ヲ以テ館令ト同時ニ公布實施ス

六、冒頭貴電末段法令及資料當方ヘモ御送付アリ度ク尚本件ニ關シ何等御意見アラハ折返シ御回電ヲ請フ

北京總領事、青島、濟南、上海ヘ轉電セリ

810　昭和13年12月16日　閣議決定

「對支海運强化ニ關スル暫定的措置ノ件」

◎對支海運强化ニ關スル暫定的措置ノ件

一三、一二、一六　閣議決定

本邦海運ノ對支經營ヲ統制强化シ且其ノ對外的競争力ヲ增强シ以テ對支經濟工作ノ遂行及國防ノ充實ニ遺憾ナキヲ期スルト共ニ速ニ支那ニ於ケル本邦航權ヲ確立スル爲本格的海運國策會社ヲ設立スルコトヲ目標トシ差當リ現下ノ急需ニ應ゼシムル爲暫定的措置トシテ內地ニ於ケル海運會社ヲシテ其ノ經營スル主要支那關係航路竝ニ之ニ關係スル諸施設ヲ出資セシメテ速ニ日華海運株式會社（假稱）ヲ設立スルモノトス

右ノ本格的海運國策會社ノ設立ニ當リテハ本會社ヲ之ニ統合セシムルモノトス

編注　本閣議決定に基づき、昭和十四年八月五日に東亜海運株式会社が設立された。

811　昭和13年12月29日　興亜院会議決定

「華興商業銀行設立要綱」

華興商業銀行設立要綱

昭和十三年十二月二十九日

興亞院會議決定

第一　方針

中支那ノ新事態ニ鑑ミ揚子江開放ニ對スル準備ノ一トシテ

又中支那通貨制度ニ對スル我方ノ援助竝指導ノ基礎ヲ樹立スル爲自由ニ外貨兌換セラルヘキ銀行券ヲ發行シテ外國貿易金融ヲ行フヘキ銀行ヲ速ニ設立ス
右銀行設立ノ時期ハ一應昭和十四年二月中ト豫定ス
尚本銀行ヲ將來中支那ニ於ケル一般通貨及金融制度ノ中心タルベキ銀行トナスヤ否ニ付テハ本銀行ノ實績竝ニ今後ノ情勢ニ徴シ追テ考慮スルモノトス

第二　要　領

一、名　稱
華興商業銀行 Hua Hsing Commercial Bank ト稱シ維新政府法人トス
二、所在地
本店ヲ上海ニ置キ、支店ヲ中支那ノ必要ナル地ニ置ク
三、資本金
資本金ハ五千萬圓全額拂込トス
（註）㈠維新政府及日本側銀行ヲシテ出資セシムルト共ニ支那側銀行竝ニ外國銀行ノ參加ヲモ認ムル如ク考慮スルモノトス
㈡銀行設立迄ニ支那側銀行及外國銀行ノ參加ナキ時ハ維新政府及日本側銀行折半引受クルコトトス、維新政府及日本側銀行ノ拂込資金ニハ上海關稅收入五千萬圓ヲ充用ス
四、業務內容
本銀行ハ銀行券ヲ發行シテ外國貿易金融ヲ行フノ外之ニ附隨シテ一般銀行業務ヲ行フモノトス
（註）㈠本銀行ニハ發行權ヲ附與シ銀行券ヲシテ漸次强制通用力ヲ有スル樣措置スルモノトス
㈡本銀行券ハ自由ニ外貨兌換ヲ行フ、其ノ基準及運用方針ハ別ニ之ヲ定ムルモノトス
㈢本銀行券ハ當分ノ間外國爲替又ハ外貨ノ買入、輸出前貸外國爲替貸付金、外國送金爲替ノ支拂、新通貨預金ノ拂出其ノ他之ニ準ズル場合ノ外之ヲ發行セザルコトトス
將來本銀行券ノ基礎確立ヲ見タル場合ニ於テ產業金融等ノ爲ノ發行ヲ考慮スルモノトス
㈣本銀行ハ政治的干涉ヨリ獨立シ政治貸上等ヲ爲サザルモノトス
㈤維新政府ハ當分ノ間發行稅ヲ課セザルモノトス

五、發行準備
本銀行券ノ發行準備左ノ如シ
(一)外　貨
(二)金、銀地金
(三)其ノ他確實ナル外國爲替
(註)前三項ノ準備額ハ發行額ノ六〇％ヲ下ラザルモノトス
(四)輸出前貸外國爲替貸付ニ基ク確實ナル手形

六、維新政府預金
維新政府ハ別口預金トシテ一千萬圓ヲ下ラザル無利子預金ヲ爲スモノトス

七、組　織
(一)本銀行ニ總裁、副總裁各一名、理事五名(内常務理事一名)ヲ置ク
總支配人ハ使用人中ヨリ之ヲ任用ス
(二)總裁、副總裁及總支配人ハ他ノ職務ヲ兼ヌルコトヲ得ズ但維新政府ノ認可ヲ得タル場合ニハ此ノ限ニ非ズ
(註)(一)副總裁及理事ニハ出資狀況ニ應シ日本人、外人ヲモ任用スルモノトス
(二)總支配人ハ日本人ヲ以テ充ツル場合アリ

八、利益金處分
(一)法定積立金(一〇％以上)
(二)配當金

九、營業期限
營業期限ヲ三十年トシ政府ノ許可ヲ得テ之ヲ延長スルコトヲ得

備　考
一、本要綱ニ於テ外國及外貨トハ夫々第三國及第三國通貨ヲ指スモノトス
二、本要綱ノ實施ニ當リテハ其ノ效果ヲ充分ナラシムル爲中支那占據地區ニ於ケル商取引機構及運輸機構ニ對スル我方ノ把握强化ノ措置ヲ講ズルノ要アルモノトス
三、維新政府及日本側銀行ノ拂込資金ハ上海關稅收入金ヲ見返リトスル正金銀行ノ貸出ニ依ルベキトコロ政府ハ正金銀行ニ對シ將來如何ナル事態發生スルモ同行ガ右貸出ニ因リ何等支障ヲ受ケザル樣措置スベキ旨ノ念書ヲ交付スルモノトス

四、中支ニ於ケル浮動金圓券ノ回收竝ニ金圓券（軍票ヲ含ム）價値維持ノ方策ハ本要綱ト別途ニ益々之ヲ强化スルモノトス

五、支那側及外國側銀行ヲ參加セシムル爲必要アルトキハ本要綱ニ對シ其ノ根本趣旨ニ反セザル程度ニ於テ隨時修正方考慮スルモノトス

812　昭和14年1月23日　在ニューヨーク若杉（要）総領事より有田外務大臣宛（電報）

中国連合準備銀行券の発行により華北貿易は日本側の独占となりつつあるとの新聞報道報告

ニューヨーク　1月23日後発
本　　省　　1月24日前着

第四二號

二十二日「ヘラルド、トリビユーン」ハ日本カ臨時、維新兩政府ヲ利用シ米國其ノ他第三國ノ對支貿易業者ニ對シ事實上差別待遇ヲ與ヘ殊ニ北支貿易ハ聯銀券ノ發行ニ依リ日本側ノ獨占トナリツツアル旨ノ在上海同社特派員 Victor Keen ノ長文ノ記事ヲ掲載シ居レル處其ノ要點左ノ通リ

一、中國聯銀ノ創設目的ハ支那舊法幣ノ爲替相場ヲ下落セシムルノ外對支貿易上日本ニ有利ナル手段ヲ提供スルニアリ卽チ聯銀券ノ公定對外價格ト支那舊法幣ノ對米爲替相場トノ開キハ日本品ヲシテ同種米國品ニ比較シ八割方廉價ノ輸入販賣ヲ可能ナラシメ又過般臨時政府施行ノ輸出入「リンク」制ハ米國向輸出業者ヲシテ聯銀券ノ公定對外價格卽チ米價二十七仙半（公開市場相場ハ約十六仙）ヲ支拂ハサルヲ得サラシメ爲替取引上日本向輸出業者ニ對シ七割ノ利益ヲ與ヘツツアリ

二、客年六月一日維新政府公布ノ關税法規ハ著シク日本品ニ有利ニシテ米國品ニ不利ナリ

三、上海其ノ他ニ於テ鮮カラサル日本品カ（軍隊配給品ノ名目ノ下ニ）無税輸入サレツツアリ

米ニ郵送セリ

813　昭和14年2月9日　興亜院会議決定

「北支ニ於ケル輸出爲替集中要綱」

北支ニ於ケル輸出爲替集中要綱

昭和十四年二月九日
興亞院會議決定

第一、方　針

第三國貿易關係取引ニ於ケル聯銀券ノ普及竝爲替市場ニ於ケル聯銀勢力ノ强化及一志二片基準爲替相場ノ確立ニ資シ北支幣制ノ健全ナル發達ヲ圖ル爲第三國向主要輸出品ニ付輸出爲替ノ聯銀集中ヲ行フモノトス

第二、要　領

一、第三國向主要輸出品（別表所掲）ニ付テハ原則トシテ無爲替輸出ヲ認メス左ノ方法ニ依リ一志二片基準ヲ以テ爲替ヲ聯銀ニ集中ス

(イ)爲替ノ取組銀行ハ之ヲ輸出者ノ任意タラシム

(ロ)右取組銀行ハ一志二片「ベーシス」ニテ爲替ヲ聯銀ニ賣却ス

(ハ)海關ハ(ロ)ノ賣却ニ付證明ナキ限リ其ノ輸出ヲ認メサルコトトス

二、右集中ニ伴ヒ聯銀ハ各銀行ニ對シ一志二片基準ニテ爲替ヲ賣却ス

(イ)銀行ニ對スル爲替ノ賣却ハ買取爲替ノ範圍內ニ之ヲ限定スルモノナルモ其ノ當初ニ於テハ成ルヘク其ノ買取爲替額ノ全額ニ近キ額ヲ賣渡スコトトス

(ロ)右賣渡ニ際シ差當リ該爲替ハ原則トシテ貿易外ノ支拂ニ充テラレサルコトヲ條件トシ且成ルヘク不要不急ノ輸入品代金決濟ニ當テラレサル樣措置ス

(ハ)右賣買ニ伴ヒ生スル外貨得喪ノ時期的喰違ニ付テハ其ノ當初ニ於テ適宜ノ措置ヲ講ス

三、右爲替賣買ノ對價トシテ支拂ハルヘキモノハ之ヲ聯銀券ニ限定ス

四、中南支トノ關係ニ付テハ通貨制度ヲ異ニスル現狀ニ於テハ中南支向無爲替輸出ヲ自由ナラシメ又ハ中南支向爲替相場ヲ聯銀券ノ對英相場一志二片ト南方券ノ對英相場（八片）トノ裁定相場ヨリ高カラシメ置ク場合ニハ第三國向輸出カ總テ中南支經由行ハルルニ至ル虞アルニ依リ之カ對策ニ付テハ北支自體ニ於テ充分措置スルト共ニ中南支ノ協力ヲ求ムルモノトス

五、經過的ニ發生スヘキ問題ニ付テハ適當ノ措置ヲ講スルモノトス

諒解事項

一、本件實施ニ關スル具體的細目ニ付テハ現地機關ニ於テ萬遺漏ナキ様適當措置スルモノトス

特ニ現下ノ國際諸情勢ニ鑑ミ本件實行ニ當リテハ第三國トノ間ニ無用ノ摩擦ヲ生スルコトナキ様左記ノ點ニ留意スルコト

㈠第三國ニ對シ差別的待遇ヲ爲スカ如キ疑ヲ生スル措置ヲ避ケ、第三國ニ對スル説明振ニ付多大ノ考慮ヲ拂ヒ、且出來得ル限リ事務ノ簡易化ヲ圖ルコト

㈡爲替集中ヲ行フ主要輸出品ハ一應之ヲ別表ノ如ク豫定スルモ、當初ヨリ右記載品目全部ニ付爲替集中ヲ行フヤ否ヤハ今後充分ニ檢討ヲ加フルト共ニ、他方右品目ハ何レモ第三國向主要輸出品ナルモノ多キ爲、第三國ニ對シ事實上差別待遇ヲ與フルニ非スヤトノ疑念ヲ起サシムル餘地存スルヲ以テ、日滿向輸出品中適當ナルモノヲ選ヒ形式的ニ前記品目ニ之ヲ追加スル等ノ措置ヲ考慮スルコト

二、本要綱實施ト共ニ現ニ青島等ニ於テ聯銀券强化ノ爲現地帝國軍憲カ施行シ居ル輸出許可制等第三國側商社ノ輸出制限措置ハ廢止セラルヘキモノト諒解ス

三、蒙疆トノ關係ニ付テハ別途措置スルモノトス

別表

輸出爲替集中ヲ行フ北支主要輸出品一覽表

（單位千元）

品名	昭和十二年中北支輸出額	昭和十二年中中南支向移出額
鮮卵及加工卵	一九、三三三	一、一一一
落花生油	一六、五八一	四、九七六
落花生	一一、七三〇	三三、六五二
カーペット	六、九二〇	一、一四八
山羊腸及緬羊腸	一、五八八	六五
胡桃	三、六一三	四八二
杏仁	二、六八五	五五一
ヴァーミゼリ及マカロニ	三、〇二六	二、八五〇
麥稈眞田	一、六一〇	二九四
調味粉	一、九九六	一三八
髪網	一、二二一	四

計　一　七〇、一八三　一　三四、二六一

814　昭和14年2月15日　在天津田代総領事より有田外務大臣宛（電報）

朝鮮米の華北向け禁輸につき一部解禁方請訓

天　津　2月15日後発
本　省　2月15日夜着

第七八號

本官發朝鮮總督宛電報

第一號

青島發貴總督宛電報第一號ニ關シ

未タ公電ニ接セサル爲朝鮮米ノ北支向ケ輸出禁止ノ眞相不明ナル處右禁輸ハ物動計畫上已ムヲ得サル措置ト思考セラルルモ現在北支ニ於ケル邦人需要ノ白米カ軍需、民需共其ノ大部分ヲ鮮米ニ仰キ之ニ依存シ居ル事實ニ鑑ミ將又天津ニ於ケル鮮米ノ在貨僅ニ七千五百石ニテ玆半月ヲ支フルニ足ラス而モ天津ノ背後地各都市ニテハ既ニ在貨枯渇ノ狀態ニテ右禁輸ハ今後北支全體ヲ通シ邦人ノ食糧問題ニ一大脅威ヲ與フヘキハ必定ニシテ頗ル重大ト存セラルルニ付之カ可及的緩和方ニ付テ此ノ際充分御研究相成ルト共ニ今後何分ノ御高配ヲ得度キ次第ナルカ差當リノ問題トシテ約定品約五萬石丈ケハ此ノ際是非共北支向ケ輸出許可相成樣御配慮相煩度ク尙禁輸ノ經緯ト共ニ右ニ關シ折返シ何分ノ回電アリタシ追テ引用數字ハ總テ滿鐵消費組合取扱分ヲ含マサルモノニシテ右ヲ加フル時ハ總テノ點ニ於テ約二倍トナル見込

大臣、北京、青島、濟南、山海關、張家口、石家莊ヘ轉電セリ

815　昭和14年3月18日　在済南有野総領事より有田外務大臣宛（電報）

流通禁止通貨の華北より華中方面への逃避を阻止するため済南に税関設置の必要性について

済　南　3月18日後発
本　省　3月18日夜着

第一〇八號

本官發北京宛電報

第四三號

舊通貨流通禁止竝ニ爲替集中實施ノ結果トシテ今後北支ヨリ中支方面ニ向ヒ陸路舊通貨ノ逃避竝ニ金票及物資ノ密輸出行ハルル惧アリ之カ防止ノ爲中聯圈內ト中支圈內トノ境界地點ニ陸境稅關設置ノ要アルヘク殊ニ淮河鐵橋落成シ津浦線カ近ク浦口迄直通實施セラレントスル今日鐵道ニ依ル密輸出入ノ取締ニ付テハ至急之カ實施ノ要アリト思考セラルル處他方近ク正金銀行ノ當地進出ニ依リ今後當方面商工業者ニ於テ第三國向直接取引可能トナルヘキカ旁當地ニ稅關ヲ設置シ前記陸境方面設置ノ檢査機關ヲ其ノ監督下ニ置キ以テ當地ヲ中心トスル奥地貿易ノ圓滑化ト其ノ發展トヲ期スヘシトノ意見有力化シ居レリ(目下當地商工會議所等ニ於テ研究中)前記陸境稅關問題ニ付テハ貴地當局側ニ於テ既ニ計畫中ナルヤノ聞込アル處右何等具體化シ居ラハ本官含ミ迄內容御囘電ヲ請フ

大臣、天津、青島、上海、南京へ轉電セリ

816 昭和14年3月19日 在北京堀内総領事より有田外務大臣宛(電報)

物価高騰抑制策として販売物品の価格表示を義務づける総領事館令公布につき請訓

北京 3月19日後発
本省 3月19日後着

第三七號

客年往電第六一號ニ關シ

當地ニ於ケル石炭、燐寸等ノ價格騰貴抑制ニ關シテハ館令ヲ公布セス大體所期ノ目的ヲ達シ來レルコト客年北京發濟南宛電報第四四號ノ通リナル處最高價格決定困難ナル麥粉、綿布、雜穀等ニ關シテハ依然何等ノ措置講シ居ラレス他方一般日用品モ漸次昂騰ノ傾向ニ在ルヲ以テ多少ナリトモ右ヲ抑制スル方法トシテ日支人業者ニ對シ販賣物品ノ價格ヲ表示(正札ヲ付ケシム)セシムルコト然ルヘシトノコトニ日支關係者ノ意見一致シ支那側ハ既ニ右趣旨ノ規則ヲ發布セルニ付當館ニ於テモ別電第三八號(省略)ノ通リ館令及告示ヲ出シタキ處差支ナカルヘキヤ折返シ御囘電相成度シ

右ハ物價抑制トシテ微温的ニシテ客年往電第六二號ノ館令程ノ效果ハ勿論ナカルヘキモ一般日用品ニ付最高價格ヲ決定シ右往電第六二號館令ニ依リ取締ルコト極メテ困難ニ付不取敢本件表示方法ヲ採ルコトトナレル次第ナリ

本電別電ト共ニ天津、青島、濟南、上海へ轉電セリ

817　華北地方における為替統制策を非難する英商業会議所声明について

昭和14年3月22日　在上海三浦総領事より有田外務大臣宛(電報)

上　海　3月22日後発
本　省　3月22日夜着

第七五七號

二十一日新聞紙上上海英國商業會議所ハ北支爲替統制ニ關シ左記要旨ノ聲明ヲ發表セリ

今次北支爲替統制ハ日本側諸銀行ノ利益ノ爲ニ金融獨占ヲ企圖セルモノニシテ聯銀ノ對外價値ノ維持ヲ無理ニ强行スル結果ハ當然北支貿易ノ萎縮ヲ來スヘキモ日本商社ハ聯銀引替ニ日本ニ於テ商品ヲ購入シ得ヘキ圓貨ヲ獲得シ得ルヲ以テ右ニ依リ影響ヲ受ケサルヘキモ日本商品以外ヲ取扱フ外國商社ハ假令爲替割當ニ依リ外國爲替ヲ獲得スル仕組ニナリ居ル場合ニモ聯銀ニ集中セラルヘキ輸出爲替ノ不足ノ爲右ハ最モ困難ナルヘク其ノ打撃甚大ニシテ北支ニ於ケル英國貿易ハ致命的損害ヲ蒙ルニ至ルヘシ依テ今次ノ日本側措置ハ英國ノ權益ニ對スル差別待遇ナルノミナラス門戶開放機會均等主義ノ違反ナルヲ以テ本商業會議所ハ嚴重ナル抗議ヲ提出スルモノナリ

北京、天津、青島、南京、漢口へ轉電セリ
香港へ轉電アリタシ

818　「華興商業銀行設立ニ伴フ對第三國折衝要領」

昭和14年3月25日　興亜院会議決定

華興商業銀行設立ニ伴フ對第三國折衝要領

昭和十四年三月二十五日

興亞院會議決定

第一　方　針

華興商業銀行ハ第三國側協力ノ有無ニ拘ラズ之ヲ設立スルモノナルモ努メテ第三國ヲシテ本銀行創設ノ趣意ヲ了解シ本銀行券ノ圓滑ナル流通ニ協力セシムルコトヲ主眼トシ左記要領ニ依リ第三國側ニ折衝スルモノトス

第二　要　領

一、本銀行ハ差當リ外國貿易金融銀行タルノ建前ヲ採ルモノナルヲ以テ本件折衝擔當者ハ將來本銀行ノ役員タルヘキ者等極ク少數ノモノトシ現地關係機關ハ必要ニ應シ側面ヨリ本交渉進捗方ヲ援助スル建前トス

二、本件交渉ノ相手方トシテハ前記趣旨ニ鑑ミ上海所在ノ主要第三國銀行ニ重點ヲ置クモノトス

三、現地ニ於ケル本件折衝ノ進展ニ應シ東京ニ於テモ第三國側ヨリ照會アル場合ニ於テハ外務當局ヨリ簡單ニ本銀行設立ノ趣旨ヲ說明シ非公式ニ大局的見地ヨリノ協力ヲ勸奬スル程度ニ於テ應酬スルモノトス　但シ獨、伊ニ對シテハ狀況ニ依リ積極的ニ其ノ協力ヲ要望スルコトアルモノトス

四、折衝內容概ネ左ノ如シ

(一)本銀行設立ノ趣旨及設立要綱ノ內容ヲ支障ナキ限リ說明シ維新政府ノ本銀行設立ニ對シ我方ノ協力スルハ中支經濟復興ヲ目的トスル我方ノ確定方針ニ基ク所ニシテ他意ナキコト及第三國ノ利益ヲモ充分考慮シ之トノ協助共榮ヲ期セル公正妥當ナル點ヲ了解セシムルコト

(二)第三國側ニ於テ本銀行ニ出資ノ意向アラハ之ヲ歡迎シ右意向ナキ場合ト雖モ銀行取引上必要ナル協力尠クモ本銀行券ノ流通ニ支障ヲ來ササル程度ノ協力ヲ勸奬スルコト

(三)本件折衝ニ關聯シ我方ヨリ進ンテ揚子江開放問題ニ觸ルルコトハ之ヲ避クルモノトス但シ折衝相手方ヨリ同問題ニ關シ言及シ來リタル場合ニハ同江ハ軍事上ノ必要ニ依リ開放シ難キ現狀ナルカ第三國側ニ於テ我方ノ國策ヲ理解シ本銀行ニ對シ充分ナル協力ヲ爲スコトハ大勢ニ於テ之カ解決ヲ促進スルノ方向ニ向フモノニシテ其ノ結果軍事上ノ狀況緩和スルニ從ヒ之カ開放ニ民間側トシテ努力シ得ルニ至ルヘキヲ仄カスモ妨ケサルコト

(四)爲替管理、貿易管理等ニ關シテハ我方ヨリ之ニ言及シ言質ヲ與フルコトナキ様充分注意スルモノトス但シ相手方ヨリ言及シ來レル場合ニ於テハ第三國カ本銀行ニ對スル協力ヲ吝ムニ於テハ已ムヲ得ス何等カノ强制手段ヲ執ラサルヲ得サルニ至ルコトアルヘキヲ豫想シツツ適當應酬スルコト

五、本件折衝ノ進捗ヲ有效且圓滑ナラシムル爲出來得レハ本件折衝ト牽連シ通商經濟ニ關スル對第三國關係ノ多數懸案中此ノ際我方ニ於テ解決シ得ヘキモノハ本銀行開設迄ニ極力之カ解決方ヲ實踐スルニ努メ以テ我方ノ公正ナル立場ヲ闡明シ第三國ヲシテ我方ニ協力シ其ノ權益擁護ヲ計ルコトノ有利ナルヲ事實ヲ以テ諒解セシムルニ努ムルモノトス

819

昭和14年4月10日

興亜院が作成した「北中南支ニ於ケル我方ノ通貨政策竝相互間ノ調整保持ニ關スル方針」

北中南支ニ於ケル我方ノ通貨政策竝相互間ノ調整保持ニ關スル方針

昭和十四年四月十日

一、北支ニ於テハ法幣ヲ驅逐シ中聯券ニ依ル通貨ノ統一ヲ完成ス而シテ中聯券ハ金圓ト「リンク」シ第三國通貨トノ交換價値ハ對英一志二片ヲ基準トスル建前ヲ堅持シ之ガ爲逐次爲替集中制ノ擴充强化ヲ圖ルモノトス

二、中支ニ於テハ金圓竝軍票ノ回收及價値維持ニ關スル方策ノ强化ヲ圖ルト共ニ華興商業銀行券ヲ發行シ之ガ價値基準ノ大体ノ目途ヲ一應對英八片ニ置キ對第三國貿易通貨トシテノ機能培養ニ努メ以テ逐次法幣ニ代置セシムルノ基礎ヲ確立ス

三、南支ニ於テハ當面毫幣、法幣等ノ流通ヲ容認シ軍票ニ付テハ極力之ガ回收及價値維持ヲ圖ルモノトス

四、右ノ如ク各地域ニ於ケル通貨政策ヲ異ニスル現状ニ於テ中南支ハ北支ノ通貨工作ニ協力シ北支ハ中南支通貨工作ノ圓滑ナル運行ヲ援助シ相互間ノ圓滑ナル調整保持ニ努ムルモノトス此ノ見地ヨリ差當リ

(イ)中南支ハ北支ノ爲替集中制カ其ノ實效ヲ擧ケ得ル樣之ニ協力ス

(例、北支ヨリ中南支ニ對スル密輸出ノ防止、減價セル金圓券ニ依ル北支向送金ノ制限等ノ如シ)

(ロ)北支ハ中南支ノ需要スル宣撫用其ノ他物資ノ同地域向移出ニ付爲替集中制ノ運用上適當ノ手心ヲ加フルモノトス

昭和14年4月14日　閣議決定

「交通會社設立基本要綱」

交通會社設立基本要綱

昭和十四年四月十四日

閣　議　決　定

第一、鐵道ノ所有竝ニ經營ニ關スル事項

(一)既存鐵道ノ所有權ハ其ノ地域ニ應シ蒙疆、臨時及維新三政府ニ夫々歸屬セシメ、臨時政府又ハ維新政府ノ特殊法人タル日支合辨ノ會社ヲシテ其ノ經營ニ當ラシムルモノトス

(二)本事變ニ當リ會社經營前ノ財産ニ付我方ニ於テ復舊又ハ建設改良ヲ爲シタルモノハ之ヲ社有トス

(三)國有鐵道ノ經營ハ會社自己ノ計算ニ於テ之ヲ行フモノトス

右鐵道ノ保修(維持及修繕)ニ要スル費用ハ會社ノ負擔トス

(四)事業上必要ナル建設又ハ改良ハ會社ニ於テ之ヲ實施シ之ニ依リ附加セラルル財産ハ之ヲ社有トス

但シ公益上ノ必要ニ基ク新線ノ建設ニ付キ特別ノ事情アル場合ハ政府ニ於テ其ノ費用(經營上損失アル場合ハ之ヲ含ム)ヲ負擔シ會社ヲシテ之ヲ行ハシムルコトアルモノトス

(五)財産整理ノ便宜ノ爲及將來財産ノ國有部分ト社有部分トノ間ニ適當ナル調和ヲ得シムル爲前各號ニ拘ハラス適當ナル措置ヲ爲シ得ルモノトス

(六)會社ハ速ニ鐵道財産臺帳ヲ整備シ國有竝ニ社有ノ財産區分ヲ常ニ明確ナラシムルモノトス

第二、經營區域ニ關スル事項

(一)北支那交通會社(假稱)ハ主トシテ隴海線以北(蒙疆政權内ヲ含ム)ノ鐵道ヲ經營スルモノトス

(二)華中鐵道會社(假稱)ハ主トシテ揚子江南三角地帯ノ鐵道(揚子江輪渡施設ヲ含ム)ヲ經營スルモノトス

(三)右範圍内ニアリテモ尙軍事上會社經營ヲ不適當ト認メラルル鐵道ハ軍管理ノ儘トシ情勢ノ推移ヲ俟チ逐次當該會社ニ移管スルモノトス

(四)他政權ノ鐵道ヲ經營スル場合ハ經營ノ委任及監督ニ關シ關係政權又ハ會社間ニ於テ別途協定スルモノトス

第三、借款處理ニ關スル事項
㈠會社ニ關係アル借款及之ニ伴フ權益ニ關シテハ政府ヲシテ之カ處理ニ當ラシメ會社ハ政府ニ納付金ヲ納付スルモノトス
㈡借款處理具體案ノ確定ニ至ルマテ政府ヲシテ左ニヨリ取得セル金額ヲ償還資金トシテ積立シムルモノトス
(1)政府ノ持株ニ對スル配當金
(2)會社ノ納付金
前項第二號ノ納付金ハ會社ニ於テ配當ヲ爲ス場合ニ於ケル配當シ得ベキ利益金中ヨリ左ノ事項ヲ考慮シ別ニ定ムル割合ニヨリ算出スルモノトス
(1)會社事業ノ健全ナル發達
(2)株主ノ保護
(3)最低限度ノ借款辨濟ノ可能性
(4)會社ニ於テ使用スル國有財產ノ收益性
㈢政府ハ配當金竝ニ納付金ノ外必要ニ應シ一般財源ヨリモ償還資金ヲ捻出スル如ク考慮スルモノトス
㈣政府ヲシテ借款整理案ニ付日本側及第三國債權者ト協議セシムルモノトス

第四、鐵道ニ關スル軍事上ノ要求及監督權ニ關スル事項
日本ハ駐兵間概ネ駐兵地域ニ於ケル鐵道ニ對シ軍事上必要ナル要求權及監督權ヲ有スル如ク別紙第一、第二ノ通リ措置セラルルモノトス
第五、北支港灣ノ經營歸屬ニ關スル事項
一應之ヲ切離シ別途併行的ニ研究審議スルモノトス

別紙第一
北支鐵道ニ關スル措置
一、北支鐵道ニ關シテハ陸軍大臣ニ於テ北支那開發株式會社ヲ通シテ會社ニ命令スルト共ニ之ヲ通シ其ノ實施ヲ監督
(現地監督ハ日本陸軍最高指揮官之ニ當ル)ス
但シ重要軍事行動終了ニ至ル迄ハ緊急ヲ要スル場合ニハ日本陸軍最高指揮官ニ於テ直接會社ニ對シ命令監督シ得
二、日本陸軍最高指揮官ハ直接會社ニ對シ作戰警備上必要ナル要求ヲ爲シ且之ニ伴フ監督ヲナシ得
三、前各號ニ依ル場合ニ於テハ會社經營上ニ大ナル支障ヲ來サシメサル如ク考慮ス

別紙第二

中支鐵道ニ關スル措置

一、中支鐵道ニ關シテハ陸軍大臣又ハ海軍大臣ニ於テ中支那振興株式會社ヲ通シテ會社ニ命令スルト共ニ之ヲ通シ其ノ實施ヲ監督(現地監督ハ日本陸軍最高指揮官又ハ日本海軍最高指揮官之ニ當ル)ス

但シ重要軍事行動終了ニ至ル迄ハ緊急ヲ要スル場合ニハ日本陸軍最高指揮官又ハ日本海軍最高指揮官ニ於テ直接會社ニ對シ命令監督シ得

二、日本陸軍最高指揮官又ハ日本海軍最高指揮官ハ直接會社ニ對シ作戰警備上必要ナル要求ヲナシ且之ニ伴フ監督ヲナシ得

三、前各號ニ依ル場合ニ於テハ會社經營上ニ大ナル支障ヲ來サシメサル如ク考慮ス

821　昭和14年4月27日　在上海三浦総領事より有田外務大臣宛(電報)

華興商業銀行設立に関し英国側へ説明について

上海　4月27日後発
本省　4月27日夜着

第一一〇二號

森島[1]ヨリ

二十七日英國「ジヨージ」商務參事官ヲ往訪維新政府ニ於テハ同政府管轄ノ銀行設立ヲ希望シ居リ日本側ニ對シ人的竝ニ物的援助ヲ求メ來リ居タル處日本側ニ於テモ之ニ應スルコトニ決定シ近ク銀行設立ノ運ニ至リタルヲ以テ豫メ其ノ外貌ヲ説明スルヲ適當ト認メ來訪セル次第ナル旨斷リタル上名稱、組織、資本、業務內容、準備等ニ關スル「メモ」ヲ手交シ

一、同銀行ハ中央銀行ニアラス純粹ナル商業銀行ニシテ一般銀行業務ノ外銀行券ヲ發行シ外國爲替ヲモ取扱フコト

二、銀行券ノ價値ハ現法幣ノ市場相場ト大體同樣ニシテ何時ニテモ外貨竝ニ法幣ニ交換セラルルモノナルコト

三、法幣ノ流通ヲ禁止セス新通貨ト相併行シ其ノ流通ヲ認メラルコト

四、北方ノ聯合準備銀行トハ全然異リタル基礎ノ下ニ立チ右ト何等關係ナキコト

等ヲ説明シタル上新銀行ノ健全ナル發達竝ニ新銀行券ノ圓滿ナル流通ニ對シ外國側ノ協力ヲ希望スルモノナル點ヲ説明シ日本國民ハ一般ニ英國ハ依然蔣援助政策ヲ執リツツアリトノ感情強ク先般ノ法幣平衡資金ニ對シテモ兎角ノ議論アル事態ナルニ鑑ミ本件新銀行ニ對シ英國側ノ協力ヲ得ルニ於テハ日本側一般輿論ニ與フル影響良好ナルヘク中支ニ於ケル日英經濟提携上一轉機ヲ劃スルモノト確信スル旨述ヘタリ

右[2]ニ對シ「ジヨ」ハ

(イ)法幣ヲ「リード」スル意嚮ナキヤ否ヤ

(ロ)法幣ヲ介セス直接外貨ニ交換セラルルヤ

(ハ)貿易管理乃至爲替管理ヲ行フコトナキヤ

ヲ執拗ニ質問シタルヲ以テ本官ヨリ(イ)ニ對シテハ「リード」ノ意嚮ナク(ロ)ニ對シテハ直接外貨ニ交換セラル(ハ)ニ對シテハ現在ノ所之ヲ行フノ意嚮ナキ旨説明シタルニ「ジヨ」ハ現在銀行ヲ設立スルノ必要アリヤ否ヤニ關シ疑ヲ懷ク旨竝ニ從前支那側ニ於テ新銀行設立ノ際ニハ常ニ前廣ニ協議アリタルカ短時日ニテ果シテ圓滑ニ進ミ得ルヤ否ヤ疑ハシキ旨ヲ述ヘ且準備ノ内容ヲ銀行ヨリ明確ニ公表スル等ノ措置ニ出ツレハ一般ニ安心ヲ與フヘシトノ意見ヲ述ヘタルニ付本官ヨリ法幣ノ前途ニ付テハ平衡資金設置等ヨリ見ルニ英國側ニ於テスラ必スシモ確信ヲ有スルモノトモ思考セラレス況ンヤ法幣ノ内容ニ付知ル所少キ維新政府ニ於テハ將來ニ對スル懸念ヨリ法幣急變ノ場合ニ處スルカ爲之カ對策ヲ必要トスルハ了解ニ苦シカラサルヘシト説明シ「リザーブ」ノ内容ニ付テハ銀行當事者ニ於テ將來何等考慮スルコトアルヤモ知レサルモ本官ニ於テハ其ノ内容ヲ承知セサルモ確實ナルコト丈ハ茲ニ言明シ得ヘシト答ヘ置キタリ

尚「ジヨ」ハ「キングス、レグレイシヨン」ノ件ニ言及シ英國銀行トシテハ國民政府ノ現法幣以外ノモノヲ受入ルルコトヲ得サルヘシト述ヘタルニ付本官ヨリ右ハ英國政府ノ方針ニ依リ如何樣ニモ決定シ得ヘキ問題ナルヘク例ヘハ新銀行カ一定額ノ法幣ヲ英國系銀行ニ預金セハ其ノ範圍内ニ於テ新紙幣ヲ受入ルルモ何等實損ヲ蒙ラス事實上新銀行ニ協力スルコトトナルニアラスヤト説明シタルニ「ジヨ」ハ個人トシテハ協力ニハ反對ニアラサルモ外國銀行ニ於テ相談ノコトトナルヘク自分トシテハ只今ノ處政府ニ報告スル以外意見ヲ述ヘ得サル立場ニ在ル旨述ヘ且事前ニ通報ヲ受

ケタルコトニ對シ謝意ヲ表スル所アリタリ
北京、南京へ轉電セリ

822 昭和14年4月27日 在上海三浦総領事より有田外務大臣宛(電報)

華興商業銀行設立に関し米国側および独国側へ説明について

上海 4月27日後発
本省 4月28日前着

第一一〇三號

往電第一一〇二號ニ關シ
森島ヨリ
二十七日引續キ米國總領事(大使館員當地ニ駐在セス)竝ニ獨逸代理大使ニ會見英國商務參事官ニ爲シタルト大體同様ノ説明ヲ爲シタルニ米總領事ヨリ
㈠貿易管理乃至爲替管理ヲ行フコトナキヤ
㈡維新政府ノ出資ハ海關收入ニ依リ賄ハレタルモノニアラスヤ
トノ二點ニ關シ質問アリタルヲ以テ㈠ニ對シテハ差當リ其ノ意思ナキコト㈡ニ對シテハ日本側ヨリ融資シタルモノニシテ海關收入ハ上海税關長名義ニ依リ預金セラレ居リ現ニ税關長ハ右引出ノ爲小切手ヲ振出シタルコトナシト説明シタルニ之ヲ納得シ更ニ本官ヨリ米國系銀行ニ於テ法幣預金ヲ引當ニ新銀行券ヲ受入レ得ル點ニ關シ説明ヲ試ミタルニ銀行トシテハ充分ノ「カバー」サヘアレハ之ヲ受入ルルニ何等差支ナカルヘシト思考スルモ何レ大使館ニ報告ノ上ノコトトシタキ旨述ヘ又獨代理大使ハ何等質問ヲモ爲サス聯銀ニ對スル獨逸ノ協力ニ付説明スル所アリタリ
尚英米獨共長江開放問題ニハ全然言及セサリシカ鷲尾ノ經歴ニ關シテハ何レモ特ニ質問スル所アリタリ
北京、南京へ轉電セリ

823 昭和14年5月1日 在上海三浦総領事より有田外務大臣宛(電報)

華興商業銀行券の発行が中国金融界に及ぼすであろう悪影響を英国側指摘について

上海 5月1日後発
本省 5月1日夜着

第一一四七號

往[1]電第一一二八號ニ關シ

森島參事官ヨリ

一日白國總領事ニ説明シタル處聯銀トノ關係ニ付質問シタルノミニテ日本側出資銀行ノ顏觸ヨリ見ルモ本銀行ノ基礎健全ナリト認メ得ヘク本件ハ要スルニ政治問題ニアラスシテ金融經濟等ノ問題ナルヲ以テ目下香港ニ旅行中ノ白耳義銀行支配人ノ歸來ヲ俟チ協議スヘシト述ヘタリ

尚同日英國「ボロードミート」參事官(「ジヨージ」商務參事官同席)ニ會見セル處「ブ(ママ)」ハ英國外務省ヨリハ「クレギー」大使ニ對シ此ノ際新銀行券ノ發行後支那ノ金融界ニ及ホスヘキ惡影響殊ニ充分ノ外貨準備ナクシテ新銀行券ヲ發行スルノ危險ナルコトニ付日本外務省ノ注意ヲ喚起スヘキ旨訓令アリタリト述ヘ兩人ヨリ法幣壓迫ノ底意乃至可能性ニ付論議ヲ試ミ日本側財界ニ於テハ新銀行ノ設立ニ反對アルニ拘ラス軍部カ中心トナリ押切リタルモノナルヘシト述ヘタルニ付本官ヨリ右ノ如キハ日本側ノ眞意ヲ曲解スルモノニシテ本銀行ノ設立ハ日本側專門家ノ研究ノ結果ニ外ナラス本銀行券ハ何等引當モナク一時ニ多量發行セラルルモノニアラスシテ(脱?)外貨ト關聯シテ引當ヲ有シ發行セラルルモノニシテ

當[2]初小規模ヨリ「スタート」シ漸次擴大セントスルモノナルヲ以テ法幣ニ惡影響ヲ及ホスコトナシト信ス先般「ジヨージ」參事官ヨリ「キングスレグユレーション」ニ關聯シ引受不可能ナル旨話合アリタルカ事變前北支ニ於ケル英國系銀行ハ法幣發券四銀行以外ノ河北省銀行ノ紙幣ヲ受入レ居タルハ事實ニシテ差當リ新銀行カ英國系銀行ニ期待スルハ右ト同樣ノ取扱ニ外ナラス河北省銀行カ宋哲元政權ノ機關ナルニ比スレハ新銀行ハ其ノ基礎內容ノ健全ナルコト論議ノ餘地ナシト述ヘタルニ兩人共河北省銀行券ノ授受ノ點ニ關シテハ返答ニ窮シ發行額少額ナルニ依ルモノナルヘシト述ヘ新銀行ノ準備ノ內容ヲ明カニスルノ必要ヲ繰返シ且何處ヨリ右準備ヲ調達セルヤト尋ネタルヲ以テ本官ヨリ維新政府成立以來鋭意蓄積シ來レルモノニテ本官ニ於テ其ノ內容ヲ詳細承知セサルモ內容確實ナルコト丈ハ明言シ得又發行額ノ點ニ付テハ上述ノ如ク新銀行トシテモ一時ニ多額ヲ放出スルモノニアラサル處英國系銀行カ「キングス、レグユレージヨン」ノ存在ニ拘ラス河北省銀行券ヲ受入レ來

レルハ事實ナル旨應酬シ置キタリ
北京、南京へ轉電セリ

824　昭和14年5月8日　在香港田尻総領事より有田外務大臣宛（電報）

華興商業銀行設立に重慶側は脅威を感じ宋子文が対策に苦慮しているとの情報報告

香　港　5月8日後発
本　省　5月8日夜着

第五九七號（極祕）

八日李思浩ハ支那側ハ上海ノ新銀行ニ對シ聯銀ノ場合トハ較べ物ニナラヌ程脅威ヲ感シ宋子文ハ盛ニ外資銀行家ノ間ヲ驅ケ廻リ對策苦慮中又爲替平衡資金委員會ハ時々形式的會合ヲ行ヒ居ルニ過キスト語リ大陸銀行ノ沈ヲ新銀行ニ据エタルハ大成功ナリトテ沈。ノ手腕ヲ賞讃セリ尙李ニ依レハ章士釗ハ蔣介石ヨリ再三電報ヲ受ケ五日許世英ト同乘重慶ニ飛ヒ翁文灝ハ四月末歸渝、周作民ハ銀行業務視察ノ爲馬尼剌ニ赴ケリ參考迄
上海へ轉電セリ

北京へ轉電アリタシ

825　昭和14年5月8日　在北京堀内大使館参事官より有田外務大臣宛（電報）

物価高騰抑制策および中国連合準備銀行券対策につき措置振り具申

北　京　5月8日後発
本　省　5月8日夜着

第五九〇號

北支[1]ニ於ケル物價騰貴及法幣ニ對スル聯銀券打歩ノ實情ニ關シテハ天津及靑島發大臣宛屢次電報等ニ依リ御承知ノ通リナル處右傾向ハ猶終止スル所ヲ知ラス一般民衆ニ多大ノ不安ヲ感セシメ居リ通貨竝ニ宣撫工作上ヨリモ至急對策考究ノ要アリ先般來當地連絡部中心トナリ研究中ナルカ差當リ左ノ各事項ヲ實施可能ナルモノヨリ逐次速ニ實行ニ移ス方針ヲ決定セリ

一、「ストック」ノ解放（噂ニ依レハ例ヘハ三井ニ於テ天津ニ小麥粉三萬五千袋雜貨約一千萬圓アル由ニシテ憲兵ヲシテ手持貨物ノ調査ヲ爲サシム）

二、買入對策ノ强化（特ニ物資ノ租界内流入ヲ阻止ス情報ニ依レハ棉花カ北支棉花協會ノ手ヲ經ス支那商人ニ依リ租界内ニ持込マレ續イテ日本紡績工場ニ賣却セラレ居ル由本件ニ關聯シ天津ニ於ケル通關手續ヲ塘沽ニ移轉方考慮ス）

三、支那人ニ對シ投機其ノ他苟モ物價騰貴、法幣價格釣上ヲ招來スル行爲ヲ嚴罰スヘキ旨ノ强キ威嚇

四、外國銀行及商社ヲ北京ニ招致シ財政部長邊リヨリ爲替集中聯銀券工作ニ關シ更ニ詳細ニ説明シテ其ノ協力ヲ求ムルコト（本件ハ天津日本人側爲替銀行ヨリ「サゼスト」セルモノナルモ關係方面ニ於テハ其ノ效果ハ疑シク且最早其ノ時期ニアラストノ意見强シ）

五、日本側商社ノ代表者（三井、三菱、大倉等ノ有力商社ノ天津支店長）ヲ北京ニ招致シ連絡部長ヨリ警告ヲ與フルコト（日本商社ノ行動中ニハ利益ニ走リ遺憾ノ點鮮カラサルモノアル由）

六[(2)]、開發會社ヨリ日本商社ニ直接資材ノ註文ヲ爲シ爲ニ右商社ノ法幣買トナル惧アルニ付右ハ連絡部ニテ統制スルコト

七、北支向日本人旅行者ノ禁止的制限（邦人旅行者ノ激增ニ依リ日本圓ノ北支流出止マサル爲ナルカ本件ノ實施ハ困難ナルニ付當方希望ヲ中央ニ申達ス本件ニ關聯シ圓紙幣使用自制ノ宣傳强化竝ニ日本貨及中聯券ノ百圓紙幣印刷中止ヲ考慮ス）

八、愛國公債ノ買入宣傳

九、北支内部ニ於ケル資金調整

一〇、日滿兩國ニ對スル輸出制限緩和ノ要望

一一、爲替集中

一二、品目ノ增加（法幣ニ對スル聯銀券ノ價値下落ハ結局法幣ニ依ル貿易可能ノ範圍カ多分ニ殘サレ居ル結果ニシテ之カ延イテ物價騰貴ニ反映スルニ付結局法幣ノ貿易通貨タル機能ヲ剝奪スルヲ要シ之カ爲爲替集中ヲ全品目ニ及ホスコト徹底的ナルヘキモ少クトモ差當リ二十七八品目ニ增加スル要アリトノ議論强ク（特ニ連絡部經濟第一局ニ於テ）大体(イ)羊毛、山羊毛、駱駝毛(ロ)毛皮(ハ)豚毛(ニ)獸腸、豚腸(ホ)落花生粕(ヘ)絹以外ノ十字縫及刺繡(ト)繭紬(チ)「ヘヤーネット」ノ諸品目ハ右增加中ニ是非共加ヘタキ連絡部係官ノ意嚮ナリ）

就テハ特ニ右第一一項ニ關シ本省ニ於テモ御研究相成リ興亞院ト御聯絡ノ上何分ノ儀回電アリタシ

天津、青島、濟南、芝罘、上海ヘ轉電セリ

826 昭和14年5月15日 在天津田代総領事より有田外務大臣宛（電報）

物価高騰抑制策および中国連合準備銀行券対策に関する北京大使館の措置案につき意見具申

天　津　5月15日後発
本　省　5月15日夜着

第三〇〇號

本官發北京宛電報

第一一九號

貴官發大臣宛電報第五九〇號ニ關シ貴電列擧ノ各事項ニ對スル當方思ヒ付御參考迄

一、在庫品ノ解放ハ素ヨリ結構ナルモ配給統制ヲ行フニアラサレハ實需ニ向クルコト困難ナルヘク特ニ先般ノ聯銀券打歩增大ニ依ル値上リノ如キ場合ニハ大ナル效果ヲ期待シ得ス麵粉ノ如キ必要品ニ付テハ寧ロ取引ヲ禁止シ公共機關ニ於テ輸入ヨリ直接全部引取ノ上公定相場ニテ直接又ハ商人ヲ通シ需要者ニ販賣スル方近道ナラスヤト存セラル此ノ際引取價格ト販賣價格ノ差ハ臨時政府ニ於テ負擔スル必要アルヘシ

二、棉花、綿糸及軍用皮革ノ租界持込ニ付テハ往電第二九四號ノ通リ又塘沽ニ於ケル陸揚ハ當方ノ最モ希望シ居ル所ニシテ三月廿七日附往信機密第五四號ノ趣旨ヲ一日モ速ニ實現セラレルコト切望ニ堪エス

三、投機抑制ニ付テハ市政府ニ於テ鋭意努力中ニシテ佛租界當局モ暴利取締ト共ニ實施中ナル旨佛國領事ヨリ內話アリタリ

四、外商代表者ニ對スル說明ハ現行爲替集中ニ關スル效果ナカルヘキモ其ノ擴大其ノ他租界ヲ對象トスル諸般ノ措置實施ニ際シ我方トシテ盡スヘキ手ハ盡シタル後ナル旨ノ口實ニ利用スルコトハ可能ナルヘシ

五、及六、

邦人商社ノ第三國輸入品購入ハ是非共統制ヲ加フル必要アリ敢テ開發會社ト限ラス各種商社及事業ノ第三國輸入商ニ對スル註文ハ相當巨額ニ上ルヘク（客年十月廿二日

現在ノ當地獨逸商ニ對スル契約ノミニテ約十八萬磅ニ上リ居レルコト御承知ノ通リ）現在ノ如キ無統制ニテハ聯銀券ノ對舊法幣價値ヲ日本人自ラ低下セシムルニ他ナラス（法幣買ヲ行フモノカ邦商ナリヤ外商ナリヤハ大問題ニアラス）

七、北支向旅行者ニ對スル內地警察ノ證明書發給ハ頗ル寛大ナルヤニ認メラルル處邦人ノ渡航カ直ニ北支開發ニ寄與スルコトトナラサル旨ヲ徹底セシメ慰問團、視察團ト共ニ眞ニ必要ナルモノ以外ハ渡航セシメサル様措置スルコト可然ト存ス

八、及九、

當地ニテハ近ク强制的貯蓄奬勵ヲ行ヒ其ノ大部分ヲ愛國公債買入ニ充當セシメント計畫中ナルカ前記五、ノ實施ヲ見ル場合ニハ此ノ點モ强化セラルル様希望ス資金調達ハ銀行手持資金ヨリモ市場遊資吸收ヲ研究スル要アルヘシ

一〇、根本的ニハ物資ノ不足カ大原因ナルヘキモ一般特ニ邦人ノ購買力ヲ減殺スルコト先決問題ナラスヤト存セラル

一一、爲替集中ノ擴大ハ順序トシテ當然ナルヘキモ現行制度ノ運行ニ付見透ヲ附ケタル上ニテ行フニアラサレハ法幣ノ機能剝奪ト共ニ聯銀券ノ機能擴大トナラス北支ノ輸出ヲ阻害スルノミノ結果トナラサルヤヲ惧ル又法幣ノ輸入決濟ノ範圍カ狹小トナル結果統制ヲ受ケサル輸入需要ノ集中ノ爲法幣ノ對聯銀券價値カ却テ增大スヘシトノ觀方モアリ得ル譯ニテ聯銀券ノ打歩對策トシテノ直接效果ハ寧ロ疑問ナルヤニ存セラル

大臣、濟南、青島、上海へ轉電セリ

827

昭和14年6月6日　閣議決定

「支那ニ於ケル日系通貨ノ價値維持對策ニ關スル件」

付　記　昭和十四年六月二日、興亜院会議決定
「中支那ニ於ケル日系通貨ノ價値維持ニ關スル緊急對策ノ件」

支那ニ於ケル日系通貨ノ價値維持對策ニ關スル件

昭和十四年六月二日　興亞院會議決定

昭和十四年六月六日　閣　議　決　定

支那ニ於ケル日系通貨ノ價値低下ハ諸種ノ惡影響ヲ伴ヒ今

ヤ單ナル通貨工作ノミヲ以テシテハ解決シ得サル事態ニ當面セリト認メラル依テ支那事變目的ノ徹底的遂行ヲ期スル爲速ニ之カ根本對策ヲ講スルモノトス

（付記）

中支那ニ於ケル日系通貨ノ價値維持ニ關スル緊急對策ノ件

昭和十四年六月二日
興亜院會議決定

中支那ニ於ケル圓價ノ崩落ハ之ヲ放置スルヲ許ササル狀況ニ在ルヲ以テ支那ニ於ケル日系通貨ノ價値維持ニ關スル根本對策中緊急措置ノ一トシテ必要ニ應シ海關預金法幣五百萬弗ヲ流用シ同地圓市場ニ挺入レヲ爲スモノトス

828 昭和14年6月14日
興亜院が作成した「北支蒙彊鐵鑛業統制開發基本要綱」

北支蒙彊鐵鑛業統制開發基本要綱

（一四・六・一四 興亜院）

第一、方針

北支蒙彊ニ於ケル主要鐵鑛山ヲ急速開發シ日本ニ對スル鐵鑛石ノ供給ヲ確保スルト共ニ現地製鐵事業ノ復興竝ニ新設ヲ圖リ以テ日滿生産力擴充計畫ニ即應セシムルト共ニ中國々內ノ需要充足ヲ期ス

第二、要領

一、鐵鑛石ノ採掘竝ニ製鐵事業ヲ單一會社ヲ以テ一元的ニ經營セシムル爲可及的速ニ日支合辨中國法人ヲ新設スルモノトス

前項會社ハ其ノ事業ノ重點ノ所在ニ依リ其ノ法人格ヲ定ム

二、前號ノ新會社設立迄ノ暫定措置トシテ速ニ蒙疆特殊法人タル龍烟鐵鑛株式會社（假稱、以下同ジ）ヲ設立シ、蒙疆聯合委員會ヨリ龍烟鐵山ノ經營ノ委託ヲ受ケ之ガ開發ニ當ラシムルモノトシ前號ノ會社設立セラル、ニ及ビ之ニ統合セシムルモノトス

三、龍烟鐵山ハ差當リ對日輸出ヲ主タル目標トシ併セテ現地

需要充足ノ爲開發スルモノトシ、烟筒山及龐家堡ヨリ着手シ逐次涿鹿、辛窰、三叉口ニ及ブモノトス
開發目標ヲ一應昭和十六年一三〇萬屯ト豫定ス但シ將來事態ノ推移ニ適合スル如ク措置スルモノトス
四、龍烟以外ノ主要鐵山ニ付テハ其ノ鑛業權ヲ第一號ノ新設會社ニ保有セシムル樣措置スルモノトス但シ蒙疆地域ノモノハ第一號新設會社ノ設立迄龍烟鐵鑛株式會社トス
五、製鐵業ハ差當リ石景山及太原錬鐵廠ノ復舊ヲ完成スルモノトシ、更ニ石景山製鐵所ノ擴張ニ付考慮ス
別ニ銑鋼一貫作業ノ製鐵所ヲ適地ニ新設スル爲、中央北支及蒙疆ノ共同調査ヲ實施シ其ノ結果ニ基キ之ガ位置ヲ決定スルモノトス
前項製鐵所ノ新設ニ當リテハ外資ノ利用ニ付考慮スルモノトス
六、製鐵ニ伴フ副産物處理事業ハ原則トシテ會社自ラ之ヲ行フモノトス
七、金嶺、鎮鐵山、陽泉製鐵所(舊保普鐵廠)竝其ノ他ノ土法製鐵業ハ當分ノ間前記會社ノ統制外ニ置ク
八、製鐵用電力ノ一部ハ差當リ自家發電ヲ認ムルモ將來電業統制ノ方針確立ノ上ハ之ニ依リ處理セラル、モノトス

(備　考)
第五號第二項ノ調査ニ付テハ別ニ之ヲ定ム

829

昭和14年6月24日　興亜院会議決定

「北支ニ於ケル輸出爲替集中强化要綱」

北支ニ於ケル輸出爲替集中强化要綱

昭和十四年六月二十四日
興亜院會議決定

第一　方　針

北支ニ於ケル爲替集中策ノ適用品目ヲ既往ノ十二品目ヨリ全輸移出品ニ擴張シ以テ聯銀券ノ貿易通貨タルノ機能ヲ確立スルモノトス

第二　要　領

一、北支ヨリノ全輸出品及中南支向全移出品ニ付輸移出爲替ノ聯銀集中ヲ行フ
二、右ニ伴フ聯銀ノ銀行ニ對スル輸移入爲替ノ「カヴァー」ノ供給ハ買取爲替ノ範圍ニ於テ可成多額ヲ還元スル建前

ヲ採ルモ其ノ一部ハ止ムヲ得ザル貿易外支拂例ヘバ在留外人ノ郷里送金等ニ充當ス

三、輸入ニ付テハ輸移入希望品目表ヲ適宜擴張ス

四、蒙疆トノ關係ニ付テハ差シ當リ蒙疆銀行ノ輸移出爲替取組ニ關スル確認アリタル場合ハ聯銀ノ確認アリタルモノト看做シ其ノ輸移出ヲ認ムル如キ適宜ノ措置ヲ講ス

五、中南支トノ關係ニ付テハ物資交流ノ圓滑化ヲ圖リ要スレバ無爲替輸移出ノ許可圓爲替ノ決濟ヲ認ムル等適宜ノ措置ヲ講ス

六、善意ニシテ且正常ナル既存契約ハ過渡的ニ能フル限リ之ヲ尊重ス

備　考

本件實施ノ時期ニ關シテハ各般ノ情勢ヲ觀察シ出來得ル限リ最適ノ狀況下ニ於テ實施スル如ク考慮スルモノトシ現地ニ於テ本方針ヲ實施ノ場合ハ豫メ前廣ニ中央ニ連絡スルモノトス

830　昭和14年7月12日　在青島加藤総領事より有田外務大臣宛(電報)

中国連合準備銀行券の移動取締規則を青島海関布告について

1498

青　島　7月12日後発

本　省　7月12日夜着

第四四四號

當地海關ハ臨時政府ノ訓令ニ基キ昨十一日附ヲ以テ聯合準備銀行券ノ移動取締規則ヲ左ノ通リ布告セリ

一、北支ニ於テ聯合準備銀行券ノ移動ヲ行ハントスル場合ハ其ノ積出地及目的地カ臨時政府管轄地域内ナルコトノ確實ナル認證アル限リ制限ヲ受ケサルモノトス

二、聯合準備銀行券ヲ日本又ハ滿洲國ヘ携帶セントスル場合ハ聯合準備銀行ニ於テ其ノ目的地ノ通貨ト兌換スルヲ要ス

但シ兌換ニ應セラルヘキ金額ハ銀行カ地方的狀況考慮ノ上適宜之ヲ決定スルモノトシ若シ右銀行ノ決定額ヲ超ユル金額ヲ携帶スル必要アル場合ハ更ニ其ノ超過額ハ送金爲替ニ取組ムコトヲ要ス

北京、上海、天津、南京、濟南、芝罘、威海衞、厦門、香港ヘ轉電セリ

831 昭和14年7月20日 在香港田尻総領事より有田外務大臣宛(電報)

法幣の価値維持は英国の支援なくしては困難となったとの中国側銀行筋の観測報告

香港 7月20日後発
本省 7月21日前着

第九七五號

今次爲替賣止ノ原因ニ關シ

當地支那銀行筋ニテハ㈠平衡資金ハ既ニ殆ト費シ果シ事實上外貨賣困難㈡聯銀華興銀行等ノ法幣吸集及外貨買漁リ實施㈢聯銀券ノ信用漸增ニ伴フ北方券ノ上海流入竝ニ蔣政權ノ輸入制限及輸出爲替集中政策ノ效果見込薄ニ依ル法幣ノ先物軟化㈣蔣政權ノ爲替統制力喪失及部內ノ內紛ヲ繞ル法幣ノ信用低下㈤東京會談ヲ契機トスル英國ノ對支援助ニ對スル不安等ヲ擧ケ居リ法幣價値維持問題ハ最早蔣政權ノ手ニ負ヘス專ラ英國側ノ援助如何ニ懸ルトシ諸般ノ情勢ヨリ考ヘ差當リ三片乃至四片位ノ相場ニ落付クニアラスヤト見ル向多シ

當地ニ於ケル法幣相場ハ香港弗一〇〇ニ對シ十七日二二五、十八日二七五、十九日二八五、二十日三三〇ト天井知ラスノ暴騰ヲ續ケ投機筋モ傍觀ノ形ニテ出來高ハ實需方面ノミニ限ラレ一日平均約三十萬上海弗ニ過キス

上海、青島、天津、北京、廣東ヘ轉電アリタシ

832 昭和14年8月29日 在北京堀内総領事より有田外務大臣宛(電報)

朝鮮米の輸出制限による米価高騰に対し物価取締規則公布について

北京 8月29日後発
本省 8月29日夜着

第九六號

天津水災ニ加ヘ朝鮮米輸出統制ノ結果當地米價著シク暴騰シ不正商人ノ跋扈モ豫想セラルルヲ以テ關係方面トモ協議ノ上客年貴電第四三號ヲ以テ御許可アリタル館令「物價取締ニ關スル規定」ヲ公布シ不取敢朝鮮米ニ關スル最高價格ヲ一等米一叺十四圓三十錢、二等米十四圓ト定メ八月三十日ヨリ實施スルコトトセリ委細郵報

上海、天津、青島、濟南、張家口、石家莊ヘ轉電セリ

833　昭和14年9月21日　在北京堀内大使館参事官より阿部外務大臣宛（電報）

朝鮮米輸出制限による食糧難への対応策につき意見具申

北京　9月21日後発
本省　9月21日夜着

第一〇五八號

本官發北支各館宛電報

合第五五四號

北支在留邦人ノ食糧米ニ付テハ本年二月以降朝鮮總督府カ輸出制限方針ヲ採リタル爲各公館ニ於テハ在留邦人々口ニ依ル需給推算ヲ基礎トシテ夫々必要數量ニ對スル證明ヲ輸入業者ニ與ヘ鮮府側ノ輸出許可ヲ取付クルコトトシ以テ過不足ナキヲ期シ今日迄實施シ來レル處最近ニ至リ各地共其ノ需給ニ著シク圓滑ヲ缺キ未曾有ノ食糧難ヲ招來セルカ之カ原因ト見ルヘキハ㈠邦人食糧米推定ヲ超エタル證明ノ濫發ノ結果鮮府ノ許可カ一方ニ偏セルコト㈡證明數量カ鮮府ノ豫想以上ニ達シタル爲竝ニ本年度鮮米作柄等ノ關係ヨリ輸出許可ヲ一時見合セタルコト㈢一部奸商ノ手ニ依リ輸入米カ多量ニ支那商ノ手ニ流出セルコト㈣天津及各地ノ水害ノ爲（一字アキ）損米ヲ生シタルト交通事故ノ爲輸送ノ圓滑ヲ缺キタルコト等ニシテ最近北京及背後地ノ在庫米殆ト涸渇ノ狀態ニ立到レルヲ以テ當方トシテハ應急對策トシテ鮮府ヨリ特ニ一萬五千石ノ緊急輸出ヲ仰キ當面ノ措置ヲ講スルコトトセルカ鮮府側トシテハ本年度未曾有ノ凶作ノ結果內地、滿洲方面向ノ輸出スラ間ニ合ハセ難キ狀態ニテ此ノ上北支方面ニ對スル配給ハ困難ナル旨言明シ居リ今後北支向輸出ハ相當制限ヲ加ヘラルルモノト豫想セラルルヲ以テ本問題ニ付テハ至急何等カノ對策ヲ講スル必要アルモ差詰メ各地ニ於ケル鮮米ノ配給ニ付テハ嚴重査察ヲ加ヘ（切符制度ヲ採用シ嚴格ナル監督下ニ之ヲ運用スルコト有效ト存ス）支那側ヘノ流出ヲ絕對ニ防止スルハ勿論或程度ノ制限配給ニ依リ消費者側ノ節約ヲ圖リ更ニ進ンテハ日本物資節約ノ見地ヨリ代用食ノ併用ヲモ强調シテ一般在留民ノ自覺ヲ促ス等ノ措置ニ出ツル必要アリト存ス就テハ此ノ上トモ前記ノ諸點御考慮ノ上適當御措置相成度シ

本電宛先北支各公館長

大臣へ轉電セリ

濟南ヨリ張店、博山へ轉電アリタシ

834　昭和14年9月21日　在上海三浦総領事より阿部外務大臣宛(電報)

上海を本拠とする中国側銀行にとって重慶政権との関係断絶は当面不可能との周文彬内話について

上海　9月21日後発
本省　9月21日夜着

第二七三九號

先日來滬セル交通銀行祕書長周文彬カ金融問題ニ關シ植田囑託ニ爲セル內話左ノ通リ御含迄

一、支那銀行ノ內地移轉說ニ關シテハ各銀行家ハ自己ノ立場ト利害ヲ考慮シ自己擁護ヲ條件トシテ蔣介石ニ聯絡スルニ止マリ蔣ノ意思通リニハ動カス又銀行ノ移轉ハ其ノ不動產、債權ヲ放棄スルコトトナリ且法幣流通券ノ放棄トナル處現在上海ノ法幣額ハ六億乃至八億ト見ラルルモ銀行移轉スレハ流通不能トナルヘシ法幣ノ準備金ハ現在一文モナク之カ流通シ居ルハ銀行カ上海、香港ニ在リテ老舗所有不動產土地等ニ對スル債權アリ之カ準備金トシテノ效用ヲ擧ケ居ルモノナルカ銀行ヲ引揚クレハ之カ零トナル惧アリ卽チ移轉ハ蔣政權ニ取リテモ益ナク銀行側ニ害アルヲ以テ實現不可能ナリ

二、銀行カ蔣政權ト離脫ノ意思ナキヤニ關シテハ銀行ハ今後政界ノ見透付ク迄ハ成行ヲ靜觀シ居レリ公債ト政府投資金等棒引シテ純民間銀行ニスルコトモ銀行引受公債カ政府投資金額ヨリ遙ニ多ク公債ハ關稅剩餘擔保トナリ居レル故囘收ノ見込アリ之ト棒引スルトキハ銀行ノ損失トナル故現在ノ處離脫ヲ不利トスル一方日本側ト提携スルコトモ困難ニテ當分汪政權ノ成行見透付ク迄不卽不離ノ態度ヲ執ルヘシ日支合作ニハ政治家ト財界人トノ聯絡ノ付ク人ヲ必要トス(頻リニ杜月笙ヲ上海ニ復歸セシメタシト言ヒ居タル由)支那ノ財閥ハ勿論一般民衆ハ極度ニ和平ヲ希望セルモ見透付カサル今日何人モ發言セサル實情ナリ

北京、香港へ轉電セリ

835　昭和14年9月28日　在北京堀内大使館参事官より野村外務大臣宛(電報)

華北地方に対する最小限度の朝鮮米輸入を実現するため統制策につき意見具申

北京　9月28日後発
本省　9月28日後着

第一〇七九號

北支在留邦人ノ所領米需給問題ニ關シテハ朝鮮側ノ輸出制限ニ鑑ミ在北支各公館長ニ對シ配給其ノ他ニ關スル注意ヲ喚起シ置ケルカ(右公館長宛往電合第五五四號御參照)目下ノ情勢トシテ內地米、朱洲米共ニ輸入不可能ナル上中支方面ヨリノ入荷少ク且天津附近地場產米殲滅セル事態ニ於テハ唯朝鮮米ニ依ルノ外ナク萬一之カ輸入杜絕ヲ見ルカ如キコトアラハ在留民全般ニ異常ナル不安ヲ懷カシメ支那側ニ對シテモ日本內地物資枯渴ヲ誇大ニ喧傳セラルル等面白カラサル影響ヲ來ス惧モアリ旁々此ノ際是非共一定基準ニ依ル邦人食糧米輸入ノ途ヲ講スル必要アリ朝鮮總督府ニ於テハ鮮內ノ配給ハ素ヨリ內地及滿洲向ケ輸出サヘ充分ナラサル今日從來ノ如キ無統制ナル北支向ケ輸出ノ要求ニハ到底應シ難シトノ意嚮ヲ堅持シ居レル趣ナルカ右對策トシテハ北支在留邦人人口ヲ基礎トセル需給推算ニ依リ各管內別ニ嚴格ナル數量ヲ限定シ各領事館相互ニ密接ナル聯絡統制ノ下ニ切符制度等ニ依ル配給ヲ實施シ一方經濟警察ノ活動ニ依リ監視ヲ嚴ニスルニ於テハ不必要ナル方面ヘノ流出ヲ防止シ得ルノミナラス一般消費ノ節約ヲモ望ミ得ルコトト思考ス何レニセヨ最少限度ノ食糧米ノ輸入ハ必要ナルノ事情ナルニ付至急農林省トモ御協議ノ上朝鮮總督府ニ對シ限定數量ノ輸出方承認セシムル樣御配慮煩ハシ度ク右數量ハ大體年額三十萬石以內ニテ足ルヘク此ノ點ニ付テハ當地軍參謀ヨリ陸軍次官及參謀次長ニ對シ十月中旬以降每月必要數量二萬八千石輸出方ニ付考慮ヲ求ムル旨電請セル趣ナリ尙本件差迫レル事態ナルニ付早急御取運ヒノ上結果何分ノ儀御回電アリタシ

天津、青島、濟南、張家口、上海ヘ轉電セリ

836　昭和15年2月15日　在北京藤井大使館參事官より有田外務大臣宛(電報)

金融攪乱に対する取締強化につき対応措置回

示方請訓

北　京　2月15日後発
本　省　2月15日夜着

第一二七號

最近北支ニ於ケル經濟各般統制ノ强化ニ伴ヒ且生活必需品ノ不足重慶側謀略等ニ基キ諸般ノ統制違反金融經濟攪亂行爲等モ亦漸増ノ形勢ニアリ當地連絡部ニ於テハ之カ對策トシテ近ク臨時政府ヲシテ經濟攪亂及暴利處罰辨法ヲ公布セシメ金銀塊ノ密輸出入法幣以外ノ貨幣ノ所持運搬投機ヲ目的トスル通貨爲替等ノ賣買暴利ヲ目的トスル取引其ノ他流言蜚語財界攪亂行爲等ヲ爲シタル者又ハ之カ未遂罪ニ對シ死刑以下ノ嚴罰ニ處シ以テ統制ノ强化經濟防衞ノ實ヲ擧ケントシツツアル處是等取締ハ支那人ニ對スルモノノミヲ以テシテハ完璧ヲ期シ難ク在留邦人關係ニ於テモ同樣取締ニ出ツル必要アルニ付領事館ニ於テモ右ニ協力セラレタク且現在領事館令ニ定ムル五十圓以内ノ罰金拘留等ニテハ到底本件所期ノ目的ヲ期シ難キニ付此ノ際何等カノ方法ヲ以テ邦人ニ對シテモ相當ノ重刑ヲ課シ得ル樣考慮セラレタキ旨申越アリタル處當館トシテモ上述各種行爲ニ對スル取締ヲ嚴ニシ經濟警察强化ヲ計ル必要ヲ痛感シ居ル次第ニテ種々之カ對策ニ付研究中ナルカ結局北支ニ於ケル上述行爲取締ヲ目的トスル單行勅令ノ公布又ハ國家總動員關係法令ノ準用等何等カ中央ニ於テ御措置ヲ必要トスルニアラスヤト思考セラルルニ付至急御研究相成度シ

尙刻下ノ應急對策トシテハ在留禁止處分ノ活用ヲ計ル所存ナルニ付御含置キ相成度シ右法令關係ノ外經濟警察ニ付テモ本省ニ於テ陣容其ノ他ニ付御研究ノコトト存スル處何分ノ御指示相仰度シ支那側關係法令等郵送ス

上海ヘ轉電セリ

837　昭和15年2月27日　在北京藤井大使館参事官より有田外務大臣宛(電報)

華北地方の食糧および物価問題に関し日本側現地関係者の協議会開催について

北　京　2月27日後発
本　省　2月27日後着

第一六九號

往[1]電第一六三號ニ關シ

現下北支食糧及物價問題ノ重大性ニ鑑ミ軍ニ於テハ中央（北京）及地方側ノ忌憚ナキ懇談ニ依リテ相互ノ意思ヲ疏通シ以テ十五年度北支經濟建設ノ促進食糧其ノ他生活必需品ノ需給調整ト物價安定竝ニ對日供給物資ノ確保ヲ期スル目的ヲ以テ二十二日ヨリ三日間ニ亘リ本件物資對策ニ關スル會同ヲ行ヒタル次第ニテ列席者ハ中央ヨリハ司令官以下方面軍幕僚、總軍代表、興亞院及大使館、地方ヨリハ蒙疆、山西、濟南、徐州、天津、北京、保定、石家莊、新鄕及開封ノ各地區物資對策委員會代表（特務機關長若ハ兵團參謀）等約百名ニシテ會議ハ參謀長講演ニ始マリ森岡連絡部次長（中央物資對策委員長代理）挨拶アリスエ第四課長ノ講演現地側各代表ノ管內狀況報告及興亞院各主任者ノ北支食糧問題商工鑛政策通貨金融問題十五年度物動計畫ノ豫想等ニ關スル報告行ハレ續イテ懇談ニ入リ主トシテ食糧物價聯銀券輸送經濟警察等諸問題ヲ中心ニ種々意見ノ交換ヲ見タルカ當地軍側ノ全般的意嚮ヲ察知シ得ヘキ參謀長講演要旨竝ニ懇談要領左ノ通リ

(一)參謀長講演要旨

(イ)北支經濟建設ノ目標ハ日滿北支ヲ一環トスル自給自足的發展ニ依リ綜合的國防計畫ヲ確立シ併セテ東亞新秩序ノ建設ヲ促進完遂スルニ在リ從テ北支ニ於テハ日滿ノ不足資源開發ニ重點ヲ置キ併セテ農產資源ヲ確保開發シテ民衆生活ノ安定向上ヲ圖ルヲ不可缺要件トス

(ロ)經濟建設ノ促進ニ付テハ現下ノ國際情勢ニ鑑ミ長期ノ計畫ヲ確立シテ其ノ方向ヲ誤ラサル一方應急施策ヲ以テ速ニ北支ノ對日滿依存性ヲ强化セサルヘカラス

(ハ)[2]物價ノ調整ニ付テハ現下食糧飢饉竝ニ物價暴騰ノ及ホス影響大ナルニ鑑ミ應急施策トシテ需給ノ調整、物價ノ適正、配給ノ合理化、輸送ノ統一等物資對策委員會ノ一層ノ活躍ニ俟ツ所大ナリ此ノ際不急ノ事業ハ抑壓シ生活必需品特ニ食糧ニ重點ヲ置キ所期ノ目的ヲ達セラレンコトヲ望ム

(二)懇談ハ御座成リニ流レ眞ニ事態ノ根源ニ觸ルルノ建設的發言ニ乏シカリシモ結局中央側ノ希望スル地方割據制ヲ是正シテ京津地方ヘノ物資ノ出廻ヲ圓滑ナラシムルト共ニ軍ノ物資調辨ヲ容易ナラシメ併セテ敵地ニ對スル物資ノ流出ヲ防止スル爲現地側ノ協力ヲ强化スルノ方向ニ導カレタルカ其ノ結論トモ言フヘキモノヲ要約スレハ左ノ

如シ

(イ)聯銀券ハ極力維持シ苟モ之ニ不利ナル言動ヲ爲スモノハ嚴重ニ取締ルコト

(ロ)物資需給ノ調整ハ日滿ノ苦シキ事情ニ鑑ミ結局生産增加ニ重點ヲ置クコト

(ハ)地方割據制(物資搬出許可制等)ハ能フ限リ緩和スルコト

(ニ)配給統制ニ關シテハ合作社的機構ヲ强化スルコト

(ホ)物價問題ニ關シテハ低物價政策ノ根本方針ニ變化ナ(シ)ト雖公定價格制(需給ニ甚タシキ不均衡アル場合ハ之ヲ維持シ得ストノ結論ナリ)ハ可能地區及品目ニ限リ實施シ其ノ他ハ成ルヘク適正價格ヲ示シテ之ニ據ラシムルコト

(ヘ)經濟警察ニ關シテハ其ノ發動上(A)法規ノ不備ト不統一(B)支那人及第三國人ニ協力ヲ求メ得サル點少カラサルコト(C)治外法權ニ基ク各國權益ノ錯綜(D)支那側官憲ト業者側トノ特別私的關係(E)支那側警察ノ不備(F)局地主義的經濟取締等種々難點アリ其ノ他不良邦人(鮮人特ニ多シ)ノ取締ニ關シテモ領警ノ微力罰則ノ不徹底等問題トナリタルモ是等改善方ニ付テモ別ニ研究スルコト

本會合ニ於ケル最後的結論ハ三月中旬開催セラルヘキ兵團參謀長會議ニ於テ決定セラルル趣ナリ

尙聯銀券食糧自給計畫其ノ他具體的問題ニ關シテハ逐次後報ス

天津、濟南、靑島、張家口、上海、南京、石家莊へ轉電セリ

838　昭和15年3月5日　在上海三浦総領事より有田外務大臣宛(電報)

上海方面米価暴騰の原因について

上　海　3月5日後発
本　省　3月5日夜着

第四一八號

當方面米價暴騰ニ關シテハ屢報ノ通ナル處右狀態ヲ示セル最近ノ原因トシテハ大體(一)奥地ヨリノ出廻減少(二)爲替安運賃高ニ依ル外米價格ノ昂騰(三)支那投機筋ノ思惑ニ依ル買溜賣惜竝ニ租界當局ノ價格統制ノ實行難等ヲ擧ケ得ヘシ

㈠奥地（主トシテ蕪湖下流地帯）ニ於テハ昨年十一月以來我軍ニ於テ米ノ移動ヲ停止シ本邦人指定商（三井、三菱、大丸等）ヲ通シ地域別ニ軍所要米ノ買付ヲ實行シ居レルモ最近迄ノ成績ハ良好ナラサル趣ニテ從テ商人カ民需用トシテ軍ノ許可ヲ受ケ上海其ノ他ノ都市ニ輸送シ得ル分モ又甚タ少量ニ止マル（軍經理部ニハ指定商ヨリ軍用トシテ納入セル數量ト同量乃至其ノ五割程度ノ數量ヲ民需トシテ搬出ヲ許可シ居レリ）

本年一月租界側ヨリ供給協力方ニ關シ申出アリタル際我方關係當局協議會ニ於テ軍側ニテハ大體日?ニ四千俵程度（此ノ數字不發表）ノ奥地米ノ搬出許可ヲ爲ス決心（租界内消費一日八千俵ト見込ミ又正規搬出許可ノ外ニ軍ノ監視ヲ潛リテ搬入セラルル分モ一、二千俵ニ上ルモノト見テ）ナル旨披露セルモ其ノ後實績ヲ擧クルニ至ラス右ハ奥地治安關係ノ外買付方法ノ不完全ノ理由モアルヘキモ結局ハ占領地域内ノ產出カ豫想外ニ惡ク買付數量極メテ少キニ基クモノト見ラル

㈡外米ノ輸入ハ產地高ト船腹運賃高ノ關係上大量ノ手當困難ナルモ昨年末來外商ノ西貢米輸入計畫成立濟ノモノ約八萬噸其ノ内輸入濟ノモノ二萬噸現在「ストック」中五萬噸（外ニ支那米一萬噸）ト推測セラレ居ル處爲替安ノ影響モアリ輸入採算ハ現在一俵五〇元以下ニテハ困難視セラル從テ現在ノ市價カ維持セラルル場合ニハ今後尙輸入ヲ見ルヘシ

㈢以上ノ如ク當地外米ハ差當リ數量的ニハ涸渇ニ瀕シ居ルモノトハ思ハレサルモ價格ノ異常ナル暴騰ニ依リ一般特ニ下層勞働者ノ苦境ヲ招キツツアルモノナルカ現在ノ市價ハ外米相場ニ左右セラレ居ル現狀ナル爲之カ低落ハ奥地米ノ大量搬入ヲ見サル以上當分之ヲ期待シ難キ實情ニアリ因ニ昨今ノ市價左ノ通リ

支那米一俵?（約?六斗）四八元乃至五三元

西貢米四六元乃至四七元半

北京、天津、青島、濟南、南京、漢口、厦門、廣東へ轉電セリ

839

昭和15年5月7日　閣議決定

「渡支邦人暫定處理ニ關スル件」

渡支邦人暫定處理ニ關スル件

昭和十五年五月七日　閣議決定

從來渡支者ニ對スル身分證明書ノ發給ニ關シテハ昭和十二年八月三十一日附米三機密合第三七七六號外務次官發各地方長官宛依命通牒「不良分子ノ渡支取締方ニ關スル件」ニ依リ取扱ヒ主トシテ本人ノ素性、經歷、平素ノ行動等ニ徵シ渡支後不正行爲ヲ爲ス虞ナキヤ否ヤヲ考慮ノ上其ノ虞ナキ者ニ限リ右證明書ヲ發給シツツアリシ處該制度實施以來客年十二月末迄ニ於ケル本邦人渡支者ノ延人員ハ五十九萬人ニ達スル狀態ナリ一方現地ニ於ケル圓系通貨（聯銀券、軍票等）ノ膨脹著シク之ガ價値維持ノ必要上極力是等圓系通貨ノ氾濫ヲ防止スルノ措置ヲ講ズルハ喫緊ノ要務ナル處此種通貨ノ氾濫ヲ防止スル手段ニ關シテハ各方面ニ涉リ夫々ノ見地ヨリ詳細ニ檢討考慮ヲ要スヘキコト勿論ナルモ上記ノ渡支者ニ於テモ夫々相當ノ邦貨ヲ携行シ現地ニ於テ圓系通貨ヲ放出スル次第ニテ其ノ額ハ一ケ年間概ネ一億圓ノ巨額ニ達スル實情ナルニモ鑑ミ此方面ヨリスル圓系通貨ノ膨脹ヲ防止スルコトモ亦極メテ緊要ナリ然ルニ是等個人又ハ團體ノ中ニハ其ノ渡支ノ目的理由等ニ徵シ必ズシモ上述ノ如キ現地ノ切迫シタル實情ヲ無視シテ迄渡支セシムルノ必要ナキ者多々有之モノト認メラルルノミナラズ視察、慰問等ニ籍（藉カ）口スル不要不急ノ旅行客亦尠カラザル現狀ナルニ付テハ渡支身分證明書ノ發給ニ當リテハ獨リ警察上ノ取締ニ止マラズ現地ノ實情ト睨ミ合セ在支圓系通貨放出制限ノ見地ヨリ不必要ト認メラルル邦人ノ渡支ハ極力制限スルコト適切緊要ナリ

仍テ今後ハ從來ニ於ケル不良分子ノ取締ノ外概ネ別紙ノ取扱方針ヲモ併セ實施シ不要不急ノ目的ニ出ツル支那渡航ヲ禁止シ以テ國策ノ緊急性ニ即應スルコトト致度

（別　紙）

取扱方針

一般ニ視察ヲ目的トスル支那渡航ハ當分ノ間之ヲ禁止スルコトトシ其ノ他特ニ支那渡航ヲ要スルモノニ對シテハ左記ニ該當スル場合ニ限リ所轄警察署長ニ於テ身分證明書ヲ發給シ渡航セシムルモノトス

外地ニ於テモ本方針ニ準シ措置スルモノトス

本方針ハ支那現地ノ事態ノ許スニ到リタルトキハ速ニ之ヲ

緩和スルモノトス

記

一、慰問（演劇又ハ演藝ニ依ル慰問ヲ含ム）ノ爲渡支セントスル者（團體ヲ含ム）ニ就テハ豫メ陸海軍省ノ承認ヲ得タルモノ

二、家事用務ノ爲一時渡支セントスル者ニ就テハ在支關係者ノ所轄領事館警察署ノ證印ヲ押捺セル文書ヲ有スルモノ

三、商取引ノ爲一時旅行セントスル者ニ就テハ在支關係會社、商店又ハ取引先ノ所轄領事館警察署ノ證印ヲ押捺セル文書ヲ有スルモノ

四、定住又ハ現地勤務ノ爲渡支セントスル者ニ就テハ行先地所轄領事館警察署ノ證印ヲ押捺セル文書ヲ有スルモノ又ハ在支陸海軍ノ發給シタル軍屬タルノ身分證明書（呼寄證明書ヲ含ム）ヲ有スルモノ

五、其ノ他ノ者ニシテ眞ニ已ムヲ得ザル事情アリト認メラルルモノ

〰〰〰〰〰〰〰〰〰〰〰〰〰〰〰〰

840　昭和15年5月8日　有田外務大臣より在中国各公館長宛（電報）

円系通貨の膨張を防止する一手段として邦人による不要不急の中国渡航を制限する暫定処理方針を閣議決定について

別　電　昭和十五年五月八日発有田外務大臣より在中国各公館長宛合第九三九号

右暫定処理方針の許可要領

本　省　5月8日後9時50分発

合第九三七號

一、支那ニ於ケル圓系通貨ノ膨脹ヲ防止スル一手段トシテ今般閣議ニ於テ別電合第九三八號（編注）ノ通邦人渡支取扱方針ノ決定ヲ見又關係官廳協議ノ上別電合第九三九號ノ通邦人渡支許可要領ヲ定メ今後當分ノ間暫定措置トシテ從來ニ於ケル不良分子ノ取締ノ外併セテ不要不急ノ渡支ヲ極力制限スルコトトシ右來ル五月二十日ヨリ實施ノコトトナリタリ尚支那ヲ目的地トスル旅券ノ發給ニ付テモ之ニ準シ取扱ヒ只支那以外ノ外國ヲ目的トスル旅券所持者カ支那ニ寄港スル場合（例ヘハ上海）ハ此ノ限ニ在ラス就テハ右趣旨了悉ノ上左ノ通取計ハレタシ

イ、警察署長又ハ派遣官廳發給ノ身分證明書（五月二十

日前發給ノモノヲモ含ム）在支帝國領事館發給ノ身分證明書、臺灣籍民ニ發給スル渡航證明書又ハ旅券ヲ有スル者ニ非サレハ上陸、入境セシメサルコト（但シ現役及召集中ノ帝國軍人及軍屬ニシテ制服着用ノ者ハ身分證明書ヲ要セス）

ロ、在支領事館警察署ニ於テ願出ニ依リ右取扱方針第二號、第三號及第四號ノ所謂「證印アル文書」ヲ發給スルニ當リテハ渡支ヲ必要トスル事由ヲ愼重取調ノ上事實相違ナキニ於テハ別電合第九四〇號（省略）ノ要件ヲ具備スル「渡支事由證明書」ヲ發給スルコト

尚右發給官ハ警察署長又ハ警察分署長トシ派遣所ニ於テ實際發給スル右證明書ノ發給官ハ所屬ノ署長又ハ分署長名義トスルコト

ハ、尚本件手續ニ付テハ貴管下在留邦人ヲシテ充分了解セシムル様御配慮相成度

二、本件ハ在滿邦人カ支那ニ渡航スル場合ニ於テモ滿洲國警察署ヨリ本件同様ノ取扱振ヲ以テ身分證明書ヲ發給スル様措置方目下滿側ヘ手配中ナリ結果追電スヘシ

三、不取敢方針及許可要領ハ其儘外部ニ發表セサル様取計ラハレ度

本大臣ノ訓令トシテ廣東ヨリ香港ニ轉報アリタシ

本電別電ト共ニ普通情報通リ轉電アリタシ

編注　別電合第九三八号は、本書第839文書の閣議決定「渡支邦人暫定處理ニ關スル件」の別紙「取扱方針」と同文のため省略。

（別　電）

本　省　5月8日後9時50分発

合第九三九號

許可要領

本件取扱方針ノ中

一、ニ於ケル

陸海軍省ノ承認ヲ得タルモノトハ陸軍省恤兵部、海軍省軍事普及部ノ證印アル文書ヲ有スルモノニ限ルモノトス

二、ニ於ケル

家事用務ノ爲トハ近親者ノ葬儀及養護看護等眞ニ已ムヲ得サル場合ニ限ルモノトス

三、ニ於ケル
商取引ノ爲トハ在支關係會社、商店又ハ取引先トノ間ニ現實ニ商行爲存在シ又ハ具体的ナル商業進出者ニシテ渡支セサレハ眞ニ處理シ難キ事情アル場合ニ限ルモノトス
四、ニ於ケル
定住又ハ現地勤務ノ爲トハ半永久的ニ支那ニ居住シ具体的計畫ト所要ノ準備トヲ以テ一般實務ニ従事セントスル場合、在支商社ニ勤務セントスル場合、現地軍採用ニ係ル軍屬又ハ雇傭人ノ渡支セントスル場合竝ニ永住ヲ目的トスル家族呼寄ノ場合ニ限ルモノトス
五、ニ於ケル
其ノ他ノ者ニシテ眞ニ已ムヲ得サル事情アリト認メラルル場合トハ
(イ)正當ノ事由ニ因リ第二號ニ掲クル所轄領事館警察署ノ證印ヲ押捺セル文書ノ下付ヲ受クル暇ナキ場合
(ロ)政治、經濟、文化的見地ヨリ事變處理ニ直接且積極的ニ關係アル使命ヲ有スルモノニ付興亞院又ハ外務省ニ於テ關係官廳ト協議ノ上承認シタルモノニシテ興亞院又ハ外務省ノ證印ヲ押捺セル文書ヲ有スル場合ニ限ルモノトス

841 昭和15年5月15日 在上海三浦総領事より有田外務大臣宛(電報)

外貨資金による華中米の購入につき意見具申

上　海　5月15日後発
本　省　5月16日夜着

第九三〇號

一、近來本邦ニ於テハ相當量ノ外米ヲ輸入消費シ居ルモノト了解スル處客年以來當地軍方面ニ於テ中支米ヲ買付ケ本邦向輸送ヲ行ヒタルモ其ノ成績必スシモ芳シカラサリシ主タル所以ハ現地當局ノ見込違ト右ヲ鵜呑ニシタル中央ノ訓令カ現實ノ事態ニ即セサルニ至リタル事實ノ外軍票支出ニ基ク買付値ノ低キト仲介者ノ搾取トニ在リタリト認メラレ居レリ而シテ實情ハ占領地域内ノ產米ノ約六割カ敵地ニ流レツツアル狀態ナル處本邦ニ於テ外米輸入ニ充ツル外貨資金ノ一部ヲ中支米ノ買付ニ振當ツルニ於テハ支那貨爲替ノ暴落セル今日容易ニ而モ相當量ノ產米ヲ買付ケ之ヲ本邦ニ輸送シ得ヘキノミナラス之ヲ大ニシテ

ハ支那ニ於ケル米穀ノ主産地タル占領地域内産米ノ敵地ニ流入スル分ヲ買占メ更ニ敵地ノ產米ヲ吸收シ其ノ結果敵地ヲシテ外米ノ輸入ニ沒頭セシメ又之ヲ小ニシテハ從來ノ日本側ヘノ賣惜傾向ヲ是正シ宣撫上ノ效果ヲ擧ケ得ヘシト思考セラル

二、加之日本側内部ノ問題トシテモ從來軍票ヲ法幣ニ代ヘテ買付ヲ爲シ居リタルモノナルヲ以テ少クトモ内地ヘノ輸送米ニ關スル限リ軍票放出額ヲ收縮セシメ得ヘク右ハ中南支方面刻下ノ重大問題タル軍票價値維持ニ有效ナル貢獻ヲ爲スヘク更ニ實際比較ノ結果外貨ニ依ル支那米ノ購入カ本邦ノ輸入外米ヨリ安價トナルコト判明シ進ンテ我軍ノ豫算經理技術上可能ナルニ於テハ中支派遣軍ノ消費米モ一部分外貨資金ニテ購入スルコトトセハ總軍ニ對シテ外貨ノ裏付ヲ行ヒタルコトトナルヘシ

三、本案ハ素ヨリ豫メ研究スヘキ點多々アルヘキモ軍票對策問題ノ比較的急迫シ居ル當地ニ於テ單ニ此ノ觀點ノミヨリスルモ一案トシテ好個ノ研究材料ナルヘシト思考セラルルニ付研究資料トシテ差當リ左ノ諸點御回電相成度ク又本省ニ於テモ充分本問題御研究置キ相成樣致度シ

(一)客年以來外米輸入每月量主ナル買付地

(二)右價格(本邦ノ支出トシテ米貨又ハ英貨ニ換算セラレタシ)

(三)今後輸入スヘキ見込數量

(四)客年以來輸入セラレタル支那米月別數量

四、素ヨリ本案ハ單ナル軍票工作ニアラス寧ロ敵地ニ流入スル中支米ヲ日本向引出スコトニ依リ生スル種々ノ效果ヲ窺フモノナルカ他方總軍側ニ於テハ法幣下落ニ伴ヒ軍票價値維持ノ問題ヲ重視スルノ餘リ軍票價値ノ下落防止ノ建前ノ下ニ實ハ結果ニ於テ種々有害ナル副作用ヲ伴フ統制ヲ行ハントシツツアルヤニ見受ケラル依テ斯ル傾向ヲ是正スル爲ニモ軍票ニ有益ナル種々ノ手段ヲ考究スル要有之若シ本案ニシテ見込アルニ於テハ此ノ見地ヨリモ充分研究致度シト存スル次第ナリ

北京、天津、南京、廣東、漢口ヘ轉電セリ

〰〰〰〰〰〰〰〰

842　昭和15年5月17日　在北京藤井大使館参事官より有田外務大臣宛(電報)

中国渡航暫定処理方針の閣議決定に伴い華北

地方での営業許可統制方針決定について

北　京　5月17日後発
本　省　5月17日夜着

第三八五號

本官發天津、青島宛電報[1]

合第二一九號

一、豫テヨリ新規營業、既存營業ノ擴張竝ニ增資許可ニ當リテハ之カ圓系通貨ノ膨脹ヲ來ス原因トナラサル樣制限ヲ加ヘ來リタルハ御承知ノ通リナル處來ル二十日ヨリハ邦人ニ對スル嚴重ナル渡支制限實施サルル運トナリ居リ此ノ際右營業許可方針ニ付テモ左記ニ依ルコトトシ從來ヨリ一層之ヲ引緊メ以テ極力通貨膨脹ヲ阻止スルコトト致度ク尤モ當地興亞院連絡部トノ打合ニ依リ近ク資本金一萬圓以上（鑛工、交通、水產業等所謂統制事業ニ付テハ全部）ノ新規營業、事業擴張ニ在リテハ興亞院ニ於テモ審査スルコトトナリ領事館ニ於テハ一萬圓以下ノ者ニ限リ領事館限リノ裁量ニテ許可スルコトト相成ルヘク資本金一萬圓以下ノ者ニ在リテハ一見左シテ通貨膨脹ノ原因ヲ爲ササルカ如ク考ヘラルルモ之等小額資本ノ者ハ非常ナル件數ニ上リ居リ影響スル所鮮カラサル次第ナリ尙興亞院カ審査ニ當リ嚴選主義ニ出ツルハ申ス迄モ無キ儀ナリ

記

㈠眞ニ居留民ノ日常生活上不可缺ノモノ

㈡駐屯軍トノ關係ニ於テ軍ニ於テ之カ許可ヲ要望スルモノ

㈢右以外ノモノニ在リテハ特ニ嚴重審査スルコトトシ殊ニ居留民共喰ノ惧アル小賣業及既ニ飽和狀態ニ達セル小土木請負業等ハ事實上許可セサルコト

二、右實施ニ當リテハ元來居留民ノ發展ヲ企圖シテ制定セラレタル館令トノ關係ニ於テ理論上ニモ困難アルヘク（從來ノ屆出營業モ全部許可營業ニ館令改正ノ要アリ當館ニテモ研究中ナルカ各館ニ於テモ御研究ノ上至急改正案御立案相成度シ右館令改正迄ハ屆出營業ニ付テモ事實上許可主義ヲ以テ臨ムノ外無カルヘシ）又折角渡支ノ上既ニ開業準備ヲ整ヘ居ル者等ニ付テハ情ニ於テ忍ヒス現地領事館トシテ困難ナル立場ニ立ツヘキコト等充分承知シ居ルモ國策ノ必要上已ムヲ得サル次第ナルヲ充分說明納得

セシメラルルコトト致度ク今後ハ數ニ於テヨリモ質ニ於ケル居留民ノ健全ナル發展ヲ企圖スルコトト致度シ

尙[2]業者自身ノ利益ノ點ヨリスルモ去ル十日北支方面經濟問題ニ關スル閣議決定ニ於テ石家莊、德縣間鐵道敷設石炭增產ニ關スル件ト共ニ決定ヲ見タル聯銀券對策トシテ內地ヨリ聯銀券裏付ノ物資供給ヲ行フト共ニ內地北支間ノ物價ノ懸隔ヲ調整スルノ措置ヲ講スルコトトナレルヲ以テ近ク內地ヨリ輸入セラルル物資每ニ輸入組合設立セラレ右組合ニ於テ內地物價ト現地物價トノ莫大ナル開キハ之ヲ統制料トシテ徵收シ以テ對日輸出物資ノ物價調整等ニ充ツルコトトナルヘク右實施ノ曉ハ從來內地品ヲ取扱ヒ來レル業者ハ從來ノ如キ巨利ヲ上クルハ到底不可能トナリ從テ今後ハ所謂事變景氣ニ基ク一旗組等發生ノ餘地ヲ減シ健全ナル營業ニアラサレハ立行カサルヘク斯ル際ニアリテ從來同樣巨利ヲ得ル見込ニテ新規營業ヲ爲シ又規模擴張ヲ爲スハ業者自身ノ利益ニモアラサル次第ナリ

本電宛先北支蒙疆各公館長(分館出張所ヲ含ム)

大臣、南京大使、上海へ轉電セリ

上海ヨリ塘沽へ轉報アリタシ

徐州ヨリ新浦へ轉報アリタシ

843　昭和15年9月10日　興亜院会議決定

「新中央銀行設立ニ伴フ中支通貨處理ニ關スル件」

新中央銀行設立ニ伴フ中支通貨處理ニ關スル件

昭、一五、九、九
連絡委員會幹事會決定
昭、一五、九、一〇
興亞院會議決定

方針

一、軍票ニ關シテハ其ノ價値維持方策ヲ此ノ際特ニ强化スルコトトシ極力現地放出量ヲ制限スルト共ニ他面之カ回收ヲ促進スル爲所要ノ物資竝ニ外貨ヲ供出シ且支那側ヲシテモ出來得ル限リ資金的協力其他所要ノ協力ヲ爲サシム

二、支那側ヲシテ我方援助ノ下ニ新中央銀行ヲ設立シ法幣ト等價ノ新通貨ヲ發行セシムルコトトシ同行ノ運營ニ關シ

テハ緊密ニ我方ト連絡協調セシメ以テ日支金融協力ノ基礎タラシム尚同行ノ運營カ軍票對策ニ惡影響ヲ及ホササル様所要ノ協定ヲ締結スルト共ニ必要ナル措置ヲ採ラシムルモノトス

三、新中央銀行ト華興商業銀行トノ關係ニ付テハ新中央銀行ヘノ出資々金ノ調達、華興商業銀行ノ發行權ノ處理其ノ他ニ關シ所要ノ調整ヲ行フ

措　置

一、軍票ノ放出量ヲ劃定スルト共ニ之カ囘收ノ爲我方ノ供出スル物資竝ニ外貨資金ノ量ヲ決定シ關係方面協力シテ其ノ圓滑ナル遂行ヲ圖リ之カ價値維持ニ不安ナカラシムルモノトス

二、新中央銀行ノ資本金ハ差當リ一億元(全額拂込)政府ノ全額引受トスルモ民間資本誘導ノ餘地ヲ存シ置クモノトス

三、新中央銀行ノ資本金ニ關スル我方ノ援助ハ華興商業銀行ノ中央政府ニ對スル借款ノ形式ヲ採ラシムルコトトシ左記ニ依ルモノトス

(イ)金額、五千萬元ニ相當スル米價

(ロ)擔保、新中央銀行株式

四、新中央銀行ノ保有外貨ハ日本側銀行ニ預託セシムルモノトシ日本側ト話合ノ上所要ニ應シ少額ノ外貨ハ之ヲ外國銀行ニ預託換スルコトヲ得ルモノトス

五、新中央銀行ノ發行スル通貨ノ價値基準ハ差當リ法幣ト等價ナラシム法幣ノ著シク下落セル場合ニ於ケル獨自ノ價値基準設定ニ付テハ常時其ノ用意ヲ整ヘ置クモ之カ實施ニ付テハ愼重施策スルモノトス

六、新中央銀行ノ運營ニ關シ新銀行券ノ外貨兌換性ヲ失ハサラシムル爲其ノ發行ハ外貨、法幣ヲ見返リトスル場合又ハ新通貨預金ノ拂出其ノ他之ニ準スル場合ニ限定スルモノトシ中央政府ヲシテ健全財政方針ヲ堅持セシメ新中央銀行ハ政府貸上等ヲ爲ササルモノトス

七、華興商業銀行券ニ付テハ關税收入確保上遺憾ナキ措置ヲ講スルコトトシ新中央銀行成立ト同時ニ之カ發行權ヲ取消スモノトス

八、新中央銀行ノ設立後ニ於ケル華興商業銀行ノ機能及存續ノ態様ニ付テハ情勢ノ推移ニ依リ適當調節スルモノトス

九、新銀行ノ設立及運營ニ付テハ新通貨ノ軍票ニ對スル惡影響ノ防止及中支ニ於ケル日支金融協力具現ノ爲緊密ニ我

方ト連絡協調セシムルモノトシ之カ爲特ニ左ノ諸措置ヲ講スルモノトス

(一)新銀行法案其他關係章程等ノ制定ニ付テハ支那側ヲシテ事前ニ我方ニ連絡協議セシムルコト

(二)左ノ諸項ニ付キ日支間ニ協定ヲ行フコト

(1)新中央銀行ニハ日本人顧問ヲ招聘セシメ行務ノ樞機ニ參劃セシムルコト

(2)新中央銀行保有外貨ノ管理竝ニ運用ニ付テハ日支双方ノ委員ヨリ成ル委員會ヲシテ之ニ當ラシムルコト

(3)支那側ハ軍票價値維持ノ爲我方ニ對シ所定額ノ資金的協力ヲ爲スコト

(4)支那側ハ軍票對策トシテ從來日本側ノ採リ來レル事實ヲ確認シ竝ニ將來ニ於テモ之ニ協力スルコト

(5)支那側ハ新通貨ノ流通分野ニ付キ隨時日本側ニ協議スルコト

「註」　新通貨ハ差當リ政府ノ財政收支上ニ於ケル使用通貨(三角地帯ニ於ケル鹽税收納ノ場合ヲ含ム但シ鹽ノ賣買ニ付テハ此ノ限ニ在ラス)タラシメ漸次法幣領域ヘノ進出ヲ企圖セシム

(6)支那側カ軍票對策ニ影響アル施策ヲ實行セントスルトキハ豫メ日本側ニ協議スルコト

(三)新中央銀行ノ設立ニ當リ豫メ國民政府ヲシテ新中央銀行ハ軍票對策ニ惡影響ヲ與ヘス寧ロ之ニ相協力スル様運營セラルヘキモノナル趣旨ヲ聲明セシムルコト

備考

1、蒙疆銀行ノ運營ニ付テハ現狀通リトシ中國聯合準備銀行モ之カ存續ヲ必要トスル間ハ現狀ニ何等ノ變更ヲ加フルコト無ク運營セシムルモノトス從テ新中央銀行券ハ蒙疆及北支ニハ之ヲ流通セシメサルモノトス

2、新中央銀行ノ設立ハ日支ノ協力ニ依リ之ヲ行フノ建前ヲトリ特ニ第三國ノ參加又ハ援助ヲ勸誘スル爲ノ外交措置ヲ講セサルモノトス尚新中央銀行ニ關スル將來ノ第三國トノ關係事項ニ付テハ支那側ヲシテ單獨ニ之ヲ處理セシムルコト無ク常ニ日支協議ノ上之ヲ行フ様支那側ヲ指導スルモノトス

編　注　本文書は、財務省財政史室所蔵「野田文書」より採録。

844　昭和15年10月16日　在上海堀内総領事より松岡外務大臣宛（電報）

華中新米調達に関し総軍と南京政府との間に了解成立について

上海　10月16日後発
本省　10月16日夜着

第二一八四號（部外祕外信）

中支三省産新米ノ調達ニ關シ最近總軍ニ於テ南京政府側ト左記要領ノ通リ了解成立セル趣ナリ

一、産米地域ヲ(甲)日本軍々需米區域ト(乙)政府直接管制區域ニ分チ甲地域ニ於テハ松江、蘇州、無錫、蕪湖地區ノ四縣乃至五縣下ニ於テ軍ニ於テ民食ヲ防ケサル範圍内ニ於テ豫定數量ヲ調達シ乙地ニ於テハ政府ノ食糧管理委員會ニ於テ直接或ハ日支米商ヲシテ調達新食(?)ヲ供給スルコト

二、管理委員會ハ十一月以降明年一月末迄ニ日本軍々需米三萬噸ヲ調達シ隨時日本軍ノ運用ニ供シ得ル如ク貯藏スルコト

三、前項ノ處理完了セハ日本軍ハ甲區域ノ統制ヲ政府ニ移讓シ政府ハ日本軍需米ヲモ日本軍ノ希望スル條件ニテ調達供給スルコト

四、調達搬出ニ當リテハ日支双方充分ナル便宜援助ヲ與フルコト

五、日支双方協力シテ日支米商ノ買占、騰貴、農民脅迫等ノ行爲ヲ嚴禁スルコト

六、上海地區ヘノ民需米搬出許可ハ日本軍ノ定ムル所ニ依リ實施スルコト

南京、漢口ヘ轉電セリ

845　昭和15年11月8日　閣議決定

「對支經濟緊急對策」

對支經濟緊急對策

第一、方　針

三國同盟締結ニ伴ヒ我物動物資對支供給額ノ激減ヲ見ルベキ情勢ニ鑑ミ支那ニ於ケル經濟上ノ施策ハ我方指導ノ下ニ從來ノ措置ニ泥マス速ニ支那ニ於ケル各方面ノ經濟力ノ綜合活用ヲ一段ト强化シテ現地ニ於ケル必要物資ノ調達及皇國ノ必要トスル物資ノ輸入獲得ヲ促進スルト共

ニ他面支那ニ於ケル我方ノ消耗ヲ合理的ニ縮減シ以テ皇國ノ國防經濟力ノ自給强化特ニ綜合戰力ノ急速向上ヲ期ス

第二、要　領

一、支那ニ於ケル我方ノ消費ヲ極力縮減スルコトニ努ムルト共ニ現地物資ノ囘收徹底化ヲ圖ル

二、現地產業ノ開發增產ハ主トシテ戰時ニ於テモ確保スヘキ地域ニ賦存スル基本的國防資源（鐵鑛、石炭、鹽、重石、螢石、雲母、石棉及其他特定資源）ニ之ヲ嚴ニ限定シ急速且經濟的開發利用可能ナルモノヨリ實施スルト共ニ所要ノ限度ニ於テ港灣設備竝輸送力ノ應急的增强ヲ企圖スルト共ニ是等資源ノ開發ニ關シテハ日滿支ヲ通シ各其ノ開發能率ニ基ク開發順位ヲ決定シ之カ開發ヲ促進ス

右重點事業ニ對スル資材及資金ノ供給ハ之ヲ確保スル如ク措置ス

(1)事業計畫ノ根本的改訂

(2)會社經營能率上ノ根本的措置

(3)非重點事業會社ノ整理統合又ハ移管

(4)過剩人員ノ整理竝轉業對策

三、支那土產物資ノ出廻ヲ極力增進シ他面我國經濟負擔ヲ可及的輕減セシムル如ク措置ス

(1)收買機構ニ關シ支那側ノ資本及機構ノ利用

(2)買付價格ノ合理的調整

(3)物資搬出入統制ノ有效的强化（別紙參照）

(4)日本側特殊買付機構ニ關スル所要ノ調整

四、物動物資ノ第三國又ハ租界ヨリノ買付ニ關シ支那商社ノ資本及機構ノ利用ヲ圖ルト共ニ之ニ對應シテ極力第三國向輸出ヲ促進ス

(1)石油類工作機械小麥等ノ買入

(2)北支ニ於ケル無爲替輸入許可制運用ノ調整

五、支那土着資本（華僑資本ヲ含ム）ノ誘導竝ニ活用ニ關シ積極的ニ努力ス

六、支那ニ於ケル外國商社ニシテ我方ニ協力シ來タレルモノニ對シテハ事業ノ地域竝種別ニシテ差支ナキ限リ其ノ國籍ノ如何ヲ問ハス積極的ニ之ヲ利用シ或ハ之ト合作ス特ニ獨伊トノ協力ニ付テハ優先的ニ之ヲ處理ス

七、對日滿物動物資確保ニ關スル輸送諸施設ノ能率的應急

整備ヲ圖ルト共ニ在支外國船腹ノ急速把握ニ努ム

(1)海陸輸送能力ニ對應スル港灣諸施設(碼頭、艀等)ノ能率的應急整備特ニ塘沽新港ノ建設計畫ニ再檢討ヲ加ヘ資金、資材ノ捻出轉用ヲ圖ル

(2)輸送配船ノ管理强化

(3)輸送ニ伴フ苦力ノ確保

八、日滿支ノ物動計畫及生產力擴充計畫ヲ根本的ニ改訂シ其計畫實施ヲ能率化スルコトニ努ム之カ爲要スレハ緊急體制ヲ整備ス

第三、處　置

本對策ニ基ク具體的施策ニ就テハ別途速ニ計畫ヲ樹立シ機ヲ失セス逐次實施ス

備　考

一、海關制度ノ徹底的把握及財政制度ノ確立把握ニ就テハ別途措置ス

別　紙

物資搬出入統制ノ有效的强化ハ左記要領ニ依リ之ヲ實施スルモノトス

一、物動物資、軍ノ現地自活上ノ所要物資竝特定輸出物資ハ極力之ヲ占據地域內ニ於テ取得シ其ノ不足物資ハ各種ノ工作ヲ施シテ非占據地區ヨリ吸引ス

二、占據地域內民生安定ノ爲必要ナル限リ非占據地區ヨリスル消費物資ノ流入ヲ認ム

三、非占據地區ヨリ物資ヲ吸引取得スル爲交換用物資ヲ使用流出セシムルヲ要スル場合ニ在リテモ敵側抗戰力ヲ培養セシメサル如ク嚴ニ之ヲ選擇ス

四、右實施ニ當リテハ第三國商社ハ特ニ差別的取扱ヲ爲サス、又非敵性第三國商社ハ積極的ニ之ヲ利用スルコトアルヘシ

編注　本文書は、国立公文書館所蔵「公文類聚」より採録。

846

昭和15年12月11日　阿部中国派遣大使より松岡外務大臣宛(電報)

汪兆銘が経済委員会設置案を披瀝し日本人顧問の招聘を熱望について

第六〇九號（至急、極祕）

南　京　12月11日前発
本　省　12月11日前着

特第一一五號

汪主席ハ十日本使ヲ來訪シ全面和平ノ見透及民食竝ニ軍事問題ニ關シ長時間懇談セルカ其ノ際今般行政院長ヲ委員長トシ財政經濟關係部長等ヲ委員トスル經濟委員會ヲ設置スルコトトシ之ニ有力ナル日本側顧問官ヲ招聘シ日支協力シテコトヲ進メタシトテ適任者推薦方ヲ依頼セリ

委細歸朝ノ上御報告スヘキモ不取敢

847　昭和15年12月14日　在南京日高大使館参事官より松岡外務大臣宛（電報）

中央儲備銀行設立に関する準備状況報告

南　京　12月14日後発
本　省　12月14日後着

第六一九號

特第一一六號（興亞院經由）

一、中央儲備銀行法案、暫行貨幣整理辨法及日支間覺書ハ九日何レモ中國側ノ同意ヲ得タル處銀行法案ハ十二日中央政治委員會通過、本日立法院會議ニ附議シ暫行辨法ハ十七日行政院、十九日中央政治委員會ニ提出スル事ニナレリ

二、暫行辨法及日支間覺書ハ十三日總員《(軍カ)》其ノ他現地關係ノ確實ナル內諾ヲ取付ケタリ

三、外貨管理委員會案ニ付テハ十三日中國側ト大體話合ヒ纏リタルニ付十六日新通貨對策委員會ヲ開催ノ豫定ナリ（案文別途空送）聲明案文ハ目下中國側ト打合セ中ナリ

四、銀行設立ニ關シ當方ハ先般來中國側ト打合中ノ處、本日中國側ヨリ

(イ)銀行法

(ロ)暫行辨法

(ハ)財政部長聲明

(ニ)銀行役員ノ任命發表

ヲ來ル二十日同時ニ發表シ一月五日銀行創立致度旨申出アリタルニ付目下協議中ナリ

五、新銀行理事ニ關シテハ中央銀行設立籌備委員會ノ現在委員十一名ヲ全部其ノ儘任命スルモノノ如シ

848　昭和15年12月17日　在南京日高大使館参事官より松岡外務大臣宛（電報）

中央儲備銀行設立に際し日中間覚書調印について

南　京　12月17日後発
本　省　12月18日後着

第六二四號（至急）
特第一一九號（興亞院經由）
十六日第三回新通貨對策委員會開催、審議ノ結果竝ニ之カ處置報告ス
一、日支間極祕覺書ハ現地各機關ノ正式同意ヲ得タルニ付本十七日本官及周部長ノ間ニ於テ調印ヲ了シタリ（寫別途空送）
二、外匯基金管理委員會章程及同申合要領孰レモ現地各機關ノ同意ヲ得タルニ付本十七日申合要領ハ本官及周部長ノ間ニ於テ調印ヲ了シタリ（寫別途空送）
三、財政部長聲明文中ニ挿入セシムル日本側要求文言ニ關スル現地各機關ノ意見一致シ目下之ヲ基礎トシ中國側ニ於テ修文中ナリ入手次第追送ス
四、銀行設立ニ關スル日程ニ付テハ大體來ル二十日ヲ以テ(イ)銀行法(ロ)暫行辦法(ハ)暫行辦法第八條ノ規定ニ依ル財政法令(ニ)外匯基金管理委員會章程公布(ホ)財政部長聲明發表(ヘ)總裁其ノ他役員任命發表ヲ行ヒタル後翌二十一日ヲ以テ(イ)第一回銀行創立理事會開催(ロ)華興商業銀行ヨリノ借入實行(ハ)資本拂込(ニ)顧問ノ任命ヲ行ヒ從テ現在迄ノ開業ハ一月六日ニナルモノト豫定セラル仍テ右期日ヲ前提トシ目下鋭意諸般ノ措置ヲ急キツツアリ

〰〰〰〰〰〰〰〰〰〰〰〰

849　昭和15年12月20日　在南京日高大使館参事官より松岡外務大臣宛（電報）

中央儲備銀行法および関連法令の発表について

南　京　12月20日後発
本　省　12月20日夜着

第六五一號
特第一二五號（興亞院經由）
中央儲備銀行設立ニ關スル發表振ニ付テハ外務大臣發本官宛電第三九〇號ノ趣旨ニ依リ新聞記事指導要領（別途空送ス）ヲ作成報道シ其ノ發表時期ニ關シテハ曩ニ特一一九及一二〇ヲ以テ所報ノ通リ中國側トモ充分打合ノ上昨十九日

午後六時中國側ヨリ「中央儲備銀行法」「整理貨幣暫行辦法」（十七日中央政治會議決定十九日立法院通過）「財政部外匯基金管理章程」（十七日中央政治會議決定十九日立法院通過）「關係財政部令」「財政部長聲明」及「幹部人事」總テ既報ノ通リ發表セル處當地日華各新聞ハ一律ニ本二十日朝刊ニ登載セリ

尚右發表ニ依ル市場ノ影響ハ現在迄ノ所認メ難シ參考迄

850　昭和15年12月21日　在張家口渡辺総領事より松岡外務大臣宛（電報）

中央儲備銀行が設立されても蒙疆銀行の立場に何ら変化がない旨蒙疆銀行発表について

張家口　12月21日後発
本　省　12月21日後着

第二三三一號

本官[1]發南大宛電報

第五號

貴電合第一七〇號ニ關シ

同盟電ニ依リ當地ニ傳ハリタル財政部長聲明ハ聯銀券及華興券ニ關シテハ特ニ言及セルモ蒙銀券ニ付テハ何等觸ルル所ナク從テ當地ノ一部ニハ多少ノ誤解ヲ有スル向モアリ蒙古政府及蒙銀ノ切ナル希望ニ顧ミ軍及興亞院連絡部ト協議ノ上蒙銀副總裁ヲシテ談話形式ヲ以テ二十一日當地新聞ニ左記趣旨ヲ發表セシメタリ本件至急處理ノ爲經伺ノ遑ナク右措置ニ出テタルニ付右御諒承請フ

蒙疆ハ高度自治制ヲ採リ居リ從テ中央儲備銀行設立セラルルモ蒙疆ノ經濟金融機構ニハ何等變化ナク獨立ノ發券銀行ヲ必要トスルハ勿論ナリ今回ノ聲明ニ蒙銀ニ付何等言及ナカリシハ之カ爲ト思惟セラル新銀行設立セラルルモ蒙銀ノ地位ニハ何等影響ナク

從[2]テ蒙銀券ノ發行流通ハ全然從來通ナリ今後益々蒙銀券ノ基礎强化ニ努メ一方新支那ノ通貨金融ノ健全ナル發達ニ協力セントス

（尚本文前提トシテ中央儲備銀行設立ヲ慶賀スルノ辭ヲ述フ）

851　昭和16年1月4日　在中国本多大使より松岡外務大臣宛（電報）

全国経済委員会への日本人顧問推薦方汪兆銘要請について

付　記　昭和十六年二月四日、閣議諒解
「青木顧問ノ身分地位ニ關スル件」

南　京　1月4日後発
本　省　1月4日夜着

第九號

往電第六六二號ニ關シ
三日本使汪主席ト會談ノ際汪ハ全國經濟委員會ノ問題ニ言及シ國民(政府?)ニ於テハ今回行政院ニ全國經濟委員會ヲ設ケ行政院長同副院長及財政、工商、農鑛、交通、鐵道ノ各部長等ヲ以テ之ヲ組織スルコトトナレルカ委員會ハ經濟問題審議ノ最高機關トシテ日支經濟提携ノ如キ經濟開發ノ根本問題ヲ研究立案スルト共ニ差當リ食糧及物資統制等當面急ヲ要スル諸問題ノ調整法案ヲモ考究スル筈ニテ何レニセヨ日本側ト緊密ニ聯絡ヲ取ルニ非サレハ職務ヲ圓滿ニ遂行シ得サル次第ナルヲ以テ日本側ヨリ有力ナル顧問ノ推薦ヲ得度ク右ハ阿部大使ニモ御願致シ置キタルカ政府ニテハ右顧問部ノ顔觸決定ヲ俟チ執務ヲ開始スル方好都合ト認メ推薦ヲ俟チ居ル次第ナルニ付至急御配慮ヲ得度シト申出テタリ尚本使ヨリ右顧問ノ顔觸ニ付意中ノ人ニテモアル次第ナリヤト尋ネタルニ例ヘハ石渡、青木兩氏ノ如キハ從來政府側ト種々折衝セラレタル經緯モアリ斯ノ如キ人ヲ得ラルレハ幸ナリト答ヘタリ就テハ冒頭電ノ次第モアリ至急御手配相成度シ
尚同委員會組織條例等詳細ハ十二月二十四日發支特第(ママ)機密第七七號ニ依リ御承知相成度シ

(付　記)

青木顧問ノ身分地位ニ關スル件

昭和十六年二月四日
閣　議　諒　解

一、顧問ハ取敢ヘス全國經濟委員會ノ顧問トシテ派遣セラルルモ軍事關係ヲ除ク日支協力事項一般ニ付顧問タル職能ヲ果スモノタルコト
二、顧問ハ單ニ既決定事項ノ傳達役タルニ止マラス大使館側ニ於ケル諸政策ノ審議ニ付參畫シ得ルコトトシ大使館側ノ要望スル所ニ卽應スル様國民政府ヲ内面指導スル職能

ヲ果スモノタルヘク之カ為顧問ニハ外務大臣ヨリ閣議ニ諮リタル上公式ニ訓令（別紙）ヲ與ヘテ顧問ノ任務及責任ヲ明確ニスルコト

三、顧問ニハ若干名ノ顧問輔佐官ヲ附スルコトトシ其ノ取扱ニ付テハ本案ノ趣旨ニ準スルコト

四、顧問及同輔佐官ハ大使館ニモ席ヲ存スルモ主トシテ國民政府側ニ於テ常勤スルコト

備　考

一、青木氏ノ外ニモ顧問ヲ派遣スルヤ否ヤニ付テハ同氏ノ意嚮ヲ尊重スルコトトシ此ノ場合ニハ同氏ヲ顧問（軍事關係ヲ除ク）ノ最上位トシ其ノ他ノ顧問トノ關係ニ關シ一定ノ準則ヲ定メ置クコト

二、本件及別紙訓令ハ外務大臣ヨリ大使ニ訓令スルコト

別　紙

青木顧問ニ與フル外務大臣訓令

帝國政府ニ於テハ中華民國國民政府ノ要請ニ基キ今般貴下ヲ國民政府全國經濟委員會顧問トシテ就職相煩ハスコトトナリタルニ付テハ貴下ハ軍事關係以外ノ日支協力事項一般ニ付顧問トシテ帝國政府ノ意ヲ體シ日支ノ新關係ニ卽應スル如ク國民政府ノ適切ナル指導ヲ期セラレ度尙任務遂行ニ當リテハ在支帝國大使ト常時密接ナル連絡ヲ保持セラレ度シ

852　昭和16年1月8日　在上海堀内総領事より松岡外務大臣宛（電報）

中央儲備銀行開業に関する重慶側報道振り報告

上　海　1月8日後発
本　省　1月8日夜着

第二五號

七日附ノ當地反和平派諸新聞ハ中央儲備銀行業務開始ニ關シ支那金融業者及外國銀行等ハ夫々舊法幣ヲ支那唯一ノ通貨ト看做シ其ノ他ハ一切之ヲ收受セヌコトニ申合セタリトカ或ハ京滬（南京、上海）鐵道ハ新紙幣ノ受領ヲ拒絶シ又租界當局モ之カ受入ヲナスヤ否ヤ未定ナルノミナラス舊法幣同様關税其ノ他納税ニ使用シ得ルトノ南京政府ノ布告發セラレタルヤ否ヤモ不明ナリ等ノ記事及重慶ソウトウ報カ中央儲備銀行ハ月額一千萬元餘ノ赤字財政切拔ケトシテ設立

サレタルモノニシテ資本金一億元ハ如何ナル法幣ヲ以テ充テタルモノナルヤ明カニサレ居ラサルノミナラス從來華興券カ軍票トノ摩擦防止ノ爲軍票六億元ニ對シ僅カ五百萬元ヲ發行シ得タルニ過キサリシ事實ニ鑑ミルモ中央儲備銀行ノ前途暗澹タルモノナリト評論シ居ル旨ノ六日發「ルーター」電等ヲ掲載シ居リ一方之ト對蹠的ニ英國ノ對支五百萬磅「クレヂット」ノ利用方ニ付近日中ニ商議開カルヘク又支那ノ公債ハ一齊ニ高値ヲ示セリトノ五日倫敦電及山西省方面ニ於ケル日本軍不敬日本國內政權不安惹起北京米兵暴行事件ニ關スル記事等ヲ「トップ」又ハ大キク取扱ヒ居レリ

南大、北京、天津、青島、濟南、漢口、廣東、香港へ轉電セリ

853 昭和16年1月31日 在中国日高臨時代理大使より 松岡外務大臣宛(電報)

華中新米調達協定の南京政府履行状況について

南京 1月31日後発
本省 1月31日夜着

第六八號(至急)

貴電第三三號ニ關シ(蘇浙皖三省食米調達運搬ニ關スル件)

本多大使へ

國民政府ニ於テハ「諒解事項」第二項ニ依ル採辦義務一月末日迄三萬噸ニ對シ現在一千五百噸ヲ納入シタルノミナル爲第三項ニ依ル軍需米區域ノ移讓問題ニ付軍側ニ於テ一應考慮シタルモ本諒解事項締結ノ精神ニ鑑ミ中國側ノ食米採辦實力充分ナルコトカ明白ナル時期ニ於テ日本軍需米區域ヲ中國側ニ移讓スルノ方針ハ依然變更セス且一月末迄ニ中國側ノ納入數量尠カリシ原因ニ付テハ事情酌量スヘキモノ多々アルヲ認メ當分ノ間第三項ニ依ル軍需米區域移讓ヲ留保スルノミニテ依然右諒解事項ヲ繼續シ之ニ準據シ實施スルコトトナリ其ノ旨軍ヨリ國民政府側ニ通達シタリ他方國民政府ニ於テハ三萬噸納入ヲ不取敢?三月末迄ニ延期ヲ求メ軍側モ諒承シタリ二十九日土橋少將ヲガタ參謀一宮中佐等蕪湖ニ出張中國側現地機關ノ集米狀況ニ付説明ヲ聽取シタルカ宣傳(ノ爲)梅工商部長ノ蕪湖出張等ト相俟ツテ軍、中國側ノ協力關係ハ好轉シツツアリ

854　昭和16年2月4日　在香港矢野総領事より松岡外務大臣宛（電報）

中央儲備銀行券の受取りを中止するよう蔣介石が中国・交通両行に命令したとの情報報告

香　港　2月4日後発
本　省　2月4日夜着

第六三號

四日李ホクトウノ內話左ノ通リ（發表ナキ樣致度シ）

一、中國、交通兩行ノ中央儲備銀行券取扱問題ニ關シ一月三十一日蔣介石自身ヨリ錢永銘、唐壽民、宋漢章、貝淞孫ニ對シ激越ナル詰問電報ヲ寄セ右ハ交敵?附逆ノ行爲ナルヲ以テ之ヲ停止セシムヘク場合ニ依リテハ上海ノ右兩行ヲ閉鎖引揚クルモ差支ナキヲ以テ贋札ノ受取ヲ中止セシムヘク又新聞紙上ニ右趣旨ヲ聲明發表スヘシト命令セルヲ以テ三十一日及二日ノ兩日ニ亘リ關係者錢永銘宅ニ集合協議ノ結果上海ニ對シテハ爾後中央儲備銀行券ノ受取中止方命令スルト共ニ一日當地漢字紙ニ政府系銀行ハ中央儲備銀行券ヲ受取ラサル旨新聞社ノ入手セル記事トシテ發表セリ

二、右一、ト同時ニ財政部ヨリモ命令來リ對策トシテ中央儲備銀行ハ銀行公會上海票據交換所ニ加入セシメサル樣措置方指圖シ來レリ

右上海ヘハ別ニ通報濟

855　昭和16年3月5日　在中国本多大使より松岡外務大臣宛（電報）

汪兆銘が青木経済顧問の就任斡旋に謝意を表し米穀問題へのわが方善処を要望について

南　京　3月5日前発
本　省　3月5日夜着

第一三三號（極祕）

一、本使四日歸任ノ挨拶旁汪主席ヲ訪問先ツ本使ヨリ歸任ノ際主席ヨリ依賴ノ傳言ヲ近衞總理ニ傳ヘタル處總理ハ痛ク主席ノ心境ニ同情シ其ノ苦心ハ重々察スルニ餘リアリ今後共出來得ル限リノ援助ヲ惜マサルヘキニ付御健闘ヲ祈ル旨ノ傳言ヲ託サレタリト述ヘ其ノ內容ヲ認メタル「メモ」ヲ手交シタルニ汪ハ本使ノ配慮ニ對シ感謝ノ意ヲ表シタル後總理ノ傳言ヲ聞キ勇氣百倍ノ感アリ此ノ上

ハ一層努力シテ期待ニ背カサルヲ誓フト答ヘタリ

二、次テ本使ヨリ歸朝ニ際シ依賴アリタル經濟顧問ノ人選ト米穀トノ問題ニ付前者ハ既ニ青木顧問ノ決定ヲ見後者ハ外務、陸軍各大臣ヲ始メ關係方面ニ篤ト問題ノ重大性ヲ說キ支那側ニ對スル同情的支援ヲ强調シタルカ政府首腦就中陸軍大臣モ深ク同情セラレ現地當局ニモ何等カ指令シタリト推セラレ其ノ後現地ニ於ケル兩國當局者協力シテ仕事ヲ進メツツアル趣ニテ本件問題モ大體軌道ニ乘リ來レルハ同慶ノ至リナリト述ヘタルニ汪ハ青木顧問ノ就任ニ對スル斡旋ノ勞ヲ謝シタル後米穀問題ハ今猶懸案トシテ引續キ努力中ナルカ情勢ハ益險惡化シ前途樂觀ヲ許ササルモノアリ之カ善處方日夜苦慮シツツアル次第ナルカ過日モ佛印「タイ」國間調停決裂トノ報傳ヘラレタル時ハ外米購入ノ道スラ杜絶スルニアラスヤトテ一驚ヲ喫シタル程ナリトテ極メテ悲痛ナル面持ニテ訴ヘタリ依テ本使ヨリ最近兩國當局者モ眞劍ニ此ノ難關ヲ切拔ケントスル傾向トナレルハ問題解決ノ第一歩ヲ踏ミ出シタルモノト謂フヘク此ノ上ハ益一致協力忍耐シテ困難ヲ打開スルコトヲ切望シテ已マスト述ヘタリ

三、最後ニ汪ハ最近ノ消息ヲ御傳ヘスヘシトテ李長康ノ歸順ノ件ヲ說明セル後其ノ後モ蘇北ニ於ケル韓德鈞ノ舊部下十二箇旅(約三、四箇師團)ノ代表者昨日來寧シ當方ト歸順ノ打合セ中ナルカ若シ之ニ成功セハ蘇北方面ハ一段ト明朗化スルニ至ルヘシ重慶方面ノ情勢ハ國共ノ摩擦ト共ニ稍々動搖ノ兆アル模樣ナルカ蔣介石ハ折角努力ヲ拂ヒ之カ彌縫策ヲ講スルト共ニ新四軍處分問題ニ困リ對蘇聯關係ヲ惡化セシメサル樣細心ノ注意ヲ拂ヒ居ルモノノ如ク且軍隊ノ動搖ヲ防止スル爲多數ノ宣傳員ヲ前線ニ派遣シ㈠英米ハ全力ヲ擧ケテ重慶ヲ援助シツツアリ㈡日米戰爭ハ近ク勃發スヘク其ノ際ハ米國ノ潛水艦ハ南洋方面ニ於テ日本ノ海軍ニ大損害ヲ與ヘ得ヘシ等眞シヤカニ宣傳シ士氣ヲ鼓舞シツツアルコト最近廣東方面ヨリノ諜者ヨリ報告アリタルカ之ニ依ルモ重慶側ハ依然抗日繼續ノ肚ナリト見サルヘカラス從テ吾人トシテハ前回述ヘタルカ如ク政府管下ニ模範的施政ヲ行ヒ具體的事實ヲ以テ和平運動ノ有利ナルコトヲ國民ニ明示スル外ナシト信スト述ヘタリ

北大、上海ヘ轉電セリ

856　昭和16年3月8日　在中国本多大使より松岡外務大臣宛(電報)

外米緊急輸入計画に対する日本側の協力を徐良外交部長要請について

別　電　昭和十六年三月八日発在中国本多大使より松岡外務大臣宛第一四〇号

右要請文

南　京　3月8日後発
本　省　3月8日夜着

第一三九號(極祕)

一、(1)糧食管理委員會ノ日本軍需米納入ニ關シテハ前電後二月末迄蕪湖ニ於テ納入濟ノ數量五千五百噸(外ニ湖州ニ於テ委員會買約濟ノモノ五百五十噸、揚州ニ於テ買約濟ノモノ五百噸)三月ニ入リテヨリノ納入成績ハ一日平均百五十噸ナリ

二、前年度作柄良好ナラサリシコト(特ニ蕪湖方面)竝ニ減水ニテ運搬意ノ如クナラサルコト等ノ原因ニテ出廻リ少キ爲軍需米地區ニ於テハ軍ノ徵辨ニテ全ク殘リナク又蕪湖蓄米委員ニ於テ全力ヲ擧ケテ軍ニ納入シ居リ一般民需米ハ日二日ニ不足甚シク(米產地タル蘇州方面ニ於テサヘ相當逼迫シ居ル由ノ報告アリ)治安上ノ問題トシテモ考慮ヲ要スルヤニ認メラレ客月二十三日ノ上海ニ於ケル會議(往電特第二七號)ニ於テモ結局外米輸入ノ緊要ナルコトニ一致セル次第ナルカ支那側ニ於テモ米不足ノ現狀竝ニ端境期ニ備ヘサレハ政府トシテ重大ナル局面ニ逢着スヘシトナシ最高首腦部ニ於テ委員會ヲシテ差當リ少クトモ約五萬噸ノ外米輸入ヲナサシムル計畫ヲ建テ要旨別電第一四〇號ノ通リ外交部長ヨリ本使宛右ニ付援助方申出來レリ

三、(2)委員會ノ資金ハ現在主トシテ蕪湖ニ於ケル軍需米購入ニ集中シアリ其ノ總額一千三百五十萬元(內財政部ヨリ七百萬元、當館斡旋六百萬元、其ノ他五十萬元)ナルモ外米五萬噸購入ニハ更ニ約五千萬元ヲ要スヘク(資金ノ廻轉ヲ考フレハ必スシモ全額ハ要セサルヘキモ)支那側トシテハ現在財政極メテ窮屈ナルモ行政院會議ノ結果緊急支出トシテ差當リ一千萬元ヲ豫定シ更ニ二千萬元程度ヲ各方面ヨリ(民間ヲ含ム)捻出スヘク努力スルコトトナレリ我方トシテハ前電ノ如ク右資金ノ一部トシテ華中連絡

部中心ニ二千萬元程度借入ノ斡旋ヲスヘキ豫定ナリ尚五萬噸ノ數字ハ必スシモ之ヲ以テ本年末迄ノ供給不足ヲ補ヒ得ルト云フニハアラサルモ之ヲ手引トシテ退藏米ヲ引出シ得ヘク兩々相俟ツテ米不足竝ニ米價調節ニ對處セントスルモノナリ

四、本件ニ關シテハ現地軍其ノ他關係方面ト協議ノ上追テ當方ノ意見稟申スヘキモ買付資金ノミナラス買付實施及輸入ニ關シ日本側ニ於テ特ニ援助ヲ必要トスルモノト認メラルルニ付然ルヘク御配慮相成度シ

興亞院ヘ轉報アリタシ

上海ヨリ華中連絡部ヘ轉報アリタシ

上海ヘ轉電セリ

（別　電）

南　京　3月8日後発
本　省　3月8日夜着

第一四〇號

最近各省民食ノ缺乏甚タシク救濟ノ請願各地ヨリ殺到シ應急ノ處置ヲ執ラサレハ憂慮スヘキ事態發生ノ惧アリ依テ政府ハ最少限外米五萬噸ヲ四、五、六ノ三箇月中ニ購入配給シタキ處資金買付及運輸等ニ付テハ政府ノ力未タ及ハス貴國各方面ノ協助ニ依頼スルニアラサレハ實現不可能ナルニ付當方ニ代ツテ買付ヲ爲シ本件解決ニ資セラレタク貴大使幸ニ中國民食ニ對シテ深甚ナル同情ヲ寄セラルルヲ以テ右特ニ御依頼致度ク何分ノ儀御回答賜ハリ度シ

857　昭和16年3月18日　在上海堀内総領事より近衛臨時外務大臣事務管理宛（電報）

南京政府の外米緊急輸入計画に対するわが方協力の実施案決定について

上　海　3月18日後発
本　省　3月18日夜着

第三八〇號

支那側外米輸入問題ニ關シ其ノ後大使館、連絡部等ニ於テ國民政府側ノ要望ニ基キ計畫研究中ナリシカ十六日左記要領ノ買付實施案ヲ決定シ二十日過キ日高參事官以下關係官數名上京中央當局ニ説明協力ヲ求ムルコトトナレル趣ナリ

一、本件ノ處理ハ行政院糧食管理委員會主催スルモノトシ上

海平價委員會等ハ其ノ具體化ニ應シ利用ス
二、日本側ノ援助ハ主トシテ所要資金一部ノ借上ケ斡旋、買付竝ニ輸送トス
三、買付竝ニ輸入數量ハ不取敢六月迄ニ五萬噸トス
四、所要資金ハ日本側銀行（華興ヲ含ム）手持法幣資金中ヨリ概ネ二千萬元ヲ斡旋ス（擔保トシテ財政部剩餘トシテ正金ニ預金中ノ米貨ヲ留保セシム）
國民政府自體ニ於テ速ニ三千萬元ヲ目標トシ調達ヲ計ルモノトス
五、買付及輸送ハ日本側ニ委託セシメ日本政府ノ外米購入計畫ト競合ヲ避ケシム
六、現地買付ハ日本ノ外米買付機構ニ従ヒ之ヲ代行セシム
七、所要船舶ハ現地ニ於テ調達ニ努ムルコトトシ不足分ハ内地配船計畫ニ織込ム
八、本件外米ハ租界外占據地住民ニ配給スルヲ建前トス
九、奥地配給ハ主トシテ糧食管理委員會指導中ノ支那側機構ヲ通シ行ハシム
一〇、糧食問題ノ緊急性ニ鑑ミ㈢ノ一部トシテ差當リ正金ヲシテ五百萬元ヲ管理委員會ニ融資セシメ五千噸ノ砕米ヲ西貢ヨリ輸入セシム
二、資金ヲ他ヘ借用セシメサルト共ニ返濟上遺憾ナカラシム

北大、天津ヘ轉電セリ

858　昭和16年5月22日　在中国日高臨時代理大使より松岡外務大臣宛（電報）

軍票高騰に関しわが方の善処を汪兆銘要請について

南　京　5月22日後発
本　省　5月22日夜着

第三三一號

二十一日青木顧問汪主席ト會談ノ際主席ハ各地軍票相場昂騰ノ影響ニ付說明シ殊ニ廣東ニ於テハ相場三十元トナリ影響深刻ヲ加ヘツツアリ省政府財政ハ之カ為負擔著シク增加シ又中央直轄部隊ハ法幣支給ナル為動搖ノ虞アリ國民政府ニ於テモ對策考究中ナルカ日本當局ニ於テモ軍票相場安定ニ付一段ノ配意ヲ願度キ旨申出アリタル趣ナリ（尙同日汪主席ノ紹介ニテ面談セル廣東省主席陳耀租（祖カ）モ略々同様ノ陳

情アリタル由)
本電本多大使及關係各省へ御示シヲ請フ
上海へ轉電セリ

859 昭和16年7月10日

在上海堀内総領事より
松岡外務大臣宛(電報)

新通貨が法幣に代わることは困難であり日本側は法幣攻擊工作を止めるべきとの米国人通貨専門家の意見について

上海 7月10日後発
本省 7月10日夜着

第一二二七號

八日島田商務官目下當地滯在中ノ外匯平準委員會米國側委員「フォックス」ヲ訪問會談セル要旨御參考迄左ノ通リ

一、現在日本及南京政府側ニテ執リツツアル法幣攻擊工作ハ寔ニ不可解ニテ之カ爲自分等ノ仕事ハ甚タシク困難ナリ(島田ヨリ日本側ヨリ見タル實狀ヲ篤ト說明ス)經濟的商業的ニ見レハ法幣ノ安定ハ何人モ反對ナキ所ト思ハルル一方軍票ト新法幣トノ關係カ今後適當ニ調整セラルルモノトスルモ新通貨カ法幣ニ代ハルコトハ困難ナルヘシ

二、島田ヨリ米國側ハ其ノ援助ニ依リ法幣ノ價値ヲ維持スル確信アリヤトノ問ニ對シ勿論其ノ積リナルモ日本側ノ法幣攻擊カ進捗スレハ困難ハ增加スヘシト繰返ヘシ重慶側ノ法幣發行ハ百億ヲ超ヘ「インフレ」ノ徵候歷然タルモノアリ民衆ノ法幣ニ對スル信賴ハ漸減シ居リ餘程ノ援助ナクシテハ安定困難ナラン更ニ最近ノ「ルーマー」ニ依レハ重慶側ハ上海地區ヲ切離ス意嚮(四日「ロング」ハ本官ニ對シ「フォ」ハ本件重慶側ノ計畫ニ對スル米國側ノ態度ヲ決定スル資料ヲ集メニ來滬中ナルカ英國側銀行ハ之ニ反對ナリト內話セリ)ノ由ナルカ右ニ對スル意見如何トノ問ニ對シテハ確言ヲ避ケ上海ハ將來モ依然支那ノ商業活動ノ中心地タルヘク之カ放棄ハ何人モ利セストレ言ヘルニ之ヲ肯定シ上海ノ繁榮ハ結構ナルモ日本側ノ勢力下ニ在リテ北支ニ於ケル實例ノ如ク他國ノ利益ニ對シ差別的措置カ執ラレサル樣望ム又法幣ノ安定點ニ關シテハ現在ノ程度位カ適當ナルヘシト洩ラシ自分(「フォ」)ハ最モ「フエアー」ナル案ヲ支持シタキ考ヘナリト言ヘリ

三、島田ヨリ私見トシテ米國ノ法幣援助カ結局重慶ニ對スル

軍需品ノ供給ニ便宜ヲ與ヘ抗戰力ヲ增加スルコトトナルハ當然ニテ之カ爲日米間ノ溝ヲ益々深ムルコトヲ憂フト言ヘルニ對シ「フ」ハ眞面目ニ聽入リ法幣安定ハ軍需品ノ供給トハ無關係ナリ右ハ誤解ナキヲ望ム自分ハ政治的軍事的ノ關係ト離レ純金融的立場ヨリ研究シ居レルモノニテ日本ノ經濟事情ニ付テモ多少ノ智識アルモ適當ノ資料アラハ貰ヒタシト言ヘリ

尚同人等ハ茲二週間位滯滬ノ豫定ナル趣ナリ

南大、北大ヘ轉電セリ

860　昭和16年7月26日　在上海堀内総領事より豊田外務大臣宛(電報)

米国の対日資産凍結令発動に対し中国において執るべき対応策を現地関係機関で検討中について

付　記　昭和十六年七月二十六日発及川(源七)興亜院総務長官心得より各連絡部長官宛電報第三五二五号

米国の資産凍結令発動に対し中国において執るべき対処方策について

上　海　7月26日後発
本　省　7月26日夜着

第一三五八號

一、米國ノ對日資金凍結令(編注)發動ニ關聯スル現地對策ニ關シ二十六日陸軍側ノ招集ニ依リ關係機關係官參集シ七月二十一日附興亞院連絡委員會決定ノ對處方策ヲ中心ニ協議シタル結果同方策一ノ支那對第三國輸出調整方ニ關シテハ偶々當館ニ於テ援蔣物資輸出禁絶措置ノ擴大强化方具體案ヲ研究中ナルヲ以テ之ヲ中心ニ更ニ協議研究ヲ進ムルコトトシ同指導方策二乃至三ノ米人財産ノ處分其ノ他特定經濟取引ノ制限ハ左シテ實效ナカルヘキモ主トシテ財務官ニ於テ今般發布セラルヘキ大藏省令ノ現地ニ於ケル適用ニ付又其ノ他ノ方策トシテ考フル物資搬出入制限ノ强化ニ付テハ陸海軍經理部ニ於テ夫々具體案ヲ研究シ其ノ結果ヲ二十九日當館ニ持寄リ更ニ協議檢討ヲ加ヘタル上現地案ヲ取纒メ之ヲ中央ニ具申スルコトニ打合セタリ

二、尚當方トシテハ報復カ更ニ先方ノ報復ヲ誘發スル惧アリ現地ニ於ケル措置ハ凡テ中央ノ指令ヲ俟チテ機宜ノ適用

ヲ為スコト肝要ナル旨强調シ置ケリ

追而本件ニ關シテハ陸海興亞院財務官等何レモ數日前ヨリ中央ヨリ訓令又ハ通報ニ接シ居タルニ反シ當館ハ何等通報ニ接シ居ラサリシ處右ハ何等手違トハ存セラルルモ今後此ノ種問題ニ關シテハ出來得ル限リ早目ニ御通報相成度シ尚本件ニ關スル心得事項隨時御指令ヲ請フ

南大、漢口、北京、天津、廣東、青島へ轉電セリ

編　注　『日本外交文書　日米交渉—一九四一年—』上巻第119文書參照。

（付　記）

昭和十六年七月二十六日

總務長官心得

各連絡部長官、青島所長、廣東書記官、漢口事務官宛

東京發電第三五二五號

米國ノ資金凍結令發動ニ關スル件

米國ノ資金凍結令日本及支那ニ對シ昨日發動本日ヨリ實施、右ニ關シ支那ニ於テ我方ノ採ルベキ對策昨日附經發第一四〇二號ヲ以テ空送シタル處飛機途中不時着ニ付不取敢其ノ內容左ノ通リ電報ス

尙右各對策ノ何レヲ實施スベキヤハ追而中央ヨリ指令スルニ付此ノ際現地限リノ處置ヲ採ラザル樣嚴ニ注意セラレ度

一、米國ノ資金凍結令發動ニ關聯シ支那ニ於テ執ルベキ對處方策ニ關スル件

國際情勢ノ變轉ニ伴ヒ米國ガ我方ニ對シ資金凍結令ヲ發動シ來ルコトアルベキ場合ニ於テ本邦ノ執ルベキ對策ニ關シテハ目下大藏省ニ於テ極祕裡ニ外國爲替管理法ニ基ク新省令ヲ準備致居ル處大藏省ヨリ支那ニ於テモ右ニ卽應シ機宜ノ措置ヲ講ジ我方ノ報復措置ヲ效果的ナラシムル樣依賴越アリタルニ付テハ別紙㈠（ママ）「米國ノ資金凍結令發動ニ關聯シ支那ニ於テ執ルベキ對處方策」ニ依リ此ノ際速ニ日本側限リニ於テ極祕裡ニ各場合ニ於ケル具體的準備ヲ進メ置カレ中央ノ指示ニ從ヒ機宜ノ處置ヲ講ジ得ル樣御配意相成度此段及通牒候也

追而

一、本件對處方策ハ米國ノ資金凍結令ノ內容及其ノ實際的運用狀況ト日本ニ於テ執ルベキ之ガ對策竝其ノ運

用ノ實情トニ卽應セシムルノ要アルニ付各場合ニ於ケル對策ノ選擇竝其ノ實施ニ付テハ必ズ中央ノ指示ヲ俟ツテ實施ニ移ス樣取計相成度爲念

二、尙別紙㈠《ママ》對處方策ノ第二要領ノ二項ニ關スル領事館令竝ニ同三項ニ關スル支那側法令等ニ關シテハ目下研究中ナルニ付參考ノ爲別途送付可致

三、米國ノ資金凍結令發動ニ關聯シ支那ニ於テ執ルヘキ對處方策（昭和十六年七月二十一日　興亞院連絡委員會決定）

第一、方　針

米國ノ資金凍結令發動ニ關聯シ支那ニ於テ執ルヘキ對處方策ハ米國ノ資金凍結令ノ內容及其ノ實際的運用狀況ニ對應シ日滿支一體ノ見地ヨリ日本ニ於テ執ルヘキ對策ニ卽應シ措置シ得ル如ク準備シ置キ之ガ實施ニ當リテハ中央ノ指示ニ從ヒ機宜ノ處置ヲ講スル如クスルモノトス

第二、要　領

一、防衛的措置ヲ主トスル場合

昭和十六年七月十九日附經發第一、三五九號「支那對第三國輸出ノ調整ニ關スル件」ノ發動乃至之ガ運用ノ緩急ニ依リ對處スルモノトス

二、日本側ノミ報復的措置ヲ執ル場合

前記一ノ措置ヲ講スルノ外日本側ハ領事館令等ニ依リ日本ニ於テ執ルヘキ對策ノ內容ニ卽應シ日本人ト米國人トノ間ノ財產（不動產、動產、其ノ他ノ物權、債權等）ノ處分、其他特定ノ經濟取引ヲ許可事項トシ之カ運用ノ緩急ニ依リ對處スルモノトス

三、日支協力シ報復的措置ヲ執ル場合

前記一及二ノ措置ヲ講スルノ外更ニ支那側ヲシテ適宜政府ノ法令等ニ依リ日本側ニ於テ執ルヘキ措置ニ卽應シ支那人（治外法權ヲ享有セサル第三國人ヲ含ム）ト米國人トノ間ノ財產（不動產、動產、其ノ他ノ物權、債權等）ノ處分其ノ他特定ノ經濟取引ヲ許可事項トシ之カ運用ノ緩急ニ依リ對處セシムルモノトス

（註）前記一、二、三、ノ措置ノ實施ニ當リ租界ニ對スル工作ハ他ノ界《(租欠カ)》工作ト卽應スル程度以上ニ出サルモノトス

四、實力ヲ行使スル場合

本場合ハ凡ユル手段ヲ講シ要スレハ我カ武力ノ掩護ノ下ニ租界内外ヲ通シ米國及米國人ノ諸權益ヲ處理スルモノトス但シ本場合ニ於テハ全面的破局ヲ惹起スルコトアルヲ豫期スルヲ要ス

備考

一、本件施策ハ米國ヲ對象トセルモノナルモ英米共同ノ經濟壓迫ノ豫想セラルル現狀ニ鑑ミ英國ニ對スル施策ニ付テモ豫メ之カ準備ヲ整ヘ置クモノトス

二、英米在支權益ニ付テハ之カ破壞ノ防止竝ニ保全等ニ關シ豫メ周到ナル準備ヲ整ヘ置キ狀況ニ應シ機宜ノ措置ヲ講スルモノトス

宛北京、張家口、青島、上海、厦門、漢口、廣東

861 昭和16年7月28日 在中国日高臨時代理大使より豊田外務大臣宛(電報)

対日資産凍結へのわが方対応措置に関し南京政府が協力方応諾について

南　京　7月28日後発
本　省　7月28日夜着

第五二三號(至急)

往電第五二二號ニ關シ

當方措置ニ應シ國民政府ニ於テモ必要ナル措置ヲ講スルコトニ付テハ汪主席ヲ始メ關係方面何レモ快諾目下急速手續進行中ニシテ明二十九日朝行政院會議ニ付議シタル上財政部令トシテ同日正午頃公布ノ豫定ナリ但シ汪主席ヨリ北支ニ於テ別個ノ發令ヲ必要トスル場合ニモ明日國民政府ノ發令ヲ待チ發令スル樣大使館ニ於テ連絡ヲ講セラレタシトノ強キ希望申出アリ右申出ハ無理ナラヌコトト思考セラルル處貴電第三二六號㈡御來示ノ次第モアリ爾後ニ於テ然ルヘク措置スル心算ナリ不取敢

北大、上海、張家口ヘ轉電セリ

862 昭和16年7月30日 在上海堀内総領事より豊田外務大臣宛(電報)

対日資産凍結への対応策として輸出制限措置および輸出許可品目を協議決定について

別電一　昭和十六年七月三十日発在上海堀内総領事より豊田外務大臣宛第一三九〇号

輸出制限措置要領

二 昭和十六年七月三十日発在上海堀内総領事より豊田外務大臣宛第一三九一号

輸出許可品目

上海 7月30日後発
本省 7月30日夜着

第一三八九號

一、[1]二十九日午前當館ニ陸海興亞院財務官各係官(南京側ヨリ大使館及總軍係官出席)ノ出席ヲ求メ外國人關係取引取締ニ關スル告示ノ正式館令化ニ伴フ修正意見及船舶出港制限措置等ト共ニ當館提案ノ別電第一三九〇號ノ輸出制限措置要領ヲ協議決定シ引續キ同日午後ノ會議ニ於テ別電第一三九一號ノ輸出許可十四品目ノ協議決定ヲ見タリ

二、本輸出許可制ノ實施手續ハ大體四月七日以降實施ノ援蔣物資輸出禁止措置(往電第五三八號御參照)及佛印間例外措置(往電第六八〇號御參照)ニ[2]準シ實際上ノ許可ハ協力形式上海關監督ヲシテ之ヲ行ハシムルコトトスル意嚮ナルモ必要ニ應シテハ海關側ヨリノ書類ヲ直接我方ニ提示セシメ當館中心トナリ審議決定スルコトト致度キ所存ナリ

三、要許可品目ノ選定ニ當リテハ大體左ノ標準ニ據レリ

(イ)左記品目ハ主トシテ資源確保ノ目的ニ出テタルモノニテ從テ之等?品目ハ仕向地乃至仕向國ノ態度如何ニ拘ラス原則トシテ禁止ニ準スル取扱ヲ爲ス意嚮ナリ

別電第一三九一號中ノ一、二、三、四、六、七、九、一〇、一一、一二、一三、

(ロ)[3]左記品目ハ仕向地乃至仕向國ノ態度如何ニ依リ許可ヲ決定スル豫定ナリ

別電第一三九一號中ノ五、八、?三(ママ)、一四、

(ハ)尚豚毛、生絲、茶、(註、品目一ツ不明)及同製品、桐油等主トシテ第三國向物資ニ付テハ支那民生上ノ見地或ハ第三國物資入手ノ爲入用ノ可能性等ヲ考慮シ特ニ此ノ際ハ削除スルコトトセリ

四、屢次申進ノ如ク當方ニ於テハ本件輸出許可制ハ主トシテ援蔣輸送路ノ禁絶ノ意味ニテ考究シ居タルモノカ重要物資確保竝ニ特定?國側凍結令等ニ對スル對抗措置ヲモ含メ取纏メタルモノニシテ許可品目ノ範圍擴大方意見モアリタルカ國民政府側指導ノ便宜、積出許可制度運用ノ圓滑

等ノ見地ヨリスルモ此ノ際先ツ前記程度ニテ「スタート」スルコト適當ト認メタル次第ニ付御含置相成度シ

別電ト共ニ南大、漢口、北京、天津、青島、厦門、廣東、香港ヘ轉電セリ

（別電一）

上海　7月30日後発
本省　7月30日夜着

第一三九〇號

第一、[1]方針

援蔣物資輸送禁絶措置強化、重要資源確保竝ニ外國人關係取引取締補足ノ目的ヲ以テ上海海關ヲシテ特定ノ品目ノ輸出許可制度ヲ實施セシムルモノトス

本件取締ハ我方指導監督ノ下ニ中華民國海關ヲシテ之ニ當ラシメ我方之ヲ補足援助スルモノトス

第二、要領

一、輸出要許可品目

別表ノ通リ

備考、本年四月七日以降上海海關ヲシテ實施セシメ居ル「ビルマ」等向ケ援蔣物資二九品目ノ輸出禁止措置ハ現行ノ儘トス

二、[2]取締機關

中華民國上海海關トス

但シ之ヲ補足援助スル爲

(イ)左記三、ニ依リ輸出取締委員會（假稱）ヲ設ケ要許可品目ニ付　？　許可不許可ヲ審議決定スルモノトス

(ロ)特定數ノ邦人海關職員ヲ蘇州河以南租界碼頭其ノ他外國側碼頭ニ勤務セシメ積込竝ニ積付ノ監視强化スルモノトス

備考、本件ハ既ニ實施中ナルカ更ニ之カ强化方考究中ナリ

(ハ)必要アル場合ニハ陸海軍部隊ノ協力ヲ求メシムルモノトス

三、[3]輸出取締委員會

(イ)本委員會ハ外務、陸軍、海軍及興亞院等團體諸機關竝ニ要スレハ民間專門家ヲ以テ構成スルモノトス

(ロ)本委員會ハ

(一)圓（援蔣カ）、物資輸送取締ノ目的ヨリ海關ヲ通シ必要ナル書

類其ノ他ノ證據ヲ提示セシメ貨物ノ種類及品質荷送人仕向ケ人竝ニ仕向ケ地等ヲ檢討シ許可不許可ヲ審議決定スルモノトス

之カ爲各機關ノ有スル華商ノ敵性ニ關スル諜報網ヲ强化シ之ヲ利用スルト共ニ仕向ケ地ニ於ケル我方各機關ト隨時聯絡スルモノトス

(二)資源確保及外國人關係取引取締補足ノ目的ヨリ我方所要數量及前記(一)ノ諸標準ニ付檢討ノ上許可不許可ヲ審議決定スルモノトス

備考、本委員會ハ國民政府側ノ本制度ニ關スル態度決定ノ上發動スルコトト豫定シ海關側ト我方トノ聯絡ハ差當リ從前通リトス

四、支那側指導

國民政府財政部ヨリ命令ヲ發セシメ之ニ基キ海關ヲシテ本件實施ニ必要ナル告示ヲ發セシムルモノトス

上海　7月30日後発
本省　7月30日夜着

(別電二)

第一三九一號

(括弧内ハ輸出税番)

一、皮革類(二三、二四、二七乙)
二、糠及麩(四五)
三、米及籾(五一)
四、麥及小麥粉(五三、四七甲)
五、染料及塗料(五五—五八、二四〇、二四二、二四八、二七〇)
六、食用油(八九—九三?、九七—一〇〇、一〇二)
七、護謨(一四五甲)
八、石炭(一五〇)
九、棉花及屑棉(一七四、一七五)
一〇、大麻、黄?麻及苧。麻(一七七—一七九)
一一、羊毛(一八九)
一二、鑛石(二一四)
一三、金屬及同製品(二一五—二二五)
一四、化學藥品(醫用及工業用)(二三六—二三八、二四一、二四六、二四五、二四九)

863　昭和16年7月31日　在上海堀内総領事より豊田外務大臣宛(電報)

対日資産凍結に対応した輸出制限措置は無用の混乱を招来しないよう制限品目を限定し漸次拡大していく方針について

上　海　7月31日後発
本　省　7月31日夜着

第一四三四號

貴電[(1)]第七五九號ニ關シ(英米等ニ對スル輸出許可制ノ件)

上海ニ於テハ往電第一三八九號ノ通リ特定品目ニ限リ許可制實施方現地各機關ノ意見一致ヲ見既ニ南大ニ於テ國民政府側ト折衝中ナル處當地ハ北支ノ如ク爲替集中制ヲ實施セラルル地方乃至ハ廣東、海口ニ對シ一部貿易統制ヲ行ヒ居ル土地ト異リ何等貿易統制ノ經驗ナク器物ノ整備モ今ヨリ手始メル事情ナリ加之當港ヨリノ輸出額莫大ニテ例ヘハ去ル六月ノ上海港ノ對米(屬領ヲ含ム)輸出額五千八百萬元對英帝國輸出額一億一千五百萬元及對蘭領東印度一千一百萬元合計約一億八千四百萬元ニ達シ

總[(2)]輸出額ノ八五%ヲ占メ居ルヲ以テ(右ハ全支總輸出額ノ五三%ニ相當ス)之等特定國向一般輸出許可制度ノ實施ニ對スル手續煩雜ヲ極メ其ノ結果少クトモ當初ハ事實上輸出ノ「オウルストップ」トナリ(一方上海ヨリノ物資ノ流出ヲ止メントスル餘リ大局ヲ無視セントスル傾向現地日本側一部ニ存ス)當地市場ニ無用ノ混亂ヲ招來スルノミナラス引イテハ國民政府ノ財源ニモ惡影響ヲ及ホスヘキヲ以テ此ノ際ハ冒頭拙電ノ趣旨ニ依リ重要資源確保上特ニ重要ナラサル品目及主トシテ第三國向輸出物資ニシテ支那ノ民生上乃至ハ國民政府財政上必要品目ヲ除外シ先ツ特定ノ品目ニ對スル許可制ヲ實施スル事トシテ(右特定ノ十四品目ノミニテ輸出額月五千萬元ニ達ス)

將[(3)]來我方貿易統制機構整備ト國際情勢ノ趨勢ニ應シ(既ニ判明セル英米等ノ出方ヲ見ルモ支那ハ英米等トノ貿易上或ル程度ノ調節機能ヲ發揮シ得ルヤニ認メラレ此際我方トシテ餘リ形式的報復措置ヲ支那ニ於テ急クハ得策ナラサルヘシ)適當ナル品目ノ加減乃至仕向地別許可制ノ擴大ヲ圖ル方針ニテ進ミタキ所存ナルニ付テハ此等諸點特ニ上海ノ特殊性ヲ充分考慮ノ上一先ツ往電第一三八九號ニテ進ムコトヲ御承認アリタシ日高公使ト打合濟

南京、北京、天津、青島、厦門、廣東ヘ轉電セリ

864　昭和16年8月4日　在上海堀内総領事より豊田外務大臣宛（電報）

対日資産凍結の背景に法幣安定資金を有効に運用せしめんとする英米側の意図があるなど本邦銀行関係者の観測報告

上　海　8月4日後発
本　省　8月4日夜着

第一四四七號

當地本邦銀行筋ニ於テハ今次ノ資金ノ凍結ニ關シ大要左ノ如キ觀測ヲ爲シ居レリ

一、「フオツクス」ハ豫テヨリ法幣安定資金ヲ有效ニ運用シ重慶財政ノ建直ヲナス爲ニハ對日、支資產凍結ヲ至急實施スル必要アリト主張シタルカ偶々過日來滬ノ際香上支配人「ヘンチマン」カ右「フ」ノ主張ニ全幅的支持ヲ與ヘタル結果「フ」ハ米國ニ對シ至急凍結令ノ發動方ヲ要請セル趣ニテ一部ニ於テハ右「フ」ノ要請カ米國ヲシテ今回ノ對支凍結措置ヲ取ラシメタル要因ナリト見居レリ

二、米國ハ日本ノ報復的措置カ意外ニ嚴重ナリシヲ以テ一時石油ノ禁輸緩和等ノ態度ヲ示シタルモ右ハ米國ノ常套手段ナルヲ以テウカウカ此ノ手ニ乘セラレサル樣注意ノ要アリ上海ニテハ今回ノ英米側ノ措置ニ對シ事實上有效ナル金融上ノ報復措置ヲ講スル餘地ナキヲ以テ海關ニ依ル輸出禁止等ニ依リ對應策ヲ講スル外ナカルヘシ但之トテモ英米側ノ必需品ハ殆ントナキヲ以テ大局的ニハ左程ノ影響ハナカルヘキモ唯當地英米商社ニハ致命的打擊ヲ與ヘ得ヘシ

三、凍結令ノ發動ハ法幣ノ對外相場ニハ左シタル影響ナカリシモ物價ハ弗々昂騰シ始メ（經濟週報參照）國內ノ購買力低下率ト對外相場トノ中ニ相當ノ懸隔ヲ生シツツアリ今後ハ右形勢益々激化スヘク更ニ貿易面ノ八〇％ヲ占ムル第三國貿易カ停止ヲ見ルニ於テハ物價ノ激騰必至ニテ暴動發生ノ懸念サヘ盛ニ傳ヘラレ居レリ

四、右法幣不安ノ結果華商筋ニテ儲備銀行ニ預金ノ振替ヲナス者激增シツツアルハ注意ニ値スヘク凍結直前七月二十五日ノ同行預金總額ハ五千七百萬元餘ナリシカ八月一日ニハ八千百萬元ニ達セル趣ナリ

北京(大)、天津、南大、香港へ轉電セリ

865 昭和16年8月5日 在北京土田大使館参事官より豊田外務大臣宛(電報)

対日資産凍結への対応措置に関し独仏伊三国へ協力要請について

北京 8月5日後発
本省 8月5日夜着

第五二〇號

今[1]次支那ニ於ケル日支双方ノ英米等資産凍結ニ付テハ治外法權及租界ノ存在等大ナル拔ケ道アリ其ノ效果ハ鮮カラス減殺セラルル次第ナルカ去迚無理押ニ治外法權及租界ノ問題ニ手ヲ觸ルルコトハ御來示ノ通リ現在ノ段階ニ於テハ不適當ト認メラレ之カ對策ニ付種々攻究シタル結果先ツ獨伊ノ兩國ハ我ノ佛印進駐ニ贊意ヲ表シ居リ又佛國ハ佛印共同防衞ニ同意シタル次第ニモアリ我ノ佛印進駐ニ對シ執リタル英米等ノ日支資產凍結ニ對スル我方自衞ノ措置タル英米資產凍結ニ對シテハ是等三國ハ當然我方ニ協力スヘキ筋合ニアリト認メ(獨ハ治外法權ヲ享有セサルモ實際上ハ治外法權的取扱ヲ受ケ居リ獨[2]ニ對シ治外法權無キコトヲ表面ヨリ突キ附クルハ諸般ノ關係上面白カラスト認メ治外法權ノ問題ニ觸レスシテ協力ヲ求ムルコトトセリ)二日及四日ノ兩日ニ亘リ當地伊太利大使館「ストラネオ」參事官、「コスム」佛國大使、獨逸大使館「ホルネマン」書記官(「アンテンブルグ」參事官及「フウブス」參事官出張不在)ヲ往訪シ前記趣旨ニ基キ先方ノ協力ヲ要請セル「エイド、メモアール」(寫郵送ス)ヲ手交シ我方ノ希望ヲ篤ト說明シタルニ何レモ我方申入ヲ了承シ協力ヲ承諾セリ先方ノ希望モアリ追テ凍結措置ノ要領ヲ英譯ノ上送付スルコトトセリ其ノ際ノ先方應答振參考迄左ノ通リ電報ス

(一)伊太利「ス」參事官ハ御申入ノ趣旨了承セルニ付協力致スヘシト陳ヘタリ

(二)[3]佛國「コ」大使ハ「ドクウ」總督ヨリ只今電報接受セル計リナルカ日本軍ノ佛印上陸ハ極メテ鮮カニ行ハレ軍隊ノ進駐ナルニ拘ラス何等紛糾等起ラサリシハ同慶ノ至ナリ北支ニ於ケル自分ノ管下ノ機關カ日本側ノ凍結ニ關シ日本ノ困ル樣ナ又日本ヲ困惑サセル樣ナ事ハセサル樣直

ニ指令スヘク従テ斯ル事ノ起ラサルコトヲ御約束スルコトヲ得日本側ニ於テ佛國側ノ協力ニ付積極的ニ希望セラルル點アラハ内容ヲ具體(的)ニ示サレ度ト述ヘタリ

(三)獨逸「ホ」書記官ハ占領地ニ於ケル獨逸人ハ占領地ニ於ケル法律ニ従フヘキ旨ノ本國政府ヨリノ訓令アルヲ以テ今回ノ凍結ニ關スル規則ニ従フコトハ問題無シ御申入ノ次第ハ北支管下ノ各商工會議所ニ傳達シ置クヘシ兎ニ角既ニ敵國人トハ原則トシテ取引ヲ停止セシメ居リ又第三國人ヲ通シ「カムフラージユ」スルカ如キコトハ無シト想像セラルルモ第三國經由ノ取引ニ付テハ只今ノ處何トモ申上ケラレスト述ヘタリ

866　昭和16年8月7日　在上海堀内総領事より豊田外務大臣宛(電報)

米国の対日資産凍結措置および上海での輸出制限措置に関する米国領事の内話報告

上　海　8月7日後発
本　省　8月7日夜着

第一四七四號

米國資金凍結令及我方對策ニ關シ七日當地米國首席領事[1]「スタントン」カ往訪ノ田中ニ對シ内話セル要點左ノ通リ

(イ)米國政府カ政府系四銀行ニ對シ外國爲替ノ特別許可ヲ與ヘタルハ事實ナルカ右ハ重慶政府ト華府トノ話合ニ基クモノニテ當地右銀行ニ對スル許可モ華府財務當局ヨリ直接發出セラレタルモノニテ米國總領事館ハ本件ニハ直接關與シ居ラス(往電第一四七三號ノ米國總領事館ヲ通シ許可サル旨ノ新聞報ハ誤ナル由)

(ロ)在支米國系銀行ノ「ローカル、デポジット」ニ關シテハ凍結令ノ適用ヲ受ケ居ラス従前通リナリ

(ハ)米國側凍結令ニ對スル日本側對策ニ關シ當地方ニ於テハ北支方面ト異リ(特ニ芝罘ハ亂暴ナリ)其ノ處置振リ甚タ合理的ナルヲ以テ米人ハ一般ニ好印象ヲ有シ居レリ

(ニ)[2]輸出許可制發表ニ關シテモ品目ノ制定等合理的ニテ綿糸布ノ如キモ一時禁止サレタルカ其ノ後解除セラレ日本側カ不必要ニ上海港ノ對外貿易ヲ杜絶(kill)スルカ如キ意圖ナキヲ安堵シ居ルモ更ニ目下申請中ノ米商ノ輸出許可數件カ承認セラルルナラハ米國總領事館ハ其ノ旨早速華府宛電報スヘキヲ以テ米本國ニ於テモ好印象ヲ受ケ何等

好反響アルヘシト思料ス云々

南大、青島、廣東、厦門、香港ニ轉電セリ

867 昭和16年8月12日　在中国日高臨時代理大使より 豊田外務大臣宛（電報）

対日資産凍結に関連して芝罘や青島などで執られている措置は中央の方針を逸脱し対外的悪影響が憂慮されるので是正方意見具申

南　京　8月12日後発
本　省　8月12日夜着

第五六〇號（館長符號扱、至急）

凍結問題ニ關聯シ芝罘、青島、汕頭、海南島等ニ於テ外國人及其ノ關係支那人ニ對シ執ラレ居ル措置（出入者ノ檢索、書類ノ取調保證等）ハ甚シク累次訓令ノ中央ノ趣旨ヲ逸脱シ居リ英米等ニ於ケル對日强硬輿論煽動ノ口實ニ供セラル等大局上ニ及ホス悪影響ハ寒心ニ堪ヘスト憂慮セラル然ルニ之等措置ハ我方及支那側ノ凍結令ト直接關係ナク右ヲ第三國人ニモ擴張適用セントスル趣旨ニ出テ居ルカ又ハ中央ヨリ指示アリタル防衛措置ヲ理由トシテ主トシテ外務官憲以外ノ手ニ於テ行ヒ居ルモノト認メラル

就テハ中央ニ於テ軍側トモ御聯絡ノ上斯ル無統制且有害ナル措置ハ差控ヘシムル様至急有效適切ナル措置ヲ報（執カ）ラルルコト極メテ肝要ナリト存ス

尚當地ニ於テモ陸海軍側ニ對シテハ緊密ニ聯絡シ善處方依賴中ナリ

北大、天津、上海、廣東、青島、芝罘、汕頭、海口ヘ轉電セリ

868 昭和16年8月16日　在天津加藤総領事より 豊田外務大臣宛（電報）

対日資産凍結への対応措置ないしは中国における一般的経済統制上の取締に関し仏伊英独四国へ協力要請について

天　津　8月16日後発
本　省　8月16日夜着

第二六九號（外機密）

[1]北大發貴大臣宛電報第五二一號ニ關シ

本件ハ關係各機關ト協議ノ上取計フコト適當ナリト認メタ

ルニ付當地軍、憲兵隊、特務機關及市政府各係官ノ來集ヲ求メ冒頭電報ノ趣旨ニ基キ協議ヲ遂ケタル處其ノ結果(イ)此ノ際凍結令關係ノミナラス從來我方ノ實施シ居ル各般ノ經濟統制ノ運用ニ付テモ第三國側ノ協力ヲ要求スルコト(ロ)從テ冒頭電ノ如ク佛伊兩租界ニ限ラス英及獨ニ對シテモ同樣協力方申入ルルコト(但シ英ニ對シテハ凍結令關係ヲ除外シ單ニ前記一般的經濟統制上ノ取締ノ見地ヨリ)(ハ)佛伊及英ニ對シテハ右協力ノ具體的方策ノ一トシテ不取敢我方ノ推薦スル日本人聯絡員(或ハ顧問)ヲ各租界內(工部局邊リ)ニ常駐シ之ヲシテ各租界當局ト密接ニ聯絡シツツ凍結令關係ノ取締(佛伊ノミ)及一般經濟統制取締ニ關スル事務ヲ管掌セシメ我方ノ取締ノ實效ヲ擧クルコト
(ニ)[2]支那側ヨリモ同樣申入ヲ爲スコト(但最初ハ支那側ヨリモ前項(ハ)ノ聯絡員常駐ノ要請ヲ爲スコトニ打合濟ナリシカ後ニ支那側ハ日本側ノ聯絡員ニ便乘スレハ足ル理由ニ依リ本件聯絡ニ關スル申入レハ見合スコトトナレリ)ニ意見一致セルヲ以テ各國宛覺書ヲ作成ノ上本十六日本官ハ佛伊領事ヲ往訪シ前記趣旨ニテ申入ヲ爲シ又英獨總領事ニ對シテハ大隈ヲシテ同樣申入ヲ爲サシメタルカ其ノ情況往電第二七〇號ノ通リナリ

北京、南京、上海、漢口、厦門、廣東、海口へ轉電セリ

869　昭和16年8月17日　在天津加藤総領事より豊田外務大臣宛(電報)

対日資産凍結への対応措置ないしは中国における一般的経済統制上の取締に関するわが方協力要請への各国回答振りについて

天　津　8月17日後発
本　省　8月17日夜着

第二七〇號

十[1]六日午前本官ハ先ツ伊太利領事ヲ往訪シ往電第二六九號ノ趣旨ヲ口頭ニテ申入レ更ニ覺書ヲ手交シタル處同領事ハ本件ノ如キ政治的事項ハ同官ノ權限外ニ屬スルニ付大使及本國へ請訓ノ上囘答致スヘシト答ヘタルニ付本官ハ兩國樞軸ノ密接ナル關係ニ鑑ミ又北京ニテハ既ニ土田參事官ノ申込ニ對シ貴大使館側ハ原則的同意ヲ表セラレタルニ顧ミ快諾ヲ得ルコトヲ確信スル旨強調セル處土田參事官ノ申入レハ既ニ承知シ居リ兩國ノ關係ハ申ス迄モナキ儀乍ラ自分ノ

地位トシテハ今直ニ回答致兼ヌル次第ナリト述ヘタルニ付
成ル可ク速ニ回答ヲ得タキ旨申シ置キタリ
佛國領事ハ病氣缺勤中ナリシヲ以テ副領事ニ面接同様申入ノ上覺書ヲ交付シタル處自分ハ貴方申出ニ對シテハ格別困難ナカルヘシト思考スルモ領事ニ了解後刻回答致スヘシト答ヘタリ其ノ後同副領事ハ本十六日午後當館ニ來訪シ館員ニ對シ佛國領事ノ命ニ依ル趣ヲ以テ本官申入レニ對シ主義上協力ニ異存ナキモ一應大使ニ請訓ノ要アルニ付具體的ニ協力措置ノ性質ヲ承知シタキ旨申述ヘタル趣ナリ
[2]英國側ニ對シテハ大隈領事ヲシテ總領事代理ヲ往訪申入レノ上覺書ヲ交付セシメタル處同官ハ一應研究ノ上回答致スヘシトテ明答ヲ避ケタル趣ナリ
同領事ハ次テ獨逸總領事ニ面接同様申入レノ上覺書ヲ交付シタル處同總領事ハ獨逸側トシテハ日本側ノ經濟措置ニ對シテ充分協力ノ用意アリ先般日本側ノ凍結令發布ヲ見タル際モ直ニ獨逸商業會議所ニ對シテ之ニ違反スカ如キ行爲ヲ爲ササル様命令シ同商議ニテハ右ノ趣旨ヲ回狀トシテ會員ニ周知方取計ヒ濟ナリ今後トモ何等具體的措置ニ付御要求アラハ遠慮無ク申込マレ度キ旨答ヘタル趣ナリ

北大、上海、南大、漢口、厦門、廣東、海口ヘ轉電セリ

870 昭和16年8月21日 在天津加藤総領事より豊田外務大臣宛(電報)

対日資産凍結への対応措置および中国における一般的経済統制上の取締に関する協力を仏国側承諾について

付記 昭和十六年十月十六日発在天津加藤総領事より豊田外務大臣宛電報第三四二号
右協力に関する天津仏租界当局への具体的要望事項

天津 8月21日後発
本省 8月21日夜着

第二七八號

往電第二七〇號ニ關シ
二十一日午前當地佛國領事本官ヲ來訪曩ニ本官ヨリ申入レノ凍結令竝ニ經濟統制ニ對スル佛租界當局ノ協力竝ニ日本人顧問駐在ノ件ハ何等異存ナキニ付何ナリト具體案申出アリタキ旨回答シ來タレリ尚同領事ハ本件ニ付テハ「コス

ム」大使トモ話合濟ナル旨又日本側ノ凍結措置ニ付テハ當地自國銀行商社ニ對シ之ニ卽應ノ爲自發的ニ勸告シ置ケルカ尚御希望ノ事項アラハ申出ラレタシト述ヘ頗ル協調的ノ態度ヲ示セリ

南大、北京、上海、漢口、廣東、海口、厦門ヘ轉電セリ

（付　記）

天　津　10月16日後発
本　省　10月16日夜着

第三四二號

往[1]電第二七八號ニ關シ

佛租界當局ニ對スル我方具體的ノ要望事項ニ關シテハ當地竝ニ北京關係機關ト協議中ナリシ處大體

一、法幣ノ流通禁止
二、銀行、銀號ノ指導、檢査、取締
三、商社ニ對スル取締
四、資産凍結措置ノ徹底

等ノ範圍內ニ於テ行フコトトシ成案ヲ得タルニ付近ク佛國側ト交渉ヲ開始スル手筈トナリ居レリ但シ實際交渉ニ當リテハ全部ノ實行ヲ一擧ニ迫ルコトナク緊急且可能ノ事項ヨリ逐次要求スル筈ナリ

又[2]本件實施ノ完璧ヲ期スル爲當館ノ他軍、興亞院、天津市公署、商工會議所、正金、聯銀ヲ以テ指導會議ヲ組織シテ指導方針ヲ定メ更ニ右ノ內ヨリ當館、市公署、聯銀代表者竝ニ我方ヨリ派遣スヘキ工部局常駐員カ指導聯絡員トシテ租界當局トノ直接聯絡ニ當ル事トセリ尚常駐員ハ目下當館ニ於テ人選中ナリ

南大、上海大、北大、漢口、厦門、廣東、海口ヘ轉電セリ

871　昭和16年9月13日　在中国本多大使より豊田外務大臣宛（電報）

南京政府への国策会社移譲問題をめぐる児玉中支那振興会社総裁と落合興亜院華中連絡部次長の各談話について

付　記　昭和十六年十月十六日、外務省作成
「日支全面和平ト所謂國策會社ノ調整ニ關シ
（未定稿）」

第六四九號

南京　9月13日後発
本省　9月13日夜着

八日來滬セル中支振興兒玉總裁ハ同日新聞記者會見談ニ於テ國策會社調整問題ニ付本多大使ト意見ノ相違無シト前提シツツ會社經營ヲ支那側ニ移讓スルハ時期尚早ナリトノ趣旨ヲ述ヘ右談話ハ上海東京等邦字紙ニ大々的ニ報道セラレ日華兩新聞ノ社說等ニモ論及セラルルニ至リタルニ付十日落合連絡部次長ヨリ國策會社調整問題ニ付テハ眞相誤電サレ居ル點モアル處全部ノ會社ノ經營移讓ノ尚早ナルハ勿論ナルモ現在既ニ移讓シ差支無キモノモアリ右ハ日華共存共榮ノ大局的立場ヨリ中央ノ指示ニ從ヒ決定サルヘキ問題ニテ現地機關ハ斯ル立場ヨリ調査研究中ナルニ付關係會社モ當局ヲ信頼シ安心セラレタシト(ママ)云々トノ談話ヲ發表セル

北大、上海、漢口、廣東、香港へ轉電セリ

(付　記)

日支全面和平ト所謂國策會社ノ調整ニ關シ(未定稿)

昭和十六年十月十六日

一、序言

支那ニ於ケル所謂日支經濟提携ノ現狀ハ日支國交調整ノ癌トモ稱シ得ヘク經濟關係ノ現狀ヲ如何ニ調整スヘキヤハ全面和平ノ問題トモ關聯シ最モ複雜且困難ノ問題ト思考セラル以下簡單ニ日支經濟提携諸原則決定ノ經緯、經濟提携原則ニ對スル支那側ノ主張及我方最後ノ肚ニ關シ略述スルコト左ノ通リ

二、我方內部決定ノ經緯

昭和十三年一月十一日御前會議決定「支那事變(處理欠カ)根本方針」ハ「日滿支三國ハ產業經濟等ニ關シ長短相補、有無相通ノ趣旨ニ基キ共同互惠ヲ約定スルコト」「第三國ノ權益ハ之ヲ尊重シ專ラ自由競爭ニ依リ對支經濟發展ニ優位ヲ獲得スルコトヲ期スコト」及「日滿支三國ハ資源ノ開發、關稅、交易、航空、交通、通信等ニ關シ所要ノ協定ヲ締結スルコト」ヲ決定シ又昭和十三年十一月三十日御前會議決定「日支新關係調整方針」ハ「資源ノ利用ニ關シテハ北支、蒙疆ニ於テ日滿ノ不足資源就中埋藏資源ヲ求ムルヲ以テ施策ノ重點トシ支那ハ共同防衞竝經濟的結合ノ見地ヨリ是ニ特別ノ便宜

ヲ供與シ其他ノ地域ニ於テモ特定資源ノ開發ニ關シ經濟的結合ノ見地ヨリ必要ナル便宜ヲ供與ス

一般産業ニ付テハ努メテ支那側ノ事業ヲ尊重シ日本ハ是ニ必要ナル援助ヲ與フ

農業ニ關シテハ之カ改良ヲ援助シ支那民生ノ安定ニ資スルト共ニ日本ノ所要原料資源ノ培養ヲ圖ル

支那ニ於ケル交通、通信、氣象竝測量ノ發達ニ關シテハ日本ハ所要ノ援助乃至協力ヲ與フ

全支ニ於ケル航空ノ發達、北支ニ於ケル鐵道（隴海線ヲ含ム）日支間及支那沿岸ニ於ケル主要港灣、揚子江ニ於ケル水運竝北支及揚子江下流ニ於ケル通信ハ日支交通協力ノ重點トス」ト規定シ

右趣旨ハ昭和十三年十二月二十二日所謂近衛聲明ニ於テ「日支經濟關係ニ付テハ日本側ハ何等支那ニ於テ經濟的獨占ヲ行ハントスルモノニ非ス又新シキ東亞ヲ理解シ是ニ卽應シテ行動セントスル善意ノ第三國ノ利益ヲ制限スルカ如キコトヲ支那ニ求ムルモノニモ非ス唯飽迄日支ノ提携ト合作トヲシテ實效アラシメンコトヲ期スルモノテアル」ト表明セラレタリ

右趣旨ハ昭和十五年十一月三十日締結ノ日支基本條約第六條ニ於テ「兩國政府ハ長短相補ヒ有無相通スルノ趣旨ニ基キ且平等互惠ノ原則ニ依リ兩國間ノ緊密ナル經濟提携ヲ行フヘシ

中華民國政府ハ華北及蒙疆ニ於ケル特定資源就中國防上必要ナル埋藏資源ニ關シ兩國緊密ニ協力シテ之ヲ開發スルコトヲ約諾ス中華民國政府ハ其他ノ地域ニ於ケル國防上必要ナル特定資源ノ開發ニ關シ日本國及支那國民ニ對シ必要ナル便宜ヲ提供スヘシ

前項ノ資源ノ利用ニ關シテハ中華民國ノ需要ヲ考慮シ中華民國政府ハ日本國及日本國臣民ニ對シ積極的充分ナル便宜ヲ提供スルモノトス

兩國政府ハ一般通商ヲ振興シ及兩國間ノ物資需給ヲ便宜且合理的ナラシムル爲必要ナル措置ヲ講スヘシ兩國政府ハ揚子江下流地域ニ於ケル通商交易ノ增進竝ニ日本國ト華北、蒙疆トノ間ニ於ケル物資需給ノ合理化ニ付テハ特ニ緊密ニ協力スヘシ

日本國政府ハ中華民國ニ於ケル産業、金融、交通、通信等ノ復興發達ニ付兩國間ノ協議ニ依リ中華民國ニ對シ必

要ナル援助乃至協力ヲ爲スヘシ」ト規定セラレタリ
尙北支那開發株式會社及中支那振興株式會社設立ノ基礎ヲナセル「事變對處要綱」（昭和十二年十二月二十四日閣議決定）ハ「北支經濟開發ノ目標ハ日滿經濟ノ綜合的關係ヲ補强シ以テ日滿支提携、共榮實現ノ基礎ヲ確立スルニ在リ」トナシ「開發ノ實施ニ際シテハ緩急ヲ誤ラサル様措置スルト共ニ努メテ支那側ヲ表面ニ立テ經濟的壓迫ヲ與フルカ如キ感ヲ懷カシメサルカ如クス」ヘキ旨記述シ開發ニ當リテハ支那側資本ノ利用ニ努ムルト共ニ支那側企業トノ協調ヲ圖ルモノトシ又第三國ノ協調的投資ハ之ヲ認メ北支ニ於ケル列國ノ既存經濟利益ハ事情ノ許ス限リ之ヲ尊重スヘキ旨ヲ述ヘ居ルモ國策會社經營事業ノ範圍トシテ主要交通、運輸事業（港灣及道路ヲ含ム）主要通信事業、主要發送電事業、主要鑛產事業、鹽業及鹽利用工業等廣汎ナル活動ヲ認メ居レリ
三、經濟提携ニ對スル支那側ノ主張
支那側ニ於テハ昭和十四年六月十五日汪兆銘記「中國主權尊重原則實行ニ關シ日本ニ對スル要望」ニ於テ日本カ眞ニ中國ノ主權ヲ尊重セラレントスル眞意ヲ支那ノ同志及國民ニ納得セシムルニ足ル事實ヲ示サレンコトヲ要望シタル後經濟事項ニ關シ
㈠軍事期間中國ニ於ケル日本ノ機關或ハ個人ノ爲ニ占領又ハ沒收セラレタル中國ノ公營及私營ノ工場、航空、鑛山及商店ハ速ニ之ヲ中國側ニ返還セラレ度別ニ適當ナル合辦辦法ヲ規定シ度シ
㈡現在合辦中ノ公私事業ニシテ個有資產ノ評價適正ヲ缺クモノハ客觀的標準ニ基キ再評價スルコトト致度
㈢合資經營ノ公私事業ニ對シ日本側カ株劵等ヲ提供シテ實際上ノ出資ヲ行ヒ居ラサルモノアルハ不適當ナルヲ以テ是正セラレ度
㈣合資經營ノ公私事業ニシテ日本側ノ資本額ハ百分ノ四十九ヲ超過スルヲ得サルコトト致度
㈤合資經營ノ公私事業ノ最高主權ハ固ヨリ中國ニ存スルモノタルコトヲ要ス
旨ヲ申出テタルカ
昭和十四年十二月三十日附「日支新關係調整ニ關スル協議書類」ノ交渉ニ當リテハ北支蒙疆ニ於ケル特定資源就中國防上必要ナル埋藏資源ノ開發及利用ニ關シ同意ヲ與

ヘタルモ先ツ特定資源ノ何物タルカヲ具体的ニ例示センコトヲ要求スルト共ニ(鐵、石炭及輕金屬ノ程度ニ限ラントセリ)日本側ニ對スル右供給ニ當リテハ支那側ノ需要ヲ妨ケサル範圍ニ於テ之ヲナサントシ且本條項ヲ一定期間ニ限定センコトヲ主張シタリ尚日支協力事項トシテ交通、通信、氣象及測量ノ發達ニ關シ日本カ支那トノ協議ニ基キ支那ニ所要ノ援助乃至協力ヲ與フルコト規定セラレタルモ是カ具体的內容トシテ鐵道ニ關シテハ最モ强硬ナル主張アリ、結局全支ノ鐵道ハ國有國營トシ(祕密諒解事項第四參照)尚北支ノ鐵道ニ關シテハ機密諒解事項第二ニ於テ「北支鐵道ハ國有國營トシ京山鐵道、京包鐵道及膠濟鐵道ハ中央政府主管部ト北支政務委員會トヨリ成ル北支鐵道管理委員會之カ管理經營ニ當リ之ヲ華北交通會社ニ委託經營セシム。委託經營ノ年限ハ二十年トス」ト定メ漸ク妥結ヲ見タリ(卽チ國策會社中軍側ニ於テ最モ强硬ニ主張シタル華北交通會社サヘ本諒解事項ニ依レハ二十年ニシテ消滅スルコトトナリ居ル次第ナリ)全支ニ於ケル航空ハ新設中華航空會社ノ外中國歐亞兩航空會社ノ制度ヲ斟酌シテ調整センコトヲ主張シ有線電報ハ是非共國有國營トセンコトヲ主張シテ何レモ右ノ通リ決定ヲ見居レリ(祕密諒解事項第四參照)尚前記中國主權尊重原則實行ニ關スル中國側要望ニ關聯スル事項トシテハ別ニ祕密諒解事項第七ニ於テ軍管理工場、鑛山及商店ノ返還ニ關スル件、合辨事業ノ調整整理ニ關スル件(固有資產ノ評價適正ヲ缺クモノニ對スル再評價)合辨事業ノ出資割合ニ關スル件(合辨事業ノ日本側出資割合ハ百分ノ四十五ヲ超過セサルコト北支ノ國防上必要ナル特定事業ノ日本側出資割合ハ百分ノ五十五ヲ超過セサルコト)等規定セラレタリ

追テ昭和十三年十一月二十日附「日華協議記錄」ハ經濟合作ニ對スル日本ノ優先權ヲ認ムルコト華北資源開發ニ關シ日本ニ特別ノ便利ヲ供與スヘキコトヲ認メタルモ支那側ノ主張ニ依リ「右優先權トハ列國ト同一條件ノ場合ニ日本ニ優先權ヲ供與スル意トス」トノ諒解事項ヲ附セリ。

四、調整ニ關スル最後ノ腹案

日支全面和平成立ノ場合ニ於ケル所謂國榮(策カ)會社ノ調整ニ關シテハ前記廟議決定及支那側ノ主張等ヲ考慮スルノ外、

日米關係、其他世界和局等全般的ノコトヲモ考慮ニ入レ日支全面和平成立ノ爲要スレハ左記程度ノ大讓歩ヲ爲ス覺悟ヲ要ス（內約ニ依レハ支那ハ日支善隣結合關係ヲ具現スル爲兩國ノ協力事項ニ關シ齟齬遺漏ナキ樣密ニ日本大使ト連絡スルコトトナリ居ルノミナラス財政經濟自然科學ニ關シテハ各技術顧問ヲ招聘スルコトヲ承諾シ居ル次第ニ付最惡ノ場合ニハ華北交通會社ノミ位ニテ滿足セサルヘカラサル場合モ豫想セラル）

㈠日本軍駐屯地域ニ存在スル鐵道、航空、通信、主要港灣及水路ニ關シテノミ軍事上ノ必要事項ニ關シ日本軍ノ要求ニ應シ得ルカ如キ仕組（條約ノ締結竝ニ會社ノ特權及機構）トナシ置クコト

㈡國策會社及小會社ノ業務範圍ハ北支ニ於ケル鐵道、通信、鑛山（鐵、石炭等最小限度ノ資源ニ限ル）ノ三種目ニ限定シ其他ノ經濟提携ハ支那側ノ主張ヲ入レ文字通リノ平等互惠主義ニ依ルコト

㈢右㈡以外ノ支那特殊法人ノ有スル特權（別添資料《見当ラズ》參照）ハ之ヲ廢止スルコト

㈣航空事業ニ關シテハ前記祕密諒解事項第四ノ趣旨ニ準シ中華航空會社ヲ改組調整スルコト

㈤中支那振興會社ハ專ラ日支協力事項ニ關スル對支技術的援助、農業ノ改良、日支人ニ對スル金融等ヲ主要業務トスル普通ノ會社ニ改組スルコト

前記㈡及㈣ヲ除ク北支《那欠カ》開發會社關係亦同シ

872

昭和16年9月23日 在中国本多大使より豊田外務大臣宛（電報）

華中新米調達に関し総軍と南京政府との間に新規合意成立について

南京 9月23日後発
本省 9月23日夜着

第六六七號

蘇浙贛三省ニ於ケル本年新米ノ調達運搬ニ關スル日本陸軍國民政府糧食管理委員會ト諒解事項ハ九月十八日成立シタリ（詳細別途空送）前年度諒解事項トノ主要ナル相異左ノ如シ

一、國民政府側ハ三萬噸ノ義務數量ヲ免レ

二、食米運搬許可ニ關シ國民政府ノ權限增大シ

三、日本軍軍需米區域擴大セルコト但シ擴大セル部分ハ日本軍ノ豫定量調達後ハ逐次支那側ニ移譲スルコトトセリ

尚日本海軍ト糧食委員會トノ諒解事項モ同様ノ趣旨ニテ進捗中ニテ近日成立ノ豫定ナリ

大臣ヨリ興亞院ニ上海ヨリ華中ニ轉報アリタシ

上海へ轉電セリ

873　昭和16年10月23日　在上海堀内総領事より東郷外務大臣宛（電報）

法幣暴落の影響に関する消息筋の観測報道報告

上　海　10月23日後発
本　省　10月23日夜着

第一九四五號

二十三日上海發「ユー、ピー」ハ法幣暴落ニ關スル消息通ノ觀測トシテ要旨左ノ通リ發電シ居レリ

法幣安定委員會ハ法幣支持ヲ放棄セルモノノ如ク其ノ結果占領地域内ニ於テハ南京側新紙幣ニ對スル需要著シク增加シ居ル處「コクラン」來滬セハ委員會ノ態度ハ判明スヘシ

法幣崩壊ノ場合ニハ法幣ハ非占領地域ニ流出シ「インフレ」ニ拍車ヲ掛クル事トナルヘク占領地域ニ於テハ南京側紙幣カ一般ニ流通スルニ至リ南京政府ノ威信ヲ增大スルノミナラス從來親重慶的ナリシ支那財界モ南京ヲ支持スルニ至ルヘシ

北大、香港、南大へ轉電セリ

874　昭和16年10月28日　在上海堀内総領事より東郷外務大臣宛（電報）

資産凍結による貿易減少などに対し海関収入確保のため具体的施策検討方意見具申

上　海　10月28日後発
本　省　10月28日夜着

第一九七六號（極祕）

最近ノ國際情勢殊ニ英米資産凍結後ニ於ケル貿易ノ減少ニ加ヘ今次法幣ノ慘落ニ依リ海關收入ハ著シク減少セル一方物價ノ暴騰ニ依リ國民政府ノ一般諸經費ハ益々膨張シツツアリ至急何等海關收入確保ノ具體的施策ヲ構（講カ）スル必要アル次第ナルカ右ハ國民政府ノ財政對策トモ關聯アリ既ニ中央ニ於テモ御考究ノコトト存スルモ當館トシテハ差當リ海關

税關係左記諸項ニ付具體案ヲ研究作成ノ上比較的實現容易ナルモノヨリ逐次之ヲ實施スルコト最モ妥當ナリト思考シ居ル次第ナリ
就テハ本省ニ於テモ右至急御研究ノ上何分ノ御指示相煩度シ
一、税率改正（從量、從價ノ均衡是正贅澤品ニ對スル增税等）
二、金單位制度再檢討
三、免税通關物資ニ對スル徵税（主トシテ軍票交換用物資尤モ軍票物資中現在免税ヲ受ケ居ル物ハ單ニ工業藥品染料竝ニ織物ノ一部ニ過キス）
附加税課徵
南大、北大、天津ヘ轉電セリ

875 昭和16年11月9日 在中国本多大使より東郷外務大臣宛（電報）

法幣下落を念頭に置いた通貨対策委員会の南京政府に対する財政金融指導方針について

南　京　11月9日後発
本　省　11月9日夜着

第七八三號（部外祕）
中央儲備銀行券ノ法幣引離シ問題ニ關シテハ通貨對策委員會ニ於テ數回會合シ各種對策ヲ考究シタル結果國際情勢ノ急變ナキ限リハ法幣ハ前途漸落ノ歩調ヲ辿ルヘク右見透シノ下ニ法幣下落物價騰貴ニ對シテハ財政收入ノ增加ヲ圖リ善處スルノ外ナシトノ結論ニ達シタリ
財政收入ノ增加ハ結局直接間接我方ニ影響シ來ルハ遺憾ナル次第ナルモ大體九日現地連絡委員會ニ於テ法幣下落ニ伴フ財政金融政策竝ニ國府來年度上半期豫算指導ニ關シ左記要旨ノ決定ヲ見タリ詳細ハ九日上海發歸京ノ青木顧問ヨリ說明アル筈、尙書類空送ス（本電興亞院ニ轉報アリタシ）

左　記

一、財政金融對策
(イ)緊急措置スヘキ事項トシテハ後記豫算指導案ニ基キ措置スルト共ニ物價抑制防（ママ）策ヲ考慮ス又此ノ際非常時局ヲモ考慮シ速ニ新券ノ流通化問題ヲ圖ルコトトシ之カ爲緊急的十億元ノ新券印刷ヲ東京ニ對シ註文スルコト
(ロ)新券ノ切離シハ將來舊法幣カ全般的下落ヲ辿リ相當低落セルトキ又ハ國際的非常時勃發其ノ他ノ理由ニ依リ

崩壊的暴落ヲ爲ストキ之ヲ實施シ日本圓ニ對スル(軍票)合理的比率ニテ價値基準ヲ定メ之カ維持ノ爲必要ニ應シ儲備銀行所有資金外債積立金ノ使用ヲ考慮ス尚其ノ際ハ日支間同一一層緊密ニ連絡ヲ保ツコトトス

三、(二、カ)豫算指導

(イ)歳出ハ本年度下半期豫算三千九百萬元ヲ据置トスルモ官吏增俸ノ爲豫項(算カ)一千萬元ヲ計上シ合計四千九百萬元ヲ目標トス尚歳出ニ付テハ經常費、臨時費ノ區分ヲ明カニスルト共ニ豫備金ノ支出ヲ檢討ス

(ロ)右ニ對シ現在ノ歳入ヲ以テシテハ約一千八百萬元ノ不足ヲ生スルニ付之カ補塡策トシテ(一)輸入税及轉口税中從量税品目ニ對シ夫々五割乃至十割ノ附加税(二)綿糸布、小麥粉統税ノ十割引上(三)輸入葉煙草輸入竝ニ國內生產ノ砂糖、化粧品、茶、桐油、禽毛、豚毛等ニ對シ然ルヘキ形式ニ依リ新ニ課税ス(四)其ノ他通行税新設(五)鑛產物(鐵鑛)ノ税ノ實施(六)北支、武漢、廣東ヨリノ送金增額(七)外債及總税務司署經費ニ重積立ノ停止ヲ行フ外(八)運轉資金ノ不足ハ歳計剩餘ヲ使用スルコトトシ(九)尚外債積立金ハ必要ニ應シ使用スルコトトス

上海へ轉電セリ

876 昭和16年11月11日 興亜院会議決定

「對支通貨政策ノ整備強化ニ關スル當面ノ緊急對策」

對支通貨政策ノ整備強化ニ關スル當面ノ緊急對策

昭和十六年十一月十一日

興亞院會議決定

第一、方針

刻下ノ急迫セル國際情勢竝舊法幣崩落ノ現狀等ニ鑑ミ對支通貨政策ニ關スル當面施策ノ重點ハ之ヲ國際關係急轉ノ場合ニ對處スベキ態勢ノ整備促進及特ニ中支新法幣ヲシテ何時ニテモ舊法幣ニ代替スルヲ得シムル爲管理通貨タルノ强固ナル基礎ノ確立具現ニ置クコトトシ此際格段ノ決意ノ下ニ出來得ル限リ速ニ所要ノ施策ヲ行フモノトス

本件施策ニ伴フ具體的重要措置ノ實行ニ當リテハ今後現實ニ發生スベキ狀勢ノ推移ニ卽應シ中央、現地緊密ナル

連繫ヲ保持シ機宜ヲ得シムル如ク配意スルモノトス

第二、要　領

一、國際關係急轉ヲ豫想シ各地域ニ於ケル中心通貨ヲ現狀ニ卽シ確立スルモノトス、卽チ

(イ)北支及蒙疆ニ付テハ聯銀券及蒙銀券ヲ以テ其ノ中心通貨トスル現行政策ヲ依然推進セシムルモノトス、且日本圓トノ等價方針ニ付テモ亦當面之ヲ堅持スルコトトシ將來ノ方策ニ關シテハ中支ノ通貨措置等ト關聯シ別途愼重考究スルモノトス

(ロ)中支ニ付テハ此際積極的ニ新法幣ノ基礎確立竝流通擴充方策ニ努ムルト共ニ之ト卽應シ舊法幣ニ對シテハ敵性通貨タルノ本質ニ徹底シ之ガ流通制限ヲ逐次實行シ國際關係急轉ノ場合等ニ於テハ其ノ際ニ於ケル舊法幣ノ動向ト充分睨合スノ要アルモ新舊兩法幣ノ等價關係ヲ切斷セシムルコトト豫定シ一切ノ施策ヲ準備スルモノトス

軍票ト新法幣トノ關係ニ付テハ愼重考慮スルモノトス

(ハ)南支ニ付テハ概ネ中支ニ準ジ施策ス但シ海南島ニ付テハ別途愼重考究スルモノトス

二、支那各地域通貨ノ發行準備ハ何レモ之ヲ特別圓又ハ金圓ニ置カシムル樣施策シ各地域ト佛印、泰等ノ東亞共榮圈內各地トノ間及各地域相互間ノ決濟又ハ收支尻ノ決濟ハ特別圓ニ依ラシムル如ク指導スルモノトス

備　考

現行輸出入價格調整制度ノ整備改善竝特ニ其ノ彈力性附與ニ關シテハ別途至急考究スルモノトス

第三、措　置

一、北支

(一)中國聯合準備銀行ニ對スル我方指導權ヲ確立スル爲日本人職員ノ直接參加ヲ考慮スル等之ガ機能ノ刷新ヲ圖ルト共ニ同行ノ他ノ金融機關ニ對スル統制指導力ヲ强化スルモノトス

(二)我方ノ現地放出額竝現地政權ノ財政補塡貸上額ヲ極力縮減セシムル一面我方ヨリノ物資供出量ヲ努メテ多カラシムル等聯銀券價値維持工作ハ從來ノ線ニ沿フテ之ヲ强化スルニ努ムルモノトス

(三)中支ニ對スル移出入取引等ハ漸次特別圓建ヲ原則ト

シ軍票建ハ之ヲ例外的ニ併用スル如ク措置ス而シテ後段ノ場合軍票對聯銀券相場ハ形式上ハ之ヲ等價トシ實質上ノ價値關係ニ付テハ對中支爲替管理等ヲ强化シ其ノ安定ヲ圖ル如ク操作スルモノトス

㈣對第三國輸出入取引等ハ總テ特別圓建トシ且漸次特別圓決濟ニ移行スルモノトス

㈤貿易竝爲替管理ヲ强化シ特ニ匯申ニ關シテハ統制ノ完備ニ努メ聯銀券ノ新法幣乃至舊法幣ニ對スル實質上ノ相場ノ統制ヲ强化スルモノトス

㈥聯銀券ノ金圓ニ對スル等價關係ハ之ヲ堅持スルモ中支ニ於ケル通貨措置ノ進捗狀況等ヲ充分勘案シ別途愼重考究スルモノトス

二、中支

㈠中央儲備銀行ニ對スル我方指導力ヲ一層强化スル要アルヲ以テ同行ニ對スル我方指導ヲ實質ニ卽シ一元化スルト共ニ同行顧問陣ノ內容ヲ充實强化スルモノトス

㈡中央儲備銀行ノ內外ニ對スル信賴ヲ昂上セシムル爲努メテ其ノ陣容ノ刷新强化ヲ圖ルト共ニ國際關係急轉ノ場合ニ於テハ一時日本人職員ニ依ル業務援助ヲモ考慮スルモノトス

㈢國民政府ノ財政强化ヲ圖リ情勢ノ變化ニ拘ラズ極力財政收支ノ適合ヲ得セシムル如ク指導シ特ニ其ノ歲入ヲシテ舊法幣價値下落ニ伴フ影響ヲ避ケシムル如ク別途速ニ歲入增加竝之カ確保ニ關スル措置ヲ講ゼシムルモノトス

㈣國際關係急轉ニ伴ヒ速ニ貿易竝爲替管理ヲ實施シ得ル如ク既定方針ニ從ヒ海關ノ實質的把握等ノ措置ヲ實行スルモノトス

㈤我方ノ現地放出額ヲ極力壓縮スル一面我方ヨリノ物資供出量ヲ努メテ多カラシムル等現地通貨價値維持工作ハ從來ノ線ニ沿ヒ强化スルニ努ムルモノトス

㈥新法幣券ノ印刷ハ此際之ヲ極力促進セシムルト同時ニ特ニ百元券其他ノ大額券製造方ニ關シ急速中央儲備銀行ヲ指導スルモノトス

㈦新法幣ノ基礎確立竝之ガ流通狀況等ノ實情ニ卽應シ舊法幣ハ部門別地域別ニ逐次積極的ニ之ガ流通制限ヲ實行スルモノトス

(八)新舊法幣ノ等價關係切斷ニ付テハ舊法幣價値ノ變動ノミニ捉ハルルコトナク新法幣ノ基礎確立竝之ガ流通擴充ノ狀況、舊法幣對新法幣ノ兌換要求ノ程度、舊法幣物價ノ變動等諸般ノ情勢ヲ考慮シ舊法幣ニ依ル新法幣ノ兌換要求ニ應ズル場合ニ於テ時々適宜ノ相場ヲ採用シ新法幣獨自ノ價値ヲ試案スル如ク着意シツツ操作シ特ニ國際關係急轉ノ場合等ニ於テハ舊法幣ノ動向ヲ充分見透シタル後出來得ル限リ速ニ之ガ等價關係ヲ切斷シ得ル如ク豫定シ一切ノ施策ヲ準備スルモノトス

(九)金圓及軍票ノ對新法幣乃至舊法幣相場ニ付テハ差當リ情勢ニ卽應シ時々適宜ノ相場ヲ採用スル如ク措置スルモ金圓ノ對新法幣相場ニ付テハ右(八)ニ依ル新法幣ノ對舊法幣等價關係ノ切斷時期ト睨合セ急速且適宜ナル機會ニ於テ之ヲ確定スル如ク豫定スルモノトス

(十)本邦トノ間ノ輸出入使用通貨ハ輸出ニ付テハ軍票決濟ヲ原則トシ輸入ニ付テモ亦軍票建ヲ原則トスルモ可能ノ限度ニ於テ特別圓建輸入ヲ漸次多カラシムルモノトス

(十一)對第三國輸出入取引等ハ貿易竝爲替管理ノ實行ニ依リ總テ特別圓建トシ且ナルベク速カニ特別圓決濟ニ移行セシムル如ク措置スルモノトス

(十二)對北支移出入取引等ニ付テハ特別圓建ヲ原則トシ其ノ收支尻ハ特別圓決濟トスルモノトス

三、其ノ他ノ地域

(一)蒙疆

概ネ北支ニ準ジ措置スルモノトス

(二)南支

(イ)厦門、廣東及汕頭

大體中支ニ準ジ情勢ノ推移ニ卽應シ新法幣流通ノ施策ヲ考慮スルモノトス但シ其ノ運營ニ付テハ中支ヨリ相當ノ獨立性ヲ保持セシムルモノトス

(ロ)海南島

別途愼重考究スルモノトス

中支及南支ニ關スル機密諒解事項

一、中支ニ付テハ新法幣ヲ以テ其ノ中心通貨タラシムル既定

方針ニ依リ我方ノ軍票使用ハ新舊法幣ノ等價關係切斷後ニ於ケル新法幣ノ育成狀況竝其ノ前途等ニ關スル見透シ充分着キタル後出來得ル限リ速ナル機會ニ於テ一擧ニ新法幣使用ニ切替フルモノト豫定シ置キ右ニ關スル所要ノ施策ニ關シテハ別途急速考究スルモノトス
尚軍票使用切替前ト雖モ軍票價値維持ニ支障ナキ限度ニ於テ部門別地域別ニ軍票ノ使用竝流通分野ヲ漸次新法幣ニ轉換スルコトアルモノトス
二、厦門、廣東及汕頭ニ付テモ場合ニ依リ臺銀券及軍票使用ノ切替ヲ考慮スルモノトス

編注 本文書は、財務省財政史室所蔵「野田文書」より採録。

877 昭和16年11月26日 在上海堀内総領事より東郷外務大臣宛(電報)

華中地方に深刻な金融逼迫傾向をもたらした法幣資金欠乏の理由について

上海 11月26日後発
本省 11月26日夜着

第二一六〇號

最近中支ニ於ケル法幣資金急激ニ缺乏シ相當深刻ナル金融逼迫ノ傾向ヲ示シ居ル處之カ原因ニ付當館ノ得タル情報ヲ綜合スルニ大要左ノ通リ
一、資産凍結ヲ契機トシテ發生セル換物人氣ノ爲思惑資金ノ利用激增セル一方法幣自體ノ下落ニ依リ其ノ恆常的必要量カ膨脹セルコト
二、客月下旬來工部局ノ物價統制、米國「マリン」ノ引揚等ニ依リ投機商品一齊ニ下落セル爲銀行錢莊方面ニ於テ一萬元以上ノ大口貸出ヲ警戒乃至停止スルト共ニ資金ノ回收ヲ開始セルコト
三、「マリン」引揚等ニ依ル國際情勢不安ニ備ヘ中國交通等重慶側銀行カ同業貸付ヲ回收シツツアルコト
四、一方奥地ニ於テモ過般ノ上海ニ於ケル換物人氣ノ激成ニテ遊資カ上海ニ集中シ法幣ノ缺乏狀態ヲ生シ居ルコト
(上海奥地間送金高ハ今日猶上海向ケ多ク「レイト」ハ依然上海高ナルモ開キハ徐々ニ狹マリ居レリ)
尚斯ノ如キ法幣缺乏ノ傾向ハ我方ニ於テ特ニ激シク殊ニ米、綿等我方必要ノ産品ノ本格的出廻期ニ直面シ軍方面

ヲ始メ一般邦商ニ相當深刻ナル影響ヲ及ホシ居ル模様ナリ

右我方法幣資金缺乏ノ理由トシテハ㈠過般來ノ軍票昂騰ニ際シ財務官、(不明)事務所等ニ於テ極力軍票賣ヲ制限シ奥地ニ於ケル軍票賣ニ對シテモ從來ノ一日最高十萬圓ヲ四萬圓ニ引下クル等ノ措置ヲ執レル爲統制筋(正金)ノ法幣資金カ潤澤ナラサリシコト㈡一般邦商ニ於テモ軍票値上リニ依ル損失ヲ免カルル爲手持法幣資金ヲ處分セルコト㈢前記奥地ニ於ケル法幣缺乏ノ爲相當額ノ法幣ヲ奥地ニ現送セルコト等ナルカ右ノ結果最近ニ至リ一般市場ニ於テ軍票ヲ放出シ法幣手當ヲ行フ爲先週來軍票相場ハジリ貧ヲ辿リ昨二十五日ハ遂ニ二十九圓五〇錢迄低落セリ尚右軍票低落ヲ眺メテ華人側退藏筋ノ投物モ現ハレ居ル一方從來軍票「サポート」ニ付テハ法幣資金不足ノ場合ハ應急措置トシテ外貨ヲ以テ之ヲ補ヒ得タルモ資金凍結後ハ右方法モ採リ得サル譯ニテ軍票ハ更ニ軟弱傾向ヲ辿ルモノト觀測セラレ居レリ

南大、漢口、北大、天津、青島、廣東、香港ヘ轉電セリ

日本外交文書　日中戦争　第二冊

2011年5月2日　初版発行

編　　者　外務省

発 行 者　八木環一

発 行 所　株式会社　六一書房

〒101-0051　東京都千代田区神田神保町 2-2-22

電話 03-5213-6161　FAX 03-5213-6160　振替 00160-7-35346

http://www.book61.co.jp　E-mail info@book61.co.jp

印刷・製本　株式会社　三陽社

ISBN 978-4-86445-002-7　C3021